PARAMAHANSA YOGANANDA
(5 de enero de 1893 – 7 de marzo de 1952)

Dios habla con Arjuna

El Bhagavad Guita

La ciencia suprema de la unión con Dios

El diálogo inmortal
entre el alma y el Espíritu
UNA NUEVA TRADUCCIÓN Y COMENTARIO

Paramahansa Yogananda

Volumen I

Self-Realization Fellowship
FOUNDED 1920
Paramahansa Yogananda

Título de la obra original en inglés publicada por
Self-Realization Fellowship, Los Ángeles (California):
God Talks With Arjuna: The Bhagavad Gita

ISBN-13: 978-0-87612-030-9
ISBN-10: 0-87612-030-3

Traducción al español: *Self-Realization Fellowship*

Agradecemos la labor de los artistas Sr. V. V. Sapar y los hermanos Sapar, bajo la supervisión del Sr. B. D. Vyas, que crearon las pinturas de esta publicación por encargo exclusivo de *Self-Realization Fellowship* a partir de diseños realizados por el editor.

Esta edición ha sido autorizada
por el Consejo de Publicaciones Internacionales
de *Self-Realization Fellowship*

Self-Realization Fellowship fue fundada en 1920 por Paramahansa Yogananda, como el órgano difusor de sus enseñanzas en el mundo entero. En todos los libros, grabaciones y demás publicaciones de SRF aparecen el nombre y el emblema de *Self-Realization Fellowship* (tal como se muestran en esta página), los cuales garantizan a las personas interesadas que una determinada obra procede de la sociedad establecida por Paramahansa Yogananda y refleja fielmente sus enseñanzas.

Primera edición en español de la editorial
Self-Realization Fellowship: 2015 (volumen I)

Primera impresión en rústica: 2015 (volumen I)

ISBN-13: 978-0-87612-596-0
ISBN-10: 0-87612-596-8

Impreso en Estados Unidos de América
1422-J3344

Dedicatoria

Al Arjuna-devoto
que existe en todo verdadero
buscador espiritual

EL LEGADO ESPIRITUAL DE PARAMAHANSA YOGANANDA

Sus obras completas, conferencias y charlas informales

Paramahansa Yogananda fundó *Self-Realization Fellowship*[1] en 1920 con la finalidad de difundir mundialmente sus enseñanzas y preservar su pureza e integridad para las generaciones futuras. Desde sus primeros años en América, fue un prolífico escritor y conferenciante, y creó un renombrado y vasto volumen de obras sobre la ciencia de la meditación del yoga, el arte de llevar una vida equilibrada y la unidad que constituye el fundamento de todas las grandes religiones. En la actualidad, este extraordinario y trascendente legado espiritual sigue vivo y es fuente de inspiración para millones de buscadores de la verdad en el mundo entero.

De conformidad con el deseo expreso del gran maestro, *Self-Realization Fellowship* continúa llevando a cabo la incesante tarea de publicar permanentemente *Las obras completas de Paramahansa Yogananda.* Éstas incluyen no sólo las ediciones finales de todos los libros que él publicó durante su vida, sino también numerosos títulos nuevos: obras que todavía permanecían inéditas en el momento de su deceso, en 1952, o que a lo largo de los años habían aparecido en series de artículos, de manera incompleta, en la revista de *Self-Realization Fellowship,* así como cientos de charlas informales y conferencias profundamente inspiradoras que se hallaban grabadas o transcritas pero que no se imprimieron antes de su fallecimiento.

Paramahansa Yogananda escogió y entrenó personalmente para este propósito a varios de sus discípulos más cercanos que dirigen el Consejo de Publicaciones de *Self-Realization Fellowship,* dándoles pautas específicas para la preparación y publicación de sus enseñanzas. Los miembros del Consejo de Publicaciones de SRF (monjes y monjas que han profesado votos perpetuos de renunciación y de servicio desinteresado) se atienen al cumplimiento de tales directrices como un deber sagrado, a fin de que el

[1] Literalmente, «Confraternidad de la realización del Ser». Paramahansa Yogananda ha explicado que el nombre de *Self-Realization Fellowship* significa «confraternidad con Dios a través de la realización del Ser, y amistad con todas las almas que buscan la verdad». Véase «*Self-Realization Fellowship*» y «realización del Ser» en la sección «Términos asociados con *Self-Realization Fellowship*» y también «Metas e ideales de *Self-Realization Fellowship*».

mensaje universal de este amado maestro mundial perdure con su fuerza y autenticidad originales.

El emblema de *Self-Realization Fellowship* (que se muestra en la página anterior) fue diseñado por Paramahansa Yogananda para identificar la organización sin fines de lucro que él fundó como la fuente autorizada para difundir sus enseñanzas. En todas las publicaciones y grabaciones de SRF aparecen el nombre y el emblema de *Self-Realization Fellowship,* los cuales aseguran al lector que una determinada obra procede de la sociedad fundada por Paramahansa Yogananda y expresa fielmente sus enseñanzas, tal como él deseaba que se impartiesen.

SELF-REALIZATION FELLOWSHIP

ÍNDICE DEL VOLUMEN I

Índice de ilustraciones IX
Nota del editor X
Prefacio de Sri Daya Mata XI
Introducción XVII

I: EL DESALIENTO DE ARJUNA 1

La importancia del capítulo I, 3 • «¿Qué hicieron?». El reconocimiento del campo de batalla psicológico y espiritual interior, 4 • Los ejércitos adversarios: las fuerzas espirituales y las materialistas, 56 • Las caracolas: la batalla vibratoria interior que se libra en la meditación, 130 • El devoto observa a los enemigos que habrá de destruir, 149 • Arjuna rehúsa combatir, 164

II: SANKHYA Y YOGA: LA SABIDURÍA CÓSMICA Y EL MÉTODO PARA ALCANZARLA 199

La exhortación del Señor al devoto, y la súplica de consejo por parte del devoto, 201 • La naturaleza trascendental y eterna del alma, 229 • Librar una batalla justa es un deber religioso del ser humano, 288 • El Yoga: remedio para erradicar la duda, la confusión y la insatisfacción intelectual, 315 • El arte yóguico de la acción correcta que conduce a la sabiduría infinita, 332 • Las cualidades de quien ha alcanzado la unión divina, 350

III: *KARMA YOGA:* EL SENDERO DE LA ACCIÓN ESPIRITUAL 387

¿Por qué es necesaria la actividad en el sendero hacia la liberación?, 389 • La naturaleza de la acción correcta: llevar a cabo toda obra como una ofrenda *(yajna),* 412 • El deber moralmente correcto que se lleva a cabo sin apego es de naturaleza divina, 445 • Cómo la acción desinteresada del yogui lo libera de las dualidades de la Naturaleza y de la opresión del karma, 462 • La actitud correcta hacia el guía espiritual y el *sadhana* prescrito, 471 • La conquista de los dos aspectos de la pasión: el deseo y la ira, 481

IV: LA CIENCIA SUPREMA PARA CONOCER A DIOS 501

El fundamento histórico y la esencia esotérica del Yoga, 503 • Las encarnaciones de la Divinidad, 516 • Los senderos que liberan al ser humano de la sucesión de renacimientos, 535 •

Las diversas maneras en que actúa el Señor en su creación, 542 • Liberarse del karma: conocer la naturaleza de la acción correcta, de la acción errónea y de la inacción, 552 • *Yajna,* el rito espiritual de fuego que consume todo karma, 566 • La sabiduría que santifica plenamente la imparte un verdadero gurú, 612

V: La liberación por medio de la renuncia interior 631

¿Qué es preferible: servir en el mundo o buscar en recogimiento la sabiduría?, 633 • El sendero hacia la libertad que enseña el *Guita:* la meditación en Dios aunada a la actividad desprovista de deseos, 641 • El Ser como testigo trascendental: establecido en la bienaventuranza e imperturbable ante el mundo, 651 • El bien y el mal, y su relación con el alma, 655 • Quien conoce al Espíritu mora en el Ser Supremo, 662 • Cómo trascender el mundo sensorial y alcanzar la bienaventuranza imperecedera, 672

Transliteración y pronunciación de los términos sánscritos 693
Epítetos del Señor Krishna y de Arjuna 695
Diagrama de los *chakras* realizado por Lahiri Mahasaya 698
Reseña del autor 700
Metas e ideales de *Self-Realization Fellowship* 705
Publicaciones y Lecciones de *Self-Realization Fellowship* 706
Términos asociados con *Self-Realization Fellowship* 714

ÍNDICE DE ILUSTRACIONES

(página opuesta)

Paramahansa Yogananda *(frontispicio)*

Bhagavan Krishna de niño en Brindaban XXXII

Diagrama: Cronología de la creación, simbolizada en la genealogía de los Kurus y los Pandus. XXXIX

El reino corporal gobernado por el rey Alma 19

El reino corporal gobernado por el rebelde rey Ego 23

El rey ciego Dhritarashtra preguntó: «¡Oh Sanjaya!, ¿qué hicieron?». . 50

Sri Krishna con los príncipes pandavas y Kunti y Draupadi 82

El carro de la conciencia meditativa 178

El viaje que emprende el alma al sobrevenir la muerte del cuerpo 258

Arjuna y Duryodhana acuden a Krishna en busca de su ayuda en la batalla. 322

En la corte de Sri Krishna 418

Sri Krishna, en el palacio de los Kurus, le propone a Duryodhana un acuerdo pacífico 450

«Sé tú un yogui, uniéndote a mi bendita presencia dentro de tu alma» 522

La meditación yóguica: el rito esotérico del fuego *(yajna)* para alcanzar la unión con Dios. 586

Los Pandavas y Draupadi se retiran al Himalaya 650

Diagrama de los *chakras* realizado por Lahiri Mahasaya 698

Nota del editor

En los años transcurridos desde que, en diciembre de 1995, apareció la primera edición en inglés de *Dios habla con Arjuna: El Bhagavad Guita,* este libro ha sido reconocido como una de las obras espirituales más significativas del siglo XX. Los críticos y especialistas, así como las innumerables cartas provenientes de lectores de todo el mundo, elogian el libro en forma categórica.

«El comentario de Yogananda penetra en el corazón del *Bhagavad Guita* para revelar [sus] profundas verdades espirituales y psicológicas», señaló el semanario *Publisher's Weekly.* Una reseña publicada en el periódico *India Post* la denominó «una obra monumental por su traducción y comentarios. [...] una obra maestra espiritual, literaria y filosófica».

Uno de los numerosos especialistas que elogió el libro, el Dr. Quincy Howe, antiguo profesor de religiones comparadas y de sánscrito en los Claremont Colleges, señaló: «En su traducción y comentario del *Bhagavad Guita,* Paramahansa Yogananda incorpora un asombroso abanico de conocimientos de psicología, instrucción espiritual, discernimiento lingüístico, fisiología esotérica, cosmología y doctrina del yoga. [...] La imponente amplitud de la obra la convierte en un tratado único entre los comentarios que se han escrito del *Guita*».

Otro experto en la materia, el Dr. David Frawley, director del American Institute of Vedic Studies y autor de numerosos libros sobre la historia y el legado espiritual de la India, escribió: «Se puede afirmar que Yogananda es el padre del yoga en Occidente: no del yoga meramente físico, que se ha hecho tan popular, sino del yoga espiritual, es decir, de la ciencia de la realización del Ser, que es el verdadero significado del yoga. [...] *Dios habla con Arjuna* constituye un faro para todos aquellos que deseen sinceramente acercarse al sendero del yoga, sin distinción de su procedencia. [...] No existe ningún aspecto importante de la vida y de la existencia humana al que no se haga referencia en este libro. [...] Es un libro que se puede estudiar y apreciar durante toda la vida. Será recordado como uno de los grandes comentarios acerca del *Guita,* junto con los de Shankaracharya, Ramanuja y Sri Aurobindo. [...] Yogananda se nos presenta como un sabio del más elevado nivel y como un científico espiritual, un avatar del yoga para la civilización mundial en ciernes. El sello distintivo de su obra perdurará, sin duda, a lo largo de las edades».

Prefacio

Sri Daya Mata

Sucesora espiritual de Paramahansa Yogananda y presidenta de Self-Realization Fellowship/Yogoda Satsanga Society of India *desde 1955 hasta su deceso, en 2010*

«Ningún *siddha* abandona este mundo sin haber aportado a la humanidad una porción de la verdad. Cada alma liberada debe derramar sobre los demás la luz de su conocimiento de Dios». ¡Cuán generosamente cumplió Paramahansa Yogananda con ese deber expresado en estas palabras de las escrituras que él citó en los comienzos de su misión universal! Aunque su legado a la posteridad no hubiese sido otro que sus conferencias y escritos, con toda justicia se le calificaría como un munificente dador de luz divina. Y de las obras literarias que en forma tan prolífica fluían de su comunión con Dios, la traducción y comentario del *Bhagavad Guita* bien puede ser considerada como la contribución más exhaustiva del Gurú, no sólo por su magnitud sino por sus conceptos que todo lo abarcan.

Mi primer contacto con la renombrada escritura de la India tuvo lugar cuando era yo una joven de quince años y me obsequiaron una traducción del *Guita* efectuada por Sir Edwin Arnold. La belleza poética de sus versos colmó mi corazón de un profundo anhelo por conocer a Dios, pero ¿dónde podría hallar a alguien que me enseñara el camino hacia Él?

Dos años más tarde, en 1931, conocí a Paramahansa Yogananda. Tanto por su semblante como por el gozo y el amor divino que literalmente irradiaban de él, de inmediato pude ver con toda claridad y de un modo arrollador que él conocía a Dios. Pronto ingresé en su *ashram* monástico y, bajo su guía, a lo largo de los más de veinte años siguientes, tuve la bendición de vivir y buscar a Dios en su presencia, como su discípula y secretaria, tanto en los asuntos del *ashram* como en los administrativos. El paso de los años sólo profundizó aquel primer reconocimiento de su estatura espiritual que, maravillada, había yo experimentado. Me di cuenta de que tanto en su persona como en su activa vida de servicio para la elevación de la humanidad y en su constante intimidad con Dios —un Dios muy amado y pródigo en amor incondicional—, se le había dado al mundo un verdadero ejemplo de la esencia del *Guita.*

Paramahansaji manifestaba un absoluto dominio de la ciencia yóguica de la meditación que el Señor Krishna menciona en el *Guita.* A menudo observaba yo con cuánta facilidad él entraba en el trascendente estado de *samadhi;* todos los que estábamos presentes permanecíamos inmersos en la inefable paz y bienaventuranza que emanaban de su comunión con Dios. Con un simple toque, con una palabra o incluso una mirada, él podía hacer que otras personas despertasen a una mayor percepción de la presencia de Dios o les concedía la experiencia del éxtasis supraconsciente a aquellos discípulos que se hallaban en sintonía con él.

Un pasaje de los Upanishads dice: «El sabio que exclusivamente se ha dedicado a beber el néctar que sólo proviene de Brahma, el néctar que es el fruto de la constante meditación, se convierte en *paramahansa,* el más grande de los ascetas, y en *avadhuta,* un filósofo libre de toda mácula de mundanalidad. Al mirarle, el mundo entero se santifica. Incluso el hombre ignorante que lealmente le sirve se libera».

La descripción de Paramahansa Yogananda concuerda con la definición de un verdadero gurú: un maestro unido a Dios. Por su sabiduría, acción y amor a Dios, él era una escritura viviente. Tal como se aconseja en el *Guita,* el espíritu de renunciación y servicio de Paramahansaji estaba acompañado de una total ausencia de apego hacia las cosas materiales y hacia las alabanzas que sobre él vertían profusamente miles de seguidores. Su indomable fuerza interior y poder espiritual residían en la dulce humildad de su naturaleza, en la que el egocentrismo no tenía cabida. Incluso al referirse a sí mismo y a su obra, lo hacía desprovisto de todo sentimiento de logro personal. Puesto que había alcanzado la percepción suprema de Dios como la verdadera esencia de todo ser humano —el alma—, no conocía otra identidad que el Señor.

En el *Guita,* la culminación de las revelaciones de Krishna a Arjuna tiene lugar en el capítulo XI, en la «Visión de visiones». El Señor revela su forma cósmica: universos tras universos de inconcebible vastedad, creados y sostenidos por la infinita omnipotencia del Espíritu, que se halla consciente en forma simultánea de la más diminuta partícula de materia subatómica y del movimiento cósmico de las inmensidades galácticas, así como de cada pensamiento, sentimiento y acción de todos los seres que habitan los planos material y celestial de la existencia.

Fuimos testigos de la omnipresente conciencia de un gurú y, por consiguiente, de la esfera de su influencia espiritual, cuando Paramahansa Yogananda fue bendecido con una visión universal similar. En junio de 1948, desde bien entrada la tarde y durante toda la noche hasta cerca de las diez de la mañana del día siguiente, unos pocos discípulos tuvimos el privilegio de vislumbrar en parte esta experiencia única a través de su descripción extática de la revelación cósmica a medida que ésta se desarrollaba.

Ese asombroso acontecimiento presagiaba que su estancia en la tierra estaba llegando a su fin. Poco después, Paramahansaji comenzó a permanecer cada vez más en reclusión en un pequeño *ashram* situado en el desierto de Mojave (California), donde dedicaba el mayor tiempo posible que aún le quedase a completar sus escritos. Estos períodos en los que se concentraba en el mensaje literario que deseaba legar al mundo fueron una época privilegiada para aquellos de nosotros que tuvimos la oportunidad de estar en su presencia. Se hallaba totalmente absorto, identificado por completo con las verdades que se encontraba percibiendo en su interior y que expresaba externamente.

—El Maestro salió al jardín por unos minutos —recordó uno de los monjes que estaba trabajando en el terreno que rodeaba el retiro de Paramahansaji—. Su mirada denotaba una inconmensurable lejanía, y me dijo: «Los tres mundos están flotando en mí como burbujas». De hecho, el solo poder que irradiaba su persona me desplazó y me hizo retroceder varios pasos.

Otro monje, que entró en la habitación donde Guruji estaba trabajando, rememora:

—La vibración que había en ese cuarto era increíble; sentía como si yo estuviese adentrándome en Dios.

«Durante todo el día dicto cartas y la interpretación de las escrituras —escribió a un estudiante en ese período—, con los ojos cerrados al mundo pero permanentemente abiertos al cielo».

La labor de Paramahansaji en su comentario del *Guita* se había iniciado años antes (en 1932 había comenzado a publicarse una serie preliminar por entregas en la revista de *Self-Realization Fellowship*) y la completó durante ese período en que permaneció en el desierto. A fin de que todo ello estuviese preparado en términos literarios para su publicación en forma de libro, dicha labor incluyó una revisión del material ya escrito durante todos esos años, la clarificación y ampliación de numerosos puntos, la abreviación de pasajes que contenían duplicaciones que sólo habían sido necesarias para los nuevos lectores en la serie por entregas, y la incorporación de nuevos pensamientos inspirativos. Asimismo, añadió muchos detalles de conceptos filosóficos muy profundos del yoga que, en los primeros años, él no había intentado transmitir al público en general, teniendo en cuenta que éste aún no se hallaba familiarizado con los descubrimientos que se estaban llevando a cabo en la ciencia y que desde entonces han permitido que las mentes occidentales tengan una mejor comprensión de la cosmología que se presenta en el *Guita,* así como una mayor visión de la estructura física, mental y espiritual del hombre.

Para colaborar en el trabajo editorial, Gurudeva contó con la ayuda de Tara Mata (Laurie V. Pratt), una discípula sumamente avanzada que le había conocido en 1924 y que había trabajado con él en sus libros y otros escritos en diversas oportunidades durante un período de más de veinticinco años. Sé con toda certeza que Paramahansaji no hubiese permitido que este libro fuese publicado sin el debido reconocimiento y encomio del papel desempeñado por esta fiel discípula. «Ella fue un gran yogui —me dijo— que vivió en la India alejado del mundo durante numerosas vidas. En la presente vida ha venido con el objeto de servir a esta obra». En muchas ocasiones, él expresó en público su elogiosa evaluación de la perspicacia literaria y sabiduría filosófica de Tara Mata: «Ella es la mejor editora del país, tal vez del mundo entero. Con excepción de mi gran gurú, Sri Yukteswar, no hay otra persona con quien me haya deleitado más hablar sobre filosofía hindú que Laurie».

En los últimos años de su vida, Paramahansaji también comenzó a entrenar a otra discípula monástica a la que había elegido para editar sus escritos: Mrinalini Mata. Gurudeva nos dejó claro a todos el papel para el que la estaba capacitando, dándole instrucciones personales sobre todos los aspectos relacionados con sus enseñanzas y sobre sus deseos para la preparación y presentación de sus escritos y charlas.

Cierto día, hacia el final de la vida del Maestro en la tierra, él nos confió lo siguiente:

—Estoy muy preocupado por Laurie. Su salud no le permitirá completar el trabajo que debe llevar a cabo con mis escritos.

Conociendo la gran confianza que el gurú tenía en Tara Mata, Mrinalini Mata expresó su preocupación:

—Pero, Maestro, ¿quién podrá entonces desempeñar esa tarea?

—Tú lo harás —respondió Gurudeva con tranquila firmeza.

En los años posteriores al *mahasamadhi* de Paramahansaji, acaecido en 1952, Tara Mata continuó de manera ininterrumpida publicando (por entregas) en la revista los comentarios del Gurú sobre cada uno de los versos del *Bhagavad Guita,* no obstante las numerosas responsabilidades que consumían su tiempo como miembro del Consejo Directivo de *Self-Realization Fellowship* y editora jefe de todas las publicaciones de la organización. Sin embargo, aun cuando era la intención de Guruji que Tara Mata completara la preparación del manuscrito del *Guita,* ella falleció, como él había intuido, antes de concluir esta tarea. Dicha responsabilidad recayó entonces sobre los hombros de Mrinalini Mata. Ella es, tal como Guruji lo previó, la única persona que pudo haber realizado esta tarea apropiadamente, después del deceso de Tara Mata, gracias al entrenamiento que durante años recibió de Paramahansaji y a su sintonía con los pensamientos del Gurú.

La publicación de la traducción y comentario del *Bhagavad Guita* de Paramahansa Yogananda constituye la gozosa culminación de numerosos años de expectativa. Es, en verdad, un hito en la historia de *Self-Realization Fellowship,* que en el presente año celebra su septuagésimo quinto aniversario[1].

Paramahansa Yogananda desempeñó un doble papel en esta tierra. Su nombre y sus actividades se hallan identificados de modo especial con la organización mundial que él fundó: *Self-Realization Fellowship/ Yogoda Satsanga Society of India;* y para los miles de personas que adoptan sus enseñanzas de *Kriya Yoga* —las cuales difunde SRF/YSS—, él es su gurú. Pero él es también lo que en sánscrito se denomina *jagadgurú:* un maestro mundial, cuya vida y mensaje universales son fuente de inspiración y elevación para numerosos seguidores de diversos senderos y religiones, siendo su legado espiritual una bendición para el mundo entero.

Recuerdo su último día en la tierra, el 7 de marzo de 1952. Gurudeva estuvo muy callado; su conciencia se hallaba en un estado de recogimiento interior aún más profundo que el habitual. Durante ese día, los discípulos vimos en varias ocasiones que sus ojos no se encontraban enfocados en este mundo, sino que contemplaban el trascendente reino de la presencia de Dios. Si llegaba a hablarnos, lo hacía con gran cariño, consideración y amabilidad. Sin embargo, lo que más vívidamente se destaca en mi memoria es que todos los que entraban en su habitación percibían la influencia que ejercían las vibraciones de profunda paz y de intenso amor divino que emanaban de él. Parecía como si la Madre Divina misma —ese aspecto del Infinito Espíritu

---

[1] Paramahansa Yogananda llegó a Estados Unidos el 19 de septiembre de 1920 para fundar *Self-Realization Fellowship,* cuyo propósito es difundir mundialmente la antigua ciencia del yoga, originaria de la India. *(Nota del editor).*

personificado como tierno cuidado y compasión, el amor incondicional que constituye la salvación del mundo— le hubiese poseído por completo y estuviera emitiendo a través de él oleadas de amor para abrazar a toda su creación.

Esa tarde, durante una gran recepción en honor del embajador de la India, en que Paramahansaji era el principal orador, el gran Gurú abandonó su cuerpo para sumergirse en la Omnipresencia.

Como ocurre con todas esas almas extraordinarias que han venido a la tierra como salvadores de la humanidad, la influencia de Paramahansaji ha perdurado después de su partida. Sus seguidores le consideran un *Premavatar,* una encarnación del amor divino. Él vino a traernos el amor de Dios con la finalidad de despertar a los corazones que duermen sumidos en el olvido de su Creador y ofrecer el sendero de la iluminación a aquellos que ya han iniciado su búsqueda espiritual. Al recorrer las páginas del manuscrito del *Guita,* sentí nuevamente en los comentarios de Paramahansaji el magnetismo del amor divino que nos llama siempre a buscar a Dios —la Meta Suprema de todas las almas humanas— y que nos promete su protectora presencia a lo largo de todo el camino.

Una y otra vez, oigo reverberar como un eco en el interior de mi propia alma la excelsa Oración Universal de Paramahansa Yogananda, aquella que tal vez caracteriza mejor tanto la fuerza que respalda su misión universal como la inspiración que le llevó a ofrecernos esta esclarecedora revelación del sagrado *Bhagavad Guita:*

Padre Celestial, Madre, Amigo, Bienamado Dios,
que tu amor brille para siempre en el santuario de mi devoción
y que pueda yo despertar tu amor en todos los corazones.

Los Ángeles
19 de septiembre de 1995

Introducción

El *Bhagavad Guita* es la más amada de las escrituras de la India, la escritura que ocupa un lugar preeminente. Constituye el Sagrado Testamento o Biblia de los hindúes, el único libro al que todos los maestros recurren como fuente suprema de autoridad en materia de escritos de inspiración divina. *Bhagavad Guita* significa «El canto del Espíritu», la divina comunión entre el hombre y su Creador basada en la percepción de la verdad, las enseñanzas del Espíritu manifestadas a través del alma, las cuales han de entonarse sin cesar.

La doctrina panteísta del *Guita* declara que Dios lo es todo. Sus versos celebran también el descubrimiento del Absoluto —el Espíritu que se encuentra más allá de la creación— como la oculta Esencia de toda manifestación. La naturaleza, con su infinita diversidad y sus leyes inexorables, se ha desarrollado a partir de la Realidad Única a través de la ilusión cósmica, *maya*, la «Mágica Medidora» que hace que el Uno adquiera la apariencia de muchos, cada uno de los cuales adopta su propia individualidad: una infinidad de formas e inteligencias que aparentemente existen separadas de su Creador. Así como la persona que sueña puede dividir su conciencia única en un gran número de seres oníricos dentro de un mundo onírico, así también Dios, el Soñador Cósmico, a partir de su propio Ser Único, ha dividido su conciencia convirtiéndola en todas las manifestaciones cósmicas, dotadas de alma individualizada y de un ego que les permite soñar sus existencias personalizadas dentro del drama del Sueño Universal establecido por la Naturaleza.

El tema principal del Bhagavad Guita

El tema principal que se reitera a lo largo del *Guita* es que el ser humano debe adherirse a *sannyasa*, es decir, renunciar a la conciencia de este ego que a través de *avidya*, la ignorancia, se ha arraigado en el ser físico del hombre. Al desistir de todos los deseos provenientes del ego y de su entorno —causantes de la separación entre el ego y el Espíritu— y unirse de nuevo con el Soñador Cósmico por medio de la meditación extática del yoga —*samadhi*—, el hombre se desprende de las coercitivas fuerzas de la naturaleza que perpetúan la engañosa dicotomía entre el Ser y el Espíritu, hasta que finalmente las disuelve. En el estado de *samadhi*, el onírico engaño cósmico llega a su fin y el extático ser onírico despierta al unificarse con la conciencia cósmica pura del Ser Supremo: la siempre existente, siempre consciente y eternamente renovada Bienaventuranza.

Esta percepción de Dios no se obtiene con la simple lectura de un libro, sino sólo al vivir cada día la verdad mencionada, según la cual la vida es un espectáculo de variedades en el que se proyectan películas oníricas colmadas de los peligros de la dualidad —villanos entregados al mal y heroicas aventuras en favor del bien—, y mediante la práctica de la meditación profunda del yoga que une la conciencia humana con la conciencia cósmica de Dios. Por eso, en las páginas del *Guita* se exhorta al buscador a emprender la acción correcta (física, mental y espiritual) que ha de conducirle a dicha meta. De Dios provenimos, y nuestro destino final es retornar a Él. El fin y el medio para alcanzar esa meta es el yoga, la ciencia eterna de la unión con Dios.

Tan exhaustivo es el *Guita* como guía espiritual que se le considera la esencia de los cuatro voluminosos Vedas, los 108 Upanishads y los seis sistemas de la filosofía hindú. Sólo mediante el estudio y el entendimiento intuitivos de estos tratados o estableciendo contacto con la Conciencia Cósmica puede uno comprender el *Bhagavad Guita* en su totalidad. En efecto, las verdades esenciales que subyacen a todas las grandes escrituras del mundo hallan en la infinita sabiduría de los sólo 700 concisos versos del *Guita* una concordancia que es común a todas ellas.

Todo el conocimiento del cosmos se halla contenido en el *Guita*. Sumamente profundo y, no obstante, redactado en un revelador lenguaje de consoladora belleza y simplicidad, el *Guita* ha sido comprendido y aplicado en todos los órdenes de la actividad y del esfuerzo espiritual del hombre, cobijando bajo su amparo a una amplia gama de seres humanos —cada uno con su dispar naturaleza y sus diferentes necesidades—. Dondequiera que uno se halle en el camino de regreso a Dios, el *Guita* proyectará su luz sobre ese tramo del recorrido.

EL ORIGEN HISTÓRICO DEL *GUITA*

EL ARTE REVELA LA MENTALIDAD de un pueblo —el dibujo rudimentario de una flecha indica una mente rudimentaria—, pero la literatura de una civilización es un indicio mucho más certero acerca de una cultura determinada. La literatura es el indicador de la mentalidad de una nación. La India ha conservado en su literatura una cultura muy avanzada que data de una gloriosa edad dorada de tiempos pretéritos. Desde la época remota de fecha desconocida en la que se originaron por primera vez los Vedas, pasando por el majestuoso despliegue posterior de una poesía y una prosa sublimes, los hindúes han dejado registro de su civilización no en monolitos de piedra ni en edificios derruidos, sino en la arquitectura de sus ornamentados escritos, esculpidos en el eufónico lenguaje del sánscrito. La composición misma del *Bhagavad Guita* —su retórica, aliteraciones, dicción, estilo y armonía— demuestra que la India había transitado hacía ya largo tiempo las etapas de crecimiento material e intelectual y había alcanzado una elevada cima de espiritualidad[1].

Al igual que sucede con numerosos textos y escrituras antiguos de la India, la edad y autoría del *Guita* continúa siendo un atractivo tema de investigación y debate, tanto intelectual como académico. Los versos del *Guita* se hallan en el libro sexto de los dieciocho que conforman el *Mahabharata,* el gran poema épico de la India, en el Bhishma Parva, secciones 23 a 40. En 100.000 pareados, esta epopeya de venerable antigüedad, que tal vez sea el poema más extenso de la literatura universal, relata la historia de los descendientes del rey Bharata, los Pandavas y los Kauravas, primos entre sí, cuya disputa por el reino fue la causa de la cataclísmica guerra de Kurukshetra. El *Bhagavad Guita,* el sagrado diálogo acerca del yoga entre Bhagavan Krishna, que era tanto un rey terrenal como una encarnación divina, y su principal discípulo, el príncipe pandava Arjuna, tiene lugar, supuestamente, en vísperas de esta pavorosa guerra.

La autoría del *Mahabharata,* incluida la parte correspondiente al *Guita,* se atribuye tradicionalmente al santo iluminado Vyasa, cuyos

---

[1] El legado de las escrituras hindúes muestra que la civilización de la India se remonta mucho más atrás en el tiempo de lo que los historiadores occidentales contemporáneos reconocen. Swami Sri Yukteswar, en *La ciencia sagrada* (*Self-Realization Fellowship,* Los Ángeles), calcula que la Edad de Oro, en la cual la civilización material y espiritual de la India alcanzó su pináculo, concluyó aproximadamente en el 6700 a. C., después de haber florecido durante muchos miles de años antes de esa fecha. En la literatura religiosa de la India figuran numerosas generaciones de reyes y sabios que vivieron con anterioridad a los acontecimientos que constituyen el tema principal del *Mahabharata.* En el *Guita* mismo, Krishna describe el prolongado descenso de la cultura espiritual de la India desde una Edad de Oro hasta la época en que él mismo vivió, a lo largo del cual se fue perdiendo poco a poco el conocimiento del yoga. «La mayoría de los antropólogos, creyendo que hace 10.000 años la humanidad estaba sumida en la barbarie de la Edad de Piedra, descartan sumariamente como "mitos" las tradiciones muy difundidas de la existencia de antiquísimas civilizaciones en Lemuria, Atlántida, India, China, Japón, Egipto, México y muchas otras regiones», señala un pasaje de *Autobiografía de un yogui.* Ciertas investigaciones científicas recientes, sin embargo, están comenzando a sugerir que es preciso reevaluar la veracidad de las cronologías de la antigüedad. *(Nota del editor).*

datos históricos exactos se desconocen[2]. Se afirma que los *rishis* védicos manifestaron su inmortalidad al aparecer ante la humanidad en diferentes épocas con el objeto de desempeñar un papel en la elevación espiritual del hombre. De ese modo, aparecieron y reaparecieron en diversos momentos a lo largo del extenso período que abarcó la revelación de las escrituras de la India —un fenómeno que desconcierta a los eruditos, que confían más en los hechos que en la fe, en una época oscura en que el ser humano ha aprendido a usar apenas el diez por ciento de su capacidad cerebral y la utiliza de modo bastante torpe en la mayoría de los casos—. Ya sea conservando su forma física al igual que lo hace Mahavatar Babaji (como se relata en *Autobiografía de un yogui*) o permaneciendo inmersos en el Espíritu, estos seres inmortales emergen de tiempo en tiempo y se expresan de modo tangible ante los hombres.

Mientras se hallan en un estado de absoluta unidad con el Espíritu, tal como lo estaba el sabio Vyasa, los seres divinos no pueden registrar por escrito sus indescriptibles percepciones espirituales. Para poder impartir la verdad a los hombres, las almas que han alcanzado la realización divina deben descender de su estado de unidad con el Espíritu, estado que está libre de la impureza de la dualidad, al de la conciencia humana, que está gobernado por la ley de la relatividad. Cuando la pequeña alma recibe la bendición de fundirse con el vasto océano del gozoso Espíritu, tiene la precaución de no perder su identidad si desea regresar y compartir sus experiencias sobre el Infinito con la finalidad de ayudar a la iluminación del mundo.

La tradición asocia a Vyasa con muchas obras literarias, en especial la organización de los cuatro Vedas (por lo cual ha recibido el nombre de «Vedavyasa»), la compilación de los Puranas (libros sagrados que ilustran el conocimiento védico a través de relatos históricos y legendarios acerca de antiguos avatares, santos y sabios, reyes y héroes de la India) y la autoría del poema épico *Mahabharata,* el cual, según se supone, fue escrito por Vyasa ininterrumpidamente, a lo largo de dos años y medio, en un apartado retiro del Himalaya donde transcurrió la

[2] En el prólogo de su traducción del *Bhagavad Guita* al latín, el célebre filósofo alemán A. W. Schlegel escribió acerca del autor del *Guita:* «¡Oh tú, cantor sagrado, inspirado intérprete de la divinidad! Cualquiera que haya sido tu nombre entre los mortales, yo te reverencio. ¡Salve, oh autor de ese imponente poema, cuyos oráculos elevan el alma a un estado de gozo inefable, hacia todo lo que es sublime, eterno y divino! Lleno de veneración, te rindo homenaje por encima de todos los cantores y te profeso mi incesante adoración por la huella que tus pasos han dejado».

etapa final de su vida. Y no sólo escribió el *Mahabharata* y el sagrado discurso del *Guita* que forma parte de él, sino que aparece a lo largo del relato desempeñando un papel significativo en relación con los sucesos y asuntos de los Pandavas y los Kauravas. De hecho, Vyasa constituye la rama paterna de estos personajes principales a través de los dos hijos que él engendró: Pandu y Dhritarashtra.

Por lo general, se reconoce que el *Guita* es anterior a la era cristiana. El testimonio que se desprende del *Mahabharata* mismo es que la guerra de Kurukshetra tuvo lugar hacia fines de *Dwapara Yuga,* cuando el mundo estaba a punto de descender a la Era Oscura o *Kali Yuga.* (Los *yugas* o ciclos mundiales se explican en el comentario sobre el verso 1 en el capítulo IV). Tradicionalmente, muchos hindúes fijan el comienzo del último *Kali Yuga* descendente en el año 3102 a. C., con lo cual sitúan la guerra de Kurukshetra que se describe en el *Mahabharata* algunas décadas antes de esta fecha[3]. Eruditos tanto de

---

[3] El gurú de Paramahansa Yogananda, Swami Sri Yukteswar, que era una gran autoridad en astrología védica así como un maestro que se hallaba en comunión con Dios, señaló un error en los cálculos comúnmente aceptados con los que se determinan las fechas de los *yugas:* «El error apareció en los almanaques por vez primera durante el reino del Rajá Parikshit, inmediatamente después de haberse completado el último *Dwapara Yuga* descendente. En aquella época, al notar el Maharajá Yudhisthira [el mayor de los cinco hermanos pandavas del relato del *Mahabharata*] el advenimiento de la oscuridad de *Kali Yuga,* abdicó del trono en favor de su nieto, el Rajá Parikshit. El Maharajá Yudhisthira y todos los sabios de su corte se retiraron al Himalaya, el paraíso del mundo. Fue así como no quedó en la corte del Rajá Parikshit persona alguna capaz de comprender el principio en que se basaba el cálculo correcto de las edades de los distintos *yugas.* Luego de haberse completado los 2.400 años de aquel *Dwapara Yuga,* nadie osó hacer hincapié aún más en el advenimiento del oscuro *Kali Yuga;* así pues, se evitó poner fin a la numeración de los años de *Dwapara Yuga* y, por lo tanto, no se comenzó a numerar los años de *Kali Yuga* con el número uno. Debido al erróneo método al que se ciñeron los cálculos, el primer año de *Kali Yuga* fue numerado 2401, como si fuese la continuación de la era de *Dwapara Yuga*».

Por eso, aunque se sabía que el mundo se encontraba en *Kali Yuga,* se fijó el año inicial de ese *yuga* 2.400 años antes de lo que realmente correspondía. (Incluso cuando se señaló, siglos después, que las escrituras especifican que la duración de *Kali Yuga* es de 1.200 años, los cálculos erróneos persistieron, porque hubo eruditos que supusieron que estos 1.200 años eran «años de los dioses», cada uno con una duración de 360 años ordinarios. Desde esa época, por lo tanto, se sostuvo que *Kali Yuga* duraba 432.000 años en vez de 1.200. «¡Un panorama sombrío! —escribió Sri Yukteswar— y, afortunadamente, falso»).

Sri Yukteswar afirmó que en realidad fue *Dwapara Yuga* descendente —y no *Kali*— la era que dio comienzo alrededor de 3100 a. C.; *Kali,* señaló él, se inició aproximadamente en el año 700 a. C. (3.100 menos 2.400). Puesto que hay un período de transición de 200 años entre el final de *Dwapara Yuga* propiamente dicho y el comienzo de *Kali,* la partida de Yudhisthira y los demás Pandavas, que según se describe en el *Mahabharata*

Oriente como de Occidente han propuesto diversas fechas en relación con los sucesos del *Mahabharata;* algunos de ellos basan sus estimaciones en los indicios arqueológicos, y otros, en las referencias que se hacen en el poema a fenómenos astronómicos específicos tales como los eclipses, los solsticios, la posición de las estrellas y las conjunciones planetarias. Mediante estos métodos, las dataciones propuestas para la guerra de Kurukshetra oscilan entre fechas tan tempranas como 6000 a. C. y tan recientes como 500 a. C., ¡lo cual no puede considerarse un consenso categórico![4]

En esta publicación no se pretende agregar ninguna información a la obra de los investigadores y comentaristas académicos que se han dedicado por largo tiempo y con gran esmero a catalogar y clasificar

---

ocurrió al final de *Dwapara Yuga* (treinta y seis años después de la guerra de Kurukshetra), pudo haber tenido lugar alrededor del año 900 a. C. según los cálculos de Sri Yukteswar —o antes si uno considera que el relato del *Mahabharata* sólo indica que los Pandavas partieron en un momento cercano al fin de *Dwapara Yuga,* y no literalmente en el último año de esa era.

El final del último *Dwapara Yuga* descendente y el advenimiento subsecuente de la ignorancia espiritual propia de las Edades Oscuras dieron también lugar al comienzo del período en que la humanidad en su mayoría perdió de vista el verdadero conocimiento de la ciencia del yoga, tal como fue impartido por Bhagavan Krishna y que se menciona en el *Bhagavad Guita.* La reintroducción de esta ciencia en la era moderna por Mahavatar Babaji (en la forma de la técnica de *Kriya Yoga*) sólo fue posible cuando la humanidad superó la ignorancia de las Edades Oscuras y gradualmente despertó en su interior el nivel de comprensión correspondiente al actual *Dwapara Yuga* ascendente. (Véase el comentario sobre el verso 1 en el capítulo IV; páginas 505 ss.). *(Nota del editor).*

[4] En el libro *Astronomical Dating of the Mahabharata War* [Determinación astronómica de la fecha en que se libró la guerra del Mahabharata] (Agam Kala Prakashan, Delhi, 1986), el Dr. E. Vedavyas examinó las investigaciones realizadas por 120 eruditos a lo largo de los últimos cien años. Sesenta y uno de los estudiosos establecieron que la guerra de Kurukshetra había ocurrido entre los años 3000 y 3200 a. C. El período que ocupó el segundo lugar en las preferencias de estas investigaciones —y del que son partidarios cuarenta de los especialistas— fue entre 1000 y 1500 a. C.

En 1987, un grupo de arqueólogos descubrió, bajo las aguas del golfo de Kutch, las ruinas de una próspera ciudad de la antigüedad a poca distancia de las costas occidentales de la India —la ubicación exacta en que la tradición sitúa Dwarka, la ciudad fundada por Sri Krishna—. El *Mahabharata* describe la forma en que, al final de la vida de Krishna, el nivel del mar creció y Dwarka se hundió por completo. Según la publicación *MLBD Newsletter of Indological Bibliography* (septiembre de 1987 y enero de 1988), los arqueólogos creen que las ruinas recientemente descubiertas pueden haber sido el emplazamiento de la capital de Krishna, y estiman que las ruinas tienen una antigüedad aproximada de 3.500 años. Si este hallazgo aporta o no una fecha exacta en relación con la vida de Krishna es algo que está abierto a la especulación, puesto que se sabe que Dwarka fue edificada sobre las ruinas de una ciudad más antigua, según señala el Dr. S. R. Rao, quien dirige la excavación submarina. *(Nota del editor).*

datos tan preciados para los historiadores como la autoría y el marco histórico, o determinar si los nombres, lugares y acontecimientos se corresponden con los hechos. Estos datos, ya sean especulativos o comprobados, tienen su lógico lugar en la biblioteca mundial del conocimiento. Mi único propósito, en cambio, es hacer referencia al mensaje exotérico y esotérico —material y espiritual— del *Bhagavad Guita* que toma como base la forma y los relatos del *Guita* que han llegado hasta nosotros, desde los registros universales de la verdad inmemorial, a través de los sabios que conocen a Dios. Lo que tal vez desafía el examen más autorizado hecho por una determinada generación puede resultar un conocimiento bastante común en eras más elevadas que reflejan esos períodos de mayor iluminación espiritual en que tales escrituras se originaron.

El Guita *como relato histórico y como alegoría espiritual*

Los textos sagrados de la antigüedad no hacen una diferenciación clara entre lo histórico y lo simbólico; más bien, en numerosas ocasiones, entrelazan ambos en la tradición de las escrituras reveladas. Los profetas tomaban casos de la vida cotidiana y acontecimientos de la época y, a partir de ellos, establecían símiles con el fin de expresar sutiles verdades espirituales. Al común de la gente no le sería posible concebir las profundidades del conocimiento divino si éste no estuviera definido en términos habituales. Cuando los profetas de las escrituras escribían en metáforas y alegorías más crípticas —como ocurría a menudo—, era para ocultar de las mentes ignorantes, que no se encontraban espiritualmente preparadas, las revelaciones más profundas del Espíritu. Así fue cómo el sabio Vyasa escribió, con aguda inteligencia, el *Bhagavad Guita,* en el lenguaje del símil, la metáfora y la alegoría, entretejiendo hechos históricos con verdades psicológicas y espirituales, pintando con palabras un cuadro de las tumultuosas batallas interiores que debe librar tanto el hombre materialista como el espiritual. Bajo la dura cáscara de la simbología, ocultó los significados espirituales más profundos, para protegerlos de la devastadora ignorancia propia de las Edades Oscuras hacia las cuales la civilización se estaba precipitando en coincidencia con el fin de la encarnación de Sri Krishna sobre la tierra.

En términos históricos —y en el umbral de una guerra tan horrenda como la que se relata en el *Mahabharata*—, es muy poco probable que, como se describe en el *Guita,* Krishna y Arjuna detuvieran su carro en campo abierto, entre los dos ejércitos contendientes en Kurukshetra, y allí entablasen una extensa disertación acerca del yoga.

Si bien muchos de los principales acontecimientos y personajes que forman parte del voluminoso *Mahabharata* están basados realmente en hechos históricos, su exposición poética dentro de la epopeya ha sido organizada de una manera práctica y plena de significado —y fue condensada de un modo maravilloso en la parte que corresponde al *Bhagavad Guita*— con el principal objeto de exponer la esencia del *Sanatana Dharma* de la India, la Religión Eterna.

Al interpretar una escritura, no se deben ignorar, por lo tanto, los hechos y elementos históricos con los que se reviste la formulación de la verdad. Es preciso distinguir entre la simple ilustración de una máxima moral o referencia a un fenómeno espiritual y aquella que tiene una connotación esotérica más profunda. Es necesario reconocer las señales de convergencia entre los ejemplos materiales y las doctrinas espirituales, sin tratar de deducir necesariamente, de cada uno de ellos, un significado oculto. Hay que saber cómo intuir las indicaciones y las declaraciones expresas del autor sin inferir significados que jamás se pretendían y sin dejarse engañar por el entusiasmo y el hábito imaginativo de intentar extraer un sentido espiritual de cada palabra o afirmación.

La forma correcta de comprender las escrituras es a través de la intuición, estableciendo una sintonía con la realización interior de la verdad.

UNA NUEVA REVELACIÓN DEL *BHAGAVAD GUITA* PARA EL MUNDO MODERNO

MI GURÚ Y MIS PARAMGURÚS —Swami Sri Yukteswar, Lahiri Mahasaya y Mahavatar Babaji— son *rishis* de la era actual, maestros dotados de la realización de Dios y, por sí mismos, constituyen escrituras vivientes. Ellos han legado al mundo —junto con la técnica científica del *Kriya Yoga,* perdida durante largo tiempo— una nueva exposición del sagrado *Bhagavad Guita,* relacionada ante todo con la ciencia del yoga y, en particular, con el *Kriya Yoga*[5].

Mahavatar Babaji, que es uno en Espíritu con Krishna, transfirió intuitivamente, por medio de su gracia, el verdadero conocimiento del *Bhagavad Guita* a su discípulo Lahiri Mahasaya —un *yogavatar,* «Encarnación del Yoga»—, y a través de él revivió la ciencia del *Kriya Yoga* con la finalidad de que sea la técnica de salvación de la humanidad en

[5] La vida y misión de estos maestros iluminados se relata en *Autobiografía de un yogui* (publicada por *Self-Realization Fellowship;* véase la página 706).

la presente era. Lahiri Mahasaya mismo jamás escribió libro alguno, pero sus divinas exposiciones sobre las escrituras se expresaron a través de los escritos de varios de sus discípulos avanzados. De entre sus más grandes discípulos, fueron Swami Sri Yukteswar, Swami Pranabananda y Panchanon Bhattacharya quienes registraron sus explicaciones acerca del *Guita*. Panchanon Battacharya, fundador de la Arya Mission Institution de Calcuta, publicó la primera pequeña edición del *Bhagavad Guita* con la interpretación de Lahiri Mahasaya. Más tarde, mi gurú Sri Yukteswarji —un *guianavatar,* «Encarnación de la sabiduría»— explicó, con su inigualable minuciosidad, los primeros nueve y más significativos capítulos del *Guita* según la interpretación de Lahiri Mahasaya.

Posteriormente, el gran Swami Pranabananda, «el santo con dos cuerpos» (acerca del cual escribí en mi *Autobiografía de un yogui*), hizo una asombrosa interpretación de la interpretación que Lahiri Mahasaya había realizado del *Guita* completo. El eminente yogui Bhupendra Nath Sanyal, de quien tengo un gran concepto, publicó también una notable edición de la interpretación que Lahiri Mahasaya efectuó del *Guita.* Tengo la bendición de haberme sentido sumamente inspirado con la divina visión y el método perceptivo con que Lahiri Mahasaya explicó el *Guita,* escritura que conocí por vez primera a través de mi Maestro.

Mediante la ayuda de un gurú que posee la realización divina, el devoto aprende a utilizar el cascanueces de la percepción intuitiva para romper la dura cáscara del lenguaje y la ambigüedad y llegar al meollo de la verdad oculto en las máximas de las escrituras. Mi gurú, Swami Sri Yukteswar, nunca me permitió leer una sola estrofa del *Bhagavad Guita* (o de los aforismos de Patanjali, el mayor exponente del Yoga en la India) por mero interés teórico. El Maestro me hacía meditar en las verdades espirituales hasta que yo me volvía uno con ellas; únicamente entonces solía debatirlas conmigo[6]. En cierta ocasión, cuando debido a mi entusiasmo apremié al Maestro para que me enseñase con mayor rapidez, él me reprendió con severidad: «Ve y termina de leer el *Guita;* ¿para qué vienes a estudiarlo conmigo?». Tras haber recobrado la calma, apaciguada ya mi ansiedad intelectual, me aconsejó ponerme en sintonía con Dios, tal como Él se manifestó en Krishna, Arjuna y Vyasa cuando el mensaje del *Guita* fue revelado a través de ellos.

De este modo, durante aquellos preciados años que permanecí en

---

[6] «La sabiduría no se asimila con los ojos, sino con los átomos —decía Sri Yukteswar—. Cuando la convicción de una verdad no esté únicamente en tu cerebro, sino en todo tu ser, entonces quizás podrás dar testimonio de su significado».

la bendita compañía del Maestro, él me dio la clave para descifrar los misterios de las escrituras sagradas. (De él también aprendí a entrar en sintonía con Cristo a fin de interpretar sus palabras tal como él quiso que se comprendiesen). El ejemplo de mi Maestro era su propio gurú, Lahiri Mahasaya. Cuando los discípulos y estudiantes le solicitaban instrucción al Yogavatar, él solía cerrar los ojos y leer en voz alta del libro de la percepción divina de su propia alma. Sri Yukteswar hacía lo mismo; y éste fue el método que él me enseñó. Me siento colmado de gratitud hacia mi Maestro por este entrenamiento, ya que dentro del alma existe un manantial de infinito conocimiento espiritual que yo jamás podría haber adquirido en toda una vida de estudio intelectual. Ahora, cuando tomo mi pluma, o miro hacia mi interior y hablo, tal conocimiento divino me inunda en oleadas sin límite.

El Maestro también me enseñó la simbología específica que de manera singular se halla presente en los versos iniciales del capítulo I del *Guita* y en algunos aforismos de Patanjali relacionados con ellos. Cuando él consideró que había yo logrado dominar este conocimiento mediante sus instrucciones y la creciente percepción intuitiva que surgía de mi meditación, declinó seguir enseñándome. Anteriormente, él ya había profetizado que yo llevaría a cabo una interpretación del *Guita.* Me dijo: «No desearás comprender y explicar el *Guita* de acuerdo con tus propios conceptos o conforme a las distorsiones propias del intelecto. Querrás interpretar para el mundo el verdadero diálogo entre Krishna y Arjuna, tal como fue percibido por Vyasa y te sea revelado a ti».

El *Bhagavad Guita* que ofrezco al mundo, *Dios habla con Arjuna,* es un comentario espiritual acerca de la comunión que tiene lugar entre el Espíritu omnipresente (simbolizado por Krishna) y el alma del devoto ideal (representado por Arjuna). He alcanzado el entendimiento espiritual que se expresa en estas páginas al ponerme en sintonía con Vyasa y a través de la percepción del Espíritu en su aspecto de Dios de la creación que infunde sabiduría al Arjuna despierto en mi interior. Me identifiqué con el alma de Arjuna y comulgué con el Espíritu; dejemos que el resultado hable por sí mismo. No estoy ofreciendo una interpretación, sino relatando lo que percibí, en diversos estados de éxtasis, cuando el Espíritu vertía su sabiduría en la intuición devocional de un alma en sintonía.

Numerosas verdades ocultas en el *Guita* durante muchas generaciones se están expresando por primera vez en inglés a través de mí. Y reitero nuevamente que debo mucho a mis paramgurús, Mahavatar

Babaji y Lahiri Mahasaya, y a mi Gurudeva, por sus revelaciones, que han inspirado el nacimiento de una nueva exposición del *Guita* y, sobre todo, por haber bendecido mi tarea con su gracia. Esta obra no me pertenece a mí, sino a ellos, y a Dios, Krishna, Arjuna y Vyasa.

LA ALEGORÍA ESPIRITUAL OCULTA EN EL *GUITA*

LA TOTALIDAD DE LOS HECHOS y de la sabiduría se encuentra grabada en forma permanente en el superéter de la omnisciencia, el archivo akáshico o etérico. Un sabio avanzado tiene libre acceso a dicho archivo en cualquier momento y lugar. Fue así como Vyasa pudo percibir en detalle el período histórico completo de la dinastía del rey Bharata cuando posteriormente concibió el *Mahabharata* y decidió escribir el relato épico como una metáfora espiritual basada en sucesos y personajes históricos.

El hecho de que las instrucciones y revelaciones del *Bhagavad Guita* le sean adjudicadas a Bhagavan Krishna —aunque es muy probable que no fueran enunciadas como un único discurso en medio del campo de batalla— concuerda con la misión terrenal que Krishna debía desempeñar en esa encarnación como *Yogeshvar,* «Señor del Yoga». En el capítulo IV, Krishna revela su papel en la diseminación de la eterna ciencia del yoga. La sintonía de Vyasa con Krishna lo facultó para compilar, sobre la base de sus propias percepciones interiores, las sagradas revelaciones de Sri Krishna en la forma de un discurso divino y presentarlas simbólicamente como un diálogo entre Dios y un devoto ideal que se sumerge en el profundo estado extático de comunión interior.

Puesto que Vyasa era un alma liberada, sabía cómo Arjuna —el devoto perfecto— había hallado la liberación a través de Krishna; y cómo, aplicando la ciencia del yoga que le impartió su sublime gurú, había sido liberado por Dios. Por esa razón, Vyasa pudo escribir acerca de este suceso como un diálogo entre el alma y el Espíritu expuesto en la forma del *Bhagavad Guita.*

Por consiguiente, en el *Guita,* cuando Bhagavan (Dios) habla con Arjuna, es preciso comprender que Dios está revelando estas verdades a través de la intuición del devoto receptivo (Arjuna). Por otro lado, cuando Arjuna le formula preguntas a Dios, debemos entender que el devoto meditativo está comulgando con Dios a través de sus silenciosos pensamientos. El devoto avanzado puede traducir a palabras de cualquier idioma la silente comunión intuitiva entre su alma y Dios; fue así como Vyasa reprodujo la experiencia interior entre su alma y Dios como el diálogo del *Bhagavad Guita* entre el alma despierta de Arjuna y su omnipresente preceptor, Dios encarnado en Krishna.

Al lector le quedará claro, después de leer con detenimiento algunos de los versos del primer capítulo, que el marco histórico de la batalla y los contendientes que participaron en ella han sido utilizados para ilustrar la batalla psicológica y espiritual que se libra entre las cualidades del discernimiento puro, en sintonía con el alma, y la mente ciega, encaprichada con los sentidos, que se encuentra bajo el engañoso influjo del ego. En apoyo de esta analogía, se muestra la exacta correspondencia entre los atributos materiales y espirituales del ser humano, tal como los describió Patanjali en sus *Yoga Sutras,* y los contendientes en lucha mencionados en el *Guita:* el clan de Pandu, que representa la Inteligencia Pura, y el del rey ciego Dhritarashtra, que representa la Mente Ciega con su prole de tendencias sensoriales negativas.

El triple significado del Guita: *material, astral y espiritual*

Como en la mayoría de las escrituras —cuyo propósito es ser fuente de inspiración para la sociedad, tanto para materialistas y moralistas como para aquellos que buscan iluminación espiritual y a Dios—, al leer el *Bhagavad Guita* se encuentra un triple significado: material, astral y espiritual, que es aplicable al hombre en todos los niveles de su ser —cuerpo, mente y alma—. El ser humano encarnado está revestido de un cuerpo físico de materia inerte, el cual está animado por un sutil cuerpo astral interno de energía vital dotado de poderes sensoriales; tanto el cuerpo astral como el cuerpo físico se han desarrollado a partir de un cuerpo causal de conciencia, que es la fina cubierta que le confiere existencia y forma individual al alma. Dentro de esta perspectiva general, la interpretación material del *Guita* atañe a los deberes físicos y sociales y al bienestar del hombre. Puesto que el carácter del hombre es el resultado de los principios astrales sensorios y de energía vital que nacen de la naturaleza y que influyen sobre la formación de hábitos, inclinaciones y deseos, la interpretación astral se lleva a cabo desde un punto de vista moral y psicológico. Y por último, la interpretación espiritual está enfocada desde la perspectiva de la naturaleza divina del alma y su percepción espiritual.

Por lo tanto, si bien se ha hecho hincapié en los aspectos espirituales del *Bhagavad Guita,* también se trata su dimensión material y psicológica, con el objeto de hacer énfasis en la necesidad de aplicar la sabiduría del *Guita* de manera práctica en todas las fases de la vida. La Verdad beneficia al hombre en todos los órdenes de la vida; ¡no es para que se la encuaderne con una atractiva cubierta y se atesore reverentemente en una estantería!

BHAGAVAN KRISHNA: EL CRISTO DE LA INDIA

LA FIGURA CLAVE del *Bhagavad Guita* es, por supuesto, Bhagavan Krishna. El Krishna histórico se halla envuelto en el misterio de la metáfora y la mitología propias de las escrituras. La similitud entre los títulos «Krishna» y «Cristo» y entre las historias relativas al milagroso nacimiento de Krishna y Jesús y a sus primeros años de vida ha llevado a algunas mentes analíticas a sugerir que ambos eran, en realidad, una única persona. Esta idea ha de desecharse por completo, incluso si tomamos como base las escasas evidencias históricas existentes en sus países de origen.

No obstante, existen en verdad algunas similitudes. Ambos fueron concebidos de manera divina y tanto su nacimiento como la misión que Dios les encomendó habían sido profetizados. Jesús nació en un humilde pesebre; Krishna, en una prisión (donde sus padres —Vasudeva y Devaki— eran mantenidos en cautiverio por el malvado hermano de Devaki, Kansa, que había usurpado el trono de su padre). Tanto Jesús como Krishna fueron llevados en secreto a un lugar seguro para ponerlos a salvo de un decreto de muerte que ordenaba hallar y aniquilar a todos los hijos varones recién nacidos. Jesús era llamado «el buen pastor»; Krishna fue pastor de vacas en su infancia. Jesús fue tentado y amenazado por Satanás; Krishna fue perseguido por la fuerza del mal, que adoptando la forma de demonios trató infructuosamente de matarle.

«Cristo» y «Krishna» son títulos que poseen una connotación espiritual semejante: Jesús el Cristo y Yadava el Krishna (Yadava, el nombre familiar de Krishna, significa «descendiente de Yadu —ancestro de la dinastía Vrishni—»). Estos títulos dan cuenta del estado de conciencia que manifestaban estos dos seres iluminados, su unidad esencial con la conciencia de Dios omnipresente en la creación. La Conciencia Crística Universal o *Kutastha Chaitanya,* la Conciencia Universal de Krishna, es «el hijo unigénito» o único reflejo no distorsionado de Dios que impregna cada átomo y punto del espacio en el cosmos. La conciencia de Dios se manifiesta plenamente en aquellos que tienen total realización de la Conciencia de Cristo o Krishna. Dado que su conciencia es universal, la luz que proyectan se irradia sobre todo el mundo[7].

---

[7] Existen muchas derivaciones atribuidas a la palabra «Krishna», la más común de las

Un *siddha* es aquel que se ha perfeccionado y ha alcanzado la completa liberación en el Espíritu; él se convierte en un *paramukta,* un ser «supremamente libre», y puede entonces retornar a la tierra como un *avatara* —como lo hicieron Krishna, Jesús y muchos otros salvadores de la humanidad a través de los tiempos—[8]. Cada vez que la virtud declina, un alma divinamente iluminada viene a la tierra para restablecer de nuevo la virtud (*Guita* IV:7-8). Un avatar o encarnación divina tiene dos propósitos sobre la tierra, uno cuantitativo y otro cualitativo. Por medio de sus nobles enseñanzas acerca de la lucha del bien contra el mal, eleva cuantitativamente el nivel espiritual de la población en general. Sin embargo, el principal objetivo de un avatar es cualitativo: forjar otras almas que posean la realización divina, ayudando a tantos como le sea posible a alcanzar la liberación. Este último es un lazo espiritual muy personal e íntimo entre gurú y discípulo; se trata de la unión entre los leales esfuerzos espirituales del discípulo y las divinas bendiciones otorgadas por el gurú. Son estudiantes quienes reciben sólo una pequeña parte de la luz de la verdad, mientras que son discípulos aquellos que siguen el sendero con firmeza y perseverancia, con dedicación y devoción, hasta encontrar su propia libertad en Dios. En el *Guita,* Arjuna se presenta como el símbolo del devoto ideal, del discípulo perfecto.

Cuando Sri Krishna se encarnó en la tierra, Arjuna (que en su vida anterior había sido un gran sabio) nació también para acompañarle. Los grandes seres siempre traen consigo compañeros espirituales de vidas pasadas para que los ayuden en su misión presente. El padre de Krishna era hermano de la madre de Arjuna, de modo que Krishna y Arjuna eran

---

cuales es «oscuro» y se refiere a la tonalidad de la piel de Krishna. (A menudo se pinta a Krishna de un color azul oscuro, que denota divinidad. Éste es también el color de la Conciencia Crística manifestada en el ojo espiritual como un círculo de luz azul opalescente, el cual rodea a una estrella que constituye el portal hacia la Conciencia Cósmica). De acuerdo con M. V. Sridatta Sarma («On the Advent of Sri Krishna» [«Sobre el advenimiento de Sri Krishna»]), en el *Brahmavaivarta Purana* se encuentran varios de los diversos significados atribuidos a la palabra «Krishna». Él afirma que, según una de estas derivaciones, «*Kṛṣṇa* significa el Espíritu Universal. *Kṛṣi* es un término genérico, mientras que *na* implica la idea del ser, y la combinación de ambos significa "Espíritu Omnisciente"». Puede apreciarse aquí un paralelismo con la Conciencia Crística como la Inteligencia de Dios Omnipresente en la creación. Es interesante destacar que, en bengalí, una forma coloquial de «Krishna» es *Krista* (compárese con el griego *Christos* y el castellano *Cristo*). *(Nota del editor).*

[8] El término sánscrito *avatara* significa «descenso»; sus raíces son *ava,* «abajo», y *tri,* «pasar». En las escrituras hindúes, *avatara* significa el descenso de la Divinidad al cuerpo físico.

primos; y si bien compartían vínculos de sangre, los unía, sin embargo, el lazo aún más poderoso de la unidad espiritual.

SRI KRISHNA FUE CRIADO EN UN ENTORNO pastoril en Gokula y el cercano Brindaban, en las márgenes del río Yamuna, adonde había sido llevado secretamente por su padre Vasudeva tan pronto como Devaki dio a luz en la prisión de Mathura. (De forma milagrosa, se abrieron las puertas, que estaban cerradas con candado, y los guardias quedaron sumidos en un profundo sopor, lo cual permitió que el recién nacido fuera llevado a salvo a su hogar de acogida). Sus padres adoptivos fueron Nanda, un bondadoso cuidador de ganado, y su tierna esposa, Yasoda. Durante su niñez en Brindaban, Krishna asombraba a todos con su precoz sabiduría y despliegue de increíbles poderes. Su gozo interior con frecuencia se expresaba de repente en forma de explosivas travesuras, para diversión y deleite —y algunas veces desconcierto— de aquellos a quienes iban dirigidas sus bromas.

La vida divina del Señor Krishna

Uno de estos episodios le reveló a Yasoda la divina naturaleza del niño al que estaba criando. Cuando era pequeño, a Krishna le encantaba quitarle a las lecheras el queso que ellas elaboraban y comérselo. En cierta ocasión, se había llenado tanto la boca que Yasoda temió que pudiera ahogarse, así que rápidamente intentó abrírsela. Sin embargo, en vez de queso (según algunos relatos populares había comido barro), lo que vio en la boca abierta de Krishna fue el universo entero —el cuerpo infinito *(vishvarupa)* del Creador—, incluida la imagen de ella misma. Llena de temor reverencial, apartó la mirada de la visión cósmica, feliz de contemplar y estrechar una vez más contra su pecho a su bienamado pequeñuelo.

Dotado de una apariencia física y facciones de gran belleza, así como de un encanto y un modo de ser irresistibles, el pequeño Krishna era la personificación misma del amor divino y una fuente de gozo para todos. En la comunidad, todos le amaban y era a la vez un fascinante líder y amigo para sus compañeros de la niñez, los *gopas* y las *gopis,* que cuidaban con él los rebaños de vacas del poblado en los boscosos alrededores.

A las personas de mentalidad mundana, adictas a los sentidos como único medio de gratificación, les resulta difícil comprender la pureza de la amistad y el amor divinos que no están manchados por el deseo o la expresión carnales. Sería absurdo considerar de forma literal los supuestos flirteos entre Sri Krishna y las *gopis.* El simbolismo implícito es aquel de la unidad entre el Espíritu y la Naturaleza, que al danzar juntos en la creación proveen la divina *lila* o juego para entretener a las criaturas de Dios. Con las encantadoras melodías de su flauta celestial, Sri Krishna llama a todos los devotos a la enramada de la divina unión del *samadhi* que se experimenta en la meditación, para que allí se solacen con el cálido y bienaventurado amor de Dios.

Al parecer, Krishna era poco más que un niño cuando llegó el momento en que debió abandonar Brindaban para cumplir con el propósito de su encarnación: ayudar a los virtuosos a ponerle freno al mal. La primera entre sus muchas heroicas y milagrosas hazañas fue destruir al malvado Kansa y liberar del cautiverio a sus padres Vasudeva y Devaki. Después, Vasudeva los envió a él y a su hermano Balarama al *ashram* del gran sabio Sandipani para recibir instrucción.

Nacido en el seno de la realeza, como adulto Krishna desempeñó sus deberes reales y participó en numerosas campañas contra los reinos gobernados por regentes malvados. Estableció la capital de su propio reino en Dwarka, situada en una isla mar adentro, en el estado occidental de Gujarat. La mayor parte de su vida está entrelazada con la de los Pandavas y los Kauravas, cuya capital se hallaba en la región norte de la India central, cerca de la ubicación actual de Delhi. Participó en muchos de los asuntos seculares y espirituales de los Pandus y los Kurus, como su aliado y consejero, y desempeñó un papel significativo en la guerra de Kurukshetra que ambos bandos libraron entre sí.

Una vez cumplida en la tierra la misión que le había sido divinamente encomendada, Krishna se retiró a los bosques. Allí abandonó su cuerpo debido a una herida accidental infligida por la flecha de un cazador que le confundió con un ciervo mientras se hallaba descansando en un claro —un hecho que había sido profetizado como la causa de su partida de este mundo.

La importancia de la vida de Krishna para el mundo actual

EN EL *BHAGAVAD GUITA,* NUESTRA ATENCIÓN se centra en la función de Sri Krishna como gurú y consejero de Arjuna, así como también en el sublime mensaje del yoga que en su papel de maestro predicó al mundo —el camino de la acción correcta y de la meditación para alcanzar la comunión divina y la salvación—, un mensaje cuya sabiduría le ha entronizado en el corazón y la mente de los devotos a lo largo de los siglos.

Hemos oído hablar de los santos ascetas o de los profetas de los bosques o de vida retirada, que eran hombres de renunciación

ॐ

Con el pensamiento absorto en Mí, con todo el ser entregado a Mí, iluminándose mutuamente, proclamando por siempre mi nombre, mis devotos se hallan satisfechos y gozosos.

***Bhagavad Guita* X:9**

«Cada vez que la virtud declina, un alma divinamente iluminada viene a la tierra para restablecer de nuevo la virtud [...].

»Durante su niñez en Brindaban, Krishna asombraba a todos con su precoz sabiduría y despliegue de increíbles poderes. [...] Dotado de una apariencia física y facciones de gran belleza, así como de un encanto y un modo de ser irresistibles, el pequeño Krishna era la personificación misma del amor divino y una fuente de gozo para todos. En la comunidad, todos le amaban y era a la vez un fascinante líder y amigo para sus compañeros de la niñez, los gopas *y las* gopis, *que cuidaban con él los rebaños de vacas del poblado en los boscosos alrededores. [...] Con las encantadoras melodías de su flauta celestial, Sri Krishna llama a todos los devotos a la enramada de la divina unión del* samadhi *que se experimenta en la meditación, para que allí se solacen con el cálido y bienaventurado amor de Dios».*

Paramahansa Yogananda

exclusivamente; Krishna, en cambio, fue uno de los más grandes ejemplos de divinidad, ya que vivió y se manifestó como un Cristo y al mismo tiempo cumplió con los deberes de un noble rey. Su vida demuestra el ideal no de la renuncia a la acción —una doctrina conflictiva para el hombre circunscrito a un mundo cuyo aliento vital es la actividad—, sino de la renuncia a los deseos por los frutos de la acción, que atan al hombre a lo terrenal.

Si no existiera el trabajo, la civilización humana no sería sino una jungla de enfermedades, hambre y confusión. Y si todos los hombres del mundo abandonasen sus civilizaciones materiales y se marchasen a vivir a los bosques, los bosques mismos se transformarían entonces en ciudades ya que, de no ser así, sus habitantes perecerían, víctimas de la insalubridad. Y sin embargo, la civilización material está llena de imperfecciones y sufrimientos. ¿Cómo se puede remediar todo esto?

La vida de Krishna constituye una prueba de su filosofía, la filosofía de que no es necesario huir de las responsabilidades de la vida material. El problema puede ser resuelto trayendo a Dios al sitio mismo en el cual Él nos ha colocado. Sea cual sea nuestro entorno, el Cielo habrá de manifestarse en toda mente donde reine la comunión con Dios.

La ambición de poseer cada vez más dinero, el enfrascarse en el trabajo cada vez más y por más tiempo, con apego o ceguera, son causa de sufrimiento. No obstante, renunciar sólo de forma externa a los objetos materiales cuando uno todavía alberga en su interior apego por ellos conduce únicamente a la hipocresía y al engaño. Con el fin de evitar los peligros de ambos extremos —ya sea renunciar al mundo o ahogarse en la vida material—, el ser humano debe entrenar su mente, por medio de la meditación constante, para que le sea posible llevar a cabo las necesarias acciones prescritas por el deber en la vida cotidiana y, al mismo tiempo, conservar la conciencia de Dios en su interior. Ése es el ejemplo que brinda la vida de Krishna.

El mensaje de Sri Krishna en el *Bhagavad Guita* constituye la respuesta perfecta para la era moderna y para todas las eras: el yoga de la acción prescrita por el deber, del desapego y de la meditación para alcanzar la unión divina. Trabajar sin experimentar la paz de Dios en nuestro interior es un infierno. Trabajar, en cambio, sintiendo que el gozo del Señor brota constantemente en el alma es llevar dentro de nosotros un paraíso portátil adondequiera que vayamos.

El sendero que Sri Krishna aconseja en el *Bhagavad Guita* es el dorado camino medio de la moderación, tanto para el ocupado hombre de mundo como para el aspirante espiritual más elevado. Seguir el sendero propuesto en el *Bhagavad Guita* representaría la salvación de ambos, ya que éste es un libro que trata de manera universal acerca de la realización del Ser, poniendo al hombre en contacto con su Ser verdadero, el alma, y mostrándole cómo se ha originado del Espíritu, cómo llevar a cabo sus justas obligaciones en la tierra y cómo retornar a Dios. La sabiduría del *Guita* no tiene como objeto que los áridos intelectualistas realicen con sus asertos un despliegue de piruetas mentales para entretenimiento de los dogmáticos, sino, por el contrario, mostrar a los hombres y mujeres del mundo, ya sea que se trate de personas con responsabilidades familiares o de renunciantes, el modo de vivir una vida equilibrada que incluya el contacto verdadero con Dios mediante la práctica de los métodos graduales del yoga.

EL RELATO ÉPICO ACERCA DE LOS KURUS Y LOS PANDUS

COMO INTRODUCCIÓN A la presente exposición del *Guita,* no es menester narrar el extenso relato del *Mahabharata* —cuyo contenido es sumamente simbólico—, en el cual se sitúa el discurso entre Krishna y Arjuna. No obstante, se hará un breve resumen que describa algunos de los principales personajes y acontecimientos, a fin de contar con una base que muestre el propósito alegórico que expresó su autor, Vyasa.

La historia que narra el *Mahabharata* comienza tres generaciones antes del nacimiento de Krishna y Arjuna, en época del rey Shantanu. La primera esposa y reina de Shantanu fue Ganga (la personificación del sagrado río Ganges). Ella dio a luz ocho hijos, pero tomó a los siete primeros y los sumergió en las sagradas aguas del Ganges. El octavo hijo fue Bhishma. Ante los ruegos de Shantanu, se le permitió a Bhishma permanecer en el mundo, pero como consecuencia de ello Ganga misma se sumergió en la sagrada corriente de la cual ella era una personificación. Con el tiempo, Shantanu desposó a su segunda reina, Satyavati, con quien engendró dos hijos: Chitrangada y Vichitravirya, que murieron sin dejar descendencia. Chitrangada falleció cuando era apenas un niño, en tanto que Vichitravirya, al morir, dejó dos reinas viudas, Ambika y Ambalika.

Antes de su matrimonio con Shantanu, Satyavati era la hija de un pescador. Debido a una maldición, Satyavati hedía tanto a pescado que nadie podía acercársele, ni mucho menos considerar la posibilidad de desposarla. Sintiendo compasión por ella en su aflicción, el sabio Parasara la bendijo no sólo con un hijo —que no era otro que Vyasa—, sino también con la gracia de que, a partir de entonces, irradiaría belleza y emanaría la fragancia del loto. Vyasa, por consiguiente, era medio hermano de Vichitravirya. A fin de que la sucesión del trono no quedase truncada por el hecho de que Vichitravirya no tenía sucesor, se invocó la ley del reino, por la cual un hermano podía engendrar progenie en favor de un hermano que no tuviese descendencia. Se persuadió a Vyasa para que cumpliese ese papel: de Ambika nació Dhritarashtra, ciego de nacimiento; y de Ambalika, Pandu. Dhritarashtra desposó a Gandhari, quien, por respeto a su esposo ciego, colocó una venda sobre sus propios ojos y compartió así la oscuridad de su consorte a lo largo de toda su vida matrimonial. Tuvieron cien hijos; el mayor de ellos, Duryodhana, con el transcurso del tiempo se convirtió en el rey regente en representación de su padre ciego. Dhritarashtra también tuvo un hijo de Vaishya, su segunda esposa.

El linaje divino de los hermanos pandavas

Pandu tuvo dos esposas, Kunti (hermana de Vasudeva, el padre de Krishna) y Madri. Pandu había sido objeto de una maldición por haber dado muerte accidentalmente a un sabio durante una expedición de caza: si abrazaba a una mujer, moriría. Así pues, todo parecía indicar que él y sus dos reinas quedarían sin descendencia. Pero Kunti reveló entonces que, antes de su matrimonio con Pandu, había sido bendecida con un poder milagroso: impresionado por su piedad y su dedicado servicio, un sabio le había concedido cinco mantras, con los cuales ella podría tener hijos de cualquier dios a quien eligiera invocar. Cuando Kunti le habló de sus mantras a Pandu, él le rogó que los utilizara. Ella le dio tres hijos: Yudhisthira, Bhima y Arjuna, como resultado de invocar respectivamente a los *devas* Dharma, Vayu e Indra. Como Pandu deseaba que Madri también tuviese un hijo, le pidió a Kunti que le diese a ella el sagrado mantra restante[9]. Habiendo obtenido el mantra, Madri invocó a los *devas* gemelos, los Ashvins, y como consecuencia tuvo hijos gemelos, Nakula y Sahadeva.

Los cinco príncipes pandavas y los cien descendientes kauravas fueron criados y educados juntos bajo la tutela de su preceptor Drona. Arjuna superaba a todos en destreza; ninguno podía igualársele. Entre los Kauravas comenzaron a anidar, entonces, los celos y la enemistad

[9] El quinto mantra ya había sido utilizado por Kunti antes de su matrimonio con Pandu. Para probar el poder del mantra, Kunti invocó a Surya, el *deva* del sol, y dio a luz a Karna (aun así siguió siendo virgen). Sin embargo, temiendo ser reprendida por haber dado a luz a un hijo ilegítimo, lo colocó en una caja cerrada y lo puso a flote en el río, donde lo encontró un viejo auriga que luego lo crió. Karna más tarde jugó un papel importante en el relato del *Mahabharata,* como se menciona en el comentario sobre I:8.

contra los Pandus. Duryodhana se sentía molesto por la posición que ocupaba Yudhisthira como legítimo heredero al trono, por lo que conspiró reiterada pero infructuosamente para destruir a los Pandus.

En una compleja ceremonia denominada *svayamvara,* celebrada por el rey Drupada a fin de elegir esposo para su hija Draupadi, Drupada estableció como condición que la mano de su hija sólo le sería entregada al príncipe que pudiera tensar la cuerda de un gigantesco arco provisto para la ocasión y acertar con éste en el ojo de un blanco móvil colgante e ingeniosamente disimulado. Los príncipes de tierras cercanas y lejanas probaron y fallaron en sus intentos incluso por alzar el arco, en tanto que Arjuna lo logró fácilmente. Cuando los cinco Pandus regresaron al hogar, su madre Kunti los oyó acercarse a la distancia y supuso que habían ganado algún trofeo, así que les dijo desde lejos que debían compartir equitativamente sus ganancias. Como la palabra de una madre debe ser honrada, Draupadi se convirtió en la esposa de los cinco hermanos. A cada uno de ellos le dio un hijo.

Duryodhana arrebata el reino a los Pandavas

Con el correr del tiempo, la disputa entre los Kurus y los Pandus por el control del reino alcanzó un punto culminante. Duryodhana, consumido por los celos y un malsano deseo de supremacía, urdió un astuto plan: un juego de dados fraudulento. Mediante un inteligente ardid tramado por Duryodhana y su malvado tío Shakuni —experto en engaños y traición—, Yudhisthira fue derrotado una y otra vez al lanzar los dados, hasta perder su reino, perderse a sí mismo, perder a sus hermanos y, finalmente, a su esposa Draupadi. De este modo, Duryodhana arrebató el reino a los Pandus, los envió al exilio en los bosques por doce años y los condenó a que, una vez finalizado ese plazo y durante un año más, vivieran de incógnito y sin ser reconocidos. Si después de transcurrido ese lapso aún seguían con vida, podrían retornar y reclamar su perdido reino. En el momento acordado, los bondadosos Pandus, habiendo cumplido con todas las condiciones establecidas para su exilio, regresaron y reclamaron el reino; los Kurus, sin embargo, se negaron a desprenderse ni siquiera de una franja de territorio del tamaño de una aguja.

Cuando la guerra se tornó inevitable, Arjuna, por parte de los Pandus, y Duryodhana, por parte de los Kurus, acudieron a Krishna en busca de ayuda para sus respectivos bandos. Duryodhana llegó primero al palacio de Krishna y se sentó descaradamente en la cabecera del lecho en el que Krishna, aparentando estar dormido, descansaba. En cambio, Arjuna, tras su llegada, se quedó humildemente de pie, con las manos unidas en señal de reverencia, a los pies de Krishna. Por lo tanto, cuando el avatar abrió los ojos, fue a Arjuna a quien vio primero. Ambos príncipes le solicitaron que se pusiera de su lado en la guerra. Krishna estipuló que su imponente ejército estaría a disposición de uno de los bandos, mientras que el otro bando podría contar con él mismo como su consejero personal —aun cuando no portaría armas durante el combate—. Se le concedió a Arjuna elegir primero. Sin dudarlo, sabiamente eligió a Krishna mismo; en cambio, el ambicioso Duryodhana se regocijó de haber obtenido el ejército.

Antes del comienzo de la guerra, Krishna actuó como mediador con el fin de que la disputa se resolviese de manera amigable. Viajó desde Dwarka hasta Hastinapura, la capital de los Kurus, con el propósito de convencer a Dhritarashtra, Duryodhana y los demás Kurus de que devolvieran a los Pandavas su legítimo reino. Sin embargo, ni siquiera él pudo conmover a Duryodhana —enloquecido por el poder— o a sus seguidores para que aceptasen una solución justa, de modo que se declaró la guerra. El campo de batalla en el que tuvo lugar esta guerra fue Kurukshetra. El primer verso del *Bhagavad Guita* comienza en vísperas de esta batalla. Finalmente, quienes obtuvieron la victoria fueron los Pandus. Los cinco hermanos gobernaron con nobleza bajo el reinado de Yudhisthira, el mayor de ellos, hasta que al término de sus vidas se retiraron al Himalaya, y allí entraron en el reino celestial.

EL SIMBOLISMO ESPIRITUAL DEL RELATO DEL *MAHABHARATA*

EN CUANTO AL aspecto simbólico del relato, podrá observarse en el siguiente comentario del *Guita* que la descendencia genealógica de los Kurus y los Pandus a partir de Shantanu constituye paralelamente una analogía del descenso escalonado del universo y el ser humano desde su origen en el Espíritu hasta la materia. El diálogo que tiene lugar en el *Guita* se ocupa del proceso a través del cual dicho descenso puede revertirse, lo cual le permite al hombre volver a ascender desde la limitada conciencia de sí mismo como ser mortal hasta la conciencia inmortal de su verdadero Ser —el alma— en unidad con el Espíritu infinito.

Esta genealogía se encuentra esbozada en el diagrama de la página XXXIX, junto con el significado espiritual que se debe atribuir a los diversos protagonistas tal como fue transmitido por Lahiri Mahasaya. Este significado esotérico no es arbitrario. Para explicar el sentido interno de palabras y nombres, la clave fundamental es buscarlo en la raíz original de dichas palabras en sánscrito. Se corre el riesgo de cometer graves errores en la definición de los términos sánscritos, si no se cuenta con la capacidad intuitiva necesaria para arribar a la raíz apropiada y descifrar el significado correcto que se deriva de ésta según su uso en la época en que se originó la palabra en cuestión[10]. Cuando la base se establece correctamente, es posible entonces extraer también significados de las diversas fuentes relacionadas con el uso común de las palabras y el modo específico en que se las utilizaba para conformar una idea coherente y lógica.

---

[10] El ya fallecido Jagadguru Sri Shankaracharya del antiguo Govardhan Math de Puri, Su Santidad Bharati Krishna Tirtha —erudito de gran renombre y reverenciado líder espiritual de millones de hindúes— proporciona una indicación acerca de los significados que se pueden obtener de la literatura sánscrita y que no son tan obvios a simple vista. (Véase también la página 330, donde se menciona el excepcional descubrimiento que hizo Su Santidad acerca de la completa ciencia de las matemáticas en dieciséis versos del *Atharva Veda* que aparentemente no guardan ninguna relación entre sí).

«El nombre mismo con que conocemos a la India, *Bharata,* nos ofrece la clave necesaria [...]. *Bha* significa "luz y conocimiento", y *rata* significa "dedicado". *Bharata* significa dedicado a la luz, opuesto a la oscuridad. [...] Tenemos este rasgo único con respecto a nuestra literatura sánscrita: el lenguaje, las reglas gramaticales, la dicción, etc., requieren del uso de palabras que denoten los objetos de tal modo que la filosofía, la ciencia y la teología que subyacen a dichos objetos resulten claras [...]. Las reglas del lenguaje establecen que cada objeto debe ser nombrado de acuerdo con su relevancia; una relevancia que no explique simplemente su condición presente, su significado presente, exigencias, requerimientos, etc., sino cómo ese nombre debería estar justificado por la acción misma. [...] De esa manera, Bharata no es el nombre de una simple entidad geográfica situada en un rincón del mundo y que dispone de límites geográficos, topográficos, etc. Bharata representa a cada alma individual que posee este concepto de la luz, que está dedicado a la luz y se opone a la inmersión en la oscuridad. Así pues, hablamos de la luz con que Dios inició la creación del mundo y pensamos en la Luz que la India reivindica como su principal aspiración, su principal, más importante y valiosa meta. [...]

»El sánscrito tiene una cierta peculiaridad: un mismo pasaje en muchas ocasiones puede referirse a distintos temas y aportar diversos significados relacionados con temas diferentes. [...] En algunos casos, encontramos textos que no sólo tienen dos significados, sino tres o cuatro y están relacionados con temas totalmente dispares. En la lengua inglesa tenemos una figura retórica que es el juego de palabras, en que se utiliza una palabra con dos significados diferentes. [...] Hay un ejemplo muy común, el caso de una persona que plantea un acertijo y le pregunta a otra: "¿En qué se parecen una casa ardiendo y una casa deshabitada?". Y la respuesta es: "En que de la casa ardiendo salen llamas y en la casa deshabitada llamas y no salen". [...] Podemos hallar infinidad de ejemplos de este tipo en nuestros textos en sánscrito.

»[Además], a medida que una lengua se desarrolla y entra en contacto con otros idiomas, las palabras cambian de significado. Adquieren significados adicionales, se deterioran. [...] En algunos casos hemos perdido la pista de esos cambios; no nos es posible decir qué contexto histórico fue responsable de tal o cual cambio de significado, de tal o cual deterioro o exaltación del significado y así sucesivamente. [...] En inglés moderno, *'knave'* significa "truhán, sinvergüenza, pillo, hombre de mal carácter, tramposo". Y en el inglés de Chaucer, *'knave'* significaba simplemente "varón, niño varón"». Citado de *Vedic Metaphysics* [Metafísica védica] (Motilal Banarsidas, Benarés, 1970). *(Nota del editor).*

Cronología de la Creación, simbolizada en la genealogía de los Kurus y los Pandus

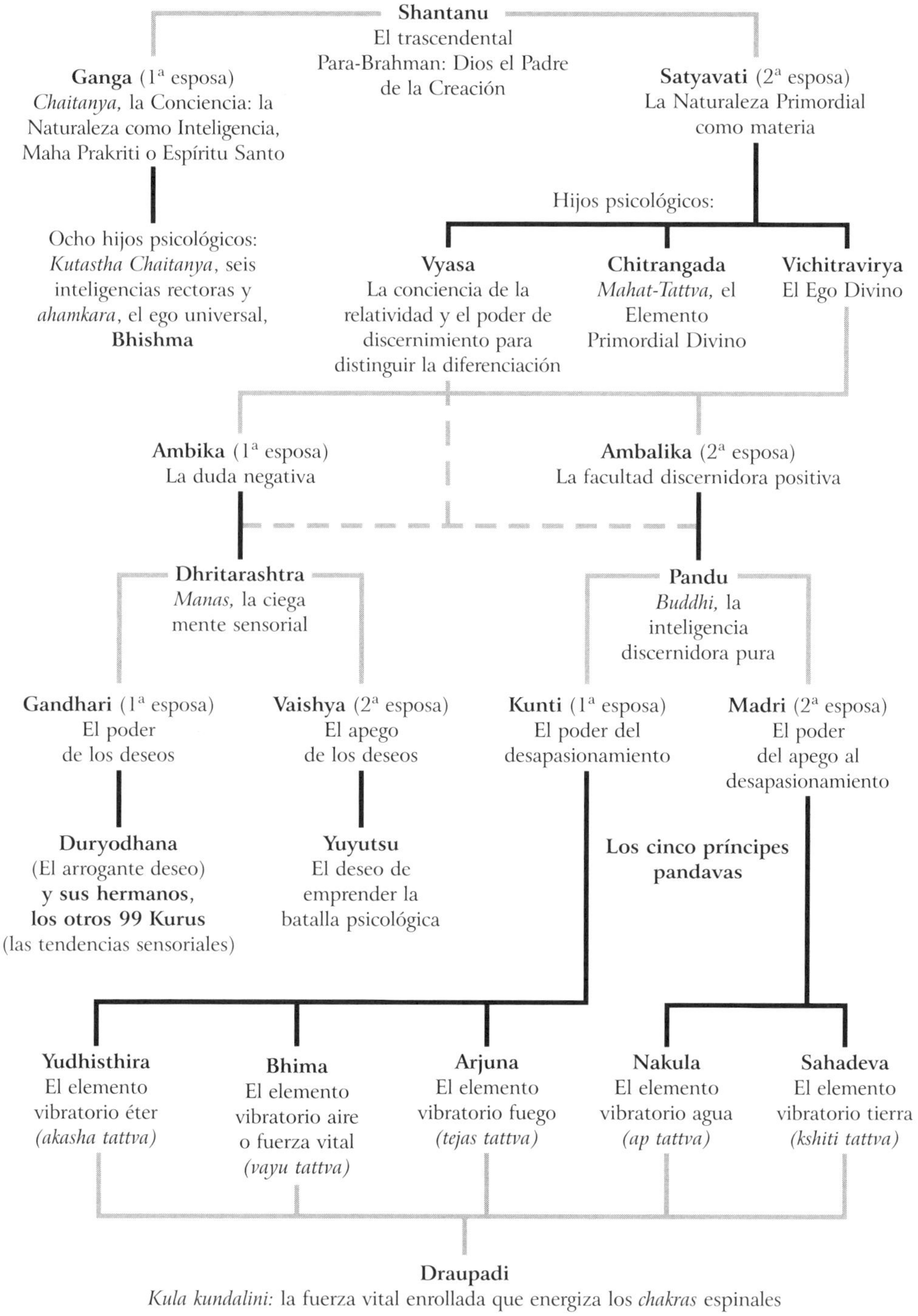

Shantanu
El trascendental
Para-Brahman: Dios el Padre
de la Creación
Ganga (1ª esposa)
Chaitanya, la Conciencia: la
Naturaleza como Inteligencia,
Maha Prakriti o Espíritu Santo
Satyavati (2ª esposa)
La Naturaleza Primordial
como materia
Ocho hijos psicológicos:
Kutastha Chaitanya, seis
inteligencias rectoras y
ahamkara, el ego universal,
Bhishma
Hijos psicológicos:
Vyasa
La conciencia de la
relatividad y el poder de
discernimiento para
distinguir la diferenciación
Chitrangada
Mahat-Tattva, el
Elemento
Primordial Divino
Vichitravirya
El Ego Divino
Ambika (1ª esposa)
La duda negativa
Ambalika (2ª esposa)
La facultad discernidora positiva
Dhritarashtra
Manas, la ciega
mente sensorial
Pandu
Buddhi, la
inteligencia
discernidora pura
Gandhari (1ª esposa)
El poder
de los deseos
Vaishya (2ª esposa)
El apego
de los deseos
Kunti (1ª esposa)
El poder del
desapasionamiento
Madri (2ª esposa)
El poder
del apego al
desapasionamiento
Duryodhana
(El arrogante deseo)
y sus hermanos,
los otros 99 Kurus
(las tendencias sensoriales)
Yuyutsu
El deseo de
emprender la
batalla psicológica
Los cinco príncipes
pandavas
Yudhisthira
El elemento
vibratorio éter
(akasha tattva)
Bhima
El elemento
vibratorio aire
o fuerza vital
(vayu tattva)
Arjuna
El elemento
vibratorio fuego
(tejas tattva)
Nakula
El elemento
vibratorio agua
(ap tattva)
Sahadeva
El elemento
vibratorio tierra
(kshiti tattva)
Draupadi
Kula kundalini: la fuerza vital enrollada que energiza los *chakras* espinales

Es digno de destacar cómo el autor del gran *Bhagavad Guita* ha revestido cada tendencia o facultad psicológica, así como numerosos principios metafísicos, con el atuendo del nombre apropiado. ¡Cuán bella es cada una de las palabras empleadas! Todas ellas brotan de una raíz sánscrita. Haría falta una gran cantidad de páginas para ahondar en el lenguaje sánscrito que subyace a las metáforas —una tarea tediosa salvo para las mentes académicas—. Pero aquí y allá proporciono algunos ejemplos basados en parte en las explicaciones que recibí de mi gurú, Sri Yukteswar.

Los principios creativos universales y la creación misma son deformaciones del único Espíritu Infinito que se ha convertido en Dios el Padre de la Creación. En sentido alegórico, Shantanu es Para-Brahman, Dios el Padre de la Creación, la trascendental e inmutable Fuente y Esencia de la creación, la Realidad Única que sostiene las fuerzas, formas y seres que evolucionan a partir de su conciencia cósmica. La primera expresión de esta evolución se lleva a cabo por medio de la inteligencia y la fuerza vibratoria creativa que emanan de Él, las cuales están representadas por sus dos consortes, Ganga y Satyavati.

Las ocho inteligencias del Espíritu presentes en toda la creación

Ganga es el aspecto espiritual, *Chaitanya* o Conciencia, la Naturaleza como Inteligencia, Maha Prakriti o el Espíritu Santo, es decir, la conciencia de Dios, que al diferenciarse se convierte en ocho inteligencias u «ocho hijos»: *Kutastha Chaitanya,* el Inmutable Espíritu Universal que resplandece por doquier en el universo, las seis inteligencias que gobiernan las tres manifestaciones macrocósmicas (en conjunto) y las tres manifestaciones microcósmicas (en forma individual) de los universos causal, astral y físico, y *Abhasa Chaitanya,* el Espíritu reflejado. Este último es un reflejo del Espíritu Universal *(Kutastha Chaitanya),* que se proyecta sobre todos los objetos materiales individuales; de este modo, los objetos se energizan y espiritualizan. La materia en dicho estado espiritualizado se vuelve consciente de su existencia separada y está dotada de mente, intelecto y conciencia. Esta conciencia de sí misma es *ahamkara,* el ego universal, la aparente dicotomía entre el Espíritu y la materia como resultado de la individualización. Quien representa este aspecto de la Inteligencia del Espíritu que se refleja en la creación es Bhishma, acerca de cuyo papel en el *Guita* escribió Sri Yukteswar: «Se le llama *Kuruvriddha* ("el patriarca más antiguo de los Kurus" —I:12), puesto que se trata del experimentado hombre[11] mundano y ha existido por siempre desde el inicio de la creación. Si no fuese por él, nuestras estrechas ideas y actividades mundanas no tendrían ninguna tendencia a operar en modo alguno. Todo el mundo creado se basa sólo en esta fuerza individualista».

El Espíritu permanece entonces en la creación en siete formas o inteligencias universales, pero se halla oculto de la conciencia ordinaria, «ahogado» por Ganga en la corriente del universo. *Abhasa Chaitanya,* el Espíritu reflejado, el octavo hijo, es el único que permanece manifestado en este mundo, trabajando con las burdas tendencias de la mente y energizándolas; sin embargo, se mantiene indiferente en lo que respecta al resultado de los acontecimientos. (Por consiguiente, Bhishma renuncia a su derecho al trono de Shantanu y promete que jamás contraerá matrimonio. Ama tanto a los Kurus como a los Pandus y ellos le reverencian como su Patriarca). El ego es noble si manifiesta la naturaleza pura de la individualidad divina (la conciencia del alma que se expresa a través del instrumento corporal) o, por el contrario, el ego se degrada al enredarse con las burdas inclinaciones de la mente sensorial (véase la página 98).

Así como Ganga es el aspecto espiritual o consciente de la Naturaleza que se manifiesta como Inteligencia, Satyavati es el aspecto de la Naturaleza Primordial que se manifiesta como materia. De Satyavati se desarrollan las fuerzas que se fusionan para formar el universo manifestado y los seres sensoriales, pensantes y activos que lo habitan. Aquí la primera expresión o hijo es Vyasa: a fin de concebir la creación, Dios debe cubrir su conciencia con el velo de la relatividad, es decir, la Realidad Única debe proyectar la idea de dualidad y el poder de discernimiento que permite percibir y distinguir la diferenciación; esta expresión es, en sentido alegórico, Vyasa.

Los otros dos hijos de Satyavati son Chitrangada y Vichitravirya: el Elemento Primordial Divino y el Ego Divino, respectivamente. En la filosofía Sankhya (véase II:39 y XIII:5-6), se hace referencia al

[11] El uso del género masculino en esta obra no se basa en el sentido estrecho y exclusivo de la palabra *hombre,* que denota sólo una mitad de la raza humana, sino en su significado original más amplio. La palabra *hombre* en inglés *(man)* proviene de la misma raíz que el término sánscrito *manas,* que significa mente: la capacidad exclusivamente humana de pensar en forma racional. La ciencia del yoga se ocupa de la conciencia humana desde el punto de vista del Ser *(atman),* que esencialmente es andrógino. Puesto que no existe en inglés ni en español ninguna otra terminología que pueda comunicar estas verdades psicológicas y espirituales sin un inconveniente literario excesivo, se ha conservado en el texto el uso de la palabra *hombre* y de otros términos relacionados. *(Nota del editor).*

primero de los veinticuatro principios de la creación como *mahat-tattva* (el elemento primordial), la conciencia mental inclusiva básica, *chitta*.

❖
La evolución de la creación manifestada y de los seres que la habitan a partir de la Naturaleza Primordial
❖

Con esta percepción consciente o sentimiento, el elemento primordial rápidamente degenera en sus partes constitutivas (en forma simbólica, Chitrangada muere a temprana edad). La primera transformación es el sentido del «yo» o ego como experimentador (el ego puro o divino del cuerpo causal del hombre, que individualiza el alma separándola del Espíritu).

Vichitravirya, el Ego Divino, tuvo dos esposas, Ambika y Ambalika, el resultado de la diferenciación de las fuerzas: Ambika representa la duda negativa (la percepción desprovista de claro discernimiento) y Ambalika, la facultad discernidora positiva. La muerte de Vichitravirya significa que el ego divino queda oculto de la conciencia subjetiva por su contacto con estas deformaciones externas de la conciencia. Entonces Vyasa —la relatividad y el poder de discernimiento— engendra, por medio de Ambika, al ciego Dhritarashtra (*manas,* la mente sensorial ciega, cuya ceguera se debe a la falta del poder de discernimiento). Por medio de Ambalika, Vyasa engendra también un hijo puro, Pandu (*buddhi,* la inteligencia discernidora pura).

El ciego Dhritarashtra, «la mente sensorial», engendra, a través de su primera esposa Gandhari («el poder de los deseos»), a Duryodhana («el arrogante deseo») y sus noventa y nueve hermanos: los diez sentidos (cinco de percepción y cinco de acción) cada uno con sus diez inclinaciones. De Vaishya («el apego de los deseos»), la segunda esposa de la mente sensorial, nace otro hijo: Yuyutsu, «el deseo de emprender la batalla psicológica». En la guerra, Yuyutsu rechaza a sus hermanos kurus y toma partido por los Pandavas.

Pandu, *buddhi,* el aspecto positivo de la mente, la inteligencia discernidora pura, tiene cinco hijos, los cinco *tattvas* o elementos vibratorios que dan forma a toda la materia: tierra, agua, fuego, aire (*prana,* fuerza vital) y éter[12]. En el cuerpo del hombre, dichos elementos se manifiestan en los cinco *chakras* espinales (centros sutiles de vida y conciencia) para crear y sustentar el cuerpo y, al manifestarse como

---

[12] Los cinco elementos, mencionados con frecuencia en este comentario del *Guita,* no tienen la misma connotación que tenía la palabra «elementos» cuando se creía que la tierra, el agua, el fuego, el aire y el éter eran los elementos o sustancia de la creación. Tampoco son, en realidad, «elementos» tal como la ciencia interpreta este término actualmente, sino que son las cinco fuerzas vibratorias sutiles en que se divide la Fuerza Creativa.

conciencia espiritual despierta en los centros espinales, otorgan poderes divinos al yogui iluminado. (Véanse las páginas 76 ss.).

Los primeros tres hijos nacen de Kunti, «el poder del desapasionamiento», que invoca los principios cósmicos que gobiernan la creación: Yudhisthira, «la calma divina» y el elemento vibratorio «éter» situado en el centro cervical o *chakra vishuddha,* nacido de Dharma, la deidad que preside todas las virtudes; Bhima, el elemento vibratorio «aire» (*vayu* o fuerza vital) ubicado en el centro dorsal o *chakra anahata,* nacido del más poderoso de los dioses, Vayu o Pavana; y, finalmente, Arjuna, «el autocontrol divino» y el elemento vibratorio «fuego» radicado en el centro lumbar o *chakra manipura,* que nace de Indra, el rey de los dioses.

El simbolismo espiritual de los cinco hermanos pandavas

Luego, de la segunda esposa, Madri («el poder del apego al desapasionamiento»), nacen dos gemelos de los *devas* Ashvin: Nakula, que representa el «divino poder de la observancia» y el elemento vibratorio «agua» situado en el centro sacro o *chakra svadhisthana,* y Sahadeva, que simboliza el «divino poder de la resistencia» y el elemento vibratorio «tierra» ubicado en el centro coccígeo o *chakra muladhara.*

Incluso la anatomía del cuerpo físico sugiere la simbología de que los cinco pandavas provienen de madres diferentes: Kunti y, después, Madri (a través de la instrumentalidad de Kunti). La médula espinal se extiende desde el bulbo raquídeo hasta la parte inferior del *chakra* lumbar, dando cabida a los centros sutiles que corresponden a los tres primeros hermanos, que nacieron de Kunti. Desde el extremo inferior de la médula espinal hasta la base de la columna se extienden los nervios espinales y sus ganglios, dando cabida a los centros sutiles de los hermanos gemelos, hijos de Madri. Esto también es significativo en sentido metafísico: si bien todos los centros operan en el mantenimiento de la vida y la conciencia, tanto en el cuerpo como en la mente, los tres centros espinales superiores son especialmente auspiciosos y beneficiosos para el devoto aspirante en sus actividades espirituales interiores relacionadas con la meditación, mientras que los dos centros inferiores son un fuerte apoyo para espiritualizar sus actividades externas.

La esposa que comparten los cinco pandavas es Draupadi, la fuerza vital del cuerpo, que se encuentra enrollada o centralizada en la columna vertebral y a la que se hace referencia como *kula kundalini,* que despierta los poderes espirituales de los centros espinales del devoto avanzado, es decir, concede un hijo a cada uno de los príncipes pandavas presentes en cada uno de los cinco *chakras* espinales.

COMIENZA EL DIÁLOGO DEL *GUITA*

EN SENTIDO SIMBÓLICO, ésta es, entonces, la escena que encontramos al iniciarse el diálogo del *Guita:* la conciencia del hombre como alma —la percepción de su unidad con el Espíritu eterno y siempre bienaventurado— ha descendido, peldaño tras peldaño, a la conciencia mortal del cuerpo. Los sentidos y la mente ciega, así como el poder del discernimiento puro, gobiernan el reino corporal en forma simultánea; existe un constante conflicto entre las fuerzas de los sentidos materialistas (que mantienen ocupada la conciencia en la búsqueda de placer externo) y el poder del discernimiento puro, que intenta hacer regresar la conciencia del hombre a su innato estado de percepción del alma.

El «juego de dados» es el juego del engaño, a través del cual la conciencia del hombre desciende desde el Espíritu a la materia, desde la conciencia del alma a la esclavitud del cuerpo. Es un juego cautivante, en que el hombre apuesta todo su reino corporal, todo el poder de la bienaventuranza del alma, en una competición contra los engañosos sentidos, que se inclinan hacia la materia, sólo para terminar siendo dominado por ellos; es decir, la inteligencia discernidora y pura del alma es privada de su soberanía sobre el reino corporal y enviada al exilio.

Los sentidos, la fuerza vital del hombre y el desarrollo del cuerpo son gobernados en la niñez de manera más o menos automática por los poderes inteligentes del alma (el discernimiento puro y la calma). Pero al llegar la juventud, las tentaciones de esta vida y las tendencias de los hábitos de vidas pasadas despiertan fuertes deseos sensoriales y comienzan a fomentar el caos en el reino corporal con la finalidad de lograr el control. La familia principesca de las facultades del discernimiento es tentada a participar en un engañoso juego con los señuelos de los sentidos y es desterrada del reino. Después que el hombre ha pasado por numerosos años de experiencias nefastas y ha recibido muchos y dolorosos «golpes duros» bajo el régimen de los sentidos —la codicia, la ira, el sexo, los celos y el egoísmo—, el discernimiento y sus nobles hijos se proponen recuperar su perdido reino corporal.

Una vez que los malos hábitos sensoriales se han arraigado firmemente en el cuerpo, la libre voluntad de la sabiduría permanece desterrada por un mínimo de doce años. Los cambios fisiológicos y mentales completos, así como la creación y el sólido establecimiento de nuevos hábitos buenos, muchas veces sólo son posibles en el término de doce años. El hombre avanza lentamente en su evolución espiritual en ciclos de doce años. (Se requieren doce años de vida normal saludable y cumplir con las leyes naturales para lograr incluso leves refinamientos de la estructura cerebral, y son necesarios un millón de tales años libres de transgresiones hasta purificar el cerebro lo suficiente para que pueda expresar la conciencia cósmica. Mediante la técnica de *Kriya Yoga,* sin embargo, este proceso de evolución se acelera considerablemente).

El simbólico treceavo año que los Pandus vivieron «de incógnito» es una referencia al estado meditativo yóguico de *samadhi,* del cual el devoto debe obtener las cualidades discernidoras del alma y prepararlas para la batalla en que reivindicará su derecho sobre el reino corporal. Así pues, el *Guita* describe de qué modo —habiendo despertado y entrenado los poderes astrales psicológicos que consisten en la calma de Yudhisthira, el control de la fuerza vital que posee Bhima, la ausencia de apego proveniente del autocontrol de Arjuna, el poder de Nakula para observar las buenas reglas y el poder de Sahadeva para resistir al mal— estos hijos del discernimiento, junto con su ejército y sus aliados de los buenos hábitos y de las inclinaciones espirituales, intentan regresar del destierro. Pero las deshonestas tendencias de los sentidos, acompañadas de sus ejércitos sensoriales, se niegan a ceder su soberanía sobre el reino corporal. Por eso, con la ayuda de Krishna (el gurú, la conciencia despierta del alma o intuición que surge de la meditación), es preciso librar una guerra —tanto en los planos material y mental, como en el espiritual (experimentando una y otra vez el estado meditativo de *samadhi*)— para recuperar el reino que el Ego y su ejército de tendencias mentales malignas han usurpado. En el campo de batalla del cuerpo humano —Kurukshetra, «el campo de la acción»— se enfrentan entonces los hijos de la ciega mente sensorial contra aquellos de la inteligencia discernidora pura.

Características de las cien inclinaciones de los sentidos (los Kurus)

Los aspectos negativos de las cien inclinaciones de los sentidos constituyen colosales enemigos (cuyas variantes pueden ser innumerables). Algunos de los hijos más reconocibles de la mente ciega son los siguientes: el deseo material, la ira, la gula, la avaricia, el odio, los celos, la maldad, la lujuria, el apego al sexo, el abuso de la sexualidad, la promiscuidad, la deshonestidad, la mezquindad, la crueldad, la animadversión, el deseo de herir a los demás, el instinto destructivo, la desconsideración, la dureza en el lenguaje y en el pensamiento, la impaciencia, la codicia, el egoísmo, la arrogancia, la vanidad, el orgullo de casta o de clase social, el orgullo racial, la falta de delicadeza, la prepotencia, la actitud insolente, el descaro, el rencor, la belicosidad, la falta de armonía, la actitud vengativa, la susceptibilidad, la pereza física, la falta de iniciativa, la cobardía, la falta de atención y la pereza mental, la indiferencia espiritual, la falta de disposición para meditar, la tendencia a postergar la búsqueda espiritual, la impureza de cuerpo, mente y alma, la deslealtad a Dios, la ingratitud hacia Dios, la estupidez, la debilidad mental, la identificación con la enfermedad, la falta de visión, la estrechez mental, la imprevisión, la ignorancia física, mental y espiritual, la impulsividad, la inconstancia, el apego a los sentidos, el hallar placer en ver, oír, gustar, oler y tocar el mal, el pensar, desear, sentir, hablar, recordar y hacer el mal, el temor a la enfermedad y a la muerte, la preocupación, la superstición, el uso de un vocabulario soez, la inmoderación, el dormir en exceso, el comer en exceso, la hipocresía, el fingimiento de la bondad, la parcialidad, la duda, el temperamento hosco, el pesimismo, la amargura, la insatisfacción, la actitud de rechazo hacia Dios y el posponer la meditación.

Estos rebeldes de los sentidos —producto de la ciega mente sensorial— sólo han causado enfermedades, preocupaciones mentales y la peste de la ignorancia y de la hambruna espiritual como resultado de la escasez de sabiduría en el reino corporal. La activa fuerza del alma y el autocontrol nacido de la meditación deben apoderarse del reino y plantar allí el estandarte del Espíritu, a fin de establecer, de este modo, un imperio resplandeciente de paz, sabiduría, abundancia y salud.

Cada persona debe librar su propia batalla de Kurukshetra. Es una guerra que no sólo vale la pena ganar, sino que, dentro del divino orden del universo y de la eterna relación entre el alma y Dios, tarde o temprano ha de ser ganada.

En el sagrado *Bhagavad Guita,* el devoto al que se le asegura que alcanzará más rápidamente la victoria es aquel que, con espíritu inquebrantable, practica la divina ciencia de la meditación yóguica y aprende, al igual que Arjuna, a escuchar en su interior el canto de sabiduría del Espíritu.

¡Oh Krishna, Señor del Yoga!, dondequiera que resuene este canto
acerca de Arjuna y de cómo él habló con Dios,
con toda certeza reinarán, por tu glorioso nombre,
la bienaventuranza, el poder y la victoria.

Capítulo XVIII:76-78 (traducido de la versión poética, en inglés, de Sir Edwin Arnold)

CAPÍTULO I

El desaliento de Arjuna

❖

La importancia del capítulo I

❖

«¿Qué hicieron?». El reconocimiento del campo de batalla psicológico y espiritual interior

❖

Los ejércitos adversarios: las fuerzas espirituales y las materialistas

❖

Las caracolas: la batalla vibratoria interior que se libra en la meditación

❖

El devoto observa a los enemigos que habrá de destruir

❖

Arjuna rehúsa combatir

ॐ

«El inmemorial mensaje del Bhagavad Guita *no hace referencia únicamente a una batalla histórica, sino al conflicto cósmico entre el bien y el mal: la vida como una serie de contiendas entre el Espíritu y la materia, el alma y el cuerpo, la vida y la muerte, el conocimiento y la ignorancia, la salud y la enfermedad, la inmutabilidad y la transitoriedad, el autocontrol y las tentaciones, el discernimiento y la ciega mente sensorial».*

El desaliento de Arjuna

La importancia del capítulo I

Como tratado preeminente sobre el Yoga, el renombrado *Bhagavad Guita* se expresa tanto en forma pragmática como esotérica, con la finalidad de abarcar el amplísimo espectro de buscadores espirituales que por incontables generaciones han hallado refugio en los consejos y solaz que les brindan las estrofas de esta amada escritura. El *Guita* no sólo hace referencia a la aplicación práctica de los principios espirituales que le son requeridos al aspirante espiritual, sino también a la expresión perfecta de esos principios tal como los manifiesta en su vida el yogui avanzado.

En los libros modernos, lo habitual es que la introducción proporcione al lector una idea general del contenido; en cambio, los autores de las escrituras hindúes de la antigua India a menudo utilizaban el primer capítulo para dar a conocer sus propósitos. Por esa razón, el capítulo inicial del *Bhagavad Guita* sirve de introducción al sagrado discurso que le sigue. Su propósito, sin embargo, no es simplemente situarnos en la escena y proveer un telón de fondo que haya de leerse a la ligera, como un texto insustancial. Cuando se lee como la alegoría que su autor, el gran sabio Vyasa, pretendió exponer, este capítulo presenta los principios básicos de la ciencia del yoga y describe las primeras contiendas espirituales del yogui que se dispone a recorrer el sendero hacia *kaivalya,* la liberación, la unidad con Dios —la meta del yoga—. Comprender las verdades que se hallan implícitas en el primer capítulo significa emprender el viaje del yoga con un itinerario claramente delineado.

Mi reverenciado gurú, Swami Sri Yukteswar —que era un *Guianavatar,* una encarnación de la sabiduría—, me enseñó el significado oculto de sólo algunas estrofas importantes del primer capítulo del *Guita.* «Ahora tienes la llave —me dijo—. Por medio de la serena percepción interior, te será posible abrir esta escritura en cualquiera de sus pasajes y comprender tanto su sustancia como su esencia». Es merced a su estímulo y su gracia que ofrezco ahora esta obra.

«¿Qué hicieron?». El reconocimiento del campo de batalla psicológico y espiritual interior

Estrofa 1

धृतराष्ट्र उवाच
धर्मक्षेत्रे कुरुक्षेत्रे समवेता युयुत्सवः।
मामकाः पाण्डवाश्चैव किमकुर्वत सञ्जय॥

dhṛtarāṣṭra uvāca
dharmakṣetre kurukṣetre samavetā yuyutsavaḥ
māmakāḥ pāṇḍavāś caiva kim akurvata saṁjaya

Dhritarashtra dijo:

En la sagrada llanura de Kurukshetra* (dharmakshetra kurukshetra), *donde con ansias de lucha se han congregado mi descendencia y los hijos de Pandu, dime, ¡oh Sanjaya!, ¿qué hicieron?

El rey ciego Dhritarashtra (la mente ciega) preguntó al veraz Sanjaya (la introspección imparcial): «Cuando mi descendencia, los Kurus (las irreflexivas tendencias negativas de la mente y de los sentidos), y los hijos del virtuoso Pandu (las tendencias puras del discernimiento) se congregaron en el *dharmakshetra* (sagrada llanura) de Kurukshetra (el terreno corporal de la actividad), con ansias de luchar por conseguir la supremacía, ¿cuál fue el resultado?».

El significado metafórico y la relevancia de la pregunta de Dhritarashtra

La pregunta que con gran interés formula el rey ciego Dhritarashtra, para solicitar del imparcial Sanjaya un informe objetivo acerca del resultado de la batalla entre los Kurus y los Pandavas (los hijos de Pandu) en Kurukshetra, es, metafóricamente hablando, la pregunta que debe formularse el aspirante espiritual cuando examina día tras día los sucesos de su justa batalla en la que espera alcanzar la victoria de la realización del Ser, la unidad con Dios. Por medio de la introspección sincera, analiza sus acciones y evalúa el poderío de los ejércitos en pugna, constituidos por sus buenas y malas tendencias: el autocontrol frente a la indulgencia sensorial; la inteligencia discernidora en contraposición a las inclinaciones mentales sensoriales; la resolución espiritual de meditar confrontada con la resistencia mental y la inquietud física; y la divina conciencia del alma en oposición a la ignorancia y la atracción magnética de la naturaleza inferior del ego.

El campo de batalla en que se enfrentan esas fuerzas es Kurukshetra (*Kuru,* de la raíz sánscrita *kṛi,* «trabajo, actividad material»; y *kṣetra,* «campo»). Este «campo de acción» es el cuerpo humano con sus correspondientes facultades físicas, mentales y espirituales; es el terreno donde se desarrollan todas las actividades de la vida. En esta estrofa del *Guita* se alude a dicho terreno como «Dharmakshetra» (llanura o campo sagrado, pues *dharma* significa rectitud, virtud, santidad), porque éste es el lugar donde se libra la justa batalla entre las virtudes de la inteligencia discernidora del alma (los hijos de Pandu) y las acciones innobles y descontroladas de la mente ciega (los Kurus, la descendencia del rey ciego Dhritarashtra).

El Dharmakshetra Kurukshetra se refiere también a los deberes y acciones religiosos y espirituales (aquellos que el yogui desarrolla en la meditación) en contraposición con las responsabilidades y actividades mundanas. Por consiguiente, en esta interpretación metafísica más profunda, el Dharmakshetra Kurukshetra representa el campo corporal interior en el que tiene lugar la actividad espiritual de la meditación yóguica para alcanzar la realización del Ser: la llanura del eje cerebroespinal con sus siete centros sutiles de vida y de conciencia divina.

Existen dos fuerzas o polos magnéticos opuestos que rivalizan en este campo: la inteligencia discernidora *(buddhi)* y la mente ligada a la conciencia sensorial *(manas). Buddhi,* el intelecto discernidor puro, está representado alegóricamente por Pandu, esposo de Kunti (madre de Arjuna y de los demás príncipes pandavas, que defienden los rectos principios de *nivritti,* la renuncia a la mundanalidad). El nombre de Pandu deriva de *pand,* «blanco»: una referencia metafórica a la claridad del intelecto discernidor puro. *Manas* se encuentra representado alegóricamente por el rey ciego Dhritarashtra, padre de los cien Kurus o impresiones y tendencias sensoriales, la totalidad de las cuales se inclina hacia *pravritti,* el goce mundano. La capacidad que posee *buddhi* para discernir correctamente la obtiene de la supraconciencia del alma que se manifiesta en los asientos causales de la conciencia situados en los centros espirituales del cerebro y de la espina dorsal. *Manas,* la mente sensorial —el polo magnético sutil orientado hacia el exterior, en

❖

Dos fuerzas opuestas: las inclinaciones de la mente inferior en contraposición con el discernimiento del alma

❖

dirección al mundo de la materia— se encuentra ubicada en el puente de Varolio, el cual, desde el punto de vista fisiológico, se halla en todo momento ocupado en la coordinación de los sentidos[1]. De este modo, la inteligencia inherente a *buddhi* atrae la conciencia hacia la verdad o las realidades eternas, la conciencia del alma o la realización del Ser. *Manas* (la mente sensorial) aleja de la verdad a la conciencia y la mantiene ocupada en las actividades sensoriales externas del cuerpo y, por consiguiente, inmersa en el mundo de las relatividades ilusorias, o *maya*.

El nombre de Dhritarashtra deriva de *dhṛta,* «sostenido, apoyado, firmemente sujeto (por las riendas)», y *rāṣṭra,* «reino», derivado de *rāj,* «gobernar». Por inferencia, obtenemos el significado simbólico, *dhṛtam rāṣṭraṁ yena,* «aquel que sostiene el reino (de los sentidos)» o «aquel que gobierna sosteniendo con firmeza las riendas (de los sentidos)».

La mente (*manas* o conciencia sensorial) coordina los sentidos del mismo modo en que las riendas mantienen unidos a los diferentes corceles de un carruaje. El cuerpo es el carruaje; el alma es el amo del carruaje; la inteligencia es el conductor; y los sentidos son los corceles. Se dice que la mente es ciega porque no puede ver sin el auxilio de los sentidos y de la inteligencia. Las riendas del carruaje reciben y transmiten los impulsos provenientes de los corceles y de la dirección indicada por el conductor. De manera similar, la mente ciega por sí sola no reconoce ni ejerce dirección alguna, sino que simplemente recoge las impresiones de los sentidos y transmite las conclusiones e instrucciones provenientes de la inteligencia. Si la inteligencia está gobernada por *buddhi,* el poder del discernimiento puro, los sentidos se encuentran bajo control; si, por el contrario, la inteligencia está gobernada por los deseos materiales, los sentidos se comportan de manera turbulenta y descontrolada.

---

[1] El puente de Varolio o protuberancia anular es una porción del tronco encefálico; se encuentra situado por encima del bulbo raquídeo y centrado por debajo de los dos hemisferios cerebrales, y conecta el cerebro, el cerebelo y la médula oblongada. Sus dimensiones son pequeñas (aproximadamente 2,5 x 2,5 x 3,8 cm) y por su interior pasan las vías ascendentes sensitivas y descendentes motoras que conectan el cerebro con el resto del cuerpo. Estas vías atraviesan una densa red de neuronas, llamada «formación reticular», cuya función es activar el resto del cerebro y regular el ciclo circadiano de sueño y vigilia. El puente de Varolio contiene una estructura especial, el *locus coeruleus* («lugar azul»): un pequeño y comprimido racimo de células que contienen norepinefrina, una sustancia química cuya función es estimular la movilización que prepara el cuerpo para la acción. Esta estructura participa en los procesos de despertar, soñar, dormir y en la variación de los estados de ánimo.

En sentido literal, Sanjaya significa «completamente victorioso», «aquel que se ha conquistado a sí mismo». Sólo quien no está centrado en su ego tiene la capacidad de ver con claridad y de modo imparcial. Por eso, en el *Guita,* Sanjaya personifica la visión divina que mora en nuestro interior; para el devoto aspirante, Sanjaya representa el poder del autoanálisis intuitivo e imparcial, la introspección discernidora. Es la capacidad de tomar distancia de uno mismo, observarse sin prejuicios y juzgar con exactitud. Los pensamientos pueden estar presentes sin que nos percatemos conscientemente de ello. La introspección es aquel poder intuitivo mediante el cual la conciencia es capaz de observar los pensamientos. No razona; más bien, siente —no con la parcialidad de la emoción, sino con la claridad y la calma de la intuición.

Simbolismo de Sanjaya: el autoanálisis intuitivo imparcial

En el *Mahabharata,* del cual forma parte el *Bhagavad Guita,* el gran *rishi* (sabio) Vyasa preludia el texto del *Guita* otorgándole a Sanjaya el poder espiritual de ver a distancia lo que está ocurriendo en la totalidad del campo de batalla, a fin de que pueda relatárselo al rey ciego Dhritarashtra a medida que los acontecimientos se desarrollan. Por ello, uno podría esperar que la pregunta que el rey formula en la primera estrofa se encontrara en tiempo presente. El autor, Vyasa, hace de manera intencional que Sanjaya narre el diálogo del *Guita* en forma retrospectiva y emplee el verbo en tiempo pasado («¿qué *hicieron*?»), a fin de indicar claramente a los estudiantes perceptivos que el *Guita* se refiere sólo de modo incidental a una batalla histórica que tuvo lugar en la llanura de Kurukshetra, al norte de la India. Lo que en realidad Vyasa describe es primordialmente una batalla universal: la enconada contienda que a diario se libra en la vida de cada ser humano. Si Vyasa hubiera querido simplemente informar acerca del desarrollo de una batalla real que se estaba librando en ese momento en el campo de Kurukshetra, habría hecho que Dhritarashtra le hablase al mensajero Sanjaya en tiempo presente: «Mi descendencia y los hijos de Pandu, ¿qué están haciendo *ahora*?».

Éste es un punto importante. El inmemorial mensaje del *Bhagavad Guita* no hace referencia únicamente a una batalla histórica, sino al conflicto cósmico entre el bien y el mal: la vida como una serie de contiendas entre el Espíritu y la materia, el alma y el cuerpo, la vida y la muerte, el conocimiento y la ignorancia, la salud y la enfermedad, la inmutabilidad y la transitoriedad, el autocontrol y las tentaciones, el discernimiento y la ciega mente sensorial. Por lo tanto, en la primera estrofa, Vyasa emplea el tiempo pasado del verbo para indicar que se está invocando el poder de la introspección para examinar los conflictos del día que ocurrieron en la mente, a fin de determinar si el resultado fue favorable o desfavorable[2].

Comentario ampliado: La batalla de la vida

Desde el momento de la concepción hasta que exhala el último aliento, el ser humano debe librar, en cada encarnación, incontables batallas —biológicas, hereditarias, bacteriológicas, fisiológicas, climáticas, sociales, éticas, políticas, sociológicas, psicológicas y metafísicas—, es decir, toda clase de conflictos internos y externos. En cada enfrentamiento se encuentran las fuerzas del bien y del mal compitiendo para lograr el triunfo. Lo que el *Guita* se propone es que el ser humano alinee los esfuerzos del lado de *dharma,* la rectitud. La meta final es la realización del Ser: percibir que el verdadero Ser del hombre, el alma, por haber sido creada a imagen de Dios, es una con la siempre existente, siempre consciente y eternamente renovada bienaventuranza del Espíritu.

La primera contienda en la que toma parte el alma cada vez que se encarna es aquella que la enfrenta a otras almas que también desean reencarnar. Durante la unión del espermatozoide y el óvulo que da comienzo a la formación de un nuevo cuerpo humano, se produce un destello de luz en el mundo astral, el hogar celestial en que habitan las almas entre una y otra encarnación. Esa luz transmite un patrón que atrae a un alma según su karma —las influencias creadas por uno mismo como resultado de las acciones de vidas pasadas—. En cada encarnación, el karma se expresa en parte a través de las tendencias hereditarias; el alma del futuro bebé es atraída hacia una familia en la cual la herencia concuerda con el pasado karma de éste. Muchas almas pugnan por entrar en esa nueva célula viviente, pero sólo una lo logra. (En el caso de la concepción múltiple, se halla presente más de una célula primordial).

Cuando se encuentra en el vientre de la madre, el bebé nonato

---

[2] Esta simbología explica por qué, a pesar de que le había sido dado a Sanjaya el poder de percibir y describir los acontecimientos al mismo tiempo que se estaban desarrollando, él no le narró a Dhritarashtra el discurso del *Guita,* que precedió a la batalla, sino hasta que hubieron transcurrido diez días de lucha. *(Nota del editor).*

lucha contra las enfermedades, la oscuridad y los periódicos sentimientos de limitación y frustración que le invaden a medida que la conciencia de su alma recuerda y luego gradualmente olvida la mayor libertad de expresión que disfrutaba durante la permanencia en el mundo astral. El alma encerrada dentro del embrión debe, además, luchar contra el karma, el cual influye —para bien o para mal— sobre la formación del cuerpo en el que ahora reside. A esto se le debe sumar el conflicto con las influencias vibratorias que le llegan desde fuera: el entorno y las acciones de la madre, las sensaciones y sonidos procedentes del exterior, las vibraciones de amor y de odio, de calma y de ira.

A partir del nacimiento, el instinto del bebé por lograr el bienestar y la supervivencia lucha contra la relativa impotencia de su inmaduro instrumento corporal.

El niño inicia su primera batalla consciente cuando debe optar entre el deseo de jugar sin un propósito fijo y el deseo de aprender, estudiar y seguir algún tipo de educación sistemática. De manera gradual, se le presentan batallas de índole más seria, que le vienen impuestas, desde el interior, por los instintos kármicos o, desde fuera, por las malas compañías y el entorno.

El joven se ve repentinamente enfrentado a una multitud de problemas para los cuales, a menudo, no está preparado: las tentaciones del sexo, de la gula y la falsedad, de obtener dinero por medios fáciles pero cuestionables, las presiones de las compañías que frecuenta y las influencias sociales. Por lo general, descubre que no cuenta con la espada de la sabiduría para que le ayude a hacer frente a los ejércitos invasores de las experiencias mundanas.

El adulto que vive sin cultivar ni utilizar los poderes innatos de la sabiduría y del discernimiento espiritual descubre inexorablemente que el reino de su cuerpo y de su mente se halla asolado por los elementos insurgentes de los erróneos deseos causantes de sufrimiento, los hábitos destructivos, el fracaso, la ignorancia, la enfermedad y la infelicidad.

Hay pocas personas que sean siquiera conscientes de que en su reino existe un permanente estado de conflicto. Por lo general, sólo cuando la devastación es casi completa, los seres humanos se dan cuenta, desvalidos, del triste y ruinoso estado en que se encuentran sus vidas. Es preciso iniciar cada día una nueva batalla psicológica en pos de la salud, la prosperidad, el autocontrol y la sabiduría a fin de que el hombre avance hacia la victoria y recupere, de ese modo, cada centímetro del territorio perteneciente al alma que ha sido ocupado por las fuerzas rebeldes de la ignorancia.

El yogui —el hombre cuya conciencia está despertando— no sólo ha de hacer frente a las mismas batallas externas que libran todos los seres humanos, sino que además debe afrontar el choque interno entre las fuerzas negativas de la inquietud (que nacen de *manas,* la conciencia sensorial) y el poder positivo de sus deseos y esfuerzos por meditar (que reciben el apoyo de *buddhi,* la inteligencia discernidora) cuando trata de establecerse nuevamente en el reino espiritual interior del alma —en los sutiles centros de vida y conciencia divina situados en la espina dorsal y el cerebro[3].

La necesidad de que el hombre practique cada noche la introspección

POR LO TANTO, EL *GUITA* SEÑALA en su primera estrofa la necesidad fundamental de que el hombre practique cada noche la introspección, para que le sea posible discernir claramente qué fuerza —la del bien o la del mal[4]— ha ganado la batalla cotidiana. A fin de vivir en armonía con el plan divino, el ser humano debe formularse cada noche esta pregunta que siempre resulta pertinente: «Reunidas en el campo sagrado del cuerpo —el lugar de las buenas y malas acciones—, ¿qué hicieron mis tendencias rivales? ¿Qué facción obtuvo hoy la victoria en la incesante lucha? Vamos, dime, ¿qué hicieron las tendencias erróneas, tentadoras y malignas, y las fuerzas antagónicas de la autodisciplina y el discernimiento?».

Después de practicar la meditación de manera concentrada, el yogui siempre le pregunta a su capacidad de introspección: «Congregadas en la región de la conciencia del eje cerebroespinal y en el campo de la actividad sensorial del cuerpo, con ansias de combatir, ¿qué hicieron las facultades sensoriales de la mente, que tienden a arrastrar la conciencia hacia el exterior, y qué hicieron los hijos de las tendencias del discernimiento del alma, que intentan recuperar el reino interior? ¿Quién ha triunfado en el día de hoy?».

El individuo común y corriente, como asediado guerrero cubierto con las cicatrices resultantes de las batallas libradas, se halla muy familiarizado con la lucha. No obstante, en numerosas ocasiones, su entrenamiento fortuito es incapaz de brindarle una comprensión completa

---

[3] «Ni se dirá: "Vedlo aquí o allá", porque, mirad, el Reino de Dios está dentro de vosotros» (*Lucas* 17:21).

[4] El «bien» es aquello que expresa la verdad y la virtud y atrae la conciencia hacia Dios; el «mal» es la ignorancia y la ilusión o engaño, aquello que aleja de Dios la conciencia del devoto.

de la naturaleza del campo de batalla y de los principios científicos que se hallan tras los ataques de las fuerzas contrarias. Tal conocimiento podría lograr que se multiplicasen sus victorias y disminuyeran sus desconcertantes derrotas.

En la narración histórica acerca del motivo de la guerra de Kurukshetra, se relata que los nobles hijos de Pandu gobernaron virtuosamente su propio reino hasta que el rey Duryodhana, el malvado gobernante que era hijo del rey ciego Dhritarashtra, despojó astutamente a los Pandavas de su reino y los condenó al exilio.

En un sentido simbólico, el reino del cuerpo y de la mente le pertenece, por derecho, al rey Alma y a sus nobles súbditos, las tendencias virtuosas. Sin embargo, el rey Ego[5] y sus parientes, las innobles tendencias negativas, usurpan arteramente el trono. Cuando el rey Alma se yergue para reclamar su territorio, el cuerpo y la mente se transforman en un campo de batalla[6].

La esencia del *Guita* es mostrar cómo el rey Alma gobierna su reino corporal, lo pierde y lo conquista de nuevo.

❖

ORGANIZACIÓN DEL REINO CORPORAL: EL LUGAR DE RESIDENCIA DEL ALMA

LA MANERA EN QUE ESTÁN ORGANIZADOS el cuerpo y la mente del ser humano revela, a través de su detallada perfección, la presencia de un plan divino. «¿No sabéis que sois templo de Dios y que el Espíritu de Dios habita en vosotros?»[7]. El Espíritu de Dios —el reflejo de Dios en el hombre— es el alma.

El alma ingresa en la materia como una chispa de vida y conciencia omnipotente que se aloja en el interior del núcleo formado por la unión del espermatozoide y el óvulo. Al desarrollarse el cuerpo, este primer «asiento de la vida» permanece en el bulbo raquídeo, el cual se considera, por consiguiente, el portal de vida a través del cual el rey Alma hace su entrada triunfal en el reino del cuerpo. En este «asiento de vida» hallamos la primera expresión de las refinadas percepciones del alma encarnada, donde se encuentra grabado —de acuerdo con

---

[5] En el comentario de esta estrofa, los epítetos «rey Alma» y «rey Ego» se emplean, tanto en esta metáfora como en las subsiguientes, en el sentido más amplio de su significado y no necesariamente para referirse a su uso específico en la alegoría del *Guita,* en la que Krishna es el alma y Bhishma, el ego.

[6] Véase la Introducción.

[7] *I Corintios* 3:16.

el diseño establecido por el karma— el modelo de las diversas fases que atravesará la vida. Por acción del milagroso poder del *prana* —o fuerza vital creativa inteligente—, guiado por las facultades del alma, el zigoto se desarrolla desde las etapas embrionaria y fetal hasta formar el cuerpo humano.

Las facultades o instrumentos creativos del alma son de naturaleza astral y causal. Cuando el alma entra en la célula huevo o zigoto, se encuentra revestida de dos cuerpos sutiles: una forma causal de «ideatrones», que a su vez está encerrada en una forma astral de «vitatrones»[8]. El cuerpo causal, llamado así porque es el causante de las otras dos envolturas del alma, consta de treinta y cinco ideas o fuerzas de pensamiento (que he denominado «ideatrones»), a partir de las cuales se forma el cuerpo astral, hecho de diecinueve elementos, y el cuerpo físico, compuesto de dieciséis elementos químicos densos.

Los diecinueve elementos del cuerpo astral son: la inteligencia *(buddhi),* el ego *(ahamkara),* el sentimiento *(chitta),* la mente (*manas,* la conciencia sensorial), los cinco instrumentos del conocimiento (las contrapartes sutiles de los sentidos físicos de la vista, el oído, el olfato, el gusto y el tacto), los cinco instrumentos de la acción (que guardan correspondencia mental con las habilidades de procrear, excretar, hablar, caminar y ejercer trabajos manuales) y los cinco instrumentos del *prana* (que activan las funciones corporales de cristalización, asimilación, eliminación, metabolización y circulación). Estos diecinueve poderes del cuerpo astral son los que construyen, mantienen y dan vida a la densa forma física. Los centros de vida y conciencia a partir de los cuales operan estos poderes son el cerebro astral (o «loto de mil pétalos» de luz) y el eje astral cerebroespinal (o *sushumna*), que contiene los seis *chakras* o centros sutiles. En relación con el cuerpo físico, los *chakras* se encuentran localizados en la médula oblongada y en cinco centros de la columna vertebral: el centro cervical (opuesto a la garganta), el dorsal (opuesto al corazón), el lumbar (opuesto al ombligo), el sacro (opuesto a los órganos reproductores) y el coccígeo (en la base de la columna).

---

[8] Para traducir el término sánscrito *prana,* he acuñado la palabra «vitatrones». Las escrituras hindúes mencionan el *anu,* «átomo»; el *paramanu,* «más allá del átomo» —energías electrónicas aún más sutiles—; y el *prana,* «fuerza vitatrónica creadora». Los átomos y los electrones son fuerzas ciegas; el *prana* es inherentemente inteligente. El *prana* o los vitatrones en los espermatozoides y los óvulos, por ejemplo, guían y dirigen el desarrollo embrionario de acuerdo con el plan kármico.

Las fuerzas de la mente menos refinadas se manifiestan en las estructuras más burdas del cuerpo; en cambio, las sutiles fuerzas del alma —la conciencia, la inteligencia, la voluntad, el sentimiento— precisan del bulbo raquídeo y de los delicados tejidos del cerebro para habitar allí y manifestarse a través de ellos.

En términos simples, las cámaras interiores del palacio del rey Alma se hallan ubicadas en los centros sutiles de la supraconciencia, la Conciencia de Cristo o de Krishna (*Kutastha Chaitanya* o Conciencia Universal) y la Conciencia Cósmica. Estos centros se encuentran, respectivamente, en el bulbo raquídeo, en la porción frontal del cerebro a nivel del entrecejo (asiento del ojo único u ojo espiritual) y en la parte superior del cerebro (el trono del alma, en el «loto de mil pétalos»). En dichos estados de conciencia, el rey Alma gobierna con supremacía como la imagen pura de Dios en el hombre. Por el contrario, cuando el alma desciende a la conciencia corporal, permanece bajo la influencia de *maya* (la ilusión cósmica) y de *avidya* (la ilusión o ignorancia del individuo, la cual crea la conciencia del ego). Cuando es seducida y tentada por el engaño cósmico o Satanás psicológico, el alma se convierte en el ego limitado, que se identifica con el cuerpo, así como con sus familiares y posesiones. El alma, en el papel del ego, se atribuye a sí misma todas las limitaciones y restricciones del cuerpo. Una vez que ha aceptado tal identificación, ya no puede expresar su omnipresencia, omnisciencia y omnipotencia. Imagina que se halla sometida a las limitaciones —al igual que un acaudalado príncipe que, al vagar por los vecindarios pobres en estado de amnesia, podría imaginar que es pobre—. En ese estado de ilusión, el rey Ego toma el control del reino corporal.

El alma, identificada con Dios, frente al ego, identificado con el cuerpo

La conciencia del alma puede decir, junto con el Cristo que se hallaba despierto en Jesús: «El Padre y yo somos uno». La engañada conciencia del ego dice: «Soy el cuerpo; éstos son mis familiares, éste es mi nombre, éstas son mis posesiones». Aun cuando el ego cree que gobierna, en realidad es un prisionero del cuerpo y de la mente, que a su vez son títeres de las sutiles maquinaciones de la Naturaleza Cósmica.

En el macrocosmos de la creación, continuamente se libra una gran batalla entre el Espíritu y las expresiones imperfectas de la Naturaleza. En todos los lugares de la tierra presenciamos la silenciosa contienda entre la perfección y la imperfección. Los planes perfectos del Espíritu luchan de manera incesante contra las horrendas distorsiones manifestadas por *maya* —la fuerza universal del engaño, el traicionero atributo del «diablo»[9]—. Una de las fuerzas está expresando conscientemente todo aquello que es bueno, en tanto que la otra está operando en secreto para manifestar el mal.

Lo mismo ocurre en el microcosmos: el cuerpo y la mente humanos son verdaderos campos de batalla en los que se entabla la guerra entre la sabiduría y la fuerza ilusoria consciente que se manifiesta como *avidya,* la ignorancia. Todo aspirante espiritual que tenga el propósito de establecer en su interior el gobierno del rey Alma debe derrotar a las fuerzas insurgentes del rey Ego y sus poderosos aliados. Y ésa es la batalla que se está librando en el campo de Dharmakshetra Kurukshetra.

LAS DIVISIONES DE DHARMAKSHETRA KURUKSHETRA

ESTE CAMPO CORPORAL de actividad y de conciencia en realidad está dividido en tres partes, según la manera en que se manifiesten las tres *gunas* o cualidades influyentes que son consustanciales a Prakriti, la Naturaleza Cósmica. Las tres *gunas* son: 1) *sattva,* 2) *rajas,* 3) *tamas. Sattva,* el atributo positivo, ejerce su influencia en dirección al bien: la verdad, la pureza, la espiritualidad. *Tamas,* el atributo negativo, ejerce su influencia en dirección a la oscuridad, o sea, al mal: la mentira, la inercia, la ignorancia. *Rajas,* el atributo neutro, es la cualidad activadora: al actuar sobre *sattva* para suprimir *tamas,* o sobre *tamas* para suprimir *sattva,* genera actividad y movimiento constantes.

---

[9] No debe imaginarse que sólo los *rishis* han comprendido la verdad acerca de *maya.* Los profetas del Antiguo Testamento se refirieron a *maya* con el nombre de Satanás (literalmente, en hebreo, «el adversario»). El Testamento Griego utiliza el término *diabolos* o diablo como equivalente de Satanás. Satanás o *Maya* es el mago cósmico que produce la multiplicidad de formas para ocultar la Verdad Única que no posee forma. En el plan y juego *(lila)* de Dios, la única función de Satanás o *Maya* es la de tratar de desviar al hombre del Espíritu a la materia, de la Realidad a la irrealidad.

Cristo describió en forma pintoresca a *maya* como el diablo, refiriéndose a él como un asesino y un mentiroso. «El diablo [...] fue homicida desde el principio, y no se mantuvo en la verdad, porque no hay verdad en él; cuando dice la mentira, dice lo que le sale de dentro, porque es mentiroso y padre de la mentira» (*Juan* 8:44). «El diablo ha pecado desde el principio, y el Hijo de Dios se manifestó para deshacer las obras del diablo» (*I Juan* 3:8). Esto significa que la manifestación de la Conciencia Crística en el hombre destruye fácilmente la ilusión o las «obras del diablo».

Maya existe «desde el principio» debido a su estructura inherente a los mundos fenoménicos, los cuales se encuentran en perpetua transición en antítesis con la Divina Inmutabilidad. *(Autobiografía de un yogui).*

La primera parte de las tres divisiones del campo corporal está constituida por la periferia del cuerpo e incluye los cinco instrumentos del conocimiento (oídos, piel, ojos, lengua, nariz) y los cinco instrumentos de la acción (la boca, que produce el habla; las manos y los pies; los órganos de excreción y de procreación). La superficie externa del cuerpo humano es el escenario de las continuas actividades sensoriales y motoras. Por lo tanto, es apropiado que se le denomine Kurukshetra: el campo de la acción externa, donde se llevan a cabo todas las actividades del mundo exterior.

La primera parte del campo: la superficie del cuerpo

Es aquí donde residen *rajas* y *tamas* (con predominio de *rajas*); es decir: la acción de *tamas* sobre las vibraciones elementales creativas cósmicas —tierra, agua, fuego, aire y éter— crea la densa materia atómica del cuerpo físico, y hace que la materia se manifieste en cinco clases distintas reconocibles: sólida, líquida, ígnea, gaseosa y etérea. *Tamas* es la cualidad negativa u oscura de la naturaleza; por ello, es la responsable de ocultar la verdadera esencia sutil de la materia bajo la cubierta de una burda apariencia, y de causar la ignorancia en el hombre —que es quien percibe—. El predominio de *rajas* (la cualidad activadora) en este campo de Kurukshetra se pone de manifiesto en la naturaleza inquietamente activa del hombre y en el carácter siempre cambiante del mundo que él se esfuerza de manera infructuosa por controlar.

La segunda parte del campo corporal de la acción es el eje cerebroespinal, con sus seis centros sutiles de vida y conciencia (medular, cervical, dorsal, lumbar, sacro y coccígeo) y sus dos polos magnéticos: la mente *(manas)* y la inteligencia *(buddhi).* Atraídas hacia la densa materia por *manas,* las facultades sutiles de estos centros emergen hacia el exterior; se proyectan como rayos de llameante luz gaseosa y, en el cuerpo humano, mantienen activas las facultades sensoriales y motoras. Al retirarse al interior, atraídas por *buddhi,* las facultades sutiles se absorben en la región del cerebro y se fusionan formando una única conciencia del alma, a semejanza de las llamas de una lámpara de gas que, cuando reducen su intensidad, forman una sola llama. Este eje cerebroespinal junto con los seis centros sutiles se denomina Dharmakshetra Kurukshetra, el campo de las energías sutiles y fuerzas supramentales, así como de la acción ordinaria.

La segunda parte: los centros de vida y conciencia situados en la columna vertebral y en el cerebro

En esta parte del campo corporal, los atributos dominantes de la Naturaleza son *rajas* y *sattva.* Actuando sobre las cinco sutiles vibraciones elementales mencionadas, *rajas* da origen a los poderes de los cinco órganos de acción: la habilidad manual (las manos), la locomoción (los pies), el habla, la procreación y la excreción; también genera las cinco corrientes especializadas de *prana* que sostienen las funciones corporales vitales. Al actuar sobre los cinco elementos vibratorios sutiles, *sattva* crea los órganos sutiles de percepción —los poderes que animan los cinco instrumentos sensoriales físicos—. La percepción de la verdadera naturaleza sutil de la materia, así como la calma, el autocontrol y otros poderes espirituales (a los que se hará referencia más adelante) que el yogui que medita profundamente experimenta en los centros cerebroespinales son también el efecto de *sattva* en este campo de Dharmakshetra Kurukshetra.

La tercera parte del campo corporal se encuentra en el cerebro. Con un ancho equivalente a diez dedos, se extiende desde el entrecejo, pasando por el círculo o área circular situada en la parte superior de la cabeza (la fontanela frontal, una pequeña abertura del cráneo que se cierra gradualmente después del nacimiento del bebé), hasta el bulbo raquídeo. Esta zona se denomina Dharmakshetra y está compuesta por la médula oblongada y la parte superior de las áreas frontal y central del cerebro, junto con sus centros astrales —el ojo espiritual y el loto de mil pétalos— y sus correspondientes estados de conciencia divina.

La tercera parte: la morada de la conciencia divina en el cerebro

Al utilizar el término Dharmakshetra, se ha aplicado aquí el significado literal de *dharma:* «aquello que sustenta», de la raíz sánscrita *dhṛi,* «sustentar o apoyar». Esta parte del campo corporal denominada Dharmakshetra sustenta —u ocasiona— la existencia del hombre. La expresión de la vida y de la conciencia, que aquí acontece en su forma más refinada, constituye la fuente de las fuerzas que crean y sostienen al hombre (en sus cuerpos físico, astral y causal) y mediante las cuales el alma finalmente abandona los tres cuerpos y retorna al Espíritu. Así pues, el atributo predominante en el territorio de Dharmakshetra es *sattva,* la cualidad pura e iluminadora de la Naturaleza.

Dharmakshetra es la morada del alma. Desde este territorio, la conciencia pura del alma en su estado individualizado o encarnado crea y gobierna el triple reino corporal. Cuando el alma en lugar de manifestarse hacia el exterior está concentrada en el interior, experimenta su unidad con el Espíritu absoluto y se establece en el trono de la siempre renovada dicha dentro del loto de mil pétalos, en una región que se encuentra más allá de las limitaciones de los tres cuerpos y de sus sutiles causas, la cual no se halla afectada por los atributos y actividades creativas de la Naturaleza.

Desde el loto de mil pétalos y el sol del ojo espiritual, situados en la región cerebral de Dharmakshetra, las sutiles energías y fuerzas vibratorias que crean y sostienen la vida fluyen en dirección descendente por los centros sutiles y densos del eje cerebroespinal con el objeto de vitalizar el cuerpo y sus sentidos de percepción y de acción. Pero además de ser canales para conducir las energías vitales sutiles y las densas, el cerebro y el eje cerebroespinal se consideran como «el asiento de la conciencia».

Desde Dharmakshetra, la conciencia del alma acompaña a la energía vital durante su descenso. A través del ojo espiritual, el sol del alma envía «rayos eléctricos» de conciencia en dirección descendente a través del eje cerebroespinal hacia los seis centros sutiles. Las fuerzas energéticas de cada centro expresan algún aspecto de la divina conciencia del alma. Descendiendo aún más, hasta alcanzar el nivel de los conocidos estados consciente y subconsciente, la conciencia entra en la médula espinal física y fluye al exterior, hacia las ramificaciones de los nervios aferentes y eferentes situados en los plexos, para continuar hasta la periferia del cuerpo. Es así cómo, durante el estado consciente, la superficie externa del cuerpo responde al estímulo de los sentidos, identificando la conciencia exteriorizada del alma —en el aspecto de ego— con el cuerpo.

La batalla de Kurukshetra que se describe en el *Guita* es, por consiguiente, el esfuerzo necesario para ganar las batallas que se libran en las tres partes del campo corporal:

1) *La lucha material y moral* entre el bien y el mal, entre la acción correcta y la incorrecta, en la planicie sensorial de Kurukshetra.

2) *La guerra psicológica* que en la meditación yóguica se emprende sobre la planicie cerebroespinal de Dharmakshetra Kurukshetra entre las tendencias e inclinaciones mentales de *manas,* que impulsan la vida y la conciencia hacia el exterior, en dirección a la materia, y las tendencias puras discernidoras de la inteligencia *buddhi,* que atraen la vida y la conciencia hacia el interior, en dirección al alma.

Las tres batallas: moral, psicológica y espiritual

3) *La batalla espiritual* que en profunda meditación yóguica se libra en la planicie cerebral de Dharmakshetra para vencer los estados inferiores de conciencia y disolver toda conciencia de ego y sentimiento de separación de Dios en el estado de *samadhi:* la victoriosa unión del alma y el Espíritu en la conciencia cósmica.

Es posible que el yogui avanzado sienta el regocijo de alcanzar numerosas veces el bendito estado de *samadhi* y compruebe, sin embargo, que es incapaz de mantener permanentemente esta unión. El karma —el efecto de las acciones del pasado— y los vestigios de sus deseos y apegos le hacen descender de nuevo a la conciencia del ego y del cuerpo. No obstante, cada vez que se logra un contacto exitoso con el Espíritu, se fortalece la conciencia del alma y se adquiere mayor firmeza en el control del reino corporal. Finalmente, el karma es derrotado, la naturaleza inferior de los deseos y apegos queda sojuzgada y se da muerte al ego; el yogui alcanza *kaivalya,* la liberación: la unión permanente con Dios.

El yogui liberado puede entonces desechar los tres revestimientos corporales y permanecer como un alma libre en la siempre existente, siempre consciente y eternamente renovada bienaventuranza del Omnipresente Espíritu; o si decide descender de nuevo de su *samadhi* a la conciencia y actividades del cuerpo, lo hace en el sublime estado de *nirvikalpa samadhi.* Al encontrarse en ese estado supremo de conciencia exteriorizada del alma, permanece inmerso en la naturaleza pura del alma, inmutable y libre de perturbaciones, sin que disminuya en forma alguna su percepción de Dios, mientras lleva a cabo en lo externo todas las exigentes responsabilidades que le corresponden con el fin de dar cumplimiento al plan cósmico del Señor. Este estado celestial constituye el gobierno indiscutible del Alma Soberana sobre el reino corporal.

El reino corporal gobernado por el rey Alma

SE PUEDE REPRESENTAR gráficamente el reino corporal y el modo en que le afectan sus «gobernantes» y «habitantes» utilizando nombres ilustrativos para designar tanto las áreas específicas del cuerpo como las diferentes personalidades y nombres metafóricos de las actividades que se desarrollan en él. La figura 1, que se encuentra en la página 19, representa el reino corporal gobernado por el rey Alma.

Desde el Palacio Real —los centros de la supraconciencia, la conciencia crística y la conciencia cósmica, situados en el cerebro y la médula oblongada— el rey Alma lleva a cabo el bien, impartiendo dicha, sabiduría y vitalidad a todo el reino.

El Rey recibe la asistencia de sus leales súbditos —las señoriales tendencias discernidoras— en la «Cámara de los Lores» del Parlamento (la «cámara alta» o escaños superiores de la conciencia situados en los centros medular, cervical y dorsal). Estos súbditos se encuentran bajo la

El reino corporal gobernado por el rey Alma

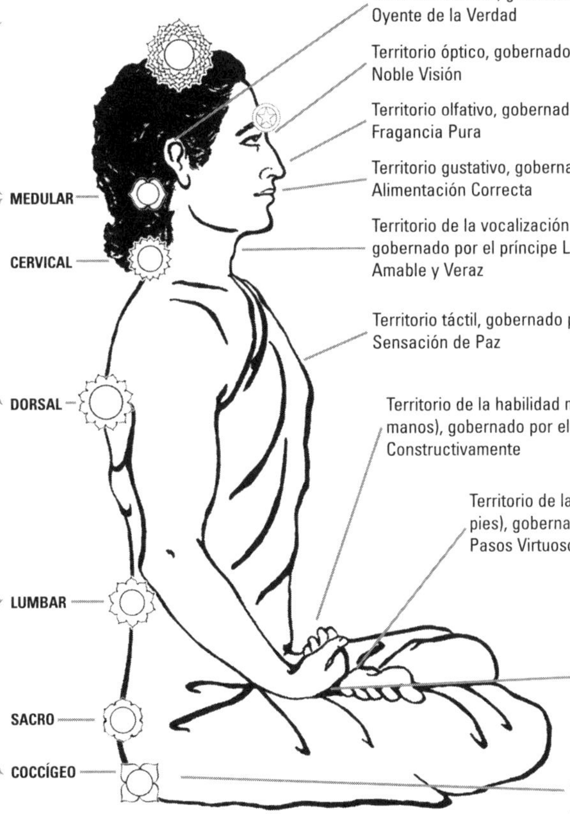
Los territorios de los diez príncipes de los sentidos: los cinco órganos del conocimiento y los cinco órganos de la acción, con sus respectivos poderes principescos:
Territorio auditivo, gobernado por el príncipe Oyente de la Verdad
Territorio óptico, gobernado por el príncipe Noble Visión
Territorio olfativo, gobernado por el príncipe Fragancia Pura
Territorio gustativo, gobernado por el príncipe Alimentación Correcta
Territorio de la vocalización (la boca), gobernado por el príncipe Lenguaje Amable y Veraz
Territorio táctil, gobernado por el príncipe Sensación de Paz
Territorio de la habilidad manual (las manos), gobernado por el príncipe Asir Constructivamente
Territorio de la locomoción (los pies), gobernado por el príncipe Pasos Virtuosos
Territorio de la procreación (órganos reproductivos), gobernado por el príncipe Impulso Creativo Controlado
Territorio de la eliminación (ano), gobernado por el príncipe Purificación Higiénica
El palacio del rey Alma: los centros de la conciencia divina situados en el cerebro y en el bulbo raquídeo
MEDULAR
La «Cámara de los Lores» del Parlamento (las señoriales tendencias discernidoras): en la «cámara alta» de la conciencia, situada en los centros medular, cervical y dorsal
CERVICAL
DORSAL
La «Cámara de los Comunes» del Parlamento (los poderes sensoriales obedientes de la ley): en la «cámara baja» de la conciencia, situada en los centros lumbar, sacro y coccígeo
LUMBAR
SACRO
COCCÍGEO
Las regiones del Reino Corporal: el centro coccígeo (con la serena energía productiva de la Naturaleza) y todas las áreas del cuerpo, incluyendo los huesos, la médula ósea, los órganos, los nervios, la sangre, las venas, las arterias, las glándulas, los músculos y la piel
Los ciudadanos libres del Reino Corporal, dirigidos por el primer ministro Discernimiento —la ciudadanía de inteligentes, vitales, satisfechos y felices pensamientos, sentimientos, billones de células, incontables moléculas, átomos, electrones, unidades de chispas vitales creativas y la voluntad—, todos viven y trabajan juntos en forma armoniosa, eficiente y próspera en las diversas áreas del cuerpo.

Figura 1

influencia del primer ministro Discernimiento (*buddhi,* la inteligencia, que revela la verdad y es atraída hacia el Espíritu).

En la «Cámara de los Comunes» del Parlamento —la «cámara baja» o escaños inferiores de la conciencia, situados en los centros lumbar, sacro y coccígeo—, los poderes sensoriales «comunes» de *manas* (la mente o conciencia sensorial) obedecen la sabia influencia del primer ministro Discernimiento y de las señoriales tendencias discernidoras. El hombre común se encuentra principalmente bajo la influencia de la mente consciente sensorial o *manas:* el poder de repulsión que lo aleja del Espíritu, que oculta la verdad y enlaza la conciencia con la materia. La conciencia sensorial actúa a través de los tres centros espinales inferiores, pero cuando la vida del ser humano se encuentra bajo la guía del alma, los sentidos que operan a través de los tres centros inferiores obedecen a las tendencias discernidoras de los centros cerebroespinales superiores de conciencia. Por consiguiente, puede afirmarse que el hombre mundano vive en los centros inferiores de conciencia —lumbar, sacro y coccígeo— con predominio de la mente (*manas* o conciencia sensorial) y que el hombre espiritual vive en los centros superiores de conciencia —dorsal, cervical y medular— con predominio de la inteligencia discernidora (*buddhi* o conciencia reveladora de la verdad).

La salud, belleza y paz del reino corporal

Las regiones físicas del Reino Corporal se mantienen llenas de vida bajo el gobierno del rey Alma. Éstas incluyen el centro coccígeo y todas las áreas del cuerpo: huesos, médula ósea, órganos, nervios, sangre, arterias, venas, glándulas, músculos y piel. El centro coccígeo tiene una importancia fundamental. La totalidad de los poderes sutiles de la conciencia y de la fuerza vital que operan en los centros superiores se manifiestan físicamente a través del canal del centro coccígeo: cuando la fuerza vital fluye desde el cóccix al exterior y, de ese modo, crea y mantiene los diferentes sistemas del cuerpo —carne, huesos, sangre y demás—, la materia se presenta en cinco variedades (sólida, líquida, ígnea, gaseosa y etérea, como resultado de la acción de las vibraciones elementales de la tierra, el agua, el fuego, el aire y el éter en los centros coccígeo, sacro, lumbar, dorsal y cervical). Bajo el gobierno del rey Alma, la creativa «Madre Naturaleza» situada en el cóccix se halla en un estado de serenidad y control; además, aporta salud, belleza y paz al reino. Ante el mandato del yogui en la meditación profunda, esta fuerza creativa se dirige al interior y fluye de regreso hacia su fuente, que es el loto de mil pétalos, revelando el esplendoroso mundo interno de las fuerzas divinas y el conocimiento del alma y el Espíritu. En el yoga se hace referencia a este poder que fluye desde el cóccix hasta el Espíritu como la *kundalini* despierta.

Todas las regiones físicas del Reino Corporal se hallan bajo la influencia de diez príncipes de los sentidos —los poderes sensoriales—, que residen en sus respectivos territorios u órganos sensoriales. Éstos son los cinco sentidos del *conocimiento* (la vista, el oído, el olfato, el gusto y el tacto) y los cinco poderes sensoriales de *ejecución* (el poder del habla, el poder de locomoción de los pies, el poder de la destreza manual, el poder de eliminación del ano y de los músculos excretores y el poder de reproducción de los órganos genitales).

Todos los príncipes de los sentidos son nobles y bondadosos y se encuentran en sintonía con los armoniosos poderes discernidores del alma. De ese modo, los sentidos sirven al propósito que les corresponde, que consiste en proveer un medio para que el alma, encarnada como la conciencia pura del hombre, pueda experimentar y expresarse en el mundo de la materia, así como en el reino del Espíritu.

Los ciudadanos del Reino Corporal son los beneficiarios de las bendiciones y de la sabia guía del rey Alma, de sus consejeros parlamentarios de las tendencias discernidoras y mentales (sensoriales), del primer ministro Discernimiento y de los príncipes puros de los sentidos. La ciudadanía de pensamientos, voluntad y sentimientos es sabia, constructiva, pacífica y feliz. La multitud de trabajadores conscientes e inteligentes constituida por células, moléculas, átomos, electrones y unidades de chispas vitales creativas (vitatrones o *prana*) está llena de vitalidad, es armoniosa y eficiente.

Durante el gobierno del rey Alma, todas las leyes que conciernen a la salud, la eficiencia mental y la educación espiritual de los pensamientos, de la voluntad, de los sentimientos y de los inteligentes habitantes celulares del reino corporal se cumplen bajo la guía suprema de la sabiduría. Como resultado de ello, la felicidad, la salud, la prosperidad, la paz, el discernimiento, la eficiencia y la guía intuitiva prevalecen en todo el reino corporal, ¡un reino de pureza, colmado de luz y bienaventuranza!

El reino corporal gobernado por el rey Ego

La figura 2, que aparece en la página 23, representa la naturaleza del ser humano cuando es gobernado por el rey Ego, el instrumento de la Fuerza Ilusoria Cósmica que induce al hombre a creer que se halla separado de Dios.

La figura 2 representa, por lo tanto, una situación muy diferente de la que aparece en la figura 1; la segunda ilustración muestra los cambios que se llevan a cabo en el reino corporal cuando ha sido usurpado por el rey Ego y sus rebeldes. Al ego se le denomina pseudoalma, porque imita la autoridad del rey Alma y trata de dominar por completo el reino corporal; mas el Usurpador jamás consigue introducirse en las habitaciones palaciegas interiores de la supraconciencia, la conciencia crística o la conciencia cósmica. El ego sólo puede gobernar los estados consciente y subconsciente del hombre. La conciencia recogida interiormente en el centro medular es la supraconciencia del alma. Al fluir hacia lo externo y permanecer en los estados consciente y subconsciente del cerebro y de la columna vertebral e identificarse con el cuerpo en vez de hacerlo con el Espíritu, comienza el errático reinado de la conciencia en su aspecto de rey Ego.

La cámara baja de la conciencia y subconciencia del cerebro bajo los dictados del rey Ego ya no se encuentra gobernada por la serena, omnisciente y omnipotente alma; por el contrario, se convierte en el hogar del rebelde Ego, un alfeñique limitado al cuerpo, siempre inquieto, orgulloso e ignorante. Quien ejerce su poder e influencia es el primer ministro Ignorancia, y no el Discernimiento.

El rey Ego es un dictador; sólo quiere consejeros que le respondan con un sí a todo y que obedezcan sus mandatos para mantener, de ese modo, el reino corporal alejado del rey Alma. Los ministros del Ego son los deseos materiales, las emociones, los hábitos y las indisciplinadas inclinaciones sensoriales, a las órdenes del primer ministro Ignorancia. Estos insurgentes cierran las puertas de la «Cámara de los Lores» del Parlamento y, de ese modo, dejan sin poder alguno a las señoriales tendencias discernidoras de la «cámara alta» de los centros medular, cervical y dorsal. Los «comunes» poderes sensoriales de la «Cámara de los Comunes» (la «cámara baja», constituida por los centros lumbar, sacro y coccígeo), que obedecían al anterior rey Alma y al primer ministro Discernimiento y les eran leales, ahora, por influencia del primer ministro Ignorancia apoyan las innobles inclinaciones sensoriales del rey Ego. Es decir, cuando el ego y su influencia compañera, la ignorancia *(maya* y *avidya),* subyugan a la inteligencia discernidora (*buddhi,* el poder que impulsa hacia el Espíritu y revela la verdad), predomina la conciencia sensorial (la mente, *manas,* el poder de repulsión que aleja del Espíritu, oculta la verdad y enlaza la conciencia a la materia).

Las regiones físicas del reino corporal que están bajo el dominio del rey Ego se hallan con frecuencia desvitalizadas y en estado insalubre a causa de las epidemias y el envejecimiento prematuro que se propagan

El reino corporal gobernado por el rebelde rey Ego

El palacio del dictatorial y rebelde rey Ego: el centro de la conciencia orientada hacia el exterior (situado en el bulbo raquídeo) y, asimismo, los estados consciente y subconsciente de identificación con el cuerpo que se establecen en el cerebro y en los plexos espinales

El Ministerio: los ministros de los deseos, emociones, hábitos e indisciplinadas tendencias sensoriales bajo la dirección del primer ministro Ignorancia. (Las puertas de la «Cámara de los Lores» del Parlamento se hallan cerradas, y las señoriales tendencias discernidoras de la «cámara alta», correspondientes a los centros medular, cervical y dorsal, han sido privadas de todo poder. Los «comunes» poderes sensoriales de la «Cámara de los Comunes», la «cámara baja», constituida por los centros lumbar, sacro y coccígeo, apoyan las innobles inclinaciones sensoriales del rey Ego por influencia del primer ministro Ignorancia).

Las regiones del Reino Corporal: el centro coccígeo (con la inquieta energía de la Naturaleza esclavizada por los sentidos) y las diversas áreas del cuerpo, es decir, los huesos, la médula ósea, los órganos, los nervios, la sangre, las venas, las arterias, las glándulas, los músculos y la piel

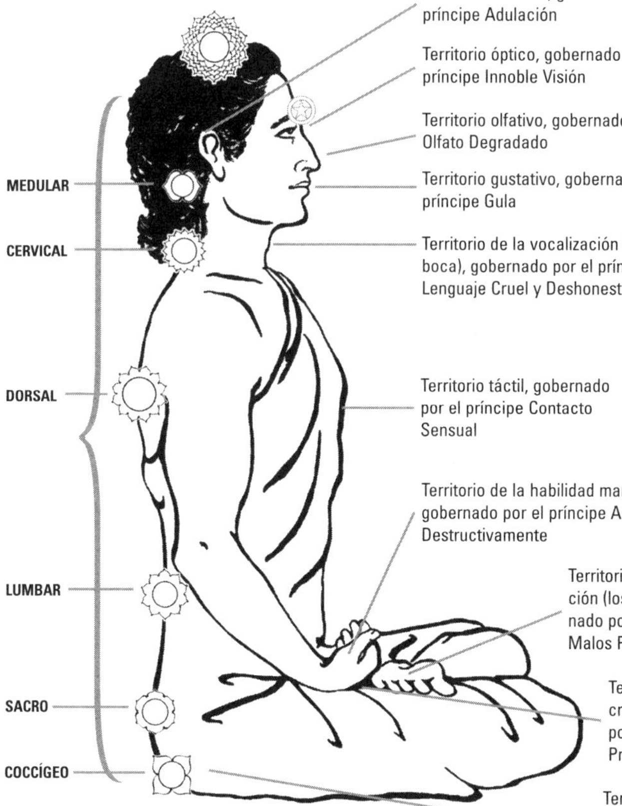

Los territorios de los diez príncipes de los sentidos:

Territorio auditivo, gobernado por el príncipe Adulación

Territorio óptico, gobernado por el príncipe Innoble Visión

Territorio olfativo, gobernado por el príncipe Olfato Degradado

Territorio gustativo, gobernado por el príncipe Gula

Territorio de la vocalización (la boca), gobernado por el príncipe Lenguaje Cruel y Deshonesto

Territorio táctil, gobernado por el príncipe Contacto Sensual

Territorio de la habilidad manual, gobernado por el príncipe Asir Destructivamente

Territorio de la locomoción (los pies), gobernado por el príncipe Malos Pasos

Territorio de la procreación, gobernado por el príncipe Promiscuidad

Territorio de la eliminación, gobernado por el príncipe Retención de Toxinas

Los ciudadanos esclavizados del Reino Corporal: voluntad, pensamientos, sentimientos, células, moléculas, átomos, electrones y chispas de energía vital; todos ellos trabajan en condiciones antinaturales e inarmoniosas para pacificar al rey Ego y sus secuaces, sufriendo en consecuencia un estado de irritación, enfermedad e ineficiencia.

Figura 2

por el reino. En la región principal —el centro coccígeo—, la creativa «Madre Naturaleza» se encuentra en constante agitación y su energía vital creadora se utiliza incorrectamente y se dilapida como resultado de las incontroladas demandas de los sentidos.

Los príncipes de los sentidos buscan la satisfacción en los placeres; se han identificado con el cuerpo y son autocomplacientes y egocéntricos. Por influencia de la ignorancia, caen en costumbres perniciosas y hábitos autodestructivos.

La ciudadanía de pensamientos, voluntad y sentimientos permanece sumida en la negatividad, las limitaciones, el hastío y la desdicha; los inteligentes trabajadores de las células y de las unidades atómicas y subatómicas de vida se tornan desorganizados, ineficientes y endebles. Bajo el régimen del Ego, con el primer ministro Ignorancia a cargo, se transgreden todas las leyes que podrían conducir al bienestar de los ciudadanos mentales y celulares del reino humano. Éste se ha convertido en un territorio en el que impera la oscuridad, en un lugar plagado de temor, incertidumbre y sufrimientos, los cuales neutralizan cada breve instante de placer.

Comparación del funcionamiento de los sentidos bajo el reinado del Alma y bajo el gobierno del Ego

El territorio óptico: Cuando el príncipe Noble Visión está a cargo del territorio óptico, el hombre sólo ve el bien en todas partes. Los buenos objetos, las maravillas de la naturaleza, la belleza del paisaje, las expresiones espirituales del arte, las imágenes sagradas o los rostros que reflejan santidad son fotografiados como sensaciones; las películas cinematográficas de todos ellos que se proyectan ante los habitantes mentales del cerebro (los pensamientos, la voluntad y los sentimientos) son para su aprendizaje, su gozo y su paz.

Las películas cinematográficas que se proyectan bajo el régimen del Ego, promovidas por el príncipe Innoble Visión, instruyen por medio de escenas de conflictos y sitios desagradables, rostros que despiertan el mal y la lujuria, y expresiones artísticas que estimulan los sentidos. Vierten sobre el cerebro sugerencias sensuales y materialistas que degradan el buen gusto natural de todas las células y pensamientos inteligentes.

La atracción del Ego hacia los objetos y rostros bellos conduce al apego material y a la complacencia de los sentidos. El alma percibe la Belleza Divina en toda expresión de belleza y, a través de dicha experiencia, siente una gozosa expansión de la conciencia y del amor.

El territorio auditivo: Durante el régimen del Alma, el territorio auditivo es gobernado por el príncipe Oyente de la Verdad. El sentido del oído ama las voces de la beneficiosa verdad, que guían los pensamientos del hombre hacia la meta de la sabiduría.

Bajo el régimen del Ego, el príncipe Adulación prefiere no oír otra cosa que letales mentiras endulzadas artificialmente, las cuales conducen a los pensamientos a una falsa conciencia de autosuficiencia y engreimiento y, también, a la convicción de que las acciones erróneas no conllevan castigo alguno. ¡Basta con ver a los pequeños y grandes déspotas de este mundo!

Las dulces palabras de alabanza sincera son deseables cuando alientan a las personas a actuar en forma correcta. La adulación o las palabras falsas, por el contrario, son perniciosas, puesto que a menudo sirven para ocultar heridas psicológicas, las cuales luego se infectan y corrompen por completo la naturaleza del hombre. La adulación es semejante a miel envenenada.

Además, en muchas ocasiones, la voz de los pensamientos de una persona suele apartarla de la realidad. Esto le permite excusar sus faltas y ocultar, tanto como puede, los graves tumores psicológicos que lleva en su interior, en vez de exponerlos al curativo escalpelo del análisis y la autodisciplina. La adulación de los demás y los reconfortantes susurros de su propio raciocinio le estimulan dulcemente el sentido del oído.

La sabiduría humana a menudo se convierte en prisionera de las venenosas palabras de adulación. Muchas personas sacrifican voluntariamente su tiempo, dinero, salud, reputación y carácter sólo para recibir en todo momento las melosas alabanzas de amigos «parásitos». De hecho, la mayoría de la gente prefiere la adulación a la crítica inteligente. Con gran indignación niegan todo rastro de verdad a cualquier análisis que los muestre bajo una luz desfavorable. En múltiples ocasiones, por el solo resentimiento egoísta en contra de una crítica justa, apresuradamente se arrojan contra las rocas del mal comportamiento. Numerosas son las personas que han perecido por no escuchar las duras palabras de la justa advertencia y que adoptan, en cambio, la fácil filosofía de las personas perversas que les rodean. Es preferible vivir en el infierno con un sabio que habla con crudeza que morar en el cielo con diez mentirosos lisonjeros. Los necios convierten el cielo en un infierno; los sabios, por el contrario, transforman cualquier infierno en un lugar celestial.

Quienes escuchan con serenidad la crítica benévola cosechan muchos beneficios. Es digno de admiración aquel que puede recibir una crítica rigurosa, pero verdadera, oyéndola con una sonrisa sincera y un sentimiento de gratitud por el hecho de que alguien se tomó la molestia de tratar de reformarle. ¡Pocos hay que sean ya perfectos! Sin que resulte preciso admitir las faltas propias ante los demás, uno debería corregirse en silencio cuando le critiquen justamente.

Un santo que conocí tenía un amigo de lengua mordaz que empleaba la mayor parte del tiempo en criticar al maestro. Cierto día, un discípulo del santo llegó a la ermita con noticias importantes.

—¡Maestro! —exclamó exultante—, tu enemigo, el que te criticaba constantemente, ¡ha muerto!

—¡Oh, estoy desconsolado! —los ojos del santo se colmaron de lágrimas—. Tengo el corazón destrozado, ¡me he quedado sin mi mejor crítico espiritual!

Por lo tanto, la pregunta que uno debería hacerse cada noche al practicar la introspección es: ¿Cómo he reaccionado hoy ante las críticas, ya fueran leves o severas? ¿He rechazado las palabras de los que me rodean sin considerar primero la posibilidad de que tal vez haya algo o mucho de cierto en ellas?

No son únicamente las dulces palabras de adulación lo que al ego de una persona le agrada oír, sino también los elogios que recibe por todo cuanto ha logrado, y las promesas de devoción provenientes de sus seres queridos. Pero aquí, el engaño consiste en que las alabanzas que se reciben en este mundo por el nombre y la fama son volubles y evanescentes; por otra parte, las promesas de amor eterno provienen de los efímeros labios de seres mortales. Incluso la dulce voz de una madre finalmente queda acallada. Todas las promesas y alabanzas permanecen sepultadas en la tumba del olvido, a no ser que en su eco uno pueda oír —como lo hace el alma— la voz del Amante Divino, y reconocer en ella su divina presencia, su amor y aprobación.

El territorio olfativo: Bajo la guía del Alma, el príncipe Fragancia Pura gusta de agasajar a todos con el perfume natural de las flores y el aire puro, el incienso del templo —que despierta la devoción— y el aroma de las comidas apetitosas y saludables. Sin embargo, aconsejados por el príncipe Olfato Degradado, los pensamientos y las células ansían los perfumes sensuales e intensos y se deleitan con ellos; además, su apetito se estimula con el aroma de las comidas insalubres, nutritivamente pobres, indigestas o demasiado condimentadas. Cuando el sentido del olfato ha sido esclavizado, pierde su natural atracción hacia las comidas sencillas que son beneficiosas para el cuerpo, y desarrolla un especial apego por el aroma de las carnes, los postres pesados, las preparaciones desnaturalizadas: aquellos alimentos que son dañinos para el cuerpo.

Olfato Degradado puede encontrar placenteros incluso los olores nocivos de sustancias perjudiciales, tales como el alcohol y el humo del cigarrillo. Cuando las células olfativas y los pensamientos se vuelven más toscos y menos sensibles por causa del príncipe Olfato Degradado, la pequeña protuberancia olfativa ubicada en medio del rostro humano puede conducir el cuerpo a la gula y a excesos que suelen ocasionar problemas de salud y falta de paz mental. Por lo tanto, dependiendo de la naturaleza pura o degradada del sentido del olfato, uno puede comportarse en forma sabia o desacertada al adoptar el viejo adagio: «Sigue tu olfato».

El territorio gustativo: Bajo el gobierno del Alma, el príncipe Alimentación Correcta gobierna el territorio gustativo. Guiado por su atracción natural, éste provee aquellos alimentos apropiados que poseen todos los elementos necesarios, sobre todo frutas frescas y vegetales crudos que conservan intacto su sabor natural y contenido vitamínico. Estos alimentos naturales nutren las células corporales, a las que ayudan a volverse inmunes a las enfermedades y a conservar su juventud y vitalidad.

Bajo el régimen del Ego, el príncipe Gula crea ansias antinaturales por comidas excesivamente cocinadas, desvitalizadas y nocivas. Los pensamientos relativos al gusto degeneran y las células corporales resultan perjudicadas y quedan sujetas a la indigestión y a la enfermedad.

El príncipe Gula también tienta al hombre a ingerir más de lo necesario para conservar la buena salud. Aun desde niños, los seres humanos, en su mayoría, tentados por la atracción del gusto, salen de las trincheras protectoras de los hábitos correctos de alimentación y son alcanzados por las balas de la indigestión. Si estas «heridas» se repiten de manera crónica, en muchas ocasiones derivan en severas enfermedades que se desarrollan en una etapa posterior de la vida. Cada kilo de peso inútil implica una carga adicional para el corazón, que debe entonces impulsar la sangre a través de un territorio superfluo. Los hombres y mujeres obesos no son longevos, un hecho del que pueden dar fe las compañías de seguros.

Millones de personas de cada generación pierden la batalla cotidiana contra la gula; pasan la vida cautivas de las enfermedades y mueren en forma prematura. En el caso del hombre común, el sentido del gusto y su maligno ejército de recuerdos de comer sin control, engullir a toda prisa y otros malos hábitos obtienen diariamente la victoria sobre los buenos soldados internos, cuyos consejos relativos a la moderación, la adecuada selección de los alimentos para lograr una dieta equilibrada, la masticación necesaria, etc., son ignorados.

Quien permite que los ejércitos de la gula avancen poco a poco sobre el territorio de sus hábitos dietéticos correctos descubre que, paulatinamente, se encuentra rodeado por el enemigo: la enfermedad. En la mañana, al mediodía y por la tarde, cuando ante la mirada del hombre se despliegan exquisitos manjares, el príncipe Gula se propone hacerlo caer en problemas y le envía espías psicológicos para que engañen a su poder de autocontrol, susurrándole: «Come hoy un poco más; no te preocupes de lo que pueda ocurrirte de aquí a un año». «Come hoy más, mañana puedes dejar de comer en exceso». «No prestes atención a la pequeña advertencia de la indigestión que tuviste ayer; ¡piensa sólo en lo deliciosa que es la cena de esta noche!». «Come hoy; no te preocupes por el mañana, ¿quién sabe con certeza lo que ocurrirá mañana? ¿Por qué preocuparse, entonces?».

Cada vez que el príncipe Gula derrota a una persona, deja alguna leve huella de daño en el reino corporal, daño que gradualmente se vuelve irreparable y termina en la muerte.

Cada día, antes de cada comida, el aspirante a la realización divina debería decirse a sí mismo: «Durante mucho tiempo, el príncipe Gula y sus espías del gusto han entablado combate contra el príncipe Alimentación Correcta; ¿qué bando ha estado ganando?». Si uno advierte que Gula ha triunfado, debería convocar a sus ejércitos del autocontrol, entrenarlos en el arte de la resistencia espiritual y ordenarles demostrar que son dignos soldados frente al enemigo, Gula, que avanza implacablemente esperando destruir al hombre. El principiante sincero en el sendero espiritual jamás come sin reflexionar primero en que su acción está reforzando el poder de uno de los dos ejércitos interiores. ¡Mientras uno llora, el otro se regocija! Uno es amigo del hombre; el otro, su enemigo.

El territorio táctil: Bajo el régimen del Alma, el sentido corporal del tacto —en su aspecto del príncipe Sensación de Paz— gusta de la moderación en el clima, en la comida y en las verdaderas necesidades de la vida. Ama el calor del sol y la sensación que produce la fresca brisa. Los hábitos corporales sanos y saludables —puntualidad, limpieza, actitud alerta y actividad— matemáticamente dan como resultado la paz. Puesto que es ecuánime de manera sistemática, al príncipe Sensación de Paz no le afectan ni le perturban los extremos: frío o calor, duro o suave, irritante o balsámico, cómodo o incómodo. En todo momento le acaricia la paz interior, que lo mantiene apartado de las fricciones de un mundo áspero.

Bajo el control del Ego, sin embargo, el príncipe Contacto Sensual permite que el cuerpo se apegue a las comodidades y lujos, así como a los sentimientos sensuales que despiertan el deseo sexual. Todo aquello que signifique intranquilidad causa gran agitación en los pensamientos y en las células; ocasiona, además, temor a todo daño y esfuerzo. El cuerpo se complace en la ociosidad, el aletargamiento y la inconsciencia resultante del sueño excesivo. El príncipe Contacto Sensual provoca inquietud en los pensamientos y genera nerviosismo, pereza, enfermedad e inercia en las células corporales.

El territorio de la vocalización: Bajo el gobierno del Alma, el príncipe Lenguaje Amable y Veraz deleita a las células y pensamientos con la magia de la armonía y de las palabras eufónicas. Los cantos que impulsan el despertar del alma, el lenguaje que produce paz y conmueve el corazón y las vitalizantes palabras que expresan la verdad educan a los pensamientos y a los habitantes-células del cuerpo, inspirándolos a emprender actividades espirituales para la elevación de uno mismo y la de los demás.

Bajo el régimen del Ego, el príncipe Lenguaje Cruel y Deshonesto crea vibraciones negativas, arroja llamas de inarmonía y, con los cañones de las palabras crueles, iracundas o vengativas, bombardea los castillos de la paz, la amistad y el amor, es decir, todas esas estructuras que podrían proteger la felicidad de los habitantes mentales y celulares del reino corporal.

Existe un inmenso poder creativo tras las palabras de quienes hablan siempre con la verdad; mas ellos deben estar en sintonía con la cualidad pura del sentimiento del corazón y con la cualidad de la sabiduría del alma para saber en cualquier caso «¿Qué es la verdad?» —una pregunta a la que incluso Jesús se abstuvo de dar respuesta, sabiendo que no podría comprenderla el que le interrogaba—. Los hechos, que pueden ser hirientes, no siempre son la verdad, ya que ésta sólo depara bendiciones. Por ejemplo, en general, debe evitarse el expresar verdades negativas. Una persona compasiva no hace referencia innecesariamente a las debilidades de un inválido o a la mala reputación de un mentiroso, pues aun cuando estos hechos sean verdaderos no son una excusa, en circunstancias ordinarias, para expresarlos. Sólo las personas sádicas que actúan bajo los dictados del egoísta príncipe Lenguaje Cruel y Deshonesto se deleitan en lanzar flechas al talón de Aquiles o punto vulnerable que, de una u otra forma, existe en todo ser humano.

También es incorrecto hacerle saber a una persona sus faltas si no ha pedido tal crítica. Y es despreciable chismorrear y esparcir rumores lacerantes.

La voz es un valioso don que Dios nos ha concedido para que lo utilicemos con la finalidad de calmar, consolar, instruir y transmitir sabiduría y amor: es un verdadero alquimista que elimina toda imperfección con la magia de sus pociones vocalizadas.

El territorio de la habilidad manual: Bajo el reinado del Alma, los instrumentos de la acción manual —las manos—, guiadas por el príncipe Asir Constructivamente, se extienden para realizar acciones beneficiosas, ejecutar trabajos constructivos, prestar servicio, hacer buenas obras y compartir con los demás, así como para tranquilizar y sanar. Bajo el gobierno del Ego, las manos se ocupan, casi automáticamente, en realizar fechorías —aferrarse a más posesiones, tomar más de lo que les corresponde, robar, asesinar, golpear por enojo o venganza—, todas ellas acciones que causan inarmonía y provocan la ruina de los habitantes del reino corporal. El príncipe Asir Destructivamente parece necesitar un centenar de manos para satisfacer su avaricia, en tanto que el príncipe Asir Constructivamente, utilizando sólo dos manos, convierte el mundo y el reino corporal en un lugar mejor.

El territorio de la locomoción: Bajo el control del Alma, los instrumentos del movimiento —los pies— buscan lugares inspirativos: templos, oficios espirituales, entretenimientos sanos, paisajes naturales pintorescos y la compañía de amigos valiosos y de santos. El príncipe Pasos Virtuosos también gusta del saludable ejercicio que vigoriza a los ciudadanos celulares del cuerpo y nunca rehúye su responsabilidad de impartir la movilidad necesaria a los otros nobles príncipes.

Bajo el gobierno del Ego, los pasos del cuerpo son impulsados a lugares de entretenimiento nocivo —antros de juego, bares, establecimientos donde se expende alcohol, películas provocativas— y hacia compañeros perversos, pendencieros y perturbadores. El príncipe Malos Pasos a menudo se vuelve perezoso y letárgico. Cuando el poder del movimiento se niega a ponerse en marcha, de hecho se priva de movilidad al resto de los príncipes y habitantes corporales.

El territorio de la eliminación: Bajo el reinado del Alma, el príncipe Purificación Higiénica mantiene todos los músculos excretores en adecuado funcionamiento para que eliminen las toxinas del organismo. Bajo el gobierno del Ego, el príncipe Retención de Toxinas actúa con lentitud, y los instrumentos musculares de la acción saludable se debilitan y enferman, con lo cual retienen sustancias tóxicas que envenenan el reino corporal.

El territorio de la procreación: Bajo el reinado del Alma, el príncipe Impulso Creativo Controlado guía correctamente las inclinaciones sexuales, permitiendo a los padres traer al mundo, por medio de la ley de atracción, a otros seres humanos que como ellos mismos sean nobles y espirituales, los cuales, mediante el ejemplo, guiarán a las almas atrapadas en la materia, inspirándolas a dirigir sus pasos hacia la bienaventuranza espiritual.

Bajo la guía del Alma, el impulso sexual de los seres humanos también puede ser transmutado y dirigido hacia la creación —en un plano puramente espiritual— de nobles ideas, obras de arte o libros que ayuden a la evolución del alma.

Bajo el gobierno del Ego, el príncipe Promiscuidad vive inmerso en una pasión desenfrenada. El reino corporal se mantiene en un estado de constante excitación e inquietud por los malsanos impulsos de las tentaciones sexuales. La lujuria insaciable que se les imparte a los ciudadanos-pensamientos los convierte en esclavos de los sentidos, sujetos a estados de ánimo negativos, depresión e irritabilidad. Los habitantes celulares sufren debilidad, enfermedad, así como vejez y muerte prematuras.

Al comienzo del ciclo de la creación manifestada, Dios materializó todas las formas mediante un mandato creativo, especial y directo: la «Palabra»[10] o vibración cósmica creativa de *Om,* unida a los poderes manifestados de creación, conservación y disolución. Dios dotó al hombre,

---

[10] «En el principio existía la Palabra, la Palabra estaba junto a Dios, y la Palabra era

hecho a su imagen omnipotente, de ese mismo poder creativo. Pero Adán y Eva (que simbolizan las primeras parejas de seres humanos), al ceder a la tentación del tacto, perdieron su poder para ejercer la «creación inmaculada», mediante la cual podrían haber revestido todas sus imágenes mentales de energía y de vida con el objeto de materializar hijos —como hacen los dioses— a partir del éter (haciendo que se manifestasen desde el mundo ideacional).

Sin embargo, el hombre y la mujer, en lugar de buscar la emancipación en Dios a través de la unión de sus almas, buscaron satisfacción a través de la carne. La semilla del error original de «Adán y Eva» continúa en todos los seres humanos como la primera tentación de la carne que se opone a las inmaculadas leyes del Espíritu («Mas del fruto del árbol que está en medio del jardín, no comáis de él, ni lo toquéis»). Desde aquella remota época, cada alma ha debido entablar la batalla contra la universal tentación del sexo. El creador que hay dentro de cada ser humano se ha convertido en una criatura dictatorial.

El instinto sexual incontrolado mantiene al ser humano en la conciencia corporal

El impulso sexual es el poder físico que posee el mayor magnetismo para hacer descender la fuerza vital y la conciencia desde el Espíritu (situado en los centros superiores del cerebro), enviándolas al exterior, a través del centro coccígeo, en dirección a la materia y a la conciencia corporal. El principiante en la práctica de la meditación yóguica experimenta muy claramente cuán atrapado se halla por el tenaz apego de su vida y su energía al cuerpo, a veces sin darse cuenta de que son sus pensamientos y actos sexuales los responsables fundamentales de su condición de apego terrenal. Por lo tanto, el yoga exhorta a aquel que busca la realización del Ser a tomar el control de esta fuerza rebelde: las parejas casadas deben practicar la moderación, con predominio del amor y la amistad; quienes no estén casados han de respetar las leyes puras del celibato —tanto en pensamiento como en acción.

Benditos aquellos que logran la victoria sobre el instinto sexual. Dado que la represión sólo aumenta las dificultades, el yoga enseña la sublimación. Una persona común y corriente puede librarse de la tentación evitando la compañía, el entorno, los libros y las películas que estimulen los pensamientos sobre el sexo; asimismo, debe entrenar a los ejércitos del autocontrol, buscando buenas compañías, siguiendo una

---

Dios. Ella estaba en el principio junto a Dios. Todo se hizo por ella, y sin ella nada se hizo» (*Juan* 1:1-3).

dieta apropiada (ingiriendo poca carne o eliminándola por completo de la dieta y comiendo más frutas y vegetales frescos), practicando ejercicios físicos en forma regular y dedicándose a actividades creativas tales como el arte, las invenciones o la escritura. Sobre todo, si uno mantiene los pensamientos en lo maravilloso que es Dios, en su paz y amor que todo lo colma, el deseo insaciable por el placer del sexo se transmuta en el amor divino y el gozo extático que se experimentan en la meditación profunda.

Los más valientes de los profetas se atreven a inmiscuir su voz, muchas veces inoportuna, en el reino de este instinto natural, sólo para recordarle al hombre los mandamientos de las escrituras contra la promiscuidad, el adulterio y el comportamiento aberrante —excesos a los que el mundo moderno llama «amor libre»—. La esclavitud del sexo pocas veces está basada en el amor y jamás se halla «libre» de consecuencias desagradables. La condena de los moralistas religiosos, sin embargo, hace poco más que crear sentimientos de culpabilidad en el erróneamente llamado «pecador» o lo impulsa a volverse contra la religión o, más habitualmente, a justificar su comportamiento asociándose con aquellos que tienen criterios morales similares (¡y que siempre abundan!).

La moralidad, a semejanza del camaleón, tiende a adoptar el color de la sociedad que la circunda; sin embargo, las leyes inescrutables de la Naturaleza, mediante las cuales Dios sostiene su creación, nunca pueden ser alteradas por las decisiones humanas. Lo cierto es, simplemente, que el hombre se esclaviza y se ata con las cadenas del karma cada vez que transgrede alguna sagrada norma de la naturaleza y luego, cuando sufre las consecuencias, clama desconsoladamente: «¿Por qué yo, Señor?». El entendimiento es el arte de desatar los nudos gordianos que uno ha anudado por causa de la ignorancia. Así pues, el yoga enseña por qué el hombre —el logro supremo de la Naturaleza— debería respetar el modo sagrado de procreación que ella ha establecido y, en consecuencia, por qué no debería abusar de dicha práctica.

Armonizar las naturalezas masculina y femenina

Como punto de partida, es preciso tener en cuenta que todo ser humano es, en esencia, un alma —que no es ni hombre ni mujer—, creada a imagen de Dios, pero en el estado encarnado posee una naturaleza que es tanto masculina como femenina. La tendencia masculina se manifiesta en los poderes del discernimiento, el autocontrol y el juicio riguroso: todas las cualidades propias del raciocinio o intelecto. La naturaleza femenina está constituida por el elemento emocional presente en cada ser, que consiste en la ternura del amor, la compasión, la amabilidad y la misericordia: todas las cualidades propias del sentimiento. A no ser que estos dos aspectos se hallen apropiadamente unidos y armonizados, resulta imposible la procreación espiritual, cuya descendencia es la paz permanente. La procreación espiritual requiere de la adecuada «unión» —dentro de uno mismo— de las severas cualidades masculinas con la suave naturaleza femenina; tal fusión se manifiesta y deriva en el nacimiento y expresión del verdadero conocimiento y en la completa satisfacción del Ser. Aquel que ha alcanzado la realización del Ser ha logrado esta perfecta unión. El desequilibrio entre ambos aspectos es causa de insatisfacción e inquietud en la persona común y corriente. La atracción entre el hombre y la mujer —cuando se basa en el amor verdadero y no en la obsesión sensual— es el esfuerzo del alma por recuperar su normal armonía. Esto ha dado origen al argumento (del que tanto se abusa) que proclama la necesidad de buscar y hallar al compañero del alma. Pero con mucha frecuencia la atracción por razones equivocadas hace que el hombre y la mujer terminen siendo, en cambio, ¡compañeros de «celda»!

Los patrones kármicos creados por las acciones pasadas —físicas o mentales— de una persona determinan que su alma nazca en un cuerpo masculino o en uno femenino. A lo largo de sus numerosas encarnaciones, el alma —que es asexual— ha experimentado los dos sexos, lo cual es motivo suficiente para respetar la igualdad y las virtudes de ambas expresiones de Dios. El propósito del matrimonio entre hombre y mujer es que cada cónyuge ayude a elevar al compañero en un compromiso de divina amistad, amor y lealtad que sirva para acercar a ambas almas a su verdadera naturaleza en la encarnación que comparten. Provee, además, el medio y el entorno apropiados para invitar a otras almas que desean renacer en la tierra a fin de que se incorporen al círculo de su amor en expansión.

Ya sea que se busque la armonía del alma valiéndose de un matrimonio apropiado o llevando una vida de celibato, la meta suprema se alcanza finalmente a través de la unión con Dios: es decir, la reunión de un hombre o una mujer —ambos producto de la Naturaleza, que es el aspecto negativo o femenino en la creación— con la Fuerza Positiva, el único Bienamado verdadero de todas las almas que penan por amor: el Espíritu.

SE PRODUCEN MUCHAS ESCARAMUZAS psicológicas antes de que el rey

Alma reine supremo o que el rey Ego obtenga el control total sobre el reino corporal.

Sin importar cuántas veces a lo largo de una vida o de muchas encarnaciones parezca que el rey Ego domina por completo el reino corporal, no puede gobernarlo durante toda la eternidad. En cambio, si el rey Alma obtiene por una vez el firme control sobre el reino del hombre, reinará para siempre, lo cual se debe a la bendita verdad de que el pecado y la ignorancia son solamente velos temporales que cubren el alma; la sabiduría y la bienaventuranza son su naturaleza esencial. Aunque el hombre sea pecador durante un tiempo, es imposible serlo por siempre o que sufra la perdición eterna. El hombre, hecho a imagen de Dios, puede que en apariencia desfigure dicha imagen por el mal uso de su libre albedrío, pero el hollín de la ignorancia no puede destruir el inmortal sello divino que Dios ha estampado en el ser humano.

❖
El ego no puede gobernar por siempre
❖

Puesto que la imagen de Dios en el hombre jamás se podrá ocultar por completo, incluso en el reino más tenebroso existen siempre algunos rayos que esclarecen la virtud. Haciendo un examen introspectivo de la infalible guía que se obtiene al comparar las dos ilustraciones análogas que nos encontramos estudiando, el devoto debería analizar sus acciones físicas y mentales cotidianas para determinar en qué medida su vida está gobernada por la ignorancia del ego (el engaño) y la conciencia corporal, y hasta qué grado le es posible expresar la sabiduría y la naturaleza divina del alma.

❖

El hábito frente al libre albedrío del discernimiento

El hecho de que una acción esté en sintonía con el alma (dotada de discernimiento) o con el ego (sujeto al engaño) depende de la decisión que, consciente o inconscientemente, tome el ser humano al iniciar esa acción.

Las acciones de cada persona se hallan condicionadas de diversas maneras. El hombre puede seguir la guía del libre albedrío, o verse influenciado por las tendencias kármicas prenatales (los hábitos y los efectos heredados de las acciones de vidas pasadas), o por las sugerencias de los hábitos postnatales, o por las vibraciones del entorno.

Las grandes paradojas y anomalías de la vida que se observan en las personas en forma de profundos contrastes —por ejemplo, algunas son ricas pero enfermizas y otras pobres y saludables; algunas son longevas y otras mueren a temprana edad; algunas son exitosas en todo sentido y otras fracasan de manera reiterada; algunas son naturalmente pacíficas y otras crónicamente irascibles— son el resultado de sus propias acciones prenatales y postnatales. Tanto el hombre malvado como el artista, el negociante, el dogmático, el intelectual, el charlatán o el iluminado espiritual son el resultado de las acciones que cada uno de ellos inició en el pasado. Sin embargo, son muy pocos los que, para convertirse en aquello que desean ser, emplean únicamente el poder del libre albedrío que Dios les ha conferido. La mayoría permite que sus características personales cambien de manera pasiva y poco metódica, con rumbo dispar y sin guía alguna, siguiendo los patrones de los estados de ánimo pasajeros que ciertos ambientes les generan o las influencias beneficiosas o nocivas de sus hábitos prenatales y postnatales.

Los hábitos prenatales se instalan en las trincheras de la mente subconsciente y tratan de influir sobre el poder de discernimiento de la mente consciente. Tengo la convicción de que cualquier persona puede convertirse en un ser humano ideal si impide que sus hábitos prenatales, bajo el disfraz de la herencia, influyan sobre su divino poder de libre albedrío.

Toda persona debería actuar con libertad, guiada sólo por la más elevada sabiduría y libre del influjo de los hábitos prenatales indeseables. Por supuesto, el influjo de los buenos hábitos prenatales no es perjudicial, pero es preferible llevar a cabo en el presente buenas acciones primordialmente bajo la inspiración del libre albedrío que proviene del alma.

De modo similar, no debería uno permitir que su buen juicio sea esclavizado por los malos hábitos adquiridos en esta vida. La mayoría de la gente no conoce las consecuencias de actuar bajo la influencia de los malos hábitos hasta que padece un intenso dolor corporal o experimenta un sufrimiento emocional desgarrador. Son el dolor y el sufrimiento los que impulsan al hombre —demasiado tarde, lamentablemente— a indagar la causa de su presente condición.

Sólo en contadas ocasiones el ser humano se da cuenta de que su salud, su éxito y su sabiduría dependen, en gran medida, del resultado de la batalla entre sus buenos y sus malos hábitos. Quienquiera que busque establecer dentro de sí la soberanía del alma no debe permitir que su reino corporal sea invadido por los malos hábitos. El modo de desterrar estos elementos perjudiciales es entrenar una amplia variedad de buenos hábitos en el arte de alcanzar la victoria en la guerra psicológica.

Los soldados de los malos hábitos, la mala salud y la negatividad se fortalecen cada vez que el hombre lleva a cabo una mala acción, en tanto que los soldados de los buenos hábitos reciben un estímulo favorable cuando realiza una buena acción. Por consiguiente, no se deben alimentar los malos hábitos con acciones indeseables. Es preciso hacer que mueran de inanición mediante la práctica del autocontrol y tratar de fortalecer los buenos hábitos con el nutritivo alimento de las buenas acciones.

Ninguna acción, ya sea interna o externa, es posible sin el energizante poder de la voluntad. El poder de voluntad es lo que transforma el pensamiento en energía[11]. El hombre está dotado de libre albedrío y no debería renunciar a su libertad de elección y de acción. Para asegurar la consecución de la acción correcta, el desafío de quien busca alcanzar la realización del Ser consiste en superar los malos hábitos prenatales y postnatales valiéndose de los buenos hábitos y, emancipado de toda influencia del karma, de los hábitos y del entorno, incrementar el número de acciones iniciadas sólo mediante su poder de libre elección y bajo la guía de la sabiduría.

---

[11] Entre los científicos contemporáneos, el premio Nobel Sir John Eccles ha confirmado la relación entre la voluntad y la acción en los seres humanos. Según la información de un artículo publicado por *Dallas Times-Herald* en 1983: «Sir John Eccles sabe, como resultado de su investigación, que cuando uno mueve un dedo, ese movimiento, en apariencia simple, es la culminación de millones de interacciones químicas y eléctricas indescriptiblemente complejas que ocurren en el lapso de milésimas de segundo en una secuencia perfectamente ordenada en el cerebro. Este estudio le permitió obtener el premio Nobel en 1963: su exploración pionera de los procesos químicos mediante los cuales las células nerviosas transmiten instrucciones unas a otras.

»Investigaciones recientes han demostrado que todo el proceso de mover ese dedo —al que Eccles denominó "el mecanismo de disparo o activación"— se inicia en una zona de la parte superior del cerebro, llamada área motora suplementaria, según dijo. "Pero eso todavía no responde a la pregunta principal: ¿Cómo se inicia el mecanismo de disparo?".

»Investigaciones realizadas posteriormente aportaron una clave. Si el sujeto del experimento en realidad no movía su dedo en absoluto sino que sólo pensaba en moverlo, los detectores indicaban que su área motora suplementaria se estaba activando, aunque la corteza motora del cerebro, que controla el movimiento de los músculos mismos, no lo hacía. [...] "En consecuencia —dijo Eccles triunfalmente—, el área motora suplementaria se activa por medio de la intención. La mente está trabajando en el cerebro. El pensamiento hace que las células cerebrales se activen".

»La fisiología del movimiento le demuestra a Eccles que tenemos libertad volitiva, que algo que se halla fuera del proceso puramente mecánico está involucrado en nuestras acciones. "Tenemos la capacidad mental de decidir actuar —dijo—. Si uno puede hacerlo a nivel elemental (al mover un dedo, por ejemplo), se concluye que podemos hacerlo a niveles más complejos de la acción e interacción humanas"». *(Nota del editor).*

La transmutación de los deseos

El deseo se encuentra indisolublemente ligado a los sentidos y a los hábitos. Los santos lo llaman «el mayor enemigo del hombre», porque el deseo es lo que ata el alma a los innumerables ciclos de renacimientos en el reino del engaño.

Por lo tanto, otra importante batalla en la que el alma debe triunfar es la de elevarse por encima de todos los deseos personales —ya sean de dinero, poder mental, salud física, posesiones, nombre o fama—, es decir, de todo aquello que ata el alma a la materia y ocasiona en la conciencia el olvido de Dios.

Sin embargo, la ausencia de deseos no significa llevar una existencia sin ambiciones, sino trabajar por el logro de las metas más nobles y elevadas con una actitud desprovista de apego. El deseo de acabar con la pobreza y la enfermedad, por ejemplo, es loable y debe ser alentado. Pero después de haber obtenido riquezas y salud, el hombre todavía debe elevarse por encima de todas las condiciones materiales del cuerpo hasta llegar finalmente al Espíritu.

La tendencia moderna consiste en utilizar la religión y a Dios como «anzuelos» para simplemente obtener salud, prosperidad y felicidad material. Uno debería buscar a Dios primero, después y siempre, mas no por sus dones, sino como la Meta suprema de la existencia. De ese modo, el ser humano encontrará, en la abundancia del amor de Dios, todas las demás cosas que anhela. «Buscad primero el reino de Dios y su justicia, y todas esas cosas se os darán por añadidura»[12]. En la unidad con Dios, el hombre halla la satisfacción de todos los deseos de su corazón.

Cuando el hombre se convierte en un «hijo de Dios» que ha despertado, con todo derecho puede reclamar de su amoroso Padre la salud, la prosperidad o cualquier otra cosa que necesite. Antes de encontrar a Dios, la gente por lo general ansía los juguetes de los objetos materiales, pero después de hallarle, incluso los deseos materiales más anhelados se tornan insípidos (no a causa de la indiferencia, sino por comparación con la Bienaventuranza de Dios, que sacia todo deseo y proporciona plena satisfacción). Muchos luchan infructuosamente durante su vida entera por alcanzar alguna meta material, sin comprender que si tan sólo un décimo de la concentración que usaron para buscar las cosas mundanas lo hubiesen dedicado a esforzarse por hallar en

[12] *Mateo* 6:33.

primer lugar a Dios, habrían cumplido no sólo *algunos,* sino *todos* los deseos de su corazón.

Buscar a Dios con entusiasmo no implica descuidar las diversas batallas físicas y mundanas de la vida, ni es una excusa para ser negligente. Así como un cofre lleno de las más resplandecientes joyas no es visible en la oscuridad, de modo similar la presencia de Dios no puede percibirse en la oscuridad de la ignorancia espiritual, la desarmonía mental o las enfermedades agobiantes. Por consiguiente, el aspirante espiritual debe aprender a ser el vencedor en *todas* las batallas a fin de librar completamente de causas de oscuridad el reino de su vida y poder así experimentar en su interior la perfecta presencia de Dios.

Cómo mantener la salud del reino corporal

Por lo tanto, la siguiente batalla que ha de mencionarse es el deber de todo ser humano de proteger las fuerzas que custodian la salud del reino corporal. El éxito material, la eficiencia mental, la práctica de la meditación para lograr la realización del Ser, todos ellos se facilitan si el cuerpo no se convierte en un obstáculo a causa de la debilidad o la enfermedad.

A fin de contar con buena salud, el hombre debe vivir de modo tan higiénico que el cuerpo sea inmune a la enfermedad. Por regla general, una dieta ideal debería componerse principalmente de frutas, verduras, cereales, leche y derivados lácteos. Es preciso hacer ejercicio y disponer de abundante aire fresco y luz solar, practicar el autocontrol de los sentidos y emplear técnicas para relajar el cuerpo y la mente. El abuso de los sentidos (sobre todo del sexo), el comer en exceso o de manera inadecuada, la falta de ejercicio, de aire fresco y de luz solar, la falta de higiene, y la tendencia a la preocupación, el nerviosismo y el estrés, las emociones incontroladas, todo ello contribuye a destruir la inmunidad natural del cuerpo a las enfermedades.

Una circulación sanguínea lenta ocasiona a menudo depósitos de toxinas en el organismo. Por medio del ejercicio y el aire fresco, los tejidos, las células y los glóbulos rojos y blancos se recargan de oxígeno renovado rebosante de *prana.* El sistema de Ejercicios Energéticos, que descubrí y desarrollé en 1916, es un método sumamente beneficioso, simple y no extenuante para recargar conscientemente el cuerpo de *prana,* que aporta vitalidad. Esta estimulación y electrificación de los tejidos, las células y la sangre ayuda a inmunizarlos contra la enfermedad.

Cuando la energía decae —es decir, cuando la fuerza vital del cuerpo es insuficiente o no funciona de manera adecuada—, el cuerpo se vuelve vulnerable a la invasión de toda clase de enfermedades y afecciones. La fuerza vital opera con eficiencia cuando se renueva y nutre por medio de los hábitos saludables apropiados antes mencionados y cuando cuenta también con el refuerzo necesario proveniente de un buen carácter, pensamientos positivos, un buen estilo de vida y la meditación correcta.

CÓMO ELEVAR EL NIVEL DE CONCIENCIA

QUIEN TODAVÍA ESTÁ LIBRANDO las batallas normales de la vida —aquellas relacionadas con las tentaciones sensoriales, los deseos, los hábitos, la identificación con la fisiología y limitaciones del cuerpo, la inquietud ocasionada por las dudas y complejos mentales, y la ignorancia del alma— aún no ha alcanzado el nivel espiritual de un maestro. Sus percepciones son limitadas e incluyen la conciencia del peso corporal y de otras condiciones fisiológicas; la conciencia de las sensaciones internas, que surgen en el cuerpo como resultado de la actividad de los órganos internos y de la respiración; la conciencia de las sensaciones del tacto, el olfato, el gusto, el oído y la vista; la conciencia de apetito, sed, dolor, pasión, apego, sueño, fatiga, estado de vigilia; y la conciencia de los poderes mentales de raciocinio, sentimiento y voluntad. La conciencia del ser humano común está sujeta a los temores que suscita la muerte, la pobreza, la enfermedad y otros innumerables males. Asimismo, se encuentra atado por el apego al nombre, la posición social, la familia, la raza y las posesiones.

En términos espirituales, una persona común y corriente no puede sentir su presencia más allá del cuerpo, excepto en su imaginación. Cuando se encuentra en el estado subconsciente, el hombre común duerme, sueña y se mueve en un mundo irreal de fantasías imaginarias. Con el vuelo de su imaginación puede desplazarse a través de las estrellas y del espacio inconmensurable, pero sólo mentalmente; tales pensamientos no pertenecen al dominio de la realidad exterior.

En suma, el ser humano medio es consciente tan sólo de su cuerpo, de su mente y de las conexiones externas de ambos. Permanece hipnotizado por las ilusiones del mundo (expresadas de muy diversas maneras tanto en la literatura antigua como en la actual), las cuales refuerzan su tácita suposición de que es una criatura mortal y limitada.

Al descender del Espíritu omnipresente al pequeño cuerpo e identificarse con las imperfecciones físicas, el alma pierde, en apariencia, su naturaleza omnipresente y perfecta, y ha de luchar para vencer todas las limitaciones del mundo físico. El alma debe disolver todo sentido de identificación con la dualidad, tanto con aquellas condiciones favorables como con las adversas que limitan el cuerpo y toda la vida material. La enfermedad, por ejemplo, es ese estado en que la barca de la vida ha de navegar por mares tormentosos; mientras que la salud es ese estado en que uno se desliza rozando apenas la superficie suavemente ondulada del Océano del Ser. Sin embargo, la sabiduría es el estado en que se percibe la independencia innata del alma con respecto a la materia entera; al no tener que aferrarse ya a la barca del cuerpo sobre la superficie de una existencia material agitada por *maya,* la liberada conciencia del hombre se sumerge con audacia en el Océano del Espíritu.

Mientras el hombre permanezca totalmente concentrado en las mutables olas de las alternancias de este mundo de relatividad, se olvidará de identificarse de nuevo con el subyacente océano inmutable del todo protector Espíritu. Sólo a través de la percepción del alma podrá el ser humano apartarse de la fluctuación superficial y alcanzar un estado exento de cambios, en el que la salud y la enfermedad, la vida y la muerte, el placer y el dolor, así como todos los pares de opuestos aparecen sólo como cambiantes olas que se elevan y descienden sobre el regazo oceánico de la Inmutabilidad.

La identificación de la conciencia con las alternantes olas del cambio se conoce como *inquietud;* la identidad con la Inmutabilidad es la *calma.* El hombre atraviesa por cuatro etapas en la conquista de la calma del alma sobre la inquietud del ego: 1) Siempre inquieto, jamás calmado. 2) Parte del tiempo inquieto, parte del tiempo calmado. 3) La mayor parte del tiempo calmado, ocasionalmente inquieto. 4) Siempre calmado, jamás inquieto. Estos estados se describen a continuación:

1) Bajo el control del Ego, el estado característico del reino corporal es la inquietud. Con la inquietud llega el eclipse del discernimiento *(buddhi).* Bajo el control absoluto del ego y del deseo, la mente sensorial *(manas)* no hace esfuerzo alguno por luchar contra el mal y traer de regreso al noble general Calma como protector de la fortaleza de la vida. En consecuencia, la mente sufre un estado de constante inquietud, ineficiencia e ignorancia (como se ilustra en la figura 2, página 23).

2) En la segunda etapa de la batalla psicológica, el rey Alma logra ocasionalmente alguna victoria temporal contra el enemigo: el reino de la inquietud y la ignorancia. Se alcanza esta etapa cuando la calma realiza arduos y prolongados esfuerzos por bombardear las murallas de la inquietud. Su arma consiste en asediar la inquietud durante meses, continua y reiteradamente, por medio de la meditación profunda. En

este estado, el reino corporal aún se encuentra infestado de inquietud, interrumpida por esporádicos estados de calma.

3) En la tercera etapa de la batalla psicológica, el general Calma y sus soldados —por medio de repetidas invasiones con las armas pesadas de la profunda y cada vez más elevada meditación— logran avanzar significativamente en el territorio ocupado por la inquietud. El glorioso resultado de esta batalla se hace visible a través de un prolongado estado de paz; el reino corporal experimenta sólo ocasionalmente estallidos provenientes de los rebeldes de la inquietud.

4) En la cuarta etapa de la batalla psicológica, el rey Ego y todos sus soldados son derrotados por completo; el pacífico reinado del rey Alma se establece en forma permanente como el Imperio de la Vida. Dicho estado se ilustra en la figura 1 (página 19).

En un cuerpo y una mente gobernados por el rey Alma y su facultad de discernimiento, todos los rebeldes encuentran su justo destino: ¡la decapitación! Los enemigos —el ego, el temor, la ira, la gula, el apego, el orgullo, los deseos, los hábitos, las tentaciones— ya no acechan, ocultos en las secretas cámaras subterráneas del subconsciente, para conspirar contra el legítimo monarca. El pacífico reino no manifiesta sino abundancia, armonía y sabiduría. Ni la enfermedad, ni el fracaso, ni la conciencia de muerte residen en el reino corporal bajo el gobierno del rey Alma.

El método para alcanzar la victoria

El metafísico práctico, en sus intentos por liberar el alma de las ataduras de la materia, aprende los métodos exactos que necesita para alcanzar la victoria.

Como resultado de pensar y actuar constantemente de manera correcta, en armonía con la ley divina, el alma del hombre asciende poco a poco, siguiendo el curso de la evolución natural. El yogui, en cambio, elige el más veloz de los métodos para acelerar la evolución: la meditación científica, mediante la cual el flujo de la conciencia se invierte y se dirige de la materia al Espíritu a través de los mismos centros cerebroespinales de vida y conciencia divina que encauzaron el descenso del alma al cuerpo. Incluso el principiante en la práctica de la meditación se da cuenta pronto de que puede emplear el poder y la conciencia espirituales del reino interior del alma y del Espíritu para iluminar su reino corporal y sus actividades físicas, mentales y espirituales. Cuanta más destreza adquiera en esa práctica, mayor será la influencia divina.

A medida que la conciencia del yogui asciende progresivamente desde la conciencia corporal hacia la conciencia cósmica, experimenta lo siguiente:

Primero: Mediante la práctica de las técnicas de meditación impartidas por su gurú[13], el yogui aspirante fortalece su resolución de hallar a Dios a través de la realización del Ser. Ya no desea permanecer identificado con la mundanalidad, sujeto a las limitaciones del cuerpo y a los engaños de los pares de opuestos de la naturaleza: vida y muerte, gozo y sufrimiento, salud y enfermedad. Con el despertar del discernimiento, el yogui puede liberar su conciencia del apego egoísta a las posesiones terrenales y a su pequeño círculo de amigos. Su objetivo no es una limitada y negativa actitud de rechazo, sino la expansión natural que le lleve a abarcar la totalidad. Él corta los lazos de todos los apegos mentales limitantes a fin de que no se interpongan en el camino de su percepción del Ser Omnipresente. Después de alcanzar su Meta, el amor del yogui perfecto incluye no sólo a su familia y amigos, sino a la humanidad entera. El ser humano común es el perdedor cuando se apega a unas cuantas personas y objetos, todos los cuales deberá abandonar a la hora de la muerte. Por consiguiente, el yogui prudente reclama primero su herencia divina; descubre así que todas las experiencias y posesiones que requiere fluyen hacia él.

❖
Las etapas de evolución hacia la supraconciencia
❖

Segundo: Aunque el yogui siente que su conciencia se encuentra libre de todo apego externo, en su interior todavía se aferra con tenacidad a la conciencia corporal cuando trata de meditar en Dios. Las experiencias de paz y los destellos intuitivos de la bienaventuranza que se avecina le alientan a perseverar en su lucha contra la oposición de la inquietud y contra las dudas que luego se presentan y que le hacen preguntarse si sus esfuerzos realmente valen la pena.

Tercero: Por medio de la profunda concentración en la práctica

---

[13] Gurú: maestro espiritual. El *Guru Guita* (estrofa 17) apropiadamente describe al gurú como el «disipador de la oscuridad» (de la raíz sánscrita *gu,* «oscuridad», y *ru,* «aquello que disipa»). Aunque la palabra *gurú* se usa de manera común en la actualidad para designar a un mero profesor o instructor, un verdadero gurú es un maestro divinamente iluminado que ha superado toda limitación y realizado su identidad con el Espíritu omnipresente. Tal maestro está singularmente capacitado para guiar a otros en su viaje espiritual hacia la iluminación y la liberación.

«El cultivar la compañía del gurú —escribió Swami Sri Yukteswar en *La ciencia sagrada*— es no sólo encontrarse en su presencia física (ya que esto es a veces imposible), sino que significa fundamentalmente mantenerle en nuestros corazones y sintonizarnos e identificarnos con él en principio».

de las técnicas del yoga, el yogui trata a continuación de silenciar las sensaciones corporales internas y externas, con el objeto de que sus pensamientos se enfoquen sólo en Dios.

Cuarto: Mediante la práctica de la técnica correcta de control de la fuerza vital *(pranayama),* el yogui aprende a calmar la respiración y el corazón, y retira la atención y la energía vital, dirigiéndolas hacia los centros espinales.

Quinto: Cuando el yogui logra aquietar su corazón a voluntad, entra en el estado supraconsciente.

El ego experimenta gozo y relajación cuando percibe, durante el sueño apacible, la mente subconsciente. En el estado de sueño, el corazón continúa funcionando, bombeando sangre a través de los vasos sanguíneos mientras los sentidos duermen. Cuando al meditar el yogui retira conscientemente su atención y energía del corazón, de los músculos y de los sentidos, todos ellos se comportan como si estuviesen en un estado de sueño; sin embargo, el yogui ha pasado desde el estado de percepción mental subconsciente del sueño a la supraconciencia. Este sueño sensomotor *consciente* le proporciona al yogui un gozo superior a un millón de experiencias de sueño ordinario libre de ensueños, y es mucho mayor que el gozo que una persona podría experimentar al dormir después de haber sido privada del sueño durante numerosos días.

EN EL ESTADO SUPRACONSCIENTE, las percepciones del hombre son más de naturaleza interna que externa, lo cual puede explicarse por medio de una analogía:

Podría decirse que el hombre posee dos conjuntos de reflectores, uno interno y otro externo: El ego o conciencia identificada con el cuerpo cuenta con cinco reflectores sensoriales externos que son la vista, el olfato, el oído, el gusto y el tacto, en tanto que el alma dispone de cinco reflectores internos que revelan a Dios y la verdadera naturaleza de la creación. Un reflector sólo muestra los objetos que tiene enfrente, mas no aquellos que están detrás. Los reflectores externos de los sentidos, que se hallan dirigidos hacia la materia, le revelan al ego sólo las diversas formas de los efímeros objetos materiales, pero no el vasto reino interior. El ego, cuya atención está identificada con los cinco sentidos externos, se apega entonces al mundo de la materia y sus burdas limitaciones.

Las experiencias del yogui en el estado supraconsciente

Cuando en la meditación supraconsciente el corazón se calma y el yogui puede estimular a voluntad el centro espiritual de la médula oblongada o el del entrecejo, es capaz de controlar los reflectores internos y externos de la percepción. Al desconectar las lámparas de los burdos sentidos, se desvanece toda distracción material. El ego automáticamente cambia entonces el foco de su atención y contempla, por medio de los reforzados reflectores internos del alma, la olvidada belleza del reino astral interior.

El yogui que se encuentra en la supraconciencia y cuyo corazón se ha aquietado posee la capacidad de experimentar visiones y ver grandes luces, oír sonidos astrales e identificarse con un vasto espacio tenuemente iluminado en el que se vislumbra por doquier una belleza hasta entonces desconocida.

En el estado de conciencia externa, el hombre no puede contemplar la manifestación activa de Dios como la hermosa Energía Cósmica que está presente en cada punto del espacio y que constituye el luminoso componente básico de todas las cosas; sólo percibe las densas formas dimensionales de los rostros humanos, las flores y otras bellezas de la naturaleza. El alma trata de convencer al hombre de que dirija los reflectores de su atención hacia el interior para poder contemplar, por medio de su visión astral, el juego de luces multicolores siempre encendidas y siempre cambiantes de la fuente de la Energía Cósmica que se esparcen a través de los poros de todos los átomos.

La belleza física de un rostro o de la naturaleza es evanescente; la percepción de esa belleza depende del poder de los ojos físicos. En cambio, la belleza de la Energía Cósmica es eterna y puede contemplarse con los ojos físicos o sin ellos. Dios lleva a cabo un gran despliegue de Energía Cósmica en el reino astral de luz vibratoria. El encanto astral de las rosas, los paisajes, los rostros celestiales, todos representan en el escenario del cosmos astral sus papeles infinitamente fascinantes y de colores siempre variables. Al contemplar este panorama, el yogui jamás puede volver a apegarse en forma insensata a la belleza opaca de los volubles objetos de la naturaleza, ni esperar belleza perdurable alguna del reino terrenal. El más exquisito de los rostros se arruga y languidece con el transcurso del tiempo. Las rosas también deben marchitarse, y se mofan del deseo del hombre de hallar la belleza eterna en un mundo material. La muerte acaba con los capullos de la juventud, los cataclismos derriban las grandiosas obras de esta tierra, pero nada puede destruir el esplendor del cosmos astral (ni del aún más refinado mundo ideacional del cual emanan las artísticas creaciones del cosmos entero). Los átomos astrales asumen maravillosas formas de luz al simple mandato de la imaginación del ser astral que reside en ese reino sutil, desaparecen cuando él así lo desea y emergen de nuevo, ataviados de nueva belleza, cuando él lo dispone.

En la supraconciencia, el cuerpo físico, que alguna vez pareció tan sólido y vulnerable, adquiere una nueva dimensión compuesta de energía, luz y pensamiento: una maravillosa combinación de corrientes que emanan de las vibraciones creativas de los elementos —tierra, agua, fuego, aire y éter— en los centros sutiles cerebroespinales.

El yogui que dirige su conciencia al centro del cóccix (el centro del elemento tierra) siente que toda la materia sólida está compuesta de la energía atómica y subatómica contenida en la fuerza vital o *prana.*

Cuando el yogui lleva su conciencia y energía al centro sacro (el centro del elemento agua), experimenta que todas las formas líquidas están compuestas de ríos de electrones de la sutil fuerza vital.

Cuando el yogui se retira al centro lumbar (el centro del elemento fuego), percibe que todas las formas de luz están hechas de «fuego» cósmico o *prana.*

Cuando el yogui retira su conciencia al centro dorsal (el centro del elemento aire), ve que el aire y todas las formas gaseosas están compuestos de *prana* puro.

Cuando el yogui puede enfocar su conciencia en el centro cervical (el centro del elemento éter), percibe que el sutil fondo etéreo en que están impresas las fuerzas más burdas de la naturaleza está constituido de chispas de fuerza vital cósmica inteligente o *prana*[14].

---

[14] La palabra sánscrita *akasha,* traducida generalmente como «éter» o «espacio», se refiere de manera específica al elemento vibratorio más sutil que existe en el mundo material, la «pantalla sobre la cual se proyecta la imagen del cuerpo y de toda la naturaleza».

«El espacio saturado de éter constituye la línea divisoria entre el cielo, o el mundo astral, y la tierra —dijo Paramahansaji—. Todas las fuerzas más sutiles que Dios ha creado están compuestas de luz, o formas hechas de pensamiento, y simplemente se hallan ocultas en el fondo de una vibración particular que se manifiesta como éter. Si se retirase esta vibración etérea, podría verse el cosmos astral, que se halla detrás del universo físico. Pero nuestras percepciones sensoriales —la vista, el oído, el olfato, el gusto y el tacto— están limitadas a nuestro mundo finito [...].

»El espacio es otra dimensión: las "puertas" del cielo. Podemos cruzar esas puertas a través del ojo espiritual, que se encuentra en nuestro interior a nivel del entrecejo. La conciencia debe penetrar la estrella astral del ojo espiritual a fin de contemplar ese reino superior: el mundo astral».

La física moderna ha excluido el «éter» hipotético que fue postulado por los científicos del siglo XIX como el medio a través del cual la luz se transmite por el vacío del espacio exterior. «Pero —escribe el profesor Arthur Zajonc en *Atrapando la luz: historia de la luz y de la mente* (Andrés Bello, Barcelona, 1997)— aunque un sinfín de experimentos niega el éter, un número igual parece validar el carácter ondulatorio de la luz. Si tomamos ambas premisas en serio y suponemos que la luz es en cierto sentido una onda, ¿qué

Cuando el yogui se retira al centro medular y al del entrecejo, adquiere el conocimiento de que toda la materia, la energía y el *prana* inteligente están compuestos por la fuerza del pensamiento. Estos dos centros del cerebro son los interruptores eléctricos de la fuerza vital y de la conciencia responsables de la creación de la imagen «supravitafónica»[15] del cuerpo mediante la acción de la tierra, el agua, el fuego, el aire y el éter —los cinco elementos que componen toda la materia—. (La rama profundamente cosmológica de la ciencia del yoga que

---

es lo que ondula? En el caso de las ondas de agua, las ondas de sonido y las cuerdas vibratorias, alguna *cosa* ondula siempre. La figura del sonido se desplaza por el aire. ¿En qué se sostiene esa figura fugaz que llamamos luz? Sin embargo, algo es seguro. La luz, sea lo que fuere, no es material».

El problema ha convencido a algunos científicos de que lo que «ondula» es el espacio mismo y que la definición misma de «espacio» debe ampliarse. Michio Kaku, en su libro *Hiperespacio* (Crítica, Barcelona, 2007) hace referencia a «una revolución científica creada por la teoría del hiperespacio, que afirma que existen otras dimensiones además de las cuatro de espacio y tiempo comúnmente aceptadas. Existe un reconocimiento creciente entre físicos de todo el mundo, incluyendo varios premios Nobel, de que el universo puede existir realmente en un espacio de dimensiones superiores. [...] La luz, de hecho, puede ser explicada como vibraciones de la quinta dimensión. [...] El espacio multidimensional, en lugar de ser un telón vacío y pasivo frente al cual los quarks representan sus papeles eternos, realmente se convierte en el actor central en el drama de la naturaleza».

La conciencia sensorial percibe el mundo como si existiese en cuatro dimensiones físicas. La ciencia del yoga describe el espacio saturado de éter como la barrera entre estas y otras dimensiones superiores de la existencia. Según explicó Paramahansa Yogananda, trascendiendo la más sutil vibración física (*akasha,* el éter) se encuentra el supraéter, «una manifestación más refinada y, por consiguiente, no clasificada como uno de los elementos vibratorios físicos *(tattvas),* de los cuales hay solamente cinco: tierra, agua, fuego, aire y éter. Algunos tratados de yoga definen este *tattva* como "mente" o "no materia", en contraposición con la materia o vibración densa».

¿Es la «mente» una «dimensión superior» necesaria para explicar la naturaleza de la realidad física que se observa científicamente? Muchos físicos consideran que esta pregunta no se encuentra dentro de su campo de estudio; lo cierto es que no han arribado a un consenso concluyente. Sin embargo, en el libro *Elemental Mind: Human Consciousness and the New Physics* [La mente elemental: La conciencia humana y la nueva física] (Penguin Books, Nueva York, 1993), el doctor en física Nick Herbert señala: «Lejos de ser un acontecimiento extraordinario en los sistemas biológicos o computacionales complejos, la mente es un proceso fundamental por derecho propio, tan ampliamente difundida y profundamente arraigada en la naturaleza como la luz o la electricidad. De manera conjunta con las partículas y fuerzas elementales más familiares que la ciencia ha identificado como los componentes básicos del mundo físico, la mente (desde este punto de vista) también debe considerarse como un constituyente básico del mundo natural. La mente, en una palabra, es elemental, e interactúa con la materia a un nivel igualmente elemental, al nivel en el que los eventos cuánticos individuales emergen a la existencia real». Véase también VII:4, en el volumen II. *(Nota del editor).*

[15] Del término inglés *Vitaphone* que se empleó en un comienzo para designar las películas cinematográficas sonoras. *(Nota del editor).*

versa sobre la verdadera naturaleza del macrocosmos del universo y del microcosmos del cuerpo humano se expone ampliamente en diversas escrituras hindúes y se explicará con mayor detalle en la interpretación de posteriores estrofas del *Guita* relacionadas con este tema).

Las personas cuyo conocimiento proviene de la lectura de libros, mas no de la intuición, tal vez se refieran a menudo a la materia como pensamiento, pero aun así permanecen toscamente apegadas al cuerpo y a las limitaciones materiales. Sólo el yogui cuyo conocimiento se basa en la experiencia (no en la imaginación) —el yogui que, al aquietar el corazón, puede retirar su conciencia y fuerza vital del cuerpo para conducirlas a través de los centros cerebroespinales hasta el centro del entrecejo— se encuentra lo suficientemente capacitado como para afirmar: «Toda materia es pensamiento». A no ser que la conciencia y la energía lleguen al centro que corresponde a la médula oblongada, toda la materia se experimentará como sólida y real, muy diferente del pensamiento, sin importar cuán fervientemente uno intelectualice y afirme lo contrario. Sólo cuando uno ha alcanzado el plano del citado centro medular (a través de la unidad con Dios que se obtiene mediante la práctica prolongada del yoga y la ayuda del gurú) se encuentra realmente en condiciones de proclamar que toda la materia está formada por los pensamientos condensados o sueños visibilizados de Dios. Y sólo cuando uno trasciende la supraconciencia y alcanza la conciencia cósmica puede *demostrar* que la naturaleza de la materia es pensamiento y sueño.

El siguiente relato legendario servirá para ilustrar el tema de que «la materia es pensamiento». Un gran maestro de la India solía viajar a pie de una aldea a otra acompañado de sus numerosos discípulos. Cierto día, ante las devotas súplicas de su anfitrión, el santo ingirió carne. Sin embargo, les indicó a sus discípulos que comieran solamente fruta. Luego, todo el grupo emprendió una larga marcha a través del bosque, hacia otra aldea. Uno de los discípulos, disgustado por lo ocurrido, comenzó a sembrar el descontento diciendo: «El maestro, que predica que la materia no existe, ¡come carne! A nosotros sólo nos da comida aguanosa e insustancial. ¡Por eso él puede caminar sin fatigarse! ¿Acaso no tiene nutritiva carne en su estómago? Nosotros nos sentimos cansados; ¡hace ya tiempo que digerimos las frutas que comimos!».

El maestro percibió sus críticas, pero no dijo nada hasta que el grupo llegó a una cabaña donde un herrero fabricaba clavos de hierro fundido.

—¿Puedes comer lo mismo que yo y digerirlo? —preguntó el maestro al estudiante alborotador.

Pensando que el maestro iba a ofrecerle la carne que se estaba asando en un fuego cercano, el estudiante respondió:

—¡Sí, señor!

El maestro se inclinó sobre el fuego del herrero. Tomando directamente con los dedos algunos de los clavos que estaban al rojo vivo —todavía maleables a causa de su elevada temperatura—, el maestro comenzó a comerlos.

—¡Ven, hijo —señaló alentándolo—, come y digiere! Para mí todos los alimentos, ya sean carne o clavos fundidos, son exactamente lo mismo: ¡son Espíritu![16]

He aquí una necesaria advertencia a todo estudiante: «No creas que eres espiritualmente avanzado sólo porque hayas oído una conferencia o leído un libro acerca de la conciencia cósmica, o porque imagines que la has alcanzado, o incluso porque hayas experimentado visiones astrales (entretenidas y esclarecedoras, pero que aún pertenecen a la esfera de la materia)». Sólo podrás *saber* que toda la materia es pensamiento cuando seas capaz de retirar la fuerza vital y la conciencia del cuerpo para encauzarlas hacia el centro medular, y logres entrar en el ojo espiritual —el portal que conduce a los estados superiores de conciencia.

El alma ha recobrado su reino

Ésta es, entonces, la batalla que cada hombre debe librar en su conciencia: la guerra entre la conciencia humana —que contempla

[16] Este relato, con alguna variación en los detalles, es parte de la tradición que se teje (en particular en el sur de la India) en torno a la vida de Swami Shankara: el máximo filósofo de la India; una combinación inusual de santo, erudito y hombre de acción. Llamado a menudo Adi («el primer») Shankaracharya, empleó la mayor parte de sus breves treinta y dos años de vida en viajar a lo largo de la India difundiendo su doctrina *advaita* (no dualista). Millones de personas se congregaron con entusiasmo para escuchar el reconfortante caudal de sabiduría que manaba de los labios del joven y descalzo monje.

Algunos anales indican que el incomparable monista vivió en el siglo VI a. C.; el sabio Anandagiri afirma que vivió del año 44 al 12 a. C.; y los historiadores occidentales lo sitúan en el siglo VIII o a principios del siglo IX de nuestra era.

Con gran celo, Shankara emprendió muchas reformas, entre ellas la reorganización de la Orden monástica de los Swamis. Él fundó, además, *maths* (centros educativos monásticos) en cuatro localidades: Sringeri al sur, Puri al este, Dwarka al oeste, y Badrinath al norte en el Himalaya. El propósito de Shankara al establecer sus *maths* en los cuatro puntos cardinales de la India fue promover la unidad religiosa y nacional a lo largo del vasto territorio del país. *(Nota del editor).*

las vidas alternativamente placenteras o angustiadas de los mortales inmersos en la cambiante y engañosa materia— y la conciencia cósmica del alma —que contempla el reino de la todopoderosa y siempre bienaventurada Omnipresencia.

Cuanto más profunda sea la meditación del yogui y cuanto mayor sea el tiempo en que pueda mantener los efectos de las virtudes y percepciones del alma despierta y expresarlas en su vida cotidiana, más se espiritualizará su reino corporal. El desarrollo de su realización del Ser es el triunfal restablecimiento del gobierno del rey Alma. En el interior del hombre común, se producen cambios extraordinarios cuando el rey Alma y sus nobles cortesanos —la intuición, la paz, la bienaventuranza, la calma, el autocontrol, el control de la fuerza vital, el poder de voluntad, la concentración, el discernimiento y la omnisciencia— gobiernan el reino corporal.

Las percepciones espiritualizadas del yogui iluminado

El yogui que logra ganar la batalla de la conciencia ha vencido el equivocado apego del ego a los títulos humanos, tales como «soy hombre, soy estadounidense, peso tantos kilos, soy millonario, vivo en esta ciudad», entre muchos otros, y ha liberado de todas las engañosas limitaciones su atención cautiva. La atención ahora liberada, que antes contemplaba la creación únicamente a través de los restrictivos reflectores externos de los sentidos, se retira hacia un reino infinito que sólo puede verse por medio de los reflectores de la percepción interna.

En el hombre común, el ego —la pseudoalma— flota corriente abajo en el río de los placeres sensoriales, naufragando finalmente en los torrentes de la saciedad y la ignorancia. Pero en el superhombre, toda la corriente de la fuerza vital, la atención y la sabiduría se eleva desbordante hacia el alma; la conciencia flota en el océano de la omnipresente paz y bienaventuranza de Dios.

En el hombre medio, los sentidos (los reflectores dirigidos hacia la materia) revelan únicamente la pseudoplacentera y superficialmente atractiva presencia de la materia densa. En el superhombre, los reflectores de la percepción, dirigidos hacia el interior, le revelan al yogui el escondite del eternamente bello y gozoso Espíritu presente en toda la creación.

Entrando por la puerta del ojo espiritual, el superhombre asciende a la conciencia crística (la unión con la omnipresencia de Dios que se halla en toda la creación) y a la conciencia cósmica (la unión con la

ॐ

Dhritarashtra dijo: «En la sagrada llanura de Kurukshetra* (dharmakshetra kurukshetra), *donde con ansias de lucha se han congregado mi descendencia y los hijos de Pandu, dime, ¡oh Sanjaya!, ¿qué hicieron?».

***Bhagavad Guita* I:1**

«El rey ciego Dhritarashtra representa de manera simbólica la mente sensorial. Se dice que la mente es ciega porque no puede ver sin el auxilio de los sentidos y de la inteligencia; simplemente recoge las impresiones de los sentidos y transmite las conclusiones e instrucciones provenientes de la inteligencia. [...]

»Para el devoto aspirante, Sanjaya representa el poder del autoanálisis intuitivo e imparcial, la introspección discernidora. Es la capacidad de tomar distancia de uno mismo, observarse sin prejuicios y juzgar con exactitud. [...] El Guita *se refiere sólo de modo incidental a una batalla histórica que tuvo lugar en la llanura de Kurukshetra, al norte de la India. Lo que en realidad Vyasa describe es primordialmente una batalla universal: la enconada contienda que a diario se libra en la vida de cada ser humano. [...]*

»La pregunta que con gran interés formula el rey ciego Dhritarashtra, para solicitar del imparcial Sanjaya un informe objetivo acerca del resultado de la batalla entre los Kurus y los Pandavas (los hijos de Pandu) en Kurukshetra, es, metafóricamente hablando, la pregunta que debe formularse el aspirante espiritual cuando examina día tras día los sucesos de su justa batalla en la que espera alcanzar la victoria de la realización del Ser, la unidad con Dios. Por medio de la introspección sincera, analiza sus acciones y evalúa el poderío de los ejércitos en pugna, constituidos por sus buenas y malas tendencias: el autocontrol frente a la indulgencia sensorial; la inteligencia discernidora en contraposición a las inclinaciones mentales sensoriales; la resolución espiritual de meditar confrontada con la resistencia mental y la inquietud física; y la divina conciencia del alma en oposición a la ignorancia y la atracción magnética de la naturaleza inferior del ego».

Paramahansa Yogananda

omnipresencia de Dios que reside en toda la creación y *más allá* de ella)[17].

El que ha alcanzado la conciencia cósmica jamás siente que está limitado a un cuerpo o que su conciencia sólo es capaz de ascender hasta el cerebro o hasta contemplar la luz del loto de mil rayos del cerebro; por medio del verdadero poder intuitivo, percibe, en cambio, la Dicha siempre burbujeante que danza en cada partícula de su pequeño cuerpo, en su inmenso Cuerpo Cósmico del universo y en su naturaleza absoluta: la unidad con el Espíritu Eterno que se encuentra más allá de las formas manifestadas.

El hombre que en sus manos puras ha recibido la totalidad de su divino reino corporal ya no es un ser humano sumido en la limitada conciencia del ego; en realidad, es el alma: la siempre existente, siempre consciente y eternamente renovada Dicha individualizada, el reflejo puro del Espíritu, dotado de conciencia cósmica. Sin ser jamás víctima de percepciones imaginarias, inspiraciones fantasiosas o alucinaciones acerca de la «sabiduría», el superhombre es en todo momento intensamente consciente del Espíritu Inmanifestado y también del cosmos entero y de su extraordinaria diversidad.

Con la conciencia expandida y despierta en cada partícula del espacio infinito circundante, el yogui que ha experimentado esa elevación siente su pequeño cuerpo y todas sus percepciones no como lo hace el ser humano común y corriente, sino en un estado de unidad con el omnisciente Espíritu.

Libre de las intoxicaciones que impone la ilusión cósmica y de las engañosas limitaciones mortales, el superhombre sabe su nombre y conoce sus posesiones terrenales, pero éstas jamás le poseen ni le limitan. Aunque vive *en* el mundo, *no pertenece* a él. Es consciente del hambre, la sed y otras condiciones del cuerpo, pero su conciencia interior no

---

[17] El ojo espiritual es el ojo único de la intuición y de la percepción omnipresente, ubicado en el centro *(chakra ajna)* crístico *(Kutastha),* a nivel del entrecejo, el cual está conectado directamente por polaridad con el centro de la médula oblongada.

El devoto que medita profundamente contempla el ojo espiritual como un anillo de luz dorada que circunda a una esfera de color azul opalescente, en cuyo centro se encuentra una estrella blanca de cinco puntas. Microcósmicamente, estas formas y colores representan, respectivamente: el reino vibratorio de la creación (Prakriti, la Naturaleza Cósmica), la inteligencia universal de Dios en la creación (*Kutastha Chaitanya,* la Conciencia de Krishna o Conciencia Crística) y el Espíritu sin vibración, más allá de toda la creación vibratoria (Brahman).

En la meditación profunda, la conciencia del devoto se adentra en el ojo espiritual y en los tres reinos allí compendiados.

se identifica con el cuerpo, sino con el Espíritu. El yogui avanzado puede tener numerosas posesiones, pero jamás se lamenta si todo le es arrebatado. Si acaso es materialmente pobre, él sabe que posee, en Espíritu, riquezas que superan todo cuanto un avaro pudiese imaginar.

La persona espiritual lleva a cabo todas las acciones correctas relacionadas con la vista, el tacto, el olfato, el gusto y el oído sin sentir ningún apego mental. Su alma flota sobre las fétidas aguas de las oscuras experiencias terrenales —originadas por la triste indiferencia del hombre hacia Dios— como un loto inmaculado que se yergue sobre las fangosas aguas de un lago.

El superhombre experimenta las sensaciones, mas no en los órganos sensoriales, sino como percepciones cerebrales. El hombre medio siente frío o calor en la superficie del cuerpo; en un jardín contempla sólo externamente la belleza de las flores; oye sonidos con los oídos; percibe el sabor en el paladar y huele por medio de los nervios olfativos; el superhombre, en cambio, experimenta esas sensaciones en el *cerebro.* Es capaz de distinguir entre la sensación pura y la reacción de su pensamiento a esa sensación. Percibe las sensaciones, los sentimientos, la voluntad, el cuerpo y la percepción misma —todo— en forma de pensamientos, como simples sugerencias emanadas de Dios cuando Él sueña a través de la conciencia del hombre.

El superhombre contempla el cuerpo no como carne, sino como un conglomerado de electrones y fuerza vital condensados, pronto a desvanecerse o a materializarse según lo disponga la voluntad del yogui. No siente el peso del cuerpo, sino que percibe la masa corporal sólo como energía eléctrica. Contempla la película cinematográfica del cosmos que avanza o retrocede sobre la pantalla de su conciencia: de este modo, sabe que el tiempo y el espacio son formas dimensionales del pensamiento, las cuales permiten el despliegue de películas cinematográficas cósmicas, sueños infinitamente variados, que se renuevan sin cesar y son verosímiles al tacto, el oído, el olfato, el gusto y la vista.

El superhombre comprende que el nacimiento de su cuerpo fue simplemente el comienzo de ciertos cambios y sabe que la muerte es el cambio que en forma natural sigue a la vida terrenal. Está preparado y dispuesto a separarse de modo consciente de su morada corporal en el momento que él elija.

Puesto que es uno con Dios, sueña dentro de su conciencia cósmica todos los divinos sueños de la creación cósmica.

El cuerpo del superhombre es el universo, y sus sensaciones son todo aquello que ocurre en el universo.

Quien ha alcanzado la unión con el omnipresente, omnisciente y omnipotente Dios es consciente de la trayectoria de un planeta que se encuentra a trillones de años luz de distancia y, al mismo tiempo, del vuelo de un cercano gorrión. El superhombre no percibe el Espíritu como si estuviese separado de su cuerpo; se vuelve uno con el Espíritu y siente que su propio cuerpo y los de todas las demás criaturas existen dentro de su propio ser. Contempla su cuerpo físico como un diminuto átomo que se encuentra dentro de su vasto y luminoso cuerpo cósmico.

Al retirar su atención del mundo externo sensorial, por medio de la meditación profunda, el superhombre tiene la facultad de percibir con el poder del ojo interno. A través de los reflectores de los poderes astrales de la vista, oído, olfato, gusto y tacto y de la percepción aún más refinada de la intuición pura, contempla el territorio de la omnipresente Conciencia Cósmica.

En ese estado, el superhombre sabe que los titilantes átomos de la energía cósmica son sus propios ojos, a través de los cuales escudriña cada poro del espacio y también el Infinito.

En la creación entera disfruta de la fragancia de la Bienaventuranza e inhala la dulzura de los capullos-átomos astrales que florecen en el jardín cósmico.

Saborea el néctar astral de la energía cósmica líquida y bebe la fluida miel del gozo tangible que mana del panal del espacio electrónico. Ya no se siente atraído por el alimento material, pues vive de su propia energía divina.

Siente vibrar su voz no en un cuerpo humano, sino en la garganta de todas las vibraciones y en el cuerpo constituido por toda la materia finita. Oye su voz —el creativo *Om* cósmico—, que en consonancia con el canto del Espíritu resuena a través de la flauta de los átomos y de las resplandecientes olas de la creación entera, y no desea oír ninguna otra cosa.

Siente que la sangre de su percepción corre por las venas del cuerpo de toda la creación vibratoria finita. Habiendo vencido los deseos corporales que atan al ser humano a las sensaciones táctiles de la comodidad material, el hombre divino percibe las sensaciones de toda la materia como expresiones de la energía cósmica creativa de Dios que danzan en su cuerpo cósmico, en un estado de gozo que ninguna sensación placentera de contacto físico puede igualar. Percibe el suave fluir del río sobre el regazo de la tierra. Siente que el hogar de su Ser es el océano del espacio y percibe las olas de las islas de universos que nadan en su propio seno oceánico. Conoce la suavidad de los pétalos de los capullos, la ternura del amor de todos los corazones y el dinamismo de la juventud que existe en todos los cuerpos. Su propia juventud, como el alma eternamente joven, perdura por siempre.

El superhombre percibe los nacimientos y muertes sólo como cambios que danzan en el Océano de la Vida, a semejanza de las olas del mar que se elevan, descienden y vuelven a elevarse una vez más. Conoce todo el pasado y el futuro, pero vive en el eterno presente. Para él, el enigma del porqué de la existencia se aclara en esta singular percepción: «Del Gozo provenimos. En el Gozo vivimos, nos movemos y tenemos nuestro ser. Y en ese sagrado y eterno Gozo nos fundiremos de nuevo».

Ésta es la realización del Ser, el estado natural e innato del hombre como alma, el reflejo puro del Espíritu. Los sueños de las encarnaciones se proyectan en la ilusoria pantalla de la individualidad; pero, en realidad, el hombre jamás se encuentra, ni por un instante, separado de Dios. Somos su pensamiento; Él es nuestro ser. De Él provenimos. En Él hemos de vivir como expresiones de su sabiduría, de su amor, de su gozo. En Él —en el estado de perpetua vigilia sin sueños inherente a la Dicha eterna— debe disolverse una vez más nuestra identificación con el ego.

Todo ser humano debe librar la batalla de Kurukshetra

Ésta ha sido la descripción del significado metafórico de la batalla de Kurukshetra y la victoriosa meta que habrá de alcanzarse. Todo ser humano debe enfrentar el mismo desafío. La imperecedera popularidad del *Guita* reside en su universalidad como texto divino acerca del arte de vivir que es aplicable a todos los hombres por igual. El *Guita* ilumina cada plano de la existencia.

El materialista sólo puede conocer la paz interior y la felicidad si se hace partidario del bien y gana la batalla entre las buenas y malas inclinaciones que guían sus acciones en el campo corporal externo de la acción, o sea, Kurukshetra.

El aspirante espiritual de todo sendero religioso genuino debe además ganar la victoria en el campo interior de Dharmakshetra Kurukshetra, es decir, en los sutiles centros cerebroespinales donde tiene lugar el recogimiento interior de la conciencia que conduce a la comunión con Dios (en la oración profunda, en la meditación y en la práctica de la presencia de Dios durante las actividades diarias), lo cual vence la oposición de la inquietud mental y de las atracciones sensoriales.

El yogui, aquel que busca la meta suprema de la unidad con Dios y *kaivalya* (la liberación), dirige en la batalla a sus virtuosos guerreros del autocontrol y del comportamiento moral en el plano de la acción material de Kurukshetra, y lucha por alcanzar la victoria de la comunión interior con Dios en el plano espiritual interno de Dharmakshetra Kurukshetra. Además, resistiendo la atracción de la naturaleza inferior del ego o conciencia del cuerpo, se esfuerza por conservar, en el campo de Dharmakshetra o conciencia espiritualizada, la supraconciencia, la conciencia crística y la conciencia cósmica que logró alcanzar por medio de la práctica exitosa de la meditación yóguica.

La vasta importancia de la primera estrofa del *Bhagavad Guita* puede vislumbrarse cuando comprendemos cómo se debe aplicar en la experiencia práctica.

Dios, a través de Krishna (el alma), habla con Arjuna (el devoto): «¡Oh Arjuna!, cada noche pídele a tu introspección imparcial (Sanjaya) que le revele a tu ciega mente (Dhritarashtra) lo siguiente: "Las impulsivas tendencias mentales y sensoriales, y la autodisciplinada descendencia del discernimiento del alma, congregadas en el campo corporal de las actividades sensoriales y espirituales, con ansias de lucha psicológica, ¿qué hicieron?". Diles a todos mis futuros devotos que cada noche, al igual que tú, lleven un atento diario mental con el objeto de evaluar sus batallas internas cotidianas para que de ese modo puedan resistir mejor las fuerzas de sus ciegos impulsos mentales y apoyar a los soldados de la sabiduría discernidora».

Cada noche, antes de retirarse a descansar, la persona mundana, el moralista, el aspirante espiritual y el yogui —al igual que el devoto— deberían preguntarle a su intuición si fueron sus facultades espirituales o sus inclinaciones materiales hacia la tentación las que ganaron las batallas del día entre los buenos y los malos hábitos; entre la templanza y la codicia; entre el autocontrol y la sensualidad; entre el deseo honrado de obtener el dinero necesario y las ansias desmedidas de poseer riquezas; entre el perdón y la ira; entre el gozo y el pesar; entre la afabilidad y la hosquedad; entre la bondad y la crueldad; entre la generosidad y el egoísmo; entre la comprensión y los celos; entre el valor y la cobardía; entre la confianza y el temor; entre la fe y la duda; entre la humildad y la soberbia; entre el deseo de comulgar con Dios en la meditación y el inquieto afán por emprender actividades mundanas; entre los deseos espirituales y los materiales; entre el éxtasis divino y las percepciones sensoriales; entre la conciencia del alma y la conciencia del ego.

LOS EJÉRCITOS ADVERSARIOS: LAS FUERZAS ESPIRITUALES Y LAS MATERIALISTAS

ESTROFA 2

सञ्जय उवाच
दृष्ट्वा तु पाण्डवानीकं व्यूढं दुर्योधनस्तदा।
आचार्यमुपसङ्गम्य राजा वचनमब्रवीत्॥

saṁjaya uvāca
dṛṣṭvā tu pāṇḍavānīkaṁ vyūḍhaṁ duryodhanas tadā
ācāryam upasaṁgamya rājā vacanam abravīt

Sanjaya dijo:

El rey Duryodhana, al ver el ejército de los Pandavas en posición de batalla, se acercó a su preceptor (Drona) y le habló así:

«SANJAYA (LA INTROSPECCIÓN IMPARCIAL de Arjuna, el devoto) reveló lo siguiente:

»"Después de contemplar los ejércitos de los Pandavas (las cualidades discernidoras) en posición de batalla psicológica (prontas a luchar contra las tendencias sensoriales), el rey Duryodhana (el deseo material, descendiente regio de la ciega mente sensorial) consultó con ansiedad a su preceptor Drona (los *samskaras,* las impresiones que dejan los pensamientos y acciones del pasado, las cuales generan un apremiante impulso interno de repetir tales experiencias)"».

Duryodhana: símbolo del deseo material

El rey ciego Dhritarashtra tenía cien hijos, de los cuales Duryodhana era el mayor o primogénito. Debido a que su padre era ciego, Duryodhana gobernaba en su lugar y por lo tanto era reconocido como *raja* o rey. En sentido metafórico, los cien hijos de la ciega mente sensorial (el rey Dhritarashtra) son los cinco instrumentos sensoriales de la percepción (vista, oído, olfato, gusto y tacto) y los cinco instrumentos sensoriales de la acción (habla, habilidad manual, locomoción, procreación y excreción), cada uno de los cuales tiene diez propensiones. Todos ellos constituyen los cien hijos engendrados por la mente sensorial. El mayor, Duryodhana, representa el Deseo

Material —el primogénito, aquel que ejerce poder sobre las demás inclinaciones del reino corporal y es famoso por las guerras y causas malvadas—. La derivación metafórica de Duryodhana es *duḥ-yudhaṁ yaḥ saḥ:* «aquel que es difícil de contrarrestar en todo sentido». El nombre mismo proviene del sánscrito *dur,* «difícil», y *yudh,* «combatir». El deseo material es extremadamente poderoso, por ser el rey y líder de todos los goces mundanos, así como el causante y perpetrador de la batalla contra la justa reclamación del alma sobre su reino corporal.

La segunda estrofa del *Guita* señala que, tan pronto como el aspirante espiritual hace un análisis introspectivo con el fin de despertar a sus soldados del discernimiento y entrenarlos por medio de la meditación, se manifiesta de inmediato la oposición del rey de todas las tendencias sensoriales: el Deseo Material. Temeroso de perder el reino mental y corporal, el Deseo Material busca fortalecerse consultando a su preceptor Drona, que representa los *samskaras,* las impresiones que los pensamientos y acciones del pasado han dejado en la mente consciente y subconsciente.

El nombre de Drona proviene de la raíz sánscrita *dru,* «disolver»[18]. Drona, por lo tanto, significa «aquello que permanece disuelto». Ni los pensamientos ni las acciones físicas dejan de existir una vez que se han concretado, sino que permanecen en la conciencia en forma más sutil o «disuelta», como impresiones o huellas de aquella manifestación densa del pensamiento o de la acción. Dichas impresiones, denominadas *samskaras,* producen poderosos impulsos, tendencias o inclinaciones que influyen sobre la inteligencia para que ésta repita tales pensamientos y acciones. Con la repetición frecuente, esos impulsos se convierten en hábitos compulsivos. Por consiguiente, podemos simplificar la traducción de *samskara* en este contexto y darle el significado de «tendencia interna» o «impulso interno» o «hábito». El preceptor Drona representa el *samskara,* que, en sentido amplio, puede definirse como «tendencia interna» o «hábito».

Drona: la poderosa fuerza de las tendencias habituales

Según el relato histórico del *Mahabharata,* Drona era el magistral preceptor que había instruido en arquería tanto a los Kurus como a los

[18] Tradicionalmente, los estudiosos asignan a la raíz *dru* de Drona otro significado, «madera o cualquier implemento de madera», que guarda correspondencia con el relato metafórico de que Drona fue concebido en un recipiente de madera que provenía de la simiente de un gran sabio.

Pandavas. Durante el enfrentamiento entre ambos clanes, sin embargo, Drona se puso de parte de los Kurus.

Tanto las buenas tendencias discernidoras propias de la inteligencia pura del alma *(buddhi)* como las tendencias mentales perversas de la mente sensorial *(manas)* habían aprendido de la Tendencia Interna (Drona) el arte bélico de manejar, respectivamente, las armas de la sabiduría reveladora del alma y las armas de la conciencia sensorial oscurecedora de la verdad.

Si los impulsos subconscientes de los *samskaras* de una persona son positivos, ayudan a crear buenos pensamientos, acciones y hábitos en el presente. Si estos impulsos innatos son negativos, despiertan malos pensamientos que dan lugar a acciones y hábitos perjudiciales. Así como los pájaros deben girar la cabeza para enfocar un solo ojo a la vez sobre un objeto determinado, Drona, la inteligencia guiada por el hábito *(samskara),* emplea una visión unilateral y apoya las tendencias dominantes. Este impulso interno (Drona) se une a las tendencias mentales perversas (los Kurus) cuando éstas predominan en el ser humano. Por lo tanto, a no ser que el *samskara* o inclinación hacia el hábito sensorial se purifique mediante la sabiduría, seguirá a Duryodhana, el rey Deseo Material. Por esa razón, en el devoto que aún debe triunfar en la batalla de Kurukshetra, Drona (la inteligencia influida por los malos hábitos) se suma al bando de los Kurus (las tendencias mentales perversas) y los ayuda a dirigir sus flechas de lacerante negatividad contra los poderes del discernimiento.

La estrategia de batalla propia del deseo material y del hábito

El Deseo Material es el soberano supremo en aquel que no medita. Es el poder del Deseo lo que impulsa al ser humano a seguir el sendero del placer sensorial en lugar de emprender el que conduce a la felicidad del alma. Puesto que la persona media desconoce el embriagador Gozo que se experimenta como resultado de las prácticas meditativas, inadvertidamente acepta los placeres sensoriales. Pero tan pronto como la meditación despierta las cualidades discernidoras, que le permiten al devoto saborear los gozos genuinos del mundo interior del Espíritu, el rey Deseo Material se alarma y comienza a reforzar su posición convocando a Drona (es decir, hace que la mente del hombre rememore los placeres de pasadas gratificaciones sensoriales).

El rey Deseo Material, que actúa por cuenta propia y adopta la forma de nuevos deseos sucesivos, puede ser derrotado fácilmente por medio de un acto de buen juicio; en cambio, el Deseo Material apoyado por el Hábito es difícil de expulsar con el solo uso del discernimiento. Por consiguiente, la estrategia de batalla del rey Deseo Material consiste en tratar de vencer a las tendencias discernidoras presentando atractivos recuerdos de los deleites que los malos hábitos del pasado le proporcionaron.

¡Atención, devoto! Tan pronto como el aspirante espiritual procura meditar y despertar los poderes del autocontrol y del discernimiento, el rey Deseo Material lo tienta de diversas maneras. Nuevos deseos invaden sus pensamientos para distraerlo de la meditación: «Hay una película excelente en el cine del barrio... Es la hora de tu programa favorito de televisión... Recuerda que querías llamar a tu amigo con motivo de la fiesta de la semana próxima... Ahora es un buen momento para hacer esas tareas adicionales que has descuidado... Has trabajado arduamente; primero duerme un poco... Vamos, saca antes todas estas ideas de la mente y *luego* podrás meditar». Muy a menudo, el tiempo para ese «luego» jamás llega. Incluso el devoto resuelto que resiste estas tentaciones y se sienta a meditar será invadido por los perniciosos impulsos internos provenientes de los hábitos de inquietud del pasado, el letargo mental, la somnolencia y la indiferencia espiritual.

El devoto aspirante debe estar consciente de estos peligros, que son tan sólo pruebas que puede dominar fácilmente si escucha las advertencias de la sabiduría. A través de la profunda intuición espiritual introspectiva, le será posible descubrir estas invariables artimañas del rey Deseo Material.

Las personas inquietas que no cultivan el discernimiento espiritual y el autocontrol se convierten en víctimas de las tentaciones de Duryodhana-Deseo Material y del impulso interior de los hábitos de indiferencia espiritual y de los placeres sensoriales del pasado que Drona-Samskara origina. El hombre mundano se opone torpemente a cualquier sugerencia de explorar los más profundos y perdurables gozos y los susurros de la sabiduría que provienen de las percepciones internas. Tales percepciones se perciben en la meditación yóguica cuando el devoto se concentra en los centros sutiles de vida y conciencia divinas, situados en la columna vertebral y en el ojo espiritual (a nivel del entrecejo).

Como resultado de la constante autocomplacencia, la persona común y corriente permanece cautiva de los sentidos, limitada a los goces relacionados únicamente con la superficie del cuerpo. Este placer sensorial prodiga una felicidad efímera, pero impide la manifestación de los gozos sutiles, más puros y perdurables: la experiencia de la silenciosa bienaventuranza y de las innumerables percepciones gozosas que aparecen cuando la conciencia del yogui meditativo se retira del mundo sensorial externo y se vuelve hacia el cosmos interior del Espíritu. ¡Las transitorias y engañosas emociones sensoriales físicas son un pobre sustituto de los cielos!

La vida del hombre común es, en el mejor de los casos, monótona. Despierta, toma un baño, disfruta de la sensación posterior al baño, desayuna, se apresura a llegar al trabajo, comienza a sentirse fatigado, se siente como nuevo después del almuerzo, retoma el trabajo y por fin regresa a casa, aburrido y falto de energía. La cena —demasiado pesada y copiosa— se ve interrumpida por los diversos ruidos de la radio o la televisión y por los frecuentes comentarios malhumorados de la esposa o de los hijos. De vez en cuando, este hombre típico va al cine o a una reunión para darse un breve respiro por medio de un entretenimiento; llega a casa tarde, se siente agotado y duerme pesadamente. ¡Qué vida! No obstante, repite este proceder, con variaciones poco imaginativas, a lo largo de los mejores años de su vida.

El hábito convierte al ser humano en un autómata

Mediante estos hábitos, el hombre se convierte en una máquina, en un autómata que, abastecido por el combustible del alimento, efectúa tareas en forma automática, con lentitud y de mala gana, sin gozo ni inspiración; a la hora del sueño, suspende parcialmente sus actividades, sólo para repetir la misma rutina al día siguiente.

El *Bhagavad Guita* exhorta al hombre a evitar ese mero «existir». Sus estrofas proclaman que la práctica de establecer contacto con Dios en el eternamente renovado gozo de la meditación yóguica le permite mantener siempre presente en su interior el estado de conciencia bienaventurada, incluso durante el desarrollo de aquellas acciones mecánicas que de manera inevitable forman parte de cada vida humana. La insatisfacción, el aburrimiento y la infelicidad son la cosecha de una vida mecánica, en tanto que las infinitas percepciones espirituales que se obtienen en la meditación le susurran gozosamente al hombre innumerables inspiraciones de sabiduría que le llenan de emoción e iluminan y animan cada aspecto de su vida.

El *Guita* enseña que no es un pecado hacer uso de los sentidos con discernimiento y autocontrol; además, explica que una vida de hogar recta y honesta no necesariamente convierte al hombre en una persona mundana; sin embargo, al aspirante espiritual se le advierte que no debe permitir que estas actividades desplacen su supremo deber de buscar a Dios y la realización del Ser. Establecerse en la rutina de los hábitos materiales y placeres sensoriales ocasiona el olvido de Dios y la pérdida del deseo de buscar la eterna y siempre creciente felicidad de nuestra verdadera naturaleza —el alma— que se experimenta en la meditación. La paz mental y la felicidad se pierden cuando las pasiones sensoriales desplazan a las percepciones del alma. ¿Se les puede considerar otra cosa que insensatos a los que ahogan la inimitable felicidad de su alma en el fango de la esclavitud sensorial, en la cual se solazan pese a las advertencias de la razón y de la conciencia? Esta trampa del engaño es el tema que se examina en el *Guita.* Los gozos puros de los sentidos, si se disfrutan con discernimiento espiritual y autocontrol, no esclavizan al hombre que ha alcanzado la unión con Dios. El yogui conoce los placeres sensoriales puros *después* de haber logrado, por medio de la meditación, el verdadero contacto con Dios.

Así pues, encontramos en la segunda estrofa del *Bhagavad Guita* la siguiente advertencia para el aspirante espiritual: que el rey Duryodhana-Deseo Material intentará despertar en él sus tendencias y hábitos sensoriales (Drona) para que luchen contra las fuerzas del discernimiento del alma.

Cuando se les permite a las facultades de los sentidos (los Kurus) tomar posesión del reino corporal, los ejércitos sensoriales mantienen incomunicados, en silencioso exilio, a los poderes de introspección y discernimiento del hombre. Los dictados de Duryodhana-Deseo Material, apoyados por Drona-Hábito, son todopoderosos, pero cuando el devoto está preparado para apoyar a las tendencias discernidoras del alma (los Pandavas) con el objeto de ayudarlas a alcanzar la victoria, tanto el Deseo Material como los malvados que protege Drona y su incitación son expulsados en tropel.

Estrofa 3

पश्यैतां पाण्डुपुत्राणामाचार्य महतीं चमूम्।
व्यूढां द्रुपदपुत्रेण तव शिष्येण धीमता॥

paśyaitāṁ pāṇḍuputrāṇām ācārya mahatīṁ camūm
vyūḍhāṁ drupadaputreṇa tava śiṣyeṇa dhīmatā

¡Oh Maestro!, contempla la gran hueste de los hijos de Pandu, dispuesta en formación de combate por tu inteligente discípulo, el hijo de Drupada.

(DURANTE LA INTROSPECCIÓN del devoto, el rey Deseo Material se dirige a su preceptor Drona, el Hábito:)

«Contempla el poderoso ejército de los Pandavas (las fuerzas del discernimiento atrincheradas en los centros de la espina dorsal) dispuesto para la batalla bajo la dirección de tu discípulo (la serena luz interior del despertar intuitivo, que es discípulo del pasado hábito —"Drona"— de meditar). Este hijo de Drupada (nacido del desapasionamiento por los gozos materiales, o "Drupada", que es el resultado del profundo fervor espiritual y de la devoción divina) fue entrenado por ti para ser diestro en la guerra psicológica. Ahora, como un poderoso general del ejército pandava (líder de las fuerzas secretas del discernimiento), ¡se levanta contra nosotros!».

El poder simbólico propio de la serena luz interior de la percepción divina

Duryodhana-Deseo Material se siente a la vez sorprendido y disgustado al descubrir que el formidable general que está preparando a las facultades puras del discernimiento para la batalla psicológica es uno de sus condiscípulos, el hijo del rey Drupada, un avezado estudiante del principal defensor y maestro del propio Duryodhana: Drona, el Hábito del Pasado. El hijo de Drupada, Dhrishtadyumna, representa metafóricamente la serena luz interior de la percepción divina, la intuición despierta del devoto. Una breve referencia a la alegoría del *Mahabharata* explicará su significación:

En su juventud, Drona y Drupada habían sido íntimos amigos. En años posteriores, cuando Drupada ascendió al trono como rey de Panchala, menospreció a Drona, quien apelando a su vieja amistad había venido a solicitar favores del rey. Enfadado, Drona —con ayuda de los Pandavas— se vengó de Drupada haciéndole sufrir una humillante derrota militar en la que perdió el reino y fue hecho prisionero por Drona. En un acto de bondad, Drona liberó a Drupada y le permitió retener la mitad sur de su antiguo reino. Drupada, sin embargo, juró vengarse de Drona. En un rito sacrificial, oró para que le fuese enviado un hijo con el valor y la capacidad para destruir a Drona, lo cual le fue concedido. Su hijo, Dhrishtadyumna, surgió del fuego del sacrificio como un guerrero celestial, brillando con gran esplendor y dotado de confianza en sí mismo y valentía. Durante la guerra de Kurukshetra, fue Dhrishtadyumna quien finalmente dio muerte a Drona.

Ya se ha establecido que Drona representa los *samskaras,* las tendencias de los hábitos del pasado. Drupada, como se explicará con mayor detalle en la siguiente estrofa, representa el desapasionamiento, la aversión hacia los placeres materiales como resultado del profundo fervor espiritual y la devoción divina. En el comienzo, al devoto le parece que su ferviente deseo espiritual y sus inclinaciones internas o *samskaras* son amigos. Pero cuando los *samskaras* manifiestan sus tendencias sensoriales materiales, el deseo espiritual rechaza esa compañía. El hábito contraataca, entonces, y busca vengarse del fervor espiritual del devoto haciéndolo prisionero de los hábitos y tendencias latentes del pasado, a los que incita para frustrar al aspirante espiritual, quien deberá enfrentar primero a sus malos hábitos, hasta encontrarse sólidamente establecido en la vida espiritual. Al rechazarlos, descubrirá de pronto que su atesorada libertad soberana no es aún completa, sino que todavía es prisionera de los *samskaras,* que hasta entonces se hallaban en estado latente, los cuales atan su libre voluntad discernidora. El devoto se da cuenta de que su fervor espiritual puede gobernar con toda efectividad esa mitad del reino corporal conectada con los sentidos que están inclinados hacia la materia (la porción sur, o sea, los centros espinales inferiores, que gobiernan las actividades sensorias del reino corporal físico). Pero el hábito, con sus dominantes tendencias e impulsos, aún mantiene esclavizado el reino del discernimiento puro. El devoto resuelto despierta entonces su fervor espiritual, con la determinación de liberar el alma de todo cautiverio. Su persistente y profunda devoción le otorga descendencia, es decir, un hijo que es la luz que revela la verdad y el poder de la intuición despierta: Dhrishtadyumna. Esta convicción interior, entrenada por el hábito de la meditación, se convierte en el general de las fuerzas espirituales del devoto y determina cuál es la disposición y la estrategia de batalla que serán necesarias para controlar su inquieta mente durante la meditación y conducir las fuerzas discernidoras a la victoria.

Los poderes del bien, entrenados por el hábito, pueden destruir a sus condiscípulos, los deseos materiales y los poderes del mal, que también han sido entrenados por el hábito. Pero finalmente el yogui se eleva por encima de la influencia de todo hábito y sólo confía en la pura facultad discernidora del alma —la intuición— para que guíe todas sus acciones. Sólo la pura luz discernidora de la intuición —la percepción divina— tiene el poder de dar muerte a Drona, el hábito.

En el nombre Dhrishtadyumna se halla implícito este hecho. *Dṛṣṭa* significa osado, audaz, confiado; *dyumna* significa esplendor, gloria, fortaleza. De ambos obtenemos el significado «audaz o confiado esplendor», que se puede definir como la Serena Luz Interior, la intuición que revela la verdad, que es audaz y confía en sí misma porque es infalible; constituye el único poder capaz de aniquilar el hábito. Es la luz interior de la creciente percepción espiritual diaria que se experimenta en la meditación —que finalmente se convierte en *samadhi*— lo que destruye todas las ataduras de los *samskaras*.

Se hace referencia a Dhrishtadyumna como el hábil discípulo de Drona (el *samskara* en su aspecto positivo o espiritual) porque el poder del hábito aplicado repetidas veces a la práctica de la meditación es lo que desarrolla la Serena Luz Interior de la divina percepción intuitiva. En tiempos de necesidad, el devoto meditativo ve o siente esta Serena Luz Interior como una fuerza que guía, apoya y alienta sus esfuerzos en la meditación.

ES UNA VERDAD PSICOLÓGICA el hecho de que el hábito es el «preceptor» tanto de las buenas como de las malas tendencias del ser humano. Cuando el perverso Deseo Material intenta utilizar la influencia del hábito para destruir los poderes del discernimiento, el rey del Mal se sorprende al descubrir que el hábito también tiene protegidos que son partidarios del bien y están dispuestos a resistir. Es consolador para el hombre saber que, sin importar cuán formidables sean en un momento determinado los poderes de los malos hábitos y del deseo material, existen también soldados de buenos hábitos de esta vida y de pasadas encarnaciones siempre dispuestos a combatir. Estos buenos *samskaras* —las buenas impresiones de las percepciones divinas dejadas por las acciones habituales del pasado— son las fuerzas secretas, la retaguardia del rey Alma. Tales guerreros permanecen ocultos detrás de los ejércitos psicológicos del discernimiento, ansiosos de lanzarse al frente y demostrar su destreza cuando los perversos soldados sensoriales del Deseo Material parecen estar a punto de ganar la batalla. Es decir, si el devoto posee un poderoso ejército de buenas tendencias *samskara* provenientes de hábitos y acciones del pasado, tales tendencias vendrán oportunamente en su ayuda para apoyar sus buenos hábitos y acciones discernidoras del presente.

El hábito es el «preceptor» de las buenas y de las malas tendencias

La mayoría de la gente, sin embargo, consiente de manera voluntaria que el reino de su conciencia sea gobernado por las malas tendencias que tuvieron su origen en los hábitos del pasado. En consecuencia, las tendencias discernidoras son condenadas al ostracismo, y las fuerzas secretas discernidoras de los hábitos del pasado (la retaguardia metafísica oculta tras los ejércitos del discernimiento) también se ven obligadas a permanecer inactivas.

El que está siempre inquieto y jamás medita cree que se halla «perfectamente bien», ya que se ha acostumbrado a ser esclavo de los sentidos. Comprende su grave situación cuando en él se despierta el deseo espiritual y trata de meditar y permanecer en calma; entonces, como consecuencia natural, se encuentra con la feroz resistencia de los malos hábitos de inconstancia y volubilidad de la mente.

El yogui principiante se da cuenta de que sus soldados del discernimiento son guiados por el deseo de hacer el bien y, sin embargo, sufren muchas desalentadoras derrotas. A medida que medita durante más tiempo y ora con fervor pidiendo la ayuda interna, comprueba que la serena convicción proveniente de la percepción intuitiva, el oculto general veterano de la despierta Luz Interior, emerge de la supraconciencia con el objeto de convertirse en un guía activo de las fuerzas del discernimiento. Sin importar cuántas veces haya él sufrido los poderosos ataques de los hábitos sensoriales, las fuerzas secretas que surgen de la meditación, ya sea de esta vida o de vidas pasadas, continúan viniendo en su auxilio. Cuando los hábitos de inquietud intentan usurpar el trono de su conciencia, estas fuerzas secretas ofrecen una enérgica resistencia.

Las fuerzas secretas aparecen en el escenario de la batalla psicológica sólo en dos ocasiones: la primera, cuando la avanzada del discernimiento ha sido derrotada en forma aplastante por los soldados de los atractivos sensoriales; y la segunda, cuando, a través del llamado de la trompeta de la meditación, los soldados del discernimiento piden la ayuda de las fuerzas ocultas. Luchando juntos, las fuerzas secretas de los logros espirituales del pasado y los soldados del discernimiento pueden derrotar fácilmente a las fuerzas de la inquietud, si la batalla tiene lugar *antes* de que el trono de la conciencia haya sido usurpado en su totalidad por el rey Deseo Material. A las fuerzas secretas les resulta mucho más difícil ayudar a reconquistar el reino de la paz una vez que éste ha caído en manos del Deseo Material. Por lo tanto, el devoto debe aprovechar al máximo sus inclinaciones espirituales mientras las fuerzas de su buena disposición para meditar sean poderosas. Es beneficioso comenzar a meditar a temprana edad, pero si esto no es posible, es conveniente llevar a cabo dicha práctica cada día y con asiduidad tan pronto como se desarrolle la inclinación discernidora de la mente.

El hábito de la meditación, ya sea adquirido recientemente o en el pasado lejano, tiene el poder de convocar al general de la Luz Interior. Aquellos que se sienten desalentados en sus esfuerzos meditativos por causa de la inquietud no son todavía conscientes de que tanto sus tendencias discernidoras como la retaguardia de las fuerzas secretas de los buenos hábitos meditativos del pasado poseen un gran poder para resistir el mal. Pero aun cuando se encuentren prisioneros de la inquietud, si persisten en sus esfuerzos por lograr la calma advertirán que esas ocultas fuerzas secretas —los imponentes e invencibles poderes intuitivos— están tratando de surgir de la supraconciencia para ofrecer auxilio espiritual.

Así pues, se ha explicado en esta estrofa del *Bhagavad Guita* que cuando el Deseo Material y su ejército de tendencias sensoriales con sus pensamientos inquietos tratan de fortalecerse a través del Hábito Material del Pasado con el objeto de disuadir al aspirante espiritual de la práctica de la meditación, descubren que la Serena Luz Interior de la intuición despierta, que ha sido debidamente entrenada en el arte de la meditación por el Hábito Espiritual del Pasado, con gran efectividad ha dispuesto en posición de batalla a las facultades discernidoras para que opongan resistencia metafísica.

ESTROFAS 4-6

अत्र शूरा महेष्वासा भीमार्जुनसमा युधि।
युयुधानो विराटश्च द्रुपदश्च महारथः ॥ *(4)*

धृष्टकेतुश्चेकितानः काशिराजश्च वीर्यवान्।
पुरुजित्कुन्तिभोजश्च शैब्यश्च नरपुङ्गवः ॥ *(5)*

युधामन्युश्च विक्रान्त उत्तमौजाश्च वीर्यवान्।
सौभद्रो द्रौपदेयाश्च सर्व एव महारथाः ॥ *(6)*

atra śūrā maheṣvāsā bhīmārjunasamā yudhi
yuyudhāno virāṭaś ca drupadaś ca mahārathaḥ (4)

dhṛṣṭaketuś cekitānaḥ kāśirājaś ca vīryavān
purujit kuntibhojaś ca śaibyaś ca narapuṁgavaḥ (5)

yudhāmanyuś ca vikrānta uttamaujāś ca vīryavān
saubhadro draupadeyāś ca sarva eva mahārathāḥ (6)

(4) Aquí están presentes formidables héroes, arqueros extraordinarios tan diestros en la lucha como Bhima y Arjuna: los veteranos guerreros Yuyudhana, Virata y Drupada;

(5) los poderosos Dhrishtaketu, Chekitana y Kashiraja; Purujit, eminente entre los hombres; y Kuntibhoja y Shaibya;

(6) el vigoroso Yudhamanyu, el valiente Uttamaujas, el hijo de Subhadra y los hijos de Draupadi —todos ellos grandes señores en sus imponentes carros de combate[19].

LA INTROSPECCIÓN DIVINAMENTE GUIADA de Arjuna revela que el rey Duryodhana-Deseo Material le está señalando lo siguiente a Drona-Samskara, el preceptor de las buenas y malas tendencias:

«Los arqueros del discernimiento, comparables al magistral Arjuna (el Autocontrol) y a Bhima (el Control Vital), poderosos señores del carro corporal, todos ellos están en posición de batalla con el propósito de destruir a mis soldados de las actividades sensoriales. Ellos son Yuyudhana (la Devoción Divina), Virata (el Éxtasis o *Samadhi*), Drupada (el Desapasionamiento Extremo), Dhrishtaketu (el Poder de Resistencia Mental), Chekitana (la Memoria de lo Espiritual), Kashiraja[20] (la Inteligencia Discernidora), Purujit (la Interiorización de la Mente), Kuntibhoja (la Postura Correcta), Shaibya (el Poder de Adhesión Mental), Yudhamanyu (el Control de la Fuerza Vital), Uttamaujas (el Celibato Vital), el hijo de Subhadra, es decir, Abhimanyu (el Autodominio) y los hijos de Draupadi (las manifestaciones características de cada uno de los cinco centros espinales que han despertado)».

Las estrofas anteriores —cuarta, quinta y sexta— se han agrupado porque su significado está interrelacionado. En ellas se describe a los soldados metafísicos del alma que despiertan por medio de la meditación con el objeto de prepararse para la batalla espiritual interna de estas fuerzas de la realización del Ser contra las de los innatos hábitos sensoriales de la identificación corporal: una contienda en que las fuerzas espirituales deben lograr la victoria para que el alma, en el trono

---

[19] *Mahāratha,* «gran guerrero de carros de combate» (*mahā,* de *mahat,* «grande, señorial, majestuoso»; *ratha,* «carro, guerrero»), alude a aquel que es diestro en la ciencia de la milicia, tiene a su mando miles de hombres y es capaz de luchar, sin ayuda, contra diez mil arqueros a la vez.

[20] Rey de Kashi. Se ha empleado un título en lugar de su nombre propio.

de su palacio cerebral, pueda reinar con su divina corte de cualidades intuitivas.

El alma comienza esta batalla metafísica suprema después de vencer la lucha moral entre los buenos y malos pensamientos y acciones, y ganar la inicial guerra psicológica interior, que tiene lugar en las primeras etapas de la búsqueda espiritual, entre la atracción de la mente sensorial hacia la inquietud física y mental propia de la conciencia corporal, por un lado, y la atracción que ejercen las fuerzas discernidoras internas del alma hacia la calma y la concentración en Dios, por otro lado. Las batallas moral y psicológica entre las inclinaciones de la mente sensorial en contra de las cualidades discernidoras del alma se libran con la ayuda de los hábitos y de las fuerzas ocultas de las tendencias internas *(samskaras)* resultantes de las buenas o malas acciones del pasado. La batalla metafísica está relacionada con los conflictos aún más profundos que se desencadenan entre las fuerzas internas cuando el yogui ha comenzado a experimentar en la meditación los frutos de su *sadhana* o prácticas espirituales.

COMENTARIO AMPLIADO: LAS FUERZAS SIMBÓLICAS DE LAS CUALIDADES DEL ALMA

EXISTE UN CONCEPTO POPULAR equivocado acerca de que la práctica del yoga sólo está reservada para los místicos consumados y que esta ciencia se encuentra incluso más allá de la comprensión del hombre común y corriente. Sin embargo, el yoga es una ciencia que abarca la creación entera. El ser humano, así como también cada átomo del universo, es la manifestación del funcionamiento de esta ciencia divina. La práctica del yoga se basa en un conjunto de disciplinas por medio de las cuales se desarrolla paulatinamente una comprensión de esta ciencia a través de la experiencia personal y directa de Dios, que es la Causa Suprema.

El científico materialista comienza por los efectos observables en la materia y procura inferir en sentido retrospectivo hasta llegar a una causa. El yoga, por el contrario, describe la Causa y cómo ésta se desarrolló hasta convertirse en el fenómeno de la materia, y muestra cómo seguir ese proceso *en sentido inverso* con el fin de experimentar la verdadera naturaleza espiritual del universo y del hombre.

Para comprender el significado e importancia de las estrofas 4, 5 y 6 del *Guita,* que describen a los soldados metafísicos del alma (y las siguientes estrofas, que describen a los soldados de la conciencia corporal que se oponen a los primeros), es preciso tener presentes ciertos conceptos básicos de la ciencia del yoga.

LA FISIOLOGÍA DEL YOGA EN RELACIÓN CON LOS CUERPOS ASTRAL Y CAUSAL

EN REALIDAD, EL MUNDO físico no es más que materia inerte. La vida y la animación inherentes a todo cuanto existe, desde el átomo hasta el ser humano, proceden de las sutiles fuerzas del mundo astral. Éstas, a su vez, se han desarrollado a partir de fuerzas aún más sutiles existentes en la creación causal o ideacional: los vibratorios pensamientos creativos que emanan de la conciencia de Dios. El hombre —el microcosmos— es, en todos los aspectos, un epítome del macrocosmos. Su cuerpo físico está constituido de materia densa; su energía vital y su capacidad para percibir por medio de los sentidos y de conocer a través de la conciencia dependen de los poderes y fuerzas sutiles de sus cuerpos astral y causal (los cuales son instrumentos del alma, o sea, la conciencia individualizada de Dios que mora en ellos)[21].

---

[21] La ciencia que estudia lo material aún no ha identificado el papel de las sutiles fuerzas astrales y causales de la conciencia en el funcionamiento de la percepción sensorial del hombre. Un informe de la revista *Discover,* publicado en junio de 1993, en que se resumían las más recientes investigaciones en materia de percepción sensorial, señalaba lo siguiente: «Aun siendo nuestros sentidos tan fundamentales, muchos de sus secretos todavía no se han rendido a la investigación científica». Por ejemplo, «El sentido del tacto, y el mundo físico que por medio de este sentido adquiere existencia, tiene mucho mayor relación con lo que ocurre en nuestra cabeza que con lo que sucede en la punta de nuestros dedos».

En su libro *La revolución del cerebro* (Heptada, Madrid, 1991), Marilyn Ferguson escribe: «Mediante miles de millones de transacciones en el cerebro, percibimos; nuestros sentidos seleccionan los estímulos, las estructuras cerebrales interpretan los datos, pero no hay ningún modelo último de la realidad ahí afuera frente al que nuestras percepciones puedan ser consideradas como verdaderas o falsas. [...] Una rosa es solamente una rosa porque el hombre la ve como tal; sin él no sería más que un patrón de vórtices energéticos».

«Los sentidos realizan de manera rutinaria dos milagros», dice el Dr. Robert Ornstein, en *La psicología de la conciencia* (Edaf, Madrid, 1993). El primero, explica él, es la transformación que se lleva a cabo en el cerebro, en la cual las diversas formas de energía física procedentes del mundo externo —la luz, el sonido, las vibraciones de las moléculas químicas— se convierten en señales eléctricas en el cerebro. «Este proceso se llama *transducción* —escribe él—. El ojo transduce luz, el oído transduce ondas de sonido, la nariz transduce moléculas gaseosas». El segundo «milagro» es aún más sorprendente: «Los millares de millones de explosiones eléctricas y de secreciones químicas de la "excitación

Las fuerzas del cuerpo astral crean y sostienen en forma directa el cuerpo físico. El cuerpo y los poderes astrales están constituidos principalmente por corriente vital o *prana.* La corriente vital es una combinación de conciencia y electrones, a la que he denominado «vitatrones». La diferencia entre los vitatrones y los electrones reside en que los primeros son inteligentes, y los segundos, mecánicos. La electricidad que hace brillar una bombilla no puede crear otra bombilla. Sólo existe una relación mecánica entre la bombilla y la electricidad que la enciende. En cambio, la corriente vital presente en el cigoto que resulta de la unión del espermatozoide y el óvulo hace que esa célula primaria se desarrolle hasta formar el embrión que luego se transformará en un ser humano adulto. La energía vital creativa del cuerpo astral desciende al cuerpo físico a través de siete centros sutiles situados en la columna vertebral y el cerebro, y permanece concentrada en dichos centros, a través de los cuales se manifiesta hacia el exterior. Dentro de los primeros días posteriores a la concepción se puede distinguir en el embrión un «surco neural». A partir de esa primera fase de su evolución, se crean la espina dorsal, el cerebro y el sistema nervioso, y a partir de la formación de éstos se desarrolla el resto del organismo humano, todo ello por acción de las fuerzas del cuerpo astral.

Así como el cuerpo físico tiene un cerebro, una médula espinal con pares de nervios que forman los plexos en las regiones cervical, dorsal, lumbar, sacra y coccígea, además de un sistema nervioso periférico con numerosas ramificaciones, de igual modo el cuerpo astral posee un cerebro astral de mil rayos (el loto de mil pétalos), una columna astral con centros sutiles de luz y energía, así como un sistema nervioso astral, cuyas miríadas de conductos luminosos reciben el nombre de *nadis.* La fisiología del cuerpo astral es la que anima la fisiología del cuerpo físico. El cuerpo astral es la fuente de los poderes e instrumentos de los cinco sentidos de percepción y de los cinco de acción. El sistema nervioso astral canaliza el flujo de energía vital o *prana* en sus cinco

---

neurológica" se convierten en árboles y pasteles, peces plateados y risas —el mundo consciente de la experiencia humana.

»Estos dos milagros ocurren en cada momento de nuestras vidas, y son tan continuos y rutinarios que normalmente no somos conscientes de ellos. Estamos en camino de comprender cómo funciona el primer milagro, pero todo el mundo científico permanece completamente desconcertado por el segundo».

El físico australiano Raynor Johnson lo expresó de esta manera: «Las catedrales y las prímulas, las obras de arte y las estructuras de acero, ¡qué mundo ha construido la mente a partir de las tormentas eléctricas que se generan en unos cuantos centímetros cúbicos de materia gris!». *(Nota del editor).*

formas diferentes, que en el cuerpo físico se manifiestan como cristalización, circulación, asimilación, actividad metabólica y eliminación. La principal columna astral de luz, *sushumna,* contiene dentro otras dos columnas luminosas. El *sushumna* o cubierta externa de luz controla la función material de los vitatrones astrales (aquellos asociados con todas las funciones que llevan a cabo los siete centros espinales astrales con sus cinco elementos creativos vibratorios —tierra, agua, fuego, aire y éter—), los cuales crean y sostienen el cuerpo físico[22]. El *sushumna* se extiende desde el *chakra muladhara* o centro coccígeo hasta el cerebro. Como complemento del *sushumna* existen dos *nadis* astrales, uno a cada lado de éste (a la izquierda, *ida;* a la derecha, *pingala*). Estos dos *nadis,* que se destacan dentro de un total de 72.000, constituyen los canales primarios del sistema nervioso simpático astral (que a su vez controla el correspondiente sistema nervioso simpático en el denso cuerpo físico)[23].

Dentro del *sushumna* se encuentra la segunda columna astral

---

[22] Véase XIII:1 (volumen II), donde se encontrarán detalles acerca de cómo el cuerpo físico es creado y animado por la acción de las tres *gunas (tamas, rajas, sattva)* sobre los cinco elementos.

[23] Puesto que la anatomía del denso cuerpo físico es una exteriorización de las fuerzas astrales (que son más refinadas), sigue en líneas generales el patrón de la forma vitatrónica astral. La médula espinal física y las cadenas de ganglios del sistema nervioso simpático que corren a lo largo de la columna vertebral coinciden, respectivamente, con el *sushumna* astral y los *nadis* denominados *ida* y *pingala,* situados a la izquierda y a la derecha del *sushumna.* Así como *sushumna* es la cubierta externa de los dos canales astrales espinales más sutiles *(vajra* y *chitra)* y de la «columna» causal de conciencia *(brahmanadi)* —que se describe en el comentario de esta estrofa—, así también la médula espinal física está constituida por cuatro capas concéntricas protegidas por las vértebras:

1) La capa exterior es un estrecho espacio capilar lleno de linfa y envuelta en su parte externa por una resistente membrana, la duramadre; 2) una capa de tejido esponjoso lleno de fluido cerebroespinal, que se halla cubierta por una delicada membrana, la aracnoides; 3) la materia gris y blanca, que está rodeada por una membrana vascular denominada piamadre y que contiene el sistema de los nervios aferentes y eferentes, los cuales conectan el cerebro con los músculos, los sentidos y los órganos vitales a través de los nervios periféricos; y 4) un canal central extremadamente delgado en medio de la materia gris.

Los ojos del cuerpo físico, a través de los cuales se percibe el mundo de la dualidad, siguen el modelo de las tres partes de que consta el ojo espiritual astral: el halo dorado del ojo astral que rodea una esfera de luz azul, en cuyo centro se encuentra una luz brillante en forma de estrella de cinco puntas, se reproduce en los ojos físicos, en el blanco del ojo (esclerótica), el iris y la pupila, respectivamente.

El cuerpo físico en su conjunto, cuando adopta una posición en que los brazos están extendidos hacia los costados y los pies separados, se asemeja a una estrella de cinco puntas, y de este modo simboliza los cinco rayos estelares que se ven en el ojo espiritual, los cuales proyectan los cinco elementos vibratorios que crean el cuerpo físico: tierra,

(vajra), que provee los poderes de expansión, contracción y todas las actividades relacionadas con el movimiento del cuerpo astral. La columna *vajra* se extiende hacia arriba desde el *chakra svadhishthana* o centro sacro. Dentro de *vajra* se oculta la columna astral *chitra,* que controla las actividades espirituales (aquellas relacionadas con la conciencia). Las actividades de estos tres ejes espinales astrales son controladas principalmente por el cerebro astral o *sahasrara* de mil rayos. Del loto de luz de mil pétalos emanan rayos específicos de energía vital e inteligencia que se reflejan directamente en los diferentes centros espinales astrales, dotando a cada uno de ellos de su conciencia y actividades características, del mismo modo en que las diversas partes del cerebro están conectadas con nervios y centros nerviosos específicos situados en los diferentes plexos espinales físicos.

La estructura de las columnas astral y causal

Así como el cuerpo físico está compuesto principalmente de carne y el cuerpo astral de *prana* —luz inteligente o vitatrones—, de manera semejante el cuerpo causal está compuesto específicamente de conciencia —ideas— a las que he denominado «ideatrones». La presencia de las fuerzas del cuerpo causal que se hallan en el fondo de los cuerpos astral y físico es lo que ocasiona y sostiene su existencia misma, haciendo del hombre un ser consciente y sensible. El cuerpo causal posee un cerebro espiritual constituido de sabiduría y un eje espinal espiritual denominado *brahmanadi.* A diferencia de la triple columna astral, la *brahmanadi* no posee una cubierta de luz, sino que está hecha de una poderosa corriente de conciencia. Por lo general, la columna *brahmanadi* se describe como «lo que está dentro», o lo que constituye *el* interior, de la columna astral *chitra.* Esto es a la vez cierto e inexacto. Puesto que *brahmanadi* es la «columna» del cuerpo causal, que está formada de vibraciones de pensamiento o conciencia, sólo en términos relativos puede describirse como algo que está «dentro» o revestido de las tres columnas astrales, que a su vez están envueltas por la columna vertebral del cuerpo físico. Las «formas» de los tres cuerpos y sus «columnas» se refieren más bien a una cuestión de grados de densidad que se superponen uno sobre el otro, en que el más sutil queda envuelto

---

agua, fuego, aire y éter (la cabeza representa el elemento más refinado, el éter; los dos brazos, el aire y el fuego; y los dos pies, los elementos más densos, el agua y la tierra).

Toda la creación física, tan imponente para la mente humana y tan enigmática para las inquisitivas investigaciones de la ciencia, sólo provee insondables indicios de las maravillas inherentes al ser —ideogramas del Artífice Cósmico que sólo las mentes iluminadas pueden descifrar.

por el más denso, pero no lo obstaculiza. Los instrumentos físico, astral y causal del alma existen y funcionan como un todo integrado que resulta de la interacción de diversas fuerzas de variada densidad y sutileza.

Dentro del «canal» cerebroespinal causal o *brahmanadi,* existen siete centros espirituales de conciencia, correspondientes a los centros sutiles de luz y energía del cuerpo astral. Los cuerpos físico, astral y causal están interconectados en estos centros, uniendo los tres cuerpos para que funcionen en conjunto: un vehículo físico, animado por vida astral, dotado de conciencia causal, que le proporciona el poder para conocer, pensar, ejercer la voluntad y sentir.

El cerebro causal es un receptáculo de conciencia cósmica —la siempre existente, siempre consciente y eternamente renovada dicha del Espíritu— y de su expresión individualizada: el alma. A medida que esa conciencia desciende a través de los centros causales cerebroespinales, se manifiesta como sabiduría en el cerebro causal; como intuición en la médula causal; como calma en el centro cervical causal; como la conciencia que subyace al poder de la fuerza vital en el centro dorsal causal; como la conciencia o poder de autocontrol en el centro lumbar causal; como el poder de adhesión en el centro sacro causal; y como el poder activo de resistencia en el centro coccígeo causal. Estas manifestaciones de la conciencia cósmica del alma que descienden a través de los centros cerebroespinales causales envían sabiduría, por acción de la voluntad, a las «células» del sinfín de pensamientos que constituyen el cuerpo causal.

A medida que esta conciencia fluye hacia el exterior desde el cuerpo causal al cuerpo astral y luego al cuerpo físico, atraída por el magnetismo del apego sensorial a la materia, la refinada expresión de la conciencia cósmica primordial se torna cada vez más densa y sujeta al engaño, y va perdiendo su verdadera naturaleza, que es el Espíritu. La sabiduría o inteligencia pura de la bienaventuranza deviene en discernimiento. El discernimiento distorsionado por las limitaciones inherentes a las impresiones sensoriales se transforma en la mente ciega guiada por los caprichos. Al expresarse de modo aún más burdo, la mente se convierte en vida desprovista del poder del conocimiento; la vida se vuelve materia inerte.

En el yoga, estas etapas de expresión reciben el nombre de *koshas* o capas. Toda la creación se encuentra envuelta en uno o más de los cinco *koshas.* Estos *koshas* actúan como pantallas del engaño, cada uno de los cuales —en orden descendente— oculta en grado mayor la verdadera Causa y Esencia de toda la creación: Dios. Los cinco *koshas* son: *anandamaya kosha* o capa de la bienaventuranza; *guianamaya kosha,* la capa del intelecto o discernimiento; *manomaya kosha,* la capa de la mente, *manas; pranamaya kosha,* la capa de la energía vital o *prana;* y *annamaya kosha,* la densa materia. La capa de la bienaventuranza es aquella que cubre y origina el mundo causal y el cuerpo causal del hombre. Las siguientes tres capas o envolturas —intelecto, mente y energía vital— son las que cubren el universo astral y el cuerpo astral del hombre. La capa de la materia se manifiesta como el universo físico y el cuerpo físico del hombre.

❖
Los koshas, *etapas de evolución de la creación y del hombre*
❖

En orden ascendente, desde la materia al Espíritu, las cinco etapas evolutivas naturales de la vida son el resultado de estas cinco capas. Cuando estas capas se retiran, una tras otra, se manifiesta en forma correspondiente una expresión cada vez más elevada de la vida.

Los inertes minerales están envueltos en las cinco capas. Al retirar la capa material, *annamaya kosha,* se revela la capa de la energía vital, *pranamaya kosha,* y la manifestación que resulta es la vida de las plantas. Cuando se retira *pranamaya kosha* y se manifiesta la capa de la mente, *manomaya kosha,* se expresa el reino animal. (Los animales poseen percepción y conciencia, mas no la facultad intelectual mediante la cual se discierne entre lo correcto y lo incorrecto). Cuando *manomaya kosha* se retira y se revela la capa del discernimiento, *guianamaya kosha,* aparece la manifestación del intelecto —el hombre—, que posee la capacidad de pensar, razonar y guiar sus acciones por medio del discernimiento y el libre albedrío. Cuando el hombre emplea de manera correcta su poder de discernimiento, *guianamaya kosha* finalmente se retira y se revela *anandamaya kosha,* la capa de la bienaventuranza. Éste es el estado del hombre divino, a quien sólo separa de Dios un tenue velo de individualidad[24].

---

[24] «En última instancia —declaró el célebre genetista británico J. B. S. Haldane—, el universo no puede ser otra cosa que la manifestación de Dios, la cual se halla en constante evolución».

Recientes descubrimientos en muchas ramas de la investigación están haciendo desaparecer gradualmente la opinión científica que sostuvo por largo tiempo que la evolución ascendente de la vida y la inteligencia que llevó a la aparición de los seres humanos fue un proceso fortuito. La existencia misma de la materia viva está llevando a numerosos científicos a reconocer la presencia de un plan inherente a la creación. «Un análisis meticuloso sugiere que es muy remota la posibilidad de que una molécula viviente —aunque se trate de una molécula no demasiado imponente— se forme de manera azarosa», informó la

Puesto que el hombre es un microcosmos del universo, posee dentro de sí las cinco capas: materia, energía vital, mente, intelecto y bienaventuranza. Sólo él, de entre todas las formas de la creación, tiene la capacidad de retirar todas estas envolturas para liberar su alma y unirla a Dios. Tal como se describe en el *Bhagavad Guita* y se explica en las presentes estrofas, el yoga es el método que permite alcanzar la liberación. Por medio de la práctica correcta de la meditación, el yogui

---

revista *Time* en su edición del 28 de diciembre de 1992. Y en un artículo publicado en *Newsweek* el 19 de julio de 1993 se planteaba la siguiente pregunta: «¿Cómo cobraron vida las volutas de gas y las partículas de arcilla? [...] Dondequiera que los ingredientes de la vida se hayan desarrollado por vez primera, el hecho de que se hayan combinado para crear algo enteramente vivo todavía parece extremadamente improbable. El astrónomo británico Fred Hoyle [fundador del Instituto de Astronomía Teórica de la Universidad de Cambridge] dijo en una ocasión que este hecho es tan improbable como lograr ensamblar un Boeing 747 lanzando los remolinos de un tornado sobre un depósito de chatarra».

«Una observación fascinante que surge de la física —señala el artículo de *Time*— es que el universo parece estar diseñado para la existencia de la vida. Si la fuerza de gravedad fuese ligeramente superior, las estrellas se consumirían con mayor velocidad, dejando poco tiempo para que la vida evolucionase en los planetas que las rodean. Si la masa relativa de los protones y neutrones se modificase mínimamente, las estrellas podrían no haberse creado, puesto que no existiría el hidrógeno del que se alimentan. Si algunas cifras fundamentales del Big Bang —las "condiciones iniciales"— se hubiesen modificado, la materia y la energía jamás se habrían cohesionado para formar galaxias, estrellas y planetas o cualquier otro entorno lo suficientemente estable como para sustentar la vida tal como la conocemos.

»Algo muy poco publicitado es el hecho de que muchos —tal vez la mayoría— de los biólogos evolutivos creen en la actualidad que es muy probable que el proceso de evolución pudo crear, al concedérsele tiempo suficiente, una especie dotada de nuestra característica esencial: una inteligencia tan grande que es consciente de sí misma y comienza a preguntarse cómo funcionan las cosas. De hecho, muchos biólogos creen desde hace mucho tiempo que [dada la estructura fundamental del universo] el advenimiento de vida altamente inteligente era poco menos que inevitable».

En el libro *El inmenso viaje* (Sudamericana, Buenos Aires, 1965), el biólogo Loren Eiseley hace un comentario acerca de los procesos evolutivos supuestamente ciegos de «selección natural» y «supervivencia del más apto» que dieron forma a las complejas criaturas vivientes a partir de las materias primas existentes en la tierra: «Los hombres hablan mucho de materia y energía, de la lucha por la existencia que moldea la forma de la vida. Esas cosas existen, es verdad; pero más delicado, escurridizo y rápido que las aletas en el agua es ese misterioso principio llamado *organización*. Comparados con él, todos los otros misterios de la vida resultan insignificantes y desabridos. Porque es obvio que sin organización la vida no persiste. Sin embargo esta organización, en sí misma, no es estrictamente el producto de la vida, ni de la selección. Como una oscura y fugitiva sombra presa en la materia, curva las ventanitas de los ojos o espacia [...] las notas del canto de una alondra. [...] Si la materia "muerta" ha producido este curioso paisaje de grillos violinistas, jilgueros cantores y hombres inquisitivos, debería ser evidente, aun para el más obstinado materialista, que la materia de que habla contiene potencias asombrosas, si no aterradoras, y que no es imposible que sea, como sugirió Hardy, "apenas una de las máscaras de las muchas que usa el Gran Rostro que está detrás"». *(Nota del editor).*

experto «retira», a través de *pranayama* —el control de la fuerza vital—, la capa de energía vital *(pranamaya kosha).* Descubre que su energía vital es el eslabón que conecta la materia y el Espíritu. Cuando logra el dominio de la fuerza vital, percibe que la verdadera naturaleza de la materia *(annamaya kosha)* es únicamente una ilusoria objetivación del Espíritu. Y a medida que la energía vital que fluye hacia el interior desconecta la conciencia de su identificación con la limitada mente sensorial *(manomaya kosha),* dicha capa se retira para que las cualidades discernidoras de la capa del intelecto o *buddhi (guianamaya kosha)* predominen en su vida y en su meditación. El cultivo de las cualidades discernidoras a través de las acciones espirituales apropiadas y la meditación yóguica le capacita finalmente para retirar la capa del intelecto, a fin de revelar la sutil envoltura de la bienaventuranza *(anandamaya kosha),* la cual constituye el cuerpo causal que cubre su alma y está dotada de la facultad de la pura y omnisciente sabiduría e intuición. Al abrir la envoltura de la bienaventuranza, por medio de una meditación más profunda, el yogui funde su alma en la gozosa unidad con Dios.

LOS PRINCIPALES PODERES DE DISCERNIMIENTO DEL ALMA

COMO YA SE HA EXPLICADO en el comentario de la primera estrofa, el devoto puede tener en la meditación experiencias que le aporten cierto grado de iluminación e incluso alcanzar la bienaventuranza del *samadhi,* pero, aun así, se percata de que no es capaz de conservar esa conciencia en forma permanente, ya que es arrastrado de nuevo a la conciencia corporal por los *samskaras* o impresiones que provienen de los hábitos y deseos del pasado que todavía permanecen en su conciencia. Éste es, pues, el estado del yogui cuando se apresta a librar la batalla metafísica. Los poderes del discernimiento puro —de los cuales los principales están representados simbólicamente por los cinco hijos de Pandu, de origen divino— han despertado dentro del yogui y están preparados para reclamar el reino corporal del alma.

En la analogía del *Guita,* los cinco Pandavas son las principales figuras heroicas del poema y los que controlan los ejércitos de energía *(prana)* y conciencia de los cinco centros sutiles ubicados en la espina dorsal. Ellos representan las cualidades y poderes adquiridos por el devoto cuya meditación profunda se encuentra en sintonía con los centros astrales y causales de vida y conciencia divina.

En orden ascendente, el significado de los cinco Pandavas es el siguiente:

SAHADEVA: la Moderación, la capacidad de permanecer alejados del mal (*Dama,* el poder activo de resistencia, la tenacidad, que permite controlar los inquietos órganos externos de los sentidos); y el elemento vibratorio «tierra» del centro coccígeo o *chakra muladhara.*

NAKULA: la Observancia, la capacidad de obedecer las leyes del bien (*Sama,* el poder positivo o de absorción, la atención, que permite controlar las tendencias mentales); y el elemento vibratorio «agua» del centro sacro o *chakra svadhishthana.*

ARJUNA: el Autocontrol; y el elemento vibratorio «fuego» del centro lumbar. Este centro, el *chakra manipura,* confiere el poder ígneo de la fortaleza corporal y mental para luchar contra la abrumadora embestida de los soldados sensoriales. Es el que refuerza los buenos hábitos y acciones; el entrenador de los hábitos. Mantiene el cuerpo erguido, produce la purificación del cuerpo y de la mente y posibilita la meditación profunda.

Cuando consideramos su función dual, entendemos, además, las razones por las cuales este centro representa alegóricamente a Arjuna, el más diestro de los integrantes del ejército pandava. Se trata del pivote o punto de inflexión en la vida del devoto entre el denso materialismo y las más refinadas cualidades espirituales. Desde el centro lumbar hasta los centros sacro y coccígeo, la vida y la conciencia fluyen hacia abajo y hacia fuera, en dirección a la conciencia corporal materialista, que está ligada a los sentidos. Durante la meditación, en cambio, cuando el devoto ayuda a que la vida y la conciencia sean atraídas hacia la fuerza magnética del centro superior o dorsal[25], el poder de este ardiente centro lumbar se disocia de las preocupaciones materiales y apoya el trabajo espiritual del devoto que se lleva a cabo mediante los poderes de los centros superiores.

La conciencia del devoto que ha alcanzado una gran profundidad en la meditación, y ha dejado atrás la conciencia física y los estados primarios del cautiverio astral del alma, descubre en la columna astral más interna *(chitra),* en el centro lumbar o *chakra manipura,* la abertura que conecta el cuerpo astral con el más tenue revestimiento del alma,

---

[25] Véase I:21-22, donde se hace referencia al magnetismo que existe entre los centros coccígeo y dorsal y el centro del ojo espiritual.

el cuerpo causal. Ésta es la abertura común de *brahmanadi* o columna causal con sus centros de conciencia divina, que conduce hacia *chitra, vajra* y *sushumna.* Al invertirse en la meditación profunda el flujo de la energía vital y la conciencia y dirigirse hacia el interior, en ese punto el devoto se sumerge en la corriente de *brahmanadi* y se introduce en el refinado reino causal del alma, el último revestimiento que el yogui debe atravesar antes de poder finalmente ascender, por medio de la meditación aún más profunda, a través de *brahmanadi,* hacia el Espíritu.

Cuando Arjuna, la capacidad de autocontrol del centro lumbar, aviva el fuego de la meditación y de la paciencia y determinación espirituales, impulsa hacia arriba la vida y la conciencia que estaban fluyendo en dirección descendente y hacia fuera a través de los centros lumbar, sacro y coccígeo. De este modo, le brinda al yogui que medita la fortaleza mental y física necesaria para seguir adelante en el camino de la meditación profunda que conduce a la realización del Ser. Sin este fuego y este autocontrol, no es posible el progreso espiritual. Así pues, en forma más literal, Arjuna también representa al devoto dotado de autocontrol, paciencia y determinación en cuyo interior se desarrolla la batalla de Kurukshetra. Es el principal devoto y discípulo del Señor, Bhagavan Krishna, que en el diálogo del *Guita* le muestra a Arjuna el camino hacia la victoria.

Los dos Pandavas restantes son:

BHIMA: el Poder de la Vitalidad, la fuerza vital *(prana)* que se encuentra bajo el control del alma; y el elemento vibratorio creativo «aire» (o *prana*) del centro dorsal o *chakra anahata.* La fuerza de este centro ayuda al devoto en la práctica de las técnicas apropiadas de *pranayama* para calmar la respiración y controlar la acometida de la mente y de los sentidos. Se trata del poder por medio del cual se aquietan los órganos internos y externos y se termina con la invasión de todas las pasiones (como la lujuria, la codicia o la ira). Es el poder que elimina las enfermedades y las dudas. Es el centro del amor divino y de la creatividad espiritual.

YUDHISTHIRA: la Calma Divina; y el elemento vibratorio creativo «éter» del centro cervical o *chakra vishuddha.* Con buen criterio, se describe a Yudhisthira, el mayor de los cinco hijos de Pandu (*buddhi,* el intelecto puro), como el rey de todas las facultades discernidoras, ya que la calma es el principal factor necesario para que pueda expresarse el discernimiento correcto. Cualquier cosa que agite las olas de la conciencia, ya sea de orden sensual o emocional, provocará una distorsión en aquello que se percibe. La calma, en cambio, brinda claridad de percepción: es la intuición misma. Así como el ubicuo éter permanece inalterado, pese al violento tumulto de las fuerzas de la Naturaleza que se abaten sobre él, así la facultad de discernimiento representada por Yudhisthira es esa calma inmutable que discierne todo sin distorsión alguna. Se trata de la facultad que posibilita planificar la estrategia para derrocar las pasiones enemigas. Es la capacidad de atención, de concentrarse ininterrumpidamente en el objeto correcto. Controla el lapso durante el cual se mantiene la atención, así como la agudeza de ésta. Es la capacidad para inferir los efectos de las acciones equivocadas, y la capacidad para asimilar, a través de la calma, aquello que es bueno. Es el poder que permite comparar entre el bien y el mal. Representa el sentido común para percibir la virtud de apoyar a los amigos y destruir a los enemigos (por ejemplo, los relativos a los sentidos y a los hábitos). Es la facultad de la imaginación intuitiva, la capacidad de imaginar o visualizar una verdad hasta que ésta se manifiesta claramente[26].

El principal consejero y defensor de los Pandavas es el Señor mismo, que, encarnado en la forma de Krishna, representa el Espíritu, el alma o la intuición que se manifiesta en los estados de supraconciencia en el bulbo raquídeo, conciencia crística o *Kutastha* en el centro crístico y conciencia cósmica en el loto de mil pétalos; también representa al gurú que instruye al devoto Arjuna, su discípulo. En el interior del devoto, el Señor Krishna es, pues, la Divina Inteligencia rectora que le habla al ser inferior, perdido en los enredos de la conciencia sensorial. Esta Inteligencia Superior es el maestro e instructor, en tanto que el intelecto de la mente inferior es el discípulo. La Inteligencia Superior aconseja al viciado ser inferior el modo de elevarse a sí mismo, en

[26] Investigaciones científicas recientes acerca del poder de visualización de la mente —por medio del cual el ser humano puede concretar aquello que visualiza— han confirmado que las personas pueden aprender a controlar su capacidad de crear y trabajar con imágenes mentales vívidas con el objeto de lograr el bienestar físico, mental, emocional y espiritual. En un estudio realizado a lo largo de siete años, la Dra. Suki Rappaport observó a veinticinco personas que habían logrado extraordinarias transformaciones físicas —por ejemplo, habían superado defectos de nacimiento, se habían recuperado de enfermedades «incurables» o habían recobrado la movilidad después de haber sufrido accidentes que las habían dejado gravemente paralizadas—. La Dra. Rappaport manifestó lo siguiente: «Todas ellas me dijeron lo mismo: habían tenido en su mente una imagen de quién y de qué querían ser. Y literalmente transformaron su cuerpo físico en esa forma imaginada». *(Nota del editor).*

armonía con las verdades eternas y en cumplimiento del deber intrínseco que Dios le ha encomendado.

LA CORRELACIÓN ENTRE EL YOGA DE PATANJALI Y LA BATALLA ALEGÓRICA DEL *GUITA*

LA DESCRIPCIÓN DE LOS CENTROS cerebroespinales sutiles y sus intrincadas funciones relacionadas con la energía vital y la conciencia en dichos centros ha constituido un desafío para las mentes de los estudiosos a lo largo de muchas generaciones. Se han escrito abrumadores volúmenes, en los que incluso los intelectos más agudos se han extraviado deambulando por laberintos que ellos mismos han creado. Los incontables miles de *nadis* (los nervios astrales conductores del *prana*), las fuerzas electromagnéticas de los cuerpos astral y causal, así como su interacción con la conciencia, todos se ocupan de hacer funcionar las actividades atómicas, celulares y químicas y los estados de conciencia del denso cuerpo físico y la mente. Pero, puesto que pertenecen a otra dimensión, rebasan los recursos del lenguaje humano y no se ajustan cómodamente a los limitados confines de un entorno tridimensional. No obstante, en cada época y lugar han existido seres que, aun sin poseer una comprensión intelectual y practicando los fundamentos de la auténtica religión, han arribado a una percepción intuitiva de la verdadera naturaleza del hombre y del universo en que vive, así como de la Divina Causa de la que ambos provienen. El voluminoso *Mahabharata,* del divino vidente Vyasa, no es sólo un relato histórico sino una alegoría completa sobre la ciencia de la creación y la naturaleza del Creador. El *Bhagavad Guita,* que es una pequeña porción de la épica del *Mahabharata,* constituye la esencia de esa ciencia del yoga. Establece los aspectos fundamentales de la religión verdadera a través de cuya práctica se alcanza la unidad con Dios.

Patanjali, el gran sabio de la India, cuya ubicación cronológica es tema de conjetura por parte de los eruditos[27], entendió que el *Bhagavad Guita* era el «Canto Celestial» por medio del cual el Señor expresaba el

[27] «La fecha biográfica de Patanjali es desconocida, aun cuando algunos eruditos lo colocan en el siglo segundo antes de Cristo. Los *rishis* dejaron tratados sobre numerosas materias con tal penetración intuitiva que las edades se han visto impotentes para llegar a considerarlas anticuadas; sin embargo, con la consecuente consternación de los historiadores, los sabios no hicieron esfuerzo alguno por incluir sus datos personales, o las fechas, en sus propias obras literarias. Ellos sabían que sus vidas eran sólo temporalmente importantes, como chispazos del Infinito, y que la verdad no tiene tiempo ni marca, ni es propiedad particular de nadie» *(Autobiografía de un yogui).*

anhelo de unir el alma de sus hijos ignorantes y errabundos con su propio Espíritu. Este objetivo debía lograrse científicamente a través de leyes físicas, mentales y espirituales. Patanjali expuso esta ciencia espiritual, con términos metafísicos precisos, en sus célebres *Yoga Sutras*. Su intención era llegar al corazón mismo del yoga, cuya aplicación provee los medios para que el devoto experimente la unión con Dios y conozca, desde esa ventajosa posición y a través de la realización intuitiva del Ser, el intrincado fenómeno de la creación manifestada. En tanto que el *Guita* describe en forma alegórica el proceso para unificarse a Dios, Patanjali se refiere al método científico por medio del cual se alcanza la unión del alma con el Espíritu indiferenciado, y lo hace de un modo tan bello, claro y conciso que las sucesivas generaciones de estudiosos lo han reconocido como el máximo exponente del yoga.

❖
El propósito del Guita *se esclarece al establecer su correlación con el yoga*
❖

El propósito del *Guita* resulta evidente de inmediato cuando vemos de qué modo se relaciona cada uno de los guerreros mencionados entre las estrofas 4 y 8 con la práctica del yoga tal como fue descrita por Patanjali en sus *Yoga Sutras*. Esta correlación se halla en el sentido metafórico de los diversos guerreros metafísicos, el cual se encuentra implícito en el significado que se deriva de sus nombres o de la raíz sánscrita incluida en ellos, o de la relevancia que tienen estos guerreros en el poema épico *Mahabharata*.

En las estrofas 4, 5 y 6, el rey Deseo (Duryodhana) comunica a su preceptor, el Hábito del Pasado (Drona), que los soldados espirituales de los centros cerebroespinales se han alineado en formación de combate. Estos soldados metafísicos, que se han reunido para apoyar la causa de los cinco Pandavas, son los efectos espirituales engendrados como consecuencia de la práctica del yoga por parte del devoto. Ellos, junto con los cinco Pandavas principales, vienen en auxilio del yogui para ayudarle en su lucha contra los perversos soldados de la mente sensorial.

Duryodhana identifica a estos guerreros como Yuyudhana, Virata, Drupada, Dhrishtaketu, Chekitana, el rey de Kashi (Kashiraja), Purujit, Kuntibhoja, Shaibya, Yudhamanyu, Uttamaujas, el hijo de Subhadra (Abhimanyu) y los cinco hijos de Draupadi. Su significado metafórico se explicará siguiendo el orden de categorías adoptado por Patanjali.

Patanjali inicia sus *Yoga Sutras* con la siguiente definición del yoga: «La neutralización de las fluctuaciones alternantes de la conciencia» (*chitta vritti nirodha* —I:2—). Esto puede traducirse también como «la cesación de las modificaciones de la sustancia mental». En *Autobiografía de un yogui* brindo la siguiente explicación: «*Chitta* es un término amplio usado para designar el principio del pensamiento, que incluye las energías pránicas vitales, *manas* (mente o conciencia de los sentidos), *ahamkara* (egoísmo) y *buddhi* (inteligencia intuitiva). *Vritti* (literalmente, "remolino") se refiere al incesante ir y venir de las olas de pensamientos y emociones que surgen en la conciencia del ser humano. *Nirodha* significa neutralización, cesación, control».

Continúa Patanjali: «Entonces, el observador mora en su propia naturaleza o ser» (I:3), en referencia al verdadero Ser, el alma. Es decir, que alcanza la realización del Ser, la unidad del alma con Dios. Patanjali explica en los *sutras* I:20-21: «[La obtención de esta meta del yoga] está precedida por *shraddha* (la devoción), *virya* (el celibato vital), *smriti* (el recuerdo), *samadhi* (la experiencia de la unión con Dios durante la meditación) y *prajna* (la inteligencia discernidora). Se hallan más próximos de alcanzar dicho estado aquellos que poseen *tivra-samvega,* fervor divino (ardiente devoción por Dios y esfuerzo por alcanzarle, y desapasionamiento extremo hacia el mundo de los sentidos)».

En estos *sutras,* encontramos a los primeros seis soldados metafísicos, prontos a auxiliar al yogui en la batalla por alcanzar la realización del Ser:

1. YUYUDHANA: LA DEVOCIÓN DIVINA *(SHRADDHA)*

Derivado de la raíz sánscrita *yudh,* «luchar», Yuyudhana significa literalmente «el que ha estado luchando a favor de sí mismo». La derivación metafórica es *Yudhaṁ caitanya-prakāśayitum eṣaṇaḥ abhilaṣamāna iti:* «Aquel que posee el ardiente deseo de luchar con el objeto de expresar la conciencia espiritual». Representa el principio atractivo del amor, cuyo «deber» es atraer a la creación para llevarla de regreso hacia Dios. Esta atracción que el devoto siente como *shraddha,* la devoción, es un impulso inherente al corazón de conocer a Dios. *Shraddha* estimula al devoto a actuar espiritualmente y brinda apoyo a su *sadhana* (las prácticas espirituales). Con frecuencia, se traduce *shraddha* como «fe»; sin embargo, se puede definir con más exactitud como «la tendencia natural, o devoción, característica del corazón, por dirigirse hacia su Fuente»; la fe forma parte integral de la entrega a dicho impulso. La creación es el resultado de la fuerza de repulsión, un alejamiento de Dios —una manifestación externa del Espíritu—. No obstante, en la materia se halla presente la fuerza de atracción: se trata del amor de Dios, un imán que finalmente atraerá a la creación para llevarla de regreso hacia Él. Cuanto mayor sea

ॐ

Bhagavan Krishna con los cinco hermanos pandavas: Yudhisthira (que saluda a Krishna con el reverente gesto de *pranam*), Bhima (con la maza), Arjuna y los gemelos Nakula y Sahadeva. A la izquierda de Sri Krishna están Kunti (en el extremo izquierdo) y Draupadi.

———❖———

«Los cinco Pandavas son las principales figuras heroicas del poema y los que controlan los ejércitos de energía (prana) *y conciencia de los cinco centros sutiles ubicados en la espina dorsal. Ellos representan las cualidades y poderes adquiridos por el devoto cuya meditación profunda se encuentra en sintonía con los centros astrales y causales de vida y conciencia divina».*

❖

«El Guita *describe de qué modo —habiendo despertado y entrenado los poderes astrales psicológicos que consisten en la calma de Yudhisthira, el control de la fuerza vital que posee Bhima, la ausencia de apego proveniente del autocontrol de Arjuna, el poder de Nakula para observar las buenas reglas y el poder de Sahadeva para resistir al mal— estos hijos del discernimiento, junto con su ejército y sus aliados de los buenos hábitos y de las inclinaciones espirituales, intentan regresar del destierro. Pero las deshonestas tendencias de los sentidos, acompañadas de sus ejércitos sensoriales, se niegan a ceder su soberanía sobre el reino corporal. Por eso, con la ayuda de Krishna (el gurú, la conciencia despierta del alma o intuición que surge de la meditación), es preciso librar una guerra —tanto en los planos material y mental, como en el espiritual (experimentando una y otra vez el estado meditativo de* samadhi)*— para recuperar el reino que el Ego y su ejército de tendencias mentales malignas han usurpado».*

Paramahansa Yogananda

la sintonía del devoto con esa fuerza, más poderosa se volverá la atracción y más dulces serán los efectos purificadores que produzca la divina devoción del yogui.

Yuyudhana, la Devoción Divina, combate las fuerzas de la satánica e irreverente duda o incredulidad, que procuran disuadir y desalentar al aspirante espiritual.

2. UTTAMAUJAS: EL CELIBATO VITAL *(VIRYA)*

El significado literal de Uttamaujas, el guerrero del *Mahabharata,* es «de sobresaliente valor». La interpretación habitual que se da al término *virya* de Patanjali es «heroísmo» o «valentía». Pero en la filosofía del yoga, *virya* se refiere también al semen creativo, el cual, si en vez de ser disipado sensualmente es transmutado para que se convierta en su pura esencia vital, proporciona gran fortaleza física, vitalidad y valor moral[28]. Así pues, Uttamaujas, que proviene de los términos sánscritos *uttama,* «principal», y *ojas,* «energía, poder, fortaleza corporal», también puede traducirse como «el mayor poder, la principal fuerza corporal». De allí la derivación metafórica *Uttamam ojo yasya sa iti:* «Aquel cuyo poder es supremo (de calidad superlativa o suprema)». Cuando la esencia vital se halla bajo el control absoluto del yogui, se transforma en una importante fuente de fortaleza espiritual y moral.

La esencia vital, la mente sensorial, el aliento y el *prana* (la fuerza vital o vitalidad) se encuentran íntimamente relacionados. El dominio de al menos uno de ellos permite también el control de los otros tres. El devoto que emplea las técnicas científicas del yoga para controlar en forma simultánea estas cuatro fuerzas alcanza rápidamente un estado de conciencia más elevado.

Uttamaujas, el Celibato Vital, otorga al devoto el poder para vencer las fuerzas de las tentaciones y de los hábitos disolutos y, así, liberar la fuerza vital para que se eleve de los placeres groseros y se dirija a la bienaventuranza divina.

3. CHEKITANA: EL RECUERDO ESPIRITUAL *(SMRITI)*

Chekitana significa «inteligente». De la raíz sánscrita *chit* provienen los significados derivados «aparecer, brillar, recordar». La derivación

---

[28] El equivalente femenino del semen se encuentra en los órganos reproductivos que generan el óvulo y hacen que se transforme en un ser viviente. El yoga enseña que en el acto sexual tanto el hombre como la mujer disipan la provisión de la sutil fuerza vital inherente a los órganos de reproducción.

metafórica es *Ciketi jānāti iti:* «Aquel cuya percepción clara y concentrada le permite recordar, o comprender, el verdadero conocimiento». El término *smriti* de Patanjali significa «recuerdo», tanto humano como divino. Se trata de aquella facultad mediante la cual el yogui trae a la memoria su verdadera naturaleza, el hecho de haber sido creado a imagen de Dios. Cuando ese recuerdo aparece o brilla en su conciencia, le brinda esa inteligencia o percepción clara que ayuda a iluminar su sendero.

Chekitana, el Recuerdo Espiritual, se encuentra pronto a oponerse a la ilusión material que hace que el hombre olvide a Dios y se considere a sí mismo un ser mortal prisionero del cuerpo.

4. VIRATA: EL ÉXTASIS *(SAMADHI)*

Cuando los cinco Pandavas fueron enviados al exilio por Duryodhana, las condiciones impuestas incluían pasar doce años en los bosques y permanecer de incógnito el decimotercer año sin que los espías de Duryodhana los reconociesen. Por tal motivo, los Pandavas vivieron ese último año ocultos en la corte del rey Virata. El sentido metafórico es que, una vez que los deseos materiales —constituidos en hábitos— toman el control absoluto, es necesario que transcurra un ciclo de doce años para desalojar del reino corporal a los usurpadores. A fin de que las cualidades del discernimiento puedan recuperar el reino que les corresponde por legítimo derecho, el devoto debe obtener primero dichas cualidades durante la meditación, a partir de las experiencias que adquiere en el estado de *samadhi,* y conservarlas mientras se expresa a través del cuerpo físico y de los sentidos. Cuando las cualidades del discernimiento han demostrado así su poder, se encuentran listas para emprender la batalla metafísica cuyo objetivo es reivindicar el reino corporal. De este modo, Virata representa el *samadhi* del texto de Patanjali, los estados temporales de unión divina en la meditación de los cuales el yogui obtiene fortaleza espiritual. Virata proviene del término sánscrito *vi-rāj,* «gobernar, resplandecer». *Vi* significa «diferenciación, oposición» y expresa la diferencia entre gobernar de manera ordinaria y gobernar o reinar desde el divino estado de conciencia experimentado en el *samadhi.* La derivación metafórica es *Viśeṣeṇa ātmani rājate iti:* «Aquel que se halla completamente inmerso en el Ser interior». Bajo la influencia o reinado del *samadhi,* el devoto mismo recibe la iluminación y gobierna sus acciones por medio de la sabiduría divina.

Virata, el *Samadhi,* el estado de unidad con Dios alcanzado en la meditación profunda, destierra la ilusión por la cual el alma contempla, a través de la naturaleza del ego, las formas diversas de la naturaleza y los pares de opuestos y no al Único Espíritu Verdadero.

5. Kashiraja: la Inteligencia Discernidora *(Prajna)*

La palabra Kashiraja deriva de *kāśi,* «resplandeciente, espléndido, brillante», y de *rāj,* «reinar, gobernar, brillar». Significa «reinar con luz, o de manera espléndida o brillante» —la luz que revela la sustancia oculta tras las apariencias—. Su derivación metafórica es *Padārthān kāśyan prakāśayan rājate vibhāti iti:* «Aquel cuyo resplandor hace que las demás cosas brillen (se revelen con precisión)». Este aliado de los Pandavas representa el *prajna* citado por Patanjali, la inteligencia discernidora —el entendimiento o sabiduría—, que es la principal facultad iluminativa que posee el devoto. No se trata meramente del intelecto del estudioso, ligado a la lógica, al razonamiento y a la memoria, sino de una expresión de la divina facultad del Supremo Conocedor.

Kashiraja, la Inteligencia Discernidora, protege al devoto de caer en las trampas de las astutas tropas del falso razonamiento.

6. Drupada: el Desapasionamiento Extremo *(Tivra-samvega)*

La traducción literal de las raíces sánscritas del nombre de Drupada son *dru,* «correr, apresurarse», y *pada,* «ritmo o paso». La derivación metafórica es *Drutam padam yasya sa iti:* «Aquel cuyos pasos son rápidos o veloces». El significado implícito es «aquel que avanza rápidamente», y se relaciona con la expresión *tivra-samvega* de Patanjali: en su acepción literal, *tīvra,* «en extremo»; y *samvega,* de *sam,* «juntos», y *vij,* «moverse rápidamente, apresurarse». La palabra *samvega* también significa «desapasionamiento por las cosas del mundo que nace de un ardiente anhelo de emancipación». En otro pasaje del *Guita,* esta desapasionada falta de apego hacia los asuntos mundanos recibe el nombre de *vairagya*[29]. Patanjali señala, como se mencionó anteriormente, que quienes poseen *tivra-samvega* se hallan más próximos a la meta del yoga (es decir, pueden alcanzarla con mayor rapidez). Este poderoso desapasionamiento no consiste en un desinterés negativo ni en un estado de renunciación marcado por las privaciones. El significado de la palabra encierra, más bien, una devoción tan ardiente por alcanzar la meta espiritual —un sentimiento que impulsa al devoto a lanzarse a la acción positiva y la actividad mental intensa— que el anhelo por

---

[29] Véase, por ejemplo, VI:35 y XVIII:52 (volumen II).

el mundo se transmuta de forma natural en un deseo por Dios que le colma plenamente.

Drupada, el Desapasionamiento Extremo, apoya la lucha del devoto contra el poderoso ejército del apego a la materia, que busca desviarle de su meta espiritual.

LOS OCHO PASOS FUNDAMENTALES DEL *RAJA YOGA*

LOS SIGUIENTES ALIADOS de los Pandavas representan los principios fundamentales del yoga. Se conoce a estos *yogangas* o miembros del yoga como el Óctuple Sendero del Yoga descrito por Patanjali. Ellos se encuentran enumerados en sus *Yoga Sutras,* II:29, y son los siguientes: *yama* (la conducta moral, evitar las acciones inmorales), *niyama* (las observancias religiosas), *asana* (la postura correcta para lograr el control del cuerpo y de la mente), *pranayama* (el control del *prana,* la fuerza vital), *pratyahara* (la interiorización de la mente), *dharana* (la concentración), *dhyana* (la meditación) y *samadhi* (la unión divina).

Continuemos, pues, con la descripción de los soldados metafísicos:

7. DHRISHTAKETU: EL PODER DE RESISTENCIA MENTAL *(YAMA)*

La raíz sánscrita *dhriṣ* encierra los siguientes significados: «ser valiente y audaz, atreverse a atacar». *Ketu* significa «jefe o líder» y también «brillo, claridad; intelecto, criterio». La derivación metafórica es *Yena ketavaḥ āpadaḥ dhṛṣyate anena iti:* «Aquel que mediante su discernimiento vence las dificultades». Dentro de su nombre, hallamos asimismo el objeto contra el cual Dhrishtaketu lanza su poder. Además de «valiente» y «audaz», *dhrishta* significa «licencioso». Dhrishtaketu representa el poder interior de aquel devoto que posee el buen criterio para atacar con valor —es decir, el poder mental para resistir— las perversas inclinaciones hacia el comportamiento inmoral. Así pues, representa el concepto *yama* de Patanjali, la conducta moral. Esta primera etapa del Óctuple Sendero se cumple mediante la observancia de los preceptos prohibitivos —abstenerse de herir a los demás, de mentir, de robar, de comportarse licenciosamente y de codiciar—. Si se los comprende en su cabal significado, estos principios abarcan la totalidad de la conducta moral. Mediante la observancia de dichos principios, el yogui evita las dificultades mayores o fundamentales que podrían obstaculizar su avance hacia la realización del Ser. Quebrantar las normas de la conducta moral no sólo causa dolor en el presente, sino efectos kármicos perdurables que atan al devoto al sufrimiento y a las limitaciones mortales.

Dhrishtaketu, el Poder de Resistencia Mental, combate el deseo de entregarse a todo comportamiento contrario a la ley espiritual y ayuda a neutralizar los efectos kármicos de los errores del pasado.

8. Shaibya: el Poder de Adhesión Mental *(Niyama)*

Shaibya, que a menudo se escribe *Shaivya,* remite a Shiva, que a su vez deriva de la raíz sánscrita *śī,* «en quien se hallan todas las cosas». Shiva también significa «auspicioso, benevolente, feliz; bienestar». La derivación metafórica de Shaibya es *Śivaṁ maṅgalaṁ tat-sambandhī-yam iti maṅgala-dāyakaṁ:* «Aquel que se adhiere a lo que es bueno o auspicioso, a lo que conduce a su propio bienestar». Shaibya corresponde al *niyama* de Patanjali, las observancias religiosas. Representa el poder del devoto para adherirse a las prescripciones espirituales de *niyama,* aquellos preceptos que debe seguir: la pureza de cuerpo y mente, el contentamiento en toda circunstancia, la autodisciplina, la introspección (contemplación) y la devoción a Dios.

Shaibya, el Poder de Adhesión Mental, proporciona al yogui un ejército de positiva autodisciplina espiritual para vencer a los batallones de hábitos negativos causantes de sufrimiento y a los efectos del mal karma del pasado.

Yama y *niyama* son el cimiento sobre el cual el yogui comienza a edificar su vida espiritual. Armonizan el cuerpo y la mente con las leyes divinas de la naturaleza —es decir, de la creación— brindando bienestar interior y exterior, felicidad y fortaleza que atraen al devoto hacia prácticas espirituales más profundas y le vuelven receptivo a las bendiciones del *sadhana* (sendero espiritual) impartido por el gurú.

9. Kuntibhoja: la Postura Correcta *(Asana)*

En el nombre de Kuntibhoja, *bhoja* deriva de *bhuj,* «tomar posesión de, regir o gobernar». Kuntibhoja es el padre adoptivo de Kunti. La derivación metafórica es *Yena kuntiṁ kunā āmantraṇā daiva-vibhūtī ākarṣikā śaktiṁ bhunakti pālayate yaḥ saḥ:* «Aquel que hace suya y sostiene la fuerza espiritual —Kunti— mediante la cual se invocan y se atraen los poderes divinos». Kunti es la esposa de Pandu, madre de los tres hermanos pandavas mayores —Yudhisthira, Bhima y Arjuna— y madrastra de los dos hermanos menores, gemelos entre sí —Nakula y Sahadeva—. Tenía el poder de invocar a los dioses (las fuerzas cósmicas creativas), y por este medio nacieron los cinco hijos[30]. En sentido metafórico, Kunti (de *ku,* «llamar») constituye el ardiente poder espiritual del devoto a través del cual invoca la fuerza vital creativa para que le ayude en su *sadhana.* Kunti (al igual que Drupada) representa el desapasionamiento hacia el mundo por parte del devoto y su anhelo de Dios, lo que le permite, durante la meditación, invertir la corriente de la fuerza vital que fluye hacia fuera y concentrarse en su interior. Cuando la fuerza vital y la conciencia se unen a Pandu —*buddhi,* el discernimiento—, los *tattvas* o elementos de los centros espinales sutiles (concebidos en el útero microcósmico —los centros del cuerpo— mediante las fuerzas creativas macrocósmicas o universales) se manifiestan ante el yogui (es decir, Kunti los hace nacer).

Kuntibhoja representa el concepto *asana* de Patanjali, la facultad derivada del equilibrio o control del cuerpo, dado que la postura correcta es esencial para la práctica del control de la fuerza vital por parte del yogui. Así como Kuntibhoja «adoptó y crió» a Kunti, así también la *asana* «sostiene» la capacidad de invocar la divina energía vital en preparación para la práctica del *pranayama,* el control de la fuerza vital (el paso siguiente en el Óctuple Sendero).

La *asana* prescribe cuál es la postura correcta necesaria para la meditación yóguica. Si bien se han desarrollado numerosas variantes, los fundamentos esenciales consisten en mantener el cuerpo firme con la columna vertebral erguida, el mentón paralelo al suelo, los hombros echados hacia atrás, el pecho hacia fuera, el abdomen hacia dentro y los ojos enfocados en el centro *Kutastha,* situado en el entrecejo. El cuerpo debe permanecer inmóvil, libre de tensión. Una vez que se domina, la postura correcta o *asana* se vuelve —tal como señala Patanjali— «firme y placentera»[31]; ella brinda control corporal y calma física y mental, permitiendo que el yogui medite durante horas, si así lo desea, sin sentir fatiga ni inquietud.

Así pues, resulta evidente por qué la *asana* es esencial para el control de la fuerza vital: sostiene tanto el desapasionamiento interior por las demandas del cuerpo como el ardiente poder necesario para invocar la ayuda de las energías vitales a fin de dirigir la conciencia hacia el interior, hacia el mundo del Espíritu.

Kuntibhoja, la Postura Correcta, brinda la paz física y mental

---

[30] Véase la Introducción, página XXXV.

[31] *Yoga Sutras* II:46.

necesaria para combatir las ataduras corporales implícitas en la tendencia a la pereza, a la inquietud y al apego a la forma física.

10. Yudhamanyu: el Control de la Fuerza Vital *(Pranayama)*

De *yudh,* «luchar», y *manyu,* «entusiasmo o fervor», Yudhamanyu significa «aquel que lucha con gran empeño y determinación». Su derivación metafórica es *Yudhaṁ caitanya-prakāśayitum eva manyu-kriyā yasya saḥ:* «Aquel cuya principal actividad es luchar con el fin de poner de manifiesto la conciencia divina». La fuerza vital es el eslabón entre la materia y el Espíritu. Al fluir hacia fuera, revela el mundo falsamente atractivo de los sentidos; si se invierte hacia dentro, atrae la conciencia a la bienaventuranza del Espíritu, la cual brinda eterno contentamiento. El devoto que medita se encuentra entre ambos mundos: se esfuerza por entrar en el reino de Dios, pero al mismo tiempo se mantiene ocupado en luchar contra los sentidos. Con la ayuda de una técnica científica de *pranayama* [tal como *Kriya Yoga*], el yogui alcanza finalmente la victoria en sus esfuerzos por invertir el flujo de la energía vital, que se hallaba dirigido hacia fuera y volcaba la conciencia externamente en la actividad de la respiración, del corazón y de las corrientes vitales atrapadas en los sentidos; el yogui entra así en el tranquilo y natural reino interior del alma y el Espíritu.

Yudhamanyu, el Control de la Fuerza Vital, es el inestimable guerrero del ejército pandava que desarma y despoja de su poder al ejército sensorial de la mente ciega.

11. Purujit: la Interiorización *(Pratyahara)*

Si se traduce de forma literal, Purujit significa «que conquista a muchos», de *puru* (cuya raíz es *pṝ*), «muchos», y *jit* (cuya raíz es *ji*), «que conquista, que elimina (en la meditación)». La derivación metafórica es *Paurān indriya-adhiṣṭhātṛ-devān jayati iti:* «Aquel que ha conquistado las ciudadelas de los poderes astrales que rigen a los sentidos». La palabra sánscrita *pur* (raíz *pṝ*) significa «ciudadela» y en este caso se refiere a los baluartes sensoriales de la mente *(manas)* y sus órganos sensorios, cuyas funciones están gobernadas por los poderes astrales situados en los centros cerebroespinales sutiles. En la raíz sánscrita *ji* se halla presente el significado «dominar, controlar». En el contexto del *Guita,* Purujit significa «aquel que controla o domina a los muchos (soldados de los sentidos) de las ciudadelas sensoriales del cuerpo». Es decir que Purujit representa el término *pratyahara* de

Patanjali, la etapa en que la conciencia se retira de los sentidos como resultado de la práctica exitosa del *pranayama* o control de la fuerza vital (los poderes astrales) que anima los sentidos y lleva sus mensajes al cerebro. Cuando el devoto ha alcanzado el estado de *pratyahara,* la corriente vital se desconecta de los sentidos, y la mente y la conciencia se aquietan e interiorizan.

Purujit, la Interiorización, otorga al yogui aquella firmeza en su calma mental que impide que los hábitos prenatales del ejército sensorio provoquen una repentina desbandada de la mente hacia el mundo material.

12. SAUBHADRA, ES DECIR, EL HIJO DE SUBHADRA (ABHIMANYU): EL AUTODOMINIO *(SAMYAMA)*

Subhadra es la esposa de Arjuna. El nombre de su hijo es Abhimanyu, de *abhi,* «con intensidad; hacia, a», y *manyu,* «espíritu, ánimo, mente; fervor». Abhimanyu representa aquel intenso estado mental (*bhava,* el ánimo espiritual del devoto) en que la conciencia se ve atraída «hacia» o «a» la unión con el objeto de su concentración o fervor, lo que le proporciona perfecto autocontrol o dominio de sí. Patanjali se refiere a él en sus *Yoga Sutras,* III:1-4, con el nombre de *samyama,* un término colectivo bajo el cual se encuentran agrupadas las últimas tres etapas del Óctuple Sendero.

Los primeros cinco pasos son las etapas preliminares del yoga. El *samyama* —de *sam,* «juntos», y *yama,* «sostener»— está formado por el trío arcano: *dharana* (la concentración), *dhyana* (la meditación) y *samadhi* (la unión divina), y constituye el yoga propiamente dicho. Cuando la mente se ha retirado de las perturbaciones sensoriales *(pratyahara),* entonces la conjunción de *dharana* y *dhyana* da lugar a las diversas etapas del *samadhi:* la percepción extática y, finalmente, la unión divina. *Dhyana,* la meditación, es enfocar en el Espíritu la atención liberada. Involucra al que medita, el proceso o técnica de meditación y el objeto de la meditación. *Dharana* es la concentración o fijación en ese concepto interno u objeto de la meditación. Así pues, de esta contemplación nace la percepción de la Divina Presencia, que se experimenta, en primer lugar, dentro de uno mismo y deviene después en concepción cósmica: se concibe la vastedad del Espíritu y su omnipresencia dentro y más allá de la creación entera. La culminación del *samyama* o autodominio llega cuando el que medita, el proceso de la meditación y el objeto de la meditación se vuelven uno solo —cuando se alcanza la completa realización de la unidad con el Espíritu.

La referencia que se hace al matronímico de Abhimanyu —Saubhadra— en el texto del *Guita* nos lleva al significado de Subhadra, «gloriosa, espléndida». Por lo tanto, Abhimanyu es el autodominio que otorga luz o iluminación. La derivación metafórica es *Abhi sarvatra manute prakāśate iti:* «Aquel cuya mente intensamente concentrada brilla por doquier», es decir, lo ilumina o lo revela todo, pone de manifiesto el luminoso estado de realización del Ser.

Abhimanyu, el Autodominio, es aquel grandioso guerrero pandava cuyas victorias le permiten al yogui contener las embestidas de la inquieta y engañosa conciencia del ego, de los sentidos y de los hábitos y así permanecer, por períodos cada vez más prolongados, en el estado de divina conciencia del alma —tanto durante la meditación como después de ésta.

13. Los hijos de Draupadi: los cinco centros espinales despiertos por acción de la *kundalini*

Draupadi es hija de Drupada (el Desapasionamiento Extremo). Representa el poder o sensación espiritual de la *kundalini*[32], que surge o nace del divino fervor y desapasionamiento de Drupada. Cuando la *kundalini* es dirigida hacia arriba, se «casa» con los cinco Pandavas (los elementos vibratorios creativos y la conciencia que residen en los cinco centros espinales) y, de ese modo, da a luz a cinco hijos.

Los hijos de Draupadi son las manifestaciones de los cinco centros espinales abiertos o despiertos —por ejemplo, las formas, luces o sonidos específicos y característicos de cada centro— en los que se concentra el yogui para atraer el divino poder de discernimiento con el cual combatir a la mente sensorial y su descendencia.

Estrofa 7

अस्माकं तु विशिष्टा ये तान्निबोध द्विजोत्तम।
नायका मम सैन्यस्य सञ्ज्ञार्थं तान्ब्रवीमि ते॥

asmākaṁ tu viśiṣṭā ye tān nibodha dvijottama
nāyakā mama sainyasya saṁjñārthaṁ tān bravīmi te

---

[32] Véanse las páginas 20 s.

Escucha también, ¡oh Flor de los nacidos dos veces (el más sobresaliente de los* brahmines*)!, lo que te voy a decir acerca de los destacados generales de mi ejército, de quienes te hablo ahora para tu conocimiento.

LA INTROSPECCIÓN DE ARJUNA —el devoto— guiada por la Divinidad continúa diciendo: «¡Oh Sabio (Drona —el Hábito— preceptor tanto de las buenas como de las malas tendencias)!, habiendo pasado revista a los comandantes generales de los soldados de la sabiduría, yo, Duryodhana, el rey Deseo Material, enumero ahora para tu conocimiento los nombres de los más destacados y poderosos defensores de mi ejército de los sentidos, que se hallan en posición de batalla dispuestos a aniquilar a las fuerzas de la sabiduría».

ESTROFA 8

भवान्भीष्मश्च कर्णश्च कृपश्च समितिञ्जयः ।
अश्वत्थामा विकर्णश्च सौमदत्तिजयद्रथः ॥

bhavān bhīṣmaś ca karṇaś ca kṛpaś ca samitiṁjayaḥ
aśvatthāmā vikarṇaś ca saumadattirjayadrathaḥ

Esos guerreros sois tú mismo (Drona), Bhishma, Karna y Kripa —victoriosos en las batallas—; también Ashvatthaman, Vikarna, el hijo de Somadatta y Jayadratha[33].

«QUIENES DIRIGEN MI EJÉRCITO DE LOS SENTIDOS sois tú mismo (Drona, el Hábito o Tendencia Interior), Bhishma (el Ego Observador Interno), Karna (el Apego), Kripa (el Engaño Individual), Ashvatthaman (el Deseo Latente), Vikarna (la Repulsión), Somadatti (el hijo de Somadatta,

---

[33] Entre los más de setenta comentarios del *Guita* que muy respetados eruditos efectuaron en lengua sánscrita (el primero entre los que se hallan disponibles fue escrito por Adi Shankaracharya), en forma ocasional se encuentra alguna variación en las *slokas* del *Guita* en sánscrito. La palabra Jayadratha, por ejemplo, aparece en algunas versiones después de «el hijo de Somadatta», pero no en otras. Cuando se establece una correlación entre la alegoría del *Guita* y los *Yoga Sutras* de Patanjali, como en el caso del presente comentario de Paramahansaji, la necesidad de la inclusión de Jayadratha se hace evidente. *(Nota del editor).*

es decir, Bhurishravas, que representa el Karma o la Acción Material) y Jayadratha (el Apego al Cuerpo)».

El rey Duryodhana-Deseo Material, atemorizado al pasar revista al impresionante poder de las fuerzas rivales del discernimiento, procura ahora consolar su mente alarmada y la de su preceptor Drona-Hábito describiendo las fuerzas de su propio ejército: los soldados y generales de los sentidos dispuestos en formación de batalla para defenderle.

Cuando la inclinación del hombre hacia el deseo material se enfrenta contra las fuerzas de resistencia de la razón discernidora, que acaba de despertar con el propósito de reafirmar los derechos que ha perdido, se inquieta interiormente al advertir su propia debilidad e inminente derrota. Las flaquezas y deficiencias que se han convertido en una cómoda segunda naturaleza en el ser humano siempre se perturban ante el despertar de la conciencia y del innato discernimiento que se encontraban adormecidos. Por lo general, el deseo tiene una indiscutible influencia sobre el reino corporal cuya mente se ha inclinado hacia los sentidos. Mientras el deseo logre complacer en forma satisfactoria e ininterrumpida todas sus tendencias y cumpla todos sus propósitos, no molesta a nadie. Pero el deseo se siente alarmado tan pronto como el aspecto animal del hombre, identificado con los sentidos (sujeto principalmente a *manomaya kosha*), despierta sus facultades discernidoras superiores por medio de la introspección (es decir, desarrolla más plenamente *guianamaya kosha*) al tomar mayor conciencia del deber y de la acción correcta. El deseo deja entonces de tener un dominio irrestricto, porque los nuevos guerreros del discernimiento comienzan a interrumpir sus caprichosas e impías actividades.

El rey Deseo Material ansía que la Tendencia de los Hábitos del Pasado, que se ha puesto de parte de las malas inclinaciones sensoriales prevalecientes, esté al tanto de todos los pormenores relativos a la capacidad del ejército metafísico oponente, a fin de poder concebir los medios necesarios para vencerlo.

Comentario ampliado: Las fuerzas simbólicas que se oponen a las cualidades del alma

Así como los Pandavas enumerados en las estrofas 4 a 6 representan los principios que el yogui necesita cultivar para alcanzar la realización

—la unidad con Dios—, los Kauravas que Duryodhana nombra en la estrofa 8 representan, de manera metafórica, los principios específicos que son contrarios al progreso espiritual.

En los *Yoga Sutras,* I:24, Patanjali afirma: «El Señor (Ishvara) no se ve afectado por *klesha* (los problemas), *karma* (la acción), *vipaka* (los hábitos) ni *ashaya* (el deseo)».

En los *Yoga Sutras,* II:3, se señala que *klesha* (los problemas) presenta cinco aspectos: *avidya* (la ignorancia), *asmita* (el ego), *raga* (el apego en general), *dvesha* (la aversión) y *abhinivesha* (el apego al cuerpo). Dado que el Señor se encuentra libre de las mencionadas ocho imperfecciones inherentes a la creación, el yogui que busca la unión con Dios debe, asimismo, desalojar de su conciencia estos obstáculos a fin de alcanzar la victoria espiritual. Efectuando una correlación entre estos principios —en el orden establecido por Patanjali— y los guerreros del *Guita* enumerados por Duryodhana, obtenemos el siguiente resultado:

1. Kripa: el Engaño Individual *(Avidya)*

Tradicionalmente se afirma que el nombre Kripa deriva de la raíz sánscrita *kṛip,* «compadecer». Pero desde el punto de vista fonético —que es la base del sánscrito puro—, al hacer la transliteración, la raíz corresponde a *klṛip*[34]. De esta raíz proviene el significado «imaginar», como era la intención del escritor Vyasa al representar simbólicamente a Kripa como *avidya,* el engaño individual (la ignorancia, la ilusión). Su derivación metafórica es *Vastunyanyatvam kalpayati iti:* «Aquel que imagina que la materia es diferente de lo que es». *Avidya* es el primero de los cinco *kleshas.* Este engaño individual constituye, en el hombre, la ignorancia que nubla su percepción y le inculca un falso concepto de la realidad. Patanjali describe *avidya* en estos términos: «La ignorancia consiste en percibir lo perecedero, lo impuro, lo maligno y lo que no es el alma como si fuese lo eterno, lo puro, lo bueno y el alma»[35].

Maya, el engaño cósmico, es la sustancia universal de las formas en el Infinito Sin Forma. *Avidya* es la hipnosis cósmica individual, o

---

[34] El renombrado estudioso del sánscrito W. D. Whitney, en su destacada obra *The Roots, Verb-forms, and Primary Derivatives of the Sanskrit Language* [Las raíces, formas verbales y principales derivados de la lengua sánscrita], emplea las raíces *kṛp [kṛip]* y *kḷp* (la última es interpretada como *klṛip* por Monier-Williams). En su análisis de *kḷp,* Whitney comenta: «Con esta raíz están aparentemente relacionados *kṛp [kṛip]* (de la época de los Vedas y los Brahmanas) y *kṛpa [kṛipa]* (de los Vedas en adelante)». *(Nota del editor).*

[35] *Yoga Sutras* II:5.

engaño impuesto sobre las formas, que les hace expresarse, percibir e interactuar como si cada una tuviese su propia realidad por separado. La omnipresente e indiferenciada conciencia cósmica de Dios subyace a sus divisiones máyicas a través de las cuales el Creador expresa su variedad y multiplicidad. Al visualizar sus pensamientos por medio del poder de *maya,* «la mágica medidora», Dios crea, sostiene y disuelve los mundos y seres oníricos.

Maya *y* avidya: *el engaño y la ignorancia*

De modo similar, la conciencia divina que mora inalterada en el ser humano —el alma individualizada— es la base de todas las expresiones del hombre. El hombre ha heredado, en la forma de *avidya,* el poder máyico de visualización que Dios posee. Por medio de este «medidor» personalizado, la conciencia única del alma se diferencia. Empleando la imaginación ilusoria, el poder de visualizar o de plasmar en imágenes los conceptos del ego, el hombre crea sus propias ilusiones de la realidad y las «materializa» o les da existencia o expresión a través de los instrumentos de su conciencia diferenciada (mente, inteligencia, sentimiento y órganos sensoriales de percepción y de acción)[36]. Así pues, el ser humano es un creador en miniatura, que modela el bien o el mal para él y para el mundo fenoménico del cual es parte operativa. Es esta fuerza creativa inherente a los pensamientos humanos lo que hace que éstos sean tan formidables. ¡Debería aceptarse con respeto la veracidad del proverbio que reza: «Los pensamientos son "cosas"»!

La influencia del poder de *avidya* es tal que, por fastidiosa que sea la ilusión, el hombre que se encuentra bajo su influjo se mostrará renuente a deshacerse de ella. Quienquiera que haya intentado cambiar

---

[36] «La visión requiere mucho más que de un órgano físico funcional. Sin una luz interior, sin una imaginación visual y formativa, somos ciegos», escribe el profesor Arthur Zajonc en *Atrapando la luz: historia de la luz y de la mente* (Andrés Bello, Barcelona, 1997). Él cita al cirujano ocular francés Moreau: «Sería erróneo suponer que un paciente que ha recobrado la vista mediante una intervención quirúrgica está en condiciones de ver el mundo externo». Cuando una persona ciega de nacimiento se somete a una operación de cataratas, lo que puede percibir una vez operada es poco más que luz borrosa de variada intensidad; no le es posible distinguir objetos o personas. «Devolver la vista a una persona congénitamente ciega es tarea de un educador, no de un cirujano», dijo el Dr. Moreau.

«La luz de la naturaleza y la de la mente se entrelazan dentro del ojo y suscitan la visión», explica el profesor Zajonc. «Dos luces alumbran nuestro mundo. Por un lado tenemos la del sol, pero otra le responde, la del ojo. Sólo vemos mediante su entrelazamiento; cuando falta una de ambas, estamos a ciegas. [...] Además de la luz exterior y el ojo, la vista requiere una "luz interior" cuyo resplandor complementa la exterior y transforma la sensación pura en una percepción dotada de sentido. La luz de la mente debe conjugarse con la de la naturaleza para suscitar un mundo». *(Nota del editor).*

el punto de vista de una persona dogmática —o incluso modificar sus propias y poderosas opiniones, si fuese el caso— sabe cuán convincente puede ser la «realidad» de los conceptos creados por *avidya* para aquel que los atesora. Y en ello reside la ignorancia. El materialista inveterado, cautivo en su propio reino de la «realidad», desconoce su estado de engaño y, por consiguiente, no tiene el deseo ni la voluntad de cambiarlo por la única Realidad, el Espíritu. Percibe el mundo transitorio como lo real, como la sustancia eterna —en la medida que le es posible captar el concepto de eternidad—. Imagina que las toscas experiencias sensoriales constituyen la esencia pura del sentimiento y de la percepción. Elabora sus propias normas de moralidad y de comportamiento, y las considera apropiadas a pesar de su desarmonía con la eterna Ley Divina. Además, supone que el ego, con su sentido de existencia mortal y su exagerado engreimiento —como si él fuese el hacedor todopoderoso—, es la imagen de su alma tal como fue creada por Dios.

Características de la ignorancia espiritual

Avidya es un poderoso archienemigo de la percepción divina cuando se encuentra bajo la influencia negativa de las inclinaciones sensoriales mundanas. No obstante, en el relato épico del *Mahabharata,* vemos que Kripa, el general guerrero de los Kurus que representa a *avidya,* es uno de los pocos sobrevivientes de la guerra de Kurukshetra; de hecho, después de la batalla, hace las paces con los Pandavas y es designado tutor de Parikshit, nieto de Arjuna (el único heredero y progenitor de los Pandavas). Lo que esto significa es que, en la esfera creativa de la relatividad, nada puede existir sin este principio de individualidad. Si se eliminase *avidya* por completo, el ente que *avidya* sostiene se disolvería nuevamente en el Espíritu sin forma.

El hombre común permanece anonadado ante las tentadoras propuestas de las ilusorias experiencias sensoriales y se aferra a las engañosas formas materiales como si éstas fuesen la realidad, la causa y la seguridad de su existencia. El yogui, por el contrario, en todo momento se encuentra consciente en su interior de la única Realidad, el Espíritu, y contempla *maya* y *avidya* —la ilusión universal y la individual, respectivamente— sólo como una tenue red que mantiene unidas las fuerzas atómicas, magnéticas y espirituales que le proporcionan una mente y un cuerpo con los cuales desempeñar un papel en el drama cósmico de la creación del Señor.

2. Bhishma: el Ego *(Asmita)*

Yasmāt pañcatattvani vibheti saḥ: «Aquel que "atemoriza", despierta u ocasiona la manifestación de los cinco *tattvas* (elementos)». El significado metafórico de Bhishma como Ego ya se explicó anteriormente (véase la Introducción, páginas XL s.). Bhishma es el patriarca de la existencia individual, la causa mediante la cual la forma y la percepción de la forma surgen a la existencia a través de los elementos creativos *(tattvas)* que dan origen al cuerpo del hombre y a sus instrumentos de percepción sensorial y de acción.

El nombre de Bhishma deriva de la raíz sánscrita *bhī* o *bhīṣ,* «atemorizar». Por el poder de esta asombrosa fuerza —que es un reflejo del Espíritu *(abhasa chaitanya)* cuya individualidad no se identifica con el Espíritu sino con el mundo de las apariencias—, las fuerzas de la naturaleza, por medio de los *tattvas,* despiertan de su estado de quietud para dar origen y vida a un instrumento corporal a través del cual expresarse. En la batalla metafísico-psicológica que se describe, Bhishma-Ego es el oponente más poderoso de los Pandavas y por ello es el que despierta mayor temor en el corazón de las fuerzas espirituales ubicadas en los centros espinales, que intentan avanzar hacia el Espíritu para restablecer el reino de la divina conciencia del alma.

Asmita, el segundo de los *kleshas* mencionados por Patanjali, deriva del término sánscrito *asmi,* «yo soy» (de *as,* «ser»). Así pues, significa «egoísmo», igual que el alegórico Bhishma del *Guita.*

Cuando una persona sueña, su conciencia se convierte en numerosas imágenes: seres, criaturas, objetos, etc. En su sueño, les concede su propia existencia a todas las formas y objetos sensoriales. A cada personaje humano le otorga su propia conciencia y ego, a fin de que todos puedan actuar, pensar, caminar y hablarle al soñador como si fuesen seres individuales —«almas» con identidades separadas—, aun cuando todos ellos han sido creados por el único espíritu y la única mente del soñador. De modo similar, Dios en su sueño cósmico se convierte en tierra, estrellas, minerales, árboles, animales y la diversidad de almas humanas. Dios presta su propia conciencia de existencia a todos los objetos de su sueño cósmico; y al percibirla, cada criatura sensible imagina que se trata de su propia identidad separada.

Patanjali describe de la siguiente manera el *klesha* del sentido individual del ser: «*Asmita* (el egoísmo) es la identificación del observador con los instrumentos de observación»[37]. El ego cobra existencia cuando el alma (el observador), la imagen de Dios en el hombre, olvida su verdadero Ser divino y se identifica con los poderes de percepción y de acción localizados en los instrumentos del cuerpo y de la mente. *Asmita* es, por lo tanto, la conciencia en la que el observador (ya sea el alma o su pseudonaturaleza, el ego) y sus poderes de discernimiento se encuentran presentes como si fueran una unidad indivisible.

El grado de ignorancia o iluminación inherente a esta identificación depende de la naturaleza de los instrumentos respectivos a través de los cuales se manifiesta la yoidad o individualidad. Cuando la yoidad se identifica con los burdos sentidos y sus objetos (el cuerpo físico y el mundo material), se convierte en el ego físico, destructor de la sabiduría. Cuando se encuentra identificada con los instrumentos sutiles de percepción y conocimiento del cuerpo astral, esta yoidad se convierte en un sentido más claro del ser, el ego astral, cuya auténtica naturaleza puede verse afectada de manera adversa por la influencia ilusoria de la naturaleza física o, por el contrario, puede hallarse en sintonía con la conciencia de sabiduría del cuerpo causal y, mediante la identificación con dicho instrumento, convertirse en el ego discernidor.

El ego físico comparado con el ego divino

Cuando la yoidad se expresa únicamente a través de la sabiduría intuitiva pura, que es el instrumento del cuerpo causal, se convierte en el ego discernidor puro (el ego divino) o en su expresión más elevada: el alma, el reflejo individual del Espíritu. El alma —el más puro sentido individual del ser— conoce su identidad con la omnisciencia y omnipresencia del Espíritu y sólo utiliza los instrumentos del cuerpo y de la mente como un medio de comunicación e interacción con la creación objetivada. Por eso las escrituras hindúes declaran: «Cuando este "yo" muera, sabré quién soy».

En el contexto de la presente estrofa, en que se describen las fuerzas metafísicas internas del ejército kaurava, Bhishma-Conciencia del Ego se presenta como el ego astral u observador interno: la conciencia identificada con la forma sutil de los instrumentos de la mente sensorial *(manas),* la inteligencia *(buddhi)* y el sentimiento *(chitta).* En esta etapa del desarrollo del devoto, el ego astral u observador interno se ve muy afectado por la atracción que ejerce la mente sensorial hacia fuera, lo cual implica que se ha unido al bando de los Kurus. En la victoria

[37] *Yoga Sutras* II:6.

del *samadhi,* esta yoidad *(asmita)* —el ego observador interno— alcanza un estado más trascendente, como el ego discernidor propio de los instrumentos del cuerpo astral y del cuerpo causal y, finalmente, como el más puro sentido individual del ser, el alma[38].

3. Karna: el Apego *(Raga)*

El nombre Karna deriva de la raíz sánscrita *kṛi,* «hacer, obrar»[39]. Su derivación metafórica es *Karaṇaśīla iti:* «Aquel que se comporta de acuerdo con su habitual tendencia natural de realizar acciones (que proporcionan placer)».

Karna significa la propensión a emprender la acción material, hacia la cual se siente un natural apego por causa del deleite o placer que de ella se deriva. De ese modo, Karna representa el *raga* de Patanjali, o sea, el tercer *klesha* que se describe en *Yoga Sutras* II:7: «*Raga* es aquella inclinación (apego) que tiene su fundamento en el placer».

Karna es medio hermano de los cinco Pandavas. La madre de todos ellos, Kunti, antes de su matrimonio con Pandu empleó el poder que le había sido divinamente concedido para invocar al dios Surya, el sol, a través de quien le fue dado un hijo, Karna. Como en ese entonces aún no había contraído matrimonio, abandonó al bebé, que fue hallado y criado por un auriga y su esposa. Karna se convirtió en amigo íntimo de Duryodhana y por esa razón estuvo de su lado en la batalla de Kurukshetra, a pesar de haber descubierto su verdadera relación de parentesco con los Pandavas. Por despecho, se volvió enemigo declarado de los Pandavas, en especial de Arjuna. Su importancia reside en que Kunti, el poder a través del cual se invoca la energía espiritual, engendra un hijo del sol —la luz del ojo espiritual—, que es la luz a partir de la cual se desarrolla el cuerpo entero del ser humano (el devoto). «El ojo es la lámpara del cuerpo. Si tu ojo es único, todo tu cuerpo estará iluminado»[40]. Puesto que este poder para invocar

---

[38] Véase también «Comentario ampliado: La naturaleza del ego», I:11; *sasmita samprajnata* y *asamprajnata samadhi,* I:15-18; y el alma y el ego discernidores, VII:5-6 (volumen II).

[39] Los eruditos, adoptando un enfoque literal en lo que se refiere a las definiciones, por lo general vinculan la derivación del nombre de este guerrero del *Guita* con la palabra *karṇa,* («oído»), derivada de la raíz similar *kṝ,* en lugar de *kṛi,* «hacer, obrar». En el relato alegórico, se dice que Karna nació adornado con maravillosos pendientes y una armadura, que le otorgaban invencibilidad. Finalmente, él entregó estos ornamentos al dios Indra, que disfrazado de *brahmin* los quería conseguir con la finalidad de proteger a Arjuna a quien Karna había jurado matar. La cesión de estos ornamentos precedió la caída de Karna.

[40] *Mateo* 6:22.

la energía espiritual —Kunti— aún no está unido al divino poder de discernimiento —Pandu—, su hijo Karna (el apego al placer) queda bajo la influencia de las inclinaciones sensoriales materiales; por eso, se pone de parte de éstas y en contra de las virtuosas cualidades pandavas[41]. Karna considera que es su deber ser leal a la amistad que le ha prodigado a Duryodhana, el Deseo Material. Por lo tanto, en el hombre presa del engaño, *Raga* o Karna es el principio que le hace llevar a cabo aquella tarea o acción a la cual está apegado por causa del placer que le proporciona, y él justifica dicha acción proclamando que es su deber. De ese modo, razona erróneamente que todo cuanto desea hacer (pues está apegado a ello) es necesario y correcto.

4. Vikarna: la Repulsión *(Dvesha)*

Así como Karna representa el apego, *Vi*-karna implica lo opuesto. Su derivación metafórica es *Akaraṇaśīla iti:* «El que se comporta de acuerdo con su natural tendencia habitual de evitar las acciones (aquellas que no proporcionan placer o que son desagradables)». Vikarna simboliza el cuarto *klesha* de Patanjali, *dvesha* (la aversión). En *Yoga Sutras* II:8, dice Patanjali: «*Dvesha* es la aversión hacia aquello que ocasiona sufrimiento». Por lo general, evitar el sufrimiento es una meta noble, pero tal como *dvesha* se aplica en este contexto, el sufrimiento tiene una implicación de naturaleza inferior: aquello que es desagradable. La ignorancia del hombre *(avidya)* distorsiona su sentido de lo correcto y lo incorrecto, del bien y el mal, y origina en él los pares de opuestos, los gustos y aversiones *(raga* y *dvesha).* El ser humano se apega entonces a lo que le agrada y evita lo que le disgusta, en vez de

---

[41] Si bien Karna nace de la luz de la conciencia del ojo espiritual («el sol»), él es «criado» en el centro metafísico del puente de Varolio, el asiento de *manas,* la mente sensorial, simbolizada por Dhritarashtra. (Véase I:1, páginas 5 s.). En ese punto uno puede dirigirse también hacia el interior, al mundo espiritual. Mi gurú, Sri Yukteswar, indicó la importancia del nombre Karna en un juego de palabras, muy común en las escrituras hindúes, en el cual la palabra *karna* significa también «el timón del barco». Así pues, esta conciencia que Karna representa puede, en ese punto fundamental, ser «conducida» al interior, a través de la puerta del ojo espiritual, hacia dentro de la columna astral dotada de sus centros de conciencia divina, o, por el contrario, al exterior, hacia los nervios sensoriales y la conciencia material. Habiendo elegido tomar partido por las fuerzas de la mente sensorial, Karna, el apego a los placeres materiales (junto con su compañero de armas Vikarna; véase el Kuru número 4, en esta página) lleva adelante sus propensiones materialistas en el sutil *chakra* lumbar de la columna vertebral, oponiéndose allí a su archienemigo: Arjuna, el divino poder de autocontrol. (Véase I:11, página 124).

ejercitar su libre albedrío discernidor y seguir aquello que es realmente correcto y lo mejor para él.

5. Jayadratha: la Inclinación a Apegarse al Cuerpo *(Abhinivesha)*

Su derivación metafórica es *Ramitvā anurakto bhūtvā jayati utkṛṣtarūpeṇa tiṣṭhati iti:* «Aquel que vence por causa de su profundo apego a la vida —un profundo apego a la continuación de su estado encarnado de existencia—». *Jayad* (derivado de *jayat*) significa «vencer» y *ratha* significa «carro», es decir, el cuerpo. Jayadratha representa la tenacidad inherente al apego corporal, que trata de vencer las aspiraciones del devoto que avanza en pos de la realización del Ser, haciendo que éste se aferre a la conciencia mortal. Esta tenacidad es un grado más refinado y sutil de apego que la actitud posesiva del hombre hacia los objetos o personas. Incluso, cuando estos apegos son incinerados en el fuego de la sabiduría, el fuerte apego al cuerpo persiste como el último rescoldo que resta por apagarse. Mi gurudeva, Swami Sri Yukteswarji, a menudo ilustraba el pertinaz afecto del hombre por su residencia corporal mortal con estas palabras: «Así como el pájaro que ha estado en cautiverio durante mucho tiempo se siente temeroso y se muestra reacio a abandonar su jaula cuando se le ofrece la libertad, de igual manera, incluso los elevados seres dotados de gran sabiduría están también sujetos al apego por el cuerpo en el momento de la muerte». Los psicólogos occidentales han clasificado este impulso inherente como «el instinto de conservación», y señalan que se trata del impulso natural más poderoso del ser humano. No sólo se expresa como el temor a la muerte, sino que además despierta en el hombre gran número de características y acciones mortales contrarias a la naturaleza inmortal del Ser verdadero o alma: el egoísmo, la avaricia, la actitud posesiva o la acumulación de riquezas en la tierra como si ésta fuese el hogar permanente del ser humano.

Jayadratha representa entonces esta sutil característica tenaz, que consiste en apegarse al cuerpo, y se correlaciona con el quinto *klesha* de Patanjali, *abhinivesha,* que se describe en *Yoga Sutras* II:9: «La tenacidad con que el alma se aferra a la vida como resultado del apego corporal, incluso en las personas sabias, y que se propaga debido al sutil recuerdo de las repetidas experiencias de muerte durante las encarnaciones previas».

6. EL HIJO DE SOMADATTA, ES DECIR, BHURISHRAVAS: LA ACCIÓN MATERIAL *(KARMA)*

El nombre Bhurishravas encierra el significado de «frecuente o reiterado» *(bhūri)* y «río, corriente» *(śravas).* Su derivación metafórica es *Bhūrī bahulam śravaḥ kṣaraṇaṁ yaḥ saḥ iti:* «Aquella corriente que de manera frecuente y reiterada desaparece (decrece, se desvanece)». Por supuesto, aquello que desaparece frecuente y reiteradamente es reemplazado a fin de mantener su continuidad. Se le puede comparar con el agua de un río, que sigue su curso, pero no obstante la corriente permanece porque nuevas aguas reemplazan a aquellas que ya han pasado. Esto guarda semejanza con las acciones del hombre y los resultados que se acumulan como consecuencia de ellas. Bhurishravas representa entonces el karma, el sexto obstáculo que Patanjali enumera en *Yoga Sutras* I:24, que se mencionó anteriormente.

En este caso, karma significa la acción material, aquella instigada por el deseo egoísta, y que pone en movimiento la ley de causa y efecto. La acción produce un resultado que permanece ligado a quien la lleva a cabo hasta que dicha acción se compensa con el efecto adecuado, ya sea que ese efecto aparezca de inmediato o se traslade de una vida a otra. Es una ley tan rigurosa como la del Antiguo Testamento «ojo por ojo, diente por diente», si bien no siempre se trata de algo tan literal. La condición y circunstancias actuales de una persona son una combinación de las acciones del presente iniciadas por su libre voluntad y de la sujeción que ejercen los efectos acumulados de las acciones del pasado, cuyas causas en muchas ocasiones se han olvidado hace ya tiempo o se han disociado de los resultados. Por esa razón, el hombre se lamenta de sus presentes desgracias, creyendo que se deben a su mala suerte, al destino o a una injusticia. El karma del pasado se destruye soportando estos efectos, aprendiendo de ellos y actuando de manera constructiva y espiritual para encontrar una salida. Sin embargo, a no ser que las acciones del presente estén guiadas por la sabiduría, y de ese modo no dejen huellas vinculantes, nuevos efectos kármicos reemplazarán a los que han sido justamente compensados. A menos que los efectos kármicos de las acciones del presente y del pasado se desvanezcan al expiarse o se disuelvan como resultado de la sabiduría, será imposible alcanzar la emancipación final.

De acuerdo con Patanjali (*Yoga Sutras* IV:7), existen cuatro clases de karma o acción: «Las acciones de un yogui no son ni puras ni oscuras; en el caso de las demás personas, hay tres clases de acciones [puras, oscuras o una mezcla de puras y oscuras]». Las acciones de una persona malvada son oscuras y la atan a efectos desastrosos. Las acciones del hombre mundano medio son una mezcla tanto de bueno como de malo, y lo atan a los resultados correspondientes, tanto buenos como malos. Los actos de un hombre espiritual son puros; producen buenos efectos que conducen a la libertad. Pero incluso los buenos efectos kármicos le atan. Los actos de un yogui que se ha establecido en la realización del Ser —la suprema sabiduría— no dejan huellas que le aten, ni buenas ni malas. Bhurishravas —la acción material que produce efectos vinculantes porque es instigada por el deseo egoísta— debe, por consiguiente, ser vencido por el aspirante a yogui.

7. Drona (a quien se habla en esta estrofa llamándole Bhavan, «Tú»): el Hábito o *Samskara*, la Tendencia Interna *(Vipaka)*

Su derivación metafórica es *Karmaṇāṁ dravībhāvanām vipākaḥ iti:* «La fructificación de las acciones (karma) latentes (es decir, en estado sutil o "disuelto")». El significado alegórico de Drona ya se estableció en la segunda estrofa. Él representa el hábito o, expresado con mayor precisión, *samskara,* las impresiones que dejan en la conciencia los pensamientos y acciones del pasado, los cuales crean una fuerte tendencia a repetirse. Se explicó que el nombre Drona proviene de la raíz sánscrita *dru,* que sugiere aquello que permanece en estado disuelto. Esto significa que las acciones del pasado permanecen de manera sutil o «disuelta» en la forma de estas impresiones o *samskaras.* Hallamos entonces la concomitancia entre Drona y el término *vipaka* de Patanjali. *Vipaka* deriva de *vi-pac,* del cual provienen los significados derivados «dar fruto, originar consecuencias» y «disolverse, licuarse». Los *samskaras* o impresiones que dejan las acciones del pasado en su estado sutil o «disuelto» finalmente fructifican, bajo las condiciones apropiadas, como las consecuencias de dichas acciones. En *Yoga Sutras* II:12-13, dice Patanjali: «Las impresiones de la acción tienen su raíz (causa) en los *kleshas* [los cinco obstáculos recién descritos] y se experimentan en lo visible (se manifiestan en la presente vida) o en lo invisible (permanecen parcialmente adormecidas esperando las condiciones apropiadas; a menudo se transfieren a la vida siguiente o a una vida futura). Las características específicas de los renacimientos de una persona se determinan sobre la base de estas causas (qué clase de persona será, cuál será su salud y vitalidad, sus alegrías y tristezas)».

8. ASHVATTHAMAN: EL DESEO LATENTE *(ASHAYA)*

Su derivación metafórica es *Aśnuvan sañcayan tiṣṭhati iti:* «Aquello que permanece almacenado o en conservación». El significado alegórico de Ashvatthaman se encuentra en las raíces sánscritas clave de las cuales deriva el nombre. *Ās-va* significa «conservado o almacenado»; *tthāman* (de la raíz *sthā*) significa «permanecer, continuar en una condición determinada» o «seguir siendo o existiendo (lo opuesto a "perecer")». Aquello que se acumula y permanece sin cambios y no perece con la muerte son los deseos (el término *ashaya* de Patanjali, derivado de *ā-śā*). Más específicamente, significa el deseo latente o la semilla del deseo *(vasana)* o las impresiones de los deseos sobre la conciencia. En *Yoga Sutras* IV:10, se afirma: «Este deseo es la raíz eterna de la creación de la Naturaleza», es la causa universal de todo cuanto existe desde el principio de los tiempos.

Según las escrituras hindúes, lo que originó este drama del sueño cósmico universal fue el deseo desinteresado del Espíritu de disfrutar de su singular naturaleza en múltiples formas. Esta impresión del deseo de existir y disfrutar de la experiencia de existir es parte del núcleo de individualidad de estas múltiples formas del Espíritu. El deseo es, entonces, una ley fundamental que asegura la continuidad de la creación. Los seres humanos sueñan sus deseos individuales dentro de la siempre despierta somnolencia del Soñador Cósmico. *Avidya,* la ignorancia, engendra el egoísmo; del ego nace el sentimiento o deseo y la concomitante identificación con los sentidos y objetos de los sentidos como un medio para obtener placer. Ello conduce a las buenas y malas acciones motivadas por el deseo, así como a sus resultados o impresiones, que a su vez producen nuevas causas y efectos de una vida a otra en un ciclo que se perpetúa a sí mismo. En tanto que los deseos no tengan fin, los renacimientos tampoco tendrán fin.

Es preciso distinguir esta semilla del deseo o deseo latente del ser humano (Ashvatthaman) del deseo activo (Duryodhana). Existe una enorme diferencia entre ambos. El deseo activo es un impulso de la mente que produce un deseo independiente. Este acto de la mente no tiene raíces en el subconsciente. Cuando este impulso surge como algo nuevo en la mente de una persona, no es lo suficientemente poderoso como para no poder frenarlo o suprimirlo con facilidad por medio de un rápido acto de la voluntad. Todo deseo, sin embargo, ya sea que se ponga en acción o no, muy pronto es seguido por otro. Tales deseos de gratificación del ego no cesan aun cuando supuestamente se satisfagan; en cada logro mundano u obtención de una posesión material, permanece siempre algún objetivo sin cumplir. Las semillas del deseo nacen de estos deseos activos instigados por el ego. Cada deseo activo que quede insatisfecho sembrará en la mente una nueva semilla de deseo, a no ser que sea incinerado por medio de la sabiduría. Estas semillas del deseo son más imperiosas que los deseos impulsivos nuevos y enraízan profundamente en el subconsciente, prontas a brotar de improviso con demandas que en muchos casos son irrazonables, frustrantes y causantes de sufrimiento. Puesto que el deseo engendra más deseo, el único modo de terminar el ciclo consiste en destruir las causas.

Al final de la guerra que se describe en el *Mahabharata,* después de que los Pandavas derrotan a los Kurus, vemos que Ashvatthaman sobrevive, pero se le ha despojado de su poder, y su destino es vagar por el mundo para siempre, solo y sin amigos. Cuando el yogui alcanza la liberación y se establece de modo irrevocable en la divina conciencia del alma, sus «deseos» se asemejan al deseo desinteresado del Espíritu, y no tienen poder de conquista, o sea, la capacidad para atar al alma.

La destrucción de las causas de la esclavitud —el deseo material, el ego, el hábito, el apego, etc.— es, por lo tanto, la meta del devoto yogui que, junto con el divino ejército pandava del discernimiento y del poder del alma, lucha contra las malvadas fuerzas kurus.

ESTROFA 9

अन्ये च बहवः शूरा मदर्थे त्यक्तजीविताः ।
नानाशस्त्रप्रहरणाः सर्वे युद्धविशारदाः ॥

anye ca bahavaḥ śūrā madarthe tyaktajīvitāḥ
nānāśastrapraharaṇāḥ sarve yuddhaviśāradāḥ

Asimismo, están aquí reunidos muchos otros guerreros, muy bien entrenados para la lucha, provistos de diversas armas y dispuestos a dar su vida por mí.

«DIVERSOS GUERREROS DE LA TENTACIÓN, célebres por sus grandes proezas y diestros en la guerra psicológica y espiritual contra el bien, provistos de los variados atractivos de los sentidos, residen en el reino del cuerpo, todos ellos dispuestos a dedicar por entero su vitalidad a luchar por mí (el rey Deseo Material)».

El imponente ejército kuru ha congregado a los cien hijos de

Dhritarashtra (las diez propensiones materialistas de cada uno de los diez sentidos de la ciega mente sensorial —cinco instrumentos del conocimiento y cinco de la acción—), las fuerzas leales que éstos han reunido (las ilimitadas tentaciones sensoriales) y los bien adiestrados aliados kauravas, dotados con poderes para obstaculizar y destruir (de los cuales Duryodhana ya enumeró los principales en la estrofa 8).

Se presenta aquí, entonces, un grupo especializado de las fuerzas kauravas. Para no confundir al lector con una nueva «lista», él debe más bien dejar que los procesos de su pensamiento se fundan con los de los *rishis,* tanto antiguos como modernos, que comprendieron que el yoga es una ciencia que requiere de exactitud en las definiciones. Al igual que el científico correlaciona los principios y fuerzas que interactúan y son afines entre sí, en un intento por definirlos, los *rishis* clasificaron aquellos principios que interactúan para producir un efecto específico. Puesto que cada uno de ellos forma parte de un todo, existen inevitables superposiciones y matices diferentes en los significados según el concepto específico que se estudie.

LOS SEIS DEFECTOS DEL EGO IDENTIFICADO CON LA MATERIALIDAD

CUANDO EL EGO O conciencia del «yo» ha tomado partido por las fuerzas materialistas de la creación, se dice que adolece de seis defectos *(doshas):* 1. *kama* (la sensualidad); 2. *krodha* (la ira); 3. *lobha* (la codicia); 4. *moha* (la ilusión); 5. *mada* (el orgullo); y 6. *matsarya* (la envidia). Sólo después que el hombre ha vencido estos defectos adquiere el conocimiento acerca de su verdadera naturaleza: el alma.

Estos enemigos dan una idea aún más clara de la naturaleza de algunos de los Kurus ya mencionados y también presentan a otros guerreros que desempeñan un papel significativo en la batalla de Kurukshetra según la analogía establecida en el *Mahabharata;* estos guerreros no se mencionan específicamente en el *Guita* pero se hace alusión a ellos cuando se analizan las características que representan. Por ejemplo, en XVI:7-24, en la definición de los seres demoníacos o totalmente egoístas, hallamos una correspondencia general con los seis defectos del ego[42].

Así pues, dentro de las debilidades del ser humano se oculta la firma del ego. Dado que el ego ama la materia y las formas limitadas, todas las diferentes fases de la conciencia que reciben el entrenamiento

---

[42] Véanse en el volumen II las estrofas citadas.

del ego incorporan también su restringido carácter formal egoísta. Como resultado, las siguientes deficiencias *(doshas)* visitan la mente humana:

1. Kama (la sensualidad)

Con el pretexto de satisfacer sus necesidades, el ego tienta al hombre a buscar permanentemente la autosatisfacción, lo cual trae como resultado el sufrimiento y la aflicción. Aquello que daría contento al alma se deja en el olvido, y el ego continúa tratando sin cesar de satisfacer sus insaciables deseos. *Kama* (la sensualidad) es, por lo tanto, el deseo vehemente de entregarse a las tentaciones sensoriales. El deseo material compulsivo es el instigador de los malos pensamientos y acciones del ser humano. En su interacción con otras fuerzas que obstaculizan la naturaleza divina del hombre —influyendo en ellas y viéndose, a la vez, influido por ellas—, el insaciable deseo sensual es el enemigo por excelencia. Y el prototipo que encarna a la perfección tal deseo es Duryodhana, cuya absoluta renuencia a desprenderse siquiera de una pequeña porción de territorio o placer sensorial fue la causa de la guerra de Kurukshetra. Sólo en forma muy gradual, y gracias a su ardiente determinación en la batalla, lograron los Pandavas recuperar su reino.

Kama, el deseo sensual, con el apoyo de las demás fuerzas kauravas, es capaz de corromper los instrumentos sensoriales del hombre hasta hacerle expresar sus más bajos instintos. Según enseñan las escrituras hindúes, bajo la poderosa influencia de *kama,* incluso los hombres cuerdos e instruidos actúan como asnos, monos, cabras y cerdos.

La sensualidad se relaciona con el abuso de cualquiera de los sentidos, o de todos ellos, al buscar el placer o la gratificación. A través del sentido de la vista, el hombre puede codiciar objetos materiales; a través del oído, anhela el dulce y lento veneno de la adulación, así como las vibraciones sonoras de voces y música que enardecen su naturaleza materialista; a través del placer sensual del olfato, se siente atraído hacia ambientes y actividades perjudiciales; la afición desmedida por la comida y por la bebida le impulsa a satisfacer su paladar a expensas de la salud; a través del sentido del tacto, ansía disfrutar de una comodidad física desmesurada y abusa del impulso sexual creativo. La sensualidad también busca la gratificación en las riquezas, la posición social, el poder y la dominación: todo aquello que satisface la conciencia del «yo, mí, mío» de la persona egoísta. El deseo sensual es egotismo, el peldaño más bajo en la escala evolutiva del carácter de los seres humanos. Por la fuerza de su pasión insaciable, *kama* adora destruir la felicidad, la salud, las facultades cerebrales, la claridad de pensamiento, la memoria y la capacidad de discernimiento del hombre.

2. KRODHA (LA IRA)

El deseo frustrado da como resultado la ira. Por eso, el primogénito de la ciega mente sensorial, representada por el rey Dhritarashtra, es Duryodhana-Deseo Material, y su segundo hijo (y el más próximo a Duryodhana) es Duhshasana, que simboliza la ira. Este nombre significa «difícil de refrenar o controlar» y proviene de las raíces sánscritas *duḥ,* «difícil», y *śās,* «refrenar o controlar». En el *Mahabharata,* este personaje realmente despreciable que es Duhshasana caracteriza de manera efectiva el mal inherente a la ira. En el segundo capítulo del *Guita*[43], Krishna le explica a Arjuna que la ira ocasiona que el malhechor permanezca envuelto en el engaño, el cual oscurece el recuerdo de cuál es el comportamiento correcto del Ser y, en consecuencia, hace que la facultad de discernimiento se degrade. A esta confusión de la inteligencia le sigue la aniquilación del comportamiento correcto.

La ira manifiesta de muchas maneras su comportamiento destructivo de la paz, cegador de la razón y perjudicial para la salud: impaciencia, violencia, irritación, furia interior, celos, resentimiento; ira maliciosa, ira apasionada, ira superficial e infantil; ira de Lucifer, satánica en su violencia y maldad; paroxismos de ira, que se desatan con muy poca o ninguna estimulación externa y que son provocados por el hábito crónico de la ira; y, también, ira profundamente arraigada proveniente del mal karma de vidas pasadas. Aun cuando la ira se desate por una razón supuestamente justa —la llamada «ira justificada»— jamás debe sustituir a la calma y el discernimiento que deben imperar tanto en el juicio como en la acción.

3. LOBHA (LA CODICIA)

El ego convierte al ser humano en un esclavo de sus caprichos, impidiendo que examine y evalúe los errores que podrían estar arraigados en sus conceptos e ideas acerca de las cosas. Bajo su influencia, el hombre no actúa impulsado por el deber o la rectitud, sino para satisfacer sus indisciplinados caprichos. Desde la niñez, la mayoría de las personas están condicionadas a ser gobernadas por el ego y, en consecuencia, se hallan dirigidas por sus sentimientos y guiadas por gustos y aversiones

---

[43] II:63.

ya programados. Esta esclavitud a los caprichos, gustos y aversiones es *lobha,* la codicia —la actitud codiciosa, la avaricia, las ansias de posesión de objetos materiales—, una confusión de la mente entre lo realmente necesario y las «necesidades» innecesarias.

Ya se ha demostrado que los guerreros kauravas Karna y Vikarna —el apego a la acción material y la repulsión hacia aquello que es desagradable— son la raíz de los gustos y aversiones. Por lo tanto, entre los defectos del ego, Karna y Vikarna representan *lobha,* la codicia.

La forma más común de codicia es el apetito incontrolable del hombre por la comida. Sin embargo, los principios siguientes se aplican por igual a cualquier expresión de codicia proveniente del ego. Dependiendo de su poder de influencia, la codicia por la comida puede expresarse en los siguientes grados: glotonería insaciable; apego mental que se aferra a pensar en la comida y a desearla, incluso cuando el cuerpo ha recibido suficiente alimento; gula poderosa, que no se sacia hasta que arruina la salud (como ocurre al comer en exceso o de modo inapropiado aun cuando se conozcan por completo las consecuencias); gula intermedia, que se puede controlar de manera momentánea, por lo general cuando ha causado sufrimiento; y, finalmente, gula moderada, que muchas veces se designa como «complacencia inofensiva», aunque jamás lo es.

En su exteriorización más ávida y avariciosa, la codicia lleva al robo, la deshonestidad, la estafa y a obtener provecho personal a expensas del bienestar de los demás. Si un hombre permite que lo venza la codicia, su vida y su espíritu quedarán arruinados y destruidos por el sufrimiento.

Krishna advierte al devoto Arjuna que las tres puertas que conducen al infierno son la sensualidad, la ira y la codicia y que, por consiguiente, deben erradicarse[44].

4. MOHA (EL ENGAÑO)

Este defecto del ego reprime la evolución y manifestación del alma. El ego es la pseudoalma, o sea, la conciencia que se halla bajo la influencia del engaño. El alma y el ego son como la luz y la oscuridad respectivamente; su coexistencia resulta imposible. Tanto el ego como el alma son entidades subjetivamente conscientes, pero el ego tiene nacimiento y está condicionado, en tanto que el alma es inmortal e incondicional. El ego está circunscrito por la edad, nacionalidad, gustos y aversiones,

---

[44] XVI:21 (volumen II).

forma, posesiones, anhelo de fama, personalidad, orgullo, apego: todo aquello que restringe y limita. El ego es la conciencia presente dentro del hombre que lo conecta con su cuerpo y con el entorno a través de los instrumentos del sentimiento, la voluntad y el conocimiento. Así como es verdad que una persona materialista no puede ser consciente de sí misma si se sustrae del ego, así también es cierto que el ego no puede permanecer disociado por mucho tiempo del entorno interno y externo al que está atado. Si no existe apego, el ego desaparece.

Moha es el apego básico del ego, su cohesión indivisible con el engaño. *Avidya,* el engaño individual, representada por Kripa (el aliado de los Kurus), se explicó en la estrofa 8. Esta ilusión de individualidad da origen al ego o «conciencia del yo» como aquello que percibe y experimenta a través de dicha individualidad. *Moha* es el apego del ego a este engaño, y hace que la mente se nuble y no pueda percibir lo que es verdadero y real. La palabra *moha* significa «engaño, ilusión, ignorancia, desconcierto, obsesión por algo (apego)», pero, además, se denomina así al arte mágico utilizado para confundir al enemigo.

En la alegoría del *Mahabharata, moha* está representada por el Kuru Shakuni, hermano de Gandhari, que fue la primera esposa del rey ciego Dhritarashtra. Shakuni era famoso por su dominio de la ilusión y ganaba batallas causando el desconcierto de sus oponentes mediante engaños. Fueron los consejos de Shakuni los que impulsaron a Duryodhana a desafiar a los cinco Pandavas a participar en una partida de dados en la que se vieron obligados a apostar su reino. Shakuni arrojaba los dados y con una astuta artimaña despojó a los Pandavas de todo cuanto poseían en favor de Duryodhana[45]. Cuando se entiende la simbología de los personajes, se comprende claramente el significado de la alegoría. Mediante la «partida de dados» de las engañosas tentaciones sensoriales y atracciones materiales, el alma y sus divinas cualidades de discernimiento son desterradas del reino corporal. A partir de ese momento, la conciencia del hombre permanece bajo el gobierno del ego y de sus seis defectos.

Como resultado de ese apego al engaño, se afianzan los impedimentos que las limitaciones le imponen al hombre. El ego no sólo les proporciona a los seres humanos la conciencia de que existen ciertas cosas positivas que pueden hacer, sino que les influye negativamente inculcándoles la conciencia de limitación en aquello que los mortales se creen incapaces de hacer. Éste es el aspecto más peligroso de estar bajo

---

[45] Véase la Introducción, página XXXVI.

el régimen del ego, porque obstruye el poder potencialmente omnisciente y omnipotente del verdadero Ser, el alma. Romper este apego al engaño significa permitir que el alma exprese su supremacía, establezca su influencia y expanda la manifestación de sus infinitas posibilidades.

5. Mada (el orgullo)

Este defecto del ego vuelve la mente estrecha y limitada. A causa de su reducida conciencia, el orgullo entorpece y reprime las ilimitables cualidades del alma. En este contexto, el orgullo significa ese amor por el «yo» o la identidad con el ego que está constantemente a la defensiva (o a la ofensiva) para apoyar y promover los intereses de ese ego. Por causa de *mada,* dentro del ego se despierta la arrogancia, la vanidad, la altivez, el comportamiento presuntuoso y un apasionado y desenfrenado apetito por los deseos, intereses o demandas del «yo, mí y mío»: «mi buen nombre, mis derechos, mi posición social, mi raza, mi religión, mis sentimientos; tengo motivos justificados, soy tan bueno como cualquier otro o incluso mejor, yo quiero, yo tengo, yo soy». Entre los significados que incluye la palabra *mada* además de «orgullo», se encuentra «embriaguez, locura». Podría afirmarse acertadamente que *mada* es un estado de embriaguez tan grande con la conciencia del «yo», propia del ego, que el ser humano se despide de su sabio o verdadero Ser: el alma.

En la alegoría del *Mahabharata, mada* —en el aspecto de orgullo— está representada por Shalya. Se trata del tío materno de los dos hermanos pandavas más jóvenes, Sahadeva y Nakula. Shalya emprende el camino para unirse a ellos en contra de los Kurus, pero Duryodhana le soborna con adulación y obsequios, por lo que decide tomar partido por el bando de los Kurus. Así ocurre a menudo con el orgullo egoísta, que le hace al hombre volver la cabeza —y los pies— hacia el rumbo equivocado. La palabra *shalya* significa «falta o defecto», que en este contexto implica la cortedad de miras característica del orgullo del ego, cuya limitada visión confunde el raciocinio y buen juicio del ser humano.

Shalya significa también «maltrato, difamación». *Mada* produce en el hombre egoísta un poder hostil que expresa su egocéntrica altanería hacia los demás como intolerancia, prejuicio, fanatismo, actitud despiadada y la prejuiciosa o temerosa hostilidad del odio. El orgullo hace que el hombre egoísta, de manera consciente o inconsciente, trate de cortar la cabeza a sus semejantes a fin de parecer más alto. Le gusta denigrar o humillar a los demás, regocijarse con los errores y frustraciones del prójimo y, asimismo, chismorrear y criticar. Pero ¡ay de la persona, incluso bienintencionada, que se entrometa en el santuario sagrado que el orgullo del ego posee! Habrá de enfrentarse a una ira instantánea, una actitud vengativa o, en el mejor de los casos, una exclamación tal como: «¡Deberías sentirte avergonzado de herir mis sentimientos!».

El orgullo del ego de una persona ahuyenta a las demás, produciendo en ellas un sentimiento de vejación y de aversión hacia ese individuo; por el contrario, las buenas cualidades, tales como la humildad, la calma, la amabilidad, las sonrisas sinceras y risueñas, la comprensión paciente, siempre generan en el prójimo gozo, paz y consuelo. De ese modo, quien ha desarrollado las cualidades discernidoras posee una personalidad atractiva; a través de su comprensión y compasión verdaderamente reina en los corazones de los demás. El orgulloso sólo se engaña a sí mismo pensando que su actitud dominante lo convierte en un líder entre los seres humanos.

Incluso una persona de gran elevación espiritual puede caer de un sitio muy encumbrado a causa del orgullo que le producen sus logros. La naturaleza de *mada* es tal que el ego se tiene a sí mismo en gran estima, no sólo por todo lo bueno que realmente haya alcanzado, sino también por las cualidades que erróneamente imagina poseer. Cuanto más bien hay en una persona, mayores razones tiene para sentirse orgullosa y, por ello, más aumenta la posibilidad de sucumbir al orgullo egoísta. ¡Ingeniosas son, en verdad, las trampas del engaño!

6. MATSARYA (LA ENVIDIA, EL APEGO MATERIAL)

Lo maravilloso de la lengua sánscrita es su capacidad para expresar un concepto completo en una sola palabra, que resulta compresible para aquellos ya versados en el concepto al que se alude. El idioma sánscrito se desarrolló como «el lenguaje de los dioses», y a través de él se transmitieron las escrituras a los mortales. Cada palabra puede poseer muchos significados, siendo el contexto lo que determina su correcta aplicación. La dificultad de la traducción a otro idioma reside en que se requiere de una extensa definición para expresar aquello que se halla implícito en una sola palabra. A fin de evitar la verbosidad repetitiva, se elige entonces, en el idioma al que se traduce, una frase o palabra relevante para describir el significado. Dicha frase o palabra debe comprenderse en su sentido filosófico completo. *Matsarya,* que por lo general se traduce como «envidia», significa en un sentido más amplio «apego material». La palabra deriva de *matsara,* cuyo significado es «envidia, celos, egoísmo, hostilidad, pasión por algo; excitante, intoxicante o adictivo». Enfocarse en la abundancia de las posibles posesiones y otros logros que se puedan conseguir en el mundo material ocasiona insatisfacción en el ego y pasión (envidia) por obtener tales gozos materiales. Con ello se despierta un sentimiento de excitación, una fuerza o poder dirigido hacia el cumplimiento de dicho objetivo, que da como resultado un estado de intoxicación y adicción hacia los objetos que se han obtenido (es decir, apego material). Este apego material, en algunos casos de naturaleza hostil, puede ser de carácter envidioso, malicioso y egoísta.

El guerrero kaurava que representa este defecto del ego es Kritavarma. Fue el único Yadava (el clan de Krishna) que apoyó a Duryodhana en la guerra de Kurukshetra. Cuando se le negó la novia que codiciaba y, en cambio, ésta fue llevada al reino de Krishna, se despertó en él una maliciosa envidia.

Matsarya o la envidia del ego, en su total implicación, incita las ansias propias del deseo y hace que a quien se encuentra bajo su influjo le resulte prácticamente imposible dirigirse sin demora hacia la meta e ideal de su vida. Es una actitud soñadora, que hace soñar al hombre con un mundo de deseos satisfechos, impulsándolo a correr tras ellos por los pasadizos sin fin de nacimientos y renacimientos; le hace olvidar su verdadero deber, que consiste en llevar a cabo aquellas acciones que son las apropiadas para la evolución de su alma; además, crea en él un anhelo de imitar la posición de los demás (es decir, llegar a ser o poseer aquello que ha despertado su envidia). Para destruir ese estado de conciencia, uno debería disociarse de su propia personalidad e identificarse con los demás a través de la imaginación. Con ello comprobaría que el estado mental resultante es el mismo para todos: placer momentáneo seguido de insatisfacción y de más deseos. Si cesara de desear, descubriría que lo que realmente quiere no es la satisfacción del ego o de sus caprichos, sino la satisfacción de su verdadero Ser: el alma.

Puesto que el alma es ilimitada, no permite que la estrechez del ego la coarte. Destruir la conciencia del ego no significa que se deba vivir una existencia desprovista de metas, sino que no debería uno identificarse con los apegos del ego a fin de no limitar su ser. No es preciso que el hombre se desprenda de sus posesiones o que no cuide de aquello que posee o que ya no procure obtener lo que en realidad necesita; sólo se requiere que en el curso del cumplimiento de sus deberes se aniquile la esclavitud que impone el apego. Quienes se liberan de la estrechez del ego y de la conciencia de posesión propia del ego tienen bajo su dominio el cielo y la tierra. Un hijo del Espíritu, libre de los apegos materiales del ego, puede ciertamente poseer cuanto existe en el universo por ser su legítima herencia divina. De ese modo, todos sus deseos se satisfacen.

PARA RESUMIR, EL PRINCIPAL DE LOS MALES que, en la práctica, trae consigo la conciencia del ego y sus seis defectos es la compulsión creciente a olvidar el propio Ser —el alma—, así como sus expresiones, manifestaciones y requerimientos, y a desarrollar la empecinada tendencia a satisfacer las insaciables «necesidades» del ego.

La conciencia del ego es una falsa personalidad

En términos psicológicos, la conciencia del ego consiste en la transferencia e injerto de una falsa personalidad. Es preciso reconocer y erradicar la usurpadora conciencia del ego y sus variadas tendencias, que impiden establecer contacto con el verdadero Ser. Cada vez que se sienta invadido por la ira, el aspirante a yogui debe tener siempre presente: «¡Ése no soy yo!». Cuando su autodominio se vea desbordado por la sensualidad o la codicia, debe decirse a sí mismo: «¡Ése no soy yo!». Cuando el odio amenace oscurecer nuestra auténtica naturaleza con una máscara de emoción despreciable, debemos disociarnos enérgicamente de tal emoción y afirmar: «¡Ése no soy yo!». El devoto aprende a cerrar las puertas de su conciencia para impedir la entrada a los visitantes indeseables que buscan alojarse en su interior. Y cada vez que otras personas le utilicen o le maltraten, pero aun así sienta palpitar en su interior el sagrado espíritu del perdón y del amor, podrá afirmar entonces con toda convicción: «¡Ése sí soy yo! ¡Ésa es mi verdadera naturaleza!».

La meditación yóguica consiste en el proceso de cultivar y estabilizar la percepción de nuestra verdadera naturaleza a través de la aplicación de leyes y métodos psicofísicos y espirituales definidos mediante los cuales se sustituye el pequeño ego, la defectuosa conciencia humana hereditaria, por la conciencia del alma.

ESTROFA 10

अपर्याप्तं तदस्माकं बलं भीष्माभिरक्षितम्।
पर्याप्तं त्विदमेतेषां बलं भीमाभिरक्षितम्॥

aparyāptaṁ tad asmākaṁ balaṁ bhīṣmābhirakṣitam
paryāptaṁ tvidam eteṣāṁ balaṁ bhīmābhirakṣitam

Nuestras fuerzas, protegidas por Bhishma, son ilimitadas (aunque podrían ser insuficientes); en tanto que el ejército defendido por Bhima es limitado (pero sumamente idóneo)[46].

«Nuestras fuerzas de los deseos y las tentaciones sensoriales, aunque son ilimitadas en número y están protegidas por el vehemente poder de la naturaleza del ego, podrían, sin embargo, resultar insuficientes, pues nuestra fortaleza depende del estado de identificación con el cuerpo, en tanto que el ejército pandava, aunque sea limitado en número, cuenta con los principios absolutos de la verdad inmutable y es defendido por el poder de la fuerza vital guiada por el alma, los cuales, al actuar conjuntamente, tienen la capacidad de destruir la identificación con el cuerpo y, de ese modo, derrotar nuestra causa».

La función del ego: preservar el engaño del cuerpo y del mundo material

Bhishma (*asmita,* la conciencia del ego nacida de la ilusión) es el comandante supremo de todas las unidades del ejército sensorial. El propósito de Bhishma, el ego o pseudoalma, es mantener la conciencia ocupada constantemente con los informes y las actividades de los sentidos, y lo logra enfocando la atención en lo externo, en el cuerpo y el mundo de la materia, en vez de centrarla en Dios y en la verdadera naturaleza del alma. Esta conciencia atada al cuerpo, cautiva de la ilusión, es la responsable del despertar de los innumerables soldados de las tentaciones y apegos que se encuentran agazapados en el cuerpo humano.

Sin la conciencia del ego, el ejército entero de los males y de las tentaciones desaparece como un sueño olvidado. Si el alma residiera en el cuerpo sin identificarse con él, como lo hacen las almas de los santos, ni las tentaciones ni los apegos podrían mantenerla atada al cuerpo. Los problemas del hombre común nacen del hecho de que, cuando el alma desciende al cuerpo, proyecta en éste su naturaleza individualizada de bienaventuranza siempre consciente y siempre renovada y, a partir de ese momento, se identifica con las limitaciones de la forma física. El alma cree entonces que ella es el desdichado ego,

---

[46] Las palabras sánscritas *aparyāptaṁ* y *paryāptaṁ* no sólo significan «ilimitado» y «limitado», respectivamente, sino también los conceptos opuestos, «insuficiente o inadecuado» y «suficiente o idóneo». Ambas traducciones son sostenibles si se comprende el propósito. Un principio de la verdad —siendo incondicional y eterno—, al aplicarse acertadamente, es capaz de derrotar una horda de malas tendencias cuya existencia relativa depende de la naturaleza temporal de la ilusión.

sujeto a incontables tentaciones. Sin embargo, la identificación del alma con el cuerpo no es real, sino imaginaria. El alma es, en esencia, eternamente pura. Los seres mortales comunes y corrientes permiten que sus almas vivan como egos enredados en el ámbito de lo corporal, en vez de vivir como almas verdaderas, reflejos del Espíritu.

Un joven y acaudalado príncipe que estuvo prisionero en los barrios bajos permaneció allí durante tanto tiempo que llegó a creer que era pobre y miserable. Aceptó como propias todas las dificultades asociadas con la pobreza. Cuando por fin pudo regresar a su palacio y vivió allí de nuevo por cierto tiempo, comprendió que jamás había sido pobre, excepto en su imaginación como secuela de sus experiencias pasajeras.

Resulta difícil, sin embargo, para el hombre mortal comprender que no es un ser de carne y hueso, que en realidad no es ni hindú ni norteamericano ni ninguna de las otras cosas limitadas que parece ser. Durante el sueño, de manera inconsciente, el alma nos hace olvidar la conciencia del cuerpo. El sueño es un bálsamo curativo temporal para aliviar las alucinaciones del hombre acerca de la materia. La meditación es la verdadera panacea con la cual el ser humano puede curarse en forma permanente de la ensoñación de la materia y todos sus males, y percibirse a sí mismo como Espíritu puro.

Pranayama, *la clave de la victoria del yogui*

Duryodhana-Deseo Material sabe que su reino se encuentra en grave peligro cuando el devoto aspirante comienza a poner en movimiento el ejército espiritual interno mediante la práctica de la meditación. Bhima, la fuerza vital guiada por el alma, es el general más importante de este ejército, dado que la fuerza vital es el eslabón entre la materia y el Espíritu, y no es posible realización alguna hasta que dicha fuerza queda bajo control y se dirige hacia el Espíritu. A medida que el devoto que medita adquiere habilidad en la práctica de las técnicas correctas de *pranayama,* Bhima (la fuerza vital dirigida hacia dentro y el consiguiente control de la vida y del aliento) conduce a ese yogui victorioso hacia la conciencia divina.

Mediante técnicas respiratorias apropiadas de *pranayama,* la sangre venosa se purifica y el cuerpo del hombre se alimenta directamente de energía cósmica; se detiene el deterioro del cuerpo, y el corazón recibe un bienvenido descanso de su tarea usualmente incesante de oxigenar y nutrir el cuerpo a través de la circulación sanguínea y de dirigir la fuerza vital hacia los cinco teléfonos de los sentidos: tacto, olfato, gusto, oído y vista. Cuando la fuerza vital se desconecta de los órganos de los sentidos, las sensaciones que provoca la materia no pueden llegar hasta el cerebro y no logran apartar de Dios la atención de aquel que medita. Por eso, se debe despertar a Bhima, o la capacidad de controlar la fuerza vital, y a otros soldados poderosos —la concentración, la intuición, la percepción interna, la calma, el autocontrol, etc., (descritos en las estrofas 4 a 6)— para que combatan contra las fuerzas del ego o pseudoalma. Bhima, la fuerza vital guiada por el alma, lidera el ejército espiritual y es el principal enemigo del ego (Bhishma) porque, cuando el control de la fuerza vital detiene la invasión de los cinco sentidos, el alma queda automáticamente liberada del cautiverio que le impone la conciencia del ego identificada con el cuerpo. Habiendo recuperado el mando supremo de la conciencia, el alma afirma: «Jamás he sido otra cosa que el gozoso Espíritu; sólo imaginé, durante algún tiempo, que era un ser humano mortal, sujeto a las limitaciones ilusorias y a las tentaciones sensoriales».

Este «despertar» del alma o realización del Ser se produce primero como una percepción transitoria que tiene lugar durante la experiencia del *samadhi* en la meditación profunda, después de que, gracias a la práctica exitosa del *pranayama,* se ha logrado el control de la fuerza vital y se ha invertido la corriente de vida y conciencia desde los sentidos hacia los divinos estados interiores de percepción del alma y percepción de Dios. A medida que las experiencias del *samadhi* del yogui se hacen más profundas y se expanden, esta realización se convierte en un estado de conciencia permanente.

Alcanzar el *samadhi* o unidad con Dios es el único método por medio del cual se puede derrotar totalmente la conciencia del ego.

Etapas del samadhi, *el estado de unidad con Dios*

EXISTEN DIFERENTES GRADOS de percepción divina o unidad con Dios. En primer lugar, en la supraconciencia se percibe la unidad entre el ego y el alma. Luego, en los estados de conciencia crística *(Kutastha Chaitanya)* y conciencia cósmica se presenta la percepción de la unidad entre el alma y el Espíritu.

Así como existen diversos estados de percepción que se expanden progresivamente, así también hay diferentes estados de *samadhi* en los que ocurren estos estados de percepción. Clasificados de manera general, existen tres tipos de *samadhi: jada,* el trance inconsciente; *savikalpa,* la percepción del Espíritu sin las olas de la creación; y *nirvikalpa,* el estado más elevado, en el que se perciben de modo simultáneo el océano del Espíritu y todas las olas de su creación.

Jada samadhi, el estado cataléptico inconsciente, no tiene utilidad espiritual alguna porque únicamente suspende en forma temporal la conciencia y las acciones del ego; no puede transformar la conciencia material en conciencia espiritual. *Jada samadhi,* el trance inconsciente, se produce a través de métodos de control físico o mediante la anestesia mental resultante de mantener la mente en blanco, o bien, presionando ciertas glándulas. En ese estado, lo único que logra una persona identificada con los sentidos es abstenerse transitoriamente de acumular deseos, apegos y deudas kármicas; jamás le es posible obtener sabiduría ni destruir las semillas del karma prenatal y postnatal ni aquellas de los malos hábitos.

Un relato popular de la antigua India cuenta que un malvado encantador de serpientes entró en trance y, al hacerlo, cayó en un pozo de agua. Con el tiempo, el pozo se secó y se llenó de tierra. El hombre permaneció allí enterrado, en trance, en un estado de vida latente y de perfecta conservación. Cien años después, un grupo de aldeanos que cavaban el viejo pozo encontraron al hombre y lo revivieron aplicándole agua caliente. Tan pronto como recuperó la conciencia, comenzó a recriminar a todos cuantos estaban al alcance de sus gritos, acusándolos de haberle robado los instrumentos musicales con que encantaba a las serpientes. Los cien años de trance inconsciente no tuvieron efecto saludable alguno en el comportamiento del encantador de serpientes, ni destruyeron las semillas de los malos hábitos alojados en su cerebro. ¡El *jada samadhi* no mejoró en modo alguno la naturaleza perversa de este hombre!

En el estado de *savikalpa samadhi,* la atención y la fuerza vital se desconectan de los sentidos y se mantienen identificadas de manera consciente con el siempre gozoso Espíritu. En este estado, el alma se libera de la conciencia del ego y se vuelve consciente del Espíritu que existe más allá de la creación. El alma puede entonces absorber el fuego de la Sabiduría del Espíritu, que «incinera» o destruye las semillas de las inclinaciones relativas a los apegos del cuerpo. El alma —el meditador—, el estado de meditación y el Espíritu —el objeto de la meditación— se vuelven uno. Al meditar en el océano del Espíritu, la ola individual del alma se funde en el Espíritu. El alma no pierde su identidad; sólo se expande hasta fundirse con el Espíritu. En *savikalpa samadhi,* la mente del devoto sólo es consciente del Espíritu que mora dentro de él, mas no es consciente de la creación en el exterior (el mundo externo). El cuerpo se encuentra en un estado semejante al trance, pero la conciencia percibe en su totalidad la gozosa experiencia que tiene lugar en su interior.

En el estado más avanzado, *nirvikalpa samadhi,* el alma se percibe a sí misma y percibe al Espíritu como uno solo; hay una comprensión plena de que la conciencia del ego, la conciencia del alma y el océano del Espíritu existen unidos. Es un estado en el que, en forma simultánea, se observan el océano del Espíritu y las olas de la creación. Tal yogui ya no se ve a sí mismo como «Juan Pérez» ni se siente vinculado con un determinado entorno; comprende que el océano del Espíritu se ha convertido no sólo en la ola de Juan Pérez, sino también en las olas de todas las demás vidas. En *nirvikalpa,* el alma se halla simultáneamente consciente del Espíritu en su interior y de la creación en el exterior. Este hombre divino que se halla en el estado de *nirvikalpa* puede incluso ocuparse de sus deberes materiales sin perder su unión interna con Dios.

Los estados *savikalpa* y *nirvikalpa* del *samadhi* se describen en este antiguo canto hindú:

> *En* savikalpa samadhi *yoga*
> *ahogarás tu ser (el ego) en tu Ser (el Espíritu);*
> *en* nirvikalpa samadhi *yoga*
> *hallarás tu ser (el ego) en tu Ser (el Espíritu)*[47].

La conciencia del ego en el ser humano mantiene el alma apegada a la materia presentándole continuos deseos mortales, enfatizando la «individualidad» o peculiaridades de cada hombre y recordándole las limitadas relaciones físicas asociadas al país, la raza, la nacionalidad, la familia, las posesiones, las características personales y así sucesivamente. El alma, que es un reflejo del Espíritu, debe manifestar su naturaleza omnipresente y omnisciente; el *samadhi* le recuerda al alma su omnipresencia. Así pues, el modo de vencer la conciencia del ego consiste en esforzarse por alcanzar el estado de *samadhi* a través de la meditación.

---

[47] Paramahansa Yogananda musicalizó este canto y lo incluyó en su libro *Cosmic Chants* (publicado por *Self-Realization Fellowship*).

ESTROFA 11

अयनेषु च सर्वेषु यथाभागमवस्थिताः ।
भीष्ममेवाभिरक्षन्तु भवन्तः सर्व एव हि ॥

ayaneṣu ca sarveṣu yathābhāgam avasthitāḥ
bhīṣmam evābhirakṣantu bhavantaḥ sarva eva hi

Todos vosotros, debidamente situados en vuestros puestos de las divisiones de mi ejército, proteged a Bhishma.

«TODOS VOSOTROS (DRONA-SAMSKARA y el resto del ejército kaurava de inclinaciones sensoriales y aliados que apoyan nuestra causa) permaneced firmes en vuestros respectivos puestos en el campo corporal de Kurukshetra y en las llanuras internas de los centros cerebroespinales, y concentrad vuestras fuerzas en proteger a Bhishma-Ego».

El rey Duryodhana-Deseo Material es temeroso por naturaleza; nunca se siente demasiado seguro de su reino. Sabe que su existencia misma es precaria, pues se basa en el apoyo que la falsa e ilusoria conciencia del ego le proporciona. El ego o conciencia de la identificación con el cuerpo se lleva en lo más profundo del alma durante numerosas encarnaciones. Es esta persistente identificación con el cuerpo lo que ha fortalecido al rey Deseo Material y lo estimula a perpetuar por todos los medios posibles la conciencia corporal, porque es dicha conciencia, junto con su ejército de limitaciones, lo que puede mantener (y de hecho mantiene) al alma prisionera de la materia. El Deseo Material sabe que si los soldados de la meditación derrotan por completo a la conciencia del ego —aunque sólo sea una vez—, el alma recordará su estado de perfección y aniquilará totalmente a los ejércitos del deseo y del engaño.

En su propósito de ejercer la influencia del engaño y derrotar a los soldados del alma, el ego es aún más poderoso que el preceptor del Deseo Material, la Tendencia de los Hábitos del Pasado. Por eso Duryodhana se permite ordenarle, incluso a su respetado maestro Drona, que se sitúe en su puesto en defensa del ego. Aunque las malas tendencias del pasado sean destruidas, se pueden crear fácilmente nuevas tendencias perniciosas o incluso buenas tendencias egoístas con la finalidad de mantener al alma en estado de esclavitud. Puesto que la conciencia del ego es el principal poder con que cuenta el rey Deseo Material para engañar al alma y atraparla en las redes de la carne y de la materia, éste recalca la importancia de defender a Bhishma-Ego a toda costa. Sabe que será muy difícil aniquilar la conciencia básica del ego si éste cuenta con la leal protección de Drona-Samskara y del resto del ejército sensorial.

Reseña de las fuerzas reunidas para librar la batalla espiritual

Una reseña de los principales guerreros y generales de los ejércitos kuru y pandu, ya descritos en las estrofas 4 a 9, mostrará que el poderío de ambos bandos se halla casi equilibrado. Por cada mala inclinación, deseo maligno o mal hábito, hay una correspondiente cualidad divina discernidora que el yogui resuelto puede utilizar para derrotar o poner en fuga al enemigo. O, a la inversa, puede decirse que, en el caso del devoto negligente o perezoso, por cada buena cualidad existe una contraparte negativa siempre dispuesta a disuadir al ejército que lucha por alcanzar la realización del Ser.

La formación de combate para la batalla espiritual es la siguiente:

Los soldados del alma, presentes en los siete centros cerebroespinales, son: 1) Sahadeva, el poder para observar las normas negativas de moralidad (los «no deberás hacer»), situado en el centro coccígeo o centro del elemento tierra; 2) Nakula, el poder para seguir las normas espirituales positivas prescritas (los «deberás hacer»), en el centro sacro o centro del elemento agua; 3) Arjuna, la divina fuerza ígnea, el poder de la paciencia y del autocontrol, en el centro lumbar o centro del elemento fuego; 4) Bhima, el aliento vital y la fuerza vital controlados por el alma, en el centro dorsal o centro del elemento aire; 5) Yudhisthira, el rey Calma actuando como discernimiento divino, en el centro cervical o centro del elemento éter; 6) el Alma o *samadhi* supraconsciente, la unidad intuitiva con Dios, en el bulbo raquídeo, y Krishna o el Espíritu como la Conciencia Crística, en el centro del entrecejo, directamente conectado e interrelacionado con el centro medular; 7) el Espíritu puro, en el *sahasrara* o «loto de mil pétalos», en el cerebro.

Apoyando su causa están los guerreros metafísicos descritos en las estrofas 4 a 6: Yuyudhana-Devoción Divina *(shraddha),* Uttamaujas-Celibato Vital *(virya),* Chekitana-Memoria Espiritual *(smriti),* Virata-Éxtasis *(samadhi),* Kashiraja-Inteligencia Discernidora *(prajna),* Drupada-Desapasionamiento Extremo *(tivra-samvega),* Dhrishtaketu-Poder de Resistencia Mental *(yama),* Shaibya-Poder de Adhesión Mental *(niyama),* Kuntibhoja-Postura Correcta *(asana),* Yudhamanyu-Control de la Fuerza Vital *(pranayama),* Purujit-Interiorización *(pratyahara),* Abhimanyu-Autodominio *(samyama —dharana, dhyana* y *samadhi—)* y Draupadeya, las vibraciones, luces y sonidos espirituales que se manifiestan en los cinco centros espinales, los cuales son los puntos focales de la meditación.

En la descripción del *Mahabharata,* las divisiones del ejército pandava miran hacia el Este. El Este significa sabiduría. En el cuerpo o campo de Kurukshetra, el Este señala hacia el interior, al omnisciente ojo espiritual.

En la formación de batalla, el bando maligno o kaurava está orientado hacia el Oeste, hacia el exterior, en dirección a los sentidos. Junto a las fuerzas de los tres Pandavas presentes en los tres centros espinales inferiores, los soldados del rey Deseo Material ocupan los centros coccígeo, sacro y lumbar —los cuales gobiernan la actividad sensorial de la identificación con el cuerpo— además de toda la superficie de la piel y los baluartes de los órganos de los sentidos controlados por el ego, así como sus fuerzas establecidas en los nervios encefálicos y en los nervios de los plexos espinales físicos.

El conflicto metafísico que tiene lugar en cada centro cerebroespinal

DE ACUERDO CON UNA INTERPRETACIÓN METAFÍSICA más profunda, puede decirse que las fuerzas pandavas de los cinco centros espinales y del centro medular se enfrentan directamente a las malvadas fuerzas kauravas en estos mismos seis centros. Cada centro tiene una función espiritual y otra burda, como se explicó con el ejemplo de Arjuna (situado en el centro lumbar). Toda la creación y las fuerzas creativas emanan del Espíritu. En el microcosmos del cuerpo humano, el Ser Divino y su reflejo, el alma, ocupan el trono de los centros espirituales superiores del cerebro y cuentan con subdinamos de fuerza vital y conciencia en el centro medular y en los centros espinales. La interacción de los principios creativos da origen al cuerpo físico y la conciencia humana. Cuando el ego y sus partidarios —el engaño, la ignorancia, los apegos, los deseos, los hábitos, los sentidos— atraen persistentemente hacia el exterior a la conciencia y a las fuerzas creativas que están sintonizadas con el Espíritu, el hombre se identifica con la densa materia como si fuese la «realidad» normal y deseable. Se establece una dualidad o polaridad: la atracción negativa de la mente sensorial y el ego, que vierten las corrientes y percepciones al exterior, hacia la identificación con la materia; y la atracción positiva que ejerce el alma, a través de la inteligencia discernidora pura que revela la verdad, por medio de la cual la conciencia y las corrientes de la fuerza vital se mantienen en sintonía con el alma y el Espíritu.

Cuando el yogui que se halla en proceso de despertar —por la aplicación de la acción correcta y la meditación—[48] intenta recuperar su estado natural de conciencia divina, se encuentra a cada paso con la oposición negativa de las fuerzas kurus. Habiendo ganado la batalla moral mediante el poder para resistir las acciones incorrectas y adherirse a los deberes espirituales, y después de triunfar en la lucha psicológica interna de la inquietud mediante el control del cuerpo, la mente y la fuerza vital, el yogui se enfrenta ahora a la batalla metafísica en los centros cerebroespinales. Cuando intenta elevar su conciencia a través de dichos centros hacia el Espíritu, encuentra la feroz resistencia de los fuertes poderes y apegos habituales de identificación con el cuerpo.

El deseo material y las fuerzas de la engañosa conciencia del ego

El instigador de la guerra contra las divinas cualidades pandavas en los centros espinales es Duryodhana-Deseo Material *(kama)* en el centro coccígeo —el principal canal por donde fluye en abundancia hacia el exterior la corriente de la fuerza vital y la conciencia—, con lo cual se alimentan los lujuriosos deseos sensoriales y se engendra el burdo egoísmo y el materialismo. La existencia de Duryodhana depende del apoyo de Bhishma-Ego *(asmita)*, Drona-Tendencias de los Hábitos *(samskara)* y Kripa-Ilusión Individual *(avidya)*, localizados en el centro medular. Si la conciencia espiritual situada en ese centro se dirige hacia el interior, se transforma en la supraconciencia del alma; si se dirige al exterior, se convierte en la pseudoalma con sus inclinaciones. Ésa es la razón por la que Duryodhana exhorta en esta estrofa a todas las fuerzas kurus a proteger al Ego con todo su poder. No deben permitir que la conciencia llegue a este centro y se recoja interiormente, hacia el alma y el Espíritu[49]. Con ese fin, se moviliza el

---

[48] El Óctuple Sendero del Yoga enunciado por Patanjali.

[49] El papel fundamental que desempeñan en la conciencia el bulbo raquídeo y las estructuras asociadas del tronco cerebral —conocidas desde hace siglos por la ciencia del yoga— también se está resaltando en la actualidad por los neurofisiólogos. Lo que conecta el bulbo raquídeo (el asiento, de acuerdo con el yoga, de la conciencia que tiene el hombre de sí mismo, ya sea como alma o como ego) y el puente de Varolio (el asiento de *manas*, la mente inferior o sensorial) es la formación reticular, un complejo camino neuronal situado en el centro del tronco cerebral, acerca del cual el Dr. Nick Herbert escribe en su libro *Elemental Mind: Human Consciousness and the New Physics* (Penguin Books, Nueva York, 1993):

«Los principales caminos sensoriales y motores deben atravesar esta difusa espesura neuronal en su paso desde el cerebro o hacia él. [...] Kilmer y sus colegas del MIT han descrito la función de la formación reticular como "el centro nervioso que integra el complejo de relaciones sensomotoras y neurovegetativas de modo tal que permite que un organismo opere como una unidad en vez de hacerlo como un simple grupo de órganos.

resto del ejército kuru para que entre en acción en sus diversos puestos de combate de los centros espinales y se oponga al avance espiritual de las fuerzas pandavas en dichos centros:

Duhshasana, como la ira —difícil de controlar *(krodha)*—, y Jayadratha, como el temor a la muerte *(abhinivesha),* en el centro sacro. Karna, como el apego a las acciones materiales *(raga),* y Vikarna, como la repulsión hacia lo desagradable *(dvesha)* —juntos, Karna y Vikarna dan origen a los gustos y aversiones o a la codicia *(lobha)*—, activos en el centro lumbar. Shakuni, como el apego al engaño *(moha),* en el centro dorsal. Shalya, como el orgullo *(mada),* en el centro cervical.

Apoyando a estas fuerzas kauravas en los seis centros cerebroespinales sutiles —desde Bhishma, Drona y Kripa en la médula oblongada hasta Duryodhana en el centro coccígeo— están los restantes guerreros ya mencionados, firmemente atrincherados: Kritavarma, la envidia, el apego material *(matsarya);* Bhurishravas, los efectos de la acción material *(karma)* que crean ataduras; Ashvatthaman, el deseo latente *(ashaya* o *vasana),* el hijo de Drona; y, además, todos los otros guerreros principales y subordinados del ejército sensorial[50].

Los dos ejércitos en pugna son igualmente poderosos, ya que gobiernan de manera alternante el reino del cuerpo. Pero el yogui adquiere valor y perseverancia sabiendo que la inevitable victoria final está del lado de la virtud. Se aferra a la verdad de que es antinatural ser malvado o permitir que las desagradables condiciones perturbadoras que

---

Su principal labor es asignar al organismo, de entre unos dieciséis modos elementales de comportamiento, uno de ellos —por ejemplo, correr, luchar, dormir, hablar—, como una función de los impulsos nerviosos que se han generado en ella durante la última fracción de segundo". Así pues, la formación reticular parece tomar momento a momento las decisiones acerca de lo que el conjunto del cuerpo debería hacer consigo mismo.

»Aquí es donde reside el ejecutivo central, el cual selecciona, elige y sobre todo experimenta algunas de las actividades que llevan a cabo las otras estructuras cerebrales. Aquí es donde realmente comienza nuestra búsqueda del secreto de la conciencia humana. [...] La mayor parte de los estudios lleva a la conclusión de que yo como persona resido en mi tronco cerebral, dentro y alrededor de la formación reticular. [...] El espíritu humano entra en la materia de un modo que desconocemos justo a través de esta misteriosa espesura neural. [...] Nos ajustamos a este sutil órgano como una mano se ajusta a un guante». (Véanse también las páginas 5 s. y 11 s.). *(Nota del editor).*

[50] Ha sido necesario simplificar este comentario acerca de los guerreros de Kurukshetra, tal como se hace en el *Guita* mismo, centrándose en los principales caracteres alegóricos que representan tanto la ascensión yóguica hacia el Espíritu como las fuerzas que se oponen a dicha ascensión. En la agudeza de su percepción, cuando entre en el *samadhi* de la profunda meditación yóguica impartida por su gurú, el devoto conocerá la enorme cantidad de detalles que no se han escrito.

surgen del engaño y de las acciones indebidas gobiernen la mente, en tanto que es absolutamente natural ser virtuoso y disfrutar del estado de bienaventuranza. Dios creó al hombre a su propia imagen. Debido a esta herencia espiritual, él puede reclamar legítimamente la posesión de las invencibles cualidades del Omnipotente Espíritu.

Comentario ampliado: La naturaleza del ego

Bhishma, el ego, es *chidabhasa,* conciencia reflejada; no es el Ser o la luz verdadera, sino luz reflejada[51]. El ego es la identificación de la supraconciencia con los sentidos (o sea, el alma subjetiva), es la identificación del alma supraconsciente con la conciencia sensorial del cuerpo. El ego es la pseudoalma, descrito también como la sombra del alma. Es la conciencia reflejada o subjetiva del hombre que lo vuelve consciente de sus sentimientos, voluntad, cognición (sensaciones, percepciones, concepciones) y de su entorno. Es el núcleo consciente de la «yoidad» alrededor del cual giran todos los pensamientos, sentimientos y experiencias. Todos éstos se le pueden quitar al ego, pero aun así seguirá existiendo, distante, siempre fuera del alcance, como un fuego fatuo, aparentemente más allá del poder de definirlo, excepto para explicar lo que el ego no es. Así pues, definido en términos negativos, el ego o «yo» —el sujeto— es aquello que no se puede eliminar, a diferencia de todo lo demás con que el «yo» cree estar identificado.

Sin embargo, la actitud distante del ego es sólo superficial y es diferente de la actitud distante del alma y de su poder de indiferencia trascendental. El ego no puede mantener su expresión autoconsciente sin sus títulos; de hecho, el ego se define a sí mismo por estas características que lo identifican. El ego adquiere sus títulos al acumular experiencias y rasgos de la personalidad y, por consiguiente, éstos cambian constantemente, del mismo modo en que su instrumento corporal sufre metamorfosis: el niño se convierte en joven, el joven crece y pasa de la adolescencia a la edad adulta, y de esta etapa avanza hacia la vejez.

Definido en forma positiva, el «yo» o ego es la conciencia inmutable de identidad, la cual se mantiene a lo largo de los procesos de los siempre cambiantes pensamientos y experiencias sensomotoras. Todo

[51] Véase también la referencia a Bhishma como «conciencia reflejada» o ego universal, en la Introducción, páginas XL s.

lo que se aglomera alrededor del ego, todos los atuendos con que se reviste el «yo», se encuentran en un estado de flujo constante, pero el sentido del «yo» de aquel que atraviesa por estos cambios es el mismo. Por consiguiente, ese núcleo es la vida central del pequeño ser y sus experiencias. Es el autor de ellas, el sujeto que gobierna sobre tales cambios: «Yo pienso, veo, oigo, quiero, amo, odio, sufro, gozo».

El sujeto que gobierna sobre las experiencias es completamente diferente de los pensamientos y de los objetos del proceso de pensamiento. Cuando una persona dice que es ciega, es inexacto. Sus ojos padecen ceguera. Si mis ojos no existieran, ¿también yo dejaría de existir? No. Si perdiese una mano, no diría por ello que dejo de existir. La ilusión del ego es tal que, a pesar de los mayores esfuerzos de racionalización que haga una persona, no puede evitar identificar el «yo» —el experimentador— con la experiencia que está atravesando. Esta identificación es la causa de que el ego imprima en la conciencia humana la idea del cambio y de lo transitorio. Y sin embargo, si todo desapareciese —los pensamientos, las sensaciones, las emociones, el cuerpo mismo—, el «yo» todavía permanecería. ¿Mediante qué poder sabe el «yo» que existe, aun despojado de todo lo demás? Mediante el poder intuitivo del eterno Ser verdadero: el alma.

La intuición es como una luz, una llama de conocimiento, que proviene del alma. Posee un poder multifacético que le permite conocer todo cuanto puede ser conocido. Todos los seres humanos poseen en forma inherente algo de ese poder, pero en la mayoría de ellos no se ha desarrollado. La intuición sin desarrollar es como un cristal colocado ante el alma que produce una doble imagen. El alma misma es la imagen real; el reflejo es irreal, es el ego o pseudoalma. Cuanto menos desarrollada está la intuición, más distorsionada se encuentra la imagen del ego. Cuando la vida humana sigue la guía de esta falsa identidad, creada por la presencia de la intuición sin desarrollar, se halla sujeta a todas las limitaciones y falsos conceptos provenientes del engaño. Resulta entonces inevitable una existencia caótica marcada por el error y sus consecuencias.

❖
La naturaleza del poder intuitivo del alma
❖

Sin el ego, y sin el vestigio de intuición que posee (aunque sea poco desarrollada), el hombre estaría relegado a la esfera de la conciencia animal —sensaciones e instinto—. El ser humano es un ego más las sensaciones, más cierto grado de intelecto discernidor, más la intuición latente. Se podría considerar que el ego del hombre, con sus facultades superiores, es algo semejante a un jefe y director central. Si hubiese miles de personas trabajando en una fábrica sin ninguna guía o un jefe, no habría coordinación. Pero si todos ellos aceptan el liderazgo de un director, entonces actuarán en armonía. En el hombre, el ego es ese director. Es esa cualidad de «yoidad» del ser humano sin la cual las diferentes fases de la conciencia —pensar, sentir, ejercer la voluntad— no pueden cooperar para trabajar en pos de un fin que conscientemente se busca. Sin el ego, el hombre medio no podría identificarse con sus pensamientos, sentimientos y experiencias; no sabría lo que hace. Por ejemplo, en la locura, el ego se encuentra afectado y se olvida de comprender su relación con los pensamientos y experiencias, dando lugar a un comportamiento irresponsable y falto de coordinación.

En tanto que los animales se guían principalmente por el instinto, y el hombre común por el ego, el yogui unido al Ser superior recibe la guía del alma. Los animales, atados por el instinto, tienen una inteligencia muy limitada. El hombre, como animal superior, guiado por el ego, tiene más poder e inteligencia que las bestias, pero aun así se encuentra sumamente restringido por los pensamientos y las sensaciones. Sólo el yogui está libre de las limitaciones, pues recibe la guía del ilimitado Ser superior.

El ego puro y el ego impuro

En el hombre medio, el ego no es ego puro, sino que se encuentra enredado en todas las ramificaciones que nacen de él (es decir, de su identificación con el intelecto, la mente y los sentidos). Cuando el ser humano se vuelve consciente del ego puro, libre de las ataduras de sus productos evolutivos, se encuentra muy cercano a la percepción del alma. El ego puro no es sino el alma, el *jivatman* o Ser individualizado encarnado. (Véase el comentario acerca de I:8). El propósito del yoga es proporcionar medidas que permitan establecer la pureza del ego tanto externa como internamente. El ego rebosante de defectos propio del hombre medio es el ego de la mente, el ego que tiene el potencial de pervertirse por influencia de las olas del intelecto, las vibraciones mentales y las impresiones sensoriales. Cuando se ha eliminado la posibilidad de que el ego sea afectado por estas influencias, entonces y sólo entonces, el hombre se encuentra a salvo de las perturbaciones y sufrimientos inevitables que acarrea el hecho de olvidar el alma.

Durante el sueño, el ser humano tiene una vislumbre del alma. Cuando el ego duerme y entra en la subconciencia, lleva consigo, de modo latente, sus experiencias. De manera indirecta, el ego debe renunciar en el sueño a sus títulos, posesiones, nombre y forma. Los sentidos quedan absorbidos en la mente, la mente en el intelecto y el intelecto en el ego. Pero no se ha eliminado la posibilidad de que existan perturbaciones. Estas facultades sólo se han vuelto inactivas y se han reducido, pero todavía están preparadas para expresarse de nuevo en los sueños o en la vigilia. En el estado más profundo de sueño sin sueños, el hombre establece contacto con el bienaventurado ego puro o alma, pero, como se sumerge en dicho estado inconscientemente, pierde el beneficio espiritual que ese sueño le proporcionaría. Si es capaz de entrar en ese estado en forma consciente, a través del *samadhi* experimentado en la meditación, el crecimiento espiritual se hallará a su disposición. El sentimiento puro y consciente del «yo existo» estará entonces listo para absorberse en la suprema percepción de la conciencia del alma.

❖

Cada día, mientras duerme, el ser humano vislumbra su alma

❖

Cada día durante el sueño los seres humanos se convierten en renunciantes y se despojan de todos sus falsos títulos y, de vez en cuando, incluso se convierten en santos. Pero mientras se encuentran activamente ocupados con sus deberes, no pueden conservar ese estado libre de apegos, por causa de los hábitos sensoriales que han desarrollado durante el estado consciente.

Si el ser humano pudiese permanecer por un período lo suficientemente prolongado sin identificarse con sus pensamientos y sensaciones —sin estar en un estado inconsciente o con la mente en blanco—, conocería su verdadero Ser a través de la intuición pura y libre de distorsiones. Así pues, la calma absoluta de la meditación profunda es el único medio para eliminar la conciencia del ego. Una vez que se retira el cristal de la intuición sin desarrollar, el cual estaba reflejando el alma de manera distorsionada, no existe ya ningún conflicto en el yogui en cuanto a su verdadera identidad.

En el *Mahabharata,* vemos que, desde el momento en que Duryodhana decide luchar contra los Pandavas, Bhishma le aconseja no emprender una guerra y lo alienta a llegar a un acuerdo amistoso, dado que Bhishma-Ego es el patriarca tanto de los Kauravas como de los Pandavas y los aprecia por igual. Esto significa que el ego cumple su propósito de mantener la conciencia atada al cuerpo por medio de los sentidos, ya sea que los deseos y acciones del hombre sean básicamente buenos o malos. Cuando los Kauravas o hijos de la mente sensorial son más poderosos, Bhishma se pone de su lado.

❖

La derrota de Bhishma-Ego a manos de Arjuna-Autocontrol

❖

Sin embargo, cuando las divinas cualidades discernidoras empiezan a obtener más victorias, Bhishma-Ego se cansa de apoyar al mal y comienza a sentir más afecto por las cualidades discernidoras. Pero la victoria de la realización del Ser o reinado del Alma no puede ser completa mientras el Ego exista. Bhishma, sin embargo, es invencible, porque el «yo» jamás puede ser destruido sin su consentimiento y cooperación. Por lo tanto, Bhishma mismo es quien finalmente les revela a los Pandavas el único modo en que a él se le puede dar muerte en batalla, mediante la destreza de Arjuna —el devoto que se halla en profunda meditación—. Después del más feroz de los combates, el cuerpo de Bhishma es herido de muerte por las incontables flechas de Arjuna. Aun entonces, Bhishma expresa que permanecerá así sobre su lecho de flechas y que no abandonará el cuerpo hasta que el sol se desplace hacia el norte en los cielos. En forma literal, esto se considera una referencia al cálculo astronómico de la posición estacional del sol. Pero en sentido simbólico significa que aun cuando el ego haya quedado impotente y se haya vuelto benigno como resultado de la meditación del devoto en el estado de *samadhi,* no morirá por completo (el sentido puro de «yoidad» o individualidad continúa existiendo) hasta que el sol de la conciencia divina presente en el ojo espiritual se desplace hacia el norte durante el estado de *savikalpa samadhi,* en dirección ascendente, hasta el sitio en que se encuentran las fuerzas sutiles del cerebro; es decir, la más recóndita y profunda región divina del *sahasrara* (el más elevado centro espiritual del cuerpo), en unidad con el Espíritu en *nirvikalpa samadhi.*

En este punto del *Guita,* sin embargo, el Ego aún se yergue como la fuerza más formidable con la que se enfrentan los Pandavas en su lucha por recuperar su legítimo reino.

LAS CARACOLAS: LA BATALLA VIBRATORIA INTERIOR QUE SE LIBRA EN LA MEDITACIÓN

ESTROFA 12

तस्य सञ्जनयन्हर्षं कुरुवृद्धः पितामहः।
सिंहनादं विनद्योच्चैः शङ्खं दध्मौ प्रतापवान्॥

tasya saṁjanayan harṣaṁ kuruvṛddhaḥ pitāmahaḥ
siṁhanādaṁ vinadyoccaiḥ śaṅkhaṁ dadhmau pratāpavān

Bhishma, el patriarca más antiguo y poderoso de los Kurus, con el propósito de alentar a Duryodhana, sopló su caracola que resonó como el rugido del león.

DURYODHANA-DESEO MATERIAL no recibió una respuesta inmediata de su preceptor Drona-Hábito, aun cuando (en la estrofa 11) él le había dicho: «Que todos los soldados de la mente inquieta (los Kurus) se reúnan y protejan la conciencia del ego (Bhishma)». Viendo esta falta de respuesta de parte de Drona, y con el propósito de infundir ánimo al rey Deseo Material y evitar que se sienta desalentado, el conocedor de todo (Bhishma-Ego) emitió una poderosa vibración de orgullo y determinación y «sopló su caracola» de la respiración inquieta, que causa identificación con el cuerpo y perturba la calma de la meditación profunda[52].

Se describe a Drona como un guerrero que no se siente muy entusiasmado ante la idea de luchar contra los Pandavas. La razón es que, como ya se señaló, él no sólo es el preceptor de los malvados Kurus sino también de los bondadosos Pandavas. Hasta que el yogui no se ha establecido firmemente en la realización del Ser, el Drona-Tendencia de los Hábitos que en él existe es una combinación de *samskaras* —tendencias de hábitos, tanto buenos como nocivos, provenientes de

---

[52] Paramahansa Yogananda escribió: «El aflujo de innumerables corrientes cósmicas al ser humano mediante la respiración produce inquietud en su mente. De este modo, la respiración le liga a los efímeros mundos fenoménicos. Para escapar de los pesares de la transitoriedad y entrar en el bienaventurado reino de la Realidad, el yogui aprende a calmar el aliento por medio de la meditación científica» (*Susurros de la Eternidad*, publicado por *Self-Realization Fellowship*).

encarnaciones del pasado—, la mayoría de los cuales se han manifestado como hábitos fijos en la vida actual. Sin embargo, dado que en el presente Drona-Tendencia de los Hábitos ha tomado partido por los malvados Kurus —los hábitos sensoriales de identificación con el cuerpo y las tendencias mentales malignas—, su concentración está enfocada en proteger a dichas fuerzas kauravas contra la amenaza que representa la invasión de los buenos hábitos y las tendencias discernidoras que destruyen los hábitos indebidos.

La alianza entre el hábito, el ego y el deseo material

La naturaleza misma del hábito es la compulsión automática a hacer aquello a lo que uno está acostumbrado. Los hábitos continúan repitiendo el mismo viejo patrón, ignorando a menudo las nuevas órdenes de los deseos. Cuando uno desafía a los malos hábitos, su instinto de conservación les hace comportarse como si por sí solos bastasen para aplastar a los buenos hábitos e intenciones que se les oponen, y no tienen tiempo para prestar atención a las exhortaciones que les invitan a cooperar dentro de un panorama de acción más amplio y de mayor alcance. Por consiguiente, los malos hábitos a la larga se destruyen a sí mismos, pues están limitados por su confinante fijeza y cortedad de miras; además, dependen para su misma existencia de los importantes papeles que desempeñan el Deseo Material y el Ego. Por ejemplo, en una batalla psicológica entre el hábito de ceder a la tentación y el hábito de autocontrol, si éste es más poderoso puede dominar fácilmente a la tentación. Pero a los buenos hábitos les resulta muy difícil vencer la tenacidad de un ejército que se reabastece constantemente y que se dedica a desarrollar nuevos e incontables deseos materiales y a reforzar las inclinaciones egoístas de identificación con el cuerpo. Si no existiese el apego del Ego al cuerpo, no existiría el Deseo Material; y sin Deseo, no habría *Samskara* o Hábito. Expresado a la inversa, es posible aniquilar al Ego si no está protegido por el Hábito y el Deseo Material.

Por lo tanto, el Ego inicia el llamado a las armas en defensa propia. En el contexto de esta estrofa del *Guita,* significa que durante la meditación profunda, cuando la respiración se ha calmado y se produce un estado muy placentero de paz en que la mente se retira de los sentidos, el preocupado ego despierta en el devoto el pensamiento de su identificación con el cuerpo y, para ello, reactiva la inquieta respiración, que es como el rugido del león si se compara con la absoluta quietud del estado meditativo de recogimiento interior. Tan pronto como el devoto reanuda

La respiración inquieta mantiene la identificación de la conciencia con el cuerpo

su práctica «natural», que consiste en depender de la respiración rápida («sopla su caracola», que le hace tomar conciencia de los sonidos materiales a través de la densa vibración de *akasha* o éter), se despierta al Deseo Material en el cuerpo y se le anima a reunir a los sentidos en contra de los poderes de la meditación.

El devoto no debería desalentarse ante esta situación, que es el resultado de no haber practicado la meditación en forma prolongada. Lo cierto es que, en las etapas tempranas de la meditación, todos los devotos se dan cuenta de que su limitada conciencia corporal se resiste a expandirse para alcanzar la Omnipresencia. El Ego, a través del Deseo Material y su ejército sensorial, emplea toda clase de tácticas para ahuyentar a la bienaventurada conciencia del Omnipresente Espíritu que sólo se manifiesta en la quietud de la meditación. Cualquier vibración emitida por el Ego durante la meditación ayuda a despertar al Deseo Material, el cual revive la conciencia del cuerpo y disipa la conciencia del Espíritu. Por medio de la concentración cada vez más profunda y prolongada, el yogui meditador debe aprender a mantenerse con firmeza en el arduamente conquistado territorio de la quietud de la respiración y de los sentidos, a pesar de los esfuerzos desplegados por el Ego y el ejército de distracciones sensoriales del Deseo Material.

ESTROFA 13

ततः शङ्खाश्च भेर्यश्च पणवानकगोमुखाः ।
सहसैवाभ्यहन्यन्त स शब्दस्तुमुलोऽभवत् ॥

tataḥ ṣaṅkhāś ca bheryaś ca paṇavānakagomukhāḥ
sahasaivābhyahanyanta sa śabdas tumulo 'bhavat

Repentinamente (tras la primera nota procedente de Bhishma), retumbó un enorme coro de caracolas, timbales, címbalos, cuernos y tambores (en la hueste de los Kurus); el estrépito era impresionante.

UNA VEZ QUE EL EGO CREA UNA VIBRACIÓN material, haciendo despertar de nuevo el pensamiento de la conciencia corporal y la inquieta respiración, los sentidos también comienzan a enviar sus diversos sonidos vibratorios a fin de distraer al devoto y perturbar su meditación. Las vibraciones de los sentidos (los Kurus), que mantienen la atención del devoto centrada en los sonidos internos del cuerpo físico, son estridentes y perturbadoras, comparables a la conmoción que causa en una atmósfera de quietud el clamor de tambores, cuernos y címbalos.

Las estrofas 12 a 18 describen la batalla psicológica interior que se desarrolla en la meditación por causa de los sonidos vibratorios que, por una parte, emanan de las tendencias sensoriales y, por la otra, de las tendencias discernidoras. Se trata de una batalla en que los sonidos vibratorios físicos y astrales de los sentidos arrastran la conciencia hacia el cuerpo, en tanto que las vibraciones de la maravillosa música astral emitida por los poderes discernidores internos y por las actividades vitales de los centros espinales atraen la conciencia hacia el alma y el Espíritu.

Los sonidos vibratorios que se experimentan a medida que la conciencia asciende del mundo material al reino espiritual a través del plano astral intermedio

En la meditación, el retorno de la conciencia al reino del alma requiere que el yogui ascienda de la percepción del cuerpo hacia la percepción de la existencia astral. Es decir, el camino que lleva de la conciencia corporal a la supraconciencia pasa por un mundo intermedio, el sistema astral o sistema electrovital del hombre. Las estrofas 12 y 13 no sólo describen las densas vibraciones físicas que emanan de los sentidos, sino también los agitados y agitadores ruidos vibratorios desagradables provenientes de los *nadis* astrales que han despertado (las sutiles corrientes «nerviosas» astrales), los cuales estimulan las actividades sensoriales y otras actividades corporales. En contraste, las estrofas 14 a 18 describen las experiencias espirituales y las inspiradoras vibraciones divinas que emanan del alma y del reino astral. Las vibraciones densas son audibles cuando el hombre aún se encuentra en el plano de la conciencia corporal. Las vibraciones astrales no son audibles hasta que la conciencia del yogui alcanza el plano astral interior.

Los yoguis aspirantes saben muy bien, por experiencia, que durante el primer estado de meditación la concentración puede volverse tan profunda como para desconectar los sonidos procedentes del mundo externo, pero que la paz interior resultante es efímera. Cuando la conciencia del ego aún está despierta y sopla la caracola de la respiración, diversos órganos y funciones orgánicas sensibles (el corazón, los pulmones y la circulación) emiten muchos sonidos peculiares —golpes, latidos y ronroneos— en el fondo de los cuales hay una cacofonía producida por sus contrapartes astrales que están ligadas al cuerpo. No se oye, en cambio, ninguna refinada música astral. La mente se desmoraliza y vacila, y queda prisionera de su propia naturaleza, que es esclava de los sentidos. El cuerpo comienza a quejarse y ansía abandonar la postura de meditación.

Se requiere de gran determinación por parte de la voluntad a fin de ganar esta primera batalla psicológica interna para mantener la concentración constante e interiorizada. El devoto recibirá ayuda para ello si reconoce la íntima interrelación entre estos cuatro factores: la mente, la respiración, la esencia vital y la energía vital del cuerpo. Cuando se perturba alguno de estos cuatro factores, los otros tres automáticamente resultan afectados, como ocurre cuando la conciencia del ego reactiva los sentidos al perturbar la calma del estado sin aliento.

Los cuatro factores que interactúan en la meditación: la mente, la respiración, la esencia vital y la fuerza vital

Por consiguiente, el devoto que aspira a avanzar incesantemente en el sendero espiritual debe calmar la mente por medio de la práctica de las técnicas apropiadas de concentración; debe mantener la respiración en calma por medio del *pranayama* y de los ejercicios de respiración adecuados; debe conservar la esencia vital (que por lo general es el sentido del que más se abusa) a través del autocontrol y buscar sólo buenas compañías; asimismo, debe liberar el cuerpo de la inquietud y de los movimientos innecesarios mediante el control consciente de la fuerza vital y, también, manteniendo el cuerpo saludable y entrenándolo con paciente disciplina para ser capaz de sentarse inmóvil en meditación.

ESTROFA 14

ततः श्वेतैर्हयैर्युक्ते महति स्यन्दने स्थितौ।
माधवः पाण्डवश्चैव दिव्यौ शङ्खौ प्रदध्मतुः॥

tataḥ śvetair hayair yukte mahati syandane sthitau
mādhavaḥ pāṇḍavaś caiva divyau śaṅkhau pradadhmatuḥ

Luego, Madhava (Krishna) y Pandava (Arjuna), sentados en su gran carro tirado por corceles blancos, también hicieron sonar con magno esplendor sus caracolas celestiales.

CUANDO EL EGO PERTURBA LA RESPIRACIÓN durante la meditación profunda, el alma procura revivir la conciencia intuitiva del devoto perseverante haciendo sonar una serie de vibraciones astrales e iluminando la mirada interior con luz divina.

Pandava (el devoto Arjuna), sentado en el carro de la meditación intuitiva, con la atención enfocada en el Espíritu en su aspecto de Krishna (la divina Conciencia Crística en el centro *Kutastha,* situado en el entrecejo), contempla la luz del ojo espiritual y oye el sagrado sonido de *Pranava,* la vibración creativa de *Om* con sus diferentes sonidos cósmicos que vibran en los centros espinales del cuerpo astral.

Al enfocar la atención primero en su interior, el devoto solamente oye los burdos sonidos del aliento, el corazón, la circulación, etc. —y tal vez los sonidos vibratorios astrales que están tras los sonidos físicos—, dispuestos a llevarlo de regreso a la materia. A medida que su atención se profundiza, oye la música astral de la conciencia divina interior. Si su concentración es continua, puede ver también la luz del ojo espiritual, el intuitivo ojo omnisciente del alma.

¡Contempla el carro de la intuición tirado por corceles de luces blancas que se desplazan velozmente en todas direcciones desde un centro de color azul oscuro (la morada del alma)!

En esta estrofa se hace referencia a Krishna como Madhava (*Ma,* Prakriti[53], la Naturaleza Primordial; *Dhava,* esposo —el resplandor azul del telescópico ojo espiritual—, la única «puerta» a través de la cual el devoto puede entrar en el estado de Krishna o *Kutastha Chaitanya,* la Conciencia Crística Universal).

Rodeando esta luz azul se encuentra la brillante luz blanca o dorada, el telescópico ojo astral a través del cual se percibe la naturaleza entera. En el centro de la luz azul hay una luz blanca en forma de estrella, el portal que conduce al Infinito Espíritu o Conciencia Cósmica.

---

[53] Prakriti, la Naturaleza, la «consorte» del Espíritu, ha recibido muchos nombres según los diferentes aspectos que Ella representa, tales como Lakshmi, Sarasvati, Kali o el Espíritu Santo de las escrituras cristianas. El Espíritu es el Absoluto no manifestado. A fin de desarrollar la creación, Dios proyecta una vibración creativa —el Espíritu Santo o Maha Prakriti— en la que Él mismo está presente como un reflejo inalterado e inmutable, el Espíritu Universal que se halla en la creación: *Kutastha Chaitanya,* la Conciencia Crística o Conciencia de Krishna. En el útero de la Madre Naturaleza, el Espíritu da a luz la creación. La luz del ojo espiritual que se contempla en la meditación es un microcosmos de la luz de la Naturaleza, la Conciencia de Cristo o de Krishna y el Espíritu o Conciencia Cósmica. La triple luz del ojo espiritual conduce a la unión con estos tres estados macrocósmicos de conciencia.

ESTROFAS 15-18

पाञ्चजन्यं हृषीकेशो देवदत्तं धनञ्जयः।
पौण्ड्रं दध्मौ महाशङ्खं भीमकर्मा वृकोदरः॥ *(15)*

अनन्तविजयं राजा कुन्तीपुत्रो युधिष्ठिरः।
नकुलः सहदेवश्च सुघोषमणिपुष्पकौ॥ *(16)*

काश्यश्च परमेष्वासः शिखण्डी च महारथः।
धृष्टद्युम्नो विराटश्च सात्यकिश्चापराजितः॥ *(17)*

द्रुपदो द्रौपदेयाश्च सर्वशः पृथिवीपते।
सौभद्रश्च महाबाहुः शङ्खान्दध्मुः पृथक् पृथक्॥ *(18)*

pāñcajanyaṁ hṛṣīkeśo devadattaṁ dhanaṁjayaḥ
pauṇḍraṁ dadhmau mahāśaṅkhaṁ bhīmakarmā vṛkodaraḥ (15)

anantavijayaṁ rājā kuntīputro yudhiṣṭhiraḥ
nakulaḥ sahadevaś ca sughoṣamaṇipuṣpakau (16)

kāśyaś ca parameṣvāsaḥ śikhaṇḍī ca mahārathaḥ
dhṛṣṭadyumno virāṭaś ca sātyakiś cāparājitaḥ (17)

drupado draupadeyāś ca sarvaśaḥ pṛthivīpate
saubhadraś ca mahābāhuḥ śaṅkhān dadhmuḥ pṛthakpṛthak (18)

(15) Hrishikesha (Krishna) hizo sonar su caracola Panchajanya; Dhananjaya (Arjuna), su Devadatta; y Vrikodara (Bhima), protagonista de tremendas hazañas, hizo resonar su gran caracola Paundra.

(16) El rey Yudhisthira, hijo de Kunti, hizo sonar su caracola Anantavijaya; Nakula y Sahadeva hicieron resonar, respectivamente, la Sughosha y la Manipushpaka.

(17) El rey de Kashi, arquero excelente; Sikhandi, el gran guerrero; Dhrishtadyumna, Virata, el invencible Satyaki,

(18) Drupada, los hijos de Draupadi y, también, el hijo de Subhadra —de brazos poderosos—, todos ellos hicieron sonar sus propias caracolas, ¡oh Señor de la Tierra!

En estas estrofas se hace referencia al sonido específico de las vibraciones (las caracolas de los diferentes Pandavas) que el devoto que practica la meditación oye emanar de los centros astrales situados en la espina dorsal y en el bulbo raquídeo. *Pranava,* el sonido de la vibración creativa de *Om,* es la madre de todos los sonidos. La energía cósmica inteligente de *Om,* que proviene de Dios y es la manifestación de Dios, es la creadora y el fundamento de toda la materia. Esta sagrada vibración constituye el eslabón entre la materia y el Espíritu. Meditar en *Om* es la manera de percibir que el Espíritu es la verdadera esencia de todo lo creado. Siguiendo interiormente el sonido de *Pranava* hasta su fuente, la conciencia del yogui se eleva y llega a Dios.

En el universo microcósmico del cuerpo humano, la vibración de *Om* opera a través de las actividades vitales que tienen lugar en los centros astrales de vida situados en la espina dorsal, que cuentan con sus correspondientes elementos creativos vibratorios *(tattvas)* —tierra, agua, fuego, aire y éter—. Por medio de éstos, se crea el cuerpo del hombre y se le proporciona vitalidad y sustento. Estas vibraciones, en el curso de su actividad, emiten variaciones características de *Pranava*[54]. El devoto cuya conciencia se sintoniza con estos sonidos astrales interiores asciende gradualmente hacia estados más elevados de percepción espiritual.

❖

Las etapas de la meditación interiorizada

Patanjali define dichos estados en la clasificación que hace de las diversas etapas de la meditación interiorizada. En los *Yoga Sutras* I:17-18, él hace alusión a dos categorías básicas de *samadhi:* 1) *samprajnata* y 2) *asamprajnata.* Al aplicarse a los estados avanzados de comunión divina, *samprajnata* se refiere a *savikalpa samadhi* (*samadhi* «con diferencia»), o sea, a la unión

[54] «Caí en éxtasis (conciencia espiritual) el día del Señor (el día del contacto con los divinos reinos de la verdad). Oí entonces detrás de mí (en el bulbo raquídeo, "detrás", en la nuca) una voz estruendosa, como un sonido de trompeta (el gran y bienaventurado sonido de *Om*) [...]. Me volví a ver de quién era la voz que me hablaba y, al volverme, vi siete candeleros de oro (los siete centros astrales). En medio de ellos había como un Hijo de hombre (el cuerpo astral, similar en apariencia al cuerpo físico) [...], su voz retumbaba como las aguas caudalosas (el sonido de los elementos, *tattvas,* que emana de los centros astrales)» (*Apocalipsis* 1:10, 12, 13, 15).

con Dios en la cual continúa existiendo una distinción entre el conocedor y aquello que se conoce, como en el caso en que se experimenta «Tú y yo somos Uno». En mayor o menor grado, aún perduran algunas diferencias de naturaleza. En cambio, en *asamprajnata samadhi* todas las diferenciaciones de naturaleza se disuelven en el Espíritu único. La conciencia de «Tú y yo somos Uno» se convierte en «Yo soy Él, quien se ha transformado en esta pequeña forma de "yo" y en todas las formas». No se trata de la proclamación del egocéntrico que afirma: «¡Yo soy Dios!» —la corona de bronce de la megalomanía—, sino más bien de la plena percepción de la verdad absoluta: Dios es la única Realidad. Por lo tanto, *asamprajnata* en su definición absoluta es *nirvikalpa samadhi* (*samadhi* «sin diferencia»), el yoga o unión suprema que manifiestan los maestros completamente liberados o aquellos que están en el umbral de la libertad del alma.

Sin embargo, cuando se emplean para definir las etapas preliminares de la percepción divina, y no los estados espirituales avanzados, *samprajnata* y *asamprajnata* constituyen términos relativos que se utilizan para diferenciar las experiencias suprasensoriales iniciales de la meditación *(samprajnata)* del verdadero *samadhi* o unión con el objeto de la meditación *(asamprajnata).* Así pues, *samprajnata* se refiere a los estados primarios en que el objeto de la meditación «se conoce fielmente o de manera completa» a través de la intuición que todavía está parcialmente mezclada con los sutiles instrumentos de percepción propios de la naturaleza, o interpretada por ellos: existe una interacción entre el conocedor, el proceso de conocer y lo conocido. Por consiguiente, en ocasiones se le denomina *samadhi* «consciente», porque las facultades propias de la naturaleza que se encuentran activas externamente en la conciencia ordinaria —tales como la mente *(manas),* el intelecto *(buddhi),* el sentimiento *(chitta)* y el ego *(asmita)*— están activas internamente en su forma pura o sutil.

❖
Distinción entre las experiencias suprasensoriales iniciales de la meditación y el samadhi *o unión verdadera*
❖

Por contraste, *asamprajnata* se refiere entonces a aquellas experiencias supraconscientes que se perciben a través de la intuición pura o realización (la percepción directa del alma al volverse una con el objeto de la meditación) que trasciende todo instrumento de intermediación o principio de la naturaleza. La intuición es conocer la realidad «cara a cara», sin intermediario alguno[55].

---

[55] «Pero, cuando venga lo perfecto, desaparecerá lo parcial. [...] Ahora vemos como en

Patanjali señala que *asamprajnata* es el resultado del *samskara* (impresión) que deja *samprajnata samadhi.* En otras palabras, mediante repetidos esfuerzos en la meditación *samprajnata* cada vez más profunda, el resultado final es el estado trascendente de *asamprajnata samadhi.* Pero es inexacto referirse a este último como «*samadhi* inconsciente» al tratar de concordar con el hecho de que al estado preliminar se le denomina «*samadhi* consciente». Más bien, dado que *samprajnata* significa «conocido con exactitud o en su totalidad», tal concepto (*samadhi* inconsciente) no es lo opuesto de *asamprajnata,* ya que en la unidad entre conocedor y conocido nada hay por conocer; el devoto se convierte en el objeto de su meditación. Lejos de tratarse de un estado de inconsciencia, es un estado de suprema y elevada percepción e iluminación.

Patanjali divide *samprajnata samadhi* en cuatro etapas[56]: 1) *savitarka* («con dudas o conjeturas»): la experiencia intuitiva mezclada con la actividad de la mente argumentativa o dominada por la duda; 2) *savichara* («con razonamiento o interrogantes»): la experiencia intuitiva mezclada con la actividad del intelecto guiado por el discernimiento; 3) *sananda* («con gozo»): la interiorizada experiencia intuitiva percibida a través de *chitta,* el sentimiento saturado de gozo, y 4) *sasmita* («con "yoidad" o individualidad): la experiencia intuitiva mezclada con el sentimiento puro de existir. Estos cuatro estados, que se presentan después de la interiorización *(pratyahara),* son resultado de la concentración profunda *(dharana)* o percepción supraconsciente que está limitada al cuerpo.

❖
Samprajnata *y* asamprajnata samadhi
❖

Una vez que se han alcanzado estas cuatro etapas de *samprajnata,* ascendiendo de una etapa a la siguiente etapa superior, el yogui trasciende todas ellas y alcanza *asamprajnata samadhi.* Se llega a dicho estado en la meditación profunda *(dhyana)* cuando la concentración *(dharana)* es continua, sin la más mínima interrupción; entonces se experimenta que el objeto de la meditación (es decir, un determinado concepto o manifestación de Dios) se manifiesta no sólo en el cuerpo sino en la omnipresencia. Una vez que se han trascendido los diversos estados, en las etapas avanzadas de la percepción espiritual se comprende que *samprajnata* y *asamprajnata* significan *savikalpa* y *nirvikalpa samadhi,* respectivamente.

---

un espejo, de forma borrosa; pero entonces veremos cara a cara. Ahora conozco de un modo parcial, pero entonces conoceré tal como soy conocido» (*I Corintios* 13:10, 12).

[56] *Yoga Sutras* I:17.

Señala Patanjali que la consecución del *samadhi* más elevado es posible «por medio de la profunda y devota meditación en (el Señor) Ishvara (I:23). [...] Su símbolo es *Om* (I:27)».

LA CIENCIA DEL YOGA APLICADA A LAS ESTROFAS 15-18: EXPERIENCIAS EN LOS *CHAKRAS* ESPINALES

TODO LO EXPUESTO anteriormente se aplica del siguiente modo a las estrofas 15-18 del *Guita:* (Se describe en primer lugar el significado de las caracolas de los cinco hijos de Pandu, que se mencionaron en las estrofas 15 y 16, de acuerdo con la evolución espiritual de la percepción, y no en la secuencia en que se hace referencia a ellas en las estrofas).

Sahadeva, con su caracola denominada Manipushpaka («la que se manifiesta por su sonido»)[57], representa el elemento tierra en el centro coccígeo *(chakra muladhara)* de la columna vertebral. El devoto que se concentra en ese centro oye el *Om* o vibración cósmica como un sonido peculiar semejante al zumbido de una abeja ávida de miel. El devoto se pregunta entonces dubitativo si se trata de una vibración corporal o de un sonido astral. Dicho estado de concentración se denomina, por consiguiente, *savitarka samprajnata samadhi,* «el estado de absorción interior acompañado de duda». Este centro es la morada, en su primera etapa, de la mente en el estado de recogimiento interior que se experimenta en la meditación.

Nakula, con su caracola llamada Sughosha («la que emite un sonido claro y dulce»), representa el elemento agua manifestado en el centro sacro *(chakra svadhishthana).* El devoto que se concentra en ese centro se eleva del estado dubitativo de la mente a un estado de mayor discernimiento y confianza; oye un sonido astral más elevado, similar a los bellos sonidos de una flauta. La duda cesa y el intelecto comienza a preguntarse sobre la naturaleza de ese sonido. Este estado se denomina

---

[57] No debe buscarse el significado alegórico en la interpretación literal o tradicional de las palabras *mani* (joya) y *pushpa* (flor), sino en las raíces sánscritas *man,* «sonar» y *puṣ,* «desplegarse, manifestarse».

Por medio del razonamiento y las conjeturas de las mentes eruditas, éstas pueden arribar a una interpretación literal o tradicional de la terminología utilizada por el *rishi* Vyasa en el *Guita,* pero los significados más profundos muchas veces permanecen ocultos en claves que se encuentran en las palabras, de la misma manera en que Jesús ocultó la verdad en sus parábolas, y el apóstol Juan encubrió el significado de sus percepciones espirituales en las metáforas del libro del Apocalipsis. La interpretación más obvia tiene como objeto inspirar al hombre común; pero la metáfora oculta está destinada al asiduo practicante de la ciencia del yoga.

savichara samprajnata samadhi, «el estado de absorción interior intelectual o guiado por el raciocinio».

Arjuna, a quien se hace referencia aquí como Dhananjaya, «Conquistador de la riqueza», con su caracola llamada Devadatta («la que proporciona gozo»)[58], representa el elemento fuego en el centro lumbar *(chakra manipura).* El devoto que se concentra en dicho centro oye un sonido astral semejante al del arpa o la vina [instrumento musical de cuerda usado en la India]. Puesto que ya se han disuelto tanto el estado de duda mental como el de discernimiento intelectual, se alcanza ahora el estado perceptivo de la realización del Ser, en que la clara percepción del sonido y de su verdadera naturaleza produce un sentimiento de absorción interior impregnado de gozo, o sea, *sananda samprajnata samadhi.*

Bhima, con su caracola denominada Paundra («la que desintegra los estados inferiores»)[59], representa el elemento aire o fuerza vital *(prana)* en el centro dorsal *(chakra anahata).* El devoto que se concentra en ese centro oye el *Om* («el símbolo de Dios») como el profundo y prolongado sonido de una campana astral. Habiéndose disuelto los estados mental, intelectual y perceptivo, el devoto arriba a una absorción intuitiva en la bienaventuranza interior combinada con la conciencia del ego, mas no como conciencia corporal, sino como el sentido puro del ser individualizado o «yo soy». Este estado se conoce como *sasmita samprajnata samadhi.*

Yudhisthira, con su caracola llamada Anantavijaya («la que conquista el infinito»), representa el elemento éter en el centro cervical de la espina dorsal *(chakra vishuddha).* El devoto que se concentra en ese centro oye el sonido cósmico de la vibración etérica omnipresente de *Om,* que controla la eternidad y que se expande hasta el infinito, cuyo sonido es semejante al trueno o al estruendo de un distante y majestuoso océano. En dicho estado ya se han disuelto las cuatro fases de interiorización precedentes: la mental *(manas),* la intelectual *(buddhi),* la perceptiva *(chitta)* y la del ego *(asmita),* dando lugar a un estado más profundo de percepción pura e intuitiva de bienaventuranza ilimitada, estado al que se denomina *asamprajnata samadhi.*

---

[58] Devadatta quiere decir, literalmente, «don de Dios». En este contexto alegórico, su significado se encuentra en alguno de los muchos significados de la raíz sánscrita *deva,* que es *div,* la cual implica «regocijarse o hallar deleite en».

[59] De la raíz sánscrita originaria *pund,* literalmente, «reducir a polvo» (es decir, desintegrar).

Aunque los instrumentos cognitivos de la conciencia humana ya se han extinguido, *asamprajnata samadhi* no es un estado de inconsciencia sino el conocimiento directo a través de la realización del Ser o intuición pura del alma. Dado que se ha trascendido la «yoidad» o sentido de existencia individual, la conciencia del devoto se identifica con la vibración etérica de *Om* en el espacio entero; al expandirse desde el pequeño cuerpo hasta la infinitud, su bienaventurada presencia abarca la omnipresencia.

Sri Krishna (a quien se hace referencia aquí como Hrishikesha, «Señor de los sentidos», hace sonar entonces su caracola llamada Panchajanya, «la que genera los cinco *tattvas* o elementos». Su sonido es una combinación de los diversos sonidos de los cinco centros inferiores. Es la verdadera e indiferenciada vibración cósmica de *Om*. Esta «sinfonía» de los cinco sonidos de *Pranava* se oye en el centro de la médula oblongada y en el centro de la conciencia crística *(chakra ajna)*, que se hallan unidos. Aquí el devoto disfruta de un *savikalpa samadhi* mayor; alcanza la percepción plena de Dios en su aspecto creativo, que se manifiesta como la vibración de *Om*. «En el principio existía la Palabra (la vibración creativa: el Espíritu Santo, Amén u *Om*), la Palabra estaba junto a Dios, y la Palabra era Dios»[60]. La sintonía con Dios en el aspecto de *Om* eleva la conciencia al plano de la Conciencia Crística inmanente. A través de la Conciencia Crística, el yogui avanzado asciende a la Conciencia Cósmica en el centro cerebral más elevado. «Nadie va al Padre (la Conciencia Cósmica) sino por mí (a través del Hijo o Conciencia Crística)»[61]. Dichos estados de la «Santísima Trinidad» se hallan simbolizados en las escrituras hindúes como *Om, Tat, Sat:* la vibración del Espíritu Santo, la Conciencia *Kutastha* o Crística y Dios o Conciencia Cósmica.

Cuando el devoto alcanza la conciencia cósmica en el centro cerebral más elevado *(sahasrara)* y puede entrar en ese estado a voluntad y permanecer en él tan prolongadamente como lo desee, con el transcurso del tiempo tiene la bendición de experimentar ese éxtasis en el estado indiferenciado supremo o final, es decir, *nirvikalpa samadhi.*

Cuando el yogui experimenta la unión con Dios en esos supremos estados en que la conciencia se ha elevado hasta los centros que se encuentran en la médula oblongada (la supraconciencia pura del alma), el punto medio del entrecejo (la conciencia *Kutastha* o crística) y el

---

[60] *Juan* 1:1.

[61] *Juan* 14:6.

cerebro (la conciencia cósmica), comprende que el significado superior de *samprajnata* y *asamprajnata* es *savikalpa samadhi* y *nirvikalpa samadhi,* respectivamente.

En *samprajnata savikalpa samadhi,* la experiencia *savitarka* de Dios no es «de duda» en el sentido negativo, sino que es un estado en el cual el devoto se pregunta con actitud reverente y maravillada: «¿Es en realidad el Señor, Aquel que ha permanecido tan silencioso e invisible en el universo? ¿En verdad, ha venido Él a mí finalmente?». La experiencia *savichara* consiste en un agudo discernimiento acerca de la naturaleza de Dios en uno de sus numerosos aspectos o cualidades: Amor Cósmico, Bienaventuranza, Sabiduría, etc. En la experiencia *sananda* se vive la indefinible dicha que acompaña a la comunión con Dios en su eterna naturaleza de siempre existente, siempre consciente y siempre renovada Dicha. En el estado de *sasmita,* el devoto siente que su ser se ha expandido en cada átomo del espacio como si toda la creación fuese su propio cuerpo. Es un estado de perfecta calma, en que el devoto, a semejanza de un espejo, refleja todo cuanto existe. Cuando el devoto permanece anclado en la conciencia cósmica y retiene el estado de percepción divina y omnipresencia, incluso en los momentos en que regresa a la conciencia corporal y a sus actividades materiales, ha alcanzado entonces *asamprajnata nirvikalpa samadhi.*

Ahora bien, en las estrofas 17 y 18 del *Guita* se mencionan otros guerreros pandavas vitales cuyo significado ya se ha explicado con detalle en la interpretación de varias estrofas anteriores. Estos divinos Pandavas, siguiendo el liderazgo de Krishna y los cinco Pandus, hacen sonar sus respectivas caracolas. Éstas son los *nadis* o corrientes nerviosas astrales de apoyo, conductores de la energía vital, cuyas actividades vibratorias también producen sonidos característicos. Todas estas vibraciones se dirigen hacia Dios durante la meditación para espiritualizar por completo el cuerpo y la mente, y conducen la conciencia al interior, hacia un estado de unidad con Él.

Al leer estas explicaciones, el lector profano en la materia tal vez se pregunte: «¿De qué están hablando?». En cambio, los buscadores diligentes de la verdad que han practicado los métodos correctos de meditación de *Raja Yoga* —como son los devotos que siguen el sendero del *Kriya Yoga* de Lahiri Mahasaya a través de las *Lecciones de Self-Realization Fellowship*— saben por experiencia propia que es posible oír con claridad estos sonidos astrales. Todo aquel que practique las técnicas del yoga podrá comprobar esta verdad. En un libro accesible al público en general no puedo proporcionar las técnicas de meditación, pues éstas son sagradas y deben primero cumplirse ciertos antiguos preceptos espirituales para asegurar que quien las recibe lo hace con reverencia, las considerará confidenciales y las practicará correctamente. He procurado, sin embargo, proporcionar en este texto suficientes explicaciones teóricas como para convencer al lego inteligente de que el yoga es en verdad una ciencia, organizada a la perfección por los sabios de la antigua India. Al preparar la interpretación del sagrado *Bhagavad Guita,* mi propósito y oración es despertar nuevos corazones y mentes a las bendiciones físicas, mentales y espirituales que pueden obtenerse a través del conocimiento apropiado y la correcta aplicación de la ciencia del yoga, así como alentar y acelerar el progreso de aquellos devotos que ya se encuentran perseverando en el sendero del yoga.

ANALOGÍA DE LA CREACIÓN COMO UNA PELÍCULA CINEMATOGRÁFICA CÓSMICA

UN EJEMPLO PUEDE AYUDAR a explicar el profundo tema que tratan estas estrofas del *Guita:*

Si un miembro de una tribu que se encuentra alejada del contacto con la civilización moderna viera por primera vez una película sonora, podría fácilmente creer que las imágenes que contempla son hombres y mujeres reales de carne y hueso. Una forma de convencerlo de que la película no es sino una combinación de vibraciones fílmicas y eléctricas sería invitarlo a acercarse a la pantalla y tocar las imágenes, para que descubra así su naturaleza ilusoria. Otro modo de hacerle comprender que las películas son un juego de luces y sombras sería mostrarle el equipo de proyección y la cinta cinematográfica, y cómo el torrente de luz eléctrica que emana de la cabina del proyector lleva consigo, en el haz de luz, el poder de proyectar sobre la pantalla una serie de formas sumamente realistas.

Para el materialista, el mundo entero —las complejas combinaciones de sólidos, líquidos, fuego, gases y demás— parece estar compuesto de sustancias materiales reales. «Así es como yo lo percibo; por lo tanto, debe de ser cierto». En cambio, el yogui avanzado, cuya realización del Ser le ha permitido penetrar hasta la fuente interior de la materia externa, está en condiciones de decir: «Este mundo y este cosmos son sólo sombras de la vida proyectadas sobre la pantalla del espacio, que se reflejan tanto en nuestra cámara mental consciente como en la subconsciente».

Así como el etéreo torrente de luz que proviene del proyector se ve como si fuese un haz transparente despojado de imágenes en su interior —y aun así las imágenes aparecen misteriosamente sobre la pantalla—, de igual manera, Dios, desde su cabina de proyección situada en el centro de la eternidad, hace emanar un haz esférico de rayos invisibles que, al pasar a través de la cinta cinematográfica de los principios que interactúan en la naturaleza por acción del engaño cósmico, producen en su seno una infinita variedad de imágenes sobre la pantalla del espacio que aparentemente son reales. Pero dichas imágenes son ilusiones que carecen de sustancia; la única realidad es Dios y su conciencia individualizada presente en las formas que contemplamos y que interactúan en el espectáculo de la ilusión cósmica.

❖

La tierra y el cosmos son sombras de la vida proyectadas sobre la pantalla del espacio

❖

Al escudriñar con los ojos cerrados la oscura invisibilidad interior, el yogui finalmente encuentra allí seis sutiles cabinas astrales de proyección —los centros coccígeo, sacro, lumbar, dorsal y cervical, así como los centros medular y crístico combinados— situadas en la columna vertebral, en la base del cerebro y en el centro del entrecejo. El yogui descubre entonces que la verosímil imagen de su cuerpo es el resultado de una corriente del elemento tierra que se manifiesta en el centro coccígeo, así como de las vibraciones correspondientes del elemento agua en el centro sacro, del elemento fuego en el centro lumbar, del elemento aire en el centro dorsal, del elemento éter en el centro cervical y de una vibración de fuerza vital y conciencia que emana de los centros medular y crístico.

Del mismo modo que la luz eléctrica proyectada sobre una pantalla produce en su fuente un sonido peculiar causado por la vibración eléctrica, así también los centros espinales astrales emiten diferentes sonidos «musicales» a medida que proyectan las diversas corrientes pránicas de fuerza vital, las cuales producen la imagen tecnicolor del cuerpo físico y sus percepciones, que son verosímiles a la vista, al tacto, al oído, al olfato y al gusto. Concentrándose en los seis centros, el devoto que medita oye de manera sucesiva el sonido musical del abejorro, la flauta, el arpa, el gong, el rugir del océano y, finalmente, la sinfonía de todos los sonidos astrales. Estas emanaciones de los seis centros son las vibraciones de los cinco elementos o *tattvas* de la naturaleza, que se encuentran presentes en el macrocosmos del universo y operan en el microcosmos del cuerpo humano.

La corriente vital del elemento tierra en el cóccix es la fuerza responsable de la solidificación de la fuerza vital primaria que se transforma en los átomos del cuerpo y es la que da lugar al sentido del olfato; cuando este centro se encuentra activo emite un sonido similar al zumbido de una abeja.

Las cinco vibraciones de los elementos de la naturaleza crean y sostienen el cuerpo

El elemento agua en el centro sacro sustenta los átomos de todas las sustancias acuosas del cuerpo y es el responsable del sentido del gusto; su actividad emite el sonido musical de una flauta.

El elemento fuego en el centro lumbar mantiene el resplandor vital astral y el calor eléctrico del cuerpo, y es el que produce el sentido de la vista; estas actividades están acompañadas de bellos sonidos que se asemejan a los de un arpa.

El elemento aire en el centro dorsal permite que el oxígeno y la energía vital *(prana)* del cuerpo se combinen con las células físicas y también es responsable del sentido del tacto; su actividad emite un sonido que guarda semejanza con el de una campana o un gong.

El elemento éter en el plexo cervical mantiene el trasfondo etérico del cuerpo, regulándolo para ajustarlo a todas las vibraciones espaciales. La sutil vibración etérea es la pantalla sobre la cual se proyecta la imagen del cuerpo y toda la naturaleza. El centro cervical engendra el sentido del oído y reverbera con la vibración cósmica semejante al estruendo del océano.

Los centros medular y crístico unidos constituyen la dinamo de la conciencia, de la fuerza vital y de las matrices de los elementos vibratorios. Este elevado centro recarga continuamente de fuerza vital y conciencia a todas las dinamos secundarias de las vibraciones de los elementos tierra, agua, fuego, aire y éter que mantienen los tejidos, la sangre y todas las sustancias acuosas del cuerpo, así como el calor, el oxígeno, la fuerza vital y las actividades etéricas[62].

En otras palabras, ¡el cuerpo no es en absoluto lo que aparenta! Es el complejo resultado de la combinación de seis corrientes que emanan de seis centros astrales. Y estas corrientes son, a su vez, emanaciones de la energía cósmica esférica de la vibración creativa de *Om,* que produce en su seno las oníricas imágenes macrocósmicas del universo.

El aspirante espiritual, ansioso por resolver el misterio del cuerpo, sólo llega a descifrarlo cuando su atención se retira del cuerpo y se dirige hacia las seis cabinas interiores de proyección, las cuales, al emitir sus respectivas corrientes, son las responsables de generar la imagen del cuerpo. Cuando logra conocer esas seis corrientes, y después de años

---

62 Las actividades de los elementos sutiles en los centros espinales se explican detalladamente en XIII:1 (volumen II).

de práctica en la meditación, el yogui llega a saber que el cuerpo no es una masa sólida, sino una manifestación de la luz vibratoria. El yogui entonces comprende acertadamente que la esencia de las células físicas es la energía atómica, la cual proviene de los vitatrones o energía astral, que a su vez proviene de los ideatrones o energía causal (mental), y que todos ellos sólo son diversos grados de vibración de la conciencia cósmica, es decir, diferentes sueños de la mente de Dios. Cuando esa percepción se vuelve parte de la propia realización del Ser del yogui, le es posible controlar conscientemente todas las funciones de los instrumentos corporales e incluso materializar o hacer desaparecer su cuerpo a voluntad[63].

Resumiendo, el importante significado que tiene en estas estrofas del *Guita* el hecho de que los Pandavas hagan resonar sus caracolas es el siguiente:

Resumen: Las vibraciones de los sentidos y de las fuerzas del alma

El hombre mundano cuya atención está enfocada en la materia oye solamente los ruidos del mundo externo, pero en la batalla psicológica y metafísica que se entabla entre la mente sensorial y el discernimiento inherente al alma, tanto los sentidos que luchan como las fuerzas del alma producen diversas vibraciones, en un esfuerzo por ganar la conciencia del devoto que medita.

Durante la meditación, la atención del devoto abandona primero la esfera de los sonidos físicos del mundo material y es luego atraída hacia los diversos sonidos que provienen de la actividad interna del cuerpo físico, tales como la circulación de la sangre, el latido del corazón y la inquietud de la respiración. Estas vibraciones se vuelven

[63] El Dr. Paul Davies, físico australiano ganador del Premio Templeton por el Progreso de la Religión en el año 1995, escribió en su libro *Superfuerza* (Salvat, Barcelona, 1994): «Para el realista ingenuo el Universo es una colección de objetos. Para el físico cuántico es una inseparable red de vibrantes esquemas de energía en la cual ningún componente posee realidad independientemente de la totalidad; y en la totalidad se incluye al observador».

El profesor Brian D. Josephson, de la Universidad de Cambridge, y premio Nobel de Física en 1973, elogió los antiguos sistemas de la filosofía hindú: «El Vedanta y el Sankhya poseen la clave para acceder a las leyes de la mente y de los procesos del pensamiento, los cuales están correlacionados con el campo de la física cuántica, es decir, con el funcionamiento y distribución de las partículas a nivel atómico y molecular».

En *Autobiografía de un yogui* se relatan muchos ejemplos de los poderes de los yoguis avanzados —aquellos que han dominado la ciencia del yoga, la aplicación práctica de la sabiduría Vedanta y Sankhya—, y la obra incluye un capítulo acerca de «La ley de los milagros». *(Nota del editor).*

sumamente audibles y perturbadoras cuando la atención del hombre se centra por completo en su interior. A través de la meditación más profunda, el devoto trasciende los sonidos físicos internos y, al pasar a través de la región astral, comienza a oír los diversos sonidos vibratorios que emanan de las fuerzas vitales astrales (sonidos semejantes a los que se emiten al soplar una caracola, o vibraciones profundas, arrolladoras y tranquilizantes de carácter musical): el zumbido del abejorro, la flauta, el arpa, el gong, el rugir del océano y la sinfonía astral. Al seguir con la atención estos sonidos, aprende a localizar los centros de vida y conciencia. Una vez que los ha localizado, con el transcurso del tiempo le es posible verlos. Esta proeza por lo general requiere muchos años de meditación bajo la guía y las bendiciones de un gurú avanzado. Por último, cuando contempla los centros y eleva la conciencia a través de ellos en las diversas etapas del *samadhi,* el yogui logra resolver el misterio del cuerpo; lo percibe como una forma hecha de vibraciones de luz que se puede manejar a voluntad.

Estrofa 19

स घोषो धार्तराष्ट्राणां हृदयानि व्यदारयत्।
नभश्च पृथिवीं चैव तुमुलो व्यनुनादयन्॥

sa ghoṣo dhārtarāṣṭrāṇāṁ hṛdayāni vyadārayat
nabhaś ca pṛthivīṁ caiva tumulo vyanunādayan

El inmenso estruendo que resonaba por cielo y tierra traspasó el corazón del clan de Dhritarashtra.

«Los sonidos vibratorios (las caracolas del ejército de los Pandavas) provenientes de la actividad de los centros astrales —que el devoto oye en meditación y que resuenan en el cuerpo astral (el cielo) y en el cuerpo físico (la tierra)— desalentaron los deseos y sentidos materiales y mentales identificados con el cuerpo (el clan de Dhritarashtra)».

Los soldados del rey Deseo Material se preocupan sobremanera cuando advierten que el devoto escapa velozmente de las trampas del plano sensorial.

Así como un niño de mentalidad materialista se deleita con los ritmos primitivos del *jazz* y no muestra interés alguno por las grandes sinfonías, en forma semejante los sentidos aman el ruidoso mundo de los burdos placeres y son insensibles a la tranquilizadora música del plano astral. Cuando el devoto progresa lo suficiente como para oír las armonías astrales, siente aversión a los placeres sensuales materialistas y evita con todo cuidado el ruidoso entorno de la gente que ha caído en la trampa de los sentidos.

En la estrofa 12 se señaló que el ego produce muchas vibraciones materiales para animar a la mente y a su inquieto clan. En la estrofa 19 ocurre lo contrario: los sonidos astrales provocan estupor a las tendencias mentales indisciplinadas.

El devoto observa a los enemigos que habrá de destruir

Estrofas 20-23

अथ व्यवस्थितान्दृष्ट्वा धार्तराष्ट्रान् कपिध्वजः ।
प्रवृत्ते शस्त्रसम्पाते धनुरुद्यम्य पाण्डवः ॥ *(20)*

हृषीकेशं तदा वाक्यमिदमाह महीपते ।
सेनयोरुभयोर्मध्ये रथं स्थापय मेऽच्युत ॥ *(21)*

यावदेतान्निरीक्षेऽहं योद्धुकामानवस्थितान् ।
कैर्मया सह योद्धव्यमस्मिन्रणसमुद्यमे ॥ *(22)*

योत्स्यमानानवेक्षेऽहं य एतेऽत्र समागताः ।
धार्तराष्ट्रस्य दुर्बुद्धेर्युद्धे प्रियचिकीर्षवः ॥ *(23)*

atha vyavasthitān dṛṣṭvā dhārtarāṣṭrān kapidhvajaḥ
pravṛtte śastrasaṁpāte dhanur udyamya pāṇḍavaḥ (20)

hṛṣīkeśaṁ tadā vākyam idam āha mahīpate
senayor ubhayor madhye rathaṁ sthāpaya me 'cyuta (21)

yāvad etān nirīkṣe 'haṁ yoddhukāmān avasthitān
kair mayā saha yoddhavyam asmin raṇasamudyame (22)

yotsyamānān avekṣe 'haṁ ya ete 'tra samāgatāḥ
dhārtarāṣṭrasya durbuddher yuddhe priyacikīrṣavaḥ (23)

(20) Al contemplar a la dinastía de Dhritarashtra dispuesta para iniciar la batalla, Pandava (Arjuna), cuya bandera ostenta el emblema del mono, alzó su arco y se dirigió a Hrishikesha (Krishna).

(21-22) Arjuna dijo: ¡Oh inmutable Krishna!, te ruego situar mi carro entre los dos ejércitos, a fin de que pueda yo ver a los que se hallan en formación de combate, listos para la lucha. En la víspera de esta guerra, permíteme comprender contra quiénes debo enfrentarme.

(23) En esta llanura (de Kurukshetra) deseo ver a todos aquellos que se han reunido con ansias de luchar junto al malvado hijo de Dhritarashtra (Duryodhana).

DURANTE LA MEDITACIÓN, PANDAVA (que representa los poderes espirituales del discernimiento) contempla cuánto resentimiento experimenta la mente ante el gozo que siente el devoto al oír la música del plano astral. El devoto enarbola entonces triunfalmente la bandera del autocontrol, que ostenta el emblema del mono —que significa el control del hombre sobre la inquietud—, endereza la columna vertebral, manteniendo la cabeza erguida, los hombros hacia atrás, el pecho hacia fuera y el abdomen contraído. Esta posición de la espina dorsal, curvada en el frente (y no en la espalda), se denomina «el arco de la meditación», ¡perfectamente encordado y listo para luchar contra los sentidos!

En cada una de sus actividades físicas, el ser humano envía pensamientos y energía desde el cerebro hacia la superficie del cuerpo, manteniendo así al ego ocupado en los asuntos materiales.

En todo proceso meditativo, el hombre envía pensamientos y fuerza vital desde los centros sensoriales hacia el cerebro.

Para el devoto versado en los temas espirituales, el «emblema del mono» significa el control de los pensamientos inquietos por medio de ciertas técnicas espirituales impartidas por el gurú, cuyo propósito es invertir el flujo de la fuerza vital y dirigirla desde los sentidos hacia la médula oblongada con la ayuda de la práctica de *Khechari Mudra,* que consiste en tocar la punta de la úvula o «pequeña lengua» (el polo negativo) con la punta de la lengua (el polo positivo). Cuando el yogui avanzado —por ejemplo, aquel que ya ha logrado progresos significativos en *Kriya Yoga*— practica esta técnica bajo la guía del gurú, conduce hacia Dios la fuerza vital que antes fluía hacia los sentidos.

UN ELEMENTO FUNDAMENTAL para alcanzar el éxito en la meditación es la postura correcta. La columna vertebral encorvada hace que las vértebras espinales estén fuera de la posición correcta, y con ello comprimen los nervios de los principales plexos del sistema nervioso. Estos desajustes impiden una clara percepción sensorial de los objetos materiales y retardan, además, el flujo de la fuerza vital hacia el cerebro, cuyo objeto es revelar el Espíritu. Si se aplasta un tubo de goma en su parte media, se suspende el flujo de agua en ambos sentidos; de igual manera, si los nervios espinales se comprimen a causa de una vértebra que está fuera de sitio, no pueden conducir al exterior, en dirección a los sentidos, la cantidad de energía necesaria para obtener claras percepciones sensoriales; asimismo, durante la meditación, los plexos de los nervios espinales comprimidos impiden que se retire la energía de los sentidos y que se dirija hacia el cerebro.

La postura correcta: un aspecto esencial para alcanzar el éxito en la meditación

De este modo, el devoto que medita con la columna encorvada obtiene escasos resultados espirituales. Su columna encorvada es semejante a un arco roto, incapaz de protegerlo de las fuerzas de la inquietud. Cuando trata de concentrarse y fijar la atención en el centro del entrecejo, se percata de que su conciencia está atada a la corriente nerviosa que fluye hacia el exterior en dirección a los sentidos. Debido a la compresión a que están sometidos los nervios, el flujo de la fuerza vital no puede invertir su dirección en los centros espinales.

Los devotos que intentan «entrar en el silencio» sin un método científico no pueden lograrlo en tanto las corrientes de energía vital continúen fluyendo en dirección descendente hacia los sentidos. El yogui científicamente entrenado sabe cómo retirar la energía vital y la mente de los sentidos. Cuando la energía vital se retira hacia el interior de la columna vertebral, los cinco teléfonos de los sentidos —olfato, gusto, vista, oído y tacto— se desconectan automáticamente, y así se evitan las perturbaciones mentales causadas por las sensaciones.

UNA VEZ QUE EL DEVOTO logra mantener la columna erguida y enarbola la bandera del autocontrol, puede dirigir el flujo de la fuerza nerviosa hacia el interior, a través de la espina dorsal, hasta la morada del Espíritu en el cerebro. Éste es el estado en el que Pandava (la facultad discernidora del alma) se dirige a Krishna, o sea, el Espíritu (al que aquí se hace referencia como Hrishikesha, «Señor de los sentidos»). Es un estado en que el discernimiento del devoto se halla preparado para descargar los proyectiles de su inquebrantable concentración sobre cualquier brote de violencia por parte de los pensamientos inquietos.

En este estado de perfecto recogimiento espiritual, el devoto ora: «¡Oh Espíritu!, sitúa el carro de mi intuición en los centros espinales, a fin de que pueda yo ver allí ambas fuerzas que están dispuestas a enfrentarse y, de ese modo, conozca contra qué enemigo debo luchar».

De acuerdo con el relato del *Mahabharata,* en la batalla entre los bondadosos Pandus y los malvados Kurus, Krishna desempeñó el papel de auriga de Arjuna, uno de los nobles hermanos pandus. La interpretación de esta alegoría es que cuando el ardiente autocontrol del hombre (Arjuna) está dispuesto a luchar contra las fuerzas de los sentidos, el Espíritu (Krishna) se convierte entonces en el auriga o poder que guía al devoto. Para expresarse, el Espíritu emplea la intuición del alma —el reflejo individualizado del Espíritu que reside en el hombre— como su instrumento.

Las dos fases de la batalla interior que se libra en la meditación

En la primera fase de la meditación, la mente del devoto se encuentra inextricablemente atada a la conciencia sensorial. La mente se halla concentrada en los sonidos materiales y en los pensamientos inquietos. El devoto queda aterrado al observar todas las fuerzas de la inquietud y de la oposición mental dispuestas a enfrentársele. Millones de devotos superficiales jamás superan el estado de estancamiento en la lucha psicológica entre los sentidos y las fuerzas del alma (la calma y la intuición).

El devoto que logra la victoria en la batalla psicológica inicial entra en la segunda fase de la meditación: la batalla metafísica, en la que su conciencia y energía vital se concentran en los centros espinales. Entonces se contempla a sí mismo como un guerrero situado en el campo de batalla de la columna vertebral —terreno que en su aspecto sutil comparten las fuerzas espirituales y las de las tendencias sensoriales y mentales que se les oponen—. Cuando la lucha está por comenzar, el devoto siente simultáneamente una fuerza que lo impulsa hacia las tendencias sensoriales que en los centros espinales se dirigen al exterior, así como una atracción hacia las fuerzas espirituales del alma, que se dirigen al interior. Entonces, el yogui establece contacto en su interior con el calmado Espíritu y, con reverencia, le pide a ese Divino Poder que sitúe el carro de la intuición entre las sutiles percepciones divinas y las burdas percepciones sensoriales. Con la ayuda del Espíritu, el devoto espera concentrar las fuerzas de la meditación para que luchen contra las fuerzas de la inquietud.

Si los sentidos triunfan, el devoto caerá prisionero de la carne y esa batalla meditativa en particular se habrá perdido. Si las fuerzas intuitivas espirituales logran la victoria, el devoto se internará aún más profundamente en el reino del Espíritu puro. Ésta es la tercera fase de la meditación: el profundo y gozoso *samadhi,* en el que ya no existe tanto peligro de que la conciencia quede atrapada por la invasión de las inclinaciones sensoriales.

En las estrofas 21-22, se describe el segundo estado de la meditación (es decir, el que se experimenta antes de que el devoto haya anclado su conciencia en el bienaventurado *samadhi*). Estas estrofas encierran además un significado más profundo, que explicaré brevemente:

La polaridad entre los centros coccígeo, dorsal y medular-crístico

El emplazamiento del carro de la percepción intuitiva entre las fuerzas en pugna se refiere en general a los centros espinales, pero también es una alusión específica a los centros coccígeo, dorsal y medular-crístico. Estos tres centros son sitios importantes, posadas intuitivas, posiciones estratégicas en las que se asienta la conciencia del yogui en su avance hacia Dios a través de los centros espinales en dirección al cerebro. Existe una polaridad especial entre estos centros que ayuda a que la conciencia sintonizada se desplace en sentido ascendente. En primer lugar, se establece una relación magnética entre el polo negativo del centro coccígeo *(muladhara)* y el centro positivo o superior dorsal *(anahata).* Posteriormente, con la práctica de la meditación profunda, cuando la conciencia se eleva hasta el centro dorsal, este centro se convierte en el polo negativo y el centro medular-crístico *(Kutastha)* en el nuevo polo positivo, el cual atrae la conciencia hacia arriba, en dirección a los centros de percepción espiritual superior situados en el cerebro. Como resultado de las percepciones intuitivas que el devoto experimenta al pasar por estos tres centros, adquiere una comprensión plena de los principios que gobiernan su naturaleza inferior (material), puesto que percibe tales principios en su lugar de origen y en su aspecto sutil.

Ya se ha mencionado anteriormente que el loto de mil pétalos *(sahasrara),* situado en el cerebro, es la matriz de todas las fuerzas del cuerpo, que operan a través de las dinamos secundarias de los centros espinales. Los antiguos videntes correlacionaron las vibraciones de las fuerzas cerebrales con los correspondientes centros de la columna vertebral. A partir de cada sonido simiente emitido por acción de estas vibraciones, los *rishis* desarrollaron el alfabeto sánscrito, que es fonéticamente perfecto[64]. En *Autobiografía de un yogui,* en una nota a pie de página, escribí lo siguiente acerca del sánscrito: «*Sanskrita* significa "pulido, completo". La lengua sánscrita es la hermana mayor de todas las lenguas indoeuropeas. Su alfabeto matriz está constituido por los caracteres *Devanagari,* literalmente: "divina morada". "¡Quien conoce mi gramática conoce a Dios!"; Panini, un gran filólogo de la antigua India, rindió este tributo a la perfección matemática y psicológica del sánscrito. Quien siguiera el lenguaje hasta sus primeras raíces terminaría, en efecto, por ser omnisciente».

En una descripción sumamente simplificada, podría afirmarse que las cincuenta letras o sonidos del alfabeto sánscrito están en los pétalos del *sahasrara*[65] y que cada vibración del alfabeto está relacionada, a su vez, con un determinado pétalo de los lotos de los centros espinales (que tienen un total de cincuenta pétalos correspondientes: el centro coccígeo, 4; el centro sacro, 6; el centro lumbar, 10; el centro dorsal, 12; el centro cervical, 16; y el centro medular-crístico, 2). «Pétalos» significa rayos o vibraciones. Estas vibraciones, cada una por sí misma o en diversas combinaciones, conjuntamente con los cinco elementos *(tattvas)* y otros principios de la naturaleza, son las responsables de diversas actividades psicológicas y fisiológicas de los cuerpos físico y astral del hombre. Incluyo en este comentario (en la página 699) un diagrama que hizo mi paramgurú, Yogavatar Lahiri Mahasaya, en el que delineó este concepto tal como él lo percibió. La ilustración es un bosquejo básico, pues en las escrituras hay diversas estimaciones acerca del número total de *nadis* del cuerpo, que se elevan a un total de 72.000. Durante mi visita a la India en 1935, Ananda Mohan Lahiri, nieto de mi paramgurú, me entregó una copia del gráfico de Lahiri Mahasaya para que yo lo incluyese en el comentario del *Guita,* el cual sabía él que me había comprometido a escribir[66].

---

64 En su libro *Sanskrit Grammar* [Gramática sánscrita], el célebre erudito Sir M. Monier-Williams escribió: «Los caracteres Devanagari, con los que se escribe la lengua sánscrita, tienen la posibilidad de expresar casi todas las gradaciones de sonido conocidas, y cada letra tiene una pronunciación fija e invariable». *(Nota del editor).*

65 En realidad, los sonidos son sinónimos de los pétalos, es decir, poderes vibratorios. Las cincuenta letras o sonidos, en múltiplos de veinte, equivalen a los mil pétalos del *sahasrara.*

66 Ananda Mohan Lahiri, quien también había alcanzado un elevado nivel de percepción

Basándose en la percepción de la potencialidad de estos *bija* o sonidos vibratorios «simiente», los *rishis* concibieron mantras que, al entonarse correctamente, activan estas fuerzas creativas para que produzcan el resultado deseado. Los mantras, por lo tanto, son un medio para sintonizarse con las fuerzas sutiles o divinas. Es muy frecuente, sin embargo, que el buscador inquieto se enfoque en las fuerzas de la naturaleza y que el efecto resultante se lleve a cabo entonces en la esfera de los fenómenos y de los poderes —una trampa que el devoto sincero que busca la unión con Dios debe esforzarse por evitar—. Los sagrados mantras que forman parte de la ciencia del *Kriya Yoga* —que incluye la meditación en *Om* a la que se hace referencia en I:15-18[67] (y otras técnicas e instrucciones del sendero de *Kriya*)— conducen la conciencia del devoto directamente a Dios.

He mencionado en este comentario los diversos sonidos vibratorios simiente y sus derivaciones porque son parte de los detalles de la ciencia del yoga. No es preciso, sin embargo, concentrarse en ellos; el devoto avanzado experimentará automáticamente sus efectos, que son los siguientes:

Cuando la mente del devoto se concentra en el centro coccígeo, oye el sonido vibratorio entre los centros coccígeo y sacro; comprende entonces la esfera de los deseos. Este centro constituye la primera parada.

Cuando el devoto es capaz de captar la vibración de los sonidos simiente del centro dorsal, le es posible sentir sus centros coccígeo, sacro, lumbar y dorsal simultáneamente, y comprende los misterios de sus poderes sutiles. Esta etapa constituye la segunda parada.

Al continuar avanzando, el devoto capta la vibración del sonido simiente entre los centros cervical y medular-crístico, con lo cual logra percibir los seis centros (los elementos tierra, agua, fuego, aire, éter y superéter) en su estado sutil o separado; además, experimenta las

---

divina, era un gran amigo y benefactor de mi escuela y mi obra en la India desde sus comienzos. Fue especialmente servicial durante mi visita a la India en 1935, cuando estaba yo tratando de establecer la escuela y la obra de *Yogoda* sobre firmes cimientos. La expresión final de su amoroso apoyo está contenida en la última carta que me dirigió, escrita poco antes de su fallecimiento en 1951, en la que me alentaba en mis esfuerzos por completar este nuevo comentario del *Guita:* «Escribe el comentario del *Guita* a tu propia manera, directamente de Krishna y Arjuna, sin imitar a ningún abstruso intérprete de la antigüedad», y firmó: «Tuyo en la eternidad».

[67] *Om* es el mantra supremo, la manifestación primordial del Espíritu (Para-Brahman) como vibración cósmica creativa, conocida como Shabda-Brahman, el Espíritu en su aspecto que se manifiesta como sonido. *Om* es, por consiguiente, la fuente y recipiente de todos los demás sonidos vibratorios.

combinaciones de elementos que tienen lugar para crear en el hombre la ilusión del cuerpo físico sólido.

ESTROFAS 24-25

सञ्जय उवाच
एवमुक्तो हृषीकेशो गुडाकेशेन भारत।
सेनयोरुभयोर्मध्ये स्थापयित्वा रथोत्तमम्॥ *(24)*

भीष्मद्रोणप्रमुखतः सर्वेषां च महीक्षिताम्।
उवाच पार्थ पश्यैतान् समवेतान्कुरूनिति॥ *(25)*

saṁjaya uvaca
evam ukto hṛṣīkeśo guḍākeśena bhārata
senayor ubhayor madhye sthāpayitvā rathottamam (24)

bhīṣmadroṇapramukhataḥ sarveṣāṁ ca mahīkṣitām
uvāca pārtha paśyaitān samavetān kurūn iti (25)

Sanjaya dijo (a Dhritarashtra):
¡Oh descendiente de Bharata!, a petición de Gudakesha (Arjuna), Hrishikesha (Krishna) condujo el majestuoso carro a un lugar situado entre las dos huestes, frente a Bhishma, Drona y todos los soberanos de la tierra, y dijo: «¡Contempla, Partha (Arjuna), a todos los Kurus aquí reunidos!».

LA INTROSPECCIÓN (SANJAYA) REVELÓ a la mente ciega (Dhritarashtra, al que aquí se hace referencia como descendiente del rey Bharata —antecesor común de los Kurus y los Pandus—, quien simbólicamente representa la Conciencia Cósmica[68]):

«A petición del devoto (Gudakesha, "siempre dispuesto, insomne, vencedor del engaño"), el Alma (Hrishikesha, "el Rey de los sentidos") situó el majestuoso carro (la percepción espiritual) entre el ejército pandava del Discernimiento y el ejército kaurava del Deseo Material, haciendo frente a los generales de la mente —Ego y Tendencia

---

[68] Bharata, de *bhā,* «luz», y *rata,* «apegado a, o devoto de»; referencia a aquel que ha logrado la iluminación, es decir, que ha alcanzado la conciencia cósmica —la percepción del Absoluto.

Latente— y a todos los demás soberanos de la conciencia corporal (la tierra) —las poderosas tendencias materiales reinantes— e intuitivamente le ordenó al devoto que hiciera frente (reconociese) a sus enemigos internos».

Ahora es el momento decisivo. Cuando el bien y el mal presentes en el aspirante espiritual están dispuestos a luchar y cada ejército afronta una batalla a vida o muerte por la victoria, el devoto vacilante comienza a racionalizar acerca del verdadero significado de esa batalla. Entonces su auriga-alma —unido al Espíritu— lo coloca cara a cara con los enemigos que debe destruir.

El carro de la percepción espiritual

EL ASPIRANTE ESPIRITUAL —que es digno de llamarse Gudakesha si vence el sueño o la pereza con el propósito de dedicarse a la profunda y prologada meditación— puede ordenarle a su conciencia identificada con el alma que centre o enfoque su percepción espiritual con claridad e imparcialidad. Esta percepción es el majestuoso carro que conduce al devoto desde el desierto de los sentidos (que exacerban el sufrimiento), a través del oasis de los centros espinales, hasta llegar al plano de la conciencia omnipresente situada en los centros cerebrales divinos. Cuando el devoto se halla avanzado espiritualmente, puede centrar el carro de su percepción espiritual en cualquier plano. El «siempre despierto» devoto centrado en la bienaventuranza del alma contempla el carro de su percepción espiritual debidamente situado —para efectuar una correcta observación— entre las deshonestas tendencias sensoriales de la mente y las tendencias discernidoras del alma.

El estado del hombre que se encuentra en el plano material se caracteriza por la completa identificación de su conciencia con las luchas y metas mundanas. Ésta es, por ejemplo, la percepción del hombre de negocios común, que jamás se esfuerza por comprender la Inteligencia que está en el trasfondo de su cerebro, el Poder sin el cual no le sería posible llevar a cabo negocio alguno.

Haciendo intentos esporádicos por practicar la meditación profunda, el devoto en vías de despertar alcanza el segundo plano de percepción, que le permite apartarse de vez en cuando de los sentidos y sentir la profunda paz y gozo de su alma.

En el tercer plano de percepción, el yogui que ha desarrollado el autocontrol llega al punto intermedio en que, al centrar su conciencia en los centros espinales, obtiene vislumbres de la Bienaventuranza y de la percepción divina. Allí puede ver que existe un equilibrio perfecto entre las cualidades del alma y las tendencias sensoriales. Este punto se alcanza como resultado de la constancia en la meditación y un adecuado adiestramiento en los hábitos correctos del yoga.

En el cuarto plano de percepción, cuando la conciencia se unifica completamente con el único bien —Dios—, el devoto trasciende los estados opuestos del bien y el mal. El hombre, despierto en Dios, ya no se halla sujeto a las dualidades de la naturaleza: las experiencias de aflicción y gozo, salud y enfermedad, vida y muerte. Estos fantasmas del «bien» y del «mal» desaparecen, como sueños que en realidad son.

Todas las relatividades son expresiones del único Absoluto

EL YOGUI TIENE SIEMPRE PRESENTE que toda conciencia del bien y del mal, así como de las tendencias materiales e intuitivas del hombre son relatividades de la misma Conciencia Absoluta (a la que simbólicamente se hace referencia en esta estrofa como Bharata, el ancestro común, tanto de los Kurus como de los Pandus). La oscuridad es la ausencia de luz; la luz es la ausencia de oscuridad. De modo similar, la debilidad es la falta de autocontrol; el autocontrol es la inexistencia de debilidad. En este sentido podemos comprender que la dualidad —el bien y el mal— son expresiones contrastantes (positiva y negativa) de la Única Unidad: Dios.

Las características individuales de comportamiento de todo ser humano son, en gran medida, la suma de sus hábitos. Tales hábitos, buenos y malos, sólo fueron creados por la conciencia del hombre, a través de la repetición de pensamientos y de aquellas acciones que son el fruto de los pensamientos. Si la conciencia puede pensar y soñar que ha adquirido malos hábitos, sólo es preciso que piense y sueñe de manera diferente para implantar, en cambio, buenos hábitos. Las ideas buenas y malas son diferentes formas o sueños de la conciencia. Es preferible soñar hermosos estados de conciencia que tener pesadillas. La conciencia es imaginativa, sensible, maleable; puede pensar y soñarse en cualquier estado.

Cuando la conciencia del devoto se degrada, se dice que «la mente corre a ciegas conducida por los desbocados corceles de los sentidos». Cuando la conciencia del hombre se conduce en dirección al alma, ha alcanzado el disciplinado «estado de discernimiento».

La conciencia que se identifica con el alma se llama «Krishna, el Señor de los sentidos» o «el Salvador, la Conciencia Crística o *Kutastha* que reside en el hombre», el reflejo puro del Espíritu, el auriga que conduce triunfalmente las tendencias discernidoras al reino del Infinito.

Si la conciencia del hombre se identifica con el egoísmo, se denomina «Bhishma». Cuando la conciencia está unificada a las tendencias del pasado, tal etapa se denomina el estado «Drona-Samskara» o de las tendencias latentes. Siempre que la mente contraponga imparcialmente todas las facultades del alma a los placeres sensoriales, ha alcanzado el estado que se denomina «Sanjaya» o estado introspectivo. Cuando la conciencia del devoto está siempre dispuesta a meditar, desdeñando el sueño, ha logrado el estado «Arjuna-Gudakesha» de ardiente determinación espiritual y autocontrol. «Arjuna-Partha» es el estado de conciencia en que el devoto siente compasión por las tendencias sensoriales mentales (sus parientes kurus) y necesita que se le recuerde que él es hijo de Pritha[69] (otro nombre de Kunti), quien representa el poder del desapasionamiento o renunciación y que, por lo tanto, él debería actuar conforme a estos atributos y no ceder a los instintos que surjan de la naturaleza.

La dualidad de la conciencia, que es la madre de todos los estados, tanto buenos como perniciosos, junto con su ancestro común —la Conciencia Cósmica o Conciencia Absoluta— serán ahora la causa de un penoso dilema para el devoto. En el *Bhagavad Guita* —que es un tratado metafísico y psicológico de vasto alcance— se describen todas las experiencias que ha de atravesar el viajero espiritual en su sendero hacia la emancipación. Hasta el momento, el foco de la atención se había centrado principalmente en los estados positivos que el devoto se esfuerza por desarrollar. En las estrofas siguientes —hacia el final del capítulo I y en la primera parte del capítulo II— se nos advierte acerca de los estados negativos que amenazan con intimidar al devoto y desviarle de su meta. «¡Hombre prevenido vale por dos!». El devoto que comprende la naturaleza del camino que ha de recorrer no se sentirá jamás inseguro ni descorazonado ante la inevitable oposición a la que haya de enfrentarse.

El devoto sincero no sólo confía en Dios, sino que además le rinde culto a través de la comprensión y de la sabiduría. No es que la devoción ciega sea inaceptable para el Ser Supremo, pero es una forma inferior de espiritualidad. Bendecido con el divino don de la inteligencia, el raciocinio y el libre albedrío, el hombre debe adorar a su Creador en verdad y con entendimiento. Le complace al Señor ver que sus hijos humanos, hechos a su propia imagen, le buscan mediante el don más

---

[69] Partha significa «hijo de Pritha». Véase también la explicación del significado simbólico de Pritha en el comentario sobre II:3.

elevado que Él les ha concedido: la herencia divina de la inteligencia. El devoto que emplee esa inteligencia para estudiar con sinceridad el mensaje del *Guita* comprobará que éste es un fiel compañero de viaje que no sólo habrá de guiarle y alentarle, sino que también le advertirá del peligro y le protegerá.

ESTROFA 26

तत्रापश्यत्स्थितान् पार्थः पितॄनथ पितामहान्।
आचार्यान्मातुलान्भ्रातॄन्पुत्रान्पौत्रान्सखींस्तथा॥ *(26)*
श्वशुरान् सुहृदश्चैव सेनयोरुभयोरपि।[70] *(27)*

tatrāpaśyat sthitān pārthaḥ pitṝn atha pitāmahān
ācāryān mātulān bhrātṝn putrān pautrān sakhīṁs tathā (26)
śvaśurān suhṛdaś caiva senayor ubhayor api[70] *(27)*

Partha (Arjuna) contempló allí, en las filas de ambos ejércitos, a abuelos, padres, suegros, tíos, hermanos, primos, hijos y nietos, así como a compañeros, amigos e instructores.

POR MEDIO DEL AUTOCONTROL INTUITIVO proveniente de la meditación, el devoto contempla a sus buenos y perversos parientes psicológicos[71] presentes en los ejércitos en pugna: el divino discernimiento y los malvados sentidos. Allí se encuentran los patriarcas psicológicos, la conciencia del ego, buena o mala, profundamente arraigada en él; los padres y suegros mentales, como por ejemplo la tendencia paternal del desapasionamiento extremo con su negativa tendencia interna femenina (o hija), la fuerza vital enrollada; los tíos psicológicos, tales como el orgullo y otras tendencias que producen la embriaguez del engaño; los hermanos y primos de los poderes discernidores y tendencias sensoriales; la prole de tendencias psicológicas, que se originan a partir

[70] Esta última línea constituye la primera parte de la estrofa 27, pero se ha incluido en la estrofa 26 para que abarque la idea completa. Por la misma razón, la versión de Paramahansa Yogananda de las estrofas 27-31 consta de la segunda línea de una estrofa y la primera línea de la siguiente estrofa. *(Nota del editor).*

[71] «Psicológicos» significa que la naturaleza interna de las fuerzas Kuru y Pandu son expresiones materialistas y espirituales de la conciencia del devoto, que él percibe durante la meditación introspectiva, en contraposición con las respuestas y acciones externas o físicas que aquéllas engendran.

del autocontrol y de otros poderes discernidores, así como de la mente sensorial; los nietos o descendientes de los buenos y malos deseos, relacionados entre sí; los hábitos aliados buenos y los indeseables; las tendencias del pasado que inspiran las acciones y que son instructoras tanto de las cualidades del alma como de las inclinaciones sensoriales.

Cuando el devoto atraviesa la fase inicial de la meditación y llega al estado intermedio, como se describió en la estrofa anterior, adquiere esta aguda visión acerca de sus queridos parientes psicológicos —las buenas y malas tendencias—, que se han reunido en el campo de batalla de la conciencia dispuestos a destruirse unos a otros[72].

---

[72] «Es ilusorio pensar que una persona posee una sola mente, ya sea buena o mala. No se tiene una mente única, sino muchas; somos una coalición, no una sola persona». A esta conclusión llegó el Dr. Robert Ornstein, psicólogo docente del Centro Médico de la Universidad de California en San Francisco y de la Universidad de Stanford, después de muchos años de investigación en biología evolutiva y en las funciones del cerebro. En su libro *Multimind: A New Way of Looking at Human Behavior* [Multimente: Una nueva manera de considerar el comportamiento humano] (Bantam Doubleday Dell, Nueva York, 1986), el Dr. Ornstein continúa diciendo:

«En lugar de constituir una entidad intelectual única capaz de juzgar muchas y diversas clases de sucesos con ecuanimidad, la mente es variada y compleja. Contiene un conglomerado mutable de diferentes clases de "pequeñas mentes" —reacciones fijas, talentos, pensamiento flexible— y estas diversas entidades se utilizan por algún tiempo —"se traen a la conciencia"— y luego, después de utilizarlas, por lo general se descartan, devolviéndolas a su sitio. [...]

»Algunas de las pequeñas mentes que se traen a la conciencia son el resultado de muy diversos centros de control del cerebro. Estos centros se han desarrollado a lo largo de millones de años para regular el cuerpo, proteger del peligro y, en general, para organizar y planificar el esfuerzo. Los componentes mentales —cada uno por separado— poseen prioridades diferentes que a menudo tienen propósitos contrapuestos entre sí y con nuestra vida actual, pero existen y, en resumen, "ellos" somos nosotros. Creo que sería una buena idea que pudiésemos llegar a conocer las bases primitivas de muchas de nuestras opiniones y decisiones, a fin de que intentáramos hacer algo al respecto.

»Pero nuestro problema como individuos es que muy a menudo actuamos de manera inconsciente y automática, de modo que con frecuencia no sabemos cuál de las múltiples "pequeñas mentes" está actuando en un determinado momento. Y en muchas ocasiones no seleccionamos las "pequeñas mentes" apropiadas en el momento adecuado».

«Se puede reorientar la mente, pero, al igual que el aprendizaje de la lectura o las matemáticas, no es una capacidad que nos venga dada de manera natural», escribió el Dr. Ornstein en *La evolución de la conciencia* (Emecé, Barcelona, 1994). «Debe fomentarse. Tenemos que saber quién hay dentro para poner orden. [...]

»Durante milenios, los individuos se han sentido atraídos por ideas como los "seres superiores" o las "experiencias místicas". Ahora debemos reconocer que esas experiencias son importantes para nuestro futuro y reconocer que están al alcance de todos. Podemos rehacer nuestra mente sustituyendo a la mente emplazada. El término tradicional para designar [...] el autodominio es *voluntad,* palabra que no está de moda actualmente. Si existe una voluntad, ésta residirá en la selección de las distintas mentes que podemos convocar. [...] El control consciente es una fuerza pequeña y débil en la mayoría de las

EL SIGNIFICADO SIMBÓLICO DE LOS PARIENTES Y AMIGOS DE LOS CLANES EN CONFLICTO

ENTRE OTROS, el devoto podrá encontrar a los patriarcas buenos y malos, o sea, los egos buenos y malos. El buen ego atrae al devoto hacia la meditación y las buenas acciones, en tanto que el mal ego lo conduce al mal. Una persona nace con un ego predominantemente material o espiritual, de acuerdo con sus acciones de vidas pasadas. Este ego principal o «individualidad» de una vida determinada se considera «la tendencia patriarca», porque gobierna todas las demás tendencias. Los «patriarcas» psicológicos pueden ser dobles o triples al tratarse de una personalidad compleja. Muchas personas son como Jekyll y Hyde, pues sus egos buenos y malos son, en una vida determinada, igualmente poderosos.

La tendencia psicológica correspondiente al «suegro» (Drupada) es el desapasionamiento extremo, que «engendra» o despierta la fuerza vital enrollada (Draupadi), situada en la base de la columna vertebral. Cuando el devoto invierte el flujo de la fuerza enrollada que se halla en el centro coccígeo y la dirige desde los sentidos hacia el cerebro pasando a través de la protección interior de la médula espinal, dicha fuerza despierta los centros espinales; y cuando esta fuerza vital orientada hacia el Espíritu se une con los cinco Pandavas *(tattvas)* en estos centros, da a luz a las cualidades divinas que despiertan el anhelo por Dios y un intenso desagrado por los objetos materiales. Estas cualidades reciben el nombre de «Draupadeya» (hijos de Draupadi). Cuando en la meditación el devoto controla la fuerza vital enrollada e invierte el flujo de esa corriente, en los centros espinales su conciencia se transforma en el «esposo» de Draupadi y conoce a su «suegro» Drupada, el desapasionamiento extremo.

Los tíos psicológicos son las embriagadoras y engañosas tendencias del apego a los sentidos, a los objetos materiales y demás. También es el falso orgullo, que con su estrecha mentalidad intenta disuadir al devoto de renunciar a su posición social o de soportar las críticas que le hacen los demás porque de manera «insensata» ha decidido seguir el sendero que conduce a Dios. Tales «tíos» son casi paternales en lo que respecta a su poder, pues ejercen un amplio control sobre la conciencia humana.

Entre los hermanos y primos psicológicos se encuentran los cinco divinos hermanos pandu, que han nacido del discernimiento, y sus cien

---

mentes, una fuerza que podemos desarrollar mediante la autoobservación». *(Nota del editor).*

primos que han nacido de la ciega mente sensorial. Los primos —las tendencias sensoriales— parecen amigables en un comienzo, como hermanos bien intencionados pero mal informados, los cuales tratan de convencer al devoto de la legitimidad de la causa que secundan.

Los hijos psicológicos son las cualidades espirituales del devoto, que nacen del autocontrol, así como los otros hijos de Draupadi (que se mencionaron anteriormente) y, también, los descendientes de las malvadas tendencias sensoriales. Los nietos psicológicos son los buenos y malos deseos que se desarrollan como resultado de la práctica, sentimiento y percepción del bien y del mal.

Los amigos y compañeros psicológicos son los buenos y malos hábitos. Los buenos hábitos son serviciales y amigables cuando uno lleva a cabo buenas acciones, de igual modo que los malos hábitos son amigables y serviciales cuando uno ejecuta malas acciones. Los instructores psicológicos son las poderosas tendencias hacia el bien y hacia el mal provenientes de los buenos y malos hábitos del pasado, que actúan como un estimulante poder motivador de las buenas y malas acciones y hábitos del presente.

«Amigos y compañeros»: los buenos y malos hábitos

Mientras el hombre no se halle totalmente bajo la influencia de la sabiduría independiente del alma, casi todo aquello que él sea o haga será el resultado del hábito o del condicionamiento. Si uno se encuentra atado a un mal ego, está sujeto a los deseos y a los gustos y aversiones, condicionado a responder a los deseos sensoriales en forma materialista; si sus pensamientos y acciones están bajo la coacción del engaño y su voluntad es prisionera del karma, entonces, por el modo en que estas influencias controlan y condicionan su estructura mental y su proceder, puede decirse que tales influencias son «malos hábitos», es decir, el ejército de los Kurus.

Por el contrario, los «buenos hábitos» son los contendientes espirituales, el ejército de los Pandus, los amigos y defensores de la causa del alma que se requieren para derrocar la naturaleza malvada o materialista. El devoto aspirante renueva su conciencia por medio del desarrollo de cualidades espirituales hasta que éstas predominan como sus hábitos naturales en el conjunto de su naturaleza. Una vez que los buenos hábitos han cumplido su propósito, voluntariamente ceden sus derechos a fin de que la sabiduría reine en el alma.

La meditación es el tambor de guerra interior que despierta estos buenos o malos hábitos de su largo sueño de indiferencia, y hace que cada bando esté dispuesto a acrecentar sus fuerzas con el propósito de lograr la victoria total sobre la conciencia del ser humano. Cuando uno permanece pasivamente bajo la influencia de los malos hábitos (su naturaleza materialista) no experimenta oposición visible alguna por parte de sus buenos hábitos innatos (las cualidades del alma, o sea, su naturaleza espiritual). Sólo cuando el devoto se esfuerza activamente por cultivar los buenos hábitos —la concentración, la calma, la paz— y los hace marchar como soldados hacia el reino del alma, aparece la feroz oposición de los malos hábitos: la inconstancia, la inquietud, la ansiedad.

El principiante espiritual entusiasta, en el calor de su fervor, no es consciente del poder de resistencia que poseen los malos hábitos, y éstos tampoco se percatan, al principio, de la silenciosa invasión de los buenos hábitos. Sólo cuando el devoto toma una seria determinación y realiza repetidos esfuerzos por instalar a los generales de los buenos hábitos en el reino de su conciencia, los generales de los malos hábitos se alarman y hacen furiosos intentos por expulsar a los «intrusos».

Así ocurrió con Arjuna (el autocontrol del devoto). Una vez que Krishna (la percepción del alma) lo sitúa entre los dos ejércitos —el del buen discernimiento y el de las malas tendencias sensoriales—, Arjuna contempla sobrecogido a aquellos guerreros en formación de batalla, pues los miembros de ambos bandos son sus propios queridos parientes: los buenos y malos hábitos que él mismo había creado. A pesar del creciente poder del discernimiento que apoya al ejército de los buenos hábitos, al autocontrol le resulta difícil —y muchas veces doloroso— destruir a esos queridos y viejos familiares que son los malos hábitos.

Arjuna rehúsa combatir

Estrofa 27

तान्समीक्ष्य स कौन्तेयः सर्वान्बन्धूनवस्थितान्॥ *(27)*
कृपया परयाविष्टो विषीदन्निदमब्रवीत्। *(28)*

tān samīkṣya sa kaunteyaḥ sarvān bandhūn avasthitān (27)
kṛpayā parayāviṣṭo viṣīdann idam abravīt (28)

Viendo ante sí a todos sus parientes en formación de batalla, el hijo de Kunti (Arjuna) sintió una profunda conmiseración y dijo afligido:

Cuando el devoto Arjuna, hijo de Kunti, vio que sus malos hábitos favoritos estaban a punto de ser destruidos a manos de la sabiduría acumulada en la meditación, su positiva naturaleza masculina —el ardiente autocontrol— se vio influenciada por la naturaleza femenina interior —el sentimiento—, cuya polaridad es negativa. Con un sentimiento insensato de conmiseración, el compungido devoto reflexiona sobre su estado.

En todo ser se encuentra presente una naturaleza masculina y una femenina. El aspecto masculino o positivo se manifiesta en la forma del poder de discernimiento, de autocontrol y de juicio riguroso: cualidades que manifiestan el raciocinio o responden a éste. La naturaleza femenina o negativa se basa en el sentimiento: el amor, la compasión, la bondad, la misericordia, el gozo. En el ser ideal, ambos aspectos se hallan en perfecto equilibrio. Pero si el raciocinio está desprovisto de sentimiento, se vuelve calculador, rígido e inclinado a la censura; y si el sentimiento está desprovisto de raciocinio, se convierte en emoción ciega[73].

---

[73] Los neurofisiólogos han delineado estas y otras diferencias entre el hombre y la mujer basándose en las funciones peculiares de los hemisferios derecho e izquierdo del cerebro. Los investigadores han señalado que, en general, el lado izquierdo del cerebro —que se especializa en tareas analíticas, lógicas y verbales— se encuentra más activo en el hombre, en tanto que el lado derecho —que activa las funciones artísticas y creativas, y trabaja más con la metáfora, las emociones y los sentimientos— se halla más activo en la mujer.

«Desde hace unos dos o tres millones de años, el órgano de pensamiento del ser humano se ha estado bifurcando a paso constante», escribe el Dr. David Darling en *Equations of Eternity* [Ecuaciones de la Eternidad] (Hyperion Press, Nueva York, 1993). «Esta transformación es más notoria en lo que se refiere al macho humano, porque la polarización de los hemisferios derecho e izquierdo parece ser más pronunciada en el hombre que en la mujer [...].

»Muchas religiones mundiales hacen referencia a un conocimiento intuitivo del funcionamiento de los lados izquierdo y derecho del cerebro. En el taoísmo, por ejemplo, existe un principio masculino, conocido como *yang.* [...] En el otro extremo está *yin,* la fuerza femenina [...]».

En *El Tao de la Física* (Sirio, Málaga, 2006), Fritjof Capra describe la perspectiva de los antiguos chinos acerca de *yang* como «lo fuerte, lo masculino, el poder creativo» y de *yin* como «lo receptivo, lo femenino y el elemento materno. [...] En el reino del pensamiento, *yin* es la compleja y femenina mentalidad intuitiva, *yang* el claro y racional intelecto masculino. *Yin* es la tranquilidad, la quietud contemplativa del sabio, *yang* la fuerte acción creativa del rey».

Guarda especial relación con esta estrofa del *Guita* la obra del psiquiatra Pierre Flor-Henry, de la Universidad de Alberta, quien ha llevado a cabo una exhaustiva investigación sobre las diferentes características de los dos hemisferios cerebrales. Flor-Henry considera que una de las cualidades que se localiza en el hemisferio izquierdo es «el poder combativo». Sentimientos tales como la cautela, la depresión y la ansiedad —afirma— son, en mayor grado, una característica del lado derecho del cerebro.

«La mitad de nuestros errores en la vida surgen del hecho de sentir cuando deberíamos

En esta estrofa se hace referencia a Arjuna —el devoto— como el hijo de Kunti, significando con ello que su estado mental es el de aquel que se halla sujeto a la naturaleza; es decir, que no se comporta como alma sino como un ser humano común que ha nacido de mujer. Además, puesto que su buen juicio y autocontrol masculinos han dado paso al emocionalismo femenino, despertando en él una conmiseración insensata por las fuerzas enemigas, este epíteto significa también la necesidad de recordarle que debe comportarse más como un verdadero hijo de la noble Kunti (quien representa el ardiente poder del devoto para invocar la ayuda de la energía espiritual en su *sadhana*).

La renuencia del devoto a dar muerte a sus tendencias mundanas

AL SEGUIR EL SENDERO de la meditación con la esperanza de hallar la completa emancipación, el devoto descubre que debe destruir sus tendencias materiales, puesto que éstas conspiran contra la búsqueda de los placeres superiores del alma. Sin embargo, a causa de su prolongada relación con dichas tendencias, se desalienta ante la perspectiva de tener que aniquilarlas, y se dice de él que siente conmiseración hacia sus queridos parientes psicológicos. ¿Qué mortal no siente esa tierna compasión por su propio ser? Al fin y al cabo, «se trata de mí; así es como soy yo». Sin embargo, el *Guita* se está dirigiendo al verdadero Ser —el alma—, y le advierte al devoto aspirante que no se deje llevar por la conmiseración hacia esa parte de su naturaleza que se opone al alma. Es bueno sentirse bien por lo bueno que hay en uno, pero es malo sentirse mal por el mal que debería ser destruido.

---

pensar y de pensar cuando deberíamos sentir», observó el escritor británico J. C. Collins. Tanto el hemisferio izquierdo como el derecho —así como las naturalezas masculina y femenina— tienen fortalezas y debilidades características; la información obtenida de la investigación sobre los hemisferios del cerebro no resalta a uno sobre el otro. «En la cultura occidental, el lado izquierdo es el más activo y el principio masculino predomina, lo cual tal vez explique el hecho de que Occidente sea tan avanzado técnicamente y, sin embargo, en algunos sentidos se encuentre tan empobrecido espiritualmente», escribe el Dr. Darling. «Nuestros cerebros se han desarrollado de forma tal que vemos el mundo de dos maneras diferentes, complementarias entre sí pero a la vez mutuamente excluyentes. En sentido figurativo, cada uno de nosotros —hombre o mujer— tiene en su cabeza a Oriente y Occidente: el principio femenino y el masculino. Sin embargo, por lo general uno de ellos predomina. O estamos muy interesados en la racionalidad y por eso —desde el punto de vista [oriental]— permanecemos fuera de armonía con la naturaleza, o somos demasiado introspectivos y no logramos crecer en el aspecto material. Aparentemente, ambas modalidades mentales son esenciales para la conciencia humana y por ello deberían tratar de equilibrarse». *(Nota del editor).*

La razón por la cual pocos buscan sinceramente a Dios como hacen los santos es que millones creen no poder vivir sin los placeres perjudiciales y causantes de sufrimiento; son adictos, como lo es el alcohólico al licor que arruina su salud. Pero si estas mismas personas crearan buenos hábitos, reflexionarían: «No puedo vivir sin la paz y el placer de la meditación. Me siento deprimido si debo permanecer en los viejos ambientes que solía frecuentar».

Aquellos que se aferran a su naturaleza materialista no logran comprender por qué los sentidos, que proporcionan placer, se oponen al gozo del Espíritu. «¿Por qué —se preguntan— los sentidos le fueron concedidos al hombre si no fue para que disfrutase de ellos?». (¡Supuestamente, esta pregunta debería dejar sin argumentos al asceta!).

La razón metafísica para abogar por el autocontrol no es sino una propuesta espiritual de «negocios» cuyo objeto es proporcionarle al hombre felicidad suprema. Así como uno debe invertir cierto monto de dinero a fin de obtener una ganancia, así también el devoto renuncia a la gratificación de los placeres materialistas a cambio de la obtención del gozo puro del Espíritu que se experimenta por medio de la meditación.

El hombre es la imagen de Dios. Del mismo modo que el árbol se oculta en la semilla, así también dentro del ser humano se halla latente la dicha no manifestada del Espíritu. Puesto que las semillas tostadas no germinan, si la semilla de la conciencia se incinera en las llamas de los deseos materiales, el árbol innato de la Divina Felicidad no tiene posibilidad alguna de brotar.

Por consiguiente, el autocontrol no es una tortura que uno se imponga, sino una disciplina que conduce, por el contrario, a la felicidad del alma. Al apartar la mente de la complacencia en los míseros placeres inferiores de los sentidos, el hombre entra en el vasto reino del gozo eterno. Es el astuto engaño del ego malicioso lo que le hace al hombre creer lo contrario.

Estrofas 28-30

दृष्ट्वेमं स्वजनं कृष्ण युयुत्सुं समुपस्थितम्॥ *(28)*

सीदन्ति मम गात्राणि मुखं च परिशुष्यति।
वेपथुश्च शरीरे मे रोमहर्षश्च जायते॥ *(29)*

गाण्डीवं स्रंसते हस्तात्त्वक्चैव परिदह्यते।
न च शक्नोम्यवस्थातुं भ्रमतीव च मे मनः॥ *(30)*

निमित्तानि च पश्यामि विपरीतानि केशव। *(31)*

dṛṣṭvemaṁ svajanaṁ kṛṣṇa yuyutsuṁ samupasthitam (28)

sīdanti mama gātrāṇi mukhaṁ ca pariśuṣyati
vepathuś ca śarīre me romaharṣaś ca jāyate (29)

gāṇḍīvaṁ sraṁsate hastāt tvak caiva paridahyate
na ca śaknomy avasthātuṁ bhramatīva ca me manaḥ (30)

nimittāni ca paśyāmi viparītāni keśava (31)

¡Oh Krishna!, al ver a mis parientes reunidos y ansiosos de combatir, mis piernas desfallecen y la boca se me seca. Mi cuerpo se estremece por entero y el cabello se me eriza. El sagrado arco Gandiva se resbala de mis manos, y la piel me arde. Tampoco en pie puedo mantenerme. Mi mente divaga sin control; y, ¡oh Keshava (Krishna)!*[74]*, advierto funestos presagios.

EL DEVOTO DICE a su guía interior, el alma:

«A causa del amor que siento por los buenos y malos hábitos que en mí residen y que se enfrentan unos con otros, me resisto a dar muerte a mis parientes —los sentidos—, que por tanto tiempo han habitado en mi reino corporal. Mis piernas —el poder de voluntad para ejercer el autocontrol— desfallecen, y la boca —la intuición espiritual— se me seca. Me estremezco a causa del nerviosismo mental. Mis energías y pensamientos se lanzan en pos de los sentidos. El sagrado arco del autocontrol y de las percepciones espinales se resbala de mis manos, y la piel mental —que cubre mi conciencia— arde de inquietud. ¡Oh alma, destructora del mal!, no puedo mantener el equilibrio mental. Mi mente divaga cuando en la meditación me enfrento a mis enemigos los sentidos. Tengo premoniciones acerca de un inminente desastre».

Ésta es una fiel descripción del estado que experimentan los devotos después de haber recorrido cierta distancia en el sendero espiritual.

---

74 Keshava es un epíteto de Krishna como destructor del mal; es decir, una referencia al destructor del demonio Keshi.

El yogui principiante, en las etapas iniciales del contacto con el alma, se siente entusiasta, feliz, satisfecho. Al avanzar un poco más, descubre que los deseos sensoriales son empecinados residentes de su vida y comienza a preguntarse, incluso en medio de las percepciones divinas que experimenta, si su decisión de dar muerte a los gozos materiales con el objeto de obtener felicidad espiritual habrá sido prudente. En tal estado de confusión, el devoto intenta dividir su lealtad, y para ello presta la mitad de su atención al cuerpo y al disfrute de los sentidos, y la otra mitad al cúmulo interior de gozos del alma. El resultado de estas medidas que toma sólo a medias es que las piernas del poder de voluntad del devoto se paralizan por la enfermedad del apego sensorial latente. El devoto siente que las refinadas percepciones intuitivas espirituales comienzan a extinguirse y que el gusto por los hábitos materiales, como un fuego, consume el deleite que siente por las sutiles percepciones espirituales.

Consejos para el período en que el entusiasmo espiritual inicial se extingue

Así como el miedo hace que los cabellos se ericen, de igual modo, ante la perspectiva de perder los gozos sensoriales, el nerviosismo mental hace que los pensamientos del devoto y sus energías nerviosas, semejantes a una cabellera, fluyan como una corriente que se aleja de la felicidad del alma y se dirijan hacia la región de los sentidos. Durante este período de duda, el devoto advierte que sus percepciones astrales en la columna vertebral comienzan a desvanecerse. Tal como se describió en las estrofas anteriores, cuando uno camina o trabaja de alguna forma con el cuerpo, es consciente de las percepciones sensoriales, pero en la meditación las sensaciones corporales gradualmente se extinguen, se olvida la sensación de peso físico y toma posesión de la conciencia una fuerte percepción del poder espinal astral y de la gozosa calma. Sin embargo, debido a que el devoto aún no está lo suficientemente avanzado como para permanecer en ese estado y ahondar en él, sus tendencias materialistas —el karma o los efectos de todas sus malas acciones sensoriales del pasado— se despiertan en la conciencia. Cuando el devoto comienza entonces a sentirse inquieto, el arco espiritual de la energía y percepción espinal (que destruye los apegos sensoriales con las flechas de la dicha del alma) se resbala de la mano del autocontrol. Todos los pensamientos pierden su poder de concentración y comienzan a arder de inquietud, de igual modo que la piel se quema si se expone excesivamente a los rayos solares. La mente vagabundea una y otra vez incursionando en las experiencias subconscientes —impulsada por los *samskaras* o poderosas impresiones de las acciones erróneas del pasado— y es incapaz de mantenerse concentrada en el objeto de la meditación; experimenta, en cambio, una deprimente soledad y contempla un desierto mental creado por haber renunciado a los gozos materiales.

Cuando se labra la tierra para obtener cultivos, es preciso destruir primero el exuberante crecimiento de la maleza inútil. La desaparición de esa maleza hace que el suelo parezca árido, hasta que llega el momento en que se manifiesta el invisible potencial interior de las semillas, que permite que éstas broten y se desarrollen hasta convertirse en plantas que producen una abundante cosecha. De modo similar, el suelo de la conciencia está plagado de la maleza de los vanos placeres sensoriales (hábitos que, en un comienzo, son muy difíciles de erradicar).

Para pasar el tiempo, las personas prefieren hacer cualquier cosa, excepto meditar. Reflexiona acerca de las horas que se pierden yendo al cine, jugando a las cartas, conversando ociosamente, leyendo novelas baratas o periódicos sensacionalistas y mirando la televisión. Cuando el gurú y el autocontrol del devoto aspirante le piden que destruya la maleza mental y siembre las semillas espirituales de la meditación, sus hábitos de pronto le hacen ver que su vida será un desolado desierto si le falta la acostumbrada y abundante maleza de esas actividades inútiles.

En este lamentable estado de lobreguez momentánea, el devoto debe desechar todos sus sentimientos de duda y desesperanza, teniendo fe en que las semillas de la meditación profunda, una vez que las haya sembrado apropiadamente en el campo de la conciencia, producirán los místicos árboles de la Omnipresencia, cargados con los frutos de la felicidad imperecedera.

No es a los «advenedizos» sensoriales que se han establecido en el reino corporal por tanto tiempo a los que el devoto debe su lealtad, sino a las percepciones del alma, las cuales han permanecido durante un largo período en el destierro.

ESTROFA 31

न च श्रेयोऽनुपश्यामि हत्वा स्वजनमाहवे ॥ *(31)*
न काङ्क्षे विजयं कृष्ण न च राज्यं सुखानि च । *(32)*

na ca śreyo 'nupaśyāmi hatvā svajanam āhave (31)
na kāṅkṣe vijayaṁ kṛṣṇa na ca rājyaṁ sukhāni ca (32)

¡Oh Krishna!, tampoco veo beneficio alguno en matar a mis propios familiares en el fragor de la batalla. ¡No ansío ni victoria, ni reino, ni placeres!

«¡OH ALMA!, NO VEO que pueda obtener ningún resultado beneficioso al dar muerte a mis íntimos hábitos sensoriales. Mi mente detesta la idea de destruir los placeres sensoriales. ¡Nada ansío: ni la victoria mental, ni el reino de la dicha del alma, ni los placeres de los sentidos!».

En ese abatido estado de vacilación mental, el devoto repentinamente toma una decisión negativa, y piensa: «No veo ningún beneficio en la destrucción de todos los consuelos materiales. No ansío una victoria mental vacía. ¡No deseo el reino de la conciencia cósmica, ni tampoco la felicidad sensorial!».

El devoto pasa así de un estado de desconcierto que le atormenta a uno de firme determinación negativa. El devoto se dice a sí mismo: «¡Fuera, tanto la felicidad espiritual como la sensorial! ¡No quiero nada! Puedo prescindir de la posesión de la conciencia cósmica, si para obtenerla debo destruir mis queridos hábitos sensoriales con los que he convivido por tanto tiempo en la acogedora morada de la vida».

Ésta es una de las estratagemas preferidas del ser humano, un ardid en el que es un experto desde temprana edad: «¡Si debo comer las zanahorias antes que el helado, entonces tampoco quiero el helado!». La finalidad de esta decisión es que sea aplaudida como un gran sacrificio, digno de lástima, como mínimo, o, mejor aún, de un acuerdo favorable. Pero el padre o la madre prudente no cede ante el niño obstinado; asimismo, la sabia ley cósmica permanece pasivamente inconmovible ante el «heroico» despliegue de renunciación negativa por parte del devoto.

Tal estado de renuncia negativa puede presentarse no sólo en la meditación, como ocurre en este contexto, sino también *después* de la meditación profunda. El devoto que por cierto tiempo ha hecho esfuerzos espirituales coordinados —practicando la abnegación y la meditación con regularidad— puede descubrir que su autocomplacencia se hace añicos cuando después de una calmada meditación se precipita a un estado de inquietud ocasionado por el recuerdo *(samskaras)* de los gozos sensoriales. Se siente angustiado y desconcertado al darse cuenta de que no posee ni

La renunciación significa cambiar el gusto por los placeres inferiores y preferir el gozo eterno

los placeres pasajeros ni el gozo interior. Puesto que *no posee* ni lo uno ni lo otro, apacigua su desaliento proclamando que *no quiere* ninguno de los dos. Si no se esfuerza por salir de este estado de indiferencia, puede convertirse en un devoto indolente cuya vida espiritual se estanca y muere. En cambio, si continúa perseverando, descubrirá que ese estado sólo constituye un vacío momentáneo en su *sadhana*.

La renunciación no es un fin en sí mismo. Desprenderse de una pequeña suma de dinero con el objeto de invertirla quizá coloque temporalmente a una persona pobre en una situación financiera muy difícil, pero ese pequeño sacrificio puede más tarde redituarle una inmensa fortuna. De modo similar, el devoto prudente sabe que para obtener la eterna felicidad del Espíritu es necesario renunciar a las míseras pasiones materialistas. Sabe también que no se está negando nada a sí mismo, sino solamente remplazando sus gustos, al preferir la felicidad superior y perdurable del alma en lugar de los inferiores y efímeros placeres sensoriales. Así como uno debería alegrarse de renunciar a cien dólares para obtener cinco mil, de manera semejante el devoto se siente feliz de renunciar a la miseria sensorial a cambio del gozo imperecedero que se experimenta al percibir a Dios. El estado divino de emancipación final no es el vacío de la nada ni un estado de extinción interior; por el contrario, es una región donde reina un sentimiento positivo y consciente de eterna y gozosa expansión.

No obstante, las personas mundanas pocas veces se sienten impresionadas por los relatos de santos que vistieron el hábito del penitente y vivieron en soledad. «¡Qué vida tan torpemente malgastada en la abnegación y la pobreza!». Con esta desdeñosa conclusión, el hombre medio vuelca toda su atención en el mundo. Según su parecer, la felicidad debe de hallarse en la vida familiar, con sus comilonas festivas y bailes, y en la estimulación general de los sentidos. El hombre irreflexivo no se da cuenta de que la humanidad, afanosamente dedicada como él mismo a correr tras el arcoíris de la felicidad imperecedera, jamás la encuentra. La gente de mentalidad materialista abriga deseos contradictorios y permanece estancada en el pantano del sufrimiento. Los santos, por el contrario, saben a la perfección que la dicha verdadera y perdurable sólo puede hallarse al percibir en el interior la Bienaventurada Fuente del gozo puro y eterno.

Muchas personas espiritualmente sinceras creen que renunciar a su participación en los asuntos materiales, tal como lo ejemplifican los ascetas, es casi imposible en el mundo moderno. Sin embargo, ningún santo aconseja que los seres humanos busquen la soledad de las cuevas del Himalaya para hallar a Dios. El ideal consiste en *estar en* el mundo, sin *pertenecer* al mundo. Aquellos que han alcanzado la supraconciencia —que han meditado por mucho tiempo en forma profunda y persistente, sin importar cuáles sean sus responsabilidades o su entorno— se liberan del apego a los objetos materiales, ¡mas no son indiferentes! El verdadero devoto no es como un vagabundo, demasiado perezoso para realizar un esfuerzo decoroso que le permita disfrutar de prosperidad material o espiritual. El yogui que ha paladeado las sumamente refinadas percepciones de la bienaventuranza del alma permanece impasible y libre de las ansias de disfrutar de los placeres materiales, aun cuando éstos formen parte de su entorno: ha alcanzado un estado espiritual seguro y verdadero.

La perseverancia produce los frutos positivos de la renunciación

Es frecuente que los devotos espiritualmente débiles no perseveren el tiempo suficiente como para recoger los frutos positivos de la renunciación; por esa razón abandonan la meditación después de algunos intentos o incluso después de unos pocos años de tibios esfuerzos. Sumergiéndose de nuevo en el torbellino de los hábitos ordinarios de la vida, finalmente se ahogan en la ignorancia. Pero el devoto sincero no se deja engañar cuando la astuta mente apegada a los sentidos le dice: «¿Por qué abandonar los placeres de los que disfruta la mayoría de la gente? ¿Para qué sentarse en la oscuridad a practicar infructuosamente la meditación? ¡Ve todos los días al cine o a reuniones sociales y disfruta la vida!».

El devoto debe fortalecer sus buenas resoluciones recordando el ejemplo de Jesús y el de los grandes maestros que alcanzaron la inmortalidad y la felicidad eterna al renunciar a los falsos placeres que el Satanás del Engaño Cósmico le ofrece al hombre[75]. Cada vez que la mente sienta anhelo por los placeres sensoriales a los que ha renunciado, el devoto debe de inmediato imaginar el fin de su cuerpo amante de los placeres: su entrada final en el seno de la tierra o en las llamas crematorias. Tomar conciencia del inexorable destino del cuerpo físico despierta en el hombre fuertes ansias de familiarizarse con su indestructible Ser, el alma, la cual desdeña la muerte. El devoto que practica la meditación y ha sentido, aunque sólo sea una vez, el inextinguible encanto del alma y su eterna relación con Dios jamás olvida ese gozo.

---

[75] «De nuevo lo llevó consigo el diablo a un monte muy alto, le mostró todos los reinos del mundo y su gloria, y le dijo: "Todo esto te daré si te postras y me adoras". Dícele entonces Jesús: "Apártate, Satanás, porque está escrito: 'Al Señor tu Dios adorarás, y sólo a Él darás culto'"» (*Mateo* 4:8-10).

Podrá atravesar sombrías pruebas y descender de ese estado de dicha por algún tiempo —como lo simboliza el desaliento de Arjuna—, pero mientras el devoto continúe haciendo el esfuerzo, el evocador recuerdo de ese gozo puro acudirá una y otra vez para alentarlo a seguir adelante en su sendero divino.

ESTROFAS 32-34

किं नो राज्येन गोविन्द किं भोगैर्जीवितेन वा ॥ *(32)*

येषामर्थे काङ्क्षितं नो राज्यं भोगाः सुखानि च ।
त इमेऽवस्थिता युद्धे प्राणांस्त्यक्त्वा धनानि च ॥ *(33)*

आचार्याः पितरः पुत्रास्तथैव च पितामहाः ।
मातुलाः श्वशुराः पौत्राः श्यालाः सम्बन्धिनस्तथा ॥ *(34)*

kiṁ no rājyena govinda kiṁ bhogair jīvitena vā (32)

yeṣām arthe kāṅkṣitaṁ no rājyaṁ bhogāḥ sukhāni ca
ta ime 'vasthitā yuddhe prāṇāṁs tyaktvā dhanāni ca (33)

ācāryāḥ pitaraḥ putrās tathaiva ca pitāmahāḥ
mātulāḥ śvaśurāḥ pautrāḥ śyālāḥ saṁbandhinas tathā (34)

¿De qué nos serviría la soberanía? ¿De qué nos serviría la felicidad e incluso la preservación de la existencia, ¡oh Govinda (Krishna)!?[76] Aquellos por cuya causa deseamos un imperio, el goce y el placer —instructores, padres, hijos, abuelos, tíos, suegros, nietos, cuñados y otros parientes— permanecen aquí apostados, prestos para la lucha, dispuestos a renunciar a las riquezas y a la vida.

«SI MATANDO LAS FUERZAS DEL EGO obtengo la soberanía sobre el imperio corporal y allí establezco el reino de Dios[77] con el alma como

---

[76] Govinda, «jefe de los vaqueros». Krishna era conocido por este nombre en su niñez cuando cuidaba el ganado de sus padres adoptivos en los campos de Brindaban; alegóricamente significa «aquel que gobierna y controla las "vacas" de los sentidos».

[77] «Venga tu Reino [...] así en la tierra como en el cielo» (*Mateo* 6:10).

monarca, temo que la victoria carezca de sentido. Si todos mis deseos —los parientes y seguidores del rey Deseo Material— mueren como resultado de la disciplina espiritual, ¿cómo podría yo ser feliz? Incluso aunque poseyera el reino de Dios, ¿cómo podría disfrutarlo si estoy desprovisto de todo deseo?».

Las escrituras hindúes describen el cuerpo como un producto de la Naturaleza, que tiene los seis defectos del engaño cósmico: «Nace, existe, crece, cambia, decae y es aniquilado». La mayoría de los seres humanos, sin embargo, espera obtener del cuerpo efímero la felicidad permanente. Debido a la experiencia previa de los placeres materiales, el ego no está dispuesto a concebir ningún estado superior de felicidad o ni siquiera es capaz de imaginarlo. Incluso, en ocasiones, se describe el cielo como un lugar que contiene cosas bellas y placenteras para los sentidos de la vista, el oído, el olfato, el gusto y el tacto: un sitio donde se disfruta de una versión glorificada de los gozos terrenales.

El devoto que aún se encuentra atado por el hábito de la experiencia sensorial se aferra subconscientemente al concepto de que alcanzar el estado divino consiste en disfrutar por siempre del reino de Dios, pero con los sentidos. A la luz del despertar intuitivo, cuando descubre que las fuerzas del alma están dispuestas a destruir sus deseos materiales, su lógica condicionada por los sentidos comienza a desorientarlo. Cree que si aniquila la conciencia del ego y todos sus burdos placeres, deseos y hábitos sensoriales con la finalidad de obtener el dominio espiritual sobre el imperio corporal, la victoria carecerá de sentido si no dispone de estas vías de disfrute. Él piensa: «Si destruyo todos los deseos —todas estas fuerzas del rey Deseo Material—, no me quedará entonces ni energía, ni ambición, ni interés con los cuales gozar del recién adquirido reino gobernado por el alma».

Estrofa 35

एतान्न हन्तुमिच्छामि घ्नतोऽपि मधुसूदन।
अपि त्रैलोक्यराज्यस्य हेतोः किं नु महीकृते॥

etān na hantum icchāmi ghnato 'pi madhusūdana
api trailokyarājyasya hetoḥ kiṁ nu mahīkṛte

Aunque esos parientes intenten destruirme, ¡oh Madhusudana (Krishna)!*[78]*, yo no deseo destruirlos a ellos, ni siquiera si alcanzara así el dominio sobre los tres mundos; ¡y mucho menos por conseguir la potestad sobre este mundano territorio aquí en la tierra!

«¡OH DIVINA ALMA MÍA, destructora de todas las dificultades!, aunque estos deseos sensoriales intenten destruir mi vida espiritual con sus tentaciones, aun así, yo no deseo destruirlos, ni siquiera si de ese modo alcanzara yo el dominio sobre los tres mundos: el físico, el astral y el causal. ¡Y mucho menos estoy dispuesto a matar a éstos, mis parientes, para conseguir la potestad espiritual sobre el pequeño territorio del cuerpo físico (la tierra)!».

Frustrado en sus esfuerzos por ahondar en la felicidad del alma, el devoto pierde confianza en su futuro espiritual. Ya ha decidido que todas las doradas esperanzas de felicidad eterna que imaginó por medio de la sabiduría interior serán para él vacías e inútiles si da muerte a los deseos. Ahora, el hábito subconsciente de amar los placeres sensoriales conduce su poder de razonamiento a un estado de duda aún más profundo. Momentáneamente, ni siquiera está seguro de que exista una felicidad superior más allá de los sentidos. Su irracionalidad se reafirma hasta el límite cuando compara lo tangible con lo Intangible:

«¡Oh alma!, yo no debo destruir mis placeres sensoriales favoritos del presente, aunque ellos sean destructivos para mi desconocida felicidad espiritual futura. No puedo vivir de la esperanza de disfrutar de una bienaventuranza tal vez inexistente y, de ese modo, perder los placeres tangibles que ahora me solazan».

Arduo es renunciar a una felicidad terrenal que está presente y activa en la conciencia y que ejerce dominio sobre la mente a través de la influencia del hábito. Es difícil abandonar los placeres sensoriales conocidos del presente a cambio de placeres desconocidos que podrían llegar en el futuro. Ésta es la razón por la que millones de personas prefieren comer, beber y tratar de divertirse hoy, en lugar de tomarse el trabajo de meditar e invertir el tiempo en la búsqueda de un futuro de felicidad perdurable.

Ser el emperador de la tierra entera no es la meta más elevada a que pueda aspirar el hombre, pues habrá de abandonarlo todo a la

---

[78] El destructor del demonio Madhu; o sea, el destructor del demonio de la ignorancia o de las dificultades espirituales.

hora de la muerte; poseer, en cambio, la conciencia cósmica, la unidad con Dios —el Creador que puede materializar mundos a partir de ideas—, es un poder eterno que reciben todas las almas supremamente avanzadas en el sendero espiritual. Sin embargo, el devoto principiante puede hallarse tan apegado a las pasiones materiales inmediatas que atraviesa por períodos de duda irracional en los que no ansía la bienaventuranza y seguridad de la conciencia cósmica, la cual ejerce su dominio sobre los tres mundos.

La irracionalidad de no buscar la conciencia cósmica

Cuando surge ese estado mental en el devoto, y piensa que preferiría morir entregado a las gratificaciones sensoriales antes que ir en busca de una felicidad desconocida en el desolado desierto del autocontrol, debería razonar de este modo: «Carezco de imaginación y experiencia espirituales; ésa es la razón por la que creo que la presente felicidad sensorial es la única felicidad digna de ser poseída. Será preferible que yo crea en las veraces palabras de las escrituras y de mi gurú. Meditaré profundamente y alcanzaré la conciencia cósmica; comprenderé de esa manera la diferencia entre la eterna felicidad divina y el efímero gozo de los entretenimientos sensoriales, y desterraré mi actual opinión; podré entonces decir que prefiero morir por la felicidad espiritual antes que ceder a las falsas promesas de los sentidos».

Estrofa 36

निहत्य धार्तराष्ट्रान्नः का प्रीतिः स्याज्जनार्दन।
पापमेवाश्रयेदस्मान्हत्वैतानाततायिनः ॥

nihatya dhārtarāṣṭrān naḥ kā prītiḥ syāj janārdana
pāpam evāśrayed asmān hatvaitān ātatāyinaḥ

¿Qué felicidad podríamos obtener, ¡oh Janardana (Krishna)![79], al destruir el clan de Dhritarashtra? Matar a esos malvados sólo nos haría caer en las garras del pecado.

«¿Qué extraña felicidad podría esperarse de destruir al Deseo

[79] Vishnu o Krishna, quien le concede al hombre sus oraciones para la salvación; Janardana es aquel aspecto a quien los hombres oran para alcanzar lo que desean; el término proviene de *jana,* «hombres», y *ardana* (raíz sánscrita *ard*), «pedir o implorar».

Material y a los demás hijos de la ciega mente sensorial —el rey Dhritarashtra—? Matar a estos amigables enemigos, aun cuando hayan cometido dolorosos delitos en mi contra, dejaría mi vida desalentadoramente vacía y sería un pecado según las más elevadas escrituras, las cuales enseñan que debemos vivir en armonía con la ley cósmica y abogar también por el amor —y no por la violencia— al enfrentarnos a nuestros enemigos».

Las falsas racionalizaciones del devoto cuya razón está esclavizada por los sentidos

Por intervención divina, en la mente del devoto que está inmerso en la duda y la racionalización aparece el destello de un pensamiento inspirador: «Los sentidos son en verdad malvados *(atatayin)* y merecen ser destruidos, puesto que ya me han causado sufrimiento físico, mental y espiritual». A través de la intuición, la Presencia Divina le recuerda de este modo al devoto los numerosos males que ha tenido que sufrir por entregarse a la gratificación de los sentidos: enfermedades, decepciones, aflicciones, dolor e ignorancia. Sin embargo, el devoto todavía puede argumentar: «¡Oh Espíritu, Liberador de los Devotos!, aunque parezca apropiado dar muerte a los hostiles sentidos, que ya me han causado daño, aun así, según las escrituras, estaríamos cometiendo un pecado si contravenimos la ley cósmica; y, después de todo, los atributos de los sentidos son resultado de las fuerzas de la Naturaleza, creadas por Dios, a través de las cuales existen el hombre y el universo. Seguramente es un pecado interferir con aquello que es natural para el alma encarnada, la cual está dotada de tales instrumentos sensoriales. Además, afirman las escrituras que debemos amar a nuestros enemigos. En lugar de destruirlos, ¿no es preferible, ¡oh Señor!, atraer gradualmente a los sentidos, por medio del amoroso ejemplo, hacia el modo espiritual de vivir?». ¡Una brillante réplica! ¿Qué mejor respaldo para un falso razonamiento que citar las escrituras?

«¡Ten un poco de piedad y comprensión por tus flaquezas, que son la herencia natural de todos los mortales!». Éste es uno de los argumentos más poderosos que presentan los astutos hábitos sensoriales para mantener entre sus garras al devoto que tiene la intención de escapar de ellos. Las escrituras y los maestros ciertamente no enseñan que uno debe destruir los sentidos físicos, sino que es preciso aniquilar los hábitos indebidos. No se le pide al devoto que se vuelva ciego o sordo o que deje de utilizar los sentidos del olfato, el gusto o el tacto. Sólo se le aconseja que expulse a los enemigos —los apegos visuales, auditivos, olfativos, gustativos y táctiles— que mantienen prisionera al alma y no le permiten recordar su reino omnipresente.

Luego, Madhava (Krishna) y Pandava (Arjuna), sentados en su gran carro tirado por corceles blancos, también hicieron sonar con magno esplendor sus caracolas celestiales.

***Bhagavad Guita* I:14**

«Arjuna, sentado en el carro de la meditación intuitiva, con la atención enfocada en el Espíritu en su aspecto de Krishna (la divina Conciencia Crística en el centro Kutastha, *situado en el entrecejo), contempla la luz del ojo espiritual y oye el sagrado sonido de* Pranava, *la vibración creativa de* Om *con sus diferentes sonidos cósmicos ["caracolas"] que vibran en los centros espinales del cuerpo astral. [...].*

»¡Contempla el carro de la intuición tirado por corceles de luces blancas que se desplazan velozmente en todas direcciones desde un centro de color azul oscuro (la morada del alma)! [...].

»Rodeando esta luz azul se encuentra la brillante luz blanca o dorada, el telescópico ojo astral a través del cual se percibe la naturaleza entera. En el centro de la luz azul hay una luz blanca en forma de estrella, el portal que conduce al Infinito Espíritu o Conciencia Cósmica».

❖

«Pranava, *el sonido de la vibración creativa de* Om, *es la madre de todos los sonidos. La energía cósmica inteligente de* Om, *que proviene de Dios y es la manifestación de Dios, es la creadora y el fundamento de toda la materia. Esta sagrada vibración constituye el eslabón entre la materia y el Espíritu. Meditar en* Om *es la manera de percibir que el Espíritu es la verdadera esencia de todo lo creado. Siguiendo interiormente el sonido de* Pranava *hasta su fuente, la conciencia del yogui se eleva y llega a Dios».*

Paramahansa Yogananda

Si todos los apegos sensoriales —la perniciosa trampa de la belleza física, el amor por la adulación y por las palabras que incitan a la tentación, la esclavitud de la avaricia, la atracción del sexo— son desalojados del seno de los sentidos, éstos abandonan entonces sus prejuicios, inclinaciones, instintos y obsesiones materiales, y se hallan listos para apegarse únicamente la dicha divina.

Cuando los falsos argumentos invaden la mente del devoto, él debería decirse a sí mismo: «Por causa de la repetición de mis malas acciones nacidas de la ignorancia y de los malos hábitos que yo mismo inicié, me he visto obligado a amar los placeres sensoriales. Ahora voy a deshacer todos los males sustituyéndolos con buenas acciones mediante la práctica del autocontrol, hasta que los buenos hábitos se hayan establecido sobre una base sólida. Reemplazaré el mal hábito de la inquietud sensorial por el buen hábito de la calma de la meditación. Mis buenos hábitos transformarán a tal grado mis sentidos que podré en verdad decir que veo, huelo, gusto, toco, oigo, pienso y siento sólo aquello que es bueno».

Éste es el desafío que se le presenta al devoto resuelto y ecuánime. Un esfuerzo poco entusiasta no es suficiente; las medidas laxas para sustituir los malos hábitos con buenos hábitos son un verdadero bastión que continuará protegiendo a las fuerzas del mal tras los parapetos del falso razonamiento y la dilación para actuar.

Estrofa 37

तस्मान्नार्हा वयं हन्तुं धार्तराष्ट्रान् स्वबान्धवान्।
स्वजनं हि कथं हत्वा सुखिनः स्याम माधव॥

tasmān nārhā vayaṁ hantuṁ dhārtarāṣṭrān svabāndhavān
svajanaṁ hi kathaṁ hatvā sukhinaḥ syāma mādhava

Por lo tanto, no se justifica que aniquilemos a nuestros propios parientes —la progenie de Dhritarashtra—. ¡Oh Madhava (Krishna)!*[80]*, ¿cómo podríamos alcanzar la felicidad matando a nuestros propios allegados?

---

[80] Dios de la fortuna; es una referencia a Krishna como una encarnación de Vishnu, cuya consorte o *shakti* («poder divino») es Lakshmi, la diosa de la prosperidad y la fortuna. (Véase también I:14, página 135).

«¡OH ALMA!, NO TENEMOS JUSTIFICACIÓN alguna para aniquilar nuestros hábitos sensoriales, que son la progenie de nuestra propia mente. ¿Cómo podría beneficiarnos la destrucción de los sentidos, que son el único medio a través del cual la mente se expresa?».

Cuando el falso razonamiento llega a una conclusión errónea y se apega a ella, la inteligencia pierde paulatinamente sus poderes discernidores e intuitivos y comienza a confiar, en cambio, en la racionalización para justificar sus convicciones. Éste es el caso de Arjuna, el devoto.

He diagnosticado la condición de muchos «pacientes» psicológicos y he observado muchos rasgos curiosos en la personalidad de aquellos que se sienten llamados a defender sus hábitos favoritos. Uno de mis estudiantes, un inveterado fumador y bebedor de café, pero apasionado vegetariano, discutía un día con otro estudiante que en ocasiones comía pollo, cordero y pescado, pero que se abstenía por completo de fumar y beber café.

El hombre mundano no razona conforme a la verdad, sino de acuerdo con sus hábitos

«¡Es terrible que comas cadáveres en descomposición!», exclamó el vegetariano. «No comprendo cómo la gente puede comer carne. Reflexiona en el pobre animal al que se da muerte para satisfacer tu apetito. ¡Además, la carne es perjudicial para el cuerpo humano!».

«Sería imposible comer algo que no hayamos matado antes», replicó el otro. «Cortas la cabeza de la coliflor y comes su cadáver hervido. Sin importar lo que comas, estás destruyendo alguna forma de vida y transformándola en otra diferente que se convierte en parte de tu propio cuerpo viviente. Y de todos modos, el pez grande se come al chico. ¿Por qué no habría el hombre de afirmar su superioridad comiéndose al pez grande? La carne es nutritiva; en cambio... ¡qué terrible es que deliberadamente inhales nicotina y bebas cafeína, cuando la ciencia nos dice que son dañinas!».

En ese momento, los dos estudiantes estaban discutiendo según la influencia de sus hábitos preferidos.

A instancias del Director Hábito, el hombre desempeña, como un actor obediente, diversos papeles psicológicos en el escenario de la conciencia. Cuando se identifica con sus buenos hábitos y estados de ánimo positivos, se siente motivado a llevar a cabo buenas acciones y muestra indiferencia hacia las malas acciones; pero cuando se encuentra bajo la influencia de estados de ánimo y hábitos perniciosos, se inclina hacia el mal. De ese modo, al desempeñar buenos papeles, el devoto se comporta como si fuese su propio amigo, y al interpretar papeles malévolos, inconscientemente está actuando como si fuese su enemigo.

Esta estrofa del *Guita* encierra una importante advertencia ética para los devotos, incluso para aquellos que viajan raudamente por el sendero metafísico. La mayoría de los aspirantes que emprenden el sendero espiritual con sincera dedicación lo hacen porque ya se han embebido de buenos hábitos y por esa razón se vuelcan totalmente hacia el bien. Sin embargo, si se crean las circunstancias psicológicas favorables para que germinen las ocultas semillas internas *(samskaras)* de las malas acciones prenatales o postnatales, el «buen» devoto se siente poderosamente inclinado hacia el mal. Por ejemplo, si una persona ha establecido hábitos de moderación en la comida, así como de regularidad en el trabajo, en la recreación y en la meditación, y frecuenta buenas compañías, pensará que para ella sólo existe un tipo de vida posible. Pero si de improviso salen a la superficie malas tendencias latentes como resultado de las tentaciones, el entorno u otras circunstancias propicias similares, esa persona puede cambiar sus hábitos: sentir deseos repentinos de comer en demasía, crear hábitos nocivos (trabajar en exceso o abandonarse a la pereza), mostrar indiferencia por la meditación y sentir atracción hacia los placeres impuros asociados con las malas compañías.

Así pues, la advertencia que debe inferirse de esta estrofa es que el devoto que repentinamente se identifica con el enemigo —los malos hábitos y los estados de ánimo negativos— comenzará a sentir conmiseración por las acciones perjudiciales y las justificará. Si efectúa un somero análisis psicológico de sí mismo, podrá comprobar que tiende a apoyar tanto sus buenas como sus malas acciones cuando se halla bajo la influencia específica de cada una de ellas. El hombre está en situación de peligro si responde favorablemente a sus malos hábitos con la misma facilidad, placidez y diligencia con que responde a sus buenos hábitos cuando se encuentra en mejor estado de ánimo.

ESTROFAS 38-39

यद्यप्येते न पश्यन्ति लोभोपहतचेतसः ।
कुलक्षयकृतं दोषं मित्रद्रोहे च पातकम् ॥ *(38)*

कथं न ज्ञेयमस्माभिः पापादस्मान्निवर्तितुम् ।
कुलक्षयकृतं दोषं प्रपश्यद्भिर्जनार्दन ॥ *(39)*

yady apy ete na paśyanti lobhopahatacetasaḥ
kulakṣayakṛtaṁ doṣaṁ mitradrohe ca pātakam (38)

kathaṁ na jñeyam asmābhiḥ pāpād asmān nivartitum
kulakṣayakṛtaṁ doṣaṁ prapaśyadbhir janārdana (39)

Aun cuando éstos (los Kurus), cuyo entendimiento está eclipsado por la codicia, no adviertan ninguna desgracia en la ruina de las familias y ningún mal en la animadversión entre amigos, ¿acaso no deberíamos saber cómo evitar este pecado, ¡oh Janardana (Krishna)!, nosotros que percibimos claramente el mal que ocasiona la desintegración de la familia?

«EL CLAN DE LA CIEGA MENTE SENSORIAL *(manas),* cuyo entendimiento está eclipsado por la codicia (el apasionado apego hacia los gustos y aversiones), se deja llevar por sus licenciosas inclinaciones externas cuando busca satisfacer sus deseos. Dado que éste es el modo habitual o natural de expresión de los ciegos sentidos cuando no siguen la guía del discernimiento *(buddhi),* no advierten desgracia alguna en la degradación de la personalidad humana y tampoco ven ningún mal en su animadversión hacia sus amigos verdaderos —las facultades discernidoras—. Pero nosotros, las fuerzas del discernimiento, percibimos claramente los males que pueden acaecerle a la conciencia si algunas de sus facultades no desempeñan sus funciones como una familia unida y armoniosa. Así pues, ¿no deberíamos evitar el pecado que cometeríamos al librar esta batalla, que seguramente ocasionaría la destrucción de muchos miembros de esta familia?».

El devoto argumenta que las inclinaciones sensoriales son necesarias para la expresión y experiencia del alma encarnada, tanto como lo son las inclinaciones a la sabiduría, y por ello no ve razón alguna para destruir a una parte de los miembros de la familia de la conciencia —la parte sensorial—, en tanto que se deja con vida a la otra parte —las inclinaciones discernidoras—. Parece irracional destruir el clan familiar de las inclinaciones sensoriales, ya que éstas tienen funciones específicas que desarrollar en el drama de la vida.

Por ese motivo, el devoto pregunta al Ser Interno en el curso de su introspección:

«¡Oh alma!, puesto que tú eres el Creador y Señor de los sentidos y también del discernimiento, ¿por qué me aconsejas que con las fuerzas del discernimiento, que confieren sabiduría, destruya yo a los sentidos, que proporcionan placer? ¡Ambos son miembros de mi conciencia! ¿Cómo podría yo vivir únicamente con las áridas inclinaciones que prodigan sabiduría y permanecer privado de la compañía de los sentidos, que tanto regocijo me brindan?».

El peligro de querer conservar tanto los buenos como los malos hábitos

Se le advierte al devoto acerca de la arrolladora influencia que ejercen los malos hábitos. Por su experiencia del pasado, los hábitos perniciosos parecen no sentir mucho temor (puesto que no ven consecuencias negativas) de ser incapaces de destruir a sus parientes psicológicos, las buenas inclinaciones. Lo que fortalece su convicción es el hecho de que el devoto continúa pensando en la misma línea de sentir compasión por esos hábitos sensoriales: «¡Qué pena que mis malos hábitos favoritos no puedan comprender cuán necios son al luchar contra mis buenos hábitos predilectos y arriesgarse así a ser destruidos!».

En ese estado, el devoto desea continuar abrigando tanto los buenos hábitos como los perniciosos; aparentemente, se siente satisfecho con ambos. ¡Cuán pronto olvida que, aunque los aduladores malos hábitos pertenecen a la familia de su propia conciencia, llevan consigo las armas traicioneras que acaban con su paz!

En esta etapa, el devoto cree que los malos hábitos animalescos de gratificación sensorial (carentes de discernimiento) pueden coexistir con los buenos hábitos y de esa manera harán que el reino de su vida sea glorioso. Pero es imposible lograr la paz y la armonía mientras actúen fuerzas contradictorias en nuestra vida. Los buenos y malos hábitos, aunque hijos de la misma conciencia, producen resultados contrapuestos.

Cuando el devoto se pregunta: «¿Por qué no puedo disfrutar tanto de los placeres materiales como de los placeres espirituales?», dicho razonamiento equivale a argumentar que es razonable tomar un narcótico, que agota la vitalidad, al mismo tiempo que un tónico vigorizante. El efecto del narcótico contrarrestará el beneficio del tónico. Pero si uno toma fielmente el tónico fortalecedor y tiene el poder de voluntad de ingerir, simultáneamente, una dosis cada vez menor de narcótico, ese proceder le permitirá liberarse del hábito adictivo.

De modo similar, si una persona disfruta por igual de la gratificación de los sentidos y del placer de la meditación, transcurrirá mucho tiempo antes de que pueda llegar a su destino. «El hombre de doble ánimo es inconstante en todos sus caminos»[81]. Sin embargo, si uno no puede vencer los deseos de la carne de inmediato, debe meditar de todos modos, ya que así tendrá por lo menos algún patrón de comparación entre la satisfacción material que proporcionan los sentidos y la plenitud interior del alma. Quienes no logran vencer las pasiones sensoriales y además abandonan la meditación caen en una situación casi irremediable de decadencia espiritual.

Aquel que medita diariamente y aprende a disfrutar de la paz y el contentamiento, a la vez que abandona en forma gradual el abuso de los placeres sensoriales, tiene posibilidades de alcanzar la emancipación espiritual. Es muy beneficioso cultivar el buen hábito de meditar por la mañana inmediatamente al despertar. Una vez concluido ese período de meditación, rebosante de las ofrendas del alma, puede disfrutarse, sin ningún sentimiento de coacción o apego sensorial, del uso controlado de los sentidos en placeres tales como comer, frecuentar amistades, etc. De esta manera, uno puede comprobar que está espiritualizando o cambiando la índole de todos los goces materiales. En otras palabras, si uno alimenta el mal hábito de entregarse a la gula y come en exceso, poniendo en riesgo su salud y corriendo peligro de morir, ese proceder es nocivo; pero si por medio del autodominio y la moderación controla el placer de comer, esa actitud es beneficiosa.

El problema yace en que el principiante espiritual —e incluso el devoto avanzado que cae de manera temporal en un estado negativo— difícilmente puede distinguir entre el uso de los sentidos a los que gobierna la razón y los apetitos sensoriales gobernados por la codicia. Aunque sus malos hábitos sensoriales parecen estar bajo control y ser amigables, podrían estar simplemente aguardando el momento propicio para despedazar al yogui por medio de sus tentaciones.

Cómo reconocer las tentaciones que acechan en la mente subconsciente

El siguiente relato servirá para ilustrar este punto. Juan era un adicto al alcohol; cuando conoció a un santo prometió que dejaría de beber. Pidió a sus sirvientes que guardasen la llave de la bodega y que no le sirvieran nada de licor aunque él lo ordenase. Todo resultó bien por algún tiempo, porque Juan estaba eufórico con su nueva determinación. Durante cierto tiempo dejó de sentir el invisible señuelo del hábito que le impulsaba a la bebida.

Con el transcurso del tiempo, Juan pidió a sus sirvientes que le

[81] *Santiago* 1:8.

entregasen la llave de la bodega para que él mismo pudiese servir el vino a sus amigos. Decidió entonces que era demasiado esfuerzo ir hasta la bodega y colocó algunas botellas de vino en un armario de la sala. Después de unos días, Juan pensó: «Puesto que ahora soy inmune a la bebida, voy a mirar el reluciente vino tinto de la botella que está en la mesa».

Todos los días miraba la botella. Entonces se dijo: «Ya que no me atrae la bebida, voy a tomar un sorbo de vino, lo saborearé y luego lo escupiré». Después de hacerlo, tuvo otra inspiración: «Puesto que estoy totalmente libre de la tentación por el alcohol, no me hará daño tomar un pequeño sorbo». Y después pensó: «Una vez que he vencido el hábito de la bebida, ¿por qué no tomar vino nuevamente con las comidas? Mi voluntad está libre de toda esclavitud». A partir de entonces, Juan volvió a ser un borracho, a pesar de las protestas de su voluntad.

Se puede dominar en forma transitoria un mal hábito por medio de una buena resolución y del autocontrol, pero eso no significa necesariamente que se haya conquistado. Juan no comprendió que su decisión no había tenido el suficiente tiempo para madurar y convertirse en un buen hábito. Sustituir un fuerte mal hábito por un buen hábito puede requerir de ocho a doce años. Mientras no se haya establecido por completo un fuerte buen hábito, uno no debe ponerse en el camino de la tentación. Juan desestimó esta ley psicológica; colocó la botella de vino cerca de él, con lo cual revivió recuerdos del hábito de la bebida. Para lograr que los malos hábitos mueran de inanición, uno debe mantenerse alejado del entorno perjudicial y, sobre todo, jamás concentrarse en los malos pensamientos, pues éstos refuerzan la influencia de los malos hábitos y son más peligrosos que el medio ambiente. Es preciso fortalecerse con el ambiente externo e interno apropiados.

Juan no sólo olvidó que no debía acercarse tanto al alcohol, sino que tampoco logró reconocer las armas psicológicas de la adulación y de su falso razonamiento, por medio de las cuales su mal hábito venció su buena determinación. El hábito de la bebida permanecía oculto en su mente subconsciente, enviando secretamente a los espías armados de los deseos y pensamientos placenteros relacionados con el sentido del gusto. De ese modo, el camino estuvo preparado para una nueva invasión del hábito del alcoholismo.

A manos de sus propios hábitos personales, el hombre es asolado por estas humillantes derrotas para el alma hasta que su conciencia logra permanecer sólidamente anclada en su verdadera naturaleza divina. Las funciones sensoriales tienen su justo lugar en la vida del hombre sólo después de que él las haya subordinado al percibirse a sí mismo como el alma —unida al Espíritu—, y no como un cuerpo sujeto al dominio que ejercen los sentidos.

ESTROFAS 40-41

कुलक्षये प्रणश्यन्ति कुलधर्माः सनातनाः ।
धर्मे नष्टे कुलं कृत्स्नमधर्मोऽभिभवत्युत ॥ *(40)*

अधर्माभिभवात्कृष्ण प्रदुष्यन्ति कुलस्त्रियः ।
स्त्रीषु दुष्टासु वार्ष्णेय जायते वर्णसङ्करः ॥ *(41)*

kulakṣaye praṇaśyanti kuladharmāḥ sanātanāḥ
dharme naṣṭe kulaṁ kṛtsnam adharmo 'bhibhavaty uta (40)

adharmābhibhavāt kṛṣṇa praduṣyanti kulastriyaḥ
strīṣu duṣṭāsu vārṣṇeya jāyate varṇasaṁkaraḥ (41)

(40) Al diezmarse la familia, sus inmemoriales ritos religiosos desaparecen. Cuando la sustentadora religión sucumbe, la familia entera queda subyugada por el pecado.

(41) ¡Oh Krishna!, al carecer de religión, las mujeres de la familia se corrompen. ¡Oh Varshneya (Krishna)![82], al degradarse de ese modo las mujeres, se origina el adulterio entre las castas.

«AL DESTRUIR A LOS MIEMBROS DE LA FAMILIA de las inclinaciones sensoriales, desaparecen los inmemoriales ritos sensoriales *("dharmas")* de la familia de la conciencia, porque habiendo perdido su poder para producir el disfrute sensorial, los sentidos suspenden los ritos relativos a sus tareas específicas. Con la aniquilación de estos ritos de los sentidos —que hasta entonces fueron el principio que sustentaba la existencia consciente—, el pecado (sufrimiento y corrupción) se apodera de todos los miembros de la familia de la conciencia humana.

»Si nosotros, las fuerzas de la sabiduría, suspendemos en el estado de éxtasis la capacidad de los sentidos, entonces debido a *"adharma"*

[82] Literalmente, «descendiente del clan Vrishni». La palabra *vrishni* significa «magistralmente fuerte, poderoso».

(suprimir la práctica de los rituales sensoriales) se corrompen las percepciones sensoriales (la fuerza femenina o "sentimiento" por los objetos materiales). Por negligencia y desuso, olvidan sus funciones individuales (su casta) y se apartan de ellas, y se mezclan con la indiferencia, la indolencia y la confusión. Al seguir a la adúltera fuerza femenina del sentimiento, todo el clan sensorial y el resto de los miembros de la familia de la conciencia pierden también sus características distintivas de "casta" (sus poderes y funciones individualizadas)».

La «familia» es una referencia a las fuerzas internas y externas de cognición y expresión a través de las cuales le proporcionan al ego (o al alma, en el hombre iluminado) los medios para experimentar e interactuar con su entorno. Los miembros de esta familia son los poderes de la vista, el olfato, el gusto, el tacto y el oído; los poderes del habla y de la actividad relacionada con los movimientos de las manos, los pies, los músculos genitales (reproducción) y los rectales (eliminación); la mente *(manas),* que a semejanza de las riendas de un carro mantiene unidos los corceles de los sentidos; las cinco fuerzas vitales (las funciones metabólica, circulatoria, de asimilación, eliminación y cristalización de la Única Vida presente en el cuerpo) y, finalmente, quien preside la familia —la inteligencia *(buddhi)*—. Todas ellas son expresiones de la única conciencia cósmica del Espíritu que se manifiestan a través de su Ser individualizado: el alma.

Los integrantes de la «familia» psicológica: las funciones individualizadas a través de las cuales el alma interactúa con el mundo

Cada miembro de la familia de la conciencia, con su naturaleza tanto interna como externa, posee un comportamiento característico, «ejecuta el ritual» de una función específica. Por ejemplo, la misión del sentido de la vista es ver, la misión de la mente es coordinar los sentidos y la misión de la fuerza vital es mantener los sentidos, el cuerpo y la mente unidos, formando una unidad psicofísica. La misión de la inteligencia es armonizar las fuerzas internas y externas, inspirándolas a vivir de acuerdo con el supremo plan de la sabiduría, como corresponde a quienes acatan la voluntad de Dios.

El *«dharma»,* al que se hace alusión en estas dos estrofas del *Guita,* a menudo se traduce como «religión» o «deber». Es un término con un significado sumamente amplio que se emplea para referirse a las leyes naturales que gobiernan el universo y al hombre; los deberes prescritos que se aplican a cada circunstancia son inherentes a este término. En sentido general, el *dharma* del hombre consiste en adherirse a la virtud natural que lo salvará del sufrimiento y lo llevará a la emancipación. El *dharma* o ley natural de una semilla consiste en producir una planta. El *dharma* u orden natural de los sentidos consiste en proveer un medio de intercambio entre el ego o el alma, que poseen la capacidad de percibir, y los objetos percibidos. El devoto que racionaliza a partir de su estado negativo de duda se hunde aún más en la confusión cuando expresa su inquietud por la destrucción de los «ritos» naturales de los sentidos, que son parte integral del *dharma* u orden natural de la familia de la conciencia.

Los miembros de la familia que el devoto debe destruir no son los sentidos mismos, sino su progenie o inclinaciones —los deseos por los objetos de los sentidos—. Existen dos clases de objetos: la primera son los objetos materiales, que el hombre percibe con los sentidos externos; la segunda son los sutiles objetos del mundo astral, que se perciben por medio de la conciencia interior, orientada hacia Dios. Los objetos externos de los sentidos crean apego material; los objetos internos de los sentidos destruyen ese apego físico. No obstante, la asociación prolongada y continua incluso con los objetos internos puede desviar la mente del devoto de las percepciones superiores del alma y de la percepción suprema de Dios, lo cual es una advertencia para los devotos que permanecen absortos en los fenómenos y poderes astrales.

No son los sentidos los que deben ser destruidos, sino el deseo por los objetos de los sentidos

Los diez sentidos, las cinco fuerzas vitales, así como la mente y la inteligencia son los que perciben los objetos materiales y astrales, y actúan sobre ellos. La acción e interacción de estas diecisiete fuerzas internas y externas de la percepción unidas a su reacción ante los objetos de la percepción —ya sea guiada por el ego o gobernada por el alma— fomentan en el devoto, como resultado, buenas o malas inclinaciones: el deseo o el autocontrol, el apego o el desapasionamiento, y así sucesivamente.

Se presenta aquí al devoto como aquel que ha llegado a un estado en el que cree que, en la batalla por alcanzar la unión con Dios y con la creciente percepción del Ser Interior, se aniquilarán todas las inclinaciones de los miembros internos y externos de la familia de la conciencia, y que, además, sin estas inclinaciones y sus correspondientes deseos de disfrutar de los objetos internos y externos, desaparecerán las funciones específicas de los sentidos, la mente, las fuerzas vitales y la inteligencia.

El devoto novicio que aún no ha experimentado los estados más profundos de la meditación —e incluso el yogui que ya ha avanzado cierto trecho en el sendero espiritual y ha alcanzado las primeras etapas del *samadhi* (como describe y explica Patanjali en I:15-18)— siente cierta aprensión con respecto a los nuevos estados de conciencia hacia los cuales se dirige. Su apego inmemorial a los miembros de su familia de facultades internas y externas, a los que tan bien conoce, no cede fácilmente en favor de un estado extático de conciencia que aún le es desconocido y que está más allá del funcionamiento de estos poderes.

En el contacto extático con Dios, los sentidos, la mente, las fuerzas vitales y la inteligencia permanecen en un estado de suspensión, aun cuando la conciencia del alma se encuentra despierta e intensamente alerta. El devoto se pregunta si todas estas funciones internas y externas, al permanecer mucho tiempo en estado de suspensión, finalmente quedarán aniquiladas, impotentes o confundidas. Una vez que las inclinaciones naturales de los sentidos hayan sido destruidas, ¿perderán los sentidos su facultad para disfrutar de los objetos externos —las bellezas de la naturaleza— y de los exquisitos objetos interiores astrales que se perciben durante las visiones?, o bien, al estar inhibidos, ¿quedarán confundidos y desorientados por las divagaciones fantasiosas o la alucinación? ¿Perderá la mente su poder de coordinación, y la inteligencia su poder de decisión y discernimiento?

El contacto con Dios destruye los dañinos apegos sensoriales, pero revitaliza el funcionamiento de los sentidos físicos

Tales preocupaciones nacen de falsas conjeturas y son temores infundados. En el contacto consciente con Dios, aun cuando se interrumpe la función de los miembros internos y externos de la conciencia, no por ello pierden sus poderes individuales ni se distorsionan. Por el contrario, se recargan doblemente con el poder perceptivo de la batería cósmica, fuente de toda vida. Los sentidos se rejuvenecen y desarrollan poderes más sutiles cuando expresan sus características individuales. Dotado de percepciones acrecentadas, cuyo origen es el conocimiento del perenne gozo de Dios, el yogui avanzado puede disfrutar del mundo sensorial —su gente, sus rosas y sus cielos— en mucho mayor medida que el hombre mundano.

Incluso en el sueño se suspenden parcialmente los poderes internos y externos, ya que las funciones vitales se hacen más lentas y los sentidos se dirigen hacia el interior. No mueren a consecuencia de ello, sino que se recargan con la corriente cósmica acumulada en el cerebro. En el éxtasis consciente *(samadhi),* las fuerzas internas y externas errantes de la conciencia se alejan de sus perniciosos y debilitadores vagabundeos por el reino de la materia, y regresan a la supremamente rejuvenecedora presencia de Dios. Cuando estas sensibilidades internas y externas se desplazan a través de las regiones más profundas del Espíritu y permanecen completamente absortas en Dios, son invisibles y no se perciben en el cuerpo. En *Apocalipsis* 1:17, San Juan describe dicho estado de éxtasis con estas palabras: «Cuando lo vi, caí a sus pies como muerto». Cuando Juan percibió el Espíritu, no quedó inconsciente, sino que la conciencia expandida de su alma continuó vibrando en su cuerpo astral por encima del cuerpo físico y permaneció flotando sobre éste mientras se hallaba en el estado de trance de la animación suspendida. Por esa razón Juan se refiere a su cuerpo físico como si estuviese muerto o en un estado de trance profundo o de reposo semejante a la muerte, mas no «muerto» en el sentido que los seres humanos dan a este término. Es posible revivir a voluntad la conciencia corporal desde el estado de trance, pero no desde el misterioso reino de la muerte.

El estado de éxtasis —al que se llega pasando en forma consciente del estado de sueño sin ensueños a la supraconciencia y por último a la conciencia cósmica— no sólo aporta reposo a los poderes internos, sino que los refuerza proporcionándoles agudeza, vitalidad y sabiduría divina ilimitadas.

Aquel que ha alcanzado la unión con Dios desarrolla extraordinarios poderes de clarividencia y clariaudiencia. La mente lo comprende todo de manera intuitiva, la inteligencia ya no se guía por la equívoca razón humana sino por la infalible sabiduría divina. Es tan ridículo que uno sienta temor de que sus diversos poderes sean aniquilados por entrar en el estado supremo de éxtasis de la unión divina como lo sería temer la extinción de cualquiera de sus poderes durante el estado nocturno del sueño en el que se suspende la actividad sensorial.

Estrofas 42-43

सङ्करो नरकायैव कुलघ्नानां कुलस्य च।
पतन्ति पितरो ह्येषां लुप्तपिण्डोदकक्रियाः॥ *(42)*

दोषैरेतैः कुलघ्नानां वर्णसङ्करकारकैः।
उत्साद्यन्ते जातिधर्माः कुलधर्माश्च शाश्वताः॥ *(43)*

saṁkaro narakāyaiva kulaghnānāṁ kulasya ca
patanti pitaro hy eṣāṁ luptapiṇḍodakakriyāḥ (42)

doṣair etaiḥ kulaghnānāṁ varṇasaṁkarakārakaiḥ
utsādyante jātidharmāḥ kuladharmāś ca śāśvatāḥ (43)

(42) La adulteración de la sangre de la familia confina en el infierno a los destructores del clan, junto con la familia misma. Y se deshonra a los antepasados al negarles las oblaciones de agua y bolas de arroz.

(43) A causa de estos delitos de quienes destruyen la familia, lo cual da lugar a la mezcla de castas, se aniquilan los ritos* (dharmas) *inmemoriales del clan y de la casta.

«SI LOS ACTOS DE SACRIFICIO de las fuerzas de la sabiduría destruyen el clan de las inclinaciones sensoriales masculinas, entonces las percepciones sensoriales femeninas se convierten en una mezcla de castas, precipitada por la mezcla de los poderes y funciones específicos (características de casta) de los sentidos con las facultades del discernimiento, así como de sus fuerzas externas con las fuerzas internas. Las fuerzas de la sabiduría —destructoras del clan— y los restantes miembros de la familia de la conciencia quedarán confinados en un vivo infierno de soledad interior y ausencia de significado. Sin la estimulación de los sentidos, las facultades discernidoras se debilitarán por falta de uso y no ofrecerán las oblaciones apropiadas que sirvan de inspiración a los antepasados de la familia (el ego, el alma, la intuición) para que bendigan a su progenie (la familia de la conciencia).

»Al suspenderse así las actividades externas naturales de las facultades de la conciencia e interrumpirse dichas actividades por completo en el estado de *samadhi,* con certeza todos los ritos (las actividades) de la familia de la conciencia serán aniquilados».

EL DEVOTO CONTINÚA SUMANDO nuevos argumentos a la manera errónea de razonar que ha seguido hasta ahora. Mientras intenta preparar su mente para emprender una batalla en pos de la destrucción de los sentidos —es decir, para retirar durante la meditación la sabiduría y la fuerza vital que dan vida a los sentidos—, ahora expresa su aprensión de que las facultades discernidoras se desintegren al no interactuar con los sentidos. Si las facultades de la sabiduría no se utilizan para disfrutar normalmente de los sentidos y se hacen residir,

El devoto teme que el hecho de someter las facultades sensoriales al discernimiento del alma le causará problemas psicológicos

en cambio, en el santuario interior del alma, ¿no sucederá entonces que tanto las facultades de la sabiduría como las sensoriales serán arrojadas a un infierno de soledad y de ausencia de significado?

Lo que él afirma, además, es que en el estado de éxtasis los ritos familiares *(dharmas)* —las funciones habituales de las facultades sensoriales y de la sabiduría— quedarán aniquilados si dichas facultades pierden su «casta» (características distintivas) a causa de la creación de una mezcla de sangre familiar (la mezcla de las facultades externas de la conciencia con sus inclinaciones internas, y la mezcla de las tendencias sensoriales con las de la sabiduría). Lo absurdo de esta conclusión —que la familia de la conciencia se desintegre al encontrarse en estado de éxtasis— se expuso en el comentario sobre las dos estrofas anteriores.

Pero la verdad acerca de este tema es absolutamente la opuesta. Los placeres sensoriales (el sentimiento o las experiencias de los sentidos), de naturaleza negativa y femenina, son guiados por las facultades sensoriales, cuya naturaleza es positiva y masculina. Si las facultades sensoriales masculinas —el deseo, los logros materiales, la capacidad creativa, la iniciativa para disfrutar de lo material— se destruyen en la batalla contra las facultades discernidoras, entonces las facultades sensoriales femeninas (las relativas al «sentimiento» —el placer material, el apego, la ilusión, la esclavitud sensorial—) pierden su conciencia material de «casta» y se someten a las predisposiciones internas de las facultades discernidoras. Es decir, cuando se destruye la fuente de las actividades sensoriales —los deseos sensoriales—, las percepciones sensoriales femeninas pierden su espíritu rector y su primacía material debido a la poderosa influencia de las tendencias discernidoras. Así pues, con este dominio que ejercen las facultades de la sabiduría, el clan de las facultades sensoriales no se extingue sino que se ilumina.

Sin embargo, el devoto, en este estado de confusión, razona erróneamente (como se describió en las dos estrofas precedentes) y llega a la conclusión de que una vez que las facultades de la sabiduría hayan destruido a las inclinaciones sensoriales masculinas, los placeres sensoriales femeninos simplemente se adulterarán con la indiferencia, la indolencia y la confusión, llevando a toda la familia de la conciencia a una mezcla de castas o pérdida de sus funciones específicas. Las irracionales elucubraciones del devoto le hacen temer no sólo que los sentidos perderán sus innatas facultades (*dharmas* o ritos) para disfrutar del placer, sino que con la derrota de éstos también las facultades discernidoras perderán su característica función externa por falta de interacción con los sentidos y que, de esta manera, tanto el clan sensorial como el clan discernidor de la familia de la conciencia quedarán confinados a un infierno de existencia sin sentido.

Este error de razonamiento surge del apego de la mente del devoto al mundo de los placeres sensoriales. Cuando el devoto libera las facultades de la sabiduría del cautiverio a que la someten los placeres sensoriales, al principio siente un vacío, pero al profundizar en la práctica de la meditación, sus facultades discernidoras disfrutan conscientemente de un nuevo mundo de dicha supraconsciente que sólo puede hallarse en el contacto del alma con el Infinito.

Los «antepasados» de la familia de la conciencia humana son el alma y sus facultades: el ego observador interno[83], la intuición y demás. Estos antepasados son deshonrados y descienden al nivel de la conciencia sensorial humana ordinaria si no reciben de las facultades de la sabiduría una corriente de inspiración y fuerza vital dirigida al interior (agua), así como las ofrendas habituales del vital entusiasmo espiritual (bolas de arroz). Cuando crece la vitalidad de la concentración y la sabiduría, ello inspira al alma y los poderes intuitivos; a su vez, el alma colmada de inspiración fortalece la sabiduría y la intuición con poderes omniscientes.

El yogui que efectúa en su interior la verdadera «oblación a los antepasados» eleva a todo el clan psicológico

Aun así, el devoto persiste en sus erróneas conjeturas: «Si destruyo las inclinaciones sensoriales, las facultades discernidoras morirán de inanición por falta de actividad; la endeble sabiduría no podrá inspirar al alma; el alma desprovista de inspiración cesará de iluminar al hombre y, de ese modo, la sabiduría humana se degradará».

Son las fuerzas del rey Deseo Material las que sugieren en la mente del devoto semejantes temores infundados. ¡Su habilidad en el arte de la falsa argumentación sólo se iguala con su facilidad para actuar con doblez!

El yogui que avanza en el sendero espiritual y que es constante en la práctica del autocontrol y la meditación lleva a cabo la verdadera ceremonia en honor de los antepasados. Él desconecta astralmente la fuerza vital de los nervios sensoriales, y esa corriente comienza a fluir hacia el interior; al concentrarse en el punto medio del entrecejo, adquiere la forma de una luz opalescente. La corriente astral que fluye

---

[83] Véase I:8, páginas 98 s.

hacia dentro y la luz interior son las oblaciones[84] de la sabiduría humana a los antepasados, que son el alma, el ego divino y la intuición. La sabiduría humana debe ofrecer estas fuerzas vitales a las facultades del alma. Sin las oblaciones constituidas por las percepciones espirituales, la fuerza vital que fluye hacia el interior y la luz del ojo espiritual, las facultades del alma permanecen en un estado de adormecimiento, víctimas de una degradante falta de desarrollo.

En vez de dejarse llevar por la duda o el desaliento, el buscador de Dios debería alegrarse de relegar todos los placeres sensoriales al olvido, a cambio de los abundantes tesoros del alma, y llevar a cabo —con la más pura devoción y el dominio de *pranayama*— el verdadero rito de los antepasados, ofreciendo oblaciones al alma, que es la que concede la iluminación.

ESTROFAS 44-46

उत्सन्नकुलधर्माणां मनुष्याणां जनार्दन ।
नरकेऽनियतं वासो भवतीत्यनुशुश्रुम ॥ *(44)*

अहो बत महत्पापं कर्तुं व्यवसिता वयम् ।
यद्राज्यसुखलोभेन हन्तुं स्वजनमुद्यताः ॥ *(45)*

यदि मामप्रतीकारमशस्त्रं शस्त्रपाणयः ।
धार्तराष्ट्रा रणे हन्युस्तन्मे क्षेमतरं भवेत् ॥ *(46)*

utsannakuladharmāṇāṁ manuṣyāṇāṁ janārdana
narake 'niyataṁ vāso bhavatīty anuśuśruma (44)

aho bata mahat pāpaṁ kartuṁ vyavasitā vayam
yadrājyasukhalobhena hantuṁ svajanam udyatāḥ (45)

yadi mām apratīkāram aśastraṁ śastrapāṇayaḥ
dhārtarāṣṭrā raṇe hanyus tan me kṣemataraṁ bhavet (46)

---

[84] El flujo de la fuerza vital hacia el interior es la «oblación de agua», *udaka,* literalmente, «aquello que fluye o mana». La luz divina que aparece en la frente como resultado de la energía vital que allí se ha concentrado es la ofrenda simbolizada por las «bolas de arroz», *pinda,* de la raíz sánscrita *pind,* «juntar, formar una "bola" o esfera»: la luz del esférico ojo espiritual.

(44) ¡Oh Janardana (Krishna)!, a menudo hemos oído que aquellos que no practican los ritos religiosos familiares están condenados, sin duda alguna, a permanecer indefinidamente en el infierno[85].

(45) ¡Ay de nosotros! Impulsados por la ambición de solazarnos con la posesión de un reino, estamos dispuestos a matar a nuestros propios parientes —acto que, con certeza, nos hará partícipes de una gran iniquidad.

(46) Si, empuñando sus armas, los hijos de Dhritarashtra me matan mientras yo estoy completamente desarmado y no opongo ninguna resistencia en la batalla, ¡esa solución me será más grata y beneficiosa!

«Aquellos en quienes las facultades sensoriales y las de la sabiduría ya no practican los acostumbrados ritos del comportamiento habitual de apego al cuerpo están condenados, sin duda alguna, a permanecer indefinidamente en una existencia infernal plagada de un corrosivo tedio interior y de un torturante vacío. Y sin embargo, impulsados por la ambición de solazarnos con la posesión del reino de la conciencia, con la esperanza incierta de obtener mayores satisfacciones futuras, nosotros —las fuerzas discernidoras— estamos dispuestos a incurrir en el pecado (una vida desdichada) al matar a nuestros propios parientes sensoriales. Sería mejor para mí que los hijos del rey Dhritarashtra (las inclinaciones sensoriales de la ciega mente sensorial) empuñasen sus armas y me diesen muerte en la batalla, mientras estoy completamente desarmado y no opongo resistencia alguna».

El yogui principiante, obligado a permanecer en la quietud de la meditación escudriñando a través de la pantalla de la oscuridad, a menudo se pregunta si no estará cometiendo una insensatez al renunciar a los tangibles placeres de los sentidos a cambio de la posibilidad de vislumbrar los hasta ahora intangibles placeres del Espíritu. Mientras permanece cautivo de los malos hábitos e influencias kármicas del pasado en ese estado de negatividad mental, se siente reacio a esgrimir las armas de las austeras leyes del autocontrol. Descubre que se

---

[85] *Narake* (en el infierno) *'niyataṁ* (*aniyataṁ,* «indefinidamente») *vāso bhavatī* (estar o residir en un lugar o morada). Una interpretación alternativa del sánscrito proporciona la palabra *niyataṁ* (sin duda alguna, inevitablemente) en lugar de *aniyataṁ.* Ambas posibilidades se han combinado en esta traducción del sánscrito.

encuentra pensando: «Los placeres del alma son sólo materia de especulación futura. Sería yo un necio si abandonase los gozos tangibles del presente. Con la destrucción de los placeres sensoriales que Dios me ha concedido y que me son tan accesibles en este momento, mi vida quedaría sumida en un constante sufrimiento. Tal vez en el futuro esté mejor capacitado para meditar profundamente y buscar a Dios con mayor dedicación».

Rendirse a las exigencias de los sentidos no satisface a los sentidos; por el contrario, crea deseos insaciables de disfrutar de nuevas experiencias sensoriales. Entregarse al placer sensorial es como beber cicuta, que, en lugar de saciar la sed, sólo la aumenta. Aun cuando el placer del alma es difícil de obtener, una vez que se ha alcanzado, jamás mengua; no conoce la saciedad y proporciona un gozo eternamente renovado.

El devoto que es presa del desaliento piensa: «Sería mejor suerte para mí hallar la desilusión y la muerte a manos de los sentidos —como los demás seres humanos mundanos que transitan por la vida desprovistos de las armas del autocontrol— que enfrascarme en una devastadora batalla entre las fuerzas discernidoras y las tendencias sensoriales».

Y llega entonces a esta conclusión: «Me abstendré de continuar practicando la meditación. No empuñaré el arma del control de la fuerza vital *(pranayama)* con la que se destruye la atracción magnética de los sentidos. ¡Qué importa si me dominan los instintos materiales y sufro a manos de ellos! Sencillamente me niego a estar medio paralizado, medio muerto y privado de todo deseo de disfrutar de los objetos materiales».

En este estado mental, el devoto se siente insatisfecho tanto por su falta de progreso espiritual como por su larga separación de los hábitos sensoriales a los que está acostumbrado. Estos fáciles argumentos de la autocompasión muestran por qué la autodisciplina no sólo requiere renunciar a la satisfacción de los placeres incorrectos, sino que uno también destruya, con la espada de la sabiduría, todo pensamiento relativo a tales placeres alojado en la mente que congenia con los sentidos. Sin embargo, en este momento tan poco propicio en que el Ser Interior alienta al devoto a destruir incluso la satisfacción mental o imaginaria que el placer sensorial le produce, él reacciona de manera infantil rebelándose contra todo tipo de autodisciplina. El devoto precisa relajarse ahora y no ser tan estricto en disciplinar al niño rebelde (su mente escéptica). Este estado finalmente se supera concentrándose en la paz que se origina con la práctica —aunque sólo sea parcial— de la renunciación y realizando un esfuerzo razonable en la meditación, disfrutando del alivio moderado que proporcionan los placeres sensoriales saludables.

El devoto debería, además, usar un poco de imaginación espiritual para visualizar los gozos perennes que los logros espirituales habrán de proporcionarle. Cuando él se sienta acosado por la duda, imaginando una vana victoria en la que su mente queda convertida en un desierto campo de batalla plagado de los cadáveres de los deseos materiales (sus queridos amigos y parientes) aniquilados por la sabiduría, necesitaría, más bien, considerar a los acostumbrados deseos materiales como enemigos disfrazados, que le ofrecen felicidad pero sólo planean crearle preocupaciones, anhelos insaciables, falsas promesas, desilusiones y, finalmente, ¡la muerte! Aunque al comienzo resulte difícil abandonar la clase de placeres materiales que obstaculizan la expresión del alma, renunciar a tales males es la única esperanza de obtener la bienaventuranza espiritual perdurable. Y si bien el autocontrol en sí mismo, en el estado negativo, produce una momentánea infelicidad porque el devoto se ha apartado de los malos hábitos que proporcionan placer, una vez que el autocontrol logra su fin, el devoto experimenta las percepciones y gozos más refinados del alma, que superan en mucho a aquellos de los que disfrutaba cuando vivía identificado con el ego y sus burdos placeres. Cuando por fin alcanza la incomparable y siempre renovada dicha del despertar del alma en el Espíritu, el devoto es ampliamente recompensado por todo sacrificio que pudo haber efectuado en el pasado.

ESTROFA 47

सञ्जय उवाच
एवमुक्त्वार्जुनः सङ्ख्ये रथोपस्थ उपाविशत्।
विसृज्य सशरं चापं शोकसंविग्नमानसः॥

saṁjaya uvāca
evam uktvārjunaḥ saṁkhye rathopastha upāviśat
visṛjya saśaraṁ cāpaṁ śokasaṁvignamānasaḥ

Sanjaya dijo (a Dhritarashtra):

Habiendo hablado así Arjuna en el campo de batalla, con la mente ofuscada por la angustia, arrojó el arco y las flechas, y se dejó caer en el asiento de su carro.

Arjuna —el autocontrol—, arrojando su arco de la meditación y las flechas de los poderes interiores —las cuales rasgan la ignorancia—, permanece paralizado en medio del campo de batalla psicológico-metafísico, aunque no abandona realmente el carro de la intuición.

Ocurre a menudo que el devoto se siente débil y no apto para la batalla, a menos que posea el suficiente poder espiritual como para acallar sus dudas. Lleno de tristeza y arrojando sus armas divinas, se deja caer con indiferencia en una parte de su experiencia intuitiva (el asiento del carro). El carro representa la percepción intuitiva, el vehículo en que las fuerzas discernidoras del devoto se enfrentan a las hordas sensoriales en una batalla psicológica y metafísica. El asiento del carro donde se instala el devoto para alejarse de la batalla simboliza la intensa y particular percepción sensorial que en ese momento ha sido lo suficientemente poderosa como para ocasionar su desánimo espiritual y su renuencia a luchar.

Si los devotos no progresan es debido a que desechan las armas del autocontrol; es usual que un devoto desalentado abandone toda autodisciplina cuando no obtiene logros espectaculares en el sendero espiritual. Rechaza meditar, evita a su instructor espiritual (su maestro o sus lecciones) y cae en un sombrío estado mental de indiferencia espiritual en el que sólo ocasionalmente tiene algún destello de percepción intuitiva. Dicho estado de apatía mental debe remediarse con la práctica regular de la meditación y del discernimiento constante que contrarresten los falsos argumentos de la mente sensorial. Nada se ha perdido si el devoto se esfuerza de este modo por sintonizarse con la guía y la gracia del Auriga Divino que, en el siguiente capítulo del *Guita,* acude en auxilio del devoto.

ॐतत्सदिति श्रीमद्भगवद्गीतासूपनिषत्सु ब्रह्मविद्यायां योगशास्त्रे
श्रीकृष्णार्जुनसंवादेऽर्जुनविषादयोगो नाम प्रथमोऽध्यायः ॥

om tat sat iti śrīmadbhagavadgītāsu upaniṣatsu
brahmavidyāyām yogaśāstre śrīkṛṣṇārjunasaṁvāde
arjunaviṣādayogonāma prathamaḥ adhyāyaḥ

Om, Tat, Sat.

En el Upanishad del sagrado* Bhagavad Guita *—el discurso del Señor Krishna a Arjuna, que es la escritura del yoga y la ciencia de la unión con Dios—, éste es el primer capítulo, denominado: «El desaliento de Arjuna en la senda del Yoga».

CAPÍTULO II

SANKHYA Y YOGA: LA SABIDURÍA CÓSMICA Y EL MÉTODO PARA ALCANZARLA

La exhortación del Señor al devoto,
y la súplica de consejo por parte del devoto

La naturaleza trascendental y eterna del alma

Librar una batalla justa es un deber religioso del ser humano

El Yoga: remedio para erradicar la duda, la confusión
y la insatisfacción intelectual

El arte yóguico de la acción correcta
que conduce a la sabiduría infinita

Las cualidades de quien ha alcanzado la unión divina

«Con Arjuna deleitándose en la iluminadora sonrisa del Espíritu y en sintonía con la Divina Voz interior, comienza a desplegarse por completo el sublime discurso espiritual que Bhagavan Krishna dirige a Arjuna (es decir, el Señor al devoto) —"El canto del Espíritu", que en las 700 estrofas del Guita *abarca la esencia de los cuatro voluminosos Vedas, los 108 Upanishads y los seis sistemas de la filosofía hindú—, un mensaje universal para solaz y emancipación de toda la humanidad».*

Sankhya y Yoga: la Sabiduría Cósmica y el método para alcanzarla

La exhortación del Señor al devoto, y la súplica de consejo por parte del devoto

Estrofa 1

सञ्जय उवाच
तं तथा कृपयाविष्टमश्रुपूर्णाकुलेक्षणम् ।
विषीदन्तमिदं वाक्यमुवाच मधुसूदनः ॥

saṁjaya uvāca
taṁ tathā kṛpayāviṣṭam aśrupūrṇākulekṣaṇam
viṣīdantam idaṁ vākyam uvāca madhusūdanaḥ

Sanjaya dijo (a Dhritarashtra):
Madhusudana (Krishna) se dirigió entonces a aquel que, con los ojos empañados de lágrimas, se hallaba abrumado por la pena y el desaliento.

El Señor, destructor de la ignorancia, acude ahora en auxilio del angustiado devoto, Arjuna, cuyos suplicantes ojos empañados de lágrimas piden consuelo. Estas lágrimas no se deben sólo al recuerdo de los gozos sensoriales perdidos a causa de la intensa disciplina espiritual —y a los que debe renunciar para siempre—, sino que son también una expresión del dolor que el devoto siente por no haber progresado lo suficiente en el sendero espiritual como para que el gozo extático se derrame sobre él.

En este estado, sin haber obtenido la felicidad de los sentidos ni la de la meditación, el yogui se lamenta: «He renunciado a lo tangible a cambio de lo intangible, y ¡ahora nada tengo!». En sí, el desaliento significa el deseo de avanzar espiritualmente. Si no existiera ese deseo, no se sentiría arrepentido de haber perdido los gozos sensoriales, pues podría regresar a ellos al instante, ya que su fácil disponibilidad es inherente a la vida misma. Por lo tanto, el primer capítulo del *Guita* se conoce como «*Arjuna Vishada Yoga*», el dolor que entraña el esfuerzo inicial del devoto por alcanzar la unión científica (yoga) con Dios.

El segundo capítulo comienza con una mejor perspectiva para el aspirante espiritual. Después de ser arrojado al sombrío estado de la duda y verse imposibilitado para obtener la felicidad tanto de los sentidos que ha abandonado como del estado meditativo, el devoto recibe de pronto una respuesta interior inmensamente compasiva. Esto ocurre como resultado de sus intensos y constantes esfuerzos —pasados y presentes— en la meditación. La espiritualidad se genera con lentitud, a veces de modo imperceptible. Aun cuando el devoto que medita sienta que sus intentos por controlar la mente resultan infructuosos, si continúa practicando con fervor, confiando en las palabras de su preceptor, de súbito recibirá la respuesta de Dios, que Él le insinuará a través de su prolongada y silenciosa meditación. Un estremecimiento de gozo atraviesa todo su ser cuando experimenta este repentino contacto extático con la Divinidad (simbolizada en esta estrofa por la respuesta de Krishna).

Dios habla a través de la intuición despierta del devoto

EL ESPÍRITU NO NECESARIAMENTE habla con los labios de una forma humana percibida en una visión o por medio de un cuerpo humano materializado; no obstante, a través de la intuición despierta del devoto, le es posible insinuarle palabras de sabiduría. Dios puede aconsejar al devoto asumiendo la forma de un santo, pero por lo general Él adopta el simple método de hablar mediante la propia percepción intuitiva del devoto.

La mente y la inteligencia perciben y disfrutan las cinco diferentes clases de placeres sensoriales materiales. Cuando el sexto sentido, la intuición —la omnisciente facultad del alma, sintonizada con Dios— despierta de improviso como resultado del hábito espiritual de meditar, el devoto siente un bienaventurado estado de júbilo por todo su sistema nervioso. Sus lágrimas de desaliento se convierten en lágrimas de gozo que le impiden la visión del mundo exterior y dejan absorta su mente en la indescriptible felicidad interior de la comunión divina.

Hasta aquí, las facultades mentales del devoto, esclavizadas por los sentidos, han estado vagando por los caminos de la racionalización.

Ahora, en la angustiada conciencia, se instala un estado de receptiva devoción y calma que proviene de la entrega espiritual. La intuición reveladora de la verdad —que trasciende los pensamientos, las percepciones y la inferencia— refleja el inexpresable Espíritu, así como el alma y la naturaleza de dicha celestial que ambos poseen. La intuición enmudece las poderosas aseveraciones mentales del ego: las falsas convicciones provenientes de la influencia del juicio erróneo, la autosuficiencia, la imaginación, las falsas esperanzas, el apego a la anhelada satisfacción de los deseos, la convicción invadida por la duda —falacias en las que el ego ha edificado su existencia y su obstinación por persistir en tales engaños—. La intuición (la voz del Espíritu y la de su manifestación inmanente, el alma) comienza a desplegar revelaciones que finalmente disiparán en el yogui todas sus dudas y establecerán la conciencia en su verdadero Ser.

Estrofa 2

श्रीभगवानुवाच
कुतस्त्वा कश्मलमिदं विषमे समुपस्थितम्।
अनार्यजुष्टमस्वर्ग्यमकीर्तिकरमर्जुन॥

śrībhagavān uvāca
kutastvā kaśmalam idaṁ viṣame samupasthitam
anāryajuṣṭam asvargyam akīrtikaram arjuna

El Señor dijo:

En este crítico momento, ¿de dónde proviene, ¡oh Arjuna!, tal desánimo? Semejante conducta es impropia de un ario, y vergonzosa, y adversa para el logro del cielo.

Habiendo percibido la respuesta de Dios, la conciencia del devoto se remonta al trascendente estado *Kutastha,* el estado de sintonía con la Conciencia universal de Cristo o Krishna *(Kutastha Chaitanya),* la presencia del Espíritu inmanente en la creación entera, que se manifiesta individualmente en cada ser como el alma (cuya voz es la intuición). El Espíritu habla con el devoto a través de esa voz intuitiva inteligible:

«¡Oh devoto Arjuna, príncipe del autocontrol!, ¿por qué te encuentras sumido en el desaliento? Estos parientes son tus feroces enemigos y tienen un solo propósito: destruir la paz de tu alma. Sentir compasión por ellos es impropio de un ario[1] (no es digno de un noble santo), es una vergonzosa traición al alma, una debilidad que te atará a las esferas infernales de la limitación corporal y te privará del cielo de la bienaventurada omnipresencia».

Durante su meditación, todo devoto perseverante y sincero puede sentir en su interior el llamado del Espíritu. Pero es evidente que ese aspirante deberá estar muy avanzado en el sendero de la meditación para que le sea posible convencer al Infinito de que haga vibrar su presencia a través de una voz inteligible que le imparta su consejo. Dicho devoto ya habrá librado numerosas batallas contra los sentidos y habrá alcanzado un elevado estado espiritual antes de tener la bendición de oír la voz de Dios manifestada a través de la vibración del éter.

Podría suponerse que una vez que el yogui alcanza ese elevado estado de conciencia debería hallarse completamente libre de todo apego a su naturaleza inferior; sin embargo, puesto que en pasadas encarnaciones se identificó con el cuerpo a causa de su ignorancia, incluso un devoto avanzado puede temporalmente perder de vista el estado de divinidad y sentir, en consecuencia, un doloroso anhelo por los gozos a que ha renunciado.

En ese momento, el Espíritu —siempre consciente del aspirante— acude a rescatarlo, y él oye entonces en su interior la Voz de Dios que le aconseja. Es así como en esta estrofa se describe al Espíritu —el Señor Krishna— hablando con Arjuna, el fiel devoto, que mediante el autocontrol ha alcanzado la comunión con Dios.

Dios acude al rescate del devoto que flaquea

Hablando a través del poder de la intuición, el Señor reprende a Arjuna por su desánimo. El Espíritu le hace saber que los sentidos, debido a su proximidad, se han convertido en sus parientes. Pero, así como los enemigos pueden hacerse pasar por amigos y lograr, de ese modo, entrar en nuestra casa, así también los deseos materiales, los grandes enemigos del hombre, sin causar daño en apariencia, pueden residir dentro de su conciencia junto con los verdaderos amigos, las facultades espirituales. Los sentidos parecen amistosos porque prometen

[1] La raíz sánscrita de la palabra *Aryan* es *ārya,* «santo, valioso, noble». El antiguo nombre de la India es Aryavarta, literalmente: «morada de los arios —aquellos que son nobles, santos y excelsos—». Posteriormente, el uso etnológico erróneo de «ario» para significar no lo espiritual, sino características físicas, suscitó este reproche del gran orientalista Max Müller: «Para mí, un etnólogo que habla de raza aria, sangre aria, cabellos arios y ojos arios es tan gran pecador como el filólogo que habla de un diccionario dolicocéfalo o de una gramática braquicéfala».

un placer transitorio y embriagador para el cuerpo, pero al final invariablemente ocasionan sufrimiento.

La primera labor del Espíritu consiste en arrancar de raíz el error momentáneo del devoto. La conmiseración que Arjuna siente por sus parientes —la compasiva racionalización del devoto en favor de los sentidos— es el canal de intercambio entre las fuerzas materiales y las espirituales. El Espíritu le advierte al yogui que no debe lamentarse por los sentidos. Bajar el puente levadizo de la compasión sobre el foso que separa el alma (alojada en el castillo de la sabiduría) de los hostiles sentidos (ahora segregados) es permitir que los enemigos psicológicos atraviesen las murallas del autocontrol e invadan el bello reino interior. En lugar de sentirse afligido, el devoto ha de emprender con mayor fervor la batalla psicológica hasta que cada deseo sensorial insubordinado haya sido aniquilado por completo. Compadecerse del mal significa que a éste se le entrega, finalmente, el trono de la conciencia.

No hagas el mal, ni permitas que otros hagan el mal al obedecer tus órdenes; tampoco toleres el mal permaneciendo en silencio. El mejor camino consiste en no cooperar con el mal (sin hacer un ostentoso despliegue de tu bondad). Un verdadero devoto no atrae neciamente hacia su persona los estados negativos sintiendo compasión por ellos. Aquel que sufre por la felicidad sensorial perdida y osa compadecerse de ella le está asignando un lugar secundario al estado superior de gozo perdurable que ha experimentado en la meditación. Semejante inversión de los verdaderos valores, fruto de la ignorancia, es una manera de pensar indigna del devoto.

Por esa razón, Krishna se refiere a esta debilidad como algo «impropio de un ario», una actitud incongruente con la nobleza espiritual. El sabio siente compasión por las buenas cualidades que han sido desterradas, mas no por las cualidades negativas condenadas al ostracismo.

LA VIDA DEL HOMBRE CONSTITUYE UNA PARADOJA. Hecho a imagen del Espíritu, él es el alma, que únicamente puede alcanzar la satisfacción a través de los placeres divinos; sin embargo, por el hecho de encontrarse encarnado en un cuerpo, sólo está familiarizado con las experiencias sensoriales. Puesto que se halla situado entre lo material y lo espiritual, debe usar el don del discernimiento para distinguir los verdaderos placeres del alma de los engañosos placeres de los sentidos. Krishna afirma: «Si deseas conocer el gozo de la conciencia celestial que vibra en cada célula del éter, aniquila el apego sensorial».

En esta estrofa, el «cielo» está constituido por las ilimitadas esferas de la conciencia divina, en contraste con la región infernal de las limitaciones corporales. Toda alma que se encuentra cautiva de los sentidos es un hijo omnipresente del cielo que está cumpliendo una condena de prisión por medio de su existencia en un cuerpo.

Cuando el alma se identifica con el Espíritu, percibe su unidad con el Gozo del espacio ilimitado; pero si el alma, en el papel del ego, se restringe a un cuerpo determinado, se encuentra lastimosamente «recelosa, inquieta, entre dudas y temores». Al identificarse con el cuerpo, el alma pierde la conciencia de su omnipresencia y se identifica con los padecimientos e infortunios del pequeño ego.

Así como la conciencia del hombre común reside en el cerebro y el corazón, la conciencia de Dios tiene como morada el universo; y así como la conciencia humana se percibe en cada célula del cuerpo, la inteligencia de Dios vive en cada célula-unidad del espacio. El devoto que responde todo el tiempo a los placeres sensoriales del cuerpo es incapaz de expandir su conciencia hasta abarcar las células del espacio y compartir, de ese modo, los gozos más vastos del Morador del Espacio: el Espíritu. Entorpecido por los placeres materiales, el hombre pierde toda la sensibilidad sutil, la cual le permitiría disfrutar de los sublimes gozos del Espíritu. Sediento de gratificaciones físicas, encerrado en las paredes del cuerpo, no le es posible visualizar la meta del cielo omnipresente. Si uno ama la prisión corporal, ¿cómo puede atraer la divina experiencia de vivir en el gozo de Dios que resplandece en cada átomo del espacio?

Estrofa 3

क्लैब्यं मा स्म गमः पार्थ नैतत्त्वय्युपपद्यते।
क्षुद्रं हृदयदौर्बल्यं त्यक्त्वोत्तिष्ठ परन्तप॥

klaibyaṁ mā sma gamaḥ pārtha naitat tvayy upapadyate
kṣudraṁ hṛdayadaurbalyaṁ tyaktvottiṣṭha paraṁtapa

¡Oh Partha («hijo de Pritha», Arjuna)!, no te rindas a la cobardía; ella es indigna de ti. ¡Oh Fulminador de los enemigos!, desecha de tu corazón esa mezquina flaqueza. ¡Levántate!

«¡Oh devoto, hijo de la renunciación!, no te rindas al comportamiento que es indigno de la naturaleza positiva de tu verdadero Ser:

el alma. ¡Oh Fulminador de los enemigos!, emplea la ardiente voluntad de tu autocontrol para vencer esa profunda flaqueza que es el resultado de tu apego a los hábitos sensoriales. ¡Levántate! Asciende desde los bastiones de los sentidos hasta los centros espinales superiores de la conciencia divina».

Con la práctica constante de la meditación, la guía divina se vuelve cada vez más tangible; Dios manifiesta su presencia al devoto por medio de una profunda paz, gozo o sabiduría que se sienten en los miles de canales sensoriales de las paredes internas del cuerpo y de la piel que lo circunda. En ese estado, el devoto que avanza es instruido intuitivamente por el Espíritu al oír en su interior la voz del Infinito.

Al referirse a Arjuna con el nombre de Partha («hijo de Pritha»), la Voz Interior le está recordando al príncipe devoto su innato poder de renunciación y que, si emplea su fuerza de voluntad, ese poder puede salvarlo de su presente falta de valor.

Pritha era la bella y virtuosa hija del gran rey Shura (abuelo de Krishna; Vasudeva, el hermano mayor de Pritha, era el padre de Krishna). Cuando Pritha era muy pequeña, fue dada en adopción a Kuntibhoja, primo y amigo íntimo de Shura, que no tenía descendencia. Por su buena disposición al dejar a su propio padre para llenar el vacío del hogar de su padre adoptivo, Pritha significa metafóricamente el poder de voluntad del devoto aplicado a la renunciación. Al convertirse en la hija de Kuntibhoja, recibió desde entonces el nombre de Kunti, la grandiosa heroína del *Mahabharata,* madre de los nobles príncipes pandus Yudhisthira, Bhima y Arjuna, y madrastra de Nakula y Sahadeva, todos ellos engendrados como resultado del poder de Kunti para invocar a los dioses. Así pues, interpretado espiritualmente, Pritha, que después se llamó Kunti, simboliza el poder del devoto para invocar a la divinidad, el cual obtiene gracias a su desapasionamiento o poder de renunciación.

«Partha»: el poder de renunciar a todo lo opuesto a la naturaleza del alma

Todo ser humano tiene el poder de resistir la influencia de una existencia identificada con los sentidos y apegada a los hábitos. Este poder de renunciación no supone ninguna pérdida para el devoto, sino que le ofrece la oportunidad de eliminar y abandonar todo aquello que retarde su progreso espiritual. Así como Pritha renunció a un padre noble para responder al cumplimiento de un deber superior, el aspirante no debe dudar en rechazar la guía de sus malos hábitos más preciados, que muestran un paternal interés en subyugar su voluntad.

La Voz Interior dice: «¡Abandona el apego a los sentidos! Utiliza el poder de la renunciación para rechazar todas las características impropias del hombre. ¡No hagas nada que vaya en contra de los principios del alma!».

La «cobardía» o lo «impropio del hombre» es aquello que es indigno del aspecto positivo del alma. Tener un comportamiento «impropio del hombre» significa conducirse de forma ya sea negativa o indiferente[2]. El devoto que se encuentra en un estado mental negativo pierde de vista el factor positivo masculino de la voluntad. Sin la acción positiva de la voluntad, el devoto sucumbe a una neutralidad impropia del hombre, que es la actitud que se ha apoderado de Arjuna. El Espíritu, por consiguiente, le advierte que no debe comportarse de modo neutral, pues tal estado es peor que la negatividad. En el estado negativo, el devoto teme renunciar al apego sensorial; en cambio, en el estado de neutralidad, el devoto no está apegado ni a Dios ni a los sentidos: todos los poderes de la actividad se encuentran paralizados.

Se requiere de actividad mental incluso para abrigar pensamientos negativos, pero en un estado de neutralidad mental el devoto se vuelve incapaz de desarrollar toda actividad, ya sea buena o mala. El Espíritu le advierte acerca de los peligros de caer en tal estado de inercia, en el que desaparecen tanto el deseo por el bien como por el mal.

«LEVANTARSE» HASTA LOS CENTROS CEREBROESPINALES MÁS ELEVADOS: LA INTERPRETACIÓN DEL YOGA

LA ALENTADORA VOZ Interior exhorta intuitivamente al devoto: «¡Oh Fulminador de los enemigos!, con tu ardiente voluntad, levántate de los planos inferiores donde habitan los apegos sensoriales y asciende a los asientos superiores de la conciencia situados en la columna vertebral».

La palabra «levántate» está bien elegida. Con esta orden, tomada de manera literal, Krishna busca estimular a Arjuna a que emprenda la acción positiva prescrita que es apropiada para su verdadera naturaleza: el alma. La clave del significado espiritual más profundo de esta estrofa se encuentra en el epíteto «fulminador de los enemigos», que es una referencia a Arjuna como símbolo del poder del elemento fuego presente en el centro lumbar, *chakra manipura*[3]. La energía vital y la conciencia que fluyen hacia abajo y al exterior desde este *chakra* energizan los dos centros inferiores. Estos tres centros se

[2] Véase también el comentario y la nota sobre I:27, página 165. *(Nota del editor).*

[3] Véase I:4-6, página 77.

asocian de este modo con toda la conciencia corporal sensible. Cuando, por el contrario, mediante el poder de Arjuna o autocontrol situado en el centro lumbar, la energía del fuego se dirige hacia arriba, concentrando la energía vital y la conciencia en los centros superiores, el ser entero se espiritualiza.

Aunque todas las sensaciones se perciben en el cerebro, parecen estar localizadas en determinados puntos de la superficie o del interior de la piel que cubre el cuerpo. Toda la superficie de la piel posee diferentes clases de sensibilidad; el gusto se percibe en la boca; el sonido, a través de los tímpanos; el tacto, en la piel; la vista, a través de los ojos; y el olfato, por medio de las fosas nasales.

El materialista identifica su conciencia con estas sensibilidades externas, pero el devoto acaba con aquello de «vivir en la superficie de la piel»; está cansado de jugar con los placeres sensoriales y de apostar su vida por ellos. Por eso, retira su conciencia de los plexos coccígeo, sacro y lumbar, que controlan las inclinaciones sensoriales inferiores, y la desplaza hacia los centros dorsal y cervical, o se remonta aún más allá, hasta el elevado centro crístico.

El centro dorsal es el *chakra* del amor divino y del control de la energía vital; el cervical es el centro de la oceánica vibración cósmica y de la calma divina; el centro de Cristo o Krishna *(Kutastha),* situado en el punto medio del entrecejo, es el centro de la Conciencia Crística o *Kutastha Chaitanya,* que es la Inteligencia —el reflejo del Espíritu— que se encuentra en el interior de cada átomo de la creación y del espacio circundante.

Si una persona es mentalmente negativa o neutral, o se halla identificada con pensamientos relativos al sexo u otros pensamientos sensoriales, su conciencia está operando hacia el exterior a través de los tres centros inferiores de la columna vertebral. Se dice que «vive en la superficie de la piel», porque su conciencia está confinada por la periferia de su propio pequeño cuerpo.

Cuando una persona siente amor divino o vitalidad espiritual, su conciencia ha alcanzado el centro dorsal. Al establecer contacto con la energía vibratoria cósmica y la calma cósmica, el devoto se halla en la región cervical. La experiencia de la siempre renovada dicha que se siente en la meditación es señal de que el devoto está operando desde el centro crístico o *Kutastha.*

La mente de Arjuna había estado deambulando por los centros sensoriales de la superficie de la piel, el territorio de la ilusión; por ello, el Espíritu, que se percibe como la siempre renovada dicha de la meditación, le envía un llamado intuitivo: «¡Oh devoto, no deambules ni te extravíes en los jardines donde habitan las sirenas de los sentidos! Al principio te prometerán un poco de la miel del placer, pero está envenenada y sólo conduce a un sufrimiento sin fin. ¡Regresa al Castillo de la Percepción Interior que se halla en los centros espinales superiores, cuyos gozos son puros e inagotables!».

Sin la meditación yóguica, pocas son las esperanzas de vencer la naturaleza inferior

Pocas son las esperanzas de que el devoto logre ejercer el autocontrol sensorial necesario para vencer los malos hábitos que constituyen su naturaleza inferior[4] si no cuenta con la ayuda de la profunda meditación yóguica, por medio de la cual el devoto entrena su mente y su fuerza vital para que permanezcan concentradas en los centros espirituales superiores de expresión.

Según los psicólogos, los hábitos son a la vez mentales y fisiológicos. Para vencer la tentación, el devoto no sólo debe desalojar el mal de la mente, sino que habrá de entrenarla en la meditación por medio del autocontrol para que pueda retirar dicha mente de los centros sensoriales que se hallan en la superficie externa del cuerpo, los cuales dan origen a las tentaciones mentales.

Con la colaboración de la mente, los hábitos sensoriales fisiológicos se convierten en hábitos mentales y éstos, a su vez, cristalizan en hábitos fisiológicos. Por consiguiente, los hábitos indeseables deben erradicarse tanto de los sentidos como de la mente. No pienses en el mal ni entres en contacto con nada que pueda despertar el pensamiento acerca del mal.

ESTROFA 4

अर्जुन उवाच
कथं भीष्ममहं सङ्ख्ये द्रोणं च मधुसूदन।
इषुभिः प्रतियोत्स्यामि पूजार्हावरिसूदन॥

---

4 «Sabemos que el hombre es habitualmente impotente ante las malas pasiones; pero éstas se hacen inofensivas, y el hombre no encuentra motivos para entregarse a ellas, cuando en él nace el conocimiento de un gozo superior y perdurable a través de la práctica de *Kriya Yoga*. Aquí la renunciación, la negación de la naturaleza inferior, se sincroniza con una gratificación, la experiencia de la bienaventuranza. De no contar con este proceso, las normas morales que abarcan meras prohibiciones carecen de todo valor para nosotros» (Sri Ananda Mohan Lahiri, nieto de Lahiri Mahasaya, en *Autobiografía de un yogui*).

arjuna uvāca
kathaṁ bhīṣmam ahaṁ saṁkhye droṇaṁ ca madhusūdana
iṣubhiḥ pratiyotsyāmi pūjārhāvarisūdana

Arjuna dijo:
¡Oh Exterminador de Madhu, oh Destructor de los enemigos! (Krishna), ¿cómo podría yo en esta guerra lanzar mis flechas contra Bhishma y Drona, ¡seres a quienes hay que venerar!?

LAS RACIONALIZACIONES DEL AUTOCONTROL respondieron así a la voz de la Intuición: «¡Oh Exterminador del Demonio de la Ignorancia y de las Tentaciones Internas!, ¿cómo puedo yo, en esta guerra psicológica, lanzar las flechas de mi determinación contra mi patriarca psicológico Bhishma-Ego y mi preceptor Drona-Hábitos del Pasado? ¡Estas tendencias son las venerables mentoras que dieron origen a mis presentes estados mentales! ¡Me parece aterrador destruirlas mediante la renunciación espiritual y las flechas de la meditación yóguica!».

Como ya se explicó anteriormente, los diversos personajes mencionados en el *Bhagavad Guita* simbolizan los diferentes estados psicológicos con los que el devoto se identifica. Al identificarse con la mente inquieta, se dice que se encuentra atado a los deseos, en el «estado Duryodhana», que es sumamente difícil de controlar. Si el devoto se concentra en los instintos humanos y tendencias prenatales *(samskaras)* engendrados por sus hábitos de vidas pasadas, se dice que se encuentra en el «estado Drona». Cuando el devoto olvida su verdadera naturaleza —el alma— y se identifica con todas las limitaciones del cuerpo mortal, se encuentra entonces en el «estado Bhishma» o estado del ego.

La renuencia del devoto a destruir los hábitos y el ego

Durante la meditación, cuando la fuerza vital y la mente se retiran al interior, se alcanza un estado de interiorización en el que se experimenta la unión parcial con Dios, el cual se denomina «estado de Arjuna» o estado de autocontrol.

A medida que el yogui recoge su mente en el interior y comienza a desarrollar su sexto sentido —la intuición—, se siente atraído hacia la inmensidad de su alma. En forma gradual pierde de vista todos los límites mentales y físicos. El devoto experimenta entonces un poco de temor, como en el caso de una persona que viaja en avión por primera vez, pues deja atrás lo que le es conocido y se remonta hacia el éter sin muros.

Cuando sólo ha ascendido hasta la mitad del trayecto por los centros espinales de la percepción interior (pues el estado Arjuna de autocontrol está en el tercer centro, el *chakra* lumbar), teme mirar hacia la Infinitud sin límites a donde parece dirigirse. Pierde de vista su conciencia física o ego, lo cual no implica la pérdida de la conciencia, sino únicamente el olvido del confinamiento al que lo somete el ego humano. Al descubrir este estado de ausencia de límites, el devoto comienza a sentir temor de perder todas sus características humanas. Esta fase significa la muerte de Bhishma, el venerable pariente psicológico, el Ego, el patriarca de todas las tendencias mentales.

En este estado interior de meditación, el devoto advierte también que se eleva por encima de todos los instintos y tendencias habituales, y no busca ya la felicidad mundana. Este estado significa la muerte de «Drona».

Esta estrofa describe al devoto practicante de la meditación que se halla invadido por los recuerdos de un ego que está desvaneciéndose y por su memoria de todos aquellos hábitos e instintos que se han vuelto tan «naturales» para él. Se siente renuente a usar las flechas de su fuerza vital que se está retirando hacia el interior (por medio de *pranayama*) y de su mente controlada (por medio de *pratyahara*) para destruir su asociación con el ego y con sus supuestamente agradables hábitos sensoriales y tendencias internas a fin de adquirir los placeres intensamente profundos que son inherentes a la expansión del alma.

Retirar la mente de los sentidos por medio de la meditación significa que el devoto debe intervenir mediante su autocontrol en una guerra psicológica en que la fuerza vital y la concentración (que están recogiéndose en el interior) actúen como flechas que destruyan al venerable ego físico, ignorantemente reverenciado, y a las tendencias internas de los hábitos que mantienen al ser humano sometido al engaño.

ESTROFA 5

गुरूनहत्वा हि महानुभावान् श्रेयो भोक्तुं भैक्ष्यमपीह लोके।
हत्वार्थकामांस्तु गुरूनिहैव भुञ्जीय भोगान् रुधिरप्रदिग्धान्॥

gurūn ahatvā hi mahānubhāvān śreyo bhoktuṁ bhaikṣam
apīha loke
hatvārthakāmāṁs tu gurūn ihaiva bhuñjīya bhogān
rudhirapradigdhān

Incluso una vida de mendicidad sería más provechosa para mí que una vida mancillada por haber dado muerte a mis honorables preceptores. Si destruyo a estos mentores resueltos a obtener riquezas y posesiones (los objetos de los sentidos), entonces, con certeza, toda felicidad material que yo pudiera disfrutar aquí en la tierra ¡estará horrendamente ensangrentada!

«ME SENTIRÍA MEJOR como un mendigo con la conciencia tranquila que como un rey que ha destruido a sus preceptores: el Ego y los Hábitos e Instintos Prenatales. Si aniquilo a estos comandantes que viven en mi reino mental, entonces, durante el resto de mi vida, toda la excelsa gloria, consuelos sensoriales y deseos cumplidos que yo pudiera poseer estarán "ensangrentados": los veré impregnados de malas vibraciones que me harán rechazar todo disfrute proveniente de mi victoria psicológica y espiritual, tan arduamente ganada. Sería preferible, por consiguiente, que viviese mendigando placer de los sentidos antes que, por obtener la posesión de un místico reino espiritual, optara yo por destruir a mis maestros de toda la vida: el Ego y los Hábitos del Pasado, que han guiado y moldeado mi destino durante tantas encarnaciones».

En el estado de conciencia ordinaria, el ego es el principio que rige los pensamientos, sentimientos y aspiraciones; moldea los deseos y ambiciones según la influencia de los hábitos. El ego y los hábitos corporales son, pues, los preceptores de todas las actividades humanas.

ESTA ESTROFA HACE HINCAPIÉ en el persistente poder de engaño que posee el ego-hábito para atacar al devoto que avanza en la senda. En esta etapa el devoto todavía reitera, como en las estrofas anteriores, su temor de que la victoria espiritual signifique una existencia desolada. Desprovisto del ego y de las inclinaciones de los hábitos —los mentores, preceptores y consejeros guardianes de sus tendencias mentales—, ¿considerará entonces, por el resto de su vida, que todos los objetos materiales y experiencias sensoriales están impregnados de malas vibraciones («ensangrentados»), en contraste con el victorioso estado de su alma?

Por qué son tan tenaces los hábitos egoístas

La respuesta, por supuesto, es *no.* El mal consiste únicamente en el uso indebido de los poderes y productos de la naturaleza. Al estar en contacto con la bienaventuranza del alma, se espiritualizan las percepciones de los sentidos; el disfrute que nace de la abundancia de posesiones —la «riqueza»— ya no estará deslustrado por el apego; las inclinaciones, libres de los hábitos, buscarán satisfacción en metas más nobles. Sin embargo, aunque el devoto sabe que ésta es una promesa de las escrituras y de labios de almas conocedoras de Dios, su apego a las influencias del Ego-Hábito persiste tenazmente, puesto que se halla entretejido en cada fibra de la naturaleza humana.

Todos los hábitos nocivos y quien disfruta de ellos (el ego) son sumamente pertinaces y con sus exigencias monopolizan a los seres humanos. Sin importar cuán pernicioso sea el efecto de un hábito, resulta difícil abandonarlo debido a que el ego está apegado a él. Cuando de manera reiterada una persona intenta sinceramente deshacerse de un mal hábito, pero no lo consigue, se siente desalentada y no logra concebir pensamientos que le infundan valor. Los hábitos indeseables prácticamente paralizan la voluntad, y la víctima piensa con impotencia: «¿De qué me sirve hacer el intento?».

La esclavitud mental a los hábitos sensoriales es el resultado de la constante repetición de una acción específica, la cual origina un hábito determinado. Si cada día uno piensa en algo con atención, ese pensamiento se volverá parte de su conciencia. Cuando un hábito llega a formar parte de los pensamientos de una persona, se convierte en su «segunda naturaleza», y ésta es tan poderosa que la convence de que jamás podrá deshacerse de su propia «naturaleza», aunque a cambio recibiese todo un mundo de satisfacciones superiores.

¡Son tantos los que están convencidos de que no pueden sacrificar siquiera un poco de sueño con la finalidad de alcanzar la elevada dicha de la meditación! Hay quienes creen que nunca serían capaces de renunciar a vivir en el plano sexual, aunque recibiesen a cambio el siempre renovado gozo del Eterno Dios. Otros están seguros de que jamás podrían deshacerse ni siquiera de un ápice del apego que sienten por su familia, sus amigos, la fama o por cualquier otro éxito material con el objeto de obtener la divina bienaventuranza. Dado que la mayoría de las personas no cuenta con una base real de comparación, es incapaz de hacer una separación entre los placeres sensoriales y su propio concepto acerca de los placeres del alma. Al alimentar constantemente las demandas sensoriales, se hunden en la creciente insatisfacción, el desencanto y las sofocantes aflicciones internas.

Sólo cuando los placeres, uno tras otro, defraudan al ser humano, finalmente comienza él a dudar y se pregunta si, después de todo, será posible alcanzar la felicidad por medio de los sentidos. Esta reflexión tiene un efecto liberador: el hombre procura entonces hallar el gozo en la meditación, el silencio, la sabiduría, el servicio, la satisfacción interior y el autocontrol. Renuncia al viejo e inquieto afán por los deseos, así como a sus acompañantes: las acciones inarmónicas, el comportamiento ignorante y la esclavitud sensorial. Cuando una persona descubre que los gozos sensoriales no son sinónimo de felicidad humana, entonces desea sinceramente deshacerse de sus parasitarios sentidos (sus supuestos «parientes»), que en apariencia le ofrecen solaz y consuelo, pero en realidad se dedican a engañarla sin cesar.

El yogui resuelto, implorando la ayuda de la guía divina, comienza a romper las ataduras que provienen de su «segunda naturaleza» (el ego-hábito) y, para ello, aprende a diferenciar con exactitud entre el cuerpo y el alma, entre lo que es el Ser y lo que no lo es; asimismo, comprende la razón por la cual, en sentido metafísico, los placeres sensoriales no se consideran placeres en absoluto, puesto que sólo crean la ilusión de felicidad, pero terminan causando sufrimiento.

Cómo comprender la verdadera naturaleza de los placeres sensoriales

En realidad, los deleites sensoriales se perciben como placenteros debido a un acto de imaginación del alma, creado por la interacción de la mente sensorial con los objetos de los sentidos. El hombre sólo puede ser verdaderamente feliz en el interior de su alma, cuya naturaleza es de gozo, omnisciencia y sabiduría. Jamás podrá sentirse satisfecho imaginando que es feliz porque los sentidos estén felices.

Una madre, por ejemplo, durante un período de escasez de alimentos en una ciudad sitiada, podría resistir la sensación de hambre pensando: «Me siento feliz si mi hijo hambriento puede alimentarse». Sin embargo, si continúa prescindiendo de comida, se dará cuenta de que ella únicamente satisface su hambre en la imaginación y no en la realidad. De igual manera, la identificación sensorial es muy engañosa; le hace creer al hombre —sólo en la mente y en la imaginación— que se siente satisfecho cuando complace los sentidos.

Es importante comprender, por consiguiente, por qué los placeres sensoriales no son placeres reales, y cómo los placeres del alma constituyen la verdadera felicidad.

En primer lugar, las sensaciones producidas por la belleza, las melodías, las fragancias, los sabores y el tacto no se experimentan en la superficie de la piel sino en el cerebro. Por ejemplo, la sensación del sabor de una fresa se percibe en el cerebro como una reacción mental, que se produce como resultado del contacto de la fruta con la superficie de la lengua. Cuando la mente se identifica de modo favorable con la sensación del sabor de la fresa, le parece agradable. Sin embargo, en un principio, a mí me pareció muy desagradable el sabor de estas frutillas; debí aprender a saborearlas y ahora disfruto al comerlas. Mi mente se vio influenciada al darme cuenta de que a los norteamericanos les gustan mucho. Por lo tanto, nadie puede generalizar y afirmar que el sabor de la fresa es placentero. Todos concuerdan, sin embargo, en que las sensaciones producidas por las quemaduras o los golpes físicos ocasionan sentimientos y pensamientos molestos en el cuerpo y el cerebro y, por lo tanto, se consideran sensaciones dolorosas. Otras sensaciones que no son necesariamente dolorosas tampoco son necesariamente placenteras. Entrenando la mente, las sensaciones que se consideran más placenteras pueden volverse repulsivas para la mente y, a la inversa, las sensaciones más desagradables e incluso dolorosas pueden volverse placenteras. De ahí la importancia de que sea el discernimiento del alma, y no el ego y sus hábitos, quien guíe a la mente ciega cuando establece contacto con los objetos de los sentidos.

Gran parte del sufrimiento del hombre en este mundo lo ocasiona su incapacidad para discernir entre las buenas y las malas sensaciones.

La necesidad de emplear el discernimiento del alma para guiar a la mente ciega cuando establece contacto con los objetos de los sentidos

Toda sensación corporal cuyo efecto final sobre la conciencia sea el sufrimiento, inmediato o remoto, debe considerarse nociva. Toda sensación que imprima en la conciencia una paz duradera es benéfica. Una sensación puede ser desagradable al principio, pero llevar consigo un estado mental subsiguiente de paz; o bien producir una satisfacción momentánea —y por ello se abriga la creencia errónea de que es provechosa—, mientras que su efecto a largo plazo será el sufrimiento. No es posible juzgar si una sensación es buena o mala basándose sólo en los pensamientos y sentimientos que surgen de inmediato cuando uno establece contacto con ella. Sólo ejerciendo una minuciosa y paciente vigilancia y discernimiento puede establecerse con claridad la verdadera naturaleza de una sensación. Por lo tanto, es prudente seguir la guía de aquellos que son espiritualmente sabios, o aguardar a descubrirlo uno mismo a través de los profundos poderes que desarrolle, a fin de determinar si el comportamiento que se deriva de la primera impresión causada por una sensación es permanente o temporal, sincero o hipócrita. Es muy difícil distinguir entre las sensaciones buenas o malas, amigables u hostiles, pues ambas usan disfraces. La gente acepta, por ignorancia, la primera impresión que le produce una sensación buena o mala. De ese modo, la acoge y desea repetir las sensaciones «placenteras» y procura rechazar las «desagradables», sin tener en cuenta el resultado final que se obtiene de inmediato o a largo plazo. Una vez que la repetición de una acción o concepto mental permite que la ley del hábito gobierne, la mente se verá muy influida por los prejuicios al opinar acerca de lo que es bueno o indeseable.

Todas aquellas sensaciones que están en armonía con nuestros órganos de los sentidos y que, según la interpretación favorable de la mente, son calmantes o placenteras son acogidas de inmediato por su anfitrión mental. Sin embargo, ninguna sensación de la vista, del oído, del tacto, del olfato o del gusto debería resultar tan atractiva o fascinante como para esclavizar a la mente. En cuanto la mente se apega a una sensación, se desarrolla en el cerebro una idea placentera que concuerda con la sensación que la originó. Esta idea placentera hace que uno repita la experiencia de esa sensación. La repetición continua de una sensación ocasiona una repetición de su correspondiente idea agradable. Esta idea de agrado forma un «surco» en el cerebro y se fija en la mente como un hábito. Es este hábito mental —creado por la repetición de una idea placentera que se originó a partir de una sensación— lo que hace atractivas a las sensaciones. Del mismo modo en que todas las personas, en mayor o menor medida, están enamoradas de sus propias ideas acerca de las cosas (sean acertadas o no), así también la mente prefiere su propia colección personal de hábitos sensoriales mentales.

Sólo a través de los pensamientos puede la mente establecer contacto con las sensaciones. En última instancia, las sensaciones no son sino pensamientos relativamente diferentes acerca de objetos que existen en el pensamiento de Dios. El estado onírico constituye la mejor analogía para ilustrar este hecho. En un sueño, el goce de disfrutar del contacto con la sensación proveniente de un helado es sólo una idea cuyo disfrute le resulta placentero a otra idea: sobre la idea del sabor del helado actúa otra idea que consiste en disfrutar placenteramente del gusto del helado. El que come el helado, la reacción mental, las sensaciones originadas en la percepción de una boca y un paladar oníricos que saborean el helado, así como el placer resultante, sólo están constituidos por ideas relativas. Por consiguiente, no se puede considerar que la sensación del helado en el mundo de los sueños sea placentera, excepto en el sentido de que es una idea que le resulta agradable a otra idea.

La lección que Dios trata de enseñarnos a través de la experiencia de los sueños es que reconozcamos la naturaleza onírica de este mundo aparentemente real. Todos los objetos que producen sensaciones son ideas materializadas de Dios que dan lugar a ideas de placer o dolor en la mente. No debemos dejarnos engañar y pensar que las sensaciones del tacto, del olfato, del gusto, del oído y de la vista son placenteras por sí mismas. No hay goce en las sensaciones excepto en el hecho de que uno reacciona a ellas en forma favorable y placentera.

El alma —imagen individualizada de Dios— no se somete a estas ideas o sensaciones, a diferencia de lo que ocurre con la mente. El alma nace de sí y por sí y está dotada de cualidades innatas que proporcionan bienaventuranza. El estado de satisfacción, el siempre renovado gozo, la omnisciencia, la omnipotencia y la omnipresencia no son cualidades adquiridas, sino parte integrante del alma. Por ello, el devoto que se encuentra absorto en estas cualidades del alma disfruta de una felicidad real perdurable, inherente a su verdadero Ser.

Así como existe una diferencia entre la satisfacción de la mente, que se origina en la mente misma, y la felicidad que surge de un estímulo externo —por ejemplo, encontrarse con un querido amigo al que no habíamos visto durante mucho tiempo—, de manera semejante el gozo de la meditación nace por sí solo, en tanto que el disfrute de las sensaciones por parte del ego se debe a la identificación con los sentidos corporales.

Si uno retira la mente de los sentidos a través de la meditación, destruye el ego físico y las tendencias de los hábitos —los venerables patriarcas del estado de ilusoria ignorancia—, con el objeto de recobrar el gozo verdadero que nace por sí mismo en el alma[5].

---

[5] «Por medio de la meditación [...] puede uno preparar la escena para importantes cambios cerebrales capaces de alterar la mente y los hábitos», concluye el Dr. Herbert Benson, profesor de Medicina en la Facultad de Medicina de la Universidad de Harvard, después de una amplia investigación que da a conocer en su libro *El poder de la mente* (Grijalbo, Barcelona, 1989).

«A lo largo de los años —escribe el Dr. Benson—, en el cerebro se van formando "circuitos" y "canales" de pensamiento, es decir, vías físicas que controlan la forma en que pensamos y actuamos, y con frecuencia también nuestra manera de sentir. Muchas veces, estas vías o hábitos llegan a estar tan fijados que se convierten en lo que yo llamo una "instalación", tal como hablamos de la instalación eléctrica. Dicho de otra manera, los circuitos o canales llegan a estar tan "empotrados" que casi parece imposible transformarlos».

En el cerebro hay aproximadamente 100.000 millones de células nerviosas, y cada una de ellas se comunica con las demás por medio de conexiones llamadas sinapsis. Según las estimaciones del Dr. Benson, el número total de conexiones posibles es de

ESTROFA 6

न चैतद्विद्मः कतरन्नो गरीयो यद्वा जयेम यदि वा नो जयेयुः।
यानेव हत्वा न जिजीविषामस्तेऽवस्थिताः प्रमुखे धार्तराष्ट्राः॥

na caitad vidmaḥ kataran no garīyo yad vā jayema yadi vā no jayeyuḥ yān eva hatvā na jijīviṣāmas te 'vasthitāḥ pramukhe dhārtarāṣṭrāḥ

Apenas puedo decidir qué final sería mejor, si vencer o ser vencido. Se enfrentan a nosotros los hijos de Dhritarashtra, ¡cuya muerte haría que nuestra existencia fuese indeseable!

EL DEVOTO REFLEXIONA: «No sé cuál es el criterio correcto para tomar una decisión: ¿Sería preferible acaso que, por el bien de mi felicidad, me rinda a los sentidos? ¿O es mejor que los conquiste por medio del

---

25.000.000.000.000.000.000.000.000.000.000. Dicho de otro modo: si uno empezara a apilar sobre su escritorio hojas de papel de máquina —una por cada conexión cerebral—, la pila se extendería hasta una distancia de unos dieciséis mil millones de años luz, ¡más allá de los límites conocidos del universo! Y según otro renombrado investigador del cerebro, el Dr. Robert Ornstein, de la Universidad de California, en San Francisco, el número de conexiones posibles en el cerebro es mayor que el número de átomos que existen en el universo. Por consiguiente, según cree el Dr. Benson, el potencial del cerebro para crear nuevos caminos —y, en consecuencia, nuevos hábitos de pensamiento y comportamiento— parece ser prácticamente ilimitado.

«En gran parte son los circuitos arraigados del lado izquierdo del cerebro los que nos dicen que no podemos cambiar nuestro modo de vida, que los malos hábitos son para siempre, que estamos hechos de tal o cual manera y que tenemos que aceptar que es así. Pero todo eso, sencillamente, no es verdad».

«La investigación científica ha demostrado que la actividad eléctrica entre el hemisferio derecho y el izquierdo se coordina mejor durante ciertos estados de meditación u oración —explica él—. Mediante estos procesos la mente se vuelve decididamente más susceptible de ser alterada y más capaz de hacer funcionar al máximo sus capacidades. [...] Cuando uno se encuentra en ese estado de comunicación intensa entre ambos hemisferios [...] se produce entonces una "receptividad" o "plasticidad" cognoscitiva en la cual cambia efectivamente su manera de ver el mundo. [...] Si se concentra usted en algún pasaje escrito que represente la dirección que quiere dar a su vida, [este] proceso de pensamiento, más dirigido, le ayudará a renovar la instalación de sus circuitos cerebrales en direcciones más positivas. [...] Cuando cambiamos nuestras pautas o modelos de pensamiento y de acción, las células cerebrales comienzan a establecer conexiones adicionales, a hacer "instalaciones" nuevas. Estas nuevas conexiones se comunican de maneras nuevas con otras células, y entonces las "instalaciones" o vías nerviosas que mantenían vivo el hábito negativo o la fobia son reemplazadas o alteradas. [...] De ello se seguirán cambios en las acciones y en la vida. Los resultados son emocionantes, e incluso asombrosos». *(Nota del editor).*

discernimiento del alma? La destrucción de los deseos (hijos de la mente) hará que no subsista nada por lo que valga la pena vivir».

La gente mundana critica la renuncia a los sentidos porque la considera un método de tortura, y no comprende que la esclavitud sensorial es un tormento para las cualidades del alma. Incluso el devoto resuelto que busca el gozo del alma se harta de vez en cuando de la constante autodisciplina necesaria para alcanzar esa meta. No obstante, disciplinar los sentidos es esencial para el bienestar en todos los estratos de la vida. Como sirvientes del alma, los sentidos deberían entrenarse para complacerla en toda circunstancia. Cuando la sabiduría del alma es avasallada por los caprichos de los sentidos, enceguecidos por los hábitos y dirigidos por los impulsos, el resultado de semejante anarquía es el sufrimiento.

Aun cuando los sentidos clamen al unísono: «¡Complácenos y no prestes atención al alma!», el hombre comprende, de cualquier modo, que no le es posible satisfacer las siempre crecientes demandas de aquellos. La conciencia sensorial, que en los seres humanos se encuentra activa desde el nacimiento, establece su dominio desde temprana edad. Incluso al devoto que está progresando en el sendero espiritual le parece que la felicidad del alma es algo exótico, en tanto que los gozos sensoriales le resultan familiares y naturales. Pero tras el clamor de los sentidos se ocultan los silenciosos llamados del alma que reclaman la bienaventuranza. La ley es: cuanto mayor es la falsa felicidad de los sentidos, más débil es la dicha del alma.

La energía vital que fluye hacia el exterior a través de los nervios, en dirección a los cinco sentidos, hace que el ser humano considere atractivas las experiencias sensoriales. Cuando el gurú le pide al devoto que invierta esa corriente de energía vital y retire la mente y la energía de los sentidos, esa instrucción le parece extravagante e impráctica, ¡tal vez incluso irracional! El devoto se lamenta: «¡Oh, de qué me sirve vivir si debo privarme de los gozos tangibles de los placeres sensoriales!».

Sólo un esclavo de los sentidos considera una tortura la idea de comer con moderación, controlar el impulso sexual y abstenerse de ingerir bebidas alcohólicas. Incluso las personas mundanas equilibradas —por no mencionar a los santos— saben por experiencia práctica cuán necesario es disciplinar los sentidos para lograr el bienestar. El esclavo sensorial come para satisfacer su paladar y termina convirtiéndose en víctima de la enfermedad. El alma insta al hombre a disciplinar su paladar; después de un breve período en que hace alarde de su herida dignidad, ¡el paladar cesa de causar problemas! Como un buen sirviente, el sentido del gusto aprende a darse por satisfecho con las decisiones saludables de su amo: el alma.

Los sentidos desdeñan el gozo del alma y procuran ser felices causando sufrimiento al alma. Ésta, por su parte, no trata de atormentar a los sentidos, sino más bien relegarlos a su verdadera condición, que es la de ser sirvientes del hombre y no sus amos.

ESTROFA 7

कार्पण्यदोषोपहतस्वभावः पृच्छामि त्वां धर्मसम्मूढचेताः।
यच्छ्रेयः स्यान्निश्चितं ब्रूहि तन्मे शिष्यस्तेऽहं शाधि मां त्वां प्रपन्नम्॥

kārpaṇyadoṣopahatasvabhāvaḥ pṛcchāmi tvāṁ
dharmasaṁmūḍhacetāḥ
yacchreyaḥ syān niścitaṁ brūhi tan me śiṣyas te 'haṁ śādhi māṁ
tvāṁ prapannam

Con mi naturaleza interior ensombrecida por la flaqueza del afecto y la conmiseración, con la mente desconcertada en lo referente a mi deber, te imploro aconsejarme cuál es el mejor camino que puedo seguir. Soy tu discípulo; enséñame, pues Tú eres mi refugio.

«TANTO SE HA ABATIDO mi verdadera naturaleza con la flaqueza de mi conmiseración por los sentidos, que no sé si es mi deber destruir a mis parientes (los sentidos) para llevar una existencia regida por el autocontrol o, por el contrario, hacer felices a los sentidos. Imploro al Espíritu que está en mi interior que me diga en forma categórica —pues estoy confundido porque desconozco mi deber— cuál es el mejor curso de acción que he de seguir. ¡Oh Señor!, soy tu *shishya* (discípulo), que busca refugio en Ti».

Después de haber abogado de manera egoísta por la causa de los sentidos, el devoto finalmente se encuentra lleno de remordimientos y reconoce su ineptitud. Se inclina con actitud de humilde entrega ante su Ser interior (o ante su gurú preceptor, si lo tiene), demostrando así tanto su necesidad de recibir la guía divina como su sincero deseo de obtenerla. A pesar de sentirse atraído de modo natural hacia sus parientes sensoriales, aun así, de modo intuitivo, el yogui siente devoción por los destellos de la paz del alma que percibe en la meditación profunda.

Aferrándose en ocasiones al recuerdo de los consuelos materiales e inclinándose en otras hacia la bienaventuranza del alma, el devoto lleva a cabo el acto supremo de renunciar a su imperfecta autodeterminación en favor de la impecable sabiduría. En este estado, se vuelve abierto o receptivo a su Ser Interior y al guía espiritual que tiene en el mundo, lo cual constituye la primera etapa de la obediencia a los principios más elevados. Al sintonizarse con las enseñanzas del Invisible Espíritu interior (a través de la intuición del alma) y seguir fielmente el consejo de su gurú, el devoto puede librarse de sus ataduras mentales.

El propósito e importancia de un verdadero gurú

EN EL ESTADO PRIMARIO DE LA MEDITACIÓN, la voz del Silencio Interior no es lo suficientemente clara; es muy deseable, por lo tanto, el consejo de un gurú espiritual, quien imparte al discípulo un *sadhana:* la guía y las prácticas que conducen al devoto de modo infalible hacia la meta. El devoto debe escuchar al gurú con avidez, aprendiendo de él las profundas verdades acerca del desarrollo del alma. Es fácil interpretar erróneamente la Voz Interior o actuar contra sus dictados, pero no existe tal excusa para desoír los claros consejos y advertencias de un auténtico gurú.

Incluso en la vida monástica, muchos novicios espirituales se ven atormentados por la debilidad interior y las dudas mentales. Atraviesan por una especie de tira y afloja psicológico entre el bien y el mal. El mal puede parecer cautivante, en tanto que el bien aparenta ser árido y poco atractivo. En estas circunstancias, el estudiante, acosado por la duda, se arroja a los pies de su preceptor y le dice: «Maestro, no conozco el camino. Tú que lo conoces debes instruirme, puesto que soy tu discípulo».

El devoto avanzado que ha desarrollado una actitud penitente y de total entrega a Dios, y que medita con profundidad y perseverancia, percibe de manera gradual e intuitiva la respuesta del Silencio Interior.

Mientras el devoto esté inflado de egoísmo, es posible que cultive un falso orgullo con respecto a su propia fortaleza. Tal vez piense: «Alcanzaré el cielo por mis propios medios. A través de mi meditación, Dios Mismo caerá rendido a mis pies».

La percepción espiritual suprema no le es conferida al soberbio. Sólo en el valle de la humildad interior pueden acumularse y permanecer las aguas de la divina misericordia.

En la India, los maestros únicamente enseñan a los discípulos muy dispuestos, aquellos cuya entrega es completa. No se mima ni se persuade a los «miembros de la iglesia», ¡ni se les escatima la disciplina cuando ésta es necesaria! Un verdadero maestro no tiene la mirada puesta en la riqueza de sus discípulos; por consiguiente, habla con total libertad por el bien de ellos y no teme que le «abandonen» si los reprende.

Así pues, esta estrofa del *Guita* ilustra cómo el devoto, desconcertado y acosado por la duda, debe buscar refugio humildemente en el recto consejo de su Ser Interior y del gurú preceptor.

ESTROFA 8

न हि प्रपश्यामि ममापनुद्याद् यच्छोकमुच्छोषणमिन्द्रियाणाम्।
अवाप्य भूमावसपत्नमृद्धंराज्यं सुराणामपि चाधिपत्यम्॥

na hi prapaśyāmi mamāpanudyād yac chokam ucchoṣaṇam indriyāṇām
avāpya bhūmāvasapatnam ṛddhaṁ rājyaṁ surāṇām api cādhipatyam

Nada contemplo que me ayude a desvanecer la aflicción interior que azota mis sentidos, ¡nada! ¡Ni siquiera la posesión de un próspero y sin par reino en la tierra y la soberanía sobre las deidades celestiales!

«NADA LOGRO CONTEMPLAR en mi visión espiritual que pueda librarme de esta inquietante aflicción mental ocasionada por el apego a los placeres sensoriales, los cuales azotan los órganos de los sentidos y los impulsan a una incesante actividad. Siento que, aun cuando poseyese un reino próspero y libre de enemigos en esta tierra (el cuerpo) y la soberanía sobre las fuerzas sutiles inherentes a la vida (las "deidades" o poderes astrales celestiales que dan vida al cuerpo), aun así no sería capaz de deshacerme del apego por los sentidos ni tampoco podría siquiera pensar en abandonar el placer que me proporcionan sin experimentar una aflicción devastadora».

En la estrofa anterior, el devoto expresaba su deseo y necesidad de recibir la guía divina. A continuación, enfatiza que se siente irremediablemente atado por los apegos sensoriales y que no logra hallar el modo de liberarse de ellos. Lo que en realidad él expresa es lo siguiente: «¡Es imposible lograrlo! Ni siquiera la posesión de un reino corporal libre de enemigos y próspero en salud y bienestar me librará de mi apego a los sentidos; porque sin ellos, ese reino "perfecto" estaría prácticamente inanimado, desprovisto tanto de percepción como de expresión. Mientras yo continúe residiendo en el cuerpo, necesitaré comunicarme y percibir a través de los sentidos. Así pues, seguiré dependiendo de ellos y disfrutando, de ese modo, del placer que proporcionan. ¿Por qué, entonces, debo emprender una batalla contra los sentidos, mis queridos parientes y amigos que tanto me apoyan?».

LA «TIERRA» SIMBOLIZA el cuerpo perecedero; su «prosperidad» es la salud, el bienestar y la felicidad que se logran cuando el cuerpo se encuentra libre de los tres tipos de problemas básicos que puede experimentar. Estos tres males o rivales internos del bienestar del reino corporal son los siguientes:

1) Un estado de deficiencia de las sutiles fuerzas vitales internas, lo cual ocasiona estragos y perturbaciones en el cuerpo en la forma de resfríos y alteraciones de la temperatura corporal, de la respiración y de la actividad pancreática (la digestión).

2) El mal karma o influencia de las acciones erróneas del pasado. A menos que estas semillas de la acción alojadas en el cerebro se incineren en el fuego de la sabiduría, será difícil cosechar los frutos deseados de las acciones que se han iniciado recientemente. Por ejemplo, si uno tiene una tendencia kármica hacia la debilidad física que proviene de una vida pasada en la que desobedeció las leyes de la salud y se esfuerza por ser saludable en la vida actual, tal vez no obtenga suficientes resultados de sus acciones del presente para lograr una condición saludable, a no ser que destruya también las semillas kármicas prenatales de las tendencias a la enfermedad.

La triple liberación de las adversidades corporales

3) Los *samskaras* de identificación con el cuerpo y el apego a los sentidos: las imperiosas inclinaciones de los hábitos del pasado, que lo impulsan a seguir sometido al engaño de la limitación corporal; asimismo, la incitación de las malas tendencias del apego corporal, que crean insaciables deseos que arrasan los instrumentos corporales, destruyen la paz y causan indecible sufrimiento al alma.

Liberarse de la triple atadura de estos adversarios corporales significa librar al cuerpo de la enfermedad, de la susceptibilidad a la irritación causada por los opuestos universales —calor y frío, y demás— y de la devastación de la vejez; significa asimismo condicionar la mente para que se aferre a la conciencia de la salud y a otros atributos de perfección del alma, para que de ese modo el cuerpo sienta el todopoderoso y siempre creciente vigor de la juventud mental; y significa también liberar el cuerpo de su esclavitud a los *samskaras* relativos a las limitaciones corporales y apegos sensoriales, así como de la conciencia mortal, al contemplar el cuerpo como un sueño de Dios, una sombra del Ser inmortal que mora en su interior: el alma.

Cuando se depura el cuerpo de las tres clases de perturbaciones, se dice que está libre de rivales («sin par»). Este estado tan deseable sólo se alcanza mediante la práctica de los ocho pasos del yoga (donde se incorporan las prescripciones y proscripciones de la autodisciplina; la postura; el dominio de la fuerza vital o *pranayama;* el recogimiento interior de la mente; la concentración; la meditación y el éxtasis).

Por medio del yoga, el cuerpo se colma de sabiduría y poder espiritual, tornándose invulnerable a los males físicos, merced al control que el yogui ejerce sobre las vibraciones atómicas, el cual obtuvo en la meditación a través del contacto con la vibración cósmica de *Om,* fuente de todos los poderes de la vida. Dicho estado se conoce como «el logro de la prosperidad espiritual en la tierra».

Esta estrofa describe cuán profundo es el apego material en que ha caído el devoto, hasta el grado de estar dispuesto a abandonar los esfuerzos que podrían asegurarle la posesión de un cuerpo libre de enfermedades e impregnado de sabiduría. Prefiriendo las acciones instigadas por los sentidos en su búsqueda de la salud y el bienestar, desoye el llamado de la sabiduría, que le aconseja obtener el poder para controlar los átomos del cuerpo y la vida misma, un poder que permite al ser humano comprender que el cuerpo es una sombra onírica del alma siempre perfecta e inmortal.

En el estado de depravación mental, el devoto se inclina en favor de su amor por los placeres sensoriales hasta tal punto que está dispuesto a renunciar incluso a la posibilidad de alcanzar la divina bienaventuranza. Cuando se aborrece lo que es bueno y se anhela lo que es nocivo, el hombre que abriga tales pensamientos se encuentra en un estado mental peligroso; es muy probable que se entregue a los placeres materiales y olvide todas sus aspiraciones de liberación. A no ser que se disipe rápidamente ese estado mediante la práctica aún más profunda de la meditación, el devoto con toda certeza caerá de su estado de gracia y permanecerá perdido en el engaño.

ESTROFA 9

सञ्जय उवाच
एवमुक्त्वा हृषीकेशं गुडाकेशः परन्तपः।
न योत्स्य इति गोविन्दमुक्त्वा तूष्णीं बभूव ह॥

saṁjaya uvāca
evam uktvā hṛṣīkeśaṁ guḍākeśaḥ paraṁtapaḥ
na yotsya iti govindam uktvā tūṣṇīṁ babhūva ha

Sanjaya dijo (a Dhritarashtra):
Habiéndose dirigido de ese modo a Hrishikesha (Krishna), Gudakesha-Parantapa (Arjuna) le anunció a Govinda (Krishna): «¡No lucharé!», y luego permaneció en silencio[6]**.**

ESTA ESTROFA REVELA el singular estado psicológico en que se halla el devoto: ha evolucionado lo suficiente como para contemplar al Espíritu en el aspecto del Señor de los sentidos, y avanzado tanto como para que le llamen «el Conquistador de la ignorancia» y «el Verdugo de los enemigos sensoriales mediante el fuego del autocontrol», mas no ha desarrollado la inquebrantable determinación que le permita someter a los sentidos, pues permanece mentalmente inactivo y no avanza ni retrocede en la senda espiritual.

Todas estas experiencias se las revela la introspección (Sanjaya) a la mente que se encuentra ciega a la sabiduría e inclinada hacia los sentidos (Dhritarashtra). Cuando el devoto se vuelve espiritualmente ciego, la mente que se halla atraída hacia los sentidos se siente deleitada, confiando en que le resultará fácil recapturar al devoto de manos de los soldados del autocontrol. Pero la introspección también le revela a la mente ciega —cuyo regocijo es prematuro— que la caída del devoto puede ser tan sólo transitoria. El discernimiento introspectivo le recuerda a la mente ciega que, aunque el devoto permanezca inactivo en el presente, sin decidir si meditará o no, aun así ya ha comprobado que él puede ser un potencial «conquistador de la ignorancia» y un habitual «fulminador de los sentidos con el fuego del autocontrol».

En esta etapa, el devoto contempla la gloria del Espíritu como Aquello que Sustenta al cuerpo, a los sentidos y al cosmos; mas, por

---

[6] Hrishikesha: «Señor de los sentidos»; Gudakesha-Parantapa: «el Conquistador del sueño y el Fulminador de los enemigos».

causa de la atracción subconsciente que ejercen sobre él los malos hábitos, aún no se encuentra totalmente despierto como para emprender la acción. El devoto comprende que es un conquistador de la ignorancia y que posee la capacidad para destruir sus propias inclinaciones sensoriales por medio del autocontrol[7]; a pesar de ello, siente compasión por sus hábitos, por los que alguna vez experimentó afecto y que se convirtieron en sus enemigos cuando desarrolló inclinaciones espirituales. Incapaz de tomar una decisión, y después de comprobar que la virtud y el vicio le atraen con igual fuerza, permanece en un estado en el que no lleva a cabo nuevos esfuerzos por meditar, diciendo en su fuero interno: «¡Oh Dios del Universo!, no pasaré por la lamentable tarea de hacer esta matanza!».

ESTROFA 10

तमुवाच हृषीकेशः प्रहसन्निव भारत।
सेनयोरुभयोर्मध्ये विषीदन्तमिदं वचः ॥

tam uvāca hṛṣīkeśaḥ prahasann iva bhārata
senayor ubhayor madhye viṣīdantam idaṁ vacaḥ

¡Oh Bharata (Dhritarashtra)!, a quien así se lamentaba en medio de los dos ejércitos, el Señor de los sentidos (Krishna), sonriendo, le habló del siguiente modo:

EL DEVOTO AVANZADO —que se halla en una posición en la que no puede optar ni por los soldados sensoriales del ego ni por los guerreros del discernimiento del alma, y que se lamenta de la necesidad de renunciar a los hábitos sensoriales y, por lo tanto, permanece inactivo a causa de su indecisión, entregándose pasivamente al Infinito— ahora contempla al Espíritu, que ha venido a disipar las tinieblas de la duda con la suave luz de su sonrisa y con la voz de la sabiduría que se oye a través de la intuición.

Aquellos devotos que, ante la invasión de la duda, se entregan por completo al Espíritu, en el silencio interior y en actitud de sumisión, pueden percibir la indescriptible y purificadora Luz de Dios iluminando

---

[7] Véase también la referencia a *samyama,* el autodominio en la meditación, I:4-6, página 90.

el firmamento de su percepción interior. Cuando la mente permanece neutral al contemplar los dos ejércitos en pugna —el del autocontrol y el de las tentaciones sensoriales—, se siente triste y desalentada; en cambio, el devoto que se resigna por completo a la Voluntad Divina oye la voz del Espíritu que le habla a través de los maravillosamente extraños susurros de su intuición.

Sólo el devoto que ha llevado una vida espiritual sana (a través de la alimentación adecuada, el comportamiento correcto y la práctica de la meditación profunda), y ha logrado así avanzar en el sendero, es lo suficientemente afortunado como para contemplar la «sonrisa» del Espíritu y oír la voz de su sabiduría. Aunque ese devoto no esté avanzando por el momento, si se entrega a Dios por completo y eleva su conciencia del plano de los sentidos, enfocándola en el centro crístico o de Krishna *(Kutastha),* oirá las instructivas vibraciones etéricas del Espíritu —los secretos sonidos de las vibraciones emancipadoras—. En su elevado estado de conciencia crística o de Krishna, el devoto en verdad oye la voz del Espíritu que vibra en la forma de palabras inteligibles e instructivas en la expansión etérica de su mente. Así como nuestra conciencia susurra silenciosas palabras de consejo, de igual modo, el Espíritu hace vibrar sugerencias en la mente del yogui. (Por esa razón se dice que los Vedas, las Escrituras de la Sabiduría, son *shruti,* «aquello que se ha oído»).

Los susurros de la mente son diferentes de los susurros de la conciencia, y la Voz del Espíritu, a su vez, difiere de ambos. La voz mental no es otra cosa que las vibraciones de una mente sensorial indecisa. La voz de la conciencia es la voz del discernimiento y de la sabiduría interior. En cambio, la Voz de Dios, de la cual provienen las profecías, es la Presencia de la Infalible Intuición.

Con Arjuna deleitándose así en la iluminadora sonrisa del Espíritu y en sintonía con la Divina Voz interior, comienza a desplegarse por completo el sublime discurso espiritual que Bhagavan Krishna dirige a Arjuna (es decir, el Señor al devoto) —«El canto del Espíritu», que en las 700 estrofas del *Guita* abarca la esencia de los cuatro voluminosos Vedas, los 108 Upanishads y los seis sistemas de la filosofía hindú—, un mensaje universal para solaz y emancipación de toda la humanidad.

LA NATURALEZA TRASCENDENTAL Y ETERNA DEL ALMA

ESTROFA 11

श्रीभगवानुवाच
अशोच्यानन्वशोचस्त्वं प्रज्ञावादांश्च भाषसे।
गतासूनगतासूंश्च नानुशोचन्ति पण्डिताः॥

śrībhagavān uvāca
aśocyān anvaśocas tvaṁ prajñāvādāṁś ca bhāṣase
gatāsūn agatāsūṁś ca nānuśocanti paṇḍitāḥ

El Bendito Señor dijo:

¡Te apenas por quienes no lo merecen!, aunque digas palabras sensatas. El verdadero sabio no se aflige por los que viven ni por aquellos que han muerto.

«¡TU CORAZÓN DERRAMA LÁGRIMAS de sangre por aquellos cuya muerte no merece tu dolor! Justificas tu pesar basándote en argumentos de las antiguas tradiciones. Pero el verdadero sabio, dotado de conocimiento celestial, no permite que su discernimiento sea mancillado con el repugnante engaño de considerar como reales la inquietud llamada vida, y el sueño aparentemente interminable llamado muerte que transcurre en la lóbrega tumba».

¿No es acaso una contradicción hablar como un sabio y comportarse como un ignorante? El devoto que se encuentra bajo la influencia del engaño experimenta un estado en que al mismo tiempo pronuncia palabras de sabiduría y se comporta como un necio. Los yoguis principiantes pueden hablar como si estuviesen en el estado de calma que emana de la sabiduría, cuando en realidad lo que los impulsa es la inquietud. Entre las palabras de esa persona y lo que ella es en realidad, existe un infranqueable abismo. No hay que ser hipócrita en ningún sentido; no deben existir diferencias entre la vida de una persona y la expresión de sus pensamientos.

Es posible que el devoto que está dispuesto a renunciar a los sublimes gozos del reino del alma adopte la pose del hombre sabio y renunciante, antes que destruir a sus amados enemigos sensoriales. Pero su estado, lejos de ser el de un sabio, es de abatimiento y temor. La debilidad mental jamás es sabiduría, sino un signo de profundo apego subconsciente al ego y a sus engañosos placeres. Aquel que no puede mantener con firmeza el comportamiento correcto cuando el Todopoderoso lo somete a prueba pierde el derecho de hablar como un sabio.

¿Y qué decir de las numerosas personas mundanas que se expresan con palabras sabias y al mismo tiempo están sumidas en un humillante sufrimiento y en las preocupaciones que ellas mismas han creado? Pierden la calma por la más insignificante bagatela, por ejemplo, cuando se quedan sin el desayuno, el almuerzo o la cena. El criterio para medir la sabiduría del hombre es su ecuanimidad. Las piedrecillas que caen dentro del lago de la conciencia no deben crear conmoción en todo el lago.

La moraleja es que uno ha de abandonar el estado mental de representar los papeles del Dr. Jekyll y el Sr. Hyde, evitando hablar como un sabio y a la vez comportarse como un ignorante. Es preciso evitar esta dualidad actuando con sabiduría y hablando además como un sabio. El devoto iluminado armoniza sus acciones con sus palabras y sigue el buen consejo que suele brindarles a los demás.

Ancla tu ser en aquello que es inmutable

A FIN DE ABANDONAR SU IGNORANTE doble vida, el devoto no debe dejarse sacudir por los turbulentos cambios de la vida ni temer la calma momentánea de la supuesta muerte (la suspensión de la actividad física). Éste es el significado de que el sabio no se aflija por los que viven ni por los que han muerto. Los sabios no se lamentan por aquello que de modo inevitable es cambiante y fugaz. Quienes siempre lloran y se quejan de que la vida está plagada de amargura revelan así la estrechez de su mente. En la conciencia de Dios, todas las cosas mundanas son nimiedades, porque no son eternas. Los angustiantes cambios de la vida y de la muerte parecen reales debido al sentido de posesión del ser humano: «mi cuerpo, mi familia, mis pertenencias». Este mundo es de Dios; la muerte nos recuerda que nada nos pertenece, salvo nuestra identidad como almas. La identificación con el cuerpo y su entorno lleva al hombre a tropezar una y otra vez con lo inesperado, con los atemorizantes cambios que le hacen doblegarse contra su voluntad.

Es preciso contemplar la danza de la vida y la danza macabra de la muerte con inmutabilidad, ecuanimidad y valentía desde el puerto seguro de la conciencia del alma. El yogui indeciso alardea como si en verdad estuviese anclado de modo inconmovible en el Espíritu; en cambio, los devotos resueltos que practican con profundidad el método de concentración del yoga permanecen absortos en el supremo estado de inmutabilidad del Espíritu. Ellos dominan la inquietud, sinónimo de vida mortal, y experimentan de manera consciente la calma o silencio absoluto que acompaña aquel estado en que uno se ha liberado de la identificación corporal[8]. Cuando el devoto alcanza tal estado inmutable de perfección, presencia todos los cambios de la vida y la muerte sin que le afecten. La identificación con las olas del cambio conduce al sufrimiento, porque vivir y hallar placer en aquello que es mutable significa permanecer separados del Eterno. Por esa razón, los sabios no se dejan sacudir por el vaivén de las olas de la dicha y el pesar. Se sumergen profundamente en el Océano de Bienaventuranza del Espíritu sorteando las tormentas del engaño, las olas del cambio que se abaten sobre la superficie de la conciencia humana.

El estado de calma constante (la neutralización de los pensamientos inquietos) se alcanza practicando la meditación de manera continuada y manteniendo la atención fija en el entrecejo. En este estado de calma, el hombre observa los pensamientos y emociones, así como su evolución, sin que éstos le perturben en absoluto; él sólo refleja en su conciencia la inmutable imagen del Espíritu.

Quienes miran la superficie del mar tan sólo contemplan el nacimiento y muerte de las olas, pero los que buscan las profundidades del océano contemplan una masa indivisible de agua. De modo similar, los que aceptan la idea de la «vida» y la «muerte» sufren los embates del dolor, en tanto que aquellos que viven en la supraconciencia, libres de limitaciones, contemplan y sienten el Único e Inefable Gozo.

Las experiencias contrastantes del mundo onírico son artimañas de la conciencia. Durante un sueño en que uno conserva la conciencia sensorial, contempla los cambios tristes y gozosos que se suceden en el sueño por medio de una parte de su mente subconsciente, en tanto que con otra parte se contempla a sí mismo como el soñador que

---

[8] En esta estrofa del *Guita,* el término sánscrito *gatāsūn,* «muerto» (de *gata,* «se ha ido, ha partido», y *asu,* «aliento o vida») significa literalmente «aquel cuyo aliento se ha ido». *Agatāsūn,* «vivo», significa «aquel cuyo aliento no se ha ido». El aliento es sinónimo de la vida mortal y es la primera causa de identificación con la conciencia corporal; es lo que estimula la inquietud o el movimiento asociado con la vida. Los yoguis que mediante la práctica de *pranayama* entran en el estado sin aliento de *samadhi* (al que San Pablo hace referencia: «Os aseguro, por vuestro regocijo en Jesucristo nuestro Señor, que muero diariamente» —*I Corintios* 15:31) pueden controlar toda ola de inquietud y experimentar la absoluta calma de la Realidad y, desde ese estado de conciencia, comprender la naturaleza ilusoria de la materia y sus movimientos en cambio perpetuo.

presencia su sueño. De manera semejante, el sabio, en su Ser interior, percibe al Único Puro Espíritu como el Soñador del sueño cósmico, separado de la agitación del cosmos onírico. En su conciencia externa, aprende a observar el impresionante fenómeno de la muerte y todas las experiencias tristes y gozosas de la vida únicamente como sucesos contrastantes que tienen lugar en el cósmico reino onírico de Dios. Alcanzar la unidad con Dios en el estado de conciencia cósmica confiere la percepción suprema, en que todas las diferencias de la vida onírica se funden en el único Gozo Eterno.

Olvida el pasado, porque ya está fuera de tu dominio. Olvida el futuro, porque se encuentra más allá de tu alcance. ¡Controla el presente! ¡Vive supremamente bien el ahora! Así limpiarás el oscuro pasado y obligarás al futuro a que sea brillante. Éste es el camino de los sabios.

ESTROFA 12

न त्वेवाहं जातु नासं न त्वं नेमे जनाधिपाः ।
न चैव न भविष्यामः सर्वे वयमतः परम् ॥

na tvevāhaṁ jātu nāsaṁ na tvaṁ neme janādhipāḥ
na caiva na bhaviṣyāmaḥ sarve vayam ataḥ param

No es cierto que tú o Yo o estos otros miembros de la realeza nunca antes nos hayamos encarnado. ¡Y jamás en el futuro ninguno de nosotros cesará de existir!

¡He florecido antes en el jardín de la vida,
tal como ahora acontece!
Tú y estos otros miembros de la realeza
—¡que aquí se hallan de nuevo!—
han esparcido su fragancia
en vidas que hace mucho se esfumaron.
Podemos optar por volver a engalanar
todos los árboles estériles de vidas futuras
con los capullos de nuestras almas reencarnadas;
pero otrora residíamos en una forma sin forma
en la eternidad del Espíritu,
¡y hacia allí volveremos a encaminarnos!

EN EL TRANSITORIO REINO DEL TIEMPO y el espacio, prevalece constantemente el cambio o la cesación de la forma y la expresión, mas la esencia que mora dentro de estos cambios perdura. El alma del hombre (el Ser verdadero) es eterna, y también lo es el alma del universo (*Kutastha Chaitanya,* la Conciencia de Cristo o de Krishna), las expresiones del Espíritu como «tú y Yo». Asimismo, son permanentes los principios de la naturaleza, la esencia del Espíritu presente en el ser o en la manifestación («estos otros miembros de la realeza»). De una forma u otra, todo lo que existió y ha existido seguirá existiendo por siempre. (Este concepto se desarrolla con mayor detalle en II:16).

Los mortales poseen la conciencia de dualidad, que en apariencia separa el «presente», tanto del «pasado» como del «futuro». Por acción de la ley de la relatividad o dualidad, que es estructuralmente inherente a la creación fenoménica, el hombre mortal, encarnado en un cuerpo particular, está convencido de que sólo vive «ahora», como algo que difiere de manera esencial de una existencia vivida en el pasado o que ocurrirá en el futuro. Tal persona, debido a su experiencia, se encuentra limitada a pensar que él y todos sus contemporáneos sólo viven «ahora».

El pasado, el futuro y el Eterno Ahora

Lo cierto es que el ser humano vive en un «Eterno Ahora». El devoto emancipado percibe de manera acertada el Eterno Ahora por medio de su conciencia divina omnipresente; el hombre mortal, en cambio, experimenta el Eterno Ahora a través de una interrumpida serie de vidas cuyos escenarios son, alternantemente, el mundo físico y el mundo astral.

El ser humano no sólo ha vivido dentro de una forma desde tiempos inmemoriales, sino que, mientras permanezca identificándose de modo ignorante con esa forma —ya sea el denso cuerpo físico o el sutil cuerpo astral—, continuará residiendo en sucesivos nuevos cuerpos durante un tiempo futuro difícil de determinar.

La «reencarnación» implica no sólo el cambio de residencia del alma de un cuerpo a otro, sino también un cambio en la variada expresión del ego al pasar de un estado de conciencia a otro en el transcurso de una misma vida. Alguien que tenga cincuenta años, por ejemplo, podría hacer un análisis introspectivo y decirse a sí mismo y decir a su actual conciencia («tú y yo») y a otros nobles pensamientos (los «miembros de la realeza») que él ya existía antes de las etapas de la niñez, la juventud, la madurez y demás, y que si su cuerpo sigue viviendo algunas décadas más atravesará por otras etapas en el futuro. En este sentido, uno puede vivir numerosas vidas en el lapso de una sola vida, y estar simultáneamente consciente de todas las diferentes vidas (o hábitos de vida) que esa única encarnación abarca, sin el olvido que impone la intervención de la muerte.

Puesto que poseía la conciencia cósmica (aquella conciencia siempre despierta que no se interrumpe al llegar la muerte), el alma (Krishna, el preceptor de Arjuna) podía ver todas las estrellas de sus sucesivas encarnaciones titilando en el firmamento de la conciencia del «Eterno Ahora».

Por esa razón, Krishna le señala a Arjuna que todos los mortales que «ahora» parecen individuos separados (uno mismo y sus contemporáneos) son meras expresiones (dotadas de forma corporal, y originadas por la ley de causa y efecto) de los deseos que el ego ha traído consigo del pasado (de vidas anteriores), y que todos los nuevos deseos generados «ahora» por el ego deberán hallar expresión en el futuro a través de nuevos cuerpos. Krishna, el Espíritu, pide al devoto que se eleve por encima de la ley de causalidad y de los deseos mortales, que encadenan al hombre a una serie de encarnaciones con su inherente dolor, y que se establezca, en cambio, en la eterna libertad de su alma inmortal.

ESTROFA 13

देहिनोऽस्मिन्यथा देहे कौमारं यौवनं जरा।
तथा देहान्तरप्राप्तिर्धीरस्तत्र न मुह्यति॥

dehino 'smin yathā dehe kaumāraṁ yauvanaṁ jarā
tathā dehāntaraprāptir dhīras tatra na muhyati

Así como, en la morada corporal, el Ser encarnado atraviesa por las etapas de niñez, juventud y vejez, así es también el paso a otro cuerpo; ese momento no perturba a los sabios.

EL EGO SE HALLA CONTINUAMENTE CONSCIENTE de sí mismo en su niñez, juventud y vejez; el alma encarnada posee una conciencia ininterrumpida, no sólo de la infancia, la adolescencia y la vejez sino también de su serie de «vidas» y «muertes», las alternantes transiciones del ego entre los mundos físico y astral. El alma percibe que todas las burbujas de los estados de conciencia flotan en el río del tiempo: el río del pasado, presente y futuro.

El hombre común percibe gradualmente las etapas de la infancia, la juventud y la vejez, manteniendo su sentido del «yo» o conciencia del ego; el sabio percibe las sucesivas vidas y muertes como diferentes experiencias dentro de la conciencia ininterrumpida de la percepción del alma.

Los seres mortales no experimentan una continuidad de conciencia con los períodos prenatal y post mórtem; por lo tanto, el pasado les parece oscuro, y el futuro, desconocido. Pero el devoto que medita transfiere su conciencia relacionada con las transiciones del nacimiento y la muerte hacia el Ser Inmutable, en cuyo seno danzan todos los cambios, y contempla todos los cambios prenatales, postnatales y post mórtem sin que le afecten emocionalmente. Este desapego le asegura al devoto una dicha perenne e inmutable. Aquellos que están absortos en el cambio, esperan engañados que el mutable mundo sensorial les aporte la felicidad permanente.

El sabio no espera cosechar la dicha perdurable por medio de sus amigos, ni de su querida familia, ni de sus amadas posesiones. Sus seres queridos le son arrebatados por la muerte. Y los objetos materiales carecen de interés cuando uno se habitúa a ellos o cuando, en la vejez, los sentidos pierden su fuerza y capacidad para apreciar tales objetos. ¡Concéntrate en el inmortal Espíritu mediante la práctica de la meditación y encuentra allí la cosecha de la eterna y siempre renovada paz!

ESTROFA 14

मात्रास्पर्शास्तु कौन्तेय शीतोष्णसुखदुःखदाः ।
आगमापायिनोऽनित्यास्तांस्तितिक्षस्व भारत ॥

mātrāsparśās tu kaunteya śītoṣṇasukhaduḥkhadāḥ
āgamāpāyino 'nityās tāṁs titikṣasva bhārata

¡Oh hijo de Kunti! (Arjuna), las ideas de frío y calor, placer y dolor se producen por los contactos de los sentidos con sus objetos. Tales ideas están limitadas por un comienzo y un final, por lo cual son transitorias, ¡oh descendiente de Bharata! (Arjuna); ¡sopórtalas con paciencia!

«CUANDO LOS DÉBILES SENTIDOS confraternizan sin reparo con los objetos sensoriales, una heterogénea muchedumbre de placer y dolor, calor y frío, danza con desenfreno en el templo de la vida. Las dualidades individuales de estas problemáticas multitudes se deleitan o gimen por un tiempo y, por último, mueren, dejando rastros de confusión en el santuario del alma. No les temas, sin importar cuán poderosas y perdurables puedan parecer; van y vienen, como burbujas en el océano del tiempo. ¡Ignóralas o sopórtalas con el corazón alegre y valeroso y una mente ecuánime!

»¡Oh devoto!, puesto que eres hijo de Kunti, nacido de la naturaleza, y luchas porque surja el poder de la renunciación y del fervor divino, la cualidad femenina del sentimiento aún ata tu conciencia, haciéndola susceptible a las dualidades. Sin embargo, dentro de ti, esperando el divino despertar, se encuentra el positivo poder masculino de la conciencia cósmica, que es tu herencia ancestral como descendiente de Bharata (el Espíritu): tu verdadera masculinidad, caracterizada por el equilibrio invencible y la trascendencia».

Cómo se originan los sentimientos y reacciones del hombre a partir de las sensaciones

LOS ÓRGANOS DE LOS SENTIDOS REACCIONAN en respuesta a las sensaciones; su naturaleza consiste en responder con placer o dolor a los estímulos. Están condicionados a desarrollar poderosos gustos y aversiones. Por ello, el agrado produce gozo y el desagrado causa repulsión o dolor. Las impresiones sensoriales fluyen a través de las refinadas terminaciones nerviosas, y la energía vital y la mente actúan como los ríos que transportan dichas impresiones. Cuando los objetos materiales —buenos y malos, calientes o fríos— hacen contacto con los sensibles órganos de los sentidos, el resultado es placer y dolor, calor o frío. Estas sensaciones resultantes son temporales, inconstantes y fugaces; van y vienen. El hombre debe soportarlas con paciencia y ecuanimidad mental *(titiksha).*

Un cuerpo que se halla esclavizado a su entorno es una preocupación constante para la mente y mantiene en cautiverio las potencialmente todopoderosas facultades mentales. En el mundo occidental, la tendencia general consiste en concentrarse en eliminar las causas externas de incomodidad. Si la persona siente frío, se compra un cálido y acogedor abrigo, e instala un sistema de calefacción, aunque para ello deba solicitar un préstamo. Si el clima es caluroso, instala un sistema de aire acondicionado. Y así sucesivamente.

Los maestros orientales admiran el ingenio y la inventiva de Occidente. Enseñan sin embargo que, si bien el hombre necesita adoptar medidas razonables para superar las incomodidades externas, debe también desarrollar un estado de «desapego» interior y no permitir que las sensaciones perturben su mente.

El hombre experimenta las sensaciones como sentimientos que se originan por el contacto de los sentidos con la materia. La sensación o sentimiento inicial que se produce en la mente se elabora primero como una percepción, luego se expande hasta formar un concepto por acción de la inteligencia; por último, el concepto se transforma en sentimiento, la facultad que juzga la experiencia en términos de dolor o placer para el cuerpo, alegría o pesar para la mente, según las actitudes habituales de los gustos y aversiones de la persona. Por consiguiente, los maestros enseñan que si se neutraliza el sentimiento —se hace impermeable a las dualidades transitorias, tales como frío y calor, placer y dolor—, entonces todas las experiencias se conocerán simplemente en el plano del intelecto, como ideas sobre las cuales se debe actuar de manera apropiada.

Una piedra en contacto con un bloque de hielo se enfría. Una persona que sostiene un trozo de hielo siente frío. Tanto la piedra como la mano de la persona se enfrían, pero su reacción es diferente. No hay duda alguna de que existen objetos calientes y objetos fríos, y que éstos producen sensaciones de calor y frío en un cuerpo dotado de sensibilidad. Es obvio, sin embargo, que la piedra, a diferencia de la mano humana, no posee órganos internos de respuesta a los estímulos externos.

A través de los nervios sensoriales y la fuerza vital, el cerebro recibe, en forma de una sensación, la información de que un trozo de hielo está en contacto con la mano. La mente reacciona por medio de la percepción y reconoce la sensación como «frío». El sentimiento ya condicionado interpreta entonces la sensación como placentera o desagradable, y el cuerpo responde de acuerdo con ello. El enfriamiento de la carne es material, la sensación o percepción del frío es exclusivamente mental. Todas las experiencias de frío y calor, para ser reconocidas como tales, deben convertirse primero en percepciones mentales. Una persona anestesiada no siente la sensación de frío si le colocan un pedazo de hielo en la mano. En suma, la mente es el único poder que permite reconocer cualquier sensación corporal.

Las sensaciones ejercen poder o no sobre una persona dependiendo de que la mente resulte afectada o no por ellas. Las impresiones continuas de las sensaciones de frío o calor hacen que uno se acostumbre a ellas de manera gradual, con el resultado de que dichas sensaciones se tornan cada vez menos perceptibles. Ésa es la razón por la cual la mente del hombre se habitúa a los climas extremos, tanto gélidos como tórridos. Una mente poderosa y controlada es capaz de ignorar los estímulos externos, porque las sensaciones de los sentidos no pueden percibirse a no ser que exista una aceptación y una respuesta por parte de la mente.

Por eso, los sabios de Oriente declaran que las influencias del frío y el calor o de las sensaciones placenteras o desagradables que se producen en el cuerpo por el contacto de los órganos de los sentidos con los objetos pueden neutralizarse si el hombre las afronta con un estado mental de imperturbabilidad. Esta actitud desapegada o victoria mental sobre la invasión de las sensaciones transitorias conduce al autodominio, al supremo conocimiento de que los objetos materiales o los estímulos sensoriales no poseen un poder intrínseco sobre el hombre. Es este concepto el que Krishna puntualiza en esta estrofa al utilizar la palabra *titiksha,* «soportar, resistir con firmeza mental».

La disciplina yóguica para elevarse sobre la esclavitud sensorial

El sistema yóguico de disciplina corporal y resistencia no es un método ideado para torturarse a sí mismo, sino el acondicionamiento mental necesario para aminorar los efectos perturbadores de las sensaciones mediante el desarrollo del poder de resistencia mental. *Titiksha* no significa temeridad o imprudencia. Si el cuerpo es esclavo de los sentidos y no ha sido espiritualizado, se debe proteger de modo razonable de los extremos perjudiciales, mientras se disciplina mentalmente en forma gradual a fin de que se eleve por encima de su estado de esclavitud. Alimentar la sensibilidad de manera continua debilita la mente, fomentando así el dolor y la constante irritación mental.

Las respuestas condicionadas de la mente —a través de la percepción, la cognición y el sentimiento— son, en su mayor parte, hereditarias y le han sido legadas a la humanidad por sus primeros ancestros, que descendieron de su naturaleza celestial a la conciencia del apego a la materia. Sin embargo, cada persona es responsable del grado de sensibilidad que determina en qué medida se halla condicionada por esa herencia.

Debido a la ignorancia, la mente del hombre común opta por ser hipersensible e imaginar que recibe daño a través de los sentidos. El devoto debe hacer hincapié, por lo tanto, en conservar una actitud de desapego mental, elevándose por encima del calor y el frío, del dolor y los placeres pasajeros. Si el frío o el calor invaden el cuerpo, o cuando se experimenta el placer o acomete el dolor, la sensación generada intenta abrumar la mente con la idea de que la sensación posee un poder intrínseco de permanencia. Consciente de esta «estratagema», el hombre debería tratar de asumir una actitud de neutralidad e indiferencia en respuesta a la incursión de toda sensación.

Cuando el ser humano adopta una actitud desprovista de inquietud ante el sufrimiento, de ausencia de apego hacia la felicidad transitoria, de estoicismo hacia las molestias que despiertan temor, ira y dolor, su mente alcanza un estado de equilibrio libre de perturbaciones[9].

ESTROFA 15

यं हि न व्यथयन्त्येते पुरुषं पुरुषर्षभ।
समदुःखसुखं धीरं सोऽमृतत्वाय कल्पते॥

---

[9] «Se ha dicho que el hombre paga con gran sufrimiento el hecho de poseer un sistema nervioso central más avanzado», escribe el Dr. Steven F. Brena, profesor de la Escuela de Medicina de la Universidad Emory y director del Pain Control Institute de Georgia. «En la actualidad, la evidencia médica revela que, por el contrario, el hombre sufre el dolor en mayor medida porque rechaza utilizar en la forma apropiada su refinado sistema nervioso, al que mantiene desequilibrado y fuera de control.

»En los seres humanos, la respuesta a una experiencia dolorosa nunca es un simple reflejo nervioso, como en el caso de los animales; sino que siempre es, incluso en las más graves emergencias, la expresión final de un intrincado e integrado proceso cerebral que incluye tanto factores cognitivos como emocionales. [...] Se ha comprobado que no se puede esperar que ninguna técnica de tratamiento fisiológico externo proporcione una cura para el dolor *crónico* a no ser que el paciente se comprometa a efectuar cambios sistemáticos internos en sus pensamientos y comportamiento. Como resultado de este descubrimiento, los especialistas en dolor están comenzando a reconocer la gran utilidad práctica de la ciencia del yoga para tratar las causas físicas y mentales del dolor crónico.

»En términos científicos, la "resistencia" podría considerarse *la medida en que podemos controlar nuestra respuesta a la información sensorial a fin de que, a pesar del dolor, el comportamiento del cuerpo y de la mente no se vea afectado.* La capacidad de resistencia y la conducta óptima tienen su origen en el autocontrol. Sin autocontrol, ningún atleta puede ganar una medalla olímpica, ningún místico puede alcanzar un elevado estado de conciencia; tampoco puede ningún ser humano aprender a dejar de ser víctima del dolor. Mi experiencia clínica con miles de pacientes aquejados de dolor crónico ha demostrado que aprender a ejercer autocontrol requiere poder de voluntad y entrenamiento en el modo correcto de pensar, la actitud correcta y la actividad correcta —lo mismo que debe aprenderse al seguir las disciplinas del yoga—. La práctica combinada de todos estos principios en una terapia integrada para el control del dolor nos ha permitido apreciar resultados clínicos que la medicina consideraría milagrosos». *(Nota del editor).*

yaṁ hi na vyathayantyete puruṣaṁ puruṣarṣabha
samaduḥkhasukhaṁ dhīraṁ so 'mṛtatvāya kalpate

¡Oh Flor entre los hombres! (Arjuna): quien no se deja perturbar por ninguno de éstos (los contactos de los sentidos con sus objetos), quien permanece sereno y ecuánime ante el placer y el dolor, ¡sólo él es apto para alcanzar la inmortalidad!

«A ESE SER BIENAVENTURADO QUE, a semejanza del yunque, no le afectan los martillazos de las pruebas, y que permanece ecuánime tanto en los nublados días del invierno del dolor como en los soleados días primaverales del placer; aquel que con toda calma absorbe en sí mismo las situaciones difíciles de igual modo que el océano engulle los ríos que en él desembocan, ¡a él los dioses lo consideran apto para alcanzar el reino eterno!».

El principio básico de la creación es la dualidad. Si uno conoce el placer, también debe conocer el dolor. Si experimenta el calor, también debe experimentar el frío. Si la creación hubiese manifestado sólo el calor o sólo el frío, sólo el dolor o sólo el placer, los seres humanos no se habrían convertido en las exasperadas víctimas de las bromas de la dualidad. Pero ¿cómo sería entonces la vida si la existencia fuese monótona? Es preciso que exista el contraste; las dificultades del hombre se originan en su respuesta a las dualidades. Mientras él continúe siendo un esclavo de la influencia de las dualidades, vivirá dominado por el cambiante mundo fenoménico.

Los gustos y aversiones son los causantes de la esclavitud del alma

Los sentimientos egoístas del hombre, expresados en la forma de gustos y aversiones, son los únicos causantes de la esclavitud del alma al cuerpo y al entorno terrenal. La inteligencia cognitiva simplemente registra las experiencias de manera desinteresada y puramente intelectual; del mismo modo honesto y prosaico reconoce tanto la muerte de un ser querido como el nacimiento de un hijo. En tanto que la inteligencia sólo le informa a la conciencia humana de la pérdida de un amigo querido, el sentimiento marca y clasifica esa experiencia como claramente dolorosa. Asimismo, cuando una conciencia humana tiene noticia del nacimiento de un bebé, y está interesada en ese acontecimiento, éste es clasificado por el sentimiento como una experiencia definitivamente placentera.

Estos gemelos psicológicos —los sentimientos humanos de placer y dolor—, tienen un mismo padre: ambos nacen del deseo. Un deseo que se cumple proporciona placer, mientras que un deseo malogrado causa dolor o sufrimiento. Son inseparables: así como la noche sucede inevitablemente al día al girar la tierra sobre su eje, así también el placer y el dolor giran sobre el eje del deseo, alternándose siempre el uno tras el otro.

El deseo se produce como resultado del contacto indiscriminado con los objetos de los sentidos. Expresándose como gustos y aversiones del ego, el deseo se introduce sigilosamente en la conciencia de quien no mantiene la vigilancia necesaria para gobernar la reacción de sus sentimientos a las diversas experiencias del mundo. Es una condición que el ego se impone a sí mismo y que, por lo tanto, es perjudicial para la ecuanimidad del ser humano. Todo aquello que se origina en el deseo constituye un elemento perturbador, porque los deseos son como piedras arrojadas en el sereno lago de la conciencia. Tanto el apego al placer como la aversión al dolor destruyen el equilibrio de la naturaleza interna.

Reconociendo el hecho de que los sentimientos opuestos son inseparables, los maestros de la India consideran que incluso los placeres, al ser transitorios, son precursores del dolor. El placer que llega para iluminar el corazón sombrío con un mensaje de gozo para luego súbitamente apagarse —como la efímera llama de la hierba al quemarse— sólo profundiza el dolor original. Por esa razón, el *Guita* enseña que se debería evitar la excitación de los placeres con el mismo empeño con que se procura evitar el desagradable sentimiento de dolor. Sólo cuando se neutraliza el sentimiento que producen ambos opuestos se eleva uno por encima de todos los pesares. Es muy difícil, en verdad, causar sufrimiento a un sabio siempre sonriente.

La ecuanimidad: clave para alcanzar la felicidad y la paz

A FIN DE ALCANZAR UN ESTADO EN QUE LA MENTE se halle desapegada de los opuestos, el hombre debe *practicar* una actitud neutral hacia todos los cambios terrenales. Mucha gente razona: «¡Ah, bueno!, pero si cultivo una actitud neutral, ¿cómo podré disfrutar de la vida?». Es cuestión de lógica. Aun cuando disfrutamos del placer después de experimentar dolor, aun así parece poco razonable que para poder apreciar la salud hayamos de padecer primero accidentes y enfermedades; o que para disfrutar de la paz debamos primero experimentar un intenso sufrimiento mental. ¡Ciertamente puede existir la amistad entre dos personas sin que antes hayan estado enemistadas! Por consiguiente, la costumbre mortal de tomar la vida «tal como es», de aceptar como inevitables las incursiones periódicas del placer y del dolor, *no* es el modo correcto de conducirse en esta prosaica existencia.

Los santos han descubierto que la felicidad reside en mantener constantemente un estado mental de paz imperturbable durante todas las experiencias asociadas a las dualidades terrenales. Una mente cambiante percibe una creación cambiante y se perturba con facilidad; sin embargo, el alma inmutable y la mente imperturbable contemplan, detrás de las máscaras del cambio, el Espíritu Eterno. El hombre cuya mente se asemeja a un espejo oscilante contempla toda la creación como si estuviese distorsionada y tomase la forma de olas en cambio continuo; pero el hombre que sostiene con firmeza su espejo mental sólo contempla allí los reflejos de la Única Unidad: Dios. A través de la percepción intuitiva —no de la simple imaginación—, comprende que su cuerpo y todos los objetos son la conciencia condensada del Espíritu. La mente, libre de la excitación artificial, permanece centrada en su innato estado de paz interior y gozo del alma.

Cuando, gracias a un profundo desarrollo espiritual, la mente del devoto manifiesta una actitud desapegada hacia las sugerencias provenientes de la actividad externa de los sentidos, entonces ese yogui avanzado en el sendero se percata, a semejanza de Arjuna, que para alcanzar el prometido estado imperecedero debe neutralizar primero los efectos de la *acción interna* de los poderes sensoriales valiéndose de la meditación.

Cuando, mediante las técnicas que el gurú le ha impartido, el yogui retira su atención y fuerza vital de los músculos y del corazón y hace navegar el barco de su meditación por el río de la electricidad espinal, descubre, como el Ulises de antaño, que las sirenas del oído, el tacto, el olfato, el gusto y la vista adoptan numerosas formas y procuran atraerlo hacia aguas peligrosas. Si la mente se deja impresionar por estas sutiles promesas sensoriales, el barco de la meditación del alma se adentra en un remolino de ignorancia; pero el devoto sincero comprueba que esta atracción de los sentidos no se prolonga demasiado y pronto se desvanece. Estas «sirenas de los sentidos» son sólo los últimos vestigios de las tendencias prenatales, que por largo tiempo han estado alojadas en el cerebro.

El devoto debe ignorar todos los impedimentos astrales o mentales, y mantener la mente fija en el punto de luz brillante que se halla en el centro del ojo espiritual, el cual se percibe en el entrecejo durante la meditación profunda. El devoto llega así a la región celestial de lo inmutable; ¡jamás volverá a ser arrojado al torbellino de las reencarnaciones y del sufrimiento!

ESTROFA 16

नासतो विद्यते भावो नाभावो विद्यते सतः ।
उभयोरपि दृष्टोऽन्तस्त्वनयोस्तत्त्वदर्शिभिः ॥

nāsato vidyate bhāvo nābhāvo vidyate sataḥ
ubhayor api dṛṣṭo 'ntas tvanayos tattvadarśibhiḥ

Lo irreal carece de existencia. Lo real nunca deja de existir. Los sabios conocen la verdad suprema acerca de ambos conceptos.

LOS SENTIDOS DICEN QUE LA FLOR que nunca nació no emitió fragancia alguna; aquello que jamás fue real siempre fue inexistente. Pero el jardín de rosas con su fragancia y las estrellas del cielo con su resplandor proclaman su realidad. Los que ven la verdad, sin embargo, saben que todo ello es igualmente irreal, pues la rosa se marchitará y muchas de las distantes estrellas cuyo brillo tachona el cielo han dejado de existir hace ya largo tiempo. ¿Puede acaso algo convertirse en nada? Quienes poseen sabiduría perciben como real sólo aquello que es inmutable: la Esencia, la cual se convirtió en estrella y en la idea de una flor en la mente del poeta. Sólo los sabios conocen el misterio de lo real y lo irreal.

El océano puede existir sin las olas, pero las olas no pueden manifestarse sin el océano. El océano es la sustancia real; las olas son sólo cambios temporales en la superficie del océano y, por lo tanto, «irreales» (carecen de existencia independiente). El océano no cambia en esencia, ya sea que permanezca en calma o esté agitado por las olas; pero las olas cambian de forma: van y vienen; su esencia es el cambio y, por consiguiente, la irrealidad[10].

---

[10] «Todos los objetos [...] son ficciones: quimeras de la mente. Es nuestro hemisferio [cerebral] izquierdo [...] el que nos engaña haciéndonos creer que vemos ovejas, árboles, seres humanos y el resto de nuestro mundo tan ingeniosamente compartimentado. Buscamos estabilidad por medio de nuestra conciencia razonadora e ignoramos el flujo [...]. Con este enfoque clasificador y simplificador dividimos en secciones la corriente del cambio y a éstas las llamamos "cosas". Y, sin embargo, una oveja no es una oveja. Se trata de un conglomerado temporal de partículas subatómicas en movimiento constante,

SE AFIRMA QUE LA SUSTANCIA ETERNA está dividida en dos: el *Sat* o Espíritu Inmutable y el *Asat,* lo irreal, la siempre cambiante Naturaleza, la Madre Cósmica, dotada de veinticuatro atributos[11].

❖ Sat *y* Asat, *el Espíritu y la Naturaleza* ❖

Hay dos formas de percibir la Sustancia: como Espíritu inmutable o como la creación siempre cambiante. Estas formas de percepción se denominan *anuloma* (en la dirección correcta) y *viloma* (en la dirección errónea). Contemplar la Naturaleza (contemplar el Espíritu como materia) es tomar el camino equivocado *(viloma)* en que la visión, dirigida hacia el exterior a través de los sentidos en dirección a los «productos finales», percibe únicamente las olas de la creación ilusoria. Dirigir la percepción hacia dentro y de ese modo mirar desde la periferia externa de la materia hacia la morada interior del Espíritu es adoptar la visión de la sabiduría o *anuloma.* Por medio de la percepción orientada hacia dentro, es posible determinar la causa de todas las actividades de la creación. Cuando la mente se fija en el Principio y Raíz Primordial de toda manifestación, el ser humano comprende que la densa materia es el resultado de la mezcla de los cinco elementos sutiles astrales —tierra, agua, fuego, aire y éter— y que ellos se funden sucesivamente en la Causa Suprema o Espíritu.

Por lo tanto, aquellos que no miran la materia por medio de los sentidos sino a través de la materia en dirección al Espíritu conocen en

---

partículas que alguna vez estuvieron esparcidas en una nube interestelar, cada una de las cuales permanece dentro del proceso llamado oveja sólo por un breve período de tiempo. Ése es el caso real e irrefutable [...].

»Caemos muy fácilmente en el hábito de admitir que lo que vemos y sentimos en nuestra mente está en verdad ocurriendo fuera de nosotros, más allá del portal de los sentidos. Después de todo, nos encontramos apenas a unos centímetros de los límites de esta región aparentemente familiar. Pero *allí afuera* no existen los colores, ni el frío ni el calor, ni el placer ni el dolor. Aunque experimentamos el mundo como una serie de objetos sensoriales, lo que en realidad llega a nuestros sentidos es energía en la forma de vibraciones de diferente frecuencia: muy bajas frecuencias para el oído y el tacto, frecuencias más elevadas para el calor y mayores aún para la visión [...]. Las radiaciones que captamos hacen actuar códigos neuronales, y el cerebro los convierte en un modelo del mundo externo. Luego se le otorga a este modelo un valor subjetivo y, por un truco del cerebro, se proyecta al exterior para conformar el mundo subjetivo. Esa experiencia interna es lo que habitualmente equiparamos con la objetividad externa [...]. Mas *no* es objetiva [...]. Toda la realidad que se percibe es una ficción». Citado de *Equations of Eternity: Speculations on Consciousness, Meaning, and the Mathematical Rules that Orchestrate the Cosmos* [Ecuaciones de la Eternidad: Especulaciones sobre la conciencia, el significado y las reglas matemáticas que rigen el cosmos], del Dr. David Darling (Hyperion, Nueva York, 1993). *(Nota del editor).*

[11] Véase XIII:5-6 (volumen II).

verdad el misterio de lo Real y de lo irreal. Lo Real, inmutable por toda la eternidad, existe; lo irreal —que es mutable— sólo tiene existencia relativa. La Sustancia existe; los fenómenos —que no pueden existir sin la Sustancia— no tienen existencia separada.

La persona común cree que la materia es real (porque está manifestada) e ignora al Espíritu porque lo considera irreal (puesto que está oculto). Esta ilusión lo envuelve en un velo de ignorancia y sufrimiento. El sabio rasga el velo de apariencias de la creación ilusoria y, al percibir la Realidad Eterna, alcanza la dicha permanente.

Los sabios perciben cómo las olas de la irrealidad surgen de la Realidad y ocultan su unidad, tal como las múltiples olas ocultan la indivisible unidad del océano. Con esta visión, los sabios permanecen absortos en el Espíritu inmutable y pasan por alto los cambios del mundo supuestamente real. Conocer la Realidad no convierte a una persona en un visionario distraído que elude sus obligaciones. ¡Podría decirse que aquel que conoce la Realidad es alguien en su sano juicio que vive en medio de la locura!

Estrofa 17

अविनाशि तु तद्विद्धि येन सर्वमिदं ततम्।
विनाशमव्ययस्यास्य न कश्चित्कर्तुमर्हति॥

avināśi tu tad viddhi yena sarvam idaṁ tatam
vināśam avyayasyāsya na kaścit kartum arhati

Has de saber que el Uno, por quien todo ha sido creado y que penetra todas las cosas, es imperecedero. Nada tiene el poder de destruir a este Espíritu Inmutable.

La Vida Única, que a partir de su propio Ser crea y moldea todas las cosas efímeras, es indestructible e imperecedera. Aunque todos los objetos cambiantes de la creación se desvanecen, nada afecta a la inmutabilidad de Dios.

Si un terremoto destruye una casa de adobe, la arcilla no cambia su naturaleza. De modo similar, cuando la disolución afecta a esta cambiante casa cósmica de arcilla, su esencia no se altera.

Así como los electrones o los átomos de hidrógeno y oxígeno que componen el vapor, el agua y el hielo son manifestaciones de diferentes grados de vibración de una única energía primaria, así también el hombre, los animales, los mundos y todas las proyecciones de la creación son formas variables del Único Espíritu. Aun cuando los planetas se saliesen de su órbita, y toda la materia se fundiera y nada quedase, no existiría ni un ápice de espacio vacío —de espacio vacío del Espíritu—. Tanto las formas de la creación como el Gran Vacío están igualmente ocupados por el Espíritu. Los reinos pueden caer, los océanos evaporarse y la tierra desaparecer, pero, aun así, el Espíritu permanece intacto, oculto e indestructible.

Cuando, por medio de la meditación, el hombre decida identificarse con el Espíritu inmutable, el pandemonio del cambio ya no volverá a engañarlo ni atormentarlo.

ESTROFA 18

अन्तवन्त इमे देहा नित्यस्योक्ताः शरीरिणः।
अनाशिनोऽप्रमेयस्य तस्माद्युध्यस्व भारत॥

antavanta ime dehā nityasyoktāḥ śarīriṇaḥ
anāśino 'prameyasya tasmād yudhyasva bhārata

Se considera que estos ropajes de carne tienen un término de existencia; mas el Ser Interior es inmutable, imperecedero e inconmensurable. Provisto de esta sabiduría, ¡oh descendiente de Bharata! (Arjuna), ¡emprende la lucha!

«EL DIVINO MORADOR, Aquel que es Eternamente Joven y a quien los dedos del deterioro no osan tocar, Aquel cuyo hogar es la región sin límites, Aquel al que la destrucción jamás puede invadirle: él es quien viste numerosos disfraces de carne. Aunque sus ropajes se deterioren, él mismo es imperecedero. Provisto de tu armadura de sabiduría, ¡oh Arjuna, descendiente del valeroso Bharata!, lánzate audazmente al campo de batalla interior!».

Mientras aún lucha contra la poderosa persuasión interior del engaño —apegado al cuerpo, temeroso de abandonar los sentidos y su identificación con la conciencia mortal—, el devoto es un ave de la eternidad encerrada en una pequeña jaula. Puesto que el hombre es un águila de la inmortalidad, cuyo hogar es el espacio eterno, no debe temer remontarse por encima del cuerpo, del cual será expulsado de todos modos a la hora de la muerte.

Krishna, por lo tanto, le dice a Arjuna: «¡Concéntrate en tu Ser Interior, la imagen del Eterno Espíritu, que al igual que Él es inmortal! ¡No temas luchar contra los sentidos y destruir el apego al cuerpo! ¡Tarde o temprano, te verás obligado a hacerlo!».

El temor a perder el cuerpo invade con frecuencia incluso al devoto avanzado cuando la cohesión ilusoria entre el cuerpo y el alma le hace olvidar temporalmente que su cuerpo no forma parte de él, puesto que él es Espíritu inmortal.

El yogui tiene como objetivo alcanzar un dominio tan completo del cuerpo que los mismos átomos corporales obedezcan su mandato, al igual que lograron hacer Jesús y Kabir[12] —y muchos otros maestros iluminados—, quienes no sólo consiguieron abandonar el cuerpo a voluntad, sino también demostrar su naturaleza ilusoria al resucitarlo después de la muerte o al desmaterializarlo en el seno del Espíritu.

Incluso en una guerra material justa, en la que es necesario proteger a los débiles, un soldado no debe sentir temor de abandonar su cuerpo perecedero. La virtud adquirida mediante el sacrificio jamás se pierde. Es preferible morir por la justicia que tener una muerte común innoble. Es más loable morir por el bienestar general que expirar en el cómodo lecho del egoísmo.

ESTROFA 19

य एनं वेत्ति हन्तारं यश्चैनं मन्यते हतम्।
उभौ तौ न विजानीतो नायं हन्ति न हन्यते ॥

[12] «Kabir fue un gran santo del siglo XVI, cuyos feligreses incluían tanto hindúes como musulmanes. Cuando sobrevino la muerte del santo, sus discípulos comenzaron a reñir y a discutir sobre la forma en que habría de conducirse la ceremonia de los funerales. El exasperado maestro se levantó de su sueño de muerte y dio las instrucciones pertinentes a sus discípulos. "La mitad de mis despojos serán enterrados de acuerdo con los rituales islámicos —les dijo—, y la otra mitad será incinerada de acuerdo con los ritos hindúes". A continuación, desapareció. Cuando los discípulos abrieron el ataúd que contenía sus restos, no se encontró más que un hermoso ramo de flores. La mitad de estas flores fueron obedientemente enterradas en Maghar por los musulmanes, quienes hasta la fecha reverencian este santuario. Y la otra mitad fue cremada en una ceremonia hindú en Benarés» *(Autobiografía de un yogui)*.

ya enaṁ vetti hantāraṁ yaścainaṁ manyate hatam
ubhau tau na vijānīto nāyaṁ hanti na hanyate

Ni el que piensa que el Ser mata ni el que cree que el Ser puede morir conocen la verdad. El Ser no mata ni muere.

ESTÁ SOÑANDO QUIEN CREE que el Ser es un oscuro asesino. Se halla embriagado en el error aquel que piensa que la muerte puede tocar al Ser. Ninguna de las dos ideas es cierta. El Ser jamás podría manchar sus justas manos con la sangre de una masacre, ni existe poder alguno que pueda matar al alma.

Del mismo modo en que el héroe moribundo que vemos en una pantalla cinematográfica no muere realmente, tampoco el alma del hombre muere, pues sólo está representando un papel en la película cinematográfica cósmica de la vida y vive por siempre. La víctima y el victimario del drama de la pantalla son sólo dos figuras hechas de luces y sombras. ¡Ni el villano de la pantalla ni la villana Muerte matan a nadie!

Así como una persona no muere porque su casa se derrumbe, de igual manera el Ser inmortal permanece intacto cuando su manto corporal es destruido. Un alma no puede matar a otra, ya que ambas son reflejos del inmortal Espíritu.

Esta profunda filosofía no debe utilizarse en forma indebida por aquellos que tal vez pensarán erróneamente: «¡Matemos a nuestros enemigos! De cualquier manera, sus almas son inmortales. No se nos puede llamar asesinos aun cuando matemos». ¡Semejante razonamiento no impresiona a Dios ni a la terrenal policía!

La cantidad de agua que contienen las olas del mar es la misma tanto si las olas juegan en el regazo del océano como si se ocultan bajo la superficie. De modo similar, las almas-olas de vida permanecen inalterables, ya sea que jueguen en la superficie del océano de la vida o reposen en lo más hondo de su seno.

En esta estrofa se expresa una profunda verdad acerca de la naturaleza inmortal, no sólo del alma sino también de la materia. Como reflejo del Espíritu, incluso la materia es indestructible. La esencia de la materia jamás se destruye; el cuerpo humano, conformado por patrones de electrones condensados que se modifican superficialmente con la muerte, en realidad jamás es aniquilado.

Toda forma, pensamiento y movimiento que se ha proyectado en la pantalla del tiempo y el espacio permanece grabado por siempre.

Estas películas cinematográficas cósmicas —que nunca fueron más que obras interpretadas por almas inmortales— se conservan en los Archivos Infinitos. Aquellas almas que han alcanzado la unión con Dios y que se han ganado la entrada a las bóvedas secretas del Espíritu conocen las maravillas de este misterio de la inmortalidad.

ESTROFA 20

न जायते म्रियते वा कदाचिन्नायं भूत्वा भविता वा न भूयः।
अजो नित्यः शाश्वतोऽयं पुराणो न हन्यते हन्यमाने शरीरे॥

na jāyate mriyate vā kadācin nāyaṁ bhūtvā bhavitā vā na bhūyaḥ
ajo nityaḥ śāśvato 'yaṁ purāṇo na hanyate hanyamāne śarīre

El Ser nunca nació y jamás perecerá; su existencia no tuvo principio y tampoco tendrá fin. Carece de nacimiento; es eterno, inmutable, siempre el mismo (no le afectan los procesos habituales asociados con el paso del tiempo). No muere cuando se mata al cuerpo.

EL ALMA, QUE EN ESENCIA es el reflejo del Espíritu, nunca sufre el trauma del nacimiento ni la agonía de la muerte. Una vez que ha sido proyectado desde el seno del inmortal Espíritu, el príncipe Alma jamás perderá su individualidad al retornar al Espíritu; habiendo atravesado los portales de la natividad, su existencia nunca cesará. En todos sus nacimientos corporales, el alma-Espíritu jamás experimentó nacimiento alguno; existe eternamente, sin verse afectada por los dedos de la magia de *maya,* cuya naturaleza es el cambio. Siempre es la misma —ahora, en el pasado y en el futuro—, tal como siempre lo ha sido; no tiene edad y permanece intacta desde sus inmemoriales comienzos. El alma inmortal que mora en un cuerpo destructible permanece siempre inmutable a través de todos los ciclos de desintegración corporal; no experimenta la muerte ni siquiera cuando el cuerpo apura esa fatal copa de cicuta.

Se dice que el cuerpo, como parte integrante de la materia, atraviesa las siguientes seis transformaciones correspondientes a la efímera Naturaleza: nacimiento, existencia, desarrollo, cambio, decadencia y aniquilación. El hombre que reside en un cuerpo perecedero olvida el alma imperecedera que habita en esa forma física. Su conciencia identificada con el cuerpo sólo percibe los seis estados mencionados. Por medio de la meditación, el sabio aprende a diferenciar entre el alma inmortal que reside en su interior y su perecedero envoltorio corporal. La gente que cree en la inmortalidad del Espíritu Absoluto (que es siempre existente, siempre consciente y eternamente renovada Dicha) debe también aceptar la verdad de que su reflejo —el alma— también lo es, aunque esté encerrada en un cuerpo mortal. Las palabras de Bhagavan Krishna en esta estrofa hacen especial énfasis en esta verdad. Puesto que Dios es inmortal, el alma de cada hombre, hecha a imagen de Dios, también lo es.

LA DIFERENCIA ENTRE EL ALMA y el Espíritu es la siguiente: El Espíritu es siempre existente, siempre consciente y eternamente renovado Gozo *omnipresente;* el alma es el reflejo *individualizado* del siempre existente, siempre consciente y eternamente renovado Gozo, que se halla confinado en el cuerpo de todos y cada uno de los seres.

Las almas: rayos que emanan del Espíritu

Las almas son rayos que emanan del Espíritu y se individualizan como «átomos» y «tejidos» del Espíritu, que carecen de vibración y de forma. Por consiguiente, coexisten con el Espíritu y poseen su misma esencia, del mismo modo en que el sol y sus rayos son una sola cosa. Aunque el alma se encuentre encarnada en un cuerpo, pertenece a la región del noúmeno, donde no existen los cambios. Todas las formas materiales son parte de las regiones fenoménicas; al estar su naturaleza misma alejada del Espíritu, se transforman sin cesar. Los fenómenos surgen del noúmeno y se encuentran indisolublemente relacionados con él; sin embargo, puesto que éste forma parte del Espíritu, es inmutable y trascendente. La superficie externa de la conciencia del alma, cubierta por los instrumentos del ego, la mente y los sentidos, experimenta las transformaciones de la Naturaleza, pero la esencia del alma permanece invulnerable.

La gente mundana no sabe qué es el alma, ni cómo se introduce en el cuerpo físico, ni hacia dónde se dirige, después de una corta estadía en él. Millones y millones de personas han venido misteriosamente a la tierra y han partido de la misma misteriosa manera. Por esa razón, los seres humanos en general no pueden menos que preguntarse si el alma sufre la extinción cuando el cuerpo se destruye.

La siguiente analogía ilustra la naturaleza del alma y su inmortalidad. (No existen analogías perfectas para expresar las verdades absolutas, pero ayudan a la mente a concebir conceptos abstractos). La luna se refleja en una copa que contiene agua; cuando la copa se rompe y el agua se derrama, ¿adónde se dirige el reflejo de la luna? Puede decirse que ha retornado a su inseparable identidad con la luna misma. Si bajo la luna se coloca una nueva copa de agua, ¡se «reencarna» otro reflejo de la luna!

De modo similar, el alma se refleja en la copa del cuerpo, colmada del agua de la mente. Dentro de esa copa vemos la luna-alma, como reflejo de la omnipresente luna del Espíritu, circunscrita por las limitaciones corporales. Cuando se destruye la copa del cuerpo, el reflejo del alma puede desaparecer por un tiempo en el Espíritu; sin embargo, al usar el poder de libre albedrío que le es concedido por ser una imagen del Espíritu, crea deseos y karma mientras permanece en la tierra, y éstos le hacen que opte por reflejarse de nuevo como la luna-alma en otra copa corporal. Así pues, aunque los cuerpos del ser humano son mortales y cambiantes, el alma que mora en su interior es inmortal.

Cuando se destruye la pequeña copa que encierra el reflejo de la luna, éste se convierte en la única luna, cuyos rayos se difunden por el cielo entero. De igual modo, cuando el alma se libera totalmente de los esclavizantes deseos, se vuelve omnipresente como el Espíritu mismo.

SIN EMBARGO, EL SER HUMANO debe liberar su conciencia de los tres cuerpos que posee, antes de poder alcanzar la emancipación final. Estas prisiones del alma son: el cuerpo físico, formado por dieciséis elementos; el cuerpo astral, compuesto por diecinueve elementos; y el cuerpo causal, constituido por treinta y cinco ideas elementales. El cuerpo físico está hecho de carne y hueso; el cuerpo astral, de fuerza vital y mente; y el cuerpo causal o ideacional está entretejido de sabiduría y siempre renovada bienaventuranza.

Cómo liberarse de los tres cuerpos

Dios originó, en la forma del cuerpo causal, treinta y cinco *ideas* para constituir la matriz de la creación humana. Estas ideas son las fuerzas o pensamientos básicos que se requieren para crear los cuerpos astral y físico. De estas ideas, diecinueve se manifestaron como el sutil cuerpo astral, el cual contiene los diez sentidos, las cinco fuerzas vitales, el ego, el sentimiento, la mente y la inteligencia. Las dieciséis ideas restantes formaron el denso cuerpo físico, compuesto por dieciséis elementos básicos. En otras palabras, antes de que Dios crease el cuerpo físico compuesto de hierro, fósforo, calcio y otros elementos, así como el sutil cuerpo astral hecho de vitatrones, Él debió proyectar primero dichos cuerpos como ideas, que son las que constituyen el cuerpo causal. Cada uno de los tres cuerpos tiene cualidades distintivas. El denso cuerpo físico es el resultado de vibraciones solidificadas; el cuerpo astral, de vibraciones de mente y energía; y el cuerpo causal, de vibraciones casi puras de la Conciencia Cósmica.

Podría decirse que el cuerpo físico depende del alimento; el cuerpo astral, de la energía, la voluntad y el desarrollo de los pensamientos; y el cuerpo causal, de la ambrosía de la sabiduría y el gozo. El alma está encerrada en estos tres cuerpos. Con la muerte, el cuerpo físico se destruye, pero los otros dos, el astral y el causal, aún se mantienen unidos por los deseos y el karma que no se ha expiado. El alma, ataviada con estos dos cuerpos, se reencarna una y otra vez en nuevas formas físicas. Cuando se superan todos los deseos por medio de la meditación, las tres prisiones corporales se disuelven y el alma se vuelve Espíritu.

De nuevo, una analogía puede ayudar a ilustrar la reabsorción del alma en el Espíritu:

La conciencia del hombre perfeccionado se disuelve en apariencia en el Océano de Dios. Las olas-almas que no son arrastradas por ninguna tormenta post mórtem de deseos se convierten en el Oceánico Espíritu Absoluto. Al convertirse en Espíritu, poseen memoria omnipresente y recuerdan incluso la conciencia individual de su pasado como olas-almas. La ola que se disuelve por completo se funde en el Océano del Espíritu, pero aún recuerda que surgió del Océano original del Espíritu, se convirtió en una ola-alma y luego se transformó de nuevo en el Espíritu Único.

Jamás se puede despojar al hombre de su individualidad

Digamos que, por ejemplo, Dios es el alma de cierto hombre llamado Juan, un ser mortal resultante de la ilusoria identificación con el cuerpo. Por medio de la meditación, Juan se unió de nuevo a Dios y descubrió que, en primer lugar, fue Dios quien se había convertido en Juan, el cual, al desarrollar la sabiduría, se convirtió en Dios otra vez. En el estado mortal del engaño, Juan se veía a sí mismo como una ola-alma separada del Océano del Espíritu. Luego, al expandir su conciencia y percibir que el Espíritu era su Esencia, comprendió que era el Océano-Espíritu el que se había convertido en su ola-alma, ahora fundida nuevamente en el Espíritu Único. El alma liberada de Juan, aunque se ha unificado al Espíritu, retiene su individualidad, en el sentido de que siempre recordará y sabrá que alguna vez fue Juan, la ola-alma que, sin saberlo, flotaba en la superficie del Océano del Espíritu. Cuando Juan, el ser mortal, se convirtió en Juan el inmortal, no perdió su identidad, sino que comprendió que él era Juan la ola-alma (el ser mortal) y también Juan el Océano del Espíritu (el ser inmortal). Juan el sabio perdió la noción de hallarse separado de Dios del mismo modo en que toda ola-alma pierde, al despertar, la conciencia de su separación del Océano del Espíritu.

La individualidad del ser humano como entidad dotada de existencia jamás se extingue. Durante la muerte ordinaria, en que la persona aún se halla cautiva del engaño, su alma sólo cambia de residencia, en tanto que en la muerte final que ocurre en un estado de libertad, el alma se expande hasta abarcar el Espíritu y se establece en su hogar de Infinitud.

Las profundas verdades del *Guita* no deben considerarse como meras abstracciones metafísicas, sino que se han de aplicar en la vida cotidiana. Principalmente, cuando el engaño cósmico presente enfermedades, tortura física, la experiencia de la muerte ordinaria y pensamientos dañinos acerca de la transitoriedad del cuerpo, estas sugestiones negativas se deben contrarrestar con firmeza, recordando la verdad de que el Ser es el reflejo del Espíritu y de la Inmortalidad, que siempre permanece siendo el mismo y se halla libre de los caprichos del cambio.

Por esa razón, el *Bhagavad Guita* hace hincapié en las siguientes cualidades del Ser: carece de nacimiento, a pesar de que nazca en un cuerpo; es imperecedero, aunque su residencia corporal sea transitoria; es inmutable, aun cuando pueda experimentar el cambio; es siempre el mismo, aunque en el largo camino de las reencarnaciones, que finalmente conduce a Dios, el alma se presente en incontables formas; el alma no muere cuando el cuerpo fenece; incluso al retornar al Espíritu, el alma no pierde su identidad, sino que continúa existiendo por toda la eternidad.

ESTROFA 21

वेदाविनाशिनं नित्यं य एनमजमव्ययम्।
कथं स पुरुषः पार्थ कं घातयति हन्ति कम्॥

vedāvināśinaṁ nityaṁ ya enam ajam avyayam
kathaṁ saḥ puruṣaḥ pārtha kaṁ ghātayati hanti kam

Aquel que sabe que el Ser es imperecedero, eterno, carente de nacimiento e inmutable, ¿cómo puede creer que el Ser es capaz de destruir a alguien? ¡Oh Partha (Arjuna)!, ¿a quién mata?

AQUEL QUE MANTIENE SU VISIÓN centrada en el ojo espiritual contempla la verdadera naturaleza del alma y, por ello, a través de la percepción directa, tiene la absoluta certeza de que el Ser es inmutable: que está por encima del nacimiento y la muerte, del cambio y la aniquilación. Tal yogui comprende que el indestructible Rayo del Espíritu es la Causa de la vida y la muerte de las formas creadas en las oníricas películas cósmicas de la existencia y, por lo tanto, no puede él considerarse como destructor de la vida, ni pensar siquiera que es la causa indirecta de la extinción de la vida de otro ser.

La interpretación moral de esta estrofa es que, en una lucha material en que gente virtuosa es atacada por malas personas, sin mediar provocación alguna, no es pecado que la gente buena se defienda. Si al proteger a mujeres y niños inocentes uno debe dar muerte a algunos de los atacantes, esta acción no es incompatible con las leyes de la virtud. Krishna señala que, aunque los cuerpos físicos de los malvados mueran, sus almas no pueden ser destruidas. Por supuesto, este razonamiento no ha de usarse como argumento para dar muerte a gente malvada; sin embargo, en el caso de un soldado que está defendiendo a su país, por ejemplo, y protege justamente a personas indefensas, el hecho de comprender que él es un instrumento y no el verdadero autor de la destrucción de la gente malvada puede aliviar su conciencia en lo que respecta al acto de matar a un enemigo[13]. Incluso en el campo de batalla debería sentir que él no es el hacedor, sino que todas las cosas fueron decretadas por la naturaleza y por Dios. No debe pensar que es él o Dios los que dan muerte, sino que las fuerzas kármicas de evolución han expulsado a los invasores de sus fortalezas corporales para que habiten otras moradas en las cuales dispongan de una nueva oportunidad de aprender las lecciones necesarias.

Cuándo está moralmente justificado dar muerte a otros seres humanos

Sobre todas las cosas, el soldado necesita comprender que toda vida es una batalla ficticia entre la vida y la muerte, y que quienes mueren en batalla no están realmente muertos, y los que sobreviven no se hallan realmente vivos (puesto que el ser humano, en su estado ordinario, se encuentra separado de Dios, la Única Vida).

En un sueño, uno puede contemplar una batalla entre justos y malvados, y presenciar la aniquilación del mal a manos del bien. Al despertar del sueño, el soñador comprende que tanto el exterminio de

---

[13] Véase también II:32 en relación con las guerras justas.

los perversos como la supervivencia de los virtuosos fue fruto de su imaginación interna, puesto que la destrucción no se produjo en realidad. De modo similar, Krishna le hace saber a Arjuna que la batalla entre sus parientes virtuosos y sus parientes malvados no es sino una lucha que Arjuna presencia sumergido en un estado de engaño cósmico, en el que se halla espiritualmente adormecido o aún no despierto en la sabiduría. Krishna le recuerda a Arjuna que debe retener la conciencia cósmica del omnipresente Espíritu en toda circunstancia, ya sea durante una batalla física o una batalla interior o al atravesar por cualquier otra experiencia.

ESTA ESTROFA IMPARTE, ASIMISMO, una profunda lección metafísica. El alma —Krishna— le dice al ego —Arjuna—: «¡Oh mi ser inferior!, debes elevarte hasta alcanzar el plano superior de la conciencia del alma en el que yo me encuentro. Aun cuando uno destruya los aviesos apegos de los sentidos, ¡es absurdo suponer que también los sentidos se destruyen! El alma sólo purifica al ser inferior, pero no lo destruye».

La importancia metafísica de la estrofa 21

El preceptor le dice al estudiante que, aunque el devoto se deshaga de los placeres sensoriales mediante el autocontrol y la renunciación, o los destruya con la fuerza del alma durante la meditación profunda, aun así, podrá elevar su conciencia al plano de la sabiduría y percibir que nada fue destruido, puesto que todas las cosas son inmortales. Por consiguiente, ni siquiera a los sentidos de los seres humanos se les puede dar muerte o aniquilar en forma permanente; sólo atraviesan por un proceso de transformación.

Cuando el autocontrol derrota a los placeres de los sentidos, al principio sus fuerzas se hallan inhibidas y reprimidas en el interior. Las continuas acciones espirituales del devoto hacen entonces que el Ser las transmute, elevándolas a un estado más refinado donde puedan percibir los gozos superiores. Una persona que sea golosa, por ejemplo, y coma demasiado puede sufrir indigestión. Si por medio del autocontrol se abstiene de comer en exceso, al comienzo sólo estará reprimiendo la gula. Pero si transmuta sus ansias de ingerir alimento físico transformándolas en un anhelo por la comunión continua con Dios, no destruye el apetito exacerbado, pero éste deja de ser un agente del mal y se convierte en un medio para lograr el bien.

Cuando un ser humano comienza a dar muerte a las tentaciones y a los deseos de disfrutar de la comodidad material, no necesita condenarse a sí mismo considerándose un cruel tirano o un asesino del gozo. Tampoco ha de conceptuar a la Divinidad que mora en él como el Devorador de los placeres sensoriales. A medida que el devoto destruye en forma gradual sus inclinaciones nocivas y se siente desolado al verse privado de esos placeres, debe consolarse reflexionando en que sus experiencias de amor al placer no han sido destruidas, sino que se encuentran en un proceso de transformación, a fin de que, por medio de la meditación, se eleven desde el plano del sufrimiento al gozoso plano del apego a Dios.

Por consiguiente, el devoto tiene motivos justificados para transmutar sus deseos perjudiciales. No los suprime ni les da muerte, pues eso lo convertiría en un fósil mental. Por el contrario, ¡es a través de la boca sedienta de los deseos transmutados como beberá el néctar inmortal de la Dicha de Dios!

Estrofa 22

वासांसि जीर्णानि यथा विहाय नवानि गृह्णाति नरोऽपराणि।
तथा शरीराणि विहाय जीर्णान्यन्यानि संयाति नवानि देही॥

vāsāṁsi jīrṇāni yathā vihāya navāni gṛhṇāti naro 'parāṇi
tathā śarīrāṇi vihāya jīrṇāny anyāni saṁyāti navāni dehī

Así como una persona desecha su vestimenta estropeada para ponerse ropas nuevas, así también el alma encerrada en el cuerpo abandona las moradas corporales deterioradas a fin de entrar en otras nuevas.

Así como es una práctica habitual entre los seres humanos mudar de ropa muchas veces durante su vida, de manera semejante es un hábito del alma eterna —en sus vagabundeos por el sendero del engaño y de los deseos mortales— desechar los cuerpos gastados por el karma y reemplazarlos por otros nuevos. Del mismo modo en que una persona se alegra cuando se desprende de la ropa que está gastada e inservible y la reemplaza por nuevas vestimentas, así también debe uno regocijarse y sentir que es igualmente natural reemplazar con un cuerpo nuevo aquel que ha sido destruido por la enfermedad o vencido por el karma.

Esta estrofa hace referencia a la doctrina de la reencarnación. Sus líneas erradican el espantoso concepto de que la muerte es como una danza macabra en la que una heterogénea muchedumbre de seres humanos es arrojada a un abismo de destrucción; la muerte se describe aquí sólo como la acción de desechar una vestimenta gastada para reemplazarla por una nueva. Cuando el cuerpo se enferma o envejece o ya no es útil kármicamente, el alma imperecedera lo abandona y adopta nuevos disfraces.

La doctrina de la reencarnación

Un director de escena envía a los actores ataviados con nuevas vestimentas para que representen, en diferentes momentos, diversos personajes sobre el escenario; de modo similar, el Inmortal Director Cósmico envía a los actores —almas, hechas a su imagen— para que representen los papeles de las numerosas encarnaciones en este escenario de la vida. Los actores, caracterizados con diversos ropajes, parecen diferentes en cada nuevo papel, pero continúan siendo los mismos.

El vestuario y el maquillaje disfrazan al actor y lo identifican con un cierto papel. El actor puede incluso cambiar su papel de hombre a mujer o viceversa. De igual manera, cuando un alma cambia su ropaje carnal, ya no la reconocen aquellos que estaban familiarizados con la identidad que tenía en el papel que representaba en una vida anterior. Sólo los maestros que pueden escudriñar más allá del escenario y descubrir los cambiantes papeles y disfraces reconocen a las almas individuales de una vida a otra, sin importar que sus vestiduras sean diferentes. Los ojos, los rasgos faciales y las características corporales de una persona muestran —al maestro que sabe leer dichos signos— cierta similitud con el aspecto del que se revistió esa alma en una vida anterior. Tal maestro sabe en verdad que la muerte no es sino un cambio de atuendo en la ininterrumpida continuidad de la inmortalidad.

La ley del karma (la ley de causa y efecto que gobierna las acciones humanas) es la que decreta cuál será el lapso de vida o durabilidad de un cuerpo físico en una determinada encarnación. Según el orden natural de la evolución, el cuerpo debe madurar en forma gradual a lo largo de un período de muchos años y luego, como una fruta madura, caer voluntariamente del árbol de la vida y sin ofrecer resistencia. Las transgresiones contra Dios y la naturaleza —ya sea en la vida presente o en vidas pasadas— pueden, sin embargo, acortar ese período normal, por causa de enfermedades o accidentes. Pero la virtud permite que el alma obtenga tempranamente su liberación. En todos los casos, la morada corporal está diseñada y destinada para servir, en cada lapso de vida, a los propósitos del patrón kármico que ha creado el alma que, identificada con el ego, reside en ese cuerpo.

UNA PERSONA SUMIDA EN EL ENGAÑO considera (al menos en la práctica, si no en la teoría) que su cuerpo, su familia y su situación son invulnerables; por consiguiente, ante la súbita llegada de la muerte al ámbito familiar, se siente conmocionada y desconcertada. Puesto que no comprende la diferencia entre el alma inmortal y el mutable cuerpo mortal, se siente abrumada por el dolor y el horror cuando ve morir a otros o si ella misma se halla cerca de la muerte. Le resulta muy difícil conservar el equilibrio mental cuando debe enfrentarse a la Muerte —aparentemente cruel— que se presenta como un tirano para romper la armonía y la paz de la vida.

Cómo comprender la muerte desde el punto de vista espiritual

Por lo general, a la gente no le resulta difícil desechar la ropa vieja cuando tiene la posibilidad de obtener nuevos atuendos, pero algunos están tan profundamente apegados a sus posesiones que se muestran renuentes a abandonar incluso aquella ropa que está demasiado gastada pero que para ellos aún tiene gran valor. De modo similar, los mortales comunes sufren cuando deben desprenderse de su amado cuerpo, sin importar cuánta sabiduría se les ofrezca.

Puesto que una persona común apegada al cuerpo carece de la divina seguridad interior acerca de la continuidad de la vida y no recuerda las innumerables oportunidades en que ella —el alma— entró y salió por los portales del nacimiento y la muerte, se siente atemorizada y llena de pesar ante la proximidad de la muerte. Al igual que los niños le tienen miedo a la posibilidad de encontrar fantasmas en la oscuridad, de la misma manera algunas personas le temen a lo desconocido que les aguarda más allá de los portales de la muerte. Así como quienes relatan historias de fantasmas son personas muy imaginativas, así también los ignorantes describen la muerte como una experiencia espantosa y terrible.

Cada noche durante el sueño, uno desecha la conciencia del cuerpo y de la mente (que se hallan fatigados) y en esa forma encuentra la paz; en el sueño mayor de la muerte, el hombre abandona el cuerpo desgarrado por la enfermedad y la mente corroída por el apego, para sumergirse en un reparador estado de gozo.

Los seres humanos nacen del gozo, viven para el gozo y, al morir, se funden en el gozo. La muerte es un estado de éxtasis, porque elimina el fardo del cuerpo y libera al alma de todo dolor que surja de la identificación corporal; es la cesación del dolor y del pesar. Aunque la muerte suele asociarse por error con un estado de sufrimiento, la tortura física derivada de la

La muerte es un estado de éxtasis, porque elimina el fardo de la identificación corporal

ॐ

El Ser nunca nació y jamás perecerá; su existencia no tuvo principio y tampoco tendrá fin. Carece de nacimiento; es eterno, inmutable, siempre el mismo (no le afectan los procesos habituales asociados con el paso del tiempo). No muere cuando se mata al cuerpo. […]

Así como una persona desecha su vestimenta estropeada para ponerse ropas nuevas, así también el alma encerrada en el cuerpo abandona las moradas corporales deterioradas a fin de entrar en otras nuevas.

Ningún arma puede herir al alma; ningún fuego puede quemarla, ni el agua humedecerla, ni el viento marchitarla. El alma no se puede hendir, ni incinerar, ni humedecer, ni secar. El alma es inmutable, omnipresente, por siempre serena, inamovible y eternamente la misma.

***Bhagavad Guita* II:20, 22-24**

❖

«Los seres humanos nacen del gozo, viven para el gozo y, al morir, se funden en el gozo. La muerte es un estado de éxtasis, porque elimina el fardo del cuerpo y libera al alma de todo dolor que surja de la identificación con el cuerpo; es la cesación del dolor y del pesar. […] Las personas comunes disfrutan del descanso que les proporciona el apacible sueño-muerte en el cielo astral. Las almas virtuosas, por su parte, alternan el sueño con un estado de vigilia en esa región, que se halla colmado de bienaventurada libertad y belleza. Sin la imposición de los ásperos y a menudo destructivos conflictos de la densa materia, estos seres astrales virtuosos se desplazan libremente y a voluntad en cuerpos de luz a través de las interminables extensiones de diversos matices de luminosidad iridiscente que conforman los inmensamente variados paisajes, escenarios y seres vitatrónicos. Su aliento y sustento mismos están compuestos de rayos de sutiles vitatrones».

Paramahansa Yogananda

enfermedad es incomparablemente peor que la liberadora experiencia de la muerte. A menudo, la conciencia experimenta un maravilloso sentimiento de liberación y paz cuando se desprende del viejo cuerpo en el momento de la muerte: «¡Así que esto es la muerte! ¡Oh, qué agradable! ¡No es ni por asomo como lo imaginaba! Soy vida, y me hallo separado del frágil y problemático cuerpo. La anestesia de la muerte que Dios me ha suministrado ha eliminado todo dolor físico».

Tal vez persista por cierto tiempo una sensación de sufrimiento mental debido a la pérdida del cuerpo físico y a la separación de los seres queridos: «¿Cómo puedo dejar a aquellos a quienes consideré mis seres amados?». Luego disminuyen de modo gradual los recuerdos de la existencia terrenal. Las personas comunes disfrutan del descanso que les proporciona el apacible sueño-muerte en el cielo astral. Las almas virtuosas, por su parte, alternan el sueño con un estado de vigilia en esa región, que se halla colmado de bienaventurada libertad y belleza. Sin la imposición de los ásperos y a menudo destructivos conflictos de la densa materia, estos seres astrales virtuosos se desplazan libremente y a voluntad en cuerpos de luz a través de las interminables extensiones de diversos matices de luminosidad iridiscente que conforman los inmensamente variados paisajes, escenarios y seres vitatrónicos. Su aliento y sustento mismos están compuestos de rayos de sutiles vitatrones. Cuando ha transcurrido cierto tiempo, también determinado por el karma, son atraídos una vez más hacia nuevas encarnaciones físicas a causa de sus inclinaciones, transgresiones mortales y deseos materiales latentes.

Así como el deseo de vivir lleva nuevamente al estado de vigilia a aquel que duerme, así también los deseos subconscientes de disfrutar del cuerpo físico perdido y del entorno terrenal actúan como fuerzas vibratorias de atracción que hacen reencarnar al alma una vez más dentro del vientre materno.

El ave que ha permanecido mucho tiempo confinada en una jaula tal vez retorne a ella aunque sea puesta en libertad; lo mismo ocurre con una persona muy apegada a la existencia corporal: desea regresar a una forma física incluso después de haber sido liberada por la muerte. El largo cautiverio en una jaula hace que el ave olvide la libertad de su hogar en los cielos; de modo similar, la conciencia del alma del ser humano, confinada en la prisión corporal por numerosas encarnaciones, olvida su libre y gozoso hogar en la inmensidad del espacio.

Se requiere de mucho tiempo —numerosas encarnaciones de acciones correctas, buena compañía, ayuda del gurú, despertar de la conciencia, sabiduría y meditación— para recuperar la conciencia de inmortalidad del alma. A fin de alcanzar ese estado de realización del Ser, cada hombre debe practicar la meditación, con el propósito de elevar su conciencia desde el limitado cuerpo hasta la ilimitada esfera del gozo que se experimenta en la meditación. A través de la constante unidad con el Espíritu en el estado de *samadhi* y del desapego al cuerpo, el devoto comprende que el cuerpo es un lugar de confinamiento temporal; con anhelo e impaciencia busca entonces retornar a su hogar de eterna bienaventuranza en el Espíritu. Aquellos devotos que no son expulsados rudamente del cuerpo por la Muerte, sino que parten de su morada corporal con dignidad consciente, empleando el poder que han adquirido por medio de la meditación, hallan el camino de regreso hacia su unidad con la Dicha Omnipresente.

La meditación libera al ser humano del apego al cuerpo

Swami Pranabananda[14], excelso discípulo de Lahiri Mahasaya, estaba a punto de transferir su alma desde las limitaciones del cuerpo físico al omnipresente reino del Espíritu cuando advirtió que sus discípulos lloraban. «Almas amadas —les dijo consolándolos—, he permanecido largo tiempo con ustedes, sirviéndolos con el gozo de la divina sabiduría. Les ruego que no sean egoístas pensando que yo debería continuar físicamente a su lado; por el contrario, regocíjense de que estoy desechando la cárcel del cuerpo al haber expiado por completo mis obligaciones kármicas. ¡Voy ahora a recobrar mi reino de omnipresencia y a encontrarme con mi Amado Cósmico!». Al pronunciar estas palabras, bendijo a los devotos y, practicando la avanzada técnica de *Kriya Yoga,* abandonó conscientemente su cuerpo.

ESTROFA 23

नैनं छिन्दन्ति शस्त्राणि नैनं दहति पावकः ।
न चैनं क्लेदयन्त्यापो न शोषयति मारुतः ॥

[14] Véase, en *Autobiografía de un yogui,* el capítulo titulado «El santo con dos cuerpos», y la referencia a la impresionante partida de Swami Pranabananda del mundo terrenal en el capítulo «La fundación de una escuela de Yoga en Ranchi». *(Nota del editor).*

nainaṁ chindanti śastrāṇi nainaṁ dahati pāvakaḥ
na cainaṁ kledayantyāpo na śoṣayati mārutaḥ

Ningún arma puede herir al alma; ningún fuego puede quemarla, ni el agua humedecerla, ni el viento marchitarla.

SIEMPRE INMUTABLE, CREADA CON LA MÁS REFINADA vibración de la Bienaventuranza del Espíritu, el alma no puede ser afectada ni lastimada por nada que posea una calidad vibratoria más densa: ni por las crueles estocadas de las armas ni por las ávidas llamas devoradoras; tampoco los líquidos pueden empaparla o ahogarla, ni profanar sus labios, que sólo beben el elixir de la inmortalidad; ni puede el más poderoso viento secarla hasta convertirla en polvo ni quitarle en forma alguna su aliento de vida.

El Espíritu separa sus manifestaciones en la creación en dos grupos dotados de atributos claramente diferentes: el alma invisible, con sus poderes de energía vital, mente y sabiduría, y las formas visibles del cuerpo y la materia vibratoria.

Utilizando vibraciones refinadas, el Espíritu creó el alma, el intelecto, la mente y la vida; empleando vibraciones más densas creó el cuerpo, la energía cinética y la materia atómica. Las «armas» de la tierra (los sólidos), del fuego (la energía), del agua (los líquidos) y del aire (el viento), todas ellas constituyen las vibraciones densas. El alma, reflejo individualizado del Espíritu, está hecha de una vibración de gozo «carente de vibración» o no reactiva —la inmortal, omnisciente, omnipresente y siempre renovada Dicha del Espíritu—, que no puede ser perturbada por las densas vibraciones de los sólidos, los líquidos, el aire o la energía. El hielo choca contra el hielo, el agua se precipita contra el agua, la energía pugna con la energía, pero una piedra no puede afectar a los elementos vibratorios más refinados, como es el caso del aire o el fuego. De modo similar, las densas vibraciones de la materia o «piedras atómicas» no pueden imponer su tosquedad en forma alguna a la conciencia del alma.

Tanto las manifestaciones vibratorias densas como las sutiles no son sino la conciencia onírica del Espíritu, que se expresa a través de su conciencia onírica individualizada: el alma. Así como Dios crea a escala cósmica, de igual manera la conciencia del hombre en el estado onírico puede crear personalidades individualizadas o «almas», con voluntad, pensamiento y sentimiento, y asimismo generar la apariencia de cuerpos, sólidos, líquidos, gases y energía. En el sueño de una persona podría desarrollarse una batalla con armas terribles, o mostrarse la devastación causada por inundaciones, incendios o tormentas, pero ninguno de estos hechos afecta a la conciencia interna del ego de quien sueña. No sufre daño alguno ni es destruida por ninguno de los objetos o armas, el agua, el fuego o la energía que formen parte del sueño. De modo similar, el alma jamás es afectada por los sólidos, los líquidos, el viento o el fuego: en definitiva, por ninguno de los objetos creados que existen en este sueño cósmico. Así como el soñador no es afectado por su sueño, tampoco el alma —que es una con el Espíritu— es perturbada por los objetos que, en forma de vibraciones, emanan de la divina conciencia onírica del Espíritu-Soñador.

El alma que ha despertado se vuelve consciente de su unidad con el Espíritu. Cuando la conciencia física del hombre, por medio de la meditación, cambia sus sueños ilusorios por el estado de divina vigilia de la conciencia del alma, contempla todos los sólidos, los líquidos y las energías como un juego de fuerzas —como imágenes oníricas que flotan en la mente del Soñador Cósmico—. Entonces sabe que, en verdad, una espada onírica no puede dar muerte al cuerpo onírico y que nada es capaz de dañarle o destruirle.

Sin importar cuán devastador sea lo que sucede en sus sueños, el soñador jamás resulta herido; una vez que el sueño termina, él se percata de que está a salvo. De manera semejante, es posible que el alma humana que se encuentra soñando se atemorice temporalmente a causa de las experiencias que atraviesa durante el sueño de la vida, pero cuando despierta en Dios, ¡he ahí que se encuentra sana y salva!

ESTROFA 24

अच्छेद्योऽयमदाह्योऽयमक्लेद्योऽशोष्य एव च ।
नित्यः सर्वगतः स्थाणुरचलोऽयं सनातनः ॥

acchedyo 'yam adāhyo 'yam akledyo 'śoṣya eva ca
nityaḥ sarvagataḥ sthāṇur acalo 'yaṁ sanātanaḥ

El alma no se puede hendir, ni incinerar, ni humedecer, ni secar. El alma es inmutable, omnipresente, por siempre serena, inamovible y eternamente la misma.

LA MISTERIOSA ALMA vive eternamente, y es por siempre inmutable, incluso cuando la burbuja del cosmos se disuelve en el Océano espacial de la Infinitud[15]. La sutil alma duerme oculta en cada brizna de hierba, en cada rincón de la creación. El alma se oculta en la estructura interior de los átomos. Los pensamientos no pueden perturbarla. Ama vivir en las grutas del cambio, siempre firme e inamovible. Sueña sólo con la eternidad.

En la estrofa anterior del *Guita* se proclama que ningún objeto externo —armas, fuego, agua o viento— puede afectar al alma. En la presente estrofa se explica además que el alma misma posee esas misteriosas cualidades de la existencia consciente de sí misma que son invulnerables a todo fenómeno. Cada ser humano es un alma que posee un cuerpo. A causa del engaño cósmico, su alma se identifica constantemente con el cuerpo y, por eso, se atribuye todas las limitaciones corporales. Es el cuerpo el que puede ser hendido, incinerado, humedecido, secado, herido y perturbado. También es posible trasladarlo de un lugar a otro y, sin embargo, está limitado a ocupar un solo lugar a la vez, pues se halla circunscrito por un pequeño espacio; es, además, perecedero. Por ello, el que está identificado con el cuerpo cree que es él quien sufre todas estas perturbaciones y que posteriormente se hallará sujeto a la indignidad final de la muerte.

Por otra parte, el que ha alcanzado su unidad con Dios se conoce a sí mismo como el alma: omnipresente, eterna y siempre imperturbable ante cualquier vibración sea cual sea su intensidad.

La paradoja del engaño es posible porque el hombre, como ser mortal, es una mezcla de alma inmutable y cuerpo cambiante. Si desea evitar todo sufrimiento de manera permanente, debe aprender a identificarse con el alma. Al identificarse con el cuerpo, el ser humano habrá de sufrir durante encarnaciones su olvido del alma y experimentará numerosos renacimientos junto con las aflicciones que éstos acarrean.

Sin importar cuánto haya meditado una persona, si aún se siente abrumada por el sufrimiento físico o teme a la enfermedad o a la muerte, es poco lo que ha avanzado y poco lo que ha logrado. El aspirante espiritual debe meditar cada vez con mayor profundidad hasta que pueda alcanzar la comunión extática con Dios y olvidar así las limitaciones del cuerpo. Al meditar, el yogui no sólo debe pensar sino

---

[15] Una vez que ha adquirido existencia, el alma jamás perece (II:20), incluso en el momento de la disolución cósmica, en que toda la materia se disuelve en el Espíritu durante los ciclos universales de creación y disolución.

experimentar que carece de forma, que es omnipresente y omnisciente, y que se halla muy por encima de todo cambio corporal.

Durante el estado de éxtasis, el devoto avanzado toma plena conciencia de la omnipresencia, la omnisciencia y el siempre renovado gozo del Espíritu. Cuando abandona el estado de éxtasis, debe procurar retener en la mente consciente aquello que ha experimentado en el Espíritu; de ese modo, la conciencia humana se expandirá hasta alcanzar la Conciencia Cósmica.

ESTROFA 25

अव्यक्तोऽयमचिन्त्योऽयमविकार्योऽयमुच्यते ।
तस्मादेवं विदित्वैनं नानुशोचितुमर्हसि ॥

avyakto 'yam acintyo 'yam avikāryo 'yam ucyate
tasmād evaṁ viditvainaṁ nānuśocitum arhasi

Se afirma que el alma es imponderable, inmanifestada e inalterable. Por lo tanto, conociendo esta verdad, ¡no debes lamentarte!

ANTES DE QUE LAS CHISPAS DE la creación parpadeasen con sus luminosos ojos, antes de que el sueño cósmico tomase forma, el alma residía siempre despierta e inmanifestada en el Espíritu. Antes de que el Espíritu espumase sus olas de pensamientos, el alma permanecía en el seno del Espíritu, inconcebible para el pensamiento, libre de las perturbaciones del cambio. Y cuando el Espíritu proyectó a partir de Sí Mismo sus sueños de universos, y el alma soñó los sueños de formas revestidas de cuerpos, incluso entonces, el alma continuó siendo la misma. Todo aquel que al adherirse a esta verdad sabe que el alma es la imagen del inmortal Espíritu no debe comportarse de manera contradictoria y lamentarse insensatamente, pensando que el Ser es vulnerable y que puede ser destruido junto con el cuerpo que sufre y es perecedero.

El alma sueña la existencia del cuerpo

CUANDO EL *BHAGAVAD GUITA* afirma que el alma es inmanifestada —aunque en apariencia se encuentra manifestada en el cuerpo de cada ser humano—, surge una controversia metafísica. Esta paradoja puede explicarse si se analiza el estado onírico. Si Juan sueña que se ha convertido en un fabuloso gigante que caza elefantes salvajes y los mantiene cautivos en la palma de la mano, su conciencia onírica experimenta un cambio temporal; sin embargo, al despertar se da cuenta de que su ego esencial o conciencia de «Juan» permaneció sin sufrir ningún cambio que pudiera haber inducido su absurda experiencia onírica. La esencia de su conciencia se mantuvo al margen o sin manifestarse durante el sueño, y los pensamientos oníricos no percibieron o no fueron conscientes de la verdadera conciencia de «Juan». De manera similar, el alma sueña el cuerpo y le atribuye al ego onírico inherente a dicho cuerpo todos los oníricos estados corporales. Sin embargo, cuando el hombre entra en el estado de sueño profundo sin ensueños, el alma olvida transitoriamente todos sus sueños relativos al cuerpo y al mundo, y permanece absorta en su verdadera naturaleza, que es la bienaventuranza. De ese modo, incluso durante el período en que el alma se halla sumida en el engaño y tiene sueños de fantasías acerca del cuerpo, ella misma permanece sin experimentar cambio alguno; no nace junto con el sueño. El sueño va y viene; no obstante, el alma es inmutable. Las flores de las numerosas vidas van y vienen una tras otra, pero el alma (la tierra del jardín) continúa siendo la misma.

El cuerpo que emana del alma no es consciente del alma, pero el alma sí es consciente del cuerpo. Una persona puede observar a través de una pantalla a una multitud que se encuentra frente a ella sin que ésta la vea; de forma semejante, el alma observa todos sus pensamientos a través de la pantalla de la intuición, pero los pensamientos, puesto que carecen de sabiduría, no pueden conocer al alma. Ésa es la razón por la cual se afirma en el *Guita* que el alma es imponderable: está más allá del pensamiento.

El «yo» o ego —la proyección onírica del alma, el sujeto del sueño objetivo— es el que piensa y usa sus poderes sensibles para conocer el sueño de la creación material y relacionarse con él. Así pues, el pensamiento y la sensación no son parte del alma, sino una experiencia de la conciencia del ego durante el sueño. El «pensar» es inseparable, en concepto, de quien piensa y del objeto sobre el que está pensando; abarca, por consiguiente, la conciencia subjetiva y la objetiva, y también el proceso mismo del pensamiento. Uno sabe que existe porque sus pensamientos y sentimientos le confirman que así es. Pero ¿qué decir de una persona que se encuentra en el estado de sueño profundo o de calma absoluta, en el cual —aunque sólo sea por un instante— no se hallan presentes ni el pensamiento ni el sentimiento, y la persona tampoco está inconsciente (es decir, desprovista de toda conciencia)? No ha dejado de existir en ese momento, pero en su existencia no se hallan presentes ni la conciencia del ego ni el respaldo del pensamiento «yo existo». Este fragmentario «momento de la verdad» es la intuición, que se manifiesta de modo fugaz porque aún no se encuentra desarrollada. La intuición revela momentáneamente la presencia del alma, que existe más allá del ego y sus instrumentos de pensamiento y sentimiento.

Los pensamientos y sensaciones son como reflectores: proyectan sus rayos en la parte anterior de los objetos materiales, pero no muestran el alma que se halla detrás de éstos. La intuición es como una luz esférica cuyos rayos se extienden en todas direcciones, revelando así el alma y también sus proyecciones exteriores de pensamientos y sensaciones que se hallan conectadas con el ego. La intuición es el puente entre el alma y los pensamientos y sensaciones del ego. Si uno pudiera permanecer sin identificarse con los pensamientos y sensaciones —sin estar inconsciente— por un lapso de tiempo suficientemente prolongado, conocería, por medio del desarrollo de la intuición, la naturaleza del alma. Cuando una persona se encuentra en ese estado de perfecta calma, sin pensar, ni sentir, ni estar inconsciente, y, sin embargo, *sabe* que existe —experimentando un estado gozoso en que la acción de pensar, el pensamiento y el que piensa se han convertido en uno solo (la unidad entre el conocedor, la acción de conocer y aquello que se conoce)—, allí se halla la conciencia del alma.

Desde dicho estado de trascendencia no manifestada, el alma (individualización del Creador) proyecta las fuerzas que crean la forma corporal y la capacidad de experimentar a través de esa forma o imagen.

Así como la luz que se proyecta sobre la pantalla cinematográfica crea muchas imágenes en movimiento, de manera semejante el «rayo» del alma, proveniente del Espíritu, produce la imagen del cuerpo sobre la pantalla de la conciencia humana y del espacio. Si una persona que está mirando una película en una pantalla de cine desvía su mirada de la pantalla y la dirige hacia arriba, verá sobre su cabeza un rayo de luz transparente en el que no existe ninguna imagen visible. Podría afirmarse, por lo tanto, que el rayo eléctrico que crea imágenes en la pantalla no cambia (no nace), pero las imágenes emanadas del rayo nacen de éste y son cambiantes.

Cuando una persona se identifica con el cuerpo, siente únicamente las sensaciones de la vista, el olfato, el gusto, el tacto y el sonido, el peso y el movimiento. Si ella recoge su conciencia en su interior por medio de la práctica de la meditación, descubre una luz silente, más refinada y sutil que los rayos X —el rayo del alma, proveniente del Espíritu—, que proyecta la imagen del cuerpo sobre la pantalla de la conciencia humana y del espacio. A través del ojo de la intuición, el devoto percibe el rayo del alma; en ese rayo no se encuentra el cuerpo con sus diversas complejidades, pero ese rayo produce sobre la pantalla de la conciencia humana la cambiante imagen del cuerpo. El cuerpo no es «materia», sino que está compuesto de diversas fuerzas emanadas del rayo del alma. El rayo de luz de un proyector cinematográfico produce imágenes sobre la pantalla al atravesar la película, la cual hace que la luz se diferencie en las diversas formas; de igual modo, el rayo del alma, al pasar por la película de *maya* (el engaño cósmico), se diferencia en las diversas fuerzas creativas que se convierten en el cuerpo y sus poderes intrínsecos de conciencia y energía vital (ego, mente, fuerza vital y demás), los cuales le permiten actuar en su entorno y reaccionar a él. Al reconocer que el cuerpo es producto de las ondas electromagnéticas, la ciencia moderna se está aproximando a la verdad[16].

---

[16] En los últimos años, esta comprensión ha tenido efectos de gran alcance en la práctica de la medicina y en la terapéutica, contribuyendo a un emergente enfoque de la curación a través de la energía vital. Basándose en años de investigación acerca de la naturaleza electromagnética del cuerpo, el Dr. Robert Becker, profesor de medicina en la Universidad Estatal de Nueva York, escribió en *The Body Electric: Electromagnetism and the Foundation of Life* [El cuerpo eléctrico: El electromagnetismo y el fundamento de la vida] (Morrow and Company, Nueva York, 1978): «La salud es una sola, pero las enfermedades son muchas. De igual modo, parece haber una única fuerza fundamental que sana, aunque cada una de las miríadas de escuelas de medicina tenga su forma favorita de estimularla a que entre en acción. La mitología que prevalece en la actualidad niega la existencia de tal fuerza generalizada, y prefiere creer, en cambio, en las miles de pequeñas fuerzas que descansan en los estantes de las farmacias, cada una con el poder para tratar sólo unas cuantas dolencias o incluso parte de una. Este sistema muchas veces funciona bastante bien, sobre todo en el tratamiento de las enfermedades bacterianas, pero [...] se puede acceder a la fuerza interior de numerosas maneras, [que incluyen] la curación por la fe, la curación por medio de la magia, la curación psíquica y la [auto] curación espontánea. [...] Cualquiera que sea el medio utilizado, si se enfoca la energía con éxito, el resultado es una maravillosa transformación. Lo que parecía una declinación inexorable, se revierte de un momento a otro [...].

»Los medios pueden ser directos —los métodos psíquicos antes mencionados— o indirectos: Es posible emplear hierbas para estimular la recuperación; esta tradición proviene de las mujeres sabias prehistóricas [...] y se extiende hasta las presentes terapias con medicamentos. El ayuno, la nutrición controlada y la regulación de los hábitos de vida para evitar el estrés se pueden utilizar con el objeto de estimular la fuerza curativa latente del cuerpo enfermo; el uso de este enfoque por los actuales naturópatas se remonta a Galeno e Hipócrates. [...] Toda la investigación médica valiosa y toda la intuición de los terapeutas es igualmente parte de la búsqueda por conocer la misma y esquiva energía curativa».

En la edición del 8 de julio de 1978 del *Saturday Review,* se informaba que el Dr. Becker hizo historia en el campo de la medicina cuando, experimentando con ranas y ratas que habían perdido una pata, empleó la estimulación eléctrica para hacerles crecer un nuevo miembro, «con cartílago, hueso, músculos, nervios y venas, todo con asombrosa

Dios envió el hombre a la tierra para que se divirtiera con los sueños corporales, mas no para ensombrecer su conciencia de inmortalidad identificándose con el cuerpo. Es insensato, por consiguiente, lamentarse por los cambios corporales de los cuales el alma —el Ser— es un testigo inmutable.

El estudiante avanzado debe meditar profundamente hasta que sus pensamientos se disuelvan y se conviertan en intuición. En el lago de la intuición, libre de las olas del pensamiento, el yogui puede contemplar el imperturbable reflejo de la luna del alma. Al olvidar su sueño (o sea, el cuerpo), sabe que el alma existe más allá de la pantalla de los pensamientos y que, por ello, éstos no la conocen. Cuando el yogui percibe que el alma está hecha a imagen del Espíritu, se da cuenta de que él es inalterable, inmanifestado y siempre sereno, como el Espíritu. Todos los

---

precisión anatómica». (A diferencia de otros animales como el cangrejo y la salamandra, las ranas y las ratas no regeneran de modo natural las partes de su cuerpo). Además, según señalaba el *Saturday Review,* el Dr. Becker «aplicó el método recién descubierto a la curación de huesos humanos quebrados, haciendo soldar con éxito fracturas que no habían podido sanar incluso después de considerables intervenciones quirúrgicas. Él y sus colegas han llegado ahora al punto en que pueden predecir con seguridad que es posible regenerar partes del cuerpo humano, y que tal vez se logrará hacerlo dentro de unas pocas décadas».

Otros investigadores que estudian las energías sutiles que subyacen al cuerpo físico se han enfocado en las técnicas mentales y espirituales para despertar la fuerza vital con fines curativos. El pensamiento positivo, la visualización, la oración y la afirmación (véanse también XV:14 y XVII:14-17, en el volumen II), así como también terapias físicas basadas en la estimulación de la energía vital, tales como la acupuntura, el masaje, etc., están entre aquellas cuya efectividad ha sido demostrada mediante diversos estudios científicos.

A la luz de las enseñanzas del yoga en el sentido de que el cuerpo es una materialización del pensamiento a través del *prana* (la energía vital), resulta de especial interés el siguiente informe de *La revolución del cerebro,* de Marilyn Ferguson (Heptada, Madrid, 1991): «Los científicos de la Unión Soviética han estado investigando la radiación electromagnética (llamada "bioplasma") que emite el cuerpo humano. Ellos han registrado los efectos que producen diversos estímulos sobre dicha radiación y han descubierto que el efecto de las sustancias químicas (por ejemplo, la adrenalina) es el más débil. El masaje de los puntos de acupuntura provocó un efecto más fuerte, y le siguieron en intensidad creciente la estimulación eléctrica y la exposición a la luz de un rayo láser de baja potencia. El estímulo más poderoso de todos, como se ha observado según los cambios en el bioplasma, es la voluntad humana. Si el sujeto calladamente dirige su pensamiento hacia una parte específica del cuerpo, el bioplasma muestra los cambios correspondientes».

«El poder de voluntad es lo que transforma el pensamiento en energía», señaló Paramahansa Yogananda. En sus libros *La búsqueda eterna, El Amante Cósmico* y sobre todo en las *Lecciones de Self-Realization Fellowship* (véase la página 712), él presenta los fundamentos y técnicas del yoga mediante los cuales se puede aplicar este principio a la curación del cuerpo. *(Nota del editor).*

devotos deberían meditar y recoger la conciencia en su interior hasta poder experimentar la verdadera naturaleza del alma.

ESTROFAS 26-27

अथ चैनं नित्यजातं नित्यं वा मन्यसे मृतम्।
तथापि त्वं महाबाहो नैवं शोचितुमर्हसि॥ *(26)*

जातस्य हि ध्रुवो मृत्युर्ध्रुवं जन्म मृतस्य च।
तस्मादपरिहार्येऽर्थे न त्वं शोचितुमर्हसि॥ *(27)*

atha cainaṁ nityajātaṁ nityaṁ vā manyase mṛtam
tathāpi tvaṁ mahābāho nainaṁ śocitum arhasi (26)

jātasya hi dhruvo mṛtyur dhruvaṁ janma mṛtasya ca
tasmād aparihārye 'rthe na tvaṁ śocitum arhasi (27)

Pero si imaginas que el alma nace y muere incesantemente, aun así, ¡oh Guerrero de brazos poderosos (Arjuna)!, no debes afligirte por ello, pues lo que ha nacido debe morir, y lo que ha muerto habrá de renacer. ¿Por qué, entonces, habrías de lamentar lo inevitable?

«AUN CUANDO EL SUEÑO DEL ENGAÑO te haga pensar que el Ser se transforma constantemente al mudar de residencia mortal, aun así, ¡oh devoto Arjuna!, no debes abandonarte a la aflicción. Tú, que posees poderosos brazos de poder mental y autocontrol, deberías percibir cuán inútil es lamentar aquello que es inevitable: el destino que cada uno se ha forjado. Puesto que el engañado Ser se ha aficionado a su residencia corporal —la cual es parte del sueño cósmico— y ha bebido la poción mágica del karma, debe estar preparado para experimentar las pesadillas de los nacimientos corporales a los que inevitablemente suceden las muertes corporales, así como los sueños de disolución física seguidos de manifestaciones físicas».

El mayor temor del hombre común es la muerte, que con su brusca imposición interrumpe los planes fortuitos y los más entrañables apegos a través de cambios desconocidos e inoportunos. Pero el yogui vence el dolor asociado a la muerte. Por medio del control de la

Vence el temor a la muerte

mente y de la fuerza vital, sumado al desarrollo de la sabiduría, hace amistad con el cambio de conciencia llamado muerte, se familiariza con el estado de calma interior y se mantiene distante de la identificación con su cuerpo mortal. Sin embargo, si el devoto aspirante medita con persistencia pero sólo con la atención distraída, y en apariencia no progresa, es incapaz de mantener la neutralidad mental en todo momento. Es entonces cuando, a semejanza del hombre común, en ocasiones le asalta el deseo de librarse de su inevitable muerte —que lo alejaría de los vínculos y recuerdos que le son familiares— e impedir su corolario, el renacimiento, en que otra vez debe comenzarlo todo en una nueva forma que se desarrolla lentamente y rodeado de nuevos rostros, nuevos entornos y nuevas circunstancias.

Si por causa del engaño, el devoto aún siente que él —el alma— está de algún modo inextricablemente ligado a un cuerpo perecedero, de cualquier manera es absurdo que se lamente. En tanto que el alma se vea obligada, por causa del karma, a permanecer prisionera en las celdas de los nacimientos y muertes, nada logrará sucumbiendo a la aflicción. Es más provechoso y acorde con su verdadera naturaleza que el devoto se concentre de manera positiva en destruir los impulsos prenatales y postnatales almacenados en su subconsciente que lo obligan a reencarnar; para ello ha de ejercer su fuerza de voluntad y determinación, e identificar su mente con la bienaventurada alma.

No tiene sentido lamentar el funcionamiento de las leyes universales. De acuerdo con la ley de causa y efecto, el alma está destinada a mudar de residencia corporal. Una vez que el alma ha quedado atrapada en *maya* (el engaño cósmico), debe ocupar las sucesivas prisiones de nacimientos y muertes con el objeto de dar cumplimiento a sus deseos y pagar a la Justicia de Causa y Efecto las deudas en que ha incurrido por sus propias acciones. ¡De nada sirve lamentarse![17] Más bien, el hombre debe tomar medidas prácticas para procurar, de todas las maneras posibles, desprenderse por completo de los apegos terrenales y de la identificación corporal sintonizándose con el Espíritu en la

[17] El dedo imparable escribe; y después de haber escrito,
prosigue su trazo: ni toda tu piedad o ingenio
lo harán regresar para que suprima media línea,
ni todas tus lágrimas borrarán una palabra.

—*Rubaiyat* de Omar Khayyam, cuarteta LI, traducción de la versión en inglés de Edward FitzGerald. Paramahansa Yogananda escribió una interpretación espiritual de este clásico de la poesía, *El vino del místico,* publicada por *Self-Realization Fellowship.*

meditación, a fin de salir así en libertad condicional de la prisión mortal para entrar en el mundo libre donde reina la inmortalidad.

La persona media, que padece de ignorancia y apego material, vive una existencia muy restringida: ¡nace, se casa y muere! Se ve obligada a repetir las mismas experiencias sin poder evitarlo, hasta que, por medio de la meditación y la identificación con el Espíritu, obtiene la libertad eterna. Una vez que el alma inmortal se deshace de su identificación con el cuerpo, ¡se libera! Por lo tanto, aquel que es verdaderamente pragmático y anhela con intensidad obtener «resultados» debería dedicar tiempo a la meditación profunda en vez de derrochar su vida ocupándose únicamente de actividades materiales triviales y vagas especulaciones acerca de la rueda de nacimientos y muertes.

Dos clases de nacimientos y muertes: terrenal y astral

EXISTEN DOS CLASES de nacimientos y muertes: las correspondientes a la respiración y las astrales. El nacimiento humano está acompañado de la presencia de la respiración (la inhalación y exhalación de las corrientes cósmicas transportadas por el aire). La muerte terrenal se caracteriza por la ausencia de la respiración corporal. Los nacimientos y muertes que se caracterizan por estar relacionados con la respiración son inherentes al plano de existencia terrenal.

La modalidad astral de nacimiento y muerte tiene un significado más profundo. En el mundo físico, el alma está envuelta en un cuerpo carnal hecho de dieciséis elementos densos. Después de la muerte, el alma se despoja de su pesada cubierta de carne pero permanece revestida de sus otras dos envolturas sutiles: el cuerpo astral, compuesto por diecinueve principios sutiles, y el cuerpo causal, constituido por treinta y cinco ideas o fuerzas de pensamiento. («Cuerpo» significa todo revestimiento, denso o sutil, que envuelve al alma)[18].

Cuando un devoto se identifica por completo con el omnipresente Espíritu a través del éxtasis divino, se desprende de los tres cuerpos y alcanza la Omnipresencia. A diferencia de ello, cuando la persona abandona el cuerpo físico en un estado de ignorancia, se despierta en el mundo astral envuelta en el cuerpo astral. De conformidad con la ley kármica, esa persona vive y se desarrolla en el astral por cierto tiempo, expiando algunas de sus tendencias del pasado. En el momento que lo dicta la ley cósmica, experimenta nuevamente la «desintegración o muerte» de su cuerpo astral y renace una vez más en el mundo físico.

---

[18] Véase II:20, páginas 251 s.

Cuando sobreviene la muerte física, el hombre pierde la conciencia de la carne y se vuelve consciente de su cuerpo astral en el mundo astral. Así pues, la muerte física constituye el nacimiento astral. Más tarde, pasa de la conciencia del luminoso nacimiento astral a la conciencia de la oscura muerte astral y despierta en un nuevo cuerpo físico. De este modo, la muerte astral constituye el nacimiento físico. Estos ciclos recurrentes de confinamiento físico y astral son el ineluctable destino de todo ser humano que aún no ha alcanzado la iluminación.

EL BUSCADOR DE LA VERDAD COMPRENDE, a través de la introspección y del análisis de sí mismo y del estudio bajo la guía de un gurú unido a Dios, que las leyes universales que gobiernan el mundo fenoménico decretan que el hombre perseguido por el karma debe pasar por esta sucesión de nacimientos y muertes. Pero el devoto sabio no se lamenta por su terrible destino y difíciles experiencias futuras; por el contrario, concentra todos sus poderes en destruir su karma negativo por medio de la identificación con el omnisciente Espíritu.

El fin de los ciclos de nacimientos y muertes

Los nacimientos y muertes son inevitables para el hombre sólo mientras permanece en un estado de ignorancia, convencido de que él es el cuerpo y que no puede existir sin él. Únicamente aquel que no busque el despertar de la sabiduría debe sufrir las pesadillas y engañosos sueños de nacimientos y muertes, así como los sufrimientos y limitaciones imaginarias que éstos acarrean. Si alguien persiste en llevar una vida inadecuada tal vez sufra constantes pesadillas en las que sueñe que se asfixia y muere. Sólo si vive del modo apropiado podrá expulsar de su mente subconsciente aquellos impulsos perniciosos que son la única causa de sus alucinaciones nocturnas.

Una persona que siente un intenso temor hacia los ciclos de nacimientos y muertes quizá sueñe cada noche que nace como un bebé y que luego muere cuando llega a la edad adulta. Tales sueños pueden continuar en forma indefinida hasta que, mediante la sabiduría, se libera de los angustiosos temores que motivan sus sueños.

La misma verdad es aplicable al alma: si un hombre, por causa del engaño, experimenta nacimientos seguidos de muertes, inexorablemente deberá continuar haciéndolo hasta que, por medio de la sabiduría, la meditación, el discernimiento y la comunión extática con Dios, identifique su alma con el Espíritu. El hombre despierto en el omnipresente Espíritu se deshace de todas las pesadillas que nacen del engaño.

ESTROFA 28

अव्यक्तादीनि भूतानि व्यक्तमध्यानि भारत।
अव्यक्तनिधनान्येव तत्र का परिदेवना॥

avyaktādīni bhūtāni vyaktamadhyāni bhārata
avyaktanidhanānyeva tatra kā paridevanā

El comienzo de todas las criaturas está oculto, el estado intermedio resulta manifiesto, y el final es de nuevo imperceptible, ¡oh Bharata (Arjuna)! ¿Por qué, entonces, te angustia esta verdad?

EL ORIGEN DEL DANZANTE RÍO de la vida se halla secretamente escondido tras la bruma de la engañosa ignorancia; el final de ese plateado río también está envuelto en el misterio. Sólo la parte intermedia se encuentra visible para la mirada miope de la humanidad. ¿Por qué angustiarse, entonces, por algo que ningún mortal puede resolver?

Todos se preguntan de qué misterioso recinto provino el primer hombre, y dónde se originaron los pájaros, los anfibios, los crustáceos, las piedras, las flores, los ríos, la luz, el magnetismo, la electricidad, los mundos, las estrellas y los universos. ¿A partir de qué fuente aparecen en la pantalla de la conciencia humana? Y, ¡apasionante acertijo!, ¿qué ocurre con los dos mil millones de seres que pueblan el mundo[19] y que cada siglo desaparecen sin dejar rastro?

Por medio de la historia, la biología y otras ciencias, el hombre sólo adquiere conocimiento acerca del período manifiesto de la existencia humana en la tierra. Ninguna ciencia física arroja luz ya sea sobre el principio o el final de esa existencia.

Dilucidar el misterio de la vida

Cuando vemos una bandeja de relojes expuestos en un escaparate, podemos observar sus formas, tamaños y estilos y oír su tic-tac, pero no vemos dónde se fabricaron. Tampoco sabemos cuál será su destino una vez que diversas personas los hayan adquirido y usado. Sólo estamos despreocupadamente interesados en la existencia intermedia o presente de esos relojes. Deberíamos contemplar con esa misma ecuanimidad los misterios de la vida, que parecen entendibles y comprensibles en su fase intermedia, pero que son inescrutables en su origen y final.

[19] Se refiere al año 1950. *(Nota del editor).*

Las filosofías negativas e inductoras de dolor se interesan principalmente por las condiciones prenatales y post mórtem del hombre, regocijándose con el nacimiento y lamentando la llegada de la muerte. Los filósofos pesimistas admiten que el misterio del principio y del fin de la vida es indescifrable, y se dejan llevar por las conjeturas o creen a ciegas en ciertos dogmas acerca de lo desconocido. En cambio, los sabios usan los preciosos momentos del presente para poner en práctica los principios de la concentración, la meditación y la autodisciplina, mediante los cuales pueden hacer contacto con el Absoluto y conocer directamente de Él —¡si condesciende a explicarlos!— los secretos de su reino eterno.

Los seres humanos, dotados de una inteligencia inquisitiva, son enviados a este mundo, que sólo se puede comprender parcialmente, a fin de que hagan lo mejor posible por luchar y triunfar en la medida que se lo permite la luz de su inteligencia. No se les concede ninguna clara revelación externa respecto al propósito de la vida o a su origen o destino final. Este hecho constituye una clave para desentrañar el misterio completo, puesto que calladamente sugiere que la búsqueda de la verdad no ha de ser externa sino interna.

El escenario de la tierra se halla preparado a la perfección y está dotado de alimentos, aire, agua y fuego; el hombre debe estudiar la naturaleza por su propio y máximo bien y representar su papel siguiendo la innata guía de la intuición e imitando a sus semejantes. El grandioso Dramaturgo-Director de esta obra de misterio en que se representan las vidas humanas en el escenario de la tierra permanece oculto, ¡en algún lugar!, ¡y en todas partes!, dirigiendo la representación de sus hijos-actores únicamente a través de las sugerencias de la conciencia y de la comprensión innata.

Aunque el drama que se está representando resulta desconcertante, no es inexplicable. Incluso los hombres comunes tienden a reformar sus vidas hasta cierto punto cuando descubren, merced a las advertencias del sufrimiento que ellos mismos han generado, que no han estado actuando de acuerdo con los deseos del Director Infinito.

Los devotos que procuran establecer contacto con Dios mediante el estudio de la filosofía y la práctica de la autodisciplina, el yoga y la meditación no deberían distraer su atención, como los seres mundanos, lamentándose por la suerte, el destino o la ineficacia del raciocinio humano como herramienta para descubrir la solución a los enigmas de la vida.

Recuerdo ocasiones en el pasado en que, habiendo hallado inmenso gozo en el contacto con Dios por medio de la meditación, de súbito mi mente se llenaba de curiosidad. «¿Por qué no le pido a Dios más información acerca de Jesús, Krishna, Shakespeare, o de mis propios parientes que ya partieron de esta tierra?». Cuando el Señor no respondía de inmediato a estas preguntas irrelevantes —si no irreverentes—, yo me volvía escéptico, como Santo Tomás, y me arrojaba a un calabozo de aflicción. Más tarde, percibí con remordimiento que no vale la pena perder temporalmente el bienaventurado contacto con Dios sólo para conocer la historia completa de las encarnaciones sucesivas de cada hombre en la tierra y en el cielo.

El devoto debe guardarse de los peligros que implica vagabundear por los alejados senderos de la curiosidad y olvidar la ruta directa que conduce a Dios. Son muchos los devotos que habrían hallado a Dios y oído de sus labios infinitos la solución a todos los enigmas si no se hubiesen extraviado en los callejones sin salida de la insatisfecha curiosidad espiritual o intelectual.

El hombre no debe desear el conocimiento de los misterios de la Creación de Dios más intensamente que el conocimiento de Dios Mismo. El verdadero devoto ama a Dios con tanto fervor que Él se ve obligado a manifestarse en esa conciencia devocional; el devoto deja en manos de Dios el derecho a revelarle o no los secretos de su reino. Uno no ha de mostrar una curiosidad vulgar ni siquiera con sus mejores amigos humanos. Con el transcurso del tiempo, sin que lo solicitemos irrespetuosamente, los amigos nos confían plena y naturalmente todos los secretos de su vida.

SÓLO CUANDO LA INTELIGENCIA DEL DEVOTO se convierte en conciencia cósmica puede Dios transmitirle el significado de la creación. ¿Cómo explicarle a la más elevada facultad humana —el raciocinio, que reduce todos los conceptos a relaciones de causa y efecto— los motivos de Dios, Aquel que no tiene causa?[20]

El raciocinio humano no puede comprender el significado de la creación

Como hemos visto, todas las cosas creadas parecen explicables en su fase intermedia, pero son infinitas e invisibles en su comienzo y final. Este misterio debería alentar al hombre a reconocer que el efecto visible proviene de la Causa Invisible: el Espíritu. Nada se logra

20 «Porque mis pensamientos no son vuestros pensamientos, ni vuestros proyectos son mis proyectos —oráculo de Yahvé—. Pues cuanto se elevan los cielos sobre la tierra, del mismo modo se elevan mis proyectos sobre los vuestros y mis pensamientos sobre los vuestros» (*Isaías* 55:8-9).

lamentándose por un destino desconocido o por los interrogantes sin respuesta, o abrigando pensamientos negativos acerca de las limitaciones de la razón. Las filosofías que prevalecen en la época actual tratan de disuadir al hombre de que busque en la meditación el camino para ir más allá del raciocinio. El único modo de conocer el comienzo y final de todas las cosas es establecer contacto con Dios.

Este maravilloso drama de la vida, esta obra de misterio, este efecto visible de la Existencia Universal, jamás pudo haberse manifestado sin una Causa; habiendo adquirido existencia, ¡no podría ser aniquilado y dejar de existir! Algo no puede surgir de la nada, y tampoco es posible que algo termine en la nada. Todos los enigmas pueden resolverse desarrollando la intuición, el divino medio de comunicación entre Dios y el hombre.

ESTROFA 29

आश्चर्यवत्पश्यति कश्चिदेनमाश्चर्यवद्वदति तथैव चान्यः ।
आश्चर्यवच्चैनमन्यः शृणोति श्रुत्वाप्येनं वेद न चैव कश्चित् ॥

āścaryavat paśyati kaścid enam āścaryavad vadati tathaiva cānyaḥ
āścaryavaccainam anyaḥ śṛṇoti śrutvāpyenaṁ veda na caiva kaścit

Algunos contemplan el alma con asombro. De igual forma, otros la describen como maravillosa. Hay quienes escuchan que el alma es un prodigio. Y hay otros que, aun después de haber oído todo sobre el alma, no la comprenden en absoluto.

A TRAVÉS DE LAS INSTRUCCIONES impartidas por un verdadero gurú, el devoto que ahonda profundamente en la meditación y que ha adquirido la visión beatífica contempla el alma como un asombroso y resplandeciente prodigio. Otros, sumergiéndose en el océano del éxtasis, la describen sin cesar como una maravillosa entidad vibratoria de sabiduría. Otros, que escuchan la prodigiosa Vibración Cósmica de *Om* (el Amén), perciben el alma como un sublime canto de ensueño rebosante de siempre renovado gozo. Mas hay quienes no han experimentado el alma; sus oídos de percepción espiritual están sordos y son incapaces de comprender la filosofía del alma, aunque oigan una y otra vez acerca de ella.

LOS TRES MODOS de percibir el alma mencionados en esta estrofa —contemplar, describir o hablar de, y escuchar acerca del alma— implican tres de las manifestaciones a través de las cuales el alma se revela: la *Luz* (contemplar), la *Sabiduría* (describir su prodigiosidad) y el *Sonido Cósmico* (oír, comulgar con el bienaventurado sonido cósmico de *Om*).

En el estado inmanifestado, el Espíritu es siempre existente, siempre consciente y eternamente renovado Gozo; el alma es un rayo del Espíritu. El Espíritu se manifiesta como Luz Cósmica, Sabiduría Cósmica y Sonido Cósmico, a través de los cuales prodiga el gozo; por consiguiente, el alma también se percibe como gozosa Luz Cósmica, Sabiduría Cósmica y Sonido Cósmico. Mediante la práctica de diversas técnicas que se aprenden de un verdadero gurú, la intuición del devoto permanece absorta en estas manifestaciones del alma. Si el yogui desarrolla la intuición profunda, puede experimentar el alma como una asombrosa Luz mística. Cuando el devoto percibe el alma como un rayo de la Inteligencia Cósmica, se refiere a ella como prodigiosa Sabiduría. Otros sienten el alma como la exquisita vibración audible del maravilloso Sonido Cósmico: el bienaventurado *Om*.

El Espíritu y el alma se manifiestan como luz, sabiduría y sonido

Los buscadores superficiales de la verdad permanecen tan absortos en la inquietud que, sin importar cuántas veces escuchen las palabras de los sabios acerca del alma, las comprenden muy poco, ¡como si estuviesen oyendo una lengua extranjera! Se puede afirmar con seguridad que sólo el devoto avanzado percibe el alma como Luz Cósmica o Sabiduría Cósmica o Sonido Cósmico.

LA COMPRENSIÓN DE LOS SERES HUMANOS COMUNES, que estudian la vida material y trabajan con ella, se encuentra circunscrita por las percepciones sensoriales y la inteligencia racional. Dado que no han desarrollado la intuición, su limitado poder intelectual no puede captar realmente los asuntos del espíritu aun cuando estas verdades les sean explicadas. Aunque haya grandes intelectos y teólogos famosos muy versados en el tema del alma, es posible, sin embargo, que comprendan muy poco acerca de ella. Por otra parte, las personas dedicadas a la meditación profunda, incluso si son iletradas, pueden describir con exactitud la naturaleza del alma basándose en su propia experiencia directa. La intuición constituye el puente que salva el abismo entre el

La intuición constituye un puente que salva el abismo entre el conocimiento intelectual y la percepción real

conocimiento intelectual del alma y el acto de percibir realmente el Ser divino.

El único modo de percibir realmente el alma y el Espíritu y todas las verdades interiores consiste en desarrollar el poder de la intuición a través de la práctica regular de la meditación profunda. La inteligencia y las percepciones sensoriales sólo son capaces de captar los fenómenos o *cualidades* de la Sustancia Eterna; sólo la intuición puede percibir la *esencia* de esa Sustancia. Por lo tanto, es evidente que la percepción verdadera debe estar precedida por el cultivo de la facultad intuitiva mediante la meditación.

En la vida de cada persona se encuentran activos, desde el nacimiento, dos poderes de conocimiento: 1) el poder de la razón humana, junto con sus satélites de la sensación, la percepción, la concepción y demás; 2) el poder de la intuición. El primero se fomenta por medio de las instituciones e interacciones sociales, en tanto que el segundo por lo general permanece sin cultivar ni desarrollar, debido a la falta de guía y métodos de entrenamiento apropiados.

En casi todas las personas, de vez en cuando se manifiestan en experiencias, de otro modo inexplicables, las formas inferiores de intuición en las que aparece un «conocimiento»; son aquellas que se presentan por sí solas independientemente del testimonio de los sentidos y de la razón. A estas vislumbres intuitivas se les suelen llamar presentimientos, corazonadas, premoniciones o sueños «proféticos». Algunas veces se trata de experiencias cristalizadas de nacimientos anteriores (por ejemplo, un conocimiento certero acerca de personas o sucesos que se ha traído del pasado y cuyo futuro es predecible) y que no poseen gran valor espiritual. Otras experiencias de este tipo indican cierta capacidad para permanecer calmado e intuitivamente receptivo; otras sólo indican una racionalidad inusualmente aguda pero pasiva.

Todo el poder del conocimiento recibe su fortaleza de la intuición. La expresión más elevada de la intuición es aquella en la cual el alma se conoce a sí misma: el que conoce, el conocimiento y lo conocido existen como uno solo. Cuando la intuición establece contacto con la materia, pasa a través de varias etapas de evolución. La expresión del alma evoluciona al atravesar por cinco etapas o *koshas*[21], y asume las siguientes formas: las diversas cualidades de la materia inerte (en los minerales), la vida sin poder cognitivo (en las plantas), la conciencia y percepción sensorial (en los animales), el intelecto y la conciencia del

---

[21] Véase I:4-6, páginas 73 s.

ego (en el hombre) y la divinidad en el hombre iluminado. Los poderes de conocimiento del alma también experimentan un progreso evolutivo y de refinamiento a través de estas diversas etapas de evolución del alma, y muestran las siguientes cualidades: respuesta inconsciente en los minerales, sentimiento en la vida de las plantas, conocimiento instintivo en los animales, intelecto, raciocinio e intuición introspectiva no desarrollados en el hombre y, finalmente, intuición pura en el superhombre.

Las cinco formas de intuición

EL DESPERTAR CONSCIENTE DE LA INTUICIÓN en el hombre se expresa en cinco formas, determinadas por los efectos de los cinco *koshas* inherentes a la conciencia humana, y son las siguientes:

La primera forma de intuición, la más rudimentaria, es el sentimiento básico «existo con un cuerpo y una mente». Es un sentimiento que tienen todos los seres humanos. Se le llama intuición del *annamaya kosha,* la conciencia de la existencia en el plano denso o material. Cuando uno se encuentra limitado al conocimiento sensorial o al conocimiento obtenido a través de la inferencia, se encuentra en esta etapa rudimentaria de intuición. ¿Por qué, entonces, se le llama intuición? Porque en cada proceso de pensamiento o sensación existe un sentimiento inmediato de «yo soy». Este sentimiento es una percepción directa; no se puede recibir a través de ningún intermediario del mundo. Todo ser sabe que existe, y este sentimiento lo acompaña incluso cuando duerme o sueña. Este saber proviene del conocimiento o intuición del alma siempre consciente.

La segunda forma de intuición es la correspondiente a la energía pránica o corriente vital que atraviesa cada célula del cuerpo. Es la intuición o conocimiento inmediato del *pranamaya kosha,* el plano de las fuerzas vitales que crean y sostienen el cuerpo. En la forma primaria de este tipo de intuición, uno oye sonidos sutiles, ve luces sutiles, tiene sensaciones sutiles, huele fragancias sutiles y paladea sabores sutiles. No son sensaciones externas y tampoco tienen relación alguna con los órganos sensoriales físicos. En la forma más elevada de este tipo de intuición, uno siente la fuerza pránica de modo sumamente sutil en cada parte del cuerpo. Las formas intensificadas de la intuición pránica —por ejemplo, cuando el yogui percibe el alma como Sonido Cósmico, según se menciona en esta estrofa del *Guita*— dependen de las subsiguientes etapas de la intuición. Si uno se encuentra en esta segunda forma de conocimiento intuitivo relacionado con el *prana,* ya ha retirado su conciencia parcial o totalmente del plano material de *annamaya kosha.*

La tercera forma de intuición es el conocimiento directo de *manas,* o sea, la mente —sus efectos y combinaciones con otros principios de percepción y cognición—, junto con el conocimiento por separado de los órganos sutiles de los sentidos. Cuando se ha alcanzado esta etapa de la intuición, la atención no está centrada en el plano material —es decir, en el cuerpo— ni tampoco demasiado en el plano del *prana,* aun cuando pueda estar involucrada alguna acción del *prana* en las experiencias que se tienen de este estado, al cual se le denomina la intuición del *manomaya kosha* o plano mental. En este plano, el *prana* o energía vital puede actuar sobre la conciencia y entonces se perciben visiones. En esta forma de intuición, uno no es consciente en absoluto del mundo externo, o lo es muy poco, dependiendo de la profundidad de la meditación. En la etapa no desarrollada de esta forma de intuición, se pueden tener visiones de todo tipo, originadas ya sea de manera imprevista o por voluntad propia. En algunas personas, esta experiencia no está bajo control y por eso las visiones se generan de modo irregular. Para el experto, tales fenómenos son voluntarios y se hallan controlados por la voluntad. Las visiones son astrales en sustancia; se trata de proyecciones de *prana* y conciencia en forma de imágenes vitatrónicas. Las visiones que experimentan aquellos cuya intuición aún se encuentra en una etapa no desarrollada pueden ser poco más que un fenómeno entretenido: vislumbres de los sutiles reinos astrales (una distracción que evitan los sinceros buscadores de Dios). Las visiones significativas, y que poseen verdadero valor espiritual, son producidas por el alma y el Espíritu a través de la intuición pura, la cual actúa sobre el *prana* y la conciencia del devoto sintonizada con Dios a fin de elevarlo a estados espirituales cada vez más sublimes, como por ejemplo, aquel en que se contempla el alma como Luz Cósmica.

La cuarta forma de intuición es el conocimiento directo del funcionamiento de *buddhi,* el intelecto discernidor, junto con el conocimiento del ego. En esta etapa, no se siente el torbellino de la mente, ni la corriente del *prana,* ni el peso o limitaciones del cuerpo. Uno percibe que existe por encima de ellos: una existencia libre de cualquier otro agregado o condición, aun cuando pudiera permanecer alguna duda en el devoto con respecto a si está conociendo su verdadero Ser o no. Ésta es la intuición del *guianamaya kosha* o plano intelectual. Cuando esta etapa se encuentra en su apogeo —completamente desarrollada—, se le llama meditación cognitiva. Este estado genera un agudo discernimiento de la verdad, que se manifiesta como Sabiduría.

La quinta forma de intuición es el conocimiento directo de que la bienaventuranza no depende de ningún objeto, ni de intermediario o condición alguna. Ésta es la intuición del *anandamaya kosha.* Tal estado confiere un gozo que todo lo satisface y corona las experiencias divinas con la plenitud suprema. En este estado, así como en los anteriores, la conciencia se ha retirado totalmente del plano corporal, o al menos casi por completo.

Recuerda que todas las personas poseen la primera forma de intuición; las otras cuatro deben desarrollarse. Las cuatro últimas formas de intuición no están totalmente separadas una de otra. A medida que se desarrollan, puede manifestarse alguna de ellas cuando las otras también están presentes en cierto grado. En la meditación, por ejemplo, cuando el devoto ve alguna luz sutil u oye algún sonido sutil, junto con ese estado quizá se manifieste, hasta cierto punto, la intuición del gozo. O cuando el devoto percibe de modo intuitivo que existe conscientemente sin tener conciencia del cuerpo (como ocurre en la intuición del *guianamaya kosha*) también puede sentir, en forma simultánea, la intuición del incesante gozo que fluye a través de todo su ser. El devoto sumamente avanzado tiene la siguiente experiencia intuitiva: siente que su alma se refleja en el intelecto y ego purificados y libres de cualquier agregado, y que *ananda,* la dicha divina, fluye desde allí. La elevada intuición de esa persona espiritual permanece con ella, en mayor o menor medida, según su nivel de desarrollo espiritual, incluso mientras lleva a cabo sus deberes en el mundo.

Sólo los seres espirituales más elevados —muy pocos en este mundo— poseen la intuición pura del alma

La intuición pura es la intuición del alma; consiste en conocer el alma desde el alma misma, ver el alma con los ojos del alma, por así decirlo. En este estado, no hay modificaciones de la intuición, como en el caso de la intuición del intelecto, del *prana,* de la mente o de la materia. El yogui que alcanza este estado se encuentra por encima de todos estos aspectos, pues el que conoce, la acción de conocer y aquello que se conoce se vuelven uno solo, y él se halla plenamente consciente de su auténtico Ser. Ésta es la verdadera conciencia del alma y es, de hecho, la conciencia de Dios, porque en ese estado se percibe que el alma no es sino el reflejo del Espíritu.

Sólo los seres espirituales más elevados —muy pocos en este mundo— poseen esta intuición pura del alma. Algunos la experimentan en ocasiones, como, por ejemplo, cuando meditan con profundidad. Otros permanecen con frecuencia absortos en ella por períodos más prolongados, incluso después de meditar. Cuanto más permanece uno anclado en esta conciencia, más percibe que el mundo entero le es afín. Siente que todo —las estrellas, la tierra, las plantas, los animales, el hombre— forma parte de la misma alma, que es su propio ser. Cuando la intuición del alma se intensifica y el yogui se encuentra de manera ininterrumpida en esa conciencia por largo tiempo, sin albergar deseo alguno ni hacer ningún esfuerzo por aferrarse a aquello que está relacionado con el engaño, entonces, incluso su prisión corporal no puede perdurar: es uno con Dios.

Así se declara en esta estrofa del *Guita* cuán prodigiosa es el alma y el hecho de que no pueden conocerla ni el intelecto común ni el intelecto refinado, sino únicamente aquellos que en verdad la perciben a través de la intuición. Ésta se desarrolla de modo gradual mediante la práctica de las técnicas apropiadas de meditación, y permite experimentar las diversas manifestaciones del alma y, finalmente, percibirse uno mismo como alma, una con el Espíritu.

ESTROFA 30

देही नित्यमवध्योऽयं देहे सर्वस्य भारत।
तस्मात्सर्वाणि भूतानि न त्वं शोचितुमर्हसि॥

dehī nityam avadhyo 'yaṁ dehe sarvasya bhārata
tasmāt sarvāṇi bhūtāni na tvaṁ śocitum arhasi

¡Oh Bharata (Arjuna)!, Aquel que reside en el cuerpo de todos es por siempre invulnerable. Por lo tanto, no te aflijas por criatura alguna.

ASÍ COMO EL QUE SUEÑA permanece inmutable aunque por la noche se halle participando en diferentes fantasías oníricas, así también el alma invisible, al soñar sus cuerpos en numerosas encarnaciones, permanece libre de todo cambio. Sabiendo que los cuerpos de todas las criaturas son espumosas burbujas que flotan en el onírico océano cósmico de la creación de Dios, no hay razón para lamentarse cuando alguno de los cuerpos manifestados en el sueño cósmico se retira para regresar al Infinito Soñador Sin Sueños.

Es natural que los seres humanos se aflijan por la pérdida de sus seres queridos. En el *Bhagavad Guita,* sin embargo, se señala cuál es la actitud mental correcta que puede liberar al hombre del dolor desmedido.

La vida y la muerte, el placer y el dolor, y todos los opuestos de este mundo de relatividad producen en el ser humano estados característicos, que dependen de su sensibilidad específica. Así pues, dos personas pueden experimentar de modo diferente el pesar ocasionado por la pérdida de su madre. Una persona sensible, que carece de la protección que ofrece el equilibrio del raciocinio, se siente abrumada por la pérdida y, como si estuviese enajenada, queda emocionalmente incapacitada incluso para continuar llevando a cabo sus deberes mundanos. A una persona menos sensible, el dolor sólo le afecta normalmente; sufre, pero la vida continúa para ella. La persona sensible que combate en el campo de batalla de la vida contra las hordas invasoras de los sentimientos no posee una armadura que la proteja. Por consiguiente, es muy probable que resulte vencida o muerta. El hombre medio encuentra protección, hasta cierto punto, parapetándose tras la armadura de la razón.

La actitud correcta que libera al ser humano del dolor desmedido

El yogui, o sea, aquel que se mantiene en perfecto equilibrio, no es hipersensible ni estoicamente insensible. Cuando sufre el dolor provocado por la muerte de un ser amado, comprende —y por ello siente y reconoce— la naturaleza de la pérdida que ha sufrido. Pero dentro de su ser, él permanece neutral e imperturbable, porque percibe que la naturaleza de todas las cosas materiales no es permanente y que, por lo tanto, es una insensatez suponer que obtendrá la felicidad perenne aferrándose a las formas y objetos materiales. El conocimiento es luz; ilumina y revela la naturaleza de la realidad. Por ello, el yogui, iluminado por la sabiduría, está preparado de antemano para enfrentar tales cambios. El entendimiento también le hace sentir gran compasión y comprensión hacia quienes sufren pérdidas devastadoras y no cuentan con la barrera de la sabiduría.

En la India, aquellos que poseen entendimiento espiritual nunca hablan de la muerte de una persona. Jamás dirían: «Rama está muerto»; dicen, en cambio: «Rama ha dejado el cuerpo». La expresión habitual «Juan está muerto» es un pensamiento que induce a error y ocasiona mucha tristeza. Supone la aniquilación del amo del cuerpo junto con la muerte del cuerpo. Así como una persona dotada de entendimiento no se lamenta por el hecho de que alguien deje una casa para mudarse a un nuevo lugar de residencia, tampoco el sabio se aflige por un alma que pasa de una residencia corporal a otra.

El dolor nace de la ignorancia, del apego y del amor egoísta, porque el hombre común sólo puede ver dentro del marco de su existencia presente. La naturaleza universal de su verdadero Ser y de todas las almas le resulta incomprensible —o incluso le parece un argumento insostenible— en su diminuto fragmento de espacio-tiempo, donde determina qué y quiénes son «míos» en el «ahora» conocido. Cuando aquellos a los que considera suyos le son arrebatados por la muerte, llora amargamente su pérdida, sin imaginar siquiera que en verdad no existe pérdida alguna en el ilimitado ámbito de la existencia eterna del alma.

Aun cuando sueñe diferentes cosas y experiencias, la conciencia básica del soñador continúa siendo la misma, siempre inmutable. Al despertar, esa conciencia absorbe en su interior todas las manifestaciones oníricas; la imaginación del soñador retiene en ella todos los elementos de su sueño. De modo similar, Dios sueña numerosos seres a través de los sueños de incontables almas inmutables hechas a su imagen. En cada encarnación onírica, las inalterables almas visten nuevos atuendos corporales para representar diversos papeles en el sueño de Dios. Cada nueva imagen onírica olvida sus papeles anteriores, pero el alma los recuerda todos. La conciencia de Dios, por su parte, retiene por siempre las imágenes oníricas de todos los seres humanos. En lugar de lamentarse, sintiéndose impotente ante la pérdida de sus parientes o amigos humanos, el hombre debería establecer contacto con Dios, quien para satisfacer los deseos del devoto puede proyectar al instante la imagen visible de cualquier ser amado que haya perdido.

En cierta ocasión, mientras me encontraba viendo una película sobre la vida de Abraham Lincoln, se despertó en mí un vivo interés en la maravillosa actuación y en las nobles obras de este héroe histórico, ¡y me convertí en su ferviente amigo! Más tarde, en la película, Lincoln fue asesinado y me invadió la tristeza. Cuando me preparaba a abandonar la sala de cine, vino a mí el pensamiento de que, si esperaba a que proyectaran de nuevo la película, ¡podría ver nuevamente su noble presencia viviente! Al comienzo de la siguiente función, estaba yo muy complacido de verle actuar y reír como si en verdad hubiese resucitado. Continué mirando la película hasta casi el momento en que le iban a asesinar de nuevo. Entonces abandoné precipitadamente el cine. ¡En mi memoria, él continúa viviendo!

Los verdaderos devotos pueden orar a Dios y lograr que Él les muestre la película cinematográfica cósmica de sus seres queridos «fallecidos». Puesto que todas las personas son pensamientos materializados de Dios, finalmente vuelven a fundirse en la conciencia divina, pero jamás son aniquiladas. Dios puede manifestar esos seres a voluntad. Fue así como Elías y Moisés aparecieron ante Jesucristo[22], y Lahiri Mahasaya[23] apareció y aparece ante muchos de sus devotos en la tierra.

Algunas olas se encuentran en la superficie del océano y otras se retiran a lo profundo de su seno; pero, en ambos casos, la ola y el océano son uno solo. De modo similar, los seres humanos que están flotando con «vida» sobre el Regazo Cósmico o los que se han ocultado en su interior debido a la «muerte» se hallan por igual en su hogar del Mar Eterno.

Al comprender que la naturaleza del alma es la inmortalidad, los seres humanos no deberían lamentarse de manera insensata por la muerte de otras personas. Cuando un ser abandona la tierra, es casi imposible establecer contacto con esa forma a no ser que uno se encuentre muy avanzado espiritualmente. Por consiguiente, es inútil lamentarse ante la impotencia. Sin embargo, si uno tiene paciencia y perseverancia espiritual, puede ver de nuevo a sus seres amados que ya han partido, estableciendo primero contacto con Dios. Cuando uno se encuentra en sintonía con Él, con toda certeza puede ver a sus seres queridos desaparecidos o saber acerca de ellos.

El *Guita* no nos enseña a ser insensibles y a olvidar a los amigos o borrarlos de la memoria, sino simplemente que es preciso evitar los sentimientos irrazonables de aflicción y las lamentaciones inútiles. No es conveniente llorar de modo ignorante la pérdida de los seres amados que la muerte nos arrebata, pues con ello se les envían vibraciones de tristeza; tampoco es apropiado tratar de mantenerlos atados a la tierra o perturbarlos en el mundo astral.

Una madre, por ejemplo, no debería lamentarse demasiado o durante mucho tiempo por la muerte de un hijo. Tal vez ese hijo hubo de abandonar la tierra con el objeto de recibir una educación más elevada en el mundo astral, o para liberarse definitivamente de la tortura física causada por una enfermedad incurable, o a causa de ciertos imperiosos deberes kármicos que tenía que cumplir en algún otro sitio. Es Dios quien nos concede a nuestros hijos y amigos; deberíamos agradecer el tiempo que están con nosotros y sentir gratitud por el recuerdo que

---

[22] *Mateo* 17:3.

[23] Véase *Autobiografía de un yogui,* especialmente los capítulos 1, 35 y 36.

tenemos de ellos cuando el Divino Planificador considera conveniente trasladarlos a otro plano de existencia.

Un viudo haría bien en no volver a contraer matrimonio si su corazón halló en su esposa fallecida la satisfacción a las demandas de experimentar un amor divino ideal. Siempre debería recordarla con gratitud, considerándola como aquella que le ayudó a dar cumplimiento a sus deberes terrenales relacionados con el matrimonio y a liberarse así de ellos. Si un hombre halló felicidad con su primera esposa y, tras la muerte de ella, vuelve a contraer matrimonio, no debería olvidar todas las buenas vibraciones que recibió de su primera esposa, sino enviarle en ocasiones pensamientos de buena voluntad al mundo astral.

Los devotos avanzados que se hallan en la tierra pueden enviar en forma consciente mensajes vibratorios a personas espiritualmente desarrolladas que están en el mundo astral. Tal comunicación consciente sólo es posible entre almas avanzadas. Pero incluso las personas comunes tienen el poder de elevar sus etéreos pensamientos de amor hacia los seres queridos que han partido; las vibraciones de los buenos pensamientos jamás se desvanecen: son un silencioso estímulo de gozo y bienestar para los seres amados que se han ido al mundo astral.

El pesar que siente la mayoría de los seres humanos por la muerte de sus amigos y familiares más allegados debe atribuirse a su egoísmo, pues representa la pérdida personal de alguna forma de servicio o comodidad. Muy pocas personas aman a los demás sin un tinte de interés egoísta; ésa es la naturaleza del amor humano. La mayoría de la gente se lamenta, ¡no por la pérdida del ser amado, sino por aquello de que ha sido privada!

El amor divino reconoce a todas las buenas personas que, como expresiones del amor de Dios hacia nosotros, llegan a nuestras vidas. Cada amigo —disfrazado de pariente, amigo, amado, esposo o esposa— que está con nosotros ahora o que ha abandonado esta tierra es un medio a través del cual Dios Mismo simboliza su amistad. Ignorar o abusar de la amistad es, por consiguiente, una afrenta a Dios. En todas nuestras relaciones armoniosas debemos recordar que, detrás de cada corazón viviente, es Dios quien está jugando al escondite. Nunca deberíamos ignorar u olvidar ninguna amabilidad o servicio que nos haya prodigado un amigo. La ingratitud y la indiferencia marchitan incluso al más robusto roble de la amistad.

Sin embargo, el hombre no debería limitar la manifestación de Dios brindando su amistad únicamente a uno o a unos cuantos parientes y amigos. ¡Todos los integrantes de la humanidad no son sólo nuestros amigos sino nuestro propio Ser! Los amigos son Dios disfrazado. ¡Dios, el Amigo detrás de todos los amigos! ¡Dios, el único Amante fiel!

Dios nos concede amigos y familiares queridos para tener la oportunidad de cultivar el amor básico a través de estas relaciones; es la primera etapa de expansión que nos conduce más allá del amor por uno mismo, hacia el amor divino. Sin embargo, debido a que el hombre se apega de modo limitante a sus seres queridos, la ley divina se los arrebata, mas no como castigo, sino para enseñarle la ley del amor universal. Es Dios quien aparece por cierto tiempo como un amoroso hijo o hija —o madre, padre, amigo, bienamado— y es Él quien de nuevo desaparece de nuestra vista. Si los lazos kármicos son fuertes, en especial los lazos espirituales, Él puede venir y establecer nuevas relaciones con las mismas almas en diferentes encarnaciones.

Los seres queridos le son arrebatados al ser humano no como castigo, sino para enseñarle la ley del amor universal

Es Dios y sólo Dios quien, adoptando el aspecto de alma, se ha encerrado en los numerosos seres humanos que ha creado. Y cuando un ser humano ama a otro con puro amor divino, contempla el espíritu de Dios manifestado en esa persona. A fin de demostrar que la naturaleza de su alma es Espíritu, y que es diferente del cuerpo, el Dios único que existe en todos los cuerpos aparece en una forma y abandona otra; reaparece en nuevas formas y luego vuelve a desaparecer. De ello se deduce que no es el cuerpo lo que deberíamos amar, sino el inmortal Espíritu que mora en él. Aquellos que aman el cuerpo como si se tratase del ser, en vez de amarlo como el tabernáculo del verdadero Ser, se entristecen excesivamente cuando llega el fin porque el cuerpo debe perecer. Los que aman al Espíritu presente en ese cuerpo se aferran a un gozo perdurable, porque saben que el alma es inmortal y que la muerte no puede afectarla en absoluto. El que ama el cuerpo mantiene la mirada fija en su forma física y no puede ver el inmortal Espíritu que mora en él; por lo tanto, cuando ya no le es posible ver el cuerpo, sus ojos quedan velados por las lágrimas. Quienes aprenden a mantener la mirada fija en el alma de sus seres amados, no los «pierden de vista» aunque sus cuerpos perezcan; esa relación no es empañada por la pena egoísta.

EN EL PLANO DE LA INTERPRETACIÓN metafísica y en relación con la batalla espiritual interior que libra el devoto —representado por Arjuna—, se establece en esta estrofa y en las precedentes un importante argumento acerca de la inviolabilidad del alma. El Señor le recuerda al aspirante que éste cuenta con el poder innato del alma para vencer su naturaleza inferior, el ego. Los devotos apegados a la debilidad de los sentidos y a los malos hábitos no sólo son reacios a destruir estos «amistosos» enemigos, sino que además creen que el poder abrumador de estas fuerzas será el que seguramente triunfe en el genocidio de las divinas cualidades y aspiraciones del alma. Sin embargo, aun cuando el ego, los hábitos, los sentidos y los deseos son capaces de oscurecer la conciencia del hombre durante cierto tiempo, no pueden destruir el alma, ni transformarla, ni reprimirla para siempre. A toda alma, por «muerta» que parezca o por muy profundamente sepultada que se encuentre bajo los malos hábitos de la conciencia del ego, le es posible resucitar del sepulcro de la maldad y de las debilidades prenatales y postnatales. El alma es indestructible, y sus presuntos enemigos no pueden tocarla ni alterarla; sólo aguarda, para levantarse, el llamado del resuelto guerrero divino.

Interpretación metafísica de la estrofa 30

LIBRAR UNA BATALLA JUSTA ES UN DEBER RELIGIOSO DEL SER HUMANO

ESTROFA 31

स्वधर्ममपि चावेक्ष्य न विकम्पितुमर्हसि।
धर्म्याद्धि युद्धाच्छ्रेयोऽन्यत्क्षत्रियस्य न विद्यते॥

svadharmam api cāvekṣya na vikampitum arhasi
dharmyād dhi yuddhācchreyo 'nyat kṣatriyasya na vidyate

Incluso desde el punto de vista de tu propio* dharma *(el deber legítimo de cada uno), ¡no debes vacilar en tu interior! Nada hay más honroso para un* kshatriya *que librar una batalla justa.

AL CONTEMPLAR A LA «DIOSA del justo deber» que se yergue en el sagrado altar de la vida, el guerrero espiritual no debería titubear en aceptar su cometido supremo que consiste en esforzarse por expulsar al enemigo invasor —la ignorancia— mediante una lucha por obtener sabiduría.

Tampoco debería un soldado fuerte, alimentado en el regazo de su madre patria, vacilar jamás en protegerla y salvaguardar sus nobles intereses e ideales.

LA VIDA EN EL REINO DEL CUERPO HUMANO recibe por lo general los servicios y la protección conjunta de la cabeza, la superficie de la piel, las manos y los pies. Los pies proveen trabajo y servicio básico en forma de soporte y locomoción para todo el cuerpo. La superficie del cuerpo (incluyendo los órganos de los sentidos) lleva a cabo todas las transacciones «de negocios» a través de la comunicación con el mundo exterior; también es el «campo» en que se siembran y se cosechan las experiencias relacionadas con la vida material. Las manos actúan como escudos para proteger el cuerpo de todo daño y gobiernan el cuerpo cubriendo sus necesidades y prodigándole cuidado y bienestar. La cabeza, con sus facultades mentales, provee la inteligencia y el asesoramiento moral y espiritual necesario para mantener el sabio y armonioso reino constituido por miles de millones de células e incontables sensaciones, percepciones y actividades. Cuando organizó la sociedad, el hombre instintivamente imitó el arquetipo del gobierno corporal. Cada nación tiene su población intelectual y espiritual o *brahmines,* sus soldados y gobernantes o *kshatriyas,* sus hombres de negocios o *vaisyas* («los labradores») y sus obreros o *sudras.*

❖
¿Cuál es el legítimo deber del hombre?
❖

Como resultado de los descubrimientos científicos de sellos, alfarería, monedas y estatuas de antiguas ciudades excavadas en Mohenjo-Daro y Harappa, localizadas en el valle del Indo, en el norte de la India, se ha establecido que la civilización de la India es mucho más antigua que la de Egipto, «llevándonos hacia atrás en el tiempo hasta una época que tan sólo vagamente podemos conjeturar»[24]. Puesto que es la civilización más antigua de la faz de la tierra, la India es la cuna de todas las formas de cultura[25]. Sus *rishis* descubrieron que cada nación

---

[24] Sir John Marshall, *Mohenjo-Daro and the Indus Civilization* [Mohenjo-Daro y la civilización de los Indos], 1931.

[25] «La tradición de la India había ya llegado a cierto grado de madurez incluso en la época en que floreció la civilización del valle del Indo, hace cinco mil años», señaló Lakhan L. Mehrotra en un artículo publicado en la revista *Self-Realization.* «Los dos objetos más sobresalientes de esa antigua civilización son los que representan a la Diosa Madre —Shakti, que personifica la fuerza vital creativa e inteligente— y el Maha Yogui —Shiva, que se halla sentado con las piernas cruzadas, y muestra en la frente el símbolo del ojo espiritual de la sabiduría—. Ahora bien, si esa tradición espiritual del yoga y la

evoluciona pasando a través de las etapas física, emocional, intelectual y espiritual, del mismo modo en que un hombre pasa por la etapa del crecimiento físico en la niñez (actividad corporal gobernada por la energía de la inquietud), la etapa emocional de la juventud (actividades y deseos estimulados por una acentuada percepción sensorial), y las etapas intelectual y espiritual de la madurez (la acción guiada por la razón para afrontar las necesidades y responsabilidades; y por último, una profundización de la conciencia en lo que respecta al entendimiento, la sabiduría y los valores espirituales).

Los sabios de la India fueron los primeros en instaurar su

---

meditación pudo hallar expresión hace cinco mil años en obras de arte, debe haberse originado, entonces, varios miles de años antes. [...]

»Observando los principales grandes centros de la civilización que florecieron en aquellas antiguas épocas, encontramos cuatro: 1) a lo largo del Nilo en Egipto, 2) a lo largo del Tigris y el Éufrates en Medio Oriente-Mesopotamia, 3) a lo largo del Yangtze (Ch'ang) y del Río Amarillo (Huang Ho) en China y 4) a lo largo del Indo en la India. ¿Qué sucedió con todas esas civilizaciones? [...] Y, sin embargo, en la tierra del Indo y el Ganges, ese perenne y antiguo río de sabiduría aún fluye con el mismo vigor.

»En cada siglo la India ha dado a luz elevados personajes espirituales. Aunque ha alcanzado grandes alturas en cada campo de la cultura, cuando esa tradición declinó un poco en términos materiales, estas luminarias que aparecieron una tras otra en el escenario de la India sustentaron, a pesar de todo, su esplendor espiritual».

Según el historiador Dr. J. T. Sunderland, la India era la nación más próspera del mundo en la época en que fue conquistada por poderes coloniales occidentales: «Esta riqueza [material] la producían las vastas y variadas industrias de los hindúes. Casi todos los tipos de manufacturas o productos conocidos por el mundo civilizado —casi todos los tipos de creaciones manuales o provenientes del cerebro humano que existiesen en algún lugar o fuesen apreciados por su utilidad o su belleza— ya se producían en la India desde mucho, mucho tiempo atrás. La India era una nación industrial y manufacturera muy superior a cualquiera de las de Europa o del resto de Asia». (Del libro *India in Bondage* [La India en cautiverio], Simon and Schuster, Nueva York, 1929).

«Recordemos que la India fue la patria de nuestra raza —escribió el eminente historiador y filósofo Will Durant (en *The Case for India* [En defensa de la India], Simon and Schuster, Nueva York, 1930)—, y el sánscrito, la madre de todas las lenguas europeas; que fue la madre de nuestra filosofía; la madre, a través de los árabes, de gran parte de nuestras matemáticas; la madre [...] de los ideales plasmados en el cristianismo; la madre, a través de la comunidad de las aldeas, del autogobierno y la democracia. La Madre India es, en muchos sentidos, la madre de todos nosotros».

Huston Smith, experto en religiones del mundo, recuerda que alrededor del año 1950 el eminente historiador británico Arnold Toynbee predijo que en el siglo XXI «la conquistada India conquistaría a sus conquistadores».

«No quiso decir con ello que todos nos volveríamos hindúes —señaló Smith en una entrevista publicada en el *San Diego Union-Tribune* el 7 de abril de 1990—. Lo que dio a entender es que esas comprensiones básicas de la India se abrirían paso hasta introducirse en nuestra cultura occidental y, debido a su profundidad metafísica y psicológica, nuestra mentalidad occidental sería influenciada por el pensamiento indio, del mismo modo en que la tecnología de la India ha sido influenciada por la nuestra». *(Nota del editor).*

civilización de acuerdo con el gobierno corporal. Por ese motivo pusieron énfasis en el reconocimiento de cuatro castas naturales, según las aptitudes y acciones naturales del hombre[26]. Los *rishis* sostenían que las cuatro castas son necesarias para el adecuado gobierno de un país. Los intelectuales y espirituales *brahmines,* los soldados y gobernantes *kshatriyas,* los hombres de negocios *vaisyas* y los obreros *sudras* deberían cooperar a fin de que el gobierno de un país fuese exitoso, del mismo modo en que el cerebro, las manos, los tejidos y los pies cooperan todos en el exitoso mantenimiento y progreso del reino corporal.

En la India, las cuatro castas estaban basadas originalmente en las cualidades innatas y las acciones externas de la gente. Todos tenían un lugar respetado y necesario en la sociedad. Más tarde, debido a la ignorancia, las reglas de casta se convirtieron en un cabestro hereditario. La confusión fue creciendo; los hijos indignos de los intelectuales y espirituales *brahmines* reivindicaban su condición de *brahmines* sólo en virtud de su nacimiento, sin poseer la correspondiente estatura espiritual. Los hijos de los *kshatriyas* se convirtieron en soldados y gobernantes aun sin tener aptitud o habilidad con las armas ni capacidad para gobernar. Los hijos de los *vaisyas,* aun sin tener los conocimientos necesarios para la práctica de la agricultura o el comercio, exigieron su herencia como granjeros u hombres de negocios. Los *sudras* quedaron confinados a las tareas de baja categoría y a la servidumbre, sin tener en cuenta que sus aptitudes fuesen superiores. Sólo una minoría ortodoxa defiende este rígido sistema hereditario de castas en la India.

En Occidente también existe un sistema pernicioso de «castas», donde las divisiones se crean en relación con la riqueza, el color o la raza. Estas divisiones generan odio y guerras. Según la Biblia, todas las naciones fueron hechas de una misma sangre[27]; todos los hombres —sin importar su color o raza— fueron hechos a imagen de Dios, y todos ellos son hijos de los mismos padres, a los que de modo simbólico se les llama Adán y Eva. El agrupamiento de razas conforme a una

---

[26] En los Vedas se describe en forma alegórica que las cuatro clases naturales de seres humanos emanaron del cuerpo de Purusha, el Ser Supremo: «De su boca nacieron los *brahmines,* de sus dos brazos, los *rajanyas* (los regios gobernantes y guerreros), de sus dos muslos, los *vaisyas,* y de sus pies, los *sudras*». Esta temprana referencia proveniente de las escrituras se acepta tradicionalmente como la base original del sistema de castas que más tarde profundizó el legislador Manu.

[27] «El Dios que hizo el mundo y todo lo que hay en él [...] creó, de una misma sangre, todo el linaje humano, para que habitase sobre toda la tierra» (*Hechos de los Apóstoles* 17:24-26).

superioridad aria y nórdica sobre las demás es una ficción fomentada por razas que sufren de un «complejo de superioridad». Los hindúes originalmente se consideraban, como arios o «nobles», superiores a otras naciones; en esa época, la India contaba con un poderío tanto espiritual como material. Las naciones occidentales, que en la actualidad son más prósperas que las naciones orientales en términos materiales, se consideran superiores. Los occidentales que declaran seguir a Cristo deberían seguir la doctrina de la fraternidad del hombre y la paternidad de Dios, para acabar así con las distinciones que promueven el odio e incitan a las guerras. Los hombres sabios como Lincoln intentan abolir las divisiones en Occidente, en tanto que los sabios de la India procuran destruir las divisiones superficiales de casta, clase y credo.

El significado espiritual del sistema de castas

ADEMÁS DE LAS DIVISIONES DE casta y clase, existe una interpretación espiritual del sistema de castas que se aplica a las cualidades naturales de la humanidad. Todo ser humano pertenece a una de las cuatro castas *naturales,* según sea su cualidad predominante. El esclavo de los sentidos se encuentra en el estado *sudra* o *kayastha*[28] (*kaya,* cuerpo; *stha,* apegado a), que es el estado de identificación con el cuerpo; a menudo se trata de un materialista que, debido a su esclavitud sensorial, duda de la existencia del Espíritu. Quien cultiva la

[28] En la agitación ocasionada por la delimitación de castas que ha asolado a la India durante siglos, el origen y condición de los *kayasthas* como casta continúan siendo controvertidos. En los tiempos modernos, en Bengala y la región norte de la India se ha utilizado el término *kayastha* para designar a una respetada división superior de la casta de los *kshatriyas.* Sin embargo, en otras clasificaciones, se iguala con la casta *sudra.* El profesor P. V. Kane —citado a menudo en relación con el tema— ha demostrado que a partir de una revisión de la literatura y los registros históricos de los primeros tiempos, que datan de la época del eminente sabio Yajnavalkya, *kayastha* no era una referencia a una casta sino a los escribas y contadores al servicio del rey o de otra oficina pública. Concluye el profesor Kane: «Sería más acorde con la evidencia decir que un *kayastha* era originalmente un empleado al que se le confiaba el trabajo de escribiente estatal o público [...], que dicho oficio, al menos en algunas ocasiones, era detentado por *brahmines* y que en algunos territorios lo pudo haber efectuado una casta separada» (*New Indian Antiquary,* «A Note on the Kayasthas», marzo de 1939). Por lo tanto, puesto que no hay una base histórica para considerar a los *kayasthas* como la división de una casta, ni la estructura de la palabra misma —*kaya-stha*, "permanecer en el cuerpo"— tiene alguna vinculación con su tradicional asociación con la profesión de escribiente, podría ser pertinente considerarla como una palabra descriptiva con respecto a la intención original de identificar la casta natural o estado (no la casta social por nacimiento) de aquel cuya naturaleza está predominantemente identificada con el cuerpo. (Véase también la referencia a *kayastha* en III:24, página 457). *(Nota del editor).*

sabiduría y destruye las malezas de la ignorancia se encuentra en el estado *vaisya,* «cultivando» los estados espirituales de discernimiento mental. Al que mediante la meditación lucha contra la invasión de las propensiones, instintos, estados de ánimo y males sensoriales en el reino corporal se le considera como una persona que atraviesa por el combativo estado mental denominado *kshatriya* y que gobierna mediante el poder del autocontrol. Aquel que adquiere el conocimiento del Espíritu al comulgar con Dios en la meditación ha alcanzado el estado *brahmin* o de identificación con el Espíritu.

De acuerdo con la interpretación espiritual relativa al reino corporal, aquel que se encuentra en el estado mental *sudra* o de identificación con los sentidos debe esforzarse por reconocer que sus sentidos son sus sirvientes y no sus amos. El deber del devoto que se encuentra en el estado *vaisya* o de «cultivo» de la espiritualidad consiste en exterminar la maleza de la ignorancia y sembrar las semillas de la sabiduría en el campo de la conciencia. En el estado *kshatriya,* el guerrero espiritual debe efectuar su máximo esfuerzo por proteger su reino mental de la invasión de las fuerzas internas del ego, el hábito y los sentidos, las cuales perturban la meditación. De ese modo, avanzará en forma natural hacia el estado *brahmin* de invulnerabilidad: la unión con Dios.

En esta estrofa del *Guita* se hace referencia de manera especial al deber del hombre espiritual que ha alcanzado el estado *kshatriya.* Krishna —el alma— le dice al devoto: «¡Oh Arjuna!, te encuentras en el estado de guerrero espiritual. Tu deber consiste en luchar contra los fugazmente placenteros apegos sensoriales de la conciencia corporal. ¡No vaciles! ¡Despierta! ¡Llama a los soldados del discernimiento y de la calma meditativa! ¡Reúnelos en el campo de batalla de la introspección! ¡Expulsa a los invasores, las fuerzas de los apegos sensoriales!».

Estas mismas instrucciones espirituales pueden aplicarse a la vida cotidiana. En una batalla material justa, por ejemplo, es preciso luchar con nobleza y sin temor para defender la patria de fuerzas invasoras hostiles, salvaguardando el bienestar y los intereses de nuestros compatriotas y defendiendo los ideales de la existencia humana virtuosa.

ESTROFA 32

यदृच्छया चोपपन्नं स्वर्गद्वारमपावृतम्।
सुखिनः क्षत्रियाः पार्थ लभन्ते युद्धमीदृशम्॥

yadṛcchayā copapannaṁ svargadvāram apāvṛtam
sukhinaḥ kṣatriyāḥ pārtha labhante yuddham īdṛśam

¡Oh hijo de Pritha! (Arjuna), afortunados los* kshatriyas *cuando, sin provocarla, tal batalla justa surge en su destino; en ella encuentran una puerta abierta hacia el cielo.

«¡OH VACILANTE HIJO DE PRITHA, un guerrero que posee nobleza mental debería aprovechar con entusiasmo cualquier oportunidad de luchar por una causa elevada! ¡Aquellos que responden al llamado que los exhorta a librar una batalla justa, que surgió sin que uno la haya provocado mediante la agresión y que exige el cumplimiento de la ley kármica de la justicia, con certeza contemplarán en ese deber una puerta secreta hacia la felicidad celestial!».

Existen dos clases de guerreros nobles: el soldado de cualquier latitud que emprende una guerra justa para defender a su país y el guerrero espiritual que está dispuesto a usar el autocontrol y un esfuerzo indómito con el objeto de proteger su reino interior de paz. Ningún guerrero del Espíritu debe vacilar ante las engañosas estratagemas del enemigo interior; tampoco el soldado consciente de sus deberes ha de titubear aunque su vida corra peligro o ante el necesario derramamiento de sangre.

A través de las palabras que Krishna dirige a Arjuna exhortándole a cumplir con el deber que le corresponde como *kshatriya* (guerrero), en el *Guita* se le advierte al hombre que debe cuidarse de la tentación de usar la doctrina metafísica de la no violencia como un subterfugio para tolerar la masacre de gentes inocentes por parte de criminales sin conciencia. La doctrina de la no violencia, tal como la enseñaron León Tolstoi y Mahatma Gandhi, incluye la resistencia al mal. Una persona no violenta, sin embargo, no debería resistir el mal con la fuerza física, sino con la fuerza espiritual. Gandhi fue un guerrero sin armadura alguna, salvo por la invulnerable coraza de la Verdad. La no violencia es la resistencia pasiva al mal por medio del amor, la fuerza espiritual y la razón, sin hacer uso de la fuerza física. El hombre no violento sostiene que si es preciso derramar sangre para proteger a los inocentes, entonces ¡que esa sangre sea la suya! Si una persona resiste de modo espiritual un plan malvado hasta el punto de estar dispuesto a morir a manos de sus enfurecidos enemigos, definitivamente habrá menos derramamiento de sangre en el mundo. La historia reciente de la India ha demostrado que este proceder constituye una verdad práctica: la victoria de la India en su lucha por la independencia del dominio extranjero se logró por medio de los principios de resistencia pasiva de Gandhi.

Miles de seguidores de Gandhi padecieron el martirio por adherirse a la doctrina de la no violencia. En numerosas ocasiones, los partidarios desarmados de Gandhi oponían resistencia a una ley que consideraban injusta, para lo cual no cooperaban con ella; y sus enemigos políticos los atacaban y golpeaban. ¡Muchos de los discípulos de Gandhi, aporreados sin misericordia, se levantaban de nuevo y, señalando con serenidad sus cráneos y sus miembros rotos, instaban a sus enemigos a que volvieran a golpearlos! Testigos de lo ocurrido declararon que esta exhibición de valentía no violenta hizo que muchos enemigos políticos arrojaran sus armas, impulsados por el remordimiento de haber atacado a hombres valientes que por sus convicciones no temían ni la mutilación ni la muerte.

La aplicación correcta de la doctrina de la no violencia

La doctrina de la no violencia sostiene que el sacrificio de sí mismo enseña a los enemigos a abstenerse de la violencia ya que despierta la conciencia y hace que surjan impulsos interiores de arrepentimiento. Esta premisa presupone que la conciencia del enemigo se puede conmover. Si alguien entra en la jaula de un tigre y comienza a predicar la no violencia, la naturaleza bestial del tigre, que no conoce las normas morales del hombre, lo impulsará a devorarlo, ¡arruinando por completo su fina disertación! El tigre no aprende nada de esa experiencia, excepto que es fácil comerse a un necio. ¡El agudo chasquido del látigo de un domador habría generado una conversación mucho más positiva entre el hombre y la bestia!

Se pueden establecer paralelismos con relatos de atrocidades ocurridas a lo largo de la historia del hombre. Si bien el uso de la fuerza de por sí es un mal, cuando se emplea contra otro mal mayor, el menor de los males se convierte, en este mundo de relatividad, en un acto de justicia. Pero este hecho no debe considerarse como licencia ilimitada para recurrir a la fuerza o tomar represalias. Existe, por ejemplo, una gran diferencia entre una guerra justa y una injusta. Puede ocurrir que un país sea deliberadamente agresivo y fomente las guerras para satisfacer su codicia; una guerra motivada por estas razones es una acción injusta de los agresores y ningún soldado debería cooperar con ella. Sin embargo, es un deber justo defender el propio país contra la agresión de otro —proteger a gente inocente e indefensa y preservar sus nobles ideales y su libertad.

Es preferible consultar a los verdaderos hombres de Dios toda vez que exista duda acerca de si una guerra es justa o no.

El hecho de que se apruebe la fuerza defensiva en determinadas circunstancias no significa menoscabar la superioridad del poder espiritual sobre la fuerza bruta. Incluso un tigre en la compañía de un yogui colmado del amor a Dios se convierte en un inofensivo gatito. Patanjali afirma: «En la presencia de un hombre que se ha perfeccionado en *ahimsa* (no violencia), no surge enemistad [en ninguna criatura]»[29].

«Amad a vuestros enemigos»[30] constituye una parte central de las enseñanzas de Cristo. No es un aforismo sentimental ni un mero gesto que ennoblece a quien lo dispensa, sino que expresa una importante ley divina. El bien y el mal son entidades opuestas y relativas en este mundo de dualidad. El bien adquiere su poder de las vibraciones puras y creativas del Espíritu; el mal deriva su fuerza del engaño. El efecto del engaño es dividir, agitar y causar inarmonía. El amor es el poder de atracción del Espíritu que une y armoniza. Cuando el hombre se sintoniza con el amor de Dios y conscientemente dirige esta fuerza vibratoria contra el mal, neutraliza el poder del mal y refuerza las vibraciones del bien. Pero el odio, la venganza y la ira son de la misma calaña que el mal al que se le opone resistencia y, por tanto, sólo exacerban la vibración del mal. ¡El amor apaga ese fuego al privarlo de combustible! Dios me ha mostrado muchas veces el poder de su amor para vencer al mal.

Oponerse al mal por medio del bien y no del mal es, por consiguiente, el método ideal para erradicar la plaga de la guerra. ¡El uso de la guerra desde tiempos inmemoriales ciertamente no ha erradicado esa plaga!

Jesús dijo: «Todos los que empuñen espada perecerán a espada»[31]. ¡Y, sin embargo, cuántas supuestas «guerras justas» se han luchado en nombre de ese amado Cristo! Si uno blande la espada contra su enemigo, ese acto impulsa a su adversario a usar cualquier arma que pueda conseguir para defenderse. La guerra engendra la guerra. La guerra quedará en desuso si se practica la doctrina de la paz en la vida internacional. Las guerras de agresión deberían proscribirse en forma

---

29 *Yoga Sutras* II:35.

30 «Amad a vuestros enemigos y rogad por los que os persigan» (*Mateo* 5:44); «Amad a vuestros enemigos, haced bien a los que os odien, bendecid a los que os maldigan, rogad por los que os difamen» (*Lucas* 6:27-28).

31 *Mateo* 26:52.

eficaz. Las guerras defensivas no son indebidas, pero es una proeza mucho mayor poder conquistar a los presuntos conquistadores mediante una oposición sin violencia. Jesús podría haber obtenido doce legiones de ángeles provistos de armas celestiales para destruir a sus enemigos[32], pero eligió el camino de la no violencia. Él no sólo conquistó el Imperio Romano, sino a la humanidad, con su amor y con sus palabras: «Padre, perdónalos, porque no saben lo que hacen»[33]. Por medio de la no violencia y permitiendo que su sangre fuese derramada y su cuerpo lacerado, Jesús se inmortalizó a los ojos de Dios y de los seres humanos. Un país que puede conservar su independencia por métodos pacíficos será el mejor ejemplo y el salvador de las naciones armadas y beligerantes de la tierra.

Gandhi sostenía, no obstante, que es preferible resistir mediante el uso de la fuerza física que ser cobarde. Si un hombre y su familia, por ejemplo, son atacados por un criminal que apunta su arma contra ellos, y el hombre (impulsado por el temor interno) dice: «¡Oh pistolero!, te perdono todo lo que hagas» y luego huye, abandonando a su familia indefensa, sus acciones no pueden considerarse como una demostración de no violencia, sino de cobardía. Según Gandhi, una persona en tal situación debería recurrir incluso al empleo de la fuerza antes que esconder su acto de cobardía bajo la máscara de la no violencia[34].

Es fácil responder a una bofetada con otra bofetada; sin embargo, ¡es más difícil oponer resistencia a una bofetada por medio del amor! Todo guerrero que usa la fuerza física o el poder espiritual para defender una causa justa encuentra siempre en el alma una satisfacción celestial.

De acuerdo con la ley del karma, un hombre que muere valientemente en el campo de batalla con la conciencia limpia alcanza el estado de gozo después de la muerte y renace en la tierra en el seno una familia noble, y dotado de una mente valerosa. Una tormenta produce cambiantes olas en el seno del mar; cuando la tormenta amaina, puede verse que las olas, lejos de ser destruidas, sólo desaparecen al deslizarse de nuevo hacia el seno del mar. Un soldado que participa en

---

[32] *Mateo* 26:53.

[33] *Lucas* 23:34.

[34] «Acepto la interpretación de *ahimsa,* a saber: que no es simplemente un estado negativo de inocuidad, sino un estado positivo de amor, de hacer el bien incluso al malhechor. Pero no significa ayudar al malhechor a continuar haciendo el mal ni tolerarlo con pasivo consentimiento. Por el contrario, el amor, el estado activo de *ahimsa,* requiere que uno resista al malhechor desligándose de él, aun cuando ello pueda ofenderle o causarle daño físico» (Mahatma Gandhi).

una guerra justa y se enfrenta al sombrío espectro de la muerte debe tener presente, en primer lugar, esta realidad: la muerte no existe, simplemente entraña el retorno de la ola-alma al seno del Mar. Y cuando una persona virtuosa —aunque sólo sea en forma indirecta— ocasiona la muerte de un malhechor en una batalla, no debería envanecerse pensando que en lo personal posee cierto poder de destrucción. El mal, según el juicio de la ley cósmica, dicta su propia sentencia de muerte. El héroe y el villano se encuentran kármicamente situados en el lugar y momento precisos (según el punto de vista de Dios, y no el del hombre) para que el juicio se lleve a cabo[35].

---

[35] Fragmentos de una carta escrita por Paramahansa Yogananda con el propósito de ayudar a un joven a cobrar valor y conservar la actitud correcta frente a la perspectiva de ir a la guerra:

«En la medida que te sea posible, trata de no pensar en tu soledad; mantén en cambio tu corazón y tu alma en el deber que se encuentra frente a ti, abrigando fe en Dios. No sé si eres estudiante de las enseñanzas de *Self-Realization Fellowship,* pero, si es así, practica tus técnicas de meditación y recurre al Padre Divino en busca de consuelo y guía. Recuerda que no estás solo. Dios, cuyo hijo eres, está esperando justo detrás del palpitar de tu corazón, justo detrás de tus pensamientos, para que mires en tu interior y le reconozcas. Dondequiera que estés y adondequiera que seas llamado, recuerda que te encuentras con Dios. Aunque por un tiempo te sientas abandonado y separado de aquellos a los que amas, Dios no te ha abandonado, ni yo, ni tus amigos verdaderos te abandonamos. Dentro del corazón de cada uno, te recordamos y nuestras oraciones te acompañan.

»La vida consta de una serie de pruebas que, si se afrontan con determinación, nos aportan mayor fortaleza mental y tranquilidad. Aprende a depender más de tu Padre Celestial para obtener guía y comprensión. Colma de amor por Dios los momentos libres y *comprobarás* que no estás solo y que nunca lo estarás.

»Durante la reciente guerra en España [la Guerra Civil Española, 1936-1939], en la que había mujeres y niños entre los cientos de miles que estaban siendo bombardeados, oré a Dios con gran pena pidiéndole que me mostrara qué les sucedía después de la muerte. Ésta fue su respuesta: "Comprende que la vida es un sueño cósmico. La vida y la muerte son experiencias que forman parte de ese sueño. A aquellos que han muerto los he despertado de su pesadilla para hacerles comprender que estaban despiertos en Mí y a salvo de todo mal —vivos en Mí para siempre—; los he liberado de los terrores de su existencia".

»Nada temas si debes ir a la guerra. Dios está a tu lado sin importar dónde te encuentres. Ve con valentía, pensando que lo que haces es por Dios y por tu país.

»Por otra parte, aquellos que mueren por una causa noble son honrados en el cielo (el mundo astral).

»Los seres astrales evolucionan al recibir la buena voluntad de los demás, sobre todo si fueron espirituales durante su encarnación en la tierra. Si meditas profundamente ahora, entonces, sin importar dónde te encuentres, cuando vayas al mundo astral, por el poder del hábito, te acordarás de practicar la comunión con Dios, y de ese modo evolucionarás en ese plano con mayor rapidez que quienes no conocieron la meditación durante su vida terrenal.

»Que Dios te bendiga y que puedas sentir constantemente contigo su protección y guía, que te traen de regreso a casa sano y salvo para reunirte con tus seres queridos».

Aplicando estos principios al guerrero espiritual, cuando se encuentra en un escenario de guerra psicológica interna en que la paz y la victoria espiritual se ven amenazadas por las tentaciones sensoriales, él no debería vacilar, sino percibir en su batalla interior la oportunidad de vencer a sus enemigos (los hábitos) y establecer además, dentro de sí mismo, el reino celestial de la dicha inalterable.

El devoto que pugna por vencer sus pruebas psicológicas y los impedimentos del engaño por medio de las fuerzas crísticas del autocontrol advertirá que de manera gradual se establece en su interior un estado permanente de paz celestial, del mismo modo en que Jesús hizo que amainase la tormenta en el mar[36]. Según la ley espiritual, el devoto que se aferra a los efectos posteriores de la meditación y que, a pesar de todas las dificultades, conserva en esta vida la paz y el gozo interiores se dirigirá después de la muerte a la Bienaventurada Paz Eterna de Dios.

ESTROFA 33

अथ चेत्त्वमिमं धर्म्यं सङ्ग्रामं न करिष्यसि ।
ततः स्वधर्मं कीर्तिं च हित्वा पापमवाप्स्यसि ॥

atha cet tvam imaṁ dharmyaṁ saṁgrāmaṁ na kariṣyasi
tataḥ svadharmaṁ kīrtiṁ ca hitvā pāpam avāpsyasi

Mas si rehúsas emprender esta guerra justa, entonces, habrás renunciado a tu propio* dharma *y gloria, e incurrirás en pecado.

«SI RECHAZAS LA OPORTUNIDAD de combatir y vencer a los enemigos que amenazan tu bienestar y tu reino interior de verdadera dicha, habrás eludido tu justo deber y mancillado el honor de tu auténtico Ser, incurriendo en un pecado contra la Imagen Divina conforme a la cual has sido creado».

La belleza del *Guita* radica en la universalidad de sus enseñanzas, que son aplicables a todas las fases de la vida.

En esta estrofa se enseña al hombre de negocios, por ejemplo, que al entrar en el sendero espiritual no debe volverse indolente o poco práctico, ni actuar con torpeza en el manejo de sus asuntos mundanos habituales, olvidando así proteger en forma adecuada sus intereses

---

[36] *Marcos* 4:37-39; *Lucas* 8:23-24.

contra competidores inescrupulosos. Él puede practicar la generosidad sin descuidar sus propios intereses necesarios. Un hombre de negocios que, por imprudencia y falsa espiritualidad, se niega a librar una batalla de negocios justa perderá seguramente la gloria y el éxito que le correspondería. Al descuidar el cumplimiento de las leyes de los negocios, estará invitando a un estado (o «pecado») que se caracteriza por pérdidas y fracasos innecesarios. Tampoco debería un hombre de negocios robarle a Pedro para pagarle a Pablo —es decir, ganar dinero por medios deshonestos con el propósito de utilizarlo para fines filantrópicos—. Uno debe ganarse la vida con honradez y luchar contra toda competencia comercial maliciosa que intente paralizarle. Es posible ser generosos y permanecer desapegados de las posesiones sin permitir pasivamente que otros pisoteen nuestros derechos. Un hombre de negocios espiritual que permite que individuos faltos de ética lo desplacen en el mercado será culpable de tolerar la injusticia y permitir de esa manera que las malas prácticas se difundan en el mundo de los negocios. Resumiendo: en la competitiva vida moderna, todo buen hombre de negocios ¡debe ser un combativo guerrero!

El camino del guerrero espiritual en la vida cotidiana

La persona que lleva una vida acorde con los dictados de la moralidad, que trata de dominar las aparentemente incontrolables tendencias sensoriales, entrena los sentidos de tal modo que éstos se regocijan ante la verdadera felicidad que él siente, y no se rebelan contra ese estado de gozo. La persona moral dotada de autocontrol no da cuartel a ninguna tentación que milite contra la naturaleza pura y la verdadera felicidad de su alma.

Al esclavo de los sentidos se le puede aplicar el apelativo «controlado por los sentidos». El devoto dotado de autocontrol, en cambio, es gobernado y disciplinado por la sabiduría del Ser. Cuanto mayor es el control que ejercen los sentidos sobre una persona, menor es su autocontrol. Quien ha disfrutado la dicha de vivir de acuerdo con los dictados del autocontrol se opone automáticamente a las desmesuradas tentaciones de los sentidos.

El que declina luchar contra las ansias perniciosas de la mente consciente o subconsciente es un desertor; pierde su honor y virtud, así como el gozo del autocontrol, y finalmente cae en el «pecaminoso» abismo de una existencia descontrolada, que es causante de sufrimiento. Así como un automóvil con el sistema de dirección averiado se desvía del camino recto y cae en una zanja al costado de la ruta, así también el hombre cuyo autocontrol está «averiado» cae en el pozo de la inquietud interior. A fin de no precipitarse al miserable estado de un marginado moral, el hombre debe protegerse de la invasión de las falsas tentaciones, aquellas que prometen felicidad pero ocasionan sufrimiento.

Muchos moralistas deben librar una batalla psicológica interna cuando quienes los rodean los seducen para que se aparten del estrecho y recto camino de la moralidad. Cuando las personas inescrupulosas dotadas de escaso discernimiento espiritual y de una conciencia embotada se enfrentan al auténtico moralista, éste debería redoblar su determinación mental de recorrer el camino del contentamiento y luchar incesantemente contra toda tentación que lo asedie y pretenda evitar que alcance su destino: la felicidad.

De modo similar, el esposo o esposa que olvida proteger la felicidad de compartir una vida moral hundirá con toda seguridad esa relación en el pozo de la desarmonía y de penosos sufrimientos. Es preciso que la felicidad regida por el autocontrol se proteja con tenacidad de los ataques de las vagabundas hordas de sensaciones visuales, auditivas, olfativas, gustativas y táctiles. Aunque uno se encuentre atrincherado en el autocontrol, debe estar constantemente en guardia para contrarrestar las inesperadas tácticas de guerrilla utilizadas por las tentaciones sensoriales para atacar.

La fortaleza mental y moral del hombre se acrecienta cada vez que lucha con valentía contra cada prueba y cada tentación. La ley de la vida le ofrece al hombre el poder de resistencia a través de la voluntad que Dios le ha concedido y de las inmortales cualidades del alma. Es el deber del hombre sacar a la luz esta oculta fortaleza, esta herencia divina, para demostrar que es un digno «hijo de Dios». Y es un pecado contra el progreso del alma que el hombre doble los brazos de la voluntad y del autocontrol para admitir la derrota al afrontar cualquier situación difícil.

TODO DEVOTO ESPIRITUAL que medita en forma profunda y regular se da cuenta de que él es emperador de un reino de paz que se ha ganado combatiendo contra las fuerzas de la inquietud. Pero antes de que el imperio esté completamente asegurado, incluso el guerrero veterano descubrirá que está sujeto a múltiples influencias internas y externas que intentan usurpar el glorioso reino. En tales circunstancias, el conquistador espiritual debe avanzar con intrepidez. El devoto que se muestre reacio a emprender una batalla justa contra la inesperada invasión de los soldados de la inquietud y los estados de ánimo no meditativos perderá el glorioso, envidiable e imperecedero gozo del alma, por el que ha luchado con tanto denuedo.

El yogui que se esfuerza de manera científica por unir su alma con el Espíritu mediante las técnicas de meditación impartidas por el gurú comprende que el mayor *dharma* o virtud protectora del alma es el siempre renovado gozo. La religión del alma consiste en manifestar esta felicidad espiritual genuina, que se ha logrado por medio de los constantes esfuerzos en la meditación profunda. Al obtener este gozo del alma después de librar numerosas guerras contra la inquietud, el devoto debe mantenerse en continua vigilancia, a fin de no poner nunca en peligro su gozoso reino por actuar con negligencia y negatividad cuando el engaño cósmico le invade a través de los canales de las perturbaciones sensoriales.

Es posible que el devoto avezado, eufórico por su victoria metafísica sobre los sentidos y por la primera arrolladora percepción del gozo del alma, olvide que los soldados de la inquietud pueden alzarse de nuevo y usurpar el recién conquistado reino de paz. En lugar de relajarse despreocupadamente y dormirse en los laureles, el devoto debería concentrarse en identificar de continuo su mente con la intuición y la inefable paz del alma, ¡para que ninguna invasión de sensaciones o pensamientos subconscientes vuelva a obtener la victoria!

Una vez que la conciencia del ego se metamorfosea en la conciencia del alma, toda invasión sensorial pierde su poder

Una vez que la conciencia del ego se metamorfosea en la conciencia del alma por medio de la meditación, toda invasión sensorial pierde su poder. Sin embargo, hasta que ese objetivo no se haya logrado de modo decisivo, el devoto debe proteger sus vulnerables percepciones del siempre renovado gozo del alma (el primogénito del éxtasis meditativo) por medio de una vigilante y buena disposición de librar una guerra justa contra la inquietud y la conciencia corporal. Si en algún momento abandona su deber y se rinde en cambio a la conciencia del cuerpo, peca contra la imagen de Dios conforme a la que ha sido creado su verdadero Ser.

La ignorancia (proveniente del engaño cósmico) es el mayor de los pecados porque eclipsa ese divino Ser y crea la limitación del ego o conciencia del cuerpo, que es la causa fundamental del triple sufrimiento del hombre: físico, mental y espiritual. «El salario del pecado es la muerte»[37]. El hombre no espiritual que vive en el pecado de la ignorancia experimenta la muerte en vida: privado del aliento vital de la percepción de la verdad, es una marioneta onírica que danza movida por los hilos del engaño. También el yogui recibe el salario correspondiente al pecado del engaño, en la forma de la muerte de sus percepciones espirituales —aunque sólo sea momentáneamente—, cada vez que desatiende su justo deber de luchar en la meditación contra los embates de la conciencia corporal. En lugar de ello, para gloria y honor de su verdadero Ser —el «hijo de Dios», la imagen de Dios que reside en el cuerpo—, el devoto debe demostrar su inmortal parentesco con el amado Padre-Dios.

ESTROFA 34

अकीर्तिं चापि भूतानि कथयिष्यन्ति तेऽव्ययाम्।
सम्भावितस्य चाकीर्तिर्मरणादतिरिच्यते ॥

akīrtiṁ cāpi bhūtāni kathayiṣyanti te 'vyayām
saṁbhāvitasya cākīrtir maraṇād atiricyate

Todos hablarán por siempre de tu ignominia. Para el hombre honorable, la deshonra es en verdad peor que la muerte.

¡EL OSCURO Y PERDURABLE MONUMENTO de una acción deshonrosa atraerá la crítica de los hombres del mundo, hasta en los siglos venideros! ¡Cuidado! ¡Que el valiente héroe espiritual desposado con la virtud no le sea infiel! Aquel que cae en la deshonra a los ojos de la honorable virtud sufre en vida agonías peores que las de la muerte física. Una vida despojada de honor es la muerte en vida.

Un desertor atrae el deshonor a su persona por no cumplir con su país y es objeto habitual de escarnio. Estigmatizado por su cobardía, su desdichada suerte es atravesar la experiencia de la muerte en vida, a causa de la censura general y las recriminaciones con las que se fustiga a sí mismo. La muerte hace desaparecer el sufrimiento físico, pero una acción deshonrosa infecta la mente y el cuerpo vivientes. El desertor no halla paz dentro de sí mismo ni en la sociedad.

También es cobarde el que permite que las tentaciones sensoriales

---

[37] *Romanos* 6:23.

devasten su reino corporal. Se precisa una decidida resistencia mental y poder de voluntad para luchar contra los batallones de las poderosas ansias sensuales. Un desertor moral es acosado constantemente por las críticas de su propia conciencia, ¡y eso sin contar con las hordas de gente mundana que se jactan de su superioridad moral!

El héroe moral que una vez reinó como amo de sus respetuosos pensamientos sufre una severa inquietud mental cuando permite que estos pensamientos se vuelvan descuidados y desobedientes. La muerte física borra de la conciencia del hombre todo recuerdo del deshonor; por eso, una vida marcada por la infamia moral, asolada por los dolorosos recuerdos de un honorable pasado perdido, es peor que la muerte. Un devoto reincidente en ese error siente que toda su refinada felicidad ha muerto en él; se ve obligado a vivir con los zahirientes recuerdos de su malograda riqueza moral.

Por consiguiente, el que deshonrosamente abandona la lucha contra la tentación experimenta la muerte en vida. Mientras la vida continúe, el héroe moral jamás debe aceptar la derrota ni huir de la difícil batalla contra la tentación. Sin importar cuántas veces los soldados de las malas tendencias invadan el castillo del autocontrol, el emperador de la paz —aquel que está en paz consigo mismo y con las leyes espirituales de su Creador— debe emprender una y otra vez la batalla de la resistencia interna, sin exponerse jamás a la perpetua desdicha ocasionada por la deserción moral.

Jesús dijo: «Sígueme, y deja que los muertos entierren a sus muertos»[38]. Con estas palabras, Jesús se refería al hecho de que el hombre que se empeña en enterrar a los muertos está él mismo, sin advertirlo, espiritualmente muerto. Todos aquellos que viven una existencia que de modo temporal es placentera y jamás perciben en la comunión con Dios el eterno gozo del Espíritu están muertos en vida. Podría decirse que la vida física sin espiritualidad ¡es una «variante» de la muerte! La vida física, pasajera y sujeta a la muerte, no es auténtica vida. La conciencia espiritual, eterna y libre del cambio llamado muerte, es el verdadero estado de vida.

«Deja que los muertos entierren a sus muertos»

Los devotos que por medio del contacto meditativo con Dios han disfrutado de la condición de estar realmente vivos y luego caen de ese estado de gracia por influencia de su identificación con el cuerpo y los hábitos materiales son muertos vivientes. Tales personas que han

[38] *Mateo* 8:22.

estado espiritualmente vivas pero luego sufren la muerte de su espiritualidad experimentan la tortura mental de perder la conciencia de Dios. Pero aún cuando han perdido su divina riqueza por negligencia espiritual, el recuerdo de su felicidad espiritual nunca se extingue; esa dicha jamás se olvida por completo, sin importar cuán hundidas se encuentren tales personas en el materialismo. Aunque alguien esté muerto en el aspecto espiritual, no cesará de experimentar un agudo y siempre presente sentimiento de pérdida, el cual le alentará a reclamar la bienaventuranza que ha abandonado. Incluso en las primeras etapas del desarrollo espiritual, el devoto que ha alcanzado un estado de calma en la meditación pero más tarde sucumbe a los hábitos de inquietud siente sin cesar el doloroso contraste. Y también debe soportar el contraste entre la gran felicidad del estado meditativo que antes percibía y los evanescentes placeres mundanos que luego experimenta si, después de la meditación profunda, regresa a sus «antiguas costumbres» formadas por los hábitos materialistas. ¡Cuán pálido es el brillo del placer terrenal comparado con el esplendor del gozo divino! Al comulgar con la bienaventuranza de Dios, el devoto respira la verdadera vida y felicidad: ¡una vez que ha bebido de esa dicha, jamás la olvida!

El aspirante espiritual que ha gustado la bienaventuranza divina no debe permitir que ningún obstáculo detenga su acelerado avance en la conciencia de Dios. Sin importar cuántas veces sea desalojado del estado divino, el devoto debe efectuar renovados esfuerzos en la concentración para contrarrestar las adversas victorias sensoriales. Rechazando la insignia del deshonor, que es patrimonio del desertor, vencerá a los enemigos internos de la inquietud, el engaño y la tentación por medio de los todopoderosos soldados de la resistencia espiritual.

Estrofa 35

भयाद्रणादुपरतं मंस्यन्ते त्वां महारथाः ।
येषां च त्वं बहुमतो भूत्वा यास्यसि लाघवम् ॥

bhayād raṇād uparataṁ maṁsyante tvāṁ mahārathāḥ
yeṣāṁ ca tvaṁ bahumato bhūtvā yāsyasi lāghavam

Los poderosos guerreros al frente de sus carros de combate creerán que has rehuido esta guerra por temor. En consecuencia, aquellos que tanto te admiraban te menospreciarán.

«¡OH DEVOTO!, LOS TODOPODEROSOS guerreros de carros de combate —las facultades espirituales, que por tanto tiempo han luchado junto a ti contra las fuerzas materialistas del ego y se regocijaron contigo en numerosas victorias— creerán que, impulsado por el temor (la debilidad), has abandonado la causa de la justicia. Aquellos que te buscaban porque te consideraban un líder comenzarán a mirarte con recelo, viéndote como el vencedor de los sentidos que ahora ha cedido frente a la debilidad interior».

Cuando el devoto, por influencia del apego a los hábitos materiales, rehúye su deber de emprender la batalla psicológica, cae en la deshonra ante los ojos de sus propias y poderosas facultades de resistencia espiritual. Alegóricamente se habla de estas facultades que surgen de la sabiduría del alma como los guerreros de carros de combate, porque ayudan al devoto a controlar el vehículo de la conciencia tirado por los corceles de los diez sentidos. A los guerreros-devotos dotados de gran destreza y valentía que utilizan con éxito los carros de su mente para combatir las fuerzas destructivas se les denomina *maharathas,* «grandes señores en sus imponentes carros de combate» —grandes guerreros de carros de combate—. (Véase I:6, página 67).

En la batalla psicológica, cuando un devoto poderoso cae del estado de guerrero victorioso, sus fuerzas internas de la sabiduría lo ven como un ser que rehúye la batalla. Sus facultades de autocontrol y poder de voluntad lo tildan de cobarde psicológico y desertor espiritual. A la luz de la introspección, el vacilante devoto se ve a sí mismo como objeto de conmiseración. Sus facultades interiores lo ridiculizan: «¿Qué te sucede? ¡Tú, a quien siempre consideramos invencible; tú, el vencedor de tantas guerras interiores, te rindes ahora a la cobardía y al letargo mental!».

Aquellos que suelen vencer los pensamientos de grandes tentaciones reciben estas críticas internas cuando rehúyen su deber de luchar contra las tentaciones menores que asolan su vida cotidiana y hostigan sus esfuerzos meditativos.

Muchos devotos que, merced a sus poderosos actos de diaria concentración, han expulsado a las fuerzas de la inquietud pueden ser repentinamente presa del amor a la felicidad corporal y a una vida fácil; por ello, se abstienen de combatir mediante nuevos actos de meditación profunda contra la inercia y las distracciones mentales.

Todo devoto que a voluntad puede ordenarle a su atención que se retire del territorio de los sentidos y que ocupe el trono de su ser interior es objeto de admiración a los ojos de sus propios pensamientos.

No es benéfico, ni espiritualmente sano, desalentar a los hábitos generalmente triunfantes de la meditación profunda con repentinos actos recurrentes de abandono de los esfuerzos meditativos. El devoto cuya voluntad está regida por la disciplina no debe permitirse perder su compostura y determinación ante las tribulaciones imprevistas.

Estrofa 36

अवाच्यवादांश्च बहून्वदिष्यन्ति तवाहिताः ।
निन्दन्तस्तव सामर्थ्यं ततो दुःखतरं नु किम् ॥

avācyavādāṁś ca bahūn vadiṣyanti tavā hitāḥ
nindantas tava sāmarthyaṁ tato duḥkhataraṁ nu kim

Tus enemigos hablarán desdeñosamente de ti (con palabras impropias de ser pronunciadas), difamando tus poderes. ¿Qué podría ser más doloroso?

Cuando un veterano practicante de la autodisciplina sucumbe de pronto a una tentación subconsciente, sus enemigos los sentidos —que hasta ahora habían estado doblegados— se regocijan y ridiculizan la antigua supremacía de su amo. ¿Qué otra cosa podría destruir más dolorosamente la tranquilidad interior que descubrir que el derrotado autocontrol es objeto de semejantes burlas?

El reino de la conciencia está poblado de hábitos tanto buenos como malos. Cuando el devoto dirige el reflector de la introspección hacia su reino interior y contempla las hordas invasoras de las malas tendencias que avanzan para apoderarse de los dones de la paz y derrotar a los soldados defensores de las buenas tendencias, debe actuar como un general espiritual a fin de reforzar sus buenas cualidades. Si, por el contrario, el devoto —por errores de juicio, inercia mental o temor a oponer resistencia— no lucha contra sus innobles instintos, será objeto del escarnio y el desdén de sus propios malos hábitos.

Cuando un ser humano teme librar la batalla interior, surgen sus malas tendencias, que adoptan la forma de diferentes personalidades mentales, para acosarlo desde todos los ángulos, como espectros que se precipitan desde las oscuras sombras. Sus burlas acribillan con agudos remordimientos al devoto vencido. El dolor físico sólo invade el cuerpo, pero los descontrolados estados de ánimo negativos y la falta de gobierno espiritual producen desorganización en todo el ser interior.

El devoto reincidente es entonces doblemente criticado, tanto por sus buenos hábitos como por los malos. Cuando las buenas tendencias se ven abandonadas por el guerrero-*kshatriya* que era su líder, dirigen contra él sus callados reproches. Y las malas tendencias silenciosamente le lanzan improperios y le arrojan dardos psicológicos: «¡Oh tú, cobarde!, no te atrevas a levantar la cabeza para resistir nuestros ataques!». El devoto que se respeta a sí mismo no tolera la audaz invasión de las malas tendencias provenientes de su propio pasado y presente.

ESTROFA 37

हतो वा प्राप्स्यसि स्वर्गं जित्वा वा भोक्ष्यसे महीम्।
तस्मादुत्तिष्ठ कौन्तेय युद्धाय कृतनिश्चयः ॥

hato vā prāpsyasi svargaṁ jitvā vā bhokṣyase mahīm
tasmād uttiṣṭha kaunteya yuddhāya kṛtaniścayaḥ

Si mueres (combatiendo a tus enemigos), alcanzarás el cielo; si vences, disfrutarás los dones de la tierra. Así pues, ¡levántate, oh hijo de Kunti! (Arjuna). ¡Disponte a luchar!

QUIENES CRUZAN LOS PORTALES de la muerte mientras libran una batalla justa para erradicar el mal —cualquiera que sea su naturaleza— caen dormidos sobre las suaves plumas de la meritoria satisfacción interior del alma y, llenos de gloria, se elevan hasta el cielo astral. Aquellos que obtienen en la tierra una valiente victoria sobre las tinieblas se solazan en la luz y gloria de una paz y felicidad interior tangibles. El que triunfa en la batalla contra los sentidos disfruta en la tierra la inefable paz del autocontrol. Si un devoto muere combatiendo a sus enemigos (los sentidos), aunque no le sea posible vencerlos por completo, alcanza la paz celestial en el más allá y, en su siguiente vida, cosechará grandes méritos por haber resistido el mal. Así pues, «¡oh hijo de Kunti!, que estás dotado del ardor espiritual de ella para invocar el poder divino», abandona la contraproducente flaqueza psicológica; ¡levántate y disponte a emprender una lucha arrolladora contra tus oponentes!

ESTA ESTROFA PUEDE INTERPRETARSE de tres maneras:

1) La vida es una batalla; todo ser humano debe luchar por la existencia física y se halla sujeto, en mayor o menor grado, a sus propias dificultades personales. Todo aquel que lucha a conciencia resuelve con éxito sus problemas o fracasa en su intento. El *Guita* señala, sin embargo, que si un hombre lucha con intensidad contra un problema en particular y no logra superarlo, en realidad ha ganado en lugar de perder, pues ha adquirido fortaleza en la lucha. ¡Ese perdedor tan valiente no se comportó como un perezoso o un cobarde!

Aquellos que resisten el fracaso hasta el final renacen en la siguiente vida preparados para el éxito. Quienquiera que muera pensando que ha sido totalmente derrotado renacerá, merced a la ley cósmica de causa y efecto, con una tendencia al fracaso. Por consiguiente, nadie debe permanecer en estado de inercia. Cuando uno se enfrenta con el fracaso o con problemas difíciles, debe morir luchando, si es preciso. Por otra parte, aquel que es constante en su lucha para resolver sus problemas tal vez obtenga el éxito y entonces le será posible sentirse satisfecho incluso en esta vida. ¡Esfuérzate y continúa esforzándote, sin importar cuán difícil sea el problema al que te enfrentes!

El consejo anterior también se aplica a quienes son llamados a empuñar las armas en una guerra defensiva contra una agresión malvada. Un soldado no debería rehuir una batalla justa. El que es valiente y posee nobleza mental, a la larga, sólo puede triunfar. Si muere en el cumplimiento del deber de proteger a gente inocente, el buen karma del guerrero lo acompañará hasta el más allá, confiriéndole una inefable dicha interior en el mundo astral. En caso de resultar victorioso, disfrutará en la tierra la felicidad y satisfacción de su heroísmo.

2) La persona que es víctima de la sensualidad, la codicia, la ira o el egoísmo no debe, por ningún motivo, volverse neutral y abandonar la batalla sólo porque haya fracasado en numerosas oportunidades. Permanecer en estado de inercia equivale a convertirse en prisionero del mal en esta vida y en el más allá. El hombre indolente que muere con una conciencia de incapacidad o de escasa disposición para erradicar los malos hábitos renacerá con una voluntad débil y negativa dominada por formidables tendencias interiores que le dictarán las normas, los estados de ánimo y los hábitos de su vida. Por el contrario, si cada día de su existencia lucha contra las malas tendencias sin alcanzar el éxito total, aun así acumulará suficientes méritos como para regresar en la vida siguiente como un hombre dotado de autocontrol y con una

poderosa tendencia a conquistar las tentaciones y combatir los malos hábitos. ¡Es mucho mejor renacer con una grave debilidad acompañada de la determinación de luchar contra ella que renacer con una grave debilidad sumada a un sentimiento de impotencia!

El esclavo de los sentidos que combate sin cesar las tentaciones habrá de terminar venciéndolas. Ninguna mala tendencia, por tenaz que sea, es tan poderosa como la omnipotente alma que todo ser humano ha heredado de Dios. Incluso el mayor de los «pecadores» puede atraer este invencible poder si nunca deja de esforzarse por vencer sus dificultades morales. Aquel que logra la merecida victoria sobre los sentidos mediante el constante ejercicio del poder de autocontrol inherente al alma disfrutará en este mundo de una tangible felicidad mental y física.

3) En el aspecto espiritual, el devoto debe esforzarse continuamente por recuperar su perdido reino de bienaventuranza e inmortalidad, propio del alma, sin importar contra cuántas encarnaciones de ignorancia acumulada deba luchar. Es posible que quienes logren escasos avances después de años de practicar la meditación —una práctica regular pero mecánica y con la mente ausente— se desanimen por no haber conseguido introducirse en el reino de la Conciencia Cósmica. No comprenden que el engaño acumulado durante encarnaciones no se puede eliminar simplemente mediante los indiferentes esfuerzos espirituales efectuados en unos cuantos años y en una sola vida.

Sólo el yogui que puede ahondar en la supraconciencia conoce con exactitud la relación kármica que existe entre sus tendencias virtuosas y las perniciosas. Sin embargo, en términos generales, todo ser humano sabe si sus características buenas superan a las malas o viceversa. Si los rasgos negativos de una persona han predominado en vidas anteriores, podría llegar a la errónea conclusión de que sus buenas tendencias, inferiores en número, no tienen oportunidad alguna. No obstante, justo bajo la burda cubierta del mal y de la fina cubierta de la espiritualidad se encuentra el alma, omnipotente y trascendente. Por medio de la meditación, el devoto aumenta en forma constante la fuerza y el número de sus tendencias virtuosas al sintonizar su conciencia con la perfecta bondad del alma.

Sean cuales fueren sus tendencias predominantes, todos los seres humanos deberían esforzarse por despertar sus poderes espirituales mediante técnicas científicas de meditación. Si el aspirante espiritual advierte que divaga con frecuencia, cayendo en manos de los pensamientos inquietos durante la meditación, no por ello debe desistir en sus esfuerzos. Si muere en un estado de desaliento, renacerá con las mismas tendencias de debilidad y deberá afrontar de nuevo similares tentaciones. En tanto que el devoto no logre superar todos los males internos, no dejarán de perseguirle durante numerosas vidas, causándole un sinfín de aflicciones. Sin importar cuán inquieta sea la mente del devoto, deberá continuar esforzándose por alcanzar una concentración más profunda en la meditación.

El devoto cuya muerte física ocurre mientras en su vida llevaba a cabo incesantes esfuerzos espirituales y practicaba la meditación con constancia y regularidad experimentará una elevada espiritualidad en el estado posterior a la muerte. Conforme a la ley cósmica de causa y efecto, después de la muerte y en su siguiente encarnación atraerá un elevado estado espiritual de conciencia; renacerá dotado de herramientas mentales más poderosas y con una valiente determinación espiritual.

Sin importar cuán intensa sea la inquietud de la mente subconsciente por causa de los hábitos que surgen del engaño, siempre se podrá combatir haciendo uso de una indomable determinación. Todo devoto que sin cesar se esfuerce por meditar en forma profunda y regular alcanzará a la postre el dominio sobre el reino de la felicidad. El devoto que pueda vencer todas sus tendencias indebidas, mediante el continuo incremento de la profundidad de su meditación, se establecerá en la perenne bienaventuranza de la conciencia cósmica y disfrutará por siempre de la dicha y la libertad trascendentes en el Eterno Ahora.

Estrofa 38

सुखदुःखे समे कृत्वा लाभालाभौ जयाजयौ।
ततो युद्धाय युज्यस्व नैवं पापमवाप्स्यसि॥

sukhaduḥkhe same kṛtvā lābhālābhau jayājayau
tato yuddhāya yujyasva naivaṁ pāpam avāpsyasi

Sé ecuánime tanto en la felicidad como en el sufrimiento, en la ganancia como en la pérdida, en el triunfo como en el fracaso: ¡enfrenta así la batalla! De ese modo no cometerás pecado alguno.

El devoto dotado de fortaleza divina no se altera jamás (a semejanza del acero inoxidable), tanto si se encuentra bajo el sol de la felicidad, la ganancia o la victoria como si se halla bajo los corrosivos efluvios de un mar de melancolía, pérdida o fracaso. El esplendor de su ser no se recubre con las incrustaciones del pecado originado por la acción y el juicio erróneos y sus perjudiciales efectos kármicos. Si actúa con serenidad en el drama onírico de la vida —un drama que le ha sido impuesto al ser humano por mandato divino—, se liberará de las angustias y aflicciones causadas por las emociones opuestas.

Uno de los principios básicos del yoga consiste en que la práctica del equilibrio mental neutraliza los efectos del engaño. Sin la participación de las emociones del soñador que reaccionan a las sensaciones y sucesos de su sueño, éste pierde relevancia y, sobre todo, desaparecen sus efectos perjudiciales. De modo similar, el sueño cósmico de la vida pierde su engañoso poder para afectar al yogui que, con inmutable calma interior y ecuanimidad, contempla el drama de la vida sin involucrarse emocionalmente en él. Este consejo del *Guita* le permite al yogui mantenerse por encima de la conmoción y las heridas ocasionadas por la colisión de los estados opuestos que se enfrentan en la pantalla mental de su conciencia, mientras percibe el drama onírico y desempeña su papel en él.

Lo anterior no significa que el yogui viva como un autómata; por el contrario, se mantiene al mando de las emociones opuestas: el apego y la aversión, el anhelo y la renuencia. El yogui sereno, dotado de discernimiento y autocontrol, dedicado a Dios y con la sola ambición de complacerle al representar bien su exclusivo papel en el drama onírico, permanece libre del pecado de la ignorancia y de sus devastadores efectos kármicos y halla el camino hacia la liberación en la siempre despierta bienaventuranza del Espíritu.

La aplicación de esta estrofa al éxito empresarial

EL HOMBRE MUNDANO DEBE INTERPRETAR esta estrofa del *Guita* del siguiente modo:

Quienquiera que busque la satisfacción material necesita mantener la mente serena tanto en el éxito como en el fracaso. Un hombre de negocios que no se regocija demasiado por sus logros comprueba que su concentración está preparada para recorrer el sendero de éxitos aún mayores. Pero el hombre que se siente muy eufórico por el éxito pasajero alcanza pocas veces la prosperidad permanente, pues la falsa confianza en sí mismo puede llevarle a derrochar su dinero de manera imprudente y de ese modo exponerse al fracaso. Por otra parte, aquel que se deprime por haber sufrido reveses en los negocios pierde la capacidad de enfocar su concentración, lo cual paraliza su aptitud para renovar sus esfuerzos.

Un general que se exalta de júbilo por sus éxitos temporales en la batalla pierde la concentración que le permitiría evitar nuevas invasiones del enemigo. Y el que se aflige demasiado por las pérdidas temporales en el combate carece de la fortaleza psicológica necesaria para triunfar en futuras batallas.

Todo hombre mundano que ambicione el éxito en la arena financiera o en cualquier otra actividad en la que exista competencia precisa mantenerse sereno para afrontar las circunstancias constantemente cambiantes de su vida. A semejanza de un tractor, debe estar en condiciones de desplazarse con facilidad sobre los altibajos del terreno de la vida.

Una persona ecuánime es como un espejo de buen juicio que refleja la verdadera naturaleza y apariencia de los acontecimientos favorables y desfavorables; de ese modo, se mantiene preparada para actuar con prudencia y en forma apropiada sin que la engañen las distorsiones emocionales.

EL HOMBRE QUE OBSERVA una conducta moral puede obtener inspiración de esta estrofa de la manera siguiente:

El éxito moral

Un hombre que ha alcanzado un éxito relativo en la observación de los principios morales no debería regocijarse demasiado por su victoria sobre los sentidos, porque podría aminorar sus esfuerzos e intentar correr sobre la delgada capa de hielo de un deficiente autocontrol y, en consecuencia, precipitarse en las profundas aguas de la tentación. Hasta no haber obtenido la victoria final, ningún hombre que viva de acuerdo con los dictados de la moralidad debe confiarse en exceso, ni desalentarse por la pérdida pasajera del autocontrol y aceptar así la derrota.

El hombre moral ecuánime y resuelto marcha sin cesar hacia la meta del completo autodominio. Es preciso impedir que el gozo prematuro por el éxito momentáneo o la depresión ante el fracaso transitorio obstaculicen el camino del progreso moral.

EL CONSEJO PRÁCTICO que el hombre espiritual puede hallar en esta estrofa es el siguiente:

El éxito espiritual

El devoto que conoce el arte de destruir sistemáticamente el engaño practica la ecuanimidad incluso en lo relativo a sus esfuerzos espirituales. Unos cuantos años de meditación profunda le proporcionan al devoto maravillosas vislumbres del gozo divino, pero estos logros no deberían hacerle caer en la arrogancia: ¡aún no ha alcanzado la bienaventuranza final! Muchos devotos se dan por satisfechos con el gozo supraconsciente del alma y la contemplación de unas cuantas luces astrales, y abandonan sus esfuerzos por profundizar en la meditación; por ese motivo no logran proyectar su conciencia en el omnipresente gozo y luz del Espíritu.

Asimismo, el devoto que medita con regularidad pero que es azotado por repentinas tormentas de inquietud subconsciente tampoco debería dejarse llevar por el desaliento ni desistir en sus renovados esfuerzos por meditar con mayor profundidad y establecer contacto con Dios. Es preciso que el barco mental de la concentración del devoto navegue a gran velocidad, con constancia y valentía, por los mares serenos o agitados de las experiencias internas hasta lograr anclarse en el Infinito. El yogui cuya mente está libre de las olas de la euforia mental, la tristeza o las perturbaciones emocionales transitorias descubre en sí mismo el claro reflejo del Espíritu.

La calma interior del yogui meditador penetra como los rayos X a través de todas las obstrucciones materiales externas y es capaz de captar al Espíritu oculto. Mediante la práctica de la meditación con profundidad creciente se puede obtener una tranquilidad constante y libre de agitaciones, la cual a la postre se convierte en una luz que todo lo penetra y atraviesa las cubiertas de la materia hasta llegar al corazón del omnipresente Espíritu. El yogui decidido a alcanzar la conciencia cósmica —la unión con Dios— debe mantener la mente enfocada de manera continua en la percepción interior que se logra por medio de la meditación, sin que la mente se enfrasque demasiado en la excitación de las etapas iniciales del gozo supraconsciente o en las explosiones de inquietud subconsciente temporal. El inmutable altar de la calma de dicho yogui se convierte en el lugar de reposo del Espíritu.

EL YOGA: REMEDIO PARA ERRADICAR LA DUDA, LA CONFUSIÓN Y LA INSATISFACCIÓN INTELECTUAL

ESTROFA 39

एषा तेऽभिहिता साङ्ख्ये बुद्धिर्योगे त्विमां शृणु।
बुद्ध्या युक्तो यया पार्थ कर्मबन्धं प्रहास्यसि॥

eṣā te 'bhihitā sāṁkhye buddhir yoge tvimāṁ śṛṇu
buddhyā yukto yayā pārtha karmabandhaṁ prahāsyasi

Te he dado a conocer la suprema sabiduría del Sankhya. Mas, ahora, escucha la sabiduría del Yoga y, provisto de ella, ¡oh Partha (Arjuna)!, romperás los lazos del karma.

UNA VEZ QUE HA SIDO instruido en la sublime sabiduría de la realización del Ser (Sankhya)[39], el devoto debe aprender lo concerniente a la ruta celestial del Yoga, a través de la cual se alcanza dicha realización: el camino que permite escapar de la prisión del karma. Cuando por medio del yoga el ego se une al alma, y el alma al Espíritu, el ego se deshace del engaño de creer que es un mortal cuyas acciones están gobernadas por la ley del karma.

La sabiduría del cosmos implica el conocimiento de los veinticuatro principios de la Naturaleza en su interacción con el Espíritu. Toda inferencia, percepción y entendimiento acerca de la creación se explican en la filosofía Sankhya. El Yoga es la ciencia o el conjunto de métodos por medio de los cuales se experimentan en forma práctica las verdades filosóficas de Sankhya.

El término *yoga* significa «unión», fusión. Cuando el alma del hombre se une con el Espíritu, a esta unión se la denomina yoga. Este yoga es la meta de todo buscador de la verdad. Quien practique un método efectivo para alcanzar esta unión suprema es un yogui.

Comprender las teorías de la filosofía Sankhya a través de los métodos prácticos del Yoga tiene un significado preciso. El yogui

---

[39] Del sánscrito *saṁ,* «unión, plenitud», y *khyā,* «ser conocido, conocimiento», es decir: poseer conocimiento completo; alcanzar la suprema sabiduría, o sea, la realización del Ser y la unión con Dios.

«involuciona» la creación (revierte los veinticuatro procesos evolutivos de la Naturaleza, tal como se exponen en la filosofía Sankhya), comenzando por la materia (la forma más densa de creación) y continuando con los eslabones de la cadena de veinticuatro cualidades primordiales, cuyo origen es el Espíritu[40].

Mediante el ascenso de la conciencia a través de los sutiles centros de la fuerza vital y del despertar espiritual situados en la columna vertebral, el yogui aprende la ciencia interna para transformar la conciencia de la materia densa en la conciencia de los principios primordiales que conforman la materia. El yogui transforma los cinco

---

[40] De acuerdo con la filosofía Sankhya, los veinticuatro principios del proceso evolutivo de la Naturaleza, desde el Espíritu hasta la materia, son los siguientes: 1) *Prakriti* (el poder creativo básico que hace surgir todos los fenómenos); 2) *Mahat-tattva* (la Inteligencia Cósmica, a la que se hace referencia en el Yoga como *chitta*), de la cual proviene *buddhi* (la inteligencia discernidora individual); 3) *ahamkara* (el egoísmo); 4) *manas* (la mente); 5-14) *guianendriyas* y *karmendriyas* (los diez sentidos: cinco de percepción y cinco de acción); 15-19) *tanmatras* (las cinco cualidades suprasensibles o abstractas de la materia); 20-24) *mahabhutas* (los cinco elementos o movimientos vibratorios sutiles, que al aglomerarse se presentan como la materia densa en sus formas sólida, líquida, ígnea, gaseosa y etérica).

En el Yoga, que se ocupa de la aplicación práctica de los principios a través de los cuales el Espíritu se convierte en materia y ésta puede convertirse nuevamente en Espíritu, los *tanmatras* (las cualidades abstractas de la materia) y los *mahabhutas* de la filosofía Sankhya (los elementos sutiles de la materia densa que surgen de los *tanmatras*) se incluyen implícitamente como uno solo. En vez de los *tanmatras,* se enumeran los cinco *pranas* o fuerzas vitales. Explicada en mayor detalle, la cosmología Sankhya-Yoga es la siguiente:

Prakriti es el poder creativo de Dios, el Espíritu en el aspecto de la creativa Madre Naturaleza: la Naturaleza Pura o Espíritu Santo. Como tal, está imbuida de la semilla de veinticuatro atributos cuyo funcionamiento da origen a todo lo manifestado. A partir de Prakriti se desarrollan: 1) *chitta* (la conciencia inteligente, el poder del sentimiento —la conciencia mental básica—, o sea, *Mahat-tattva* de la filosofía Sankhya), al cual son inherentes 2) *ahamkara* (el ego), 3) *buddhi* (la inteligencia discernidora) y 4) *manas* (la mente sensorial). De *chitta,* polarizado por *manas* y *buddhi,* nacen los cinco principios creativos causales *(panchatattvas),* que son la quintaesencia y causa fundamental de los restantes veinte principios a través de los cuales se desarrolla la creación. Estos principios causales son influenciados por las tres *gunas* o cualidades de la Naturaleza *(sattva, rajas* y *tamas)* y se manifiestan como 5-9) los *guianendriyas* (los cinco instrumentos de la percepción sensorial), 10-14) los *karmendriyas* (los cinco instrumentos de la acción), 15-19) los *mahabhutas* (o *mahatattvas:* tierra, agua, fuego, aire y éter; los cinco «elementos» sutiles vibratorios o fuerzas individualizadas —movimientos— de la Vibración Creativa Cósmica), 20-24) los cinco *pranas* (los cinco instrumentos de la fuerza vital que confieren poder a la circulación, la cristalización, la asimilación, la función metabólica y la eliminación). Los *pranas,* unidos a los cinco elementos vibratorios sutiles, moldean toda la materia en formas sólidas, líquidas, ígneas, gaseosas y etéricas. (Véanse también XIII:1 y XIII:5-6, en el volumen II).

elementos vibratorios junto con su manifestación —los cinco sentidos, los cinco órganos de la acción y las cinco fuerzas vitales—, yendo desde los principios más densos hacia los más sutiles: convierte la conciencia del elemento vibratorio tierra en la conciencia del elemento vibratorio agua; la conciencia del agua en la del elemento vibratorio fuego; la conciencia del fuego en la del elemento vibratorio aire; la conciencia del aire en la del elemento vibratorio éter; la conciencia del éter en la de la mente (la conciencia sensorial o *manas*); la conciencia de la mente en la del discernimiento *(buddhi);* la conciencia del discernimiento en la del ego *(ahamkara);* la conciencia del ego en la del sentimiento *(chitta).* Al disolver así en forma sucesiva los veinticuatro principios, el uno en el otro, el yogui funde entonces la conciencia del sentimiento en la de la fuerza vibratoria cósmica primordial *(Om),* y la conciencia de *Om* en el Espíritu. De ese modo alcanza la Suprema Unidad: el Uno a partir del cual se originó la multiplicidad.

❖
La «involución» de los veinticuatro principios de la creación
❖

Mediante pasos graduales, el yogui convierte así toda la conciencia de la materia en la conciencia del Espíritu. Esta percepción no es posible por medio del raciocinio o la imaginación, sino únicamente a través de la experiencia intuitiva. Tal experiencia es, en casi todos los casos, el resultado de la práctica de la meditación y de los métodos del yoga que enseñan los grandes sabios de la India antigua y moderna.

Un poeta o un filósofo pueden imaginar que el cosmos es sólo mente. Pero este proceso de imaginación no puede ayudarlos a vencer la muerte y alcanzar la inmortalidad. En cambio, el yogui obtiene el inalterable conocimiento de que toda la materia es Espíritu al emplear diariamente una técnica que erradica de su mente todos los engaños implantados allí por *maya,* la fuerza cósmica del engaño. Contempla entonces el universo como un sueño de Dios, un sueño del cual sólo se puede despertar cuando uno es consciente del omnipresente Espíritu.

Todo el que utiliza los métodos del yoga es un yogui practicante, pero el que alcanza la unión definitiva con el Espíritu es un yogui perfecto. La realización del Ser consiste en experimentar los diferentes estados de la conciencia intuitiva que se logran por medio de la meditación y que conducen a esta suprema unión con Dios.

Por consiguiente, la filosofía Sankhya-Yoga no sólo consiste en el conocimiento analítico y discerniente del cosmos, sino que incluye métodos precisos para alcanzar la realización del Ser. A través del Sankhya-Yoga, el yogui percibe la naturaleza exacta de su cuerpo, mente y alma, así como la del cosmos entero. A través de métodos científicos, alcanza en forma gradual el conocimiento de la Sustancia Suprema de la creación. Sin el yoga, ningún devoto puede conocer el verdadero carácter de todas las fuerzas que existen en la naturaleza, en la vibración cósmica y en el Espíritu.

Por medio de la aplicación de la disciplina moral del yoga (la acción correcta y la renuncia a los deseos, es decir, *Karma Yoga*) y el uso de un método de meditación *(Raja Yoga),* el devoto se libera gradualmente de experimentar, una y otra vez, los frutos de sus acciones del pasado y de sus tendencias acumuladas, y aprende a destruir las semillas que ha almacenado en esta vida y en todas sus existencias anteriores. Al percibir el gozo puro de la meditación, el devoto que conoce el arte del yoga ya no se enreda en nuevos deseos y nuevo karma. Y mediante las técnicas del yoga, la energía cósmica «cauteriza» los surcos de las células cerebrales en los que se ocultan las tendencias del pasado. Por lo tanto, la práctica del yoga no sólo impide la formación de nuevos deseos creadores de karma sino que también libera científicamente al devoto del karma inminente (los frutos de las acciones del pasado que están a punto de madurar).

El yoga «cauteriza» los surcos de las células cerebrales en los que se ocultan las tendencias del pasado

Todas las personas actúan en parte por libre albedrío y en parte por influencia de las inclinaciones del pasado. Éstas aparecen como tendencias psicológicas que modifican y predisponen el poder de libre albedrío del hombre. Las tendencias predominantes hacia el bien o el mal presentes en un niño se originaron en una vida pasada. Todo buscador de la verdad debería analizarse a sí mismo para descubrir hasta qué punto su libre albedrío está guiado por los dictadores de sus tendencias del pasado, que se presentan ahora como hábitos que se asemejan a los tentáculos de un pulpo. Los sucesos de la vida cotidiana tienden a resucitar en la mente subconsciente del hombre los antiguos hábitos de respuesta —buenos o malos— ante los estímulos externos.

Cada persona tiene un «destino» diferente. La que es esclava de los sentidos se guía fundamentalmente por sus hábitos del pasado; su libre albedrío es casi nulo. Se encuentra llena de deseos (bien sea que pueda satisfacerlos o no). El hombre espiritual, por otra parte, se ha liberado de todos los deseos mundanos que brotan de las semillas de vidas pasadas, y con ello ha redimido su libre albedrío de la esclavitud a la que se hallaba sometido. El hombre común eclipsa su libre voluntad con las oscuras sombras del pasado. La persona espiritual, siempre vigilante a favor de la libertad, la salvaguarda por medio de la meditación. Cuando la voluntad se libera, vibra en armonía con el Infinito. La voluntad del ser humano se convierte entonces en la voluntad de Dios.

La renunciación ciega a los objetos materiales no asegura la libertad; es el hecho de disfrutar de la bienaventuranza del Espíritu en la meditación y compararla con los gozos menores de los sentidos lo que alienta al devoto a continuar en el sendero espiritual.

ESTROFA 40

नेहाभिक्रमनाशोऽस्ति प्रत्यवायो न विद्यते।
स्वल्पमप्यस्य धर्मस्य त्रायते महतो भयात्॥

nehābhikramanāśo 'sti pratyavāyo na vidyate
svalpam apy asya dharmasya trāyate mahato bhayāt

En este sendero (de acción yóguica), ningún esfuerzo inacabado en pos de la liberación es en vano ni se crean efectos adversos. Incluso una pequeña práctica de esta religión verdadera te salvará de grandes temores (los tremendos sufrimientos inherentes a los repetidos ciclos de nacimiento y muerte).

EL YOGA ES EL SENDERO DE LA ACCIÓN ESPIRITUAL, el método infalible a través del cual los conceptos se transforman en percepción de lo divino. Para quienes abrazan esta «religión verdadera», ningún esfuerzo espiritual es en vano. Por mínimo que sea el intento, éste redundará en un beneficio perdurable. Dada su precisión matemática, el esfuerzo espiritual correcto para llegar a Dios sólo produce resultados positivos, en tanto que las búsquedas materiales son semejantes a deambular por un callejón sin salida y sujeto a los riesgos de tropezar con sus invisibles peligros.

¡Abundan los dolorosos recordatorios de que es más segura la protección de vivir bajo el dosel de la verdad que hallarse a la intemperie en los campos abiertos del error! Incluso una pequeña práctica del divino método del yoga ayudará a mitigar la atroz enfermedad de la ignorancia y los sufrimientos que ésta conlleva. Mahavatar Babaji citaba a menudo la última frase de esta estrofa del *Guita* refiriéndose al *Kriya Yoga*[41].

---

[41] Véase *Autobiografía de un yogui,* capítulo 34.

He aquí un mensaje de esperanza para los devotos que, habiendo entrado en el sendero espiritual, todavía no han logrado un progreso visible. En el mundo material, todos los éxitos se conocen por sus resultados que, aun cuando sean tangibles, muchas veces no perduran. Pero en el sendero espiritual todos los resultados, por el hecho de ser fundamentalmente psicológicos, son intangibles. No obstante, dichos resultados son reales, y sus beneficios, imperecederos.

Los resultados espirituales comienzan como sutiles transformaciones en la conciencia del ser interior y deben medirse de acuerdo con su capacidad para proporcionar paz. El devoto que medita con profundidad está destinado a sentir una creciente paz (¡la cual es, después de todo, más valiosa que cualquier posesión mundana!). Conservar la paz interior, a pesar de las siempre cambiantes situaciones de la vida, es poseer una dicha mayor que la de un rey, quien, aun en medio de circunstancias externas por completo favorables, puede sentirse interiormente desdichado.

Cuando un devoto ha avanzado en forma considerable, su paz interior se transforma en la percepción de la omnipresencia, la omnisciencia y la omnipotencia. El devoto controla entonces el interruptor que pone en marcha la fábrica de la creación cósmica.

OTRA INTERPRETACIÓN de esta estrofa es que la práctica correcta del auténtico yoga jamás produce resultados perjudiciales, en tanto que ciertos ritos religiosos formales ideados para proporcionar poderes específicos, según se describen en diversos textos sagrados, podrían no aportar resultado alguno o atraer resultados nocivos si se comete el más ligero error en su ejecución.

Los métodos correctos de meditación jamás producen resultados perjudiciales

Un relato de los Puranas ilustra este punto. Un practicante inepto de *Mantra Yoga* (el arte del conjuro) ponía a prueba la eficacia de ciertas palabras-simiente vibratorias con el objeto de destruir a su enemigo, pero, debido a que las pronunció de manera incorrecta, ese poder se volvió contra él mismo. (Por ejemplo, la palabra «paz» normalmente produce un efecto pacificador, pero si se pronuncia a voz en grito e impulsado por la ira, el resultado no será la paz sino el conflicto. Ciertos sonidos vibratorios conocidos por los ocultistas producen, con la pronunciación adecuada, un efecto específico ya sea benéfico o maléfico; sin embargo, aún el más ligero error puede dar lugar a un resultado opuesto al esperado).

El mago de nuestro relato era enemigo declarado del dios Indra.

Planeando destruir a Indra por métodos psíquicos, llevó a cabo el ritual prescrito, pero sin advertirlo entonaba «el enemigo de Indra» en vez de «Indra, el enemigo» y, por el hecho de pronunciar la frase en forma incorrecta, cambió por completo la dirección del poder vibratorio que había puesto en movimiento. Sin saberlo, al decir «el enemigo de Indra» estaba designándose a sí mismo como la víctima. El conjuro funcionó conforme a sus palabras y no a su intención. Al final de la ceremonia no fue Indra quien cayó muerto, ¡sino «el enemigo de Indra»!

El devoto debe comprender que, en el peor de los casos, es peligroso y, en el mejor, espiritualmente inútil jugar con los fenómenos y poderes psíquicos o con ritos ceremoniales cuyo resultado es incierto o limitado. Al seguir el sendero espiritual de la acción correcta y los métodos apropiados de meditación con el propósito de alcanzar la unión con Dios, ninguna labor espiritual es en vano, y cada esfuerzo recibe su recompensa divina.

Los métodos correctos de meditación jamás producen resultados adversos. Por supuesto, los métodos incorrectos no aportan beneficio alguno, ni en la meditación ni en cualquier otro aspecto. Los charlatanes conciben de vez en cuando extraños métodos, que ellos prudentemente se abstienen de practicar, pero que recomiendan a sus seguidores para impresionarlos y desconcertarlos. Algunas personas desequilibradas o víctimas del engaño terminan envueltas en problemas por seguir técnicas inapropiadas, tales como ejercicios respiratorios violentos u otras prácticas ajenas a la ciencia pura de la meditación. Citando como ejemplo estas aberraciones, la gente mal informada mira entonces con recelo incluso las técnicas genuinas del yoga, las cuales, en verdad, confieren la salvación.

Los grandes maestros que han alcanzado la unión con Dios enseñaron métodos y técnicas espirituales que conducen a la percepción de Dios y a la liberación. Así como el azúcar puro jamás tiene sabor amargo, tampoco las técnicas divinas de meditación —tales como *Kriya Yoga*— pueden proporcionar algo que no sea la dulzura de la paz e infinitas bendiciones y, por último, el contacto con Dios.

Los santos declaran que si una persona siente en verdad el deseo de salvación, aunque sólo sea una vez, la semilla de ese anhelo permanece sembrada en su mente supraconsciente. Sin importar por cuánto tiempo sea ignorada, germinará cuando se hayan creado las condiciones favorables, ya sea en esta vida o en una futura encarnación. Así pues, el devoto debe recordar que incluso una entrada momentánea en el reino de la meditación puede significar a la larga su liberación de la prisión kármica de nacimientos y muertes. Algún día, en alguna vida, todo ser humano habrá de dar ese primer paso divino.

Esta estrofa no significa, por supuesto, que un poco de meditación le asegure al hombre su liberación del engaño cósmico. El *Guita* señala simplemente que es mucho mejor *iniciar* el sendero de la eterna seguridad practicando la meditación que permanecer en el plano material del pensamiento, que finaliza en la muerte.

El poder del deseo sincero por Dios

Si incluso un simple deseo de liberarse conduce por último a la liberación, tal como lo prometen los sabios, es obvio que los resueltos y continuos esfuerzos que uno aplica en la meditación deben acelerar de modo extraordinario la evolución espiritual.

Mientras en el corazón no se haya despertado el anhelo por liberarse, y ese deseo se satisfaga por medio de la meditación, la salvación será imposible, aun cuando uno se reencarne en innumerables ocasiones.

ESTROFA 41

व्यवसायात्मिका बुद्धिरेकेह कुरुनन्दन।
बहुशाखा ह्यनन्ताश्च बुद्धयोऽव्यवसायिनाम्॥

vyavasāyātmikā buddhir ekeha kurunandana
bahuśākhā hy anantāś ca buddhayo 'vyavasāyinām

En este yoga, ¡oh descendiente de Kuru![42] (Arjuna), la determinación interior es absoluta y tiene un solo propósito, en tanto que el razonamiento de la mente indecisa es interminable y se ramifica en varias direcciones.

EL YOGUI ENFOCA SU MENTE en Dios, y sólo en Él. Los soñadores indecisos disipan sus poderes mentales en la confusión de los interminables y profusamente ramificados senderos de diversos intereses y deseos. El yogui alcanza la gran Meta de su vida, en tanto que las personas

[42] Kuru fue un ancestro tanto de los Pandavas como de los Kauravas, por ello en esta estrofa se hace referencia a Arjuna como Kurunandana, «descendiente de Kuru»; *nandana* tiene también la connotación de aquello que ocasiona regocijo. De este modo, Krishna alienta a Arjuna dirigiéndose a él como «el orgullo o hijo predilecto de la dinastía Kuru».

Cuando la guerra se tornó inevitable, Arjuna, por parte de los Pandus, y Duryodhana, por parte de los Kurus, acudieron a Krishna en busca de ayuda para sus respectivos bandos. Duryodhana llegó primero al palacio de Krishna y se sentó descaradamente en la cabecera del lecho en el que Krishna, aparentando estar dormido, descansaba. En cambio, Arjuna, tras su llegada, se quedó humildemente de pie, con las manos unidas en señal de reverencia, a los pies de Krishna. Por lo tanto, cuando el avatar abrió los ojos, fue a Arjuna a quien vio primero. Ambos príncipes le solicitaron que se pusiera de su lado en la guerra. Krishna estipuló que su imponente ejército estaría a disposición de uno de los bandos, mientras que el otro bando podría contar con él mismo como su consejero personal —aun cuando no portaría armas durante el combate—. Se le concedió a Arjuna elegir primero. Sin dudarlo, sabiamente eligió a Krishna mismo; en cambio, el ambicioso Duryodhana se regocijó de haber obtenido el ejército.

«Donde está Krishna, está la victoria».

«El principal consejero y defensor de los Pandavas es el Señor mismo, que, encarnado en la forma de Krishna, representa el Espíritu, el alma o la intuición [...]; también representa al gurú que instruye al devoto Arjuna, su discípulo. En el interior del devoto, el Señor Krishna es, pues, la Divina Inteligencia rectora que le habla al ser inferior, perdido en los enredos de la conciencia sensorial. Esta Inteligencia Superior es el maestro e instructor, en tanto que el intelecto de la mente inferior es el discípulo. La Inteligencia Superior aconseja al viciado ser inferior el modo de elevarse a sí mismo, en armonía con las verdades eternas y en cumplimiento del deber intrínseco que Dios le ha encomendado».

«Todo devoto que emule a Arjuna —la personificación del discípulo ideal— y cumpla con sus legítimos deberes sin apego y perfeccione su práctica de la meditación yóguica mediante una técnica como la de Kriya Yoga *atraerá, al igual que él, las bendiciones y la guía de Dios y alcanzará la victoria de la realización del Ser».*

Paramahansa Yogananda

inquietas deambulan sin cesar por los laberintos de los sucesivos nacimientos y muertes, sin poder hallar la satisfacción.

El *Guita* señala la diferencia entre el devoto meditativo dedicado a la búsqueda de Dios y la persona inquieta que se conforma con enseñanzas teóricas.

Aquel que sólo busca satisfacer su curiosidad emprende caprichosamente numerosos senderos filosóficos y religiosos, pero en cada nueva perspectiva y creencia que encuentra tropieza una y otra vez con la duda y la insatisfacción. El yogui, en cambio, ha fijado su discernimiento y concentración en una sola meta —la Bienaventuranza de Dios— y, por ello, con gran rapidez comienza a percibir la Divina Realidad a través de su propio despertar interior.

Habiendo alcanzado a Dios, el devoto que experimenta la realización del Ser descubre que su sed de deseos acumulada durante muchas encarnaciones se satisface de inmediato; se libera de todos los deseos, que son los causantes de su reencarnación. Mas aquel que busca impulsado sólo por la curiosidad, siempre irresoluto y sin comprometerse en forma alguna, permanece enredado en sus fantasías y en la compleja trama de sus deseos. Atado a las cadenas del karma, se ve forzado a reencarnar una y otra vez.

Es preciso que el aspirante espiritual abandone su estado de indecisión. Al seguir a un verdadero gurú preceptor y un sendero específico, se librará de interminables vagabundeos.

Un gran número de personas no se toman en serio la religión; la consideran un tema de especulación intelectual o de estimulación emocional. Las nuevas teorías filosóficas absorben su interés inmediato; ¡hacen caso omiso de toda práctica de las inmemoriales verdades que han sido comprobadas a lo largo del tiempo! Quien considera que un sendero espiritual basado en la disciplina es anticuado y carece de utilidad porque no ofrece el atractivo de la novedad emocional e intelectual recorrerá siempre nuevas callejuelas y extraños caminos secundarios sin llegar jamás al destino final de la divina bienaventuranza.

El genuino aspirante espiritual, cuya mente está enfocada sólo en Dios, reconoce con rapidez al verdadero gurú y el auténtico sendero de la realización del Ser; ocupa su tiempo en practicar las técnicas de meditación impartidas por el gurú y que le conducirán a Dios. De ese modo, sin dificultad alguna y mediante su firme propósito, alcanzará el pináculo de la emancipación espiritual.

El trotamundos empedernido de los caminos de la teología raras veces prueba siquiera un sorbo de las puras aguas divinas de la verdad.

¡Únicamente ansía probar brebajes de ideas con nuevos sabores! Su deseo de experimentar senderos novedosos y no comprobados sólo le conducirá a un territorio desierto plagado de dudas intelectuales. El que está sediento de Dios se halla atareado, en cambio, bebiendo el néctar del gozo divino.

ESTROFAS 42-44

यामिमां पुष्पितां वाचं प्रवदन्त्यविपश्चितः।
वेदवादरताः पार्थ नान्यदस्तीति वादिनः॥ *(42)*

कामात्मानः स्वर्गपरा जन्मकर्मफलप्रदाम्।
क्रियाविशेषबहुलां भोगैश्वर्यगतिं प्रति॥ *(43)*

भोगैश्वर्यप्रसक्तानां तयापहृतचेतसाम्।
व्यवसायात्मिका बुद्धिः समाधौ न विधीयते॥ *(44)*

yām imāṁ puṣpitāṁ vācaṁ pravadanty avipaścitaḥ
vedavādaratāh pārtha nānyad astīti vādinaḥ (42)

kāmātmānaḥ svargaparā janmakarmaphalapradām
kriyāviśeṣabahulāṁ bhogaiśvaryagatiṁ prati (43)

bhogaiśvaryaprasaktānāṁ tayāpahṛtacetasām
vyavasāyātmikā buddhiḥ samādhau na vidhīyate (44)

¡Oh Partha (Arjuna)!, en quienes se aferran tenazmente al poder y a los deleites de los sentidos, y cuyo discernimiento es desviado por la florida retórica de quienes son espiritualmente ignorantes, no surge ninguna firme resolución (ninguna estabilidad de la mente) en el estado meditativo de* samadhi*. Tales personas, cuya verdadera naturaleza es víctima de las inclinaciones terrenales, argumentan que sólo es preciso regocijarse en los laudatorios aforismos de los Vedas, consideran el cielo (los fenómenos placenteros del mundo astral) como su meta más elevada y llevan a cabo numerosos ritos sacrificiales específicos con el propósito de obtener placer y poder; con todo eso, en cambio, ellas abrazan la causa de nuevos nacimientos, las consecuencias de tales acciones (instigadas por el deseo).

Quienes están apegados a los placeres y poderes de los sentidos, ya sean de naturaleza material o astral, no pueden adquirir el equilibrio mental de la meditación y no llegan a obtener la unión con Dios mediante el éxtasis *(samadhi).* Engañados por las falsas palabras de los que son espiritualmente ignorantes, infectados por los deseos y aficionados al paraíso, revisan con ansiedad las escrituras en busca de alguna señal de un cielo «lucrativo», se regocijan con la retórica de las Sagradas Escrituras y ejecutan con entusiasmo ceremonias externas que prometen dones de placer y poder, tanto aquí como en el más allá; esos seres humanos pierden todo su discernimiento espiritual y no poseen aspiraciones más elevadas. Sus acciones, motivadas por los deseos, siembran semillas que les conducen de modo inexorable a una sucesión de nacimientos y muertes.

Estas engañosas ilusiones interiores impiden que uno se sintonice con la conciencia cósmica y logre la unión extática con Dios. Así como una radio registra la estática producida por las diversas condiciones atmosféricas e impide de ese modo que uno reciba la transmisión con claridad, de manera semejante quien está saturado de la estática de los deseos materiales —incluyendo aquellos deseos que adoptan el disfraz de aspiraciones espirituales— no puede sintonizar su radio interior con el estado de *samadhi,* la conciencia de Dios. Estos engaños o estática psicológica de los deseos nacen del apego al poder y a los placeres sensoriales.

El devoto debe evitar creer en forma indiscriminada las palabras superficialmente convincentes de las personas carentes de sabiduría. Al aspirante se le aconseja proteger su discernimiento espiritual, a fin de que no le sea robado por los sofismas de los que propugnan la filosofía del enaltecimiento sensorial: aquellos que se dedican al placer o a la búsqueda de poderes psíquicos y astrales. El devoto no debe concentrarse en los fenómenos astrales ni en los poderes milagrosos, sino sólo en conquistar el gozo de Dios.

El *Guita* también previene a los devotos contra el deseo de disfrutar de los placeres y absorbentes fenómenos del cielo astral, al que consideran como la meta más elevada. El devoto tampoco deberá desear un cielo después de la muerte que no sea más que un lugar donde se disfrute de los placeres sensoriales glorificados. ¡El cielo no es un «feliz territorio de caza»[43], una tierra en que uno continúa gozando, sin llegar jamás a la saciedad, de los placeres sensoriales terrenales! Se

---

[43] El paraíso según los indios norteamericanos. *(Nota del editor).*

engaña quien desee otro cielo que no sea la unidad con Dios, que es la Fuente Misma de la Dicha.

También se halla sumido en el engaño el que se concentra en utilizar los ritos de las escrituras y los ritos sacrificiales con el objeto de obtener beneficios materiales: los evanescentes placeres y los poderes sobrenaturales que pueden adquirirse llevando a cabo al pie de la letra los ritos profundamente simbólicos de los Vedas u otros ritos de las escrituras.

Tales engaños basados en el deseo de lograr formas más intensas de placer y grandiosos poderes fragmentan la singularidad del deseo por Dios. Puesto que pertenecen a la materia y no al Espíritu, los frutos kármicos de estos deseos no se han plantado en el suelo de la liberación sino en el de los renacimientos compulsivos: una nefasta consecuencia que el verdadero yogui ansía evitar.

Alguien podría razonar de este modo: «Puesto que no cargo con el fardo de saber quién fui antes de esta vida ni lo que seré después, ¿por qué habría de temer la sucesión de diversos nacimientos y muertes?». En verdad el ego del hombre encarna sólo una vez con una forma y personalidad determinadas. Pero aunque el ego desecha una tras otra las características individuales que ha adoptado en las sucesivas encarnaciones, aun así lleva consigo en el subconsciente los placeres y terrores que le produjeron las experiencias de todas sus vidas pasadas. Cada hombre alberga dentro de sí numerosos temores ocultos que tienen su origen en las experiencias negativas de vidas que ha olvidado hace ya largo tiempo.

Quienes malgastan cada permanencia terrenal reaccionando emocionalmente a las incesantes imágenes oníricas de la vida no dejan de contemplar turbulentas imágenes oníricas de muerte y nuevas encarnaciones. Atraídos por las engañosas promesas de los floridos señuelos de los sentidos, no podrán fundirse en la inmutable Bienaventuranza Eterna que se encuentra más allá del ilusorio tumulto del cambio, mientras no abandonen su búsqueda de un paraíso rebosante de placeres en el onírico drama emocional. Los inquietantes espectros de los temores inexplicables del hombre, y también los renacimientos obligados, se erradican mediante la práctica de la profunda meditación en el estado de *samadhi.*

ESTROFA 45

त्रैगुण्यविषया वेदा निस्त्रैगुण्यो भवार्जुन।
निर्द्वन्द्वो नित्यसत्त्वस्थो निर्योगक्षेम आत्मवान्॥

traiguṇyaviṣayā vedā nistraiguṇyo bhavārjuna
nirdvandvo nityasattvastho niryogakṣema ātmavān

Los Vedas versan sobre las tres cualidades universales o* gunas. *¡Oh Arjuna, libérate de las triples cualidades y de los pares de opuestos! Siempre calmado, sin pensar en recibir o retener, establécete en el Ser.

«LOS VEDAS ENSALZAN Y HONRAN las fuerzas activadoras de la Naturaleza que proyectan sus numerosas formas por medio de la agitación de las tres cualidades [las *gunas*]. Sin embargo, ¡oh devoto!, concentra tu atención en el Espíritu y no en la materia, y libérate así de involucrarte emocionalmente en las películas oníricas de la Naturaleza, que versan sobre una existencia cuya trama está compuesta por el bien, la actividad y el mal. Manteniéndote siempre fiel a tu verdadera naturaleza *(nityasattvastha)* —calmado, sin que te perturben las tres cualidades ni el claroscuro de sus pares de opuestos—, libre de las redes de deseos y apegos que han sido tejidas por el engaño, establécete de manera definitiva en tu Ser trascendente».

Esta estrofa señala la ineficacia espiritual de la práctica —por perfecta y austera que ésta sea— de los ritos meramente externos que se mencionan en las escrituras. Nada excepto la purificación del ser interior del hombre tiene el poder de liberarlo de las tres cualidades de la naturaleza humana que son la causa de la reencarnación: la cualidad sáttvica (elevadora), la rajásica (activadora) y la tamásica (degradante).

❖
Los ritos externos pueden conferir poderes, mas no la liberación
❖

Muchos textos védicos, que son profundamente simbólicos y encierran ocultos significados invisibles a la mirada del estudioso superficial, poseen también un significado externo en la forma de ritos y rituales que se llevan a cabo sólo con fines mundanos. Algunas estrofas de los Vedas versan, en la superficie, sobre métodos para desarrollar las cualidades rajásicas o activadoras del hombre con propósitos específicos, tales como obtener la victoria en una batalla contra sus enemigos, o llevar una vida cotidiana saludable, fructífera o progresista. Otros versos védicos se refieren al desarrollo de las cualidades tamásicas: poderes y logros que alimentan la vanidad y la naturaleza inferior del hombre. Y existen otros que enseñan cómo cultivar las cualidades sáttvicas, es decir, aquellas que dulcifican y ennoblecen al hombre.

El devoto común que sólo comprende el significado superficial de los Vedas y sigue a ciegas y al pie de la letra sus instrucciones no percibe la verdad: todo hombre que se interese principalmente en el mundo fenoménico (dotado de las tres cualidades) estará sujeto a la reencarnación por la fuerza de los deseos vinculados con ese mundo fenoménico. Por ejemplo, si una persona utiliza determinados cantos védicos con el objeto de triunfar sobre un enemigo, su éxito en esa empresa establecerá en su conciencia un deseo de poder relacionado con futuras victorias. Este deseo subconsciente conduce al desarrollo de la cualidad activadora (rajásica) del devoto y es la causa directa de otro renacimiento, en el que debe agotar ese deseo insatisfecho. Todo deseo desarrolla en el hombre una (o más de una) de las tres cualidades —elevadora, activadora o degradante— y lo ata a la rueda de la reencarnación.

La palabra *Veda* significa «conocimiento». Los Vedas, las escrituras más veneradas de la India, «recibidas por revelación divina», son libros que encierran una sabiduría tanto material como espiritual. El propósito de una escritura es, en primer lugar, liberar el alma de la esclavitud de los renacimientos y, en segundo lugar, enseñar el arte de triunfar en la vida material. Existe cierta clase de personas que honran a ciegas los Vedas y consideran todos sus mandamientos —que deben seguirse al pie de la letra— como órdenes divinas esenciales para alcanzar la liberación. Los autores de estos antiguos tratados fueron lo suficientemente sabios como para estimular el interés en las escrituras al mostrar al pueblo en general el modo de lograr el éxito material y luego procurar guiar a todas las personas hacia la práctica de las reglas de autodisciplina que conducen a la liberación espiritual.

EN EL *GUITA* —LA QUINTAESENCIA del sendero hacia la liberación— se aconseja al devoto que abandone todas aquellas actividades que despiertan las tres cualidades humanas causantes de la reencarnación y que desarrolle, en cambio, por medio de la práctica correcta de la meditación, el estado intuitivo libre de deseos. Aquel que en divina comunión interior recibe las todopoderosas bendiciones y la guía de Dios, que generosamente se le

El Guita *aconseja la serena ausencia de deseos para liberar al hombre de su esclavitud*

confieren, no necesita propiciar a los «dioses» menores de las fuerzas naturales, que exigen un pago kármico a cambio de sus favores.

Al permanecer siempre en calma —estado que es una consecuencia natural de la meditación profunda—, el devoto sincero se libera de las oscilaciones de los pares de cualidades opuestas que coexisten con la tríada de las *gunas:* bueno y malo, virtud y vicio, dicha y tristeza, calor y frío, gustos y aversiones, etc. Cuando una persona desarrolla una cualidad, automáticamente se ve impulsada a experimentar la opuesta. ¡Aquel que siente dolor busca la felicidad, y el que disfruta de la felicidad teme perderla!

El estado mental de serenidad y constante equilibrio, libre de las perturbaciones del dolor o de la dicha, conduce al devoto al inmutable y siempre renovado gozo oculto en el alma. La gente de mentalidad materialista rechaza esta filosofía porque teme que dé como resultado una existencia vana e insípida. Está tan acostumbrada a aferrarse a la zarandeada balsa de las engañosas esperanzas cotidianas que no sabe que el verdadero gozo sin fin consiste en armonizar, mediante la meditación, la conciencia con su verdadera y siempre calmada naturaleza y, de esta forma, evitar que la mente se deje arrastrar por las crestas del pesar y la felicidad o se hunda en las profundidades de la indiferencia.

Después de obtener la felicidad pasajera, ésta se pierde, y se incrementa así la desdicha del hombre. Por lo tanto, se aconseja al devoto que se libere de todas las cualidades excitantes y que se concentre en la bienaventurada naturaleza del alma.

La supraconciencia del alma debería estar además anclada en la inmutable roca de la conciencia cósmica, donde las olas del cambio no pueden dejar huella. Es preciso que el devoto elimine toda forma de existencia condicionada que estimule los deseos y apegos —la desesperada ansiedad de obtener objetos y aferrarse a ellos—. Su meta ha de ser la Existencia en Dios, libre de toda clase de condicionamientos.

LOS GRANDES YOGUIS OFRECEN UNA INTERPRETACIÓN espiritual de los Vedas y sus preceptos. La sección exotérica de los Vedas se ocupa de los rituales; y la esotérica, del conocimiento. La superficie externa del cuerpo y los centros nerviosos que estimulan la actividad sensomotora pueden compararse con los ritos ceremoniales exotéricos de los Vedas. Los centros astrales sutiles internos y los estados superiores de conciencia, por su parte, guardan correspondencia con los principios esotéricos de los Vedas. Los yoguis

❖
Interpretación esotérica de los Vedas según el yoga
❖

dicen que el devoto meditativo en su sendero hacia la percepción del Ser se eleva por encima de la conciencia del mundo, los sentidos y el cuerpo (los rituales védicos) y se concentra en la región espinal y sus sutiles centros espirituales de conciencia y energía vital (los principios esotéricos védicos). Luego se le aconseja al devoto elevarse por encima de las percepciones que tienen lugar en las regiones coccígea, sacra y lumbar (correspondientes a los tres Vedas inferiores que versan sobre el aspecto material de la vida) y que se concentre en las regiones de los centros dorsal, cervical, medular y cerebral (correspondientes al *Rig Veda,* el más elevado y espiritual de los Vedas)[44].

ESTROFA 46

यावानर्थ उदपाने सर्वतः सम्प्लुतोदके ।
तावान्सर्वेषु वेदेषु ब्राह्मणस्य विजानतः ॥

---

[44] De los cuatro Vedas, el *Rig Veda* es el texto original y el más antiguo. Su filosofía y prescripciones muestran una evolución que avanza desde la adoración de las fuerzas de la naturaleza al reconocimiento de un Espíritu Supremo —Brahman— y, en forma correspondiente, una evolución desde el estado en que se depende de los favores de los «dioses» hasta lograr la maestría del Ser. Por lo general, se considera que el *Yajur Veda* y el *Sama Veda* derivan del *Rig Veda.* El *Yajur* es un conjunto especial de rituales, un manual para los sacerdotes que dirigen los ritos ceremoniales. El *Sama Veda* contiene una selección de cantos y define su correcta entonación melódica en lo que se refiere a los rituales védicos. El origen del *Atharva Veda* es posterior y trata principalmente de conjuros y fórmulas mágicas destinadas a mitigar las fuerzas negativas y obtener favores en la vida cotidiana. Entre sus prescripciones prácticas se encuentran aquellas que se consideran como el origen de la ciencia médica en la India.

Los sabios que por medio de la divina intuición pueden leer no sólo los significados superficiales sino la verdadera esencia del pensamiento védico afirman que estas escrituras son una fuente inmemorial de conocimiento que abarca tanto el conjunto de las artes y ciencias seculares como las religiosas.

(Nota del editor:) Por ejemplo, el renombrado Shankaracharya de Puri, Su Santidad Jagadguru Swami Sri Bharati Krishna Tirtha, descubrió en dieciséis *slokas* del *Atharva Veda,* los «Ganita Sutras» —que han sido rechazados por muchos estudiosos occidentales por considerarlos «absurdos e ininteligibles»— fórmulas especiales aplicables a las matemáticas en todas sus ramas, desde la simple aritmética al cálculo infinitesimal, la física y todas las formas de la matemática aplicada. (Véase el libro *Vedic Mathematics* [Matemáticas védicas], escrito por Su Santidad, publicado por Motilal Banarsidas, Benarés, 1965. En 1958, Su Santidad —presidente del Gowardhan Math de Puri y sucesor espiritual directo de Adi Shankara, que vivió en el siglo VIII— realizó una gira por EE.UU. bajo los auspicios de *Self-Realization Fellowship.* Durante su gira de tres meses, disertó acerca de la metafísica y las matemáticas védicas en importantes universidades de todo el país. Fue un acontecimiento histórico: la primera vez que un Shankaracharya viajaba a Occidente).

yāvān artha udapāne sarvataḥ saṁplutodake
tāvān sarveṣu vedeṣu brāhmaṇasya vijānataḥ

Para el que conoce a Brahman (el Espíritu), el conjunto de los Vedas (escrituras) no tiene mayor utilidad que la de un embalse en medio de una inundación que se extiende en todas direcciones.

EL *BRAHMIN*, AQUEL QUE POSEE el supremo conocimiento sagrado —la percepción del Espíritu—, encuentra innecesario el estudio de las descripciones de Dios que presentan las escrituras. Así como una represa es inútil cuando la inundación lo cubre todo, así también las escrituras formales resultan superfluas para el que se ha fundido en el Mar Infinito. Siendo uno con la Suprema Sabiduría del Espíritu, el yogui considera que todas las demás formas de conocimiento son de escasa relevancia.

Cuando el devoto ha sumergido su conciencia en el Océano de Dios, la plenitud de su experiencia directa supera las escrituras del mundo.

Jesús dijo: «Buscad primero el Reino de Dios y su justicia, y todas esas cosas se os darán por añadidura»[45]. La expansión de la conciencia humana hasta abarcar la conciencia cósmica por medio del arte de la concentración proporciona al devoto una gozosa sabiduría muy superior a la satisfacción que brinda el conocimiento teórico resultante del estudio de libros, por profundo que éste sea. ¡Tal devoto es como una persona que durante toda su vida ha estado intentando conseguir mil dólares y de pronto se vuelve millonaria!

El yogui que se sumerge en lo más hondo del silencio —el reino de Dios en su interior— descubre que, a medida que su conciencia y su fuerza vital se retiran de la conciencia corporal, él se remonta a través del espléndido túnel de la espina dorsal hasta establecer contacto con Dios, que se percibe como siempre renovada Dicha en los sutiles centros cerebrales. ¡Entronizado en su palacio de gozo, el yogui jamás añora volver a los sofocantes barrios bajos de los placeres sensoriales!

Podría decirse que el verdadero devoto pierde el deseo por los «ritos védicos» (el conocimiento sensorial) cuando se convierte en un conocedor omnisciente de Brahman (el Espíritu).

---

[45] *Mateo* 6:33.

EL ARTE YÓGUICO DE LA ACCIÓN CORRECTA QUE CONDUCE A LA SABIDURÍA INFINITA

ESTROFA 47

कर्मण्येवाधिकारस्ते मा फलेषु कदाचन।
मा कर्मफलहेतुर्भूर्मा ते सङ्गोऽस्त्वकर्मणि॥

karmaṇy evādhikāras te mā phaleṣu kadācana
mā karmaphalahetur bhūr mā te saṅgo 'stv akarmaṇi

Como ser humano, sólo tienes derecho a la actividad, jamás a recibir el fruto resultante de tus acciones. No te consideres el creador de los frutos de tus actos ni te apegues a la inacción.

EL DEVOTO ES UNA DIVINA ALONDRA inmersa en el alma de su canto; no piensa en su beneficio personal ni en impresionar a otros con sus melodías. Las acciones del devoto sólo están dirigidas al Infinito, y no son para complacer a la humanidad ni para satisfacer sus propios deseos materiales. De ahí que no se concentre en la expectativa de recibir recompensa, sino que se dedique a la actividad correcta por sí misma, para complacer a su Amado Divino. Sabiendo que es Dios quien lo ha creado como un ser encarnado que posee la facultad de actuar con el objeto de que desempeñe un papel en el drama cósmico, el devoto reconoce siempre la imagen y el poder de Dios que se halla en su interior como el iniciador y hacedor de toda acción. Como tal, no se adjudica la autoría ni se considera responsable del resultado de las actividades que lleva a cabo identificado con Dios; pero al entregarle a Dios los frutos de la acción, el devoto ha de ser cauteloso para que, al serle negada la acostumbrada recompensa, su mente no lo conduzca hacia una apática inacción.

Por esa razón, en el *Guita* se señala el arte de la acción sabia mediante la cual se puede alcanzar la verdadera felicidad y libertad.

LOS SERES HUMANOS PUEDEN CLASIFICARSE del siguiente modo, según sus diferentes motivaciones y los resultados que éstas acarrean:

1) El primer grupo está compuesto por aquellos que sólo viven para

lograr su propia felicidad egoísta. El hombre egocéntrico puede adquirir riquezas con sus esfuerzos, y así se gana el respeto de su familia y el de otras personas que se benefician con ello; pero al llegar la muerte se ve obligado a abandonar todo cuanto ha atesorado. Tal vez estos seres egoístas descubran, después de múltiples decepciones mundanas y cuando ya sea demasiado tarde, que la felicidad no es el resultado de una vida basada en intereses egoístas. El hombre inteligente percibe, por medio de la reflexión, que él no es el supremo creador de las acciones o deberes y que, por consiguiente, no debe realizar sólo en beneficio propio las tareas que Dios le haya encomendado. Aquellos que actúan para sí mismos deben soportar la forzosa carga kármica derivada de la responsabilidad por sus acciones. Los seres humanos deberían, por lo tanto, desempeñar los papeles que se les han asignado, mas no con el propósito de satisfacer su propio ego, sino con la finalidad de que el plan divino se desarrolle con éxito.

En qué difieren la acción egoísta, la inacción y la acción espiritualmente liberadora

Esta enseñanza no significa que la vida humana esté predestinada de manera matemática en todos los aspectos; simplemente señala que los seres humanos dotados de libre albedrío e intuición deben usar en forma apropiada estas facultades para descubrir y cumplir los deberes que Dios les ha encomendado. Aunque para el hombre sea difícil descubrir cuáles son los deberes que le corresponden en la vida, aun así, si él busca a Dios en la meditación, la voz de su conciencia interior lo guiará con acierto. Ya sea que uno desempeñe la tarea de un ejecutivo de empresa o administre un hogar y se ocupe del cuidado de una familia, tales deberes cumplen una función necesaria y noble en el escenario cósmico.

Numerosas personas suponen erróneamente que es imposible llevar a cabo actividades materiales sin poseer el deseo personal motivador de gozar del fruto de la acción en la forma de éxito. Lo cierto es que cuando una persona actúa en pos de su propio beneficio material no está tan atenta ni es tan prudente y feliz como aquella que ejecuta sus pequeños o grandes proyectos sólo para complacer a Dios.

Un hombre acaudalado que logra sus metas empresariales con el fin egoísta de obtener un beneficio, y se considera a sí mismo el único creador y dueño del éxito alcanzado, teme pensar en el hecho de que será despojado de todo a la llegada de la muerte. Pero si un magnate exitoso usa sus talentos con la actitud de que sus logros son para Dios, y emplea su buena fortuna en causas nobles y con el fin de ayudar a aquellos que son menos afortunados, comprobará que las recién despiertas cualidades de su alma acrecientan su entusiasmo por alcanzar el éxito y le aportan un gozoso sentimiento de plenitud interior por haber podido hacer más en beneficio de los hijos de Dios. Este comportamiento es superior al de acumular riquezas para satisfacer deseos personales, sólo para abandonarlas al borde de la tumba y dejarlas en herencia por lo general a parientes indignos que se las disputarán y acabarán dilapidándolas.

2) Existe una segunda clase de personas que, debido a su interpretación equivocada de las escrituras, consideran que todas las actividades y ambiciones humanas son resultado del egoísmo; de ahí que, apartándose del deber, a causa de su mojigatería, abrazan la inactividad. El *Guita* advierte contra semejante punto de vista: ¡incluso la actividad egoísta es preferible a la ausencia de actividad!

El que de manera egoísta y sin atribuirle el mérito a Dios como Autor de todas las acciones lleva a cabo sus deberes en la vida está cumpliendo de todos modos con sus obligaciones y recibe, por lo tanto, la gracia divina en la forma de cierto buen karma y felicidad material. En cambio, al hombre inactivo que rotundamente se niega a trabajar, ya sea para obtener una satisfacción egoísta o bien con propósitos divinos, se le priva, con implacable justicia, tanto de la recompensa material como de la espiritual.

Ésta es también una advertencia para todos los aspirantes espirituales poco maduros que, aduciendo estar desapegados de los frutos de la acción, se vuelven física y mentalmente indolentes y perezosos. El crecimiento espiritual es imposible en el paralizante terreno de la indolencia.

3) La tercera clase de seres humanos está compuesta por aquellos que son sabios y llevan a cabo todos los deberes terrenales, morales y espirituales sólo con la intención de complacer a Dios[46].

Cuando el *Guita* señala que no se deben desear los frutos de la acción, eso no significa que uno deba trabajar como un autómata, sin tener en consideración los probables resultados de sus actividades. La

[46] Es la obligación moral ineludible de toda alma, como hija de Dios, ganar la aprobación del Padre, que refiriéndose a Jesús dijo: «Éste es mi Hijo amado, en quien me complazco» (*Mateo* 3:17). Trabajar en pos de la liberación es complacer a Dios; complacer a Dios significa alcanzar la liberación.

enseñanza del *Guita* consiste en que es preciso trabajar con inteligencia, ambición y entusiasmo, procurando llevar a cabo las acciones que den lugar a los buenos frutos, mas no en beneficio propio, sino por Dios y todos sus hijos.

El devoto que realiza todas las buenas acciones sólo por Dios vive en la tierra con la aprobación divina y disfruta de una inmensa satisfacción interior, sin sentirse lastimado por los fracasos ni regocijarse en exceso por sus triunfos. Cuando un verdadero devoto enfrenta el fracaso, a pesar de haber trazado sus planes con precisión matemática, no se desalienta sino que se esfuerza aún más para lograr un resultado exitoso y ofrendárselo a Dios. Si sus esfuerzos son coronados por el éxito, no se entusiasma demasiado ni se congratula por ello, sino que se siente divinamente satisfecho al pensar que tal vez haya complacido a Dios y servido a los demás con sus logros.

El hombre común no sabe por qué «casualmente» nació en una determinada familia, ni por qué «casualmente» se le han asignado ciertos deberes específicos (y no otros). Comprendiendo su ignorancia, el devoto aspirante deposita toda la responsabilidad en Dios («renuncia a los frutos personales de las acciones»). Le niega toda satisfacción a su ego humano que, al considerarse equivocadamente como el hacedor, desplaza a Dios casi por completo de la escena.

Un hombre justo que cumple con sus deberes hacia el cuerpo, tales como comer, asearse o hacer ejercicio, y que cumple sus deberes hacia la mente, educándola y enseñándole el arte de la concentración, y que al practicar la meditación cumple con sus deberes hacia el alma, comprende que estas actividades no tienen utilidad ni sentido excepto con un solo propósito: alcanzar la conciencia de Dios.

El hombre debería considerar el cuerpo como un animal divino que Dios ha dejado a su cargo; por consiguiente, necesita cuidarlo en forma apropiada[47]. Debería abrigar bellos pensamientos por el simple

---

[47] San Francisco de Asís, un gran amante de Dios, se refería a su cuerpo como «el Hermano Asno», por su utilidad y frecuente obstinación. En *Santos que conmovieron el mundo* (Espasa-Calpe, Buenos Aires, 1946), René Fülöp-Miller relata que cuando San Francisco estaba construyendo la iglesia de San Damián, «obligó a su propio cuerpo que le sirviera como bestia de carga. Alzaba las pesadas piedras, una por vez, y decía: "Ahora, Hermano Asno, llévalo a San Damián". Y cuando el cuerpo-asno caía a veces bajo el peso de la gran carga, el conductor Francisco le alentaba y tranquilizaba y añadía severamente: "Hermano Asno, el Padre lo quiere, debemos darnos prisa". Entonces el cuerpo-acémila obedecía [...]. El alma de Francisco solía cantar cuando se sentía feliz. [...] El Cuerpo Asno concordó con ello como mejor pudo y entonces una cosa muy singular aconteció. El Cuerpo Asno y el alma, que escuchaban la voz de Dios, se volvieron uno».

hecho de que la mente es el templo del Señor; el hombre es sólo el guardián de ese templo mental. A través de la meditación debería honrar su alma y establecer contacto con su estado supraconsciente, sencillamente porque el alma es una imagen del Padre Celestial.

Si las acciones del cuerpo, la mente y el alma se llevan a cabo con la conciencia del ego, inducen al hombre a concentrarse en los frutos de sus acciones; éstos llevan a una compleja serie de reacciones y deseos kármicos que, a su vez, dan lugar a los renacimientos. Pero aquel que vive en un cuerpo y cuida el cuerpo, la mente y el alma sólo por Dios, mas no por causa del ego, está libre de todos los deseos que dan origen a la reencarnación; a su muerte, alcanzará la liberación y se fundirá en la Omnipresencia.

Por consiguiente, es necesario que cada devoto cumpla con todos sus deberes hacia el cuerpo, la mente y el alma, para lo cual llevará una vida saludable, reflexiva y meditativa, evitará las actividades motivadas por la ambición egoísta y cultivará, en cambio, la ambición divina, procurando evitar la inactividad, que no satisface ni al ego humano ni a Dios.

LOS ACTORES QUE PERMANECEN inactivos en el escenario de la vida, o que se rebelan, causan confusión en el drama divino. En una obra teatral, incluso la persona que tiene un papel menor puede arruinar la trama si no coopera o, en contra de los deseos del director, trata de ocupar un lugar destacado. De manera similar, el plan divino de la vida se ve obstaculizado si los actores no desempeñan con inteligencia la parte que se les asignó.

Descubre el papel que Dios te ha asignado en la vida

Cuando una persona trata de encontrar por medio de la meditación qué actividades debe desarrollar de acuerdo con el plan divino, descubre, para su desconcierto, que a fin de expiar su deuda kármica engendrada por los deseos y acciones egoístas de pasadas encarnaciones debe llevar a cabo otras numerosas actividades. Por ejemplo, si una persona fue un hombre de negocios materialista en una encarnación anterior y, desencantado de la vida mundana, más tarde logra nacer en un entorno espiritual, advertirá que de todos modos aparecen en su mente los deseos materiales recurrentes, a no ser que al mismo tiempo haya cultivado un ferviente deseo por Dios. Tal persona debería destruir los deseos materiales de su vida pasada por medio del discernimiento, diciéndose a sí mismo: «En esta vida sólo cumpliré con el divino deber de conocer a Dios; no abrigaré ninguna otra ambición».

Si su mente todavía no encuentra la satisfacción, puede dedicarse a alguna actividad material, pensando: «Puesto que un deseo de una encarnación anterior me impulsa a emprender un negocio, esta vez no satisfaré ese deseo trabajando para gratificar mi ego, sino sólo para complacer a Dios».

Tampoco deben alimentarse las fuertes tendencias prenatales nocivas, sino más bien arrancarlas de raíz con la espada de la sabiduría. Si comprueba que la tarea está más allá de sus posibilidades («el espíritu está pronto, pero la carne es débil»), debería implorar cada día la infalible ayuda de Dios.

El que sin cesar se esfuerce con sinceridad por expiar las tendencias de sus pasadas encarnaciones, y no para obtener una satisfacción egoísta sino en pos de la libertad espiritual, alcanzará al fin su liberación, al no haber sucumbido a las coacciones kármicas. Quien se esfuerza por expiar el karma del pasado pensando en complacer sólo al Señor comprende finalmente las sutiles diferencias entre los deberes instigados por sus propias tendencias egoístas del pasado y los deberes asignados por Dios.

La existencia humana no está predestinada; a todos los seres humanos les fue concedido libre albedrío para aceptar el plan divino de la existencia o seguir el camino de la ignorancia y el sufrimiento. Si la gente comprendiese bien este punto, ¡la Utopía se haría realidad!

Resumiendo los preceptos de esta estrofa: Una persona está en la senda correcta si se concentra en desempeñar sus deberes sólo para complacer a Dios. No sucumbe ni a la inactividad —el escape del ego hacia un estado de cómodo letargo— ni lleva a cabo los deberes con el único fin de satisfacer sus deseos egoístas, sino para cumplir con el perfecto plan cósmico.

Aquellos que trabajan para sí mismos como únicos beneficiarios de sus acciones son llevados en forma continua de un deseo a otro hasta quedar tan enredados en ellos que no pueden librarse de las ataduras de los «frutos personales de la acción», causantes de sufrimiento. Por otra parte, los frutos impersonales de la acción —aquellos que no crean karma— son el resultado de las acciones que se efectúan sólo para complacer a Dios. Cuando ésta es la única motivación del hombre, él puede comer, dormir, caminar, ejercitar el cuerpo, cuidar de su familia, ganar dinero y hacer el bien en el mundo sin ocasionar, como resultado, la esclavitud kármica. Él disfruta en todo momento de la bendición de tener la conciencia tranquila, sin que el éxito o el fracaso le afecten.

TAMBIÉN SE PUEDE OFRECER una interpretación más profunda de esta estrofa. Todos los principiantes en el sendero de la meditación que intentan ahondar en la comunión divina se encuentran parcialmente atados a la acción y a las distracciones de los sentidos. Este insatisfactorio estado se denomina acción o inacción no espiritual. (No sólo la ociosidad se considera «inacción», sino toda acción que no conduzca al progreso espiritual).

Interpretación esotérica de los principios de la acción correcta

El yogui perseverante logra elevarse por encima de las sensaciones del cuerpo, y dirige su conciencia hacia la región que se encuentra entre los centros lumbar y medular, hasta alcanzar el centro de la conciencia crística, situado en medio del entrecejo. En ocasiones, el yogui, libre de todas las actividades sensoriales y sintiendo un estado de gran gozo, experimenta una sensación de inactividad, una ausencia del deseo de seguir progresando.

El yogui que se siente satisfecho con este estado de gozo sáttvico no intenta alcanzar la región cerebral para percibir allí la bienaventuranza infinita de la liberación final. Por consiguiente, en el *Guita* se aconseja al yogui proseguir su avance en la ruta de la meditación sin apegarse a los gozos y poderes que encuentre al borde del camino. El yogui resuelto no permanece abstraído en ninguno de los estados menores de gozosa percepción intuitiva, sino que continúa desarrollándose hasta alcanzar el Espíritu Absoluto.

Así pues, incluso al yogui muy avanzado se le recuerda que debe meditar tan sólo para encontrar a Dios y obtener su divina aprobación, mas no para satisfacer latentes deseos egoístas de obtener poderes espirituales y lograr experiencias fenoménicas.

Cuando una persona se interesa por alguna escena en particular de las siempre cambiantes películas cinematográficas de la vida (incluso aquellas de naturaleza espiritual), permanece en un estado de limitación. Pero cuando observa todas las películas de la vida con el objeto de aprender la divina lección que éstas encierran y hallar al Uno que está en el fondo de todas ellas, se vuelve supremamente dichoso y libre.

ESTROFA 48

योगस्थः कुरु कर्माणि सङ्गं त्यक्त्वा धनञ्जय।
सिद्ध्यसिद्ध्योः समो भूत्वा समत्वं योग उच्यते॥

yogasthaḥ kuru karmāṇi saṅgaṁ tyaktvā dhanaṁjaya
siddhyasiddhyoḥ samo bhūtvā samatvaṁ yoga ucyate

¡Oh Dhananjaya (Arjuna)!, inmerso en el yoga, realiza todas las acciones abandonando el apego (a sus frutos), a la vez que permaneces indiferente al éxito y al fracaso. Semejante ecuanimidad mental se denomina yoga.

«¡OH TÚ, CONQUISTADOR DE LA RIQUEZA!», embriagado con el gozo de la unión divina, realiza diligentemente todas tus acciones sin apegarte al resultado, ya sea el éxito o el fracaso. Así como un río invisible que corre bajo un ondulado terreno arenoso se desliza de manera suave y silenciosa, así debería fluir el equilibrio mental —sin fluctuaciones— bajo todas las actividades, tanto exitosas como infecundas. El yoga consiste en permanecer ecuánime durante todos los estados de las acciones; aquel que puede conservar en su ser este equilibrio mental bajo toda cambiante circunstancia es un yogui.

La palabra *yoga* significa el perfecto equilibrio o serenidad mental que resulta de la comunión de la mente con el Espíritu. Yoga es también la técnica espiritual de meditación mediante la cual se alcanza la unión con el Espíritu. Yoga significa, además, cualquier acción que conduzca a esta unión divina.

La serenidad mental es el estado innato del alma. Al identificarse con el mundo, el hombre común disocia su conciencia de la unión con el Espíritu. El remedio para esta separación —que en muchas ocasiones resulta desastrosa— consiste en llevar a cabo las acciones permaneciendo interiormente unido al gozo del Espíritu. La conciencia de Dios se encuentra en todo momento en estado de yoga o eterna serenidad y permanece imperturbable ante los incesantes cambios de la creación. También el hombre, hecho a imagen de Dios, debería aprender a manifestar ese divino equilibrio que le permite vivir y actuar en este mundo sin ser víctima de las dualidades de la existencia.

Llevar a cabo las acciones permaneciendo interiormente unido al gozo del Espíritu

El devoto que no siente apego por los resultados de las acciones, ya sean meditativas o triviales, no se preocupa por el éxito o el fracaso. Si lleva a cabo acciones sin ser perturbado por los resultados, significa que conserva el equilibrio mental del yoga. Este estado de serenidad se convierte en el altar del Espíritu.

El hombre mundano emprende las actividades con toda su concentración puesta en los resultados que obtendrá. Por consiguiente, una y otra vez resultará afectado ante la sucesión de triunfos y fracasos. Puesto que trabaja para sí mismo y no para Dios, se llenará de júbilo con la ganancia y se sentirá abatido por la pérdida. Una mente apegada a los exiguos frutos de las acciones que son el producto de la limitada actividad material o meditativa no puede sentir la omnisciente serenidad del omnipresente Espíritu.

Es imposible que la pequeña mente del pequeño hombre apegado a las pequeñas cosas se identifique con la conciencia universal de Dios. Así como un espejo ondulado no podría reflejar con precisión los objetos que se colocaran frente a él, de igual manera una mente cuya calma se halla distorsionada por pensamientos de éxito o fracaso no puede reflejar el inmutable Espíritu. Cuando la conciencia del hombre se identifica sin cesar con los cambios materiales o con las perturbaciones mentales, es incapaz de reflejar el inalterable Ser Divino, cuya imagen se encuentra presente en su interior como su verdadero Ser: el alma.

El devoto debe llevar a cabo sus actividades con la mente inmersa en Dios. El que realiza todas las acciones de este modo se halla en el estado de liberación, tal como el Padre Celestial, que trabaja a través de toda la creación sin estar apegado ni atado al constante flujo de ésta. La conciencia del Señor se manifiesta en todos los estados de la creación, preservación y destrucción y, sin embargo, se mantiene inalterada. Al igual que Dios es omnipresente en el cosmos pero permanece inalterable ante la variedad de éste, el hombre —cuya alma es Espíritu individualizado— ha de aprender a participar de este drama cósmico con una mente en perfecta serenidad y equilibrio.

El hombre, dotado de libre albedrío, ha abusado de su independencia y se ha identificado con un cuerpo transitorio y un cosmos de antitético caos organizado. Debería entrenar su mente para que abandone la inquietud y perciba aquello que es inmutable. Por causa de la inquietud, la gente común tan sólo percibe el tumultuoso universo. El que practica el arte del yoga (la calma interior) percibe el siempre sereno Espíritu, a la vez trascendente e inmanente.

El aspirante espiritual debe compensar su actividad material, que ocasiona inquietud, con la meditación espiritual, que produce calma. Ha de aprender a llevar a cabo tanto los deberes materiales como la meditación con una serenidad mental que no pretenda obtener provecho material o espiritual, y que no sea perturbada por el fracaso material o espiritual.

Ninguna acción material o espiritual ejecutada con apego (inquietud mental) puede proporcionar felicidad perdurable. El *bhogui* —el hombre apegado— cosecha la desdicha. En cambio, el *yogui,* ya sea que esté ocupado o no en actividades externas, siente el eterno y siempre renovado gozo del Espíritu.

El hombre es un Dios que camina. Ningún ser humano debería comportarse como un animal, identificado con su naturaleza inferior; por el contrario, debería manifestar su verdadero Ser divino. El Señor trabaja en toda la creación con inmutable serenidad; el hombre que aprende a realizar todas las acciones manteniendo su equilibrio interior, sin ningún apego ni inquietud, recuerda su verdadero Ser y recobra su unidad con Dios.

La única forma de establecerse por siempre en la ecuanimidad interior del yoga es a través de la meditación. Así pues, las palabras de Krishna a Arjuna son especialmente significativas para el devoto que medita. Todo yogui que practique la meditación y se deje llevar por la impaciencia, o se inquiete con facilidad porque los resultados que obtiene al meditar son en apariencia escasos y lentos en presentarse, actúa con una motivación egoísta, pues se enfoca en los frutos de sus acciones. Debe meditar con el solo deseo de complacer y amar a Dios; entonces, con toda certeza, logrará el resultado: el yoga, es decir, la unión divina con el inmutable Espíritu.

ESTROFA 49

दूरेण ह्यवरं कर्म बुद्धियोगाद्धनञ्जय।
बुद्धौ शरणमन्विच्छ कृपणाः फलहेतवः॥

dūreṇa hy avaraṁ karma buddhiyogād dhanaṁjaya
buddhau śaraṇam anviccha kṛpaṇāḥ phalahetavaḥ

La acción ordinaria (ejecutada con deseo) es considerablemente inferior a la acción unida a la guía de la sabiduría; por consiguiente, ¡oh Dhananjaya (Arjuna)!, busca refugio en la siempre orientadora sabiduría. Desventurados aquellos que llevan a cabo acciones sólo para obtener sus frutos.

TODOS LOS SERES HUMANOS PIERDEN EL RUMBO en la densa y umbría selva de la actividad, excepto aquellos que reciben la guía del discernimiento interior. Por consiguiente, ¡oh devoto!, protégete de las tinieblas del error manteniendo siempre encendida la llama del recuerdo de lo divino para que ilumine tu sendero. Aquellos que deambulan en la oscuridad, buscando a tientas los siempre esquivos y predilectos tesoros de la dicha perdurable, se sienten desventuradamente perdidos y desilusionados.

Las acciones motivadas por los deseos materiales constituyen una forma inferior de cumplir con los deberes de la vida y enredan, a quien las lleva a cabo, en una apretada red de deseos siempre crecientes que deberán ser expiados en vidas subsiguientes. Las acciones guiadas por el discernimiento intuitivo interior del alma *(buddhi yoga)* se han instituido con el solo propósito de dar cumplimiento al plan cósmico y, por lo tanto, no dejan huellas kármicas causantes de sufrimiento.

El devoto jamás debe actuar con desgana o motivado por caprichos, estados de ánimo, hábitos, costumbres y modas del entorno o por deseos prenatales o heredados. Debe poner todas sus actividades bajo la protección de la sabiduría que está dirigida por Dios y que se percibe en la meditación. Las acciones que se llevan a cabo con la inspiración de Dios no atan en absoluto con las cuerdas de los resultados a quien las ejecuta. Cuando el devoto actúa inspirado por Dios, el Señor es el responsable de esas actividades, del mismo modo en que un padre se hace responsable de un hijo obediente.

La inteligencia guiada por motivaciones egoístas está sujeta a error, pero la sabiduría guiada por la conciencia de Dios jamás se equivoca. La persona común que en forma ignorante ejecuta acciones con el deseo de obtener resultados terrenales deambula durante siglos por el oscuro abismo de las reencarnaciones. El yogui sigue el sendero de la acción que está iluminado por la luz interior de la verdadera sabiduría, hasta alcanzar la libertad.

Al igual que una mula que lleva una pesada carga de oro pero no obtiene por ello ningún beneficio y sólo sufre bajo su peso, así también un avaro acaudalado sufre por el peso y la responsabilidad de poseer riquezas sin obtener beneficio alguno de ellas. La gente avara sólo es consciente del peso de la responsabilidad de poseer riquezas; de igual modo, quienes actúan inducidos por sus deseos trabajan sin cesar con la mente abrumada por la carga del deseo de obtener resultados materiales —deseando siempre más y más— sin que les sea posible conocer el gozo verdadero.

Así pues, se le aconseja al devoto que en el mundo viva y trabaje para Dios, y permanezca así alejado de los deseos causantes de reencarnaciones. Todos los devotos que trabajan bajo la guía de la sabiduría son libres; toda la gente ignorante que trabaja con el objetivo de obtener un beneficio está destinada a conocer el sufrimiento, porque los resultados de las acciones son inciertos y transitorios.

En consecuencia, es una necedad y una forma inferior de comportamiento el trabajar de manera continua en beneficio propio, acumulando únicamente problemas a causa de los siempre crecientes deseos. En cambio, si uno vive y trabaja para complacer a Dios, está siguiendo los dictados de la sabiduría y así permanece libre, disfrutando de la satisfacción divina.

Estrofa 50

बुद्धियुक्तो जहातीह उभे सुकृतदुष्कृते।
तस्माद्योगाय युज्यस्व योगः कर्मसु कौशलम्॥

buddhiyukto jahātīha ubhe sukṛtaduṣkṛte
tasmād yogāya yujyasva yogaḥ karmasu kauśalam

El que está unido a la sabiduría cósmica trasciende los efectos de la virtud y del vicio, aun en esta misma vida. Así pues, conságrate al yoga, la unión divina. El yoga es el arte de la acción correcta.

Aquel elevado ser que, por medio de la meditación extática, une su conciencia con la Omnisciencia Universal deja de ser prisionero de los juicios de la ley kármica. En su misma vida presente desaparecen los barrotes de la prisión del karma y de los deseos —los efectos de las buenas y malas acciones instigadas por el ego—. Por lo tanto, ¡oh devoto!, esfuérzate, sobre todo, por permanecer en constante unión divina; realiza todas tus acciones unido a la trascendente sabiduría de Dios. El arte de trabajar unido a Dios es la más excelsa maestría que debe dominarse en este mundo. Llevar a cabo todas las actividades con la conciencia de Dios es el yoga supremo *(nirvikalpa samadhi yoga).*

Cuando un ser humano se identifica con la vida material, debido a la falsa noción de que él es el hacedor de las acciones, está destinado a cosechar los buenos o malos resultados de sus acciones pre y postnatales. Pero si se unifica con la sabiduría omnipresente, se vuelve inmune a las limitantes influencias (buenas o malas) que prevalecen en la prisión de la vida terrenal. Siente que no es el ego, sino Dios, quien ejecuta todas sus acciones.

Ganar dinero en tiempos difíciles, crear algo inusual en este mundo, inventar cosas nuevas, obtener el dominio de alguna actividad: todos estos logros son dignos de elogio, pero aquel que únicamente realiza sus acciones en un estado de identificación con Dios se ha especializado en la mayor de las artes. Se considera que llevar a cabo en tal estado las actividades de la vida es el arte supremo de la acción correcta, puesto que libera al alma por completo de la esclavitud terrenal de los efectos kármicos de las acciones y le asegura la libertad permanente en el Espíritu.

Un prisionero que cumple con rebeldía su sentencia no obtiene la libertad sino hasta haber cumplido la totalidad de su condena; en cambio, un prisionero que trabaja para complacer al alcaide por medio de sus acciones y de un comportamiento correcto puede obtener con rapidez la libertad condicional. De modo similar, los hombres que trabajan en este mundo guiados por sus rebeldes deseos permanecen largo tiempo prisioneros del sufrimiento, en tanto que aquellos que trabajan sólo para complacer a Dios recobran pronto la libertad.

En cada una de sus actividades, la persona común se identifica por completo con el cuerpo y sus sensaciones, así como con los múltiples deseos que se originan en dichas sensaciones. Cuando esa persona muere, se lleva consigo de este mundo sus anhelos insatisfechos y deudas kármicas pendientes. Puesto que aún adeuda la debida indemnización, debe regresar de nuevo.

El supremo arte de la acción que libera al alma de todo karma

En el estado de éxtasis se disuelve la falsa conciencia que el ego tiene de considerarse como el hacedor. De ahí que, al no hallar el suelo de una conciencia egoísta en el cual crecer, se secan las semillas prenatales de las buenas y malas acciones del desaparecido ego que se habían implantado en el cerebro.

El yoga —o unión con el Espíritu— es la única forma de evitar ser arrastrados por el diluvio de los resultados de las buenas y malas acciones del pasado. Imposibilitado para contener la marea kármica por otros medios, el devoto debe buscar refugio meditando en la unidad de su pequeño ser con el todopoderoso Espíritu. De ese modo, la conciencia expandida se torna invulnerable; la avalancha de la acción pasa sin afectarla. Los efectos de las acciones del pasado no se graban en un ego sintonizado con Dios. Por esa razón, se dice que el yoga es el arte de evitar que el karma del pasado aprisione al alma.

Un alma unida a Dios se vuelve Dios mismo; esa alma se desprende en forma automática de todos los efectos de las acciones pasadas que se llevaron a cabo en vidas pretéritas. El alma cambia de condición: deja de ser una entidad limitada, identificada con un cuerpo y sujeta al karma, y se eleva a un estado de libertad eterna que se encuentra más allá de la influencia del karma. El yogui debe, por lo tanto, permanecer siempre concentrado en el centro de la conciencia crística, situado en el entrecejo, sintiendo el omnipresente gozo de Dios, incluso mientras realiza con suma atención las acciones prescritas por el deber. Cuando es capaz de vivir de este modo, conoce ya el arte supremo de la acción y es un verdadero yogui.

El conocimiento que Bhagavan Krishna imparte a Arjuna (un discípulo muy avanzado en el sendero espiritual) en lo que concierne a la unión divina expresa el estado supremo que el devoto debe alcanzar. Aunque ni siquiera el devoto veterano puede alcanzar con rapidez la conciencia de Dios en forma ininterrumpida a la vez que lleva a cabo todos los exigentes deberes de la vida *(nirvikalpa samadhi),* aun así, cada momento de meditación profunda dedicado a la búsqueda de la unión con Dios, cada esfuerzo por practicar la ecuanimidad y la renuncia al deseo de los frutos de las acciones, confiere su recompensa, puesto que elimina el sufrimiento, establece la paz y el gozo, mitiga el karma y disminuye los errores en acciones decisivas, merced a una mayor sintonía con la sabiduría rectora de Dios.

Como aconseja el *Guita,* en todo esfuerzo espiritual sincero es esencial contar con las bendiciones y la guía del gurú. El discípulo fiel sigue con gran devoción el *sadhana* (el sendero de disciplina espiritual y la técnica yóguica de meditación) impartido por el gurú. Por medio de este *sadhana,* el gurú ayuda al discípulo de manera invisible a alcanzar las etapas cada vez más elevadas del arte de la unión divina. Si el discípulo practica sus ejercicios espirituales con regularidad y profundidad, y avanza en el sendero, es posible que el gurú se le presente en forma visible en el plano astral para guiarle en su progreso. Con la ayuda del gurú, todas las barreras de la ignorancia del discípulo fiel son incineradas, y ante su mirada se revela la indescriptible gloria del mundo interior del alma y del Espíritu.

ESTROFA 51

कर्मजं बुद्धियुक्ता हि फलं त्यक्त्वा मनीषिणः ।
जन्मबन्धविनिर्मुक्ताः पदं गच्छन्त्यनामयम् ॥

karmajaṁ buddhiyuktā hi phalaṁ tyaktvā manīṣiṇaḥ
janmabandhavinirmuktāḥ padaṁ gacchanty anāmayam

Quienes han logrado dominar su mente permanecen absortos en la infinita sabiduría y ya no tienen interés alguno por los frutos de las acciones. Liberados en esta forma de la cadena de renacimientos, alcanzan aquel estado que es inmune a toda desdicha.

LA RECOMPENSA QUE OBTIENEN aquellos que efectúan todas las acciones con la mente sintonizada con Dios —libres de deseos y dotados del discernimiento que no es perturbado por las emociones— es la liberación de las cadenas inherentes a los renacimientos y de toda clase de males causantes de sufrimiento.

El propósito del plan de Dios para el ser humano no es condenarlo a una serie interminable de renacimientos. El objetivo divino consiste en proporcionar al hombre ilimitadas oportunidades para que utilice su libre albedrío y el discernimiento que le permite distinguir entre el cuerpo y el alma, a fin de que abandone la desdichada vida sensorial y recobre su verdadera identidad en el Espíritu.

Tan pronto como el hombre descubre el verdadero propósito de la existencia, ha dado el primer paso hacia la salvación y comprende que no está obligado a reencarnarse una y otra vez. Si en esta vida lleva a cabo todas las acciones con la conciencia de Dios, puede obtener la liberación final.

Dios pretendía liberar al alma humana después de que experimentara brevemente la sabiduría en esta tierra. Sin embargo, debido al mal uso de su libre albedrío, el hombre desarrolló apegos terrenales y, sin necesidad, se involucró en una larga serie de reencarnaciones[48].

El sufrimiento humano no forma parte del plan de Dios. Una persona infeliz es simplemente la que ha perdido el contacto con el Señor. Dios ha hecho un considerable esfuerzo para crear este drama de

[48] Véase también el comentario correspondiente a XV:1 (volumen II), donde se encontrará una explicación de la historia de Adán y Eva.

la vida; a Él le aflige ver que no comprendamos lo que está ocurriendo ¡y andemos con caras largas!

ESTROFA 52

यदा ते मोहकलिलं बुद्धिर्व्यतितरिष्यति ।
तदा गन्तासि निर्वेदं श्रोतव्यस्य श्रुतस्य च ॥

yadā te mohakalilaṁ buddhir vyatitariṣyati
tadā gantāsi nirvedaṁ śrotavyasya śrutasya ca

Cuando tu inteligencia trascienda la oscuridad de la ilusión, te volverás indiferente a lo que se ha oído y a lo que aún habrá de oírse.

EL YOGUI, CUYA INTELIGENCIA discernidora se encuentra fija en la Infinita Sabiduría, se torna inmune a los ilusorios sentimientos de los engañosos sentidos, sin que éstos puedan ya ejercer influencia sobre él con sus falaces consejos y promesas del pasado; en el futuro, tampoco será susceptible a sus astutos atractivos. Él actúa sin apegos en el drama onírico de la dualidad; su sabiduría no está contaminada por las emociones, y se halla libre de los obsesionantes deseos, pasados o futuros.

Quien se encuentra sumido en el engaño y acostumbra seguir los dictados de la voz interior de la mente sensorial se lamenta por las experiencias inconclusas del pasado y está ávido de futuras satisfacciones. Por el contrario, el yogui avanzado, que ha expulsado de su castillo mental los deseos e inclinaciones egoístas y ha instaurado de nuevo el reinado de la sabiduría del alma, es invulnerable a los temores del pasado y a las esperanzas del futuro.

La persona común se halla encadenada como un prisionero en un calabozo. Las experiencias de su vida están estrechamente limitadas al sombrío reino de los sentidos. El yogui avanzado, por su parte, se encuentra tan extasiado por su contacto con la Sorpresa de todas las sorpresas —la siempre renovada dicha de Dios— que se muestra indiferente hacia todo pensamiento relacionado con los placeres sensoriales. Su mente ya no se inquieta ante los recuerdos de los gozos sensoriales del pasado ni con ensoñaciones acerca del futuro. Sólo es consciente de la gloriosa Omnipresencia y de Su Eterno Gozo.

Aquel que no medita ve con indiferencia al alma, porque no conoce otra cosa mejor; en cambio, el yogui es indiferente a los sentidos, ¡porque los conoce demasiado bien! El devoto que ha conocido tanto las inclinaciones sensoriales como la dicha del alma cuenta con un patrón de comparación del cual no dispone el hombre común.

Los atributos de separación y relatividad inherentes a la conciencia identificada con los sentidos la hacen contemplar la multiplicidad de la creación en lugar de la Unidad de Dios. Para el ser humano, el «Eterno Ahora» se divide en los inconstantes estados de pasado, presente y futuro. Estos engaños de la relatividad desaparecen en la conciencia cósmica; y con ellos, los sueños ilusorios de pasados placeres sensoriales y deseos insatisfechos, así como los fuegos fatuos de las esperanzas y promesas del futuro. El yogui que se ha establecido en la bienaventurada conciencia cósmica experimenta la eterna e indiferenciada Realidad Única.

El devoto que medita con profundidad alcanza este estado espiritual después de pasar por diversas etapas. Primero, mediante la práctica de una técnica yóguica específica de meditación en la Vibración Cósmica (el *Om* o Amén), cesa de «oír» la voz de los sentidos, al elevarse por encima de todos los sonidos y distracciones físicas y concentrarse en su interior en los sonidos vibratorios espirituales que emanan del cuerpo astral. Él debe avanzar más allá de la «música» astral y oír el *Om* Cósmico. Dentro del *Om* Cósmico, percibe el Espíritu en forma de Luz Cósmica. Debe entonces penetrar en la Luz y establecer contacto con la Conciencia Cósmica. Luego unifica su alma con la Conciencia Cósmica, volviéndose uno con el Espíritu.

ESTROFA 53

श्रुतिविप्रतिपन्ना ते यदा स्थास्यति निश्चला।
समाधावचला बुद्धिस्तदा योगमवाप्स्यसि॥

śrutivipratipannā te yadā sthāsyati niścalā
samādhāv acalā buddhis tadā yogam avāpsyasi

Cuando tu inteligencia, desconcertada por la diversidad de verdades que han sido reveladas, se establezca firmemente en el éxtasis de la bienaventuranza del alma, alcanzarás la unión final (yoga).

UN BARCO AZOTADO POR LA TORMENTA se halla a salvo al llegar a la calma del puerto y, una vez que está anclado con firmeza, ya no puede ser arrastrado de nuevo hacia el mar. De manera similar, cuando el intelecto discernidor, sacudido por las diversas opiniones teológicas, entra en el trascendente estado intuitivo de la realización del Ser —*samadhi*— y se establece de modo inamovible en él, el devoto logra la deseable culminación y la meta predestinada de todas las almas: el yoga supremo, la unión definitiva con el Espíritu. Al alcanzar esta unión, jamás volverá a experimentar separación alguna.

En la estrofa anterior, se le señalaba al devoto la importancia de volverse invulnerable a la voz de los sentidos, al trascender el engaño y alcanzar el siempre renovado gozo de Dios. En la presente estrofa, se hace hincapié en el hecho de que el requisito esencial para lograr esa meta suprema no es el conocimiento teológico, sino el estado meditativo de *samadhi.* Al principio, cuando se rechaza la mente por considerarla como un medio inadecuado para guiar al devoto hacia la acción correcta, éste recurre a la autoridad de los santos o de las escrituras en busca de consejo. Pero, a su mente no iluminada, las escrituras le presentan una desconcertante variedad de caminos y de medios, no siempre análogos y a menudo contradictorios.

Todas las auténticas escrituras revelan, en su unidad subyacente, las mismas verdades acerca del Espíritu. Los Vedas, el Antiguo y el Nuevo Testamento de la Biblia cristiana y todas las demás escrituras reveladas por autoridad divina reiteran la misma verdad: la indisoluble unidad de Dios y el hombre. Las aparentes diferencias entre las diversas revelaciones sólo son superficiales y están causadas por las influencias raciales y ambientales que rodeaban a los profetas. Cada uno de ellos entona su propio himno acerca del mismo y único Infinito.

El devoto es inducido a error y se pierde en el desierto de la teología cuando se esfuerza por comprender las diversas revelaciones por medio de los limitados poderes del razonamiento y de la inferencia, los cuales están rigurosamente condicionados por el testimonio que «oyen» de la voz de los sentidos. La unidad de todas las auténticas escrituras sólo se percibe con la intuición, la facultad omnisciente del alma que se desarrolla a través de la meditación.

La necesidad de contar con la guía de un verdadero gurú y con la lealtad del discípulo

En esta estrofa, una vez más se hace énfasis en la importancia de contar con la guía de un verdadero gurú y en la necesidad de que el discípulo sea leal y siga con fidelidad el *sadhana* que recibe de su gurú. Con las técnicas de comunión divina impartidas por el gurú, la inteligencia espiritual del devoto se incrementa y avanza desde el racionalismo ligado a los sentidos hacia la intuición que se desarrolla en la meditación profunda. Siguiendo los pasos que se resumen en el comentario de la estrofa anterior, el yogui se establece con firmeza inamovible en la percepción de su verdadero Ser en el estado de *samadhi.* Una vez que puede permanecer de manera ininterrumpida en la bienaventuranza del alma, se encuentra preparado para la unión definitiva de la dicha beatífica del alma con la Omnipresente y Eterna Dicha del Espíritu. Éste es el estado supremo del yoga. Cuando el devoto alcanza esta unión final, nunca puede caer y jamás sentirá necesidad de separarse de Dios.

LAS CUALIDADES DE QUIEN HA ALCANZADO LA UNIÓN DIVINA

ESTROFA 54

अर्जुन उवाच
स्थितप्रज्ञस्य का भाषा समाधिस्थस्य केशव।
स्थितधीः किं प्रभाषेत किमासीत व्रजेत किम्॥

arjuna uvāca
sthitaprajñasya kā bhāṣā samādhisthasya keśava
sthitadhīḥ kiṁ prabhāṣeta kim āsīta vrajeta kim

Arjuna dijo:

¡Oh Keshava (Krishna)!, ¿cuáles son las características del sabio que posee la sabiduría eternamente serena y que se halla inmerso en el* samadhi *(éxtasis)? ¿Cómo habla, camina y se comporta este hombre de inalterable sabiduría?

«¡OH KRISHNA!, MI CURIOSIDAD ESPIRITUAL se ha avivado con tus palabras acerca del supremo estado de *samadhi*-yoga. ¿Cómo es el sabio que se ha establecido en esta unión definitiva? ¿Se comporta como los demás seres humanos en sus palabras y acciones?».

Después de alcanzar la unión con el Espíritu, la conciencia del devoto jamás desciende. Al establecerse en la conciencia de Dios, el devoto permanece en la unión del *samadhi.* Su plano de actividad cambia: en lugar de trabajar en el mundo mientras dirige su mirada a Dios, él siente que vive en Dios mientras trabaja en el mundo. Su discernimiento permanece fusionado con el Espíritu incluso cuando duerme, come o trabaja. Percibe que Dios se ha convertido en su propia naturaleza, en su diminuto ser y en todos los demás seres. Contempla todo el mundo material como un cosmos saturado de Dios. Aun en el estado de vigilia disfruta de *nirvikalpa samadhi,* el estado en que el devoto percibe, a la vez, tanto la Naturaleza como a Dios. Hallarse en éxtasis divino y al mismo tiempo activamente despierto constituye el estado de *paramahansa,* en que el «cisne regio» del alma flota en el océano cósmico, contemplando su cuerpo y el océano como manifestaciones del mismo Espíritu.

ESTROFA 55

श्रीभगवानुवाच
प्रजहाति यदा कामान्सर्वान्पार्थ मनोगतान्।
आत्मन्येवात्मना तुष्टः स्थितप्रज्ञस्तदोच्यते ॥

śrībhagavān uvāca
prajahāti yadā kāmān sarvān pārtha manogatān
ātmany evātmanā tuṣṭaḥ sthitaprajñas tadocyate

El Bendito Señor respondió:

¡Oh Partha (Arjuna)!, cuando un hombre renuncia por completo a todo deseo de la mente y encuentra la satisfacción plena en el Ser, y por medio del Ser, se le considera entonces como una persona que se ha establecido en la sabiduría.

CUANDO, MEDIANTE LAS ACCIONES MEDITATIVAS y espiritualizadas del ser externo identificado con el ego, el yogui bebe sin cesar el néctar puro de la bienaventuranza en el cáliz del Ser interior o verdadero, se siente tan plenamente satisfecho con ese gozo que rechaza toda la miel envenenada de las ansias humanas, puesto que su ser identificado con el ego se siente supremamente dichoso en su verdadero Ser. Se considera entonces que es un sabio perfecto, un hombre dotado de la realización del Ser, rodeado del halo de la inalterable sabiduría que le protege por siempre.

En esta estrofa se emplea un juego de palabras con el término *atman,* el Ser o alma, para expresar su naturaleza dual en el hombre encarnado: 1) el Ser externo o ego, la pseudoalma, con sus instrumentos y facultades corporales (que experimenta, en el exterior, el mundo de la mente sensorial y, en el interior, el mundo del alma) y 2) el Ser interno o verdadero (que el ego debe experimentar y que luego, a su vez, experimenta a Dios). Incluso la naturaleza externa de un sabio perfecto retiene al menos cierto grado de ego o conciencia individualizada, puesto que sin ese ego el alma no podría permanecer en el cuerpo, y éste se disolvería en el Espíritu. Cuando *por medio* de la acción del Ser externo, o ego espiritualizado, el hombre divino alcanza el estado de *samadhi* y es capaz de retener los efectos de esa bienaventurada unión incluso después de meditar, puede decirse entonces que el Ser-ego encuentra la satisfacción perenne únicamente *en* el Ser verdadero.

La mayoría de la gente no comprende por qué el *Guita* aconseja abandonar los placeres sensoriales y concentrarse en el alma. Los placeres corporales no podrían existir si no fuese por la engañosa identificación del alma con el cuerpo, del mismo modo en que un hombre locamente enamorado e identificado con su amada ¡cree que sólo de ella depende su felicidad!

Una persona común es como un rey que sale de su hermoso palacio y permanece absorto en sórdidos pasatiempos en los barrios bajos. ¡No puede menos que sufrir los efectos de las acciones carentes de discernimiento que ha llevado a cabo! El sabio percibe que su Ser interior contiene la totalidad de la bienaventuranza. Aquel que sólo halla satisfacción en ese gozo perfecto posee la inmutable sabiduría que caracteriza a quienes han alcanzado la unión final.

Estrofa 56

दुःखेष्वनुद्विग्नमनाः सुखेषु विगतस्पृहः।
वीतरागभयक्रोधः स्थितधीर्मुनिरुच्यते॥

duḥkheṣv anudvignamanāḥ sukheṣu vigataspṛhaḥ
vītarāgabhayakrodhaḥ sthitadhīr munir ucyate

A aquel cuya conciencia no se perturba por la ansiedad durante la aflicción ni por el apego a la felicidad ante las circunstancias favorables, y que se ha liberado de los amores mundanos, de la ira y del temor, se le denomina muni de firme discernimiento.

EL ESPÍRITU —QUE EL DEVOTO INTROSPECTIVO percibe en la meditación— continúa revelando todo lo concerniente al comportamiento o características del hombre sabio:

Es un *muni* —una mente superior, un ser que puede disolver su mente en Dios— aquel que permanece en las serenas profundidades de la bienaventuranza del alma, fuera del alcance de las emociones humanas comunes. Las aflicciones no distraen su inalterable sabiduría y las circunstancias favorables no despiertan en él un apego por el placer que tales condiciones proporcionan ni un deseo de disfrutar de sus tentadores ofrecimientos.

El *muni* —el sabio— ha retirado su conciencia del distorsionado testimonio de la mente sensorial y la ha enfocado en el alma. El reflector de su sabiduría proyecta sin cesar su luz sobre el reino del perenne gozo interior.

Al comprender que la naturaleza del alma es diferente a la del cuerpo, el hombre divino no se perturba en su interior cuando los problemas invaden el cuerpo, ni se regocija en exceso por los pasajeros placeres mundanos. El alma no se identifica en ningún sentido con las transitorias experiencias corporales. De ese modo, cuando el ser identificado con el ego se establece en el Ser verdadero, las emociones —que paralizan la sabiduría— no pueden afectar la conciencia de ese superhombre.

Los «amores mundanos» que siente el ego por sus preciadas posesiones —su desmedido amor al cuerpo, a los placeres sensoriales y a los veleidosos apegos humanos— no conmueve al hombre dotado de sabiduría.

Puesto que el temor es provocado por la sensación de que se avecina una desgracia, para el sabio (identificado con el alma) jamás existe motivo de alarma.

La ira es ocasionada por un deseo corporal o mental insatisfecho; el *muni* no alberga tales deseos.

Habiendo observado la diferencia entre la tristeza y el placer característicos del estado de identificación corporal consciente o de vigilia, así como la calma pura del sueño que se experimenta en el estado subconsciente, además del ilimitado gozo propio del estado supraconsciente de percepción del alma, el *muni,* haciendo uso de su discernimiento, fija su meta por encima de los estados inferiores y establece por siempre su sabiduría en el eterno gozo de su Ser interior por medio de la meditación.

ESTROFA 57

यः सर्वत्रानभिस्नेहस्तत्तत्प्राप्य शुभाशुभम्।
नाभिनन्दति न द्वेष्टि तस्य प्रज्ञा प्रतिष्ठिता॥

yaḥ sarvatrānabhisnehas tat-tat prāpya śubhāśubham
nābhinandati na dveṣṭi tasya prajñā pratiṣṭhitā

Quien mantiene una actitud desapegada dondequiera que vaya, sin exaltarse de gozo ante el bien que recibe ni perturbarse ante el mal, se encuentra sólidamente establecido en la sabiduría.

AQUEL QUE PUEDE DESLIZARSE como un cisne por las aguas de la vida sin mojar las alas de sus facultades espirituales en el profundo mar de los apegos, y que no se exalta cuando se remonta sobre las soleadas crestas de las olas ni se atemoriza cuando se hunde en las oscuras corrientes de los sucesos funestos, posee una sabiduría siempre equilibrada e inquebrantable.

Las dos estrofas anteriores enfatizaban la «indiferencia» del sabio dotado de inalterable sabiduría. Él carece de deseos, se siente satisfecho en su verdadero Ser y permanece libre de las emociones porque se encuentra unido al siempre renovado gozo que constituye la naturaleza interior del alma. La presente estrofa explica que, como resultado de esta identificación con el alma, el *muni* que ha alcanzado su unidad con Dios se halla «dondequiera que vaya» —en todo momento y en toda circunstancia— en un estado de neutralidad hacia el bien y el mal: los claroscuros de la creación que hacen que el hombre común reaccione con placer o dolor. La neutralidad del sabio no es una indiferencia desprovista de sentimientos, sino el control consciente y tranquilizante de las facultades de la conciencia. En aquellos que se asemejan a marionetas de la Naturaleza, los componentes de la mente —el sentimiento, el ego, los sentidos y el discernimiento *(chitta, ahamkara, manas* y *buddhi)*— son una combinación de acciones y reacciones influenciadas por el engaño y susceptibles a la excitación. Aunque un hombre divino dotado de imperturbable sabiduría deba vivir y actuar en un cuerpo, una mente y un ambiente externo al igual que cualquier otro ser humano, él ha alcanzado lo que Patanjali describe en los *Yoga Sutras* (I:2) como *«chitta vritti nirodha»,* la cesación de las modificaciones de la sustancia mental[49]. Sus percepciones no se producen a través de las distorsiones de la Naturaleza (sujetas a la excitación), sino desde la calmada perspectiva de la sabiduría pura del alma.

Así como el hombre común permanece indiferente ante los placeres y dolores de un extraño, así también el hombre divino aprende a hacer caso omiso de los placeres y dolores de ese íntimo extraño: su cuerpo. Uno debe procurar librar el cuerpo y la mente de las causas de sufrimiento, comprendiendo al mismo tiempo que esas aflicciones no le pertenecen y no forman parte del alma. El alma se encuentra siempre en paz, en tanto que el cuerpo y la mente identificados con los sentidos experimentan sin cesar las dualidades fenoménicas: el bien y el mal, el placer y el dolor.

Se considera que quien es capaz de percibir la separación entre la bienaventuranza de su alma y la naturaleza excitable del cuerpo y la mente, y puede, además, controlar los instrumentos de esa excitabilidad, posee un discernimiento inalterable y se encuentra firmemente establecido en la sabiduría.

ESTROFA 58

यदा संहरते चायं कूर्मोऽङ्गानीव सर्वशः ।
इन्द्रियाणीन्द्रियार्थेभ्यस्तस्य प्रज्ञा प्रतिष्ठिता ॥

yadā saṁharate cāyaṁ kūrmo 'ṅgānīva sarvaśaḥ
indriyāṇīndriyārthebhyas tasya prajñā pratiṣṭhitā

Cuando, a semejanza de la tortuga que retrae sus extremidades, el yogui es capaz de retirar por completo los sentidos de los objetos de la percepción, su sabiduría se vuelve inmutable.

PARA PROTEGERSE DE CUALQUIER PELIGRO, la tortuga retrae con rapidez sus extremidades dentro de la armadura de su caparazón. Así también, cuando los cinco sentidos de un yogui se retiran a la mente

[49] Véase el comentario acerca de I:4-6, páginas 81 s.

subconsciente durante el sueño, o se disuelven en su supraconciencia durante el estado de concentración profunda, o en cualquier momento se desconectan a voluntad en el estado consciente a través del dominio del Ser o de *nirvikalpa samadhi,* este *muni* dotado de inmutable sabiduría está protegido del contacto con el mundo sensorial o de su tentadora invasión.

El control de los sentidos está indefectiblemente vinculado con el control del *prana* o energía vital del cuerpo (un medio inteligente, semejante a la electricidad), a través del cual se provee de vitalidad a todo el mecanismo humano. En los nervios sensoriales, el *prana* posibilita la percepción: todos los mensajes de los sentidos, todas las sensaciones placenteras y dolorosas provenientes de la periferia del cuerpo se le comunican al cerebro por mediación de esta energía vital. En los nervios motores, el *prana* hace posible el movimiento y es responsable de la actividad de los órganos involuntarios; tanto los pensamientos como la voluntad requieren de su ayuda para expresarse en la acción.

El *prana* posee la llave de entrada a la residencia corporal y a sus compartimentos internos del cerebro y la conciencia. Permite o deniega el acceso a todas las sensaciones y acciones —ya se trate de visitantes gratos o inapropiados— de acuerdo con la guía que recibe o la libertad con que se le deja actuar.

Cuando la mente del devoto se identifica con el *prana* o energía de los nervios ópticos, auditivos, olfativos, gustativos y táctiles, él se ve atraído por la belleza, la música, las fragancias, los sabores, el sexo y otras sensaciones agradables. El sagrado *Guita* indica al yogui que debe aprender a retirar su mente y energía de los cinco canales sensoriales a fin de lograr el dominio del Ser.

La persona que ha resuelto no comer dulces, por ejemplo, tal vez no lo logre si sólo emplea el poder de la voluntad, pero puede vencer la tentación en forma científica mediante la técnica que consiste en retirar la mente y la energía de los nervios gustativos, para eliminar así de modo transitorio el pensamiento y la sensación de dulzura. Si desconectamos un teléfono, los mensajes se interrumpen de inmediato. El yogui debe ser un experto con sus teléfonos sensoriales y estar capacitado para conectar y desconectar a voluntad la mente y la fuerza vital que fluyen a través de los cinco mensajeros de la vista, el oído, el olfato, el gusto y el tacto.

Si se coloca una rosa delante de una persona dormida, no podrá verla. Tampoco podrá oler la rosa ni oír sonido alguno. Si se encuentra en un estado de sueño profundo, no percibirá el sabor del alimento que se le ponga en la boca, y si la tocan con suavidad, tampoco lo sentirá. El yogui puede lograr conscientemente esta libertad de la intrusión sensorial.

El *Guita* no le aconseja al devoto que elimine todas las tentaciones sensoriales ¡escapando continuamente por la vía del sueño o entrando en el estado supraconsciente! Sin embargo, el devoto debe ser capaz de retirar la mente y la energía de cualquiera de los cinco sentidos al mínimo mandato de la voluntad. Con el transcurso del tiempo, las tentaciones sensoriales indeseables pierden todo su poder de atracción.

Durante la excitación de los nervios por el impulso sexual, por ejemplo, es casi imposible controlar la mente y sus deseos. Por ello, el común de la gente sucumbe a la tentación del sexo. El impulso es el resultado de la identificación de la mente con los nervios fisiológicos sexuales. El yogui conoce el arte de retirar la mente y la energía de los nervios del sistema reproductivo en forma tan completa que no sucumbe a ninguna indeseada excitación sexual en el cuerpo ni a ningún objeto de tentación sexual externo. Merced a su dominio de la mente y de la fuerza vital, se libera por completo de la tentación fisiológica y mental.

Cuando la mente se identifica con alguna sensación procedente de los sentidos, no logra comprender la diferencia entre su propia felicidad y los placeres sensoriales. Cuando el yogui aprende a retirar su mente y energía de los sentidos, la mente se concentra en el gozo real que le es propio y que proviene del contacto con el alma y del recogimiento interior; los placeres sensoriales le resultan entonces, por comparación, ajenos y repugnantes.

Controla los sentidos y logra el dominio del Ser por medio del Kriya Yoga

Si una persona está hambrienta pero alimenta a otra, jamás podrá saciar así su propio apetito. De manera semejante, cuando el alma siente el deseo de encontrar su propia felicidad perdida, no puede satisfacerlo a través de los sentidos. Todos los adictos sensoriales terminan desilusionados e insatisfechos porque buscan la felicidad en un territorio extranjero y hostil a la bienaventuranza del alma.

La técnica de *Kriya Yoga* que enseñó Lahiri Mahasaya (el gurú de mi gurú) es una forma del más elevado *pranayama* (el arte de desconectar el *prana* o fuerza vital de los cinco sentidos). La respiración es el cordón que ata la conciencia al cuerpo y a los sentidos. El control de la respiración es una consecuencia del control del corazón y de la fuerza vital. Si uno logra aquietar el corazón a voluntad, aunque sea parcialmente, se halla en condiciones de desconectar la corriente vital de los cinco teléfonos de los sentidos. Mediante el control del corazón (el conmutador que controla los teléfonos de los cinco sentidos), el yogui es capaz de desconectar la mente de las cinco clases de sensaciones. Cuando el corazón está bajo control, es posible, entonces, ejercer control sobre la respiración.

Es un error pensar que retener el aliento en los pulmones —una práctica carente de base científica— conduce al control del corazón. Asimismo, aquellos que intentan gobernar la mente sólo a través de meditaciones mentales comprueban que le lleva mucho tiempo a la mente controlar con eficacia el corazón. La ciencia del yoga —mediante una técnica como *Kriya Yoga*— es la única que sigue el camino rápido (la vía «aérea») hacia Dios, puesto que aboga por un método psicofísico mediante el cual puede aquietarse el corazón en forma natural, y lograr con ello que la fuerza vital se retire de los sentidos.

A fin de controlar el corazón, es preciso controlar el cuerpo, disminuir el nivel de dióxido de carbono en la sangre por medio de una dieta que no produzca toxinas (que incluya frutas frescas en abundancia) y aprender el arte yóguico de eliminar el carbono de la sangre venosa para que el corazón no necesite bombear sangre no oxigenada a los pulmones para purificarla. A través de una profunda quietud, el corazón se libera del trabajo constante y se encuentra entonces automáticamente disponible para retirar la fuerza vital de los cinco sentidos. De ese modo, ninguna sensación llega al cerebro a importunar la mente.

La residencia corporal cuenta en realidad con dos sistemas telefónicos: los nervios motores y los receptores sensoriales. Mediante los nervios motores, el ser humano hace funcionar los músculos, las extremidades y los órganos internos. A través de los teléfonos sensoriales, el cerebro recibe las sensaciones de la vista, el olfato, el oído, el gusto y el tacto, provenientes del mundo exterior. El yogui puede aquietar a voluntad los movimientos voluntarios e involuntarios de su cuerpo, y desconectar también la mente y la fuerza vital de las percepciones sensoriales.

Una persona común puede desconectar la mente de los sentidos y, en cierta medida, del cuerpo sólo en el estado inconsciente del sueño, pero el yogui aprende que el verdadero camino a la felicidad se encuentra en el arte de controlar la mente y la fuerza vital a voluntad y en forma consciente. La persona común no es capaz de desconectar la mente de los sentidos cuando éstos están sujetos a la tentación; en cambio, el yogui, al igual que la tortuga, puede retraer sus extremidades, o sea, la mente y la fuerza vital, a fin de ponerlas a salvo de cualquier ataque sensorial.

Por ese motivo, Bhagavan Krishna exhorta al yogui a practicar el arte del control científico de los sentidos. Un yogui experto puede retirar la mente de todas las sensaciones del mundo material y unir la mente y la energía con el embriagador gozo del éxtasis interior o *samadhi*[50]. Hallándose así en un elevado estado de percepción yóguica y profunda interiorización de la mente, el yogui percibe que los sentidos del olfato, el gusto, el oído, el tacto y la vista se retiran hasta unirse con el sonido cósmico de *Om,* el cual finalmente se funde con la Conciencia Cósmica[51]. Sólo aquellos que han alcanzado un profundo estado de meditación pueden comprender esta experiencia.

ESTROFA 59

विषया विनिवर्तन्ते निराहारस्य देहिनः ।
रसवर्जं रसोऽप्यस्य परं दृष्ट्वा निवर्तते ॥

viṣayā vinivartante nirāhārasya dehinaḥ
rasavarjaṁ raso 'py asya paraṁ dṛṣṭvā nivartate

El hombre que se abstiene físicamente de los objetos sensoriales advierte que éstos desaparecen por algún tiempo y que sólo queda el anhelo de ellos. Mas aquel que contempla al Ser Supremo es liberado incluso de esos anhelos.

UNA PERSONA QUE PRACTICA la abstinencia pero no sigue la guía de la sabiduría no se libera de la oscura selva mental plagada de acechantes deseos. Sólo cierra externamente los ojos a los objetos sensoriales, en

---

[50] Cristo estableció un mandamiento similar para sus discípulos: «Tú, en cambio, cuando vayas a orar, entra en tu aposento (el silencio interior) y, después de cerrar la puerta (retirar la mente de los sentidos), ora a tu Padre, que está allí, en lo secreto (en la trascendente conciencia divina interior); y tu Padre, que ve en lo secreto, te recompensará (te bendecirá con la siempre renovada Dicha de su propio Ser» (*Mateo* 6:6).

[51] Referencia al método mediante el cual se retira la fuerza vital y la conciencia en dirección ascendente a través de los centros espinales, disolviendo las manifestaciones más densas en las manifestaciones sucesivamente más refinadas de la sagrada vibración creativa de *Om,* y el *Om* en el Espíritu. (Véase el comentario al *Guita* que aparece en I:15-18 y II:39).

tanto que los fantasmas de los anhelos sensoriales continúan acosándolo en su interior. En cambio el sabio, que mantiene abiertos los ojos de la sabiduría y es capaz de ver la Luz Suprema en todas partes, no percibe las tenaces sombras de los deseos que surgen de los sentidos.

Con la penitencia del ayuno físico, el glotón puede mantenerse alejado de la comida por cierto tiempo, pero ante el más mínimo pensamiento o sugerencia acerca de la comida, su anhelo, que había controlado en forma parcial, vuelve a despertarse y con gran rapidez revive su sentido del gusto que sólo de manera temporal se hallaba debilitado por el ayuno. Lo mismo ocurre con el autocontrol físico al que no acompaña el autocontrol mental; el hombre sensual puede mantenerse alejado de las atracciones sensoriales por cierto tiempo, pero su mente, que está de continuo centrada en la tentación, tarde o temprano volverá a caer víctima de ella.

La renunciación física debe acompañarse de la renunciación mental y de un proceso de constante discernimiento entre el cuerpo y el alma.

La vía regia hacia la seguridad, sin embargo, consiste en experimentar el supremo gozo del Espíritu. Una vez que el yogui ha paladeado la dicha sin par de Dios, pierde interés en los insignificantes ofrecimientos de los placeres sensoriales.

Podría decirse que en esta estrofa, el *Guita* compara el método externo de renunciación que siguen los monjes y swamis con el método interno de los yoguis. Muchos monásticos suponen que por el hecho de vivir en una ermita y no contraer matrimonio se liberarán del apego a los objetos mundanos. Lo cierto es que si los swamis y demás renunciantes no se convierten, además, en yoguis (aquellos que practican un método científico de unión con Dios), corren el grave peligro de perder de vista su divina meta, al igual que los yoguis laicos que no practican en su interior el desapego.

El yoga: la renunciación interior que deben practicar los monásticos y las personas que llevan una vida de hogar

Si sólo se practica la renunciación física, la obstinada mente no se convence por completo de que debe abandonar los placeres de los sentidos. Pero el yogui, ya sea un monástico o un padre de familia, que establece contacto con el supremo gozo del Espíritu por medio de la profunda meditación, no sólo piensa sino que *sabe* cuán insensato es no renunciar a los gozos menores de los sentidos a cambio del supremo gozo del Espíritu.

El renunciante común, que en forma externa abandona los objetos placenteros, sólo ha ganado el primer asalto en su combate contra los sentidos. ¡Los deseos internos de ningún modo han aceptado la derrota! Así pues, el renunciante debe aprender no sólo el arte externo de la defensa personal, sino también el interno.

Al agregar agua a la leche, ambas se mezclan con facilidad y las propiedades naturales de la leche se diluyen; a diferencia de ello, si la leche se ha convertido en mantequilla puede flotar en el agua sin sufrir alteración alguna. De modo similar, la mente del renunciante común debe permanecer alejada del poder diluyente de las tentaciones sensoriales; en cambio, el yogui que ha batido la mantequilla de su unidad con Dios es inmune, tanto en su interior como en el exterior, a todo apego hacia los objetos sensoriales, aun cuando se encuentre rodeado de ellos.

Quien renuncia al mundo y no practica una técnica yóguica definida de meditación capaz de controlar la fuerza vital en los sentidos no sólo es improbable que obtenga los beneficios espirituales deseados, sino que en muchas ocasiones esta circunstancia le colocará en una incómoda posición de hipocresía. Aun siendo externamente un renunciante, en su interior se hallará atormentado por las tentaciones.

¡El yoga propone colmar la mente con el gozo de Dios! En esa arrolladora bienaventuranza, ¿puede acaso el hombre seguir anhelando los placeres sensoriales? El yoga es, por consiguiente, la verdadera vía regia hacia la salvación.

ESTROFA 60

यततो ह्यपि कौन्तेय पुरुषस्य विपश्चितः ।
इन्द्रियाणि प्रमाथीनि हरन्ति प्रसभं मनः ॥

yatato hy api kaunteya puruṣasya vipaścitaḥ
indriyāṇi pramāthīni haranti prasabhaṁ manaḥ

¡Oh hijo de Kunti! (Arjuna), los impetuosos y excitables sentidos atrapan por la fuerza la conciencia, incluso de quien ha alcanzado un alto grado de iluminación y se está esforzando (por liberarse).

COMO PULPOS, LOS PODEROSOS SENTIDOS EXTIENDEN sus tentáculos psicológicos y en ocasiones atrapan incluso a los devotos avanzados ya próximos a escapar de las oscuras aguas del engaño, y se adhieren peligrosamente a ellos.

Se le hace una advertencia al devoto petulante y satisfecho de sí mismo que ha logrado tal vez un cierto grado de desarrollo espiritual y de autocontrol sobre su vida, y por eso se considera inmune a los sutiles atractivos de los sentidos. En realidad, nadie está a salvo de los predadores sentidos —ni siquiera el sabio que es casi perfecto— mientras no haya alcanzado el refugio supremo de la inquebrantable unión con el Espíritu.

Nadie está a salvo de los predadores sentidos mientras no haya alcanzado la inquebrantable unión con el Espíritu

El devoto puede apartarse por largo tiempo de los objetos que estimulan las tentaciones sensoriales y por ello precipitarse a creer que la incitante actividad interna de los sentidos ha desaparecido. Es bastante probable que sólo estén adormecidos, hibernando dentro de él, prontos a lanzarse a la acción al contacto repentino con las circunstancias propicias.

No debe permitirse que ningún germen del mal, por insignificante que parezca, se mantenga al acecho en el interior, creciendo y sin ser detectado. Así como el contacto con los gérmenes puede no parecer perjudicial en un comienzo porque el sistema inmunitario los mantiene bajo control, así también una insignificante cantidad de mal puede no parecer problemática cuando la salud espiritual es buena y fuerte; pero si de alguna manera las cualidades inmunitarias espirituales se debilitan, las bacterias del mal de inmediato se ven estimuladas y fortalecidas y arrasan por completo al vulnerable huésped.

Por esa razón, es preciso que la persona juiciosa ponga en práctica la introspección, con la finalidad de descubrir si realmente ha dado muerte, por medio de la sabiduría, a la avaricia, las tentaciones sexuales, el amor por la belleza física, el deseo de adulación y demás, o si éstos sólo fingen su desaparición.

Aun cuando no se produjese un contacto externo con ciertos objetos, los cinco sentidos del conocimiento (la vista, el oído, el olfato, el gusto y el tacto) y los cinco poderes de ejecución (el habla, el movimiento de pies y manos, las actividades sexual y excretora) pueden estimularse en el interior mediante el simple pensamiento. Por ejemplo, una persona prudente que procura vencer una tentación determinada no sólo debe permanecer alejada en lo externo de todas las actividades estimulantes y de las personas afines a su debilidad, sino que además necesita controlar en su interior los sentidos, a fin de que no alimenten su mente con imágenes asociadas que surjan de la mente subconsciente debido al poder de la imaginación o al recuerdo de experiencias sensuales del pasado.

Ningún devoto debe subestimar el formidable poder de la subconciencia, cuyos tentáculos tienen mayor alcance que los de la mente consciente.

ESTROFA 61

तानि सर्वाणि संयम्य युक्त आसीत मत्परः।
वशे हि यस्येन्द्रियाणि तस्य प्रज्ञा प्रतिष्ठिता॥

tāni sarvāṇi saṁyamya yukta āsīta matparaḥ
vaśe hi yasyendriyāṇi tasya prajñā pratiṣṭhitā

El que a Mí une su alma, habiendo subyugado todos los sentidos, permanece concentrado en Mí al considerarme el Supremamente Deseable. La sabiduría intuitiva de tal yogui, cuyos sentidos se hallan bajo su dominio, se torna inalterable.

DESDEÑANDO EL RESPLANDOR DE OROPEL de los objetos sensoriales, el devoto unido a Dios enfoca sus pensamientos en el siempre gozoso Espíritu. Los sentidos pronto abandonan su rebeldía y le obedecen como su legítimo soberano.

Dos cosas se requieren del hombre sabio: primero, que retire su mente de los sentidos; segundo, que mantenga la mente unida a la Deidad, y que sólo ceda a esta Suprema Tentación.

Este control, tanto interno como externo, hace que la sabiduría del devoto sea inalterable (es decir, que las inclinaciones del devoto no oscilen entre los placeres divinos y los sensuales). Los sentidos del yogui avanzado siempre son obedientes, y están bien entrenados al servicio de los mejores y más refinados gozos de la percepción de Dios.

El intelecto de una persona es inestable si ella es víctima de la autocomplacencia. La mente y el buen juicio de un esclavo de los sentidos siempre se encuentran empañados: él pasa de un error a otro, de una acción equivocada a otra, de una dificultad a otra.

El sabio dotado de firme sabiduría ejercita el buen juicio en todas sus decisiones y acciones, porque su intuitiva sabiduría interna se halla siempre unida a la omnisciencia del Espíritu.

ESTROFAS 62-63

ध्यायतो विषयान्पुंसः सङ्गस्तेषूपजायते ।
सङ्गात्सञ्जायते कामः कामात्क्रोधोऽभिजायते ॥ *(62)*

क्रोधाद्भवति सम्मोहः सम्मोहात्स्मृतिविभ्रमः ।
स्मृतिभ्रंशाद् बुद्धिनाशो बुद्धिनाशात्प्रणश्यति ॥ *(63)*

dhyāyato viṣayān puṁsaḥ saṅgas teṣūpajāyate
saṅgāt saṁjāyate kāmaḥ kāmāt krodho 'bhijāyate (62)

krodhād bhavati saṁmohaḥ saṁmohāt smṛtivibhramaḥ
smṛtibhraṁśād buddhināśo buddhināśāt praṇaśyati (63)

Cavilar sobre los objetos de los sentidos causa apego a ellos. El apego engendra avidez; la avidez engendra ira. La ira engendra ilusión (engaño); la ilusión engendra pérdida de la memoria (del Ser). La pérdida de la memoria correcta deteriora la facultad de discernimiento. El deterioro del discernimiento ocasiona la aniquilación (de la vida espiritual).

VISUALIZAR LA FELICIDAD SENSORIAL causa un creciente apego a ese sentimiento de atracción. Tal apego cristaliza y se convierte en un activo deseo de adquisición, que da origen a la artera avidez: el pernicioso enemigo de la paz. Los deseos insatisfechos sumen al ser humano en las tribulaciones de la ira. La ira crea una nube de engaño que todo lo distorsiona. El engaño engendra la pérdida de la memoria y del respeto por la posición personal y el sano comportamiento. De la destrucción de la memoria del verdadero Ser emana el hedor del discernimiento en descomposición. Cuando el discernimiento degenera, su consecuencia es la aniquilación de la vida espiritual.

Los sabios hindúes eran expertos en psicología[52]. Reconocían la

---

[52] En *Autobiografía de un yogui,* Paramahansa Yogananda escribió: «En su mayor parte, los estudios de la conciencia realizados por psicólogos occidentales se encuentran limitados a la investigación de la mente subconsciente y de las enfermedades mentales tratadas

futilidad del simple hecho de establecer mandamientos y dictar leyes, ninguno de los cuales puede obstaculizar el ingenio del hombre para violar las restricciones. Recurriendo a la racionalidad de la mente humana, los sabios presentaron, en cambio, persuasivos análisis acerca del «porqué» de la conducta correcta.

En concisa poesía, estas dos estrofas del *Guita* describen el funesto descenso del hombre potencialmente noble hacia la ruina, peldaño a peldaño, por la escalera de la tentación. Estas etapas de descenso son los nefastos resultados de cavilar en forma continua sobre las tentaciones sensoriales, que constituyen el origen psicológico del deseo y de sus renuevos y consecuencias. El sabio contempla con desapego toda la belleza externa, presente ya sea en el rostro de una mujer, en una joya o en una flor; no siente anhelos de posesión. Pero el esclavo de los sentidos ansía las posesiones y, puesto que las mujeres bellas y los costosos tesoros abundan en el mundo, ¡así también abundan sus deseos por ellos! Y cuando se siente frustrado ante la imposibilidad de posesión, se sume en un estado de amargura o de ira.

El descenso del hombre noble hacia la ruina, peldaño a peldaño, por la escalera de la tentación

La ira surge de los deseos insatisfechos, sean buenos o malos. Al obstaculizarse los buenos deseos se ocasiona un justo enojo; la frustración de los deseos nocivos despierta una ira destructiva e irrazonable.

Una justa indignación puede inspirar al hombre a realizar esfuerzos extraordinarios para enmendar algún mal. El justo enfado emplea métodos razonables y constructivos para el logro de un fin noble. La ira egoísta, en cambio, ciega al hombre a tal grado que se vuelve irracional en sus intentos por satisfacer sus deseos contrariados. La ira injusta

---

por medio de la psiquiatría y la psicología. Existe muy poca investigación, en cambio, con respecto al origen y la formación fundamental de los estados mentales normales y sus expresiones emocionales y volitivas, lo cual constituye, en verdad, un tema esencial que la filosofía hindú no ha descuidado. En los sistemas Sankhya y Yoga se presenta una clasificación precisa de los diversos vínculos que relacionan las modificaciones mentales normales y las funciones características de *buddhi* (el intelecto discerniente), *ahamkara* (el principio del ego) y *manas* (la mente o conciencia sensorial)».

El profesor Huston Smith, célebre autoridad en el estudio de religiones mundiales, citó las siguientes aseveraciones del gran historiador del arte A. K. Coomaraswamy: «Por cada término psicológico en inglés, existen cuatro en griego y cuarenta en sánscrito. Occidente no cuenta con una psicología de la liberación como hace la India. El inconsciente ha sido reconocido en Occidente como algo que puede enfermarnos u obligarnos a hacer aquello que no queremos hacer. Pero en Oriente saben que el inconsciente puede ser saludable y alimentar la intuición y el conocimiento en la mente consciente» (*The San Diego Union,* 14 de abril de 1990). *(Nota del editor).*

hace que el hombre pierda su equilibrio interno. Por causa de la ira, muchos hombres se han convertido, sin pensarlo y de un momento a otro, en delincuentes, asesinos o perpetradores de toda clase de actos infames. Los hombres que no han alcanzado la iluminación están sujetos a la ira interna o externa por causa de sus deseos insatisfechos. En el *Guita* se previene al hombre, por consiguiente, contra la adoración ciega de los objetos de los sentidos.

Los devotos deben tratar de imaginar en qué forma la ira tiene su origen en los deseos frustrados, y las graves consecuencias que éstos acarrean.

El paroxismo de la ira tiene efectos fisiológicos y psicológicos. En términos fisiológicos, en todo el organismo de quien atraviesa por un ataque de ira se producen cambios: se acelera la actividad del corazón; se eleva la temperatura de la sangre y la persona iracunda experimenta una sensación quemante en todo el cuerpo; se produce una gran corriente de sangre que se dirige a la cabeza y ocasiona tensión interna en los tejidos del cerebro. Los circuitos eléctricos de los nervios se sobrecargan; se secretan sustancias químicas a niveles tóxicos que circulan por todo el cuerpo; las funciones del aparato digestivo se entorpecen o sufren un efecto adverso. Se conocen casos en que la ira extrema e incontrolable ha provocado ataques al corazón, derrames cerebrales y la muerte. Las personas propensas a los arrebatos de ira, que se complacen en su enojo en lugar de transmutarlo, padecen un debilitamiento del corazón y del sistema nervioso a causa de los reiterados impactos emocionales. El bello rostro humano, que puede lucir maravillosas emociones de paz, muestra desagradables deformaciones en aquellos seres que son presa de la ira.

El efecto psicológico de la ira también es grave y espiritualmente letal. Causa estupor en la mente, ya que anestesia su poder de funcionamiento. En esta etapa, es muy probable que los poderosos impulsos motores de la ira invaliden la guía racional que el estado psicológico normal establece. El área motora del que está bajo los efectos de la ira reacciona con mayor rapidez que la razón psicológica, la cual se halla entorpecida por la ira. Los impulsos motores de la ira, deseosos de hallar una válvula de escape, se canalizan como un torrente a través de actividades irresponsables que conducen a las más terribles consecuencias. Una persona que en sus momentos de cordura jamás soñaría siquiera con dañar a otros puede volverse abusiva y violenta bajo el ímpetu del paroxismo de la ira. Antes de que la persona tome conciencia del peligro de sus acciones, y antes de que su mente comprenda la gravedad de sus nefastos actos, el impulso motor ya ha actuado.

Por ese motivo, en el *Guita* se advierte de que la ira genera un engaño envolvente, un estado de ceguera psicológica que se propaga a todas las facultades del raciocinio. Obnubila la mente y la hace andar a tientas sin rumbo fijo. En el estado de normalidad, uno sabe cómo debe actuar. La luz de la razón se halla presente para guiar al hombre cuando se encuentra en un estado normal de conciencia. Pero tan pronto como el relámpago de la ira extingue esa luz, el hombre encolerizado permanece sumido en las tinieblas del engaño, sin guía alguna, y no recuerda aquello que debe hacer. Por esa razón, se dice que al engaño le sigue la pérdida de la memoria.

Bajo la hipnótica influencia del engaño producido por la ira, el hombre pierde la memoria de lo que él fue y de cómo debe comportarse conforme a su verdadera naturaleza interna. El recuerdo de sus sentimientos normales y de su buen parecer se desvanece. Sumido en una continua oscuridad, el recuerdo que el hombre cegado por la ira tiene de sí mismo y de sus buenas cualidades se vuelve crónicamente confuso y desaparece por completo.

La manera razonable de pensar no halla ningún medio de expresión en una persona que está fuera de sí. Las palabras razonables no tienen efecto porque no están dirigidas al hombre real sino al iracundo pequeño ser, que ha perdido la conciencia de su verdadero Ser debido a que su memoria se encuentra en un estado de confusión. La memoria confundida es absolutamente incompatible con la razón discernidora.

Una vez que el discernimiento se ha perdido, el camino hacia la destrucción se allana con celeridad.

Por poner un ejemplo: Un hombre que alegremente conduce su automóvil en dirección a un parque para disfrutar de un picnic recibe de pronto la petición de su esposa de que varíe de rumbo y se dirija, en cambio, a la casa de su suegra. Su gozo se transforma en ira. (¡Elijo este ejemplo en particular con la seguridad de que tiene una amplia aplicación!).

Por lo general, el resultado será o que el esposo se niegue a cambiar el rumbo o, lo más común, que encolerizado acceda al requerimiento de su esposa. Cualquiera que sea el caso, la ira habrá perturbado la armonía del día. Sin embargo, si se trata de un hombre de temperamento violento, la ira inicial puede llevar en ocasiones a una tragedia. La ira puede ocasionarle una pérdida momentánea de la memoria que le impida recordar sus hábitos correctos de conducir o tal vez no ejercite su acostumbrada precaución con respecto a los demás vehículos del camino. El resultado: un accidente, a veces fatal.

La ira y sus consecuencias bloquean el volante del automóvil de la vida e impiden al ser humano alcanzar su destino material y espiritual.

La conversión desde un estado de atracción sensorial hasta la destrucción puede, entonces, resumirse como sigue: Si las atracciones sensoriales no se subliman desde el comienzo, es inevitable que se transformen en deseos. La obstrucción de los deseos agita la tranquilidad de la conciencia y produce una cegadora confusión en la mente que funciona con normalidad. Al originarse esta niebla que ensombrece al hombre común, éste se olvida de su propia dignidad como ser humano. La pérdida de la memoria confunde y obstruye su discernimiento, que es la fuerza motivadora de toda acción correcta. Cuando el volante del discernimiento del automóvil mental de la vida se estropea, el hombre termina en una zanja de sufrimiento.

TODO LO ANTERIOR, que atañe al hombre común y sus deseos materiales, se aplica también al yogui y sus tropiezos con trampas que, en ocasiones, son aún más sutiles. Incluso aquel que ha avanzado bastante en el sendero espiritual quizá note que alguna atracción sensorial de pronto se apodera de su conciencia. Lo que puede salvarlo es la acción inmediata, la aplicación de su discernimiento y autocontrol en pos de un esfuerzo espiritual aún mayor, además de la práctica más profunda de la meditación. Si, por el contrario, uno permite que de manera «inofensiva» la mente se detenga demasiado en esa atracción, o de algún modo la alimenta, provocará los consiguientes efectos adversos. Aunque la atracción sensorial se manifieste en forma muy sutil, el curso que adopta y el resultado espiritualmente destructivo que se ocasiona es el mismo: degenera en la pérdida del recuerdo del Ser verdadero o alma y de la divina satisfacción que le es propia, además de la pérdida de la guía que proviene del discernimiento, la cual conduce la conciencia hacia el Espíritu.

La sociedad en su conjunto también está sujeta a la degradación a través del mismo proceso que atraviesan las personas

La sociedad en su conjunto también está sujeta a la degradación a través del mismo proceso que atraviesan las personas que, a fin de cuentas, son quienes constituyen las comunidades y las naciones. Todos los sufrimientos y espantosos terrores que experimenta la civilización se originan en la falta de discernimiento, que es la maduración gradual del mal que brota sin advertencia en la mente del hombre a través de las etapas de atracción y apego, anhelo y deseo, ira y pasión, engaño e insensatez, y del comportamiento incorrecto que surge al haber perdido la memoria del verdadero Ser divino del hombre. Por esa razón, el yoga exhorta al ser humano a controlar con mano férrea el mecanismo mental relacionado con los pensamientos. Es preciso no perder el autocontrol, incluso ante la mayor de las provocaciones. Cuando el mal existe en el interior, entonces, lo que aparece en el exterior es su doble. Quien conquista la mente conquista el mundo.

ESTROFA 64

रागद्वेषवियुक्तैस्तु विषयानिन्द्रियैश्चरन्।
आत्मवश्यैर्विधेयात्मा प्रसादमधिगच्छति॥

rāgadveṣaviyuktais tu viṣayān indriyaiś caran
ātmavaśyair vidheyātmā prasādam adhigacchati

El hombre que posee autocontrol, que se mueve entre los objetos materiales con los sentidos bajo su dominio, desprovisto de todo sentimiento de atracción y repulsión, alcanza una imperturbable calma interior.

CUANDO EL GUERRERO ESPIRITUAL, armado de autocontrol, atraviesa el peligroso territorio de los objetos de la tentación con un contingente de soldados sensoriales disciplinados y obedientes, a los que guía con las enérgicas órdenes del discernimiento a fin de que no caigan en las trampas de la atracción y la aversión, se encuentra a salvo en el jubiloso gozo interior que le hace confiar en la victoria.

El hombre dotado de autocontrol cuyos sentidos se encuentran bajo el total dominio del discernimiento del alma abandona la atracción y la aversión —la causa fundamental de su enredo en los objetos materiales—; para ello emplea sus obedientes sentidos, libres de los prejuicios y trampas de la materialidad, a fin de llevar a cabo con gozo y rectitud sus legítimos deberes.

Así como un hombre rico que se deja envolver por la adulación y la tentación pierde su salud y dinero, así también el hombre, dotado de la riqueza del alma, pierde su tesoro de paz y su salud espiritual cuando cae en la trampa de las inclinaciones sensoriales.

Una persona común, sin protección ni entrenamiento, que se aventura por los territorios de la tentación cae prisionera de las atracciones o aversiones sensoriales; y puesto que éstas la detienen en su camino, no logra alcanzar el reino de la felicidad.

La atracción por determinadas sensaciones del gusto, del tacto, del oído, de la vista y del olfato lleva consigo un invariable acompañante: la aversión. Los repentinos apegos y aversiones —simpatías y antipatías— hacia los objetos sensoriales llenan de prejuicios el buen criterio propio de la mente y convierten a los seres humanos en esclavos de los estados de ánimo y de los hábitos. Hay millones de personas que, sólo por causa del hábito y la falta de reflexión interior, se dedican a «placeres» que mucho tiempo atrás ya perdieron todo verdadero sabor.

Tal como un hombre que se ha apegado a correr a alta velocidad en su potente automóvil puede virar con brusquedad y salirse de la ruta cuando conduce raudamente por las tentadoras pero peligrosas carreteras de montaña, y sufrir en consecuencia un daño o hallar la muerte, de modo semejante una persona que se ha aficionado al fascinante poder sensorial de su máquina corporal y acelera sin responsabilidad alguna en las difíciles rutas de los placeres de los sentidos abandonará, sin duda, el camino recto y estrecho de la tranquilidad del alma.

El sendero de la vida que toda alma encarnada debe transitar hacia la Meta Suprema atraviesa el territorio de las sensaciones y las trampas sensoriales. Sólo el que posee autocontrol sabe cómo comportarse en el entorno material en el que es inevitable que deambule y trabaje. El hombre dotado de autocontrol se coloca una armadura de sabiduría y ausencia de apego mientras lleva a cabo sus deberes en el embaucador mundo de los sentidos.

Estrofa 65

प्रसादे सर्वदुःखानां हानिरस्योपजायते।
प्रसन्नचेतसो ह्याशु बुद्धिः पर्यवतिष्ठते॥

prasāde sarvaduḥkhānāṁ hānir asyopajāyate
prasannacetaso hy āśu buddhiḥ paryavatiṣṭhate

En la bienaventuranza del alma[53], todo dolor es aniquilado. En verdad, el discernimiento de aquel que ha alcanzado la bienaventuranza queda pronto y firmemente establecido (en el Ser).

TODAS LAS OSCURAS SOMBRAS de la tristeza se desvanecen de la conciencia de quien entra en el estado de perfecta tranquilidad interior del alma y permanece concentrado en la clara luz rectora de su siempre gozoso y verdadero Ser. En verdad, la aguja magnética de su mente pronto permanece fija e inamovible, orientada constantemente hacia la Estrella Polar de la bienaventuranza del alma.

El hombre dotado de autocontrol que se deleita en el inmutable gozo del alma ha trascendido el mundo fenoménico, causante de todo sufrimiento. El vacilante raciocinio del hombre, al quedar fijo en el alma, se convierte en un imperturbable discernimiento. Cuando la luz de la felicidad del alma se enciende, las tinieblas acumuladas en numerosas encarnaciones se disipan al instante.

La razón de una persona enredada en los deseos salta de un placer sensorial a otro, buscando la dicha permanente que los engañosos deseos prometen pero jamás proporcionan.

La persona sabia, que disfruta de la pura e inalterable bienaventuranza del alma en la meditación constante, ya no es tentada por el raciocinio para que vuele de un objeto material a otro; sólo recibe la guía y la protección de su sólido discernimiento. La razón humana siempre podrá encontrarle los pros y los contras tanto a las buenas como a las malas acciones; ella es por naturaleza desleal. El discernimiento, en cambio, reconoce un solo criterio: la guía del alma.

ESTROFA 66

नास्ति बुद्धिरयुक्तस्य न चायुक्तस्य भावना।
न चाभावयतः शान्तिरशान्तस्य कुतः सुखम्॥

nāsti buddhir ayuktasya na cāyuktasya bhāvanā
na cābhāvayataḥ śāntir aśāntasya kutaḥ sukham

---

53 «En la bienaventuranza del alma», *prasāde:* «En el estado de completa satisfacción que proviene de la calma interior (es decir, esa perfecta tranquilidad del Ser que se halla impregnada de la naturaleza pura del alma: la dicha eternamente renovada)».

Para quien está desunido (aquel que no se halla establecido en el Ser), no hay sabiduría ni meditación. Para quien omite meditar, no existe tranquilidad. Para quien carece de paz, ¿cómo podrá haber felicidad?

QUIEN NO PERMANECE CONCENTRADO en su Ser verdadero, absorto en las cualidades de la naturaleza pura del alma, carece del divino discernimiento inherente al alma. Sin esa sabiduría, su mente se dispersa y se vuelve poco precisa, y es arrastrada de aquí para allá por los caprichos de los sentidos, dejándole desprovisto de la facultad de practicar la meditación profunda y de sentir la inefable paz que ésta otorga. La felicidad perdurable elude siempre al hombre inquieto y que no medita.

Aquel que está apegado a los sentidos, como consecuencia lógica, se halla desligado del alma y desconoce por completo sus espléndidas cualidades. Si uno no está en la luz, se encuentra en tinieblas; de modo similar, el que no es consciente de las resplandecientes bellezas del alma se halla identificado con los oscuros engaños sensoriales. La identificación de la mente humana con los sentidos da lugar a un estado de «desunión» que se caracteriza por la inquietud, la desarmonía y la dispersión de las facultades del hombre. De ello se concluye que quien ha separado su mente del alma no puede manifestar el verdadero discernimiento.

El intelecto puede cultivarse por medio de la educación, pero el discernimiento emana de la intuición y sólo se adquiere con el poder del alma —a través del contacto con el alma—. Tanto la razón como el discernimiento consisten en un proceso que elabora una serie de juicios a fin de llegar a una conclusión. La razón, sin embargo, recibe la guía del imperfecto intelecto, que está saturado de deseos, hábitos y limitaciones impuestas por las emociones. Por consiguiente, incluso los más elevados vuelos del pensamiento y la más brillante y matemática capacidad de raciocinio son imprecisos y están sujetos a errores. El discernimiento que surge de la intuición mediante el contacto con el alma asegura un juicio acertado en toda circunstancia. El alma, a través del instrumento de la intuición, hace descender la guía divina sobre la conciencia del devoto. La guía divina se manifiesta como sabiduría a través de la facultad del discernimiento para conducir el intelecto o la razón hacia una decisión correcta. Los filósofos teóricos limitan su experiencia al desarrollo del razonamiento discursivo, el cual es propenso al error; los yoguis, en cambio, se dedican a adquirir la intuición infalible a través del contacto con el alma durante la meditación.

La paz es también una cualidad del alma. Aquel que no está en sintonía con el alma no tiene paz. Una persona sin paz no es feliz, porque la paz significa ausencia de toda aflicción, un prerrequisito de la felicidad.

Después de la tristeza, por lo general se presenta la indiferencia mental, un estado de paz negativa. Cuando la paz en su estado negativo de ausencia de aflicción ha estado inmediatamente precedida por un inmenso dolor, entonces, por contraste, se experimenta tranquilidad mental, un estado que la persona ignorante llama «paz». Esta paz está condicionada por la tristeza. Para ella, «he estado en paz por largo tiempo» significa «he estado libre de la agitación de los problemas por un largo período». Sin el contraste del sufrimiento, la paz negativa se vuelve con el transcurso del tiempo insípida o sin sentido: un estado de tedio completo.

La paz positiva, por el contrario, emana del alma y constituye el sagrado ámbito interior en el cual se revela la verdadera felicidad. Podría decirse que este estado positivo de paz es el precursor de la bienaventuranza divina.

La felicidad es positiva y tangible. Con el propósito de ser realmente feliz, uno debe alcanzar primero un ininterrumpido estado de paz. Quien está en sintonía con el alma posee todas sus cualidades, entre las que se encuentran la paz, la bienaventuranza divina y una infalible sabiduría.

ESTROFA 67

इन्द्रियाणां हि चरतां यन्मनोऽनुविधीयते।
तदस्य हरति प्रज्ञां वायुर्नावमिवाम्भसि॥

indriyāṇāṁ hi caratāṁ yan mano 'nuvidhīyate
tad asya harati prajñāṁ vāyur nāvam ivāmbhasi

Así como un vendaval desvía el curso de una barca que navega sobre las aguas, de igual modo, cuando la mente sucumbe a los sentidos errabundos, el discernimiento de esa persona se aparta del sendero que pretende seguir.

UNA BARCA QUE SURCA LAS AGUAS SERENAS se agita inevitablemente y se desvía de su curso cuando en forma repentina la azota un vendaval.

De modo similar, si la mente cede el timón a la caótica tormenta de los sentidos, el discernimiento humano (que navega en el curso previsto de la acción correcta hacia su destino en el Espíritu) se desvía sin poder evitarlo.

En el mar sereno, cuando impera el buen tiempo, los barcos navegan sin contratiempos y llegan a su destino sin problema. Pero si un barco se aventura en tiempo tormentoso, seguramente sufrirá los embates de la tempestad y tal vez naufrague. De manera semejante, el devoto que surca los mares de la vida con el buen tiempo de los hábitos espirituales habrá de llegar con facilidad a las costas de la Bienaventuranza Infinita. En cambio, si una persona que posee aspiraciones espirituales navega en la barca de su vida por las aguas tempestuosas de una mente irrefrenable, sin duda se desviará del curso de las buenas intenciones y es posible incluso que pierda de vista por completo la Estrella Polar Divina.

Esto no significa que la persona que enfrenta las tempestades de la sensualidad no deba tratar de navegar hacia las costas divinas, a pesar de las ráfagas de los malos hábitos y las tentaciones. Las líneas de esta estrofa simplemente nos recuerdan que quien desee navegar *sin contratiempos* hacia el Espíritu necesita calmar las tormentas de los sentidos.

Incluso el yogui que se acerca con celeridad a su Meta puede hallarse en medio de la tempestad de la adicción sensorial por causa de un error o debido a los malos hábitos subconscientes postnatales o de vidas pasadas; en tal caso, mediante el poder crístico de la poderosa voluntad del alma, debe ordenarle a la tormenta sensorial que cese.

ESTROFA 68

तस्माद्यस्य महाबाहो निगृहीतानि सर्वशः ।
इन्द्रियाणीन्द्रियार्थेभ्यस्तस्य प्रज्ञा प्रतिष्ठिता ॥

tasmād yasya mahābāho nigṛhītāni sarvaśaḥ
indriyāṇīndriyārthebhyas tasya prajñā pratiṣṭhitā

¡Oh Guerrero de brazos poderosos (Arjuna)!, la sabiduría se encuentra sólidamente establecida en aquel cuyas facultades sensoriales han sido subyugadas por completo en lo relativo a los objetos de los sentidos.

«¡OH DESCENDIENTE DEL AUTOCONTROL!», aquel que conduce con inalterable sabiduría los corceles de los sentidos impide que éstos se desboquen y corran incontrolados por el inseguro territorio de los objetos sensoriales, y los guía con pulso seguro y constante por el recto sendero que conduce a la bienaventurada liberación.

Una persona que carece de autocontrol y discernimiento no tiene suficiente poder para mantener los corceles de sus sentidos en el recto y angosto sendero de la virtud. Aquel que se encuentra dominado por los sentidos está sumido en la confusión. Los inútiles hábitos de inquietud de una mente insatisfecha, gobernada por los caprichos y esclavizada por los sentidos, desplazan el sereno juicio interior del alma. Esa persona jamás puede tener paz. El yogui aspirante debe mantener los corceles de los sentidos bajo su total control.

No se le está aconsejando al conductor del carro de la vida que inmovilice los corceles de los sentidos y los condene a la inactividad por temor a que se desboquen. Esa medida sería imprudente. Lo único que se requiere es entrenar de tal modo a los corceles que éstos se mantengan obedientes y que el conductor sea quien tome todas las decisiones.

«Por eso, si tu mano o tu pie te es ocasión de tropiezo, córtatelo y arrójalo de ti; más te vale entrar en la Vida manco o cojo que ser arrojado en el fuego eterno con las dos manos o los dos pies»[54].

Cuando Jesús hizo esta exhortación: «Si tu mano te es ocasión de tropiezo (te impide entrar en el reino de Dios), córtatela», no estaba aconsejando de manera literal cortarse la mano, sino cercenar el impulso que instiga a una persona a hacer el mal.

Sacarle los ojos a un hombre no erradica su deseo de disfrutar de la belleza sensual. Amputar las manos no suprime el poder del deseo de hacer daño o de robar. Lo que se requiere es controlar *los deseos* (causantes del sufrimiento) que guían a los instrumentos de percepción y de acción.

En cierta oportunidad me comentaron que una ladrona obsesiva, en un momento de arrepentimiento, siguió en forma literal el consejo bíblico y se amputó ambas manos. ¡Pero tan compulsivo era su hábito que comenzó a robar objetos con los dedos de los pies y con la boca!

Los sentidos sólo son instrumentos de la mente; no pueden actuar por su cuenta. La mente y el discernimiento son los que deben liberarse de la esclavitud. El sabio se asegura de que su sabiduría se mantiene libre e inalterable, y dirige su vida por el sendero que conduce a Dios.

---

[54] *Mateo* 18:8.

ESTROFA 69

या निशा सर्वभूतानां तस्यां जागर्ति संयमी।
यस्यां जाग्रति भूतानि सा निशा पश्यतो मुनेः॥

yā niśā sarvabhūtānāṁ tasyāṁ jāgarti saṁyamī
yasyāṁ jāgrati bhūtāni sā niśā paśyato muneḥ

Aquello que es noche (el estado de sueño) para todas las criaturas es (luminosa) vigilia para el hombre que ha alcanzado el dominio de sí mismo. Y aquello que es vigilia para el hombre común es noche (período de sueño) para el sabio que posee percepción divina.

MIENTRAS LAS CRIATURAS DUERMEN en la oscuridad de la ilusión, la vista de rayos X del visionario se encuentra abierta a la luz de la sabiduría. El poder de *maya* mantiene a todos los seres absortos en un estado de vigilia en el que experimentan apego por los objetos materiales, pero en los santos induce únicamente el sueño de la ausencia de apego.

Esta estrofa utiliza como analogía el hábito de ciertos yoguis hindúes que se dedican por las noches a meditar cuando la gente común duerme. Tales yoguis duermen algunas horas durante el día, cuando la mayoría de la gente está despierta y dedicada a sus actividades materiales.

La correlación metafísica que puede establecerse es que, mientras la mayoría de las personas se encuentran en un estado de somnolencia espiritual, inmersas en los engañosos sueños de la vida, el hombre dotado de la percepción de Dios está espiritualmente despierto, con su visión divina siempre alerta y enfocada en la luminosa Realidad que yace tras la oscura «noche» de *maya.* Quienes permanecen absortos en la materia utilizan todas las horas de vigilia para alcanzar sus metas. Comprendiendo que tales personas derrochan insensatamente su vida, el yogui se mantiene en un sueño de indiferencia hacia los asuntos terrenales. El yogui cuya atención se centra por completo en Dios se retrae del mundo, y experimenta un estado de «sonambulismo» espiritual. Se halla en el mundo sin pertenecer a él. Aun viendo, el yogui no ve (no le interesa lo material). Aunque se encuentra físicamente despierto en el mundo, el yogui se halla espiritualmente dormido con respecto al mundo, en un estado de olvido fruto de su desapego.

Así pues, podría decirse que el hombre mundano está vivo o

despierto en relación con las actividades materiales y dormido en lo que se refiere a los asuntos espirituales. Por el contrario, el yogui está espiritualmente despierto y materialmente dormido. El hombre mundano duerme en la ignorancia, en tanto que el yogui se halla despierto en la sabiduría. El sabio se encuentra sumido en el sueño de la indiferencia, mientras el hombre común se mantiene despierto buscando la felicidad en lo material.

Una persona que se halla bajo la hipnosis que producen los sentidos sólo ve el mundo y es incapaz de percibir a Dios, pero el sabio permanece despierto espiritualmente y disfruta de la presencia de Dios en todo.

Esta estrofa del *Guita* no significa de modo literal que todos los yoguis deban dormir durante el día y permanecer despiertos por la noche, ni tampoco que la gente del mundo deba trabajar de noche y unirse al yogui en su diario sueño diurno. ¡Qué mundo de locos sería éste entonces; un mundo patas arriba como el de *Alicia a través del espejo*!

¡Un yogui no llega a su meta por el hecho de permanecer despierto durante la noche! Es preciso que practique la meditación y lleve una vida de autodisciplina, servicio y auténtica amabilidad para con todos los demás.

El hombre mundano, que está ocupado durante el día en cumplir sus deberes materiales razonables, debe dormir por la noche, pero necesita dedicar parte de esas tranquilas horas a la meditación y a los deberes espirituales. No es preciso dormir muchas horas una vez que el hábito de la meditación se halla bien establecido.

Puesto que los verdaderos yoguis perciben la indestructible Omnipresencia —la verdadera Realidad—, se vuelven automáticamente indiferentes a las engañosas apariencias de la irrealidad material.

La gente no debería permanecer absorta en los efímeros placeres materiales, olvidando la eterna bienaventuranza que se halla oculta en el alma. Tampoco debe el yogui, indiferente a los deseos materiales, descuidar el cumplimiento de sus deberes en el mundo. El yogui que ama a Dios jamás podría olvidarle sólo por causa de sus actividades externas. Una persona desinteresada, que se ocupa de sus deberes materiales recordando y percibiendo siempre a Dios, no está dormida en la ignorancia sino despierta por siempre en Él.

La inactividad se halla lejos de la percepción de Dios. El perezoso, apegado al cuerpo, no es libre, ni es un yogui. El hombre activo en el aspecto material y siempre centrado en la paz interior no es un hombre común sino un ser unido a Dios: es un verdadero yogui.

El devoto sincero ama a Dios con intensidad, ya sea que se

encuentre inactivo y meditando silenciosamente en Él o en medio del torbellino de las actividades externas. Permanece despierto en Dios en todo momento, cualquiera que sea su ocupación en la vida. No permite que los deberes materiales le absorban tanto que le hagan olvidar su estado interior de divina bienaventuranza.

Es un error frecuente de los seres humanos olvidarse de cultivar la conciencia de Dios porque se encuentran abrumados con los deberes materiales. Por otra parte, permanecer inactivos bajo el pretexto de ser «espirituales» constituye un peligroso engaño.

El hombre con responsabilidades en el mundo debería reducir sus actividades materiales lo suficiente como para contar con tiempo para la meditación. Ha de recordar que no podría llevar a cabo sus deberes materiales si Dios de súbito le dijese: «Bueno, ¡estoy tan ocupado con la creación cósmica que no puedo latir en tu corazón!».

Tampoco debe el yogui, por el solo hecho de meditar en Dios, negarse a cumplir con sus responsabilidades materiales. Cuando un devoto en verdad permanece absorto en Dios, tanto durante el estado de inactividad como en medio de la intensa actividad, el compasivo Señor dispone para él una pensión que lo libera de los deberes terrenales. ¡Pero el yogui debe acatar la voluntad de Dios en todo y no depender complacientemente de tal promesa!

ESTROFA 70

आपूर्यमाणमचलप्रतिष्ठंसमुद्रमापः प्रविशन्ति यद्वत्।
तद्वत्कामा यं प्रविशन्ति सर्वे स शान्तिमाप्नोति न कामकामी ॥

āpūryamāṇam acalapratiṣṭhaṁ samudram āpaḥ praviśanti yadvat
tadvat kāmā yaṁ praviśanti sarve sa śāntim āpnoti na kāmakāmī

Quien absorbe todos los deseos en su interior, a semejanza del rebosante océano que permanece impasible (inalterable) ante las aguas que lo alimentan, se encuentra colmado de satisfacción —mas no así el que ambiciona saciar los deseos.

ASÍ COMO LOS RÍOS QUE DESEMBOCAN en el océano lo mantienen siempre colmado pero no perturban su inalterable vastedad, así también los ríos de los deseos, al ser transmutados y absorbidos en el inmutable Ser

Oceánico, no crean olas en el *muni,* sino que lo mantienen rebosante de energía, satisfacción y paz inalterables.

El hombre común no conoce la paz. El embalse de su mente, poco profundo, es agitado sin cesar por la avalancha de estímulos sensoriales. Lleno de inquietud, abre agujeros de deseos en el dique de su conciencia, lo cual agota sus poderes y su satisfacción interior.

Esta estrofa era una de las favoritas de mi gran maestro, Swami Sri Yukteswarji, que a menudo la citaba. Cuando sentía una nueva manifestación que se originaba en el vasto océano interior de su paz (un mar infinito que había creado y alimentado al absorber y transmutar los ríos de todos los deseos materiales que desembocaban en él), expresaba con voz sonora las percepciones espirituales que experimentaba dentro de su ser. Su rostro mismo resplandecía con una grandiosa luz interior. En tales ocasiones, aquellos que se encontraban a su alrededor y eran espiritualmente receptivos podían sentir cómo esa desbordante percepción de paz de mi maestro se les transfería también a ellos. A menudo le oigo en mi interior recitar en sánscrito esta estrofa del *Guita,* tal como solía yo oírsela en otros tiempos.

Cuando las aguas del embalse de la paz interior se vierten hacia el exterior a través de los numerosos orificios de los pequeños deseos, el suelo desértico de las percepciones materiales absorbe ávidamente esos chorritos. ¡Al poco tiempo, tanto el embalse como el desierto están secos!

A diferencia de una pequeña represa, el mar es vasto y se alimenta en todo momento de los ríos que desembocan en él. Además, es profundo; su poderoso corazón parece estar quieto e inmóvil.

Sino una marea que al moverse parece dormida,
marea alta sin sonidos ni espuma […].[55]

El alma del hombre apacible es un mar de felicidad en el que está inmersa toda su conciencia. En lugar de perder esa paz por vía de los pequeños anhelos, absorbe dentro de sí todos los ríos de los deseos, manteniendo de ese modo su quiescente mar colmado hasta rebosar.

Por el contrario, aquel que posee un pequeño embalse de paz y, en vez de acrecentarlo por medio del autocontrol y la meditación, deja que las aguas se agoten al escaparse por mil canales de deseos perjudiciales pierde pronto toda su satisfacción.

De ahí el consejo del *Guita:* No permitas que al desviar las aguas

[55] «Atravesando el promontorio», de Lord Alfred Tennyson.

hacia los canales de los pequeños pero siempre crecientes deseos se agote la represa de tu paz. El verdadero devoto tiene cada vez menos deseos, y encuentra cada vez más un mar de satisfacción en su alma.

Este consejo no significa que se deban abandonar las buenas aspiraciones, tales como ayudar a otras personas a conocer a Dios. Los deseos nobles no hacen que el devoto pierda la paz; por el contrario, ¡su paz se fortalece al compartirla con los demás! Esta paradoja es similar a la que planteó Jesús con estas palabras: «Porque a todo el que tiene se le dará y le sobrará, pero al que no tiene se le quitará hasta lo que tiene»[56]. En la vida espiritual, dar es sinónimo de recibir.

A su vez, el deseo de brindar gozo a los demás y la actividad necesaria para procurar paz a nuestros semejantes le proporcionan al devoto mayor paz y gozo. En cambio, la satisfacción de cualquier deseo egoísta empobrece al devoto.

Es un error permitir que la paz del alma se pierda a través de los canales de deseos perjudiciales, en tanto que es acertado fortalecer el alma por medio de ambiciones espirituales que proporcionen gozo.

Todos deberían hacer el esfuerzo de transformarse en océanos de paz, absorbiendo en su interior los ríos de gozo provenientes del éxtasis de la comunión con Dios y de la compañía de buenas personas, del estudio de las escrituras, del servicio desinteresado y del cultivo de ambiciones y deseos espirituales. Es preciso ahondar cada vez más en el fondo de la conciencia con la draga de la meditación profunda a fin de que los gozos que proceden de los demás y de sus cualidades virtuosas, así como los ríos de todas las demás fuentes de bondad, puedan encontrar un amplio espacio en donde alojarse.

Como un océano vasto y profundo, el hombre de Dios experimenta en forma constante e inalterable el gozo. El embalse de su mente se ha expandido hasta convertirse en el mar del divino Ser. Atrae los ríos de la bondad de otras almas y los hace fluir hacia su propio ser, hasta que todos ellos se mezclan finalmente en el Eterno Océano de Dios.

ESTROFA 71

विहाय कामान्यः सर्वान्पुमांश्चरति निःस्पृहः।
निर्ममो निरहङ्कारः स शान्तिमधिगच्छति॥

[56] *Mateo* 25:29.

vihāya kāmān yaḥ sarvān pumāṁś carati niḥspṛhaḥ
nirmamo nirahaṁkāraḥ sa śāntim adhigacchati

Un ser humano comprende qué es la paz cuando, habiendo abandonado todo deseo, vive sin ansiar nada y no se identifica con el ego mortal y su peculiar sentido de «lo mío».

AQUEL QUE TRANSITA LA TIERRA libre de la coacción de los deseos del pasado, que permanece invulnerable a la invasión de nuevos anhelos y no es esclavo de la mezquina conciencia del ego («yo» y «mío»), se halla completamente libre de todo cautiverio. Con la flauta mágica de su alma, seduce a la paz que mora en su interior para que le siga con fidelidad adondequiera que él vaya.

Los renunciantes y monásticos cuyas vidas ascéticas están libres de los deberes mundanos citan a menudo la fórmula para adquirir la paz que ofrece esta estrofa del *Bhagavad Guita.* Un ermitaño busca la paz reduciendo al mínimo las preocupaciones relativas al cuerpo, renunciando a las posesiones mundanas y manteniendo iluminado el campo de su mente con pensamientos de sabiduría, a fin de que las semillas de los deseos materiales jamás vuelvan a enraizar en él. Por medio de la perfecta renunciación, corta todos los lazos con el ego personal o humano que abriga deseos de obtener posesiones materiales.

La paz es el primer resultado de haberse liberado de todo deseo. Para el ermitaño de la escuela de *Guiana Yoga,* el fundamento del ascetismo consiste en que incluso los deseos de disfrutar de buena salud y de comodidades normales —que por lo general son considerados buenos por la mayoría de la gente— han de ser juzgados como promotores del mal. Todos los deseos que emanan del contacto corporal provocan incesantes vagabundeos por los corredores de las encarnaciones terrenales, puesto que un deseo conduce a otro; ¡es como si se hallase uno perdido en un exasperante laberinto!

Si una persona muere sin deshacerse de todos los deseos, permanecerá atada a una serie de renacimientos en la tierra. Por lo tanto, el renunciante no sólo abandona los deseos indebidos, que enredan profundamente el alma en la insaciable trama de la avidez por los objetos materiales, sino que también se desprende de todos los buenos deseos personales, ya que éstos también pueden mantenerlo embrollado en los anhelos terrenales. (Las inclinaciones nobles y las ambiciones espirituales libres de ego y de intereses egoístas, motivadas sólo por el deseo de complacer a Dios, son deseos desprovistos de todo deseo y no poseen efectos que mantengan al alma encadenada).

Al renunciar a los deseos del pasado para que no se propaguen como el cáncer y a la larga estrangulen su paz, el renunciante también evita, por medio de los pensamientos, las acciones y el entorno adecuados, toda posibilidad de que broten nuevos deseos. Mantiene una continua vigilia y conserva siempre encendida la sagrada llama de la sabiduría. Aprende además a desligar el alma del ego, que es el único medio absoluto de inmunidad contra el engaño. Quien puede desconectar a voluntad la mente del cuerpo comprende la diferencia entre el alma pura hecha a imagen de Dios y el alma esclavizada al cuerpo (el ego).

Un rey dormía en un lecho de oro en su majestuoso castillo y soñaba que era un mendigo. En su sueño exclamaba: «¡Por favor, dadme una moneda, dadme una moneda! Soy un hambriento mendigo». Cuando la reina lo despertó, se incorporó ya libre del engaño onírico y divertido por lo absurdo de su sueño.

De manera similar, la majestuosa alma, imagen perfecta del omnipresente y todopoderoso Espíritu, duerme en la ignorancia, soñando que es un pobre mortal lleno de aflicciones y limitaciones. Cuando la falsa conciencia del cuerpo o conciencia del ego desaparece como resultado de la práctica de la meditación, el alma percibe su verdadero linaje, que es el de un príncipe, hijo del Rey del Universo.

Por tanto, el renunciante y el sabio se ejercitan para no identificar el Ser trascendente con el ego mortal y sus deseos, que son la causa de las reencarnaciones. Una vez que se ha liberado del ego y sus aflicciones, y del apego a la existencia terrenal, el hombre hereda la paz eterna que es su derecho inalienable.

Como puede observarse, la filosofía que encierra esta estrofa se aplica en particular a la vida del renunciante, del hombre dotado de sabiduría que ha incinerado casi todas las raíces de los deseos de esta vida y de vidas pasadas, y que en forma natural se siente inclinado a abandonar las metas y posesiones mundanas ordinarias.

En cambio, al hombre moderno con responsabilidades familiares que desea cumplir con los deberes mundanos y al mismo tiempo hallar a Dios se le ofrece otro consejo en el capítulo III del *Guita* acerca de *Karma Yoga,* en el cual Krishna enseña que quien sólo renuncia a las acciones no es un renunciante ni un yogui unido a Dios: nadie alcanza la perfección ni el estado libre de acción por el simple hecho de abandonar la actividad. En este sentido, mi gurú me dijo, poco antes de que yo me convirtiese en monje de la Orden de los Swamis: «Aquel que desecha sus deberes mundanos sólo puede justificarse si acepta algún tipo de responsabilidad hacia una familia mucho mayor». Tanto el renunciante como el hombre de hogar deben aprender a estar plenamente activos, pero sin desear los frutos de sus acciones.

Todo el que renuncia a los frutos de la acción y actúa sólo por Dios es un renunciante y también un yogui. Es un hombre de renunciación porque desiste del deseo de convertirse en el beneficiario de sus acciones; es también un yogui unido a Dios porque trabaja únicamente para complacerle.

El devoto puede cuidar de su salud, de sus asuntos y de su familia, y aun así ser un renunciante en su interior. Se dice a sí mismo: «Yo no fui el creador de este cuerpo ni de este mundo. ¿Por qué debería entonces apegarme a ellos? Cumplo con mis deberes materiales hacia mi familia y demás personas porque Dios me ha encomendado estas tareas. Meditaré profundamente y desempeñaré mi papel transitorio sólo para complacerle». Esta persona que pone en práctica la renunciación interior también es un yogui, porque avanza en todo momento hacia la unión con Dios tanto a través de la meditación como de la acción correcta.

Si de esta manera permanece uno en el mundo sin pertenecer a él, puede alcanzar la paz. No es tarea sencilla, pero se puede lograr si se cuenta con una voluntad férrea. El sendero de la renunciación externa, que consiste en eludir por completo los escenarios terrenales de conflicto material —renunciando a los anhelos mediante la práctica continua del discernimiento y de retirar la atención de los objetos de la tentación—, sólo es adecuado para la naturaleza de unos cuantos devotos excepcionales.

El yogui que es a la vez hombre de hogar, que se mueve entre los objetos sensoriales, debe liberarse de los deseos internos que lo someten a una esclavitud más opresiva que las tentaciones del mundo externo. El hombre de renunciación debe apartarse de los enredos de la jungla exterior de objetos materiales y liberarse también del anhelo interior por los objetos que ha abandonado. Entonces y sólo entonces —ya sea que se encuentre en el mundo o recluido en un bosque, ya sea él una persona de hogar o un renunciante— podrá lograr la paz.

Tanto si trabaja en el mundo como si se halla sentado en silencio en medio de un bosque, el único objetivo del yogui debe ser recobrar la perdida paz del alma y la identidad de su alma con el Espíritu. Aquel que se ha liberado por entero del ego y de los deseos ha logrado su objetivo.

ESTROFA 72

एषा ब्राह्मी स्थितिः पार्थ नैनां प्राप्य विमुह्यति।
स्थित्वास्यामन्तकालेऽपि ब्रह्मनिर्वाणमृच्छति॥

eṣā brāhmī sthitiḥ pārtha naināṁ prāpya vimuhyati
sthitvāsyām antakāle 'pi brahmanirvāṇam ṛcchati

¡Oh Partha (Arjuna)!, éste es el estado de quien se encuentra «establecido en Brahman». Todo el que alcance este estado jamás será (de nuevo) presa del engaño. Aquel que se aferre a él, aun cuando sea en el momento mismo de la transición (de la forma física a la astral), alcanzará el estado final e irrevocable de comunión con el Espíritu.

SE DENOMINA *BRAHMASTHITI* AL HECHO de permanecer entronizado en la conciencia omnipresente del Espíritu, al estado en que el devoto reina en el Espíritu Soberano. El yogui que reina en el Espíritu, que se ha liberado en vida, jamás vuelve a caer en el engaño ni desciende a un estado inferior: vive en la conciencia de Dios. Su alma se expande en el Espíritu, pero el yogui retiene su individualidad aun cuando permanece eternamente inmerso en la comunión con el Espíritu. Cuando el yogui se ha establecido en la Infinitud Etérea, incluso si sólo ha alcanzado ese estado en el momento en que el alma se desprende de la morada física para dirigirse hacia el plano astral, su alma entra en el *Brahmanirvana,* el estado de expansión en el Espíritu que se alcanza mediante la extinción del ego y de todos los deseos que obligan al alma a reencarnarse. A un ser omnipresente no es posible aprisionarlo tras los barrotes de las encarnaciones finitas. Puede, por voluntad propia, conservar un cuerpo físico o astral, pero ese cuerpo es incapaz de mantener en cautiverio la inmensidad de su espíritu.

Por esa razón, Krishna le dice a su discípulo Arjuna: «Aquel que abandona el deseo de disfrutar de los gozos sensoriales, que se ha desapegado de los objetos de los sentidos, que se encuentra libre de la conciencia del limitado ego y ha abandonado las aflicciones egoístas relativas al "yo y lo mío" recibe el gozo perenne de la paz de Dios: esa bienaventuranza permanente de la comunión con el Espíritu que se denomina *Brahmasthiti* o "entronización en el estado Infinito"».

Todo el que saborea este estado supremo de unión con el Espíritu comprueba que todos sus deseos se satisfacen de una vez y para siempre, en forma completa e inmediata. No existe posibilidad alguna de que él llegue a desear los placeres inferiores, del mismo modo en que una persona que prueba la miel de azahar no podría ansiar la melaza rancia.

A través del consejo que Arjuna recibe, Krishna le dice a todo el que busque a Dios en cualquier época: «¡Este esfuerzo vale la pena! ¡Alcanza la meta final! ¡Bebe el néctar de la Bienaventuranza, que en ningún momento se vuelve insípido, que jamás languidece y es siempre lozano y renovado!».

Krishna señala además, en tono alentador, que no importa cuándo ni cómo alcance el hombre ese estado final. Si gracias a sus continuos y siempre crecientes esfuerzos meditativos del pasado el devoto logra llegar al estado de gozo supremo, aunque sólo sea justo antes de morir, con toda certeza jamás volverá a separarse de esa Bienaventuranza del Espíritu.

Los deseos que continúan insatisfechos en el momento de la muerte son la causa de la reencarnación. El hombre que aún deambula por el desierto de la materia, en busca de los efímeros capullos de los placeres, expía sus deseos mortales a través de la reencarnación; una vez libre de deseos, entra finalmente en la perfección del Espíritu. Krishna aconseja al devoto que continúe esforzándose por alcanzar dicho estado de emancipación, incluso hasta el momento mismo de la muerte. «Al vencedor le pondré de columna en el Santuario de mi Dios, y ya no saldrá de allí (no reencarnará de nuevo)»[57], asegura Jesús a la humanidad. Para escapar del carrusel de los nacimientos y muertes, las almas deben liberarse de los deseos terrenales y de la conciencia del ego antes de que llegue la muerte. Si no logran esa liberación antes de la muerte física, habrán de reencarnarse de nuevo en la tierra. Es insensato y nocivo que el ser humano permanezca en la ignorancia, sumido en indecibles sufrimientos, pues nunca se sabe a qué dificultades abismales pueden conducirle el ego y los deseos terrenales insatisfechos.

Esfuérzate sin cesar; jamás te impacientes. Una vez que hayas alcanzado el objetivo final, desaparecerán en un segundo las encarnaciones de dificultades, tal como sucede al dejar entrar la luz en una

---

[57] *Apocalipsis* 3:12.

habitación que ha estado cerrada durante décadas: las tinieblas se disipan al instante.

ॐ तत्सदिति श्रीमद्भगवद्गीतासूपनिषत्सु
ब्रह्मविद्यायां योगशास्त्रे श्रीकृष्णार्जुनसंवादे
साङ्ख्ययोगो नाम द्वितीयोऽध्यायः ॥

om tat sat iti śrīmadbhagavadgītāsu upaniṣatsu
brahmavidyāyām yogaśāstre śrīkṛṣṇārjunasaṁvāde
sāṁkhyayogonāma dvitīyaḥ adhyāyaḥ

Om, Tat, Sat.

En el Upanishad del sagrado* Bhagavad Guita *—el discurso del Señor Krishna a Arjuna, que es la escritura del yoga y la ciencia de la unión con Dios—, éste es el segundo capítulo, denominado: «Sankhya-Yoga».

CAPÍTULO III

Karma Yoga: EL SENDERO DE LA ACCIÓN ESPIRITUAL

❖

¿Por qué es necesaria la actividad en el sendero hacia la liberación?

❖

La naturaleza de la acción correcta:
llevar a cabo toda obra como una ofrenda *(yajna)*

❖

El deber moralmente correcto que se lleva a cabo sin apego
es de naturaleza divina

❖

Cómo la acción desinteresada del yogui lo libera
de las dualidades de la Naturaleza y de la opresión del karma

❖

La actitud correcta hacia el guía espiritual y el *sadhana* prescrito

❖

La conquista de los dos aspectos de la pasión: el deseo y la ira

ॐ

«Desde la región sin vibración, mediante un ritmo cósmico de ordenada actividad, el Espíritu dio a luz a toda la creación vibratoria. El ser humano forma parte de esa actividad vibratoria cósmica. Puesto que es una entidad integrante del plan cósmico según el cual toda la creación —emanada del Espíritu— debe evolucionar y regresar al Espíritu, también él debe ascender, en armonía con el plan divino, a través de la actividad».

KARMA YOGA: EL SENDERO DE LA ACCIÓN ESPIRITUAL

¿POR QUÉ ES NECESARIA LA ACTIVIDAD EN EL SENDERO HACIA LA LIBERACIÓN?

ESTROFA 1

अर्जुन उवाच
ज्यायसी चेत्कर्मणस्ते मता बुद्धिर्जनार्दन।
तत्किं कर्मणि घोरे मां नियोजयसि केशव॥

arjuna uvāca
jyāyasī cet karmaṇas te matā buddhir janārdana
tat kiṁ karmaṇi ghore māṁ niyojayasi keśava

Arjuna dijo:

¡Oh Janardana (Krishna)!, si tú consideras que el entendimiento es superior a la acción, ¿por qué entonces, ¡oh Keshava (Krishna)!, me impones esta atroz actividad?

«EN TU DISERTACIÓN, ¡OH DIVINO SALVADOR!, sostienes que es preferible observar los sucesos dramáticos de la vida con la desapegada visión de la sabiduría, recordando que son sueños que emanan del Espíritu, en lugar de permanecer emocionalmente atrapado en las tragicomedias de este engañoso mundo. ¿Por qué entonces, ¡oh Señor!, me impones esta atroz y violenta actividad, como si fuese yo un corcel atado a un carro de guerra?».

Cuando en este pasaje Arjuna se dirige a Krishna como Janardana, este epíteto significa «el gurú ideal» que muestra al devoto el modo de erradicar las causas del renacimiento para alcanzar así la salvación. Keshava significa el estado supremo de unidad con el Espíritu —más allá de las condiciones vibratorias de la creación, la conservación y la disolución— que se alcanza destruyendo al demonio del mal (el engaño), que mantiene separada al alma del Espíritu. En un sentido alegórico, al establecer contacto con Dios por medio de la experiencia intuitiva, el devoto se dirige a la Divina Conciencia interior como el Gurú rector que le muestra el camino a la liberación y también como el Supremo Absoluto que está más allá de todas las transformaciones del engaño. En esta estrofa se describe el conflicto mental del devoto que en forma ocasional establece contacto con Dios a través de su intuición esporádica, y que con frecuencia se pregunta por qué la Voz Interior, que enaltece la supremacía de la sabiduría intuitiva, insiste, no obstante, en que el devoto se dedique a actividades que absorben muchísimo su mente.

Emplea la acción para alcanzar el estado de inacción

La sabiduría suprema es la eterna Inteligencia Infinita, el Océano de la Bienaventuranza desprovisto de las mutables olas de la naturaleza (las tristezas pasajeras, los placeres transitorios o toda aquella acción que pertenezca al mundo de las vibraciones temporales). El inalterable mar del Espíritu es superior a sus manifestaciones —las olas de la cambiante creación vibratoria—, al igual que el océano es superior a las olas, porque constituye el cimiento y sustancia de las olas, y porque el océano puede existir sin las olas, en tanto que las olas no existirían sin el océano.

El Espíritu es la causa suprema, la Inteligencia autosuficiente e inmutable. Todas las actividades vibratorias provenientes del Absoluto están condicionadas y por consiguiente son inferiores. De manera similar, la sabiduría suprema está presente en lo profundo de la conciencia interna del ser humano, que es el alma; las olas de las actividades vibratorias que provienen de dicha inteligencia se hallan en su cuerpo externo. Por lo tanto, aunque las actividades corporales son, en efecto, inferiores a la sabiduría del alma, aun así el hombre no puede encontrar la sabiduría sin que exista algún tipo de participación de la mente y del cuerpo. El hombre no puede alcanzar el estado no vibratorio de suprema sabiduría desde un comienzo, ya que nace con una conciencia corporal «innata». Mientras el ser humano no trascienda la naturaleza ilusoria del cuerpo, le será totalmente imposible manifestar la sabiduría.

Para destruir su falsa identificación con el cuerpo, el hombre debe entregarse a las actividades externas liberadoras que, aunque «inferiores», son necesarias. En las escrituras hindúes, el uso de la acción como medio para alcanzar la inacción se ilustra con la expresión «una espina saca otra espina», algo semejante a utilizar una afilada espina para sacar del dedo una espina que se nos ha clavado y causa dolor. Una vez que el devoto se ha desembarazado de los engaños de la conciencia corporal, se libera de modo automático de la necesidad de la acción (los deberes kármicos). Entonces «desecha ambas espinas» (es decir, el cuerpo y las actividades corporales dejan de tener utilidad, pues han cumplido el propósito para el que fueron creados) y el yogui se encuentra apto para manifestar la sabiduría, el estado supremo que trasciende toda actividad.

❖ *La necesidad de las técnicas de meditación* ❖

En la presente estrofa, la pregunta de Arjuna tiene una trascendencia esotérica más profunda, que se expone en las estrofas siguientes y se refiere a la reiterada exhortación de Sri Krishna al devoto alentándole a emprender la conquista de la conciencia corporal sensual por medio de la meditación yóguica con el objeto de obtener la sabiduría. Los plexos coccígeo, sacro, lumbar, dorsal, cervical y medular necesitan convertirse en centros dedicados a la actividad espiritual consciente. El devoto, mediante la práctica de los métodos de respiración correctos y diversas actividades meditativas profundas (tales como *Kriya Yoga*), debe centrar de continuo su conciencia en los centros espinales. De ese modo cumple con los requisitos necesarios para permanecer en el estado no vibratorio y libre de actividad, en la luz del Espíritu, dentro del loto de mil pétalos del cerebro.

Algunos devotos, después de alcanzar de modo temporal la visión de la luz centralizada del Espíritu en el cerebro, abandonan la práctica de los métodos específicos del yoga por considerarlos una forma inferior de meditación, lo cual es un error. Es preciso seguir realizando sin cesar todas las actividades espirituales, meditaciones especiales y técnicas apropiadas de *pranayama (Kriya Yoga)* con el fin de lograr no sólo la visión de la luz de mil rayos del Espíritu en el cerebro, sino también permanecer allí anclado en todo momento. Las actividades meditativas son inferiores a la sabiduría una vez que ésta se ha alcanzado, pero preceden inexorablemente a esta suprema percepción espiritual.

Estrofa 2

व्यामिश्रेणेव वाक्येन बुद्धिं मोहयसीव मे।
तदेकं वद निश्चित्य येन श्रेयोऽहमाप्नुयाम्॥

vyāmiśreṇeva vākyena buddhiṁ mohayasīva me
tad ekaṁ vada niścitya yena śreyo 'ham āpnuyām

[Arjuna continúa:]

Con tus disertaciones aparentemente contradictorias, pareciera que confundes mi inteligencia. Te ruego me des a conocer aquello que con toda certeza me permita alcanzar el bien supremo.

«AUNQUE TU CONSEJO ES ELOCUENTE y sin duda sabio, resulta sin embargo contradictorio en apariencia. Mi poder de comprensión se desconcierta a causa de tus palabras, que sutilmente se contradicen. ¿No podrías simplemente señalarme el portal único que conduce en forma directa al palacio de la perfección?».

Estas palabras de Arjuna son representativas del estado psicológico del devoto cuyo entendimiento no está aún finamente sintonizado con la intuición. A menudo se siente confundido por los consejos de las escrituras o de su gurú, que en apariencia son contradictorios.

Por ejemplo, en cierta ocasión un maestro le dijo a su discípulo: «Debes comer y no debes comer», a lo que el discípulo replicó: «Maestro, no comprendo; ¡tus órdenes son contradictorias!».

El maestro respondió: «¡Es verdad, no comprendes! Mi consejo es por entero coherente. Lo que quise decir es que debes comer cuando en realidad tengas hambre, sólo para que tu cuerpo se nutra de manera apropiada y mantengas así en buenas condiciones el templo de tu alma. Mas no debes comer cuando seas tentado por el apetito perverso de la gula, que está muy arraigado en ti y bajo cuya guía comerías en exceso y arruinarías tu salud».

De modo similar, cuando Krishna aconseja en esencia lo siguiente: «Vive en este mundo sin pertenecer a él», el significado de sus palabras es que el hombre ha de vivir y cumplir con sus obligaciones en el mundo porque Dios aquí lo ha colocado, pero no debe vivir apegado a las artimañas y malas costumbres mundanas.

El consejo espiritual a menudo resulta paradójico. Pero lejos de ser contradictorio, refleja más bien lo inadecuada que es la expresión humana para transmitir lo que trasciende a la familiar dualidad de la Naturaleza —«esto o aquello»—. Entre los santos cristianos, ¡cuán dado a las paradojas es San Juan de la Cruz en su poesía mística!: «La música callada», «Con llama que consume y no da pena», «¡Oh toque delicado / que a vida eterna sabe / [...] Matando, muerte en vida la has trocado». Jesús dijo: «Porque quien quiera salvar su vida, la perderá; pero quien pierda su vida por mí, la salvará»[1].

Dios es la Gran Paradoja: la única Vida, el único Ser, ¡y sin embargo invisible e intangible! ¡El Ser Sin Forma que a la vez contiene Todas las Formas!

En la vida espiritual, los criterios mundanos se invierten: «Vende tus bienes y dáselo a los pobres [...]», «No os preocupéis del mañana [...]»[2]. El hombre común rechaza estas inflexibles inversiones del «sentido común» por considerarlas desconcertantes o «paradójicas».

Por eso Arjuna se siente confundido ante el consejo de su gurú, Krishna, que elogia la sabiduría como superior a la acción y, al mismo tiempo, le aconseja emprender la actividad.

ESTROFA 3

श्रीभगवानुवाच
लोकेऽस्मिन्द्विविधा निष्ठा पुरा प्रोक्ता मयानघ।
ज्ञानयोगेन साङ्ख्यानां कर्मयोगेन योगिनाम्॥

śrībhagavān uvāca
loke 'smin dvividhā niṣṭhā purā proktā mayānagha
jñānayogena sāṁkhyānāṁ karmayogena yoginām

El Señor Cósmico dijo:

¡Oh alma impecable!, al inicio de la creación, por Mí le fue concedido al mundo un doble sendero de salvación: para el sabio, la unión divina por medio de la sabiduría; para el yogui, la unión divina por medio de la meditación activa.

«CUANDO ENVIÉ AL HOMBRE a la creación, le ofrecí dos senderos por los cuales podría regresar a Mí: el discernimiento (Sankhya o *Guiana Yoga*) y la acción correcta (*Karma Yoga;* la actividad suprema de este sendero es la meditación científica del yogui). Ambos conducen al ser humano por el rumbo correcto hacia la salvación. Pero cuando el devoto se acerca a su liberación final, entonces la sabiduría y la acción meditativa

---

[1] *Lucas* 9:24.

[2] *Mateo* 19:21 y *Mateo* 6:34, respectivamente.

se funden en una única ruta interior hacia la realización del Ser, cuya culminación es la unión del alma con el Espíritu».

Según la interpretación más difundida, *Guiana Yoga* es el camino del conocimiento y el discernimiento (Sankhya); *Karma Yoga* es el camino de la acción correcta, tanto espiritual como meditativa. El camino del discernimiento es el apropiado para el sabio de visión penetrante (un ser excepcional, por cierto), en tanto que el sendero aconsejado para todos los demás es una combinación de actividad y meditación.

Sin embargo, en esta estrofa y en ambos casos, Krishna se refiere, de manera específica a la unión divina (el *yoga*): la liberación del alma en el Espíritu. En este contexto superior, los senderos del discernimiento y de la acción espiritual constituyen en realidad una sola autopista «doble» hacia la realización del Ser (la sabiduría), que se forja con la práctica de métodos precisos de meditación activa. (En la referencia que Krishna hace acerca de *Karma Yoga* como el sendero adecuado *para el «yogui»* se halla implícita la actividad meditativa y no sólo la actividad ordinaria). El conocimiento absoluto de Dios es el objetivo de la liberación del hombre, pero esta sabiduría suprema que colma todo anhelo no puede alcanzarse sin antes haber practicado los métodos de meditación.

❖
Guiana Yoga *y* Karma Yoga *son dos etapas de un mismo sendero*
❖

Así como la flor del manzano y la manzana están inseparablemente relacionadas, así también lo están la meditación y la sabiduría. Si la flor no existe, no habrá manzana; y si no hay meditación, no habrá sabiduría. La sabiduría es la casa, y la meditación es el cimiento de la casa.

En el *Guita* se hace hincapié tanto en la sabiduría como en la meditación, porque muchos devotos erróneamente piensan que el conocimiento teórico de las escrituras desprovisto de la meditación les podrá conducir a la liberación final. Pero el solo estudio teórico de las escrituras va en detrimento de la verdadera adquisición de la sabiduría, si da lugar al egotismo y a la convicción equivocada de que uno posee sabiduría cuando en realidad no es así. El conocimiento de las escrituras sólo es beneficioso cuando hace nacer en el hombre el deseo de demostrar en su propia vida la validez de los preceptos espirituales.

Así que, después de todo, sólo existe un camino hacia la sabiduría divina. Incluso el *guiana yogui* que alcanza la unión con Dios siguiendo únicamente el sendero del Vedanta —el continuo discernimiento mental («sólo Dios es real y todo lo demás es irreal»)—, en vidas pasadas fue un yogui, un seguidor exitoso de alguna avanzada técnica de meditación, destinada a recoger la mente en el interior con la finalidad de lograr la comunión con Dios. Ese ser tan avanzado nació en su vida presente con una sabiduría ya desarrollada, que obtuvo como resultado de sus esfuerzos meditativos en vidas anteriores. Él es uno de esos «sabios» a que hace referencia esta estrofa del *Guita;* es alguien que ha recorrido un largo trecho del sendero de la sabiduría o conocimiento verdadero de Dios. Con el estímulo del fervor divino y de sus sabios pensamientos, despierta los *samskaras* (tendencias kármicas) de la sabiduría que ya se encuentran dentro de él, y obtiene la unión con Dios sin que le sea necesario continuar practicando técnicas formales de meditación. Para alcanzar la unión final, su conciencia, al igual que la de todos los seres que ascienden, sigue la ruta meditativa interior a través de los centros yóguicos cerebroespinales en dirección ascendente hacia el Espíritu.

Sin embargo, tampoco el yogui alcanza la perfección si medita sin concentrarse en la meta final de la sabiduría, de manera semejante a un hombre que disfruta tanto de pasear por cierta senda que camina sin rumbo fijo y sin llegar a un destino predeterminado. Muchos devotos gustan de la meditación y del gozo que obtienen de ella (o se aficionan a la búsqueda de poderes o de experiencias fenoménicas), pero olvidan que la meditación es tan sólo un medio para llegar a un fin determinado, y que la meta es Dios.

La meditación es la suprema actividad liberadora

Puesto que la sabiduría divina es imposible de alcanzar a no ser que uno siga el sendero de la meditación profunda, en este pasaje del *Guita* se hace referencia a la sabiduría y a la meditación como los dos senderos —o el sendero doble— hacia el Infinito. En la presente estrofa, no se mencionan ni la devoción ni las actividades espirituales que se efectúan para la redención de otras almas, ni tampoco el estudio de las escrituras aplicando el discernimiento, ni la oración, ya que todos ellos son senderos secundarios, lo cual significa que no son suficientes por sí solos[3] para alcanzar la meta final.

La sabiduría divina no se obtiene llevando a cabo ese tipo de actividades religiosas, tales como intentar salvar a otras almas sin haber alcanzado primero la propia salvación. Tampoco se puede hallar a Dios a través de las oraciones, cánticos o himnos espirituales comunes que se

[3] Véase XII:3 (volumen II).

entonan de modo distraído, expresando devoción en forma superficial mientras la mente divaga en todas direcciones.

Las actividades espirituales son caminos secundarios necesarios que uno debe seguir para llegar a la autopista de la meditación. Una vez que se ha recorrido esa autopista, se alcanza la tan anhelada sabiduría divina.

Ningún devoto, cualquiera que sea su religión, ha de darse por satisfecho con creencias y dogmas no comprobados, sino que debe realizar esfuerzos prácticos con el objeto de alcanzar la unión con el Espíritu. Esta unión sólo es posible cuando el devoto, dejando de lado el método superficial del culto ceremonial o el de «entrar en el silencio» de manera inefectiva, comienza a practicar un método científico de comunión con Dios. Esta meta no puede alcanzarse practicando únicamente la meditación mental. La sabiduría divina de la realización del Ser sólo se obtiene por medio de la concentración profunda que desconecta la mente de la respiración, de la fuerza vital y de los sentidos y que une el ego al alma. Todos los demás métodos son senderos secundarios preliminares o de apoyo.

Al retirar la mente y la fuerza vital de los nervios sensoriales y motores, el yogui los conduce por la espina dorsal y el cerebro hacia la luz eterna. Aquí la mente y la fuerza vital se unen con la sabiduría eterna del Espíritu que se manifiesta en el cerebro.

El centro de conciencia del hombre medio es el cuerpo y el mundo externo. El yogui cambia su centro de conciencia al desapegarse del cuerpo y de las esperanzas y temores mundanos. Mediante una técnica —tal como *Kriya Yoga*— con la cual puede controlar de modo consciente los procesos vitales que atan la conciencia al cuerpo (aquietando el corazón y la respiración), el yogui establece su ser en la sabia y eterna percepción del Espíritu, que se manifiesta en el centro espiritual de la conciencia cósmica situado en el cerebro. El yogui que puede cambiar el centro de su conciencia, desplazándolo del sensible cuerpo al trono cerebral del Espíritu, centra finalmente su conciencia en la omnipresencia y alcanza la Sabiduría Eterna.

ESTROFA 4

न कर्मणामनारम्भान्नैष्कर्म्यं पुरुषोऽश्नुते ।
न च सन्न्यसनादेव सिद्धिं समधिगच्छति ॥

na karmaṇām anārambhān naiṣkarmyaṁ puruṣo 'śnute
na ca saṁnyasanād eva siddhiṁ samadhigacchati

El estado libre de actividad no se logra simplemente evitando las acciones. Nadie que huya del trabajo alcanza la perfección.

Nadie alcanza el estado de divina inactividad sin haberse esforzado para ganar su pensión: el derecho de permanecer en tal estado de bienaventuranza. No se puede hallar la verdadera felicidad abandonando de manera imprudente las responsabilidades.

Cuando el Absoluto Inmanifestado proyectó una porción de su conciencia como fuerza cósmica creativa, descendió de su estado libre de actividad o sin vibración al estado activo o vibratorio que sostiene el universo. Desde la región sin vibración, mediante un ritmo cósmico de ordenada actividad, el Espíritu dio a luz a toda la creación vibratoria. El ser humano forma parte de esa actividad vibratoria cósmica. Puesto que es una entidad integrante del plan cósmico según el cual toda la creación —emanada del Espíritu— debe evolucionar y regresar al Espíritu, también él debe ascender, en armonía con el plan divino, a través de la actividad.

Toda actividad es vibración inteligente. Los actos erróneos son vibraciones nocivas y desordenadas, fuerzas de repulsión que alejan al hombre del Espíritu. Cuando una persona se entrega a dichas actividades, se enreda en el denso mundo de la materia. Las buenas acciones son vibraciones de atracción que conducen al devoto hacia el Espíritu.

A través de la vibración de la actividad correcta que se desarrolla en el mundo en el que ha nacido, el hombre asciende al elevado estado sin vibración del trascendente Espíritu. Mediante las debidas actividades del cuerpo y de la mente y con la práctica de la autodisciplina, el devoto se retira de las diversas esferas vibratorias, elevándose de la materia densa a los reinos más sutiles de la conciencia, hasta alcanzar la región del Espíritu libre de toda vibración y que está más allá de la actividad de la creación entera.

En un sentido místico, liberarse de la actividad es la meta de la vida. No se puede alcanzar por vía de la ociosidad ni a través de actividades materiales o indebidas. Tampoco —como lo supone el común de la gente— llevando una vida considerada normalmente «buena»; sólo se llega a dicha meta llevando a cabo acciones que posean un intenso poder para conferir la liberación.

Una persona perezosa no puede lograr la unidad con el Espíritu.

Si no avanza, habrá de retroceder. Muchos buscadores erróneamente creen que abandonar todas las actividades mundanas y permanecer en reclusión sin hacer nada es el camino que conduce al estado más elevado o estado inactivo del Espíritu. Pero el hombre común —cuya mente está identificada con los sentidos y el entorno corporal, y que se identifica con la respiración y el cuerpo— se encuentra prisionero del mundo material. Aunque intente «abandonar el mundo» y viva aislado en una jungla, comprobará que sin la práctica adecuada de la meditación su mente permanece apegada a los sentidos. ¡La renunciación por sí sola no es una red lo suficientemente extensa como para atrapar al omnipresente Espíritu!

El verdadero estado libre de actividad no puede lograrse renunciando a la acción

El renunciante no debe darse por satisfecho viviendo en la ociosidad y como un anacoreta, sino que ha de aprender a entrar en el estado sin aliento y a controlar el corazón, con el fin de desconectar la fuerza vital de los cinco teléfonos de los sentidos (vista, oído, olfato, gusto y tacto). Al desarrollar esta intensa actividad espiritual, desprovista de ociosidad, el devoto aprende a retirar la mente de la invasión de las sensaciones que dan origen a los pensamientos. Cuando la mente se desconecta de los sentidos durante el estado de sueño profundo, se libera de las perturbaciones ocasionadas por las sensaciones y los pensamientos. En la meditación profunda, la mente se libera *conscientemente* de todas las sensaciones y de la multitud de variadas cogniciones perturbadoras.

Al igual que en el sueño profundo (en el que no se experimentan sueños) la mente se sumerge en un estado inactivo y pasivo, así también, en la meditación profunda, la mente entra en un estado inactivo y consciente. Y así como la ociosidad produce insomnio (la ausencia del sueño reparador que se nos concede después del intenso trabajo físico o mental), del mismo modo la inercia espiritual imposibilita los resultados beneficiosos a los que se accede con facilidad si uno se dedica a las actividades correctas. Por lo tanto, el verdadero estado libre de acción se alcanza efectuando las actividades intensamente beneficiosas propias de la meditación y del servicio, mas no se logra abandonando la actividad y permaneciendo paralizados en la holgazanería.

EN LA INDIA, HAY MUCHOS RENUNCIANTES que abandonan el mundo y que, al no desarrollar ningún trabajo social o meditativo y vivir de la caridad, se vuelven perezosos e ineptos y jamás alcanzan la conciencia de Dios. En cambio, aquellos que con toda sinceridad realizan buenas acciones y que en su interior permanecen activos en meditación reciben la pensión espiritual que consiste en disfrutar por siempre del trascendente estado del Espíritu que se halla libre de actividad.

El discípulo que sigue la guía correcta se mantiene muy activo en el aspecto divino y espiritual, dedicado a retirar la mente de la inquietud y de los deseos. Al poner en práctica los principios morales, la disciplina corporal, la práctica del control de la fuerza vital, la meditación, el servicio espiritual (animando a otras personas a seguir el sendero divino), el recogimiento interior de la mente y el *samadhi* (el éxtasis), el estudiante sincero se eleva por encima del torbellino y la vorágine de las actividades incorrectas y cabalga sobre la cresta de las rítmicas olas de las actividades beneficiosas hacia el estado libre de actividad y sin vibración del Espíritu.

El devoto que sigue la guía correcta se mantiene intensamente activo en su vida espiritual

Desarrollando actividades prescritas por el deber, el devoto llega gradualmente al estado de unión divina libre de actividad (el estado supremo o *paramahansa*). Del mismo modo en que Dios Padre está libre de toda la creación vibratoria, así también son libres aquellos de sus hijos que regresan a su hogar en Él: no están ya obligados a trabajar por coacción kármica.

Un maestro es aquel que por sus intensas actividades meditativas espirituales y humanitarias ha alcanzado la unión con Dios. Libre de todo deseo mundano, puede permanecer activo o inactivo, unido por siempre al Espíritu que trasciende toda la creación y se halla exento de vibración. Ningún ser mortal ni coerción de la naturaleza tienen control sobre un maestro; ¡Dios mismo lo ha pensionado!

El devoto aspirante debe tener en cuenta la advertencia del *Bhagavad Guita:* Si bien la sabiduría es superior a la actividad, aun así el conocimiento supremo no se puede alcanzar sin actividad. Las obras sociales, morales, religiosas y meditativas son, todas ellas, actividades espirituales que constituyen los diferentes peldaños en la escalera de la salvación que todo devoto debe primero ascender a fin de llegar al cielo sin límites de la sabiduría. Cuando uno ha alcanzado la meta, ya no está sujeto a acción alguna, aunque puede continuar desempeñando actividades por voluntad propia.

Con el propósito de establecer un buen ejemplo para sus seguidores, maestros totalmente emancipados como Jesús, Babaji, Lahiri Mahasaya y mi gurú, Sri Yukteswar, emprendieron diversas actividades espirituales.

El significado de esta estrofa del *Guita* puede ilustrarse del siguiente modo:

Un hombre de negocios que desarrolla una intensa actividad se vuelve rico y decide luego llevar una vida tranquila. Es una de esas personas que «merecen» estar ociosas. Por el contrario, si un hombre pobre carece de ambiciones, es perezoso y permanece inactivo, no «merece» estar ocioso. Su sino es el sufrimiento. Si una persona hace de la ociosidad su meta, tal actitud le resultará muy perjudicial. En igualdad de otras circunstancias, es preferible un rico ocioso que un pobre ocioso. De modo similar, aquel que es un maestro y no desarrolla ningún trabajo ha alcanzado dicho estado después de ganarse una pensión en la empresa de las buenas actividades. En cambio, el principiante espiritual ocioso no tiene derecho al estado de inacción.

El perezoso por lo general está apegado al cuerpo; el hombre sumergido en la inmovilidad de la meditación no se halla atado al cuerpo aunque en apariencia esté ocioso, pues trabaja y descansa en el omnipresente Espíritu. El holgazán es esclavo del cuerpo y le teme al trabajo, en tanto que el apacible hombre meditativo es amo de su cuerpo y jamás vacila en ocuparlo en una intensa actividad.

EL DEVOTO DEBE CONTINUAR recorriendo el sendero de la espiritualidad hasta llegar a su meta y, algún día, ¡he ahí que la alcanza! Ya no necesita seguir caminando para llegar allí.

La flor llega antes que el fruto. Cuando el fruto está por nacer, la flor cae. La flor es indispensable para producir el fruto, pero el fruto es el logro supremo del árbol.

El logro de la sabiduría confiere una eterna pensión de paz

La flor de la acción liberadora es necesaria para obtener el fruto de la sabiduría. Cuando se logra la sabiduría, ésta es completa y perfecta; la acción se vuelve entonces innecesaria. ¡No es preciso continuar trabajando y esforzándose por toda la eternidad! Cuando el devoto alcanza la sabiduría de Dios, se ha ganado la pensión eterna de paz.

En *Autobiografía de un yogui*[4], cito al místico persa Abu Said y hago el siguiente comentario: «"¡Comprar y vender, pero no olvidar ni por un momento a Dios!". El ideal es que las manos y el corazón trabajen juntos en armonía. Ciertos escritores occidentales sostienen que la meta de los hindúes es de tímida "evasión", de inactividad y de retiro antisocial.

---

[4] Capítulo 5: «Un "santo de los perfumes" muestra sus maravillas».

Sin embargo, el plan védico para la vida humana, que se halla dividido en cuatro etapas, constituye para las masas un sistema perfectamente equilibrado, pues dedica la mitad del tiempo [de la vida] al estudio y las responsabilidades familiares, y la otra mitad a la contemplación y la práctica de la meditación.

»El aislamiento (el tiempo dedicado a meditar y pensar en Dios) es necesario para establecer permanentemente la conciencia en el Ser; sin embargo, los maestros retornan luego al mundo para brindar su servicio. Incluso los santos que no se ocupan de prestar sus servicios en forma externa confieren, por medio de sus pensamientos y sagradas vibraciones, mayores beneficios al mundo de los que los hombres no iluminados puedan ofrecer por medio de las más arduas actividades humanitarias. Estas grandes almas, cada una a su propio modo y a menudo confrontando grandes oposiciones, se esfuerzan de manera altruista en inspirar y enriquecer espiritualmente a sus semejantes. [...] El *Bhagavad Guita* (III:4-8) señala que la actividad es una necesidad inherente a la naturaleza humana; la pereza es simplemente una "actividad incorrecta"».

Estrofa 5

न हि कश्चित्क्षणमपि जातु तिष्ठत्यकर्मकृत्।
कार्यते ह्यवशः कर्म सर्वः प्रकृतिजैर्गुणैः ॥

na hi kaścit kṣaṇam api jātu tiṣṭhaty akarmakṛt
kāryate hy avaśaḥ karma sarvaḥ prakṛtijair guṇaiḥ

En verdad, nadie puede permanecer inactivo ni por un instante; todos están obligados a ejecutar acciones —quiéranlo o no—, impulsados por las cualidades* (gunas) *que surgen de la Naturaleza (Prakriti).

Ningún ser que se encuentre bajo el influjo de la Naturaleza puede permanecer ni por un instante libre de la acción, porque todos deben forzosamente ceñirse a las leyes que gobiernan un universo en el que cada una de sus partes debe su existencia y carácter al constante flujo y silenciosa influencia de las tres *gunas* o cualidades inherentes a la Naturaleza[5].

---

[5] Véase I:1, página 13, y VIII:6-7 (volumen II).

Las *gunas* (cualidades o formas de expresión) de la Naturaleza son *sattva* (positiva o elevadora), *rajas* (neutra o activadora) y *tamas* (negativa u obstaculizadora). *Sattva* produce cualidades que conducen hacia Dios; *rajas,* cualidades tendientes al desarrollo material; y *tamas,* cualidades que producen el mal y la ignorancia.

La acción e interacción de estas tres *gunas* sobre los veinticuatro atributos de la Naturaleza crea y guía el cosmos entero. El cuerpo humano, que es un producto de la Naturaleza Cósmica, es regido de manera inexorable por estas tres cualidades que ocasionan el movimiento. El ser humano no puede permanecer inmóvil; está obligado a emprender actividades cuya cualidad será buena, mala o mixta.

Las actividades tamásicas o nocivas convierten al hombre en un ser anormal e infeliz. Las actividades rajásicas o energizantes promueven la normalidad y la capacidad de disciplinar el cuerpo y la mente. Las cualidades sáttvicas o beneficiosas despiertan la conciencia divina y guían al hombre hacia la esfera del Espíritu.

El alma trasciende los atributos vibratorios creativos de la Naturaleza, pero cuando se identifica con la mente, la fuerza vital y el cuerpo, adopta entonces la inquieta naturaleza activa de éstos. En su aspecto de ego, el alma no permanece inactiva, pues desarrolla algún tipo de actividad mental, vital y corporal organizada. Esta estrofa aclara el verso precedente, según el cual el estado libre de actividad no puede alcanzarse si no se emprende algún tipo de acción conducente al recogimiento interior. ¡Ningún principiante del sendero espiritual debería soñar jamás con descansar en la azotea de la ausencia de actividad sin haber efectuado antes el esfuerzo activo de subir por la escalera!

El que aún no ha establecido contacto con el alma —la cual se encuentra más allá de todo estado activo— debe optar por dirigirse hacia el interior de su ser con la ayuda de las buenas acciones o será forzado por la Naturaleza a dirigirse hacia el exterior impulsado por las actividades materiales o por las acciones indebidas, que eclipsan la presencia de Dios.

Todo ser humano es arrojado, por así decirlo, al estruendoso río de las actividades de la Naturaleza. Si decide no nadar, si trata de permanecer neutral, desaparecerá de este mundo cuya tónica es: «¡Lucha!». La corriente universal no da cobijo al hombre que no está en movimiento. Aquel que no avanza con sabiduría y determinación, sin duda será arrastrado corriente abajo y se convertirá sólo en un despojo flotante atrapado por la corriente del engaño. Por el contrario, si nada sin cesar, llegará a tierra, a salvo de la furia del río.

La ociosidad, erróneamente llamada «inactividad», actúa como un agente que paraliza los procesos mentales y corporales, impidiendo que el hombre decida por medio de su libre albedrío si avanzará o retrocederá. Sin embargo, el *Guita* afirma que ni siquiera una persona ociosa puede mantenerse en total inactividad. Su mente indisciplinada estará activamente sumida en el engaño aunque su cuerpo permanezca inactivo en estado de pereza. Los procesos orgánicos vitales continuarán operando, impulsados por las leyes de la Naturaleza. Podrá recostarse y renunciar a todos los movimientos corporales, pero aun así, sin las técnicas del yoga, será incapaz de detener el funcionamiento del corazón, la respiración, la circulación y los órganos internos, ¡y no digamos las actividades de los pensamientos y de la memoria! Para esa persona, la ausencia de actividad es imposible.

En el *Guita* se elogia al hombre de mundo honesto y trabajador, dedicado al cumplimiento de su deber, y se le considera una mejor persona que el ermitaño que se engaña a sí mismo llevando una vida ociosa no meditativa. En cambio, quien medita —ya sea una persona de hogar o un renunciante— se dirige sin cesar hacia Dios y es mejor que el honorable hombre de mundo que avanza con lentitud hacia la perfección impulsado sólo por la purificadora influencia de sus buenas acciones.

La acción mental y corporal guiada por el discernimiento del alma o por el gurú se denomina actividad sáttvica (guiada por la sabiduría); consiste en el control de los sentidos, la meditación, la introspección, el comportamiento correcto, la disciplina moral y el desarrollo espiritual. Esta actividad guiada por la sabiduría debe sustituir a las acciones incorrectas en que los sentidos gobiernan a la mente mediante la atracción que ejercen los placeres transitorios. Los actos guiados por la sabiduría conducen a la eterna y renovada dicha y deben, por lo tanto, gobernar la vida entera del devoto.

La actividad guiada por la sabiduría: la meditación, la introspección, el comportamiento correcto y la disciplina moral

Cuando el yogui avanza y puede desconectar su alma del cuerpo —al controlar el corazón y suspender la corriente vital y la pulsación de la vida y de la mente en el cuerpo—, ha llegado al refugio de la eterna calma libre de actividad. El yogui que reposa en el Ser se establece en el sereno gozo sin vibración del Espíritu Infinito. Sólo después de unificarse con el Espíritu que mora más allá de toda vibración, se libera el ser humano de la influencia impositiva de todas las vibraciones activas del cosmos.

El hombre ocioso o perezoso se encuentra indefenso; su alma está gobernada por el cuerpo y la mente. El hombre común no puede evitar permanecer activo, ya sea en forma voluntaria o involuntaria, y se halla inquietamente activo y activamente inquieto. El tranquilo yogui puede impulsar su cuerpo y su mente, sin identificarse con ellos, hacia un torbellino de intensa actividad y, luego, retornar de manera instantánea al estado inactivo interior de comunión meditativa con el Espíritu; se encuentra siempre calmadamente activo y activamente calmado.

ESTROFA 6

कर्मेन्द्रियाणि संयम्य य आस्ते मनसा स्मरन्।
इन्द्रियार्थान्विमूढात्मा मिथ्याचारः स उच्यते॥

karmendriyāṇi saṁyamya ya āste manasā smaran
indriyārthān vimūḍhātmā mithyācāraḥ sa ucyate

Se dice que quien controla por la fuerza los órganos de la acción, en tanto que su mente gira en torno a los objetos de los sentidos, es un hipócrita que se engaña a sí mismo.

QUIEN SUBYUGA LOS SENTIDOS en el exterior pero no en su interior —como sería el caso del anacoreta que renuncia a los placeres mundanos pero cavila sin cesar sobre los objetos de que se ha privado— se engaña a sí mismo y vive una mentira. Su falsa sensación de confianza y autosuficiencia permitirá que la tentación lo tome desprevenido.

Cualquiera que sea el nivel de actividad que el devoto desarrolle cuando inicia su ascenso espiritual —acciones prescritas o serviciales, altruismo, culto religioso, meditación—, debe comenzar la espiritualización de esa actividad en la mente y no sólo en el comportamiento externo.

¡Mucha gente deja de realizar determinados actos, mas no cesa de pensar en ellos! Podría ocurrir que un hombre codicie en su interior a la bella esposa de otro hombre, pero se abstenga de involucrarse en una relación con ella por temor a meterse en problemas. Sin embargo, su inclinación interna —reforzada por sus constantes pensamientos acerca del tema— tal vez le lleve a sucumbir a la tentación.

Debes destruir el mal, tanto en el pensamiento como en la acción. Las personas que no armonizan sus pensamientos con sus acciones no pueden confiar en sí mismas; sus tentaciones internas se vuelven cada día más poderosas porque se alimentan continuamente de pensamientos que las refuerzan. El pensar en la tentación es la verdadera causa del problema. Si la tentación interna aumenta hasta adquirir grandes proporciones, el pequeño embalse del autocontrol externo se verá arrasado. Por lo tanto, es imprudente abandonar las acciones perjudiciales en el exterior y continuar alimentándolas dentro. Cuando los malos pensamientos se vuelven muy poderosos, destruyen todas las barreras del autocontrol externo.

Es preferible, por supuesto, ejercer aunque sólo sea un control externo antes que sucumbir plácidamente a las tentaciones. El que infringe las leyes morales sólo porque se siente tentado es perverso y atrae la deshonra hacia sí mismo y hacia los demás. Incluso el hipócrita que posee suficiente dominio mental como para controlar sus actividades sensuales —aunque no pueda reprimir sus pensamientos lujuriosos— es mejor y más fuerte que quien se jacta de ser libertino.

Sin embargo, a la larga, resulta insuficiente controlar los órganos de la acción protegiéndolos del mal externo, si no se controla también la mente, que es la verdadera instigadora de todas las acciones. Los que se quedan en su castillo con todos los accesos cerrados para evitar la entrada de los invasores no pueden permanecer a salvo por mucho tiempo si el enemigo está oculto dentro del castillo mismo.

El control de las acciones comienza con el control de la mente

Si uno desea vencer una tentación y librarse de los problemas físicos, sociales, mentales y espirituales que ésta acarrea, debe destruir en su interior la semilla del mal que, de lo contrario, puede germinar y convertirse en un árbol gigantesco y producir los frutos del sufrimiento. Las raíces internas del mal han de extirparse —al igual que un cáncer— para evitar que de súbito se desarrollen y destruyan la vida espiritual.

La falta de moderación en la actividad sexual, la avidez por la comida o por el dinero —las «muchas codicias insensatas y perniciosas que hunden a los hombres en la ruina y en la perdición»[6]— atraen de manera inevitable la desdicha, después de haber vencido por medio del cloroformo del regocijo efímero a quien cae en la tentación. La cubierta placentera del mal eclipsa el buen juicio de la gente, haciéndola elegir el venenoso mal disfrazado de placer y renunciar al bien. El bien es la dulce píldora de la felicidad perdurable, cubierta con la amargura

[6] *I Timoteo* 6:9.

pasajera de la dificultad. Cada persona debe juzgar por sí misma y optar por la más sabia decisión.

A fin de vencer una tentación o un mal hábito, el hombre tiene que procurar primero convencer a la mente, aduciendo razones para abandonar el mal. Luego debe rechazar los pensamientos acerca de la tentación a medida que aparezcan, y abandonar aquellas acciones habituales. La repetición de actos perjudiciales crea malos pensamientos y los refuerza; los malos pensamientos, a su vez, conducen hacia las malas acciones y las fortalecen. ¡Ambos deben ser subyugados!

La hipocresía consiste en adoptar una pose o conducta externa que no representa con sinceridad el estado mental correspondiente.

El *Guita* advierte al devoto contra las inconsistencias mentales tales como la hipocresía; eso no significa que si no cuenta con autodominio interno deba abandonar entonces el dominio externo. En términos ideales, el autocontrol externo debe estar precedido y acompañado de la disciplina interior. De todos modos, ¡el simple autocontrol externo es preferible a la ausencia total de control!

Renunciar a los placeres mundanos sin abandonarlos en lo interno, sólo para impresionar a los demás, o escapar al refugio de una vida de reclusión sin muchas exigencias son comportamientos hipócritas. En cambio, renunciar al mundo para buscar a Dios en forma positiva aunque uno todavía necesite luchar contra los deseos internos no es hipocresía sino heroísmo espiritual. Sentarse como un calmado yogui en la postura del loto mientras en el interior uno permanece absorto en pensamientos terrenales como lo hace una persona mundana es una actitud hipócrita, si la intención es obtener los elogios y la adulación de los demás en lugar de pretender la dicha divina. Por el contrario, no es hipocresía practicar con sinceridad la meditación científica en una postura corporal acorde con la calma y el autodominio, aunque la mente permanezca inquieta, si la meta es Dios. A su debido tiempo, esta forma superior de acción transformará el estado mental de inquietud equiparándolo con la calma de la postura física. Cuando la mente y el cuerpo se aquieten como resultado de la práctica del yoga, el devoto avanzará con rapidez hacia el gozoso estado del Espíritu.

ESTROFA 7

यस्त्विन्द्रियाणि मनसा नियम्यारभतेऽर्जुन।
कर्मेन्द्रियैः कर्मयोगमसक्तः स विशिष्यते॥

yas tvindriyāṇi manasā niyamyārabhate 'rjuna
karmendriyaiḥ karmayogam asaktaḥ sa viśiṣyate

Pero el hombre supremamente exitoso, ¡oh Arjuna!, es aquel que disciplina sus sentidos por medio de la mente, con desapego, y mantiene los órganos de la actividad fijos en el sendero de las acciones que conducen a la unión con Dios.

Aquel que libre del apego por los placeres sensoriales gobierna los corceles de los sentidos, sosteniendo con firmeza las riendas de la mente, logra que éstos se mantengan fijos en el sendero prescrito de la acción correcta —*Karma Yoga*— que está guiado por la sabiduría. Como un regio conductor experto, lleva el carruaje corporal hacia la Meta Suprema.

La persona que tiene responsabilidades mundanas, que mantiene los sentidos bajo el control de la mente y que trabaja sólo para Dios, permaneciendo así libre de apego hacia sus propios deseos o ambiciones, alcanza finalmente la meta divina a través de la acción correcta. El hombre mundano común cree de manera errada que está en el mundo para trazar su propia carrera egoísta. El hombre espiritual que se ocupa de sus deberes materiales comprende que no está en el mundo para satisfacer sus propios deseos y apetitos sensuales, sino para cumplir una misión divina: alcanzar la unión con Dios y la liberación en Él, llevando a cabo aquellas acciones serviciales que más complacen a Dios.

Aquel cuya vida se rige por la moral, que gobierna los sentidos por medio de la mente y se mantiene libre de apego al cuerpo —cuidándolo sólo como si se tratase de una obligación que le ha sido divinamente encomendada— y que, con sabiduría y los sentidos así controlados, dirige en todos los aspectos los órganos de la actividad (el cerebro, las manos, la boca, los pies, los órganos sexuales, el habla) hacia el sendero de la acción correcta se dedica así a esa actividad que conduce a la suprema meta de la vida: la unidad con Dios y su siempre renovado Gozo.

El devoto espiritual controla las actividades de los sentidos al dominar la mente en la meditación y enfocarla en Dios, obligando a los sentidos a seguirla[7]. Está libre del apego a los frutos de su meditación. No sólo medita con el objeto de disfrutar de la dicha suprema, sino con

---

[7] «Si la mente está fija en Dios y continúa así, los sentidos la obedecerán. Es como adherir una aguja a un imán y luego otra aguja a ella, y así sucesivamente. [...] Mientras la primera aguja esté adherida al imán, el resto seguirá aferrado a él, pero si la primera se desprende, el resto también se desprenderá. De igual modo, en tanto la mente esté anclada con firmeza en Dios, los sentidos la obedecerán, pero si la mente se aparta

la finalidad de complacer a Dios con su regreso al hogar, después de un viaje de muchas encarnaciones para reunirse con el Ser Divino a cuya imagen fue hecho. Su motivación, por lo tanto, no es el gozo egoísta, sino un deseo de no profanar esa imagen perfecta. El hombre espiritual ama tanto a Dios que se vuelve espiritual sólo para complacerle. El devoto sincero halla su felicidad sólo en aquello que complace a Dios.

El término *Karma Yoga* (el sendero de las obras o de la acción) se utiliza en esta estrofa para referirse a aquellas actividades correctas *(karma)* que unen el alma con el Espíritu *(yoga).* Cuando una persona mundana buena o un hombre virtuoso o una persona espiritual y meditativa conservan sus sentidos bajo control y mantienen sujetos sus deseos (guiados por la sabiduría) a los órganos de la acción, avanzan por el sendero correcto de la actividad. Toda aquella acción que conduce a Dios es *Karma Yoga.*

La manera ordinaria de realizar buenas acciones supone un camino largo hacia Dios. Una vida regida por la disciplina moral constituye un camino un poco más rápido hacia Dios. Pero la vida meditativa es el camino más veloz que conduce a Él.

Podría parecer que la meditación consiste en eximirse de la actividad porque requiere del principiante la ausencia de todo movimiento corporal. Sin embargo, la meditación profunda entraña una intensa actividad mental —es la forma más elevada de acción—. Por medio de la divina ciencia del *Kriya Yoga,* el yogui avanzado puede retirar la mente de los sentidos físicos y dirigir el sutil poder astral de los sentidos hacia las actividades internas relacionadas con la tarea de liberar el alma. Ese especialista espiritual lleva a cabo la verdadera actividad de unificación con Dios *(Karma Yoga).*

Éste es el sendero más elevado del karma o acción. A diferencia de las actividades religiosas externas, tales como las ceremonias y la labor misionera, en que la mente se encuentra enfocada en ciertos preceptos en vez de concentrarse en experimentar en verdad a Dios en el interior, el *Karma Yoga* conduce directamente a Él. Muchos sólo predican acerca del reino de Dios, pero los yoguis lo encuentran en su interior.

---

de Dios, los sentidos se apartarán de la mente y quedarán fuera de control» (Maestro Eckhart, monje dominico del siglo XIV y célebre místico alemán).

Estrofa 8

नियतं कुरु कर्म त्वं कर्म ज्यायो ह्यकर्मणः ।
शरीरयात्रापि च ते न प्रसिद्ध्येदकर्मणः ॥

niyataṁ kuru karma tvaṁ karma jyāyo hy akarmaṇaḥ
śarīrayātrāpi ca te na prasidhyed akarmaṇaḥ

Lleva a cabo aquellas acciones que el deber prescribe, ya que la acción es preferible a la inactividad; incluso el simple cuidado de tu cuerpo sería imposible mediante la inacción.

Ningún logro es posible cuando una persona se halla en estado de inercia; la inactividad total impide incluso la mera existencia del cuerpo. Una vez que se comprende que la actividad dinámica es superior a la ociosidad —la cual desvitaliza el cuerpo—, uno debería aceptar tanto aquellos deberes que le son requeridos por hallarse sujeto a las leyes de la naturaleza como los deberes divinos que promueven el cultivo del alma.

Nadie puede abandonar por completo las actividades vitales y continuar viviendo; incluso el ocioso debe mantener su cuerpo. Sin embargo, no es la acción misma lo que es purificador y edificante, sino la ejecución de las acciones prescritas por el deber. Éstas conducen al devoto hacia el sendero del Espíritu. Por el contrario, las acciones nocivas rechazan las vibraciones del alma, en tanto que la inacción inhibe y paraliza.

Cuando la ociosidad hipnotiza al ego llevándolo a la inactividad, este hecho parece no dar lugar a ningún problema evidente, mientras que las acciones malignas pueden ocasionar con gran rapidez terribles sufrimientos. No obstante, una persona perezosa tarda mucho en regresar a Dios —impulsada por el lento proceso evolutivo que actúa incluso en la materia, que aparenta ser inerte—, en tanto que un hombre de negocios emprendedor y algo inescrupuloso, por ejemplo, podría avanzar con celeridad en la búsqueda de Dios (¡una vez que haya abandonado el mal!) simplemente porque ya ha desarrollado la actividad orientada a progresar, la inventiva y la iniciativa. La persona ociosa y el hombre de negocios inescrupuloso tienen, sin embargo, un obstáculo en común: a ambos les resulta muy difícil cambiar sus hábitos respectivos y continúan, por consiguiente, en un estado de esclavitud.

Así como es un delito social la indebida explotación comercial, así también la ociosidad es un delito espiritual que degrada al ser humano. De ahí que en el *Guita* se aconseje al devoto ser espiritualmente activo y continuar avanzando a través de las acciones prescritas por el deber en lugar de permanecer prisionero del cuerpo por causa de la indolencia.

En su Naturaleza Absoluta como Espíritu, Dios trasciende toda la actividad de la creación; sin embargo, Él trabaja en cada célula atómica de su vasto cuerpo constituido por el cosmos físico. Dios espera que el hombre, creado a su imagen, cumpla igualmente con los deberes relativos a la vida cotidiana y a la manutención del cuerpo y que, al mismo tiempo, permanezca apartado en su interior, en el trono de la percepción del alma.

La mente en conjunción con los sentidos se ve abocada a la acción. Pero si la mente se recoge en Dios, se vuelve inactiva y trascendental como el Espíritu. Todo aquel que poco a poco logre transmutar la acción de la corriente vital en el cuerpo, al desconectar la fuerza vital de los teléfonos de los nervios y, también, la mente de los sentidos, llegará al verdadero estado inactivo del Espíritu. Cuando el yogui alcanza, por medio de este método, el estado de *savikalpa samadhi,* puede mantener el cuerpo en un estado de éxtasis en Dios, si así lo desea, y permanecer por encima de toda actividad.

En el estado supremo de *nirvikalpa samadhi,* el yogui se une a Dios conscientemente sin necesidad de suspender las actividades del cuerpo. Puesto que se ha unificado al Ser Supremo y no tiene deseos personales, él lleva a cabo todas las acciones únicamente para complacer a Dios; por consiguiente, se consideran *acciones inactivas* (*nishkama karma,* acciones libres de deseo que no producen efectos que lo mantengan cautivo). Cuando uno desempeña la actividad sólo para complacer a Dios, ha alcanzado el verdadero estado inactivo o espiritual, libre tanto de los deberes obligatorios como de las ataduras kármicas resultantes de las acciones.

Por lo tanto, la actividad prescrita más elevada consiste en practicar los métodos de meditación a través de los cuales el devoto finalmente se libera de todo karma mundano.

Una advertencia a los monásticos que renuncian al mundo

El hecho de que uno se convierta en renunciante y abandone tanto las actividades meditativas como las relativas al mundo no lo libera de la identificación con el cuerpo ni de sus tendencias kármicas prenatales. Un renunciante que se da por satisfecho por el simple hecho de retirarse del mundo y que no hace un definido esfuerzo por llegar a Dios a través de la meditación no alcanza la meta suprema. Pero, ya sea que el yogui viva en el mundo como hombre de hogar o retirado del mundo como renunciante, si aprende el método correcto de meditación de un verdadero gurú, lo practica con diligencia y vive con rectitud, con el transcurso del tiempo incinerará todas las malas tendencias almacenadas de vidas pasadas y se liberará y unirá a Dios.

Puesto que esta estrofa del *Guita* hace hincapié en las acciones prescritas por el deber, es una advertencia dirigida de manera especial a los monjes y renunciantes que dejan el mundo con el objeto de vivir en una ermita dotada de recursos económicos y pasan allí el tiempo comiendo, durmiendo, leyendo o conversando, y desarrollan muy poco trabajo edificante para ellos mismos y los demás. Tales monásticos terminan convirtiéndose en personas ociosas; viven de los ingresos de gente trabajadora del mundo, sin cumplir con su deber de brindar a cambio un servicio material o espiritual.

El hombre inactivo no cumple con su deber hacia el Creador ni hacia la sociedad que lo mantiene. El ermitaño que dedica toda su vida a efectuar un sincero esfuerzo en la práctica de la meditación cumple con una parte de su obligación, pues procura encontrar y amar a Dios, y así espiritualiza su propia vida. El que se reforma a sí mismo ayuda a la sociedad, pues, además de dar un ejemplo de virtud, ¡ha convertido al menos a uno de sus miembros en una buena persona!

Por su parte, el yogui (ya sea monástico u hombre de hogar) que cumple con su deber hacia Dios, y también hacia el mundo prestando algún tipo de servicio edificante, es la clase de persona más elevada. Cuando a través de esa acción prescrita por el deber alcanza el estado inactivo supremo (la unión con Dios en *nirvikalpa samadhi*), que está libre de los efectos kármicos de las acciones y se halla colmado del gozo del Espíritu, se convierte en un maestro (un *siddha*).

LA NATURALEZA DE LA ACCIÓN CORRECTA: LLEVAR A CABO TODA OBRA COMO UNA OFRENDA (*YAJNA*)

ESTROFA 9

यज्ञार्थात्कर्मणोऽन्यत्र लोकोऽयं कर्मबन्धनः ।
तदर्थं कर्म कौन्तेय मुक्तसङ्गः समाचर ॥

yajñārthāt karmaṇo 'nyatra loko 'yam karmabandhanaḥ
tadarthaṁ karma kaunteya muktasaṅgaḥ samācara

La gente mundana se halla kármicamente atada a las actividades que difieren de aquellas que se efectúan como* yajna *(ritos religiosos); ¡oh hijo de Kunti! (Arjuna), trabaja sin apego, con una actitud de* yajna, *dedicando tus acciones como ofrendas.

LAS PERSONAS MUNDANAS EJECUTAN ACCIONES por motivos egoístas y con el afán de obtener felicidad y beneficios materiales. A causa de dicha inclinación, se encuentran atadas kármicamente a la tierra a lo largo de múltiples encarnaciones. El yogui, en cambio, procura realizar buenas acciones con una actitud desinteresada y sin apego; de este modo, acelera su evolución en pos de la libertad del alma. Estas liberadoras obligaciones divinas reciben el nombre de *yajna.*

El término *yajna* posee numerosos significados. No se refiere sólo al acto de adoración ritual, sino también al sacrificio u oblación que se consagra al fuego sagrado; es también el fuego mismo y la Deidad (Vishnu)[8] a quien se hace la ofrenda. *Yajna* es todo acto de generosidad o sacrificio que se ofrece únicamente a Dios. Es el rito religioso en que el alma se entrega a sí misma como oblación al Fuego del Espíritu.

En las escrituras hindúes se describen diversas Ofrendas al Fuego, a saber:

---

[8] Las escrituras védicas declaran: «En verdad *yajna es* Vishnu mismo» (*Taittiriya-Samhita* 1:7.4). Las acciones realizadas como *yajna,* por consiguiente, son sólo para Dios. Puesto que son ofrendas dedicadas a Él, deben ser absolutamente puras: libres de deseos, desprovistas de ego y de motivaciones egoístas.

1) *Pitri Yajna:* la ofrenda de oblaciones a los ancestros, es decir, al pasado, la esencia de cuya sabiduría ilumina al ser humano en la actualidad.

2) *Nri Yajna:* la ofrenda de alimentos al hambriento, es decir, las responsabilidades presentes del ser humano, sus deberes hacia sus contemporáneos.

3) *Bhuta Yajna:* la ofrenda de alimentos al reino animal, es decir, las obligaciones del ser humano hacia las formas menos evolucionadas de la creación que, por instinto, se encuentran atadas a la identificación con el cuerpo (engaño que también afecta al hombre), pero carecen de la cualidad del raciocinio liberador que es una facultad exclusiva de la humanidad. Así pues, la ceremonia *Bhuta Yajna* simboliza la buena disposición del hombre para socorrer al débil, del mismo modo en que el hombre recibe el consuelo de los innumerables cuidados que le brindan los seres superiores invisibles. La humanidad se halla también en deuda por los reparadores dones que recibe de la Naturaleza misma, que es pródiga tanto en la tierra como en el cielo y el océano. De este modo, la barrera evolutiva que impide la comunicación entre la Naturaleza, los animales, el hombre y los ángeles astrales se supera merced a los buenos oficios del silente amor.

4) *Deva Yajna:* la ofrenda de la corriente vital por parte de los sentidos, como sacrificio en favor de la visión del alma. Este «Rito dedicado a los dioses» lo ejecutan los yoguis avanzados, como paso preliminar para el quinto rito.

5) *Brahma Yajna:* consiste en ofrecer el alma en el altar del omnipresente Espíritu. Sólo se puede llegar a esta oblación final después de llevar a cabo con fidelidad las cuatro ceremonias precedentes, que son un reconocimiento tanto interno como externo de la deuda que mantiene el hombre con 1) el pasado, 2) el presente, 3) los reinos de los seres inferiores y 4) los reinos de los seres superiores. Cuando así demuestra su fidelidad hacia la creación, el ser humano es digno de tocar la orla del manto del Creador.

LA MAYORÍA DE LA GENTE considera que los ritos religiosos son ceremonias comunes y corrientes. El culto formal es preferible a las acciones mundanas; sin embargo, por sí solo, no confiere la sabiduría. Cuando se observan los ritos externos acompañados de la concentración y los cantos apropiados, aportan cierto grado de paz incluso a las personas mundanas, porque alejan su mente de las preocupaciones materiales y la dirigen hacia la calma espiritual interior. Pero cuando de manera habitual esos ritos se efectúan con la mente ausente, no proporcionan paz, ni sabiduría, ni beneficio significativo alguno.

El significado esotérico del rito del fuego de acuerdo con el yoga

En la India, el rito formal en el cual se vierte mantequilla clarificada *(ghee)* sobre el fuego —una forma de la materia purificada por el fuego— simboliza la unión de la energía vital con la energía cósmica.

Aquellos que han sido iniciados por un gurú en las técnicas de meditación yóguica llevan a cabo el verdadero rito *esotérico* del fuego que prescriben las escrituras hindúes. Para ello, retiran la fuerza vital de los nervios sensoriales y motores, y vierten esa energía en los sagrados fuegos vitales reunidos en los siete centros cerebroespinales ocultos. Cuando el yogui suspende el flujo de la corriente vital que circula a través de los nervios, su mente se desconecta de los sentidos. Esta acción de retirar la vida del cuerpo y de unir esa energía con la luz de Dios es el *yajna* más elevado, el auténtico rito del fuego, que consiste en arrojar la pequeña llama de la vida al Gran Fuego Divino e incinerar todo deseo humano en el divino deseo de alcanzar la unión con Dios. El yogui recoge entonces su mente, que se ha retirado de los sentidos, y la arroja al fuego de la Conciencia Cósmica; cuando por fin comprende que su propia alma es completamente diferente del cuerpo, arroja ese Ser al fuego del Espíritu Eterno.

El verdadero rito *exotérico* del fuego que se lleva a cabo en la vida —mediante el cual la vida corporal se une a la Vida Cósmica, y en el que la mente y el alma humanas se unen a la Mente y al Espíritu Cósmicos— consiste en ofrendar a Dios las acciones correctas, sin deseo ni apego alguno. Quienes se adhieren a las acciones correctas realizadas como *yajna* no permanecen atados a la tierra, sino que son liberados.

El significado exotérico: ofrecer a Dios la acción libre de deseos

El bienaventurado estado del *jivanmukta* (aquel que ha vencido al engaño, que ha recobrado su divina Identidad y logra su liberación cuando aún se encuentra en el cuerpo físico) no se puede alcanzar desatendiendo los deberes de la vida o escapando de ellos; con semejante conducta indigna, el hombre ignora a Dios en su aspecto de Señor del Universo. El verdadero *jivanmukta,* por lo tanto, «sacrifica» sus poderes corporales en beneficio del servicio a Dios; de ese modo, trabaja sin pecado y sus acciones no crean nuevas semillas de karma que le aten a la tierra.

La gente común que trabaja en la fábrica de la vida con sólo sus deseos como herramientas y sin ninguna preparación espiritual cosecha primordialmente sufrimiento, de manera semejante al mecánico inexperto que se lastima cuando intenta manejar una complicada pieza de maquinaria. Por ese motivo, en el *Guita* se aconseja a todos los seres humanos ejecutar aquellas actividades que redimen el alma: la meditación, la devoción, la conducta moral, el servicio y el amor divino, como una práctica religiosa del rito purificador del fuego espiritual en el que se incineran todas las imperfecciones mortales.

El trabajo motivado por el deseo egoísta se opone al plan divino. El hombre mundano se inclina a llevar a cabo actos incorrectos obedeciendo los dictados de su enredador y miope ego. A fin de satisfacer los siempre crecientes deseos que ha creado, el hombre mundano debe reencarnarse una y otra vez hasta alcanzar la liberación. En cambio, el yogui que trabaja sólo para complacer a Dios ya es libre. Una vez que ha cumplido su divina misión en la tierra, alcanza la liberación. Incluso el rito espiritual del fuego, que consiste en arrojar la ignorancia humana a las llamas de la sabiduría, se debe realizar sólo con el deseo de complacer a Dios y no por ambición espiritual. El hombre divino ejecuta las acciones correctas sólo para Dios; cada uno de sus actos es *yajna.*

Estrofa 10

सहयज्ञाः प्रजाः सृष्ट्वा पुरोवाच प्रजापतिः ।
अनेन प्रसविष्यध्वमेष वोऽस्त्विष्टकामधुक् ॥

sahayajñāḥ prajāḥ sṛṣṭvā purovāca prajāpatiḥ
anena prasaviṣyadhvam eṣa vo 'stviṣṭakāmadhuk

En el principio, habiendo dado origen a la humanidad y a* Yajna, *Prajapati (Brahma en su aspecto de Creador de* praja, *los seres humanos) dijo: «Mediante este* yajna *te propagarás; él será la vaca lechera que colmará tus deseos. [...] [Véase la continuación en la estrofa 11].

Desde el principio existió *Yajna,* el Fuego o Luz Cósmica imbuido de la Inteligencia Cósmica de Dios, a partir del cual la Conciencia

Creativa del Señor originó a todos los seres humanos: almas hechas de Inteligencia Cósmica a las que la luz creativa de Dios dio forma o individualidad. El Señor y Creador ordenó: «Os multiplicaréis a semejanza de la imagen de sabiduría a partir de la cual fuisteis creados. La divina sabiduría que mora en vosotros será la vaca lechera que todo lo satisface[9] y que da la leche de la felicidad que colmará todos vuestros deseos».

Acerca de la creación primordial, el Génesis dice: «En el principio [...] dijo Dios: "Haya luz", y hubo luz»[10]. La Inteligencia Cósmica de Dios, *Kutastha Chaitanya,* la Conciencia de Cristo o Krishna —el reflejo de Dios en toda la creación— es inherente a dicha luz[11]. Esta Inteligencia es la que sostiene la creación y es la primera expresión de Dios en su aspecto manifestado. (En este sentido, algunas veces se le personifica como Vishnu, el Preservador). El Creador moldeó todas las criaturas humanas a imagen de su luminosa y preservadora fuerza (Luz e Inteligencia), en forma de almas que resplandecen con la luz de la perfecta sabiduría.

Expresándose a través de la conciencia del hombre, Dios ordenó: «Te perfeccionarás y nutrirás a través del discernimiento que procede del alma y que se encuentra en tu interior». Así como un bebé huérfano es alimentado con leche de vaca, así el devoto, que ha quedado huérfano por haber perdido el contacto con Dios, puede alimentar todos sus poderes mentales con la leche de la sabiduría, que extrae de su alma por medio del discernimiento. El ser humano posee el potencial para orientarse siempre mediante la guía interior, en cada fase de su vida material, mental y espiritual. ¡Ésta es la bendita verdad! El dicho «errar es humano» es una cómoda e inválida excusa para no utilizar la facultad de discernimiento que Dios le ha concedido al hombre.

En cuanto al yogui, la vaca lechera de la sabiduría interna colma todos sus anhelos espirituales. Al meditar, contempla el «fuego *yajna*» de la luz astral y logra maravillosas percepciones y poderes espirituales que le llenan de gozo interior. Pero el auténtico aspirante no se da por satisfecho con estos obsequios iniciales que provienen del Espíritu. A

---

[9] En la mitología hindú, una de las principales posesiones de Indra —el Señor de todos los dioses— era Kamadhuk, una vaca lechera que podía cumplir todos los deseos.

[10] *Génesis* 1:1-3. (Véase *Guita* III:14-15, para más detalles en este mismo contexto).

[11] Véase III:15. «Brahma es inseparable de *Yajna* e inherente a él»: la Conciencia Creativa como *Kutastha Chaitanya* o Inteligencia Crística es indivisiblemente consustancial a la luz cósmica *(yajna),* que es la esencia de todos los componentes de la creación vibratoria.

partir de la sabiduría divina, que mana a través de la intuición, genera esas cualidades del alma y experiencias que corresponden a estados de conciencia cada vez más elevados; finalmente recibe la bendición suprema de su emancipación en el Espíritu, que sacia para siempre todos los deseos acumulados a lo largo de las encarnaciones.

ESTROFA 11

देवान्भावयतानेन ते देवा भावयन्तु वः ।
परस्परं भावयन्तः श्रेयः परमवाप्स्यथ ॥

devān bhāvayatānena te devā bhāvayantu vaḥ
parasparaṁ bhāvayantaḥ śreyaḥ param avāpsyatha

[Prajapati continúa:] »Con este* yajna, *medita en los* devas *y que los* devas *piensen en ti; de este modo, comulgando tú con ellos y ellos contigo, recibirás el Bien Supremo. [...] [Véase la continuación en la estrofa 12].

«CON EL VERDADERO RITO INTERIOR DEL FUEGO que se lleva a cabo en la meditación yóguica, sintonízate con los *devas* (literalmente, «seres brillantes»): las fuerzas astrales, los ángeles, las almas divinas que como instrumentos cósmicos de Dios gobiernan los mundos. A quienes permanecen en armonía con las rigurosas leyes de la naturaleza, los *devas* les responden de manera favorable. Así pues, si mantienes esa sintonía, serás digno de unirte al Espíritu Sin Forma, Creador de las deidades astrales que supervisan el funcionamiento de este ordenado universo».

Entre las costumbres de todos los pueblos antiguos se encontraban los ritos vinculados con la Naturaleza, cuyo propósito era reconocer la dependencia humana de las fuerzas naturales y de la prodigalidad del entorno. En forma instintiva reconocían la deuda y la reverencia que debían a una Inteligencia Superior que operaba dentro de las maravillas del ambiente circundante. No es mera coincidencia que el ateísmo que prevalece en la era moderna haya creado una civilización que ha perdido contacto con la magnanimidad de la Naturaleza. El papel que Dios le asignó al hombre como guardián de la tierra no le confiere soberanía absoluta. Su desmedida dominación destruye precisamente las condiciones necesarias para su existencia.

La estructura universal y el sitio infinitesimal que el ser humano ocupa en la tierra sólo son posibles gracias al funcionamiento conjunto y en rigurosa armonía de una imponente combinación de fuerzas cósmicas inteligentes guiadas por el Creador Supremo. ¡Bien haría el hombre en ponerse en sintonía con ellas! El hecho de que él asegure que la perfección matemática del universo es producto del azar no es más que una expresión de su egotismo: su aversión a reconocer que exista Algo superior a él, del cual sólo está tomando prestados sus poderes e inteligencia y al que debe humilde lealtad y adoración.

Los maestros hindúes de la antigüedad conocían el arte de expresar su adoración a la divinidad con ceremonias del fuego y cantos vibratorios especiales mediante los cuales podían invocar la manifestación de los ángeles de Dios. En consecuencia, la interpretación literal de esta estrofa es que por medio de cantos y ofrendas al fuego ejecutados de manera apropiada se debe invocar y honrar a las deidades astrales, que son superiores al ser humano en la escala evolutiva y mantienen el cosmos en funcionamiento a través de las leyes divinas de la Naturaleza. De ese modo, el hombre crea buen karma, el cual libera su vida del riesgo de que fructifiquen en forma repentina los efectos resultantes de causas negativas invisibles que él mismo puso en marcha en el pasado.

La gente de mentalidad materialista vive sus días con «el sudor de su frente», como una mula que transporta un gran saco de oro. Ese tesoro no sólo no tiene utilidad alguna para la mula, debido a la ignorancia del animal, sino que le crea un verdadero sufrimiento por el tremendo peso de la carga. A semejanza del simple animal, los hombres mundanos acarrean una pesada carga de deberes materiales que les ocasiona sufrimiento y temor, en tanto que obtienen escasos beneficios de sus arduas tareas. Lo único que hacen es comer, dormir, ganarse el sustento y procrear, sin dedicarle a Dios o a su divino gobierno espiritual ni un solo pensamiento verdaderamente reflexivo. Cuando el infortunio los visita, lo llaman mala suerte o destino. Si la buena fortuna les sonríe, dicen que es buena suerte o casualidad. Pocos advierten que sus vidas se hallan gobernadas por los efectos de las acciones del pasado (karma) y que están sujetos a leyes universales administradas por fuerzas superiores.

Por ello, el *Guita* señala que el hombre común, en lugar de llevar una vida ignorante, debería realizar ciertas ceremonias espirituales y cumplir con las observancias religiosas indicadas por los santos, a fin de ponerse en armonía con las deidades astrales superiores y con las

ॐ

Todo cuanto hace un ser superior lo imitan las personas imperfectas. Sus actos establecen una norma para el resto del mundo.

¡Oh hijo de Pritha! (Arjuna), no hay ninguna obligación que deba Yo cumplir; nada existe que no haya adquirido; y no hay nada en los tres mundos que Yo tenga que ganar. No obstante, estoy conscientemente presente en la realización de todas las acciones.

***Bhagavad Guita* III:21-22**

«Hemos oído hablar de los santos ascetas o de los profetas de los bosques o de vida retirada, que eran hombres de renunciación exclusivamente; Krishna, en cambio, fue uno de los más grandes ejemplos de divinidad, ya que vivió y se manifestó como un Cristo y al mismo tiempo cumplió con los deberes de un noble rey. Su vida demuestra el ideal no de la renuncia a la acción —una doctrina conflictiva para el hombre circunscrito a un mundo cuyo aliento vital es la actividad—, sino de la renuncia a los deseos por los frutos de la acción, que atan al hombre a lo terrenal. [...]

»El mensaje de Sri Krishna en el Bhagavad Guita *constituye la respuesta perfecta para la era moderna y para todas las eras: el yoga de la acción prescrita por el deber, del desapego y de la meditación para alcanzar la unión divina. Trabajar sin experimentar la paz de Dios en nuestro interior es un infierno. Trabajar, en cambio, sintiendo que el gozo del Señor brota constantemente en el alma es llevar dentro de nosotros un paraíso portátil adondequiera que vayamos».*

Paramahansa Yogananda

invisibles leyes que ellas gobiernan, para lograr así un control consciente de los sucesos de la vida.

Comprender la astrología en el aspecto espiritual

Todos los planetas y estrellas, por ejemplo, se hallan bajo el mando de seres astrales divinos. La influencia que ejercen sobre el hombre los cuerpos celestes es el resultado de una simbiosis universal, gobernada por leyes cuyo cumplimiento está a cargo de estos seres superiores. Las estrellas y los planetas por sí mismos no poseen un poder consciente para guiar o determinar el destino del hombre; sin embargo, dado que el universo entero está constituido y es sustentado por el poder vibratorio creativo de la Naturaleza, cada unidad individual irradia una vibración electromagnética característica que la vincula con otras unidades del cosmos. Según lo determine su interacción, estas vibraciones producen el bien o el mal.

La relación que existe entre las fuerzas astrológicas y los chakras *espinales*

El hombre es una versión en miniatura del universo en que vive. Su composición básica —de la cual el cuerpo físico es sólo una burda manifestación— es su cuerpo astral, constituido por los pensamientos de Dios y estructurado a partir y alrededor de las fuerzas creativas y la conciencia radicadas en el ojo espiritual y en los centros cerebroespinales sutiles. El ojo espiritual guarda correspondencia con el sol cósmico, en tanto que los seis —doce por polaridad— centros espinales (medular, cervical, dorsal, lumbar, sacro y coccígeo) corresponden a las influencias planetarias representadas por los doce signos zodiacales de la astrología.

Las estrellas astrológicas de una persona no son sino el entorno que ella misma ha creado conforme al diseño kármico moldeado por sus acciones de vidas pasadas. Según este diseño kármico, ella renace en la tierra, atraída en un momento determinado que es favorable para que se materialice ese diseño. En ese sentido, la astrología es sólo una herramienta muy pobre para descubrir cuál es nuestro karma del pasado. En el mejor de los casos, se trata de un arte poco confiable cuando lo practican quienes carecen de la divina percepción intuitiva. Me he referido extensamente a este tema en *Autobiografía de un yogui,* en el capítulo «Cómo dominar la influencia de los astros».

En la actualidad, el horóscopo de una persona se determina basándose en la fecha y lugar de nacimiento; incluso la más leve inexactitud en esta información afecta su precisión. Lo que es más, uno en realidad «nace» en el instante de la concepción, cuando el alma se introduce en la primera célula de su nuevo cuerpo. El patrón kármico comienza a desarrollarse desde ese momento. La intuición de un sabio, como mi gurú Sri Yukteswarji, que era una autoridad en astrología como la ciencia divina que debe ser, sabe cómo tomar en consideración el «nacimiento en la concepción» al calcular un horóscopo.

En todo caso, no son las estrellas mismas las que controlan los sucesos de la vida del ser humano, sino más bien su karma individual que, cuando está maduro para fructificar, resulta influenciado en forma beneficiosa o adversa por las vibraciones electromagnéticas de los cuerpos celestes. La relación de las estrellas con el cuerpo y la mente humanos es muy sutil. Las fuerzas astrales que se proyectan desde los cielos hacia la tierra interaccionan con las que están en los centros espinales y que sostienen el cuerpo del hombre. El ignorante no comprende en qué medida el cuerpo y la mente se transforman como resultado de sus buenas y malas acciones, y cómo sus acciones ejercen influencia positiva o negativa en los centros de la columna vertebral. Las personas cuyo cuerpo, mente y entorno material son discordantes por causa de sus transgresiones a la ley espiritual originan una desarmonía entre las energías de los centros espinales y aquellas que se irradian desde los doce signos del zodíaco.

La verdadera ciencia de la astrología es, por lo tanto, la matemática de las propias acciones, y no la de las estrellas, que carecen de cerebro. El karma gobierna las estrellas y el destino del hombre, pero a su vez es gobernado por el poder de voluntad de cada ser humano. Aquello que podría suceder no necesariamente debe suceder. El libre albedrío y la divina determinación del hombre pueden cambiar el curso de los acontecimientos de su vida o, al menos, mitigar los aspectos nocivos. Una persona cuyo cuerpo y mente son muy poderosos es invulnerable a las influencias astrológicas adversas; puede ocurrir que no se observe ninguna reacción externa, aun cuando las estrellas estén emitiendo vibraciones negativas debido a su configuración desfavorable. En cambio, si el cuerpo y la mente se han debilitado a causa de una alimentación inadecuada, pensamientos erróneos, mal carácter y mala compañía, entonces los rayos estelares tienen el poder de activar los efectos dañinos latentes en el karma del pasado.

A escala cósmica, el karma combinado de varios grupos de personas —por ejemplo, grupos raciales, sociales o nacionales—, o del mundo en su conjunto, constituye el karma colectivo de la tierra o de una parte de ella. Este karma colectivo responde a las vibraciones electromagnéticas de los vecinos cósmicos de la tierra de acuerdo con las mismas leyes que afectan a las personas individualmente, suscitando de ese modo cambios beneficiosos o desfavorables en el curso de los acontecimientos mundiales y naturales. El acopio de buen karma colectivo que resulta del hecho de vivir en armonía con las leyes y las fuerzas divinas bendice el entorno terrenal del ser humano con paz, salud y prosperidad. El mal karma colectivo acumulado precipita guerras, enfermedades, pobreza, devastadores terremotos y otras calamidades semejantes. Durante los períodos en que prevalecen las influencias vibratorias negativas, la gente no sólo debe luchar contra su propio karma personal, sino también contra el karma colectivo que afecta al planeta en que vive.

Por consiguiente, es beneficioso acatar ciertas recomendaciones astrológicas, basadas en la naturaleza matemática u ordenada del cosmos unificado, si tales consejos provienen de sabios que han alcanzado su unidad con Dios y no de vanos profesionales que se dedican a preparar horóscopos.

Los horóscopos tienden a influenciar y paralizar el libre albedrío de la persona, cuya innata voluntad divina intenta vencer todo obstáculo. Además, se requiere intuición para leer con acierto los mensajes de los cielos e interpretar su significado en relación con el karma individual. Si uno busca guía y apoyo, es mucho mejor acudir a Dios y sus agentes angélicos. ¿Por qué dirigir la mirada hacia las mudas estrellas? El hombre no puede recibir de ellas ninguna respuesta compasiva a sus ruegos ni ayuda personal en forma de gracia divina.

Cuando uno sigue el sendero hacia Dios, el prestar demasiada atención a tales ciencias inferiores (como la astrología) se convierte en un obstáculo. La manera más elevada de crear las influencias correctas en nuestra vida —el método del yogui— es comulgar con Dios. Todas las estrellas se inclinan ante la presencia de Dios.

Por medio de la meditación, el yogui refuerza el poder espiritual positivo de los centros cerebroespinales sobre los cuales actúan las influencias planetarias. De este modo, el yogui armoniza el cuerpo y la mente con las leyes universales y con los agentes cósmicos de Dios que las gobiernan.

El contacto con los *devas* o fuerzas angélicas

El contacto con los *devas*, en la meditación, por medio de la sintonía de la conciencia con estas fuerzas superiores eleva al hombre, permitiéndole evitar la fructificación del mal karma; asimismo, es posible atenuar en gran medida la mala fortuna, en tanto que se incrementan los efectos liberadores de las buenas acciones. El hombre y sus preceptores astrales de los reinos superiores, al comulgar mutuamente, pueden lograr un gran bien y controlar el destino[12]. A través del contacto permanente con las fuerzas espirituales, el devoto finalmente se pone en armonía con el Supremo Creador, Organizador de todos los seres, tanto superiores como inferiores.

Las escrituras de todas las religiones dan testimonio de la intercesión de los seres divinos entre Dios y el hombre. Es común encontrar referencias a los ángeles en la narrativa bíblica acerca de la vida de Jesús: su nacimiento le fue profetizado a María por un ángel de Dios[13]; los ángeles anunciaron su nacimiento[14]; fue protegido del decreto de muerte del rey Herodes por las advertencias que José recibió de un ángel[15]. Cuando Jesús ayunó durante cuarenta días en el desierto, los ángeles acudieron en su auxilio[16]. Cuando oró en el Huerto de Getsemaní antes de su arresto y crucifixión: «"Padre, si quieres, aparta de mí esta copa" [...] se le apareció un ángel venido del cielo que le confortaba»[17]. Y cuando fue llevado en custodia por unos soldados enviados para arrestarlo, declaró: «¿O piensas que no puedo yo rogar a mi Padre, que pondría al punto a mi disposición más de doce legiones de ángeles? Mas, ¿cómo se cumplirían entonces las Escrituras, que dicen que debe suceder así?»[18]. Cuando los discípulos de Cristo fueron encarcelados, «El ángel del Señor, por la noche, abrió las puertas de la cárcel y los sacó»[19].

---

[12] San Guthlac, monje y ermitaño del siglo VII, relató en su lecho de muerte la maravillosa comunicación que mantuvo con un mensajero de Dios, citada aquí como un caso típico de la transmisión de sabiduría por parte de los *devas* a las almas elevadas: «A partir del segundo año de mi residencia en esta ermita, el Señor envió un ángel para mi consuelo y para que hablase conmigo cada mañana y cada tarde. Él me ha revelado misterios que no le está permitido al hombre dar a conocer. Ha atenuado los rigores de mi vida con mensajes celestiales y me ha mostrado sucesos distantes, poniéndolos ante mí como si ocurriesen en mi presencia» (Clinton Albertson, S. J., *Anglo-Saxon Saints and Heroes* [Héroes y santos anglosajones], Fordham University Press, Nueva York, 1967). *(Nota del editor).*

[13] *Lucas* 1:28 ss.

[14] Ibíd. 2:8 ss.

[15] *Mateo* 2:13 ss.

[16] Ibíd. 4:11.

[17] *Lucas* 22:42-43.

[18] *Mateo* 26:53-54.

[19] *Hechos de los Apóstoles* 5:19.

En el Antiguo Testamento también abundan referencias frecuentes a la ayuda de Dios al hombre a través de los ángeles. Cuando se le ordenó a Abrahán, a modo de prueba, sacrificar a su hijo, «Entonces le llamó el Ángel de Yahvé desde el cielo [...]: "No alargues tu mano contra el niño [...] que ahora ya sé que eres temeroso de Dios, ya que no me has negado tu único hijo"»[20]. Mientras se encontraba en el desierto, Elías, al igual que Jesús, fue visitado por un ángel del Señor: «Se recostó y quedó dormido bajo una retama, pero un ángel le tocó y le dijo: "Levántate y come". [...] Comió, bebió y se volvió a recostar»[21].

Del mismo modo en que Dios se personificó en el alma de cada ser humano, así también él personificó su multifacética personalidad de Creador en numerosas formas divinas, por medio de las cuales gobierna la estructura universal, a fin de que se cumplan sus propósitos para la Creación. A las filas de estos ángeles y deidades que son manifestaciones de Dios se unen las almas de los seres humanos liberados que optan por no fundir su naturaleza en el Infinito cuando alcanzan la liberación y prefieren, en cambio, permanecer en los reinos superiores de la creación para trabajar por la elevación de las almas que aún están evolucionando.

La comunión con estos *devas* o «seres brillantes» no debe confundirse con la comunión con los espíritus que llevan a cabo los espiritistas[22]. Por este último medio no es posible hacer contacto con los seres verdaderamente divinos. La auténtica sintonía con las deidades sólo puede lograrse elevando la conciencia hasta alcanzar las regiones espirituales superiores del mundo astral —el hogar donde residen las fuerzas divinas que sostienen el mundo material— mediante la práctica del método apropiado de meditación. El hombre común, incapaz de comulgar de manera consciente con las deidades astrales, puede obtener el mismo resultado asociándose con ángeles terrenales —los verdaderos santos que conocen a Dios— y siguiendo su consejo.

CON RESPECTO A ESTA ESTROFA, sólo los yoguis avanzados pueden comprender la interpretación más profunda que se ofrece a continuación: Retira la fuerza vital de los músculos, de los nervios eferentes y aferentes, del corazón y de las demás actividades corporales, y unifícala con

---

[20] *Génesis* 22:11-12.

[21] *I Reyes* 19:5-6.

[22] Véase XVII:4 (volumen II), donde se hallará un comentario más detallado acerca del espiritismo.

las sutiles corrientes nerviosas astrales de la espina dorsal —los centros sutiles de las regiones coccígea, sacra, lumbar, dorsal y cervical, donde se hallan entronizados, respectivamente, los cinco ángeles astrales: Ghanesa, dios del éxito; Shakti, la diosa del poder; Surya-el Creador, dios del fuego; Vishnu, dios de la preservación; y Shiva, dios de la disolución.

Cómo recibir las bendiciones de las deidades en los chakras *espinales*

Estas deidades, en la forma de fuerzas diferenciadas de la conciencia creativa de Dios, sostienen el cuerpo humano y no son sino diversas manifestaciones del Único Espíritu. El yogui debe permitir que la corriente vital fluya automáticamente desde los centros espinales inferiores hasta los superiores mediante impulsos mentales de concentración. Jamás debe dejarse atraer en demasía por la belleza de uno solo de los centros, pues entonces su atención permanecerá cautiva en esa región, imposibilitada para continuar avanzando hacia el centro medular y el craneal (el más elevado).

Las cinco deidades espinales son manifestaciones temporales del Espíritu en el ser humano. Con el transcurso del tiempo, se disuelven en los centros más elevados de conciencia. Una vez que el yogui puede dirigir su fuerza vital hacia el trono de luz ocupado por cada una de las cinco deidades temporales, aprende a retirar la corriente vital y a unificarla en el centro medular y el centro crístico *(Kutastha),* situado en el punto medio del entrecejo (el ojo espiritual o único, donde el Espíritu Inmutable mora sobre el trono de mil rayos del cráneo, la sede principal del Espíritu individualizado o alma).

Al retirar astralmente la fuerza vital, el yogui percibe que su corriente vital de color azul se mezcla con las corrientes de diversos colores de los cinco centros espinales, y experimenta también los diferentes estados de conciencia que corresponden a cada centro y que son característicos de éstos. A medida que se produce la retirada astral de la fuerza vital, el yogui se concentra sobre todo en las luces visibles y otros fenómenos.

Pero mediante un proceso superior, al retirar espiritualmente la mente del cuerpo a través de los centros espinales —y una vez que ha experimentado los sobresalientes estados de conciencia de esas cinco regiones—, el yogui unifica la corriente vital con la conciencia crística que impera en el ojo espiritual. (El centro medular, situado en la parte posterior de la cabeza, y el centro *Kutastha* o centro de la conciencia crística, situado en la frente, son dos polos que actúan en forma conjunta; por esa razón, a menudo se hace referencia a ellos como un centro único, el *chakra ajna*).

El yogui que ha alcanzado su meta —el centro *Kutastha*— puede luego unirse a la Conciencia Cósmica, que se percibe en el cerebro como un punto de partida. Siente entonces que su mente está unida de manera simultánea con la Conciencia *Kutastha* o Crística, presente en toda la creación vibratoria, así como con la Conciencia Cósmica, que existe más allá de los límites de todo fenómeno vibratorio.

Al llevarse a cabo el recogimiento espiritual superior, aunque el yogui pueda percibir luces y seres astrales, los disuelve en los diferentes estados de conciencia de la columna vertebral. Primero, une su mente con los estados semiconsciente, subconsciente y supraconsciente de los tres centros espinales inferiores —coccígeo, sacro y lumbar— y, luego, eleva su mente para unirla con el estado superior de supraconciencia presente en las regiones dorsal y cervical. Después, él se une con la Conciencia *Kutastha* o Crística (la Mente Omnipresente que se halla *dentro* de la creación) y, por último, con la Conciencia Cósmica (el Espíritu Absoluto existente en los reinos no vibratorios que están *más allá* de la creación).

La pluma maestra de Sir Edwin Arnold describe de un modo maravilloso en *La luz de Asia* el ascenso del Señor Buda a la iluminación, a medida que su conciencia se elevó a través de los oscuros engaños y tentaciones de la tierra, y luego a través de las esferas celestiales de los *devas* (que se experimentan cuando el yogui abre las misteriosas puertas de la espina dorsal que permiten la ascensión):

Y en la vigilia de la media noche,
nuestro Señor obtuvo el Abhidjna, la visión grandiosa
que alcanza más allá de esta esfera, hasta las esferas innombradas [...].
Vio aquellos Señores de la Luz que sostenían sus mundos
con lazos invisibles, cómo ellos mismos
circulan obedientes alrededor de más enormes esferas
que sirven a esplendores más profundos, estrella con estrella,
luciendo incesantemente la vida radiante
de centros siempre mutables hacia los círculos ignotos
en su último grado. Esto percibieron
sus ojos abiertos, y de todos aquellos mundos [...]
inmensurables para la palabra, por lo que crecen
y disminuyen, y de cómo cada uno de estos ejércitos celestiales
cumple su vida resplandeciente y muere oscurecido.

****

Pero, cuando llegó la cuarta vigilia, llegó el secreto [...]
la consecuencia de él en el Universo
se torna pura y sin pecado; entonces, nunca más
necesitará encontrar un cuerpo y un lugar, o bien tomará nueva forma
en una existencia nueva, cuyas nuevas fatigas
sean cada vez más livianas, hasta desaparecer,
y llegue así «el fin del Camino» [...]
bendito Nirvana —sin pecados, en calma, inmóvil,
aquel cambio que nunca cambia.

La siguiente interpretación representa el significado más elevado de esta estrofa: El yogui debe primero alcanzar la sintonía consciente («comulgar») con las formas superiores de conciencia en los diversos centros espinales a fin de hacerse merecedor de unirse al Bien Supremo —el Espíritu—, que reside *en la creación* como *Kutastha Chaitanya,* la Conciencia Crística, y *más allá de la creación* como *Brahman Chaitanya,* la Conciencia Cósmica.

ESTROFA 12

इष्टान्भोगान्हि वो देवा दास्यन्ते यज्ञभाविताः ।
तैर्दत्तानप्रदायैभ्यो यो भुङ्क्ते स्तेन एव सः ॥

iṣṭān bhogān hi vo devā dāsyante yajñabhāvitāḥ
tair dattān apradāyaibhyo yo bhuṅkte stena eva saḥ

[Prajapati concluye:] »Los* devas *con los que habrás comulgado mediante* yajna *te concederán los anhelados dones de la vida». Quien disfruta de los beneficios de las deidades universales sin prodigarles las debidas ofrendas es ciertamente un ladrón.

CADA UNO DE LOS PROCESOS DE LA VIDA se halla controlado por las deidades internas o astrales. Todos los seres humanos necesitan, por lo tanto, buscar la sintonía con estos «seres brillantes» a través del divino rito del fuego de la meditación. Deberían reverenciar con la ofrenda de su respetuosa devoción a estas influencias o agentes benéficos de Dios para agradecer los bienes de la vida, la salud, el conocimiento y la prosperidad (que cada persona recibe según su karma individual). Las personas de mentalidad materialista que de manera irreflexiva aceptan los dones de la vida sin expresar de algún modo sus respetos al Dador son en verdad unos ingratos y se comportan como ladrones ante un santuario.

Puesto que la Verdad Absoluta es abstracta y se encuentra más allá de la comprensión de los seres humanos comunes, éstos deberían reflexionar acerca de los ángeles cósmicos, que trabajan incansablemente para el mantenimiento universal y cuyas formulaciones conceptuales están al alcance incluso del campesino inculto. En la mitología y el folclore de todas las tierras abundan las personificaciones de estas poderosas influencias intercesoras.

La reverencia hacia los agentes cósmicos de los cuales depende toda vida

El hombre ordinario rara vez o nunca se da cuenta de que su cuerpo es un reino, regido por el emperador Alma, en el trono del cráneo, y dotado de regentes auxiliares que moran en los seis centros o esferas de conciencia, localizados en la espina dorsal. Esta teocracia se extiende sobre una multitud de súbditos obedientes: billones de células (dotadas de una inteligencia certera, si bien aparentemente automática, por medio de la cual ejecutan todas las funciones corporales, tales como el crecimiento, las transformaciones y la desintegración) y 50 millones de pensamientos básicos, emociones y alternantes variaciones de las fases de la conciencia del hombre, que se suceden a lo largo de una vida cuya duración sea de sesenta años[23]. Cualquier insurrección aparente de las células del cuerpo o del cerebro hacia el emperador Alma, manifestándose como enfermedad o como pérdida de la razón, se debe no a la infidelidad de sus humildes súbditos, sino al mal uso que, ya sea en el pasado o en el presente, el hombre ha hecho de su individualidad o libre albedrío, que le fue conferido simultáneamente con un alma, y del cual jamás será privado.

Las reacciones intelectuales, los sentimientos, los estados de ánimo y los hábitos de cada individuo no son sino los efectos de causas pretéritas, ya sea de esta vida o de otra anterior. No obstante, por encima de todas estas influencias, se yergue, majestuosa, el Alma.

El ser humano que desea desarrollar una conciencia más espiritual no debería abstenerse de expresar natural gratitud por la posesión del

---

[23] Los 50 millones de pensamientos a que se hace referencia en lo relativo a las actividades mentales del ser humano no se postulan en unidades individuales de pensamientos, sentimientos y reacciones (es decir, la cantidad de palabras o impresiones por segundo necesarias para formar una idea), sino que se refiere más bien a una idea, respuesta emocional o cambio de conciencia completos que son significativos para influenciar o desarrollar la naturaleza y comportamiento del hombre.

templo corporal y los poderes que lo hacen funcionar: las fuerzas que palpitan en su corazón, circulan por su sangre, aceleran su digestión, acondicionan su sistema nervioso telefónico para que reciba y transmita todas las comunicaciones entre el alma, el cuerpo y el mundo exterior, y dirigen las funciones metabólicas, las de cristalización, asimilación, procreación y eliminación en el cuerpo, así como las ramificaciones del pensamiento y la voluntad en el cerebro y las respuestas emocionales del corazón.

El hombre, identificándose con un ego mezquino, da por sentado que es únicamente él quien piensa, ejerce su voluntad, siente, digiere los alimentos y sustenta su vida, sin admitir nunca, por medio de la reflexión (un poco de ella bastaría), que en su vida ordinaria no es más que un títere, un autómata de sus pasadas acciones (karma) y de la Naturaleza al que dirigen y controlan las deidades inteligentes. El hombre se halla así desconectado de la armonía universal y no es más que un pirata sin ley, que no rinde pleitesía a las incontables fuerzas que con gran compasión lo abastecen durante toda su vida.

Por esta razón, las escrituras antiguas elogiaban el valor de la práctica de alguna forma de adoración para reconocer la deuda que el hombre tiene con los agentes cósmicos de los que depende el funcionamiento apropiado de toda vida. Al expresar esa reverencia, los efectos indeseables de las malas acciones ya realizadas disminuyen notablemente, puesto que el desconocimiento de las verdaderas causas también decrece.

Esta estrofa del *Guita* trata de inspirar al hombre «para que no se deje arrear como ganado» en el camino de la vida[24]. Las percepciones universales surgen cuando el hombre se esfuerza por comprender los poderes que trabajan con silenciosa humildad en toda la Naturaleza y tras el cuerpo y la mente, dando cumplimiento a las decisiones del emperador Alma. Es preciso que cada ser humano sepa que no nació sólo por coerción de las acciones del pasado, sino principalmente porque Dios lo creó como un alma, dotado de una individualidad, la cual es esencial para la estructura universal, ya sea en su papel temporal de pilar o de parásito.

De igual modo, todos deberían comprender que la muerte no se produce sólo por el efecto acumulativo de las acciones del pasado, sino también por el secreto mandato de las deidades presentes en los sutiles centros espinales, que ejecutan la voluntad de Dios de apartar

---

[24] Longfellow, «A Psalm of Life» [El salmo de la vida].

al hombre de la tierra al menos durante un lapso vigorizante, una vez que sus deberes en esta vida han concluido de manera normal, por su correcto cumplimiento, o de modo prematuro, debido a la destrucción causada por las malas tendencias, a menudo ocultas a la mirada superficial.

ESTA ESTROFA DEL *GUITA* PUEDE interpretarse también en forma más elevada o esotérica, como una instrucción a los yoguis para que retiren la fuerza vital de la esclavitud del cuerpo y de los sentidos a fin de unirla con las liberadoras corrientes y fuerzas sutiles presentes en los siete santuarios cerebroespinales. La vida de tales yoguis no se afecta por los resultados de sus acciones pasadas, sino únicamente por los decretos de las deidades del alma. Esto posibilita a los aspirantes evitar los lentos «consejeros» evolutivos constituidos por las buenas y malas acciones motivadas por el ego en la vida común, que para el devoto que ansía remontarse como el águila se asemejan al torpe reptar de una oruga.

❖

Kriya Yoga: *el verdadero rito del fuego que se encomia en el* Guita

❖

El modo superior de vivir en el espíritu libera al yogui, que escapa de la prisión de su ego y prueba la vasta atmósfera de la omnipresencia. La esclavitud de la vida natural es, en contraste, de un ritmo humillante. Al conformar su vida simplemente al orden natural, el hombre no puede exigir de la naturaleza concesión alguna en cuanto a la aceleración del proceso evolutivo. Aun cuando viva sin cometer ningún error en contra de las leyes que controlan el cuerpo y la mente, su alma todavía necesitará vivir enmascarada durante aproximadamente un millón de años de encarnaciones, antes de alcanzar la liberación final.

Los telescópicos métodos del yogui, mediante los cuales éste libera su ser de toda identificación con el cuerpo y la mente en favor de la individualidad del alma, están destinados a aquellos que se rebelan ante una espera de un millón de años. Este dilatado período es aún más prolongado para el hombre ordinario, que ni siquiera vive en armonía con la naturaleza, y mucho menos con su propia alma, dedicándose en lugar de ello a perseguir complicaciones antinaturales y a ofender, tanto en sus pensamientos como en su cuerpo, las dulces normas naturales. Para tal hombre, dos millones de años apenas bastarían para alcanzar su liberación.

Mediante la práctica de *Kriya Yoga* y la meditación profunda, y con la guía de un gurú iluminado, un alma dotada de una firme determinación puede lograr el desarrollo evolutivo de un millón de años en el lapso de cuarenta y ocho, veinticuatro, doce, seis o incluso tres años, según la persistencia de sus esfuerzos y las características de su karma del pasado.

Por medio de *Kriya*, la fuerza vital que fluye al exterior no se malgasta ni se disipa a través de los sentidos, sino que es compelida a reunirse con las corrientes más sutiles de los centros astrales de la espina dorsal. Con este refuerzo de energía vital, el cuerpo y las células cerebrales del yogui se electrizan con el elixir espiritual. De esta manera el yogui evita la deliberada observancia de las leyes de la naturaleza, que sólo lo pueden llevar (por un camino largo y tortuoso que precisa de alimentos apropiados, suficiente luz solar y la práctica de hábitos inofensivos) hacia una Meta que dista un millón de años. Se requieren doce años de vida normal y saludable para que se produzcan leves refinamientos en la estructura del cerebro, y un millón de años solares son necesarios a fin de que este órgano se purifique en un grado suficiente para que pueda manifestar la conciencia cósmica.

Éste es, entonces, el verdadero *yajna* o rito del fuego mencionado en el *Guita.* La corriente vital de los sentidos se retira y se une con la llama mayor de la luz del Espíritu que se halla en la región principal del cerebro y las subdinamos de los centros espinales[25]. Sólo esta ceremonia del fuego puede proporcionar el conocimiento verdadero a quien sabe cómo practicarla, y difiere mucho de los ritos externos del fuego, que resultan poco efectivos y en los cuales, a menudo, ¡la percepción de la verdad se incinera junto con el incienso, al ritmo de los cantos!

El verdadero yogui, refrenando su mente, su voluntad y sus sentimientos de las falsas identificaciones con los deseos corporales, y uniéndolos con las fuerzas supraconscientes que moran en los siete santuarios cerebroespinales, vive en este mundo como Dios lo ha dispuesto; no se siente impelido por los impulsos del pasado ni por nuevas motivaciones, que surjan de la insensatez humana. Así, el yogui recibe la realización de su Deseo Supremo, y se halla a salvo en el refugio final del inextinguible y bienaventurado Espíritu. Ésta es realmente la verdadera ceremonia del fuego, en la cual todos los deseos pasados y presentes se convierten en el combustible que alimenta el amor por Dios. La Llama Suprema consume el sacrificio de toda insensatez humana, y el hombre se ve completamente libre de escoria. De sus metafóricos huesos ha sido arrancada toda la carne voluptuosa, y su

---

[25] «¿No es acaso la luz más grandiosa que el fuego? Es el mismo elemento en estado de pureza» (Thomas Carlyle).

esqueleto kármico ha sido blanqueado por el antiséptico sol de la sabiduría; limpio por fin, ya no puede ofender al hombre ni al Creador.

¡Oh ser humano!, ofrenda tus laberínticas aspiraciones en un fuego monoteísta, consagrado al Dios incomparable. Incinera el deseo de afectos humanos en el fuego de las aspiraciones de Dios únicamente; así nacerá en ti un amor solitario, porque es omnipresente. Arroja a ese fuego los leños de la ignorancia a fin de que resplandezca la llama del entendimiento espiritual. ¡Que la tristeza causada por la ausencia de Dios devore todas tus tristezas, y que en la bienaventuranza meditativa se consuman todos tus pesares![26]

Estrofa 13

यज्ञशिष्टाशिनः सन्तो मुच्यन्ते सर्वकिल्बिषैः ।
भुञ्जते ते त्वघं पापा ये पचन्त्यात्मकारणात् ॥

yajñaśiṣṭāśinaḥ santo mucyante sarvakilbiṣaiḥ
bhuñjate te tvagham pāpā ye pacantyātmakāraṇāt

Los santos —aquellos que ingieren los restos de las debidas oblaciones ofrendadas en el fuego* (yajna)*— se liberan de todo pecado; en cambio, los pecadores —aquellos que preparan comida sólo para su propio deleite— se entregan a un festín de pecado.

Ingerir alimentos después de ofrendarlos al Dador es un acto libre de los efectos confinantes de las leyes kármicas que afectan a los mortales. Aquellos que viven, comen y se comportan sólo como mortales, sin ser conscientes de la fuente de la Infinitud que yace en su interior, permanecen sujetos al imperativo de la ley del karma, que es la causa de los sufrimientos y renacimientos.

Durante la ceremonia del fuego, tal como se prescribe en las escrituras hindúes, se prepara una hoguera en que aquellos que rinden culto vierten *ghee* (mantequilla derretida y clarificada) y otros alimentos simbólicos a la vez que recitan ciertos cantos vibratorios inspirativos,

---

[26] Paramahansa Yogananda escribió el primer borrador del comentario de esta estrofa del *Guita* durante el mismo período en que escribía *Autobiografía de un yogui*. Él adaptó e incluyó en su *Autobiografía* algunas porciones de este comentario en los pasajes relacionados con el *Kriya Yoga*. *(Nota del editor).*

ofreciéndoselos a Dios y a las diversas deidades que gobiernan el cuerpo humano y el cosmos. Aunque ni Dios ni los ángeles ingieren alimentos mortales, sí reciben la ofrenda de la fervorosa atención y concentración de sus devotos.

Cuando se hace una oblación de flores o incienso, o se ofrece la llama de las lámparas de aceite o de las velas del altar, esta ofrenda representa la devoción que el ser humano le profesa a Dios. Las flores simbolizan la fragancia del amor del devoto; el incienso expresa reverencia; la llama representa la luz de la calma en la cual se revela la Divina Deidad, que reside en el altar del corazón.

El *Guita* señala, entonces, que un devoto fiel sólo debe ingerir alimentos después de haber efectuado el rito externo de la ceremonia del fuego o de ofrecer en su interior el alimento directamente al Creador. La gente mundana que come sin mostrar gratitud por los alimentos comete un pecado de ignorancia: olvidar al Dador.

Kriya Yoga: *el método astral para alimentar las células corporales*

Sin embargo, el verdadero rito del fuego —el rito interno— al que alude esta estrofa es la unión de la vida individual con la Vida Superior mediante la práctica de *pranayama* o *Kriya Yoga,* la técnica del control de la energía vital. Y la palabra «alimento» es una referencia a la energía cósmica divina que se ingiere como resultado de este rito interno. Durante el sueño, la fuerza vital del cuerpo se retira al interior, donde arden los fuegos de los centros espinales. Ésta es una manera inconsciente de llevar a cabo la ceremonia del fuego, en la cual la corriente vital del que duerme se unifica con las corrientes superiores de la columna vertebral; de ese modo, sin saberlo, él se dirige hacia la energía cósmica que sostiene toda vida.

Practicando la técnica de control de la energía vital, el yogui retira de manera consciente la corriente vital de los músculos del cuerpo y del corazón, para dirigirla hacia la espina dorsal. Con el despertar de los centros espinales, el yogui satura y alimenta todas sus células corporales con una luz que no decae y las mantiene magnetizadas. Esta práctica hace que el cuerpo se conserve saludable y colmado de vitalidad divina, puesto que el yogui comprende que el cuerpo es también una sombra de la Energía Infinita y puede transformarse en dicha Energía. Éste es el método astral para alimentar las células corporales, que sustituye el método inferior que consiste en utilizar el alimento físico y el oxígeno. Por medio del método astral, el cuerpo puede permanecer magnetizado o en estado de animación suspendida sin que sufra deterioro alguno.

El *prana,* la divina energía vital del cuerpo, es el trabajador subjetivo inteligente que se halla en todas las células corporales. Es el «alma» de las células. La energía vital que fluye al exterior (y que, por ser *prana* puro, es espiritual y subjetiva) se vuelve dependiente del alimento y de la respiración cuando se identifica con la materia; pero, desde que esta energía vital inteligente se proyectó como una fuerza vibratoria que se dirige desde el alma hacia el cuerpo, ha estado intentando espiritualizar las células corporales, en tanto que el alimento material y la respiración, como fuentes secundarias de vitalidad, mantienen cautivas de la materia a las células en la región del cambio y de la muerte. El *prana* predica en forma subjetiva el mensaje del alma a las células y opera para despertar en ellas la conciencia divina de inmortalidad.

Cuando, en el rito astral del fuego, la corriente del *prana* se retira hacia los centros sutiles de la espina dorsal y el cerebro en lugar de malgastar su energía tratando de reformar a las células atadas a la materia, el *prana* liberado y fortalecido despierta dichas células con energía vital divina, bautizándolas con la luz del Espíritu.

Llega un momento en que el yogui resuelto, disciplinando las células mediante la práctica de *pranayama,* es capaz de vivir sin estar condicionado por el alimento o la respiración, y en que su alma manifiesta la vida en el cuerpo, pero se halla completamente libre de las limitadas leyes de la naturaleza. El alma ya no está obligada a someterse a las condiciones del cuerpo ni ajustarse a ellas, sino que puede ordenarle al cuerpo, como su sirviente, que acepte cualquier condición que ella decida imponerle.

No importa cuán saludable sea el cuerpo humano, ni en qué medida cumpla con las leyes naturales, debe morir y descomponerse, a no ser que sea espiritualizado, lo cual inmortaliza el cuerpo si el alma así lo desea. Ciertos yoguis pueden de este modo conservar su cuerpo por tiempo indefinido. Mi maestro supremo, Mahavatar Babaji, posee un cuerpo juvenil, que se ha conservado durante muchos siglos mediante este sistema de alimentación astral. La utilización del alimento para reemplazar el material corporal que decae requiere de constantes cambios en las células físicas, que finalmente pierden su limitado poder para absorber el alimento, se deterioran y mueren. Con el método astral, el yogui lleva a cabo la ceremonia astral del fuego, y alimenta las células con fuego inmortal. Tal yogui se libera de los pecados relacionados con las leyes corporales de la acción (karma) que gobiernan a todo ser mortal. El yogui puede incluso manifestar la inmortalidad del cuerpo al

❖
Kriya *libera al hombre de las leyes corporales que gobiernan a los seres mortales*
❖

transmutar las células corporales en energía. Ciertos yoguis, como Elías y Kabir, convirtieron su cuerpo en una corriente astral y lo fundieron en la Luz Cósmica sin experimentar el fenómeno ordinario de la muerte[27].

El hombre común digiere el alimento por el método mortal y por lo tanto experimenta la muerte, que es resultado del hábito pecaminoso de vivir ignorando a Dios, sus leyes cósmicas y fuerzas creativas. El yogui divino une su alma a Dios mediante la práctica de la meditación extática, y satura sus células corporales y todos sus pensamientos con el gozo de Dios. Los principiantes que practican la meditación sienten un inmenso gozo, pero una vez concluida la meditación se identifican de nuevo con sus hábitos corporales mortales. Aquellos que concentran la mente en los placeres sensoriales (alimentándose de variadas sensaciones para satisfacer el ego humano) muy pronto se sienten insatisfechos y sufren un desengaño, que es el resultado inevitable de todos los placeres que se disfrutan en forma temporal. Tales acciones confinan kármicamente al hombre. En cambio, el santo avanzado, que ha logrado la unión con Dios, expande su gozo hasta abarcar todas las acciones cotidianas. Tal yogui ya no vive como un ser humano, sino como un ser divino. Al sustituir las alegrías humanas por el gozo divino, se libera por completo de la ley humana del karma y la reencarnación, pues se alimenta por siempre con la bienaventuranza de Dios.

Estrofas 14-15

अन्नाद्भवन्ति भूतानि पर्जन्यादन्नसम्भवः ।
यज्ञाद्भवति पर्जन्यो यज्ञः कर्मसमुद्भवः ॥ *(14)*

कर्म ब्रह्मोद्भवं विद्धि ब्रह्माक्षरसमुद्भवम् ।
तस्मात्सर्वगतं ब्रह्म नित्यं यज्ञे प्रतिष्ठितम् ॥ *(15)*

annād bhavanti bhūtāni parjanyād annasaṁbhavaḥ
yajñād bhavati parjanyo yajñaḥ karmasamudbhavaḥ (14)

---

[27] «[...] De pronto un carro de fuego con caballos de fuego los separó [...]. Elías subió al cielo en el torbellino [...]. Estuvieron tres días buscándolo, pero no lo encontraron» (*II Reyes* 2:11,17). Véase II:18, página 247, en lo que se refiere a Kabir.

karma brahmodbhavaṁ viddhi brahmākṣarasamudbhavam
tasmāt sarvagataṁ brahma nityaṁ yajñe pratiṣṭhitam (15)

(14) Del alimento surgen las criaturas; de la lluvia se engendra el alimento. De* Yajna *(el fuego cósmico sacrificial) se origina la lluvia; el fuego cósmico (la luz cósmica) proviene del karma (la acción vibratoria divina).

(15) Has de saber que esta divina actividad vibratoria surgió de Brahma (la Conciencia Creativa de Dios); y esta Conciencia Creativa se deriva del Imperecedero (el Espíritu Eterno). Por lo tanto, la Conciencia Creativa de Dios (Brahma), que todo lo penetra, es inseparable de* Yajna *(el fuego cósmico o luz cósmica, que a su vez es la esencia de todos los componentes de la creación vibratoria) e inherente a él.

«El alimento es la fuente de la vida, y la lluvia es la corriente que produce el alimento con el cual se sustenta el cuerpo. El fuego cósmico, la luz cósmica, la quintaesencia de la materia, se condensa convirtiéndose en la revitalizadora lluvia; y la Vibración Cósmica, creadora de la luz cósmica, palpita desde el corazón de Brahma[28] —la Conciencia Creativa de Dios inmanente en la creación—. La causa suprema a partir de la cual se desarrollan estos sucesivos eslabones de la cadena de la creación es el Único Imperecedero: el Espíritu Eterno que existe más allá de la creación. El reflejo del Espíritu en la creación vibratoria como la divina Conciencia Creativa es omnipresente e indivisiblemente inherente a cada parte y partícula del universo manifestado».

Estas estrofas describen toda la ley de la creación: la evolución de la creación hacia el exterior, desde el Espíritu hasta la Vibración Cósmica, así como la condensación de la vibración en forma de luz para constituir el hombre y el universo en sus aspectos causal, astral y físico.

Todas las criaturas vivientes se desarrollaron a partir de la materia

---

[28] En esta estrofa, *Brahma,* que aparece escrito en sánscrito con una *a* corta al final *(Brahma),* denota la Conciencia Creativa de Dios que lo engloba todo, y no el concepto limitado de «Brahma el Creador» perteneciente a la tríada Brahma-Vishnu-Shiva (que se pronuncia con una *ā* larga al final, *Brahmā.* La Santa Tríada es una personalización o parte de la omnipresente Conciencia Creativa). Esta Conciencia Creativa contiene dentro de Sí a Mula Prakriti, la Naturaleza no creada o indiferenciada, el germen o fuente original a partir de la cual se desarrollan todas las formas de la materia. (Véase XIV:3-4, en el volumen II, donde la palabra Brahma se utiliza nuevamente para connotar a la Gran Prakriti como la Madre de la creación).

(la tierra, el «alimento»). Al igual que todas las formas de vida material y el alimento que sustenta la vida surgieron del océano primordial de las aguas o líquidos acumulados («lluvias») formado cuando la tierra se solidificó a partir de nebulosas gaseosas, de manera semejante las nebulosas (y toda la materia animada e inanimada) se condensaron, a su vez, a partir del océano formado por las lluvias acumuladas de energía cósmica astral, que es la esencia de los átomos, electrones y demás partículas elementales de materia. Las «lluvias» de energía cósmica astral emergen de la luz cósmica *(Yajna);* y la luz o «fuego» cósmico es el resultado de la vibración o voluntad ordenada de Dios (la actividad vibratoria o karma cósmico)[29].

La Biblia lo expone de esta manera: «En el principio creó Dios el

---

[29] En su célebre obra *Cosmos* (Planeta, Barcelona, 2009), el Dr. Carl Sagan, profesor de astronomía y ciencias espaciales y director del Laboratorio de Estudios Planetarios de la Universidad de Cornell, ofrece una descripción concisa del punto de vista de la ciencia acerca de cómo se originaron la Tierra y sus criaturas, la cual guarda una interesante correspondencia con esta estrofa del *Guita:*

«El Cosmos careció de forma durante un número desconocido de eras que siguieron a la efusión explosiva de materia y energía del *Big Bang.* No había galaxias, ni planetas, ni vida. En todas partes había una oscuridad profunda e impenetrable, átomos de hidrógeno en el vacío. Aquí y allí estaban creciendo imperceptiblemente acumulaciones más densas de gas, se estaban condensando globos de materia: gotas de hidrógeno de masa superior a soles. Dentro de estos globos de gas se encendió por primera vez el fuego nuclear latente en la materia. Nació una primera generación de estrellas que inundó el Cosmos de luz. No había todavía en aquellos tiempos planetas que pudieran recibir la luz, ni seres vivientes que admiraran el resplandor de los cielos. En el profundo interior de los hornos estelares la alquimia de la fusión nuclear creó elementos pesados, las cenizas de la combustión del hidrógeno, los materiales atómicos para construir futuros planetas y formas vivas. Las estrellas de gran masa agotaron pronto sus reservas de combustible nuclear. Sacudidas por explosiones colosales, retornaron la mayor parte de su sustancia al tenue gas de donde se habían condensado. Allí, en las nubes oscuras y exuberantes entre las estrellas, se estaban formando nuevas gotas constituidas por muchos elementos, generaciones posteriores de estrellas que estaban naciendo. Cerca de ellas crecieron gotas más pequeñas, cuerpos demasiado pequeños para encender el fuego nuclear, pequeñas gotas en la niebla estelar que seguían su camino para formar los planetas. Y entre ellos había un mundo pequeño de piedra y de hierro, la Tierra primitiva.

»La Tierra, después de coagularse y de calentarse, liberó los gases de metano, amoníaco, agua e hidrógeno que habían quedado encerrados en su interior, y formó la atmósfera primitiva y los primeros océanos. Luz estelar procedente del Sol bañó y calentó la Tierra primigenia, provocó tempestades, generó relámpagos y truenos. Los volcanes se desbordaron de lava. Estos procesos fragmentaron las moléculas de la atmósfera primitiva; los fragmentos se juntaron de nuevo dando formas cada vez más complejas, que se disolvieron en los primitivos océanos. Al cabo de un tiempo los mares alcanzaron la consistencia de una sopa caliente y diluida. Se organizaron moléculas, y se dio impulso a complejas reacciones químicas. [...] Y el primitivo caldo oceánico se fue diluyendo a medida que se consumía y se transformaba en condensaciones complejas de moléculas

cielo y la tierra. La tierra era caos y vacío (hecha de la expresión más refinada de la vibración, el pensamiento de Dios): oscuridad (*maya,* que divide el Uno en las múltiples formas) cubría el abismo, y un viento de Dios aleteaba (hacía vibrar su voluntad activa) por encima de las aguas (los elementos creativos). Dijo Dios: "Haya luz", y hubo luz»[30].

La vibración cósmica y las leyes de la acción (karma) que gobiernan el universo provienen de Brahma, la Conciencia Crística *(Kutastha Chaitanya),* la Infinita Inteligencia de Dios presente de modo inseparable en toda la creación vibratoria. Esta conciencia de Dios Hijo *(Tat)* inmanente en toda la creación vibratoria nació del Inmutable Dios Padre *(Sat)* existente más allá de toda la creación vibratoria. Siendo la Conciencia Crística o Brahma Creativo una conciencia reflejada que existe en relación con el cosmos, se trata, por consiguiente, de una manifestación temporal, que se disuelve en el Espíritu cuando, al llegar la disolución cósmica, toda la creación se desintegra para fundirse nuevamente en el Absoluto, el Único Imperecedero.

La Luz Cósmica y toda la creación emanaron de la conciencia de Dios

Dentro de la Conciencia Creativa de Brahma se encuentra Mula Prakriti, la Naturaleza indiferenciada o no creada, que guarda la semilla de toda la creación. A través de la actividad vibratoria de la voluntad de Dios que fluye hacia el exterior (karma) como la Vibración Cósmica creativa e inteligente (*Om* o Amén, el Espíritu Santo), la inactiva Mula Prakriti experimenta un proceso de diferenciación y, en la forma de diversas fuerzas y energías vibratorias, Prakriti —ya activa— pone de manifiesto la creación multiforme.

La Vibración Cósmica Inteligente posee dos propiedades: la luz cósmica (*Yajna,* la luz o fuego creativo —«etérea, la primera de las cosas, la quintaesencia, pura»[31]—) y el sonido cósmico de *Om.* El *Om* o

---

orgánicas autorreproductoras. La vida había empezado de modo paulatino e imperceptible». *(Nota del editor).*

[30] *Génesis* 1:1-3. La luz es la primera expresión creativa de la Vibración Cósmica (simultáneamente con el sonido de *Om* o Amén); es la esencia o componente básico del universo y del hombre, los cuales tienen tres aspectos: el aspecto ideacional, la forma más sutil de luz, en forma de pensamiento o idea; el astral, que es la luz de la energía vitatrónica; y el aspecto material, que constituye la luz de los átomos, electrones y protones; además, provee de estructura a toda la materia.

[31] Milton.

Amén o Espíritu Santo son denominaciones de la Vibración Cósmica; son el «testigo»[32] o evidencia de la presencia del Creador en su creación.

EN LO QUE RESPECTA A LA CREACIÓN del hombre, esta estrofa se puede explicar de la siguiente manera: La energía cósmica de la Vibración Cósmica creativa es el origen inmediato de toda vida y del alimento que sustenta la vida. Así pues, el hombre, que es un microcosmos del universo, es producto de la energía cósmica, de la corriente vital astral que se convirtió en la corriente vibratoria condensada de la tierra o materia, a la que se hace referencia en esta estrofa como el «alimento». A la densa envoltura externa del alma (y de toda la materia) se le llama *annamaya kosha,* que significa literalmente «cubierta hecha de alimento» y es una referencia al cuerpo físico. Esta vibración sólida o densa de tierra o materia provino de la vibración de la energía astral, más sutil y fluida, y a la vez se alimenta de ella, a la cual se hace referencia en esta estrofa como «lluvia». Del mismo modo en que la lluvia alimenta la vida en la tierra, así también la energía vital astral vitaliza toda la materia. Las fluidas vibraciones de la energía cósmica astral son condensaciones del sutil fuego cósmico o luz cósmica, que es la esencia, el componente básico de todas las cosas. Y la luz cósmica nace de la Vibración Cósmica creativa e inteligente (el *Om* o Espíritu Santo), la activa voluntad vibratoria de Dios en la forma de las fuerzas de Prakriti o la Naturaleza en el hombre. Esta vibración ordenada, expresión de la ley divina, emana del alma, que es la Conciencia Creativa de Brahma individualizada en el hombre. Y el alma es la conciencia reflejada del Espíritu o Conciencia Cósmica. Así pues, en definitiva, el hombre está hecho a imagen de Dios y es Conciencia Eterna.

❖

El hombre, el microcosmos, también surge de la Luz Cósmica

❖

Podría describirse la Conciencia Creativa de Dios como un Soñador que sueña la creación ideacional, astral y física del hombre y del cosmos. El Creador soñó, y con ello, el hombre y el cosmos se convirtieron en una realidad onírica en la forma de pensamientos o ideas. A partir de ese sueño ideacional o causal, Dios hizo la creación astral o de energía. De la creación de energía hizo nacer el universo, al cual se le considera sólido, y al hombre, al que le proporcionó un cuerpo ilusorio aparentemente dotado de peso. El peso del cuerpo, o de un terrón de

[32] «Así habla el Amén, el Testigo fiel y veraz, el Principio de la creación de Dios» (*Apocalipsis* 3:14).

arcilla, es sólo una sugestión de este sueño de Dios. El cuerpo como materia es, en realidad, una onda electromagnética.

En un sueño, uno puede pensar y trabajar simplemente con los pensamientos o las ideas, o emplear corrientes eléctricas oníricas, o construir casas oníricas con ladrillos oníricos para gente onírica. En el estado onírico, se tiene la impresión de que existe una diferenciación entre el pensamiento onírico, la electricidad onírica y las casas de ladrillo oníricas hechas para gente onírica. Pero al despertar, el que sueña se da cuenta de que todo cuanto había en su mundo onírico no era otra cosa que diferentes vibraciones y manifestaciones de su propia sustancia mental que se ha condensado. Todos los ilusorios objetos y sucesos de su sueño provenían de la unidad de su conciencia onírica.

El hombre es, por lo tanto, una materialización de la mente de Dios. Todas las criaturas se forman o materializan a partir de las ideas o «mente condensada» de Dios. Cada una de las ilusiones de la materia sólida surge de la fluida energía astral o mente condensada líquida de Dios. Esta mente condensada líquida de Dios proviene de la energía cósmica en forma de luz o mente condensada ígnea de Dios. La fuente de esa luz es la activa mente condensada y vibratoria de Dios —la Vibración Cósmica Inteligente, el Espíritu Santo o Prakriti—, que dirige las leyes de toda la ilusoria creación vibratoria, la cual no es más que el sueño de Dios[33].

Esta activa Vibración Cósmica de Dios proviene de la conciencia reflejada de Dios o Conciencia Creativa de Brahma, el Señor de toda la creación ilusoria. Su Conciencia Creativa, que mentalmente proyectó la vibración de la onírica creación cósmica, procede de la inmutable Conciencia Cósmica original —el Increado— que existe más allá de los reinos vibratorios o creados.

---

[33] «La sustancia fundamental del universo es sustancia mental», señaló el astrónomo británico Sir Arthur Eddington. Su contemporáneo, Sir James Jeans lo explica de este modo: «Se puede hacer una mejor descripción del universo —aunque todavía en forma muy imperfecta e inadecuada— como algo constituido por pensamiento puro, el pensamiento de quien debemos describir como un pensador matemático. [...] Si el universo es un universo de pensamiento, entonces su creación necesariamente fue un acto de pensamiento». Y el gran Albert Einstein declaró: «Quiero saber cómo Dios creó este mundo. No estoy interesado en este o aquel fenómeno. Quiero conocer Sus ideas; lo demás son detalles». *(Nota del editor).*

ESTROFA 16

एवं प्रवर्तितं चक्रं नानुवर्तयतीह यः ।
अघायुरिन्द्रियारामो मोघं पार्थ स जीवति ॥

evaṁ pravartitaṁ cakraṁ nānuvartayatīha yaḥ
aghāyurindriyārāmo moghaṁ pārtha sa jīvati

¡Oh hijo de Pritha! (Arjuna), aquel que en este mundo no sigue el giro de esa rueda, y se halla inmerso en la iniquidad y satisfecho con los sentidos, ¡en vano vive!

LA CREACIÓN CÓSMICA Y EL SITIO que ocupa el hombre en ella conforman una gran rueda giratoria de actividad que desciende del Espíritu y asciende de nuevo hacia la liberación.

El hombre sumido en la ignorancia —que ha descendido y se ha embriagado con el vino de los placeres sensoriales y no ha podido abordar el ciclo ascendente de la rueda por medio de sus legítimas actividades disciplinarias de la vida— permanece en el pozo del sufrimiento proveniente del pecado, sin cumplir con el propósito para el cual Dios le concedió la vida.

El que hace caso omiso de las liberadoras leyes establecidas por su Creador pierde de vista la única razón de la existencia terrenal. Quien se identifica con los sentidos está arraigado al suelo del materialismo. Del mismo modo en que la persona que se sube a una noria puede elevarse a las alturas y ver un hermoso panorama o volver a descender, así también aquel que sube a la rueda de la acción edificante, en vez de permanecer estacionario en el suelo del materialismo, puede alcanzar grandes alturas en su evolución; tiene la libertad de ir a todos los mundos, ya sea al plano inferior de la tierra o a las sublimes regiones donde habitan los *devas.*

El hombre que cumple con deberes cada vez más elevados asciende constantemente en la escala evolutiva. Aquel que está identificado con los sentidos camina entorpecido en los bajos niveles de la conciencia material. Su error —causante de todos sus sufrimientos— consiste en no haber adquirido un patrón de comparación, que sólo puede obtenerse subiendo a la rueda giratoria de las acciones correctas. ¡Tales personas jamás conocen el propósito de la vida: la búsqueda del Sagrado Grial, el cáliz de la dicha suprema!

SE PUEDE HACER UNA interpretación más profunda de esta estrofa del *Guita,* según la cual la espina dorsal humana es la rueda ascendente y descendente de la vida. La conciencia del hombre ha descendido de su hogar en el cerebro, bajando a través de los seis plexos. Después de alcanzar el centro inferior —el centro coccígeo—, la conciencia se extiende por el sistema nervioso y reacciona entonces al mundo externo. De este modo, el alma que ha descendido al cuerpo queda atrapada y se convierte en prisionera de las sensaciones, las cuales sólo proporcionan un placer efímero. Si el hombre permite que su conciencia se sature con los engañosos placeres de las sensaciones, su vida se vuelve inútil y sólo conduce a la negatividad.

La espina dorsal humana como la rueda ascendente y descendente de la vida

El propósito de la vida es ascender a través de los seis centros espinales, fortaleciendo de manera progresiva la conciencia humana con una luminosidad cada vez mayor, hasta que pueda unirse con el omnipresente resplandor de los mil pétalos del centro más elevado, situado en el cerebro. El ascenso de la conciencia por la espina dorsal se logra en forma lenta por medio de acciones y pensamientos correctos. El yogui, en cambio, elige el método de la meditación, que es el más rápido y científico.

El alma humana descendió de la Conciencia Cósmica a la Conciencia Crística inmanente y de allí a la creación vibratoria. Continuó su descenso hasta quedar encerrada en un cuerpo físico, que se caracteriza por hallarse saturado de conciencia sensorial. Cuando el hombre se convierte en yogui, la conciencia del alma comienza a recorrer el sendero de la ascensión. Primero, abandona el suelo de los apegos materiales y su concentración se aleja no sólo de los objetos que producen placer corporal, sino también del cuerpo mismo. Se desapega en primer lugar de la conciencia de posesión y luego de todas las identificaciones sensoriales. De ese modo aparta su mente de los tres centros inferiores, que conectan al hombre con todas las sensaciones y apegos corporales.

El yogui sumerge luego su conciencia en el Amor Divino que irradia desde el centro del corazón. Asciende aún más para disfrutar de la Calma Cósmica en el centro cervical. Al continuar elevándose, el yogui descansa en la Conciencia Crística que se percibe en el centro medular y en el punto medio del entrecejo. Allí experimenta el gozo y la sabiduría de Dios inherentes a toda la creación vibratoria y omnipresentes en ella. Finalmente se establece en el centro cerebral de la Conciencia

Cósmica, la Bienaventuranza Infinita «sin causa» que existe más allá de la reciprocidad entre causa y efecto de la creación vibratoria.

La conciencia interna de la gente común opera únicamente desde los centros lumbar, sacro y coccígeo, los cuales dirigen todas las percepciones y placeres sensoriales materiales. Los amantes divinos y los poetas celestiales operan desde el centro del corazón. El calmado e imperturbable yogui opera desde el centro cervical. Aquel que siente su presencia en toda la creación vibratoria ha despertado el centro medular y el crístico. El yogui iluminado actúa desde el centro cerebral de la Conciencia Cósmica; a él puede considerársele un yogui ascendido.

El hombre identificado con los sentidos y que nada sabe acerca de su más elevada vida interior es un «ser descendido», un mortal, consciente sólo del peldaño más bajo de la evolución humana.

ESTROFAS 17-18

यस्त्वात्मरतिरेव स्यादात्मतृप्तश्च मानवः ।
आत्मन्येव च सन्तुष्टस्तस्य कार्यं न विद्यते ॥ *(17)*

नैव तस्य कृतेनार्थो नाकृतेनेह कश्चन ।
न चास्य सर्वभूतेषु कश्चिदर्थव्यपाश्रयः ॥ *(18)*

yas tvātmaratir eva syād ātmatṛptaś ca mānavaḥ
ātmanyeva ca saṁtuṣṭas tasya kāryaṁ na vidyate (17)

naiva tasya kṛtenārtho nākṛteneha kaścana
na cāsya sarvabhūteṣu kaścid arthavyapāśrayaḥ (18)

(17) Sin embargo, para quien en verdad ama el alma y está plenamente satisfecho con el alma y sólo en el alma encuentra el gozo completo, no existe deber alguno.

(18) Tal persona no abriga el propósito de obtener ningún provecho en este mundo al ejecutar acciones, y tampoco pierde nada al no llevarlas a cabo. No depende de nadie para nada.

QUIEN ESTÁ IDENTIFICADO con el cuerpo se convierte en el ego. El ego considera real el mundo irreal. Cuando mediante la práctica del yoga el hombre une el ego con el alma, contempla la vida como un sueño de

Dios en que el alma participa como Espíritu individualizado. Cuando avanza aún más y encuentra el gozo supremo al unir su alma con la eterna dicha del Espíritu, ya no se ve obligado a cumplir con deber alguno en el teatro onírico de Dios.

Aquel que experimenta y manifiesta la unidad de su alma con Dios y que puede desconectar la corriente vital de los sentidos y unir su vida con la Vida Eterna no siente que gane ni pierda al mantener sus sentidos activos o inactivos. Al depender por completo de Dios, no se involucra kármicamente en la creación.

Al depender por completo de Dios, el yogui no se involucra kármicamente en la creación

El hombre que se respeta a sí mismo, que recuerda siempre que es un hijo de Dios, protege y refleja esa imagen del alma cumpliendo con los deberes que le corresponden y comportándose en forma apropiada con los demás. Sigue la guía interior y, casi por instinto, hace lo correcto en el aspecto moral, religioso, social y en todos sentidos. Tales personas pueden prescindir del consejo de los demás. No existe la coacción de los deberes kármicos para aquellos seres iluminados que saben infundir en otras personas un espontáneo respeto al reflejar las genuinas cualidades del alma y que expresan hacia los demás el respeto que merecen como almas.

El yogui que ha descubierto el siempre renovado gozo del alma por medio de la profunda meditación se siente completamente satisfecho; ha hallado dentro de sí una dicha perfecta. ¡Ha logrado el propósito de la vida, ha cumplido con el deber para el cual nació! Al unirse de nuevo con Dios, de manera automática ha saldado todas sus obligaciones para con la creación.

Un relato bíblico ilustra este punto. María se sentía por completo satisfecha sirviendo a Jesús, y de su alma brotaba naturalmente una pura e intensa devoción que trascendía todo pensamiento acerca de otros deberes (¡para consternación de Marta!). Pero Marta consideraba necesario anteponer los deberes mundanos, esperando complacer así a Dios a través del sendero de las buenas obras externas. Sin embargo, Cristo elogió a María por haber elegido la mejor parte[34], aquella que la liberaba del cumplimiento de todas las obligaciones menores.

Es ineludible que permanezcan atados a sus acciones todos los mortales que viven y trabajan sólo por el placer o para obtener un beneficio, y que se mantienen en la ignorancia en lo relativo al propósito divino de la vida; se elevan si realizan acciones correctas y se degradan

[34] *Lucas* 10:42.

como resultado de su comportamiento indebido. En cambio, el yogui que gracias a su realización del Ser alcanza la meta suprema de la vida no está ya obligado a llevar a cabo acciones; y si las lleva a cabo, no está atado a los resultados kármicos de éstas. Habiendo dado cumplimiento a todos sus deseos al alcanzar la suprema bienaventuranza del Espíritu que todo lo satisface, no tiene motivo alguno para buscar beneficios materiales a través de las acciones.

Estando muy lejos de toda motivación egoísta, el yogui consumado puede dedicarse a realizar acciones prescritas por el deber con el solo propósito de dar un buen ejemplo a los demás. Algunos grandes yoguis viven y exponen sus enseñanzas en el mundo con el único objeto de mostrar a la humanidad el camino hacia la libertad, en tanto que otros maestros iluminados permanecen apartados, sin relacionarse jamás con el mundo.

Por mi parte, prefiero la primera clase de yogui: el que comparte con los demás su sabiduría divina. Puedo comprender, sin embargo, al yogui cuyo único deseo es permanecer en la compañía de Dios y no mezclarse con el mundo, porque él sabe si el Señor, siempre presente en él, desea o no que trabaje de alguna otra manera en lugar de meditar e interceder silenciosamente para inspirar y salvar a los demás. Muchos que se autoproclaman religiosos tratan de «salvar almas» sin haberse salvado primero a sí mismos. Dios guía al yogui iluminado para que actúe en el mundo o se mantenga por completo apartado de él; en todo caso, sus logros espirituales siempre confieren bendiciones a los demás.

El deber moralmente correcto que se lleva a cabo sin apego es de naturaleza divina

Estrofa 19

तस्मादसक्तः सततं कार्यं कर्म समाचर ।
असक्तो ह्याचरन्कर्म परमाप्नोति पूरुषः ॥

tasmād asaktaḥ satataṁ kāryaṁ karma samācara
asakto hyācaran karma param āpnoti pūruṣaḥ

***Por lo tanto, realiza siempre a conciencia y sin apego buenas acciones materiales* (karyam) *y acciones espirituales* (karman). *Al llevar a cabo todas las acciones sin apego, se alcanza el estado supremo*[35].**

El yogui que abandona las malas acciones y lleva a cabo deberes materiales nobles y acciones religiosas meditativas sin apego egoísta trabaja en realidad para Dios y alcanza de ese modo la unión con Él.

La gente del mundo trabaja día y noche para obtener los efímeros objetos materiales. El yogui se apega cada vez más a las acciones espirituales y así reemplaza los deseos materiales por los espirituales. De ese modo, afirma el *Guita,* cuando el apego por las acciones divinas produce como resultado el contacto con Dios, uno abandona incluso el apego por las acciones espirituales.

Éste es el significado de «llevar a cabo todas las acciones sin apego». Puesto que todas las acciones requieren de movimiento, están confinadas a la esfera de la vibración. Los actos materiales que el hombre efectúa motivado por el deseo lo alejan de Dios, en tanto que las acciones espirituales lo acercan a Él; pero una vez que el devoto se

---

[35] *Karma,* de la raíz *kṛi,* «hacer», tiene el sentido general de «acción». Puede también significar, específicamente, acción material o acción prescrita por el deber; rito religioso o acción espiritual; asimismo, los efectos que se cosechan de las acciones personales. Las variantes de la palabra *karma* tienen también acepciones intercambiables, de acuerdo con el contexto. Por ello, en este verso, *karyam* se refiere a «la acción material prescrita por el deber», y *karman* denota «rito religioso o acción espiritual (es decir, acción meditativa)». *(Nota del editor).*

une al Infinito, alcanza el estado libre de vibración que se encuentra más allá de toda actividad.

Las acciones materiales se llevan a cabo dirigiendo la corriente vital y la mente hacia los sentidos; las acciones meditativas se realizan retirando la energía y la mente de los sentidos. Al principio, el devoto debe cultivar el apego por las prácticas espirituales, a fin de eliminar el apego por los actos materiales. Pero, una vez alcanzada la Meta, el devoto se libera de todo apego (ya no se ve involucrado en las causas y efectos de la creación).

ESTROFA 20

कर्मणैव हि संसिद्धिमास्थिता जनकादयः ।
लोकसङ्ग्रहमेवापि सम्पश्यन्कर्तुमर्हसि ॥

karmaṇaiva hi saṁsiddhim āsthitā janakādayaḥ
lokasaṁgraham evāpi saṁpaśyan kartum arhasi

Siguiendo solamente el sendero de la acción correcta, Janaka y otros seres como él alcanzaron la perfección. Además, debes realizar la acción con el simple propósito de guiar correctamente a otros mortales.

JANAKA, UN NOBLE REY Y YOGUI iluminado de la India prehistórica, desempeñó la misión que le correspondía en el mundo (el buen gobierno de sus súbditos) y cumplió también con el deber supremo que se le ha impuesto a toda alma encarnada: alcanzar la unión con Dios. Los seres perfeccionados, tales como Janaka, que ya no están obligados a efectuar acciones en beneficio de su propia evolución, continúan de todas maneras emprendiendo actividades constructivas con el objeto de dar un elevado ejemplo a la sociedad, cuyos miembros sólo pueden liberarse llevando a cabo buenas acciones y no a través de una inmerecida e impertinente inactividad.

El gran santo Janaka tenía una inflexible fuerza de voluntad, por lo cual jamás permitía que sus intrincados deberes de estado interfiriesen en su supremo compromiso con Dios. Los devotos comunes, por el contrario, tienen la tendencia a exagerar cuán indispensable es cumplir con sus deberes mundanos como condición para lograr la felicidad.

Absortos en la actividad, no cumplen con la práctica de la meditación, que les permitiría alcanzar el eterna Dicha Divina.

Las personas perezosas y los yoguis inmaduros caídos en el error, esgrimiendo como ejemplo el estado de inactividad que han conquistado algunos yoguis iluminados, llegan a la cómoda conclusión de que la Meta Suprema puede alcanzarse sin emprender la acción. Por consiguiente, el *Guita* les recuerda que el rey Janaka y otros santos similares llegaron a la perfección por medio de la acción correcta (y no a través de las acciones egoístas influenciadas por el deseo ni por asumir de modo prematuro el estado de inactividad).

Los grandes yoguis pueden mantener la fuerza vital desconectada de los sentidos en estado de éxtasis, de forma que el cuerpo permanece inerte, como si fuese un cadáver. Han logrado el control total del cuerpo mediante la práctica de *pranayama* (las técnicas de control de la energía vital). Sin embargo, ellos pueden abandonar ese estado parte del tiempo simplemente para mostrar a los jóvenes yoguis la necesidad de cumplir con ciertos deberes en el drama cósmico —el cual se desarrolla de acuerdo con los planes divinos— antes de tener acceso al estado libre de actividad.

En su comentario acerca de las estrofas 19 y 20, Swami Pranabananda[36] señala que en ellas se muestra la diferencia entre la acción material y la espiritual: «Las acciones materiales son aquellas que se efectúan en relación con el hombre físico, en tanto que las espirituales son las que se llevan a cabo en relación con el hombre espiritual». Las acciones materiales son concretas y tangibles. Las acciones espirituales son reales pero sutiles. El propósito de las acciones materiales es obtener cierto grado de comodidad material en el mundo. El objetivo de las acciones espirituales es encontrar el alma.

«Por medio de las acciones materiales (el aseo, la dieta correcta y el comportamiento adecuado en el mundo), el devoto purifica el cuerpo y lo vuelve más armonioso para el desarrollo espiritual. Pero las acciones espirituales (el desapasionamiento hacia los objetos sensoriales, el amor por el alma, la intuición, la meditación), aunque intangibles, son imprescindibles para hallar el oculto poder del alma».

El devoto podría suponer que el énfasis del *Guita* con respecto al

---

[36] Swami Pranabananda fue un practicante de *Kriya Yoga* y excelso discípulo del gran Yogavatar Lahiri Mahasaya. Con la práctica diligente de la técnica de *Kriya* y las bendiciones de su gurú, Pranabananda se convirtió en un maestro completamente iluminado. Mi visita al santo se narra en *Autobiografía de un yogui,* en el capítulo «El santo con dos cuerpos».

desapego significa incluso el desapego hacia el alma. Esta interpretación no es acertada, puesto que la espina del apego a las sensaciones, causante del sufrimiento, sólo puede extraerse con la afilada espina del apego al amor divino que está presente en el alma.

Lahiri Mahasaya citaba a menudo las enseñanzas del gran *rishi* Ashtavakra: «¡Si deseas liberarte de la reencarnación, aborrece los placeres sensoriales como si se tratara de veneno cubierto de azúcar, y apégate con devoción a los actos de misericordia, compasión, contentamiento interior, amor a la verdad y a Dios como si fuesen néctar!».

ESTROFA 21

यद्यदाचरति श्रेष्ठस्तत्तदेवेतरो जनः ।
स यत्प्रमाणं कुरुते लोकस्तदनुवर्तते ॥

yadyad ācarati śreṣṭhas tattad evetaro janaḥ
sa yat pramāṇaṁ kurute lokas tad anuvartate

Todo cuanto hace un ser superior lo imitan las personas imperfectas. Sus actos establecen una norma para el resto del mundo.

SABIENDO QUE EL EJEMPLO es más elocuente que las palabras, muchos maestros, aun después de haber alcanzado la Meta Suprema y trascendido así las limitaciones de los imperativos cósmicos, continúan cumpliendo con las normas del comportamiento correcto y de la acción constructiva, a fin de establecer una norma apropiada para las personas del mundo que, aunque tengan buenas intenciones, no están muy avanzadas.

Con su sola presencia, aquel que se ha reformado a sí mismo puede reformar a miles, aun sin pronunciar una sola palabra. Al igual que una rosa, esparce su fragancia hacia todos.

Un hombre que ha alcanzado la unión con Dios podría fumar o beber vino o comer carne, contraer matrimonio y tener hijos, todo ello sin que afecte a su naturaleza divina. Sin embargo, con el propósito de dar un buen ejemplo, lo probable es que no realice ninguna de estas acciones y que continúe llevando una conducta ascética, pues el ascetismo es de primordial importancia para los yoguis principiantes. Una persona cuya conciencia es similar a la del

Aquel que se ha reformado a sí mismo puede reformar a miles

común de la gente podría razonar de este modo: «Jesús bebía vino y comía pescado; por lo tanto, yo imitaré esas acciones. ¡Más adelante emularé sus acciones espirituales!».

¡Con cuánta facilidad la gente imita los hábitos materiales de un maestro, pero de modo indefectible omite emular sus virtudes más elevadas si éstas se hallan ocultas en el alma del avanzado yogui y no las ejemplifica externamente!

Los discípulos que han recibido escasa disciplina espiritual tal vez razonen así: «El Maestro hace esto y aquello sin que le produzca ningún efecto perjudicial. No medita con regularidad; por lo tanto, yo tampoco necesito hacerlo».

El discípulo no comprende el estado espiritual de un maestro: una vez que el maestro se une a Dios, ha alcanzado el objetivo de la meditación y por ello ya no necesita ese *sadhana.* El discípulo aspirante no goza de tal exención.

Es posible que el devoto se pregunte, quizás en forma inconsciente: «¿Por qué no habría yo de seguir las acciones del Maestro en vez de sus palabras?». En el *Guita,* por consiguiente, se le recuerda al yogui «superior» que debe ser cuidadoso en beneficio de los demás, puesto que sus meditaciones y la práctica de buenos hábitos constituyen, en realidad, una serie de demostraciones del comportamiento espiritual para quienes le siguen, e incluso para aquellos que lo observan a distancia o que tal vez oyen hablar de él. ¡La gente mundana es tan presurosa para interpretar de manera errónea las acciones externas de un maestro como es lenta para comprender su mensaje divino!

Aun cuando los grandes maestros en ocasiones hagan caso omiso de las normas establecidas para los novicios, siempre están en condiciones de demostrarle a un discípulo fiel que ningún hábito material puede atarlos o afectarlos. A menudo cito el relato acerca del santo que consumía carne y que, con igual facilidad, comió y digirió clavos fundidos con el objeto de aleccionar a un discípulo vegetariano falto de entendimiento[37].

LAS PALABRAS DE ESTA ESTROFA del *Guita* también pueden interpretarse como una referencia a poderes más que a personas. Cuando la fuerza vital se retira de los sentidos y se transfiere al cerebro, se origina un sentimiento de poder superior, en el que las sensaciones corporales inferiores desaparecen. El yogui ha aprendido que no debe mantener la

---

[37] Véase I:1, páginas 48 s.

fuerza vital atada siempre a los sentidos, pues, de lo contrario, permanecerá habituada de manera dictatorial al disfrute de las sensaciones. Con la práctica de la meditación extática, retira su fuerza vital hacia el sendero superior de la espina dorsal y el cerebro, lo cual hace que de modo automático todos los sentidos inferiores sigan a la fuerza vital (es decir, que la luz del cerebro los absorba). Esta experiencia tiene lugar incluso durante el sueño profundo, cuando el gozo semiconsciente del alma absorbe todas las percepciones sensoriales. Durante el estado de sueño muy profundo en el que no se experimentan sueños, la fuerza vital se desconecta por completo de toda cognición subconsciente del mundo externo. Al estar en sintonía con la Dicha suprema, los sentidos del hombre se revitalizan, lo que le permite decir cuando despierta: «¡Qué bien dormí!».

De forma similar, podría considerarse que la mente es la fuerza superior del cuerpo. Todo aquello que la mente ve y enfatiza lo seguirán a ciegas las inclinaciones, los estados de ánimo, los deseos y los hábitos. Todos ellos asumen en forma automática los hábitos y acciones dominantes de la mente y reflejan sus características sobresalientes. La fuerza suprema de la mente debe mantenerse externamente ocupada en una rutina de acciones constructivas, aun cuando en el interior se halle unida a la Dicha suprema. Si la mente se entrega a los estados de ánimo negativos o a la ira, los sentidos mostrarán tristeza o ira, pero si la mente se encuentra en estado de gozo, los sentidos también experimentarán gozo[38].

---

[38] «La mente, al ser la inteligencia, la sensibilidad y la percepción de todas las células vivientes, puede mantener el cuerpo humano bien dispuesto o deprimido —dijo Paramahansa Yogananda—. La mente es el rey, y todos sus súbditos celulares actúan exactamente de acuerdo con el estado de ánimo de su real señor. Así como nos preocupamos por el valor nutritivo de los alimentos que ingerimos a diario, deberíamos también considerar el potencial nutritivo del menú psicológico que cada día le servimos a la mente».

Norman Cousins, el célebre editor del *Saturday Review* que fue profesor en la Escuela de Medicina de la UCLA, escribió: «Lo que alojamos en nuestra mente puede ser tan importante como lo que introducimos en el cuerpo. Las actitudes están muy relacionadas con la salud. Las emociones negativas que persisten por largos períodos de tiempo pueden dañar el sistema inmunitario, y con ello disminuyen las defensas del cuerpo contra las enfermedades».

Según la bibliografía recopilada por el Dr. Steven Locke y por Mady Horning-Rohan, entre 1976 y 1982 se publicaron más de 1.300 artículos científicos que muestran la influencia que la mente ejerce sobre el sistema inmunitario.

En su libro *Amor, medicina milagrosa* (Espasa-Calpe, Madrid, 1988), el Dr. Bernard Siegel, profesor de la Escuela de Medicina de la Universidad de Yale, escribió: «Otras investigaciones científicas de médicos y mi propia experiencia clínica día a día me han convencido de que el estado de la mente cambia el estado del cuerpo actuando a través

ॐ

El Señor Krishna viajó a la ciudad capital de los Kurus para intentar por última vez una reconciliación pacífica antes de que comenzara la guerra. Propuso como solución que un acuerdo ecuánime consistiría en restituir la mitad del reino a los Pandavas. El avaro Duryodhana rechazó esta sugerencia, a pesar de las súplicas de sus padres —el rey Dhritarashtra y la reina Gandhari (centro)—, de sus instructores Drona (sentado a la izquierda del trono; su hijo Ashvatthaman está de pie, detrás) y Kripa (de pie, en el extremo izquierdo) y de su patriarca Bhishma (de pie, a la izquierda, en primer plano). Alentado por Duhshasana y sus otros malvados hermanos kurus (derecha), Duryodhana gritó: «¡No devolveré aldea alguna; no devolveré ni un centímetro del reino; no devolveré ni siquiera la tierra que cabría en la punta de una aguja!».

❖

«Duryodhana representa el Deseo Material [...] que ejerce poder sobre las demás inclinaciones del reino corporal [...]. El deseo material es extremadamente poderoso, por ser el rey y líder de todos los goces mundanos, así como el causante y perpetrador de la batalla contra la justa reclamación del alma sobre su reino corporal».

❖

«El deseo material compulsivo es el instigador de los malos pensamientos y acciones del ser humano. En su interacción con otras fuerzas que obstaculizan la naturaleza divina del hombre —influyendo en ellas y viéndose, a la vez, influido por ellas—, el insaciable deseo sensual es el enemigo por excelencia. Y el prototipo que encarna a la perfección tal deseo es Duryodhana, cuya absoluta renuencia a desprenderse siquiera de una pequeña porción de territorio o placer sensorial fue la causa de la guerra de Kurukshetra. Sólo en forma muy gradual, y gracias a su ardiente determinación en la batalla, lograron los Pandavas recuperar su reino».

Paramahansa Yogananda

Estrofa 22

न मे पार्थास्ति कर्तव्यं त्रिषु लोकेषु किञ्चन।
नानवाप्तमवाप्तव्यं वर्त एव च कर्मणि॥

na me pārthāsti kartavyaṁ triṣu lokeṣu kiṁcana
nānavāptam avāptavyaṁ varta eva ca karmaṇi

¡Oh hijo de Pritha! (Arjuna), no hay ninguna obligación que deba Yo cumplir; nada existe que no haya adquirido; y no hay nada en los tres mundos que Yo tenga que ganar. No obstante, estoy conscientemente presente en la realización de todas las acciones.

---

del sistema nervioso central, el sistema endocrino y el inmunitario. La paz en el cerebro envía al cuerpo un mensaje de "vida", mientras que la depresión, el temor y los conflictos no resueltos dan su mensaje de "muerte"».

«Si uno acepta que la mente y el cuerpo están inextricablemente relacionados, no causa sorpresa el hecho de que los optimistas tengan claras ventajas en lo que se refiere a la salud», escribió Marian Sandmaier en un artículo publicado en la revista *Self-Realization.* «El psicólogo Martin Seligman señala que los optimistas contraen menos enfermedades infecciosas que los pesimistas y son menos susceptibles de tener problemas graves de salud en la edad adulta y en la vejez. Tal vez la evidencia más impresionante —y aterradora— proviene de un estudio todavía en curso realizado a lo largo de cincuenta años sobre la salud de doscientos varones de la Universidad de Harvard. Trabajando con el destacado psicoanalista George Vaillant y otros, Seligman descubrió que el optimismo que una persona siente a los veinticinco años predice con gran precisión el estado de salud a los sesenta. Desde los cuarenta y cinco años, los pesimistas comienzan a desarrollar más enfermedades propias de la mediana edad y a sufrir síntomas más graves que sus homólogos más optimistas [...].

»El sistema inmunitario simplemente no puede soportar la melancolía crónica. En un amplio estudio efectuado en los norteamericanos de edad más avanzada, su equipo de investigadores analizó muestras de sangre y descubrió que los pesimistas en realidad tienen una actividad inmunitaria más débil que los optimistas, cualquiera que sea su estado general de salud».

«Los beneficios físicos de la meditación han sido bien documentados recientemente por investigadores médicos occidentales —afirma el Dr. Siegel—. La meditación tiende a bajar o normalizar la tensión sanguínea, el ritmo del pulso y los niveles hormonales del estrés en la sangre. Produce cambios en las pautas de las ondas cerebrales, mostrando menos excitabilidad. Estos cambios físicos reflejan cambios en la actitud, lo cual aparece en los *test* psicológicos como una reducción en el comportamiento supercompetitivo tipo A, que aumenta el riesgo de ataque cardiaco. La meditación eleva también el umbral del dolor y reduce la edad biológica de la persona. [...] En una palabra, reduce el desgaste y el deterioro tanto del cuerpo como de la mente, contribuyendo a que el ser humano viva mejor y más tiempo». *(Nota del editor).*

«YO SOY EL RAYO CÓSMICO que crea las diversas películas oníricas de la vida, mas no por necesidad, sino por el desinteresado deseo de expresarme como numerosas formas oníricas. Yo soy el Supremo; nada necesito alcanzar en mis dramas oníricos, porque nada existe fuera de Mí. No obstante, Yo continúo produciendo mis espectáculos oníricos y tomando parte activa en ellos para que mis hijos, las múltiples formas individualizadas de mi Único Ser, puedan de la misma manera actuar en tales espectáculos como seres divinos y regresar luego a Mí, al hogar sin sueños de la eterna bienaventuranza».

El Infinito es la Causa Suprema que está en el fondo de toda causalidad, en el fondo de todos los objetos originados a partir de una causa. Por esa razón, Krishna le dice a su desconcertado discípulo Arjuna: «Cuando alcances mi conciencia, descubrirás que el Espíritu Creador no tiene ningún deber obligatorio que cumplir. La triple creación se desarrolló a partir de mi mente en la forma de un lugar de esparcimiento cuya organización es sumamente intrincada (la *lila* o el divino juego del Señor)».

Dios, a quien el común de la gente concibe como el Creador de todas las cosas y el Soberano del universo, parece hallarse en eterno movimiento o actividad para la mayoría de los seres humanos, sólo porque ellos perciben la creación a través de los engañosos poderes de los sentidos. Pero aquel que ha alcanzado la conciencia cósmica percibe a Dios no sólo como un torbellino de incesante actividad, sino también como la infinitud del gozo eterno sin vibración.

Aprendiendo a ser trascendentalmente calmado y a la vez activo

El Infinito está dividido en dos: La esfera sin vibración del Absoluto —en total reposo, sin nacimiento, completo en sí mismo, eterno— y el cosmos vibratorio, donde el Espíritu se sueña a Sí Mismo como las múltiples formas. Puesto que el universo no es sino la conciencia onírica de Dios, Él es omnipresente en el universo, en el cual se comporta como un testigo imparcial. Como Inteligencia Cósmica *(Kutastha Chaitanya)* dirige de manera indirecta la ordenada actividad de la creación y activamente da a luz a todas las formas a través de su Conciencia Creativa (la Naturaleza o Prakriti). De modo similar, en todos los seres humanos (puesto que están hechos a imagen de Dios) se encuentra el alma, gozosa y libre de vibración, así como la guiadora inteligencia del alma y, también, su pseudonaturaleza o ego, que se halla activo en la mente, en las fuerzas vitales y en las actividades corporales. Todo ser humano debería comportarse como la imagen del Espíritu que en verdad es: pleno de trascendente calma e inmerso en la dicha extática de su alma y al mismo tiempo activo en el cuerpo sin verse involucrado en los engañosos deseos y sus complicaciones kármicas resultantes.

«Los tres mundos» hace referencia al cosmos triple: causal (mental), astral (energético) y físico (material). Dios creó mentalmente toda la materia; luego, manifestó las ideas causales en forma de un universo astral o de energía; finalmente, hizo que los vitatrones astrales se condensasen hasta formar las entidades que constituyen el universo visible. La naturaleza *esencial* de la materia es, por consiguiente, la sustancia mental de Dios. Por medio de la ley de la relatividad, Él diferenció la mente, la energía y la materia con el fin de que pareciesen distintas, divergentes. Son tan reales e irreales como la sustancia de un sueño. Merced a la ilusión cósmica, Dios nos hace percibir diferencias aparentes entre las tres formas de vibración: la conciencia, la energía astral y la sustancia física.

Dios percibe el mundo como una creación de su mente; no tiene expectativas ni temores acerca de él. Pero sigue actuando en él y a través de él para que, por medio de indicios que les hagan recordar su innata Presencia, sus engañados hijos también puedan comprender que este universo es una eterna película cinematográfica cósmica que no debe tomarse en serio, ni como algo real, sino contemplarse como un espectáculo entretenido y educativo.

Krishna alienta a Arjuna a manifestar su unidad con el Espíritu en lugar de seguir comportándose como un mendigo por tiempo indefinido, frustrado por la insatisfacción y descontento con las míseras migajas del placer y las ofensas causadas por el dolor. Cuando el devoto alcanza la divina unidad, comprende que todo aquello que pertenece a su Padre también le pertenece a él: ha recobrado el paraíso interior perdido.

«Pero —enfatiza el Señor— así como Yo estoy desapegado del cosmos y sin embargo me hallo presente en toda acción, de igual modo cada uno de mis hijos divinos también debe cooperar en alguna medida para ayudar a mi engañada creación y a los mortales que habitan en ella a fin de que regresen a su hogar en Mí». *Todos debemos trabajar, pues el Señor del cosmos ha elegido trabajar.*

Dado que es la desinteresada voluntad del Todopoderoso trabajar en toda la creación como Inteligencia Cósmica, Él es plenamente consciente de que el hombre y la energía vital vibratoria presente en todos los átomos creados no recuerdan su unidad con el Espíritu. ¡Qué triste! Por ello, Dios y todos los santos liberados ayudan a los seres humanos y a todas las partículas de la naturaleza a recobrar su memoria perdida. En esta intercesión vemos el cumplimiento de la sublime promesa de Dios en el sentido de que todas las almas, que emanaron de Él, *retornarán* a Él. Por esa razón, Dios, como Inteligencia Divina, continúa laborando a través de la conciencia del hombre y de los profetas, quienes despiertan al hombre instándolo a reclamar su herencia con tan bella sabiduría como la que expresó Jesús cuando dijo: «Buscad primero el Reino de Dios y su justicia, y todas esas cosas se os darán por añadidura»[39].

Con el uso de la ilimitada fuerza del alma, Dios podría actuar como un Dictador Cósmico y hacer regresar la creación hacia Él por la fuerza; pero, puesto que concedió a todos los hombres libre albedrío para aceptarle o rechazarle, Él trabaja en secreto y a través de sus santos para persuadir con dulzura a los extraviados mortales a regresar a su lado.

ESTROFA 23

यदि ह्यहं न वर्तेयं जातु कर्मण्यतन्द्रितः ।
मम वर्त्मानुवर्तन्ते मनुष्याः पार्थ सर्वशः ॥

yadi hyahaṁ na varteyaṁ jātu karmaṇyatandritaḥ
mama vartmānuvartante manuṣyāḥ pārtha sarvaśaḥ

¡Oh Partha (Arjuna)!, si en algún momento me abstuviera Yo de llevar a cabo sin descanso acciones, los hombres imitarían mi ejemplo sin excepción.

«YO, EL CREADOR DE TODO CUANTO existe en el cosmos vibratorio, trabajo incesantemente, creando mundos, manteniéndolos en equilibrio por medio de las leyes de atracción y repulsión, palpitando en la inteligencia, la actividad y el corazón humanos. Por medio de mi colosal ejemplo y delegando en el hombre la ineludible responsabilidad de ocuparse de un alma, una mente, un cuerpo, una familia, un país y del mundo, le digo a él de manera inequívoca que no hay salvación posible para el que no realiza la actividad correcta en la tierra.

»Todos mis hijos humanos —hechos a mi imagen, y para quienes he

---

[39] *Mateo* 6:33.

construido este siempre cambiante hogar cósmico— deben ineludiblemente actuar, como Yo lo hago. En los átomos, las estrellas y la creación entera, trabajo sin descanso por medio de mi inteligencia inmanente con el objeto de que todos los mortales se sientan silenciosamente inspirados y alentados a actuar con inteligencia y espiritualidad conforme a mi plan cósmico. Este plan ha sido revelado en las escrituras por mis hijos iluminados que, al hallarse en comunión Conmigo, conocen mis deseos. Si Yo sostuviera la estructura universal pero dejase de trabajar en la creación como una silenciosa influencia inteligente de bondad y virtud, el hombre también dejaría de actuar en la forma apropiada. Cayendo en la degradante pereza, no podría progresar ni ayudaría a promover el mejoramiento del mundo en que vive. Le sería imposible retornar a Mí por falta de ese estímulo involuntario activo, a través del cual trabajo para impulsarlo a él y a toda la naturaleza en una evolución ascendente, con la ayuda de las decisiones de su libre albedrío (siempre y cuando estas decisiones no le perjudiquen).

»Y si Yo, el Creador, trabajo sin descanso para servir a la creación con mi inteligencia y el influjo de mi bondad, entonces mis reflejos —los seres humanos— necesariamente deberán continuar ayudando a que mi creación alcance su meta de perfección».

Estrofa 24

उत्सीदेयुरिमे लोका न कुर्यां कर्म चेदहम्।
सङ्करस्य च कर्ता स्यामुपहन्यामिमाः प्रजाः ॥

utsīdeyur ime lokā na kuryāṁ karma ced aham
saṁkarasya ca kartā syām upahanyām imāḥ prajāḥ

Si no efectuase Yo acciones (de manera equilibrada), los universos perecerían. Yo sería la causa de funesta confusión («la impropia mezcla de los deberes»). Yo sería el instrumento de la ruina de los hombres.

Dios, como Creador de universos, trabaja de modo inmanente en su aspecto de Inteligencia Universal, presente en la materia y en la conciencia humana, con el propósito de conservar el orden mientras se desarrolla su plan cósmico. Él dice: «Si Yo, el Padre de todo, no actuara en la creación, todos los universos explotarían y se desvanecerían. Mi conciencia cósmica mantiene las islas flotantes de planetas nadando de manera rítmica en el mar cósmico. Es mi inteligencia en su aspecto de *Kutastha Chaitanya* la que conscientemente une a todos los átomos y los mantiene en acción en forma coordinada[40].

»Si Yo no trabajase a través de las vidas de los santos, equilibrando los deberes materiales con las obligaciones espirituales, la humanidad, desprovista de la presencia de vidas ejemplares, llevaría una vida desequilibrada, se hallaría confusa acerca de sus deberes y perecería».

Si Dios retirara su Inteligencia cohesiva, todos los universos y los seres dejarían de manifestarse objetivamente, del mismo modo que las escenas y los actores desaparecen de la pantalla cuando se apaga la luz que atraviesa la película cinematográfica.

Sin la secreta pero activa guía inteligente del Señor, se originaría una confusión total entre los seres humanos, cuyo resultado sería la mezcla de los deberes y, en consecuencia, la destrucción.

Muchas personas faltas de entendimiento interpretan la referencia a la «mezcla» en esta estrofa del *Guita* como una prohibición de la mezcla de castas o razas. Esta interpretación refuerza la ciega ortodoxia y los prejuicios, a la vez que fomenta divisiones y conflictos. Esta estrofa

---

[40] En relación con la Biblia, en su libro *Science and Christian Faith Today* [La ciencia y la fe cristiana en la actualidad] (CPAS Publishers, Londres, 1960), el biofísico Donald MacKay expone un punto de vista que guarda correspondencia con la manifestación de Dios como una Inteligencia inmanente y omnipresente en la Creación (el concepto hindú de *Kutastha Chaitanya* —la Conciencia de Cristo o Krishna—):

«La Biblia en su conjunto representa a Dios en una relación demasiado íntima y activa con los acontecimientos cotidianos como para que se le represente en términos mecánicos. Él no aparece tan sólo al principio de los tiempos para "poner en marcha el mecanismo"; Él continuamente "sostiene todo con su palabra poderosa" (*Hebreos* 1:3). "Todo tiene en él (en Cristo) su consistencia" (*Colosenses* 1:17). [...] No sólo se trata de los sucesos físicamente inexplicables (si los hubiera), sino de todo el funcionamiento de la creación, que la Biblia asocia con la constante actividad de Dios [...].

»Un artista imaginativo crea un mundo de su propia invención. Normalmente lo hace dando pinceladas en una tela, en cierto orden (¡o desorden!) espaciado. El orden que da a la pintura determina la forma del mundo de su invención. Imaginemos ahora a un artista capaz de hacer realidad este mundo, no pintando sobre una tela sino creando una sucesión extremadamente rápida de chispas de luz sobre la pantalla de un televisor. (De hecho, ésa es la manera en que se crea una imagen normal de televisión). El mundo que inventa ahora ya no es estático sino dinámico, capaz de cambiar y evolucionar de acuerdo con la voluntad del artista. [...] La escena puede permanecer uniforme y sin cambios durante el tiempo que él lo desee, pero si él decidiese abandonar su actividad, su mundo inventado no se volvería caótico; simplemente dejaría de existir. El Dios en quien la Biblia nos invita a creer es [...] el Artista Cósmico, el Sustentador creativo, sin cuya continua actividad no existiría ni siquiera el caos, sino sólo la nada». *(Nota del editor).*

no apoya el sistema de castas, ni hace referencia a la mezcla de razas étnicas, ya sea basándose en el color o en cualquier otra característica.

Todas las razas humanas y colores de piel provienen de un solo Padre espiritual —Dios— y de los primeros padres humanos que fueron creados. Por lo tanto, sería justo que todos los hermanos espirituales reconocieran su divino parentesco. Dios ha creado una encantadora diversidad de seres humanos en las razas de piel aceitunada, negra, amarilla, roja y blanca, con el objeto de que el hombre resuelva el acertijo de las aparentes diferencias y complazca a su Padre creando los Estados Unidos del Mundo.

En lo que respecta a las castas, podría afirmarse con acierto que cada nación tiene cuatro castas o clases. Las cuatro divisiones dependen de las cualidades de los seres humanos y no tienen relación alguna con la raza o casta tal como se conocen en la actualidad. Otro pasaje del *Guita* (IV:13) afirma: «De acuerdo con la diferenciación de los atributos y las acciones (del hombre), he creado las cuatro castas».

Todos los seres humanos limitados a un cuerpo físico heredan al nacer el estado de identificación con el cuerpo *(kayastha),* la casta de los *sudras.* Los ojos físicos le revelan al hombre únicamente el mundo externo de la dualidad. Después de recibir la iniciación espiritual por parte de un gurú, el devoto aprende a abrir el ojo espiritual y, con el desarrollo de la sabiduría, entra en la casta de los *vaisyas.* Más tarde, lucha contra los sentidos y se eleva a la casta superior de los *kshatriyas.* Finalmente, al alcanzar la unión con Dios, se convierte en *brahmin* (uno con Brahma, el Espíritu).

Los cuatro peldaños de la escalera hacia la unidad con Dios, cada uno de ellos caracterizado por enaltecedores deberes

En el sentido material, todas las naciones reconocen divisiones naturales de casta, según la capacidad de cada persona, a saber: los obreros, los comerciantes, los soldados y los gobernantes, los instructores y los clérigos. Un obrero puede convertirse en comerciante, soldado o clérigo; por consiguiente, estos cuatro grupos son intercambiables en el plano material.

En la India, aquellos que tienen investidura sacerdotal (no los sabios espirituales) han establecido las cuatro castas como algo fijo, desafiando las enseñanzas védicas de las primeras épocas acerca de las castas, las cuales podían intercambiarse en forma natural y progresiva. Sin embargo, incluso en la actualidad se considera que el hindú que adopta el sendero religioso está «más allá de las castas»: recibe de su gurú la iniciación espiritual en la que desecha su antiguo ser y toda identificación con el ego, o sea, lazos de familia, nombre, posesiones y deseos, y recibe un nuevo «nacimiento» y un nuevo nombre que no revela identificación con casta alguna.

Esta estrofa hace referencia a los «deberes» o cuatro estados que se requieren para la evolución humana: los cuatro peldaños de la escalera hacia la unidad con Dios, cada uno de ellos caracterizado por enaltecedores deberes.

Si la Inteligencia Divina cesara de trabajar a través de la conciencia del hombre, todos los seres humanos permanecerían absortos en la materia, en estado de confusión y de olvido de los deberes inherentes a los cuatro peldaños progresivos necesarios para lograr la emancipación final: la etapa material, el cultivo de la sabiduría, la lucha contra los sentidos y la unión con el Espíritu.

La meta de todo ser humano debería ser dejar atrás el doloroso estado material y alcanzar en forma sucesiva los otros tres estados cada vez más elevados de la conciencia humana. Cuando se despierta la sabiduría del alma, todos los impulsos creativos del hombre se retiran hacia el Espíritu: no se produce una mezcla de la naturaleza humana con la Naturaleza divina.

ESTROFAS 25-26

सक्ताः कर्मण्यविद्वांसो यथा कुर्वन्ति भारत।
कुर्याद्विद्वांस्तथासक्तश्चिकीर्षुर्लोकसङ्ग्रहम्॥ *(25)*

न बुद्धिभेदं जनयेदज्ञानां कर्मसङ्गिनाम्।
जोषयेत्सर्वकर्माणि विद्वान्युक्तः समाचरन्॥ *(26)*

saktāḥ karmaṇyavidvāṁso yathā kurvanti bhārata
kuryād vidvāṁs tathāsaktaś cikīrṣur lokasaṁgraham (25)

na buddhibhedaṁ janayed ajñānāṁ karmasaṅginām
joṣayet sarvakarmāṇi vidvān yuktaḥ samācaran (26)

(25) ¡Oh descendiente de Bharata! (Arjuna), así como el ignorante ejecuta acciones con apego y en espera de recompensa, así el sabio debe actuar con desapego y en forma desapasionada, a fin de servir gustosamente de guía para las multitudes.

(26) Bajo ninguna circunstancia el sabio debe perturbar el entendimiento del ignorante que se halla apegado a las acciones. En lugar de ello, el ser iluminado, efectuando sus actividades a conciencia, debe inspirar en el ignorante el deseo de realizar todas las acciones prescritas por el deber.

Las personas que aún no han desarrollado la sabiduría se sienten fuertemente motivadas a actuar de acuerdo con sus impulsos materialistas y sus anhelos de nombre, fama, prosperidad y felicidad sensorial. Los sabios, por otra parte, se han desapegado de los placeres mundanos; su incentivo es el gozo que encuentran al trabajar por Dios. De manera casual, y no obstante deliberada, el inspirador ejemplo de tales seres conduce a otros hacia el sendero de la felicidad perdurable. Ellos establecen el criterio correcto para todos los que se hallan en los peldaños inferiores de la escalera de la realización del Ser.

Un ser iluminado se encuentra por encima de toda ley y tiene la opción de actuar o permanecer inactivo. Puesto que Dios trabaja en la creación (aunque no necesite hacerlo), Él exhorta a sus devotos a laborar también y a fomentar el deseo de llevar a cabo acciones dignas de mérito, incluso en aquellos cuyas tareas todavía son guiadas por los instintos materiales innatos. A través de la actividad, todos los seres están colaborando (en la mayoría de los casos en forma indirecta y sin saberlo) en el desarrollo del plan cósmico divino.

Si toda la gente del mundo decidiera renunciar a la vida del mundo e ir a la jungla para encontrar a Dios, sería necesario construir ciudades y establecer industrias allí, pues de lo contrario la gente moriría de inanición o de frío o a causa de epidemias. La libertad definitiva no debe buscarse evitando los problemas de la vida, sino llevando a cabo las actividades en el mundo con el único propósito de servir a Dios.

A gran escala, el Señor crea universos y, a pequeña escala, Él enlaza los átomos entre sí y crea el pequeño cuerpo de la hormiga, diseñado de manera tan delicada y cuidadosa como la forma humana. Pero aun cuando Dios se encuentra activo en la creación a una escala tan enorme y tan pequeña, jamás pierde ni un ápice de su divina bienaventuranza. Esta constante bienaventuranza sólo es posible debido a su desapego (la ausencia de expectativas y temores). El sabio, recordando que está hecho a imagen de Dios, no actúa con agobio, como lo hace el materialista ignorante, sino con un alegre desapego.

Los actos de creación no son necesarios para el perfeccionamiento de un Dios ya perfecto. Por ello, la creación es un «pasatiempo» de

Dios. Él está pleno de gozo con la creación o sin ella. Todos sus hijos necesitan aprender a trabajar en el mundo con esa misma actitud divina de desapegado interés. Del mismo modo en que un niño construye una casa de juguete y luego la destruye, sólo para entretenerse jugando, así también el hombre debería mantenerse ocupado en el mundo y permanecer indiferente ante todos los cambios materiales, incluso ante la destrucción de sus propias obras, si ése fuera el designio divino.

El hombre debe aprender a trabajar en el mundo con una actitud divina de desapegado interés

Esto no significa que un hombre pobre no trate de obtener prosperidad o que una persona inquieta no deba esforzarse por lograr la serenidad, ni que un enfermo no deba tratar de recuperar la salud, sino que el ser humano ha de cuidar su cuerpo y buscar la prosperidad y la salud mental sin que ello le ocasione una violenta agitación interior. Jesús aconsejaba a sus seguidores no prestar atención al cuerpo, ni preocuparse por lo que habrían de comer o vestir. Él sabía que ellos necesitaban alimentarse y vestirse, como él mismo lo hacía, pero deseaba que ellos comprendiesen que el camino a la suprema felicidad consiste en llevar a cabo sin apego los deberes materiales necesarios.

Sólo el insensato toma la vida tan en serio que se siente lastimado todo el tiempo. Los sabios contemplan la niñez, la juventud, la vejez, la vida y la muerte como dramas pasajeros; de ahí que todo sea un entretenimiento. Cuando uno se identifica temporalmente con una película trágica, se siente apesadumbrado, pero cuando comprende que sólo es parte de un divertido espectáculo, se siente feliz. Dios desea que el hombre contemple las mutables películas de la vida personal y mundial como una especie de variado entretenimiento. Muchas veces, al final de un melodrama cuya trama resulta muy compleja, el sentir de la audiencia es «¡Fue una buena película!».

El devoto debería comprender que Dios y sus hijos humanos son la audiencia que asiste a las siempre cambiantes proyecciones de este Cinematógrafo Cósmico, que se mantienen en exhibición con el fin de entretener e instruir. Así como uno se divierte al presenciar una película fascinante y la encuentra de mucho interés si aprende algo nuevo, y vuelve a casa feliz una vez que termina el espectáculo, así también el hombre debería llevar a cabo con alegría tanto los deberes simples como los difíciles mientras se halla en la tierra, y partir con una sonrisa cuando el drama de la vida termina. Con felicidad plena, Dios crea y contempla sus muy variables espectáculos de los diferentes ciclos cósmicos y, cuando llega el momento de la disolución total, reposa en

Sí Mismo lleno de felicidad. Él espera que sus hijos se comporten de la misma manera.

El *Guita* advierte una y otra vez al ser humano que evite el apego egoísta a la diversidad de escenas de la vida, puesto que el apego es la causa fundamental de todo sufrimiento humano. Trabajar motivado por el apego se convierte en una necesidad, y cuando esa necesidad no se satisface, el hombre sufre.

Aun así, la pregunta que el hombre común abriga en su mente es: «¿Qué objeto tiene trabajar sin deseo o apego? ¡Debe de ser insípido trabajar sin un incentivo!».

La respuesta se obtiene al reflexionar sobre aquellas cosas que hacemos por placer, sin pensar en el beneficio o la fama que pudieran aportarnos. Uno disfruta mucho más cultivando un jardín de flores y prodigándole infinitos cuidados sólo para satisfacer un pasatiempo, que cuando se ve obligado a cuidar ese jardín para ganarse la vida a duras penas. Podrían citarse numerosas labores que uno lleva a cabo más bien por gusto que para obtener un beneficio. Todos los deberes que se efectúan bajo el látigo del deseo material y el apego ocasionan sufrimiento, pero si se realizan como si se tratase de un pasatiempo, sin temer ni ansiar resultados específicos, este incentivo perdura y proporciona placer puro.

El materialista se toma la vida en serio y *él mismo* la llena de preocupaciones, tristezas y tragedias. El hombre divino convierte la vida en un agradable juego. Aquel que está plagado de deseos sufre numerosos altibajos mentales y estados de ánimo que corroen su mente, en tanto que el yogui libre de deseos se halla siempre dichoso aunque desarrolle actividades muy diversas. No hay excusa para que el hombre viva en la desdicha y no recuerde su divina naturaleza. Si tan sólo pudiese trabajar con tanta felicidad como lo hace Dios en su siempre cambiante creación, comprendería que todas las anomalías inherentes a ésta son comparables con la compleja diversidad de una película cinematográfica creada sólo para entretener y no caer en la monotonía. El llevar a cabo todas las acciones con la conciencia de Dios neutraliza todas las calamidades internas y externas.

La vida del hombre mundano está llena de preocupaciones; el hombre divino convierte la vida en un agradable juego

Por consiguiente, así como el materialista trabaja sin descanso para disfrutar de los placeres sensoriales, que producen constante aflicción, así también el yogui se esfuerza de manera ardua e incesante en la meditación, la cual confiere la dicha suprema. Cuando, al operar con las leyes sutiles en vez de ocuparse de los apegos sensoriales, el yogui alcanza la unidad con el Espíritu, el Señor le exhorta entonces a continuar brindando servicios apropiados en el mundo, desprovisto de deseos y apegos, a fin de establecer un patrón de conducta ejemplar para inspiración y aliento de otras almas.

CÓMO LA ACCIÓN DESINTERESADA DEL YOGUI LO LIBERA DE LAS DUALIDADES DE LA NATURALEZA Y DE LA OPRESIÓN DEL KARMA

ESTROFA 27

प्रकृतेः क्रियमाणानि गुणैः कर्माणि सर्वशः ।
अहङ्कारविमूढात्मा कर्ताहमिति मन्यते ॥

prakṛteḥ kriyamāṇāni guṇaiḥ karmāṇi sarvaśaḥ
ahaṁkāravimūḍhātmā kartāham iti manyate

Toda acción es engendrada universalmente por los atributos (las **gunas)** ***de la Naturaleza primordial (Prakriti). Aquel cuyo Ser está bajo el engaño del egoísmo piensa: «yo soy el hacedor».***

UN BUEN MONJE QUE SUEÑA que es un hombre de negocios o un villano no por ello se convierte en éstos. De modo similar, el hombre —hijo de Dios—, al interpretar diferentes papeles en el onírico drama divino, no debería identificarse con ninguna de las actividades que forman parte de su transitoria existencia mortal.

Quien está centrado en el ego y embriagado con el engaño se considera el autor y hacedor de sus actos, sin saber que esas acciones son instigadas por los atributos de la Naturaleza. La Naturaleza primordial (Prakriti) es la causa de la existencia individualizada del hombre y gobierna, mediante la operación de las leyes cósmicas, su capacidad para actuar en el entorno material y responder a él.

Dios creó la Naturaleza. Ésta manifiesta los atributos del Creador, pero bajo un disfraz de ilusión. El hombre es producto del invisible Dios y de la visible Naturaleza; por lo tanto, es de carácter dual: Espíritu puro oculto en un cuerpo y cerebro físicos cuyas funciones están gobernadas por los atributos de la Naturaleza (las tres modalidades de Prakriti —*sattva, rajas* y *tamas*—, cuyo poder activador actúa sobre los veinticuatro principios creativos de la Naturaleza).

Los cuatro reinos de la creación —el hombre, los animales, las plantas y las sustancias inorgánicas— tienen acciones y reacciones fijas y características que los diferencian entre sí, pero todos por igual son guiados por las *gunas* (atributos) de la Naturaleza.

Una persona común vive de sesenta a ochenta años; sus hábitos físicos y mentales son diferentes, por ejemplo, de los del perro, que ladra y mueve la cola, y vive sólo una o dos décadas, o de los de la secuoya, cuyas raíces la mantienen sujeta al suelo, pero que puede vivir hasta cuatro mil años.

El hombre se concentra en las aparentes diferencias que existen entre él y el resto de la creación, pues desconoce la verdad de que su actividad y la de todas las demás manifestaciones tienen el mismo origen. El Espíritu individualizado, que reside en cada forma y trabaja a través de los atributos de la Naturaleza, es el verdadero Hacedor.

Cuando desconecta la mente de los sentidos, el hombre puede identificarse con su alma y saber que ella, y no el ego, es la vida consciente del cuerpo que activa y sostiene los atributos creativos. Una de las cualidades intrínsecas del alma es el libre albedrío; el yogui que ha alcanzado la iluminación total es un hombre dotado de libre albedrío. El hombre salvaje está atado a sus instintos o hábitos mentales irreflexivos heredados de la Naturaleza, casi como un animal. Cuanto más asciende una persona en la escala de la evolución, con mayor intensidad ejerce su libre albedrío, que es una facultad del alma.

El devoto espiritualmente despierto comprende que todas sus cualidades humanas han sido creadas por Dios, iniciadas por el alma en su cuerpo individual y gobernadas por los limitantes atributos de la Naturaleza; por consiguiente, rehúsa permitir que su ego absorto en el cuerpo se considere el hacedor de las acciones.

Sin embargo, mediante el ejercicio de su libre albedrío, el hombre crea —para bien o para mal— un karma personal específico que modifica la influencia que sobre él ejerce el karma ambiental general o universal decretado por la Naturaleza. Por medio del buen karma, las acciones que están en consonancia con la Naturaleza (la vida natural) y la meditación en el perfecto Dios, el ser humano asciende hacia la perfección. A causa de las malas acciones, el egoísta atado al cuerpo, carente de verdadera sabiduría, desciende y permanece atrapado en las redes de los deseos materiales.

Todo devoto debería efectuar un análisis introspectivo para descubrir si está viviendo conforme a la influencia evolutiva ascendente de la Naturaleza, o motivado por los aún más elevados impulsos del alma, o si sólo vive de acuerdo con su naturaleza humana, distorsionada por los efectos prenatales y postnatales de las malas acciones que se manifiestan a través de los hábitos, estados de ánimo e inclinaciones. Cuando el sol de la sabiduría irrumpe en la oscura mente del egotista, él comprende que es el alma (la única Vida) —y no su impredecible «individualidad»— la que realiza todas las acciones. El alma —o Espíritu— es la única activadora de los atributos.

El organismo humano está conformado por numerosas partes. El cerebro, el cerebelo y los plexos espinales son los instigadores de las diferentes formas de actividad. La nariz, los ojos, los oídos y otros órganos de los sentidos y de la acción son los instrumentos externos; el cerebro es el vehículo de los pensamientos y facultades internas. La mente *(manas)* posee un centenar de expresiones; la inteligencia *(buddhi)* tiene cinco. El clan mental (los Kurus o hijos de Dhritarashtra, la ciega mente sensorial) incluye los celos, el temor, el odio, la avaricia, la ira, la atracción, la repulsión, el egotismo, el engaño, el dolor, el placer, la vergüenza, la envidia, el orgullo, el arrepentimiento, la preocupación, la autocomplacencia, la esperanza, el deseo, etc. Por otra parte, la calma, el control de la energía vital, el autocontrol, el poder para refrenar los impulsos malignos y el poder para actuar de acuerdo con las buenas inclinaciones son atributos de la inteligencia (los Pandus, hijos de Pandu, la inteligencia pura y discernidora).

Cuando el hombre se halla bajo la influencia de los atributos de la mente sensorial, es susceptible al placer y al dolor, al calor y al frío, y a todas las demás dualidades. En cambio, cuando la inteligencia le guía hacia las regiones del alma, ya no cae en el torbellino de las relatividades psicológicas, sino que se encuentra a salvo en las riberas de la bienaventuranza eterna.

Puesto que el egotista se concibe a sí mismo como el hacedor de las acciones, convierte el melodrama de la vida en una tragedia. Por medio de la práctica de la meditación profunda, sin embargo, despierta y comprende que el Director Cósmico le ha asignado un papel específico en el escenario de la vida contemporánea. Entonces se siente dichoso de desempeñar su papel, ya sea gozoso o triste, importante o trivial.

El alma, la mente, el cuerpo, el cerebro, los sentidos, el mundo, el cosmos, todos ellos son creaciones del Espíritu. Puesto que el sabio no se concibe a sí mismo como el arquitecto de nada (ni siquiera de su propio destino), no ríe ni llora ni se perturba ante los altibajos de las dualidades. Un egotista jamás está satisfecho, sin importar si es rico o pobre, un oficinista o el rey del mundo. El hombre divino es feliz, tanto si se encuentra en un palacio, en una humilde choza o en una celda monástica.

El sabio no ríe ni llora ante los altibajos de las dualidades

El indefenso gatito, que depende totalmente de su madre, se siente muy contento cuando ella lo lleva del palacio del rey a una carbonera. De modo similar, al yogui que ha entregado su ser a Dios por entero no le preocupa que se le asigne el papel de rey o el de mendigo.

Cuando el Señor Krishna se hallaba con sus devotos en Brindaban, vivía cerca del río Yamuna. Las *gopis* (las devotas lecheras) a menudo le llevaban su comida preferida: requesón. Cierto día, cuando las márgenes del río quedaron inundadas, ocurrió que las devotas, cargadas con sus ofrendas de queso para Krishna, no pudieron llegar hasta donde se encontraba su maestro al otro lado del río. Notaron que el gran sabio Vyasa estaba sentado cerca de la orilla, con los ojos resplandecientes por hallarse embriagado con el amor de Krishna. Conociendo su poder divino, las *gopis* solicitaron su ayuda.

—¿Acaso queréis darle todo ese queso a Krishna? —preguntó Vyasa—. ¿Y qué hay del pobre de mí?

Así pues, colocaron la ofrenda ante Vyasa, quien comía y comía. Las devotas comenzaron a preocuparse, pues al parecer apenas quedaría suficiente para Krishna.

Vyasa se puso luego de pie y se dirigió hacia el torrencial río:

—¡Yamuna, si nada he comido, divide tus aguas y ábrete!

A los oídos de las *gopis,* la orden parecía una burla. No obstante, el río Yamuna (tal como lo hizo el Jordán para los israelitas[41]) se abrió de inmediato formando dos paredes de agua, con un milagroso pasaje de tierra seca entre ellas. Las atónitas *gopis* entraron en el angosto sendero y llegaron a salvo al otro lado del río.

Sin embargo, Krishna no vino a recibirlas como de costumbre, ya que se encontraba profundamente dormido. Cuando lo despertaron, miró el queso sin mostrar interés alguno.

—Maestro, ¿qué sucede? —preguntaron—, ¿no deseas hoy comer requesón?

Krishna sonrió somnoliento.

---

[41] *Josué* 3:14 ss.

—¡Oh —respondió—, ese amigo mío, Vyasa, que está al otro lado del río, ya me ha alimentado con una ración muy abundante de queso!

Fue así cómo las *gopis* comprendieron que Vyasa, mientras comía el queso, sólo estaba consciente de su unidad con el omnipresente Señor Krishna.

Si todos los seres humanos pudiesen sentir a Dios en cada una de sus acciones, como lo hacía Vyasa, estarían libres del karma universal e individual; llevarían a cabo sus actividades guiados por la sabiduría divina y no por un egoísmo controlado por la Naturaleza. A fin de comprender esta estrofa del *Bhagavad Guita,* es preciso ponerla en práctica en la vida cotidiana, pensando en Dios al comenzar cada acción, al llevarla a cabo y al finalizarla.

ESTROFA 28

तत्त्ववित्तु महाबाहो गुणकर्मविभागयोः ।
गुणा गुणेषु वर्तन्त इति मत्वा न सज्जते ॥

tattvavit tu mahābāho guṇakarmavibhāgayoḥ
guṇā guṇeṣu vartanta iti matvā na sajjate

¡Oh Guerrero de brazos poderosos (Arjuna)!, el que conoce la verdad acerca de las divisiones de las* gunas *(las cualidades o atributos de la Naturaleza) y sus acciones se mantiene a sí mismo (su Ser) desapegado de ellas, al comprender que son las* gunas *como atributos de los sentidos las que están ligadas a las* gunas *como objetos de los sentidos.

ASÍ COMO DIOS TRASCIENDE los atributos de la Naturaleza y sus múltiples actividades, de igual modo el Ser individualizado —un reflejo de Dios— se encuentra por encima de los sentidos y de los objetos que éstos perciben y codician.

Cuando una persona que está soñando toma conciencia de que sueña, deja de identificarse con ese fenómeno; aquello que sueña no le causa júbilo ni tristeza. Dios sueña conscientemente su juego cósmico, y a Él no le afectan sus dualidades. El yogui que contempla su verdadero Ser como algo separado de sus activos sentidos y de los objetos que los sentidos perciben jamás se apega a nada. Es consciente del carácter onírico del universo y lo observa sin enredarse en su compleja y efímera naturaleza.

En esta estrofa del *Bhagavad Guita,* se reitera el concepto de que quien conoce el Ser (el devoto que ha alcanzado la realización del Ser) es semejante a Dios en lo relativo a su actitud hacia la vida. En su propio y pequeño ámbito, ese devoto emula al Señor, que ha creado este activo universo y vive en él sin apegarse a sus innumerables cambios; por ello, es libre de todos los efectos de las acciones cósmicas y de los objetos cósmicos. Ni la violenta explosión atómica de una estrella semejante al sol ni el frío o el calor del espacio afectan a Dios. Un hombre absorto en el cuerpo sufre como resultado de los estados de abatimiento o euforia de sus sentidos; le aflige también el frío o el calor extremos y los efectos de las catástrofes mundiales. Mas al que sabe que su alma es una fiel imagen del indestructible Espíritu, y que su cuerpo y el mundo circundante son un cúmulo de energía atómica o vitatrónica organizada, nada le afecta ya a su naturaleza espiritual, a semejanza de Cristo, que dijo: «Destruid este santuario y en tres días lo levantaré»[42].

Los seres iluminados saben que están más allá del alcance de los veinticuatro atributos de la Naturaleza; comprenden que los sentidos corporales deben actuar de acuerdo con la naturaleza de los objetos sensoriales que les rodean. Dado que los sentidos y los objetos sensoriales provienen todos de los atributos de la Naturaleza primordial (Prakriti), el hombre que ha alcanzado la unidad con Dios no se considera el hacedor de ninguna acción y, por lo tanto, no puede estar apegado a ningún efecto resultante de esas acciones.

ESTROFA 29

प्रकृतेर्गुणसम्मूढाः सज्जन्ते गुणकर्मसु।
तानकृत्स्नविदो मन्दान्कृत्स्नविन्न विचालयेत्॥

prakṛter guṇasaṁmūḍhāḥ sajjante guṇakarmasu
tān akṛtsnavido mandān kṛtsnavin na vicālayet

[42] *Juan* 2:19.

***El yogui que posee sabiduría perfecta no debe perturbar la mente de quienes tienen un entendimiento imperfecto. Hallándose engañado por los atributos de la Naturaleza primordial, el ignorante precisa aferrarse a las actividades originadas por tales* gunas.**

AQUELLOS SERES HUMANOS CUYA INTELIGENCIA se encuentra poco desarrollada y que carecen de un entendimiento agudo están inherentemente obligados por la Naturaleza a permanecer ocupados por completo en la ejecución de los deberes materiales. Los seres iluminados no deben perturbar el desempeño de los deberes materiales por parte de tales personas, cuya redención pasa por aplicar este medio evolutivo. Si a la gente se le dijese lisa y llanamente que adoptara el principio del desapego al mundo, las personas carentes de espiritualidad descuidarían sus deberes materiales. Caerían en la pereza, ofrendando su mente vacía como un taller propicio para las maquinaciones del diablo.

Este mandamiento del *Guita* no significa que los santos no deban despertar a las personas en absoluto; a la gente se le debe estimular de modo gradual y ofrecer instrucción sobre los principios más elevados sólo cuando es receptiva y comienza a preguntarse acerca de los misterios de la vida, ya sea como resultado de la introspección o del infortunio mundano y la desilusión material.

Una vez que se les dice que el mundo «es falso y carece de sentido», muchos partidarios leales de los deberes materiales se sienten comprensiblemente desalentados y a menudo caen en un estado de inercia mental (la oscura cualidad *tamas*). El materialista que sigue el sendero de la actividad se encuentra al menos desarrollando el segundo atributo activante, *rajas,* y por lo tanto es improbable que caiga de nuevo en el estrato inferior de las oscuras cualidades tamásicas.

El sabio no debe, por consiguiente, perturbar el imperfecto entendimiento de los que poseen una torpe inteligencia a fin de que no abandonen sus actividades —el único medio con que pueden lograr su lenta salvación— y permanezcan indecisos entre el cielo y la tierra, sin seguir ni el sendero espiritual ni el progresivo sendero material.

El materialista, después de cargar con el peso de los deberes materiales —sin haber obtenido la recompensa de la felicidad verdadera— comienza a reflexionar por voluntad propia en la posibilidad de cultivar las cualidades divinas tales como la ecuanimidad y la calma; de ese modo emprende una introspección espontánea. Es en estas circunstancias cuando los sabios deben tratar de elevarlo al estrato superior donde se hallan los nobles atributos sáttvicos: el discernimiento, la meditación y la realización de acciones sin apego[43].

Estrofa 30

मयि सर्वाणि कर्माणि सन्न्यस्याध्यात्मचेतसा ।
निराशीर्निर्ममो भूत्वा युध्यस्व विगतज्वरः ॥

mayi sarvāṇi karmāṇi saṁnyasyādhyātmacetasā
nirāśīr nirmamo bhūtvā yudhyasva vigatajvaraḥ

¡Ofréceme todas tus actividades! Desprovisto de todo egoísmo y expectativa, con la atención centrada en el alma, libre de la preocupación febril, lánzate a la batalla (de la actividad).

Los buscadores sinceros de Dios no renuncian a sus genuinos deberes ni a las actividades correctas necesarias para llevarlos a cabo. Vencen el egoísmo, el cual convierte al hombre en el responsable de sus actos como el hacedor y receptor del buen y mal karma. Los devotos sinceros sienten que, puesto que Dios los ha creado, sólo Él es responsable de todas sus actividades. Trabajan para Dios sin preocuparse, sabiendo que es Él quien labora a través de las facultades del alma, tal como ellos lo perciben en lo profundo de su calmada meditación.

Los materialistas que se sienten merecedores de los frutos de las acciones, creyendo de manera egoísta que son ellos quienes están al mando, crean lazos kármicos que los aprisionan en las redes del bien y el mal. Los yoguis, actuando en sintonía con la voluntad de Dios y atribuyéndole a Él todas las acciones y sus frutos, depositan en Él toda la responsabilidad. De ese modo, el yogui permanece libre y desapegado tanto en el cumplimiento de los deberes mundanos como de los divinos.

Las acciones de los hombres egoístas tienen su origen en los deseos provenientes de las esperanzas del ego. El hombre divino no trabaja bajo los dictados del egotismo ni de los deseos egoístas; carece de «yoidad», el concepto de que «yo soy el hacedor». Puesto que trabaja para

---

[43] «Existen tres caminos por los cuales podemos alcanzar la sabiduría: el camino de la experiencia, que es el más difícil; el camino de la acción, que es el más fácil; y el camino de la reflexión, que es el más noble» (Confucio).

Dios, no posee deseos individuales, ni espera alcanzar meta material alguna.

En el *Guita* se hace hincapié, ¡muy a menudo!, en la importancia de renunciar a la conciencia del ego, las esperanzas materiales y los deseos, porque estos renuevan las raíces de los cancerosos anhelos que devoran la paz del alma. Cuando las raíces de los deseos insatisfechos y de las expectativas frustradas se desarrollan, dan origen a las preocupaciones y a las reencarnaciones causantes de sufrimiento.

El hombre iluminado realiza acciones para complacer a Dios, a quien reconoce como el único Creador y Génesis de todas las actividades, y se sintoniza con los deseos de Dios, que le guía hacia las actividades correctas. No intenta frustrar el plan divino ejerciendo su voluntad egoísta, ni impedir su cumplimiento por causa de la inacción.

Vence los compulsivos deseos inspirados por el ego; disfruta del calmado y bienaventurado Ser

El verdadero devoto dice: «Señor, conduce el timón de la barca de mi actividad y de mi meditación hacia las costas de tu presencia». Así como las personas abandonan cada noche todas las actividades físicas y mentales para disfrutar del placer del sueño, así también el yogui abandona todo deseo por los frutos de sus diarias actividades para recrearse en el éxtasis de su sintonía con Dios. Si el devoto no vence los compulsivos deseos y expectativas inspirados por el ego, no podrá disfrutar de la conciencia del calmado y bienaventurado Ser, que se percibe en la meditación con la práctica del método de *Kriya Yoga,* en el que toda la conciencia material se disuelve automáticamente al unificarse el alma y el Espíritu. El hombre materialista es un ego ligado a las preocupaciones; el hombre divino es un alma serena unida al eterno gozo del Espíritu.

El yogui no sólo renuncia al egotismo en la total entrega que se produce en la meditación al unir *(yoga)* la mente con la Dicha, sino también en la actividad ordinaria durante el estado de vigilia. En el estado de éxtasis supremo, el yogui puede permanecer unido al Espíritu incluso mientras trabaja con la mente y el cuerpo para dar cumplimiento al plan divino. Cuando lleva a cabo todas sus actividades en un estado de conciencia divina, el devoto se halla libre de las limitaciones egoístas durante el período de vigilia, tal como le ocurre al hombre común durante el sueño.

El Señor no pide que el hombre carezca de ambiciones o deseos divinos ni que se abstenga de realizar las actividades divinas que conducen a la liberación, sino más bien que deje de trabajar bajo la influencia del manipulador ego, el cual arroja al alma una y otra vez hacia el pozo de las interminables reencarnaciones.

La macrocósmica conciencia cósmica del Señor guía toda la creación y sus actividades; el hombre no debería interferir en ese divino ritmo liberador siguiendo los oscuros consejos de su egotismo. Abandonando todas las motivaciones, expectativas y metas egoístas, el devoto debe alcanzar la unión con Dios, al llevar a cabo todas aquellas actividades que le dicta su percepción intuitiva de la Divinidad.

La actitud correcta hacia el guía espiritual y el *sadhana* prescrito

Estrofa 31

ये मे मतमिदं नित्यमनुतिष्ठन्ति मानवाः ।
श्रद्धावन्तोऽनसूयन्तो मुच्यन्ते तेऽपि कर्मभिः ॥

ye me matam idaṁ nityam anutiṣṭhanti mānavāḥ
śraddhāvanto 'nasūyanto mucyante te 'pi karmabhiḥ

Aquellos seres que, colmados de devoción, practican incesantemente mis preceptos, sin criticarlos, también se liberan de todo karma.

Después de ofrecer al devoto elevados consejos acerca de los requisitos que reúne la acción que no crea ataduras y que se ejecuta con el objeto de lograr la salvación, el Señor le asegura ahora que, incluso si sus acciones no alcanzan de inmediato ese elevado nivel, aun así podrá avanzar en el camino hacia la libertad si sigue el *sadhana* prescrito por su gurú con la actitud correcta, que es la cualidad preeminente del progreso espiritual. ¡Dios toma en cuenta generosamente los méritos del corazón y los esfuerzos del devoto!

Los seguidores meramente nominales y que carecen de devoción tienden a justificar su falta de entendimiento criticando las sabias medidas disciplinarias prescritas por un verdadero gurú. Pero ellos están equivocando el rumbo. Si el estudiante le ofrece al gurú toda su devoción, se siente inspirado a realizar mayores esfuerzos, lo cual acelera su progreso espiritual y le aclara su visión con respecto a la cima espiritual que ha de alcanzar. En lugar de criticar al gurú o el sendero, el devoto debería utilizar su poder analítico para descubrir sus propias fallas psicológicas ocultas.

No juzgues a los demás; júzgate a ti mismo. El condenar a los demás hace que uno olvide sus propias faltas, las cuales florecen entonces sin que sean censuradas. Muchas personas ocultan sus graves defectos propios tras una tendencia crítica; ¡es posible que critiquen el mal genio de los demás y pasen por alto su propia ira violenta! No pueden soportar la dolorosa operación de que se les corrija a ellos.

Tales personas malgastan su energía e inteligencia en superficialidades y por esa razón no disponen de tiempo ni de vitalidad para concentrarse en lo esencial. El que critica puede, por ejemplo, señalar las repeticiones en las charlas o escritos de un gurú o de un tratado espiritual y concentrarse en ello con tanto celo que jamás comprende las colosales verdades expresadas en esas repeticiones ni se beneficia de ellas. ¿De qué otro modo puede la verdad infiltrarse en las ideas fijas del intelecto humano, sino es por vía de la repetición? ¡El *Guita* mismo es un paradigma de repetición, pero jamás resulta redundante!

¿Podría un canadiense, por ejemplo, llegar a Nueva York si continuamente se demora criticando todos los medios, vehículos y caminos que conducen a esa ciudad y no deposita su fe en ningún medio para viajar? A fin de llegar a Dios, el devoto debe escuchar a un auténtico gurú, quien puede suministrarle una técnica cuya efectividad haya sido demostrada a través del tiempo, tal como *Kriya Yoga,* y con toda devoción y un espíritu libre de toda crítica seguir al gurú y practicar ese método.

Cuando el devoto adopta el rumbo apropiado y persevera en él con la actitud correcta, los enredos del buen y mal karma desaparecen poco a poco y se alcanza la liberación final. Debes evitar o desechar dudas y críticas tales como: «Este método es difícil» o «tal vez sea incorrecto» o «puede resultar perjudicial». Si eres estudiante de *Self-Realization,* practica entonces *Kriya Yoga* con toda devoción, y el incremento de fuerza vital que circule hacia tu cerebro «cauterizará» las semillas de todo buen y mal karma que estén alojadas en el cerebro y en la mente subconsciente y que son causantes de las reencarnaciones.

La fe en el guía espiritual y la lealtad hacia el *sadhana* que él prescribe no constituyen una licencia para que un ciego conduzca a otro ciego. Los «guías» sectarios, ciegos ellos mismos a la verdad, sacan los ojos de la razón de sus adeptos, y tanto el líder como sus acólitos terminan cayendo en la misma zanja de ignorancia.

Para ilustrar este punto a menudo hago referencia al siguiente relato: Un charlatán que pretendía ser un maestro espiritual entrenó a sus seguidores para que le obedeciesen a ciegas. Cierto día, se sentó pomposamente delante de sus atentos discípulos. Alzando su mano en señal de bendición, dijo: «Les mostraré el camino hacia Dios siempre que hagan caso de mis instrucciones sin cuestionamientos». (¡Sus enseñanzas apenas podrían sobrevivir a un examen inteligente!). El instructor exigió: «¿Prometen que, a partir de este momento, me seguirán al pie de la letra?». Un coro de voces se alzó expresando el claro asentimiento de su audiencia.

Así pues, el instructor comenzó con sus instrucciones: «Siéntense con la espalda erguida». Y doscientos devotos seguidores inmediatamente repitieron a coro: «Siéntense con la espalda erguida». Al recibir esta inesperada respuesta, el instructor miró a su alrededor frunciendo el ceño; los discípulos, siguiendo a su maestro con toda exactitud, también miraron a su alrededor y fruncieron el ceño. Disgustado, el instructor comenzó a orar, pero sus obedientes seguidores le devolvían cada una de sus palabras. Incluso cuando tosió para aclarar su garganta provocó una epidemia de tos en la audiencia. Ahora el instructor se sentía realmente disgustado: «¡Silencio, estúpidos; no tosan ni me imiten!». Pero sus bien entrenados discípulos, gritaron contentos: «¡Silencio, estúpidos; no tosan ni me imiten!».

Sin importar lo que el exasperado instructor dijese o hiciese, sus incomparables discípulos lo imitaban. Olvidando la dignidad de su posición, ordenó: «¡Esta locura debe terminar!», y descargó con fuerza una estruendosa bofetada en la mejilla de uno de los miembros de su irreflexivo grupo. Sin cuestionamiento alguno, los doscientos discípulos inmediatamente lo imitaron, abofeteándose unos a otros y también a su maestro.

El instructor, frenético por escapar de los idiotas autómatas que él mismo había creado, huyó alejándose de ellos. En su descuidado apuro, saltó a un pozo de agua para ocultarse. Sus ciegos discípulos, obedientes hasta el fin, saltaron al pozo y cayeron sobre él. Y por cierto, de este modo, todos juntos «fueron al cielo».

La inteligencia guiada equivocadamente es un poder peligroso; hacer caso omiso de la verdad puede conducir al desastre. La inteligencia desposada con la intuición —la divina sabiduría del alma— puede compararse a una cometa que se remonta hacia lo alto del cielo y cuyo cordel lo maneja hábilmente su dueño. La inteligencia desligada de la intuición es como el vuelo azaroso de una cometa cuyo cordel se ha roto. Un verdadero maestro enseña al discípulo a abrir el ojo interno de la omnisciente intuición del alma. El devoto que profesa a ese maestro y sus enseñanzas la devoción y lealtad sin reparos a que hace referencia esta estrofa del *Guita* tiene asegurada la salvación.

ESTROFA 32

ये त्वेतदभ्यसूयन्तो नानुतिष्ठन्ति मे मतम्।
सर्वज्ञानविमूढांस्तान्विद्धि नष्टानचेतसः॥

ye tvetad abhyasūyanto nānutiṣṭhanti me matam
sarvajñānavimūḍhāṁs tān viddhi naṣṭān acetasaḥ

Pero debes saber que aquellos que censuran mis enseñanzas y no viven conforme a ellas —completamente engañados con respecto al significado de la auténtica sabiduría y carentes de entendimiento— están condenados a la perdición.

AQUELLOS QUE MENOSPRECIAN LA SABIDURÍA que emana del Espíritu (la cual se expresa a través de las escrituras, de los santos y de la intuición del alma en comunión divina) y llevan una vida desordenada comprueban que se cierran para ellos todas las vías de acceso a la sabiduría divina. Desprovistos de entendimiento, los ignorantes siguen el camino que lleva a la ruina espiritual.

Los seres humanos que no viven de acuerdo con los dictados interiores de la paz del alma que surge de la meditación permanecen cautivos de las percepciones sensoriales y de los objetos que el olfato, la vista, el oído, el gusto y el tacto perciben. Inmersos en la confusión, pierden entonces el verdadero sentido de orientación que les conduciría a la meta de la vida: Dios.

Muchas personas, mofándose de la posibilidad de que exista un criterio absoluto de la verdad, cierran la mente a todo camino espiritual de avance; mueren lentamente de inanición por falta de alimento espiritual y así perecen en la prisión de la ignorancia que ellos mismos se han creado. Creyendo que el sendero del conocimiento del Ser es doloroso o difícil, quienes nunca lo transitan pierden todo entendimiento y toda paz.

La inteligencia es una compleja y siempre progresiva fuerza de la conciencia que permite analizar y explicar los objetos y las experiencias del mundo fenoménico. La inteligencia no le fue concedida al hombre sólo en su propio beneficio, como un instrumento de cognición, sino con el propósito de que desarrollara el pensamiento y la acción capaces de discernir, para que mediante éstos cultivara la sabiduría del alma. La poderosa fuerza de la inteligencia es maravillosamente benéfica, siempre que no se utilice en forma errónea.

Al seguir el rastro de la evolución de la inteligencia del hombre, puede advertirse que en general se ha desarrollado en su propio beneficio, para satisfacer la vanidad y la sensación de ganancia por parte del ego. Sólo unos cuantos —los sabios— han descubierto y cultivado conscientemente la intuición generadora de sabiduría que se halla oculta en la expresión de la inteligencia. El raciocinio lleva en sí el poder de convicción procedente de la intuición instintiva que se encuentra latente en dicho raciocinio. Si la intuición no está despierta ni es totalmente operativa, las conclusiones de la inteligencia racional pueden ser erróneas. Por ese motivo, a primera vista el razonamiento silogístico calculado matemáticamente genera en el hombre un sentimiento de convicción; mas, a no ser que exista un modo de compararlo con la verdad, tal vez no se pueda detectar su posible falacia. El silogismo mismo puede ser perfecto por adherirse a las reglas de la lógica, pero podría carecer de toda utilidad de acuerdo con las normas de la verdad. Los silogismos que no sólo se ajustan de manera correcta a las leyes de la lógica sino que además inculcan las doctrinas de la verdad son intrínsecamente valiosos para la humanidad.

La guía correcta de la inteligencia, la razón y la lógica

La verdad perdura; la falsa inteligencia desaparece. Los libros que plantean maravillosos razonamientos pero que se oponen a las leyes de la verdad pueden recibir el respaldo del público durante un cierto período en el tiempo cósmico, pero al final son incapaces de superar la prueba del tiempo. Las obras de los grandes intelectos pueden ser brillantes a la vista de la imaginación de los hombres, pero si no se basan en la verdad son como fuegos artificiales que deslumbran a quien los contempla pero que se extinguen con gran rapidez.

Los colosos intelectuales que dominan muchas lenguas y son verdaderas bibliotecas ambulantes del conocimiento y de la filosofía deductiva, pero que no cuentan con el auxilio de la clarividente intuición, poseen una inteligencia que está sujeta al engaño; es funcional en el plano de la relatividad, pero impide el logro de la sabiduría divina. Así pues, el desarrollo de la inteligencia no debe estar desprovisto de la guía de la intuición. Cuanto más compleja se torna la inteligencia, al diluirse y ensancharse por las racionalizaciones de la engañosa ilusión, menor es su profundidad y poder de enfoque para descubrir la verdadera naturaleza de las cosas y del propio Ser. En cambio, cuando la intuición del alma comienza a guiar el desarrollo de la inteligencia —por medio de la meditación y la práctica devocional de las enseñanzas divinas—, entonces el engaño (y no la sabiduría) está condenado a la destrucción.

ESTROFAS 33-34

सदृशं चेष्टते स्वस्याः प्रकृतेर्ज्ञानवानपि ।
प्रकृतिं यान्ति भूतानि निग्रहः किं करिष्यति ॥ *(33)*

इन्द्रियस्येन्द्रियस्यार्थे रागद्वेषौ व्यवस्थितौ ।
तयोर्न वशमागच्छेत्तौ ह्यस्य परिपन्थिनौ ॥ *(34)*

sadṛśaṁ ceṣṭate svasyāḥ prakṛter jñānavān api
prakṛtiṁ yānti bhūtāni nigrahaḥ kiṁ kariṣyati (33)

indriyasyendriyasyārthe rāgadveṣau vyavasthitau
tayor na vaśam āgacchet tau hyasya paripanthinau (34)

(33) Incluso el hombre sabio actúa conforme a las tendencias de su propia naturaleza. Todas las criaturas vivientes se comportan de acuerdo con la Naturaleza; ¿de qué sirve pues la supresión (superficial)?

(34) El apego y la repulsión de los sentidos por sus objetos específicos han sido ordenados por la Naturaleza. Cuídate de la influencia de esta dualidad. En verdad, estos dos (rasgos psicológicos) ¡son nuestros adversarios!

INCLUSO EL HOMBRE SABIO —¡y no digamos las personas comunes!— comprueba que sus sentidos están gobernados por sus características generales o tendencias inherentes. Esto significa que los sentidos, conforme a los hábitos creados a través de las previas acciones prenatales y postnatales, manifiestan una atracción irresistible hacia determinadas cosas y un rechazo hacia otras. El comportamiento y el carácter básico de todo ser viviente está determinado por las leyes de la Naturaleza, pero más específicamente por el karma colectivo o el principio universal de causa y efecto. Sin embargo, cada persona está sujeta además a su karma *individual* anterior, que determina sus estados de ánimo, inclinaciones y hábitos característicos, los cuales gobiernan sus pensamientos y acciones. La supresión superficial o la simple limitación de los efectos externos no bastan para alterar el curso de las leyes de la Naturaleza.

Puesto que el apego y la repulsión hacia los objetos que los sentidos perciben son el resultado de las inclinaciones kármicas creadas por el hombre mismo y son la causa de su cautiverio, es preciso eliminar esta doble obstrucción del sendero hacia la liberación. El hombre debe seguir los dictados de la sabiduría, mas no los estados de ánimo y hábitos prejuiciosos, que se hallan regidos por dos dictadores: la atracción y la repulsión. Atormentar a los sentidos —como ocurre cuando uno emprende prolongados ayunos para controlar la gula, o se acuesta sobre un lecho de clavos para eliminar el deseo de dormir en un cómodo colchón, o reprime en forma drástica sus poderosas inclinaciones— no ayuda a liberarse de los recónditos deseos, que se alimentan de los impulsos pertinaces adquiridos con anterioridad.

Todo el universo está gobernado por las leyes del karma; nadie puede escapar de ellas con el uso de la fuerza bruta. Sólo al domesticar gradualmente los sentidos a través de la experiencia sensorial guiada por la sabiduría y por medio del autocontrol puede el ser humano liberarse de su identificación con los apegos y repulsiones.

El amante de la verdad no debería imitar bajo ninguna circunstancia al esclavo de los sentidos, que ni siquiera está dispuesto a luchar por su libertad. El devoto sincero jamás debe cejar en sus esfuerzos por vencer todos los impulsos del apego o la aversión sensorial.

El alma, como imagen perfecta del Espíritu, se halla siempre en un estado de plenitud. La pseudoalma o ego de una persona identificada con el cuerpo jamás está satisfecha. Dado que se encuentra esclavizada por los apegos y aversiones de los sentidos, la diversificada mentalidad del ego es incapaz de percibir la eclipsada dicha incondicional del alma. Para evitar esta calamidad, es preciso rechazar las inclinaciones duales naturales o las creadas por el hábito, impidiendo así la aniquilación de la divina dicha interior.

El mecanismo a través del cual los gustos y aversiones distorsionan la percepción del hombre

El ego mira a través de los anteojos rojizo-oscuros de la atracción y la repulsión (creados por la Naturaleza), lo cual hace que todo parezca rojo o sombrío (los «colores» de *rajas* y *tamas*). Apartando la mirada de los sentidos y de sus limitaciones naturales, el devoto sabio percibe dentro de su alma la siempre resplandeciente felicidad.

Aquellos que practican ejercicios espirituales con regularidad pero sin profundidad obtienen tanto experiencias satisfactorias como insatisfactorias. Cuando meditan en el Sonido Cósmico, es posible que lo oigan con claridad y sientan su paz y poder vibratorio, o que experimenten una pequeña manifestación, o que no perciban nada en absoluto. Tal vez vean con claridad el ojo espiritual o sólo vagamente. Según sean sus experiencias del momento, alternan entre el apego y la aversión a la meditación. Esta actitud les lleva a realizar esfuerzos espasmódicos: a meditar profundamente después de obtener resultados gloriosos y a relajar la atención si los buenos resultados no se presentan.

El devoto sincero no debe permitirse alternar entre el anhelo y la aversión por meditar, pues ese comportamiento retarda su progreso. Se requiere una ferviente constancia en el esfuerzo espiritual. De lo contrario, los sentidos con frecuencia tenderán a imponer la «segunda naturaleza» de los duales conflictos psicológicos sensorios que impiden la percepción del Ser interior.

Las inclinaciones «naturales» del hombre —es decir, las inclinaciones que surgen de su naturaleza material— son en esencia antinaturales para experimentar el alma. Por esa razón, Jesús señaló que, si bien es «natural» que los hombres busquen el pan y las metas terrenales, los sabios *primero* buscan el reino de la felicidad espiritual, que es innato a su verdadera naturaleza, el alma. «Así, pues, no andéis buscando qué comer ni qué beber, ni os inquietéis por eso, pues por todas esas cosas se afanan los paganos del mundo. Vuestro Padre ya sabe que tenéis necesidad de eso. Buscad más bien su Reino, y esas cosas se os darán por añadidura»[44].

ESTROFA 35

श्रेयान्स्वधर्मो विगुणः परधर्मात्स्वनुष्ठितात्।
स्वधर्मे निधनं श्रेयः परधर्मो भयावहः॥

śreyān svadharmo viguṇaḥ paradharmāt svanuṣṭhitāt
svadharme nidhanaṁ śreyaḥ paradharmo bhayāvahaḥ

[44] *Lucas* 12:29-31.

Aun cuando el deber propio* (svadharma) *no se ejecute con la requerida perfección, es superior al deber que no es el propio* (paradharma), *por muy bien que éste se lleve a cabo. Es preferible morir cumpliendo* svadharma, *pues* paradharma *está plagado de temores y peligro.

La primera y suprema obligación del hombre es seguir aquellos principios y acciones correctos relacionados con el desarrollo del Ser *(Sva).* Aun en el caso de que uno no cumpla en el momento presente con los requisitos necesarios para llevar a cabo los deberes divinos de manera perfecta, es mucho mejor morir en posesión del buen karma creado por haber realizado un esfuerzo espiritual que lo acerque a su meta que malgastar la vida en forma egoísta, cautivo de los deberes opuestos *(para)* que la Naturaleza le impone al hombre y que por ello alimentan las satisfacciones sensoriales. Sin importar cuán exitosamente cumpla uno sus metas materiales, tales metas, a diferencia de los logros espirituales, están plagadas de inevitables desilusiones y sufrimiento, es decir, de todos los temores y peligros inherentes a una vida en la que se ignora al verdadero Ser.

Una interpretación obvia y práctica de esta estrofa es que uno debería analizar sus continuos impulsos interiores, o consultar a un gurú divino, para diagnosticar las tendencias kármicas del pasado, a fin de descubrir qué clase de vida es la más apropiada para él. Ese sendero le ofrecerá una satisfacción más duradera de la que le proporcionaría el cumplimiento de deberes tal vez más nobles para los cuales todavía no está preparado, aun cuando vaya acompañado de un éxito momentáneo.

No es prudente comparar los deberes más simples de uno mismo con los deberes colosales de otras personas, pues uno podría sentirse tentado a abandonar sus deberes —que son los apropiados para su evolución— e intentar infructuosamente adoptar los difíciles deberes ajenos para los cuales aún no está capacitado, ya que de ese modo fracasaría en todos los aspectos.

Por supuesto, uno debería tratar de mejorar su situación kármica (los efectos acumulados de las acciones del pasado) en lugar de rendirse pasivamente ante un «destino» adverso. Mas no debería huir de aquellos deberes que le han sido impuestos por el karma y que sitúan frente a él lecciones esenciales para su propia evolución. Los que eluden esta responsabilidad únicamente retardan y multiplican las inevitables consecuencias de su comportamiento errado, que sólo se pueden neutralizar mediante la acción prescrita por el deber, la sabiduría y el contacto con Dios.

Basándose en esta interpretación general, a menudo se cita esta estrofa para sustentar el concepto de los deberes asignados al hombre según su casta. Esto es válido en la medida en que el significado de «casta» se interprete como las predisposiciones naturales del hombre que son apropiadas para su evolución (tal como se desprende del análisis efectuado en II:31 y III:24) y no como las restricciones que hereda por el hecho de haber nacido en una determinada clase social.

El significado más profundo de esta estrofa, sin embargo, es que *svadharma* («el deber del alma») es el deber espiritual que se requiere para lograr la realización del Ser *(Sva). Para,* en el término *paradharma,* significa «opuesto, otro (diferente del propio ser); enemigo o adversario». Aquello que es opuesto o enemigo del verdadero Ser o alma es el ego identificado con los sentidos. El Señor declara que es preferible que el devoto muera intentando desarrollarse espiritualmente, aun si los resultados no son inmediatos o espectaculares, que llevar una vida centrada en el disfrute del gozo efímero de los sentidos (la gula, la avaricia, el apego, el deseo egoísta de nombre y fama: los repugnantes enemigos de la verdadera felicidad del hombre).

El significado más profundo de svadharma, *el deber natural del hombre*

El que es fiel a las sencillas virtudes de la vida y al sendero de la calmada meditación —que de manera lenta pero constante pone de manifiesto el alma— es un ser superior, aun cuando pase desapercibido y nadie le conozca, comparado con aquel que busca obtener éxito en la perfecta ejecución de deberes mundanos espectaculares tratando de satisfacer los sentidos o que lleva a cabo en forma superficial ceremoniosos deberes religiosos. Es mejor llevar una vida tranquila iluminada por la diaria meditación que llevar una vida mundana sensual que parece atractiva y absorbente por algún tiempo, pero que al final tiene funestas consecuencias que impiden percibir el alma.

La conciencia del alma, la verdadera sustancia del Ser, es la siempre existente, siempre consciente y eternamente renovada Dicha individualizada. La pseudoalma —el ego o *ahamkara*— está identificada con los veinticuatro atributos de la Naturaleza, sujetos al continuo cambio. Puesto que el Ser percibe el Espíritu, su naturaleza es la bienaventuranza; puesto que el ego y los sentidos manifiestan los atributos de la Naturaleza, se hallan en un estado de siempre cambiante excitación. El hombre debería concentrarse en la inmutable bienaventuranza divina del alma y no en las ignorantes y mutables percepciones de los hostiles sentidos.

La neutralización de las cualidades buenas, malas y activadoras de la Naturaleza que se lleva a cabo con la meditación del *Kriya Yoga* armoniza los atributos naturales del hombre, que manifiesta entonces su verdadero Ser, más allá de los enredos de las triples cualidades y sus veinticuatro atributos.

Debido a que la mente se abalanza en todas direcciones, la práctica de la meditación no es sencilla para el principiante. Sin embargo, esforzarse con diligencia por alcanzar la bienaventuranza es muy superior a obtener de manera fácil y rápida los placeres de los sentidos. Si el devoto sigue con persistencia el camino difícil, finalmente logrará el éxito. Mediante la meditación extática podrá, entonces, elevarse por encima de todas las limitaciones corporales hasta la esfera de la bienaventuranza infinita: un desenlace mucho mejor para el hombre que seguir girando por tiempo indefinido en la peligrosa noria de los nacimientos y muertes.

LA CONQUISTA DE LOS DOS ASPECTOS DE LA PASIÓN: EL DESEO Y LA IRA

ESTROFA 36

अर्जुन उवाच
अथ केन प्रयुक्तोऽयं पापं चरति पूरुषः ।
अनिच्छन्नपि वार्ष्णेय बलादिव नियोजितः ॥

arjuna uvāca
atha kena prayukto 'yaṁ pāpaṁ carati pūruṣaḥ
anicchannapi vārṣṇeya balādiva niyojitaḥ

Arjuna dijo:

¡Oh Varshneya[45] (Krishna)!, ¿qué es lo que incita al hombre a hacer el mal, aun en contra de su voluntad, obligado —aparentemente— por la fuerza?

---

45 Un epíteto de Krishna, que se refiere a un descendiente de la dinastía Vrishni de la estirpe de los Yadavas.

TODO HOMBRE EXPERIMENTA EN OCASIONES un estado peculiar: aunque se esfuerce por emprender acciones virtuosas, al parecer es arrastrado hacia la tentación casi por la fuerza.

El empresario que trata de hacer negocios con honestidad, pero observa que los comerciantes deshonestos son más prósperos que él, a menudo se siente tan fuertemente tentado a seguir su ejemplo que dice que se ve «obligado» a hacerlo.

Muchos moralistas que procuran controlar el impulso mental y físico más poderoso que ha creado la Naturaleza —el impulso sexual— observan que su mente es empujada, casi de modo automático, hacia pensamientos relativos al sexo y al deseo sexual y hacia los consiguientes actos sexuales ilícitos.

La atracción hacia los sabores y aromas agradables o, incluso, hacia la belleza, el arte y la música pueden atraer en forma nociva al asceta que desea elevarse por encima de ellos y consagrarse a la práctica del autocontrol.

Durante la meditación y la práctica de *Kriya Yoga,* la mente del devoto se concentra en el ojo espiritual y en el gozo del Ser, más allá de los enredos de las sensaciones y pensamientos, sin otro anhelo que el de permanecer sumergido en esa paz. De pronto, sin previo aviso, el devoto descubre que es arrastrado, por así decir, por una misteriosa fuerza que le arroja al fango de la inquietud y a la oscura conciencia de las sensaciones corporales. En vez de permanecer en la inmutable percepción del alma bienaventurada, parece impulsado a abandonar ese estado y a entregarse a actividades sensomotoras que acrecientan la conciencia corporal.

Es entonces cuando, en la introspección, el hombre de negocios, el moralista, el asceta y el devoto se hacen la misma pregunta: «¿Qué es lo que, aparentemente por la fuerza y contra mis deseos de oponerme, me incita a cometer errores de pensamiento y obra?».

La ejecución reiterada de buenas o malas acciones crea buenos o malos hábitos. Los hábitos son mecanismos psicológicos automáticos que le permiten al ser humano realizar acciones sin necesidad de un esfuerzo consciente. La posibilidad de llevar a cabo buenas acciones bajo la imperiosa influencia del hábito es beneficiosa, pues los buenos hábitos facilitan la realización de buenas acciones. El mecanismo psicológico del buen hábito puede dar lugar a la creación de un sinnúmero de buenas acciones. Sin el poder automático del hábito noble, es preciso ejecutar nuevos y difíciles esfuerzos cada vez que uno trata de hacer una buena acción.

Se deduce entonces que el devoto debería evitar establecer malos hábitos, a fin de no esclavizar su voluntad. Emplear el poder mecánico del hábito para emprender actos indeseables es utilizar erróneamente esta ley mental que Dios le ha conferido al hombre: «La repetición todo lo facilita». Esta ley debería usarse sólo para facilitar la realización de buenas obras. Los malos hábitos destruyen la salud, la moralidad y la paz interior. Comer en exceso, por ejemplo, o abusar de cualquiera de los sentidos bajo el hechizo del hábito de la avidez, provoca enfermedades físicas, saciedad mental o infelicidad interior.

Según haya sido entrenado, un loro puede repetir un nombre santo o un insulto en cualquier momento y lugar. Así pues, debería enseñársele a pronunciar sólo buenas palabras, ¡porque de lo contrario podrían producirse situaciones embarazosas ante compañías selectas! Un mal hábito, como un loro al que se le ha enseñado con malicia, en cualquier momento y lugar repite el mal en contra de la voluntad del adicto al hábito, causando humillación y sufrimiento.

En lo que se refiere a la pregunta de Arjuna a Krishna, puede decirse que la gente emplea el poder coercitivo del hábito en forma errónea y lo utiliza para hacer el mal, en lugar de usar esa fuerza sólo para el bien. La ignorancia, la distracción, la falta de criterio al seleccionar las acciones correctas y el descuido en la elección de amigos apropiados hacen caer a menudo a los seres humanos en las arenas movedizas de los malos hábitos, y los hunden en contra de su voluntad. La influencia de la compañía constante de otras personas es, por lo general, más fuerte que la del buen juicio o del poder de voluntad. La buena o mala compañía es más poderosa que la resistencia interna. El devoto que advierte este hecho podría sentirse inducido a preguntar: «¿Por qué, Señor, a los santos les resulta tan fácil actuar noblemente, mientras que los malvados parecen estar obligados a actuar con maldad?».

Una persona tiene la libertad de elegir entre las buenas y las malas acciones antes de que sus inclinaciones se fortalezcan y formen hábitos. Una vez que uno se acostumbra al bien o al mal, ya no es libre.

«Las minúsculas cadenas del hábito son generalmente demasiado livianas para sentirlas hasta que son demasiado fuertes para romperlas»[46]. Algunas personas crean hábitos con mayor rapidez que otras. Una persona abrumada por el desánimo debido a una enfermedad o cuya voluntad es débil o que sufre una discapacidad mental caerá con facilidad en los malos hábitos. En la mente subconsciente de un

---

[46] Samuel Johnson.

discapacitado mental, por ejemplo, un solo acto de fumar puede engendrar la semilla de un hábito. Incluso un devoto que no se deje influenciar con facilidad debe protegerse contra la creación inconsciente de malos hábitos. Si ya ha sido envenenado por un mal hábito, debe sanar usando en todo momento el antídoto de las buenas acciones, los buenos hábitos y la buena compañía. Por extraño que parezca, muchas veces las personas, aun cuando detestan sus propias acciones, se dejan llevar por la ira, la lujuria, la mentira, la deshonestidad, la gula, la pereza, la vida desordenada y demás, debido a su negligente creación de malos hábitos.

Los malos hábitos de vidas pasadas se manifiestan como fuertes estados de ánimo e inclinaciones, que son semejantes a pulpos cuyos tentáculos se fortalecen por las malas compañías y las acciones irreflexivas. Las tendencias erróneas deben erradicarse frecuentando buenas compañías y practicando el autocontrol. Es preciso incinerar por completo esos males en el fuego del discernimiento y de la meditación.

ESTROFA 37

श्रीभगवानुवाच
काम एष क्रोध एष रजोगुणसमुद्भवः ।
महाशनो महापाप्मा विद्ध्येनमिह वैरिणम् ॥

śrībhagavān uvāca
kāma eṣa krodha eṣa rajoguṇasamudbhavaḥ
mahāśano mahāpāpmā viddhyenam iha vairiṇam

El Bendito Señor dijo:

Es el deseo y la ira (lo que constituye la fuerza incitante) —llenos de ansia insaciable y de enorme maldad—, cuyo origen está en el atributo activante de la Naturaleza* (rajo-guna). *Has de saber que eso (la pasión en sus dos aspectos) es el más abyecto enemigo aquí en la tierra.

SI BIEN EL HÁBITO ES LA FUERZA AUTOMÁTICA que impulsa al ser humano a actuar incluso en contra de su voluntad (véase III:36), la causa fundamental de la acción compulsiva es el engañoso dúo formado por el deseo y su corolario, la ira (el deseo frustrado), que son instigados por la Naturaleza. Los deseos son los hilos de seda de los placeres materiales que la araña del hábito teje sin cesar alrededor del alma formando el envolvente capullo de la ignorancia. El alma debe esforzarse para abrirse paso a través de este opresivo capullo de ignorancia a fin de resurgir como la mariposa de la omnipresencia. El voraz deseo y la frustración surgen de la cualidad activante de la Naturaleza, generadora de variedad infinita y de ilimitadas tentaciones, las cuales estimulan al hombre a realizar acciones carentes de discernimiento y que crean hábitos. Dado que este dúo ata al ser humano a un mundo ilusorio y destruye casi por completo su capacidad para recordar su verdadera naturaleza omnipresente —la bienaventuranza divina que todo lo satisface—, no podría existir peor enemigo que éste.

El alma, identificada con una existencia física condicionada, olvida su herencia divina —el gozo incondicional que colma todo anhelo— y bajo el aspecto de ego comienza a avanzar hacia el mutable y siempre inalcanzable espejismo de los deseos. Pronto el hombre siente la ardiente sed de la insatisfacción. Los deseos obstaculizados acuden entonces en busca del apoyo de su desagradable hermano y compañero: la ira[47]. Cuanto más viaja por el desierto del engaño *(maya)* acompañado del deseo insatisfecho, más acuciante es la sed del hombre de hallar nuevos oasis de satisfacción. Sintiéndose desdichado, desilusionado, iracundo e insatisfecho, se abrasa en el calor de sus ansias sin fin.

Cómo el deseo y la ira atan al hombre a un mundo ilusorio

Acosado por los engañosos deseos, el ser humano deambula alejándose cada vez más del cielo interior. Intenta cruzar las interminables y siempre ardientes arenas de la insatisfacción, buscando las aguas de la felicidad en los páramos de los áridos anhelos en vez de hacerlo en el pozo de la paz que se revela con la práctica de la meditación.

Tanto los deseos materiales como la ira se crean cuando uno se halla bajo la influencia activante de la cualidad *rajas* de la Naturaleza mientras se encuentra encarnado en la tierra. Esta cualidad activante produce en el hombre el deseo de experimentar el excitante cambio. Habiendo descendido desde la esfera de la inalterable serenidad al plano de los sentidos, el alma se vuelve febrilmente activa a causa de los deseos, la ira y los hábitos provenientes de las acciones; de ese modo, se identifica con el cuerpo, la mente oscilante, el entorno material, los estados de ánimo y las inclinaciones heredadas del pasado o adquiridas recientemente.

---

[47] Véase I:9: Alegoría de Duryodhana (el deseo) y su hermano Duhshasana (la ira).

El alma misma es inmutable bienaventuranza, libre de fluctuaciones. Pero una vez que el hombre incursiona por deseo propio en los atributos activantes *(rajo-guna),* se convierte en el ego y, contra su voluntad, comienza a girar y dar vueltas, luchando a ciegas en un remolino de deseos en constante rotación. El devoto sabio no abandona el oasis interior de equilibrio espiritual y evita así sumergirse en el torbellino del cambio destructivo.

En el mejor de los casos, la materia es imperfecta, pues no es otra cosa que la sombra del Espíritu. Las siempre mutables vibraciones materiales jamás podrán reflejar la inalterable dicha del Espíritu. Únicamente al mirar más allá de la constante alternancia entre la pálida luz del bien y la oscuridad del mal se puede contemplar el Sol Divino.

Los deseos y la ira nunca pueden encontrar la satisfacción plena, ni aun cuando se contara con el control sobre la totalidad del mundo material. Todo deseo material aleja al hombre cada vez más de la bienaventuranza, y retrasa su misión, que consiste en regresar al estado original de paz absoluta que poseía. Por lo tanto, el anhelo insatisfecho propio de los deseos y el anhelo frustrado propio de la ira son desastrosamente hostiles e impiden recuperar la bienaventuranza. El Señor Krishna advierte que esta fuerza dual es el mayor enemigo del hombre.

ESTROFA 38

धूमेनाव्रियते वह्निर्यथादर्शो मलेन च।
यथोल्बेनावृतो गर्भस्तथा तेनेदमावृतम् ॥

dhūmenāvriyate vahnir yathādarśo malena ca
yatholbenāvṛto garbhas tathā tenedam āvṛtam

Así como el humo oscurece el fuego, como el polvo opaca un espejo o como el embrión se halla envuelto por la matriz, así también ella (la sabiduría) está cubierta por éste (el deseo).

EN AQUEL SER CUYA CONCIENCIA está identificada con los atributos de la Naturaleza, la bienaventurada y sabia esencia del alma se halla envuelta y oculta por la fuerza compulsiva y a menudo irascible del deseo. Debido a la imperiosa influencia de las tres cualidades *(triguna)* de la Naturaleza, a través de las cuales se expresa el deseo, se originan varios niveles de ocultamiento de la bienaventurada sabiduría del alma, que pueden compararse con envolturas progresivamente más espesas, tales como las formadas por el humo, el polvo o la densidad de la matriz.

El alma queda velada por cualquier relatividad proveniente de las modalidades de la Naturaleza, ya sea buena, activante o perjudicial. Bajo la influencia de los atributos del ambiente, el alma sucumbe al deseo y adopta los disfraces de la Naturaleza. Cuando la naturaleza pura del alma se oculta tras los atributos sáttvicos (buenos) —así como el humo que cubre el fuego—, la cortina del humo se dispersa fácilmente con la poderosa brisa del discernimiento. Incluso a través de esta cortina puede percibirse en forma leve, aunque distorsionada, la deslumbrante bienaventuranza del alma. El devoto va más allá de los buenos atributos y es capaz de distinguir entre la palidez de estos atributos y el resplandor del alma. La bondad proporciona una felicidad mental pasajera, en tanto que la percepción del alma imparte una dicha inmutable y eterna.

Cuando las cualidades rajásicas (activantes) deslucen el esplendor del alma —como el polvo opaca un espejo—, es necesario emplear el paño del esfuerzo correcto y continuo para limpiar la siempre creciente capa de actividades egoístas, causantes de deseos. En otras palabras, es más difícil apartar del alma la gruesa capa rajásica de los inquietos y activos deseos egoístas que dispersar el humo creado por las cualidades sáttvicas.

Si predominan los atributos tamásicos (nocivos), el alma está tan obstaculizada, oscurecida y oculta como el embrión en la matriz; es sumamente difícil liberarla de los deseos que nacen de las cualidades tamásicas de la ignorancia y la pereza.

Estrofa 39

आवृतं ज्ञानमेतेन ज्ञानिनो नित्यवैरिणा ।
कामरूपेण कौन्तेय दुष्पूरेणानलेन च ॥

āvṛtaṁ jñānam etena jñānino nityavairiṇā
kāmarūpeṇa kaunteya duṣpūreṇānalena ca

¡Oh hijo de Kunti! (Arjuna), el enemigo tenaz del hombre sabio es la insaciable llama del deseo, que mantiene oculta a la sabiduría.

La leña alimenta el fuego; cuando el combustible se agota, la llama se extingue. De modo similar, los placeres sensoriales alimentan el fuego de los deseos materiales que impiden percibir el alma. Cuando se extingue un placer sensorial, el fuego del anhelo cesa por un momento. Pero, debido a que desconoce la naturaleza de los inflamables deseos, el hombre necio pronto agrega más combustible de indulgencia sensorial; con ello, el fuego arrasador continúa ocultando la sabiduría. Mientras continúe semejante insensatez, el ser humano jamás podrá hallar la paz de la satisfacción perdurable; sólo cuando sus anhelos se ven frustrados, capta momentáneamente esta verdad. No es consciente del poder arrollador de los deseos porque su capacidad de discernimiento se encuentra paralizada. Así pues, el deseo es el efusivo compañero del hombre necio; el sabio advierte que el deseo es un implacable enemigo.

Hay dos clases de sabios. Es excepcional encontrar en la tierra a un ser completamente liberado que, al comprender que todo es Espíritu, se vuelve uno con el Infinito. Tal persona manifiesta esta unidad divina a través del completo autodominio. Puede retirar a voluntad la fuerza vital y la conciencia de la materia, los sentidos, los nervios sensoriales y motores, los músculos, el corazón, la columna vertebral y los siete centros sutiles cerebroespinales, y unirlas con el Espíritu. Mientras permanece inamoviblemente establecido en esta unión divina, puede devolver la vida y la conciencia al cuerpo y, de ese modo, camina, trabaja y medita desde ese plano de sabiduría sin que le afecte en su interior ninguna limitación o engaño de la Naturaleza.

La segunda clase de sabio es aquel que, después de alcanzar la unión con el Espíritu, centra su conciencia en el ojo espiritual. Él trabaja a través del plano del tercer ojo, donde aún se encuentra en parte identificado con los fenómenos psicológicos y sensoriales del cuerpo. Tales sabios en ocasiones están sujetos a las llamas de los deseos hostiles que obstaculizan la sabiduría, pero siempre los reconocen y los neutralizan, gracias a la constante vigilancia de la introspección interna.

El hombre liberado trasciende la conciencia corporal y trabaja desde la esfera del Espíritu. El sabio parcialmente ascendido trabaja a través de su discernimiento y de la guía intuitiva que recibe al concentrarse en el ojo espiritual. En cambio, la mente y las actividades vitales de la persona mundana se centran en los plexos lumbar, sacro y coccígeo, que se identifican con los burdos sentidos y los deseos materiales. Así pues, el devoto debe esforzarse en todo momento por conservar la mente enfocada en el entrecejo —el asiento del ojo espiritual y del discernimiento, que faculta el poder del autodominio—, y no en los centros del gusto, el tacto, la vista, el olfato o el oído.

El materialista se identifica con la superficie del cuerpo y es incitado a la acción por las tendencias sensoriales. El sabio vigila y gobierna sus procesos mentales por medio del discernimiento y el autocontrol. El hombre sensual no es consciente del poder destructivo de los deseos; los adopta en su vida y éstos lo reducen a cenizas, como el insecto que se quema al ser atraído por una llama. El devoto reflexivo y vigilante es consciente incluso de la más mínima chispa de deseo maligno que comienza a propagarse por los inmensos leños de su sabiduría interior y extingue el fuego del deseo cuando advierte el primer destello tentador.

Estrofa 40

इन्द्रियाणि मनो बुद्धिरस्याधिष्ठानमुच्यते ।
एतैर्विमोहयत्येष ज्ञानमावृत्य देहिनम् ॥

indriyāṇi mano buddhir asyādhiṣṭhānam ucyate
etair vimohayatyeṣa jñānam āvṛtya dehinam

Se dice que los sentidos, la mente y el intelecto son el poderoso baluarte del deseo; a través de ellos, el deseo eclipsa la sabiduría del alma que se ha encarnado, y así la engaña.

El alma bienaventurada es sabiduría perfecta, pues todo lo conoce a través de la intuición, la percepción directa sin intermediario alguno. Sin embargo, en su conciencia encarnada, el alma trabaja a través de los instrumentos de los sentidos, la mente y el intelecto. Éstos proveen el medio de intercambio entre el alma que percibe y se halla cubierta de un revestimiento corporal y los objetos de su entorno exterior. El contacto de los sentidos con los objetos que éstos perciben es posible gracias al funcionamiento de la mente, la cual recibe las impresiones entrantes y transmite los impulsos salientes. El intelecto reconoce, interpreta y guía tales impulsos. El resultado de esta comunicación entre el alma y la materia es un goce y un apego que ocasionan un sentimiento de respuesta: el deseo. La excitación del deseo hace que la conciencia dependa cada vez más de los burdos instrumentos de percepción y expresión y que se identifique con ellos. De este modo, el deseo engaña a la conciencia externa del alma oscureciendo su expresión de la sabiduría —que proviene de la percepción directa de la verdad— con meros conceptos deductivos que surgen de las fuerzas que interaccionan en la Naturaleza. Con el apoyo de la conciencia sujeta al engaño (la pseudoalma o ego), el deseo se instala con firmeza en los sentidos, la mente y el intelecto, hallando en estos instrumentos una ciudadela perfecta donde reinar y ejercer su poder con autoridad totalitaria por todo el reino corporal y sus actividades.

El intelecto, la mente y los sentidos: un triple receptáculo para el deseo

Los poderes sutiles de los sentidos operan sobre los cinco instrumentos de la acción (el habla, las manos y los pies, los músculos de los genitales y los del recto) y los cinco instrumentos del conocimiento (vista, oído, olfato, gusto y tacto). Los actos psicológicos de la percepción, la cognición, la meditación, la determinación, el autocontrol y demás son resultado de la actividad de la mente y el intelecto. Puesto que el intelecto, la mente y los sentidos son instrumentos de la Naturaleza, constituyen un triple receptáculo para el deseo, que es resultado de disfrutar de la Naturaleza. Según sea la densidad del velo de las fuerzas de la Naturaleza que cubren la sabiduría, ésta también se manifiesta, en mayor o menor grado, a través de estos tres instrumentos. Por eso, el deseo y la sabiduría se enfrentan sin cesar dentro de este castillo. Es preciso expulsar los deseos materiales de la fortaleza interior de los sentidos, la mente y el intelecto, a fin de establecer allí la sabiduría.

La experiencia meditativa revela que el deseo no puede ejercer su influencia más allá del ojo espiritual de la concentración, situado en el entrecejo, porque los pensamientos se disuelven en su poderosa luz. En cambio, la sabiduría divina, cuya fuente yace en el alma, se remonta más allá del ojo interior y a través de los centros cerebrales hacia la infinitud, sorteando toda limitación corporal.

Cuando el devoto se concentra en los rayos solares de la sabiduría, el poder resultante despliega los omnipresentes y omniscientes pétalos de loto del alma. El deseo, por el contrario, nubla la visión interna con un oscuro velo de ignorancia. En la omnipresente luz interior, el yogui contempla con igual claridad el territorio sin límites de la Conciencia Cósmica y el cautiverio del engaño cósmico. Si la mente, el intelecto y los sentidos se mojan con las aguas de los deseos materiales, entonces, a semejanza de fósforos húmedos, no pueden producir la chispa de la sabiduría cuando se les pide fuego. El alma permanece entonces oculta tras la oscuridad de los deseos y no emite ningún resplandor externo.

En el estado inicial, el yogui continúa absorto en la conciencia del cuerpo y de la materia durante la meditación y también en el transcurso de sus actividades, y no percibe el rayo cósmico del cual éstos emanan. Con los ojos abiertos, el yogui neófito percibe las vibraciones materiales, y con los ojos cerrados contempla la oscuridad (la ausencia de vibraciones materiales); por lo tanto, en ambos estados se encuentra bajo el hechizo del engaño.

Pero cuando el yogui avanzado medita profundamente con los ojos cerrados y disuelve las percepciones sensoriales y los pensamientos en la experiencia intuitiva pura, le es posible contemplar el áureo sol que asoma tras la oscuridad reinante. Con esta llama de la sabiduría que se origina en la meditación, el devoto puede evitar la creación de nuevos deseos y «cauterizar» sus deseos primigenios, tanto los prenatales como los deseos postnatales habituales. Al descorrer el velo de la ilusión por medio de la meditación profunda, ya no se ve a sí mismo como el cuerpo, sino como un ser omnipresente. En el despertar extático, cuando el alma alcanza la unidad con el Espíritu omnipresente, se desvanece su oscuro sueño corporal. Al hallar en su interior la plenitud absoluta del Espíritu, el alma que ha despertado se ríe de los ridículos deseos que abrigó durante incontables encarnaciones en las que el Ser —un príncipe de la infinitud— personificó en tantas ocasiones a un mortal pordiosero.

Estrofa 41

तस्मात्त्वमिन्द्रियाण्यादौ नियम्य भरतर्षभ।
पाप्मानं प्रजहि ह्येनं ज्ञानविज्ञाननाशनम्॥

tasmāt tvam indriyāṇyādau niyamya bharatarṣabha
pāpmānaṁ prajahi hyenaṁ jñānavijñānanāśanam

Por lo tanto, ¡oh el mejor de la dinastía de los Bharatas (Arjuna)![48], disciplina primero los sentidos y destruye luego el deseo —el pecaminoso aniquilador de la sabiduría y de la realización del Ser.

Los actos sensoriales crean hábitos sensoriales. Los hábitos

[48] *Bharata-rishabha:* literalmente, «Toro de los Bharatas», cuyo significado indica el supremo o el mejor —el príncipe— entre los descendientes de Bharata.

sensoriales, a su vez, crean deseos sensoriales. Los deseos sensoriales crean actos sensoriales. Es preciso evitar este círculo vicioso. Por lo tanto, se debe poner fin a las acciones temporalmente cautivantes que se realizan con el propósito de satisfacer los sentidos; primero, es preciso emplear el discernimiento y mantenerse alejado de los objetos de la tentación y, luego, utilizar el fuego de la sabiduría para destruir las tendencias internas que impulsan hacia la tentación.

El devoto que practica la autodisciplina y no se deja esclavizar —por ejemplo— por las demandas desmesuradas de su sirviente gustativo (el apetito), advertirá que su deseo de comer se mantiene dentro de un estado normal, obedeciendo los dictados de la sabiduría. Pero, si se deja llevar por el constante gusto de comer, se crea un estado antinatural en que el deseo nocivo se alimenta reiteradamente por medio de nuevos actos de ingerir la comida con avidez.

Cuanto mayor es la gratificación sensorial, más urgente y creciente es el deseo de tratar de satisfacer los sentidos. A medida que aumentan los deseos sensoriales, como tenaces malezas, impiden el crecimiento de las hierbas curativas del discernimiento y de la realización del Ser que proviene de la meditación. La materia existe por fuera; el Espíritu, en el interior. La primera existe en oposición al segundo. A medida que aumenta el deseo sensual de mirar hacia el exterior, disminuye el discernidor deseo de mirar hacia el interior. La concentración en las tentaciones sensoriales automáticamente destruye la visión del Espíritu, por el simple hecho de que ambos existen en esferas diferentes; el sendero de la materia y el del Espíritu avanzan en dirección opuesta.

Para liberarse del esclavizante poder de los sentidos, el glotón, el irascible, el sensual deben, primero, evitar el entorno material que con tanta facilidad estimula su particular debilidad psicofísica y, luego, destruir los deseos internos que, de lo contrario, les acompañarán adondequiera que vayan. El devoto que ejercita el dominio externo de sí mismo y que, por esa razón, se siente confiado de no caer en la tentación debería recordarse en la introspección: «Tal vez puedas huir con facilidad de las tentaciones externas, pero ¿eres capaz de escapar de la viva imagen interior de los hipnóticos ojos pertenecientes a los deseos que has creado y conservado dentro de ti? ¡No permitas que su sutil poder de manipulación te atrape en un momento vulnerable!». Estos deseos hostiles deben ser expulsados de sus escondites subconscientes y exterminados por los agentes neutralizantes de la percepción espiritual que se desarrollan por medio de la meditación. Cuanto mayor es la percepción que se logra de la perenne dicha interior, menor es la probabilidad de que uno caiga en la trampa de los deseos.

Estrofa 42

इन्द्रियाणि पराण्याहुरिन्द्रियेभ्यः परं मनः ।
मनसस्तु परा बुद्धिर्यो बुद्धेः परतस्तु सः ॥

indriyāṇi parāṇyāhur indriyebhyaḥ paraṁ manaḥ
manasas tu parā buddhir yo buddheḥ paratas tu saḥ

Se dice que los sentidos son superiores (al cuerpo físico); la mente es superior a las facultades de los sentidos; la inteligencia es superior a la mente; pero él (el Ser) es superior a la inteligencia.

Si no contase con los diez poderes sensoriales, que le proporcionan vitalidad, el cuerpo sería una masa inerte. Los efectos que producen los poderes sensoriales están relacionados con la percepción que la mente *(manas)* tiene de ellos. La percepción sólo tiene sentido si está al servicio de la cognición y determinación de la inteligencia *(buddhi).* La inteligencia toma prestado su poder de la intuición: la sabiduría pura del alma supremamente gozosa.

En las sagradas escrituras de la India, un carro tirado por diez caballos y guiado por un conductor que sostiene las riendas se compara con el alma que viaja en el carruaje del cuerpo, impulsado por diez corceles sensomotores sujetos con las riendas de la mente y cuyo auriga es la inteligencia. El propietario del vehículo es de suma importancia, porque el carruaje es su responsabilidad. El segundo en importancia es el conductor, luego las riendas, que son necesarias para controlar el carruaje; después los caballos y, por último, el carro mismo.

De modo similar, el alma, creadora del carruaje corporal, es de suprema importancia, y después de ella se encuentra la inteligencia rectora; luego, la mente (el instrumento de control); a continuación, los corceles de los sentidos y, finalmente, el cuerpo.

El vehículo corporal no puede tener movimiento sin los sentidos; es decir, un cuerpo dormido o muerto no manifiesta actividad inteligente. Los sentidos son incapaces de trabajar en armonía sin la coordinación de la mente. Una persona distraída mantiene flojas las riendas de los sentidos; mientras no sujete con firmeza las riendas de la mente, le será imposible actuar con inteligencia. Un enfermo mental es aquel cuyo conductor ha soltado las riendas, de modo tal que el contacto entre la inteligencia y los sentidos se interrumpe en forma transitoria o permanente.

El cuerpo, la mente y el alma: analogía del carro y los caballos

En ocasiones se hace referencia al conductor del carro como la mente (cuando la palabra «mente» se usa en el sentido colectivo habitual que incluye todas las facultades de la inteligencia y no sólo específicamente *manas,* la mente sensorial). En este caso, se dice que las riendas son el cerebro (el instrumento empleado por la mente) y el conductor es el ego. Sin embargo, cuando se muestra a Krishna y Arjuna en el carruaje, el simbolismo que esta escena representa es que el Alma Suprema (Krishna como el Señor o la Conciencia de Krishna —la Inteligencia Infinita, la Sabiduría Suprema— o como el alma individualizada) es el auriga, que guía al ego del devoto que posee inclinaciones espirituales indicándole el modo apropiado de emplear la inteligencia discernidora *(buddhi)* y la mente sensorial *(manas)* para gobernar los sentidos y conducir el carruaje corporal por el camino de la vida.

El hombre debería disponer de un sólido carruaje, caballos bien cuidados, riendas fuertes, un conductor alerta y bien entrenado, así como una ruta sabiamente elegida por la cual viajar para llegar a su destino. El devoto que avanza en pos de la realización del Ser debe contar con un cuerpo saludable, sentidos educados mediante el autocontrol que se comporten de manera correcta, unas riendas mentales fuertes para sujetarlos y una aguda inteligencia discernidora para guiarlos. El carruaje corporal puede, entonces, avanzar hacia su meta a través del recto y angosto sendero de la acción correcta.

Una persona imprudente que cuenta con un carro en malas condiciones y arrastrado por caballos descontrolados que guía un conductor negligente, el cual conduce con las riendas flojas mientras viaja dando tumbos por un sendero zigzagueante y pedregoso, con facilidad puede volcar y caer en una zanja.

Se pueden establecer analogías similares, a saber:

El hombre mundano que posee un cuerpo vulnerable, escaso discernimiento y facultades mentales débiles, y que permite que sus vigorosos impulsos vaguen descontrolados a su propio arbitrio por los ásperos caminos de la vida, con toda certeza deberá enfrentar un desastroso destino marcado por una salud quebrantada y fracasos materiales.

El hombre intelectual o emocional que camina por los dogmáticos senderos del conocimiento y de las creencias, y cuyas impresiones sensoriales y mentales son guiadas por hábitos de intolerancia carentes de discernimiento y por la ciega emoción, con toda certeza se hundirá en las fangosas zanjas de la ignorancia.

El devoto es consciente de que el objetivo más importante de la vida es alcanzar la meta de la realización del Ser: conocer, a través de la meditación, su verdadera naturaleza como alma y su unidad con el Espíritu eternamente bienaventurado. A fin de no verse asediado por las caídas en las zanjas del sufrimiento físico, mental y espiritual, aprende también a desarrollar la inteligencia discernidora, facultades de percepción claras y armoniosas, sentidos provistos de autocontrol y un cuerpo dotado de salud y vitalidad, para que todos ellos estén al servicio del alma, pues para ella y con este sólo propósito fueron reunidos estos instrumentos. De hecho, sin el respaldo de la conciencia y de la sabiduría intuitiva del alma, tales instrumentos ni siquiera existirían.

En otras palabras, el devoto comprende cuáles son las prioridades adecuadas para su propio desarrollo: primero y siempre, cultivar la conciencia del alma; luego, cultivar la inteligencia, la mente, los sentidos y el cuerpo. El que está sumido en el engaño trata de satisfacer primero los apetitos del cuerpo, desatendiendo por completo el desarrollo de los otros niveles superiores al cuerpo: los sentidos, la mente, el intelecto y el alma.

Estrofa 43

एवं बुद्धेः परं बुद्ध्वा संस्तभ्यात्मानमात्मना।
जहि शत्रुं महाबाहो कामरूपं दुरासदम्॥

evaṁ buddheḥ paraṁ buddhvā saṁstabhyātmānam ātmanā
jahi śatruṁ mahābāho kāmarūpaṁ durāsadam

¡Oh Guerrero de brazos poderosos (Arjuna)!, sabiendo que el Ser es superior a la inteligencia, disciplina al ser (el ego) mediante el Ser (el alma) y aniquila a ese enemigo, difícil de vencer, que adopta la forma de deseo.

Con el ego dotado de una poderosa voluntad, medita en la bienaventuranza del alma. Rebosante del gozo superior del alma, el ego perderá el deseo de disfrutar de los inferiores placeres sensoriales —un deseo difícil de vencer si no se ha alcanzado ese medio de comparación.

La dorada mantequilla no cambia de color cuando flota en el agua, ya sea en un recipiente negro o verde. En cambio, el agua aparenta ser negra o verde, de acuerdo con el color del recipiente que la contiene. De modo similar, la dorada dicha del alma permanece siempre inalterable, incluso cuando flota sobre las oscuras aguas de la inteligencia que se ha identificado con los sentidos y se halla sumida en el engaño.

Puesto que el alma es inmutable y trascendental, es superior al intelecto, que es fácil de influenciar. Por medio de la meditación, se revela la incorruptible y bienaventurada naturaleza del alma. La percepción del alma es tan deleitante y esclarecedora que reprime los errantes deseos del ego pródigo. Una vez que se han disciplinado los deseos sensoriales por métodos espirituales, el devoto puede al fin destruir las casi invencibles ansias de disfrutar de los deseos materiales, que son un enemigo sumamente poderoso que impide la realización del Ser.

El ser humano debe depender de la sabiduría del alma y no del voluble intelecto

Empleando la calma interior que nace del autocontrol, el discernimiento y la meditación, el devoto debe tratar de permanecer en el plano de la percepción intuitiva del alma, que es siempre estable, y no depender tanto del voluble intelecto que, como una daga afilada, puede usarse de manera incorrecta para matar la sabiduría del alma, en lugar de utilizarse para aniquilar los hostiles sentidos infestados de deseos.

Quienes meditan con profundidad casi nunca caen de su elevado estado, en tanto que una persona excepcionalmente inteligente que sólo depende de su intelecto superior puede hallarse muchas veces despojada de la verdadera felicidad al emplear la racionalización para consentir la complacencia sensorial y los deseos.

El Ser verdadero o alma omnisciente es el único que puede disciplinar y guiar de modo confiable al egotista. «La sabiduría jamás miente»[49]. La sabiduría del alma le es revelada al hombre por vía de la intuición, la percepción directa de la verdad, y no por medio de una acumulación de conocimientos que provienen del intelecto. Quien busca desarrollar la sabiduría debería comprender la diferencia entre la intuición y la limitada facultad de la inteligencia del hombre.

Los seres humanos poseen percepción e inteligencia para comprender el mundo de los objetos; el alma está dotada del poder de la intuición, que no sólo es capaz de comprender el mundo de los objetos, sino también todos los fenómenos mentales internos y su naturaleza

[49] Homero: *La Odisea,* III.

intrínsecamente espiritual. La inteligencia interpreta los fenómenos o apariencia externa de las cosas; la intuición revela el noúmeno inherente. A través de las ventanas de los sentidos, el hombre capta los objetos de los sentidos, pero en la profunda percepción interior, adonde los sentidos y el intelecto no pueden llegar, prevalece la intuición.

La inteligencia del hombre depende de la información que suministra el mundo de los sentidos objetivos. Todo su conocimiento se relaciona con los diferentes objetos que los sentidos perciben y lo deduce de las actividades y fenómenos de color (forma), sonido, olor, gusto y tacto. Este método para adquirir el conocimiento a partir de la inferencia se denomina *parokshaguiana.* Mediante el intercambio vibratorio entre los sentidos y sus objetos, la inteligencia deductiva del ser humano permanece absorta en el pensamiento de la materia. La inteligencia es semejante a un hombre de negocios sumamente dinámico: así como el tenaz empresario dedica toda la energía cerebral a ganar dinero, así también el intelecto se enfoca de manera exclusiva en el mundo de los sentidos; todo lo interpreta en función de «los hechos y números» del voluminoso libro de contabilidad de la mente.

Mientras el pensamiento deductivo del hombre se halle activo dentro de su mente, concentrado en un determinado asunto, no tendrá una experiencia directa de las realidades inherentes a ese tema. Sin embargo, una persona que piensa de manera clara y profunda —como ocurre durante el estado de calma de la concentración y la meditación— trasciende el proceso de raciocinio del pensamiento, y se manifiesta en ella una aguda percepción en sus pensamientos conscientes, que proviene de su interior y no de la información recabada del exterior. Este conocimiento de la verdad por medio de la percepción directa se denomina *aparokshaguiana.* Algunas personas afirman que se trata de una experiencia mística. Mas no es algo místico, sino que es un proceso sumamente práctico y constituye una facultad natural de nuestro verdadero Ser.

La intuición es práctica y constituye una facultad natural del verdadero Ser

La ciencia debería esforzarse por comprender el significado de la intuición de igual modo que ha investigado en forma sistemática el funcionamiento de la inteligencia. Si uno quisiera contarle las maravillas de la ciencia moderna a un salvaje que no ha tenido contacto con el progreso del mundo, él no las comprendería. Con la evolución de la civilización, el avance intelectual se ha producido en etapas progresivas de crecimiento; pero, en lo relativo a la comprensión y desarrollo de la intuición, el estado del hombre aún es relativamente primitivo.

La comprensión y la intuición están interrelacionadas. La intuición no se opone a las leyes de comprensión propias de la Naturaleza, sino que las trasciende. Para dar un ejemplo: La corriente eléctrica que fluye en una bombilla se manifiesta de modo tangible como luz, cuyo brillo lo determina la potencia de la bombilla, pero es la electricidad misma, la cual viaja en forma invisible por el cable hacia la bombilla, la que produce la luz. De modo similar, la inteligencia del hombre es la luz de la cognición en el cuerpo, y la intuición es la corriente que fluye por los cables de la mente y el intelecto para generar esa luz.

Conforme a la capacidad o limitaciones de la inteligencia discernidora de una persona, la expresión del poder intuitivo a través de ese instrumento varía en diferentes momentos, como lo muestra la precisa comprensión o la falta de entendimiento que se manifiestan en los pensamientos de esa persona. De ello se desprende que la intuición puede desarrollarse o declinar. Pero aun cuando la intuición actúa de manera limitada a través del intelecto y de la mente, es independiente de ellos. La luz que resplandece en la bombilla no puede existir sin la corriente eléctrica que la alimenta, pero la corriente existe, bien sea que brille a través de la bombilla o no. Así también, la inteligencia no puede operar sin el apoyo del poder de la intuición, pero la intuición continua existiendo incluso sin los instrumentos del pensamiento racional.

La mente une y coordina los sentidos; la inteligencia es el instrumento de cognición; la intuición es la rienda del poder que se halla tras los fenómenos mentales: el pensamiento, la atención, la voluntad, la sensación, la percepción, la memoria, la comprensión de lo que se percibe, los sentimientos y los impulsos. Los poderes mentales no podrían actuar en cooperación y armonía si no estuviese presente el invisible maestro —es decir, la intuición— que los guía, al tocar secretamente los pensamientos, los sentimientos y el proceso cognitivo, y dirigirlos para que actúen de manera conjunta en el cumplimiento de los deseos del alma. Cuando los veinticuatro atributos y las tres cualidades activadoras de la Naturaleza engañan la inteligencia de una persona, a menudo ésta actúa erróneamente, de modo opuesto a la intuición. Así pues, el devoto debe ser cuidadoso y no confundir sus imaginativas divagaciones u obstinadas tendencias con la guía pura de la intuición que emana del alma.

En cambio, la inteligencia guiada por la intuición, que se cultiva al establecer contacto con el alma en la meditación, disciplina y guía con acierto al ego propenso al error, y la intuición, con sus revelaciones de la verdad, inspira al ego a abandonar los deseos procedentes del engaño en favor de la obvia dicha superior y eterna del alma.

Libre del ego y de los deseos finitos —semejantes a parásitos—, el alma exquisitamente perfecta despliega sus florecidas ramas de múltiples cualidades divinas bajo la infinita luz solar del Espíritu.

ॐ तत्सदिति श्रीमद्भगवद्गीतासूपनिषत्सु
ब्रह्मविद्यायां योगशास्त्रे श्रीकृष्णार्जुनसंवादे
कर्मयोगो नाम तृतीयोऽध्यायः ॥

om tat sat iti śrīmadbhagavadgītāsu upaniṣatsu
brahmavidyāyām yogaśāstre śrīkṛṣṇārjunasaṁvāde
karmayogonāma tṛtīyaḥ adhyāyaḥ

Om, Tat, Sat.

***En el Upanishad del sagrado* Bhagavad Guita *—el discurso del Señor Krishna a Arjuna, que es la escritura del yoga y la ciencia de la unión con Dios—, éste es el tercer capítulo, denominado:* «Karma Yoga».**

CAPÍTULO IV

La ciencia suprema para conocer a Dios

El fundamento histórico y la esencia esotérica del Yoga

Las encarnaciones de la Divinidad

Los senderos que liberan al ser humano de la sucesión de renacimientos

Las diversas maneras en que actúa el Señor en su creación

Liberarse del karma: conocer la naturaleza de la acción correcta, de la acción errónea y de la inacción

Yajna, el rito espiritual de fuego que consume todo karma

La sabiduría que santifica plenamente la imparte un verdadero gurú

«Aunque permaneció casi sepultada durante la Edad Material, la ciencia del yoga jamás se podrá aniquilar, porque está vinculada a la Realidad que mora en el interior del hombre. Toda vez que él se pregunta acerca de los fenómenos de la vida y despierta espiritualmente, por la gracia de Dios encuentra un verdadero gurú que lo familiariza con el arte de la unión divina».

LA CIENCIA SUPREMA PARA CONOCER A DIOS

EL FUNDAMENTO HISTÓRICO Y LA ESENCIA ESOTÉRICA DEL YOGA

ESTROFAS 1-2

श्रीभगवानुवाच
इमं विवस्वते योगं प्रोक्तवानहमव्ययम्।
विवस्वान्मनवे प्राह मनुरिक्ष्वाकवेऽब्रवीत्॥ *(1)*

एवं परम्पराप्राप्तमिमं राजर्षयो विदुः।
स कालेनेह महता योगो नष्टः परन्तप॥ *(2)*

śrībhagavān uvāca
imaṁ vivasvate yogaṁ proktavān aham avyayam
vivasvān manave prāha manur ikṣvākave 'bravīt (1)

evaṁ paramparāprāptam imaṁ rājarṣayo viduḥ
sa kāleneha mahatā yogo naṣṭaḥ paraṁtapa (2)

El sublime Señor dijo (a Arjuna):

Yo impartí este yoga imperecedero a Vivasvat (el dios sol); Vivasvat reveló este conocimiento a Manu (el legislador hindú); Manu se lo confirió a Ikshvaku (el fundador de la dinastía solar de los* kshatriyas*). Transmitido de este modo en sucesión ordenada, lo conocieron los* rajarishis *(*rishis *regios). Mas, ¡oh Fulminador de los enemigos (Arjuna)!, con el largo transcurso del tiempo, este yoga se perdió de vista en la tierra.

EL ESPÍRITU (LA CONCIENCIA CÓSMICA, simbolizada aquí como Krishna) impartió la indestructible ciencia del *Raja Yoga* —el método para unir el alma con el Espíritu— al sabio iluminado de la antigüedad, Vivasvat, la «Deidad del Sol» (que simboliza la Luz omnipresente o Energía Cósmica creativa de Dios, que se manifiesta también en el hombre como el sol o la luz microcósmica del ojo espiritual, epítome de toda vida y conciencia en el ser encarnado). Vivasvat reveló este sagrado yoga al gran exponente del *dharma,* Manu (que simboliza *manas,* la mente, el instrumento del que deriva la conciencia humana sensible). Manu lo confirió al fundador de la dinastía solar de los *kshatriyas,* Ikshvaku, que simboliza el ojo astral intuitivo de la vida y la conciencia del hombre. En esta sucesión ordenada, el yoga le fue legado luego a los sabios regios (que simbolizan el descenso de la vida y la conciencia hacia los sentidos, que le proporcionó al hombre la percepción sensorial del mundo material y la interacción con éste). De ahí en adelante, cuando los ciclos del mundo entraron en las Edades Oscuras, el conocimiento de esta divina ciencia se deterioró y se perdió (simbólicamente, a lo largo de numerosas encarnaciones, los sentidos permanecen absortos en la materia e identificados con ella, y el ser humano pierde entonces el conocimiento y la capacidad de reunificar su alma con el Espíritu).

En estas dos estrofas se proclama la antigüedad histórica del *Raja* («regio») *Yoga,* la ciencia eterna e inmutable de la unión del alma con el Espíritu. Al mismo tiempo, desde el punto de vista esotérico, ambas aportan una descripción concisa de esta ciencia: las etapas por las cuales el alma desciende desde la Conciencia Cósmica hasta el estado mortal de identificación con el cuerpo físico, y el camino que debe recorrer para ascender de nuevo hasta su Origen: el supremamente bienaventurado Espíritu Eterno.

En el principio de la creación y con la llegada del hombre, el Infinito impregnó su Energía Cósmica creativa e inteligente (Maha Prakriti o Espíritu Santo) no sólo con el poder de repulsión —la individualización de la Conciencia Cósmica en la forma de las almas y de un universo de materia—, sino también con el poder de atraer de nuevo a las almas de sus pródigos vagabundeos en la materia, para hacerlas regresar a su unidad con el Espíritu. Todas las cosas provienen de la Energía Cósmica inteligente, están compuestas y sostenidas por dicha Energía y finalmente se fundirán en Ella y, en consecuencia, en el Espíritu. El ascenso sigue el mismo camino que el descenso, pero a la inversa. En el hombre, este camino es la autopista interior hacia el Infinito, la ruta única que conduce a la unión divina a los seguidores de todas las religiones, en todas las épocas. Cualesquiera que sean los caminos secundarios de las creencias o prácticas por los que se llegue a esta única autopista, la ascensión final de la conciencia corporal al Espíritu es la misma para todos: retirar la vida y la conciencia que se hallan en los sentidos, a fin de conducir ambas en dirección ascendente y hacerlas pasar a través de los portales de luz situados en los centros cerebroespinales sutiles. El objetivo es fundir la conciencia material en la energía vital, la energía vital en la mente, la mente en el alma y el alma en el Espíritu. El método de ascenso es *Raja Yoga,* la ciencia eterna que ha formado parte de la creación desde el principio mismo.

El renacimiento del yoga para la era presente

La interpretación literal o histórica de estas estrofas es la siguiente: Por medio de la visión o guía intuitiva, Dios primero reveló al sabio iluminado Vivasvat (ahora conocido como la deidad que preside el sol) la ciencia regia del Espíritu. Vivasvat enseñó el sagrado yoga a Manu, un *rishi* y legislador dotado de inspiración divina que vivió en el período prehistórico de la India y cuyos códigos de leyes constituyen hasta el día de hoy los principios que rigen la sociedad hindú. Manu, a su vez, fue el preceptor de Ikshvaku, el rey *kshatriya* de la gran dinastía solar. A partir de Ikshvaku, la imperecedera ciencia del yoga fue practicada por una larga sucesión de *rishis* y sabios regios, incluyendo al insigne rey Janaka. Con el advenimiento de *Kali Yuga* (la Edad Material u Oscura), la ciencia del yoga cayó prácticamente en el olvido[1].

---

[1] Mi gurú, Sri Yukteswar, descubrió la aplicación matemática de un ciclo equinoccial de 24.000 años al sistema solar del cual forma parte la Tierra. Del mismo modo en que los planetas giran alrededor del Sol, el Sol es parte de un sistema dual, y gira alrededor de una distante estrella en ciclos de aproximadamente 24.000 años terrestres. Según la cosmología hindú, el Sol en rotación se mueve además dentro de un ciclo mucho mayor alrededor de un núcleo magnético del Espíritu (Vishnunabhi), el «Gran Centro», sede del poder creativo de Brahma. El ciclo de 24.000 años está dividido en un Arco Ascendente y un Arco Descendente, cada uno de 12.000 años. Cada arco comprende cuatro *yugas,* o Edades, llamadas *Kali, Dwapara, Treta* y *Satya,* correspondientes a los conceptos griegos de las Edades de Hierro, Bronce, Plata y Oro. Para identificar la característica predominante de cada Edad, me he referido a ellas, respectivamente, como la Edad Material, la Edad Eléctrica o Atómica, la Edad Mental y la Edad Espiritual. Durante el Arco Ascendente de cada ciclo, cuando el sistema solar evoluciona hacia el interior y comienza a acercarse al «Gran Centro» del Espíritu, se produce un desarrollo gradual de las cualidades intelectuales y espirituales, que alcanza un cenit de iluminación en *Satya Yuga,* la Edad Espiritual. La sombra del engaño comienza entonces a eclipsar lentamente la luz del conocimiento durante el Arco Descendente que se dirige hacia *Kali Yuga* o Edad Material, el punto más alejado del Espíritu. Estos ciclos se explican con mayor detalle en la primera parte del libro de Sri Yukteswar, *La ciencia sagrada* (publicado por *Self-Realization Fellowship*). Véase también IV:7-8.

Los astrónomos occidentales han postulado un ciclo equinoccial de nuestro sistema

El mundo ha atravesado por numerosos ciclos equinocciales de evolución ascendente y descendente: un ciclo ascendente y descendente completo consta de 24.000 años (el Arco Ascendente de la Edad Material [1.200], la Edad Atómica [2.400], la Edad Mental [3.600], la Edad Espiritual [4.800]; luego, el Arco Descendente, de la misma extensión, que comienza con los 4.800 años de la Edad Espiritual descendente). Así pues, puede decirse que un ciclo completo de la civilización comprende 24.000 años, el cual asciende durante un período de 12.000 años y desciende con lentitud durante otros 12.000 años. Este ascenso y declinación de las edades no es una evolución circular que termina en un punto inferior como en el que comenzó, sino que es helicoidal. Sin embargo, la evolución de los seres que en ella existen es lineal. El hombre materialista —que vive una vida promedio «normal»—, después de deambular como un hijo pródigo durante innumerables encarnaciones, encuentra que la Edad Espiritual en cualquier ciclo de 24.000 años es la más propicia para alcanzar su unidad con Dios. Durante el descenso del hombre de una Edad Espiritual a una Edad Material, el conocimiento de la ciencia del yoga declina y permanece en el olvido. No obstante, así como el Espíritu es eterno, también es imperecedero el yoga —el arte de reunificar el rayo diferenciado del alma (que se proyectó al exterior) con el omnipresente Sol Espiritual.

Aunque permaneció casi sepultada durante la Edad Material, la ciencia del yoga jamás se podrá aniquilar, porque está vinculada a la Realidad que mora en el interior del hombre. Toda vez que él se pregunta acerca de los fenómenos de la vida y despierta espiritualmente, por la gracia de Dios encuentra un verdadero gurú que lo familiariza con el arte de la unión divina, sin importar en qué ciclo haya encarnado el devoto. Si bien es cierto que cada Edad se distingue por el predominio del desarrollo material, atómico, mental o espiritual, una Edad determinada nunca se consagra a ese sólo aspecto, pues siempre incluye vestigios de los atributos de otras Edades. Por lo tanto, el desarrollo espiritual continúa en cierto grado incluso en *Kali Yuga,* la Edad Material.

El año 1951 d. C. ya ha dejado atrás la Edad Material (desde hace más de 250 años)[2]. En la presente Edad Atómica que asciende de nuevo,

---

solar de 25.920 años, basado en un fenómeno cósmico conocido por los astrónomos como «precesión de los equinoccios», determinado por la presente velocidad de su movimiento. Según los hindúes, sin embargo, esa velocidad varía en las diferentes etapas del ciclo.

[2] La última Edad Material comenzó en el Arco Descendente del ciclo equinoccial alrededor del año 700 a. C. y concluyó en el Arco Ascendente alrededor del año 1700 d. C.

la indestructible ciencia del *Raja Yoga* está renaciendo en la forma de *Kriya Yoga* por la gracia de Mahavatar Babaji, Shyama Charan Lahiri Mahasaya, Swami Sri Yukteswar y sus discípulos. (Entre los ilustres *kriya yoguis* iniciados por Lahiri Mahasaya, destacan Swami Pranabananda, Swami Kebalananda, Swami Keshabananda, Panchanon Bhattacharya, Ram Gopal Muzumdar y Bhupendra Nath Sanyal, acerca de los cuales he escrito en *Autobiografía de un yogui*). El más importante entre los discípulos del *Kriya Yoga* de Lahiri Mahasaya fue mi gurú, Sri Yukteswarji, porque él fue elegido por Babaji para continuar el linaje a través del cual la sagrada ciencia se diseminará por todos los países.

Como un divino designio especial, a través de Cristo, Krishna, Mahavatar Babaji, Lahiri Mahasaya y Swami Sri Yukteswar, fui yo escogido para difundir la ciencia del *Kriya Yoga* en el mundo entero a través del yoga original de Krishna unido al cristianismo original de Cristo, tal como se hallan representados en las enseñanzas de *Self-Realization Fellowship*[3].

Krishna es el divino ejemplo del yoga en Oriente; Cristo fue elegido por Dios como ejemplo de la unión con Dios para Occidente.

«Las escrituras hindúes colocan la edad presente del mundo dentro del período de *Kali Yuga* perteneciente a un ciclo universal mucho más largo que los simples 24.000 años del ciclo equinoccial al que Sri Yukteswar se refiere. [...] El año 3102 a. C. marcó, según los cálculos de las escrituras hindúes, el comienzo de la era materialista. En este año se inició el último período descendente de la edad de *Dwapara Yuga* del Ciclo Equinoccial, y el comienzo de *Kali Yuga* del Ciclo Universal. La mayoría de los antropólogos, creyendo que hace 10.000 años la humanidad estaba sumida en la barbarie de la Edad de Piedra, descartan sumariamente como "mitos" las tradiciones muy difundidas de la existencia de antiquísimas civilizaciones en Lemuria, Atlántida, India, China, Japón, Egipto, México y muchas otras regiones» *(Autobiografía de un yogui).* Véase también VIII:17-19, en el volumen II.

[3] Fue a petición de Mahavatar Babaji (a quien siempre percibo unido a Krishna en Espíritu), de Cristo y de mi gurú y paramgurú, y con las bendiciones de ellos, que fui enviado a Occidente y emprendí la tarea de fundar *Self-Realization Fellowship,* a fin de que se convirtiese en el instrumento para preservar la ciencia del *Kriya Yoga* y diseminarla por el mundo entero. Al conferirme sus bendiciones antes de mi viaje a América en 1920, Mahavatar Babaji me dijo que yo había sido elegido para llevar a cabo esta sagrada misión: «Tú eres a quien he elegido para difundir el mensaje del *Kriya Yoga* en Occidente. Hace mucho tiempo conversé con tu gurú, Yukteswar, en una *Kumbha Mela;* en aquella ocasión le dije que iba a enviarte a ti para que te preparara». Babaji luego profetizó: «El *Kriya Yoga,* la técnica científica de realización para conocer a Dios, terminará por difundirse en todos los países, ayudando a unir a las naciones por medio de la trascendental percepción personal que el hombre obtendrá del Padre Infinito».

La salvación de almas por medio de *Kriya Yoga* es mi única meta. No me adjudico ningún mérito; éste le pertenece a Dios y a los Grandes Maestros que me enviaron. Pero mi alma se regocija, porque el canal es bendecido por aquello que fluye a través de él.

El hecho de que Jesús conoció y enseñó a sus discípulos la técnica de *Raja Yoga* para lograr la unión del alma con el Espíritu se demuestra en un capítulo profundamente simbólico de la Biblia, el «Apocalipsis» (la revelación de Jesucristo a San Juan)[4].

En *Autobiografía de un yogui,* he escrito: «Babaji se encuentra en comunión constante con Cristo; ambos unidos irradian vibraciones redentoras y han planeado la técnica espiritual de salvación para esta era. [...] Babaji está perfectamente enterado de las tendencias de los tiempos modernos, especialmente de las influencias y complejidades de la civilización occidental, y comprende la necesidad de difundir las liberadoras técnicas del yoga tanto en Occidente como en Oriente».

EL DESCENSO DEL ALMA A LA CONCIENCIA HUMANA

SI ESTAS DOS ESTROFAS se interpretan de manera esotérica, explican la génesis del yoga. La primera manifestación del Espíritu es la Luz Cósmica. Dios proyectó la vibración de su conciencia cósmica en forma de Energía Cósmica creativa e inteligente, o Luz Cósmica, a la que se hace referencia en estas estrofas como Vivasvat, «el que resplandece o difunde la luz» (el *rishi* iluminado de los tiempos antiguos que se conoce como el dios sol). Esta Energía o Luz Cósmica omnipresente existe en el hombre como el sol microcósmico del ojo espiritual, que se hace visible durante la meditación cuando la conciencia del devoto y la doble corriente de ambos ojos físicos se concentran en el entrecejo. «El ojo es la lámpara del cuerpo. Si tu ojo es único, todo tu cuerpo estará iluminado»[5] no es una vana promesa, sino una referencia a esta radiante manifestación. Todo el inteligente poder creativo de la Energía Cósmica omnipresente existe a nivel microcósmico en el ojo espiritual. A través del ojo espiritual —de los diversos estados que allí se experimentan, que se correlacionan con las actividades de los centros cerebroespinales de vida y conciencia en los cuerpos físico, astral y causal[6]—, el alma desciende a la encarnación y por último asciende al Espíritu.

---

[4] Juan habla del «misterio de las siete estrellas» y las «siete iglesias» (*Apocalipsis* 1:20); estos símbolos se refieren a los siete centros astrales de luz que se hallan en la columna vertebral. La abstrusa imaginería que se emplea a lo largo de este capítulo de la Biblia —tan poco comprendido— es una representación alegórica de las revelaciones que se experimentan con la apertura de estos centros de vida y conciencia: el «libro sellado con siete sellos» (*Apocalipsis* 5:1).

[5] *Mateo* 6:22.

[6] Véase I:4-6.

Todas las almas surgen de la Conciencia Cósmica y experimentan un estado vibratorio de Luz Cósmica un poco inferior (simbólicamente, Vivasvat). Después, el alma pierde la conciencia de ser Espíritu revestido de Luz Cósmica; se convierte en conciencia individualizada o ego espiritual, un ser causal de conciencia pura encerrado en un cuerpo astral. Este recubrimiento se origina del siguiente modo:

El significado esotérico de «Vivasvat»

El poder creativo que Dios proyecta hacia fuera, y que le es impuesto al alma, crea el sentimiento *(chitta),* aquella conciencia a través de la cual el alma conoce o experimenta su existencia. Las actividades del sentimiento estimulan el «pensamiento», es decir, los procesos cognitivos. Cuando este sentimiento emanado de Dios se distorsiona a causa del engaño, se desarrolla el ego *(ahamkara).* La conciencia del ego es: «Yo soy quien experimenta». Junto con el ego se desarrolla su inteligencia rectora *(buddhi).* La inteligencia manifiesta su naturaleza en la capacidad de pensar, la «yoidad» y el discernimiento. Cuando la inteligencia está sumida en el engaño, da origen a la mente ciega *(manas).* La mente es un instrumento de coordinación que está orientado al exterior y actúa como intermediario entre el mundo sensorial y el ego acompañado de su inteligencia discernidora.

Existen cuatro fases que experimenta la naturaleza de la mente: 1) las impresiones sensoriales, 2) el discernimiento positivo (la activación de los órganos de la acción por parte de la voluntad, al mandato de la inteligencia), 3) el deseo (la excitación o apetito que surge del contacto con los objetos que los sentidos perciben) y 4) la imaginación (la ilusión de creer que los fenómenos constituyen la realidad). A través de estos cuatro canales, se consuman los deseos duales (atracción y repulsión) del corazón (el sentimiento o *chitta*) y los del ego. Estas actividades de la mente son la causa de la conciencia humana.

Cuando el alma, que ha descendido del Espíritu, permanece bajo la influencia de la mente, se vuelve limitada debido a su identificación con la conciencia humana en general. A este estado se le denomina el estado Manu del alma descendida.

La omnipresente Energía Cósmica (Vivasvat) se manifiesta como fuerza vital en el hombre a través de la influencia de la mente, un hecho al que aquí se hace referencia como la transmisión del conocimiento (el poder del yoga) a Manu. *Manu* significa «hombre», aquel que posee el principio del pensamiento (del término sánscrito *manas,* la mente). Vyasa, el autor del *Guita,* utilizó por consiguiente el nombre de Manu para indicar el papel que desempeña la mente cuando la conciencia y la vida descienden hacia la encarnación. El nombre de Manu significa además que este iluminado *rishi* de antaño —epítome del más elevado de los seres humanos, un padre representativo de la raza humana— poseía pleno conocimiento acerca de la mente *(manas)* y su papel en la creación de la conciencia humana.

La omnipresente Energía Cósmica (Vivasvat) es la fuente de la fuerza vital que se manifiesta en el cuerpo astral del hombre a través del instrumento de la mente (Manu). Así pues, la fuerza vital y la mente están muy relacionadas, porque en el cuerpo del hombre no puede existir una sin la otra. Cuando ambas descienden de la Conciencia Cósmica y de la Energía Cósmica, su manifestación prístina se lleva a cabo a través del ojo de la intuición (la etapa causal del ojo espiritual, relacionada con el canal «espinal» causal de conciencia), y de allí pasa al ojo astral (la etapa astral del ojo espiritual, correspondiente a los tres canales espinales del cuerpo astral). (Véase I:4-6). En estas estrofas, se alude simbólicamente al ojo astral —a través del cual la vida y la conciencia se introducen en el cuerpo astral— como Ikshvaku (hijo de Manu y primer rey de la gran dinastía solar de los *kshatriyas*). Por esa razón, Vyasa emplea el nombre Ikshvaku para simbolizar el nacimiento del ojo astral —la fuerza vital astral y la conciencia astral— a través del instrumento de la mente o Manu. *Ikshvaku* deriva de *īksh,* «discernir» o «ver»[7].

A través de la mente («Manu»), la Energía Cósmica se manifiesta como fuerza vital en el cuerpo

---

[7] La forma sustantiva de la raíz sánscrita *īksh, īkshanam* (el acto de discernir, ver, visualizar) significa, además, «ojo», lo cual es significativo en el contexto de esta estrofa del *Guita.*

Ikshvaku es un nombre védico, que aparece tanto en el *Rig Veda* como en el *Atharva Veda,* y aunque se traduce con una *i* corta, existe una reconocida licencia védica por la cual una *ī* larga se puede convertir en una *i* corta, como es el caso de Ikshvaku.

En los Upanishads, los derivados gramaticales de *īksh* denotan el estado de ver o conocer en forma de una conciencia creativa omnisciente. Adi Shankaracharya desarrolla este concepto en su comentario sobre el *Brahma Sutra* (que es considerado la máxima autoridad sobre el Vedanta), en el que cita, por ejemplo: «Eso (Brahman) *vio:* "Podría convertirme en muchos [...]"» (*Chandogya Upanishad* VI:2:3); «En el principio, el Ser, en verdad, era uno, sólo uno. [...] Él *vio:* "Crearé los mundos"» (*Aitareya Upanishad* I:i.1). El acto de «ver» es entonces esotéricamente similar al «dijo» bíblico del *Génesis:* «Dios *dijo:* "Haya luz [...]"»; «Dios *dijo:* "Hagamos al ser humano [...]"»; se trata de una referencia a la fuerza vibratoria inteligente proyectada por Dios, y que dio origen a la creación.

Īksh, en su significado como elemento raíz de Ikshvaku, no se refiere, por consiguiente, a un acto de visión ordinario, sino a la omnisciente conciencia creativa del Ser Supremo, capaz de dar forma a las diversas etapas de la creación. Esta conciencia y energía divinas e inteligentes se manifiestan en el microcosmos del hombre como el

Así pues, el alma desciende desde el estado Manu hasta introducirse en un canal específico del sentido intuitivo (el ojo intuitivo causal) y de allí se introduce en los canales astrales de fuerza vital y conciencia (el ojo astral). En este estado, llamado Ikshvaku, el alma se identifica con el estado intuitivo de percepción del ego; es decir, experimenta que su existencia individualizada está limitada por el confinamiento en el cuerpo astral, donde el poder de conocimiento y percepción del ego astral no proviene de la experiencia sensorial, sino que se recibe a través del sexto sentido, la intuición. El ego astral percibe que las fuerzas que actúan en el cuerpo astral son los verdaderos componentes de la materia.

El alma entra en el cuerpo astral a través del ojo astral («Ikshvaku»)

El alma continúa su descenso desde el intuitivo estado astral Ikshvaku hasta llegar a los diversos y poderosos estados sensoriales perceptivos, que se manifiestan primero como los poderes sensoriales astrales más sutiles *(guianendriyas)* y fluyen luego hacia la densa manifestación física de los sentidos. Este estado se denomina *Rajarishi,* el estado de identificación con los sentidos. Cuando las corrientes duales de la mente y la fuerza vital fluyen hacia el sistema nervioso y a los nervios ópticos, auditivos, olfativos, gustativos y táctiles de los cinco instrumentos del conocimiento (los sentidos de la vista, el oído, el olfato, el gusto y el tacto), se producen las cinco especializaciones de los sentidos. Por contraste, puesto que los poderes astrales son en realidad fuerza vital pura o *prana,* no se hallan tan restringidos; dado que el proceso de comprensión es intuitivo, el ser astral puede experimentar cualquiera de las sensaciones, o todas ellas, a través de cualquiera de sus instrumentos sensoriales[8].

---

discernimiento intuitivo puro y la fuerza vibratoria inteligente del ojo astral, que tiene la capacidad de manifestar la forma, es decir, crear el cuerpo físico del hombre y darle vida. *(Nota del editor).*

[8] «Durante los años 1960, unos investigadores de los EE.UU. y de la Unión Soviética exploraron la curiosa habilidad de algunas personas para detectar el color, la luz y a veces hasta dibujos mediante el tacto. [...] individuos que [podían] "ver" sin sus ojos. [...] Los investigadores empezaron a entrenar a voluntarios para percibir los colores a través de las yemas de sus dedos. [...] Supuestamente un cierto grado de visión dactilar pudo ser aprendida por todos los niños ciegos en los que la corteza visual estaba intacta. El nervio óptico no parece ser necesario para esta percepción, pero las lesiones en el centro visual cerebral sí la hacen imposible.

»La vista sin ojos con frecuencia no es experimentada como la vista normal sino más bien como una sensación táctil o una sensación de luz. Incluso cuando la piel está a varias pulgadas del estímulo, el sujeto entrenado siente lo que usualmente describe como algo pegajoso, áspero, suave, fresco, caliente, características de los diferentes colores.

Los cinco instrumentos de cognición se describen como «sabios regios» *(rajarishis)* porque toda la sabiduría proveniente de fuentes externas (las escrituras o los santos) debe llegar a la mente y la inteligencia a través de los canales sensoriales. Son instrumentos «regios» o gloriosos cuya finalidad es percibir y disfrutar el entretenido universo fenoménico del Señor cuando tales instrumentos están bien educados y se hallan guiados por la inteligencia discernidora de la sabiduría propia del alma. Pero cuando el hombre olvida meditar en el alma, los sentidos del conocimiento se ofuscan y pierden su receptividad a las enseñanzas espirituales, debido a su constante identificación con los deseos materiales y los objetos de los sentidos. Habiendo descendido así al plano de los apegos materialistas, la conciencia del ser humano pierde el recuerdo de su unión con el Espíritu; durante el largo y oscuro período de conciencia material, el conocimiento que el hombre tiene del yoga o unión divina declina y cae en el olvido.

❖

Al descender al plano de los sentidos («rajarishis»), *se olvida la conciencia del alma*

❖

EN RESUMEN, YOGA SIGNIFICA LA UNIÓN del Espíritu y el alma. El Espíritu, como Conciencia Cósmica, está unido a la Energía Cósmica omnipresente, la cual está ligada al ojo espiritual microcósmico de vida y conciencia del hombre. La vida y la conciencia están asociadas con la mente. La mente está vinculada con el ojo astral y con la mente intuitiva del cuerpo astral. Y la vida y la mente astrales están enlazadas a los cinco instrumentos sensoriales del conocimiento.

Cuando el ser humano desciende de la Conciencia Cósmica al cuerpo, se sumerge en numerosas encarnaciones de existencia material y se olvida del yoga (los puntos de unión de sus sentidos *[rajarishis]* con la fuerza vital [Ikshvaku], de su vida con la mente [Manu], de su mente con la Energía Cósmica [Vivasvat] y de la Energía Cósmica con la Conciencia Cósmica [Krishna]). No obstante, las leyes que le permiten recordar los vínculos perdidos (de su ego con los sentidos, la fuerza vital, la mente, el alma y el Espíritu) existen siempre dentro de él, dispuestas a ser utilizadas y demostradas.

Estas dos instructivas estrofas ofrecen al hombre esperanza eterna.

Esta respuesta de alguna forma se ve refinada bajo la forma de sensaciones visuales en algunos sujetos los cuales, después de un cierto período de tiempo, comienzan a describir matices sutiles de color y de detalle en algunos cuadros que se les presentan e incluso pueden leer material impreso mediante el nuevo sentido». Citado del libro *La revolución del cerebro,* de Marilyn Ferguson (Heptada, Madrid, 1991). *(Nota del editor).*

A pesar de su prolongado olvido, algún día habrá de comprender que los lazos de unión (yoga) con el Espíritu están presentes en forma indestructible en su interior. El hombre no recuerda cómo el Espíritu proyectó su vibración y manifestó los diferentes estados; el alma se sumerge en el olvido cuando desciende al plano de los sentidos. Sin embargo, cada vez que lo desee, al practicar *Kriya Yoga,* el ser humano puede recordar los vínculos eternos entre el alma y el Espíritu. Esta ciencia divina o yoga revive de nuevo cada vez que un devoto logra que su verdadero Ser se aparte de los sentidos por medio de la práctica de *Kriya Yoga* y de ese modo vuelve a experimentar la unión del alma con el Espíritu.

Estrofa 3

स एवायं मया तेऽद्य योगः प्रोक्तः पुरातनः।
भक्तोऽसि मे सखा चेति रहस्यं ह्येतदुत्तमम्॥

sa evāyaṁ mayā te 'dya yogaḥ proktaḥ purātanaḥ
bhakto 'si me sakhā ceti rahasyaṁ hyetad uttamam

Te he informado hoy sobre ese mismo antiguo yoga, pues eres mi devoto y amigo. Este sagrado misterio (del yoga) es, en verdad, el que confiere supremo beneficio (a la humanidad).

«¡Oh Arjuna!, a través de tus experiencias meditativas extáticas durante estos momentos de percepción espiritual, Yo, la Conciencia Cósmica (Krishna), te he recordado la misma antigua ciencia del yoga y técnica de unión del alma con el Espíritu que aprendiste en una encarnación anterior. Puesto que ya antes habías unido en parte tu alma con mi espíritu, ahora te recuerdo la existencia de esa suprema ruta interior mediante la cual te unirás irrevocablemente con el Espíritu. La bendición de este sagrado misterio te es revelada de nuevo porque tú estás consagrado a Mí al guardar la reverente distancia de respeto que observa un devoto en la etapa inicial de comunión divina y, también, porque eres mi amigo, ya sin reticencia alguna, al hallarte unido a Mí en el más elevado estado de éxtasis. El conocimiento de esta suprema ciencia secreta, que se halla oculta para quienes están identificados con el cuerpo, es la mayor de las bendiciones para la humanidad».

Así como Krishna explicó a Arjuna las importantes verdades que se mencionan en las estrofas anteriores, así también, cuando se alcanza un elevado estado de desarrollo, el Espíritu Celestial amorosamente imparte al devoto, a través de su intuición y de experiencias extáticas, el significado de los diferentes estados de desarrollo espiritual que finalmente conducen al aspirante espiritual por la misma antigua ruta espinal que todos los devotos deben transitar para alcanzar la liberación final.

En las primeras etapas de la comunión divina, el devoto siente que existe una enorme distancia mental entre él y Dios; experimenta una actitud de reverente respeto y timidez ante la sublimidad de la Omnipresencia. Pero a medida que logra estados cada vez más elevados de éxtasis, las barreras mentales se rompen y con gozo recuerda su largamente perdido y familiar estado de amistosa unidad con Dios. Se regocija entonces de oír la voz de Dios que le llama devoto y amigo, y que le confía todos los misterios del universo; él agradece al Señor que le haya concedido la bendición suprema de la unión divina —la insuperable bienaventuranza sin par.

ESTROFA 4

अर्जुन उवाच
अपरं भवतो जन्म परं जन्म विवस्वतः ।
कथमेतद्विजानीयां त्वमादौ प्रोक्तवानिति ॥

arjuna uvāca
aparaṁ bhavato janma paraṁ janma vivasvataḥ
katham etad vijānīyāṁ tvam ādau proktavān iti

Arjuna dijo:

Vivasvat nació primero, y tu nacimiento fue muy posterior. ¿Cómo puedo comprender la afirmación de que Tú comunicaste este yoga en el principio (antes de tu nacimiento)?

POR EL HECHO DE SER UNA ENCARNACIÓN del Ilimitado y Único Dios, así como también el gurú personal de Arjuna, Krishna conocía, en su omnipresente y eterna conciencia, todos los sucesos ocurridos, incluso en el principio de la creación. Puesto que, en forma indivisible, el Ser y el Espíritu son uno solo, fue Krishna quien proyectó la Luz Vibratoria Cósmica consciente (Vivasvat) a partir de la cual todas las almas son creadas y en la que todas las almas se disuelven después de numerosos nacimientos.

En la Biblia, Jesús dice: «Antes de que Abrahán existiera, Yo soy»[9]. Aun cuando Abrahán había nacido con anterioridad a Jesús, esta afirmación era cierta porque Jesús estaba sumergido en el Supremo Espíritu, que es consciente sólo del eterno presente, que incluye lo que se ha llamado «pasado» y «futuro». Siendo uno con la Conciencia Cósmica —el Creador—, Jesús pudo acertadamente decir que Él existía desde antes que Abrahán o que cualquier otro ser creado.

De modo similar, Krishna sabía que Él había existido como el Espíritu antes que Éste se manifestara como la Energía Vibratoria Cósmica consciente (Vivasvat), el divino instrumento para la creación de todos los seres. El cuerpo de Krishna había nacido después de la creación de la Luz Cósmica Consciente, y por medio de ella, pero su Eterno Espíritu precede siempre a la creación y es la causa de dicha creación.

Con respecto a la experiencia que el devoto tiene del yoga, se aplica la siguiente interpretación de esta estrofa:

La Conciencia Cósmica se manifiesta en el devoto después de la percepción de la Luz. Así pues, en la conciencia del yogui que asciende, la Luz (Vivasvat) nace antes que la Conciencia Cósmica (Krishna).

El yogui, sorprendido, hace este análisis introspectivo: «¡Oh Espíritu!, primero hallé la Luz Cósmica (Vivasvat) como el ojo espiritual astral (Ikshvaku) que nació en mi interior; después, se manifestó tu Conciencia Cósmica. ¿Cómo puede ser, entonces, que el Espíritu estuviese entronizado dentro de mí antes de la aparición de la Luz Espiritual?».

El alma desciende de la Conciencia Cósmica al plano de la luz y continúa su descenso hasta la región del cuerpo. El alma pura, el *atman,* recibe el nombre de *jiva* cuando se halla identificada con sus cubiertas mortales —el cuerpo, la mente, los sentidos y demás principios de la naturaleza—. Aun así, la verdadera esencia del alma sigue siendo el Espíritu inmaculado, la Divinidad presente en cada ser. La Luz interior y la conciencia divina quedan ocultas tras la pantalla del engaño debido únicamente a la identificación externa con la parafernalia física. La meditación disipa la neblina cósmica a medida que la conciencia del alma comienza a elevarse hacia los perdidos planos superiores de existencia de los que había descendido.

El yogui que se encuentra en proceso de ascensión experimenta,

---

[9] *Juan* 8:58.

primero, la luz interior y, luego, la percepción cósmica. Cuando se concentra en su interior, en dirección al Espíritu, tiene la impresión de que el Noúmeno Espiritual se origina en los fenómenos astrales. Pero cuando el yogui alcanza la unión con el Espíritu y mira hacia fuera en dirección a la Naturaleza, percibe entonces que el Espíritu es la primera y suprema causa de todas las emanaciones tanto físicas como astrales.

LAS ENCARNACIONES DE LA DIVINIDAD

ESTROFA 5

श्रीभगवानुवाच
बहूनि मे व्यतीतानि जन्मानि तव चार्जुन।
तान्यहं वेद सर्वाणि न त्वं वेत्थ परन्तप॥

śrībhagavān uvāca
bahūni me vyatītāni janmāni tava cārjuna
tānyahaṁ veda sarvāṇi na tvaṁ vettha paraṁtapa

El Bendito Señor dijo:
¡Oh Arjuna!, tú y Yo hemos experimentado numerosos nacimientos. No obstante, Yo los conozco todos, mientras que tú no los recuerdas, ¡oh Fulminador de los enemigos!

«¡OH ARJUNA!, TÚ, QUE DESTRUYES LAS LIMITACIONES del engaño con el fuego de tu autocontrol, has de saber que mi conciencia liberada, al ser una con el Espíritu, no ha sufrido el engaño de olvidar las vidas pasadas durante mis encarnaciones voluntarias en la tierra, que tuvieron lugar en diferentes formas y en diversas épocas. Por medio de la omnipresente memoria del Espíritu, veo una sola cadena ininterrumpida de existencia consciente, hecha con todos mis anteriores nacimientos en la tierra, incluyendo aquella lejana encarnación en que impartí la sagrada ciencia del yoga a Vivasvat. El mismo Espíritu omnisciente que constituye mi Ser es también tu alma, Arjuna, la cual adoptó asimismo numerosas formas en incontables vidas. A pesar de que tu memoria (aún no liberada por completo) no las recuerda, yo conozco todas las vidas que compartí contigo —mi discípulo ideal—, que ahora estás ante mí en tu actual forma como Arjuna».

Los devotos que aún se hallan recorriendo el sendero hacia la realización del Ser, que se asemeja al filo de una navaja, no poseen memoria omnipresente. Ni siquiera alguien como Arjuna puede recordar todos sus nacimientos, muertes y períodos intermedios entre ambos. Esto sólo puede hacerlo un alma completamente liberada, una manifestación de Dios tal como Krishna.

Cada vez que la conciencia, como una espada resplandeciente, se introduce en las diferentes vainas de los veinticuatro principios de la Naturaleza, cambia su apariencia, dependiendo de su cubierta específica. Este confinamiento de la conciencia —en la inteligencia, la mente, el ego, el sentimiento, los sentidos (cinco instrumentos del conocimiento y cinco de la acción) y los cinco elementos del cuerpo— recibe el nombre de «nacimiento». El período entre la muerte y el renacimiento transcurre en la esfera astral. El ego no puede recordar sus experiencias del estado prenatal o embrionario, ni siquiera las del estado postnatal de la primera infancia; de modo similar, los hombres no iluminados no recuerdan su existencia (después de la muerte física) en los mundos astrales, ni recuerdan sus vidas anteriores en esta tierra.

Por qué Dios hace que el hombre olvide las experiencias de pasadas encarnaciones

Es merced a la gracia de Dios que un alma sumida en la ignorancia, aquejada de diversas desarmonías materiales, las olvida de una encarnación a otra. Este olvido de los dolores y defectos de existencias anteriores es uno de los más misericordiosos anestésicos mentales que Dios pueda otorgar al ser humano con la finalidad de que no le abrume el peso del recuerdo de todos los sufrimientos físicos y mentales de vidas pasadas. Se le exime de llevar consigo el recuerdo del mal y el desánimo de una vida a otra; así se le concede un nuevo comienzo en el recto y angosto sendero que conduce a la meta suprema. Es suficiente con que los aguijones de sus buenas o indeseables tendencias innatas —los efectos del buen y mal karma de vidas anteriores— permanezcan con él como recordatorios de las victorias obtenidas y de aquellas lecciones que aún debe aprender.

Esas buenas o malas experiencias de vidas pasadas se manifiestan en la vida presente como estados de ánimo o hábitos buenos o indebidos desde el nacimiento mismo de una persona. Esto explica que algunos nazcan malhechores, en tanto que otros vengan al mundo revestidos de santidad. Dado que el mal es el heraldo del sufrimiento, quienes nacen con tendencia al mal deberían luchar por liberarse de sus rasgos prenatales malignos cultivando la meditación y las buenas compañías. Aquellos que nacen buenos no deberían darse por satisfechos con su bondad, sino procurar ser aún mejores, hasta hallarse completamente a salvo en el Espíritu Cósmico y librarse de la rueda de nacimientos y muertes.

Dios (o sus encarnaciones) jamás olvida nada; tan pronto como un devoto se libera por completo, él también puede recordar todas las diversas formas que ha adoptado en el nacimiento y perdido durante la muerte, formas que han estado envueltas en virtuosos logros o en negligentes extravíos en la ignorancia del mal. Cuando un ser liberado despierta en Dios y comprende el misterio del sueño de la vida, sólo entonces está preparado para presenciar este formidable repaso.

Todas las pasadas encarnaciones aparecen por medio de la luz de la Conciencia Cósmica

SI SE INTERPRETAN ESOTÉRICAMENTE, las preguntas y respuestas que tienen lugar entre Krishna y Arjuna representan los intercambios intuitivos de sabiduría entre el Espíritu (que nace una y otra vez cuando cada alma renace) y el alma del devoto ideal que se halla en sintonía con el Espíritu a través del éxtasis. El Espíritu Original que manifestó la unidad yóguica con un devoto avanzado como Vivasvat-Luz Cósmica había estado también presente durante los diversos renacimientos de Arjuna. Cuando un devoto comulga conscientemente con la Divinidad (en el supremo estado extático de *nirvikalpa samadhi*), hace en su interior toda clase de preguntas al Espíritu.

La omnisciente luz de la Conciencia Cósmica ilumina al yogui y, de modo gradual, le revela las brechas hasta entonces oscuras que enlazan las encarnaciones entre sí. En el estado avanzado, el yogui percibe que la Luz Cósmica —o Espíritu manifestado («Yo»)— y el alma («tú») han estado unidos a lo largo de muchas encarnaciones, y que su desmemoriada pseudoalma identificada con el cuerpo, embriagada con el engaño de la conciencia mortal, no tenía conocimiento alguno de esta divina unión.

El Espíritu es el único e inmanente sostén de todas las almas durante sus numerosas encarnaciones. De ahí que el Espíritu recuerde todas las vidas que fueron necesarias para que el alma alcanzase la liberación, después de lo cual el alma se convierte en Espíritu. Entonces, esa alma liberada se dirige a su ser inferior y le dice: «Comprendo que el Espíritu es mi Ser superior y, como tal, en todo momento he sido testigo consciente de mi ininterrumpida existencia en numerosas vidas y que, simultáneamente, he sido el ego atado al cuerpo, inconsciente de todo, excepto de una única vida egocéntrica, en cada ocasión. Como Espíritu, conozco todos los ropajes corporales que tú, mi ser inferior, has usado, aunque no los recuerdes. ¡Oh, mi confundido ser inferior!, Yo, el omnipresente Espíritu, tu Creador, en forma invisible y trascendental te he educado a través de las escuelas de muchas vidas. Yo, el Ser superior, puedo describirte todos los cambios que, de un cuerpo a otro, tú, mi ser inferior, experimentaste en un estado de sonambulismo, en completo olvido de todos los "antes" y "después" de tu ilusoria existencia onírica».

Cada ser humano debe tener la certeza de que algún día, después de su liberación, sabrá todo acerca de sus renacimientos como manifestación individualizada del Espíritu, tanto en esta tierra como en otros planos de existencia. El yogui liberado transfiere su conciencia desde la identidad con su ola-alma individual hasta la unión con el Océano Espiritual que sustenta las innumerables olas de los seres encarnados. El devoto completamente libre comprende que, en todos sus renacimientos, fue el Espíritu el que adoptó tan diversas formas. No dice entonces: «Yo adopté todas esas formas», sino «El Espíritu apareció en todas las formas que confinaron mi alma hasta alcanzar la liberación final».

Estrofa 6

अजोऽपि सन्नव्ययात्मा भूतानामीश्वरोऽपि सन्।
प्रकृतिं स्वामधिष्ठाय सम्भवाम्यात्ममायया॥

ajo 'pi sannavyayātmā bhūtānām īśvaro 'pi san
prakṛtiṁ svām adhiṣṭhāya saṁbhavāmyātmamāyayā

Aunque no tengo nacimiento, ¡pues mi Esencia es inmutable!, soy también el Señor de toda la Creación y, morando en mi propia Naturaleza Cósmica (Prakriti), me encarno en ella mediante la ilusión de* maya, *que se ha desarrollado a partir de mi propio Ser.

«Aunque no tengo origen ni nacimiento, y mi semblante es inmutable, aun así, al entrar en la Naturaleza, Yo Mismo —el Señor de todos los seres y de sus dominios cósmicos— me atavío con el ropaje cósmico de la ilusión *(maya),* que he creado a partir de mi propio Ser, pero su ilusorio poder no me afecta».

Esta estrofa hace referencia a la naturaleza inmanente y trascendental del Señor y Creador omnipresente, tanto como Soberano del cosmos a través de las manifestaciones de Prakriti, como en su aspecto de ser encarnado en la forma humana de un avatar[10].

El empleado de una tienda se ve obligado a trabajar («¡si no trabaja, no cobra!»); el propietario, en cambio, puede asumir a voluntad los activos deberes de un empleado, mas no tiene la obligación de hacerlo ni está limitado al papel de empleado. De modo similar, por medio de la Ilusión Cósmica y su ley de causa y efecto (karma), los seres humanos comunes se ven impulsados a renacer. Dios, el Creador de la ilusión *(maya)* y de la ley de la acción (karma), no está sujeto a ellas; no obstante, Él se somete a estas leyes cuando desciende como un avatar (una encarnación divina). Sin embargo, las compulsiones de *maya* y del karma no le afectan en su interior.

Cuando las personas comunes entran en su cuerpo hecho por la naturaleza, se ven sacudidas por las olas de los placeres sensoriales, al no saber que bajo esas olas se encuentra el vasto océano del Espíritu. Pero el yogui, al alcanzar el estado de emancipación final, contempla el siempre existente, inmutable (y por consiguiente, sin nacimiento) e invisible Océano de Dios, que permanece inalterable en sus siempre mutables y visibles olas cósmicas de la Naturaleza vibratoria, agitadas por la tormenta de la ilusión creada por su propio Ser.

La conciencia del hombre que se halla bajo la influencia de la Ilusión Cósmica está atada a las posesiones materiales y a las facultades mentales por medio del apego. Por otra parte, el yogui que ha alcanzado la realización del Ser descubre que puede poseer un cuerpo físico y trabajar a través de él sin ser esclavo de los deseos materiales y sus efectos kármicos, del mismo modo en que el Señor permanece desapegado y libre de karma, aun cuando su inteligencia actúa en silencio por todo el cuerpo vibratorio cósmico de la creación, que se rige por la ilusoria ley de la relatividad, creada por Él mismo.

Durante el estado de éxtasis más elevado (en el cual es capaz de permanecer activo), el yogui liberado siente: «El reino de mi conciencia se extiende más allá de los límites de mi cuerpo mortal hasta alcanzar los confines de la eternidad, desde donde Yo, el Océano Cósmico, observo el pequeño ego que flota en mí. No cae ningún pajarillo, ni se mueve un grano de arena, sin que Yo los vea. Todo el espacio flota

---

[10] El término sánscrito *avatara* significa «descenso»; sus raíces son *ava,* «abajo», y *tri,* «pasar». En las escrituras hindúes, *avatara* significa el descenso de la Divinidad a la carne.

como un iceberg en el mar de mi mente. Soy el colosal recipiente que contiene todo cuanto ha sido creado». Él percibe simultáneamente el Espíritu como un océano de Eterna Calma, desprovisto de olas, y como el Espíritu manifestado en las inquietas olas de la creación que danzan en su infinito seno.

Esta estrofa es fuente de gran aliento para la humanidad. Si el hombre evita el mal uso del don de libre albedrío y practica *Kriya Yoga* puede fulgurar como una imagen de Dios —una imagen que hasta ahora ha estado eclipsada por el engaño—. Cuando el yogui iluminado por la sabiduría recuerda que él es una imagen del Espíritu, comprende que puede trabajar en el mundo, al igual que Dios, liberado de las cadenas de su entorno corporal, o del karma, o de los atributos *(gunas)* de la Naturaleza Cósmica que se hallan en continuo cambio.

Dios ha producido en el escenario del tiempo esta obra cósmica, plena de acontecimientos, con el propósito de entretenernos, ¡pero creemos que las sombras son realidades genuinas! Sólo existe una Genuina Realidad: ¡Dios!

Estrofas 7-8

यदा यदा हि धर्मस्य ग्लानिर्भवति भारत।
अभ्युत्थानमधर्मस्य तदात्मानं सृजाम्यहम्॥ *(7)*

परित्राणाय साधूनां विनाशाय च दुष्कृताम्।
धर्मसंस्थापनार्थाय सम्भवामि युगे युगे॥ *(8)*

yadāyadā hi dharmasya glānir bhavati bhārata
abhyutthānam adharmasya tadātmānaṁ sṛjāmyaham (7)

paritrāṇāya sādhūnāṁ vināśāya ca duṣkṛtām
dharmasaṁsthāpanārthāya saṁbhavāmi yuge yuge (8)

¡Oh Bharata (Arjuna)!, cuandoquiera que la virtud* (dharma) *declina y el vicio* (adharma) *prevalece, Yo me encarno como un avatar. Era tras era, aparezco en forma visible para proteger al justo y destruir la maldad, a fin de restablecer la virtud.

La tierra es un escenario en el que se está desarrollando un drama divino. Cada vez que la mayoría de los actores humanos utiliza de manera errónea la libertad que Dios le ha concedido, y crea el mal (cuya consecuencia es el sufrimiento), y arruina los planes divinos relativos a sus semejantes y a su propio destino (planes cuya finalidad era que se llevaran a cabo mediante el uso correcto del libre albedrío del hombre), Dios, el Director Cósmico, aparece entonces en la escena adoptando un cuerpo humano (en forma de un avatar) para instruir en el arte del correcto vivir a los actores neófitos. De este modo, Dios enseña al ser humano —hecho a su imagen— cómo evolucionar empleando el libre albedrío y manifestando las divinas cualidades inherentes a la naturaleza humana.

LA NATURALEZA DE UN AVATAR

LA PREGUNTA ES: ¿puede Dios mismo encarnarse alguna vez como ser humano? Decir que existe algo que Dios *no* pueda hacer implica limitarle. Hay muchas cosas, sin embargo, que Dios puede hacer pero no hace —no, al menos, del modo en que los seres humanos lo esperan—. Se desconoce que Dios haya tomado alguna vez forma humana como alguien llamado «Dios» y haya habitado de esa manera entre los hombres. («¿Por qué me llamas bueno? Uno solo es el Bueno: Dios»[11], dijo Jesús, para diferenciarse a sí mismo —un avatar— de Dios Padre, el Absoluto, el Sin Forma). No obstante, el Señor ha condescendido numerosas veces a manifestarse a través de la encarnación de un ser completamente liberado que, habiendo sido alguna vez un ser humano común, se ha convertido en un reflejo puro o «hijo de Dios». Dios, que es todopoderoso y puede hacer cualquier cosa, expresa de este modo su Omnisciencia a través del cuerpo humano de un avatar. Así como el océano de la Conciencia Cósmica es consciente de las olas-almas que se manifiestan en su superficie, así también la ola-alma de un avatar es consciente del océano de la Conciencia Cósmica que se manifiesta a través de su forma.

Los grandes profetas y los santos menores sólo difieren en el grado de su percepción divina: los primeros manifiestan completamente a Dios a través de las amplias ventanas de su conciencia; los segundos manifiestan a Dios a través de las pequeñas hendiduras de ciertas experiencias divinas. Es decir, la manifestación total de la divinidad en un avatar es mucho mayor que la manifestación parcial de un santo que aún no ha alcanzado la liberación total.

Todos los seres humanos son dioses en potencia; tanto el hombre

[11] *Mateo* 19:17.

V.V. Sapar

ॐ

Mas, ahora, escucha la sabiduría del Yoga y, provisto de ella, ¡oh Partha (Arjuna)!, romperás los lazos del karma. [...] Incluso una pequeña práctica de esta religión verdadera te salvará de grandes temores (los tremendos sufrimientos inherentes a los repetidos ciclos de nacimiento y muerte). [...]

En la bienaventuranza del alma, todo dolor es aniquilado. En verdad, el discernimiento de aquel que ha alcanzado la bienaventuranza queda pronto y firmemente establecido (en el Ser).

***Bhagavad Guita* II:39-40, 65**

———❖———

«Los Pandavas [...] representan los principios que el yogui necesita cultivar para alcanzar la realización —la unidad con Dios—; los Kauravas [...] representan, de manera metafórica, los principios específicos que son contrarios al progreso espiritual».

❖

«Después de practicar la meditación de manera concentrada, el yogui siempre le pregunta a su capacidad de introspección: "Congregadas en la región de la conciencia del eje cerebroespinal y en el campo de la actividad sensorial del cuerpo, con ansias de combatir, ¿qué hicieron las facultades sensoriales de la mente, que tienden a arrastrar la conciencia hacia el exterior, y qué hicieron los hijos de las tendencias del discernimiento del alma, que intentan recuperar el reino interior? ¿Quién ha triunfado en el día de hoy?"».

❖

«Dice Krishna: "Por medio de la práctica de la meditación yóguica, aparta tu mente, inteligencia, fuerza vital y corazón de las garras del ego, de las sensaciones físicas de la vista, el oído, el olfato, el gusto y el tacto y de los objetos de los placeres sensoriales. ¡Abandona todos tus deberes hacia ellos! Sé tú un yogui, uniéndote a mi bendita presencia dentro de tu alma. [...]".

»Por lo general, la mente del hombre común se halla identificada con las posesiones externas y los placeres sensoriales vinculados con la superficie del cuerpo. [...] El yogui invierte el sentido de los reflectores de la inteligencia, la mente y la fuerza vital y los dirige hacia dentro, a través de un pasaje astral secreto [...], con el propósito de revelar finalmente la presencia del alma en el centro más elevado (el sahasrara*), situado en el cerebro. [...] En el* sahasrara*, él experimenta la inefable bienaventuranza del alma».*

Paramahansa Yogananda

dotado de sabiduría espiritual como el ignorante son auténticas imágenes y encarnaciones de Dios. La Divina Omnipresencia inunda a todas las almas (las cuales están hechas a su imagen), de igual modo que el majestuoso océano está presente en cada ola. Sin embargo, a no ser que la ola se disuelva y se unifique con el océano, seguirá siendo muy limitada. Mientras el devoto no se libere por completo, no puede en verdad afirmar: «El Padre y yo somos uno».

No existen avatares «especiales» ni encarnaciones «excepcionales» de Dios (salvo en lo que respecta a la forma, el momento y el lugar); toda alma liberada puede descender a la tierra o a otras esferas como un auténtico avatar o salvador.

Si nos basamos en el estudio de la cronología de la tierra, es evidente que las naciones, al igual que las personas, pasan por etapas evolutivas necesarias para su desarrollo. La tierra atraviesa por cuatro etapas sucesivas que constituyen los ciclos material, atómico, mental y espiritual, así denominados de acuerdo con el predominio de las cualidades físicas, eléctricas, psíquicas o espirituales de la mayoría de los habitantes. Sin embargo, en cada edad la maldad persistente se encuentra más o menos activa, incluso si la virtud prevalece. Por ello, cuando la ignorancia, el egoísmo, la guerra y el sufrimiento son preponderantes, el Supremo Señor se manifiesta a través de maestros que han venido a la tierra en numerosas encarnaciones como seres parcial o completamente liberados. Pueden encarnarse en la tierra como santos menores o como grandes maestros, según su grado de realización divina, con el objeto de servir como ejemplos vivientes de la virtud e inspirar a los aspirantes espirituales a destruir sus males internos y externos. De ese modo, el Espíritu aparece en muchas almas total o parcialmente liberadas que resplandecen en mayor o menor medida, según el grado de claridad mental —completa o parcial— de estos seres purificados por el yoga. Los seres divinos que aún no se han liberado plenamente, o que vienen a la tierra para ayudar en la redención de las almas pero no tienen una evidente misión universal, reciben el nombre de *khanda avatares* (encarnaciones parciales).

❖

Las manifestaciones parciales y las manifestaciones completas de la conciencia de Dios en los santos y avatares

❖

Pero en aquellas edades en que el espectro del vicio asola la tierra sin haber sido exorcizado, Dios se encarna como un salvador (en la forma de un ser totalmente liberado) con el propósito de resucitar la virtud que declina, proteger a quienes son espirituales, ayudar a eliminar las corrientes del mal y destruir las tendencias perversas de los malvados. Tales manifestaciones se denominan *purna avatares* (encarnaciones completas).

Al igual que cada ola, si fuese consciente, podría sentir el océano que está debajo, así también cada ser liberado siente la totalidad del Océano del Espíritu que se halla tras su percepción. Así como la vastedad del océano se vislumbra en parte desde la costa, pero se puede apreciar cada vez más al contemplarse desde un avión, similarmente los santos que poseen diverso grado de poder intuitivo tienen mayores o menores percepciones del Espíritu. En cambio, las almas totalmente liberadas como Krishna, Jesucristo, Babaji, Lahiri Mahasaya, Sri Yukteswarji y muchos otros son manifestaciones completas de Dios. Ése es el significado de esta frase de la Biblia: «Pero a todos los que la recibieron (es decir, que manifestaron por completo a Dios a través de la pureza de su intuición) les dio (a todos los seres liberados de todas las edades, antes y después del nacimiento de Jesucristo) poder de hacerse hijos de Dios (el poder de aparecer como manifestaciones completas de Dios)»[12]. Un auténtico «hijo de Dios» es una imagen verdadera del omnipresente Espíritu.

DADO QUE LA ESTROFA IV:8 SE TRADUCE A MENUDO como una referencia a la «destrucción de los *malhechores*», y puesto que muchos relatos legendarios de los Puranas también mencionan la aniquilación de los malvados por parte de los santos, ciertos teólogos sostienen que una encarnación hindú de Dios viene a proteger a los virtuosos mediante la destrucción de los malhechores, en contraposición con Jesucristo, que vino a la tierra a liberar no sólo a los virtuosos, ¡sino también a los malvados! Sin embargo, lo cierto es que la virtud ocasiona siempre la destrucción del mal.

❖
La virtud divina que se manifiesta en un avatar destruye el mal
❖

En la Biblia leemos que incluso Eliseo, Elías y Pedro fueron instrumentos de la destrucción de malhechores que se oponían a las poderosas vibraciones de la virtud. Swami Shankara y diversos santos de la India tuvieron experiencias similares. Un cable eléctrico aislado que conduce una corriente de muchos miles de voltios no causa daño alguno a aquel que hace contacto con él; en cambio, un cable sin aislamiento es mortal. Si, a pesar de las advertencias, una persona se arriesga en forma premeditada a tocar ese cable de alto voltaje sin aislamiento, quedará electrocutada. De modo similar,

---

[12] *Juan* 1:12.

la potente energía de Dios presente en todo lugar se mantiene aislada del hombre por medio de una cubierta de engaño e ignorancia. Por esa razón, el hombre ignorante que blasfema contra Dios no recibe castigo inmediato; pero un hombre malvado que es contemporáneo de un avatar, o de un gran maestro, y que lo conoce se busca un castigo instantáneo si, después de recibir una advertencia, continúa desafiando al Espíritu cuya llama arde a través del vehículo puro de esa gran alma. Por ejemplo, Pedro, el apóstol, podía percibir a Dios sin el efecto «aislante» del engaño. El Espíritu Santo se manifestaba por completo en él y, cuando un hombre y su esposa[13] —a pesar de las advertencias de Pedro— mintieron frente al Espíritu viviente, fueron destruidos. El mal que con toda intención perpetraban se oponía con violencia a la todopoderosa armonía de la Divinidad.

Dios o sus santos raras veces hacen daño a alguien de manera deliberada y, en tal caso, lo harían sólo para mitigar los efectos del mal karma de alguna persona o para darle una lección directa con la finalidad de acelerar su redención. Ni Dios ni sus avatares dirigen jamás su omnipotencia contra los malhechores en un acto de ira o venganza. La gente se daña a sí misma cuando comete una maldad antinatural. Si una persona ejecuta la insensata o antinatural acción de golpear los puños con fuerza contra un muro de piedra, se lastimará; el muro es inocente de toda mala intención, de igual modo que la virtud no es culpable cuando en forma irreflexiva el vicio arremete contra ella.

El mismo principio actúa en el hombre divino y le confiere poder para impartir bendiciones —ya sea mediante un acto deliberado o no— a aquellos que son receptivos. Los devotos que se dirigen a la Divinidad con la armonía de una mente y un corazón puros atraen bendiciones instantáneas de la mirada o del toque de una persona santa *(darshan).* Por ejemplo, en cierta ocasión, cuando una gran muchedumbre se apretujaba en torno a Jesús, él dijo de pronto: «Alguien me ha tocado, porque he sentido que una fuerza ha salido de mí». Una mujer había sido sanada al instante cuando se acercó a Jesús por detrás con fe y tocó la orla de su manto[14].

Los avatares como Krishna y Cristo poseen en su interior tan inmenso poder procedente del Todopoderoso que podrían abrir su ojo espiritual y aniquilar a los malvados, del mismo modo en que Dios podría destruir el universo en un segundo. ¡Muy poco comprende el frágil

---

[13] *Hechos de los Apóstoles* 5:1-10.

[14] *Lucas* 8:43-48.

ser humano a qué Poder se enfrenta cuando decide oponerse a la Divinidad! Y sin embargo, no debe temer la ira de un Dios tiránico. Ni Él ni sus santos y avatares se rebajarían a recurrir a los métodos humanos comunes, ya sea de castigo o de recompensa, para que sus hijos regresen a Él. Dios los persuade sólo con el poder de atracción de su amor, encarnado en cada átomo de la creación y en cada alma. De modo similar, sus santos y avatares casi siempre emplean el suave método de la persuasión espiritual para inspirar a los malvados a reformarse.

El hombre, hecho a imagen de Dios y dotado de libre albedrío al igual que su Creador, se premia o castiga a sí mismo con los resultados de sus méritos o deméritos; él mismo pone en acción la rigurosa ley del karma. La intervención divina, cuando en ocasiones se justifica, no expresa una actitud vengativa ni de favoritismo, sino que es impuesta por un Dios justo y amoroso, o a través de sus igualmente compasivas encarnaciones, para el supremo bien del hombre.

MUCHOS PENSADORES POSTULAN QUE DIOS ES INFINITO e impersonal, y que Él no puede ser finito o personal. Este concepto limita la omnipotencia de Dios. Así como el gas invisible formado por hidrógeno y oxígeno puede condensarse y producir vapor o agua, o congelarse y adquirir la estructura sólida del hielo, así Dios, que es Espíritu impersonal e invisible Conciencia Cósmica, puede materializarse —y de hecho así lo hace— para crear una Gran Luz, una Voz Inteligible que se expresa en cualquier idioma, una cierta forma deseada, o bien, un cuerpo personal finito.

Aun cuando Dios se manifiesta plenamente en un avatar, no se halla limitado a una sola forma

Dios, que ha creado a todos los seres humanos y se encuentra secretamente presente en ellos, puede manifestarse de modo perceptible en los santos o materializar un nuevo cuerpo humano que pueda ser visto, tocado y oído por un devoto avanzado o por numerosas personas. Uno podría decir con toda veracidad que el Dios Absoluto en su totalidad está vibrando y manifestándose en ese cuerpo recién materializado, pero sería un error metafísico afirmar que Dios está limitado a ese cuerpo. El Infinito Dios puede manifestarse, y así lo hace, en un cuerpo tridimensional. De esta manera, Él ha aparecido ante muchas almas liberadas bajo el aspecto que ellos deseaban contemplar. Pero Dios no se encuentra confinado a esa forma, ni ha adoptado ningún aspecto en particular como su única imagen personal. El Infinito es infinito en sus expresiones; por ese motivo, Dios jamás ha adoptado permanentemente una forma definida.

Cuando Dios aparece como ser humano, prefiere emplear su propia ley de la limitación (la ley de la relatividad, que Él mismo creó), y opta por encarnarse en los cuerpos de los maestros liberados. De ese modo, Él se presenta con diversos atuendos corporales para complacer los deseos y satisfacer las necesidades de sus devotos a lo largo de los tiempos. Por ejemplo, bajo el aspecto de Jesús, Rama, Krishna, Babaji y otros, Él nació en estas diferentes formas para ayudar al crecimiento de la virtud y la disolución del vicio en el mundo. Puesto que Dios es infinito, Él puede volver a materializar cualquier forma, y en ocasiones así lo hace. Pero jamás permite que un alma divinamente manifestada, tal como Jesús o Krishna, esté presente de modo visible por largo tiempo ante la mirada curiosa de la gente ignorante. Por ello, el inmortal Babaji, que posee una forma humana en la época actual, permanece en sumo secreto en la región norte del Himalaya cerca de Badrinarayan. No obstante, cualquier ser liberado puede manifestarse de manera instantánea ante un santo avanzado e incluso —con algún propósito específico— ante un grupo de personas comunes, como hicieron Jesús y Babaji.

¿Por qué prefiere Dios manifestarse a través de los seres parcial o totalmente liberados que envía a la tierra a reencarnarse (ya sea por métodos «inmaculados» o por creación sexual ordinaria) para acelerar la evolución de la gente virtuosa y disolver la perversidad de los malvados? Porque tales almas avanzadas fueron seres humanos comunes sujetos a todas las tentaciones y engaños de la Naturaleza Cósmica. Tales agentes divinos tienen compasión, buen humor y comprensión, y pueden decirles a sus semejantes: «¡Mirad, alguna vez fuimos esclavos del cuerpo, tal como vosotros sois ahora! A fuerza de autocontrol, discernimiento, meditación y trabajo espiritual, hemos recolectado la copiosa cosecha del omnipresente Espíritu. Si nosotros lo hemos logrado, también vosotros podéis vencer las debilidades y dificultades del cuerpo mediante la continua expansión de la conciencia y el fortalecimiento del Espíritu que también mora dentro de vosotros».

Dios podría crear millares de Jesucristos y Babajis por materialización directa o mediante la creación embrionaria común, y hacer que representasen sus sagradas vidas como marionetas divinas. Pero ¿podrían tales seres, que no cuentan con una pasada experiencia personal sobre las intrincadas compulsiones de las tentaciones sensoriales, servir de modo realista como ejemplos para enseñar a los seres humanos el arte de vencer las tentaciones de la carne a través de los métodos humanos naturales de autocontrol? Los devotos admiran a Cristo porque él vivió entre los hombres como uno de ellos. Fue tentado como todo ser humano y sufrió a manos de sus perseguidores, pero venció todos los desafíos humanos por medio de la voluntad, el esfuerzo y el amor a Dios. Una marioneta santa, que representara el divino drama de la tentación y la victoria, sólo sería un falso actor en el escenario de la vida. En cambio, un ser humano que se convierte en maestro es un artista espiritual capaz de mostrar a sus semejantes cómo destruir el mal y alcanzar la divinidad.

El alma de una persona ignorante y la de un maestro son perfectas e iguales en esencia, del mismo modo en que los reflejos de la luna, que se ven distorsionados en recipientes con agua agitada y fangosa, o bien sin distorsión en el agua serena y clara, son reflejos de un mismo objeto: la luna.

Cuando el agua del recipiente que contiene lodo es agitada por la brisa, la luna que allí se refleja se ve distorsionada, aunque en realidad no lo está; de manera similar, las mentes fangosas agitadas por la inquietud provocada por los atributos de la Naturaleza causan una aparente distorsión del alma. Cuando la enlodada mente de la ignorancia se asienta mediante la práctica de la meditación yóguica, la inquietud desaparece y el alma diáfana se pone de manifiesto.

Creer que un maestro liberado es superior a otro es resultado de la ignorancia dogmática

Así como el reflejo de la luna puede distorsionarse en el agua agitada, hasta el grado de resultar irreconocible, así también el reflejo del alma sufre burdas distorsiones en el hombre materialista. Al igual que la reflexión de la luna es reconocible en el agua clara apenas agitada, o de modo perfecto en el agua clara que se halla en completa calma, de forma semejante las almas iluminadas pueden ser manifestaciones parciales o completas de Dios. Así como el agua clara y serena que se halla en diversos recipientes refleja de manera perfecta la misma luna resplandeciente, así también todas las almas liberadas manifiestan la misma esencia pura del alma. Cuando los recipientes se rompen y el agua se derrama, las imágenes reflejadas que parecían estar confinadas en los diversos recipientes se unifican a la luna, cuya luz se difunde por el cielo entero; similarmente, todos los maestros completamente liberados que a voluntad pueden separar del cuerpo su alma reflejada y, aun así, vivir en una forma física son imágenes-almas perfectas e iguales de Dios. Hay diferencias ilusorias en su apariencia, pero cuando disuelven su prisión corporal se convierten en el mismo Único y Omnipresente Espíritu.

Los discípulos dogmáticos con sus limitadas mentes tratan de presentar a su propio maestro como una persona de mayor estatura espiritual que los otros maestros. ¿Quién puede decir con autoridad: «Mi maestro es una encarnación de Dios completamente liberada»? Sólo aquel que posee verdadera intuición y él mismo es perfecto en la sabiduría que surge de la sintonía con Dios.

Quienquiera que diga: «Mi maestro es la más grandiosa encarnación de Dios; es el único maestro liberado», sin lugar a duda, es un ignorante. Los únicos que cuentan con criterio suficiente como para juzgar a los maestros completamente liberados son los discípulos completamente liberados. Un discípulo liberado es cien por cien leal a su maestro, el gurú que le ha mostrado el camino hacia la liberación, pero respeta siempre a otros avatares y maestros. Los maestros y discípulos que han alcanzado la realización del Ser —después de deambular y desviarse por los senderos secundarios de las diversas creencias— aman a todos los santos considerándolos como seres unidos a Dios. Los discípulos ignorantes, al tratar de glorificar a un determinado avatar aduciendo que es un maestro supremo que se halla por encima de otros avatares, sólo logran denigrar a ese maestro con su fanatismo, intolerancia y odio, así como con inquisiciones, cruzadas y guerras religiosas.

En la Omnipresencia no existen capataces, presidentes o sirvientes; no hay alguien grande, más grande o supremo. Todos son iguales y son uno con el Espíritu: un glorioso cónclave de Divina Concordia.

Cómo el Espíritu se encarna en los sucesivos estratos de la creación

Estas estrofas del *Guita* también se pueden interpretar como una referencia a la historia de la creación. «Cada vez que se produce una distorsión en mi Espíritu (el refugio protector o *dharma* del universo) por acción de mi engañosa *maya,* mi Infinita Unidad se divide entonces en las olas finitas de la creación, que chocan unas contra otras sumidas en el mal del dolor y la desarmonía. Con el propósito de recobrar la armoniosa bondad de mi Único Ser Unificado y destruir los ominosos males de las aparentes relatividades, mi Espíritu (que se limita cuando se manifiesta como materia, minerales, plantas, animales y seres humanos en pugna) continuamente se encarna en repetidos torrentes de evolución hasta que, al disolver las perjudiciales dualidades en conflicto, todo recobra el eterno y bienaventurado estado de unidad».

Lo anterior pone de relieve dos puntos:

1) El Espíritu, al eclipsar su propio Ser en la ilusión cósmica, aparece como la miríada de los fenómenos materiales que cambian sin cesar. Es a través de este proceso, de este medio maligno y engañoso, que el Espíritu se recrea a Sí mismo desde la Infinitud macrocósmica hasta los infinitésimos, microcósmicos y casi interminablemente divisibles iones de energía. «Yo veía a Satanás caer del cielo como un rayo»[15]. La Energía Cósmica que emana del Espíritu manifiesta la conflictiva naturaleza material (Apara-Prakriti; *Maya,* Satanás).

2) Después de proyectarse al exterior como energía hasta constituir la materia atómica (la máxima densidad del engaño), el Espíritu contempla la agitación constante de las fuerzas atómicas de la creación finita —que colisionan, se unen, combaten y se dividen conforme a las leyes de atracción y repulsión— como formas etéreas, gaseosas, ígneas, líquidas y sólidas que emergen y se desvanecen, y se transforman sin cesar. El Espíritu, decepcionado porque la engañosa *maya* no refleja su perfección en la creación, suspende su divina repulsión hacia el exterior y da comienzo al proceso de reunificación, para lo cual se encarna como formas progresivamente más elevadas de vida y expresión. Adormecido en los inertes minerales de la materia, el Espíritu comienza a soñar en la vida vegetal de los árboles y las flores. Luego, el Espíritu despierta de manera parcial en la sensible movilidad de la diminuta ameba y en las poderosas bestias. Despierto por completo en el hombre, la inteligencia discernidora del Espíritu se yergue para conquistar los engañosos misterios de la vida. Y en el hombre iluminado, ¡la encarnación del Espíritu es perfecta![16]

El descenso de la humanidad desde la Edad de Oro original

CUALQUIERA QUE HAYA SIDO EL PERÍODO de la Eternidad en que el Espíritu se dividió primero para dar origen a las diversas formas de la creación, incluyendo los primeros seres humanos, todos los objetos que Él manifestó reflejaban cabalmente su cualidad espiritual durante una Edad Espiritual cuya duración es de 4.800 años. La pureza original de la creación evidenciaba el hecho de haber emergido de la manifestación causal, pasando a la forma astral y luego a la material.

---

[15] *Lucas* 10:18.

[16] Véase la explicación sobre el desarrollo de los cinco *koshas* del engaño a través del cual surgen las formas superiores de vida (I:4, páginas 73 s.).

Adán y Eva, símbolos de los primeros seres humanos creados de modo especial por Dios, eran por completo conscientes de su divinidad hasta que, tentados por la Naturaleza, cedieron a la creación sexual, ocasionando el descenso de su conciencia divina desde los centros cerebroespinales más elevados de percepción espiritual hacia los canales inferiores vitales que se identifican con la conciencia mortal sensual[17].

Después de la Edad Espiritual y bajo la influencia del deseo de creación que el Espíritu proyecta (que se manifiesta como *maya,* la Fuerza Ilusoria Cósmica, cuyo efecto es dividir), los seres terrenales que se reencarnaban, así como su entorno cósmico, comenzaron a descender hacia la Edad Mental de 3.600 años de duración, la Edad Atómica de 2.400 años y la Edad Material de 1.200 años.

Una vez que la población de la tierra en general y todo el universo solar manifestaron las vibraciones de la Edad Material, el Espíritu —con el objeto de evitar que su creación continuase su descenso evolutivo— creó una atracción magnética ascendente, de modo tal que la Edad Material comenzó a evolucionar hacia las Edades Atómica, Mental y Espiritual, en un lapso de otros 12.000 años.

Los yugas *o ciclos evolutivos de la historia*

ESTOS CICLOS EVOLUTIVOS DESCENDENTES Y ASCENDENTES —cada ciclo equinoccial con una duración de 24.000 años— se han sucedido unas 83.000 veces durante los dos mil millones de años que, según estiman los científicos, han transcurrido desde el origen de la Tierra[18]. Una vez que esta escuela terrenal haya cumplido su propósito temporal en el plan de Dios de acuerdo con los tiempos que los ciclos rigen, o cuando todos sus habitantes hayan desarrollado la capacidad de

---

[17] Véase I:1, páginas 31 s., y XV:1, en el volumen II; también la profunda exposición de Sri Yukteswar sobre la alegoría de Adán y Eva, que se reproduce en *Autobiografía de un yogui,* capítulo 16, «Cómo dominar la influencia de los astros». Aunque la creación de formas de vida a través del proceso evolutivo es un hecho, la criatura más elevada del Señor, el hombre original, fue una creación especial, materializada por la fuerza de voluntad de Dios. El Creador dotó a la nueva especie humana de centros cerebroespinales únicos de vida y conciencia con la capacidad potencial para expresar la Divinidad. En estos primeros prototipos del cuerpo humano, el Señor colocó almas iluminadas procedentes de los reinos causal y astral, y también transfirió almas que habían ascendido desde un estado inferior de evolución. El cuerpo humano constituyó un instrumento mediante el cual estas almas podrían recuperar y manifestar totalmente la Divina Imagen a la cual habían sido creadas.

[18] Desde 1995, la evidencia científica señala que la edad de la Tierra se encuentra más cercana a los cinco mil millones de años.

manifestar por completo su divinidad, entonces, por medio de un diluvio cósmico, el Espíritu no sólo liberará a los seres humanos sino también a los activos átomos de la tierra, atormentados por el karma. En las disoluciones parciales, sólo se «disuelven» determinadas áreas de la tierra, como fue el caso de la Atlántida y de la Tierra de Mu (Lemuria), en el Océano Pacífico. Platón relata las leyendas acerca de una de esas disoluciones parciales, en que la tierra vibró y tembló y aparecieron grandes fisuras (aproximadamente 9.000 años antes de la era cristiana); la Atlántida desapareció en las aguas circundantes con sus innumerables habitantes[19].

¡Difícilmente podría la historia registrar la totalidad de las disoluciones cósmicas o terrenales! En tales épocas, un planeta, por ejemplo, y todo cuanto hay en él se convierten en energía diáfana. Sólo los maestros liberados han visto tales disoluciones cósmicas a través de visiones, y nadie —excepto Dios— ha llevado un registro acerca de cuántas veces la escuela terrenal y sus alumnos se han desintegrado por completo, transformándose en formas astrales o causales o en simples semillas de ideas en la mente del Creador, que luego han resurgido de nuevo durante los numerosos «Días de la Creación» (o sea, períodos de manifestación) seguidos luego por las «Noches de la Disolución».

Cada vez que emerge la escuela cósmica, Dios comienza de nuevo el entrenamiento de sus pupilos, algunos recién llegados y otros que son repetidores (como lo explica Krishna en VIII:19). Progresando a lo largo de los diversos grados de las encarnaciones, éstos deben por último aprobar el examen final para su liberación. Puesto que el lapso de vida del universo (según los videntes de la antigüedad) es de más de 300 billones de años —una Edad de Brahma—, no es de extrañarse que Dios (bajo el aspecto de Krishna) declare: «Arjuna, todo lo

---

[19] Además de los *yugas,* las escrituras hindúes mencionan ciclos cósmicos que reciben el nombre de Días y Noches de Brahma y Edades de Brahma (véase VIII:17-19, en el volumen II). Según el *Surya Siddhanta,* cuando concluye el Día de Brahma todas las criaturas son desintegradas, pero no la esencia del universo. En cambio, al finalizar la Edad de Brahma la materia misma se transforma de nuevo en Espíritu. Otras fuentes establecen que el Día de Brahma es el lapso de vida de un sistema solar, en tanto que la Edad de Brahma constituye el lapso de vida del universo entero.

En X:6 (volumen II), se hace referencia a otro ciclo, el patriarcado o *manvantara* (literalmente, «otro Manu» o «el intervalo de un Manu»), del cual, de acuerdo con las escrituras, hay catorce en cada Día de Brahma. El *Surya Siddhanta* y el *Vishnu Purana* declaran que en cada patriarcado surge un nuevo Manu que, en su propio período, se convierte en el progenitor de la humanidad. Al final de cada *manvantara* se produce un diluvio universal, al que sigue una nueva raza de seres humanos. *(Nota del editor).*

he conseguido, y nada hay que tenga que alcanzar; sin embargo, sigo trabajando» (III:22)[20].

El Infinito Espíritu ha permanecido en éxtasis en el espacio no vibratorio y ha estado activo en el espacio vibratorio por incontables eones de eternidad. Durante la creación, el Espíritu se divide mediante el poder de la ilusión cósmica, causante de la separación, y luego atrae hacía Él, por medio de la evolución ascendente, a todas las pródigas formas que emergieron. Cuando concluye el lapso de vida del universo, las errantes fuerzas orgánicas e inorgánicas se transmutan en energía fluida y se absorben en la Conciencia Cósmica. La tormenta del engaño se retira y todas las olas de la creación animada e inanimada se convierten de nuevo en el océano del Espíritu. ¡Pero ése no es el fin! Después de un tiempo, las semillas de la creación, cuidadosamente conservadas en el Espíritu, se siembran una vez más, para volver a comenzar su ciclo productivo.

La evolución descendente y ascendente del alma

POR ÚLTIMO, ESTAS DOS ESTROFAS del *Guita* también están relacionadas con la evolución del alma individualizada. Durante la encarnación, cada vez que un devoto se encuentra sumido en el engaño debido a la identificación con los sentidos, el Espíritu se manifiesta en él tratando de fomentar un anhelo por la bienaventuranza del alma.

El deseo del hombre por buscar la salvación surge a menudo del torturante poder de la aflicción. Sin embargo, muchos mortales sufren durante un prolongado período de encarnaciones sin experimentar ningún despertar. Un ser humano sumido en el engaño finalmente despierta merced al divino auxilio interior que le alienta en todo momento a tratar de recobrar su imagen divina; él descubre la presencia del Espíritu que con cada esfuerzo surge de nuevo dentro de su ser.

Así pues, cada vez que el hombre manifiesta una naturaleza depravada *(adharma)* o se identifica con el cuerpo debido a los efectos del mal uso del libre albedrío, con igual frecuencia emerge también la naturaleza genuina del alma *(dharma)* gracias a los esfuerzos espirituales del devoto que son estimulados por las manifestaciones interiores del siempre despierto y bondadoso Espíritu:

«Me manifiesto en el alma del hombre a fin de congregar sus buenas cualidades (la fuente de las buenas acciones) para que venzan

[20] Paráfrasis.

a los deméritos humanos (la fuente de las malas acciones). Infundo mi poder al devoto que fortalece sus nobles cualidades: el discernimiento y la calmada conciencia intuitiva, el desapasionamiento, el control de la fuerza vital, el autodominio, la autodisciplina para evitar las acciones indebidas, la paciencia espiritual para adherirse a la meditación, la renunciación y la austeridad. Con el advenimiento de mi Espíritu y su consolidación, las virtuosas cualidades que así se han estimulado ocasionan la disolución de los perniciosos deméritos humanos: el deseo, la ira, la avaricia, el apego, el egotismo, los celos, el odio, la ilusión y el engaño».

La victoria final de la evolución del alma —de la «virtud» sobre el «vicio»— es la percepción o experiencia interior de la ascensión en el Espíritu. Las dos primeras estrofas de este capítulo del *Guita* describen el aspecto simbólico espiritual de las diversas etapas (Vivasvat, Manu, Ikshvaku y los *rajarishis*) a través de las cuales el alma del devoto desciende del Infinito a lo finito.

Al emerger de la Conciencia Cósmica, el alma entra en el estado vibratorio de Luz Cósmica o Vivasvat. Cuando queda bajo la influencia de la mente *(manas),* se individualiza y se limita al identificarse con la conciencia humana en general, que recibe el nombre de estado Manu del alma que desciende. De allí, fluye en dirección descendente hacia la vida y conciencia astral, o estado Ikshvaku. El alma continúa su descenso en dirección a los *rajarishis* o estado de identificación con los sentidos.

Durante un largo período, el alma permanece identificada con el cuerpo y olvida su unión con el Espíritu. El alma abandona entonces el elevado palacio espacial cósmico de la Omnipresencia al descender por la escalera de las limitaciones en medio de crecientes tinieblas, y comienza a vagabundear por las bajas planicies del materialismo: el «vicio» *(adharma)* prevalece.

De lo anterior se deduce que cada hijo pródigo que desea ascender volviendo sobre sus pasos hacia el Espíritu debe sintonizarse con los impulsos internos del Espíritu —que se halla encarnado en su alma— y, mediante la práctica correcta de la meditación yóguica, dejar atrás la identificación con los hábitos materiales y los goces sensoriales *(rajarishis),* la percepción intuitiva de la vida y conciencia astrales (Ikshvaku), la suma total de la conciencia humana individualizada (Manu) y la Luz Cósmica (Vivasvat). Una vez que alcanza el Espíritu, el alma «exhala» un prolongado suspiro de gozoso alivio: ¡Se ha restablecido la «virtud» perfecta *(dharma)*!

Los senderos que liberan al ser humano de la sucesión de renacimientos

Estrofa 9

जन्म कर्म च मे दिव्यमेवं यो वेत्ति तत्त्वतः ।
त्यक्त्वा देहं पुनर्जन्म नैति मामेति सोऽर्जुन ॥

janma karma ca me divyam evaṁ yo vetti tattvataḥ
tyaktvā dehaṁ punarjanma naiti mām eti so 'rjuna

El que así percibe intuitivamente mis manifestaciones divinas y acciones vibratorias, conforme a la realidad de sus ordenados principios, no renace después de la muerte; él viene a Mí, ¡oh Arjuna!

Cada vez que el Espíritu desciende a la materia vibratoria, y renace en ella por la acción de *maya* (el engaño), pasa a través de diversas etapas, que son los efectos de los ordenados principios creativos *(tattvas)* de la Naturaleza: la conciencia cósmica, la energía, los gases, líquidos y sólidos, la materia macrocósmica (el universo), la materia microcósmica (el hombre, dotado de alma, conciencia, fuerza vital y un cuerpo). De ese modo, el alma desciende con el Espíritu y queda encerrada en el cuerpo.

Si bien el Espíritu permanece libre aun cuando renazca o se manifieste como materia, el hombre, como Espíritu o alma individualizada, se identifica con su diminuto universo (el cuerpo, los sentidos y las posesiones).

Renunciando a los apegos externos e internos, el yogui comienza a ascender desde el plano de las posesiones objetivas; se desliga de los sentidos, del sistema sensorial y motor, de las influencias de su mente subconsciente y de su karma de numerosas vidas. Comienza entonces a remontarse hacia el estado supraconsciente. Abandona sus vagabundeos en la materia y se percibe a sí mismo como imagen perfecta del Espíritu, que reside en un cuerpo pero no se apega a él.

Cuando el yogui une su alma con el Espíritu mediante los estados de éxtasis más elevados, puede ver cómo, por medio de los principios de la Naturaleza y sobre el lienzo del éter, la Luz Cósmica del Espíritu se transformó a Sí misma en las variadas formas de la materia, del mismo modo en que el claro haz de luz que se proyecta desde la cabina de una sala cinematográfica se transforma —al atravesar la película— en imágenes de paisajes montañosos, árboles, lagos, océanos, seres humanos y demás, produciendo así la ilusión de los sólidos, líquidos, gases, materia orgánica e inorgánica, que interactúan en la pantalla.

Krishna señala que quien puede percibir realmente la verdadera naturaleza del renacimiento del Espíritu como materia alcanza la liberación. El yogui iluminado percibe por experiencia intuitiva cómo el omnipresente Espíritu nace en el cuerpo de la materia cósmica y mora ahí sin enredarse en ella. Puesto que es uno con el Espíritu, ese yogui es libre, aunque vista un atuendo corporal.

Estrofa 10

वीतरागभयक्रोधा मन्मया मामुपाश्रिताः ।
बहवो ज्ञानतपसा पूता मद्भावमागताः ॥

vītarāgabhayakrodhā manmayā mām upāśritāḥ
bahavo jñānatapasā pūtā madbhāvam āgatāḥ

Santificados por el ascetismo de la sabiduría, desligados del apego, el temor y la ira, absortos y refugiados en Mí, muchos seres han alcanzado mi naturaleza.

Así como una persona que con gran excitación se halla absorta en una película cinematográfica puede rehusar involucrarse emocionalmente y contemplar con calma el rayo de luz que se proyecta por encima de su cabeza produciendo las imágenes, así también el yogui avanzado puede ver las imágenes oníricas de la vida que emanan del Omnipresente Rayo del Espíritu, a la vez que neutraliza sus emociones. Absorto en la Realidad Infinita, tal yogui alcanza la liberación.

Las escrituras hindúes comparan el sendero espiritual con el hecho de caminar por el filo de una navaja. Esta comparación no sólo alude a la necesidad de llevar una vida virtuosa centrada en Dios, sino específicamente a la postura de la columna vertebral, que ha de mantenerse recta y erguida en la meditación, ya que es el único sendero de ascenso a la percepción de Dios y a la unión con Él[21]. En todas las épocas, muchos devotos —santificados por la disciplina moral y física apropiada, la meditación y una técnica semejante a *Kriya Yoga*— han encendido el fuego purificador de la realización del Ser y han visto, en el resplandor de esa luz, al Espíritu Omnipresente. Uniendo su alma prisionera del cuerpo con el Espíritu que todo lo penetra, el devoto disuelve el apego que lo ata a los miasmas físicos, que incitan al temor y a la ira; al sumergirse en el Omnipresente Espíritu, permanece a salvo en Él.

Los materialistas están tan apegados al disfrute de los objetos sensoriales que viven una existencia llena de temor, el temor de perder los burdos placeres de la salud o las comodidades físicas; y si se produce esa pérdida, la ira los consume. En cambio, los sabios, reconociendo que el cuerpo es como una frágil cesta de placer, no ponen en ella todos los huevos de su felicidad, sabiendo que lo único que obtendrían como resultado sería un montón de huevos rotos.

Estrofa 11

ये यथा मां प्रपद्यन्ते तांस्तथैव भजाम्यहम्।
मम वर्त्मानुवर्तन्ते मनुष्याः पार्थ सर्वशः॥

ye yathā māṁ prapadyante tāṁs tathaiva bhajāmyaham
mama vartmānuvartante manuṣyāḥ pārtha sarvaśaḥ

¡Oh Partha (Arjuna)!, sea cual sea el modo en que las personas me veneren, en esa misma medida Yo me manifiesto a ellas. Todo hombre, a través de cualquiera de esos modos (de buscarme), sigue un camino que le conducirá hasta Mí.

«Así como los seres humanos, según su diversa naturaleza, me ofrecen su devoción de varias formas, así respondo Yo a cada uno de ellos de manera diferente, de acuerdo con el deseo de su corazón, su nivel

[21] De modo similar, Jesús habló del «angosto camino», haciendo una referencia esotérica a la meditación, durante la cual tiene lugar el ascenso de la fuerza vital y la conciencia a través del portal situado en la base de la espina dorsal *(chakra muladhara)* y el estrecho pasaje del *sushumna:* «Entrad por la entrada estrecha, porque ancha es la entrada y espacioso el camino que lleva a la perdición; y son muchos los que entran por ella. En cambio, ¡qué estrecha la entrada y qué angosto el camino que lleva a la Vida! Y pocos son los que lo encuentran» (*Mateo* 7:13-14).

de entendimiento y su modo de veneración. Todos los seres, sea cual fuere el método con que me busquen, van de camino hacia Mí».

En todas las épocas, la poderosa fuerza motivadora del amor humano se ha expresado de distintas maneras: como amor filial, conyugal, amistoso, familiar, servicial, humanitario. Todo el amor humano se toma prestado del Amor Divino, pero en comparación con éste constituye una expresión muy pobre. Insatisfecho con la imperfección del amor humano, el hombre finalmente se vuelve hacia el amor perfecto proveniente de Dios. Puesto que lo único que el Señor anhela es el amor de sus hijos, esa devoción que se entrega libremente —cualquiera que sea su modo de expresión, el esfuerzo dedicado o la forma de adoración— es la que atrae la respuesta divina. Él se da a conocer al devoto en una medida acorde con la mentalidad y la receptividad de esa persona.

Los devotos rinden culto al Señor de muy variadas maneras: como el Infinito, como el Padre Celestial o la Madre Divina, como el Amigo Divino (así fue la relación que existió entre Krishna y Arjuna), o bien, como el Amante Divino, el Bienamado Divino, el Divino Maestro o el Niño Divino. Dios responde al devoto en cualquier aspecto que él más ame. Ante el verdadero monista, Él se muestra como el Infinito; y ante el dualista sincero, Él se presenta en la forma finita deseada.

En la superficie del océano, el agua puede manifestarse como olas grandes o pequeñas, como espuma, burbujas, gotas de lluvia o icebergs, pero en todas esas variadas configuraciones el agua es exactamente la misma. De modo similar, el Espíritu asume muchas formas mediante el poder de *maya* o ilusión cósmica, y aparece como los numerosos seres humanos dotados de libre albedrío —buenos o malos, esclavos o libres, apegados o desapegados, con deseos o sin ellos—, que se abren camino a través de las diversas etapas evolutivas. Los hombres se sienten separados del Espíritu sólo por causa de la inquieta ilusión y no perciben la inmanencia divina dentro de su propio ser y en toda la naturaleza. El yogui aquieta el movimiento de la dualidad con la conciencia de Unidad que se origina en la meditación y así percibe que todas las expresiones duales de la naturaleza surgen de la unidad del Espíritu y se disuelven de nuevo en Él.

El Espíritu se convirtió en los veinticuatro atributos de la Naturaleza y, por acción del engaño, se manifiesta como la infinita variedad de combinaciones de estos atributos. Sin importar cuán heterogéneos sean en apariencia los objetos y la gente de esta tierra, todos ellos provienen de una sola Fuente espiritual. Sin embargo, el concepto que los seres humanos tienen acerca de esta Fuente se halla distorsionado debido a la pantalla de engaño que cada persona ha creado (como resultado de sus interacciones personales con los atributos de la Naturaleza) y a través de la cual se filtran todas sus percepciones y pensamientos. Como resultado de los requerimientos personales de las diversas mentalidades, surgió la necesidad —creada por el hombre— de la existencia de diferentes religiones (para dar cabida a las variadas expresiones de la única Verdad), a lo cual el Señor concede su aprobación y bendiciones. Pero existen obstáculos que separan a Dios de la religión: el fanatismo dogmático, la intolerancia y la intransigencia. A los ojos de Dios, el verdadero infiel es aquel que le deshonra en cualquiera de sus ennoblecedoras manifestaciones. Todos los senderos genuinos —bien sean los basados en la teología, el servicio, el discernimiento y la devoción o los científicos *(Raja Yoga)*— pueden conferir al seguidor sincero un mayor o menor grado de percepción o iluminación correspondiente[22].

Algunos buscadores siguen el sendero de la renunciación pura (percibir que el mundo sensorial es transitorio y que Dios es la única Vida verdadera), en tanto que otros recorren el difícil sendero de la vida mundana guiada por la sabiduría; hay otros, incluso, que transitan por el laberíntico y engañoso sendero de los placeres sensoriales. Ya sea que los hombres traten de encontrar la satisfacción a través de la renunciación, o en la actividad combinada con el discernimiento espiritual, o por medio del placer sensual, en todos los casos la humanidad está abocada a la búsqueda de la felicidad verdadera. Por lo tanto, tarde o temprano todos deberán dirigirse hacia la Fuente y hallarán, de ese modo, la divina bienaventuranza del Espíritu. Los sabios alcanzan la

---

[22] «No entiendo por religión un conjunto de ritos y costumbres, sino aquella que se encuentra en el fondo de todas las religiones y que nos sitúa cara a cara con nuestro Creador.

»En verdad, la religión debería dominar cada una de nuestras acciones. Aquí la religión no significa sectarismo, sino la creencia en el ordenado gobierno moral del universo. No es menos real por ser invisible. Esta religión trasciende el hinduismo, el islam, el cristianismo, etc. No los reemplaza, sino que los armoniza y les confiere realidad.

»Mi hinduismo no es sectario; incluye todo lo mejor que yo sé que es lo más valioso del islam, del cristianismo, del budismo y del zoroastrismo.

»Las religiones son diferentes rutas que convergen en un mismo punto. ¿Qué importa que tomemos diferentes rutas, en tanto lleguemos a la misma meta?

»La necesidad del momento no es una sola religión, sino el respeto mutuo y la tolerancia de los devotos de las diversas religiones. No queremos la igualdad de las religiones, sino la unidad dentro de la diversidad. El alma de la religión es una sola, pero está encerrada en una multitud de formas. Ésta persistirá hasta el fin de los tiempos» (Mahatma Gandhi). *(Nota del editor).*

meta rápidamente, a través de la meditación; la gente del mundo lo hace en forma más lenta, comparando el bien con el mal, en tanto que aquellos que ahora son «malvados» buscarán el verdadero gozo espiritual sólo después de que numerosos desengaños les muestren la insensatez de su rumbo equivocado.

ESTROFA 12

काङ्क्षन्तः कर्मणां सिद्धिं यजन्त इह देवताः ।
क्षिप्रं हि मानुषे लोके सिद्धिर्भवति कर्मजा ॥

kāṅkṣantaḥ karmaṇāṁ siddhiṁ yajanta iha devatāḥ
kṣipraṁ hi mānuṣe loke siddhir bhavati karmajā

Con el deseo de obtener el éxito de sus acciones aquí en la tierra, los hombres adoran a los dioses (los diversos ideales), ya que los logros provenientes de la actividad se alcanzan fácilmente en este mundo.

UNA PERSONA MATERIALISTA SABE que por medio de la acción apropiada puede alcanzar el éxito en sus objetivos; sus pensamientos y sus oraciones propician a los «dioses» de las fuerzas y factores necesarios para lograr sus metas materiales.

El yogui sabe que aquí y ahora, incluso mientras aún se halla encarnado en la tierra, puede tener éxito en alcanzar la realización del Ser a través de las acciones correctas incluidas en la práctica del yoga; mediante dichas acciones, se sintoniza con las divinas fuerzas creativas que hicieron de él un ser humano limitado y que pueden transformarlo de nuevo en un alma liberada e iluminada.

El éxito en el logro de las metas y placeres materiales es relativamente sencillo en un mundo creado para este fin. Por esa razón, el hombre busca los beneficios obvios e inmediatos, lo «tangible», todo lo cual es evanescente y traicionero.

El éxito perdurable consiste en liberar el alma del triple sufrimiento (físico, mental y espiritual, que es inevitable para el ser humano limitado) y alcanzar la bienaventuranza de la liberación final.

Con el objeto de obtener ese éxito verdadero por métodos científicos, los *kriya yoguis* aprenden a retirar la fuerza vital y la mente, por medio de la práctica de *pranayama,* conduciéndolas en dirección ascendente desde los nervios sensoriales y motores hacia la conciencia cósmica, que se asienta en la corriente de mil rayos del cerebro. A través de esta forma de «adoración» científica, el yogui se comunica con las diversas deidades (se sintoniza con los poderes) de los seis centros del eje cerebroespinal. Mediante esta ascensión que la práctica de *Kriya Yoga* lleva a cabo, con el transcurso del tiempo se obtienen los milagrosos poderes *(siddhis)* sobre la mente y la materia que Patanjali menciona[23]. El yogui renuncia entonces a esos poderes inferiores y los reemplaza por el Milagro supremo: Dios. Habiéndole hallado, el devoto ha alcanzado el verdadero éxito.

Las técnicas de pranayama *permiten obtener el supremo éxito espiritual*

La mente *(manas)* que se dirige hacia el exterior, en dirección a los nervios sensoriales y motores, es la creadora de todas las acciones que conducen a diversas clases de éxito terrenal. Cuando *manas* se retira de los músculos, los sentidos, los órganos involuntarios y la espina dorsal, y se dirige al cerebro, el ego identificado con la mente se convierte en el alma perfecta. El alma se une entonces con el Espíritu que resplandece en el loto de luz de mil rayos.

Mediante la práctica correcta e intensa de la técnica para unir el alma con el Espíritu, el yogui logra la maestría y la liberación suprema en un lapso relativamente breve. Comparemos este esfuerzo, acompañado de un éxito perdurable, con la actividad material continua y con los modestos resultados que pueden obtenerse en este mundo terrenal: son ganancias que se escurren entre los dedos o que deben abandonarse cuando llega la muerte. Con el incremento de su poder mental, el yogui «industrioso» —el yogui consumado que continúa viviendo y prestando servicio en el mundo— obtiene «éxito empresarial» con mayor rapidez que el mundano hombre común dotado de gran astucia pero desprovisto de visión profunda.

[23] Véase la nota pertinente incluida en el comentario de VIII:17-19, en el volumen II.

LAS DIVERSAS MANERAS EN QUE ACTÚA EL SEÑOR EN SU CREACIÓN

ESTROFA 13

चातुर्वर्ण्यं मया सृष्टं गुणकर्मविभागशः ।
तस्य कर्तारमपि मां विद्ध्यकर्तारमव्ययम् ॥

cāturvarṇyaṁ mayā sṛṣṭaṁ guṇakarmavibhāgaśaḥ
tasya kartāram api māṁ viddhyakartāram avyayam

De acuerdo con la diferenciación de los atributos (las* gunas*) y las acciones (el karma), he creado las cuatro castas. Aunque en este sentido soy el Hacedor, has de saber que Yo no actúo y que estoy más allá de todo cambio.

EN SU ASPECTO DE CREADOR CÓSMICO, el Señor creó un mundo de seres moldeados conforme a las actividades de su propia naturaleza: la Inteligencia Cósmica, la Energía Cósmica, la Organización Cósmica o Ley del Orden y el Movimiento Cósmico. En el ser humano, estas actividades se expresan bajo la influencia de la diferenciación de las tres *gunas* o cualidades con que el Señor ha imbuido la Naturaleza: *sattva* (elevadora), *rajas* (activante) y *tamas* (degradante). De las acciones del hombre y de sus cualidades buenas, activas o malas, surgen las cuatro castas naturales: la casta espiritual (la Inteligencia, los *brahmines*); la casta que gobierna y protege (la Energía, los *kshatriyas*); la casta que impulsa la organización o las actividades (la Ley del Orden, los *vaisyas*); y la casta obrera (el Movimiento, los *sudras*). La conciencia de Dios, que es pura y está más allá de todos los atributos, asume una apariencia externa de diferenciación cuando se expresa a través de las diversas cualidades y comportamientos humanos. Así como una luz blanca pura permanece sin cambios y, sin embargo, parece diferente cuando se ve a través de cristales de diversos colores, de igual modo, el único Espíritu que se expresa en las cualidades buenas, activas y malas, así como en las actividades características de los seres humanos, tiene en cada caso una apariencia diferente, pero siempre es el mismo y único Espíritu.

El significado del sistema de castas

El sol, la luna, las estrellas, los planetas, las criaturas y el hombre, todos son el resultado de la inteligencia, la energía y el movimiento de Dios que a través del espacio se impulsa en forma organizada. La inteligencia es el «cerebro» de Dios; la energía es su «vida»; el movimiento es su «cuerpo»; y la organización o ley del orden es su plan para el universo. Estas cuatro actividades se combinaron para formar el ser humano. La Inteligencia se convirtió en la cabeza; la Energía Cósmica proveyó la vida y la vitalidad del cuerpo; el movimiento creó los pies; y de la ley del orden (el poder de organización de Dios) surgió la organización del cuerpo.

La organización de la sociedad es un reflejo de la organización de la creación

Estas cuatro actividades son el prototipo a partir del cual se crearon todas las castas. 1) La intelectualidad, el conjunto de los que siguen la guía de la sabiduría. Está constituida por los *brahmines* naturales, que son quienes viven próximos a Dios y reflejan la inteligencia divina a través de su pensamiento discernidor y la actividad espiritual. 2) Los enérgicos guerreros y gobernantes. Son los *kshatriyas* naturales. Dado que son el resultado directo de la Energía de Dios, les agrada mantenerse activos, luchar por una causa, defender su país, proteger al indefenso y al débil. En toda sociedad, hay quienes caen en el mal y deben ser sometidos por aquellos dotados de un poderoso idealismo. 3) Los organizadores. Se trata de los líderes empresariales, y son los *vaisyas* naturales. Puesto que son producto de la ordenada actividad de Dios, tienen la capacidad de organizar las estructuras económicas y laborales de la sociedad. 4) La clase obrera. Son los *sudras* naturales. Expresan el movimiento de Dios, sin el cual la maquinaria universal y social se detendría.

Las diferencias que existen entre estas cuatro castas naturales de la actividad no hacen que unas sean superiores y otras inferiores. Todas son necesarias en el Plan Cósmico. Cuando el cerebro, los pies, las manos o las funciones vitales ordenadas no cooperan en el cuerpo humano, el resultado es que todo el cuerpo sufre. Si, en una sociedad, los que poseen intelecto superior y los gobernantes luchan contra los soldados, y si los líderes empresariales luchan contra los obreros, todos sufrirán y perecerán. El bienestar de un grupo no puede ser sacrificado para enaltecer a otro grupo que falsamente se considere que pertenece a la élite o que es más importante.

Las escrituras y la historia muestran que en todos los pueblos, tanto salvajes como civilizados, se creó una división de los habitantes en cuatro grupos con el objeto de contar con el gobierno adecuado de un gran clan, raza o nación[24]. Incluso desde épocas primitivas parece haber existido en todas las razas una clasificación natural de la gente, decretada por Dios, que incluye los diferentes tipos de personas y que no se basa en la herencia sino en las cualidades innatas del individuo.

En la India, ciertos líderes religiosos con gran poder entre los *brahmines* —a semejanza de los fariseos de la época de Jesús— convinieron en basar el sistema de castas enteramente en la herencia, a fin de que se adaptara a sus propios fines despóticos. Por largo tiempo, las masas en general cayeron presa de la teoría de que la vocación de sacerdote, guerrero, comerciante u obrero habría de determinarse de acuerdo con la herencia y no conforme a las inclinaciones o capacidades innatas. El hijo de un *brahmin* automáticamente era *brahmin,* aun cuando no supiera nada acerca de la vida religiosa o filosófica, e incluso aunque tendiera a ser un comerciante, o un guerrero, o un esclavo de los sentidos. Cuando los guerreros de la India fueron derrotados ante la agresión extranjera, los comerciantes, los obreros y los sacerdotes se mantuvieron al margen e inactivos, diciendo: «¡Qué mala suerte que los *kshatriyas* (guerreros) hayan perdido la batalla! Por supuesto, va contra nuestra costumbre hereditaria que nosotros, los que pertenecemos a las otras tres castas, luchemos». Esta actitud errónea fue una de las razones por las cuales la India perdió su libertad cuando las fuerzas enemigas invadieron el país.

Este execrable punto de vista hereditario sobre las castas ha sido condenado siempre por los swamis sabios, los yoguis y otros seres iluminados de la India. Shankara, el fundador de la Orden de los Swamis, escribió: «Ni nacimiento, ni muerte, ni casta tengo». Él renunció a la casta *brahmin* en que había nacido. Los seguidores de Mahatma Gandhi y de otros líderes modernos de la India están haciendo un gran bien en sus esfuerzos por reformar el sistema de castas[25].

---

[24] Véanse también las referencias a las «castas» —*brahmines, kshatriyas, vaisyas* y *sudras*— que aparecen en II:31, III:24 y XVIII:41-46 (volumen II).

[25] «Parte del legado de Gandhi es la protección que la constitución de la India ofrece a los intocables», señala *The Economist* en su edición del 8 de junio de 1991. La constitución de la India, ratificada en 1950, abolió la «intocabilidad» de casta y prohibió toda restricción en los edificios públicos que surja del hecho de pertenecer a una determinada casta. Los antiguos descastados (los «intocables», a los que Gandhi amorosamente rebautizó como *harijans,* «hijos de Dios») «tienen sitios reservados en las cámaras bajas, tanto del cuerpo legislativo central como en el de los diferentes estados, además de un porcentaje de vacantes y empleos gubernamentales reservados en escuelas y universidades», informó *The Economist.*

Por supuesto, podría aducirse con toda justicia que, por influencia de la herencia y del entorno, los hijos de sacerdotes, guerreros, comerciantes y obreros tienen por lo general una tendencia a mostrar muchos rasgos «de familia». Existe una gran posibilidad de que el hijo de un sacerdote se convierta en sacerdote y que el hijo de un guerrero se convierta en soldado. Pero también es verdad que los instintos más poderosos de los hijos no siempre reflejan las características de los padres. Es proverbial el hecho de que los hijos de los pastores religiosos elijan otras vocaciones, y lo mismo ocurre con las demás «castas». ¡El hijo de Napoleón no fue en modo alguno un genio militar! A menudo hay en la misma familia dos niños cuya naturaleza es opuesta. La afinidad por una sola cualidad, como por ejemplo el amor por la armonía, puede ser la causa del nacimiento de una persona con inclinaciones materiales en una familia espiritualmente armoniosa.

Determinar la casta de una persona basándose en la herencia es pura ignorancia

Por consiguiente, es pura ignorancia determinar la casta de acuerdo con la herencia, pues sabemos que, por ejemplo, el hijo de un obrero puede ser un genio de la música, y el hijo de un soldado, un buen hombre de negocios. Según las actuales leyes del reclutamiento militar, no sólo los hijos de los soldados sino también de los clérigos, comerciantes y obreros han sido llevados hacia el vórtice de la guerra; todas las clases sociales han demostrado igual renuencia ¡e igual valentía!

A todo ser humano —que es la reencarnación de un ego con diversos rasgos e instintos personales y que ha nacido en una familia cuyas características pueden serle por completo ajenas— debería permitírsele que se dedique a la profesión por la que sienta mayor afinidad.

Esta estrofa del Guita, en que se menciona el origen de las cuatro castas, no alude solamente a las actividades hacia las cuales el hombre siente una inclinación natural, sino también al hecho de que, aunque todas las almas fueron creadas a la misma imagen del Espíritu, cuando

---

Para eliminar las persistentes raíces perniciosas de los prejuicios raciales y de casta de los corazones de hombres y mujeres en todas las naciones del mundo actual, es necesario un mayor entendimiento espiritual además de los esfuerzos legislativos. Paramahansa Yogananda dijo: «Apenas aprendamos en meditación a amar a Dios, amaremos a toda la humanidad tal como amamos a nuestra propia familia. Sólo quienes han encontrado a Dios mediante su propia realización del Ser, quienes en verdad han experimentado a Dios, *están capacitados* para amar a la humanidad; no impersonalmente, sino como hermanos de sangre, hijos del mismo y único Padre». *(Nota del editor).*

se introducen en los diversos cuerpos se les concede libre albedrío para ser influenciadas por las tres *gunas* de la Naturaleza. Estas *tres* cualidades producen las *cuatro* castas cualitativas naturales. Todos los hombres exhiben una mezcla de las tres *gunas,* lo cual explica la desconcertante diversidad que existe en la naturaleza humana en general, ¡y también la desconcertante variedad que algunas veces se encuentra en una sola persona!

La casta de una persona se determina por el modo en que responde a las gunas

El predominio de una de las siguientes *gunas* o combinaciones de *gunas* es lo que determina la casta natural de cada ser humano: 1) *sattva* (buenas cualidades), 2) *sattva-rajas* (una combinación de cualidades buenas y activas), 3) *rajas-tamas* (una mezcla de cualidades activas y materialistas) y 4) *tamas* (cualidades oscuras o nocivas).

De acuerdo con el karma individual, una persona nace en 1) la casta natural de los *brahmines,* «los conocedores de Brahma o el Espíritu», o 2) en la casta natural de los *kshatriyas,* en la que predomina una amalgama de las buenas cualidades y las cualidades de afición por la actividad, o 3) la casta natural de los *vaisyas,* marcada por una mezcla de tendencias materialistas y afición por la actividad, o 4) la casta natural de los *sudras,* que se caracteriza principalmente por la afición a los placeres corporales.

Estos cuatro estados relacionados con las *gunas* influyen también sobre la meditación. En el camino hacia la percepción yóguica, el primer estado de la meditación está rodeado de oscuridad. («Y la luz brilla en las tinieblas, y las tinieblas no la comprendieron»[26]). Se dice que el devoto está en el estado de *sudra* si su mente se halla absorta por completo en la inquietud muscular y sensorial del cuerpo. Cuando el yogui medita con mayor profundidad, contempla una luz rojiza sobre un fondo oscuro; comienza a cultivar las semillas de las diversas percepciones espirituales en el suelo de la intuición y se eleva entonces al siguiente estado, el estado de *vaisya.*

El yogui continúa su desarrollo; merced a sus atributos divinos y activos, comienza a ganar conscientemente la batalla entre las distracciones sensoriales y las intuiciones del alma. Se convierte en un guerrero veterano, capaz de destruir con éxito las sensaciones y los pensamientos subconscientes invasores al desconectar su fuerza vital de los nervios sensoriales y motores. Éste es el estado de *kshatriya,* en que el yogui triunfa sobre los sentidos y contempla una luz blanca con

[26] *Juan* 1:5.

un resplandor rojizo: la luz de la energía acumulada que se ha retirado de los sentidos.

El yogui aprende a retirar la energía de las seis fortalezas espinales, donde los sentidos y las percepciones superiores libran una batalla permanente, debatiéndose entre la conciencia del cuerpo y las percepciones espirituales. En este cuarto estado, el yogui logra desconectar su conciencia de las posesiones terrenales, las sensaciones corporales, los pensamientos subconscientes y las fuerzas vitales; luego, conduce su ego (la pseudoalma) por los nervios sensoriales y motores, por los seis nudos espinales de carne y mente, en dirección a los lóbulos frontales del cerebro, en la región de la fontanela[27], y se une con la indescriptible luz blanca del Omnipresente Espíritu (Brahman), que se expresa o asienta en forma manifiesta en el sutilmente luminoso trono de mil rayos de las percepciones espirituales. Éste es el supremo estado del *brahmin* natural.

Estrofa 14

न मां कर्माणि लिम्पन्ति न मे कर्मफले स्पृहा।
इति मां योऽभिजानाति कर्मभिर्न स बध्यते॥

na māṁ karmāṇi limpanti na me karmaphale spṛhā
iti māṁ yo 'bhijānāti karmabhir na sa badhyate

Las acciones no me ocasionan apego, y tampoco anhelo sus frutos. Aquel que se ha identificado Conmigo y conoce mi naturaleza está libre también de las cadenas kármicas provenientes de las acciones.

Dios, el Creador de todo movimiento vibratorio —que se manifiesta como energía cósmica y como átomos e islas de universos—, permanece libre de toda mácula de apego *(na limpanti)*[28] a las repercusiones de todas las energías móviles. Tampoco tiene el Señor ningún deseo

[27] Es una referencia a la ubicación del loto de mil pétalos del cuerpo astral, que en el cuerpo físico corresponde al área del cerebro en la región en que, en la etapa fetal y en los bebés, existe un orificio cubierto por una membrana en la parte superior del cráneo, llamado fontanela frontal y al que comúnmente se alude como el «punto blando». (En el segundo año de vida, la fontanela se osifica y, de ese modo, el orificio del cráneo se cierra).

[28] De la raíz sánscrita *lip,* «estar apegado a; manchar, contaminar»; y *na,* «no».

especial de alcanzar un determinado resultado de sus fuerzas armoniosas presentes en la Naturaleza. Aquellos que desechan todo engaño y perciben que están «hechos a imagen de Dios», se hallan libres de las ataduras kármicas, al igual que el Señor.

La frase en sánscrito *«mam yas abhi-janati»*[29], traducida en esta estrofa como «que se ha identificado Conmigo y conoce mi naturaleza», es una referencia al devoto que en la meditación vuelve su conciencia hacia la percepción interior del Espíritu, o se sumerge en esta percepción, y de ese modo percibe la identificación de su verdadero Ser, el alma, con el Siempre Perfecto Señor.

Debido a la acción de *maya* (el engaño) que opera a través de las activas fuerzas de la Naturaleza, la mente del hombre fluye al exterior a través de los sentidos; el alma se identifica de esa manera con el cuerpo, sus posesiones y el entorno. Manchada así por el apego, la naturaleza pura del alma permanece oscurecida; se convierte en la pseudoalma o ego, sujeta al engaño individual que le hace desarrollar gustos y aversiones, los cuales son los instigadores de los enredos materiales. Sólo después de muchas encarnaciones de sufrir desilusiones, esperando la dicha perdurable que su efímera forma física pudiera proporcionarle, así como los placeres corporales, el hombre gradualmente toma medidas para abandonar su naturaleza egoísta y emprende la búsqueda sincera de la plenitud en la calma interior, la introspección y la acción que emana del discernimiento. Dios le envía entonces un gurú, que enseña al devoto el arte de volver a unir el Espíritu con el ego atado a la materia. Mediante el recogimiento interior de la mente, el alma renuncia a su egoísta naturaleza de esclavitud al cuerpo, así como al apego por las actividades y deseos del cuerpo y de los sentidos; comienza luego a recordar y expresar su verdadera naturaleza como reflejo perfecto del Espíritu.

Sin importar por cuánto tiempo el barro del engaño haya recubierto la dorada imagen del alma, por siempre bienaventurada, y la haya ocultado, el hombre puede elegir con su libre albedrío si desea consolidar el engaño y acrecentarlo con nuevas acciones erróneas, o bien eliminar el lodo con los instrumentos del discernimiento y la meditación.

El Señor claramente expresa su ley en esta estrofa del *Guita:* «Cualquiera de mis hijos que desee alcanzar mi estado de libertad y satisfacción debe recordar su identidad con mi Naturaleza y evitar los enredos

---

[29] Literalmente, *abhi,* «hacia, al interior de»; *janati,* «recuerda o rememora, conoce»; *mam,* «Yo»; *yas,* «quien, quienquiera».

kármicos; para ello, habrá de dedicarse en la forma apropiada a sus actividades en este drama cósmico tal como Yo lo hago, sin desear los frutos de las acciones y sin mancharse con las engañosas identificaciones y apegos que nacen de sus actos». Siguiendo esta regla, uno puede representar el drama del placer o el dolor, de la prosperidad o la pobreza, de la salud o la enfermedad, sin experimentar mortificación mental ni consecuencias kármicas, del mismo modo en que los actores representan sus papeles cómicos o trágicos sin ser afectados en su interior.

Dios es la Totalidad; su actuación en el universo, en todas sus manifestaciones externas, no afecta a su Ser interno ni a su bienaventurada trascendencia. Todos sus hijos pueden comportarse como Él, es decir, permanecer sin que su Ser interno sea afectado. Tienen la libertad de apegarse a las acciones, y así eclipsar la imagen del alma con el sufrimiento, o pueden actuar sin apego como Dios lo hace, centrando su conciencia en la divina y perfecta imagen interior. Cualquiera que sea el caso, *todos* los seres humanos deben actuar de algún modo en esta tierra, así como Dios mismo ha elegido el sendero de la acción. Él es el Director, los actores, la trama, el escenario, la escenografía y la audiencia: todos los factores relacionados con el drama cósmico. Él actúa en todo sin buscar recompensa ni identificarse engañosamente con ninguna de sus manifestaciones. Pero el hecho cierto es que Dios actúa; «¡el espectáculo debe continuar!», aun cuando esta obra teatral no sea necesaria para satisfacer ningún deseo personal del Creador, del mismo modo en que un hombre adinerado, que posee todas las riquezas que desea, puede dedicarse a alguna actividad empresarial como un pasatiempo, sin apego alguno hacia ella y sin deseo de obtener beneficios económicos.

En cierta ocasión, me encontraba cenando con un amigo cuya diversión consistía en dirigir una enorme granja de 240 hectáreas ¡con pérdidas! Él hacía alarde del alto costo de los huevos que producía.

—¡Me cuestan noventa centavos cada uno! —me dijo.

—Entonces, ¿qué objeto tiene mantener la granja funcionando? —le dije riendo.

—No me importa si tiene éxito o no —respondió—; no necesito el dinero, así que no espero nada de ella. Simplemente la dirijo para mantenerme ocupado y proveer empleo a otras personas.

Para Dios, este colosal cosmos es únicamente un pasatiempo. Sus hijos leales no deben tomarse en serio el drama terrenal; ¡se trata sólo de una actividad pasajera! Puesto que todos los seres humanos son dioses potenciales —sin importar por cuánto tiempo hayan estado atados por los renacimientos, a causa de la siempre envolvente y retorcida cadena del mal karma—, en algún momento tendrán que realizar esfuerzos conscientes para lograr su liberación. Así pues, aunque el engaño cósmico mantiene a la mayoría de los seres humanos encadenados a los apegos físicos, los deseos, el sufrimiento y la muerte, de vez en cuando hay algunos que hacen un gran esfuerzo por escapar, ¡y lo logran!

Estrofa 15

एवं ज्ञात्वा कृतं कर्म पूर्वैरपि मुमुक्षुभिः।
कुरु कर्मैव तस्मात्त्वं पूर्वैः पूर्वतरं कृतम्॥

evaṁ jñātvā kṛtaṁ karma pūrvair api mumukṣubhiḥ
kuru karmaiva tasmāt tvaṁ pūrvaiḥ purvataraṁ kṛtam

Comprendiendo esta verdad, los sabios que buscaban la salvación, desde los primeros tiempos, llevaron a cabo acciones prescritas por el deber. Por ello, actúa tú también conforme al deber, tal como hicieron los antiguos en épocas remotas.

Desde tiempos inmemoriales, los buscadores de la libertad espiritual, al recordar su identidad con la verdadera naturaleza de Dios —quien permanece en su estado impersonal y libre de ataduras en medio de todas sus actividades creativas—, se han comportado igual que Él y realizan sólo las acciones prescritas por el deber, libres de los enredos egoístas. Todo devoto fiel debería aprender a discernir entre las acciones que Dios aprueba y aquellas instigadas por el deseo material. Debe entonces llevar a cabo aquellas acciones inspiradas por Dios, sin ningún deseo de beneficiarse de sus frutos.

Al principio, actuar sin el deseo de obtener como resultado un provecho material puede parecer monótono y sin sentido. Pero, con el transcurso del tiempo, uno comprende que las acciones que se emprenden por motivos personales interrumpen y distorsionan el drama de Dios, y que es desaconsejable e improductivo actuar en forma antagónica a su plan divino. Por consiguiente, uno ha de realizar sólo las acciones debidas, y hacerlo sin apego.

«Dios no habla conmigo —podría lamentar algún devoto—, ¿cómo puedo saber qué acciones debo llevar a cabo?». La respuesta es: Dios habla con el devoto a través de su verdadero gurú-preceptor y de las enseñanzas espirituales que se le imparten a través de ese canal. Cuando uno tiene duda acerca de qué acciones debe realizar, puede recurrir a la ayuda de su gurú o de algún discípulo avanzado del gurú que esté autorizado para proporcionar dicha ayuda. La técnica de salvación impartida por el gurú le permite al discípulo lograr la sintonía divina. Si el discípulo practica con profundidad la técnica de meditación que ha recibido de su gurú, entonces Dios y el gurú (el poder invisible de ambos que vibra dentro del devoto) le guiarán por la senda correcta.

¡Jamás dejes de realizar acciones meritorias! Cristo, Krishna, Babaji, todos ellos trabajaron y continúan haciéndolo con el objeto de salvar almas y hacer su parte para ayudar en el drama divino de la creación. Debes seguir ese ejemplo, ese ideal de la acción correcta establecido por los grandes maestros a lo largo de todas las épocas.

En las escrituras abundan los ejemplos donde se advierte al yogui de que incluso los devotos avanzados pueden caer de las alturas si no realizan trabajo alguno. La renunciación *externa* que no está acompañada de la actividad correcta y de la meditación es peligrosa; hace que la mente se concentre en los acostumbrados placeres envenenados de los sentidos que supuestamente ya se están abandonando. Sin el gozo del éxtasis o las acciones meditativas o serviciales, la mente ociosa se convierte en una morada de malos pensamientos y de estados de ánimo negativos. Mientras no se alcance la liberación final, la inactividad conduce a la pereza mental, al apego sensorial y a la pérdida de la conciencia de Dios. Un buen comerciante es, por lo tanto, mejor que un monje perezoso. Pero quien renuncia a todo por Dios, y piensa en Él todo el tiempo durante las actividades útiles y espirituales, y presta servicio a Él y a sus hijos sin obtener beneficios económicos, y medita con profundidad en Dios por la noche y en los breves lapsos de tiempo libre con que cuenta durante el día, está siguiendo el camino más elevado.

El devoto sincero, tanto si es renunciante o una persona de hogar, medita con intensidad en la noche, cuando está libre de las interrupciones del mundo, y al alba antes de comenzar con sus obligaciones; asimismo, trabaja durante el día sólo para complacer a Dios y a su leal servidor (el gurú), cuyo único deseo es ayudar al discípulo a encontrar a Dios. Uno debe sentir la Divina Presencia y, por ella inspirado, debería trabajar acatando obedientemente la guía espiritual (el *sadhana*) que su gurú le ha impartido. De ese modo, estará siguiendo el camino más seguro para trabajar y vivir libre de sufrimiento. Hacer lo que uno *desea* no es libertad; en cambio, hacer lo que uno *debe* hacer, guiado por la sabiduría de un verdadero gurú, conduce a la emancipación total.

LIBERARSE DEL KARMA: CONOCER LA NATURALEZA DE LA ACCIÓN CORRECTA, DE LA ACCIÓN ERRÓNEA Y DE LA INACCIÓN

ESTROFA 16

किं कर्म किमकर्मेति कवयोऽप्यत्र मोहिताः ।
तत्ते कर्म प्रवक्ष्यामि यज्ज्ञात्वा मोक्ष्यसेऽशुभात् ॥

kiṁ karma kim akarmeti kavayo 'py atra mohitāḥ
tat te karma pravakṣyāmi yaj jñātvā mokṣyase 'śubhāt

Incluso los sabios se hallan confundidos acerca del significado de la acción y de la inacción. Así pues, te explicaré en qué consiste la acción verdadera, y dicho conocimiento te liberará del mal.

INCLUSO LOS SABIOS QUE HAN ALCANZADO cierto grado de comunión con el Espíritu se identifican de nuevo con los sentidos una vez que concluye su éxtasis y, por ello, todavía se sienten desconcertados acerca de cuál es la acción correcta. Un santo que en medio de las actividades es capaz de mantener su estado de éxtasis lleva a cabo acciones correctas (acciones dirigidas por Dios). Sólo pueden considerarse «acciones correctas» aquellas que se realizan con la conciencia divina. Las acciones que se efectúan con la conciencia del ego son «acciones erróneas» (generadoras de karma)[30].

El yogui que no persevera en la meditación hasta alcanzar el inmutable estado final de *nirvikalpa samadhi* es incapaz de retener su unión con Dios durante las actividades materiales. El alma está despierta en el estado extático, pero duerme (se convierte en la pseudoalma o ego) cuando el ser humano se encuentra en el estado de vigilia.

En el estado en que impera el ego, incluso los sabios se preguntan cuál es la diferencia entre la acción correcta y la errónea. El yogui que se encuentra en el estado egoísta tiende a identificarse con las condiciones e impulsos corporales. Engañado de ese modo, actúa en forma indebida (de acuerdo con lo que le dictan los sentidos).

---

[30] El significado de «inacción» como algo totalmente distinto de la acción errónea se trata en detalle en las estrofas siguientes.

Si uno mantiene una vigilancia constante durante el estado de vigilia, puede reconocer la diferencia entre las acciones buenas y malas. Por ejemplo, un yogui hambriento empieza a comer (nada hay de malo en ello). Pero, a medida que come, su mente comienza a concentrarse en el sabor (¡se acercan «curvas peligrosas»!). Finalmente, termina comiendo en exceso (incurre en una deuda kármica con la Naturaleza). De este modo, incluso un hombre dotado de sabiduría puede olvidarse de distinguir la sutil línea que separa una alimentación regida por el autocontrol de la que carece de control y, en general, aquella línea que divide las acciones que se identifican con el alma de las que se identifican con el cuerpo.

Todos los males y sufrimientos de la existencia humana se inician cuando el alma olvida utilizar el cuerpo y los sentidos como sus instrumentos y sirvientes. Si el alma se identifica con el cuerpo, su conciencia se dirige hacia los sentidos y se aleja de su percepción intuitiva interior de la verdad. Después de haber alcanzado una vez el éxtasis y la comunión con Dios, todo devoto debería esforzarse al máximo por ser consciente del estado divino, aun cuando se encuentre en el estado humano o egoísta. Mantener sin cesar la conciencia centrada en ese estado evitará toda confusión entre las acciones buenas y malas.

Durante el estado extático y también durante la introspección, el devoto desea realizar todas las acciones guiado sólo por la sabiduría y el autocontrol. Sin embargo, tan pronto como se identifica con los sentidos, se somete a los dictados de éstos.

El *Guita* aconseja al hombre abstenerse de toda forma de gratificación sensorial que conduzca al sufrimiento físico, mental o espiritual. Por consiguiente, el yogui debe tener cuidado con los sentidos y mantener una actitud de atenta vigilancia, a fin de evitar que las riendas del control pasen del alma al ego.

Estrofa 17

कर्मणो ह्यपि बोद्धव्यं बोद्धव्यं च विकर्मणः ।
अकर्मणश्च बोद्धव्यं गहना कर्मणो गतिः ॥

karmaṇo hyapi boddhavyaṁ boddhavyaṁ ca vikarmaṇaḥ
akarmaṇaśca boddhavyaṁ gahanā karmaṇo gatiḥ

Es muy difícil conocer la naturaleza del karma (la acción). En verdad, para comprender plenamente la naturaleza de la acción apropiada, es preciso comprender también la naturaleza de la acción opuesta (indebida) y la naturaleza de la inacción.

DIOS SE EXPRESA A TRAVÉS de la Naturaleza por medio de innumerables actividades. Para el observador casual, para el estudioso de la historia, el mundo está lleno de contradicciones. Ello se debe a que la existencia misma del mundo depende de la relatividad: todas las actividades interactúan entre sí para producir diferentes resultados. Lo que podría ser correcto en determinadas circunstancias puede ser erróneo bajo otras; o bien, una acción realizada con cierta motivación puede ser buena, en tanto que la misma acción instigada por un motivo distinto puede resultar nociva. Además, la perspectiva del hombre y, por consiguiente, su cognición pueden ser limitadas, puesto que busca resultados inmediatos; mas sólo observando por un largo período la historia o las encarnaciones posteriores de una persona, o a través del atajo de una sabia visión, puede conocerse con precisión el resultado final —para bien o para mal— de la mayoría de las acciones.

TRES CATEGORÍAS DE ACCIONES HUMANAS

UNO PODRÍA, ENTONCES, ESTUDIAR y comparar toda clase de actividades humanas sin recibir una orientación absoluta acerca de qué acciones debería emprender el hombre para su beneficio supremo. Por lo tanto, el Señor Krishna divide todas las acciones humanas en tres categorías: la acción correcta o apropiada, la acción nociva u opuesta y la inacción.

Las acciones correctas son aquellas que despiertan la conciencia del alma

La acción correcta: Cuando la acción que se lleva a cabo tiende a despertar la conciencia del alma, puede considerarse acción apropiada. Todas las actividades que conducen la mente de una persona hacia el gozo del alma y la alejan de la esclavitud de los sentidos son acciones correctas. Todas las acciones que producen la unión del ego con el alma, y del alma con Dios, son acciones apropiadas. Bajo esta categoría se encuentra una amplia gama de actividades que contribuyen a liberar al hombre de la esclavitud sensorial, que es el estado «normal» de identificación con el cuerpo de los seres mortales.

El hombre sabio, por ejemplo, sólo come lo necesario para satisfacer sus necesidades nutricionales. Lleva a cabo ese deber físico porque comprende que es Dios quien le ha encomendado la tarea de mantener el templo corporal del alma. Orientando de modo similar todas sus actividades en beneficio del alma, sólo lleva a cabo acciones correctas.

Las acciones por sí solas carecen de significado; la intención discernidora y el autocontrol que las sustenta determinan si tales acciones conducen a la liberación o a la esclavitud kármica. Por consiguiente, no debe culparse al hombre espiritual por la similitud que existe entre su acción de ingerir alimentos, por ejemplo, y la acción homóloga de un hombre comilón. El hombre dotado de autocontrol come y fortalece su cuerpo mientras lleva a cabo la acción correcta; en cambio, el glotón come en exceso y sigue una dieta inapropiada que satisface su sentido del gusto y con ello actúa de una manera indebida que perjudica su cuerpo.

De modo similar, si la música armoniosa y las palabras dulces se convierten en portadoras del despertar del alma, contribuyen a la causa de la liberación; en cambio, quien se deja esclavizar por la música o las dulces palabras de adulación pierde su equilibrio y queda sumido en el egotismo. Si hace uso en forma indebida del sentido del oído, está ignorando la ley de la acción correcta. Si una pieza musical no tiene vibraciones elevadas o sagradas, despierta emociones frívolas, inquietas e incluso innobles. La música espiritual[31], tal como los himnos o cantos

---

[31] «La música hindú es subjetiva, espiritual; es un arte individualista que no persigue el brillo sinfónico, sino una armonía personal con el Alma Suprema. [...] Los *sankirtans*, o reuniones musicales [para el canto devocional], son una forma efectiva del yoga o disciplina espiritual, que requieren una profunda concentración e intensa absorción en la raíz del pensamiento y del sonido. Como el hombre mismo es una expresión de la Palabra Creadora, el sonido tiene un potente e inmediato efecto en él. La razón por la cual las grandes composiciones musicales religiosas de Oriente y Occidente le producen alegría al hombre se debe a que ocasionan temporalmente un despertar vibratorio en alguno de los centros ocultos de la espina dorsal y evocan en él, en esos momentos de dicha, tenues recuerdos de su origen divino» *(Autobiografía de un yogui).*

Además del poder espiritual de la música, desde antaño se conoce su valor terapéutico como una fuerza para procurar la curación física y mental, y se utilizó en la antigua India, China, el Tíbet y otras culturas. En el siglo VI a. C., Pitágoras empleaba melodías especiales para curar desarmonías específicas tales como la preocupación, la tristeza, el temor y la ira. Consideraba el cuerpo físico como un instrumento que podía responder de inmediato a los efectos vibratorios del sonido.

Más recientemente, médicos de Norteamérica, Europa y Japón han comenzado a aplicar el poder curativo de la música. La publicación *Science Digest* reseñó en enero de 1982 que, en un experimento que se llevó a cabo en un hospital de Montreal, la música clásica funcionó tan bien como calmante para el dolor que muchos enfermos terminales de cáncer pudieron suprimir por completo los analgésicos. En todo el mundo, las

devocionales, eleva la conciencia del oyente y disipa las vibraciones groseras.

De igual modo, los sentidos de la vista, el tacto y el olfato pueden convertirse en fuentes para el despertar del alma a través de la acción correcta; pero una complacencia sensorial negligente ocasiona graves problemas. Así, por ejemplo, el amor por los rostros bellos o el sentido del tacto podría conducir a la promiscuidad sexual y el consiguiente padecimiento. El hombre sabio considera toda belleza como una expresión de la Divinidad; convierte el sentido del tacto en la emoción del gozo que satura cada célula de su cuerpo durante la comunión extática con Dios. Emplea todos sus sentidos sólo para el goce divino, y pone bajo su control a estos corceles salvajes, con la finalidad de que conduzcan el carruaje de su vida hacia la libertad espiritual.

La acción opuesta: nociva para el cuerpo, la mente o el alma

La acción opuesta: Toda acción que sea nociva para el cuerpo, la mente o el alma es una acción opuesta o indebida, y debe evitarse. Una persona sensual abusa de sus sentidos de la vista, el oído, el olfato, el gusto y el tacto hasta que se percata de que todos estos medios de buscar felicidad solamente le deparan saciedad y malestar. El que abusa del alcohol es un ejemplo de ello. Bebe hasta quedar insensible y de pronto descubre que ha arruinado su salud y ha destruido toda esperanza de felicidad. Otra clase de personas se hallan tan esclavizadas por la belleza, el gusto, el tacto, el olfato o el oído que transforman sus vidas en un auténtico infierno. ¿Dónde está el «placer»

---

instituciones médicas están combinando este nuevo «remedio» con las formas convencionales de tratamiento, y comprueban que la música es muy efectiva para aminorar el dolor crónico, facilitar el parto, inducir la relajación para reducir el estrés, disminuir los riesgos de la hipertensión y acelerar el aprendizaje.

Dorothy Retallack, en su libro *The Sound of Music and Plants* [El sonido de la música y las plantas] (DeVorss & Co., Marina del Rey, California, 1976), informó acerca de su labor de investigación, en la que utilizó monitores de respuesta galvánica de la piel (GSR) y registró gráficamente el crecimiento de las plantas bajo diferentes entornos de sonido. Las plantas crecieron hacia los altavoces y prosperaron cuando se expusieron a determinado tipo de música; en cambio, con otra clase de música, se marchitaron. Las plantas parecieron responder de modo positivo a la música clásica, especialmente a la de la India, pero retrocedieron con fuerza y murieron cuando se expusieron a música de *rock* duro.

Los estudios han demostrado que la música instrumental lenta y apacible, como por ejemplo el tempo *largo* o *adagio* de las sonatas y sinfonías barrocas y clásicas, tiende a disminuir el ritmo cardiaco y la presión arterial y a reducir la tensión muscular. Además, se ha comprobado clínicamente que esa clase de música induce las ondas cerebrales alfa, características del estado de profunda relajación mental. *(Nota del editor).*

proveniente de aquellas acciones que destruyen todo el encanto de la vida? Cuando los corceles de los sentidos conducen el carro de la vida directamente hacia la zanja de la saciedad, el sufrimiento y la mala salud, el único culpable es el descuidado conductor.

Así como la acción indebida de probar miel envenenada sería un acto irreflexivo, aunque por un instante el sabor fuese delicioso, así también el saborear el mal es igualmente insensato ¡aun cuando resulte placentero al principio! Todo hombre, ya sea mundano o religioso, debería usar sus instrumentos sensoriales con discernimiento y autocontrol, en favor de sus propios intereses y de su propia felicidad verdadera. Los mandamientos espirituales no se instituyeron para atormentar a los seres humanos ni para privarlos de la felicidad, sino para alejarlos de los placeres envenenados que producen terribles consecuencias kármicas.

Recurriendo de nuevo al ejemplo de aquel que come con avidez y sólo para complacer los sentidos, sucede que él está transgrediendo tanto las leyes del alma como las de la naturaleza. Finalmente muere a causa de alguna enfermedad provocada por la glotonería. Aunque las consecuencias no sean evidentes de inmediato, cuando él renazca continuará llevando consigo tanto el hábito de la gula como la tendencia a la enfermedad. Estas actividades nocivas relacionadas con la identificación corporal se consideran, por lo tanto, «acciones erróneas».

Otro ejemplo es el estilo de vida de muchas personas adineradas. Dado que los ricos no tienen dificultades económicas, por lo general abusan de sus apetitos sensoriales y malos hábitos hasta que la mala salud o la muerte prematura se apodera de ellos. La riqueza en sí misma no es nociva, pero no se debe utilizar en forma egoísta ni para la autodestrucción, sino con el objeto de satisfacer los impulsos generosos del alma en beneficio de otros menos afortunados, a fin de aliviar sus necesidades físicas, mentales y espirituales.

En lo que respecta al sexo, éste sólo debería usarse, de modo ocasional, para traer hijos a una familia. Cuanto más grande sea la victoria sobre el sexo, tanto mayor será el estado de salud y de felicidad. Si uno mantiene la mente en pensamientos elevados y hace ejercicio de manera vigorosa, realizando de continuo acciones para Dios y practicando la meditación, puede transmutar la sagrada y poderosa fuerza creativa en fuerza física y salud, creatividad mental y éxtasis divino en la comunión con Dios.

Las gratificaciones sensoriales innecesarias, tales como fumar, beber alcohol y frecuentar malas compañías son portales hacia los malestares físicos y mentales. Uno debería tratar de encontrar el placer en aquellas buenas compañías que ayuden a moldear la voluntad y el buen juicio con el fin de encontrar la verdadera felicidad. A través de las malas compañías, el hombre, que por naturaleza tiende a imitar, aprende a efectuar acciones que le causan sufrimiento. Si uno desea hallar la liberación y comprender cuáles son las acciones correctas, es preciso que busque la amistad de aquellos que aman a Dios y meditan en Él.

La inacción: El estado de verdadera inacción se logra cuando el devoto se ha liberado de todas las acciones que crean karma, sean buenas o malas. Ese devoto ha dado por terminadas todas las formas compulsivas de acción; ha alcanzado el estado de inacción (es decir, la total liberación de la necesidad y deseo de actuar) que es característico de Dios Padre. El yogui liberado está rebosante en todo momento de burbujeante alegría interior, ya sea que se encuentre sentado apaciblemente o inmerso en la actividad. Así pues, se considera que emprender acciones con el único deseo de complacer a Dios es «inacción» o acción que no subyuga al yogui. Después de alcanzar ese estado de inacción, se ha despejado el camino del devoto hacia su liberación.

Liberación total de la necesidad y deseo de actuar

Mahavatar Babaji, Lahiri Mahasaya, Sri Yukteswarji y todos los grandes maestros están en extremo ocupados, llevando a cabo acciones espiritualmente beneficiosas para la humanidad, aun cuando ellos mismos han alcanzado el estado de inacción o de liberación.

Lahiri Mahasaya ocupó un puesto gubernamental de contador durante treinta y cinco años, elevando al mismo tiempo a la máxima expresión su estado interior de emancipación espiritual. En la última etapa de su vida, rara vez dormía, pues dedicaba el día entero a enseñar a los discípulos que acudían a él desde todas las regiones de la India; pasaba las noches con monjes avanzados que preferían buscarle en las horas de quietud. Todos se transformaron por medio de sus exposiciones sin par sobre el *Bhagavad Guita* y su aplicación a la sagrada ciencia del *Kriya Yoga.*

El Señor Krishna, en su unidad con el Espíritu, dijo: «Aunque he logrado todas las cosas, aun así Yo continúo trabajando, sin deseo alguno».

También Jesús trabajó intensamente en el mundo: predicó ante multitudes, curó a miles de sus sufrimientos físicos, mentales y espirituales, y sentó las bases para la difusión universal de su divino mensaje. No buscó la soledad de una cueva ni detuvo su obra liberadora, aun sabiendo que, si se retiraba de la vida pública, podría escapar del horrendo drama de su injusta ejecución.

Al igual que Dios, Jesús trabajó sin la alabanza de los seres humanos. Por eso pudo decir, justo antes de su crucifixión: «Padre, [...] yo te he glorificado en la tierra, llevando a cabo la obra que me encomendaste realizar»[32].

ESTROFA 18

कर्मण्यकर्म यः पश्येदकर्मणि च कर्म यः।
स बुद्धिमान्मनुष्येषु स युक्तः कृत्स्नकर्मकृत्॥

karmaṇyakarma yaḥ paśyed akarmaṇi ca karma yaḥ
sa buddhimān manuṣyeṣu sa yuktaḥ kṛtsnakarmakṛt

Aquel que contempla la inactividad en la acción y la acción en la inacción es un yogui, un sabio entre los hombres. Ha alcanzado la meta de todas las acciones (y se ha liberado).

EL YOGUI ACTÚA CON TOTAL DESINTERÉS en el drama onírico de la vida sólo para complacer a Dios; por lo tanto, en realidad, permanece inactivo en la acción. Sin embargo, debido a que el yogui trabaja con entusiasmo y ambición por Dios, se dice que en verdad está activo. Quien realiza todas las acciones sólo para Dios, y no para el ego, cumple con el plan divino. Una persona está en contacto con la Verdad cuando comprende que el hacedor de todas las acciones no es él, sino el Señor a través de las fuerzas de la Naturaleza.

Todas las actividades humanas conducen ya sea al exterior, hacia la conciencia mundana sensorial, o al interior, hacia la conciencia del alma. El hombre mundano lleva a cabo todas sus actividades para incrementar su bienestar físico, mental, doméstico y social. El yogui dedica su tiempo (la única riqueza del hombre) a la meditación, la introspección y a prestar servicio espiritual a los demás. Él cosecha la serenidad y la verdadera felicidad del alma, a diferencia del hombre de mentalidad materialista, que por medio de sus actividades externas cosecha un poco de placer temporal mezclado con una gran inquietud y malestar.

---

[32] *Juan* 17:4.

«La inactividad en la acción» hace énfasis en la actitud interior del alma que se basa en apartarse de las actividades relacionadas con el cuerpo. «La acción en la inacción» significa que, aunque el hombre espiritual mantiene una actitud desapegada y actúa para Dios, no trabaja en forma mecánica como un robot, sino que se ocupa con toda atención de las labores que le corresponden, a la vez que en su interior renuncia a los frutos de sus acciones. Jamás le teme al trabajo, ¡pero conserva un saludable temor al hecho de crear karma!

Aquel que puede, de ese modo, actuar para Dios con una actitud subjetiva de desapego y aun así retener un entusiasmo objetivo en su actividad con el propósito de complacer a Dios, mas no para satisfacer sus propios deseos, es un verdadero yogui. Sabiendo que la finalidad de toda actividad humana es regresar a Dios, el yogui recurre a la divina mano rectora en todas las cosas, pues conoce muy bien la tendencia del ego a «meter la pata» en el sitio equivocado. Por esa razón, el yogui desempeña su papel en el drama de la vida sin recurrir a ningún deseo egoísta personal ni sucumbir a una actitud distante de desaliento (pereza o indiferencia); en esa forma, cumple con su deber espiritual que consiste en complacer al Dramaturgo Cósmico: Dios.

A un actor al que se disparase con una pistola de juguete se le consideraría un insensato si muriera de miedo. De igual manera, el hombre mundano es un mal actor si toma en serio las partes trágicas que Dios le asigna y se expone con ello al infortunio. Asimismo, si un actor humano representa su papel con una actitud mental apática, tampoco logra complacer al Dramaturgo Cósmico y debe volver a rodar la escena, en otra vida o en muchas más, ¡hasta interpretarla bien!

Actuar para uno mismo es la causa fundamental del sufrimiento humano. Todos los hombres deberían reflexionar en el hecho de que no fueron creados por su propia voluntad, sino por un decreto divino. Así como no es razonable que un empleado espere obtener algún beneficio si contraría los deseos del patrono, así también el hombre debe comprender que su propia felicidad no reside en complacer a los demás (todos ellos humildes empleados), sino a Dios, el único Presidente y Propietario del mundo.

ESTROFA 19

यस्य सर्वे समारम्भाः कामसङ्कल्पवर्जिताः ।
ज्ञानाग्निदग्धकर्माणं तमाहुः पण्डितं बुधाः ॥

yasya sarve samārambhāḥ kāmasaṁkalpavarjitāḥ
jñānāgnidagdhakarmāṇaṁ tam āhuḥ paṇḍitaṁ budhāḥ

Los* rishis *llaman sabio a aquel que realiza sus actividades sin motivos egoístas ni deseo de obtener resultado alguno y cuyas acciones se purifican (se cauterizan sus brotes kármicos) con el fuego de la sabiduría.

Esta estrofa no debería interpretarse con el significado de que los yoguis y santos actúan sin criterio o sin esforzarse por obtener los resultados apropiados. El hombre mundano planifica con la finalidad de obtener éxito para sí mismo; el ego y el interés personal son sus dioses. El yogui planifica con entusiasmo sus divinamente inspiradas actividades con el propósito de obtener el mejor resultado para Dios; su desinteresada motivación es cumplir con la voluntad de Dios, cualquiera que ésta sea. De hecho, en la India, los verdaderos devotos desarrollan sus deberes en la ermita con mayor atención para complacer a Dios que si lo hiciesen para satisfacer sus propios deseos. Los sabios consideran que estos yoguis poseen sabiduría, ya que reconocen que no deben trabajar para el ego causante de sufrimiento.

El hombre mundano se lamenta si no cosecha los frutos deseados de sus actividades egoístas. Si el hombre espiritual no tiene éxito al comienzo de sus desinteresadas actividades, continúa intentándolo una y otra vez. Obtener éxito para Dios es el incentivo más fascinante. Y cuando Dios está presente en la obra del devoto, los automáticos resultados kármicos de la acción que se derivan de las leyes de la Naturaleza se incineran por completo en la llama de la Sabiduría Divina inherente a esa misma Naturaleza.

Estrofa 20

त्यक्त्वा कर्मफलासङ्गं नित्यतृप्तो निराश्रयः ।
कर्मण्यभिप्रवृत्तोऽपि नैव किञ्चित्करोति सः ॥

tyaktvā karmaphalāsaṅgaṁ nityatṛpto nirāśrayaḥ
karmaṇy abhipravṛtto 'pi naiva kiṁcit karoti saḥ

Renunciando a todo apego por el fruto de sus acciones, siempre contento, independiente (de las recompensas materiales), el sabio no realiza ninguna acción (que le ate), incluso mientras se encuentra en medio de sus actividades.

DESDE EL PUNTO DE VISTA ESOTÉRICO, un yogui que aparentemente «trabaja» para Dios y que sólo lo hace para complacerle, en realidad, no está actuando, pues sus acciones no se hallan vinculadas con los intereses de su propio ego.

El problema de la «acción» y la «inacción» se resuelve con facilidad cuando se comprende que así como un hombre no es responsable de las acciones de los demás, de igual manera el yogui no está atado por el karma de las acciones de ese extraño que es su cuerpo. Él ayuda gentilmente al cuerpo para que disfrute de bienestar, sin apego personal ni identificación con el destino que éste pueda tener. Es imposible que un devoto que se ha sumergido en la inmensidad del Espíritu se considere limitado a una determinada personalidad humana. Las actividades que lleva a cabo un yogui son de índole impersonal, como si «cumpliese órdenes».

El yogui que emprende complejas tareas divinas, tales como mantener una ermita para sus discípulos, o una organización para servir a las necesidades espirituales de la humanidad, o llevar a cabo actividades educativas o caritativas, no crea por ello ningún karma personal que lo ate, siempre que haya renunciado con gozo a su voluntad en favor de la de Dios.

Su estado de libertad en sus acciones contrasta poderosamente con el del hombre mundano que acumula karma cuando se dedica a actividades filantrópicas para satisfacer su ego, u obtener elogios de los demás, o ¡para evadir el pago de impuestos!

ESTROFA 21

निराशीर्यतचित्तात्मा त्यक्तसर्वपरिग्रहः ।
शारीरं केवलं कर्म कुर्वन्नाप्नोति किल्बिषम् ॥

nirāśīr yatacittātmā tyaktasarvaparigrahaḥ
śārīraṁ kevalaṁ karma kurvan nāpnoti kilbiṣam

***Él no incurre en mal alguno al ejecutar meras acciones corporales, pues ha renunciado a todo sentido de posesión, se halla libre de esperanzas (humanas e ilusorias), y su corazón (el poder del sentimiento) está controlado por el alma*[33]**.

La esclavitud kármica no está causada por las acciones del instrumento corporal en sí, sino por la conciencia que manipula tales actividades. Cuando el ego, con los deseos y apegos que le son impuestos por el engaño, se encuentra al mando, el cuerpo y la mente permanecen sujetos a las leyes naturales de causa y efecto. En cambio, cuando el verdadero Ser o alma —la imagen de Dios en el hombre— ejerce el control, el cuerpo y la mente trabajan de igual manera, pero los posibles efectos esclavizantes de esas acciones se neutralizan porque el agente catalítico del engaño se halla ausente.

Las «posesiones» del hombre no sólo consisten en los objetos materiales que acumula a su alrededor, sino también en la suma total de todos los engaños procedentes de la Naturaleza con los cuales una persona se identifica como ego: su cuerpo, mente, sentimientos, sentidos, hábitos y deseos. A no ser que, merced a su unión con Dios, se establezca él en la conciencia del alma y renuncie así a los apegos por estas posesiones tanto internas como externas, será esclavo de los efectos kármicos ocasionados por las actividades que tales apegos engendran.

Adondequiera que vaya una persona, y cualesquiera que sean sus ocupaciones, su karma egoísta le acompaña, del mismo modo en que la sombra de un objeto sigue a éste. En cambio, un hombre de Dios no tiene karma; su ego «no está en casa». ¡Se ha puesto a salvo alzando el vuelo!

Los verdaderos renunciantes son aquellos que alcanzan el estado de desapego interior por medio de la meditación extática. No importa si tales devotos se hallan en el mundo o en el bosque, si disfrutan de pocas o muchas posesiones materiales o no tienen nada. Al actuar para Dios con la mente disciplinada, el verdadero renunciante está libre de los resultados de todas las acciones del presente y de los estados de ánimo y tendencias que se manifiestan a causa de su karma del pasado.

Es preferible llevar a cabo buenas acciones, aunque sea por motivos egoístas, que efectuar acciones indebidas. Ambos tipos de acciones, sin

---

[33] *Yata-citta-ātmā:* literalmente significa «habiendo su alma controlado el corazón *(chitta)*». *Chitta* es un término que abarca en su conjunto todos los componentes mentales que dan lugar a la conciencia inteligente; es el poder del sentimiento.

embargo, mantienen al alma prisionera de la ley del karma. Una acción que se realiza con el único objeto de complacer a Dios no crea karma, ni «bueno» ni «malo»; por ello, es superior a cualquier otra acción —por buena que sea— que guarde relación con el ego y, en consecuencia, ponga en funcionamiento la ley del karma. ¡El que tiene buen karma se encuentra todavía sujeto a las cadenas de causa y efecto del mundo fenoménico, en tanto que quien no tiene karma es divinamente libre!

ESTROFA 22

यदृच्छालाभसन्तुष्टो द्वन्द्वातीतो विमत्सरः ।
समः सिद्धावसिद्धौ च कृत्वापि न निबध्यते ॥

yadṛcchālābhasaṁtuṣṭo dvandvātīto vimatsaraḥ
samaḥ siddhāv asiddhau ca kṛtvāpi na nibadhyate

Ese hombre de acción se halla libre del karma, pues recibe con contentamiento todo cuanto le ocurre, se mantiene ecuánime ante las dualidades, está desprovisto de celos, envidia o animadversión, y considera por igual el éxito y el fracaso.

EL SABIO VE AL ESPÍRITU en todas partes. Libre de ambiciones personales y de todo anhelo de complacer deseos egoístas, se siente satisfecho de recibir lo que le llega de modo natural para satisfacer las necesidades de su cuerpo, mente y alma. Se eleva por encima de todas las dualidades, cuyas manifestaciones —ya sean buenas o malas— causan esclavitud. Habiendo hallado la Unidad, no tiene conciencia del «yo» y «mío». No abriga pensamientos hostiles hacia ninguna persona, pues en todas contempla al único Espíritu. Habiendo alcanzado la Meta Suprema, es indiferente al éxito y al fracaso mundanos. Cuando desempeña para Dios las acciones que le dicta el deber, permanece siempre desapegado y libre de ataduras.

Mediante la práctica del «contentamiento» en toda circunstancia, el yogui demuestra su fe en el poder del Señor para dirigir todos los sucesos hacia un Bien Final. Libre de deseos egoístas, feliz y satisfecho en su interior, de manera automática se deshace del exceso de equipaje material —las «necesidades» innecesarias y los esfuerzos egotistas— con el propósito de dedicarse a las acciones prescritas por el deber y decretadas por Dios que le son impuestas por su cuerpo y por sus obligaciones hacia la familia, la sociedad y el mundo.

Con el objeto de alcanzar la libertad espiritual, el aspirante debe también aprender a liberar su mente de la sensibilidad extrema al frío o al calor, al dolor o al placer. En las ermitas de la India, un verdadero gurú enseña a los estudiantes a no permitir que las influencias externas les afecten, a fin de que la mente se convierta en un altar para el inmutable Espíritu. Al tratar de satisfacer las demandas de las sensaciones opuestas, la gente mundana se mantiene inquieta sin necesidad; ésta es una de las estratagemas más astutas de la Naturaleza para atrapar a la mente consciente. El consejo que ofrece esta estrofa no significa, sin embargo, que el devoto deba exponerse en forma deliberada al frío extremo y contraer neumonía o abrasarse bajo el sol ardiente del mediodía. Es preciso que practique *titiksha* (resistir con ecuanimidad), en tanto adopta, al mismo tiempo, medidas razonables para eliminar la incomodidad externa. En la práctica de *titiksha,* se cultiva la ecuanimidad empleando la voluntad y la imaginación (enviando poderosas sugerencias a la mente); la neutralidad se logra de modo científico mediante las técnicas de meditación del yoga, a través de cuya práctica el yogui aprende a desconectar el ego de las sensaciones que recibe por medio de la mente. (Véase II:14).

El devoto que no puede permanecer en calma cuando atraviesa por dificultades es todavía esclavo del mundo fenoménico y de sus calamitosos pares de opuestos. La gente mundana constantemente toma precauciones para contrarrestar los efectos del frío, el calor y otras condiciones extremas, con lo cual intensifica el cautiverio del alma en el cuerpo.

El devoto aspirante debe mantener el alma sin contaminarse con la conciencia dual que es inherente al cuerpo. Esta práctica no es sencilla porque el alma, al sentir compasión por el melindroso y sensible amigo corporal, adopta sus buenas y malas características. A fin de liberar al alma de su identificación con los variables estados del cuerpo, se alienta al devoto a no cooperar mentalmente con la atormentadora conciencia dual del cuerpo y la mente. El hombre mundano se alegra cuando experimenta el placer y se siente abatido durante el reinado del dolor, pero el devoto exitoso permanece siempre en calma en su interior, sin permitir que le afecten los diversos trastornos que constituyen el estado «normal» de la vida.

Bajo el dolor o el sufrimiento, el yogui permanece concentrado en la bienaventuranza del alma; a diferencia del hombre mundano, es lo suficientemente perspicaz como para retener su ecuanimidad y su gozo bajo cualquier circunstancia física o psicológica, ya sea favorable o desfavorable. Puede compadecerse de quienes sufren, pero no le abruma ese sufrimiento; así, gracias a su gozo interior, a menudo le es posible eliminar los pesares de los demás. Con el ejemplo de su calma, enseña a la gente mundana a no entregarse a las reacciones emocionales.

El yogui que está desprovisto de envidia, que no muestra animadversión hacia nadie, sino que acepta a amigos y enemigos por igual, no cae en el peligroso abismo de la ira y los celos. La gente mundana que se entrega a estas lacerantes emociones no sólo pierde su felicidad sino, en ocasiones, hasta su propio cuerpo, ya sea porque terminan cometiendo un homicidio y son condenados a la pena capital, o porque, ¡lamentablemente!, recurren al suicidio.

El yogui permanece inmutable ya sea que triunfe o fracase en el curso de la ejecución de las acciones que le dicta el deber. Es inevitable que tanto el éxito como la derrota se presenten en diversos momentos en respuesta a la dualidad inherente a la estructura del cuerpo, la mente y el mundo. El devoto que en todo momento se recuerda a sí mismo que él es el alma se siente poco tentado a identificarse con la fantasmagoría física y mental.

YAJNA, EL RITO ESPIRITUAL DE FUEGO QUE CONSUME TODO KARMA

ESTROFA 23

गतसङ्गस्य मुक्तस्य ज्ञानावस्थितचेतसः ।
यज्ञायाचरतः कर्म समग्रं प्रविलीयते ॥

gatasaṅgasya muktasya jñānāvasthitacetasaḥ
yajñāyācarataḥ karma samagraṁ pravilīyate

***Todo karma, o efecto de las acciones, se desvanece por completo en el ser liberado que, desprovisto de apegos y con la mente inmersa en la sabiduría, lleva a cabo el verdadero rito espiritual del fuego* (yajna)[34].**

---

[34] Literalmente, *yajñāya* significa «para expresar adoración mediante el ofrecimiento de un sacrificio»; y *ācaratas,* «arrojar al fuego».

Cuando la mente del yogui se ha liberado en forma negativa de los apegos (los enredos y distracciones sensoriales), se concentra de modo positivo en la sabiduría cósmica. En esta etapa, retira la mente y la fuerza vital de los nervios físicos sensoriales y motores y, posteriormente, de los poderes sensoriales astrales, y las ofrece como oblaciones en los siete fuegos de la espina dorsal[35]. Mediante este *yajna* de purificación, el yogui alcanza por último el estado final de unión con la Divinidad, el omnipresente Fuego Cósmico. Cuando la fuerza vital que se retira de los sentidos se concentra en el loto de mil pétalos del cerebro, ese poderoso esplendor incinera todos los *samskaras* (hábitos, impulsos y todos los demás resultados de las acciones del pasado) alojados en la subconciencia y la supraconciencia del cerebro, lo cual libera al devoto de todas las cadenas kármicas del pasado.

El yogui que retira su mente y sus deseos de los atractivos sensoriales los ofrece como combustible en el fuego de la Conciencia Cósmica; sus deseos mortales arden cual leños en la Sagrada Llama. Cuando el yogui puede unir su fuerza vital y su conciencia a la Vida Eterna y a la Conciencia Cósmica, abandona el estado mortal. Su limitada conciencia egoísta y su identificación corporal se desvanecen; la disolución del ego permite la visión completa de la conciencia del alma. Una vez que percibe que su alma es una imagen perfecta del Espíritu, a la que el ego no puede atrapar, el yogui se libera de todo el buen y mal karma, que sólo pertenece a la región de la dualidad y la relatividad. Al unir la fuerza vital pura con la Vida Cósmica, y la conciencia pura con la Conciencia Cósmica, el yogui alcanza la liberación.

En las escrituras hindúes se menciona un rito religioso externo, una forma de *yajna* ceremonial que consiste en ofrecer *ghee* (mantequilla clarificada) y otras oblaciones (tales como incienso y flores) en un fuego sagrado, con el acompañamiento de oraciones y cantos específicos. Efectuar tales ceremonias del fuego sin comprender su simbolismo es de poco valor. ¿Puede acaso la mente purificarse de los deseos indebidos mediante ritos externos?

Conocer el significado simbólico del *yajna,* cuando se practica el rito con devoción, produce cierto grado de santidad en la mente. Ofrecer mantequilla clarificada en el fuego simboliza la unión entre la mente humana purificada y la Conciencia Cósmica de Dios; las ofrendas de flores son un símbolo de la fuerza vital purificada (no la que

---

[35] Referencia a los siete principales *vayus,* las corrientes vitales de la espina dorsal. (Véase la página 698).

está contaminada con la constante entrega a los placeres sensoriales, sino aquella que se ha retirado de los sentidos mediante la práctica de la concentración y se ha arrojado a los siete fuegos sagrados espinales y luego a la omnipresente Llama Cósmica). La ofrenda de flores durante el *yajna* ceremonial del fuego simboliza también el acto de arrojar todas las florecientes cualidades de la mente a la Conciencia Cósmica.

Otra interpretación del *yajna* o rito ceremonial del fuego es que los objetos que se utilizan en el culto tradicional representan los cinco sentidos que deben ser purificados a través de ciertas pruebas (el fuego) y luego devueltos a Dios. Por ejemplo, las flores con sus bellos colores y texturas representan la vista y el tacto; las frutas y el *ghee* representan el gusto; el incienso es un símbolo del sentido del olfato; la caracola simboliza el sonido.

ESTROFA 24

ब्रह्मार्पणं ब्रह्म हविर्ब्रह्माग्नौ ब्रह्मणा हुतम्।
ब्रह्मैव तेन गन्तव्यं ब्रह्मकर्मसमाधिना॥

brahmārpaṇaṁ brahma havir brahmāgnau brahmaṇā hutam
brahmaiva tena gantavyaṁ brahmakarmasamādhinā

El proceso de ofrendar y la oblación misma son ambos Espíritu. El fuego y quien brinda la oblación son otros aspectos del Espíritu. Aquel que percibe esto, y durante todas sus actividades permanece absorto en Brahman (Espíritu), con certeza va al Espíritu.

TODA MANIFESTACIÓN ES un variado ritual multicolor de la única Conciencia Cósmica de Dios. El alma personal *(atman)* no es diferente del Alma Universal o Dios *(Paramatman);* por consiguiente, Él es el Dador y el Receptor de todos los sacrificios (actividades), y es también la oblación (los objetos que intervienen en el rito). Al percibir esta verdad, el yogui entra en el estado de *samadhi* o unión con Dios.

Todo el que realiza un ritual externo debe comprender su valor simbólico. Si, durante el *yajna* que consiste en verter *ghee* en un altar de fuego consagrado, la mente se halla concentrada con fijeza en el significado interno de ese acto —de modo tal que efectúe tanto el rito interno como el externo—, el devoto entrará en un estado de éxtasis o unidad con Dios en el que percibirá que la llama de la vida humana y el Fuego Cósmico, el proceso físico de oblación (verter la mantequilla clarificada en el fuego) y el proceso intuitivo de arrojar la conciencia a la Llama Cósmica son insustanciales en sí mismos, pues derivan su significado del hecho de ser simples reflejos de la Luz Cósmica y de la Conciencia Cósmica sobre los cuales actúa la ley de la relatividad.

La mente de una persona que está en una sala cinematográfica absorta en un complejo drama que se exhibe en la pantalla del cine puede experimentar diversas emociones: placer, dolor, excitación, expectación. Pero si alguien que está sentado a su lado le pide que retire la mente del vívido drama (el efecto) y se concentre en la relatividad de luces y sombras (la causa), pronto observará con desapasionamiento cada escena —ya se trate de montañas, ríos, árboles, tierra, océano, seres humanos, disparos, fuego, electricidad, tormentas, relámpagos o sacerdotes realizando ofrendas al fuego— y comprenderá que en realidad está constituida sólo por luz, entremezclada con sombras, que proviene de la cabina de proyección.

Al ofrecer sus acciones y su fuerza vital a Dios, el yogui vive en estado de éxtasis

De forma similar, cuando el aspirante espiritual despierta por medio del éxtasis divino, contempla el mundo no como un drama de tristezas y alegrías, sino como una película de luces y sombras, hechas de sustancia ilusoria, creada por la proyección del Rayo Cósmico desde la cabina del Infinito en la sala cinematográfica de la esfera cósmica.

Al igual que el rayo carente de color y de sombras debe atravesar la película de color para crear las imágenes en «tecnicolor», así también el puro y omnipresente Rayo Cósmico, desprovisto de color, debe pasar por la película de color de la engañosa relatividad a fin de producir la «película» cósmica multicolor sobre la pantalla del espacio.

El estado del hombre mortal está lleno de relatividades: experimenta dualidades, peligros y reveses. El yogui que percibe que toda la película cinematográfica cósmica es el producto de la Luz Cósmica vive como si estuviese presente en una perpetua Ceremonia Cósmica del fuego. Con la práctica de las técnicas de meditación del yoga, retira la fuerza vital de los sentidos y la une con la Llama Cósmica. Por medio de este *yajna,* percibe que su vida, que antaño le parecía separada, forma parte de la Vida Cósmica —Brahman—, y ofrece su vida y todas sus acciones a la Vida Cósmica, como una parte de la actividad eterna en el Espíritu. A semejanza del *ghee* vertido en el fuego sacrificial, él percibe que su propia vida, como Espíritu, entra en el Fuego Cósmico de Brahman.

De este modo, el yogui —cuya mente se ha retirado del drama cósmico y de su propio papel mortal que desempeña en el mundo— permanece en estado de éxtasis consciente, contemplando la Luz única del Espíritu en cada proceso de la vida. Una vez que ha alcanzado esta percepción, con el transcurso del tiempo entra en el estado de absoluta unidad con el Espíritu. En otras palabras, primero se experimenta un estado intermedio de conciencia, un estado que se sitúa en una línea divisoria. Una persona que se encuentra absorta en un sueño está convencida de la realidad de su sueño; pero si de pronto alguien la despierta parcialmente y se percata de que estaba soñando, descubre que todas las emociones que sintió y todas las sustancias que percibió en el sueño no eran más que materializaciones de su propia mente. De modo similar, cuando el yogui se halla parcialmente absorto en este sueño cósmico, pero también se encuentra en un estado parcial de éxtasis con Dios, advierte con asombro que este sueño terrenal, con todas sus dualidades, no es sino una materialización de la conciencia de Dios que se halla bajo el influjo de la ley fenoménica de la engañosa relatividad.

Cuando una persona despierta totalmente de un sueño, comprende que las aparentes manifestaciones físicas y psicológicas de su sueño eran simples tramas hechas de sustancia onírica. De manera semejante, cuando un yogui despierta por completo del sueño cósmico porque ha alcanzado la unión con Dios, comprende que todos los sujetos, objetos y actividades del cosmos son producto de una única Conciencia Cósmica. Al contemplar el cosmos como la onírica película cinematográfica de Dios, considera la ofrenda de su vida como Brahman mismo, y también reconoce como Brahman al fuego de la Vida Cósmica en el que ofrece su vida. Comprende que el Señor de esta Ceremonia Cósmica del Fuego y de todas las actividades relacionadas con ella (las expresiones exteriorizadas de la Conciencia Cósmica) son Brahman.

Gracias a la iluminación interior que el despertar divino le confiere, el yogui abandona su condición de mortal que le hace percibir el universo en forma burda; asimismo, comprende que el cosmos entero es una película cinematográfica cósmica, y que su cuerpo es sólo «un sueño que camina».

Estrofa 25

दैवमेवापरे यज्ञं योगिनः पर्युपासते ।
ब्रह्माग्नावपरे यज्ञं यज्ञेनैवोपजुह्वति ॥

daivam evāpare yajñaṁ yoginaḥ paryupāsate
brahmāgnāv apare yajñaṁ yajñenaivopajuhvati

En verdad, existen yoguis que ofrecen sacrificios a los* devas*; otros ofrendan el ser, como un sacrificio hecho por el ser, en el fuego del Espíritu.

En las estrofas 25 a 29 se hace alusión a diferentes tipos de ceremonias del fuego que llevan a cabo los aspirantes espirituales según sus diversas inclinaciones internas.

Los poderes-deidades que gobiernan el cosmos

El «sacrificio a los *devas*» es una referencia a ciertas ceremonias que se realizan para invocar la presencia de santos liberados, dioses astrales u otros aspectos de la Divinidad que gobiernan las diversas funciones del universo.

En el Apocalipsis de la Biblia cristiana, leemos que Dios tiene «siete ángeles» ante su trono[36]. Las escrituras hindúes también mencionan estas deidades supremas (los aspectos de Dios en la forma de poderes) y los identifican del siguiente modo:

El creador y soberano del universo ideacional (causal) macrocósmico es Ishvara, el «Señor de la Creación», el reflejo omnisciente del Espíritu como Creador. La ley de causalidad comienza con Ishvara, la Causa Primera de toda la materia[37]. El sustentador del universo astral macrocósmico es Hiranyagarbha, quien da forma a los «esquemas» de las ideas causales. Virata controla el universo físico macrocósmico (la materialización de las ideas causales y de los «esquemas» astrales). Prajna gobierna la forma ideacional microcósmica del hombre y de todos los

[36] *Apocalipsis* 8:2.

[37] El Absoluto unido a su Inteligencia Creativa, Maha Prakriti (el Espíritu Santo), se convierte en Ishvara, el Soberano Cósmico, Dios Padre de la Creación, el Soñador Universal Causal por cuya divina voluntad los universos evolucionan y se disuelven en ciclos ordenados. Por lo tanto, Ishvara es a la vez trascendente e inmanente: se encuentra más allá de la manifestación vibratoria y se halla activo a través de Maha Prakriti para producir las formas causales primordiales de todo cuanto ha de ser creado.

objetos, y Taijas controla la forma astral microcósmica del hombre y de todos los objetos. Vishva mantiene la forma física del hombre y de todas las cosas materiales.

Estas seis deidades que gobiernan los seis estados del cosmos reciben, a su vez, la guía trascendental de la inteligencia creativa y de los principios de manifestación del séptimo «ángel», Maha Prakriti (la Gran Madre Naturaleza o Espíritu Santo, la expresión *activa* de *Kutastha Chaitanya* o la Conciencia Crística, la cual es el reflejo de la Conciencia Cósmica).

Éstos son los siete ángeles ante el trono de Dios[38].

Dios se diferenció en estas siete deidades, e impuso una personalidad diferente a cada una, a fin de que llevasen a cabo las diversas funciones del universo, del mismo modo en que un rayo de sol se refleja en diferente forma cuando incide sobre el zafiro azul, el rojo rubí, el topacio amarillo, la verde esmeralda, el ópalo multicolor, la purpúrea amatista o el diamante blanco.

El hombre puede acceder a Dios directamente en su aspecto de Deidad Suprema que preside sobre las otras siete, de igual manera que un hombre establece contacto personal con algún personaje importante. Sin embargo, así como en algunas ocasiones resulta difícil comunicarse con el presidente de una compañía sin haber visto primero a su secretario, de manera semejante los que abogan por el culto a los *devas* enseñan que es más sencillo contactar a Dios si uno se comunica primero con alguno de sus siete regentes.

Oraciones al Espíritu Único que se manifiesta como las múltiples deidades

Un devoto que necesite curación podría orar al dios Vishva de este modo: «¡Manifiéstate en mí como salud!». Los que deseen reforzar su fuerza vital pueden decir: «¡Buen dios Taijas, recarga mi energía!». Aquellos que deseen comprensión y sabiduría pueden orar a Dios como Prajna: «¡Fortalece mi sabiduría y guía mis sabias determinaciones hacia la meta correcta!». Los devotos que deseen percibir el universo físico en su totalidad pueden orar a Dios como Virata: «¡Que pueda yo sentir tu presencia en todo el cosmos!». Los que anhelen conocer a Dios como la Fuerza Vital Cósmica pueden orar: «¡Oh Ingeniero Astral Cósmico, Hiranyagarbha, manifiéstate ante mí como Luz Cósmica!». Quienes busquen la celestial

[38] Las escrituras hindúes se refieren a *Kutastha Chaitanya* como la octava deidad, en tanto que las escrituras cristianas, al referirse a siete, equiparan la Conciencia Crística con Dios o la Conciencia Cósmica (el Espíritu indiferenciado que se halla dentro de la creación y más allá de la creación, el cual es uno solo y el mismo en esencia).

sabiduría que proviene de la Primera Causa de todo ser pueden orar: «¡Oh Dios, en tu aspecto de Ishvara, implanta en mí la omnisciencia de la Inteligencia Cósmica!». Los que desean liberarse de *maya,* el engaño cósmico, pueden dirigir sus oraciones a Maha Prakriti, el Espíritu Santo, el activo conjurador divino de todas las manifestaciones ilusorias: «¡Oh Madre Cósmica, muéstrame la Realidad Única que se encuentra más allá de todos los velos del engaño!».

Los devotos que desean alcanzar la unión con la Inteligencia Universal de Dios, que se halla omnipresente en el mundo fenoménico dotado de siete aspectos, deben orar al *Kutastha Chaitanya* inmanente: «¡Oh, Conciencia de Cristo, Conciencia de Krishna, manifiéstate en el cáliz de mi conciencia expandida por el éxtasis!». Finalmente, aquellos que anhelan a Dios, el Absoluto, que existe más allá de la creación, deben orar: «¡Oh, Conciencia Cósmica, revélate, revélate!».

El devoto ha de comprender que, al formular estas oraciones, es preciso que de continuo arroje la «mantequilla clarificada» de la devoción a la llama del Espíritu que se encuentra en estas siete deidades, o bien al Fuego Cósmico de Dios.

Existen en el universo un gran número de otras deidades. El *Tantra Shastra,* texto sagrado que se ocupa de los cánticos y ceremonias del fuego, describe en detalle los cantos y los sonidos raíz vibratorios específicos que deben entonarse en forma correcta durante una ceremonia del fuego para invocar la presencia de diferentes deidades, mayores o menores, a fin de obtener poderes y ayuda. Dicho culto a los *devas* incluye la práctica de ciertas posturas físicas (asanas) y técnicas espirituales que despiertan diversas fuerzas nerviosas que, a su vez, estimulan los tejidos, las glándulas y el vigor muscular del cuerpo[39].

---

[39] En respuesta a la pregunta de un periodista acerca de las prácticas tántricas, Paramahansaji dijo en 1951:

«En su origen, cuando su forma escritural pura era correctamente comprendida, todas ellas contenían algo de bueno; pero tal como se las practica en la actualidad, son nocivas en general, porque recomiendan métodos extravagantes que resultan inadecuados para el hombre común. Hay algunos *tantrikas* excelentes, que conocen las palabras-simiente espirituales, los mantras vibratorios, mediante los cuales pueden sintonizar su conciencia para obtener visiones de deidades (personificaciones de los divinos poderes de Dios) y, a partir de ahí, lograr el objetivo último de comulgar con Dios; pero los *tantrikas* que abusan del sexo, el alcohol y las prácticas perjudiciales no son buena compañía. [...]

»Los yoguis condenan generalmente este sendero, debido a que la mayor parte de los seguidores sólo encuentran en él un pretexto para dar rienda suelta a sus más bajos instintos y apetitos, lejos de lograr el control de sí mismos. El sendero de la renuncia interior y de la meditación científica para tomar contacto con Dios en su forma de Dicha, propugnado por el *Bhagavad Guita,* es el camino supremo».

En otro pasaje (IX:25), el *Bhagavad Guita* dice, sin embargo, que quienes adoran a los dioses menores se dirigen hacia ellos una vez que han desechado este envoltorio mortal, y que los que son devotos del Espíritu se unen al Espíritu. Aquel que está satisfecho con algo inferior al Supremo Señor mismo continúa atado al limitado reino de *maya.*

El yajna *interior que el yogui lleva a cabo*

LA PRÁCTICA DE CEREMONIAS DEL FUEGO para complacer a los *devas* posee otro significado más profundo y liberador. Los yoguis auténticos que practican *Kriya Yoga* retiran la fuerza vital de las células corporales y de los nervios sensomotores y la ofrendan —como se ofrenda el *ghee* en el fuego sacrificial— a las siete deidades o divinos poderes que moran en los siete fuegos astrales situados en la espina dorsal, para lo cual comienzan por el cóccix y ascienden por la columna vertebral hasta llegar al cerebro[40].

La segunda mitad de la estrofa 25 hace alusión a los seguidores del sendero de la sabiduría, los cuales emplean la devoción del alma para ofrecer el pequeño ser como una ofrenda de sacrificio en el fuego del Espíritu. (Este «rito» es diferente de la ceremonia suprema del fuego que se mencionó en la estrofa 24, donde se describe el estado más elevado del yogui, es decir, aquel en que él ve su acto de oblación como Espíritu en movimiento y ofrenda su alma —a la que también contempla como Espíritu— en el fuego del Espíritu).

El devoto (al que se refiere la estrofa 25) aún no ha alcanzado el estado de unificación con Dios en el que todas sus percepciones no son sino diversos aspectos del Infinito. Primero debe percibir su ser interno de manera intuitiva y, luego, unir la percepción de su alma con la percepción cósmica del ilimitable Brahman. La ofrenda del ser (el ser del ego) por parte de ese ser denota, por lo tanto, una forma más reducida de conciencia (sólo la limitada forma de intuición que se requiere para ofrecer el ser en el fuego cósmico de la percepción infinita a fin de unirlo con el alma y, de ahí, con el Espíritu). Mediante esta acción, el *guiana yogui* une su sabiduría a la Sabiduría Cósmica.

SI EL DEVOTO SE CONCENTRA en la sabiduría, puede invocar a grandes almas, tales como la de Swami Shankara, que vivió la vida de un verdadero sabio, o la de Sri Yukteswar, quien halló la liberación a través de la sabiduría. De modo similar, a fin de encontrar a Cristo es preciso

---

40 Véase el comentario acerca de III:11-12.

emplear la fe, porque Jesús se liberó a través de la fe absoluta en la unidad con Dios.

Muchos santos de la India han orado a Dios para que se manifieste como la Madre Divina o en las formas de diversas deidades, y sus oraciones han sido respondidas. Cuando la devoción de un devoto avanzado es lo suficientemente poderosa como para persuadir a Dios de que se materialice en algún aspecto específico que ese devoto imagina, la forma que asume esa deidad permanece en el éter como un «prototipo» y una personalidad permanentes.

El concepto de Dios en una forma personal, tal como la Madre Divina

Si otro devoto acude con suficiente devoción a una deidad que un santo unido a Dios visualizó y contempló, esa deidad aparece, con la misma forma, ante ese nuevo devoto. Todas las deidades están presentes por siempre en el éter como símbolos y pueden ser invocadas por todo buscador que medite profundamente.

Por ejemplo, la Madre Kali y Durga representan dos aspectos de la Naturaleza Cósmica, la activa energía creativa del Espíritu. Se muestra a Kali como una mujer de cuatro brazos que está de pie sobre el pecho del Señor Shiva. Las cuatro manos sostienen los símbolos de la prosperidad, la protección, la disciplina y la concesión de sabiduría. El Señor Shiva representa el Infinito, que es el cimiento de la Naturaleza Cósmica.

En general, se muestra a la diosa Durga con diez manos, que representan los diez sentidos humanos (cinco instrumentos sensoriales y cinco instrumentos de acción). También se la asocia con el Infinito Shiva y a menudo se la describe destruyendo a una bestia o demonio que simboliza la Ignorancia. A su alrededor se encuentran las deidades Sarasvati (la sabiduría), Lakshmi (la prosperidad), Ganesha (el éxito) y Kartik (el poder).

Cuando los sentidos están bajo control y el demonio de la ignorancia ha sido derrotado, el hombre comprende que la Naturaleza Cósmica, con todas sus paradojas, es sólo una emanación del Infinito Puro. Mediante la conquista de la naturaleza humana y, por ende, de la Naturaleza Cósmica, la humanidad está destinada a encontrar al Infinito que se oculta tras ellas, del mismo modo en que el villano de la película fue creado para que la atención se centre, por contraste, en el héroe. Dios utiliza la oscuridad del mal como un medio para mostrarnos la belleza de su opuesto: la luz de la bondad.

A muchos devotos no les satisface el concepto de un vasto Infinito y necesitan concebir a Dios a través de una forma tangible. En su infinita misericordia, el invisible Dios se materializa ante el fiel devoto en el aspecto visible deseado. Así como el invisible vapor de agua se transforma en hielo durante una nevada, así también el invisible Dios y su Luz Cósmica pueden «congelarse» mediante el poder de transmutación de la devoción y adoptar una forma objetiva para satisfacer los anhelos del buscador. En última instancia, el Espíritu es sólo Uno; sus multifacéticos aspectos divinos, en la forma de los *devas,* son únicamente personificaciones transitorias de sus atributos y poderes.

ESTROFA 26

श्रोत्रादीनीन्द्रियाण्यन्ये संयमाग्निषु जुह्वति ।
शब्दादीन्विषयानन्य इन्द्रियाग्निषु जुह्वति ॥

śrotrādīnīndriyāṇy anye saṁyamāgniśu juhvati
śabdādīn viśayān anya indriyāgniṣu juhvati

Ciertos devotos ofrecen la facultad del oído y de los otros sentidos como oblaciones al fuego del control interior. Existen también quienes ofrecen como sacrificio los sonidos y otros objetos sensoriales al fuego de los sentidos.

EL PRIMER RITO AL QUE HACE referencia esta estrofa describe la ceremonia simbólica del fuego que llevan a cabo todos los *brahmacharis* (los practicantes de la autodisciplina). A través de *pratyahara* (la interiorización), el hombre disciplinado retira su conciencia y fuerza vital de los centros nerviosos auditivo, óptico, olfativo, gustativo y táctil, arrojando las percepciones sensoriales a la llama de una controlada percepción interior de paz. Por medio de la meditación profunda (*samyama,* el autodominio a través de *dharana, dhyana* y *samadhi*), el yogui que posee autocontrol interno logra liberar su mente del «tira y afloja» con los cinco sentidos y disuelve todas las percepciones sensoriales en una única percepción indivisible: la bienaventuranza del alma. Éste es el estado de los devotos que verdaderamente triunfan en la batalla entre los sentidos y la mente que anhela a Dios. En las primeras etapas de la meditación, los cinco sentidos tratan de distraer la atención del devoto que practica el recogimiento interior; se le presentan percepciones invisibles e imaginarias, cuando busca, con los ojos y oídos cerrados, la unidad perfecta con el alma.

La oblación de los sentidos es un «sacrificio» que cualquiera puede llevar a cabo de manera fácil y natural, incluso el hombre mundano, si se halla dispuesto a seguir en forma metódica una técnica científica definida para alcanzar la unión con Dios.

El rito que se describe en la última parte de esta estrofa alude a la ceremonia simbólica del fuego que practica el metódico hombre mundano que desea avanzar hacia su liberación a través de la acción constructiva y correcta. Existen diferencias entre una persona mundana que actúa de manera mecánica y una persona materialista que posee autocontrol y discernimiento. El hombre que se comporta mecánicamente lo hace como un acto reflejo ante los estímulos sensoriales. Respondiendo de modo irreflexivo a los objetos sensoriales, arroja su energía al fuego de los esfuerzos materiales automáticos y obtiene de ellos escasos beneficios. El hombre mundano ordenado ofrenda su energía al fuego de los esfuerzos inteligentes y obtiene el éxito y cierto grado de felicidad. Él conserva una perspectiva correcta en lo que se refiere a sus metas y adquisiciones; los objetos de los sentidos no lo gobiernan, sino que los ofrenda al fuego de sus poderes sensoriales, que se hallan bajo el control del discernimiento[41].

Los cuatro *ashramas:* el plan divino para guiarse en la vida

Es necesario esclarecer aquí el concepto del *Guita* acerca del «hombre mundano», es decir, aquel cuyo corazón no está dedicado por completo a Dios.

Vemos a nuestro alrededor seres humanos que se encuentran en todas las etapas de evolución mental y espiritual, del mismo modo que en la tierra se nos brinda el espectáculo de la evolución de la vida animada e «inanimada» (¡en la actualidad, los científicos están en aprietos tratando de hallar algo «inanimado»!). En un extremo de la escala humana, encontramos individuos bestiales, seres que recientemente terminaron su etapa de desarrollo en un cuerpo animal; y en el glorioso extremo opuesto de la cadena evolutiva, aparecen los grandes maestros y los sabios semejantes a Dios. La inmensa mayoría de la humanidad se encuentra entre estos dos extremos; las vidas de estos

[41] El yoga hace una distinción entre los poderes sensoriales y los objetos sensoriales. Los poderes sensoriales son la vista, el oído, el olfato, el gusto y el tacto. Los objetos sensoriales correspondientes son la forma y el color *(rupa),* el sonido *(shabda),* el olor *(gandha),* el sabor *(rasa)* y la tangibilidad o percepción táctil *(sparsha).* La meta de una persona disciplinada es neutralizar la capacidad esclavizante de los sentidos ofreciendo los objetos de los sentidos al uso de los poderes sensoriales regido por el autocontrol.

miles de millones de personas no son especialmente nefastas ni particularmente buenas. La mayoría de los seres humanos, faltos de sabiduría o del conocimiento de las leyes de Dios, se sienten bastante satisfechos de vivir vidas limitadas y desprovistas de toda inspiración: comen, procrean, trabajan en alguna tarea insignificante y luego mueren, como bueyes que se alimentan con un poco de pasto y después son llevados indefensos al matadero.

Las personas mundanas no comprenden con claridad el hecho de que ninguna posesión, incluido el cuerpo humano, perdura para siempre; hacen caso omiso del alma, que es lo único que en verdad les pertenece por toda la eternidad. Por esta razón, los yoguis consideran que la gente mundana vive en «un estado sin protección». Las escrituras señalan que los yoguis, los buscadores de la liberación, son miembros de un verdadero *ashram,* «hogar» o «ermita». En la India védica, la mayoría de las personas llevaban una vida material virtuosa; aunque hacían uso de los sentidos, los mantenían bajo estricto control hasta que, mediante el autodominio en su disfrute, se elevaban por encima de cualquier deseo de experiencias sensoriales —las cuales, por su naturaleza efímera, conducen alternadamente a la tentación y al hartazgo.

Por ello, en las épocas antiguas se consideraba que la vida familiar ordinaria era una vida de ermita (*ashram* o disciplina). El hombre de hogar sabía que debía pasar por cuatro *ashrams* o refugios: *brahmacharya* (la vida célibe de estudiante), *garhasthya* (la vida del hombre casado de hogar), *vanaprastha* (el retiro y la contemplación) y *sannyas* (la vida monástica). La vida entonces no era, pues, una incesante lucha en busca del dinero hasta que todo terminaba en enfermedad y desilusión.

En los tiempos antiguos, a la edad de siete años, todos los niños entraban en un *brahmacharya ashram* o ermita de disciplina, a cargo de un sabio gurú preceptor. De ese modo, el niño se liberaba del entorno más limitante de los padres, la familia y las tradiciones sociales. Los estudiantes recibían iniciación espiritual *(diksha)* y su gurú les entregaba un símbolo sagrado (un hilo sagrado) como insignia de una vida pura. No se permitía que los niños se relacionaran con el sexo opuesto ni con personas de mentalidad materialista.

Hasta la edad de diez años, el *«brahmachari»* recibía instrucción sobre las escrituras y las prácticas de meditación. En su onceavo año, aprendía los deberes marciales para proteger a los demás; durante el año siguiente, se le enseñaban los métodos del comercio y el arte de conducirse apropiadamente en los asuntos de la vida diaria. El joven permanecía en la ermita de su gurú hasta cumplir al menos veinte años. Entonces comenzaba la segunda etapa de su vida; regresaba con su familia, asumía las responsabilidades de un hombre de hogar y engendraba hijos. A la edad de cincuenta años, retornaba a la ermita del bosque, buscando una mayor comunión con Dios y un entrenamiento espiritual más completo por parte de su gurú. Ésta constituía la tercera etapa de la vida (la etapa de la «ermita del bosque»).

De este modo, una persona buscaba primero el conocimiento espiritual y secular y practicaba la autodisciplina; luego, con el carácter ya formado, ingresaba en la vida familiar. Más tarde, entregaba la mitad de sus posesiones materiales a sus hijos y la otra mitad a la ermita de su gurú; y el hombre (a menudo con su esposa) se retiraba al lugar de residencia de su gurú en el bosque.

El cuarto o último *ashram* o estado disciplinario de la vida consistía en una renunciación total a todos los lazos mundanos; el hombre y su esposa se convertían en ascetas sin hogar y recorrían la India, recibiendo la veneración de todas las personas de hogar y confiriendo a todos los corazones receptivos las bendiciones de la sabiduría.

El valor de la vida monástica en la ermita

Así era el sendero de la vida en cuatro etapas que seguían las personas comunes en la India védica. Sin embargo, tanto entonces como ahora, existen personas extraordinarias que no requieren de los usuales procesos de purificación de la vida constituidos por los diversos *ashrams* o etapas metódicas para el progreso del alma. Tanto en los tiempos antiguos como en los modernos, tales almas elevadas permanecen en la ermita del gurú desde el inicio hasta el fin de su existencia, liberando su propia alma y ayudando a otros a alcanzar la emancipación. Esas almas avanzadas no necesitan acallar los deseos sensoriales antes de buscar a Dios con total dedicación; siguen un sendero recto e inmediato hacia Él llevando una vida de *brahmacharya* y *sannyas,* e ignoran las formalidades de la vida familiar o de hogar, la vida en el bosque y la del asceta errante.

Jesús, Babaji y muchos grandes profetas de todas las épocas adoptaron únicamente el sendero directo y sin desvíos; no les fue necesario entrar en el torbellino de la existencia material ordinaria. Las grandes almas han asimilado hace ya largo tiempo (en encarnaciones anteriores) las lecciones pueriles o de jardín de infancia que ofrecen las experiencias del mundo.

En la vida moderna, el joven que prefiere formar primero una familia, razonando que buscará a Dios más tarde, comete un grave error. Debido a la falta del entrenamiento temprano en una ermita disciplinaria, el hombre actual no ejerce control sobre sus sentidos y deseos. Cuando en el curso normal de los acontecimientos se convierte en una persona de hogar, queda tan abrumado por sus obligaciones —corriendo tras el dinero para mantener una familia— que por lo general olvida incluso dirigir una pequeña oración a su Creador (¡y mucho menos iniciar una búsqueda sincera de Dios!).

Deberíamos recordar este antiguo símil que aparece en las escrituras: la leche no flota en el agua; en cambio, la mantequilla, que se obtiene batiendo la leche, *sí* flota. De igual manera, un hombre que desde la niñez extrae la mantequilla de la realización del Ser batiendo las aguas lechosas de su mente puede permanecer en el mundo, activo para Dios, sin enredarse con los deseos y apegos terrenales.

Por lo tanto, todo hombre o mujer de los tiempos actuales que sienta en su interior el anhelo por Dios debe correr tras Él primero, ¡sin demora alguna! Por esa razón Jesús aconsejó: «Así, pues, no andéis buscando qué comer ni qué beber, ni os inquietéis por eso, pues por todas esas cosas se afanan los paganos del mundo. Vuestro Padre ya sabe que tenéis necesidad de eso. Buscad más bien su Reino, y esas cosas se os darán por añadidura»[42].

Como ya hemos visto, existe una gran diferencia entre la vida familiar regida por el autocontrol —y precedida de una vida de disciplina— y la existencia materialista de los tiempos modernos. Hoy en día, es habitual la presencia del demonio doméstico de las carencias, desarmonías, preocupaciones y temores. Existen excepciones, por supuesto; en contados hogares, Dios reina allí en medio de la armonía, el autocontrol, la paz y el gozo.

No hay motivo alguno para continuar en un estado de sufrimiento. La vida mundana sin Dios conduce al sufrimiento; una vida con Dios, bien sea en el mundo o en el bosque, es el cielo mismo.

Todos los miembros de la familia deben comprender que si no controlan los sentidos perderán la paz. Los esposos y las esposas que creen que «los sagrados lazos del matrimonio» les dan vía libre para entregarse al sexo, la gula, la ira o hacer gala de su «temperamento» desconocen las verdaderas leyes de la existencia. Las familias inarmoniosas y el creciente número de divorcios que se observan en todas partes son claras advertencias de que el matrimonio no constituye una

---

[42] *Lucas* 12:29-31.

licencia para dar rienda suelta a los deseos, apetitos, estados de ánimo y emociones de los sentidos.

Las personas dotadas de control de los sentidos a las que alude esta estrofa 26 son aquellas que siguen la etapa disciplinaria de la vida que corresponde al hombre de hogar, y usan sus sentidos correctamente —emplean la vista, el olfato, el gusto, el tacto y el oído sin dejarse esclavizar por ellos—, sólo con la finalidad de adquirir experiencia acerca del mundo sensorial, cuya naturaleza es en esencia transitoria. Una vez que se satisfacen todos los deseos presentes en la mente en forma subconsciente, uno encuentra la paz y se libera de todos los anhelos; está apto entonces para el tercer *ashram* de la vida, que consiste en renunciar a toda ambición mundana. Al llevar a cabo un esfuerzo espiritual aún mayor, ofrece entonces al Señor, como un «sacrificio» genuino y aceptable, incluso el uso controlado de sus sentidos. Dominando los poderes sensoriales en la meditación, dicho yogui (el renunciante o *«sanyasin»* perfecto) alcanza la liberación.

El consejo que encontramos en esta estrofa es en especial apropiado para las personas casadas y enredadas en el mundo que aparentemente no pueden escapar del confinamiento de los problemas materiales que los acosan y hallar la paz. Todo ser humano, cualesquiera que sean las circunstancias por las que atraviese, tiene el poder de hacer este «sacrificio sensorial» y ofrecerlo al Señor. El propósito supremo de la vida, a diferencia de lo que sugieren los novelistas, no es conocer el amor humano o tener hijos u obtener la inconstante aclamación de los hombres; la única meta valiosa del hombre es encontrar el eterno gozo de Dios[43].

El mejor camino que se puede seguir en la vida, incluso en la actualidad, consiste en vivir en una ermita bajo la disciplina de un verdadero gurú u hombre de Dios, cumpliendo deberes activos para el bien común, sin desear con egoísmo los «frutos de la acción». Aquellos que no han formado una familia, y que sienten el sincero llamado interior de ser renunciantes, ciertamente deberían buscar a Dios de inmediato, a fin de no correr el riesgo de internarse en el laberinto de la vida familiar y los objetivos materiales.

---

[43] El *Guita* no aconseja que todas las personas casadas que buscan a Dios deban de inmediato volverse célibes. Como lo explica Paramahansa Yogananda en su comentario sobre XVIII:60 (en el volumen II): «El arte de dominar las tendencias naturales no consiste en la aplicación de la inútil fuerza bruta, sino en adoptar pasos psicofísicos graduales». Los consejos de Paramahansa Yogananda sobre este y otros aspectos de la vida matrimonial ideal se presentan en las *Lecciones de Self-Realization Fellowship* y en otros textos de *Self-Realization Fellowship* relacionados con este tema. *(Nota del editor).*

Quienes aún no han alcanzado la unión total con Dios se encuentran en zona peligrosa cuando tratan de atender a los sentidos, aunque sea en forma controlada. Existe siempre el riesgo de caer en la esclavitud sensorial, porque es habitual que la mente permanezca involucrada en lo que está próximo a ella. Por lo general, la mente sigue la regla de «lo que llega primero tiene prioridad»; de ese modo, si se colocan ante ella los goces sensoriales, la mente se acostumbra a entregarse a los placeres humanos transitorios, olvidando todo esfuerzo por experimentar la siempre bienaventurada naturaleza del Ser verdadero. No obstante, una vez que el devoto experimenta en su plenitud el gozo que fluye de Dios, ese gozo se convierte en la mayor tentación, y los sentidos pierden de una vez y para siempre todo su dominio: no pueden competir contra esa bienaventuranza.

Sin embargo, no hay razón para que quienes ya están casados permanezcan embrollados en la conciencia mundana, sintiéndose espiritualmente desposeídos y sin esperanza de hallar a Dios. El amor humano, el deseo de alabanzas, fama, dinero, alimentos, posesiones materiales, logros mentales y demás, todos ellos son pruebas que Dios le envía al verdadero devoto. Dios lo posee todo. Pero Él desea probar el corazón del devoto. ¿Elegirá a Dios o preferirá, en cambio, sus obsequios? Cuando Dios se da por satisfecho al comprobar que el devoto no flaquea ante ninguna tentación, ni está dispuesto a aceptar nada menos que a Dios Mismo, entonces y sólo entonces —sean cuales sean las circunstancias externas que atraviese el devoto—, el Señor le revela su rostro en toda su gloria eterna.

ESTROFA 27

सर्वाणीन्द्रियकर्माणि प्राणकर्माणि चापरे ।
आत्मसंयमयोगाग्नौ जुह्वति ज्ञानदीपिते ॥

sarvāṇīndriyakarmāṇi prāṇakarmāṇi cāpare
ātmasaṁyamayogāgnau juhvati jñānadīpite

Algunos otros (los seguidores del sendero de* Guiana Yoga*) ofrecen todas sus actividades sensoriales y las funciones de la fuerza vital como oblaciones a la llama yóguica del control interior encendida en el Ser por la sabiduría.

Los yoguis que siguen el sendero del discernimiento *(Guiana Yoga)* visualizan con firmeza en su conciencia la verdad suprema: la indivisible relación entre el alma y el Espíritu. El *guiana yogui* enfoca su atención en el punto medio del entrecejo y concentra su mente sólo en la presencia interna del Ser. Siguiendo con toda dedicación este difícil sendero para unirse a Dios, el verdadero *guiana yogui* puede finalmente encender el fuego de la perceptiva sabiduría interior. Con esta consumación suprema, todas las actividades sensoriales y fuerzas vitales de los nervios aferentes y eferentes, atraídas por la irresistible llama magnética de la sabiduría interior, se sumergen con ímpetu en esa sagrada llama.

Esta estrofa alude al método de unión con Dios que sigue la filosofía india del Vedanta. El método consiste en escuchar con atención la sabiduría de las escrituras y meditar continuamente en ella y, de ese modo, volverse uno con dicha sabiduría —siempre y cuando la mente no sea arrastrada hacia los sentidos por la fuerza vital y por los inquietos pensamientos subconscientes.

Existe una diferencia entre «autocontrol» y «la llama del control interior del Ser» que se menciona en esta estrofa. A menudo se entiende por «autocontrol» el limitado poder de voluntad que se emplea para dominar un sentido determinado o, también, el poder de autocontrol que posee el hombre común. «La llama del control interior del Ser» se refiere, en cambio, al supremo e ilimitado poder de dominio que el Ser (el alma) posee como reflejo verdadero del Espíritu.

Haciendo uso de la voluntad en forma continua, quien sigue el sendero del discernimiento se esfuerza por unir su ego con el ilimitado poder del Ser. Si tiene éxito en sus esfuerzos, puede entonces unir el Ser con el Espíritu. De ese modo, sus diez sentidos (cinco instrumentos de acción y cinco instrumentos de conocimiento) y las cinco fuerzas vitales se retiran automáticamente hacia el Fuego Cósmico, con lo cual destruyen toda inquietud sensorial y corporal.

La dificultad para lograr el control de los sentidos por medio del discernimiento mental

Guiana Yoga no es un sendero tan sencillo como parece. Su mayor dificultad reside en que hace caso omiso del método científico: las técnicas yóguicas de ascensión espinal para desconectar la mente de los sentidos mediante la retirada de todas las fuerzas vitales del sistema nervioso. El seguidor del sendero del discernimiento *(guiana)* por lo general está sujeto a la violenta resistencia de los sentidos y de las fuerzas vitales, que fluyen de manera natural hacia las terminaciones nerviosas y sus conexiones con el mundo externo.

En el siguiente relato se ilustra la dificultad del sendero de *Guiana Yoga:* Un hombre está decidido a llegar a un destino determinado (Dios) en un carruaje (el cuerpo) tirado por diez caballos salvajes (los sentidos). Algunos amigos (el consenso de los sabios) le sugieren que primero dome a los caballos pero que, entretanto, tiene mayores probabilidades de alcanzar la meta si ignora a los indisciplinados caballos y prosigue con tranquilidad su camino a pie (sigue los métodos graduales de la ciencia del yoga). El hombre, sin embargo, se resiste obcecadamente a seguir este consejo: ¡él y sus caballos deben llegar juntos a su destino!

El resultado final de este triste relato es que, después de llevar a cabo esfuerzos inhumanos con los caballos, el desventurado hombre yace herido de gravedad a la vera del camino, aún muy lejos de la meta que deseaba en su viaje.

No es factible llegar a Dios siguiendo únicamente el sendero del discernimiento a no ser que lo siga un hombre dotado de una constitución tan diferente a la de sus semejantes que se le considere con justicia como un superhombre. ¡Sólo alguien así logra alcanzar la meta «junto con sus caballos»! Por lo tanto, no se puede recomendar el exclusivo sendero de *Guiana Yoga* al hombre común, ¡sino sólo a un Sandow[44] del discernimiento!

Cuando el seguidor del sendero del discernimiento intenta meditar en el Espíritu Supremo, está sujeto a la «resistencia» que oponen los diez caballos de los sentidos que le acompañan, sumada al tirón de la fuerza vital que fluye a través de los nervios sensoriales y motores y, también, al tirón de los pensamientos subconscientes: él se encamina en una dirección, en tanto que sus «caballos» y su «carruaje» corren en dirección opuesta. Es verdad que un *guiana yogui* que posea una inquebrantable determinación puede tener éxito —incluso siguiendo el método poco científico de la concentración interior «a la buena ventura»— en la tarea de enfocar la mente por completo en Brahman o Dios («ofreciendo así sus sentidos y su vida como oblaciones en el fuego del Infinito»). Pero el sendero de *Guiana Yoga* no sólo es precario, sino, además, prolongado. A través de *Kriya Yoga,* por otra parte, un practicante ferviente puede alcanzar la liberación con gran rapidez.

---

[44] Eugene Sandow (1867-1925), a quien se conocía como «el hombre más fuerte del mundo».

La diferencia entre la ceremonia del fuego de *guiana* (sabiduría) y la ceremonia científica del fuego de *Kriya Yoga* puede ilustrarse mejor del siguiente modo:

Dos personas están meditando en diferentes habitaciones, en cada una de las cuales hay un teléfono. El teléfono suena en ambas habitaciones. Una de las personas se dice a sí misma, con una actitud desafiante de obstinación intelectual: «¡Me concentraré tan profundamente que no me será posible oír los timbrazos del teléfono!». Es cierto que *podría* concentrarse en su interior a pesar del ruido externo, pero está complicando su tarea de manera innecesaria. Puede comparársele con un *guiana yogui* que procura meditar en Dios haciendo caso omiso de los incesantes mensajes telefónicos de la vista, el oído, el olfato, el gusto y el tacto, así como del impulso que ejerce la fuerza vital hacia el exterior.

El autocontrol científico por medio de Kriya Yoga

La otra persona de nuestro ejemplo no se hace ilusiones acerca de su poder para ignorar el burdo clamor del teléfono. Prudentemente, retira el enchufe de la toma de corriente y desconecta el aparato. Se le puede comparar con el *kriya yogui* que evita las distracciones sensoriales durante la meditación desconectando la fuerza vital de los sentidos e invirtiendo luego el flujo de esa corriente vital para dirigirla hacia los centros superiores.

Por medio del control de la fuerza vital, como ocurre durante la práctica de la técnica de *Kriya Yoga,* el yogui puede con certeza alcanzar un profundo estado de éxtasis divino. Mediante la perfecta ejecución de *Kriya* 1.728 veces en una única postura (es decir, en una sola sesión), y practicando un total de 20.736 *kriyas,* el devoto puede alcanzar el estado de *samadhi* (la unión con Dios). Sin embargo, al principiante no le es posible practicar un número tan elevado de *kriyas.* Cuando el cuerpo y la mente del *kriya yogui* están adecuadamente preparados para recibir el alto voltaje de tan intensa práctica de *Kriya Yoga,* su gurú le hace saber que está apto para la experiencia del *samadhi.* Cuando mi mente y mi cuerpo estuvieron capacitados, mi gurú me confirió el *samadhi.* Antes de que ello ocurriera, cuando yo no estaba todavía preparado espiritualmente para experimentar ese estado, mi pedido de *samadhi* me fue negado con razón por el gran yogui Ram Gopal Muzumdar[45].

---

[45] Ram Gopal Muzumdar fue un gran discípulo de Lahiri Mahasaya, conocido como «el santo que no duerme», ya que permanecía siempre despierto en la conciencia extática. Prodigándole a su cuerpo únicamente un cuidado y sustento exiguos, pasaba su vida recluido en meditación ininterrumpida durante dieciocho a veinte horas diarias. El

Por un cable delgado sólo podría circular una cierta cantidad de corriente; en cambio, a través de un cable grueso es posible hacer pasar una corriente de alto amperaje. De modo similar, el cuerpo de una persona común en el estado inicial de la práctica de *Kriya* se asemeja a un cable delgado y débil, que sólo es capaz de absorber con provecho aumentos graduales de la corriente generada por la práctica de *Kriya Yoga,* de 14 a 24 veces, dos períodos al día, y luego con incrementos progresivos de 12 *kriyas,* hasta llegar a un máximo de 108 (según lo indique el gurú).

Por medio de *Kriya Yoga,* el devoto avanza científicamente hacia Dios, acelerando su evolución con métodos graduales y con un número mayor o menor de prácticas correctas de la técnica de *Kriya Yoga.*

Cuando el yogui, después de practicar *Kriya Yoga* durante años, logra adaptar el cuerpo y los nervios, puede manifestar en su cuerpo —en forma extática y sencilla— toda la corriente generada por la práctica de 20.736 *kriyas* y aún más. El *kriya yogui* experto concentra el poder para alcanzar el éxtasis no en el número de *kriyas* sino en *cada kriya.* Después de años de práctica intensa y gracias a las bendiciones de mi gurú y mis paramgurús, ahora, con la práctica de sólo una a tres *kriyas,* mi conciencia entra en el bienaventurado estado de *samadhi.* ¡Mi Amado Señor jamás se encuentra a más de una *kriya* de distancia!

En el éxtasis de *Kriya Yoga,* el cuerpo no se percibe como un conjunto de carne y huesos, sino como energía electro-vitatrónica. Al experimentar que el cuerpo es fuerza vital, éste se vuelve uno con la Energía Cósmica. La conciencia del ego se transmuta convirtiéndose en el inconcebible gozo del alma. El alma y su gozo se funden en la bienaventuranza cósmica del Espíritu. En el estado de éxtasis, el yogui sabe que su cuerpo es una película cinematográfica de energía divina que, a su vez, es un sueño de la conciencia de Dios, y que él —el Ser— es una parte eterna de esa Conciencia que sueña.

---

encuentro de Paramahansa Yogananda con el santo ocurrió cuando Paramahansaji era un joven que recientemente había terminado la escuela secundaria y estaba muy resuelto a alcanzar la meta en su búsqueda de Dios. Cuando le pidió al santo extático que le concediera la experiencia de la Divinidad a través del *samadhi,* Ram Gopal replicó: «Apreciado amigo, con gusto te concedería el divino contacto, pero no está en mis manos hacerlo. Tu maestro [Swami Sri Yukteswar] te concederá esa experiencia pronto. Tu cuerpo no está todavía lo suficientemente preparado». Sólo unos días más tarde, Sri Yukteswar le concedió a su joven *chela* la bendición del *samadhi.* El relato completo aparece en *Autobiografía de un yogui,* en el capítulo «El santo que no duerme». *(Nota del editor).*

ॐ

***Todo karma, o efecto de las acciones, se desvanece por completo en el ser liberado que, desprovisto de apegos y con la mente inmersa en la sabiduría, lleva a cabo el verdadero rito espiritual del fuego* (yajna).**

***Bhagavad Guita* IV:23**

❖

«En la India, el rito formal en el cual se vierte mantequilla clarificada (ghee) *sobre el fuego —una forma de la materia purificada por el fuego— simboliza la unión de la energía vital con la energía cósmica.*

»Aquellos que han sido iniciados por un gurú en las técnicas de meditación yóguica llevan a cabo el verdadero rito esotérico del fuego que prescriben las escrituras hindúes. Para ello, retiran la fuerza vital de los nervios sensoriales y motores, y vierten esa energía en los sagrados fuegos vitales reunidos en los siete centros cerebroespinales ocultos. Cuando el yogui suspende el flujo de la corriente vital que circula a través de los nervios, su mente se desconecta de los sentidos. Esta acción de retirar la vida del cuerpo y de unir esa energía con la luz de Dios es el yajna *más elevado, el auténtico rito del fuego, que consiste en arrojar la pequeña llama de la vida al Gran Fuego Divino e incinerar todo deseo humano en el divino deseo de alcanzar la unión con Dios. El yogui recoge entonces su mente, que se ha retirado de los sentidos, y la arroja al fuego de la Conciencia Cósmica; cuando por fin comprende que su propia alma es completamente diferente del cuerpo, arroja ese Ser al fuego del Espíritu Eterno».*

❖

«Cuando la fuerza vital que se retira de los sentidos se concentra en el loto de mil pétalos del cerebro, ese poderoso esplendor incinera todos los samskaras *(hábitos, impulsos y todos los demás resultados de las acciones del pasado) alojados en la subconciencia y la supraconciencia del cerebro, lo cual libera al devoto de todas las cadenas kármicas del pasado».*

Paramahansa Yogananda

Estrofa 28

द्रव्ययज्ञास्तपोयज्ञा योगयज्ञास्तथापरे ।
स्वाध्यायज्ञानयज्ञाश्च यतयः संशितव्रताः ॥

dravyayajñās tapoyajñā yogayajñās tathāpare
svādhyāyajñānayajñāśca yatayaḥ saṁśitavratāḥ

Otros devotos ofrecen como oblaciones riqueza, autodisciplina y los métodos del yoga, en tanto que otras personas que poseen autodominio y profesan votos estrictos ofrecen como sacrificios el estudio de sí mismos y la adquisición de la sabiduría de las escrituras.

En esta estrofa continúa la enumeración de diversos tipos de devotos cuyas disciplinas particulares constituyen «ceremonias espirituales del fuego».

Algunos devotos usan con acierto sus riquezas u otros recursos materiales y, como una «ofrenda» al Espíritu, los emplean para ayudar a los demás. Los ascetas que poseen autocontrol y una férrea determinación consideran sus austeridades como «oblaciones». Hay quienes observan con rigidez los votos espirituales y las diversas normas de la autodisciplina. Ciertos tipos de *sadhus* (anacoretas) se sientan al sol desde la mañana hasta el atardecer; otros sumergen su cuerpo hasta el cuello en agua fría durante horas mientras entonan cantos, o practican la meditación bajo condiciones extremas de frío o calor. Algunos devotos tratan de controlar la gula mezclando los alimentos fríos y calientes, dulces y ácidos, y comen esta combinación a fin de practicar el desapego relacionado con el sentido del gusto. «Puesto que todos los alimentos se convierten en uno solo en el estómago —dicen—, ¿por qué no mezclarlos antes de que lleguen allí? De este modo, se puede nutrir el cuerpo sin alimentar la sensación de gula». A pesar de ser una opinión razonable, ¡sería difícil esperar que se popularizara esta austeridad en particular!

Quienes cultivan la autodisciplina practican la veracidad, la calma y la dulzura en su trato con los demás, incluso ante una provocación. No cometen robos ni se permiten ninguna mala acción que esté expresamente prohibida en las escrituras. Tales personas son los grandes moralistas que podemos encontrar en todas las religiones. ¡En ocasiones, sus mentes están más empapadas en la «rectitud» que en Dios mismo!

Se sienten tan santurronamente satisfechos de estar recorriendo el sendero espiritual que llegan a perder de vista que su meta es la unión con Dios.

Sin embargo, aquellos que persisten en practicar austeridades con inteligencia, motivados por su gran devoción a Dios, comprueban que las «oblaciones» de su autodisciplina finalmente los ayudan a unirse con el Fuego Cósmico del Espíritu.

La unión con Dios por medio del óctuple sendero del yoga

OTROS DEVOTOS SIGUEN EL ÓCTUPLE SENDERO del yoga, y neutralizan los trémulos centelleos del sentimiento *(chitta),* para que en sus transparentes aguas puedan ver el reflejo sin distorsiones de la luna del alma. Tales yoguis observan las normas proscriptivas y prescriptivas de la autodisciplina *(yama-niyama),* pero van aún más allá. Practican el control del cuerpo por medio de la postura *(asana)* a fin de lograr que el cuerpo se someta a su voluntad y permanezca sentado en estado de inmovilidad durante largos períodos de meditación y éxtasis prolongado. El yogui adopta entonces cualquier postura correcta y practica el control de la fuerza vital *(pranayama)* mediante una técnica como *Kriya Yoga.* Empleando esta técnica, desconecta la mente de la conciencia corporal, para lo cual interrumpe la corriente vital que proviene de los sentidos, y une la mente y la fuerza vital con la supraconciencia en la columna vertebral y el cerebro. De este modo alcanza el verdadero estado de recogimiento interior o retiro de la mente y la fuerza vital de los sentidos *(pratyahara).*

Una vez que el yogui fortalece su cuerpo y mente por medio de la autodisciplina, la postura, el control de la fuerza vital y el recogimiento interior de la conciencia, dedica luego su cuerpo y mente —recién dominados— a la práctica de la concentración en el Infinito *(samyama: dharana, dhyana* y *samadhi),* concibiendo al Espíritu como la vibración cósmica de *Om.* No satisfecho con escuchar la vibración de *Om,* comienza a expandirse con ella, sintiéndola no sólo en su propio cuerpo, sino también en el vasto cosmos. El yogui puede entonces alcanzar el éxtasis de la unión con Dios, que vibra en el universo como Sonido Cósmico o Luz Cósmica: la vibración del Espíritu Santo. Luego experimenta la conciencia de Cristo o Krishna *(Kutastha),* que es inherente a esta vibración y, a través de ella, se funde en el Señor como Conciencia Cósmica.

Siguiendo las normas prescriptivas y proscriptivas del código moral y practicando la postura correcta, el control de la fuerza vital, el recogimiento interior de la mente, la meditación (la concentración de la atención), la concepción cósmica de Dios y el éxtasis, el pequeño ser del hombre puede unirse con el Espíritu. La práctica del óctuple sendero del yoga disuelve las olas de los gustos y aversiones, los deseos que infestan el sentimiento intuitivo de *chitta* (el corazón). Cuando las aguas de *chitta* se liberan del oleaje de las sensaciones, pensamientos, gustos y aversiones, las claras aguas de la intuición reflejan el alma como una *imagen* perfecta del Espíritu-Luna. El yogui une entonces su alma, que se refleja en el corazón sereno, con la verdadera Fuente, la Luna del Espíritu omnipresente.

Beneficios y riesgos del estudio de las escrituras

Otra clase de devoto, buscando comprenderse a sí mismo y comprender su relación con Dios y el universo, lee la sabiduría de las escrituras, medita sobre dicha sabiduría con la mente controlada y absorta, y aplica con rigor los mandatos de las escrituras en su vida cotidiana. Así aprende de manera gradual a ofrecer la «oblación» del estudio de sí mismo y de su conocimiento intuitivo de las escrituras en el fuego del Espíritu. No es el intelectual «diccionario ambulante de las escrituras» el que en verdad conoce la sabiduría de los profetas; sin embargo, en aquel que medita y aplica su saber es en quien resplandece, día a día, el conocimiento de las escrituras, tanto en su rostro como en sus acciones.

Conocer las escrituras sólo es beneficioso cuando estimula el deseo de poner en práctica aquello que se aprende; de lo contrario, esa erudición teórica crea la falsa convicción de que uno posee sabiduría. El conocimiento de los textos sagrados que no se experimenta actúa entonces en detrimento de la comprensión práctica de las verdades espirituales. En cambio, cuando el conocimiento teórico de las escrituras se convierte de continuo en percepciones internas de sabiduría, éstas constituyen su fuente de redención. Numerosos pándits (eruditos) y doctos educadores, aun con toda su agudeza mental, a diario demuestran con sus vidas descontroladas que han fracasado en poner en práctica su entendimiento filosófico.

El hombre que no conoce las escrituras ni cuenta con la percepción interior es tristemente ignorante. Una persona que posee conocimientos teóricos acerca de las escrituras pero carece de la realización del Ser es como aquel que come mucho pero no puede digerir los alimentos. En cambio, el hombre dotado de percepción divina, aunque no conozca las escrituras, ha alcanzado a Dios y es un valioso ejemplo para la sociedad.

Quien posee tanto el conocimiento de las escrituras como la realización del Ser no sólo ha alcanzado a Dios, sino que es un admirable instructor para impartir la conciencia divina a los demás.

Mi gurú nunca les permitió a sus discípulos leer las estrofas del *Bhagavad Guita* o de Patanjali por mero interés teórico. «Medita en las verdades espirituales hasta que te vuelvas uno con ellas», solía decir. Una vez que dominé algunas estrofas de las escrituras con el método perceptivo profundo que aprendí bajo su tutela, se negó a seguir enseñándome otras. «Comprobarás —me dijo— que ahora posees una llave auténtica para comprender las escrituras, una llave de percepción intuitiva interna y no de simple razonamiento y suposiciones. Todas las escrituras te abrirán sus secretos».

El estudio de los textos de Patanjali, del *Guita* o de la Biblia sólo con una mirada intelectual tal vez le permita al hombre pasar en forma brillante un examen sobre dichos textos, pero no le concederá acceso infalible a su verdadero significado. El meollo de la verdad que se halla presente en los dichos de las escrituras está cubierto con la dura corteza del lenguaje y la ambigüedad. Mediante la ayuda de un gurú, el devoto aprende a utilizar el cascanueces de la percepción intuitiva para romper toda corteza verbal y obtener la divina esencia que existe en su interior.

ESTROFA 29

अपाने जुह्वति प्राणं प्राणेऽपानं तथापरे।
प्राणापानगती रुद्ध्वा प्राणायामपरायणाः॥

apāne juhvati prāṇaṁ prāṇe 'pānaṁ tathāpare
prāṇāpānagatī ruddhvā prāṇāyāmaparāyaṇāḥ

Otros devotos ofrecen como sacrificio el aliento del* prana *que se inhala en aquel aliento del* apana *que se exhala, y el aliento del* apana *que se exhala en aquel aliento del* prana *que se inhala, y de ese modo suspenden la causa de la inhalación y de la exhalación (con lo cual se hace innecesaria la respiración) por medio de la práctica concentrada de* pranayama *(la técnica de* Kriya Yoga *para lograr el control de la vida).

POR MEDIO DE LA PRÁCTICA CONCENTRADA del *pranayama* de *Kriya Yoga* —ofrecer el aliento que se inhala en el aliento que se exhala (el *prana* en el *apana*) y ofrecer el aliento que se exhala en el aliento que se inhala (el *apana* en el *prana*)—, el yogui neutraliza estas dos corrientes vitales y las mutaciones resultantes del deterioro y el crecimiento, que son los agentes causantes de la respiración y de la actividad del corazón, y también de la conciencia corporal concomitante. Al recargar la sangre y las células con la energía vital que se extrae del aliento y que se refuerza con la fuerza vital pura y espiritualizada de la columna vertebral y del cerebro, el *kriya yogui* suspende el deterioro corporal, aquietando así el aliento y el corazón, ya que sus funciones purificadoras se vuelven innecesarias. El yogui logra de ese modo el control consciente de la fuerza vital.

El *Bhagavad Guita* menciona claramente en esta estrofa la teoría de *Kriya Yoga,* la técnica de comunión con Dios que Lahiri Mahasaya ofreció al mundo en el siglo XIX. El *pranayama* de *Kriya Yoga* o control de la fuerza vital enseña al hombre cómo desatar el cordón del aliento que une el alma al cuerpo, permitiendo así que el alma abandone la prisión corporal por métodos científicos y se remonte a los cielos del omnipresente Espíritu, y regrese luego a voluntad a su pequeña jaula. No se trata de un vuelo de la imaginación, sino de la singular experiencia de la Realidad: conocer nuestra verdadera naturaleza y reconocer que su fuente es la bienaventuranza del Espíritu. Por medio del *pranayama* de *Kriya Yoga* o control vital que se describe en esta estrofa 29, se puede liberar al alma de su identificación con el cuerpo y unirla al Espíritu.

LA CIENCIA DEL *KRIYA YOGA,* A TRAVÉS DE LA CUAL SE LOGRA EL CONTROL DE LA FUERZA VITAL

EL TÉRMINO *PRANAYAMA* DERIVA de dos palabras sánscritas: *prana* (vida) y *āyāma* (control). *Pranayama* significa, por consiguiente, el control de la fuerza vital y no «el control de la respiración». El significado más amplio de la palabra *prana* es «fuerza» o «energía». En este sentido, el universo está saturado de *prana;* toda la creación es una manifestación de fuerzas, un juego de fuerzas. Todo lo que existió, existe o existirá no son sino diferentes formas de expresión de esta fuerza universal. El *prana* universal es, entonces, Para-Prakriti (la Naturaleza pura), la energía o fuerza inmanente que deriva del Infinito Espíritu e impregna y sostiene el universo.

Por otra parte, en el sentido más estricto, *prana* significa lo que de ordinario se denomina la vida o vitalidad de un organismo: el *prana* de una planta, un animal o un ser humano significa la fuerza vital que confiere vida a esa forma.

Los principios mecánicos operan en cada parte del cuerpo (en el corazón, las arterias, los miembros, las articulaciones, los intestinos, los músculos). Los principios químicos también están en acción (en los pulmones, el estómago, el hígado, los riñones). Pero ¿acaso no es necesario agregar a todas estas actividades algo que no sea de naturaleza mecánica o química a fin de crear y conservar la vida de un organismo? Ese «algo» es la fuerza o energía vital, cuya importancia es superior a la de los demás agentes de conservación de la vida. La energía vital utiliza la fuerza mecánica para impulsar la sangre, desplazar el alimento a lo largo del tracto digestivo, flexionar los músculos; emplea fuerzas químicas para digerir los alimentos, purificar la sangre, elaborar la bilis, etc. Existe una maravillosa conexión y cooperación entre las células en todas las partes del cuerpo: eso es la organización, y el *prana* es el que la dirige, pues es el poder que supervisa, organiza, coordina, construye y repara el cuerpo.

El *prana* es una fuerza inteligente, pero no tiene conciencia en el sentido empírico o trascendental. Es la base de la conciencia empírica, en tanto que el alma es la unidad consciente. A través del ego, el alma dictamina, y el *prana* (su sirviente) obedece. El *prana,* que no es densa materia ni tampoco es puramente espiritual, toma prestado del alma su poder para activar el cuerpo. Es el poder alojado entre el alma y la materia cuya función es expresar el alma y poner en movimiento la materia. El alma puede existir sin el *prana,* pero el *prana* del cuerpo no puede existir sin el alma como sustrato.

EL *PRANA* UNIVERSAL COMENZÓ A EXISTIR del siguiente modo: En el principio, el Gran Espíritu Único deseó crear. Siendo Uno Solo, deseó ser muchos. Puesto que el Espíritu es omnipotente, este deseo tuvo la fuerza creativa para exteriorizarse y proyectar el universo. Dividió el Uno en muchos, la Unidad en la diversidad. Pero el Uno no quería perder su completitud en la multiplicidad. Así pues, simultáneamente deseó atraer a los muchos de regreso a la Singularidad. Se produjo entonces un «tira y afloja» entre el deseo de ser muchos a partir del Uno y el deseo de atraer a los muchos hacia el Uno; es decir, entre la fuerza de proyección y la fuerza de cohesión, entre la repulsión y la atracción, entre la fuerza centrífuga y la fuerza centrípeta. El resultado de la pugna entre estas dos opuestas y todopoderosas

El prana *universal: la energía presente en la creación entera*

fuerzas es la vibración universal, el signo evidente de la primera perturbación del equilibrio espiritual que existía previo a la creación. En esta vibración se combinan el deseo creativo del Espíritu de convertirse en muchos y el deseo cohesivo del Espíritu de ser Uno a partir de los muchos. En lugar de volverse Muchos o Uno en forma absoluta, el Espíritu se convirtió en el Uno presente en los muchos.

El *prana* universal que se encuentra en el fondo de todas las combinaciones que están dentro de la creación es la base de la unidad que ha evitado que el Espíritu Único se divida irreversiblemente en muchos. Se halla presente en todos los átomos del universo y en todo lugar del cosmos. Es el vínculo primario, directo y sutil entre la materia y el Espíritu; es menos espiritual que el Gran Espíritu, pero más espiritual que los átomos materiales. Este *prana* universal es el padre de todas las llamadas «fuerzas», las cuales utiliza el Espíritu (en su forma inmanente) para crear y mantener el universo.

Cuando se armonizan diferentes átomos para formar un organismo —un árbol, un animal, un ser humano—, el *prana* universal presente en cada átomo se coordina de un modo particular y entonces se denomina *prana* específico, vida o fuerza vital. Aunque cada célula individual —o, mejor dicho, cada átomo— del cuerpo humano tiene una unidad de *prana,* todas las unidades de todos los átomos y células están gobernadas por un *prana* coordinador, que se denomina *prana* específico o fuerza vital.

El prana *específico: el principio de la vida en el cuerpo*

El *prana* específico se introduce en el cuerpo junto con el alma (en el revestimiento astral del alma) en el momento de la concepción. Siguiendo los mandatos del alma, el *prana* específico gradualmente construye, a partir de una sola célula primaria, el cuerpo del bebé —conforme al diseño kármico astral de esa persona— y continúa sosteniendo ese cuerpo a lo largo de toda su vida. Este *prana* corporal es reforzado en forma constante no sólo por las fuentes densas, tales como el alimento y el oxígeno, sino ante todo por el *prana* universal, la energía cósmica, que se introduce en el cuerpo a través del bulbo raquídeo («la boca de Dios») y se almacena en el reservorio de la vida situado en el cerebro y en los centros espinales, desde donde se distribuye de acuerdo con las funciones del *prana* específico.

El *prana* específico está presente en el cuerpo entero, y sus funciones difieren en las diversas partes del organismo. Puede clasificarse en cinco *pranas* diferentes, según las siguientes funciones: 1) *prana* (por su preeminencia), el poder cristalizador que permite la manifestación de todas las demás funciones; 2) *apana,* el poder de excreción, la energía que escudriña el cuerpo en busca de productos de desecho para eliminarlos; 3) *vyana,* el poder de circulación; 4) *samana,* el poder de asimilación y digestión, por medio del cual se procesan y asimilan los diversos alimentos para nutrir el cuerpo y formar nuevas células; y 5) *udana,* el poder mediante el cual las células se diferencian en sus funciones (algunas generan el cabello, o la piel, o los músculos, así como los demás tejidos) a través de infinitas desintegraciones e integraciones que se producen entre ellas.

Aunque estos cinco *pranas* están separados, se encuentran interrelacionados y actúan de modo armonioso e interdependiente. En realidad, se trata de un único *prana* que actúa de cinco maneras diferentes, pero indisolublemente conectadas. (Se hallará mayor información acerca de los cinco *pranas* en el texto del siguiente *sloka*).

La base o asiento primario del *prana* corporal es el sistema nervioso y las células del eje cerebroespinal y del sistema simpático, pero también se encuentra en sus infinitas ramificaciones, en las células, fibras, nervios y ganglios, e incluso en los más remotos rincones del cuerpo. Así pues, el *prana* opera fundamentalmente en el sistema simpático o involuntario, pero, además, las actividades voluntarias sólo son posibles porque el *prana,* en sus cinco fuerzas constitutivas, trabaja y se encuentra presente en el cuerpo entero.

LA PRESENTE ESTROFA DEL *GUITA* TRATA acerca de dos funciones específicas de la fuerza vital que se diferencia como *prana* y *apana.* Así como hay un «tira y afloja» a escala macrocósmica que refleja el deseo del Espíritu de proyectarse para crear y su deseo opuesto de atracción para hacer regresar los muchos al Uno (véanse las páginas 13 s.), de manera semejante esta misma contienda de la dualidad tiene lugar a escala microcósmica en el cuerpo humano. Una expresión de esta dualidad positiva-negativa es la interacción entre *prana* y *apana.*

Prana *y* apana*: las dos principales corrientes del cuerpo*

Existen en el cuerpo dos corrientes principales. Una de ellas, la corriente de *apana,* fluye desde el punto medio del entrecejo hasta el cóccix. Esta corriente que fluye en forma descendente se distribuye a través del centro coccígeo hacia los nervios sensoriales y motores, y hace que la conciencia humana permanezca engañosamente atada al cuerpo. La corriente de *apana* es inquieta y mantiene al hombre absorto en las experiencias sensoriales.

La otra corriente principal es la de *prana,* que fluye desde el cóccix hasta el punto medio del entrecejo. La naturaleza de esta corriente vital es la calma; recoge hacia el interior la atención del devoto durante el sueño y en el estado de vigilia. En la meditación, une el alma con el Espíritu en el centro crístico, situado en el cerebro.

Por lo tanto, estas dos fuerzas, la corriente que fluye en dirección descendente *(apana)* y la corriente que fluye en dirección ascendente *(prana),* tiran en direcciones opuestas. La conciencia humana es arrastrada hacia abajo o hacia arriba por el tira y afloja que se genera entre estas dos corrientes que tratan de atar o de liberar el alma, respectivamente.

La corriente vital que fluye al exterior desde el cerebro y la columna vertebral en dirección a las células, los tejidos y los nervios queda atada a la materia y estancada en ella. Como si se tratase de electricidad, se consume en las actividades motoras corporales (los movimientos voluntarios e involuntarios) y en la actividad mental. A medida que la vida presente en las células, tejidos y nervios comienza a agotarse por esta actividad motora y sensorial perceptiva —principalmente a través de la actividad excesiva, inarmoniosa y no equilibrada—, el *prana* se encarga de recargarlos y de mantenerlos llenos de vitalidad. Sin embargo, en el proceso en el que se consume energía vital, se generan sustancias de desecho o «deterioro». Uno de estos productos es el dióxido de carbono que las células excretan en el flujo sanguíneo; para evitar el aumento de este «deterioro» se hace necesaria la inmediata acción purificadora del *prana,* pues de lo contrario ocurriría la muerte en un corto lapso. La fisiología de este intercambio es la respiración.

La respiración: el cordón que ata el alma al cuerpo

Del tirón opuesto que ejercen las corrientes de *prana* y *apana* en la espina dorsal surgen las inhalaciones y exhalaciones de la respiración. Cuando la corriente de *prana* se dirige hacia arriba, impulsa el aliento vital cargado de oxígeno hacia los pulmones. Allí el *prana* extrae rápidamente la cantidad de fuerza vital necesaria proveniente de la composición electrónica y vitatrónica de los átomos de oxígeno. (El *prana* necesita más tiempo para extraer la fuerza vital de los alimentos líquidos y sólidos, relativamente más densos, que se hallan en el estómago). La corriente de *prana* envía esa energía refinada a todas las células corporales. Si no se produjese ese reabastecimiento de fuerza vital pura, sería imposible que las células efectuaran sus numerosas funciones fisiológicas, lo cual les provocaría la muerte. La energía vital que se extrae del oxígeno no solo ayuda a reforzar los centros de fuerza vital de la columna vertebral y del entrecejo, sino también el principal reservorio de energía vital situado en el cerebro. El excedente de oxígeno del aliento inhalado lo transporta la sangre por todo el cuerpo, donde los cinco *pranas* vitales lo utilizan en diversos procesos fisiológicos.

Como puede observarse, la actividad corporal ocasiona deterioro y el consiguiente producto de desecho, que es el dióxido de carbono. Este desecho es excretado por las células a través de la acción de *apana,* la corriente de eliminación, y la sangre lo transporta hasta los pulmones. La corriente del flujo descendente de *apana* en la columna vertebral produce entonces la exhalación e impulsa al exterior las impurezas de los pulmones a través del aliento que se exhala.

La respiración, activada por las corrientes duales de *prana* y *apana,* se lleva a cabo fisiológicamente mediante una serie de complejos reflejos nerviosos —químicos y mecánicos— en los que intervienen principalmente el bulbo raquídeo y el sistema nervioso simpático o involuntario. A su vez, el intrincado sistema simpático es activado por las corrientes de *prana* y *apana* que actúan a través de las importantes ramificaciones de las corrientes vitales astrales que corresponden al sistema nervioso simpático físico (cuyas principales ramificaciones se denominan *ida* y *pingala*). (Véase la página 71). Estudiar la fisiología de la respiración sin comprender lo suficiente los sutiles principios vitales que yacen en el fondo de este proceso es como estudiar el *Hamlet* de Shakespeare ignorando las partes en que actúa el personaje que da título a esa obra.

La inspiración y la espiración se producen principalmente en forma involuntaria a lo largo de toda la vida. En tanto que la corriente vital *(prana)* continúe llevando el aliento inhalado hacia los pulmones, el hombre permanece vivo; cuando se vuelve más poderosa la corriente que fluye hacia abajo *(apana)* durante la exhalación, el hombre muere. La corriente de *apana* desaloja entonces el cuerpo astral del cuerpo físico. Cuando el último aliento abandona el cuerpo por acción de la corriente que fluye hacia fuera, *apana,* el cuerpo astral lo sigue hacia el mundo astral.

Por eso se afirma que la respiración ata el alma al cuerpo. Lo que proporciona al hombre la percepción del mundo externo es el proceso de exhalación e inhalación que es el resultado de las dos corrientes espinales opuestas. El aliento dual es la tormenta que crea las formas-olas (sensaciones) en el lago de la mente. Estas sensaciones producen también la conciencia del cuerpo y la dualidad, y de ese modo destruyen la conciencia unificada del alma.

Dios soñó el alma y la revistió de un cuerpo onírico que soporta una pesada respiración onírica. El misterio de la respiración es la clave del secreto de la existencia humana. Incluso existe una conexión directa entre la respiración y la longevidad. El perro, por ejemplo, respira con rapidez y tiene una vida corta. El cocodrilo respira con gran lentitud y puede vivir más de cien años. Las personas obesas respiran pesadamente y mueren en forma prematura. Cuando la enfermedad, la vejez o cualquier otra causa física hacen que la respiración onírica se desvanezca, se ocasiona la muerte del cuerpo onírico. Los yoguis, por consiguiente, razonaron que si el cuerpo no se deteriorara, y no se acumulasen toxinas en las células, la respiración sería innecesaria; que si se controlara la respiración por métodos científicos, se evitaría el deterioro del cuerpo, lo cual haría innecesario el flujo de la respiración y conferiría dominio sobre la vida y la muerte. De esta percepción intuitiva de los antiguos *rishis* surgió la ciencia y arte del *pranayama,* el control de la fuerza vital.

El *Bhagavad Guita* le recomienda al ser humano el uso del *pranayama* como un método universal apropiado para liberar el alma de la esclavitud a la respiración.

El control de las corrientes de prana *y* apana *por medio de* Kriya Yoga

El *Guita* señala: «El yogui es superior a los ascetas consagrados a la disciplina corporal, superior incluso a quienes siguen la senda de la sabiduría o la senda de la acción; ¡sé tú un yogui!» (VI:46). Es evidente el hecho de que no sólo en esta estrofa (IV:29) se está haciendo referencia al *pranayama* de *Kriya Yoga,* sino también en la estrofa V:27-28: «Aquel experto en la meditación *(muni)* que, buscando la Meta Suprema, puede retirarse de los fenómenos externos al fijar la mirada en el interior, en medio del entrecejo, y neutralizar las corrientes uniformes de *prana* y *apana* [que fluyen] dentro de los orificios nasales y los pulmones [...] se vuelve eternamente libre»[46]. El sabio de los tiempos antiguos Patanjali, máximo exponente del yoga, también elogia el *pranayama* de *Kriya Yoga:* «La liberación puede obtenerse por medio de aquel *pranayama* que se logra disociando el curso de la inspiración y la espiración» (*Yoga Sutras* II:49).

Durante el sueño, el aliento, los pulmones y el corazón aminoran

[46] Traducción parafraseada; véase V:27-28, donde aparece la traducción literal.

su actividad, pero ésta no se suspende por completo. En cambio, por medio de *Kriya Yoga,* el aliento se aquieta en forma gradual y los movimientos de los pulmones y del cuerpo se detienen. Cuando el movimiento cesa por completo en el cuerpo, debido a la ausencia de agitación y la completa calma física y mental, la sangre venosa deja de acumularse. Normalmente el corazón impulsa la sangre venosa hacia los pulmones para su purificación. Liberados de esta constante tarea de purificación de la sangre, el corazón y los pulmones se aquietan. El aliento deja de entrar y salir de los pulmones al cesar la acción mecánica del diafragma.

Con nuevas ofrendas de fuerza vital o *prana,* que se extraen del aliento que se inhala, el *pranayama* de *Kriya Yoga* detiene el deterioro corporal asociado con *apana,* que se manifiesta en el aliento que se exhala. Esta práctica permite disipar el engaño del crecimiento y deterioro del cuerpo como carne; el devoto comprende entonces que su cuerpo está hecho de vitatrones.

El cuerpo del *kriya yogui* se recarga con la energía adicional que obtiene de la respiración, la cual se refuerza por medio de la poderosa dinamo de energía generada en la columna vertebral; de ese modo, disminuye el deterioro de los tejidos del cuerpo. Este proceso reduce y finalmente hace innecesaria la función de purificación de la sangre por parte del corazón. Cuando la pulsante actividad de bombeo del corazón se aquieta porque ya no es preciso impulsar la sangre venosa, la exhalación y la inhalación se vuelven innecesarias. La fuerza vital, que hasta entonces se disipaba en la actividad celular, nerviosa, respiratoria y cardíaca, se retira de los sentidos externos y de los órganos, para unirse a la corriente que existe en la espina dorsal. El *kriya yogui* aprende entonces a combinar la corriente vital que fluye hacia arriba *(prana)* con la corriente que fluye hacia abajo *(apana),* y a combinar la corriente que fluye hacia abajo *(apana)* con la corriente que fluye hacia arriba *(prana).* De esa manera, neutraliza el movimiento dual y, mediante el poder de la voluntad, retira ambas corrientes y las transforma en una reveladora esfera de luz espiritual en medio del entrecejo. Esta luz de energía vital pura fulgura de manera directa desde los centros cerebroespinales hacia todas las células corporales, a las cuales magnetiza e impide su deterioro y crecimiento, y las vuelve vitalmente autosuficientes e independientes del aliento o de cualquier fuente externa de vitalidad.

Siempre que esta luz fluye hacia arriba y hacia abajo en la forma de las dos corrientes en pugna de *prana* y *apana* —el aliento que se inhala y el que se exhala—, proporciona vitalidad y luz a las percepciones sensoriales, así como a los procesos mortales de crecimiento y deterioro. Pero cuando el yogui logra neutralizar el impulso descendente y ascendente de las corrientes espinales y retirar toda la fuerza vital de los sentidos y de los nervios sensoriales y motores, y es capaz de mantener la fuerza vital inmóvil en medio del entrecejo, la luz cerebral le confiere al yogui el control o poder vital sobre el *prana* (el *pranayama* de *Kriya Yoga*). La fuerza vital que ha sido retirada de los sentidos se concentra y se transforma en una constante luz interior en la cual se revelan el Espíritu y su Luz Cósmica.

El *pranayama* de *Kriya Yoga*, el método científico para neutralizar la respiración, nada tiene en común con la imprudente práctica de tratar de controlar la corriente vital reteniendo la respiración de manera forzada en los pulmones, una técnica antinatural y nociva que carece de todo rigor científico. Quienquiera que retenga el aliento por algunos minutos en los pulmones sentirá dolor y sofocación y estará forzando el corazón. Este efecto corporal adverso debería ser prueba suficiente de que los yoguis jamás recomendarían semejantes procedimientos antinaturales. Algunos instructores aconsejan retener el aliento en los pulmones por un tiempo prolongado, ejercicio nada científico, por no decir imposible de ejecutar, que además es una práctica completamente prohibida por los yoguis que han alcanzado la iluminación divina.

❖

Kriya Yoga *no significa control de la respiración, sino control de la fuerza vital*

❖

Muchos escritores de Occidente condenan la ciencia del yoga porque sin fundamento alguno la consideran inapropiada para los occidentales. Pero la ciencia no distingue entre Oriente y Occidente. ¡En el pasado, muchos hindúes ortodoxos condenaban el agua potable suministrada por medio de cañerías (introducidas por los ingleses) como agua «pecaminosa y diabólica», y se tildaba la electricidad de «energía maligna y destructiva»! Pero ahora todos los hindúes prefieren el agua «diabólica» antes que las aguas de pozo contaminadas y portadoras de malaria; también prefieren la «maligna» electricidad a las antiguas y poco luminosas lámparas de aceite, cuya llama se apaga constantemente incluso ante la más ligera brisa. Las irrazonables objeciones de los hindúes a la ciencia occidental no son más vergonzosas que la ignorante condena que ciertos occidentales hacen de la ciencia del yoga, consagrada por el tiempo.

El yoga, el conocimiento más elevado de la humanidad, no es un culto ni una creencia dogmática, y lo encomian los grandes científicos de Oriente y Occidente.

El verdadero *kumbhaka* o retención de la respiración que se menciona en los sabios tratados del yoga no significa la retención forzada del aliento en los pulmones, sino el estado natural de suspensión del aliento que se produce por medio del *pranayama* científico, que torna innecesaria la respiración.

En diversas escrituras y tratados del yoga se alude a *Kriya Yoga* en forma indirecta como *Kevali Pranayama* o *Kevala Kumbhaka,* el verdadero *pranayama* o control de la fuerza vital que ha trascendido la necesidad de la inhalación *(puraka)* y de la exhalación *(rechaka).* El aliento se transmuta, convirtiéndose en corrientes internas de fuerza vital que están bajo el control total de la mente[47]. De las diversas etapas del *pranayama* con suspensión del aliento *(kumbhaka), Kevali* es considerada por los yoguis expertos como la mejor o superior. Aunque en principio pudiera equipararse con *Kriya Yoga, Kevali Pranayama* no es tan explícito como la ciencia y técnica de *Kriya Yoga* que Mahavatar Babaji revivió y esclareció para esta época, y que el mundo ha recibido a través de Lahiri Mahasaya.

De qué modo Kriya *produce el éxtasis consciente y la trascendencia del cuerpo*

CUANDO, A TRAVÉS DE *KRIYA YOGA,* el aliento mortal desaparece de los pulmones por métodos científicos, el yogui experimenta, de forma consciente y sin morir, el proceso de la muerte en el cual la energía se desconecta de los sentidos (ocasionando la desaparición de la conciencia corporal y la simultánea aparición de la conciencia del alma). A diferencia del hombre común, el yogui comprende que su vida no está condicionada por la exhalación y la inhalación, sino que la fuerza vital natural del cerebro se refuerza de continuo a través del bulbo raquídeo por medio de la omnipresente corriente cósmica. Incluso el hombre mortal se eleva en forma psicológica por encima de la conciencia de la respiración durante el estado de sueño nocturno; su fuerza vital se aquieta entonces de modo parcial y puede así vislumbrar el alma como el profundo gozo del sueño. En cambio, el

---

47 «Cuando la respiración se detiene sin esfuerzo, sin *rechaka* (exhalación) o *puraka* (inhalación), este estado recibe el nombre de *Kevala Kumbhaka*» (*Hatha Yoga Pradipika* II:73).

«Sólo el aspirante que puede practicar *Kevali Kumbhaka* conoce verdaderamente el yoga» (*Gheranda Samhita* V:95).

«Para aquel que es experto en *Kevala Kumbhaka,* que no tiene *rechaka* ni *puraka,* no existe nada que no haya alcanzado en los tres mundos» (*Siva Samhita* III:46-47).

yogui que experimenta la suspensión del aliento comprende que el estado de «muerte» consciente es mucho más profundo y gozoso que el conferido por el más profundo y gozoso de los sueños semi-supraconscientes. Cuando el *kriya yogui* suspende la respiración, le invade un incomparable gozo. Percibe entonces que la tormenta de la respiración es la responsable de la creación de la ola onírica del cuerpo humano y sus sensaciones; que la respiración es la causante de la conciencia corporal.

Dijo San Pablo: «Os aseguro, por nuestro regocijo en Jesucristo nuestro Señor, que muero diariamente»[48] (diariamente vivo en el estado sin aliento). San Pablo podía disolver la conciencia de su cuerpo onírico mediante el control de la fuerza vital —a través de *Kriya* u otra técnica similar— y fundirse en el eterno regocijo de la Conciencia Crística.

Cuando, mediante la suspensión del aliento y el aquietamiento del corazón, la fuerza vital se desconecta de los sentidos, la mente se desapega y se recoge en el interior y puede finalmente percibir en forma consciente los mundos astrales interiores y las celestiales esferas de la conciencia divina.

En las primeras etapas del éxtasis de *Kriya Yoga,* el yogui concibe la bienaventuranza del alma. En los éxtasis superiores que se presentan como resultado del completo dominio del estado de suspensión del aliento, él percibe que el cuerpo físico está hecho de vitatrones rodeados de un halo de células electroatómicas más densas. El yogui advierte cómo la ilusión del cuerpo físico se desvanece para dar paso a la realidad de Dios. Al experimentar la realidad del cuerpo como *prana* o vitatrones, controlados por el pensamiento de Dios, el yogui se vuelve uno con Él. En esta divina conciencia, el yogui puede crear, conservar o desintegrar los átomos oníricos de su cuerpo o de cualquier otro objeto de la creación. Habiendo adquirido este poder, el yogui tiene la opción de abandonar su cuerpo físico onírico en la tierra para que se desintegre de manera gradual en átomos cósmicos, o puede conservar indefinidamente su onírico cuerpo en la tierra, como Babaji, o bien desintegra sus átomos oníricos, como hizo Elías, transformándolos en Fuego Divino. Eliseo presenció cómo el cuerpo de Elías se volvía etéreo al ascender en un carro de llameantes átomos y vitatrones mezclados con la luz cósmica de Dios. Los luminosos cuerpos oníricos —físico y astral— de Elías, así como su cuerpo causal y su alma se fundieron en la Conciencia Cósmica[49].

---

[48] *I Corintios* 15:31.

[49] «Iban hablando mientras caminaban [Elías y Eliseo], cuando de pronto un carro de

Un *kriya yogui* debería comprender con precisión la lógica de la ciencia del yoga que se recomienda en esta estrofa del *Bhagavad Guita.* En este sentido, podría resultar útil establecer una comparación con el estado onírico. En un sueño, un hombre se ve a sí mismo; el poder de su mente ha creado la conciencia de un cuerpo físico real. De modo similar, materializando su pensamiento, el Señor creó hombres oníricos que caminan en una creación onírica en cuerpos oníricos de carne y hueso. El cuerpo no es sino un sueño materializado de Dios.

El Señor revistió primero el alma del hombre con un cuerpo ideacional; luego, envolvió este cuerpo compuesto de ideas con una luz muy refinada o sutil (el cuerpo astral). La tercera o última cubierta fue el cuerpo onírico electro-atómico, la ilusión de una forma carnal[50]. La razón por la que en las estrofas del *Guita* se aconseja a los devotos practicar la técnica del control de la fuerza vital o *pranayama* es que comprendan que el cuerpo no está hecho de carne, sino de fuerza vital condensada que procede del pensamiento de Dios.

Cuando por medio de la apropiada técnica de *pranayama* para meditar, el *kriya yogui* concentrado extrae la fuerza vital del aliento y refuerza el *prana* que ya está presente en las células corporales y en los centros cerebroespinales, incluso el yogui principiante puede ver en ocasiones el ojo espiritual de luz. Por medio de la práctica aún más profunda de *Kriya Yoga* o del estado sin aliento, puede percibir su cuerpo astral. Finalmente, le es posible concebir el cuerpo físico como una estructura electro-atómica, una emanación más burda (hecha de una fuerza vibratoria más densa) de los refinados rayos del cuerpo astral.

Al avanzar aún más, el yogui percibe que el cuerpo astral, con su textura de luz, es una «idea» o pensamiento materializado de Dios. Cuando ha concebido totalmente la esencia del cuerpo ideacional, puede retirar su conciencia de las tres prisiones corporales y unirse como alma con la bienaventuranza de Dios, libre de sueños.

Por esta razón, si el hombre desea trascender la ilusión que le hace percibir el cuerpo como una exasperante masa de carne y huesos, es imperativa la práctica del *pranayama* de *Kriya Yoga:* la técnica del control de la fuerza vital.

---

fuego con caballos de fuego los separó a uno del otro. Elías subió al cielo en el torbellino [...] [y Eliseo] dejó de verlo» (*II Reyes* 2:11,12).

50 Véase la página 434.

Estrofa 30

अपरे नियताहाराः प्राणान्प्राणेषु जुह्वति।
सर्वेऽप्येते यज्ञविदो यज्ञक्षपितकल्मषाः॥

apare niyatāhārāḥ prāṇān prāṇeṣu juhvati
sarve 'pyete yajñavido yajñakṣapitakalmaṣāḥ

Otros devotos, mediante una dieta apropiada, ofrecen todas las distintas clases de* prana *y sus funciones como oblaciones al fuego del único* prana *común.

Todos estos devotos (diestros en todos los* yajnas *mencionados) conocen la verdadera ceremonia del fuego (de la sabiduría) que consume sus pecados kármicos.

La primera parte de este *sloka* se asocia en ocasiones con la estrofa 29, lo cual resulta apropiado cuando se comprende en su sentido más profundo, en lo que respecta al *pranayama* de *Kriya Yoga*. La «dieta» regulada del yogui avanzado es el revitalizador sustento de la fuerza vital pura que se extrae del aliento y se recarga con energía cósmica mediante la neutralización de las acciones de crecimiento *(prana)* y deterioro *(apana)* en el cuerpo. Cuando el yogui controla de este modo la fuerza vital, se dice que ha «consumido» las dos corrientes *(prana* y *apana)*[51] de la inhalación y la exhalación, y que es capaz de alimentar su alma al hacer que estas dos corrientes las absorba la luz única del Espíritu que se refleja en el cerebro. El *pranayama* de *Kriya Yoga* es, por consiguiente, la verdadera «ceremonia espiritual del fuego», en que las oblaciones de la exhalación y la inhalación se ofrecen en la llama de la luz interna y en las percepciones del Espíritu.

Las enseñanzas del yoga sobre la dieta correcta

Una interpretación más literal de esta estrofa del *Guita* es la siguiente:

Otros devotos practican el ayuno y siguen una dieta estrictamente regulada para armonizar y controlar las cinco diferenciaciones del *prana* (las cinco fuerzas o aires vitales) y sus funciones en todo el

[51] Véase la referencia a los «alimentos que se ingieren de cuatro diferentes maneras», en XV:14 (volumen II).

cuerpo; de esta manera espiritualizan el cuerpo con salud y energía vital. Mediante este método, el yogui entrena el cuerpo para que dependa cada vez menos del alimento denso y de otras fuentes materiales que se utilizan para conservar la vida y la vitalidad. De igual manera, los cinco *pranas* y sus funciones dependen cada vez más de la energía cósmica para su sustento (es decir, las diferentes clases de *prana* y sus funciones se ofrendan en el fuego del *prana* común a todas ellas: la energía cósmica). A través de este arduo y prolongado proceso, cuando la energía cósmica finalmente se convierte en el único medio de sostén de la vida —habiéndose neutralizado las corrientes espinales de *prana* y *apana* y sus ramificaciones manifestadas en los cinco *pranas*— se detiene el crecimiento y deterioro del cuerpo. El yogui logra así el control de la fuerza vital y percibe que el cuerpo está hecho de vitatrones.

Los yoguis de la antigüedad proponían diversos tipos de regímenes dietéticos. En uno de ellos, se enseñaba a los discípulos a ingerir alimentos sólo una vez al día: comer arroz u otros cereales integrales naturales cocidos y evitar, en general, comidas aceitosas o con mucha grasa. También se aconsejaba beber a diario leche mezclada con agua. Sin embargo, no es necesario ni aconsejable que los activos yoguis de la actualidad se limiten a una dieta tan deficiente. De cualquier manera, aquellos que meditan noche y día y se encuentran en las últimas etapas de *Kriya Yoga* necesitan muy poco alimento.

Es importante, como señalaba a menudo Sri Yukteswarji, seguir una dieta controlada; de lo contrario, los malos hábitos de alimentación conducen a enfermedades y ocasionan problemas para concentrar la mente durante la práctica de los ejercicios espirituales.

Algunos yoguis enseñan a sus estudiantes a imaginar que el estómago está dividido en cuatro partes. Dos partes pueden llenarse con arroz u otro alimento sólido; la tercera parte se destina a recibir líquidos tales como sopa de lentejas o leche. La cuarta parte restante debería mantenerse siempre vacía para permitir el libre paso de los jugos digestivos y dejar espacio para que los aires vitales circulen con facilidad, en caso de que el yogui practique *pranayama* al poco tiempo después de comer. En otras palabras, uno siempre debería retirarse de la mesa sin estar completamente saciado y manteniendo todavía una ligera sensación de hambre. Cualquiera que sea el aceite que se utilice, debe ser puro, fresco y dulce. Es aconsejable abstenerse de los alimentos que producen flatulencia, y hacer las comidas en horarios regulares y con una actitud mental de contentamiento. Algunos textos aconsejan: «*Stokam stokam annakhada*», es decir, «Come muchas veces, poco a poco, pero no demasiado de una sola vez». Pueden seguirse varios tipos de dieta con resultados beneficiosos, de acuerdo con los consejos de un gurú.

La dieta adecuada y los ayunos ocasionales[52] ayudan a eliminar las ansias antinaturales de tener experiencias sexuales y conceden la bendición de poseer un cuerpo saludable. La mayoría de la gente no sólo no logra hallar el supremo gozo de Brahman oculto en su interior, sino que ni siquiera disfruta de la posesión de un cuerpo libre de enfermedades.

El estudiante de yoga puede aprender mucho de los descubrimientos de la ciencia moderna. Un régimen alimenticio deficiente o incorrecto origina enfermedades, vejez y muerte prematuras. Es preciso seguir una dieta vegetariana equilibrada, ingiriendo una medida suficiente de proteínas, carbohidratos, vitaminas y minerales, así como una cantidad limitada de grasas.

Aunque la carne de vaca y de cerdo es rica en proteínas, libera toxinas que permanecen alojadas en los tejidos y dan lugar a diversas enfermedades[53]. El sistema inmunitario no puede destruir todas las

---

[52] Paramahansa Yogananda explica en detalle la teoría y la práctica del ayuno en las *Lecciones de Self-Realization Fellowship* y en *La búsqueda eterna* (véase el apartado «Otras obras de Paramahansa Yogananda», en la página 708). Las personas que gozan de buena salud no deberían experimentar dificultad en ayunar tres días; sin embargo, no deben llevarse a cabo ayunos más prolongados a menos que se cuente con el asesoramiento y la supervisión de una persona competente y capacitada. La persona que sufra de una dolencia crónica o de un defecto orgánico ha de aplicar las sugerencias dietéticas e higiénicas que se presentan aquí sólo bajo la supervisión de un médico. *(Nota del editor).*

[53] El Dr. Alan Boobis, de la Royal Postgraduate Medical School de Londres, presentó el 6 de abril de 1995 pruebas que mostraban la relación entre el consumo de carne roja y el cáncer en los seres humanos. En una reunión de la Sociedad Bioquímica británica, dijo que la carne roja contiene compuestos que podrían ser tóxicos para los seres humanos.

«Basándonos en estudios epidemiológicos, sabemos que el consumo de carne roja cocida guarda relación con el desarrollo del cáncer de intestino», señaló Boobis. «Desconocemos las razones de esta asociación, pero se descubrió que, durante el proceso de cocción, la acción del calor sobre los componentes naturales de la carne conduce a la formación de un grupo de compuestos conocidos como AHC (aminas heterocíclicas), que pueden causar mutación celular».

Como se constató en la investigación, los compuestos de AHC son tóxicos para el ADN —el componente básico molecular de los seres vivos— y se ha demostrado que ocasionan cáncer en animales, según el Dr. Boobis.

En su edición de junio de 1994, el *British Medical Journal* informó acerca de un estudio realizado durante un período de 12 años en que se comparaba a 6.000 vegetarianos con 5.000 carnívoros y se encontró que aquellos que seguían una dieta sin carne tenían un riesgo 40 % menor de morir de cáncer. Estos resultados no pudieron explicarse mediante las diferencias en los hábitos de fumar, el peso corporal u otros factores de riesgo. En

toxinas de la carne que se encuentran en los tejidos. Por lo tanto, es preferible disponer de otros alimentos como fuente de proteínas y de otras sustancias nutritivas esenciales que se encuentran en la carne, como por ejemplo, queso fresco de leche, requesón, jugo de zanahorias, almendras, nueces pecanas y piñones, cereales integrales, judías y lentejas (¡bien cocidas!). Ingerir frutas y vegetales frescos en abundancia cubre las necesidades de vitaminas y minerales del cuerpo; los carbohidratos se encuentran en las judías, en los azúcares naturales tales como la miel y los dátiles, y en los granos de cereales enteros. Las mejores grasas son las provenientes de los alimentos vegetales proteicos, incluyendo la manteca de nueces (por ejemplo, de almendras y de cacahuete o maní).

Factores importantes para la salud del cuerpo

Los garbanzos son una de las fuentes vegetales más ricas en proteínas. Deberían comerse crudos y masticarse bien (después de dejarlos en remojo durante la noche y quitarles la cáscara). Se puede empezar por una cucharadita e incrementar poco a poco la cantidad hasta llegar a media taza por comida (si uno puede digerirlos). Las personas que llevan a cabo tareas físicas pesadas pueden consumir una taza por comida; se trata de un alimento muy vigorizante. Los garbanzos crudos se digieren mejor que las semillas de soja (soya) o de otras legumbres. Los garbanzos cocidos son de difícil digestión y producen flatulencia.

En muchas ocasiones es preferible el arroz integral al trigo integral. A los que sufren de hipertensión arterial, enfermedades del corazón, artritis o alergias les haría bien consumir arroz integral en lugar de trigo integral.

Cada persona debe adoptar el régimen alimenticio que mejor cubra las necesidades particulares de su cuerpo. De su alimentación, el yogui debería extraer fuerza vital y energía, y no enfermedades.

También debería obtener energía del *prana* cósmico presente en la luz solar y el aire fresco, exponiendo su cuerpo al sol por períodos cortos de tiempo y practicando inhalaciones y exhalaciones profundas al aire libre para absorber el oxígeno puro cargado de *prana,* que destruye el dióxido de carbono y las toxinas. El siguiente ejercicio de respiración es excelente: Colocarse frente a una corriente de aire al aire libre o frente a una ventana abierta. Expulsar rápidamente el aliento con

---

1992, el Instituto Nacional de Cáncer de EE.UU. publicó un resumen de 156 estudios específicos acerca de la influencia de diversos alimentos sobre las enfermedades. De estos estudios, el 82 % mostraba que es evidente que «la relación entre el consumo de frutas y vegetales y la prevención de cáncer es excepcionalmente elevada y consistente». *(Nota del editor).*

doble exhalación a través de la boca, haciendo el sonido espirado de «ha-haaa». Luego, inspirar rápidamente a través de la nariz con doble inhalación. Repetir varias veces con toda concentración. Comenzar y terminar con una exhalación.

Además, el ejercicio saludable y la actitud mental correcta son elementos esenciales para alimentar el cuerpo de energía vital.

De este modo —siguiendo la dieta adecuada y tomando otras medidas para promover la salud—, el yogui estimula el correcto funcionamiento de las cinco fuerzas vitales o *pranas,* que tienen el poder de efectuar las cinco funciones esenciales del cuerpo.

Si la corriente de cristalización *(prana)* no funciona en la forma debida, se producen enfermedades relacionadas con el deterioro. Si la corriente de *prana* es insuficiente, no es posible transmutar el alimento para formar nuevos tejidos. Si la corriente de circulación *(vyana)* opera de modo irregular, se producen desequilibrios, tales como la anemia o la alta o baja tensión arterial. Si la corriente de asimilación *(samana)* es insuficiente, se producen enfermedades relacionadas con la digestión deficiente. Si se halla ausente la corriente metabólica *(udana),* se impide la formación y crecimiento especializado de los diversos órganos, huesos, músculos y otros tejidos específicos del cuerpo, que se generan a partir del mismo protoplasma. El funcionamiento defectuoso de la corriente de eliminación *(apana)* produce sustancias tóxicas, gases, tumores, cáncer y todas las enfermedades que resultan de la insuficiente eliminación de toxinas.

El funcionamiento correcto de los cinco pranas *es un factor esencial para conservar la salud*

Al convertir las cinco fuerzas vitales en una única fuerza vital indiferenciada, el yogui las une con la Vida Cósmica. Éste es el fuego de la oblación en que la energía procedente de fuentes materiales estimula la fuerza vital, y todas son luego ofrendadas en el Fuego Cósmico.

Bajo la competente guía de un gurú, el estudiante puede aprender a regular el aliento y la corriente vital mediante la práctica de ciertos métodos de yoga que incluyen una dieta especial alternada con períodos de ayuno. Ingiriendo cada vez menos y restringiendo la dieta a cantidades pequeñas de alimentos sumamente nutritivos (que el gurú conoce), la fuerza vital y el aliento se aquietan, y se mantiene el alma libre de la conciencia corporal. «No sólo de pan vive el hombre», sino de los alimentos superiores, tales como el oxígeno, la luz solar y los millones de voltios de energía vital ocultos en el cerebro, la cual, a su vez, recibe constantemente el refuerzo de la energía cósmica que penetra al cuerpo a través del bulbo raquídeo.

Acelerar la evolución por medio de una dieta yóguica es una senda difícil y tortuosa. Sin embargo, algunos yoguis excepcionales transitan esta senda y, primero, logran liberarse de la dependencia de los alimentos densos y, luego, incluso de los alimentos más sutiles como la respiración, el oxígeno, la luz solar y la energía vital interior. Cuando tales yoguis consiguen vivir de la energía cósmica infinita pura que sustenta en forma directa cada átomo de su ser, han logrado establecer contacto con la vibrante conciencia cósmica de Dios y saben que toda vida no es sino una transmutación de la conciencia.

Los maniáticos de la salud no parecen estar en condiciones de debatir con inteligencia sobre otro tema que no sea el cuerpo y la alimentación. Pero el hombre sabio encuentra una dieta simple que es apropiada para su complexión, la sigue fielmente ¡y se olvida del asunto! A quien está obsesionado por la salud, la preocupación incesante por la dieta lo mantiene atado con fuerza a la conciencia corporal. Los yoguis avanzados aprenden a conservar el cuerpo con vida, libre de enfermedades y de la esclavitud de la reencarnación, únicamente mediante el desarrollo de su percepción de Dios.

Todos los devotos que se vuelven diestros en cualquiera de los *yajnas* anteriores (enumerados en las estrofas 25 a 30) son conocedores de la verdadera ceremonia del fuego. En la llama resultante de la sabiduría interior (la realización del Ser) sacrifican y consumen todos los lazos kármicos de la conciencia mortal.

ESTROFA 31

यज्ञशिष्टामृतभुजो यान्ति ब्रह्म सनातनम् ।
नायं लोकोऽस्त्ययज्ञस्य कुतोऽन्यः कुरुसत्तम ॥

yajñaśiṣṭāmṛtabhujo yānti brahma sanātanam
nāyaṁ loko 'sty ayajñasya kuto 'nyaḥ kurusattama

Al tomar el néctar remanente de cualquiera de estas ceremonias del fuego, ellos (los yoguis) van al Espíritu Infinito (Brahman). Pero esta percepción del Espíritu no pertenece a los hombres comunes de este mundo que no realizan los verdaderos ritos espirituales. Sin un auténtico sacrificio, ¡oh Flor de los Kurus (Arjuna)!, ¿cómo es posible experimentar un mundo mejor (una existencia mejor o un estado elevado de conciencia)?

En este pasaje del *Guita* se hace una comparación entre los yoguis que viven con rectitud y realizan con eficacia cualquiera o todas las «ceremonias del fuego» que unen el alma con el Espíritu (mencionadas en las estrofas 25 a 30) y las personas superficiales que llevan a cabo simples ritos mecánicos —o ninguno en absoluto— y desconocen la autodisciplina. Sin la transformación interna de la realización del Ser, los seres humanos permanecen identificados con las experiencias corporales causantes de sufrimiento; ellos no sólo se pierden la Bienaventuranza Infinita que mora en su interior, sino también los gozos que se experimentan cuando se lleva una vida normal equilibrada, incluso en este mundo.

El pobre hombre mundano no consigue ni lo uno ni lo otro y, vencido, ¡cae al suelo!: al perseguir la sombra, no sólo no logra atraparla, sino que además pierde de vista la eterna Sustancia, que es la que proyecta esa sombra.

Para hacer justicia a su digna posición, todo ser humano debe trabajar y pensar, y abstenerse de llevar una existencia sin rumbo. No debería dejarse zarandear como una pelota de fútbol a la que las duras botas de las circunstancias patean de un lado a otro.

Estrofa 32

एवं बहुविधा यज्ञा वितता ब्रह्मणो मुखे।
कर्मजान्विद्धि तान्सर्वानेवं ज्ञात्वा विमोक्ष्यसे ॥

evaṁ bahuvidhā yajñā vitatā brahmaṇo mukhe
karmajān viddhi tān sarvān evaṁ jñātvā vimokṣyase

Por ello, en el templo de sabiduría de los Vedas (la «boca de Brahman») se exponen diversas ceremonias espirituales* (yajnas *que se llevan a cabo con sabiduría o con objetos materiales*). *Has de saber que todas ellas son resultado de la acción; al comprender esta verdad (y realizar tales acciones), encontrarás la salvación.

ESTUDIANDO LAS DIVERSAS FORMAS de acciones liberadoras que se describen en los Vedas, o que se aprenden de los yoguis, o que se perciben por medio de la intuición, el devoto adopta el método específico de ceremonia espiritual que le resulta más apropiado y lo practica con entusiasmo hasta alcanzar la meta de la liberación.

El yogui que lleva a cabo el rito interior del despertar espinal —a través del cual se logra la ascensión al Espíritu— encuentra el primer altar del Espíritu en el centro coccígeo *(chakra muladhara),* el centro sutil de vida y conciencia situado en la base de la espina dorsal. A este centro se le llama el *chakra* de la tierra, la sede de la creación del cuerpo terrenal y de sus actividades y percepciones. En las escrituras del yoga se describe como un loto de cuatro pétalos, donde los «pétalos» simbolizan los cuatro rayos específicos de vibración creativa consciente, que son el medio a través del cual se realizan las actividades de este centro. Las escrituras además describen en detalle, dentro del *chakra,* un diagrama de cuatro puntas que contiene un símbolo de tres puntas, un triángulo, que es el centro de la fuerza creativa[54]. En medio de este triángulo se encuentra el punto de partida de la columna astral *(sushumna),* que se extiende desde el centro coccígeo, a lo largo de la médula espinal, hasta llegar al cerebro astral. En esta estrofa se hace referencia a la abertura de este tubo astral en el *chakra* coccígeo como la «boca de Brahman», que conduce la conciencia del yogui hacia el interior, en dirección al Espíritu que se aloja en el centro más elevado de la conciencia cósmica, situado en el cerebro; dicha abertura también comunica con el exterior a través del centro coccígeo para dirigir las actividades creativas del cuerpo. Por consiguiente, se dice que este centro terrenal es la morada de Brahma el Creador (la manifestación activa del Absoluto) en el microcosmos del cuerpo humano.

Los santos védicos que se concentraron en el *chakra muladhara* dejaron registradas por escrito las verdades que aprendieron de sus

---

[54] Así como los físicos de la actualidad describen los principios y estructuras universales con ecuaciones matemáticas, los antiguos *rishis* utilizaban diagramas y símbolos para representar en forma concisa las complejidades de las actividades macrocósmicas y microcósmicas de la naturaleza.

percepciones relativas a este centro —las experiencias que obtuvieron por vía de los labios de Brahma—. Un yogui muy avanzado que se concentra en el centro coccígeo puede contemplar las verdades y fuerzas creativas de este centro personificadas como Brahma el Creador, un Ser dotado de cuatro brazos o aspectos, sentado en un loto de luz de cuatro pétalos. El devoto ferviente puede contemplar a este Ser al seguir las instrucciones de labios de su gurú acerca del conocimiento esotérico que se encuentra en los Vedas, las escrituras hindúes más elevadas (también se hace referencia a ellas simbólicamente como la «boca de Brahman»). Si se concentra en este centro, el devoto puede sentir las vibraciones de la verdad y de la sabiduría que los *rishis* percibieron; o incluso, como estos sabios de antaño, puede formular preguntas y recibir respuestas de la imagen de Brahma que experimenta en su interior.

Cuando percibe este centro y comulga con la divina Conciencia Creativa de Dios entronizada en él, el yogui comprende que todas las acciones del cuerpo, la mente y el habla que se realizan en conexión con cualquier tipo de «ceremonia del fuego» para unir el alma con el Espíritu se pueden iniciar específicamente a través de este centro. Él toma plena conciencia de que todas las ceremonias espirituales del fuego tienen su origen en actividades espirituales. Sólo se puede comprender el verdadero significado simbólico de tales ceremonias si uno se concentra en la sabiduría que prevalece en el fondo de la ejecución de todo rito, sacrificio o actividad. El propósito supremo de todo *yajna* es la liberación. El devoto sincero sabe que sólo la actividad espiritual puede conceder la salvación. Por consiguiente, lleva a cabo acciones espirituales, recibe la percepción interior resultante y alcanza la liberación.

Estrofa 33

श्रेयान्द्रव्यमयाद्यज्ञाज्ज्ञानयज्ञः परन्तप।
सर्वं कर्माखिलं पार्थ ज्ञाने परिसमाप्यते॥

śreyān dravyamayād yajñāj jñānayajñaḥ paraṁtapa
sarvaṁ karmākhilaṁ pārtha jñāne parisamāpyate

La ceremonia espiritual del fuego de la sabiduría, ¡oh Fulminador de los enemigos (Arjuna)!, es superior a cualquier rito material. Toda acción, en su totalidad (el acto, la causa y el efecto kármico), se consuma en la sabiduría.

EN ESTA ESTROFA se enaltece la ceremonia espiritual interna del fuego de la sabiduría, en contraposición con los aspectos simplemente externos o materiales de los diversos ritos del fuego a que se hace referencia en las estrofas anteriores (la autodisciplina, el ascetismo, la regulación de la dieta y demás). Pero ya sea que se practique la disciplina corporal externa y otras actividades de oblación o el autodominio interior a través de la sabiduría, todas estas actividades espirituales son eficaces para disolver, en forma gradual o intensa, los efectos kármicos de las acciones presentes o pasadas, tanto buenas como nocivas, que mantienen confinada el alma.

Cuando el devoto se concentra en diversos métodos de control físico que desvían la atención hacia el exterior («las ceremonias del fuego que se efectúan con objetos materiales»), se percata de que le es más difícil lograr el equilibrio interno. Al llevar a cabo «sacrificios» materiales o externos y ocupar su atención en poner en práctica la rutina externa, la postura corporal y la disciplina física, es muy probable que el devoto olvide la meta suprema, que consiste en alcanzar la Conciencia Cósmica.

Al recoger la mente en su interior, el devoto lleva a cabo el rito más elevado, que consiste en arrojar los sentidos al fuego interior de la sabiduría: ha optado por el camino más rápido hacia el Infinito.

LA SABIDURÍA QUE SANTIFICA PLENAMENTE LA IMPARTE UN VERDADERO GURÚ

ESTROFA 34

तद्विद्धि प्रणिपातेन परिप्रश्नेन सेवया।
उपदेक्ष्यन्ति ते ज्ञानं ज्ञानिनस्तत्त्वदर्शिनः ॥

tad viddhi praṇipātena paripraśnena sevayā
upadekṣyanti te jñānaṁ jñāninas tattvadarśinaḥ

Comprende lo siguiente: por medio de tu entrega (al gurú), buscando las respuestas (del gurú y de tu percepción interior) y mediante el servicio (al gurú), los sabios que han experimentado la verdad te impartirán esa sabiduría.

Cristo dijo: «Nadie puede venir a mí, si el Padre que me envía no lo atrae; y yo le resucitaré el último día»[55]. Cuando las oraciones de un devoto conmueven al Ser Supremo, Él le envía un gurú a través del cual atrae al buscador. Es Dios quien habla a través de la voz del gurú y guía al devoto por medio de sus percepciones espirituales.

Existen tres formas de sintonizarse con el gurú: mediante la entrega, a través de preguntas inteligentes y por medio del servicio. Un discípulo *(chela)* que está en sintonía con el gurú aprende, mediante su inalterable devoción, a percibir al Espíritu tras la transparencia desprovista de ego de la personalidad del gurú. El excelso gurú que conoce al Espíritu es uno con el Espíritu Mismo. Un auténtico gurú que adora sólo a Dios y le percibe en todo momento en el templo de su cuerpo y mente acepta la devoción del discípulo sólo para transmitírsela al Señor. La devoción incondicional al gurú le permite a éste verter con total serenidad el océano de su sabiduría en el ser en expansión de su *chela.* Si no cuenta con la devoción profunda, los escombros de la duda obstaculizan el canal mental de la percepción del discípulo y éste no puede recibir con fidelidad los sutiles riachuelos de iluminación que manan de su gurú.

Otro enfoque adecuado que puede adoptar el *chela* consiste en formular preguntas al gurú con toda reverencia. La mejor forma de disipar la ignorancia de *maya* —negra como el carbón y presente en la mente mundana— es permitir que el gurú derrame sobre el discípulo la luz solar de las enseñanzas verdaderas.

Un tercer procedimiento consiste en prestar servicio a un gurú unido a Dios. El devoto aprende a servir al Señor en el gurú preceptor, porque Dios se manifiesta plenamente en todos sus hijos verdaderos.

Un *chela* sincero pregunta con humildad a su gurú: ¿qué es la sabiduría?, ¿qué es el conocimiento?, ¿qué es el ego? Sirviendo con entusiasmo al gurú —primordialmente, dedicándose a ejemplificar y promover sus ideales y principios—, el discípulo desarrolla la intuición y en forma automática recibe las vibraciones de sabiduría de su maestro.

Un discípulo que reside lejos de su gurú puede practicar un método de comunión espiritual. Puesto que el gurú está unido a Dios, se encuentra presente en todo lugar, incluyendo el centro de la sabiduría (en el punto medio del entrecejo) de todos los seres humanos. Cada día, al final de su meditación, el discípulo debe concentrarse en el punto medio del entrecejo y visualizar a su gurú. Pensando en él con amor y devoción,

---

[55] *Juan* 6:44.

debe hacerle aquellas preguntas cuya respuesta desea conocer. Si su visualización del gurú y la concentración en él son profundas, el *chela* invariablemente recibirá las silenciosas respuestas a sus preguntas en la forma de crecientes percepciones internas. De este modo, el discípulo avanzado puede establecer contacto con el gurú incluso una vez que el maestro ha dejado su cuerpo mortal para fundirse en la invisible Omnipresencia.

Cómo recibir las bendiciones y la guía del gurú cuando ya no se encuentra en un cuerpo físico

Cuando el *kriya yogui* —por medio de los anteriores métodos para sintonizarse con la guía y bendiciones del gurú— logra que la fuerza vital y la mente se retiren tanto del cuerpo como de los sentidos y las ofrece con toda devoción en el centro de la sabiduría y de la energía vital, ubicado en medio del entrecejo, su gurú le «presenta» entonces al Infinito o Gurú Cósmico.

Estrofa 35

यज्ज्ञात्वा न पुनर्मोहमेवं यास्यसि पाण्डव।
येन भूतान्यशेषेण द्रक्ष्यस्यात्मन्यथो मयि॥

yaj jñātvā na punar moham evaṁ yāsyasi pāṇḍava
yena bhūtāny aśeṣeṇa drakṣyasy ātmany atho mayi

Al comprender esa sabiduría que de un gurú proviene, ¡oh Pandava (Arjuna)!, no caerás de nuevo en el engaño, porque mediante esa sabiduría contemplarás la creación entera en ti mismo y también en Mí (el Espíritu).

«Un verdadero buscador como tú, ¡oh Arjuna!, que ha recibido la sabiduría cósmica impartida por un verdadero gurú, jamás volverá a caer en el engaño de *maya*».

Bendecido por el advenimiento de la percepción espiritual de su gurú, que hace incidir su reveladora luz en la oscuridad interior de la engañosa ignorancia, el devoto sincero contempla todo el sueño cósmico de Dios como una película que se proyecta sobre la pantalla de su propia conciencia. Como reza el proverbio: «Quien conoce a Brahma se convierte en Brahma mismo». El discípulo que se libera al sentir la percepción cósmica de su gurú, descubre que su alma se une a Dios; percibe entonces que todas las olas de los fenómenos flotan en el océano de la Divinidad.

Estrofa 36

अपि चेदसि पापेभ्यः सर्वेभ्यः पापकृत्तमः ।
सर्वं ज्ञानप्लवेनैव वृजिनं सन्तरिष्यसि ॥

api ced asi pāpebhyaḥ sarvebhyaḥ pāpakṛttamaḥ
sarvaṁ jñānaplavenaiva vṛjinaṁ saṁtariṣyasi

Aunque fueses el mayor de los pecadores, con la sola balsa de la sabiduría cruzarías, sin peligro, el mar del pecado.

Se dice que quien, atraído por el transitorio encanto del mal, sucumbe a la tentación de realizar acciones indebidas es un «pecador». «Pecado» y «error» son sinónimos desde el punto de vista espiritual. El error es ignorancia, engaño, una distorsión de la realidad que predispone al hombre a las consiguientes respuestas que se oponen a las leyes y principios universales de la virtud o la verdad.

Así como disfrutar del placentero sabor de la miel envenenada y sufrir por ello la muerte sería un error de juicio y un acto de ignorancia, también es juicio equivocado e ignorancia entregarse al fugaz encanto de las acciones indebidas que finalmente conducen al dolor y a la muerte.

Cuando una persona infringe una ley de su país, está cometiendo un delito. Tal vez con ese acto no peca contra Dios. Algunos delitos son pecados, pero no todos los pecados son delitos. Por esa razón el hombre, cómodamente instalado bajo los criterios que le rodean dentro de su entorno, racionaliza que está a salvo y libre de problemas si sus acciones pasan inadvertidas o si «no hay ley que las prohíba»[56]. Pero las leyes universales del Señor son implacablemente rigurosas; su ciega justicia actúa algunas veces de manera lenta, pero segura. Toda acción produce una reacción kármica y, tarde o temprano, se manifiesta, para bien o para mal. Además, cada acto deja una huella en la mente subconsciente

---

[56] «La verdad es una joya que se encuentra a gran profundidad, en tanto que en la superficie de este mundo se sopesan todas las cosas mediante las falsas balanzas de la costumbre» (Byron).

y tiende a repetirse, hasta que se convierte en un formidable hábito que se ejecuta en forma automática. La gente que es presa de los poderosos tentáculos de los malos hábitos y que constantemente debe luchar contra los fantasmas del mal karma considera que le es imposible alcanzar la salvación.

«¡Libérate del pecado por medio de la sabiduría!». Con estas palabras, el *Bhagavad Guita* infunde esperanza a los abatidos. Este maravilloso consuelo, enunciado por aquellos que conocen la naturaleza del alma, se basa en una verdad psicológica y espiritual. El alma es perfecta, puesto que es el reflejo de Dios; por lo tanto, jamás puede ser profanada. El ego, que en una persona identificada con su cuerpo reina en lugar del alma, es el que en apariencia hace y percibe en la esfera de las fuerzas de la naturaleza. El pecado y la virtud —y sus consecuencias y recompensas, respectivamente— sólo son relevantes para el ego. El ego no podría saber qué es la oscuridad si no existiese el contraste que se establece con la luz, y así también es la naturaleza dual del pecado y la virtud. Puesto que el ego percibe su existencia a través de la ignorancia del engaño, acepta las leyes de relatividad de *maya* y rápidamente queda atrapado en ellas; pero el alma no tiene participación alguna en esta dualidad. Cuando uno se eleva hasta el nivel de conciencia del alma, está por encima de la ley de causa y efecto que interacciona con el pecado y la virtud, pues entonces uno es la virtud misma. Por consiguiente, lo único que rescata al hombre del océano del pecado es la realización del Ser, la sabiduría: la percepción directa de la verdad en la conciencia del alma.

Aunque alguien fuese el más voraz de los glotones, el más libidinoso de los libertinos, el más iracundo de los temperamentales, el más avaricioso de los materialistas, aun así, al seguir con amor las prescripciones de un verdadero médico espiritual —de un gurú que conoce a Dios—, ese «pecador» podrá hacer que se extinga incluso el recuerdo de sus malos hábitos. Sin dejarse abatir por el enorme alcance de sus hábitos indeseables, el aspirante debe seguir adelante, paladeando poco a poco los gozos de los buenos hábitos. Finalmente quedará libre, no sólo de las garras de todos los hábitos sensuales, sino del apego a todos los hábitos, incluso a aquellos que son beneficiosos[57].

---

[57] El gran científico horticultor Lutero Burbank, un devoto estudiante y amigo muy querido de Paramahansa Yogananda, comentó en cierta ocasión acerca de sus exitosas mejoras de las características de muchas especies vegetales: «Me han hecho ver cuán práctico y valioso es ayudar a los seres humanos a reemplazar los hábitos perjudiciales por buenos hábitos. Algunas mejoras de plantas, iniciadas hace más de dos décadas,

El hombre liberado está fuera del alcance de las acciones erróneas del pasado, así como de los efectos que resultan de las buenas acciones del presente. Al unificarse con el Espíritu y su eterna bienaventuranza, el yogui se eleva por encima de toda atadura al karma que, con su incesante alternancia entre el bien y el mal, como una ley inexorable, opera sólo en el mundo fenoménico.

Los maestros espirituales perciben que la conciencia del hombre mortal está identificada con los tres centros inferiores de la espina dorsal (coccígeo, sacro y lumbar), que operan bajo la ley kármica. El hombre liberado supera la influencia de estos tres centros inferiores y penetra en los centros dorsal y cervical y en el centro de la conciencia crística. Cuando la conciencia del yogui alcanza el centro crístico de la sabiduría, el asiento de la Inteligencia universal o *Kutastha,* percibe su alma como un verdadero reflejo del perfecto Espíritu, más allá del alcance de la ignorancia y de su compañera, la ley del karma.

Estrofa 37

यथैधांसि समिद्धोऽग्निर्भस्मसात्कुरुतेऽर्जुन।
ज्ञानाग्निः सर्वकर्माणि भस्मसात्कुरुते तथा॥

yathaidhāṁsi samiddho 'gnir bhasmasāt kurute 'rjuna
jñānāgniḥ sarvakarmāṇi bhasmasāt kurute tathā

¡Oh Arjuna!, así como el fuego reduce un leño a cenizas, así la llama de la sabiduría consume todo karma.

---

aún están incompletas. Deberíamos ser igualmente pacientes en nuestros esfuerzos por reformarnos a nosotros mismos.

»Si inculcamos un nuevo hábito que es beneficioso, [...] no deberíamos concluir que nuestro trabajo ha sido en vano si ese hábito es superado por una tendencia negativa profundamente arraigada. No desistimos cuando una planta retrocede a una etapa inferior. Los hábitos, e incluso las poderosas tendencias hereditarias, pueden romperse; esto lo sabe cualquier persona que se dedique al cultivo de las plantas. Cuando modifico algún aspecto importante de una planta, debo romper fuerzas que le han impuesto un comportamiento determinado durante miles de años [...]. Los hábitos humanos son débiles comparados con los de las plantas. Sabiendo que es posible lograr enormes transformaciones en las plantas, ¿cómo puede un hombre mostrarse débil y decir que es incapaz de vencer un hábito pernicioso que lo ha mantenido prisionero durante unos cuantos años?». *(Nota del editor).*

LA TUMBA DEL REY Tutankamón permaneció a oscuras durante milenios; pero cuando fue abierta, la luz del sol disipó inmediatamente la oscuridad. ¡Deja entrar la luz, y las tinieblas se desvanecerán! De modo similar, toda la oscuridad de la esclavitud kármica desaparece en un instante con el advenimiento de la sabiduría del éxtasis. La luz de Dios disipa para siempre las tinieblas del engaño en que vive la humanidad.

Según las escrituras, existen cuatro clases de acciones con sus correspondientes efectos:

1) *Purushakara:* las acciones del presente que se inician con el poder del libre albedrío, sin influencia coercitiva del karma pasado.

2) *Prarabdha:* las acciones o resultados que surgen de la influencia de las acciones del pasado. Estas influencias están en antagonismo con el libre albedrío del hombre; sirven en gran medida para conformar su desarrollo físico y mental, y determinar las oportunidades que se presentarán en su entorno (familia, nacionalidad, grado de éxito). Hay dos clases de karma *prarabdha:* a) los frutos de las acciones del pasado que operan en nuestra vida actual (por ejemplo, el cuerpo que poseemos en esta encarnación, que es resultado del karma pasado) y b) los frutos acumulados de las acciones, las semillas del karma que no germinan actualmente, pero están prontas a germinar en cualquier momento de esta vida si se dan las condiciones adecuadas. Este tipo de karma *prarabdha* es el que opera cuando se produce un cambio repentino en la vida de una persona —para mejorar o empeorar, o una sorpresiva intensificación de las condiciones buenas o desfavorables existentes—, conforme a la naturaleza del karma pasado que ha encontrado un canal disponible para su expresión externa.

3) *Pararabdha:* las semillas sin germinar del karma pasado que están destinadas a expresarse externamente en una encarnación futura; asimismo, aquellas acciones que aún no se han llevado a cabo pero que ya se han puesto sutilmente en movimiento como resultado de los *samskaras* (las impresiones) de los hábitos del pasado y que habrán de germinar ya sea en la presente vida o en una futura. Las acciones se suceden unas a otras en forma constante, y cada acción genera una nueva acción, que es legado de la impresión dejada por la anterior. Si estos *samskaras* se repiten a menudo, forman hábitos que de manera automática accionan el pensamiento y el comportamiento de quien es su prisionero[58].

---

[58] Véase la influencia de los *samskaras,* I:2, 7-8.

Por consiguiente, el pasado y el futuro están entrelazados y resultan ineludibles al hallarse tejidos por las tres formas anteriores de acción y sus efectos kármicos. Aquel que está bajo la influencia de *maya* no sabe qué fue en el pasado (sobresaliente o insignificante) ni lo que será en el futuro (bueno o malo). A causa de estas «incertidumbres» propias de la ley del karma, éste se considera como una «esclavitud». ¡El sabio tiene sumo interés en deshacerse de toda vinculación con esta ley!

4) *Prahadara:* aquellas acciones que lleva a cabo el yogui después de haber encendido el fuego de la sabiduría, con el cual destruye las semillas del karma pasado y quema todas las semillas potenciales de las acciones presentes y futuras hasta convertirlas en cenizas. Esta destrucción de los lazos del karma tiene un significado especial, por el cual en esta estrofa se hace referencia al discípulo como «Arjuna» en lugar de utilizar algún otro de sus muchos epítetos. El nombre «Arjuna» está asociado metafóricamente con el término sánscrito *a-rajju,* «que no tiene lazos o ataduras». Aunque pudiera parecer que una cuerda quemada tiene todavía capacidad de atar, termina deshaciéndose en cenizas; de manera similar, las semillas incineradas no germinan.

El hombre liberado está fuera del alcance de los efectos de las cuatro formas de acción, y sólo sigue la guía de su libre albedrío sintonizado con la intuición; comprueba así que las semillas almacenadas de todo karma bueno y malo del pasado se consumen (quedan anuladas y sin efecto) en el fuego de la sabiduría. Los resultados de las acciones del pasado no le afectan, del mismo modo que las gotas de rocío se deslizan por una hoja de loto para luego caer. En otras palabras, el yogui no realiza las acciones del presente bajo la influencia de los frutos acumulados de acciones del pasado, como ocurre con el hombre sumido en el engaño; el yogui deposita su vida en las manos de Dios con la absoluta confianza de que Él hará una mejor tarea que la que él mismo podría haber efectuado jamás. De ese modo, se libera del resultado de todas las acciones relacionadas con el pasado, presente o futuro.

El yogui percibe que su cuerpo es el resultado de la germinación de *prarabdha* (los efectos de las acciones del pasado); está resuelto a elevarse por encima de la necesidad de experimentar futuras encarnaciones predeterminadas. Él ve su cuerpo sólo como una película cinematográfica que el Rayo Cósmico proyecta sobre la pantalla de su conciencia. Al descubrir esta secreta y bien guardada verdad acerca del cuerpo, el yogui se ríe de la desconcertada maga, Maya, a la que ha vencido. ¡Ha descubierto el juego que se oculta tras sus «leyes» del karma, que no son sino vulgares trucos!

ESTROFA 38

न हि ज्ञानेन सदृशं पवित्रमिह विद्यते।
तत्स्वयं योगसंसिद्धः कालेनात्मनि विन्दति॥

na hi jñānena sadṛśaṁ pavitram iha vidyate
tat svayaṁ yogasaṁsiddhaḥ kālenātmani vindati

En verdad, nada existe en el mundo que sea más santificador que la sabiduría. A su debido tiempo, el devoto que tiene éxito en la práctica del yoga experimentará esta verdad espontáneamente en lo más profundo de su Ser.

CUALQUIER INSUFICIENCIA O PERTURBACIÓN de la sintonía del devoto con la sabiduría cósmica hace que los veinticuatro elementos de percepción sensorial de la Naturaleza surjan como una dilución de su estado de identificación con la Unidad: Dios. El hombre sujeto al engaño no puede ver la Fuente (el Espíritu) de donde él procede, sino únicamente el cuerpo, que es un simple conglomerado de los veinticuatro elementos internos de *maya* —los veinticuatro velos que envuelven al Espíritu[59]—. En las escrituras se dice que el hombre ha «caído» o que es «malo» cuando su conciencia se identifica con el «pecado original» (la Madre Naturaleza dotada de veinticuatro brazos, cuyo único cometido es hacer descender al hombre desde el Espíritu hacia la materia).

De todas las cualidades, la más pura es la sabiduría. Su impoluta llama de luz es el único adversario efectivo contra la oscuridad o ignorancia. A su debido tiempo, cuando el yogui alcanza el logro supremo de liberar su conciencia de la burda percepción del cuerpo y de los elementos cósmicos, experimenta en su interior —en el Ser o alma— que la sabiduría perdida y de nuevo encontrada es su única libertadora.

Es muy significativa la mención del «tiempo» en esta estrofa. La mente del hombre, que opera como parte de los veinticuatro elementos de la Naturaleza, se encuentra absorta en las manifestaciones materiales que han sido originadas por los cinco elementos —tierra, agua,

[59] Véase la página 316.

fuego, aire y éter—, los cuales están sujetos a la ley de la relatividad y al tiempo (la división del eterno y atemporal «ahora» en la sucesión de pasado, presente y futuro). Para escapar del flujo del tiempo, el devoto debe elevarse a la esfera del Espíritu, más allá de los compartimentos de la relatividad, que son propios de la Naturaleza. La Absolutidad de la Conciencia Cósmica es la única cura para la relatividad de la conciencia mortal.

El mundo y la miniesfera del cuerpo son el reino del engaño o de las tinieblas. Aquellos que viajan en medio de esta oscuridad se hallan sujetos a sus leyes. Si uno corre en una habitación a oscuras, por ejemplo, sin duda terminará lastimándose al tropezar con otros objetos. En cambio, si obedece las leyes de la precaución que se aplican al movimiento en la oscuridad, puede desplazarse sin sufrir daño alguno. Si, por otra parte, de pronto se enciende la luz en la habitación, estas reglas se anulan automáticamente. De modo similar, los métodos espirituales y el avance gradual que éstos aportan son las leyes que sirven de guía confiable en el oscuro territorio de *maya.* Pero cuando, mediante la aplicación de estos métodos, finalmente se manifiesta la luz de la sabiduría, uno trasciende las leyes de la relatividad en el mismo instante en que la oscuridad se desvanece.

Por consiguiente, el *Guita* señala que, «a su debido tiempo», a través de la ascensión gradual, el yogui exitoso alcanza la realización del Ser y, en esa iluminación espontánea que se produce cuando el alma se une al Espíritu, manifiesta el Infinito.

Estrofa 39

श्रद्धावाँल्लभते ज्ञानं तत्परः संयतेन्द्रियः ।
ज्ञानं लब्ध्वा परां शान्तिमचिरेणाधिगच्छति ॥

śraddhāvāṁl labhate jñānaṁ tatparaḥ saṁyatendriyaḥ
jñānaṁ labdhvā parāṁ śāntim acireṇādhigacchati

El hombre que posee devoción, que se encuentra absorto en el Infinito y que ha dominado sus sentidos adquiere la sabiduría. Habiendo logrado la sabiduría, alcanza de inmediato la paz suprema.

Dios no habla al devoto común, es decir, al principiante en el sendero espiritual. Su única oportunidad de conocer la voluntad de Dios es servir a un verdadero gurú y sintonizarse fervorosamente con su guía. Al seguir sus instrucciones para alcanzar la liberación, el devoto madura en sabiduría. Su mente no se encadena a los tres centros inferiores de conciencia, sino que se eleva hasta alcanzar la unión con los centros superiores; se dice entonces que «ha dominado sus sentidos». Por medio del gurú, el yogui aprende a percibir a Dios y a desarrollar la devoción hacia Él.

En este *sloka* se hace referencia a la devoción con el término *shraddha,* la tendencia natural, característica del corazón, por dirigirse hacia su Fuente con fe y entrega[60].

La devoción divina tiene dos etapas. La etapa inicial es imperfecta, espasmódica y condicional; consiste en formas externas de adoración, inclinarse ante Dios en el interior del corazón, hacerle preguntas en silencio y servir a la humanidad.

La segunda etapa es la devoción inquebrantable e incondicional hacia el Señor, y se manifiesta a través de la veneración al gurú, mediante el respeto por las palabras de las escrituras, el dominio de los sentidos y la práctica de la técnica correcta de meditación.

Esta etapa de la devoción es superior, porque incluye un método científico para percibir a Dios, que se ha manifestado de modo tangible a través de un gurú ejemplar, en las verdades de las escrituras, en el divino dominio de los sentidos y en la dicha del éxtasis que se experimenta en la meditación. Dios se siente complacido cuando una persona abandona los placeres espurios y elige, en cambio, el éxtasis celestial. ¡Sabio es el devoto que usa el divino poder de su libre albedrío para preferir al Dador en lugar de sus obsequios!

Una de las razones determinantes para que los seres humanos sucumban al placer inferior de las tentaciones es que éste es el primer gozo que paladean. Si hubiesen alcanzado primero el gozo superior del éxtasis, todos los placeres sensoriales les parecerían insípidos y monótonos. A nadie le gusta comer queso rancio después de probar el más exquisito de los quesos. Aquel que experimenta la siempre renovada y eterna dicha del éxtasis se vuelve indiferente a los señuelos sensoriales.

La verdadera devoción al Espíritu —fijar la conciencia en la comunión divina que es imprescindible para encender la llama interior de la sabiduría— comienza cuando el devoto ya no es consciente de la respiración al meditar y su mente alcanza la unión extática con el Espíritu.

---

[60] Véase I:4, página 82.

El devoto entonces se consagra por completo al Espíritu y sólo piensa en Él. Su mente se eleva por encima de las distracciones sensoriales y los apegos materiales. Su Ser se transforma en el Espíritu Cósmico; los destellos de sus sentimientos se funden en la inmutable percepción de la Bienaventuranza. Este estado de completo establecimiento en Brahman confiere «la paz de Dios, que sobrepasa todo entendimiento»[61].

ESTROFA 40

अज्ञश्चाश्रद्दधानश्च संशयात्मा विनश्यति।
नायं लोकोऽस्ति न परो न सुखं संशयात्मनः॥

ajñaścāśraddadhānaśca saṁśayātmā vinaśyati
nāyaṁ loko 'sti na paro na sukhaṁ saṁśayātmanaḥ

El ignorante, el que carece de devoción, el que se halla atrapado por la duda, finalmente perece. Quien es indeciso no posee ni este mundo (la felicidad terrenal), ni el otro (la felicidad astral), ni la suprema felicidad de Dios.

AQUELLOS QUE SON IGNORANTES *(ajnaś)* y rehúsan esforzarse por adquirir el conocimiento, aquellos que están totalmente desprovistos de devoción *(shraddha)* hacia los temas espirituales, el gurú y Dios y, sobre todo, los que permanecen en un estado de indecisión mental *(samshaya)* en lo que se refiere a la importancia del alma, todos ellos experimentan un declive paulatino de su evolución espiritual. El hombre ignorante sufre innecesariamente, y apenas es consciente de su ignorancia. Quienes carecen de devoción por los elevados ideales tienen un corazón árido, y no pueden disfrutar de la verdadera belleza de la vida. Los que están aquejados por la duda son cautivos de sus propias respuestas al engaño provenientes de la imaginación. El ignorante, el que carece de devoción y el indeciso obstaculizan su ordenada evolución natural hacia Dios, tanto en este mundo como en el más allá.

Incluso el hombre mundano que a pesar de todo abriga el deseo de obtener conocimiento, y se dedica en forma activa a adquirirlo, asciende automáticamente la escalera de la evolución espiritual. En cambio, el hombre que rehúsa buscar el conocimiento porque se siente

---

[61] *Filipenses* 4:7.

satisfecho con los sentidos —que no desea obtener sabiduría ni poner la mente en acción, ¡no sea que aprenda algo!— sufre la decadencia de su alma.

El que está satisfecho con los sentidos y no ambiciona una sabiduría más elevada sufre el deterioro del alma

El hombre indeciso o irresoluto está aún en peores condiciones que aquel cuyo estado habitual es la ignorancia y no conoce nada mejor, pues este último se siente tranquilo y satisfecho en su ignorancia. Sin embargo, el hombre mentalmente indeciso, al no comprometerse con nada, ni disfruta de los gozos inocentes de la vida terrenal ni merece los gozos del otro mundo (porque la felicidad astral es una recompensa destinada a aquellos que se dedican con entusiasmo a realizar buenas obras en la tierra). El hombre que duda queda dominado por la inercia. Paralizado e imposibilitado para actuar, permanece estacionario, como un objeto inmóvil que no está en armonía con un mundo en constante flujo.

Es preferible esforzarse arduamente en pos de logros materiales que no trabajar en absoluto; el hombre de acción recibe diversos beneficios del ejercicio de sus facultades mentales y físicas. Una persona dedicada a la actividad espiritual avanza sin duda, pero quien posee un temperamento irresoluto desalienta todo deseo de actuar[62]. Por falta de movimiento, el indeciso se paraliza casi por completo; ¡apenas si parece un ser humano! Todas las personas han sido enviadas a un mundo en que impera la actividad y el movimiento y, a no ser que abandonen las dudas y se dediquen a la actividad y al movimiento espirituales, no lograrán avanzar.

Las dudas son el resultado de la respuesta del hombre a la influencia que ejerce el engaño sobre su inteligencia. Cuando la inteligencia se expresa a través de la mente, del intelecto y de los sentidos —que son principios de la Naturaleza—, carece de la capacidad y de la cualidad de la cognición directa. Se puede comparar con un faro, cuya luz aparece sólo intermitentemente con intervalos de oscuridad: la luz de la convicción que se alterna con la oscuridad de la duda. Si la luz de la inteligencia brillase en el hombre en forma constante, él podría comprender la verdad en toda circunstancia, sin esfuerzo y sin abrigar dudas. Pero, dado que los rayos de la inteligencia se alternan

---

[62] «Nuestras dudas son traidoras
y nos hacen perder,
por temor a intentar,
el bien que a menudo podríamos ganar».
(Shakespeare, *Medida por medida,* I:4).

con las tinieblas del engaño, el hombre común permanece la mayor parte del tiempo en un estado de duda, lo cual origina indecisión y una ferviente lealtad a las falsas ideas.

El proceso del conocimiento en el hombre consiste en una sucesión de pensamientos que cambian. Cada nuevo pensamiento trae aparejada una especie de convicción o sensación de conocimiento, pero ese pensamiento gradualmente envejece y es reemplazado por un nuevo pensamiento convincente. A través de este proceso, la inteligencia se desarrolla como resultado de la receptividad a las sugerencias de la verdad, o decrece por la influencia de ideas falsas y dudas que nacen del engaño.

La inteligencia que se vuelve inquieta a causa del bombardeo sensorial pierde su poder de enfoque. Cuando se halla en estado de calma, la inteligencia es capaz de enfocar los objetos y las ideas a fin de proporcionar una percepción lo más clara posible. De ahí que, debido a la inquietud o a un proceso de cambio mental desprovisto de dirección, la inteligencia pueda llevar al desarrollo de pensamientos y conceptos falsos y carentes de sentido; o bien, al centralizar sus fuerzas, la inteligencia puede convertirse en intuición.

Es preciso establecer una diferencia entre el hombre que piensa con claridad y aquel que piensa en demasía. Éste, acostumbrado a ejercitar sus poderes mentales de manera poco metódica, es conducido hacia rumbos equivocados y apenas puede elegir correctamente entre un número de proposiciones en apariencia verdaderas. La utilidad de esa compleja intelectualidad es insignificante, porque la exuberancia de esa energía intelectual carente de guía perturba la calma interior e impide que la intuición se exprese. La intuición sólo se manifiesta en la calma; en el hombre que no posee desarrollo espiritual, la intuición sólo brota en forma ocasional por los resquicios de los períodos de reposo de la activa mente y de los inquietos sentidos. Una persona que piensa con claridad no consiente que el intelecto usurpe el lugar de su intuición; con paciente calma, permite que la intuición actúe plenamente, y que le guíe a tomar las decisiones acertadas.

❖
No permitas que el intelecto usurpe el lugar de la intuición
❖

Bajo la influencia del engaño, el hombre adopta un temperamento imaginativo que destruye su capacidad natural de percibir la verdad. Una pequeña sugerencia puede dar lugar a imágenes dispares en mentes diferentes. Al mirar un árbol distante, una persona puede percibir una hoja amarillenta en una de las ramas, en tanto que otra tal vez supone que es un limón, e incluso otra cree que es un pájaro amarillo. Cada una está convencida de hallarse en lo cierto. El resultado es la duda: ¿cuál de los conceptos es verdadero? Sólo mediante la observación directa del objeto a corta distancia se puede conocer su verdadera naturaleza. Éste es el cometido de la intuición, el poder de conocimiento que emana del interior de cada ser y que es convincente porque surge de la experiencia o percepción real. El producto de la intuición es la verdadera sabiduría, la panacea suprema para la duda o la falta de conocimiento. Dado que el hombre no desarrolla el poder intuitivo que le es inherente, permanece sólo en la esfera de la inteligencia, que está sujeta al engaño y se halla infestada de ideas falsas y dudas.

MUCHOS EN ESTE MUNDO manifiestan únicamente dudas ¡y desarrollan un peculiar complejo acerca del valor absoluto de la duda! Asociarse con tales personas, cuyo mal es sumamente contagioso, deja a la persona vulnerable con una suerte de resentida incertidumbre que le puede hacer perder su felicidad presente, así como sus deseos de laborar en pos de la felicidad futura.

El desconcertante individuo escéptico supone invariablemente que posee «una mentalidad abierta» y que está dotado de «agudo discernimiento». Para él, todos los santos —aquellos que perciben la Unidad tras la diversidad— son unos «simples».

El mejor remedio para la duda es frecuentar a los «simples» de disposición positiva y optimista. Los escépticos, sin embargo, gustan relacionarse sólo con los que se asemejan a ellos. Con frecuencia se vuelven demasiado negativos y se les llama gráficamente «aguafiestas». Llenos de amargura y desconfianza, no pueden gozar de los placeres que se presentan en su camino ni esperan hallar felicidad alguna en el futuro. Los escépticos parecen disfrutar en forma masoquista de su estado interior de fluctuación y de desdichada confusión. Encuentran, además, cierto placer sádico en desestabilizar las mentes de otras personas que están imbuidas de fe y alegría.

El hábito de la duda debe eliminarse interna y externamente. Puesto que tanto la duda como el gozo son contagiosos, todos los yoguis principiantes deberían relacionarse sólo con aquellos que se hallan colmados de gozo divino o que lo buscan con entusiasmo.

El que está lleno de dudas debe despertar y llevar a cabo extraordinarios esfuerzos para liberarse de su paralizante hábito. Tan pronto como las dudas surjan en la mente, es preciso extirparlas. Él ha de hacerse la solemne promesa de no dañar la fe de los demás con el corrosivo ácido de sus propias dudas. No debe transmitir su escepticismo a los demás a través de discusiones argumentativas y conjeturas. De ese modo, su mente, que se encuentra consumida por la enfermedad de la duda, rejuvenecerá al cultivar la sabiduría y la compañía de esos hombres «simples» que poseen la Suprema Certeza: Dios.

Estrofa 41

योगसन्न्यस्तकर्माणं ज्ञानसञ्छिन्नसंशयम्।
आत्मवन्तं न कर्माणि निबध्नन्ति धनञ्जय॥

yogasaṁnyastakarmāṇaṁ jñānasaṁchinnasaṁśayam
ātmavantaṁ na karmāṇi nibadhnanti dhanaṁjaya

¡Oh Conquistador de la riqueza (Arjuna)!, aquel que mediante el yoga ha renunciado a la acción, y que mediante la sabiduría ha superado la duda, se establece equilibradamente en el Ser; las acciones ya no le confinan.

Esta estrofa hace referencia a los dos principales senderos: 1) la unión del alma con Dios a través de *Raja Yoga* y 2) la percepción del Infinito por medio de la sabiduría.

1) Aquellos que llevan a cabo las acciones graduales inherentes a la meditación yóguica alcanzan la unión con Dios. Por medio de estas y otras acciones divinas en su vida cotidiana *(sadhana),* se elevan por encima de todo apego y deseo, y se convierten en verdaderos renunciantes.

2) Los devotos encuentran la plenitud espiritual al concentrar su mente con fervor y fe en la sabiduría de las escrituras y en aquella que imparte el gurú. Disipan sus dudas por medio del raciocinio y de la suprema convicción intuitiva interior y, con ello, toda su concentración se establece equilibradamente en el Ser.

Ya sea que se les considere juntos, como un solo sendero —tal como se aconseja en el sendero integral de *Raja Yoga*—, o que se sigan en forma separada, como dos senderos individuales, tanto el yogui como el que busca la sabiduría comprueban que, aunque trabajan con el cuerpo, ya no están atados a los frutos de la acción; Dios mora en su interior como el verdadero Hacedor de todas las obras. Habiendo abandonado la identificación con el ego, con las acciones egoístas y con el cuerpo, estos devotos obtienen la liberación.

Renunciar a las acciones por medio del yoga significa que el yogui realiza las acciones únicamente para Dios. El *Guita* pone de relieve, en reiteradas ocasiones, que la «renunciación a las acciones» considerada de manera literal —una perspectiva que entusiasma al holgazán «espiritual»— no constituye la verdadera renunciación. Actuar para Dios y renunciar a los *frutos* de la acción —mas no la inactividad— es lo que caracteriza al verdadero renunciante. Tal devoto es un yogui y un hombre de renunciación porque está unido a Dios y ha renunciado a los frutos de sus actos. Éste es el significado de «renunciar a la acción mediante el yoga». Al renunciar al amor por todos los objetos mundanos —y no continuar anhelando los frutos de sus actividades—, el devoto escapa del mundo fenoménico para ingresar al mundo del noúmeno, donde reside la verdad. Él destruye las ilusorias dudas del ego acerca de qué es Real y qué es irreal, y se establece equilibradamente en su verdadero Ser, quedando así trascendentalmente libre de los aprisionantes efectos de los hilos kármicos que atan el ego al mundo.

ESTROFA 42

तस्मादज्ञानसम्भूतं हृत्स्थं ज्ञानासिनात्मनः ।
छित्त्वैनं संशयं योगमातिष्ठोत्तिष्ठ भारत ॥

tasmād ajñānasaṁbhūtaṁ hṛtsthaṁ jñānāsinātmanaḥ
chittvainaṁ saṁśayaṁ yogam ātiṣṭhottiṣṭha bhārata

Por lo tanto, ¡levántate, oh descendiente de Bharata! (Arjuna). Refúgiate en el yoga y, con la espada de la sabiduría, ¡destruye esa duda —nacida de la ignorancia y anidada en tu corazón— que albergas acerca del Ser!

«¡OH DEVOTO, TÚ QUE ERES descendiente de la Conciencia Cósmica!, ahora sabes cómo adquirir la sabiduría. Con tus propios esfuerzos por obedecer los dictados de la sabiduría que emanan de las escrituras y del gurú, y por medio de la meditación yóguica, fácilmente podrás disipar la duda acerca de que el Ser está hecho a imagen del Espíritu. Tu confusión la ocasionó tu respuesta al engaño cósmico y la ignorancia.

Debido a esta duda, no te has unido al Supremo Espíritu mediante la práctica del yoga. ¡Oh devoto, despierta de la hipnosis de la duda! Con la sabiduría del discernimiento que el gurú te ha conferido, distingue entre la Sustancia y las engañosas apariencias. En lugar de aferrarte con tenacidad a la duda ocasionada por el engaño, es mucho más sencillo aferrarse con tenacidad a la Divina Certeza revelada por el yoga!».

En vez de abandonarse a las dudas acerca de los verdaderos propósitos de la vida y de la posibilidad de hallar a Dios, el hombre debería extirpar sus imperfecciones mentales con la espada de la sabiduría que ofrece el gurú y, a través de la práctica de las técnicas del yoga, debería disfrutar de la siempre gozosa comunión con Dios, que disipa toda duda.

ॐ तत्सदिति श्रीमद्भगवद्गीतासूपनिषत्सु
ब्रह्मविद्यायां योगशास्त्रे श्रीकृष्णार्जुनसंवादे
ज्ञानकर्मसन्न्यासयोगो नाम चतुर्थोऽध्यायः ॥

om tat sat iti śrīmadbhagavadgītāsu upaniṣatsu
brahmavidyāyām yogaśāstre śrīkṛṣṇārjunasaṁvāde
jñānayogonāma caturtho 'dhyāyaḥ

Om, Tat, Sat.

***En el Upanishad del sagrado* Bhagavad Guita *—el discurso del Señor Krishna a Arjuna, que es la escritura del yoga y la ciencia de la unión con Dios—, éste es el cuarto capítulo, denominado:* «Guiana Yoga *(la unión por medio del conocimiento de Dios)*».**

CAPÍTULO V

La liberación por medio de la renuncia interior

❖

¿Qué es preferible: servir en el mundo
o buscar en recogimiento la sabiduría?

❖

El sendero hacia la libertad que enseña el *Guita:*
la meditación en Dios aunada a la actividad desprovista de deseos

❖

El Ser como testigo trascendental:
establecido en la bienaventuranza e imperturbable ante el mundo

❖

El bien y el mal, y su relación con el alma

❖

Quien conoce al Espíritu mora en el Ser Supremo

❖

Cómo trascender el mundo sensorial
y alcanzar la bienaventuranza imperecedera

ॐ

«Indiferente a la atracción del mundo sensorial, el yogui experimenta el gozo eternamente renovado del Ser. Manteniendo su alma absorta en la unión con el Espíritu, tal devoto alcanza la bienaventuranza imperecedera. [...] Los renunciantes que han superado los deseos y la ira, que mantienen la mente bajo control y que han alcanzado la realización del Ser se hallan completamente liberados, tanto en este mundo como en el más allá».

LA LIBERACIÓN POR MEDIO DE LA RENUNCIA INTERIOR

¿QUÉ ES PREFERIBLE: SERVIR EN EL MUNDO O BUSCAR EN RECOGIMIENTO LA SABIDURÍA?

ESTROFA 1

अर्जुन उवाच
सन्न्यासं कर्मणां कृष्ण पुनर्योगं च शंससि।
यच्छ्रेय एतयोरेकं तन्मे ब्रूहि सुनिश्चितम्॥

arjuna uvāca
saṁnyāsaṁ karmaṇāṁ kṛṣṇa punar yogaṁ ca śaṁsasi
yacchreya etayor ekaṁ tan me brūhi suniścitam

Arjuna dijo:
¡Oh Krishna!, hablas de renunciar a las acciones y al mismo tiempo aconsejas su ejecución. De estos dos senderos, te ruego que me digas, ¿cuál es en verdad el mejor?

COMO LES OCURRE A TANTOS devotos sinceros, Arjuna aún se halla desconcertado. Cuando un yogui comienza a meditar con profundidad, se siente tan dichoso con su nuevo mundo de percepciones interiores que se pregunta: «¿Es preciso que retorne alguna vez a la actividad en el mundo? ¿No debería más bien apartarme y dedicarme por completo a la meditación?». Estos dos senderos han sido objeto de numerosas controversias.

Es probable que el romance inicial con el Infinito en la senda de la meditación impulse al devoto a volverse unilateral y a sentirse inclinado a abandonar el sendero de la acción. No obstante, la ley cósmica le impone al ser humano permanecer en actividad, sea cual sea la determinación mental que abrigue en lo que respecta a su comportamiento en la vida. Todo el que forma parte de la creación tiene deberes que cumplir hacia ella; está obligado, incluso en contra de su voluntad consciente, a representar el papel que de manera equitativa le corresponde. Así como una persona no puede decidir con la mente que dejará de respirar y llevarlo a cabo, tampoco le es posible decidir con la mente que dejará de actuar y lograrlo.

Sin embargo, existen casos excepcionales. Por ejemplo, un yogui que ha destruido las raíces de todas las acciones pasadas y los anhelos resultantes de esas acciones puede estar tan colmado de la conciencia divina que efectúa una sola actividad: meditar en Dios. Tales yoguis excepcionales no tienen ya necesidad de llevar a cabo acciones externas (o, en caso de hacerlo, no acumulan karma alguno).

Pero incluso los grandes yoguis que no se dedican a la actividad externa realizan aun así un mínimo de acciones; en su interior, permanecen sumamente activos enviando vibraciones divinas con las cuales ayudan a que otras personas se liberen. No hay devoto que venga al mundo sólo para meditar en el Señor y no hacer ninguna otra cosa. ¡Si ésa hubiese sido su meta, habría encontrado otros numerosos mundos en la inmensa creación de Dios mucho más apropiados para tal propósito!

El Señor mismo declara: «Arjuna, nada existe que no haya Yo adquirido; nada hay que pueda Yo desear, ¡y, no obstante, continúo trabajando! Los que siguen mi ejemplo son aquellos que, en la meditación yóguica, alcanzan la unidad Conmigo como el inactivo Absoluto y también efectúan las acciones prescritas por el deber, ¡tal como hago Yo!»[1].

Así pues, el hombre debería practicar las técnicas del yoga para lograr la unidad con el Señor, al mismo tiempo que cumple con sus deberes mundanos como un «sacrificio» que ofrece ante el altar del Prodigioso Hacedor: Dios.

ESTROFA 2

श्रीभगवानुवाच
सन्न्यासः कर्मयोगश्च निःश्रेयसकरावुभौ।
तयोस्तु कर्मसन्न्यासात्कर्मयोगो विशिष्यते॥

[1] Véase III:22.

śrībhagavān uvāca
saṁnyāsaḥ karmayogaśca niḥśreyasakarāv ubhau
tayos tu karmasaṁnyāsāt karmayogo viśiṣyate

El Bendito Señor respondió:
La salvación se encuentra tanto por medio de la renuncia a las acciones como a través de su ejecución. Sin embargo, entre ambos caminos, el yoga de las obras es mejor que la renunciación a las obras.

La respuesta del Señor es inequívoca en este punto: «Es preferible que uno lleve a cabo sus deberes materiales y espirituales, pues el devoto que renuncia a toda actividad y busca una cueva apartada para practicar en solitud la meditación en Dios ha elegido el sendero inferior (puesto que es un sendero unilateral)».

La salvación tiene un doble fundamento: El hombre, como imagen verdadera de Dios, debe renunciar a todos los deseos mortales que el engaño cósmico le instiga, pero, al mismo tiempo, debe establecer contacto con el Ser Supremo, que es su Homólogo Cósmico. El devoto intuitivamente recibe la respuesta del Señor durante la unión extática: «El sendero de la ejecución de las acciones correctas sin desear sus frutos, aunado a la meditación en Mí mediante las técnicas del yoga, es superior a una vida de meditación desprovista de actividad externa».

El sendero del cumplimiento de las acciones prescritas por el deber sin desear sus frutos, unido a la meditación en Dios, es el mejor camino porque le brinda al devoto la oportunidad de expiar su karma destinando sus deseos materiales al servicio de Dios. De este modo, la mente del devoto permanece absorta en actividades puras, a diferencia de la mente ociosa de una persona mundana inactiva.

El método superior consiste en trabajar para el Señor y meditar en Él

Por otra parte, el renunciante monástico que permanece en su celda puede que abandone con facilidad el contacto con los objetos mundanos y que aun así sea incapaz de deshacerse de sus deseos materiales innatos de pasadas encarnaciones. Es en extremo difícil exorcizar los demonios de los anhelos, las pasiones, la avaricia y las inclinaciones hacia el sexo, que siempre se hallan presentes en la mente indisciplinada. Un monje puede renunciar a todo y, a pesar de ello, ser incapaz de eludir a los enemigos psicológicos internos que de manera exasperante le asedian hasta en su cueva. En tal caso, el mejor camino consiste en vivir en el mundo sin pertenecer a él. De ese modo, la mente del devoto no abriga anhelos mundanos frustrados como podría ocurrirle al monje en su soledad. Cualquier persona encontraría torturante la soledad si su mente está pensando en aquello a lo cual ha renunciado y no en la seductora Presencia Divina.

Los yoguis que se hallan por completo absortos en Dios no están obligados a cumplir con los deberes mundanos porque ya han extirpado todos los deseos egoístas de esta vida y de las encarnaciones pasadas. Si el yogui elige el camino superior que consiste en trabajar para el Señor y, además, meditar en Él, no corre el peligro de perderle, en tanto que el monje que se halla inquieto en su celda y no adopta un método científico para acallar sus pasiones puede permanecer por tiempo indefinido sin lograr la comunión divina.

Es más aconsejable, sin embargo, que el buscador de Dios no frecuente ambientes mundanos y que viva, en cambio, en una ermita bajo la guía de un verdadero gurú, trabajando sólo para Dios mediante acciones de servicio, practicando la renuncia a los frutos de la acción y cultivando el éxtasis divino a través de la meditación incesante en el Señor. Esa vida es infinitamente superior a la bienintencionada pero ineficaz renuncia total externa a las actividades y la consiguiente evasión de todo deber humano. Es incluso inapropiado (a fin de que no se pierda el respeto hacia las órdenes religiosas) vestir la túnica de swami o el hábito de monje si uno no es un monje *sincero,* ni ha renunciado a todo deseo mundano, ni se halla inmerso en Dios. El monacato carece de sentido sin el gozo interno de Dios.

La gente del mundo que aspira a desarrollar su espiritualidad se beneficia si de vez en cuando busca la soledad o, mejor aún, si visita una ermita donde pueda apreciar y absorber la verdadera y correcta forma de llevar una vida espiritual.

No debe subestimarse el valor de hacer retiros de vez en cuando, pues ofrecen la oportunidad de pensar en Dios de manera exclusiva y sin perturbaciones. De ese modo, el devoto, renovado, puede retornar al mundo o a la ermita para reanudar sus deberes habituales. Pero si uno considera que la noche es «su bosque de la soledad y su celda silenciosa», resulta entonces innecesario realizar viajes costosos o difíciles para disfrutar de la soledad. Sobre todo, el buscador debe aprender a amar tanto a Dios que, dondequiera que se encuentre, y tan pronto cierre los ojos, se halle en una celda de silencio con la Deidad Cósmica palpitando en su corazón en la forma de Gozo siempre renovado. La bendita Luz brilla tras la oscuridad; en el profundo silencio y con los ojos cerrados, todos los devotos pueden contemplarla. «Aquietaos y sabed que Yo soy Dios»[2].

Estrofa 3

ज्ञेयः स नित्यसन्न्यासी यो न द्वेष्टि न काङ्क्षति।
निर्द्वन्द्वो हि महाबाहो सुखं बन्धात्प्रमुच्यते॥

jñeyaḥ sa nityasaṁnyāsī yo na dveṣṭi na kāṅkṣati
nirdvandvo hi mahābāho sukhaṁ bandhāt pramucyate

¡Oh Guerrero de brazos poderosos (Arjuna)!, el constante y auténtico* sanyasin *(renunciante), que se libera fácilmente de todos los enredos de la existencia, es aquel que no tiene gustos ni aversiones pues no se halla atado por las dualidades (los pares de opuestos de la Naturaleza).

El verdadero renunciante, cualquiera que sea su posición o deber en la vida, es el devoto centrado en Dios. Con divina indiferencia, experimenta el mundo como un juego de ideas que pasa por su mente y resulta placentero o doloroso por sus contrastes en continua lucha.

Pensar en las causas del dolor o temerle (si consideramos como dolor todo aquello que ocasiona desagrado o aversión) es permanecer atado al cuerpo. Ocupar la mente en las causas del placer (si se considera placer todo aquello que atrae y agrada) también significa identificación corporal. El devoto que desea recobrar el paraíso perdido de la felicidad incondicional debe aprender a permanecer indiferente ante el dolor o el placer corporal y, asimismo, a recibir con actitud neutral todas las sensaciones externas.

Esta enseñanza del *Guita* no es una filosofía de negatividad o de negligencia. El ser humano tiene un justo deber hacia el cuerpo. El devoto debería practicar *titiksha,* el estado de imperturbabilidad. Esta disciplina permite suprimir el dolor o las causas del dolor sin experimentar impaciencia interior. Se debe proteger el templo físico hasta alcanzar la

---

[2] *Salmos* 46:11. «No ha menester para hablar con su Padre Eterno ir al cielo, ni para regalarse con Él, ni ha menester hablar a voces. Por paso que hable, está tan cerca que nos oirá. Ni ha menester alas para ir a buscarle, sino ponerse en soledad y mirarle dentro de sí y no extrañarse de tan buen huésped» (Santa Teresa de Ávila).

salvación final; se debe atender al cuerpo en forma razonable durante todo el tiempo que Dios desee trabajar a través de él.

El hombre dotado de autodisciplina jamás se permite apegarse al cuerpo físico o identificarse mentalmente con él, pero se ocupa con sensatez de su cuerpo porque es su deber divino. El yogui procura cuidar bien del cuerpo porque es más fácil mantener la mente en Dios cuando el dolor no le distrae. Sin embargo, no desiste de sus esfuerzos por sentir la Divina Presencia ni siquiera cuando el dolor invade su cuerpo e incluso al tratar de erradicarlo. Cuando el yogui puede retener la calma y la felicidad interiores mientras experimenta placer o sufrimiento físico, se vuelve uno con el siempre bienaventurado Ser.

Así pues, la negligencia hacia el cuerpo no necesariamente denota verdadera renunciación (como algunas personas suponen). El yogui es un hombre unido a Dios; ha hallado la felicidad del alma. Es además un hombre de renunciación, libre de la influencia de las siempre cambiantes circunstancias del mundo. Tales seres divinos que permanecen más allá del alcance de los enredadores sentidos son, incluso cuando se consagran a la actividad, los verdaderos *sanyasines* (renunciantes).

Estrofas 4-5

साङ्ख्ययोगौ पृथग्बालाः प्रवदन्ति न पण्डिताः ।
एकमप्यास्थितःसम्यगुभयोर्विन्दते फलम् ॥ *(4)*

यत्साङ्ख्यैः प्राप्यते स्थानं तद्योगैरपि गम्यते ।
एकं साङ्ख्यं च योगं च यः पश्यति स पश्यति ॥ *(5)*

śāṁkhyayogau pṛthagbālāḥ pravadanti na paṇḍitāḥ
ekam apy āsthitaḥ samyag ubhayor vindate phalaṁ (4)

yat sāṁkhyaiḥ prāpyate sthānaṁ tad yogair api gamyate
ekaṁ sāṁkhyaṁ ca yogaṁ ca yaḥ paśyati sa paśyati (5)

(4) No son sabios, sino párvulos, quienes hablan de diferencias entre el sendero de la sabiduría (Sankhya) y el sendero de la actividad espiritual (Yoga). El que realmente se ha establecido en cualquiera de ellos cosecha los frutos de ambos.

(5) El estado que alcanzan los sabios (los* guiana yoguis *que siguen con éxito el sendero de la sabiduría y del discernimiento, el Sankhya) también lo logran quienes llevan a cabo acciones (los* karma yoguis *que practican con éxito los métodos científicos del yoga). Posee la verdad aquel que contempla como un solo sendero la sabiduría y la acción correcta.

En este pasaje se establece una comparación entre la práctica exitosa, mediante métodos científicos, de las acciones liberadoras —las prescritas por el deber y las meditativas— por parte de los *karma yoguis,* y la no ejecución de tales acciones por parte de los *guiana yoguis,* quienes, en cambio, alcanzan la unión con Dios a través del método puramente mental o de la sabiduría[3].

Incluso los intelectuales se asemejan a niños sin instrucción si encuentran diferencias entre el sendero de la sabiduría y el sendero de la acción correcta. El sabio se dedica a la actividad, y aquel que lleva a cabo acciones correctas es sabio. Los que sólo estudian intelectualmente las escrituras hacen una distinción entre el sendero de la sabiduría y el sendero de la acción. El verdadero yogui no ve división alguna entre la sabiduría y la acción correcta. Aquel que sigue con fidelidad uno de los dos senderos recibe los beneficios de ambos.

Tanto la unión extática por medio de la sabiduría interior como la ejecución de acciones divinas y meditativas conducen al mismo resultado: la percepción de la conciencia cósmica y la bienaventuranza cósmica. El yogui inmerso en la sabiduría y el yogui que realiza acciones consideran ambos caminos de salvación como uno solo; únicamente ellos perciben la verdad.

El método del Vedanta para adquirir la sabiduría consiste en escuchar con atención la sabiduría de las escrituras explicada por un gurú que ha alcanzado la realización del Ser, meditar en dicha sabiduría y percibir su esencia al volverse uno con ella. El método teórico —muy diferente del anterior—, que consiste en aprender las escrituras, no tiene como resultado la adquisición de la verdadera sabiduría, sino que simplemente genera ideas imaginarias acerca de ella.

Dios es Sabiduría y Bienaventuranza. Cuando se obtiene sabiduría a través del método vedántico de meditación, tal sabiduría proporciona

[3] Véase también III:3, donde se definen el sendero de la sabiduría (el discernimiento del Sankhya o *Guiana Yoga*) y el sendero de la acción espiritual y meditativa *(Karma Yoga),* y cómo ambos se unen para constituir uno solo.

la unión con Dios. De modo similar, cuando se logra la bienaventuranza por medio de los métodos científicos y las técnicas de meditación del yoga, el resultado es la unión con Dios.

Así pues, el sabio percibe primero a Dios en su aspecto de Sabiduría, en tanto que el yogui alcanza primero el aspecto de Bienaventuranza Divina. El sabio experimenta a Dios como el Mar de las Percepciones; el yogui siente a Dios como el Océano de la Eterna Bienaventuranza. Siguiendo un sendero lento, tortuoso y difícil, el adepto de la sabiduría llega a la misma meta divina que el yogui alcanza a través de la «ruta aérea» que utiliza el método científico para lograr la realización del Ser.

El sendero de la sabiduría *(Guiana Yoga)* es largo, árido y difícil. El camino del yoga es corto y sencillo, y está colmado de percepciones de gozo siempre renovado. ¡La sabiduría no es una fuerza tan motivadora como el gozo divino!

El sendero hacia la libertad que enseña el *Guita:* la meditación en Dios aunada a la actividad desprovista de deseos

Estrofas 6-7

सन्न्यासस्तु महाबाहो दुःखमाप्तुमयोगतः ।
योगयुक्तो मुनिर्ब्रह्म नचिरेणाधिगच्छति ॥ *(6)*

योगयुक्तो विशुद्धात्मा विजितात्मा जितेन्द्रियः ।
सर्वभूतात्मभूतात्मा कुर्वन्नपि न लिप्यते ॥ *(7)*

saṁnyāsas tu mahābāho duḥkham āptum ayogataḥ
yogayukto munir brahma nacireṇādhigacchati (6)

yogayukto viśuddhātmā vijitātmā jitendriyaḥ
sarvabhūtātmabhūtātmā kurvann api na lipyate (7)

(6) Mas, ¡oh Guerrero de brazos poderosos (Arjuna)!, la renunciación es difícil de obtener sin ejecutar acciones que lleven a la unión con Dios (yoga). A través de la práctica del yoga, el* muni *(«aquel cuya mente está absorta en Dios») alcanza pronto el Infinito.

(7) Ninguna mácula (consecuencia kármica) contamina al hombre santificado que, llevando a cabo sus acciones, está entregado a la comunión divina (yoga), ha vencido la conciencia del ego (al adquirir la percepción del alma), ha logrado la victoria sobre sus sentidos y siente que él es el Ser que existe en todos los seres.

El verdadero estado de renunciación (la liberación trascendental de las atracciones y repulsiones sensoriales) es difícil de alcanzar si no la acompañan las actividades meditativas. En estas estrofas, el *Guita* reitera que la renunciación se logra de manera más fácil y natural por medio de la disciplina interior que proporciona el yoga.

Cuando el yogui, después de alcanzar la unión extática con Dios, desciende al estado de percepción del cuerpo y lleva a cabo actividades para Él, descubre que su alma se purifica y queda libre de todo vestigio de buen o mal karma del pasado, que ahora se ha destruido por completo con el fuego de la sabiduría. Habiendo logrado la victoria sobre los sentidos, se eleva por encima de la conciencia corporal y retiene la percepción del alma. Aun cuando satisface las necesidades básicas de su cuerpo y lleva a cabo todos los demás deberes indispensables, no queda atado a ningún resultado kármico. Él lleva a cabo todas sus acciones como el Ser presente en todos los seres y no como un ser mortal.

ESTROFAS 8-9

नैव किञ्चित्करोमीति युक्तो मन्येत तत्त्ववित्।
पश्यञ्शृण्वन्स्पृशञ्जिघ्रन्नश्नन्गच्छन्स्वपञ्श्वसन्॥ *(8)*

प्रलपन्विसृजन्गृह्णन्नुन्मिषन्निमिषन्नपि।
इन्द्रियाणीन्द्रियार्थेषु वर्तन्त इति धारयन्॥ *(9)*

naiva kiṁcit karomīti yukto manyeta tattvavit
paśyañ śṛṇvan spṛśañ jighrann aśnan gacchan svapañ śvasan (8)

pralapan visṛjan gṛhṇann unmiṣan nimiṣann api
indriyāṇīndriyārtheṣu vartanta iti dhārayan (9)

El que conoce la verdad y se halla unido a Dios percibe automáticamente: «yo no ejecuto acción alguna» —aun cuando ve, oye, palpa, huele, come, anda, duerme, respira, habla, rechaza, sostiene, abre los ojos o los cierra—, pues comprende que los sentidos (activados por la Naturaleza) operan en el ámbito de los objetos sensoriales.

EL YOGUI QUE PUEDE CONSERVAR la unión extática con Dios en el estado de vigilia comprende que cuando opera con los cinco instrumentos del conocimiento (los sentidos de la vista, el oído, el olfato, el gusto y el tacto), es Dios (en el aspecto de la Madre Naturaleza) quien utiliza esos cinco instrumentos. Y al trabajar con los cinco instrumentos de la acción (el ano, los genitales, las manos, los pies y los órganos del habla), el yogui siente, de manera similar, que es la Deidad Cósmica la que actúa a través de esos órganos.

Cuando el yogui percibe sus cinco fuerzas vitales (las relacionadas con la inhalación y la exhalación, la eliminación de toxinas, el metabolismo corporal, la circulación y la asimilación), o cuando se concentra en los sentidos o retira su atención de ellos (una acción que realiza la mente), o bien si utiliza el instrumento del discernimiento (que se emplea al soñar y al percibir la sabiduría interna y externa), comprende que él no ejecuta acción alguna, y que todas las actividades corporales no se efectúan mediante ningún poder físico personal, sino por el cuerpo astral a través de sus diecinueve elementos; asimismo, advierte que el cuerpo astral está guiado por la envoltura ideacional, que a su vez es el pensamiento puro de Dios.

El hombre identificado con el cuerpo imagina que su ego es el que ejecuta cada acción. Durante todas las actividades que realizan los sentidos, la mente y la fuerza vital inteligente, el egotista piensa: «Soy el hacedor». Está absorto en el sentimiento «yo, yo»: «yo veo», «yo camino», «yo vivo», «yo discierno» y así sucesivamente.

En cambio, cuando el hombre alcanza la unión extática con Dios, pierde todo egotismo y descubre que no es su ego, sino el verdadero Ser —la imagen perfecta de Dios—, quien realmente es el Hacedor de todas las acciones. Por causa del engaño, el yogui principiante percibe su cuerpo y su mente como dos fuerzas independientes; pero, a medida que puede retener más y más la conciencia de Dios, comprende con toda claridad que el único Hacedor es el cuerpo astral de diecinueve elementos bajo la guía del verdadero Ser.

Así pues, el yogui que es uno con el Espíritu puede dormir o permanecer despierto, comer o no comer, ver o no ver, trabajar o no trabajar, caminar o no caminar. Ya sea que realice o no acciones mundanas, comprende que su cuerpo es activado únicamente por la Conciencia Cósmica. Tal yogui se halla libre de todo temor, de toda esperanza y de todo altibajo mental. Sus sentimientos no están mancillados por los gustos y aversiones emocionales. A través de la transparencia de su corazón *(chitta),* el yogui percibe que el Activador es el Espíritu y no el ego. «¡Donde "yo" existo, Tú no estás; cuando Tú vienes, "yo" no existo!»[4].

Tanto el hombre indisciplinado como el sabio que ha alcanzado el autodominio llevan a cabo acciones corporales. El hombre sensual está atado por los deseos y, si muere sin vencerlos, debe nacer de nuevo para satisfacer sus anhelos humanos insatisfechos. En cambio, el yogui que cumple con sus deberes en la forma que Dios dispuso, sin motivaciones

[4] Ravidas, poeta místico de la India que vivió en el siglo XV.

personales, permanece libre de todo karma que se origine al efectuar cualquier actividad corporal. No está obligado a renacer por causa de los deseos personales relacionados con su cuerpo o mente.

El *Bhagavad Guita* revela aquí una de las maneras más efectivas de liberarse de los grilletes del karma malo o bueno. Cuando, por ejemplo, un novicio en el sendero espiritual come, debería disfrutar del acto de comer sintiendo que sólo es un placentero deber que cumple para preservar el templo de Dios. Cuando duerme, debería pensar que el cuerpo reposa para que él pueda disfrutar de manera subconsciente de la reparadora presencia de Dios. Cuando medita, debería sentir que Dios se manifiesta a través de él como Gozo. Cuando percibe la actividad de la energía vital en su cuerpo, debería pensar que la Dinamo Cósmica está encendiendo la lámpara de su cuerpo. Cuando reflexiona, debería sentir que la Sabiduría Cósmica trabaja a través de su discernimiento. Ya sea que esté pensando, haciendo uso de su voluntad o sintiendo, ha de tener presente que es Dios quien está utilizando sus facultades. Cuando está operando con los cinco instrumentos del conocimiento sensorial y los cinco instrumentos de ejecución corporal, debería considerar que es Dios quien está trabajando a través de esos diez instrumentos de cognición y actividad.

El consejo del Guita: *percibir que el Hacedor de todas las acciones es Dios y no el ego*

Al vivir en este estado de conciencia, el yogui representa sumisamente el papel que Dios le ha asignado en el escenario de la vida. Sin importar lo que haga, él es libre; es decir, está actuando conforme a su propia naturaleza —el alma—, que es libre.

«Los sentidos operan en el ámbito de los objetos sensoriales» significa que el yogui contempla que sus sentidos de vista, oído, olfato, gusto y tacto, y los sentidos de movimiento y acción que operan en el mundo objetivo se hallan guiados por el plan cósmico de Dios y no por los caprichos del ego. Cuando el yogui percibe que sus sentidos siguen la guía divina, vive en este mundo tal como Dios lo planeó. El yogui no tiene interés en trabajar para sí mismo, sino que se siente orgulloso de formar parte de las fascinantes obras de Dios.

ESTROFA 10

ब्रह्मण्याधाय कर्माणि सङ्गं त्यक्त्वा करोति यः।
लिप्यते न स पापेन पद्मपत्रमिवाम्भसा॥

brahmaṇy ādhāya karmāṇi saṅgaṁ tyaktvā karoti yaḥ
lipyate na sa pāpena padmapatram ivāmbhasā

A semejanza de la hoja de loto que permanece impoluta en el agua, el yogui que, renunciando al apego, lleva a cabo sus acciones y las consagra al Infinito se mantiene desligado de las redes de los sentidos.

Aunque la hoja de loto flota sobre el agua fangosa, permanece impermeable, sin que su entorno la manche. El yogui emancipado vive también así sobre el fango de este mundo sensorial de *maya.*

Una persona excitable se apasiona emocionalmente al ver una película melodramática, en tanto que una persona serena permanece imperturbada. De modo similar, la gente mundana se exalta demasiado cuando contempla las películas oníricas de la vida, ya sean agradables o desagradables. Los yoguis, por el contrario, conservan la calma. La leche no puede flotar en el agua; en cambio, la mantequilla sí lo hace. Las mentes que se han vuelto «líquidas» a través de los problemas y los persuasivos impulsos sensoriales se mezclan con las aguas de los nocivos ambientes envenenados y se degradan. Pero los devotos que baten la leche hasta transformarla en la mantequilla de la realización del Ser pueden flotar con facilidad y sin contaminarse sobre las venenosas aguas de *maya.*

Esta estrofa posee un significado más profundo, que los yoguis avanzados podrán comprender. Trataré de explicarlo de la manera más sencilla posible. Si se examina con detenimiento y visión espiritual, el discurso del *Guita* se convierte en una maravillosa exposición de la ciencia del yoga.

Cuando el yogui, en meditación extática, retira la fuerza vital de los billones de células corporales y de los nervios, observa las corrientes de fuerza vital como pequeños arroyuelos que se retiran de las costas del cuerpo por innumerables canales diminutos hacia el canal mayor de la médula espinal. Todas las corrientes del cuerpo que se retiran de ese modo hacia la espina dorsal pasan sucesivamente a través de los tres luminosos *nadis* (tubos o canales sutiles de la fuerza vital) situados en la columna astral (el *sushumna,* el *vajra* y el *chitra*) y forman una sola corriente que atraviesa el canal más interno, el *brahmanadi,* la «espina dorsal» del cuerpo causal[5]. El *brahmanadi* recibe ese nombre porque es

[5] Los tubos astrales están compuestos de la forma más sutil o refinada de energía vital,

el canal principal por el cual Brahma —el Espíritu como alma, vida y conciencia— descendió al cuerpo, y a través del cual el yogui asciende hacia el Espíritu.

La verdadera consagración al Infinito: retirar la fuerza vital a través del brahmanadi

Durante el descenso, el Espíritu o Brahma presente en el alma del hombre bajó a través del *brahmanadi* y después se introdujo en los tres tubos astrales, para dirigirse finalmente, a través de sus aberturas, a los canales más burdos de los nervios y células de todo el cuerpo físico. Se considera que el yogui avanzado que retira o que hace ascender todas las actividades de la fuerza vital y de los procesos de conciencia hacia el *brahmanadi* «ha consagrado sus acciones al Infinito», el Espíritu o Conciencia Cósmica presente en el *brahmanadi.*

Cuando el yogui retira la fuerza vital y los procesos de la conciencia a través del *brahmanadi,* contempla, desde ese punto de origen divino, maravillosos fenómenos astrales. Pero se le advierte no apegarse a ellos, puesto que cualquier clase de apego le obligaría a descender de nuevo a la superficie sensorial del cuerpo. Debe dejar de lado los fenómenos milagrosos y continuar su camino hasta llegar a la Esencia Universal.

El yogui avanzado hace pasar su ego, la fuerza vital y los procesos de la conciencia a través de la «columna» causal (el *brahmanadi*) hasta su abertura (el *Brahmarandhra*), situada en la parte superior de la cabeza, a fin de permitir que su ego transformado (el alma), su energía vital y su mente trasciendan el confinamiento y apego corporales, para unirse con la Bienaventuranza Omnipresente.

Cuando el yogui puede unir de ese modo su alma con el Infinito, tal unión destruye todo su pasado karma; se le conoce entonces como aquel que ha ascendido desde la carne. Incinerando todo su karma del pasado en el fuego del éxtasis *(savikalpa samadhi),* percibe a Dios sin las olas de la creación. Aprende entonces, a través del éxtasis más elevado *(nirvikalpa samadhi),* a manifestar la conciencia de Dios en el cuerpo y a llevar a cabo todas las acciones sin que le aten sus efectos beneficiosos o perjudiciales. En este estado supremo, el yogui percibe que Dios, la creación y sus percepciones corporales existen y operan juntos en armonía (como se describe en V:8-9). El yogui realiza entonces todas

---

los «vitatrones» (electrones y protones hechos de *prana*). El *brahmanadi* causal es un canal aún más sutil de «ideatrones» —conciencia vibratoria—, que constituye el firme tejido sobre el cual están impresos los diseños del universo y los del ser humano. (Véanse las páginas 69 ss.).

las actividades del cuerpo y de la mente sin apego, contemplándolas por igual como olas de la Conciencia Cósmica.

Una persona sacudida por una ola del océano no puede percibir con claridad el océano completo; en cambio, cuando se aleja de la ola y se halla en la orilla, puede ver el vasto océano sin concentrarse en ninguna ola en particular. De modo similar, el yogui se retira del movimiento de la ola de su vida individual y observa desde la costa de la divina bienaventuranza el océano de la Conciencia Cósmica sin las olas de la creación *(savikalpa samadhi).* Así como un hombre que está en la playa puede contemplar el inmenso océano como una sola masa de agua, y ver luego las olas individuales, además del océano en su totalidad, así también el yogui, después de experimentar el océano de la Conciencia Cósmica sin las olas de la creación, puede incrementar la profundidad de su intuición para percibir simultáneamente el océano de la Conciencia Cósmica y las olas de toda la creación (*nirvikalpa samadhi,* el *samadhi* supremo).

Estrofa 11

कायेन मनसा बुद्ध्या केवलैरिन्द्रियैरपि।
योगिनः कर्म कुर्वन्ति सङ्गं त्यक्त्वात्मशुद्धये॥

kāyena manasā buddhyā kevalair indriyair api
yoginaḥ karma kurvanti saṅgaṁ tyaktvātmaśuddhaye

Con la finalidad de santificar el ego, los yoguis realizan acciones sólo mediante (los instrumentos de la acción) el cuerpo, la mente, el discernimiento o, incluso, los sentidos, a la vez que abandonan todo apego (no permiten participación alguna del ego ni de los apegos y deseos que éste posee).

El arte de la acción correcta conduce a la purificación del ego. Esto implica ejecutar aquellas buenas acciones que contrarresten o anulen los efectos de las acciones erróneas del pasado y contribuyan a transformar el ego, haciéndolo volver a su estado prístino como el alma.

El ego siempre se halla identificado con las cosas materiales, y absorto en ellas. Su efecto sobre las acciones consiste en crear apegos y deseos que se perpetúan a sí mismos. El deseo es el resultado del contacto de los instrumentos de la acción con la materia cuando tales instrumentos se encuentran bajo la influencia del ego. El yogui utiliza los instrumentos de la acción que ha recibido de Dios, pero restringe la participación de su habitual e inseparable compañero —el ego—, y de ese modo actúa sin apego ni deseo.

El apego es hijo del deseo, y el apego engendra nuevos deseos. Sin el deseo, el apego no sería posible, pero el acto de desear puede iniciarse sin que exista una incitación previa y evidente por parte del apego. Esto es debido a que existe un apego subyacente e intrínseco del ego hacia todo lo material.

Cada vez que una persona egoísta abriga un deseo, se está imponiendo una condición que luego deberá satisfacer. Todo deseo es una carga que se debe expiar en el futuro. Incluso un deseo olvidado continúa acechando tras la pantalla de la mente subconsciente, esperando el momento oportuno para atrapar a su anfitrión y exigir el pago de su deuda. Con cada deseo, el hombre se aleja más y más de la paz natural del alma, porque el temperamento ciego del deseo le hace olvidar el propósito de su existencia. El apego, que surge del deseo, ocasiona que el ser humano se aferre a las cosas que son incompatibles con la naturaleza de su alma y que incluso llegue a suplicar por aquello que es peligroso para la paz del alma.

El alma que así queda atrapada en las redes de los deseos se convierte en el limitado, superficial y materialista ego, cuyo apego y estrechez de miras le impide percibir el gozo superior del alma. Sin embargo, el yogui dotado de clara visión sabe que la actividad acompañada de apego y deseo es precursora de problemas y sufrimiento, en tanto que la actividad desprovista de estos elementos perturbadores revela cuáles son los verdaderos deberes del hombre, lo cual, a su vez, purifica el ser inferior y restaura la eterna paz y gozo del alma, tal como se explicará en la estrofa siguiente del *Guita.*

Por consiguiente, los yoguis no deberían realizar ninguna acción instigada por el egotismo al que acompañan los apegos y deseos que provienen de los gustos y aversiones del corazón; deberían llevar a cabo las acciones prescritas por el deber e inspiradas por Dios y el gurú, empleando los instrumentos del cuerpo, los sentidos, la mente y el intelecto únicamente en forma desapegada. Quien no puede distinguir entre la inspiración divina y los deseos egoístas necesita buscar la guía de su gurú.

Una vez que el devoto descubre cuáles son sus deberes en la vida, es imperioso que los lleve a cabo con profundo interés, a fin de complacer a Dios y al gurú, sin apegarse a los frutos de las acciones. El verdadero amante del Señor se siente dichoso cuando triunfa en cualquiera de sus divinas empresas; pero si sus propósitos se ven frustrados o contrariados, no se lamenta ni pierde el entusiasmo sino que, con interés aún más profundo y mayor esfuerzo, intenta lograr aquello que antes fue incapaz de consumar para Dios, a no ser que su gurú le indique obrar de otro modo.

En las líneas siguientes, se ofrecen algunos consejos al estudiante avanzado acerca de la «santificación del ser inferior».

Los nervios son los principales caminos por los que circula la fuerza vital en el cuerpo. Guardan correspondencia con los *nadis* del cuerpo astral, que son más sutiles e intrincados. En el cuerpo del hombre común, muchos pasajes nerviosos se «obstruyen» o se dañan debido a las toxinas corporales y a una vida antinatural. Además, la fuerza vital de los nervios, los cuales se ocupan de disfrutar de los objetos sensoriales, se encauza hacia la materia. La fuerza vital circula en dirección descendente desde el cerebro hacia los sentidos, y así conduce la conciencia hacia los objetos materiales. Estas energías e impulsos nerviosos que se dirigen al exterior, y el burdo estado de enredo sensorial en que se encuentran, se oponen a la percepción del alma. Los yoguis aconsejan, por lo tanto, una dieta y posturas adecuadas, así como la práctica de *Kriya Yoga* para purificar los nervios, a fin de convertirlos en canales orientados hacia el Espíritu y que, de ese modo, alejen la conciencia de los sentidos. Mediante la práctica de *asanas* y *mudras*[6], el control de la fuerza vital, los cantos y las oraciones, haciendo penetrar la mente y la energía vital a través de los siete centros cerebroespinales, concentrándose en el Infinito y desarrollando la devoción profunda es posible purificar el cuerpo, la mente y el corazón para que sirvan como receptáculos del Infinito.

---

[6] Los *asanas* son posturas ideadas para liberar nervios constreñidos, purificar y fortalecer la fuerza vital y, asimismo, flexibilizar y fortalecer el cuerpo para que soporte meditaciones prolongadas.

Los *mudras* que se utilizan en el yoga son posturas combinadas con el control de la respiración, cuyo objeto es estimular el flujo de la corriente vital y hacerla regresar desde los sentidos al cerebro.

ESTROFA 12

युक्तः कर्मफलं त्यक्त्वा शान्तिमाप्नोति नैष्ठिकीम्।
अयुक्तः कामकारेण फले सक्तो निबध्यते॥

yuktaḥ karmaphalaṁ tyaktvā śāntim āpnoti naiṣṭhikīm
ayuktaḥ kāmakāreṇa phale sakto nibadhyate

El yogui unido a Dios, al abandonar el apego a los frutos de las acciones, alcanza la paz inquebrantable (que proviene de la autodisciplina). El hombre que no está unido a Dios se encuentra gobernado por los deseos, y tal apego lo mantiene sumido en la esclavitud.

LIBRE DE LAS DISTRACCIONES innecesarias, el yogui que trabaja sin desear los frutos de sus acciones alcanza la unión con Dios y encuentra la paz divina.

La autodisciplina o control del cuerpo y de la mente mediante la práctica fiel de los métodos apropiados de meditación y purificación del cuerpo (como se menciona en V:11) le permite al devoto lograr la victoria sobre los sentidos. Una vez que se convierte en el amo de los sentidos, se vuelve uno con Dios y manifiesta la Paz Infinita.

Aquellos que llevan una vida desequilibrada, carente de disciplina espiritual, actúan motivados por intereses egoístas. Llenos de confusión, deambulan por el laberinto de los incesantes anhelos. Al llevar a cabo acciones para satisfacer los insaciables deseos del ego, pierden por completo la paz.

El yogui emancipado, que ha alcanzado la unión con el bienaventurado Señor, trabaja únicamente para Él; sabe que la tierra es un drama onírico en el que se llevan a cabo actividades divinas.

Los Pandavas y Draupadi se retiran al Himalaya para entrar en el cielo de la unión divina

El resultado final de la Batalla de Kurukshetra fue la victoria rotunda para los Pandavas. «Los cinco hermanos gobernaron con nobleza bajo el reinado de Yudhisthira, el mayor de ellos, hasta que al término de sus vidas se retiraron al Himalaya, y allí entraron en el reino celestial». En el *Mahabharata* se cuenta que, en el camino, primero expira Draupadi y, luego, cada uno de los cinco hermanos, en orden inverso al de su nacimiento —excepto Yudhisthira, el mayor, que entra conscientemente en el cielo para buscar a sus seres amados—. Finalmente se reúnen todos en el reino celestial más elevado.

Este último episodio del *Mahabharata* se puede comprender también a la luz de la alegoría espiritual del *Guita,* en la que los Pandavas representan metafóricamente los poderes espirituales de los cinco *chakras* espinales y Draupadi representa la fuerza *Kundalini* situada en la espina dorsal, fuerza que está «casada» con estos poderes. En el devoto en vías de despertar espiritualmente, la fuerza *Kundalini,* que alimentaba en el cuerpo los sentidos externos de la percepción y de la acción, se retira («muere») y fluye hacia arriba a través de cada uno de los centros espinales, hasta alcanzar el centro más elevado: el loto de mil pétalos de la conciencia divina, situado en el cerebro. En este proceso, la actividad externa o expresión de cada *chakra* «muere», es decir, se transmuta espiritualmente en estados de conciencia cada vez más elevados. Simbólicamente, cada uno de los hermanos pandavas —que representan, respectivamente, los poderes espirituales de los *chakras* coccígeo, sacro, lumbar, dorsal y cervical— «muere» (o se retira hacia el interior) a medida que la fuerza vital y la conciencia ascienden para alcanzar la unión con el alma divina o conciencia del Espíritu, representada simbólicamente por Sri Krishna.

«La ascensión final de la conciencia corporal al Espíritu es la misma para todos: retirar la vida y la conciencia que se hallan en los sentidos, a fin de conducir ambas en dirección ascendente y hacerlas pasar a través de los portales de luz situados en los centros cerebroespinales sutiles. El objetivo es fundir la conciencia material en la energía vital, la energía vital en la mente, la mente en el alma y el alma en el Espíritu. El método de ascenso es Raja Yoga, *la ciencia eterna que ha formado parte de la creación desde el principio mismo. [...]*

»Aunque permaneció casi sepultada durante la Edad Material, la ciencia del yoga jamás se podrá aniquilar, porque está vinculada a la Realidad que mora en el interior del hombre. Toda vez que él se pregunta acerca de los fenómenos de la vida y despierta espiritualmente, por la gracia de Dios encuentra un verdadero gurú que lo familiariza con el arte de la unión divina».

Paramahansa Yogananda

El Ser como testigo trascendental: establecido en la bienaventuranza e imperturbable ante el mundo

Estrofa 13

सर्वकर्माणि मनसा सन्न्यस्यास्ते सुखं वशी।
नवद्वारे पुरे देही नैव कुर्वन्न कारयन्॥

sarvakarmāṇi manasā saṁnyasyāste sukhaṁ vaśī
navadvāre pure dehī naiva kurvan na kārayan

El alma encarnada que mantiene los sentidos bajo su control, habiendo renunciado mentalmente a toda actividad, permanece en un estado de bienaventuranza en la ciudad corporal dotada de nueve puertas —sin llevar a cabo acciones ni inducir a otros (los sentidos) a ejecutarlas.

Al observar el omnipresente Rayo Cósmico operando en su propio cuerpo, en los cuerpos de todas las criaturas y en todos los objetos del sueño cósmico, el yogui comprende de súbito que él jamás fue el hacedor de acción alguna ni la causa de ningún efecto material.

Cuando el devoto, por medio de la autodisciplina y la concentración, se eleva por encima del apego al cuerpo, se convierte en el victorioso rey de los sentidos, gozosamente entronizado en el palacio corporal. En un estado de éxtasis interior, él permanece como un testigo indiferente de las actividades de su cuerpo y de su conciencia, que efectúan todas las tareas sólo mediante el silencioso poder de la Divinidad. No atribuye ninguna de sus acciones a sus propios poderes, ni obliga a los sentidos a trabajar conforme a los deseos del ego. En este estado de éxtasis supremo, el yogui es consciente del Espíritu en su interior y, también, de su entorno exterior, pero, aun así, ningún fruto de sus acciones lo mantiene atado.

La «ciudad dotada de nueve puertas» es una referencia a los nueve orificios del cuerpo: los dos ojos, los dos oídos, las dos fosas nasales, los dos órganos de excreción y procreación y la boca. El yogui, como un rey que se ha retirado de sus funciones, observa cómo a sus súbditos (las células corporales, los sentidos, los pensamientos y las emociones) los guía la presencia interior de Dios y no el ego. De este modo, el yogui —unido a su alma trascendental— ve y siente que está inactivo.

Las acciones relacionadas con el cuerpo ya no incumben al yogui; no se contempla a sí mismo como el ejecutante de ninguna acción. Así como uno puede observar con indiferencia las actividades de una persona que esté próxima, así también el yogui que se ha establecido en Dios ve que su cuerpo lleva a cabo todas las acciones sin que él resulte afectado.

Es muy difícil para una persona común imaginar el estado del yogui tal como lo describe esta estrofa del *Guita*. Resulta apropiado, por consiguiente, enfatizar una vez más el hecho de que un yogui unido a Dios no actúa como una marioneta o un autómata. Una persona identificada con su cuerpo sufre los efectos adversos de sus acciones; en cambio, el devoto que percibe al Señor como el único Hacedor, permanece desapegado de todos los frutos de las acciones buenas o nocivas que llevan a cabo el cuerpo y la mente. Por consiguiente, el yogui no sólo está libre de los frutos de las acciones del presente, sino también de los impredecibles efectos futuros de las acciones del pasado. Así como el victorioso rey de una región puede delegar su gobierno a un sucesor virtuoso y vivir allí en apacible retiro, así también el yogui inteligente conquista la ciudad corporal donde habitan los rebeldes sentidos y luego entrega el gobierno a su amado Señor, en tanto que él mismo permanece apacible en su interior y cómodamente establecido en la bienaventuranza. En ese elevado estado, el yogui puede ver que Dios le guía y le otorga poder para realizar todas las acciones necesarias sin hacerle responsable en modo alguno de los frutos de tales acciones.

Podría decirse que el mortal común es un mal actor que altera el desarrollo del drama onírico de Dios. El yogui no crea sueños propios; une su conciencia con el Señor y aprende a soñar con Él. Disfruta del sueño cósmico de la misma manera en que Dios lo sueña, inmerso en el gozo, sin introducir egotistamente en ese sueño ninguna perturbadora pesadilla de su propia creación. ¡El hombre puede mirar a su alrededor el caótico mundo moderno y declarar con vehemencia que el ego no tiene consideración alguna por la unidad dramática de la creación!

ESTROFA 14

न कर्तृत्वं न कर्माणि लोकस्य सृजति प्रभुः ।
न कर्मफलसंयोगं स्वभावस्तु प्रवर्तते ॥

na kartṛtvaṁ na karmāṇi lokasya sṛjati prabhuḥ
na karmaphalasaṁyogaṁ svabhāvas tu pravartate

El Señor Dios no crea en los hombres la conciencia de ser los ejecutantes de las acciones, ni causa sus acciones, ni los mantiene enredados con los frutos de sus actos. La ilusoria Naturaleza Cósmica es la que origina todo ello.

Dios es el Creador de todo, incluso del ilusorio engaño cósmico; pero lo que origina en el ser humano el sentido del egoísmo y el deseo de actuar conforme a los dictados del ego y de disfrutar de los frutos de las acciones es su respuesta a *maya* mediante el uso incorrecto del divino don del libre albedrío.

Cuando el hombre ejercita el discernimiento sin responder al engaño cósmico, emplea de manera correcta su libre albedrío para optar sólo por la influencia de la divina sabiduría interior. De ese modo, se libra del castigo resultante de abrigar la falsa convicción de que es él quien ejecuta las acciones en forma independiente.

Las personas comunes se guían por las tendencias naturales (que surgen de la Naturaleza), las cuales, en realidad, son antinaturales en lo que respecta a la divinidad del alma, la imagen perfecta de Dios. Cuando la conciencia del hombre alcanza la unión con Dios, él comprueba que su propia conciencia se halla libre de la influencia del engaño cósmico y de la naturaleza «humana». Pero cuando el hombre sucumbe a la influencia del engaño cósmico, que está presente en la naturaleza humana, es *maya* quien entonces guía y controla su conciencia, creando peligros físicos y psicológicos.

La Naturaleza es la consorte y servidora de Dios. Aquel que se vuelve uno con Dios descubre que la Naturaleza está a su servicio.

Aunque el Señor es responsable de la creación del ser humano y de haberlo colocado en el engaño cósmico presente en la Naturaleza, aun así Él ha conferido a sus hijos el poder de libre elección, ya sea para ceder a las dañinas tentaciones de los impulsos físicos y de su entorno, que son causantes de sufrimiento, o para seguir la guía interior de la sabiduría que fluye de Dios. El hombre común toma el camino que en apariencia es más fácil y que consiste en satisfacer sus impulsos, una elección que finalmente conduce a la destrucción de toda su felicidad. En cambio, el yogui emplea su libre albedrío —otorgado por Dios— para seguir la guía interna de la conciencia y de la sabiduría intuitiva;

luego devuelve a Dios el gobierno de su ciudad corporal y recobra así el paraíso perdido.

El hombre identificado con su cuerpo descubre, al analizarse a sí mismo, que la conciencia del egoísmo y la ejecución egoísta de todas las acciones con el deseo de disfrutar de sus frutos tienen su origen en el hecho de que erróneamente respondió a la influencia del engaño cósmico de la Naturaleza. Sin culpar al inmaculado Señor como la Fuente de sus problemas, el sabio comprende que todos sus males son el resultado del mal uso del libre albedrío, por el cual respondió a la Naturaleza y no a Dios.

Aun cuando la Naturaleza o *maya* es responsable de los sufrimientos que provienen de la ejecución egoísta de las acciones, aun así, mediante el uso del discernimiento y de la fuerza de voluntad, el hombre puede volver sobre sus pasos e ir de la Naturaleza al Espíritu, con lo cual logrará que la Naturaleza sea finalmente su esclava, tanto como lo es de Dios.

El devoto siempre puede acudir al Señor con sus más profundas oraciones y decirle: «Padre Celestial, yo no te pedí ser creado, ni deseé que me colocaras junto a las atractivas tentaciones malignas. ¡Oh Dios!, puesto que Tú me has creado y me has sometido a la prueba de la vida sin consultarme, te suplico que me bendigas a fin de que use yo mi poder de libre albedrío para fortalecer mi voluntad y seguir el camino hacia la libertad y no hacia el engaño».

La omnipresente conciencia divina del Señor es consciente de todas las oraciones del hombre. «El que implantó la oreja, ¿no va a oír? El que formó los ojos, ¿no ha de ver? [...] El que enseña a los hombres, ¿no conocerá?»[7]. Dios no creó al hombre para ocasionarle sufrimiento, sino para que superase todas las limitaciones corporales y materiales por medio del invencible poder del alma.

---

[7] *Salmos* 94:9-10.

El bien y el mal, y su relación con el alma

Estrofa 15

नादत्ते कस्यचित्पापं न चैव सुकृतं विभुः ।
अज्ञानेनावृतं ज्ञानं तेन मुह्यन्ति जन्तवः ॥

nādatte kasyacit pāpaṁ na caiva sukṛtaṁ vibhuḥ
ajñānenāvṛtaṁ jñānaṁ tena muhyanti jantavaḥ

El Omnipresente Ser no toma en cuenta ninguna virtud ni pecado de nadie. La sabiduría está eclipsada por la ilusión cósmica y, por eso, la humanidad se halla desconcertada.

Sobre este onírico escenario terrenal y con fines de entretenimiento, el omnipresente Rayo Cósmico crea las imágenes oníricas de los seres humanos y sus actividades virtuosas o pecaminosas. Dios no es un meticuloso contador que registra los méritos y deméritos humanos. El Rayo Cósmico junto con su sabiduría y siempre renovado gozo permanecen ocultos tras las sombras de la relatividad y la ignorancia. Los mortales, al no percibir la Luz causativa, tropiezan en las tinieblas del engaño.

Así como al conductor de un automóvil la niebla puede ocultarle la ruta correcta hacia su destino y hacer que se extravíe, así también la bruma del engaño cósmico oscurece el sendero de la sabiduría que conduce hacia Dios y, por eso, el hombre se desvía y cae en la zanja de los deseos mortales y la ignorancia.

El Espíritu o *Sat-chit-ananda* (la siempre existente, siempre consciente y eternamente renovada Dicha) no está contaminado por las tinieblas del engaño (la Naturaleza), del mismo modo en que a una serpiente venenosa no le afecta su propio veneno. Aunque la serpiente produce el veneno en su interior, éste no la perjudica. De forma similar, aun cuando las engañosas dualidades de la Naturaleza derivan de Dios, no ejercen influencia alguna sobre Él.

Cuando una serpiente muerde a una persona, el veneno afecta a la víctima; de manera semejante, el hombre, como criatura mortal, sufre el mal del engaño cósmico. Sin embargo, aunque *maya* le ha sido impuesta al ser humano, aun así él puede vencer su influencia si se niega a ceder a las tentaciones que le presenta. El devoto debería comprender que el propósito de Dios al crear el mundo y la ilusión cósmica fue desarrollar seres perfectos. ¡Esta creación es un pasatiempo de Dios!

A fin de alentar a los hombres a alcanzar la perfección, el Señor les concedió libre albedrío ¡y les planteó un desafío! Los sometió a las saludables tentaciones interiores de su bondad y a las insalubres tentaciones externas provenientes de la Naturaleza. La vida humana es un vasto y complejo rompecabezas que cada ser humano debe finalmente resolver.

Cuando el hombre emplea hábilmente los divinos dones del libre albedrío y del discernimiento para responder a las tentaciones de la virtud y no a las del mal, logra la necesaria victoria. Queda «fuera» del juego de la vida; regresa a su bendito Hogar con la abundante riqueza que obtuvo.

Ésta es, pues, la verdad acerca del misterio de la vida humana sobre la tierra; y es la razón por la cual el hombre no debería ceder —como muchos psicólogos erróneamente aconsejan— a los impulsos «naturales», sino guiarse por las inclinaciones espirituales, que son en verdad naturales a su auténtico ser: el alma.

En qué consisten las «reglas del juego» y la justicia de Dios

Aunque Dios es bondad y dio origen al Mal Cósmico sólo con el objeto de probar al hombre y darle así la oportunidad de regresar por su libre elección al reino de su Padre, la «trama» creada por Dios ¡le ha causado al hombre infinidad de problemas! Debemos aceptar este hecho con filosofía y comprender que cuanto más discipline el hombre su cuerpo tanto más hallará el gozo del alma. Éstas son las reglas del juego, ¡y nada podemos hacer al respecto! Tampoco desearíamos cambiar dichas reglas si comprendiésemos la sabiduría del Divino Artífice que las ha creado.

Así como Dios, rodeado por la Ilusión Cósmica, no es afectado por ella, de modo semejante el hombre, que intrínsecamente es una imagen de Dios, posee en su interior todos los poderes divinos. Él también puede permanecer muy cerca de los engañosos sentidos sin estar sujeto a ellos. Dios ha creado de manera deliberada a cada ser humano, dotándolo con el sello eterno de su propia perfección divina. Cuando los hombres sucumben al mal, bien sea por un momento o por largos períodos, eclipsan la perfección interior de su alma, pero jamás pueden destruirla. Tan pronto como el hombre se deshace del engaño que lo envuelve —y que persiste a causa de su propia ignorancia—, descubre que siempre ha sido perfecto, tal como Dios lo es, y que jamás dejó de serlo.

El corazón escéptico debería recordar en qué consiste la gran justicia de Dios: en el hecho de que Él no nos ha arrojado al mal en forma perenne destruyendo nuestra divina naturaleza interior y convirtiéndonos realmente en seres mortales. Por el contrario, nos creó en esencia a su imagen, para que nunca borremos esa verdadera naturaleza divina durante las pruebas del engaño cósmico que nos rodea. Sería muy difícil para el hombre, si no imposible, alcanzar la divinidad si en realidad sólo fuese humano. Pero ésta es una verdad innegable: el hombre fue creado primero a imagen de Dios y luego —y no antes— colocado bajo la influencia del engaño cósmico, y siempre provisto del poder de libre albedrío, es decir, el poder para elegir entre la Naturaleza (la creación) o Dios (el Creador). Tarde o temprano, el ser humano aprende a elegir con acierto. ¡De no ser así, nadie estaría leyendo este libro!

Es merced a la inmensa misericordia de Dios por lo que Él no nos creó conforme a una imagen mortal, pues eso hubiese impedido que alcanzáramos la naturaleza divina, salvo por la gracia especial de Dios. Ante la mirada de Dios, todas las almas están hechas a su imagen; por ello, hasta el mayor de los pecadores es capaz de quitar el fango de la ignorancia y dejar al descubierto la oculta pureza de su alma, sin importar cuán profundamente esté hundido en el engaño. Somos divinos por toda la eternidad; sólo en forma transitoria nos hallamos esclavos del engaño. «Hechura suya somos: creados en (la perfecta conciencia de) Cristo Jesús para que hagamos buenas obras, que de antemano dispuso Dios que practicáramos»[8].

Por esa razón, todos los seres humanos deben comprender que la meta de la vida no es disfrutar de los sentidos, y que sólo el retorno a la perfección puede satisfacer el corazón humano y el plan divino.

UNA PERSONA CUYO KARMA sea extremadamente malo puede permanecer sumida en el engaño durante muchas encarnaciones, mas no para siempre, porque le pertenece a Dios por toda la eternidad. Quien olvida su verdadero Ser durante numerosas vidas queda tan devastado por el sufrimiento que no puede soportarse a sí mismo ni soportar sus propios hábitos. Pero tan pronto como él realice un sincero esfuerzo por mejorar, descubrirá el sendero hacia el gozo divino.

Es imposible que uno sufra la perdición eterna o permanezca

---

[8] *Efesios* 2:10.

sumido en el engaño por tiempo indefinido. Aunque una pieza de oro se encuentre oculta bajo escombros tan gigantescos como el Himalaya, siempre seguirá siendo oro. Cuando se retiran los escombros, el oro resplandece, mostrando su verdadera naturaleza. De modo similar, aunque una montaña de pecados cubra el alma, no puede alterar su naturaleza intrínseca como imagen de la Perfección.

Este razonamiento tiene un sentido divino: que el hombre fue creado a imagen de la Divinidad y, por consiguiente, no puede ser enviado para siempre al infierno del engaño. Es imposible que un alma se torne eternamente mala, puesto que *es eternamente buena.*

Ningún alma puede ser enviada para siempre al infierno

Quienes estudian la Biblia no hacen justicia a sus enseñanzas si creen que el alma puede ser condenada al infierno para siempre. En el mundo, un juez dicta sentencia a una persona conforme a la magnitud de su delito. Dios, que es más justo que cualquier juez humano, jamás podría castigar a un hombre —por causa de una o muchas encarnaciones de maldad— con una sentencia desproporcionada de destierro «eterno» al fuego infernal del engaño. Las causas finitas no pueden producir efectos infinitos.

Esta estrofa del *Guita,* que se cita frecuentemente, expresa con maravillosa verdad que Dios no toma en cuenta el pecado o la virtud del hombre. Es el hombre mismo, con sus acciones, quien cosecha los resultados del buen o mal karma originado por el uso apropiado o incorrecto de su libre albedrío.

En este sentido, Dios no se halla en el universo como un guardián de los seres humanos, que los recompensa o castiga en todo momento de acuerdo con sus virtudes o pecados. Sin embargo, Él ha creado leyes que administran una justicia invariable: «No os engañéis, pues de Dios nadie se burla. Cada cual cosechará lo que siembre; el que siembre para su carne, de la carne cosechará corrupción; el que siembre para el espíritu, del espíritu cosechará vida eterna. No nos cansemos de obrar el bien, que a su debido tiempo podremos cosechar, si no desfallecemos»[9].

El Señor jamás castiga a nadie por sus malas acciones. Es el hombre mismo el que siembra y cosecha su propio sufrimiento. Al acometer neciamente contra las leyes divinas y la naturaleza de su propio Ser, él es la única causa de su propio dolor.

En la India, la cita más popular del *Bhagavad Guita* sobre el origen

---

[9] *Gálatas* 6:7-9.

del mal es este pasaje de la estrofa 15: «La sabiduría está cubierta por la ignorancia; por eso la gente se halla sumida en el engaño».

Este punto puede ilustrarse como sigue: Si un hombre que se encuentra en una habitación muy iluminada y bellamente amueblada cierra los ojos y salta como un loco, sólo verá oscuridad, tropezará y se hará daño. Al recuperar la cordura, se dará cuenta de que la oscuridad y los peligros que acechaban su vida y su cuerpo fueron provocados por la insensatez que él mismo se impuso.

De manera similar, el sabio que mantiene abierto su ojo interior, viendo siempre la luz de Dios que está presente en toda la materia, jamás recibe daño alguno; por el contrario, se halla colmado de gozo. El hombre ignorante mantiene cerrado el ojo de la sabiduría y no ve en el mundo nada que no sea oscuridad, engaño y sufrimiento. Cuando el devoto ciego recobra la visión verdadera con la ayuda de un sabio gurú, percibe que su propio sufrimiento y el de sus semejantes los ocasiona la oscuridad interior que el hombre mantiene en forma deliberada; de esa manera, la luz de la sabiduría de Dios se eclipsa. El permanente y siempre presente gozo interior del alma se halla oculto debido a los apetitos del ego humano y a los transitorios gozos de los sentidos.

Cuando el hombre abandona el engaño, recupera el paraíso interior. Por esta razón, en el *Guita* se señala que la gente sólo sufre porque no abre el ojo de la percepción espiritual y permanece inmersa en el siempre cambiante mundo externo.

Ciertos dogmas tratan de encontrar una explicación convincente acerca del mal, aduciendo que Dios es perfecto y que no conoce el mal; sin embargo, Jesús oró a Dios: «No nos dejes caer en tentación, mas líbranos del mal»[10], es decir, «No permitas que sucumbamos a la influencia y las pruebas del mal creado por Ti».

El Omnipresente Señor sabe que Él creó el mal como una prueba para alentar a los seres humanos a evitar el pecado y recobrar así su divina naturaleza interior. Al crear una película cinematográfica de luces y sombras para exhibirla mediante un proyector, el director maneja un rayo único que se proyecta sobre la pantalla y genera tanto la imagen del villano como la del héroe; el villano fue incluido en la película para que los espectadores sintiesen rechazo hacia las acciones del malhechor y, empleando el discernimiento, aplaudiesen al gran héroe. El mal existe

[10] *Mateo* 6:13.

por la misma razón, para dirigir la atención de la humanidad hacia el mejor camino: el de la virtud.

Después de aprender la lección de admirar al héroe y no al villano, uno comprende que tanto los hombres buenos como los malos son creaciones del Rayo Único; puesto que ambos son sombras, no existe diferencia intrínseca entre ellos. Al analizar así el bien y el mal, uno debe procurar elevarse por encima de ambos, al comprender que ni el pecado ni la virtud pueden afectar al alma, la cual está libre de la dualidad, es inmutable y ha sido creada a imagen de Dios.

Por qué el mal es parte necesaria e inherente de la creación de Dios

En este mundo, el bien y el mal son siempre complementarios. Todo cuanto ha sido creado conlleva necesariamente cierta apariencia de imperfección. ¿De qué otro modo hubiese podido Dios, la Perfección Absoluta, fragmentar su conciencia única en formas de la creación que fuesen diferentes de Él Mismo? No pueden existir imágenes de luz sin sombras de contraste. Si el mal no hubiera sido creado, el ser humano no conocería su opuesto, el bien. La noche acentúa el resplandeciente contraste del día; el dolor destaca el atractivo del gozo. Aunque el mal ha de acontecer, ¡ay de aquel que se convierta en su instrumento! Quien sea seducido por el engaño y desempeñe el papel de villano habrá de padecer el lamentable destino kármico que corresponde a los villanos, mientras que el héroe recibirá la sagrada recompensa de su virtud. Conociendo esta verdad, debemos evitar el mal; al entregarnos al bien, finalmente nos elevamos hasta el supremo estado de conciencia divina, que trasciende el bien y el mal.

Aquel que mira desde la cabina de proyección a través del rayo de luz considera tanto al villano como al héroe sólo como imágenes. Cuando uno está unido a Dios, entonces y sólo entonces, deja de ver diferencias entre el bien y el mal. Por consiguiente, es peligroso decir que no existe el bien ni el mal cuando uno todavía se encuentra en el estado mortal. La gente que ve con gran excitación una película apasionante percibe una clara diferencia entre el villano y el héroe. Pero un observador dotado de discernimiento se da cuenta de que el papel del villano fue creado para destacar la nobleza del héroe, al presentar un contraste entre el bien y el mal. Cuando la película termina, ese drama acaba también para el espectador, que ya no se siente afectado por intensos sentimientos ni hacia el villano ni hacia el héroe. Se ha elevado por encima de su interés temporal por la película y sabe que tanto el villano como el héroe no tienen un significado intrínseco; eran únicamente diferentes imágenes que emanaban del proyector y que no tenían ninguna relación real con el espectador.

De modo similar, en el supremo estado divino, uno percibe que el Rayo Cósmico es el creador tanto del bien como del mal en esta tierra. Venciendo el mal por medio del bien y elevándose luego por encima de ambos, el hombre comprende que el mundo es sólo una película cinematográfica divina e infinitamente entretenida.

Estrofa 16

ज्ञानेन तु तदज्ञानं येषां नाशितमात्मनः ।
तेषामादित्यवज्ज्ञानं प्रकाशयति तत्परम् ॥

jñānena tu tad ajñānaṁ yeṣāṁ nāśitam ātmanaḥ
teṣām ādityavaj jñānaṁ prakāśayati tat param

Sin embargo, en quienes han destruido la ignorancia mediante el conocimiento del Ser, la sabiduría —como un sol radiante— pone de manifiesto al Ser Supremo.

Cuando las tinieblas de la engañosa ignorancia se disipan de la conciencia del yogui con la luz de la realización del Ser, en esa radiación interior se revela el Ser Supremo, el Ser Eterno, como la Única y Suprema Realidad. Los devotos sienten que su pequeño Ser —el alma— se une con el Ser Supremo —el Espíritu—. De tales seres iluminados suele decirse: «El Ser resplandece como un sol en aquellos que han destruido la ignorancia por medio de la sabiduría».

Cuando el yogui que medita con profundidad —como ocurre en la práctica de *Kriya Yoga*— retira su conciencia de todo lo externo y se concentra en su interior, contempla la luz interna del Espíritu que es la sustancia creativa de toda manifestación. Así como al amanecer la aparición del sol en el cielo disipa las sombras de la noche, así también la primera manifestación de la luz cósmica en el devoto destruye las imágenes de la engañosa relatividad presentes en la pantalla de los sentidos y en el cielo del espacio.

En el estado primario de éxtasis *(savikalpa samadhi),* el devoto percibe sólo el rayo cósmico sin el panorama de la creación. Posteriormente, ve el rayo cósmico manifestado como el conjunto de luces multicolores y sombras del drama cinematográfico del cosmos.

Es preciso alcanzar el estado superior de éxtasis *(nirvikalpa samadhi)* para percibir la danza de la pareja formada por la luz cósmica y las sombras de la creación, del mismo modo en que uno debe retirar su conciencia de la trama de una película para poder ver, al mirar con mayor detenimiento, la combinación de luz y sombras que da origen a las imágenes. En *nirvikalpa samadhi,* el devoto siente que la luz cósmica, su propio cuerpo y todas las escenas de la creación se desplazan dentro de él mismo como una sucesión de películas cinematográficas. En ese estado, el presente, pasado y futuro se muestran como uno solo; toda la diversidad se fusiona en la unidad de la Eterna Presencia.

QUIEN CONOCE AL ESPÍRITU MORA EN EL SER SUPREMO

ESTROFA 17

तद्बुद्धयस्तदात्मानस्तन्निष्ठास्तत्परायणाः ।
गच्छन्त्यपुनरावृत्तिं ज्ञाननिर्धूतकल्मषाः ॥

tadbuddhayas tadātmānas tanniṣṭhās tatparāyaṇāḥ
gacchantyapunarāvṛttiṁ jñānanirdhūtakalmaṣāḥ

Con sus pensamientos inmersos en Aquello (el Espíritu), su alma unida al Espíritu, toda su lealtad y devoción entregadas al Espíritu, y su ser purificado de la venenosa ilusión por medio del antídoto de la sabiduría, tales seres alcanzan el estado del que no se retorna.

EN LA BIBLIA SE HACE REFERENCIA al «estado del que no se retorna»: «Al vencedor le pondré de columna en el Santuario de mi Dios, y ya no saldrá de allí (no volverá a reencarnarse)»[11].

Los devotos que emplean su poder de discernimiento para liberarse de su identificación con el drama de la creación y en él sólo contemplan el juego de la luz cósmica y las sombras del engaño; que se concentran en el rayo cósmico y no en las sombras; que perciben que sus almas

---

[11] *Apocalipsis* 3:12.

son rayos del Sol Cósmico; que se hallan continuamente absortos en Él y han destruido el engaño mediante la sabiduría: esos sabios alcanzan la liberación.

En tanto que una persona abrigue el obsesivo deseo de sentir emociones viendo películas cinematográficas, no buscará pasatiempos más elevados. De modo similar, en la medida en que una persona esté interesada en el drama de su presente encarnación y se halle apegada a él, cuando muera partirá insatisfecha y se verá obligada a regresar a la tierra para experimentar otras secuencias cinematográficas, hasta haber dado cumplimiento a todos los deseos que le fascinan.

Cuando el hombre cultiva el desapego, la meditación y el éxtasis, y contempla las escenas de la vida como un panorama divino, gradualmente comprende que Dios es el único Director del cinematógrafo cósmico. La sabiduría así obtenida da lugar a la unión del alma individualizada con el Espíritu, y de ese modo finaliza —de una vez y para siempre— la prolongada separación.

ESTA ESTROFA ENCIERRA OTRA INTERPRETACIÓN, cuyo propósito es guiar en su *sadhana* (prácticas espirituales) al devoto que medita, de acuerdo con la siguiente versión:

> *Pensando en Aquello, inmersos en Aquello, establecidos en Aquello, entregando toda su devoción a Aquello, tales seres alcanzan el estado del que no hay retorno, destruidos sus pecados por medio de la sabiduría.*

Pensando en Aquello: enfocando la atención en el objeto de la meditación; manteniendo la mente concentrada, por ejemplo, en el sonido interno del grandioso *Om* (Amén)[12] —la vibración cósmica universal que es la manifestación de la conciencia creativa y el poder de Dios—. El estado de pensamiento implica una experiencia dual: dos polos, uno dirigido hacia arriba, en dirección al Espíritu, y el otro dirigido hacia abajo, en dirección a la materia.

Inmersos en Aquello: colmados de la vibración universal de *Om,* evitando la intromisión de todos los pensamientos que surgen de la mente sensible. Esta segunda etapa de la concentración trasciende el «estado de pensamiento»; significa la unidad con el objeto de la meditación, la

---

[12] Véanse las referencias a la meditación en *Om,* en el comentario de VI:14 (volumen II).

cual se experimenta a través de la intuición pura del alma. El estado de inmersión de la concentración pone al devoto en contacto directo y en amistad con el Espíritu a través del *Om.* Se trata de un estado de bienaventuranza que colma al devoto hasta rebosar de fe y confianza en Dios. Sin embargo, al comienzo, el estado de inmersión no es estable ni perdura. A no ser que se repita a menudo y se forme el hábito correspondiente, es posible que se desvanezca y se pierda cada vez que el devoto resulte acosado por el mal hábito de la inquietud mental en la meditación o al retornar a sus actividades materiales después de meditar. De ahí que este estado sea temporal, porque los malos hábitos reaparecen en cuanto los nuevos buenos hábitos y experiencias completan su debut y se retiran de la escena. Los devotos cuyos malos hábitos son poderosos se desalientan con facilidad cuando deben enfrentarse a la aparente inestabilidad de sus experiencias espirituales. Surgen las dudas, y es posible que quienes carecen de fe releguen las experiencias espirituales a la esfera del misticismo impráctico. El error reside en la falta de perseverancia de los practicantes en sus esfuerzos por tornar permanente su victoria espiritual, que consiste en alcanzar el tercer estado, o sea, aquel en que se establecen en la comunión divina.

Establecidos en Aquello: los devotos permanecen en el estado de divina unidad en forma permanente y continua, sean cuales sean sus actividades externas (el estado *nirvikalpa*).

Habiendo dominado estas tres etapas de la concentración y cambiando así el foco de la conciencia desde la materia hacia el Espíritu, el devoto no abriga ya ningún deseo, salvo su devoción a Dios y el anhelo de vivir sólo para Él. En tales devotos, todos los pecados (el karma del presente y del pasado) se disipan en la luz de la sabiduría que proviene de la unión con Dios, del mismo modo en que la oscuridad acumulada durante la noche se desvanece al llegar el amanecer. Tales devotos se liberan así de la vertiginosa rotación de la rueda de nacimiento-muerte-renacimiento. «Y ya no saldrán de allí», de la presencia de Dios.

ESTROFA 18

विद्याविनयसम्पन्ने ब्राह्मणे गवि हस्तिनि।
शुनि चैव श्वपाके च पण्डिताः समदर्शिनः॥

vidyāvinayasaṁpanne brāhmaṇe gavi hastini
śuni caiva śvapāke ca paṇḍitāḥ samadarśinaḥ

Los sabios que poseen la realización del Ser consideran de igual manera tanto a un docto y humilde* brahmin *como a una vaca, un elefante, un perro o un paria.

Un espectador que, sin emplear el discernimiento, permanece absorto en un drama cinematográfico en el que aparecen montañas, océanos, cielos, sacerdotes, mercaderes, mendigos, vacas, perros y elefantes, acepta el engaño de que todos los objetos son «diferentes». Sin embargo, las diferencias sólo son aparentes, pues todas las imágenes se componen, en esencia, de peculiares relatividades de luz y sombras.

Los objetos del mundo fenoménico se consideran relativos porque sólo existen en la relación que guardan unos con otros. La conciencia ordinaria del hombre es la conciencia de relatividad; es decir, sólo percibe cada objeto interpretándolo en relación con otro. Por medio de esa conciencia relativa, el ser humano es incapaz de percibir la Unicidad, lo Absoluto; esa conciencia le fue conferida con la finalidad de que le fuese posible apreciar la naturaleza de la multiplicidad. La conciencia ordinaria de vigilia, la subconciencia y la supra-subconciencia —todas las diferentes formas de conciencia del ego— comparten esta característica: son relativas. En cambio, la supraconciencia pura del alma puede percibir el Espíritu, la Vida y la Sustancia que están presentes de manera subyacente en el universo entero[13].

---

[13] Décadas después de que Paramahansa Yogananda escribiera este comentario, cada vez más descubrimientos de la física moderna tienden a confirmar la verdad literal de la antigua cosmología de la India acerca de la unidad. Michael Talbot escribe en *El universo holográfico* (Palmyra, Madrid, 2007):

«Hay indicios que sugieren que nuestro mundo y todo lo que contiene, desde los copos de nieve hasta los arces y desde las estrellas fugaces a los electrones en órbita, también son imágenes fantasmales solamente, proyecciones de un nivel de realidad tan alejado del nuestro que está literalmente más allá del espacio y del tiempo.

»[Uno de] los artífices principales de esta asombrosa idea [es] David Bohm, físico de la Universidad de Londres, protegido de Einstein y uno de los físicos teóricos más respetados [...]. Una de las afirmaciones más sorprendentes de Bohm es que la realidad tangible de nuestras vidas cotidianas es realmente una especie de ilusión, como una imagen holográfica. Por debajo de la misma hay un orden de existencia más profundo, un nivel de realidad vasto y primario que da origen a todos los objetos y apariencias del mundo físico, de la misma manera que una placa holográfica da origen al holograma. Bohm llama orden *implicado* (que significa "envuelto") a ese nivel más profundo de la realidad, y se refiere a nuestro nivel de existencia como el orden *explicado* o desenvuelto. [...]

El hombre sabio rechaza aceptar de modo superficial la aparente realidad objetiva del mundo (una película cinematográfica sincronizada que se percibe con el oído, la vista, el olfato, el gusto y el tacto) y experimenta todos los fenómenos como manifestaciones de la divina luz cósmica y de las sombras en «tecnicolor».

Para el que ha alcanzado la realización del Ser, el Espíritu se percibe como la realidad, y la creación como una sombra del Infinito. Cuando se dice que el universo es irreal —*Brahman satyam jagat mithya:* «Brahman es real, su manifestación es irreal»—, no significa que el universo no exista, sino que Dios es la única realidad y que la sombra de su manifestación en la creación no es como Él. No se puede proyectar una sombra sin la presencia de un objeto; por lo tanto, ¡la sombra no es algo inexistente! Aunque la sombra se asemeje al objeto a partir del cual se proyecta, no constituye el objeto mismo.

OTRO EJEMPLO PUEDE EXPLICAR cómo un verdadero devoto sólo ve igualdad entre los objetos animados e inanimados. Al contemplar un drama onírico, una persona que duerme puede exclamar: «¡Allí hay un paria de baja condición! ¡Y allí está mi amigo el sacerdote! ¡Cuánto ruido hay aquí: perros ladrando, vacas mugiendo y elefantes barritando!». Pero al despertar se da cuenta (¡si recuerda el sueño!) de que no había

---

»Lo que más nos llena de perplejidad son las ideas plenamente desarrolladas de Bohm acerca de la totalidad. Como en el cosmos todo está hecho del tejido holográfico ininterrumpido del orden implicado, a juicio de Bohm tiene tan poco sentido pensar que el universo está formado por "partes", como creer que los distintos surtidores de una fuente son independientes del agua de la que fluyen. [...]

»Es una idea profunda. Einstein asombró al mundo cuando afirmó, en la teoría de la relatividad, que el espacio y el tiempo no son magnitudes independientes, sino que están unidas uniformemente y forman parte de un todo mayor que él denominó "continuo espacio-tiempo". Bohm lleva esa idea un paso —gigante— más allá. En su opinión, *todo* lo que hay en el universo forma parte de un continuo. A pesar de la aparente separación de las cosas en el orden explicado, todo es una extensión continua de todo lo demás y, al final, hasta los órdenes implicado y explicado se funden el uno con el otro. [...] Un "algo" inmenso [ha] extendido sus brazos y sus apéndices incontables hacia todos los objetos visibles, hacia los átomos, los mares turbulentos y las estrellas centelleantes del cosmos.

»Bohm advierte que esto no significa que el universo sea una masa gigante indiferenciada. Las cosas pueden formar parte de un todo no dividido y poseer cualidades propias únicas. Para aclarar lo que quiere decir, dirige la mirada a los pequeños remolinos que se forman a menudo en los ríos. A primera vista, parece que son cosas independientes y tienen muchas características individuales como el tamaño, la velocidad, la dirección de rotación, etcétera. No obstante, un análisis minucioso revela que es imposible determinar dónde termina un torbellino y dónde empieza el río». *(Nota del editor).*

una diferencia intrínseca entre las diversas criaturas «vivientes», pues todas ellas eran productos irreales de su mente.

De modo similar, los objetos animados e inanimados de este mundo no son sino puros sueños de Dios. El ser humano que se encuentra despierto en la sabiduría sabe que todos los objetos de su experiencia mundana son expresiones efímeras de la sustancia onírica divina. Cuando un devoto puede contemplar el mundo con toda su extensa variedad y percibir en ella la subyacente unidad de su estructura divina, entonces, y no antes, sabrá con certeza que este mundo es sólo una creación onírica.

❖
Todos los objetos de la experiencia mundana son expresiones efímeras de la sustancia onírica divina
❖

Si una persona está soñando y empieza a despertar, mientras permanece en ese estado semidespierto, su conciencia comprende dos cosas a la vez: por una parte, considera que los objetos de su sueño son reales y, por otra parte, se da cuenta de que son irreales, ya que fueron creados por su mente.

Asimismo, en el estado de éxtasis «semidespierto», el devoto contempla el mundo como la multiplicidad, pero también como una divina manifestación unificada. Ve todos los objetos que hay en él —ya sea un ladrón o un sabio, una vaca, un perro o un elefante, la materia o la mente— como expresiones oníricas de la conciencia única de Dios. Éste es el estado en el que quien ha alcanzado la realización del Ser contempla con igual mirada la creación animada e inanimada.

La primera etapa del éxtasis divino *(savikalpa samadhi)* proporciona al yogui la experiencia de la unidad con Dios en la cual no se halla presente el recuerdo del universo fenoménico. Cuando regresa a la conciencia corporal, el yogui comprueba que le resulta difícil retener su percepción divina. Al avanzar en su práctica de *Kriya Yoga,* el devoto puede experimentar la unión con Dios incluso durante el estado de vigilia, mientras desarrolla sus actividades en el mundo. Ha alcanzado entonces el estado extático «semidespierto» en el que, con los ojos abiertos, contempla conscientemente el mundo que le rodea como un sueño divino. Si el yogui no se esfuerza por continuar avanzando, el estado «semidespierto» desaparece, y comienza a percibir el mundo tal como lo ve la persona común.

Sin embargo, si su desarrollo se profundiza, el devoto puede permanecer en forma continua en el estado de éxtasis con los ojos abiertos o cerrados *(nirvikalpa samadhi);* él aprende a unificar por completo su conciencia con el Señor y también a producir desde esa conciencia el sueño del cosmos. En ese estado, puede optar por permanecer despierto en Dios, sin contemplar el sueño de la creación, o continuar en el bienaventurado estado «semidespierto», percibiendo el cosmos como un variado sueño. Cuando el yogui alcanza el *nirvikalpa samadhi,* ya no percibe la «realidad» del mundo como lo hace la persona común.

La ciencia moderna ha descubierto que los diversos elementos que constituyen la materia no son sino átomos que poseen diferente grado de vibración. El universo es una película cinematográfica cósmica de átomos danzantes, que a su vez son chispas de energía: no son materia en absoluto, sino ondas vibratorias.

Los enormes pasos que un yogui debe dar para finalmente poder decir, merced a su unidad con Dios, que «este universo es un sueño divino» son los siguientes:

En el estado inicial de éxtasis, el yogui inunda su ser con el gozo supraconsciente. Comienza a percibir luces y vislumbres del mundo astral. A medida que este *samadhi* se hace más profundo, la visión del yogui abarca el mundo astral completo, que contiene los homólogos astrales de todas las islas de universos que flotan en el espacio. El yogui disuelve entonces su visión del mundo astral y lo percibe como formas puras de pensamiento; reposa en la siempre existente, siempre consciente y eternamente renovada Dicha, y siente que esta Dicha es omnipresente e infinita.

El yogui desciende luego a la esfera astral y por último a la conciencia corporal. Abre los ojos y fija su mirada en el mundo que se halla frente a él; se ve a sí mismo rodeado por su ojo espiritual de luz astral. Cuando puede expandir enormemente y a voluntad la esfera de su ojo astral, de inmediato contempla en él todas las islas flotantes de universos. ¡Incontables son los soles y lunas que allí se encuentran! Vapores de nebulosas, universos sin fin, capa sobre capa, zona tras zona, todos girando en el interior de su ser y reposando finalmente en el centro de su ojo astral expandido de modo infinito.

Éste es el estado en el cual el yogui percibe que el cosmos físico y el cosmos astral no son sino pensamientos de Dios dotados de diferente vibración. A menos que el yogui logre sentir en todas partes, tanto con los ojos abiertos como cerrados, la dicha de la conciencia cósmica, y sea capaz de contemplar a voluntad todo el cosmos astral dentro de su ojo astral y ver las islas de universos astrales flotando en su ser, no debería decir que ha percibido que la creación es un sueño.

Un gurú no alienta al yogui principiante a afirmar «el mundo es sólo un sueño», a fin de que no desarrolle apatía hacia el cumplimiento de sus justos deberes.

La persona que ha alcanzado la conciencia divina aprende a soñar a voluntad y percibe entonces que el mundo onírico es real. Aprende también a disolver su sueño a voluntad, y comprende así que la creación onírica fue un simple fenómeno mental. Una vez disueltas todas las engañosas pesadillas, funde su conciencia en el Divino Soñador, y contempla por siempre los coloridos estrenos de los grandiosos espectáculos cinematográficos que se presentan en la creación.

Estrofa 19

इहैव तैर्जितः सर्गो येषां साम्ये स्थितं मनः ।
निर्दोषं हि समं ब्रह्म तस्माद्ब्रह्मणि ते स्थिताः ॥

ihaiva tair jitaḥ sargo yeṣāṁ sāmye sthitaṁ manaḥ
nirdoṣaṁ hi samaṁ brahma tasmād brahmaṇi te sthitāḥ

Aquellos que poseen una ecuanimidad inalterable han superado, incluso en este mundo, las relatividades de la existencia (nacimiento y muerte, placer y dolor). De ese modo, están entronizados en el Espíritu —en verdad, el inmaculado Espíritu, que se halla en perfecto equilibrio.

Mediante una técnica como *Kriya Yoga,* que no sólo desconecta la mente sino que la retira por completo de los sentidos, es posible alcanzar la ecuanimidad mental. Por medio del recogimiento interior de la mente, el yogui experimenta un estado de gozo constante e inalterable. Cuando el yogui puede llevar ese éxtasis interior a todas sus percepciones en el estado de vigilia, se libera de toda impureza o falta y alcanza la unidad con el inmaculado Espíritu.

Los sabios hacen referencia a las personas comunes como aquellas que están llenas de manchas o defectos, porque perciben las dualidades y relatividades de la existencia —placer y dolor, frío y calor, vida y muerte— y, por consiguiente, reaccionan ante ellas. Sólo el que a voluntad puede desconectar su conciencia de la percepción de los objetos materiales se halla libre de las perturbadoras dualidades de los sentidos y reposa, de ese modo, en el sereno Espíritu. Los yoguis que perciben en forma constante la dicha divina en los estados subconsciente, consciente y supraconsciente son puros y perfectos como el Espíritu.

El hombre indisciplinado, enredado en las relatividades de este mundo, cabalga sobre las dispares y oscilantes olas de alegría, dolor, desaliento, ira o apatía en el mar de su conciencia; sólo contempla las incertidumbres de la existencia, que están en continuo cambio. Cuando las agitadas olas de la conciencia se aquietan mediante la práctica del yoga, el sabio experimenta en la calma interior la omnipresente Serenidad Eterna.

El mundo está lleno de gente fácilmente excitable que experimenta todo tipo de emociones mientras participa en los impredecibles sucesos de la vida cotidiana. En un lapso de vida de sesenta años, una persona ve 21.900 películas cinematográficas diurnas y nocturnas, mientras le zarandean las incesantes olas de los sentimientos. Castigado y desconcertado por el embate de las olas, aprende muy poco del instructivo panorama de la vida. Tales personas deben reencarnarse hasta estar en condiciones de observar el espectáculo del mundo como serenos y gozosos dioses.

El yogui contempla este mundo como un entretenimiento. Si en su propia vida experimenta una «tragedia», tal como la enfermedad, la pobreza, la persecución o la pérdida de un ser querido, él es capaz de decir con toda sinceridad: «¡Oh, este espectáculo dramático es sólo una escena pasajera; no es la realidad suprema!», del mismo modo en que una persona común podría decir, al ver una película trágica o de terror: «¡Qué drama tan interesante!». Si este espectáculo cósmico mostrara mañana, tarde y noche únicamente ángeles y sonrisas, pero ningún dolor ni lágrimas, se volvería monótono y aburrido.

Sin el sufrimiento, los mortales no se esforzarían por saber que son inmortales que están por encima de toda pesadumbre. Se aconseja entonces al aspirante espiritual que venza sus reacciones emocionales a las inevitables dualidades del universo fenoménico y que permanezca, al igual que su Creador, en un estado extático constante. ¡Con qué facilidad el hombre identificado con el cuerpo se deja afectar por las dualidades!; sin embargo, al llegar la muerte de su amado cuerpo, ya no responde a ningún estímulo emocional. El yogui acepta el consejo de la Muerte; por eso, mientras ocupa un cuerpo, lo trata con gentileza pero de una manera impersonal, como si se tratase de un completo extraño.

Estrofa 20

न प्रहृष्येत्प्रियं प्राप्य नोद्विजेत्प्राप्य चाप्रियम्।
स्थिरबुद्धिरसम्मूढो ब्रह्मविद् ब्रह्मणि स्थितः॥

na prahṛṣyet priyaṁ prāpya nodvijet prāpya cāpriyam
sthirabuddhir asaṁmūḍho brahmavid brahmaṇi sthitaḥ

El conocedor del Espíritu, inmerso en el Ser Supremo, dotado de discernimiento imperturbable y libre de la ilusión, no se siente jubiloso por las experiencias placenteras ni abatido ante las experiencias desagradables.

El hombre común jamás analiza las lecciones inherentes al cinematógrafo de la vida cotidiana; él permanece identificado con esas imágenes, sufriendo o regocijándose según sea el caso.

El yogui que incinera todas las semillas de nuevos deseos en el fuego de la sabiduría se libera de la esclavitud de las reencarnaciones. Sin embargo, al no haber extinguido los efectos de las acciones del pasado, tropieza en su vida presente con sucesos buenos o desagradables, salud o enfermedad, todo lo cual proviene de su karma pasado. Puesto que posee la tranquilidad interior y el gozo del Espíritu, no se siente arrobado con la llegada de la buena fortuna ni se deja abatir por las calamidades. Él observa con actitud calmada e indiferente las escenas tristes y gozosas de su vida. ¿Acaso esas escenas tienen alguna relación con él?

CÓMO TRASCENDER EL MUNDO SENSORIAL Y ALCANZAR LA BIENAVENTURANZA IMPERECEDERA

ESTROFA 21

बाह्यस्पर्शेष्वसक्तात्मा विन्दत्यात्मनि यत्सुखम्।
स ब्रह्मयोगयुक्तात्मा सुखमक्षयमश्नुते ॥

bāhyasparśeṣvasaktātmā vindatyātmani yat sukham
sa brahmayogayuktātmā sukham akṣayam aśnute

Indiferente a la atracción del mundo sensorial, el yogui experimenta el gozo eternamente renovado del Ser. Manteniendo su alma absorta en la unión con el Espíritu, tal devoto alcanza la bienaventuranza imperecedera.

SUPERANDO TODOS LOS GUSTOS Y AVERSIONES relativos a los objetos externos, el yogui aprende a controlar su *chitta* (el sentimiento primigenio). Al apartar la atención del mundo externo y dirigirla hacia su verdadero Ser interior, percibe el siempre existente, siempre consciente y eternamente renovado gozo del alma. Cuando el Ser se establece por completo en la unión con el Espíritu, su gozo siempre renovado se vuelve inmutable.

ESTROFA 22

ये हि संस्पर्शजा भोगा दुःखयोनय एव ते।
आद्यन्तवन्तः कौन्तेय न तेषु रमते बुधः ॥

ye hi saṁsparśajā bhogā duḥkhayonaya eva te
ādyantavantaḥ kaunteya na teṣu ramate budhaḥ

¡Oh hijo de Kunti! (Arjuna), puesto que los placeres de los sentidos surgen del contacto con los objetos externos y se ven sometidos a un comienzo y un final (son efímeros), sólo engendran sufrimiento. Ningún sabio busca la felicidad en ellos.

La verdad que encierran estas palabras del *Guita* ha encontrado eco en gran número de corazones heridos a lo largo de los siglos. «¡Oh Señor!, concédeme el apoyo de tu mano, pues soy un hombre ciego que ha sido despojado de la riqueza de la sabiduría por los violentos bandidos de los sentidos, que me han arrojado al profundo y desolado pozo del engaño»[14].

Los placeres que los sentidos proporcionan son efímeros y limitados. Cuando se abusa de los sentidos, causan infelicidad. Comer en exceso o escuchar música continuamente produce incomodidad en vez de gozo. Por ello, los santos consideran que todos los placeres que provienen del contacto sensorial generan sufrimiento; con frecuencia provocan infelicidad de principio a fin. Incluso el deseo de disfrutar de los placeres sensoriales y entregarse a ellos sin moderación ocasiona alguna forma de sufrimiento: si no lo hace directamente en la conciencia o en el cuerpo, al menos sí lo padece a través del pensamiento de que habrán de concluir.

Aquel que, por ejemplo, desea acumular dinero, ya sea por buen o mal camino, pasa por un sinfín de preocupaciones; si acaso lo logra y obtiene cierto grado de felicidad material, otras personas tratan de apoderarse de sus riquezas, y eso lo llena de aprensión. Viejo y enfermo, se da cuenta de que su dinero no puede comprar la juventud ni la salud. La muerte le asesta al pobre hombre el doloroso golpe final de la desilusión: «no puede llevarse consigo su dinero».

Sabiendo que los transitorios placeres del mundo material terminan siempre en sufrimiento, los santos no se concentran en obtener la felicidad a través de la impura fuente de los sentidos.

Si la mente de una persona se habitúa a las percepciones excitantes, pierde la capacidad de apreciar las formas más serenas del gozo. De modo similar, cuando uno encuentra el placer efímero en las tumultuosas escenas de la vida y en la búsqueda constante de entretenimientos, pierde el poder que le permite concentrarse en su interior y hallar la felicidad de la meditación. Así como un niño pequeño acostumbrado a hacer travesuras no encuentra alegría alguna en la quietud, así también el adulto que se adapta a un estilo inquieto de vida no se siente atraído en absoluto hacia la contemplación profunda. Cuando la mente, como una glotona, persigue de manera insaciable los burdos placeres sensoriales, es incapaz de desarrollar el gusto por el alimento más refinado del alma.

---

[14] Swami Shankara en el *Lakshminrisimha Stotra.*

Los yoguis saben que la naturaleza del gozo divino es superior a la del goce sensorial. El hombre común se siente tentado a disfrutar del inferior encanto de los sentidos porque no ha probado el gozo superior del alma. Únicamente comparando los placeres materiales con la dicha de la meditación puede el hombre hallar la inspiración necesaria para escapar del dominio de los sentidos.

Sólo el sabio puede decir: «¡Oh Suprema Bienaventuranza!, he sopesado las atracciones sensoriales en la balanza de mi experiencia y, al compararlas Contigo, he comprobado que Tú las superas. ¡Eres mucho más tentador que cualquier otra tentación!».

El hombre defrauda su naturaleza única en la creación cuando se siente satisfecho con los placeres sensoriales. «Aunque el cuerpo humano es transitorio, tiene la capacidad de servir al objetivo supremo de la vida», señala el *Srimad Bhagavata.* «Es sólo al final de una larga cadena de evolución en las formas inferiores cuando el ego logra encarnarse en un cuerpo humano. Antes de que su forma física sea presa de las garras de la muerte, el sabio debería esforzarse por obtener el bien supremo a través del cuerpo. Los animales e incluso las formas inferiores de vida pueden ir en pos de los objetos de los sentidos, pero la existencia humana no debería malgastarse en ellos».

Muchos seres humanos rehúsan someterse a la limitación de abandonar los placeres sensoriales como requisito para conseguir un placer del alma que aún no conocen. Ese modo de razonar es un engaño que proviene del criterio humano. El abuso de los sentidos induce a la formación de malos hábitos y destruye el deseo de disfrutar de placeres más elevados. La mayoría de las personas persiguen los anhelos sensoriales, causantes de sufrimiento, porque no pueden imaginar la naturaleza del gozo divino. Sus malos hábitos las ciegan por completo y destruyen su capacidad para concebir goces superiores. Si, antes de involucrarse en la vida mundana, la gente joven experimentara el gozo de la meditación, sería improbable que cayese presa de los ubicuos engaños sensoriales.

Estrofa 23

शक्नोतीहैव यः सोढुं प्राक्शरीरविमोक्षणात्।
कामक्रोधोद्भवं वेगं स युक्तः स सुखी नरः॥

śaknotīhaiva yaḥ soḍhuṁ prāk śarīravimokṣaṇāt
kāmakrodhodbhavaṁ vegaṁ sa yuktaḥ sa sukhī naraḥ

Es verdaderamente un yogui aquel que, en esta tierra y hasta el último instante de su vida, es capaz de ejercer dominio sobre todo impulso hacia el deseo o la ira. ¡Es un hombre feliz!

Incluso un yogui avanzado siente ocasionalmente en su activa vida la incitación de la lujuria y de la ira (debido a los impulsos kármicos del pasado). Si con tenacidad persevera en su sendero yóguico, oponiendo resistencia hasta el final de su vida a las ocasionales «visitas sorpresivas» de las emociones indeseables, alcanzará la unión final con el Espíritu.

El *Guita* le ordena al devoto morir luchando contra sus impulsos malignos antes que sucumbir a ellos y quedar enredado de nuevo en las amarguras de las encarnaciones. Se aconseja al yogui que no sólo permanezca concentrado en la dicha divina durante la meditación, sino que continúe experimentándola durante la actividad, para combatir así con éxito las incitaciones de los impulsos perjudiciales del pasado sepultados en la mente subconsciente. Una persona que no logra llevar consigo la dicha de la meditación a las actividades de su vida cotidiana es propensa a verse abrumada por los repentinos recuerdos de perniciosas experiencias mundanas del pasado. El yogui que siente en todo momento el gozo interno del alma es capaz de dominar todos los impulsos emocionales imprevisibles.

El deseo de abandonarse a las tentaciones sensoriales recibe el nombre de *kama.* Cuando este deseo es obstaculizado, se despierta la ira, *krodha.* Estos dos impulsos atacan al devoto por dentro y por fuera; por un lado, le hacen abrigar pensamientos acerca de los efímeros placeres externos y, por otro, tratan de hacerle olvidar los goces superiores del Espíritu. Durante la meditación y la práctica de *Kriya Yoga,* cuando el devoto trasciende el estado de las percepciones físicas, es posible que sienta la secreta invasión de los deseos y la ira, procedentes de sus actos del pasado generadores de karma. No obstante, si, con la atención en el entrecejo, continúa concentrándose en el estado de dicha divina y no satisface los impulsos nocivos al no darles expresión externa, hallará la victoria y la felicidad, tanto en la meditación como en su actividad en el mundo.

Estrofa 24

योऽन्तःसुखोऽन्तरारामस्तथान्तर्ज्योतिरेव यः।
स योगी ब्रह्मनिर्वाणं ब्रह्मभूतोऽधिगच्छति॥

yo 'ntaḥsukho 'ntarārāmas tathāntarjyotir eva yaḥ
sa yogī brahmanirvāṇaṁ brahmabhūto 'dhigacchati

Sólo aquel yogui que posee la Bienaventuranza interior, que descansa en el Fundamento interior y que es uno con la Luz interior logra unificarse con el Espíritu (después de liberarse del karma relacionado con los cuerpos físico, astral y causal). Él alcanza la libertad absoluta en el Espíritu (incluso mientras reside en el cuerpo).

Para alcanzar la libertad eterna, el devoto debe destruir por completo el karma relacionado con cada uno de sus tres cuerpos. Por lo general, esto se logra a través del lento proceso evolutivo de incontables encarnaciones (la alternancia de nacimientos y muertes, primero entre el mundo físico y el astral, y después entre los reinos astral y causal). Sin embargo, aquel que ha alcanzado un progreso espiritual significativo en vidas anteriores y es diestro en la práctica de *Kriya Yoga* puede acelerar su evolución mediante el método interno y alcanzar la liberación mientras aún se encuentra encarnado en una forma física, tal como lo menciona esta estrofa del *Guita.*

No es suficiente con perseverar en la lucha contra los impulsos sensoriales y de ese modo fortalecer la mente; para lograr la unión con el Espíritu, el yogui debe alcanzar los estados más profundos del gozoso *samadhi* y mantener su conciencia siempre identificada con el alma. No sólo tiene que retirar la atención del mundo sensorial, sino que, sumergiéndose en la luz interior astral y en la causal (de la sabiduría) que emana del alma, debe atravesar los cuerpos físico, astral e ideacional (interpenetrados entre sí) hasta alcanzar el infinito océano del Espíritu. (Véanse las páginas 251 s.).

En tanto que el ser humano continúe abrigando deseos materiales, habrá de expiar su karma en un cuerpo físico. Cuando el hombre logra liberarse de todos los engaños y ataduras carnales mediante la práctica del desapego y de *Kriya Yoga,* se percata de que se halla confinado en el cuerpo astral y enredado en su karma astral. Sumergiéndose aún más en el éxtasis, el devoto escapa del cuerpo astral y se aloja en el cuerpo causal o ideacional, vibrando con las sutiles semillas originales de todos los impulsos kármicos del pasado. Cuando Dios ideó el complicado laberinto de la vida humana, ¡realmente lo hizo a conciencia!

Jesús dijo que, después de la destrucción de su cuerpo, él lo levantaría en tres días[15]. Con esta afirmación, él daba a entender que se elevaría por encima de todos los impulsos del pasado (relacionados con las experiencias de los cuerpos físico, astral y causal) en tres períodos (días) de elevación o emersión extática. Cuando asciende conscientemente a través de sus tres cuerpos, el yogui experimenta apego hacia ciertos efectos de las acciones del pasado. Al vencer todo karma (físico, astral e ideacional), alcanza en verdad la libertad en el Espíritu.

Estrofa 25

लभन्ते ब्रह्मनिर्वाणमृषयः क्षीणकल्मषाः ।
छिन्नद्वैधा यतात्मानः सर्वभूतहिते रताः ॥

labhante brahmanirvāṇaṁ ṛṣayaḥ kṣīṇakalmaṣāḥ
chinnadvaidhā yatātmānaḥ sarvabhūtahite ratāḥ

Aniquilados sus pecados, eliminadas sus dudas y subyugados sus sentidos, los* rishis *(sabios) contribuyen al bienestar de la humanidad a la vez que alcanzan la emancipación en el Espíritu.

Los *rishis* (literalmente, «videntes») son sabios liberados que renacen en el mundo con la anuencia divina, libres de todos los pecados kármicos y de la engañosa confusión que ocasionan las dudas mortales, con el objeto de servir como modelos humanos ideales para inspirar a la humanidad.

En el lenguaje común, sin embargo, la palabra *rishi* se ha aplicado para referirse a tres tipos de almas avanzadas: 1) el verdadero *rishi,* el cual se menciona en el párrafo precedente *(devarishis);* 2) el sabio conocedor de Dios, que tal vez no se encuentra aún liberado por completo *(brahmarishis);* 3) el santo o asceta espiritualmente evolucionado y de temperamento divino que se dedica de todo corazón a las prácticas espirituales, a través de las cuales está adquiriendo con rapidez las

[15] *Juan* 2:19.

cualidades de un *rishi* y se halla avanzando hacia la liberación (*rajarishis, rishis* «regios»).

Por lo tanto, esta estrofa del *Guita* se refiere a las cualidades que se manifiestan en grado superlativo en los verdaderos *rishis,* y son aquellas mediante las cuales las almas avanzadas alcanzan su liberación en el Espíritu.

Un *yogui* es aquel que practica una técnica para alcanzar la unión con Dios. Un *swami* es el que ha hecho un voto formal de celibato y de no posesión de objetos personales; es miembro de la Orden monástica de los Swamis, establecida en su modalidad actual por Adi Shankara hace más de mil años. Por medio del fervor divino y de la unión de sus vidas con Dios, los yoguis, los renunciantes y los yoguis renunciantes avanzan hacia la liberación. Pero un verdadero *rishi,* un alma liberada que se reencarna con una misión encomendada por Dios, es el más excepcional y elevado tipo de ser humano, ya que viene a la tierra para ofrecer la iluminación a la humanidad. Es un hombre unido a Dios, así como también un hombre activo y laborioso. Las circunstancias externas de su vida no tienen significado alguno para él. Algunos *rishis,* como Lahiri Mahasaya, fueron hombres de hogar que asumieron esta difícil condición con el propósito de alentar a la gente del mundo a buscar el sendero divino, sean cuales sean las complicaciones de su vida externa. Quien anhela a Dios no permitirá que ningún obstáculo se interponga en su camino; y, a la inversa, aquellos que no están sinceramente interesados en la vida espiritual permitirán que incluso la más insignificante dificultad los disuada.

ESTROFA 26

कामक्रोधवियुक्तानां यतीनां यतचेतसाम्।
अभितो ब्रह्मनिर्वाणं वर्तते विदितात्मनाम्॥

kāmakrodhaviyuktānāṁ yatīnāṁ yatacetasām
abhito brahmanirvāṇaṁ vartate viditātmanām

Los renunciantes que han superado los deseos y la ira, que mantienen la mente bajo control y que han alcanzado la realización del Ser se hallan completamente liberados, tanto en este mundo como en el más allá.

Los devotos colmados de fervor espiritual que han hallado su alma y la conexión del alma con el Espíritu alcanzan la completa emancipación en esta vida y la llevan consigo a la eternidad.

El término *jivanmukta* (literalmente, «liberado mientras vive») en sentido estricto se aplica al yogui que, absteniéndose de crear nuevos deseos, ha destruido la causa misma de la reencarnación. Sin embargo, un *jivanmukta* aún puede tener algunas semillas sutiles ocultas de acciones pasadas que no han sido totalmente incineradas en el fuego de la sabiduría. Algunos *jivanmuktas,* después de la muerte, destruyen estos residuos de karma material del pasado efectuando ciertas tareas en el cosmos astral. Al completar sus lecciones en las esferas astrales, eliminan toda causa que pueda obligarlos a retornar a este mundo. Otros *jivanmuktas,* mientras aún se encuentran en la tierra, pueden materializar en visiones las acciones kármicas del pasado y así extinguen el poder de tales acciones para hacerlos reencarnar.

A continuación se presenta un ejemplo concreto de la destrucción de las tendencias kármicas del pasado por medio de la materialización. Un yogui puede liberarse de la gula y aun así retener los *samskaras* (las impresiones de los deseos del pasado) creados como resultado de su inmoderación al comer sus alimentos favoritos, o pudo haberse desapegado por completo de las posesiones materiales y aun así albergar semillas de anhelos insatisfechos del pasado hacia algún objeto o experiencia material. Por lo tanto, no es completamente libre; en caso de ser sometido a la tentación, esas semillas de las tendencias ocultas pueden brotar de nuevo y convertirse en acciones. Entrando en el estado supraconsciente para experimentar visiones conscientes o interponiendo sueños supraconscientes en el estado pasivo subconsciente del sueño, el yogui puede materializar la esencia de sus deseos pasados. Manteniendo una actitud de distanciamiento interior y de total desapego, puede deshacer el poder de esas semillas de deseos, incinerándolas en las llamas de su sabiduría despierta.

El que ha destruido todo deseo y todo karma —tanto del pasado como del presente— cuando aún está en la tierra se encuentra en verdad «liberado mientras vive». Se considera entonces que ese *jivanmukta* es un *siddha,* «un ser perfeccionado». Tales almas son los «renunciantes» a quienes se alude en esta estrofa: los que han abandonado para siempre todas las causas internas y externas de esclavitud.

Estrofas 27-28

स्पर्शान्कृत्वा बहिर्बाह्यांश्चक्षुश्चैवान्तरे भ्रुवोः ।
प्राणापानौ समौ कृत्वा नासाभ्यन्तरचारिणौ ॥ *(27)*

यतेन्द्रियमनोबुद्धिर्मुनिर्मोक्षपरायणः ।
विगतेच्छाभयक्रोधो यः सदा मुक्त एव सः ॥ *(28)*

sparśān kṛtvā bahir bāhyāṁś cakṣuś caivāntare bhruvoḥ
prāṇāpānau samau kṛtvā nāsābhyantaracāriṇau (27)

yatendriyamanobuddhir munir mokṣaparāyaṇaḥ
vigatecchābhayakrodho yaḥ sadā mukta eva saḥ (28)

El* muni *—aquel que considera la liberación como el único propósito de la vida y que, por lo tanto, se libera de los anhelos, los temores y la ira— domina los sentidos, la mente y la inteligencia y suprime sus contactos externos al equilibrar, o neutralizar, (mediante una técnica) las corrientes de* prana *y* apana *que se manifiestan en forma de inhalación y exhalación en las fosas nasales. Él fija la mirada en el entrecejo (y convierte, de ese modo, la corriente dual de la visión física en la corriente única del omnisciente ojo astral). Tal* muni *alcanza la completa emancipación.

En estas dos estrofas y en la estrofa IV:29, el autor del *Guita* abandona todas las abstracciones y generalizaciones y menciona la técnica específica de salvación: el *Kriya Yoga.*

El *muni* (literalmente, «unificado con el Uno») es un yogui que puede retirar su conciencia a voluntad de los objetos sensoriales externos y de la atracción mental hacia ellos. El epíteto *muni* se aplica en este caso al consumado yogui que, mediante la técnica de *Kriya Yoga,* ha logrado disolver su mente en la Bienaventuranza Infinita. La única meta del *muni* es ascender al Espíritu Cósmico desde el cual descendió el alma. Valiéndose del discernimiento, el *muni* observa cómo el alma (identificada con el ego humano debido a la esclavitud sensorial) atraviesa innumerables sufrimientos físicos y mentales. Su meta es convertir al ego en el alma pura, desconectando científicamente la mente y el intelecto de los sentidos.

De qué modo confiere el *Kriya Yoga* la percepción del alma

Por medio de la técnica especial de *Kriya Yoga,* el aliento inhalado de *prana* y el aliento exhalado de *apana* se transmutan en una corriente fresca y en una tibia, respectivamente. Al principio de la práctica de *Kriya Yoga,* el devoto siente que la corriente fresca de *prana* asciende por la espina dorsal y que la corriente tibia de *apana* desciende por el mismo conducto, acompañando la inhalación y la exhalación del aliento. El *kriya yogui* avanzado se percata de que el aliento inhalado de *prana* y el aliento exhalado de *apana* se han «equilibrado» (neutralizado o extinguido); sólo percibe la corriente fresca de *prana,* la cual asciende por la columna vertebral y la corriente tibia de *apana* que desciende por la columna vertebral.

Estas sutiles corrientes especializadas de *prana* y *apana* proceden del ubicuo *prana* o fuerza vital inteligente que crea y mantiene el cuerpo. (Véanse las estrofas IV:29-30). La corriente de *prana* (o de cristalización) está conectada con el aliento inhalado; es el medio específico a través del cual el oxígeno del aliento inhalado se transmuta en fuerza vital. La corriente de *apana* (o de eliminación), que expulsa las impurezas del cuerpo, se manifiesta como el aliento exhalado, el cual purifica el cuerpo del dióxido de carbono —un gas venenoso.

El cuerpo humano de materia densa está compuesto de tejidos, los cuales están constituidos por moléculas. Las moléculas a su vez están formadas por átomos; los átomos, por protones y electrones. Los electrones y protones tienen su fundamento en la fuerza vital inteligente (*prana* o «vitatrones»). Los vitatrones a su vez se pueden reducir hasta llegar a su fuente, los «ideatrones» de Dios.

«En el principio existía la Palabra (la vibración cósmica, la energía vital creativa o pensamientos vibratorios de Dios), la Palabra estaba junto a Dios, y la Palabra era Dios. [...] Todo se hizo por ella (la Palabra), y sin ella nada se hizo»[16].

«Dijo Dios: "Haya luz", y hubo luz»[17]. Es decir, el pensamiento de Dios vibró y se convirtió en la luz de la fuerza vital cósmica o *prana* cósmico, y el *prana* cósmico a su vez se materializó, formando electrones, protones, átomos, moléculas, células y materia. Así como en una película cinematográfica las ilusiones de tierra sólida, agua, luz solar, electricidad, gas, explosiones atómicas o las manifestaciones de la vida y el pensamiento de los seres humanos son todos ellos vibraciones de

[16] *Juan* 1:1, 3.

[17] *Génesis* 1:3.

luz y de sombras, así también esta tierra y sus sólidos, líquidos, gases, energía, vida y pensamientos de los hombres son todos ellos vibraciones y relatividades de los pensamientos de Dios y su luz cósmica y de las sombras de su engañosa *maya*[18].

---

[18] «Entre el billón de misterios del cosmos, el más extraordinario es el de la luz», escribió Paramahansa Yogananda en *Autobiografía de un yogui.* Albert Einstein comentó en 1951: «Los cincuenta años que he dedicado a la reflexión consciente no me han permitido responder a este interrogante: ¿Qué son los cuantos de luz? Por supuesto, hoy en día cualquier granuja cree saber la respuesta, pero se está engañando». Medio siglo más tarde, el doctor en física Arthur Zajonc, del Amherst College, reconoció que la ciencia aún no había llegado a entenderlo totalmente. En su libro *Atrapando la luz: historia de la luz y de la mente* (Andrés Bello, Barcelona, 1997), escribió lo siguiente: «La teoría cuántica [ha formulado] una nueva teoría que todo gran físico moderno, desde Albert Einstein hasta Richard Feynmann, ha procurado en vano comprender, como ellos mismos admitieron. [...] A pesar de los alcances, la precisión y la belleza de la óptica cuántica, no sabemos qué es la luz».

Sin embargo, a la vanguardia de la teoría cuántica, algunos científicos están comenzando a describir la luz (ondas electromagnéticas que se mueven a través del espacio gobernadas por las leyes de la física cuántica) como un fenómeno que transmite conciencia (información) a la materia (la forma).

«¿Confiere la luz estructura a la materia?». Esta pregunta aparecía en un artículo de la publicación *Brain/Mind Bulletin,* del 11 de julio de 1983. «Recientemente, el Dr. David Bohm, profesor de física de la Universidad de Londres, se refirió a la materia como "luz congelada". La masa es un fenómeno en que los rayos de luz que van y vienen se conectan y se congelan en una estructura. Así pues, la materia es luz condensada, que se mueve a velocidades medias menores a la velocidad de la luz. Dijo el Dr. Bohm: "En sentido general, la luz es el medio a través del cual el universo entero se desarrolla. Es energía, información, contenido, forma y estructura. Es el potencial de todo cuanto existe"».

«Si nuestro universo es sólo una pálida sombra de un orden más profundo, ¿qué más yace oculto, envuelto en la trama y la urdimbre de nuestra realidad?», pregunta Michael Talbot en *El universo holográfico* (Palmyra, Madrid, 2007). «[El físico David] Bohm tiene una sugerencia. Según los conocimientos actuales de la física, todas las zonas del espacio están plagadas de distintos tipos de campos formados por ondas de longitud variable. Cada onda tiene siempre algo de energía al menos. Cuando los físicos calcularon la cantidad mínima de energía que puede tener una onda, averiguaron que ¡cada centímetro cúbico de espacio vacío contiene más energía que la energía total de toda la materia que existe en el universo conocido!

»Algunos físicos se niegan a tomarse en serio un cálculo como ése y creen que debe de estar equivocado de un modo u otro. Según Bohm, es verdad que existe ese mar infinito de energía y que al menos nos dice algo sobre la inmensa naturaleza oculta del orden implicado. Cree que la mayor parte de los físicos hacen caso omiso de la existencia de ese mar enorme de energía porque, como peces que no son conscientes del agua en que nadan, han aprendido a concentrarse primordialmente en los objetos inmersos en el mar, en la materia».

«Uno de los rasgos de la electrodinámica cuántica era una nueva comprensión del vacío», escribe Arthur Zajonc. «Antes el vacío se interpretaba como vacuidad pura —sin materia, luz ni calor—, pero ahora había allí una energía oculta residual. [...] Después de eliminar toda la materia y toda la luz del espacio, aún permanece una energía infinita». *(Nota del editor).*

Así pues, el pensamiento cósmico de Dios se manifestó, primero, como el *prana* cósmico o fuerza vital de luz y, después, como la materia entera del macrocosmos. El cuerpo humano es un microcosmos de la creación del Señor. El cuerpo microcósmico del hombre es una combinación del alma individual y de la fuerza vital. La conciencia, la vida y la carne; la conciencia cósmica, la vida cósmica y la materia cósmica no son sino tres diferentes vibraciones del pensamiento de Dios.

Cuando el *kriya yogui* aprende a disolver el aliento entrante y el saliente en la percepción de las corrientes fresca y tibia que ascienden y descienden por la columna vertebral, siente entonces que su cuerpo se sustenta por estas corrientes interiores de fuerza vital y no por su consecuencia, la respiración. También comprende que las corrientes se sustentan con la Palabra, la divina luz cósmica vibratoria de *prana,* que entra en el cuerpo a través del bulbo raquídeo. Dicha fuerza vital opera y se concentra en los centros cerebral, medular, cervical, dorsal, lumbar, sacro y coccígeo, los cuales energizan hasta las más diminutas células del cuerpo.

Jesús dio testimonio de que el hombre no sólo vive de pan, sino de toda palabra que sale de la boca de Dios[19]. Este memorable pasaje de la Biblia significa que el cuerpo del hombre no depende únicamente de las fuentes externas de fuerza vital —la cual se extrae del aliento, así como del oxígeno, la luz solar, los sólidos y los líquidos—, sino también de una fuente interna directa de fuerza vital cósmica que entra en el cuerpo por el bulbo raquídeo y fluye hacia los centros sutiles del cerebro y de la espina dorsal. Se dice que, en el hombre, el bulbo raquídeo es «la boca de Dios», porque es la principal abertura por la que entra la divina corriente de fuerza vital vibratoria cósmica, la «palabra» que luego fluye «saliendo de la boca de Dios» (el bulbo raquídeo) hacia el reservorio de energía vital situado en el cerebro y en los centros de distribución que se hallan en la columna vertebral.

❖

El proceso del Kriya *por medio del cual la respiración se transmuta en fuerza vital y el cuerpo se percibe como luz*

❖

Cuando el *kriya yogui* medita con éxito, convierte los dos definidos impulsos de la inhalación y la exhalación en las corrientes vitales de *prana* fresco y de *apana* tibio, que se sienten en la columna vertebral. Comprende entonces la veracidad de las palabras de Jesús: el hombre no necesita depender de la respiración (o del «pan» o cualquier otra

[19] *Mateo* 4:4.

sustancia externa) como condición para la existencia del cuerpo. El yogui percibe que las corrientes fresca y tibia de la columna extraen de manera magnética y constante una cantidad adicional de corriente de la fuerza vital cósmica omnipresente que fluye en todo momento a través del bulbo raquídeo. El *kriya yogui* comprueba de forma gradual que estas dos corrientes espinales se convierten en una única fuerza vital que magnéticamente atrae refuerzos de *prana* desde todas las células y nervios corporales. Esta fuerza vital reforzada fluye hacia arriba, hasta el entrecejo, y se ve como el esférico y tricolor ojo astral: un sol luminoso en cuyo centro hay una esfera azul que rodea a una refulgente estrella titilante.

A este ojo «único» situado en medio de la frente, así como al hecho cierto de que el cuerpo se encuentra formado esencialmente de luz, se refirió Jesús con las siguientes palabras: «Si tu ojo es único, todo tu cuerpo estará iluminado»[20].

Cuando el yogui logra penetrar la mente a través del ojo espiritual, percibe que su cuerpo no está hecho de carne sino de las diminutas células luminosas que son los protones, electrones y vitatrones. El cuerpo físico está formado por dos capas de corrientes: las corrientes atómicas, que adoptan la apariencia de la carne, y una capa más sutil de electrones y protones. A su vez, el cuerpo electroprotónico emana de las corrientes de luz pránica provenientes del sutilísimo cuerpo astral.

Todo el cuerpo astral del hombre está hecho de luz de diversas densidades, del mismo modo en que el cuerpo físico está constituido por diversos tejidos: la piel, la carne, los huesos y los órganos internos. A través de su ojo esférico, el *kriya yogui* puede ver que su cuerpo astral está hecho de vitatrones (células astrales pránicas) y percibe que la Luz Solar Cósmica Vital refleja sus rayos a través del ojo espiritual astral hacia el cerebro astral y los plexos y conductos nerviosos astrales *(nadis)* para sustentar las células corporales astrales. Advierte también que su cuerpo físico no es sino una luz más burda hecha de electrones, protones y átomos que emanan de su sutil cuerpo astral. A medida que avanza en su desarrollo espiritual, el yogui percibe que tanto su cuerpo físico como el astral son emanaciones de su cuerpo causal o ideacional,

---

[20] *Mateo* 6:22. El término «único» *(single)* en este versículo de la Biblia ha sido traducido como «sano» o «bueno» en diversas versiones españolas de la misma. Sin embargo, ciñéndonos a la versión inglesa de la Biblia preferida por Paramahansa Yogananda —la versión denominada *The Holy Bible-King James Version*—, hemos traducido el término como «único», pues éste refleja más fielmente su significado en el contexto de las enseñanzas de Paramahansa Yogananda. *(Nota del editor).*

el cual está compuesto por los ideatrones coordinados de Dios. (Véanse las páginas 69 ss.).

ESTE CONOCIMIENTO ES NECESARIO para comprender que el cuerpo, la fuerza vital y la mente que conforman el revestimiento del alma en realidad sólo son pensamientos de Dios que vibran de modo diferente. Mediante la práctica de *Kriya,* el yogui desconecta su mente en forma científica de las burdas percepciones sensoriales y se da cuenta de que la conciencia y la fuerza vital (el *prana* o luz cósmica) constituyen la base de toda la materia. El *kriya yogui* adopta un método científico para desviar su mente y su razón de las sensaciones del cuerpo físico y, elevándose por encima de la burda percepción de la respiración, percibe el cuerpo como luz y conciencia.

La experiencia del cuerpo, la fuerza vital y la mente como vibraciones de la Palabra de Dios

Todas las experiencias internas, como por ejemplo el sueño subconsciente, sólo tienen lugar cuando desaparece la conciencia de la respiración. El *kriya yogui* no tiene la necesidad ni el deseo de retener el aliento en los pulmones de manera forzada; entra en un estado mental de calma tan profundo que se siente ajeno a la respiración. Mediante la práctica de *Kriya Yoga,* puede alcanzar, de manera consciente y a voluntad, el estado de suspensión de la respiración y sustentar la vida del cuerpo exclusivamente con las corrientes fresca y tibia que fluyen por la columna vertebral y descienden desde el ojo espiritual.

Si una batería húmeda, que se sustenta por medio de electricidad y depende de la renovación de su reserva de agua[21], se convirtiera de algún modo en una batería seca, podría prescindir del agua y mantenerse con su propia reserva de energía, que se recarga únicamente con electricidad. De modo similar, el *Kriya Yoga* ayuda a transformar la batería del cuerpo (que depende del oxígeno, la luz solar, los líquidos y los sólidos, así como de la fuerza vital cósmica que fluye a través del bulbo raquídeo) a fin de que pueda sustentarse solamente con la fuerza vital que fluye hacia el cuerpo desde la fuente cósmica y se almacena en el regenerador reservorio de energía vital que se halla en el cerebro y en los centros espinales.

La práctica de *Kriya Yoga* prueba en forma concluyente la verdad

[21] En la época en que Paramahansa Yogananda empleó esta metáfora hipotética, era preciso agregar agua en forma periódica a las baterías húmedas para reponer la que se perdía por evaporación. Las baterías herméticas, desarrolladas más recientemente, que son las más comunes en la actualidad, no requieren tal reposición. *(Nota del editor).*

que encierran estas palabras de la Biblia: que el cuerpo-batería del hombre puede vivir de la Palabra o corriente vibratoria proveniente de Dios. La energía vital del cuerpo se mantiene directamente con el *prana* cósmico que fluye a través del bulbo raquídeo. Sin embargo, debido a la acción de *maya* o engaño, el hombre cree que no puede vivir sin alimentos y demás ayudas externas. De manera errónea se vuelve dependiente de las fuentes densas de renovación de energía (oxígeno, luz solar, sólidos y líquidos). El ser humano ha creado el mal hábito mortal de creer que no puede vivir sin el suministro de la energía que estas sustancias materiales aportan. Por esa razón, si le son negados el oxígeno, la luz solar, los sólidos y los líquidos, la atemorizada conciencia del hombre permite que la fuerza vital abandone el cuerpo.

❖

La neutralización de las corrientes de prana *y* apana: *la suspensión del aliento en el estado de éxtasis*

❖

CUANDO EL DEVOTO SE CONVENCE, mediante la práctica de *Kriya Yoga,* de que puede vivir exclusivamente por medio de la fuente interna de energía cósmica, comprende que el cuerpo es una ola del océano cósmico de la vida que lo abastece todo. Con la técnica especial de *Kriya Yoga,* el devoto —gracias a la calma perfecta, a un mayor suministro de energía extraída del oxígeno durante la respiración de *Kriya* y al incremento del flujo de energía cósmica que entra al cuerpo por el bulbo raquídeo— se halla cada vez menos sujeto a la necesidad de respirar. Al profundizar en la práctica de *Kriya Yoga,* la vida corporal, que habitualmente depende de la renovación de la fuerza vital obtenida de las burdas fuentes externas, empieza a sustentarse sólo de la vida cósmica; entonces la respiración (inhalación y exhalación) cesa. Los billones de células corporales comienzan a asemejarse a baterías secas renovadas que sólo necesitan la «electricidad» interna que se recarga con la fuente cósmica de la vida.

Es así como las células corporales permanecen en un estado de suspensión de la actividad vital (es decir, no crecen ni se deterioran). Se sustentan y revitalizan directamente a partir de las dinamos de fuerza vital del cerebro y de la columna vertebral. Cuando las células suspenden su crecimiento, ya no necesitan depender de la corriente vital que se extrae del oxígeno; al cesar el deterioro del cuerpo, las células no excretan impurezas en la sangre, ni se hace necesario exhalar el aliento para expulsar el dióxido de carbono. Puesto que ya no se requiere bombear hacia los pulmones, ni desde ellos, la sangre cargada de dióxido de carbono o rebosante de oxígeno, el corazón permanece en calma total.

El aliento y la respiración son hábitos mortales que ha adquirido la fuerza vital. El *Kriya Yoga* entrena de nuevo a la fuerza vital para que recuerde que sólo vive de la fuente cósmica. *Pranayama* o *Kriya Yoga* significa lo siguiente: el control de la fuerza vital del cuerpo por medio de la voluntad consciente con el objeto de que no dependa del oxígeno, la luz solar, los sólidos y los líquidos, sino de la fuente interna de la vida cósmica. El *pranayama* de *Kriya Yoga* retira la fuerza vital de las actividades del corazón y de las células del cuerpo, lo cual ocasiona que estas actividades ya no sean necesarias, y une dicho *prana* corporal con la fuerza vital cósmica; el ser humano comprende entonces que su dependencia servil de la respiración es un engaño. Cuando el yogui experimentado en la práctica de *pranayama* logra desvincular a voluntad la fuerza vital del dominio que sobre ella ejercen el oxígeno y demás fuentes externas, puede inmortalizar esa fuerza al unirla con la Vida Cósmica.

En esta estrofa del *Guita* se destaca la necesidad de neutralizar o «equilibrar» las corrientes de *prana* y *apana.* Este efecto se logra por medio de la práctica de *Kriya Yoga,* que recarga las células corporales de vitalidad cósmica interior de modo tal que la inhalación y la exhalación se equilibran —es decir, se aquietan y se tornan innecesarias.

La vida, la mente y el intelecto están activos en el cuerpo y en los sentidos corporales cuando la corriente vital fluye al exterior a través de los nervios aferentes y eferentes como resultado de la corriente descendente de *apana.* Esta corriente que fluye hacia fuera es «irregular», inquieta y errática debido al bombardeo de los impulsos que entran y salen de los centros nerviosos: un estímulo que cambia constantemente durante los estados de vigilia y de sueño. Sin embargo, cuando la corriente vital se retira hacia la columna vertebral y el cerebro, esta interiorización libera a la fuerza vital del estímulo proveniente de los sentidos y de los objetos sensoriales. Las corrientes de *prana* y *apana* que fluyen por la columna vertebral se calman y se equilibran, generando un inmenso gozo y poder magnético.

A MEDIDA QUE EL DEVOTO PROFUNDIZA en su práctica de la meditación, la corriente descendente de *apana* y la corriente ascendente de *prana* se neutralizan y se convierten en una sola corriente ascendente, que busca su fuente en el cerebro. El aliento se aquieta, la vida se aquieta, y las sensaciones y pensamientos se desvanecen. La divina luz de vida y conciencia que el devoto

La unión de la fuerza vital y la conciencia del devoto con la Luz Cósmica y la Conciencia Cósmica

percibe en los centros cerebroespinales se une con la Luz Cósmica y la Conciencia Cósmica.

Cuando el yogui logra el poder propio de esta percepción, puede separar conscientemente su alma de la identificación con el cuerpo. Se libera de la penosa esclavitud a que lo habían sometido los deseos (el apego y anhelo del cuerpo por la gratificación sensorial), los temores (la incertidumbre sobre la posibilidad de que los deseos no sean satisfechos) y la ira (la respuesta emocional a los obstáculos que frustran la satisfacción de los deseos). Estas tres fuerzas impulsoras del hombre son los peores enemigos de la bienaventuranza del alma; el devoto que aspira alcanzar a Dios debe destruirlas.

La fuerza vital es el vínculo de conexión —y desconexión— entre la materia y el Espíritu, entre la conciencia corporal y la conciencia del alma. El hombre común no sabe cómo tener acceso al *prana* corporal en forma directa. Por ello, la fuerza vital opera de manera automática para revitalizar el cuerpo y los sentidos y, a través de la respiración, ata la atención del hombre exclusivamente a su existencia física. Sin embargo, por medio de la práctica de *Kriya Yoga,* el devoto aprende a extraer la fuerza vital del aliento y a controlar el *prana.* Con este control, se puede desconectar a voluntad la fuerza vital de los cinco canales sensoriales para dirigirla al interior, lo cual desvía la atención del alma —centrada hasta ese momento en la percepción de los fenómenos materiales— y la orienta hacia la percepción del Espíritu.

Por medio de este método científico gradual, el yogui eleva realmente su conciencia por encima de los sentidos, en lugar de intentar en vano apartar de ellos la mente. Cortando la corriente de fuerza vital que fluye a los cinco sentidos, él desconecta por completo la mente, el raciocinio y la atención de la percepción del cuerpo. Él aprende a desviar hacia la espina dorsal y el cerebro, de manera científica, las corrientes que provienen de los cinco canales sensoriales y une así su conciencia con el gozo de aquellas percepciones espirituales más elevadas que experimenta en los siete centros. Una vez que logra permanecer inmerso en la divina bienaventuranza, incluso durante el estado de actividad, no siente más el deseo de disfrutar de los objetos externos. Irradiando la calma de las percepciones divinas, no le perturba la aparición del temor y la ira ocasionados por la frustración de los deseos materiales. Su alma ya no se encuentra atada a la materia, sino que se halla unida por siempre a la bienaventuranza cósmica del Espíritu.

El *kriya yogui* que de modo científico retira la mente y el intelecto de los sentidos y que, con la mirada fija, contempla al Espíritu a través del ojo astral es el verdadero *muni.* El hombre común observa la película cinematográfica de la materia en una porción limitada del espacio; en cambio, el *muni* o yogui consumado puede contemplar, a través de su omnisciente ojo astral esférico, la totalidad de la luz de la creación que sustenta todas las películas cinematográficas cósmicas de los universos físico, astral y causal.

Existen diversos métodos de liberación espiritual, pero la ascensión a través de la espina dorsal para alcanzar en verdad la liberación es universal. Ya sea a través de la intensa devoción y oración del *bhakta,* o del discernimiento puro del *guiani,* o de las acciones desapegadas y generosas del *karma yogui,* la conciencia purificada y concentrada de ese modo debe hacer su ascenso final hacia Dios a través de los mismos sutiles canales espinales por los cuales descendió al cuerpo.

El sendero universal de la liberación: el ascenso a través de la espina dorsal

Los principios del *Kriya Yoga,* por consiguiente, no son la fórmula de un rito sectario, sino una ciencia que cuando una persona la aplica permite comprender cómo el alma descendió al cuerpo y se identificó con los sentidos, y cómo esa alma puede retirarse de los sentidos y unirse de nuevo con el Espíritu por medio de un método científico de meditación. Esta ruta de descenso y ascenso es el sendero universal único que toda alma debe transitar.

El *Kriya Yoga* enseña, primero, a retirar la mente de los objetos sensoriales por medio del autocontrol y, después, a desconectar, en forma científica, la mente y la inteligencia *(manas* y *buddhi)* de los sentidos, cortando para ello la corriente de fuerza vital proveniente de los cinco canales sensoriales, y, luego, a conducir el ego, la mente y el intelecto por los cinco centros astrales de la columna vertebral, a través del sexto centro (el bulbo raquídeo, que se halla conectado de manera magnética con el ojo espiritual en el entrecejo), hasta llegar finalmente al séptimo centro —el centro de la omnisciencia, situado en medio del cerebro—. El *kriya yogui* percibe allí su ser como alma y siente que su ego, intelecto y mente se disuelven en el éxtasis del alma. Aprende entonces a retirar su alma de las prisiones de los cuerpos físico, astral y causal y a unir de nuevo el alma con el Espíritu.

Así como los ojos físicos, valiéndose de la visión frontal, revelan una porción de la materia, así también el omnipresente ojo espiritual, por medio de su ilimitada visión esférica, revela la totalidad de los cosmos astral e ideacional. Al principio, cuando el yogui es capaz de hacer penetrar la mente a través del ojo astral, contempla primero su cuerpo astral; luego, a medida que avanza aún más, contempla todo el cosmos astral, del cual su cuerpo es simplemente una parte.

Nadie puede saber cómo conducir la fuerza vital y la conciencia por los plexos astrales situados en la columna vertebral sin haber entrado en el ojo espiritual (astral). Después de penetrar el ojo espiritual, el yogui atraviesa, gradualmente, por la percepción del cuerpo físico, la percepción del ojo astral, la percepción del cuerpo astral, la percepción del túnel astral cerebroespinal donde se encuentran los siete plexos o puertas astrales y, finalmente, por el cuerpo causal hacia la libertad definitiva.

Se requiere una intrincada explicación científica para describir el *Kriya Yoga,* pero el arte mismo es muy sencillo[22]. La práctica profunda de *Kriya Yoga* disuelve el aliento en la mente, la mente en la intuición, la intuición en la gozosa percepción del alma, y el alma en la bienaventuranza cósmica del Espíritu. El yogui comprende entonces de qué modo descendió su alma a la materia y cómo su alma pródiga ha sido conducida de regreso desde la materia a la mansión de la omnipresencia, para disfrutar allí del «novillo cebado» de la sabiduría.

De aquel que ha alcanzado el Espíritu recorriendo el camino universal del *Kriya Yoga* se dice que es un *kriya yogui* consumado o un *muni.* Después de alcanzar el elevado estado de *muni,* el yogui puede actuar en el mundo como un *rishi.* Un *muni* es el que ha disuelto extáticamente su ser en Dios por medio de la ciencia del yoga. Y un *rishi* es aquel que, después de haber logrado la liberación como *muni,* continúa viviendo en el mundo a fin de servir de ejemplo para los demás en lo relativo a la efectividad del yoga como la ciencia suprema para alcanzar la liberación.

La ciencia del *Kriya Yoga* se ha preservado para la humanidad en el *Bhagavad Guita* —la Biblia suprema de los hindúes—. Fue esta ciencia del *Kriya Yoga* lo que Dios confirió a Manu (el Adán original), y a través de él a Janaka y otros sabios regios. El *Kriya Yoga* se perdió en las eras materialistas y, en el siglo XIX, Mahavatar Babaji, gurú de Lahiri Mahasaya, lo revivió. La antigua ciencia para la salvación se está difundiendo ahora hasta todos los confines del mundo. (Véase IV:1-2). En contraposición a otras enseñanzas, el *Kriya Yoga* no sólo señala la

[22] Se proporcionan instrucciones detalladas sobre las técnicas del *Kriya Yoga* a aquellos estudiantes de las *Lecciones de Self-Realization Fellowship* que cumplan con el requisito de practicar determinadas disciplinas espirituales preliminares. (Véase la página 712). *(Nota del editor).*

ruta universal de ascensión del alma al Espíritu, sino que proporciona a la humanidad una técnica que puede emplearse diariamente, y a través de cuya práctica el devoto, con la ayuda de un gurú, puede entrar de nuevo al reino de Dios. Una enseñanza teórica sólo conduce a otra, pero todo practicante fiel de *Kriya Yoga* comprueba que éste es el método más rápido y el camino más corto para llegar al reino del Espíritu.

Estrofa 29

भोक्तारं यज्ञतपसां सर्वलोकमहेश्वरम्।
सुहृदं सर्वभूतानां ज्ञात्वा मां शान्तिमृच्छति॥

bhoktāraṁ yajñatapasāṁ sarvalokamaheśvaram
suhṛdaṁ sarvabhūtānāṁ jñātvā māṁ śāntim ṛcchati

Halla la paz quien me conoce como Aquel que disfruta los ritos sagrados* (yajnas) *y las austeridades (que ofrecen los devotos), como el Infinito Señor de la Creación y como el Buen Amigo de todas las criaturas.

Alcanza la bienaventuranza aquel que percibe que el Señor es el Creador de todas las criaturas oníricas, el Receptor y Perceptor de todas las ofrendas y sacrificios, y el eterno Amigo del hombre, al que Él sustenta y a quien ama incondicionalmente y siempre está dispuesto a redimir.

¿Quién podría ofrendar suficientes flores de devoción ante el altar de un Dios que habla de esta manera de su amistad por cada ser humano? ¿Y qué es la devoción? «Así como las semillas del árbol de ankola vuelven al árbol que les dio origen, como la aguja es atraída hacia el imán, como la esposa fiel permanece junto a su esposo, como la enredadera se aferra al árbol y como el río se funde en el océano, si de modo semejante el pensamiento alcanza los pies de loto del Señor y permanece allí todo el tiempo, se dice que eso es devoción»[23].

ॐ तत्सदिति श्रीमद्भगवद्गीतासूपनिषत्सु
ब्रह्मविद्यायां योगशास्त्रे श्रीकृष्णार्जुनसंवादे
कर्मसन्न्यासयोगो नाम पञ्चमोऽध्यायः॥

---

[23] Swami Shankara, *Sivananda Lahari* 9:59-61.

om tat sat iti śrīmadbhagavadgītāsu upaniṣatsu
brahmavidyāyām yogaśāstre śrīkṛṣṇārjunasaṁvāde
karmasaṁnyāsayogo nāma pañcamo 'dhyāyaḥ

Om, Tat, Sat.

En el Upanishad del sagrado* Bhagavad Guita *—el discurso del Señor Krishna a Arjuna, que es la escritura del yoga y la ciencia de la unión con Dios—, éste es el quinto capítulo, denominado: «La unión por medio de la renuncia a los frutos de la acción».

Transliteración y pronunciación de los términos sánscritos

El idioma sánscrito se escribe tradicionalmente en el alfabeto devanagari, que cuenta con casi el doble de caracteres que el alfabeto latino. En esta publicación, se han observado las siguientes convenciones de transliteración:

En el texto de las estrofas del *Guita* en sánscrito —y en los comentarios, donde se explican las derivaciones etimológicas de los términos—, todas las palabras sánscritas se han escrito con los signos diacríticos estándar empleados por los estudiosos del tema. Sin embargo, en las traducciones al inglés y al español de las estrofas y de los comentarios, no se han empleado signos diacríticos (excepto en los casos antes mencionados), dado que, para la mayoría de los lectores no especializados, éstos resultan más un estorbo que una ayuda en la lectura. Para quienes estén interesados, la escritura del texto con signos diacríticos muchas veces puede hallarse en la versión en sánscrito de la estrofa en particular que se esté comentando.

En aquellos casos en que no se usan signos diacríticos en el texto, la letra *ṛ* del sánscrito se translitera como *ri; ś* y *ṣ* como *sh;* y *ṁ* ya sea como *m* o *n.* Las palabras que tienen una escritura generalmente aceptada en los diccionarios (por ejemplo, *ahiṁsa* como *ahimsa, śri* como *sri,* etc.) se escriben conforme a ello.

Debe señalarse, por último, que en sus charlas y escritos Paramahansa Yogananda a menudo pronunciaba y escribía los términos sánscritos en su idioma nativo, el bengalí. Por lo general, el bengalí guarda una gran similitud con el sánscrito, con algunas excepciones notables: cuando se escribe en bengalí, a menudo se omite la *a* final de una palabra o de un componente de una palabra (por ejemplo, *Sanatan Dharma* en vez de *Sanatana Dharma; Yogmata* en vez de *Yogamata*); la *v* del sánscrito con frecuencia se escribe como *b* (por ejemplo, *nirvikalpa samadhi* se convierte en *nirbikalpa samadhi*); la *a* del sánscrito se convierte en *o* (por ejemplo, *pranam* se convierte en *pronam*). Por instrucciones de Paramahansaji, en esta publicación se ha utilizado la escritura sánscrita en vez de la bengalí.

Pronunciación de las vocales sánscritas:

a	**a** corta, como en **a**ltar	*ṛ*	**ri** como en **ri**ma
ā	**a** larga, como en soñ**a**r	*e*	como en **e**co
i	**i** corta, como en **i**mán	*ai*	como en **ai**slar
ī	**i** larga, como en rub**í**	*o*	como en **o**la
u	**u** corta, como en **u**nión	*au*	como en **au**la
ū	**u** larga, como en c**ú**mulo		

Puesto que las consonantes en sánscrito reflejan diversos matices de pronunciación, se agrupan en guturales, palatales, cerebrales, dentales y labiales. Para los lectores en general, bastará con que pronuncien las letras en sánscrito de modo similar a sus equivalentes en inglés o español, salvo en los casos que se mencionan a continuación. Los lectores que deseen información más detallada acerca de la pronunciación y combinaciones de los sonidos en sánscrito podrán hallarla consultando un diccionario sánscrito-inglés o sánscrito-español.

ch	como en **ch**ispa	*ṅ, ṁ*	sonido nasal, como en la palabra inglesa *hu**ng***
d	**th** como en la palabra inglesa *fur**th**er*	*s*	como en **s**ol
ḍ	como en **d**edo	*ś*	como en ***sh**ow*
dh	**th h** como en las palabras inglesas *soo**the h**er*	*ṣ*	como en **y**o
ḍh	como en a**dj**untar	*v*	**v** como en a**v**ión, cuando está después de una vocal; cuando está después de una consonante en la misma sílaba, **w** como en la palabra inglesa *high**w**ay*
g	como en **g**ota		
jñ	como en **gu**ionista		
ñ	como en ni**ñ**o		

bh, ch, dh, gh, jh, kh, ph, ṭh: todas las consonantes son aspiradas, como en a**bj**urar y las palabras inglesas *wa**tch h**er, a**dh**ere, bi**g h**eart, he**dgeh**og, kno**ck h**ard, she**ph**erd, ho**th**ouse.*

Epítetos sánscritos del Señor Krishna y de Arjuna utilizados en el *Bhagavad Guita*

El Señor Krishna:

Achyuta: inmutable; inigualable (I:21, XVIII:73)
Anantarupa: el de la Forma Inagotable (XI:38)
Aprameya: Señor Inconmensurable (XI:42)
Apratimaprabhava: Señor de Poder Incomparable (XI:43)
Arisudana: Destructor de los enemigos (II:4)
Bhagavan: Bendito Señor (X:14, 17)
Deva: Señor (XI:15)
Devesha: Señor de los dioses (XI:25)
Govinda: Jefe de los vaqueros; aquel que gobierna y controla las «vacas» de los sentidos (I:32, II:9)
Hari: «Ladrón» de corazones (XI:9, XVIII:77)
Hrishikesha: Señor de los sentidos (I:15, 20, 24; XI:36)
Isham Idyam: Ser Adorable (XI:44)
Jagannivasa: Guardián Cósmico (Refugio de los mundos) (XI:25)
Janardana: Aquel que le concede al hombre sus oraciones (I:36, 39, 44; III:1)
Kamalapattraksha: el de los ojos de loto (XI:2)
Keshava, Keshinisudana: Destructor del demonio Keshi; Destructor del mal (I:28-30, II:54, III:1, X:14, XI:35, XVIII:1)
Madhava: Dios de la fortuna (I:14, 37)
Madhusudana: Destructor del demonio Madhu, es decir, Destructor de la ignorancia (I:35, II:1, 4; VI:33, VIII:2)
Mahatman: Alma Soberana (XI:20)
Mahabaho: [Señor] de brazos poderosos (II:26)
Prabhu: Señor o Maestro (XIV:21)
Prajapati: Padre Divino de Incontables Descendientes (XI:39)
Purushottama: Espíritu Supremo (XI:3)
Sahasrabaho: el que posee mil brazos (XI:46)
Varshneya: descendiente del clan Vrishni (I:41, III:36)
Vasudeva: Señor del Mundo; el Señor como Creador/Preservador/ Destructor (X:37, XI:50, XVIII:74)

Vishnu: el Preservador que todo lo penetra (XI:24)
Vishvamurte: Aquel cuyo cuerpo es el universo (XI:46)
Yadava: descendiente de Yadu (XI:41)
Yogeshvar: Señor del Yoga (XI:4, 9; XVIII:75, 78)

Arjuna:

Anagha: alma impecable (XIV:6, XV:20)

Bharata: descendiente del rey Bharata (II:14, 18, 28, 30; III:25, IV:7, 42; VII:27, XI:6, XIII:2, 33; XIV:3, 8, 9, 10; XV:19, 20; XVI:3, XVII:3, XVIII:62)

Bharatashreshtha: el mejor de los Bharatas (XVII:12)

Bharatarishabha: Toro de los Bharatas, es decir, el mejor o más excelente de los descendientes de la dinastía Bharata (III:41, VII:11, 16; VIII:23, XIII:26, XIV:12, XVIII:36)

Bharatasattama: el mejor de los Bharatas (XVIII:4)

Dehabhritan Vara: Supremo entre los seres encarnados (VIII:4)

Dhananjaya: Conquistador de la riqueza (I:15, II:24)

Gudakesha: Conquistador del sueño («siempre alerta, despierto, vencedor del engaño») (I:24, II:9, X:20, XI:7)

Kaunteya: hijo de Kunti (I:27, II:14, 37, 60; III:9, 39; V:22, VI:35, VII:8, VIII:6, 16; IX:7, 10, 23, 27, 31; XIII:1, 31; XIV:4, 7; XVI:20, 22; XVIII:48, 50, 60)

Kiritin: ceñido con una diadema (XI:35)

Kurunandana: el orgullo o hijo predilecto de la dinastía Kuru (II:41)

Kurupravira: Gran Héroe de los Kurus (XI:48)

Kurusattama: Flor (el mejor) de los Kurus (IV:31)

Kurushreshtha: el mejor de los príncipes kurus (X:19)

Mahabaho: [Guerrero] de brazos poderosos (II:26, 68; III:28, 43; V:3, 6; VI:35, 38; VII:5, X:1, XI:23, XIV:5, XVIII:1, 13)

Pandava: descendiente de Pandu (I:14, 20; IV:35, VI:2, XI:13, 55; XIV:22, XVI:5)

Parantapa: Fulminador de los enemigos (II:3, 9; IV:2, 5, 33; VII:27, IX:3, X:40, XI:54, XVIII:41)

Partha: hijo de Pritha (I:25, 26; II:3, 21, 32, 39, 42, 55, 72; III:16, 22, 23; IV:11, VI:40, VII:1, 10; VIII:8, 14, 19, 22, 27; IX:13, 32; X:11, 24; XI:5, XII:7, XVI:4, 6; XVII:26, 28; XVIII:6, 30-35, 72, 74, 78)

Purusharishabha: Flor entre los hombres (literalmente, «toro» o caudillo entre los hombres) (II:15)

Purushavyaghra: Tigre entre los hombres (XVIII:4)

Savyasachin: aquel que maneja el arco con cualquiera de las manos (XI:33)

«Diagrama realizado por Yoguiraj Shyamacharan Lahiri Mahasaya» (en la página contigua)

Este diagrama es una reproducción de un gráfico preparado por el gran Yogavatar Lahiri Mahasaya (al que se hace referencia en el comentario sobre I:21-22). Paramahansa Yogananda obtuvo una copia del notable diagrama de Lahiri Mahasaya en 1935, durante una visita a la India, que le fue entregada por Ananda Mohan Lahiri, nieto de Lahiri Mahasaya. La ilustración representa, con caracteres bengalíes (letras y números), las vibraciones-simiente alfabéticas emanadas de los «pétalos» o corrientes vitales de los *chakras* medular y espinales coordinados con su fuente, el supremo centro cerebral, el «loto de mil pétalos». Las escuetas frases en sánscrito/bengalí escritas en las columnas que se encuentran a ambos lados del diagrama enumeran cuarenta y nueve *vayus* o corrientes de fuerza vital astral inteligente (véase, en el volumen II, la referencia a los cuarenta y nueve Maruts, X:21), que luego se clasifican en siete *vayus* principales: *pravaha, parivaha, paravaha, udvaha, avaha, vivaha* y *samvaha.* Cada uno de los cuarenta y nueve «aires vitales» posee poderes y funciones específicos en el mantenimiento y animación del cuerpo. En este diagrama, Lahiri Mahasaya indica, con la numeración correspondiente, la ubicación de estos *vayus,* que provienen de los «pétalos» del *ajna* medular y de los *chakras* espinales. En un comentario tomado de los discursos del Yogavatar, Lahiri Mahasaya explica:

«Todos los *vayus* antes mencionados tienen una relación directa con los seis *chakras.* Estos *vayus* se encuentran tanto en el universo externo como dentro del cuerpo. Es por esta razón por la que existe una proximidad tan grande entre el mundo externo y la mente y el cuerpo [...].

»Es sólo Brahma quien, de modo invisible, se expresa y actúa de innumerables maneras en la forma de los cuarenta y nueve *vayus.* Lo que causa toda la confusión es la incapacidad del hombre para ver esto. Una vez que uno percibe esta verdad, los problemas cesan».

Paramahansa Yogananda tenía la clara intención de traducir y comentar la concisa información encerrada en este diagrama, pero dado que se encontraba trabajando no sólo en completar su versión del *Guita* sino también en otros proyectos literarios hasta el último momento antes de su *mahasamadhi,* este proyecto en particular quedó inconcluso.

Self-Realization Fellowship

যোগিরাজ শ্যামাচরণ লাহিড়ী মহাশয় প্রদত্ত ষট্‌চক্রের চিত্র।

১—প্রবহ শ্বসিনি টানা মহাবল

২—পরিবহ বিহগ উড্ডীয়ান ঋতবা

৩—পরিবহ নভস্বর শব্দ স্থিতি

৪—পরিবহ প্রাণ নিমীলণ বহির্গমন ত্রিশক্র

৫—পরাবহ মাতরিশ্ব অণু সত্যজিৎ

৬—পরাবহ জগৎপ্রাণ শব্দ ঋত

৭—পরাবহ পবমান ক্রিয়ার পরঅবস্থা ঋতজিৎ

৮—পরাবহ নভপ্রাণ প্রাণরূপো-চিৎবাহিত্ব ধাতা

৯—পরাবহ হবি মোক্ষ অস্তিমিত্র

১০—পরাবহ সারং নিত্য পতিবাস

১১—পরাবহ তম্বন সর্ব্বব্যাপি মিত

১২—প্রবহ শ্বসন শ্বাসপ্রশ্বাসাদি ইন্দ্র

১৩—প্রবহ সদাগতি গমনাদৌ গতি

১৪—প্রবহ পৃষদ স্পর্শশক্তি অদৃশ্য গতি

১৫—প্রবহ গন্ধবাহ অগুরু অশীত ঈদৃক্ষ

১৬—প্রবহ বাহ চলান বৃত্তিন

১৭—প্রবহ ভেগিকান্ত ভোগকাম

১৮—উৎবহ ব্যান জৃম্ভন আকুঞ্চন প্রসারন দ্বিশক্র

১৯—আবহ গন্ধবহ গন্ধের-অণুকে-আনে ত্রিশক্র

২০—আবহ আশুগ শৈঘ্র অদৃক্ষ

২১—আবহ মারুত ভিতরের বায়ু অপাং

২২—আবহ পবন পবন অপরাজিত

২৩—আবহ ফণিপ্রিয় উর্দ্ধগতি ধ্রুব

২৪—আবহ নিশ্বাসক ইঙ্গিত্রিয়ব্যাপি দ্যুতির্গ

২৫—আবহ উদান উদ্গীরণ সক্রু

২৬—পরিবহ অনিল অস্থ অশীত অজয়

২৭—পরিবহ সমীরণ পশ্চিমের বায়ু সুসেণ

২৮—পরিবহ অশুক শীতস্পর্শ পদ্মাক্ষ

২৯—পরিবহ সুখাশ সুখদা দেবদেব

৩০—বিবহ বাতি বাক্ সম্ভব

৩১—বিবহ ধৃতি ধারণ অনমিত্র

৩২—বিবহ প্রকম্পণ কম্পণ ভীম

৩৩—বিবহ সমান পোষণ একজ্যোতি

৩৪—উৎবহ মরুত উত্তরদিগে বায়ু সেনাজিৎ

৩৫—উৎবহ নভস্বান অপাকন্ত অভিযুক্ত

৩৬—উৎবহ ধ্বনিধ্বজ যাঁদিদ্মি

৩৭—উৎবহ স্পলস্মা সেচনাধর্ম্ম

৩৮—উৎবহ বাস দেহব্যাপি বিধারণ

৩৯—উৎবহ মৃগবাহন বিদ্যুৎবর্ণ

৪০—সংবহ চঞ্চল উৎক্ষেপণ দ্বিজ্যোতি

৪১—সংবহ পৃষতাংপতি বলং মহাবল

৪২—সংবহ অপান ক্ষুধাকর অধোগমন একশক্র

৪৩—বিবহ স্পর্শন স্পর্শ বিরাট

৪৪—বিবহ বাত তির্যগ্‌গমন পুরাণাখ্য

৪৫—বিবহ প্রভঞ্জন মনপৃথক সুমিত

৪৬—সংবহ অজগৎপ্রাণ জন্মমরণ স্বয়ু-

৪৭—সংবহ আবক ফেলা পুরিমিত্র

৪৮—সংবহ সমির প্রাতঃকালে বায়ু সংমিত

৪৯—সংবহ প্রকম্পন গন্ধে অণুকে-আনে মিতাস

যে অক্ষর সহস্রারে আছে তাহাই ছয় চক্রেতে আছে, তাহাদের সহিত রেখা দ্বারা যোগ আছে।

T—সহস্রার তিনটি শ মূলাধারের শ সহিত মিলিত হইয়াছে।

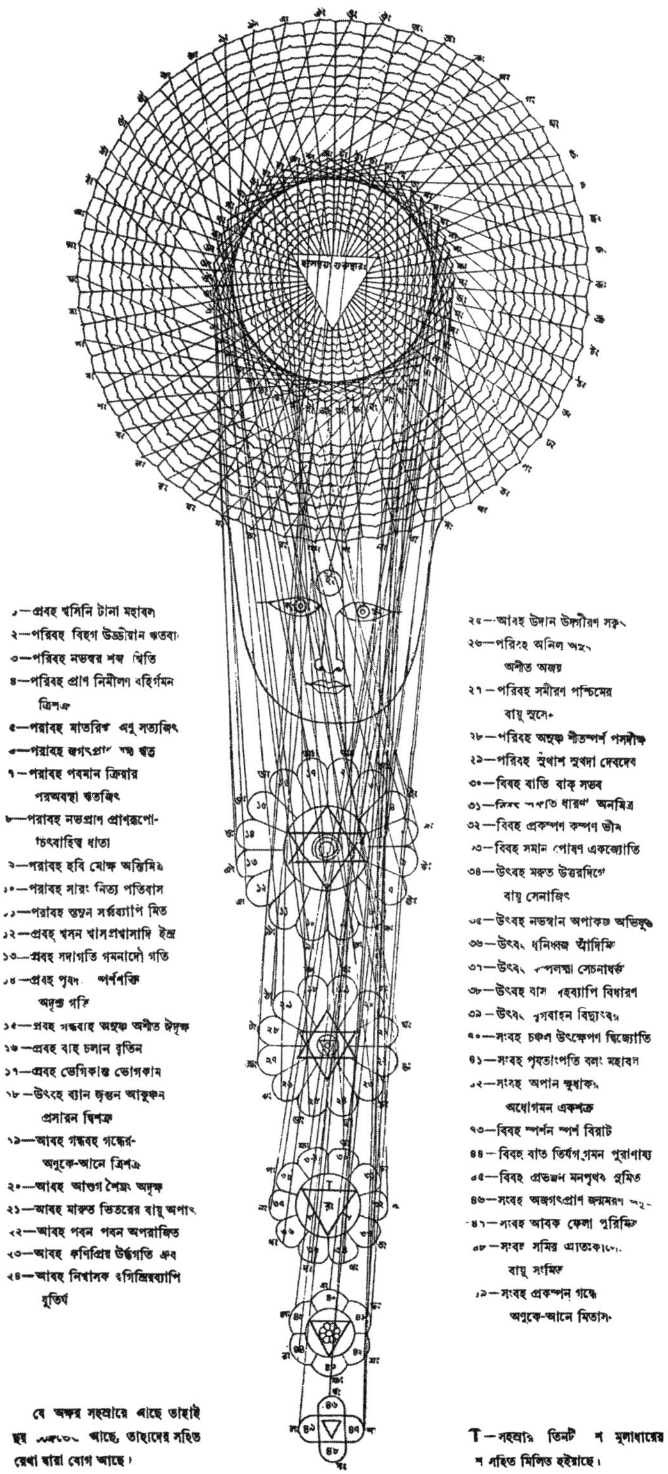

Reseña del autor

«La presencia de Yogananda en este mundo fue como una resplandeciente luz que brilla en medio de la oscuridad. Un alma tan grande sólo viene a la tierra raramente, cuando existe una verdadera necesidad entre los seres humanos».

Su Santidad el Shankaracharya de Kanchipuram (1894-1994), venerado líder espiritual de millones de personas en el sur de la India.

Paramahansa Yogananda, cuyo nombre de familia era Mukunda Lal Ghosh, nació el 5 de enero de 1893 en Gorakhpur, ciudad del norte de la India situada cerca del Himalaya. Desde su más tierna infancia fue evidente que su vida estaba destinada a cumplir un propósito divino. Quienes le conocieron más íntimamente recuerdan que, incluso desde niño, él poseía un extraordinario conocimiento y experiencia en el campo espiritual. De joven dirigió sus pasos hacia muchos de los santos y filósofos de la India, con la esperanza de encontrar un maestro iluminado que le guiase en su búsqueda espiritual.

En 1910, a la edad de 17 años, encontró por fin al reverenciado sabio de la India Swami Sri Yukteswar y se hizo su discípulo. En la ermita de este gran maestro de yoga pasó la mayor parte de los diez años siguientes, recibiendo su estricta pero amorosa disciplina espiritual. En 1915, después de haberse graduado en la Universidad de Calcuta, su gurú le confirió los votos de monje en la antigua y venerable «Orden de los Swamis» de la India, recibiendo el nombre de Yogananda (que significa bienaventuranza, *ananda,* mediante la unión divina, *yoga*).

En 1917, Sri Yogananda inició la obra a la que consagraría su vida entera, con la fundación de una escuela para niños cuyo programa educativo —basado en sus principios de «el arte de vivir»— integraba los métodos educativos modernos con la disciplina del yoga y la enseñanza de principios espirituales. Tres años más tarde, fue invitado, como representante de la India, a un Congreso Internacional de Religiosos Liberales celebrado en Boston (Estados Unidos). Su conferencia en el Congreso, sobre el tema «La ciencia de la religión», recibió una entusiasta acogida. En los años siguientes, dio conferencias y clases en la costa este de Estados Unidos, y en 1924 emprendió una gira por ese país, dando conferencias en las numerosas ciudades que visitó. Para las decenas de miles de occidentales que asistieron a sus charlas durante la siguiente década, sus palabras acerca de la sabiduría inmemorial de la India eran una revelación. Él hacía hincapié en los medios para alcanzar la experiencia directa y personal de Dios, y enseñaba la unidad que constituye el fundamento de todas las grandes religiones del mundo —en particular, la concerniente a «las enseñanzas originales de Jesucristo y el Yoga original que enseñó Bhagavan Krishna»—. En enero de 1925, inició en la ciudad de Los Ángeles un ciclo de clases y conferencias que se prolongó durante dos meses. Como había ocurrido en todas partes, sus charlas fueron recibidas con gran interés y entusiastas ovaciones. El diario *Los Angeles Times* informaba: «El Philarmonic Auditorium muestra el extraordinario espectáculo de miles de personas [...] que, una hora antes del comienzo de la conferencia anunciada, han sido informadas de que no podrán entrar, pues la sala con 3.000 asientos ya se encuentra repleta».

Posteriormente, ese mismo año, Sri Yogananda estableció en Los Ángeles la sede internacional de *Self-Realization Fellowship,* la sociedad que había fundado en 1920 con el fin de diseminar sus enseñanzas sobre la antigua ciencia y filosofía del yoga y sus venerables métodos de meditación del *Raja Yoga*[1]. En la siguiente década viajó extensamente, dando conferencias en las principales ciudades de Estados Unidos. Muchas personalidades eminentes de la ciencia, el arte y los negocios se convirtieron en sus estudiantes; cabe mencionar, entre ellos: el horticultor Lutero Burbank; la soprano operística Amelita Galli-Curci; George Eastman (el inventor de la cámara Kodak); el poeta Edwin Markham; y el director de orquesta Leopoldo Stokowski. En 1927, fue recibido oficialmente en la Casa Blanca por el presidente Calvin Coolidge, que se había interesado en los reportajes de los periódicos sobre sus actividades.

Paramahansaji regresó a la India en 1935, y allí tuvo lugar la esperada reunión con su gurú, Sri Yukteswar. Durante este viaje de dieciocho meses, recorrió también Europa y dio clases y conferencias en Londres, así como por toda la India. Mientras permaneció en su tierra natal, se entrevistó con Mahatma Gandhi (quien le solicitó que lo iniciara en *Kriya Yoga*), con el nobel de física Sir C. V. Raman y con algunos de los famosos santos de la India, incluyendo a Sri Ramana Maharshi y Anandamoyi Ma.

Después de regresar a Estados Unidos desde la India hacia fines de 1936, Yogananda comenzó a reducir el número de las conferencias públicas que daba por todo el país, con el fin de dedicarse a establecer su obra mundial sobre sólidos cimientos y escribir las obras que llevarían su

---

[1] El método específico de meditación y comunión con Dios que enseñó Paramahansa Yogananda se conoce como *Kriya Yoga,* el cual es una sagrada ciencia espiritual que se originó hace miles de años en la India (véase el comentario sobre la estrofa IV:1 del *Bhagavad Guita*). En la obra de Sri Yogananda *Autobiografía de un yogui,* se proporciona también una idea general sobre la filosofía y los métodos del *Kriya Yoga.* En las *Lecciones de Self-Realization Fellowship,* se ofrece instrucción detallada sobre estas técnicas a los estudiantes que se hallan aptos para su práctica (véase la página 712).

mensaje a las generaciones futuras. La narración de su vida, *Autobiografía de un yogui,* se publicó en 1946 y fue ampliada considerablemente por él en 1951. El libro, reconocido desde el comienzo como una obra cumbre en su género, ha sido reimpreso por *Self-Realization Fellowship* ininterrumpidamente desde su primera edición, hace más de sesenta años.

Paramahansa Yogananda entró en *mahasamadhi* (el abandono definitivo del cuerpo físico en el momento de la muerte realizado de forma voluntaria y consciente por un maestro iluminado) el 7 de marzo de 1952. Su fallecimiento provocó una gran profusión de reverentes expresiones de aprecio por parte de líderes espirituales, dignatarios, amigos y discípulos de todo el mundo. El eminente Swami Sivananda, fundador de la Divine Life Society, escribió: «Una rara gema de incalculable valor, que no tiene par todavía en el mundo. Paramahansa Yogananda ha sido un representante ideal de los antiguos sabios y seres iluminados, la gloria de la India». El Dr. Wendell Thomas, autor y educador de Estados Unidos, refirió lo siguiente: «Hace muchos años visité a [Paramahansa] Yogananda, no como un buscador de la verdad o un devoto, sino como un escritor con un enfoque amistoso a la vez que analítico y crítico. Afortunadamente, en Yoganandaji encontré una combinación poco usual. Aunque inquebrantablemente establecido en los antiguos principios de su profunda fe, poseía el don de una gran capacidad de adaptación [...]. Con su brillante ingenio y grandioso espíritu estaba perfectamente capacitado para promover la reconciliación y la verdad entre los diversos buscadores espirituales de todo el mundo. Él trajo paz y gozo a las multitudes».

La obra espiritual y humanitaria que inició Paramahansa Yogananda continúa hoy en día bajo la dirección de Sri Mrinalini Mata, una de sus más cercanas discípulas y su sucesora como actual presidenta de *Self-Realization Fellowship/Yogoda Satsanga Society of India*[1]. Además de la publicación de las conferencias, los escritos y las charlas informales de Paramahansaji (entre los cuales se incluyen sus *Lecciones de Self-Realization Fellowship,* una serie completa de lecciones que se estudian en el hogar), la sociedad orienta a los miembros en su práctica de las enseñanzas de Sri Yogananda; supervisa las actividades de los templos, retiros y centros de meditación con que cuenta en todo el mundo, así como también las comunidades monásticas de la Orden de *Self-Realization;* y coordina, además, el funcionamiento del «Círculo mundial de oraciones», cuya finalidad es ayudar a quienes tienen necesidad de curación física, mental o espiritual, y contribuir a que exista mayor armonía entre todas las naciones.

Con ocasión del vigesimoquinto aniversario del fallecimiento de Paramahansa Yogananda, su trascendental aporte a la elevación espiritual de

[1] En la India, la obra de Paramahansa Yogananda se conoce como *Yogoda Satsanga Society.*

la humanidad recibió formal reconocimiento por parte del gobierno de la India, que emitió en su honor un sello postal conmemorativo. Conjuntamente con el sello, publicó un folleto rindiéndole homenaje, en parte de cuyo texto se lee:

«En la vida de Paramahansa Yogananda, el ideal de amor a Dios y servicio a la humanidad se manifestó en su plenitud. [...] Aunque la mayor parte de su existencia transcurrió fuera de la India, podemos contarle entre nuestros grandes santos. Su obra continúa prosperando y refulgiendo cada vez más, atrayendo hacia la senda espiritual a personas de todas las latitudes».

Paramahansa Yogananda: Un yogui en la vida y en la muerte

Paramahansa Yogananda entró en *mahasamadhi* (el abandono definitivo del cuerpo físico realizado en forma voluntaria y consciente por un yogui) el 7 de marzo de 1952, en Los Ángeles (California), luego de haber concluido su discurso en un banquete ofrecido en honor de S. E. Binay R. Sen, Embajador de la India.

El gran maestro universal demostró, tanto en la vida como en la muerte, el valor del yoga (conjunto de técnicas científicas utilizadas para alcanzar la comunión con Dios). Semanas después de su deceso, su rostro inmutable resplandecía con el divino fulgor de la incorruptibilidad.

El señor Harry T. Lowe, director del cementerio de Forest Lawn Memorial-Park de Glendale (en el cual reposa provisionalmente el cuerpo del gran maestro), remitió a *Self-Realization Fellowship* una carta certificada ante notario, de la cual se han extractado los párrafos siguientes:

«La ausencia de cualquier signo visible de descomposición en el cuerpo de Paramahansa Yogananda constituye el caso más extraordinario de nuestra experiencia. [...] Incluso veinte días después de su fallecimiento, no se apreciaba en su cuerpo desintegración física alguna. [...] Ningún indicio de moho se observaba en su piel, ni existía desecación visible en sus tejidos. Este estado de perfecta conservación de un cuerpo es, hasta donde podemos colegir de acuerdo con los anales del cementerio, un caso sin precedentes. [...] Cuando se recibió el cuerpo de Yogananda en el cementerio, nuestro personal esperaba observar, a través de la cubierta de vidrio del féretro, las manifestaciones habituales de la descomposición física progresiva. Pero nuestro asombro fue creciendo a medida que transcurrieron los días sin que se produjera ningún cambio visible en el cuerpo bajo observación. El cuerpo de Yogananda se encontraba aparentemente en un estado de extraordinaria inmutabilidad. [...]

»Nunca emanó de él olor alguno a descomposición. [...] El aspecto físico de Yogananda instantes antes de que se colocara en su lugar la cubierta de bronce de su féretro, el 27 de marzo, era exactamente igual al que presentaba el 7 del mismo mes, la noche de su deceso; se veía tan fresco e incorrupto como entonces. No existía razón alguna para afirmar, el 27 de marzo, que su cuerpo hubiera sufrido la más mínima desintegración aparente. Debido a estos motivos, manifestamos nuevamente que el caso de Paramahansa Yogananda es único en nuestra experiencia».

METAS E IDEALES
DE
SELF-REALIZATION FELLOWSHIP

Según los estableció su fundador, Paramahansa Yogananda
Presidenta: Sri Mrinalini Mata

Divulgar en todas las naciones el conocimiento de técnicas científicas definidas, mediante cuya aplicación el hombre puede alcanzar una experiencia personal y directa de Dios.

Enseñar a los hombres que el propósito de la vida humana consiste en expandir, a través del esfuerzo personal, nuestras limitadas conciencias mortales, hasta que éstas lleguen a identificarse con la Conciencia Divina. Establecer con este objetivo templos de *Self-Realization Fellowship* en todo el mundo, destinados a la comunión con Dios y a estimular a los hombres a erigir templos individuales al Señor, tanto en sus hogares como en sus propios corazones.

Revelar la completa armonía, la unidad básica existente entre las enseñanzas del cristianismo y las del yoga, tal como fueran expresadas originalmente por Jesucristo y por Bhagavan Krishna respectivamente; y demostrar que las verdades contenidas en dichas enseñanzas constituyen los fundamentos científicos comunes a toda religión verdadera.

Destacar la única autopista divina en la cual convergen finalmente las sendas de todas las creencias religiosas verdaderas: la gran vía de la práctica diaria, científica y devocional de la meditación en Dios.

Liberar a la humanidad del triple sufrimiento que la agobia: las enfermedades físicas, las desarmonías mentales y la ignorancia espiritual.

Fomentar la práctica de la «simplicidad en el vivir y nobleza en el pensar»; y difundir un espíritu de confraternidad entre todos los pueblos, a través de la enseñanza del eterno principio que los une: su común filiación divina.

Demostrar la superioridad de la mente sobre el cuerpo y del alma sobre la mente.

Dominar el mal con el bien, el sufrimiento con el gozo, la crueldad con la bondad y la ignorancia con la sabiduría.

Armonizar la ciencia y la religión, a través de la comprensión de la unidad existente entre los principios básicos de ambas.

Promover el entendimiento cultural y espiritual entre Oriente y Occidente, estimulando el mutuo intercambio de las más nobles cualidades de ambos.

Servir a la humanidad, considerándola como nuestro propio Ser universal.

Publicada también por Self-Realization Fellowship...

AUTOBIOGRAFÍA DE UN YOGUI

Paramahansa Yogananda

Esta célebre obra autobiográfica presenta un fascinante retrato de una de las figuras espirituales más ilustres de nuestro tiempo. Con cautivadora sinceridad, elocuencia y buen humor, Paramahansa Yogananda narra la inspirativa historia de su vida: las experiencias de su extraordinaria infancia; los encuentros que mantuvo con numerosos santos y sabios durante la búsqueda que emprendió en su juventud, a través de toda la India, en pos de un maestro iluminado; los diez años de entrenamiento que recibió en la ermita de un venerado maestro de yoga, así como también los treinta años en los que vivió y enseñó en Estados Unidos. Además, relata las ocasiones en que se reunió con Mahatma Gandhi, Rabindranath Tagore, Lutero Burbank, Teresa Neumann (la santa católica estigmatizada) y otras renombradas personalidades espirituales tanto de Oriente como de Occidente.

Autobiografía de un yogui no es sólo el relato hermosamente escrito de una vida excepcional, sino también una introducción profunda a la milenaria ciencia del yoga y su tradición inmemorial de la práctica de la meditación. El autor expone claramente las leyes sutiles, aunque bien definidas, que rigen tanto los sucesos comunes de la vida cotidiana como los acontecimientos extraordinarios que generalmente se consideran milagros. La subyugante historia de su vida constituye el trasfondo que permite apreciar y absorber de inolvidable manera los más hondos misterios de la existencia humana.

El libro (en su edición original en inglés) fue publicado por primera vez en 1946 y ampliado en 1951 con el material que agregó Paramahansa Yogananda. Desde entonces, *Self-Realization Fellowship* lo ha reimpreso sin interrupción. Ampliamente reconocida como una obra clásica de la literatura espiritual moderna, *Autobiografía de un yogui* ha sido traducida a más de treinta idiomas y se emplea como libro de texto y de consulta en un gran número de universidades. Este *bestseller* permanente ha sido acogido con entusiasmo por millones de lectores en el mundo entero.

* * *

«Un relato excepcional». ***—The New York Times***

«Un estudio fascinante expuesto con claridad». ***—Newsweek***

«Nunca antes se había escrito, ya sea en inglés u otra lengua europea, algo semejante a esta exposición del Yoga». ***—Columbia University Press***

«Una auténtica revelación [...] podría ayudar a la humanidad a alcanzar una mejor comprensión de sí misma [...] autobiografía en su máxima expresión [...] escrita con delicioso ingenio e irresistible sinceridad [...] tan fascinante como una novela». ***—News-Sentinel,*** *Fort Wayne, Indiana*

«Una de las obras más importantes sobre el yoga y la filosofía espiritual de Oriente. [...] Un clásico en su género». ***—Cuerpomente***

Otras obras de Paramahansa Yogananda

Los libros mencionados a continuación se pueden adquirir en diversas librerías o solicitar a:

Self-Realization Fellowship
3880 San Rafael Avenue • Los Angeles, California 90065-3219, EE.UU.
Tel (323) 225-2471 • Fax (323) 225-5088
www.yogananda-srf.org

La Segunda Venida de Cristo: *La resurrección del Cristo que mora en tu interior. Un revelador comentario sobre las enseñanzas originales de Jesús* (Volúmenes I, II y III)

En esta obra maestra sin precedentes publicada en tres volúmenes, Paramahansa Yogananda lleva al lector a un viaje profundamente enriquecedor a través de los cuatro Evangelios. Versículo a versículo, el autor ilumina el sendero universal hacia la unión con Dios que Jesús enseñó a sus discípulos más cercanos, pero que fue oscurecido a lo largo de siglos de interpretaciones erróneas: cómo llegar a ser un Cristo, cómo resucitar al Cristo Eterno que mora en nuestro interior.

El vino del místico: *El* Rubaiyat *de Omar Khayyam. Una interpretación espiritual*

Un comentario inspirado que pone de manifiesto la ciencia mística de la comunión divina que se halla oculta tras la enigmática imaginería del *Rubaiyat.* Incluye 50 ilustraciones originales en color. Galardonado con el Premio Benjamin Franklin 1995 al mejor libro en la categoría de religión.

El Yoga de Jesús: *Claves para comprender las enseñanzas ocultas de los Evangelios*

Este conciso libro, compuesto por una selección de textos provenientes de una obra profusamente elogiada de Paramahansa Yogananda y publicada en tres volúmenes, *La Segunda Venida de Cristo,* confirma que Jesús —al igual que los antiguos sabios y maestros de Oriente— no sólo conocía los fundamentos del yoga, sino que enseñó a sus discípulos esta ciencia universal cuya finalidad es alcanzar la unión con Dios. Sri Yogananda muestra que el mensaje de Jesús no promueve las divisiones sectarias; se trata más bien de un sendero unificador por medio del cual los buscadores de todas las religiones tienen la posibilidad de entrar en el reino de Dios.

El Yoga del Bhagavad Guita: *Una introducción a la ciencia universal de la unión con Dios originaria de la India*

Este libro, una recopilación de textos seleccionados de la traducción y comentario del *Bhagavad Guita (Dios habla con Arjuna)* que realizó Paramahansa Yogananda —una exhaustiva obra muy elogiada por la crítica—, brinda a los buscadores de la verdad una introducción ideal a las eternas y universales enseñanzas del *Guita.* Por vez primera (en español) se presenta la secuencia completa e ininterrumpida de la traducción original (del sánscrito al inglés) que del *Bhagavad Guita* realizó Paramahansa Yogananda.

La búsqueda eterna

El volumen I de la antología de charlas y ensayos de Paramahansa Yogananda contiene 57 artículos que cubren numerosos aspectos de sus enseñanzas sobre «el arte de vivir». Explora aspectos poco conocidos y rara vez explicados de temas como la meditación, la vida después de la muerte, la naturaleza de la creación, la salud y la curación, los poderes ilimitados de la mente humana y la eterna búsqueda humana que sólo en Dios encuentra su plena satisfacción.

El Amante Cósmico

Constituye el volumen II de la antología de charlas y ensayos de Paramahansa Yogananda. Entre su amplia variedad de temas, se incluyen los siguientes: *Cómo cultivar el amor divino; Cómo armonizar los métodos físicos, mentales y espirituales de curación; Un mundo sin fronteras; Cómo controlar tu destino; El arte yóguico de superar la conciencia mortal y la muerte; El Amante Cósmico; Cómo encontrar el gozo en la vida.*

El viaje a la iluminación

El volumen III de la antología de charlas y ensayos de Paramahansa Yogananda presenta una combinación única de sabiduría, compasión, guía práctica y aliento en docenas de temas fascinantes, por ejemplo: *Cómo acelerar la evolución humana; Cómo manifestar juventud eterna;* y *Cómo percibir a Dios en la vida diaria.*

Donde brilla la luz: *Sabiduría e inspiración para afrontar los desafíos de la vida*

Gemas de sabiduría ordenadas por temas; una extraordinaria guía que los lectores podrán consultar rápidamente para obtener un tranquilizador sentido de orientación en momentos de incertidumbre o de crisis, o para lograr una renovada conciencia del siempre presente poder de Dios, al que podemos recurrir en nuestra vida diaria.

Vive sin miedo: *Despierta la fuerza interior de tu alma*

Paramahansa Yogananda nos enseña el camino para romper los grilletes del temor y nos revela el modo de vencer nuestros propios impedimentos psicológicos. *Vive sin miedo* es un testimonio de la transformación interior que podemos conseguir con tan sólo abrigar fe en la divinidad de nuestro verdadero ser: el alma.

Por qué Dios permite el mal y cómo superarlo

Paramahansa Yogananda ofrece fortaleza y solaz para afrontar los períodos de adversidad al esclarecer los misterios de la *lila* o drama de Dios. A través de este libro, el lector llegará a comprender el motivo por el cual la naturaleza de la creación es dual —la interacción divina entre el bien y el mal— y recibirá orientación sobre la forma de superar las más desafiantes circunstancias.

Triunfar en la vida

En este libro extraordinario, Paramahansa Yogananda nos muestra cómo alcanzar las metas superiores de la vida al manifestar el ilimitado potencial que se halla en nuestro interior. Él nos ofrece consejos prácticos para lograr el éxito, describe métodos definidos para crear felicidad perdurable y nos explica cómo podemos sobreponernos a la negatividad y la inercia al poner en acción el poder dinámico de nuestra voluntad.

Susurros de la Eternidad

Selección de oraciones y de las experiencias espirituales que Paramahansa Yogananda alcanzaba en elevados estados de conciencia durante la meditación. Expresadas con ritmo majestuoso y extraordinaria belleza poética, sus palabras revelan la inagotable variedad de la naturaleza de Dios y la infinita dulzura con la que Él responde a aquellos que le buscan.

La ciencia de la religión

En cada ser humano —escribe Paramahansa Yogananda— existe un íntimo e ineludible deseo: superar el sufrimiento y alcanzar la felicidad imperecedera. En esta obra, él explica cómo es posible satisfacer estos anhelos, examinando la efectividad relativa de las diferentes vías que conducen a dicha meta.

La paz interior: *El arte de ser calmadamente activo y activamente calmado*

Una guía práctica e inspiradora que ha sido recopilada de las charlas y escritos de Paramahansa Yogananda, la cual nos muestra cómo podemos permanecer «activamente calmados» al crear la paz interior mediante la meditación, y a estar «calmadamente activos» al concentrarnos en la serenidad y gozo de nuestra naturaleza esencial, a la vez que vivimos una vida dinámica, plena de satisfacciones y espiritualmente equilibrada.

En el santuario del alma: *Cómo orar para obtener la respuesta divina*

Esta recopilación de textos, extraídos de las obras de Paramahansa Yogananda, constituye un inspirador compañero, pleno de devoción, que nos revela cómo hacer de la oración una fuente diaria de amor, fortaleza y consejo.

Cómo conversar con Dios

Al explicar ambos aspectos de la naturaleza de Dios: el trascendente, como Espíritu universal; y el íntimo y personal, como Padre, Madre, Amigo y Amante de todos, Paramahansa Yogananda señala cuán cerca de cada uno de nosotros está el Señor y cómo podemos persuadirle a «romper su silencio» y respondernos de un modo tangible.

Meditaciones metafísicas

Más de 300 meditaciones, oraciones y afirmaciones que elevan el espíritu y pueden ser aplicadas para desarrollar e incrementar la salud y la vitalidad, la creatividad, la confianza en nosotros mismos y la calma, además de ayudarnos a vivir más plenamente en la conciencia de la gozosa presencia de Dios.

Afirmaciones científicas para la curación

Paramahansa Yogananda presenta en esta obra una profunda explicación de la ciencia de las afirmaciones, exponiendo con claridad por qué las afirmaciones surten efecto y cómo utilizar el poder de la palabra y del pensamiento, no sólo para lograr la curación sino también para realizar los cambios deseados en cada aspecto de nuestra vida. El libro incluye además una amplia variedad de afirmaciones.

Así hablaba Paramahansa Yogananda

Selección de máximas y sabios consejos que reflejan la sinceridad y amor que Paramahansa Yogananda expresaba al responder a cuantos acudían a solicitar su guía. Las anécdotas que aparecen en este libro —relatadas por sus discípulos más próximos— proporcionan al lector la oportunidad de participar, en cierto modo, en las situaciones que ellos vivieron con el Maestro.

La ley del éxito

Explica los principios dinámicos que nos permiten alcanzar nuestras metas en la vida y compendia las leyes universales que conducen al éxito y la realización, tanto en el ámbito personal y profesional como en el espiritual.

Dos ranas en apuros: *Un cuento sobre el valor y la esperanza*

Una encantadora parábola basada en una antigua fábula narrada por Paramahansa Yogananda. Este cuento deleitará tanto a niños como a adultos con su cautivante relato y con su trasfondo de sabiduría universal, que nos muestra que nada es imposible cuando recurrimos a la fortaleza interior con la que Dios nos ha dotado.

GRABACIONES CON LA VOZ DE PARAMAHANSA YOGANANDA (Sólo en inglés)

Awake in the Cosmic Dream
Be a Smile Millionaire
Beholding the One in All
Follow the Path of Christ, Krishna, and the Masters
In the Glory of the Spirit
One Life Versus Reincarnation
Removing All Sorrow and Suffering
Self-Realization: The Inner and the Outer Path
Songs of My Heart
The Great Light of God
To Make Heaven on Earth

Otras publicaciones de Self-Realization Fellowship

La ciencia sagrada *Swami Sri Yukteswar*

El gozo que buscas está en tu interior: *Consejos para elevar el nivel espiritual de la vida diaria Sri Daya Mata*

Sólo amor: *Cómo llevar una vida espiritual en un mundo cambiante Sri Daya Mata*

La intuición: *Guía del alma para tomar decisiones acertadas Sri Daya Mata*

En la quietud del corazón *Sri Daya Mata*

Mejda: La familia, niñez y juventud de Paramahansa Yogananda *Sananda Lal Ghosh*

El matrimonio espiritual *Hermano Anandamoy*

Folleto informativo gratuito:
Un mundo de posibilidades jamás soñadas

Las técnicas científicas de meditación que enseñó Paramahansa Yogananda —entre las que se incluye el *Kriya Yoga*—, así como su guía sobre la manera de llevar una vida espiritual equilibrada, se describen en las *Lecciones de Self-Realization Fellowship.* Si desea recibir mayor información al respecto, sírvase solicitar el folleto gratuito *Un mundo de posibilidades jamás soñadas.*

Contamos con un catálogo de las publicaciones y grabaciones de audio y vídeo realizadas por Self-Realization Fellowship, *que se encuentra a disposición de quienes lo soliciten.*

Recursos adicionales relacionados con la ciencia del Kriya Yoga que enseñó Paramahansa Yogananda

Self-Realization Fellowship se halla consagrada a ayudar desinteresadamente a los buscadores de la verdad en el mundo entero. Si desea información acerca de los ciclos de conferencias y clases que se imparten a lo largo del año, los oficios inspirativos y de meditación que se celebran en nuestros templos y centros alrededor del mundo, el calendario de retiros y otras actividades, le invitamos a visitar nuestro sitio web o ponerse en contacto con nuestra sede internacional:

www.yogananda-srf.org

Self-Realization Fellowship
3880 San Rafael Avenue
Los Angeles, CA 90065-3219
(323) 225-2471

Las Lecciones de Self-Realization Fellowship

Entre las obras de Paramahansa Yogananda que han sido publicadas, las *Lecciones de Self-Realization Fellowship* poseen la característica especial de ofrecer instrucción detallada sobre la práctica de la suprema ciencia yóguica de la realización divina. Esa antigua ciencia abarca los principios y las técnicas de meditación específicos del *Kriya Yoga,* a los cuales se alude a menudo en las páginas de este libro. En su comentario sobre el *Bhagavad Guita* (I:15-18), Paramahansa Yogananda escribió:

> *En un libro accesible al público en general no puedo proporcionar las técnicas de meditación, pues éstas son sagradas y deben primero cumplirse ciertos antiguos preceptos espirituales para asegurar que quien las recibe lo hace con reverencia, las considerará confidenciales y las practicará correctamente. [...] Al preparar la interpretación del sagrado* Bhagavad Guita, *mi propósito y oración es despertar nuevos corazones y mentes a las bendiciones físicas, mentales y espirituales que pueden obtenerse a través del conocimiento apropiado y la correcta aplicación de la ciencia del yoga, así como alentar y acelerar el progreso de aquellos devotos que ya se encuentran perseverando en el sendero del yoga.*

Aunque la ciencia del *Kriya Yoga* permaneció perdida para la humanidad durante las llamadas edades oscuras (como se describe en su comentario sobre la estrofa IV:1 del *Bhagavad Guita*), fue redescubierta en los tiempos modernos por una sucesión de maestros iluminados: Mahavatar Babaji, Lahiri Mahasaya, Swami Sri Yukteswar y Paramahansa Yogananda. La misión encomendada a Paramahansa Yogananda por su gurú y sus paramgurús fue difundir en el mundo entero las liberadoras enseñanzas de esta ciencia espiritual, por intermedio de *Self-Realization Fellowship*.

Paramahansa Yogananda viajó extensamente durante su vida, dando conferencias y clases a lo largo y ancho de Estados Unidos, así como también a través de Europa y la India. No obstante, él sabía que mucha más gente de la que podía instruir personalmente sería atraída hacia la filosofía y la práctica del yoga. Por esta razón, concibió «un programa de lecciones semanales para quienes se interesaran por el yoga en todo el mundo», con el objeto de preservar sus enseñanzas en toda su pureza original y por escrito, incluyendo la ciencia del *Kriya Yoga* que le fue transmitida por la sucesión de sus gurús.

Las *Lecciones de Self-Realization Fellowship* exponen los métodos de concentración, energetización y meditación que enseñó Paramahansa Yogananda, los cuales constituyen parte integral de la ciencia del *Kriya Yoga*. Además, este curso completo de lecciones, apto para el estudio en el hogar, contiene todos los temas que él trató en sus conferencias y charlas públicas durante los treinta años en los que vivió y enseñó en Occidente, brindándonos así su guía práctica e inspiradora para alcanzar equilibrio y bienestar en los aspectos físico, mental y espiritual.

Tras un período preliminar de estudio y práctica de las enseñanzas, los estudiantes de las *Lecciones de Self-Realization Fellowship* pueden solicitar la iniciación en la avanzada técnica de meditación de *Kriya Yoga*, descrita en este libro.

Para obtener más información sobre las *Lecciones de Self-Realization Fellowship*, se puede solicitar el folleto gratuito *Un mundo de posibilidades jamás soñadas*.

> *Aquellos que han venido a* Self-Realization Fellowship *buscando sinceramente ayuda espiritual, la recibirán de Dios. Bien sea que vengan ahora, mientras todavía estoy en este cuerpo, o después, cuando ya lo haya abandonado, el poder de Dios fluirá igualmente hacia los devotos, a través de la sucesión de Gurús de SRF, y será la causa de su salvación.*
>
> *Paramahansa Yogananda*

Términos asociados con Self-Realization Fellowship

(Se remite al lector al Índice alfabético, que aparece al final del volumen II, para localizar explicaciones de la mayoría de los términos sánscritos y filosóficos utilizados en este libro. A continuación se ofrece un breve glosario de los términos asociados con la organización fundada por Paramahansa Yogananda —Self-Realization Fellowship/Yogoda Satsanga Society of India— *que pueden resultar desconocidos al lector general).*

Self-Realization Fellowship: la sociedad religiosa internacional, no sectaria, fundada por Paramahansa Yogananda en Estados Unidos en 1920 (y como *Yogoda Satsanga Society of India* en 1917), con la finalidad de difundir a través del mundo los principios espirituales y técnicas de meditación del *Kriya Yoga,* y fomentar un mayor entendimiento de la única Verdad subyacente a todas las religiones entre las personas de todas las razas, culturas y creencias. (Véase también «Metas e ideales de *Self-Realization Fellowship*», p. 705).

Paramahansa Yogananda ha explicado que el nombre de *Self-Realization Fellowship* significa «confraternidad con Dios a través de la realización del Ser, y amistad con todas las almas que buscan la verdad».

Desde su sede internacional en Los Ángeles (California), la sociedad publica las conferencias, escritos y charlas informales de Paramahansa Yogananda (así como su completa serie de *Lecciones de Self-Realization Fellowship,* aptas para el estudio en el hogar, y la revista *Self-Realization,* que él fundó en 1925); realiza grabaciones de audio y vídeo sobre sus enseñanzas; supervisa las actividades de los templos, retiros y centros de meditación de SRF, así como los programas para la juventud y las comunidades monásticas de la Orden de *Self-Realization;* lleva a cabo conferencias y ciclos de clases en diversas ciudades del mundo; y coordina el funcionamiento del «Círculo mundial de oraciones», una red de grupos e individuos dedicados a orar por las personas necesitadas de ayuda física, mental o espiritual, y por la paz y la armonía del mundo.

Yogoda Satsanga Society of India: nombre con el cual se conoce en la India la sociedad fundada por Paramahansa Yogananda. *Yogoda Satsanga* fue fundada por él en 1917. Su sede central, *Yogoda Math,* está situada a la orilla del río Ganges en Dakshineswar, cerca de Calcuta. *Yogoda Satsanga Society* tiene una filial *(math)* en Ranchi, Jharkhand (antes llamado Bihar), y numerosos centros diseminados por toda la India. Además de los centros de meditación de *Yogoda,* la organización cuenta con veintidós instituciones educacionales, las cuales abarcan desde la escuela primaria hasta el nivel universitario. *Yogoda,* una palabra creada por Paramahansa Yogananda, se deriva de *yoga,* «unión, armonía, equilibrio», y *da,* «aquello que confiere». *Satsanga* significa «confraternidad divina» o «confraternidad con la Verdad». Para Occidente, Paramahansaji tradujo este nombre al inglés como *Self-Realization Fellowship.*

realización del Ser *(Self)*: Paramahansa Yogananda definió la realización del Ser de la siguiente manera: «La realización del Ser consiste en saber —física, mental y espiritualmente— que somos uno con la omnipresencia de Dios; que no necesitamos orar para que ésta venga a nosotros, que no solamente estamos próximos a ella en todo momento, sino que la omnipresencia de Dios es nuestra propia omnipresencia, y nuestro ser es y será invariablemente siempre parte de la Divinidad. Lo único que necesitamos hacer es tomar mayor conciencia de ello».

Kriya Yoga: sagrada ciencia espiritual que nació en la India hace milenios; comprende ciertas técnicas de meditación cuya práctica regular conduce a la realización de Dios. Como ha explicado Paramahansa Yogananda, la raíz sánscrita de *kriya* es *kṛi,* que significa «hacer, actuar y reaccionar»; esa misma raíz se encuentra en la palabra *karma,* el principio natural de causa y efecto. Así pues, *Kriya Yoga* significa «unión (yoga) con el Infinito mediante cierta acción o rito *(kriya)*». El *Kriya Yoga* —un tipo de *Raja Yoga* (el «rey» de los sistemas del yoga o sistema «completo»)— ha sido ensalzado por Krishna en el *Bhagavad Guita* y Patanjali en los *Yoga Sutras.* La ciencia del *Kriya Yoga* fue restablecida en esta era por Mahavatar Babaji y constituye la *diksha* (iniciación espiritual) impartida por los Gurús de *Self-Realization Fellowship.* Desde el *mahasamadhi* de Paramahansa Yogananda, la *diksha* es conferida por la persona asignada como su representante espiritual, el presidente de *Self-Realization Fellowship/Yogoda Satsanga Society of India* (o alguien designado por el presidente). Para recibir la *diksha,* los miembros de SRF/YSS deben cumplir con ciertos requisitos espirituales preliminares. Quien ha recibido esta *diksha* es un *kriya yogui* o *kriyaban.*

Gurús de *Self-Realization Fellowship:* los Gurús de *Self-Realization Fellowship (Yogoda Satsanga Society of India)* son Jesucristo, Bhagavan Krishna y una sucesión de excelsos maestros de la era contemporánea: Mahavatar Babaji, Lahiri Mahasaya, Swami Sri Yukteswar y Paramahansa Yogananda. Demostrar la armonía y la unidad esencial que existe entre las enseñanzas de Jesucristo y los preceptos del yoga enseñados por Bhagavan Krishna constituye parte integrante de la labor encomendada a SRF. A través de sus sublimes enseñanzas y de su divina mediación, todos estos Gurús contribuyen al cumplimiento de la misión de *Self-Realization Fellowship* de ofrecer a toda la humanidad una ciencia espiritual práctica para alcanzar la unión con Dios.

Mahavatar Babaji: el inmortal *mahavatar* («gran avatar») que, en 1861, confirió la iniciación en *Kriya Yoga* a Lahiri Mahasaya, restituyendo así al mundo la antigua técnica de salvación. Perennemente joven, Babaji ha vivido durante siglos en el Himalaya, otorgando una constante bendición al mundo. Su misión ha sido ayudar a los profetas a llevar a cabo las labores específicas que se les han encomendado. Se le han conferido numerosos títulos que indican su elevada estatura espiritual; sin embargo, el *mahavatar* ha adoptado generalmente el sencillo nombre de Babaji, que procede del sánscrito *baba,* «padre», y *ji,* un sufijo que denota respeto. En *Autobiografía de un yogui* se puede encontrar más información sobre su vida y su misión espiritual.

Lahiri Mahasaya: *Lahiri* era el nombre de familia de Shyama Charan Lahiri (1828-1895). *Mahasaya,* un título religioso sánscrito, significa «de mente vasta». Lahiri Mahasaya fue discípulo de Mahavatar Babaji y gurú de Swami Sri Yukteswar (el gurú de Paramahansa Yogananda). Fue a Lahiri Mahasaya a quien Babaji reveló la antigua y casi extinguida ciencia del *Kriya Yoga.* Considerado un *Yogavatar* («Encarnación del Yoga»), él fue una de las figuras primordiales del renacimiento del yoga en la India moderna. Lahiri Mahasaya instruyó y bendijo a innumerables buscadores de la verdad que acudieron a él, sin tener en cuenta a qué casta o credo perteneciesen. Fue un maestro semejante a Cristo, dotado de poderes sobrenaturales, pero también fue un hombre de familia con responsabilidades terrenales, que mostró al mundo moderno cómo es posible alcanzar un equilibrio perfecto en la vida al combinar la meditación y el correcto desempeño de los deberes externos. La vida de Lahiri Mahasaya se relata en el libro *Autobiografía de un yogui.*

Sri Yukteswar, Swami: Swami Sri Yukteswar Giri (1855-1936), *Guianavatar,* o «Encarnación de la Sabiduría», de la India; gurú de Paramahansa Yogananda y discípulo de Lahiri Mahasaya. A petición del gurú de Lahiri Mahasaya, Mahavatar Babaji, escribió *The Holy Science (La ciencia sagrada),* un tratado sobre la unidad básica que existe entre las escrituras cristianas e hindúes, y entrenó a Paramahansa Yogananda para su misión espiritual en el ámbito mundial: la difusión del *Kriya Yoga.* Paramahansaji ha descrito con amor la vida de Sri Yukteswarji en *Autobiografía de un yogui.*

Orden monástica de *Self-Realization Fellowship:* Paramahansa Yogananda escribió lo siguiente (en su comentario sobre la estrofa VI:1 del *Bhagavad Guita*): «Para quienes se hallan en el mismo sendero que yo he seguido y se sienten también atraídos hacia la renunciación completa con el fin de buscar y servir a Dios mediante los ideales yóguicos de la meditación y de las acciones prescritas por el deber, he perpetuado en la orden monástica de *Self-Realization Fellowship/Yogoda Satsanga Society of India* la sucesión de *sannyas* de la Orden de Shankara, en la cual ingresé cuando recibí de mi Gurú los sagrados votos de un swami. La obra organizativa que Dios, mi Gurú y mis Paramgurús han emprendido a través de mí no es llevada a cabo por empleados seculares, sino por aquellos que han dedicado su vida a los más elevados objetivos de renunciación y amor a Dios».

Los monjes y monjas de la Orden residen en los *ashram* de la sociedad y sirven a la obra mundial de Paramahansa Yogananda de muy diversas maneras, entre las que se incluyen: llevar a cabo oficios en los templos de *Self-Realization Fellowship,* así como retiros, clases y otras tareas espirituales y ministeriales; guiar por correspondencia a miles de estudiantes de estas enseñanzas cada mes; y administrar las variadas actividades de beneficencia que desarrolla la sociedad.